创建宜行宜游、低碳绿色的都市交通

第22届海峡两岸都市交通学术研讨会论文集

第22届海峡两岸都市交通学术研讨会组委会　编

The 22nd Cross Straits Symposium on Urban Traffic Systems

ZHEJIANG UNIVERSITY PRESS
浙江大学出版社

图书在版编目（CIP）数据

第22届海峡两岸都市交通学术研讨会论文集／第22届海峡两岸都市交通学术研讨会组委会编．—杭州：浙江大学出版社，2014.12

ISBN 978-7-308-14187-1

Ⅰ．①第… Ⅱ．①第… Ⅲ．①城市交通－中国－学术会议－文集 Ⅳ．①U12-53

中国版本图书馆CIP数据核字（2014）第295889号

第22届海峡两岸都市交通学术研讨会论文集

第22届海峡两岸都市交通学术研讨会组委会 编

责任编辑 许佳颖
文字编辑 陈慧慧
封面设计 续设计
出版发行 浙江大学出版社
（杭州市天目山路148号 邮政编码310007）
（网址：http://www.zjupress.com）
排　　版 杭州中大图文设计有限公司
印　　刷 杭州日报报业集团盛元印务有限公司
开　　本 880mm×1230mm 1/16
印　　张 48.75
字　　数 1650千
版 印 次 2014年12月第1版 2014年12月第1次印刷
书　　号 ISBN 978-7-308-14187-1
定　　价 168.00元

浙江大学出版社发行部联系方式：0571－88925591；http://zjdxcbs.tmall.com

第22届海峡两岸都市交通学术研讨会组织机构

主办单位　浙江省科学技术协会
　　　　　　上海市科学技术协会
　　　　　　台北市交通安全促进会

承办单位　浙江省台港澳民间科技交流中心

组织委员会

主　席　姚　克 浙江省政协副主席，浙江省科协主席
副主席　李德忠 浙江省科协副主席
　　　　　陆　檩 上海市科协副主席
　　　　　林志盈 台北市交通安全促进会理事长
主　任　隗斌贤 浙江省科协副主席
副主任　董克军 浙江省科协秘书长
　　　　　邬丽娜 杭州市科协主席
　　　　　许培星 上海市交通工程学会理事长
　　　　　罗孝贤 台湾淡江大学运输管理学系教授兼总务长
委　员　谢牧人 浙江省科协学会部部长
　　　　　张世丹 浙江省台港澳民间科技交流中心主任
　　　　　姚树列 杭州市科协副主席
　　　　　郑明甫 杭州市交通运输学会副理事长
　　　　　肖　峙 上海市科协交流部副部长
　　　　　朱惠君 上海市交通工程学会秘书长
　　　　　虞同文 上海市交通工程学会副秘书长
　　　　　邱显明 台湾淡江大学运输管理学系教授
　　　　　黄台生 台湾交通大学交通运输研究所教授
　　　　　沈淑贤 台北市交通安全促进会总干事
　　　　　赵宝国 天津市科协国际部部长

学术委员会

前　言

在我们十分高兴地庆祝具有两千多年历史、1794km长的大运河申遗成功之际，由浙江省科学技术协会、上海市科学技术协会、台北市交通安全促进会联合主办，以“创建宜行宜游、低碳绿色的都市交通”为主题的第22届海峡两岸都市交通学术研讨会，于2014年6月28—30日在大运河的起点、美丽的西子湖畔隆重举行。这是海峡两岸都市交通领域的一件盛事，意义重大。

都市公共交通是一个城市的重要基础设施，人们的生活、工作、学习和社会交往都离不开公共交通。近年来，我国城市公共交通得到快速发展，技术装备水平不断提高，基础设施建设运营成效显著，公交专线、出租汽车、免费公共自行车、轨道交通、城市轻轨、交通智慧信息管理系统建设等相继投入，使人民群众出行更加方便。但随着城镇化加速发展，城市交通发展面临新的挑战，大城市规模的扩张带来了新的城市交通需求，特别是机动车数量的迅速增长，给各大城市带来了前所未有的交通堵塞问题。来自海峡两岸的200多位专家学者会聚杭州，在为期三天的学术交流中，共同探讨都市交通的创新发展，就提高都市交通运行能力和管理水平，大力发展低碳、高效、大容量的城市公共交通系统，加快新技术、新能源、新装备的推广应用，提高交通道路的建设和管理水平，缓解城市交通难题等议题展开了深入的研讨，为促进两岸都市交通可持续发展做出了积极贡献。

本次学术研讨会的论文征集工作，得到广大城市交通领域的专家、学者的大力支持及踊跃投稿，共收到论文近200篇。在浙江、上海、台湾、天津四地分别组织专家评审的基础上，从中精选152篇学术论文，分别以和谐畅达的都市公交体系构建、品质生活愿景中的城市交通环境、可持续发展的城市交通及其规划与管理等三个篇章编印成集，供与会者及业内人士参阅。

本论文集编辑过程中得到了浙江省科学技术协会、浙江省城市科学研究会和浙江大学城市学院等单位相关领导和专家的大力支持，在此谨表示谢意！

由于编辑时间仓促，水平有限，不足之处，敬请专家和读者批评指正。

组委会

2014年10月

目　录

和谐畅达的都市公交体系构建

品质生活愿景中的城市交通环境

可持续发展的城市交通及其规划与管理

和谐畅达的都市公交体系构建

基于高强度综合开发的交通枢纽研究

——以上海市莘庄枢纽地区为例

王啸君　包佳佳

（上海市城市建设设计研究总院，上海 200125）

摘　要：在大城市不断发展过程中，近郊综合交通枢纽地区逐渐成为区域中心，建设规模，配套设施都在不断地发展。以上海市莘庄枢纽地区为例，该区域位于上海市中心城外环线西南角，是闵行区区政府所在地，是闵行区行政中心。随着绿地、百盛等商业、办公的注入，该区域也逐渐升级为地区的商办中心，并且也是铁路、轨道交通、公交等汇集的综合交通枢纽中心。该区域交通问题严重，处于常年拥堵状态，受到过境高速公路、铁路等交通走廊的阻隔，存在过境交通繁忙混杂、路网不完善等矛盾和症结。本文重点剖析交通拥堵成因，并针对症结提出了一系列改善策略。针对大城市近郊类似地区的规划、建设和交通改善提出了一些思路和方法。

关键词：交通拥堵；交通改善；交通组织

莘庄枢纽位于外环线西南面，紧邻莘庄立交，现为地铁 1、5 号线的综合换乘枢纽，可实现地铁与常规公交、出租车、社会车的综合换乘。同时，莘庄地区也是重要的道路交通节点，大量交通经由该区域进入莘庄立交至中心城各个方向，导致该区域周边道路的拥堵问题。

整个莘庄枢纽地区有以下特点：

(1)是上海市西南方向、金山、奉贤以及闵行南部地区入城的必经之路；

(2)具有优越的交通设施条件，是区域内部沪杭铁路和金山支线，轨道交通 1 号线、5 号线，规划 17 号线，以及由铁路、轨道交通、公交组成的大型综合交通枢纽；

(3)是闵行区的行政、商业中心，是闵行区政府所在地，区域内有莘庄百盛、绿地科技岛广场等商业办公中心。

1　交通拥堵现象

1.1　交通设施现状

(1)道路设施

该区域紧邻中心城区，北有 G60 沪昆高速，东有 S4 沪金高速。区域内主要道路有七莘路—沪闵路 1 条主干路，以及沪闵路、春申路、银都路、水清路、都市路等 5 条次干路（见图 1）。由于该区域用地开发已基本完成，现状路网已基本按规划实施，难于规划新增道路。

(2)轨道交通和铁路

该区境内有莘庄综合交通枢纽站，轨道交通 5 号线、1 号线，沪杭铁路线穿境而过，规划将新增轨道交通 17 号线，并对沪杭线进行改造，形成金山支线、沪杭客专。

1.2　区域交通拥堵现象

目前，区域交通拥堵点主要出现在区内道路与高等级道路衔接段及跨铁路隧道，包括：沪闵路多个路段、宝城路隧道、春申路的 S4 衔接段、水清路的 G60 衔接段等（见图 2）。

作者简介：王啸君（1986—　），助理工程师，主要研究交通规划与设计。

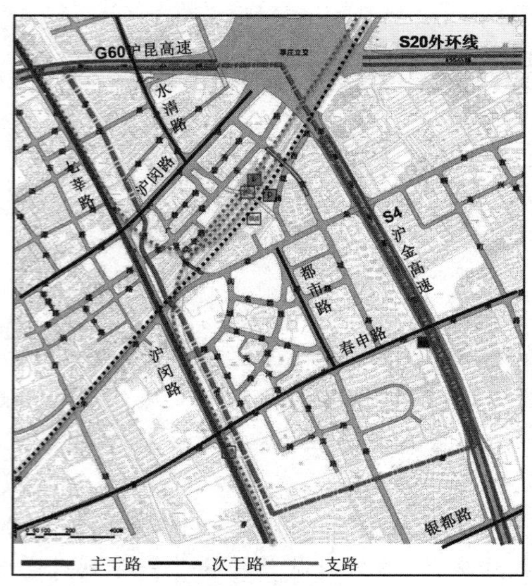

图 1　区域道路交通设施规划

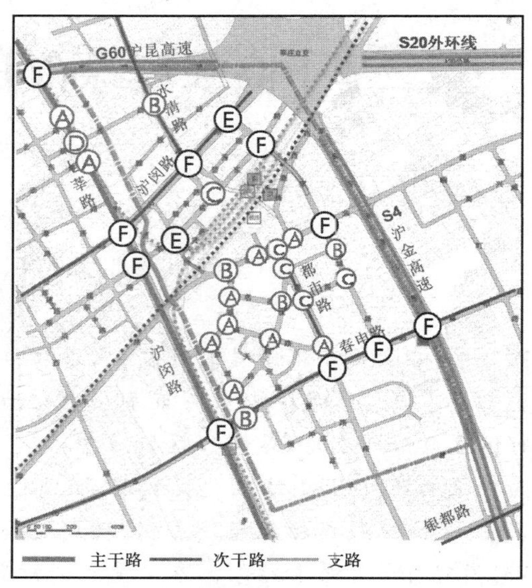

图 2　高峰小时主要交叉口服务水平

2　拥堵原因解析

2.1　内在拥堵原因分析

从宏观角度分析区域交通的现状及未来的拥堵原因，可以概况为以下几点。

(1)高度城市化与路网格局不匹配

该区域为近郊绵延区，城市化程度很高，已经与市中心连成一体，成为城市建成区的一部分。规划毛容积率已达 1.22，开发强度已经接近市中心的上海站地区。

但该区域的道路网密度仍处于近郊城市化水平不高的程度，外围通道受莘庄立交、G60 沪昆高速、S4 沪金高速公路等多重分隔，内部道路受莘庄站、轨道交通和铁路的阻隔，进出不畅，道路网连通性差，交通过于集中于少数主次干道，与高度城市化水平严重不符。

(2)道路功能与土地开发强度不匹配

由于莘庄公交枢纽是外环外最大的公交枢纽，莘庄是闵行区行政中心，同时也是地区商业中心，因此，该区域内道路承担了大量的到发交通。

同时，由于该区域内分布有 G60 沪昆高速、S4 沪金高速、莘庄立交的上下匝道，是松江、闵行南部乃至奉贤进入市中心的重要门户，西侧与南侧过境交通汇集于此，过境交通密集。因此，造成该区域内道路过境与到发交通混杂。

(3)道路形态与交通需求不匹配

交通需求不断增长，主要来自于两方面。

①莘庄地区作为地区商业中心正在进一步发展。按照控规分区 316.7hm^2 用地计算，约 6 万人口、3 万个岗位，2020 年地区到发量为 39.6 万人次、6 万～7 万车次。

②莘庄公交枢纽的服务功能正在进一步增强。2020 年枢纽集散 44.7 万人次/d，高峰小时进出车次达 2300～2500pcu/h。

现状路网已经难以支撑不断增长的交通需求。

2.2　交通拥堵原因分析

(1)路网结构不合理

次干路路网密度不足，根据规范要求推算，还需 460m 长的次干路；能承担连通功能的支路网(现状单向流量＞300pcu/h 的支路)密度严重不足，仅为 1.73km/km^2；南北向跨铁路通道不足；东西向贯通 S4 高速的道路间距不满足要求(见图 3、4)。

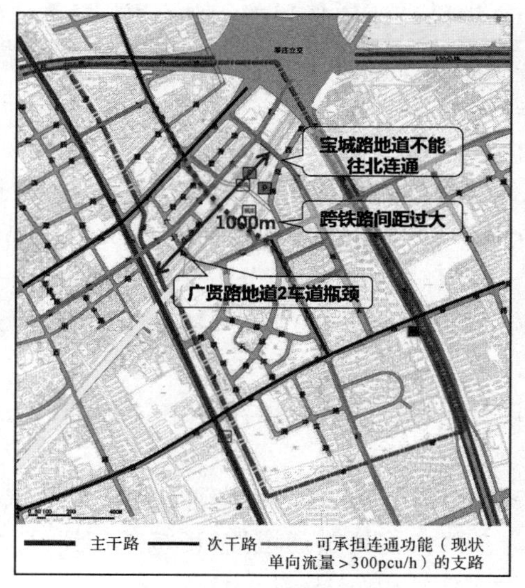

图 3　跨铁路道路间距

图 4　跨 S4 沪金高速道路间距

(2)过境交通穿境对地方道路干扰严重

过境交通主要为闵行南部区域至中心城的过境交通，现状主要通过沪闵路上下匝道、S4 沪金高速各个上下匝道进出中心城，造成沪闵路、S4 地面衔接道路的全面拥堵；而通过 G60 沪昆高速进出中心城的车流量较小，主要由于七莘路不便捷，造成 G60 各个上下匝道对进城交通吸引力相对沪闵路、S4 各个上下匝道较弱(见图 5)。

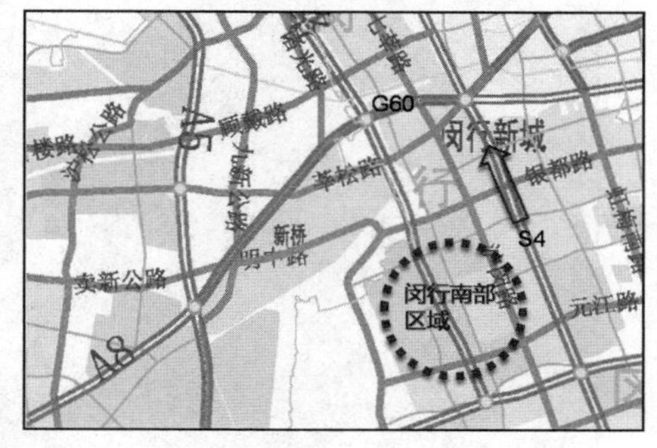

图 5　S4 沪金高速各上下匝道的交通来源

(3)道路交叉口错位

莘朱路—都市路—广场内部道路形成错位交叉口，现状由于交通流量较低，服务水平尚可，未来受上盖开发及枢纽车流量增长的影响，错位交叉口无法适应未来交通增长，是一个交通隐患。

3　交通改善策略与措施

(1)打造区域外围快捷通道(沪闵路—七莘路—G60)，疏解过境交通

通过七莘路下穿闵松路(G60 地面辅道)下立交、七莘路下穿沪闵路和莘建东路下立交、沪闵路下穿春申路下 3 个下立交，形成连续流，打造区域外围快捷通道。

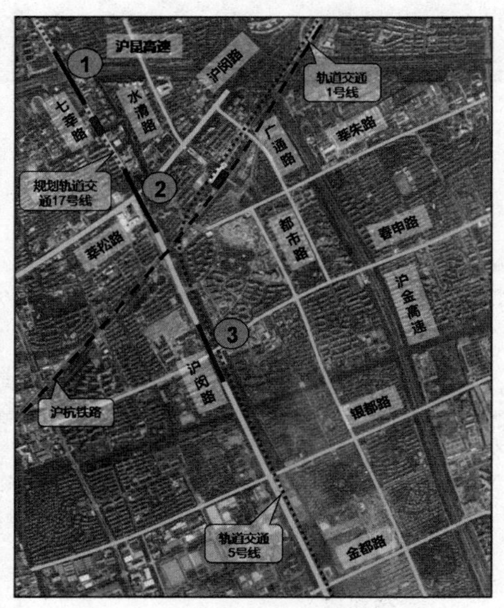

图 6　七莘路—沪闵路快捷化改造工程措施示意图

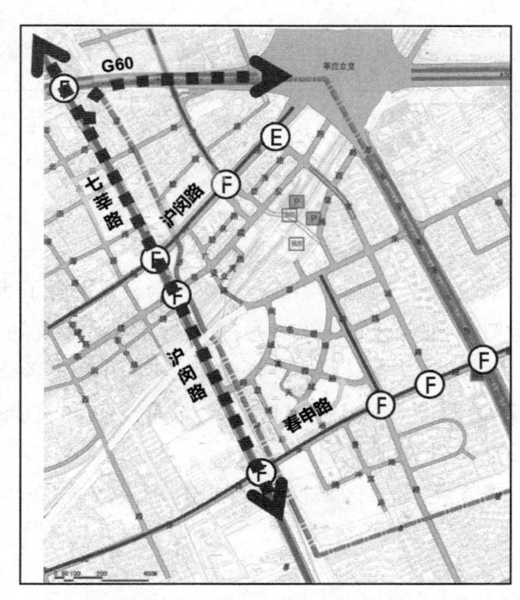

图 7　区域外围快捷通道(沪闵路—七莘路—G60)示意图

借助 G60 沪昆高速七莘路匝道的有利条件，以及 G60 沪昆高速较畅通的行驶环境，打通沪闵路—七莘路—G60 的入城快速通道，一方面可以疏解沪闵路过境量，释放沪闵路为枢纽到发交通的服务能力，另一方面疏解 S4 各上下匝道交通量，减少过境交通对 S4 上下匝道衔接道路（春申路、银都路、金都路）的干扰。

（2）强化单循环交通组织，引导形成合理的交通行驶路径

为弱化左转交通对沿线交叉口的影响，在打造区域外围快捷通道（沪闵路—七莘路—G60）形成连续流的基础上，建议强化七莘路—G60 进中心城方向流向，弱化 S4 进中心城方向流向，一方面弱化左转交通量对 S4 出入口的影响，另一方面配合外围快捷通道（沪闵路—七莘路）改造，重新分配交通资源，吸引交通量至沪闵路—七莘路—G60，缓解交通拥堵。而出城往南部区域仍以 S4 为主，G60—七莘路为辅，从而形成强化单循环的交通组织。

建议对春申路（沪闵路～S4）、金都路（沪闵路～S4）进行车道不平衡管理，强化由东向西的方向。

（3）优化路网结构，增强与外部路网的连通度

下穿枢纽地下通道：北接水清路，南接都市路，改善铁路阻隔带来的影响，连通枢纽南北区域。

银都路下穿 S4 沪金高速下立交：辟通银都路，可作为东西向主要贯通道路，衔接外部路网，增强该区域交通的对外疏散能力。

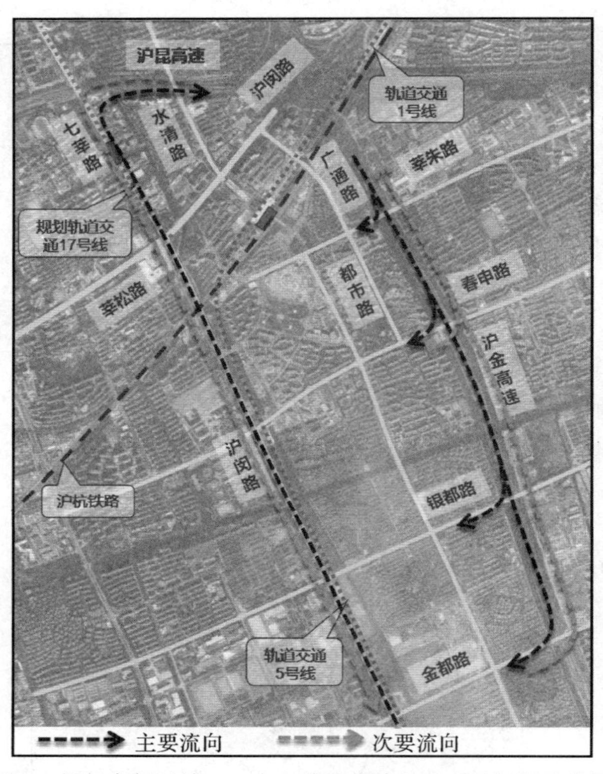

图 8　闵行南部区域——中心城强化单循环交通组织示意图

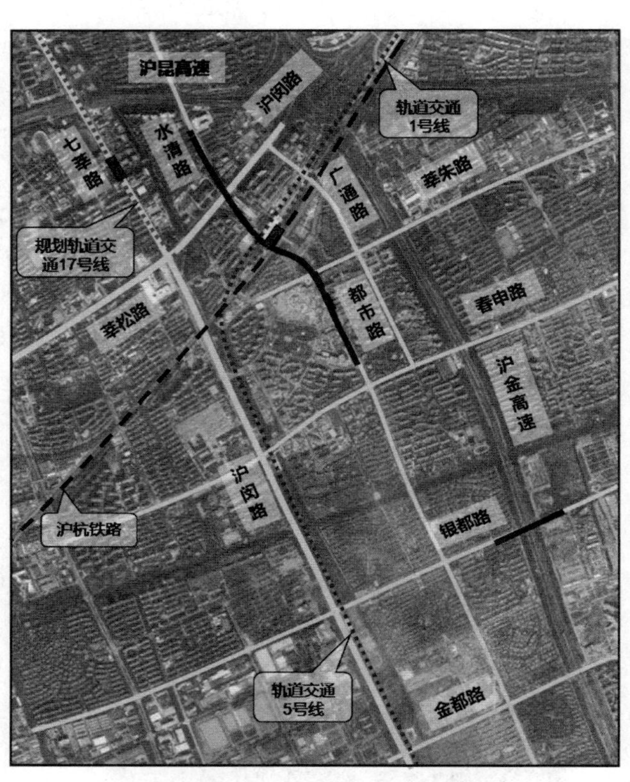

图 9　改善路网结构工程措施示意图

4　结　语

本文以上海市莘庄枢纽地区为例，分析了大城市近郊枢纽地区，在现状已成为入城必经之路、大型综合交通枢纽和行政、商办中心的背景下，所形成的交通症结。

在相对成熟区域，道路建设条件相对较差的情况下，从交叉口节点改善，道路整体快捷提升，打通瓶颈口，连通阻断道路，利用现有大交通设施的富余能力，对区域整体进行重新组织等措施和手段，较大改善了区域整体的交通条件。

本文为类似区域交通问题的解决方式和改善办法，提出了一些思路和见解。

参考文献

[1]上海市闵行区莘庄交通枢纽交通与市政专项规划[R].上海市城市规划设计研究院，2011(4).
[2]上海市莘庄综合交通枢纽区域交通组织规划研究[R].同济大学交通运输工程学院，2011(7).
[3]闵行区城市道路与公路“十二五”专项规划[R].上海市市政规划设计研究院，2010(7).

Traffic Improvement Strategies of Metropolitan Suburbs' Transportation Hubs: An Example of Shanghai Xinzhuang Transportation Hub

WANG Xiao-jun, BAO Jia-jia
(Shanghai Urban Construction Design and Research Institute, 200125)

Abstract: Process of continuous development in large cities, suburban areas gradually become integrated transport hub regional center, the scale of construction, facilities are in constant development. Hub in Shanghai Xinzhuang area, for example, the area located outside the city center of Shanghai Link southwest corner is Minhang district government, the administrative center of Minhang District. Along with green, Parkson and other commercial, office of the injection, the region has gradually upgrade to regional commercial office center and also the railway, rail transport, bus and other pooled integrated transport hub. Serious traffic problems in the region, in a perennial state of congestion by crossing highways, railways and other transport corridors of the barrier, the formation of mixed heavy traffic in transit, road network and other contradictions and imperfections crux of this article focuses analyze causes of traffic congestion, and for the crux of the proposed Some columns improvement strategy. Similar areas for future suburban metropolitan planning, construction, transportation improvements made certain ideas and methods.

Key words: traffic jam; traffic improvement; traffic organization

城市道路公交专用道设置的车流量关系探讨

刘祥峰　于晓桦　晏克非
（同济大学交通运输工程学院，上海 201804）

摘要：在城市道路公交专用道的设置条件中，关于断面的车流量关系的判断（公交车流量与社会车流量比值）往往以经验为主，缺少理论依据。本文基于 BPR 函数构建了公交车乘客与社会车辆乘客的延误模型，并以此为基础探讨了公交车流量与社会车流量的比值和道路系统效益之间的关系，结果表明其比值在 0.20～0.45 区间，设置公交专用道可以实现道路资源的充分利用。

关键词：公交专用道；BPR 函数；车流量比值

1　研究背景概述

我国已有很多城市设置了公交专用道，对其设置条件也形成了一些经验性的结论。由于国内城市人口密度较高、公交客流密度较大及有限的道路空间资源，公交专用道的设置成为短期内缓解公交客流需求的有效手段。但其设置条件中，公交客流量、车流量、断面车道数等基本指标在不同城市间还存在差异，总体上遵循以下原则。

（1）公交车需求：高峰小时单向公交车流量超过 60～90 辆或平均小时公交车流量 50 辆以上；公交车单向客流量每小时不少于 2000 人次；公交客流量占道路断面客流比例 40%～50%。

（2）效率指标：现状路段饱和度 0.8 以上，公交车行程车速低于 15km/h，设置公交专用道后不应导致社会车道饱和度过大。

（3）道路条件：双向车道数大于或等于 4。

设置公交专用道后，公交车乘客与社会车辆乘客的出行时间都会发生变化，如果公交车乘客减少的延误幅度比社会车辆增加的延误幅度大，则我们认为道路资源实现了更有效的利用，而道路断面上（单向）公交车与社会车流量的比值（v_{car}/v_{bus}）会直接影响道路资源的有效利用程度，即所有公交车辆乘客减少延误与所有社会车辆乘客增加延误的差值幅度。上述的设置条件（1）、（2）都是从改善公交车辆行驶环境角度考虑，条件（3）则同时兼顾了公交车通行环境的改善与社会车辆通行的需要，但都没有从道路资源有效利用度的角度考虑公交专用道的设置条件。因此，为了实现道路资源的更有效利用，本文从道路系统有效利用度出发，以公交车与社会车流量的比值为主要分析指标，对城市公交专用车道的设置条件做了定量分析。

2　公交专用道设置的车流量关系探讨研究

2.1　基于 BPR 函数的车辆延误模型

小汽车路段行驶时间采用美国联邦公路局的 BPR 函数模型：

$$t = t_0\left[1+\alpha(\frac{v}{c})^{\beta}\right]$$

式中：t_0 为交通量为 0 时，车辆的路段行驶时间；v 为路段机动车交通量；c 为路段通行能力；α,β 为模型参数。

按照设置条件，公交专用道都是在车道数较多（≥4）情况下考虑的，车道数越多，设置公交专用道的余

作者简介：刘祥峰（1988—　），硕士，主要研究交通规划与管理。

地就越大。现以双四道路(极限状态)为对象建立专用道设置情况下的车辆延误模型,探讨公交车与社会车流量的比值和道路系统效益之间的关系。假设设置专用道前小汽车与公交车在两条车道上均匀混合,则公交车与小汽车的路段出行时间相同,由当量交通量(小汽车加上公交车折算成的当量小汽车)与通行能力的比值决定,若两条车道上小汽车交通量为 v_{car}/h,公交车交通量为 v_{bus}/h,则小汽车与公交车路段通行时间为 $t_0\left[1+\alpha\left(\frac{v_{car}+\gamma v_{bus}}{2c}\right)^{\beta}\right]$。设置公交专用道后由于小汽车与公交车辆分道行驶,其各自的通行时间发生变化,分别为 $t_0\left[1+\alpha\left(\frac{v_{car}}{c}\right)^{\beta}\right]$和 $t_0\left[1+\alpha\left(\frac{\gamma v_{bus}}{c}\right)^{\beta}\right]$。

小汽车的延误可表达为:$\Delta t_{car}=t_0\alpha\left[\left(\frac{v_{car}}{c}\right)^{\beta}-\left(\frac{v_{car}+\gamma v_{bus}}{2c}\right)^{\beta}\right]$

公交车的延误可表达为:$\Delta t_{bus}=t_0\alpha\left[\left(\frac{\gamma v_{bus}}{c}\right)^{\beta}-\left(\frac{v_{car}+\gamma v_{bus}}{2c}\right)^{\beta}\right]$

延误为正说明设置公交专用道后行程时间变长,延误为负说明行程时间变短。因此,设置公交专用道前后小汽车与公交车行程时间的变化差值分别构成了小汽车与公交车的延误。

2.2 公交专用道设置的最佳车流量比值探讨

(1)车流量关系分析

假设某一路段仅为双四道路,在实施公交专用道前混合行驶,小汽车与公交车在各条车道上均匀分布。现将一条车道设置为公交专用车道,原先位于该条车道上的小汽车转入另一条车道行驶,如图 1 所示。

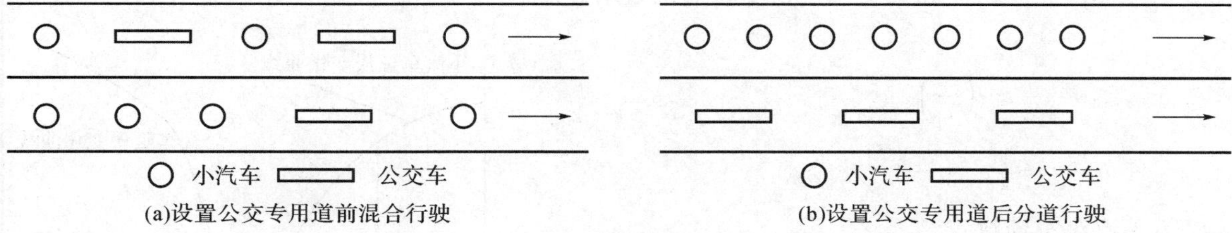

图 1　双四道路断面设置公交专用道前后车辆分布情况

假定专用道设置前后小汽车交通量不变(即原先行驶在该路段上的小汽车在实施公交专用道后仍然走该路径),则其在实施专用道前后的路段行驶时间之差为:

$$\Delta t_{car}=t_0\alpha\left[\left(\frac{v_{car}}{c}\right)^{\beta}-\left(\frac{v_{car}+\gamma v_{bus}}{2c}\right)^{\beta}\right]$$

式中:v_{car} 为小汽车总数,即原先两个车道上的小汽车交通量;v_{bus} 为公交车总数,即原先两个车道上的公交车交通量;γ 为公交车辆换算系数,取 2。

首先考虑,实施公交专用道后小汽车延误增加时的临界条件,即实施公交专用道后小汽车行驶时间大于实施前行驶时间的临界条件:

$$\Delta t_{car}=t_0\alpha\left[\left(\frac{v_{car}}{c}\right)^{\beta}-\left(\frac{v_{car}+\gamma v_{bus}}{2c}\right)^{\beta}\right]\geqslant 0$$

$$\frac{v_{car}}{c}\geqslant\frac{v_{car}+\gamma v_{bus}}{2c}$$

$$\lambda=\frac{v_{bus}}{v_{car}}\leqslant\frac{1}{\gamma}$$

公交车延误减少的临界条件为:

$$\Delta t_{bus}=t_0\alpha\left[\left(\frac{v_{car}+\gamma v_{bus}}{2c}\right)^{\beta}-\left(\frac{\gamma v_{bus}}{c}\right)^{\beta}\right]\geqslant 0$$

$$\frac{v_{car}+\gamma v_{bus}}{2c}\geqslant\frac{\gamma v_{bus}}{c}$$

$$\lambda=\frac{v_{bus}}{v_{car}}\leqslant\frac{1}{\gamma}$$

设置公交专用道前后,小汽车和公交车延误不变的临界条件为:

$$\lambda = \frac{v_{\text{bus}}}{v_{\text{car}}} = \frac{1}{\gamma}$$

公交车与社会车流量的比值λ大于$1/\gamma$，公交车延误将比设置前增加，而小汽车延误将比设置前减少，即在这种情况下，设置公交专用道实际上是有利于小汽车乘客的。如果λ小于$1/\gamma$，公交车延误将比设置前减少。而小汽车延误将比设置前增加，即在这种情况下，设置公交专用道是有利于公交车乘客的。因此，双四道路设置公交专用道的必要条件为公交车与社会车流量的比值λ小于等于$1/\gamma$，才能保证设置公交车专用道后公交车乘客的延误比设置前减少。当公交车与社会车流量的比值λ小于$1/\gamma$时，小汽车的延误肯定会增加，因此公交车延误与小汽车延误总是一对相互对立的矛盾，不能同时找到使公交车和小汽车延误同时减少的临界条件。

设置公交专用道后公交车的车均延误(即乘客的人均延误)不应该增加，因此公交车与社会车流量的比值首先要小于$1/\gamma$，即使公交车人均延误减少的λ取值范围为0～$1/\gamma$。同理，分析双六和双八道路公交车延误减少的必要条件，见表1。

表1　设置公交专用道的必要条件

车道数	四车道	六车道	八车道
公交车与社会车流量的比值(λ)	$\leqslant \frac{1}{\gamma}$	$\leqslant \frac{1}{2\gamma}$	$\leqslant \frac{1}{3\gamma}$

(2)公交专用道系统延误模型构建

图2为双四道路小汽车和公交车延误变化的函数示意图。

$$\lambda = 0$$

$$c_1 = \frac{7}{8} t_0 \alpha \left(\frac{v_1}{c}\right)^{\beta}$$

$$b_1 = -\frac{1}{8} t_0 \alpha \left(\frac{v_1}{c}\right)^{\beta}$$

式中：v_1为小汽车车辆数。

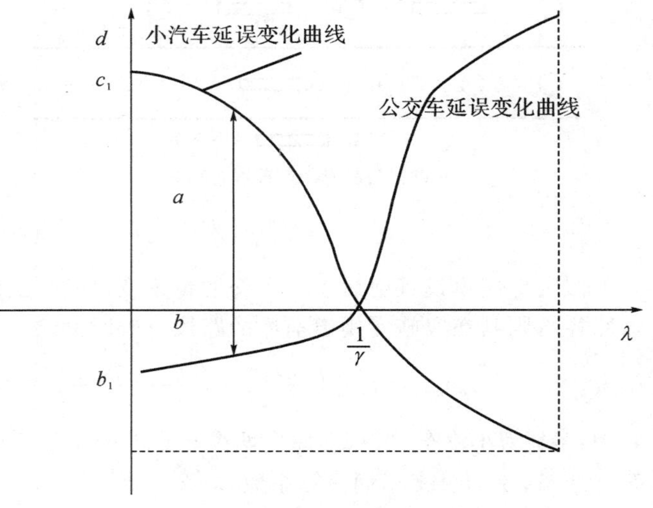

图2　小汽车与公交车延误变化曲线

从曲线变化趋势可以看出：a段长度总是大于b段的，即如果从小汽车乘客与公交车乘客两类群体出发考虑设置公交专用道的适合条件，那么无论公交车与社会车流量的比值等于多少，公交车乘客减少的人均延误始终小于小汽车乘客增加的人均延误。因此，我们转而寻求系统效益的最大化状态，即从道路资源充分利用的角度确定公交车与社会车流量的比值取值范围。

系统最优：系统有效利用度最大，即公交车所有乘客减少的总延误与小汽车所有乘客增加的总延误的差值最大。最优化目标：

$$Z = |\Delta\text{bus}| - |\Delta\text{car}|$$

式中：Δbus为公交车乘客减少的总延误；Δcar为小汽车乘客增加的总延误。

目标函数为：

$$\Delta d_1 = \Delta t \cdot v_1 \cdot x_1 = t_0 \alpha \left[\left(\frac{v_1}{c}\right)^{\beta} - \left(\frac{v_1 + \gamma v_2}{2c}\right)^{\beta}\right] \cdot v_1 \cdot x_1$$

$$\Delta d_2 = \Delta t \cdot v_2 \cdot x_2 = t_0 \alpha \left[\left(\frac{v_1 + \gamma v_2}{2c}\right)^{\beta} - \left(\frac{\gamma v_2}{c}\right)^{\beta}\right] \cdot v_2 \cdot x_2$$

$$Z = \Delta d_2 - \Delta d_1$$

$$Z = t_0 \alpha \left[\left(\frac{v_1 + \gamma v_2}{2c}\right)^{\beta} - \left(\frac{\gamma v_2}{c}\right)^{\beta}\right] \cdot v_2 \cdot x_2 - t_0 \alpha \left[\left(\frac{v_1}{c}\right)^{\beta} - \left(\frac{v_1 + \gamma v_2}{2c}\right)^{\beta}\right] \cdot v_1 \cdot x_1$$

式中：Δd_1为小汽车增加的总延误；Δd_2为公交车减少的总延误；v_1为小汽车交通量(两个车道总量)；v_2为公交车交通量(两个车道总量)；x_1为小汽车车均载客人数；x_2为公交车车均载客数。

对于某一条特定的道路，假设实施公交专用道前后小汽车交通量v_1为定值，公交车与社会车流量的比

值 $\lambda = \frac{v_{bus}}{v_{car}}, v_2 = \lambda v_1$，代入上式得：

$$\frac{Z}{t_0\alpha} = \left(\frac{v_1}{2c}\right)^{\beta} v_1 x_2 (1+r\lambda)^{\beta}\lambda - \left(\frac{\gamma v_1}{c}\right)^{\beta} v_1 x_2 \lambda^{(\beta+1)} - \frac{v_1^{(\beta+1)} x_1}{c} + \left(\frac{v_1}{2c}\right)^{\beta}(1+r\lambda)^{\beta} v_1 x_1$$

$$= \frac{x_2 v_1^{\beta+1}}{(2c)^{\beta}} \cdot \lambda(1+r\lambda)^{\beta} - \frac{x_2 r^{\beta} v_1^{\beta+1}}{c^{\beta}}\lambda^{\beta+1} - \frac{x_1 v_1^{\beta+1}}{c^{\beta}} + \frac{x_1 v_1^{\beta+1}}{(2c)^{\beta}}(1+r\lambda)^{\beta}$$

$$\frac{Z}{t_0\alpha} \cdot \frac{(2c)^{\beta}}{v_1^{\beta+1}} = x_2\lambda(1+r\lambda)^{\beta} - 2^{\beta} x_2 r^{\beta}\lambda^{\beta+1} - x_1 2^{\beta} + x_1(1+r\lambda)^{\beta}$$

$$\frac{Z}{t_0\alpha} \cdot \frac{(2c)^{\beta}}{v_1^{\beta+1}} + x_1 2^{\beta} = x_2\lambda(1+r\lambda)^{\beta} - (2r)^{\beta} x_2 \lambda^{\beta+1} + x_1(1+r\lambda)^{\beta}$$

式中：$x_1=1.5$ 人/car；$x_2=30$ 人/bus；$r=2$；$c=1600$ pcu/车道；借助实测数据对 α,β 进行标定，建议取值 1.23 和 3。

(3)模型求解

利用 Matlab 求解非线性方程

$$\frac{dZ}{d\lambda} = 0$$

$$\lambda = 0.45$$

函数驻点为使系统效益取得最大值的点，即使系统效益最大的 λ 值约为 0.45。

2.3 结果讨论

(1)Z_{max}与 λ 取值的关系讨论

下面分别讨论 Z 达到 50%、60%、70%、80%、90%、95%倍 Z_{max} 值时的 λ 取值。

①当 $Z^1=Z_{max}\times 50\%$时，$\lambda=0.202$

②当 $Z^2=Z_{max}\times 60\%$时，$\lambda=0.213$

③当 $Z^3=Z_{max}\times 70\%$时，$\lambda=0.224$

④当 $Z^4=Z_{max}\times 80\%$时，$\lambda=0.234$

⑤当 $Z^5=Z_{max}\times 90\%$时，$\lambda=0.245$

⑥当 $Z^5=Z_{max}\times 95\%$时，$\lambda=0.251$

从上面分析可以看出，λ 对于总效益的变化反应不显著，当达到总效益的百分比从 50%变化到 95%时，λ 的取值仅从 0.20 变化到 0.25；当达到总效益的百分比从 95%变化到 100%，λ 的取值会发生突变，从 0.25 变化到 0.45。如果假定达到系统最大效益的 50%以上即可考虑设置公交专用道，则 λ(公交车与社会车流量的比值)的取值范围为 0.20～0.45。

(2)公交车车辆数讨论

由于交通流量中除了公交车辆外，还有货运车辆和其他客运车辆，当路段饱和度较高时，如果再划出一条车道作为公交专用车道，则可能会导致其余车道的交通过度拥挤甚至瘫痪。当然，当路段饱和度较低时，非公交车辆对公交车辆的干扰较小，此时设置公交专用道的意义就不大了。通常认为路段饱和度位于 0.5～0.8 区间时适合设置公交专用道，低于或高于这一范围则不适合。因此，这里以系统总效益达到最佳系统总效益的 70%(此时 $\lambda=0.22$)，饱和度(v/c)为 0.5 时，讨论适合设置公交专用道时的公交车断面流量。

$$v_1 + \gamma v_2 = 2c(v/c)$$

$$v_1 = \frac{2c(v/c)}{1+\lambda\gamma} = \frac{2\times 1600\times 0.5}{1+0.22\times 2} = 1111$$

$$v_2 = \lambda v_1 = 0.22\times 1111 = 245$$

即饱和度(v/c)为 0.5 的路况下，公交断面流量达到 245 辆/h 时，设置公交专用道可以达到最佳系统总效益的 70%，相应的公交断面乘客数为 7350 人；若达到最佳系统总效益的 30%，相应的公交车断面流量为 212 辆，乘客数为 6360 人；若达到最佳系统总效益的 50%，相应的公交车断面流量为 230 辆，公交乘客数 6900 人。同理计算达到最佳系统总效益的 70%，道路交通饱和度为 0.6，0.7，0.8 条件下的公交车辆数与乘客数，汇总见表 2。

表 2　不同道路饱和度条件下公交车辆数与乘客数

公交客流 \ 饱和度(v/c)	0.5	0.6	0.7	0.8
公交车流量(辆/h)	245	297	346	396
公交客流量(人次/h)	7350	8910	10380	11880

由表 2 可以看出，当道路饱和度较大时设置公交专用道，要想获得系统最大效益的 70%，需要较高的公交客流量支撑，而常规公交系统的运能难以维持。因此，这时应该优先考虑将常规公交系统升级为准快速公共交通系统(BRT、有轨电车等)以提升公交系统的运能。

3　结　论

公交车乘客人均延误是否会减少取决于公交车与社会车流量的比值 λ，因此公交车与社会车流量的比值可以作为各车道数条件下(四车道以上)设置公交专用道的必要条件，具体见表 1。同时，公交车与社会车流量的比值 λ 取值的不同还会影响公交车与小汽车延误的减少或增加程度，推算结果表明，在设置公交专用道的极限条件下(四车道)，$\lambda=0.45$ 时可以实现系统效益最优(公交车乘客减少的总延误与小汽车乘客增加的总延误的差值最大)，当 λ 取值在 0.20～0.45 区间时可以实现系统最大效益的 50%以上。

参考文献

[1]晏克非.交通需求管理理论与方法[M].上海:同济大学出版社,2010.
[2]黄娟.公交专用道设置条件适用性研究[J].环球市场信息导报,2012,07.
[3]丁建友.城市主干道公交专用道设置条件研究[D].南京:东南大学,2009.
[4]刘伟等.设置公交专用道的流量条件研究[J].重庆交通学院学报,2005,12:129－132.
[5]张卫华,黄艳君,胡刚.城市公共交通专用道设置标准的探讨[J].交通标准化,2003,07:33－36.
[6]同济大学交通学院."芜湖世行贷款项目交通模型设计与预测"项目,2009.

The Discussion of Flow Ratio about the Setting of Urban Bus Lane

LIU Xiang-feng, YU Xiao-hua, YAN Ke-fei
(Shanghai Transportation Engineering School of Tongji University, Shanghai 201804)

Abstract: Experience is often depended on to determine the flow ratio(the ratio of bus volume with car volume) in the setting standard of bus lane without enough theoretical foundation. The paper is based on BPR function to build the delay model of bus passengers and car passengers. Then the relationship between road system benefit and the flow ratios is discussed and the results indicate that road system optimization can be obtained when the flow ratio is from 0.20 to 0.45.

Key words: bus lane; BPR function; the flow ratio

沿河带状组团城市公交规划研究

高克林　朱　锐

（上海市政工程设计研究总院（集团）有限公司，上海 200092）

摘要：本文首先研究了沿河带状组团城市的特点，总结了五大公交特性；根据交通特性，结合福建省三明市公交规划案例，研究公交发展模式、轨道选型、水上巴士等，为同类地区的公交规划提供参考。

关键词：组团城市；交通特性；公交规划；福建三明

"带状城市"理论最早是西班牙工程师马塔于1882年提出的。该理论主张城市平面布局呈狭长带状发展，城市应沿着交通线绵延建设。带状城市可将原有的城镇联系起来，组成城市的网络。这一理论的出现为城市的科学规划与功能划分提供了思路。

我国由于受到地理环境和人文历史等因素的影响，出现了一些较为典型的带状城市，比如三明、兰州和永嘉等（见图1）。这类城市不同于马塔提出的人为的带状城市，而是由于受自然条件的制约，这些城市的发展只能沿着川流延伸，从而呈现组团、带状城市空间结构。这类城市能够避免摊大饼式的发展，一般依靠一条或几条主干道来进行空间连接，若纵向线路太长，则会增加城市公共服务和交通系统的消耗。这种带状狭长的城市结构增强了公交出行方式的吸引力，因而带状城市在进行公交规划时应该和带状城市的特点有机结合，以公共交通引导城市的交通发展。

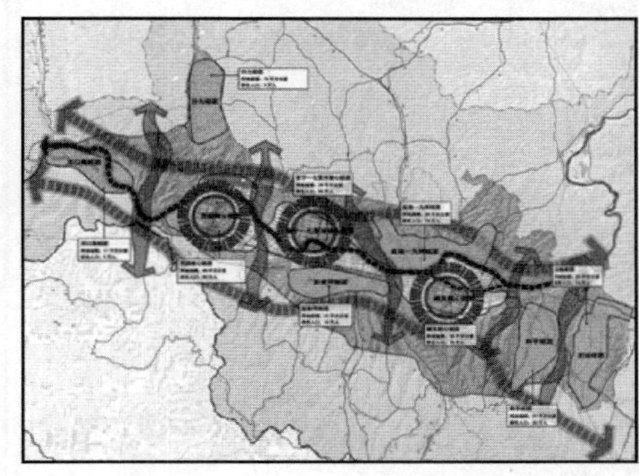
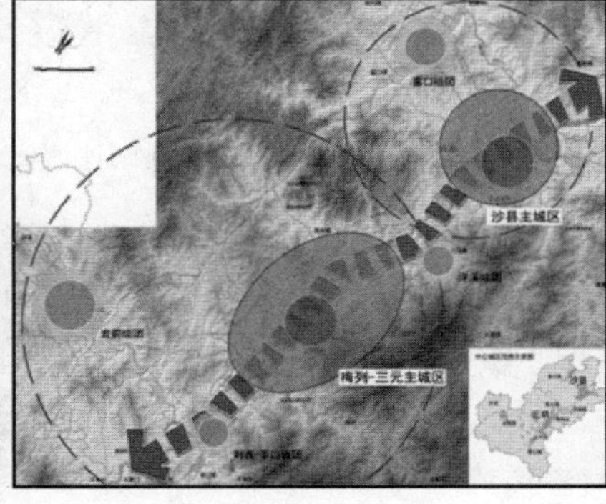

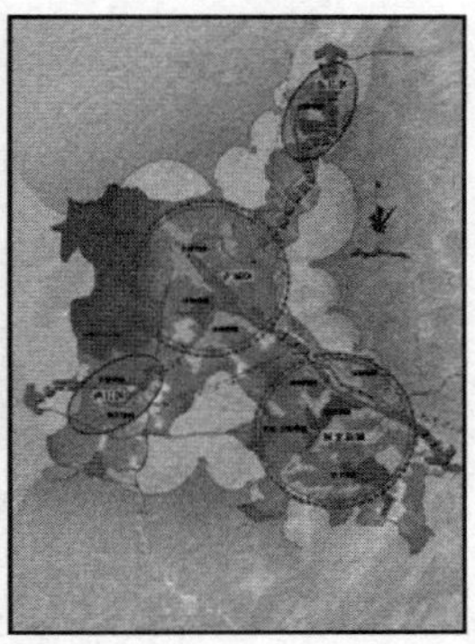

图1　兰州、三明、南平带状城市布局

1　带状城市公交特性

带状城市一般受山水分隔，基本沿河道两侧呈狭长布局，建设用地很难形成连绵带，大多是带状、组团用地布局。分析带状城市布局形态下公交的特性，对公交规划的针对性具有重要的实践指导意义。

（1）适合低碳交通、"公交＋慢行"的发展模式

带状城市较易布局成中央为"河道＋干道走廊"、两侧布置城市建设用地、外围镶嵌绿地及山体，整体建设用地开发强度较高，纵向长度和横向宽度的比值一般为3～5，横向宽度为1～3km。城市青山绿水环绕，横向尺度宜人，适合低碳社区的形成，较易达到结构性低碳的目标（见图2、图3）。规划在城市中央形成纵向"公共交通＋道路交通"的复合走廊，横向联系的出行半径适合自行车、步行等交通方式的服务，易形成"公交＋慢行"的低碳交通模式（见图4）。

作者简介：高克林（1981—　），工程师，研究方向为交通运输规划与管理。

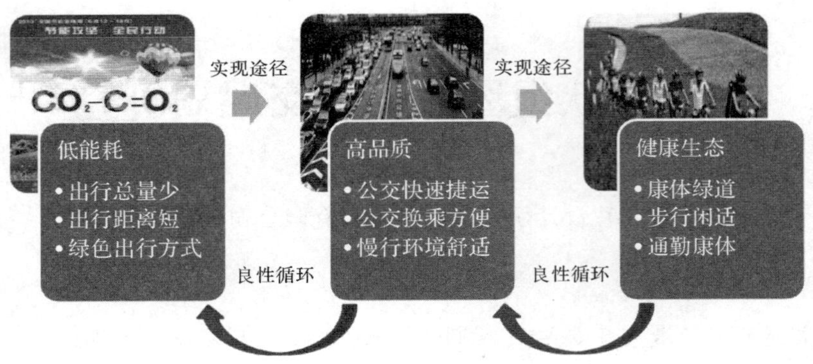

图 2 低碳交通的发展理念

图 3 日本低碳社区案例

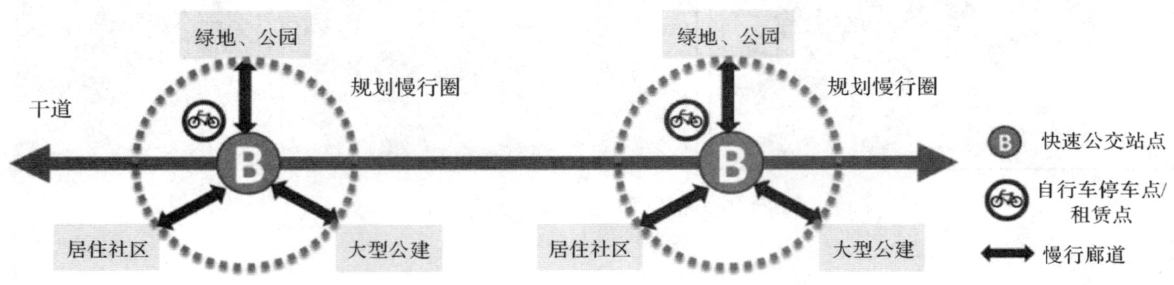

图 4 “公交＋慢行”的交通模式

(2)公交线路干道集中、易形成公交走廊

通过永嘉、乐清、三明等城市的现状公交分析可以看出，带状城市干线的公交线路基本集中在组团联系走廊上(见图 5、图 6)，由于组团之间联系通道的唯一性高，故公交线路的重复系数大，且通道临河而建，丁字路口较多，所以通道内公交车速较快；同时由于沿河景观的高要求、环境的高要求、用地节约的高要求等因素，对公交的模式、选型需根据景观、能耗、占地等方面进行比选。

(3)平均线路较长、长线路比例较高

由于带状城市纵向距离较长、组团和组团之间距离较远，故公交线路平均线路较长、长线路的比例较高。根据永嘉实例分析，长线路比例达到 40%，干线公交平均线路长度 20.7km、支线公交平均线路长度 12.1km，很好地支撑了带状组团城市的发展(见图 7)。

图 5　组团联系间公交走廊

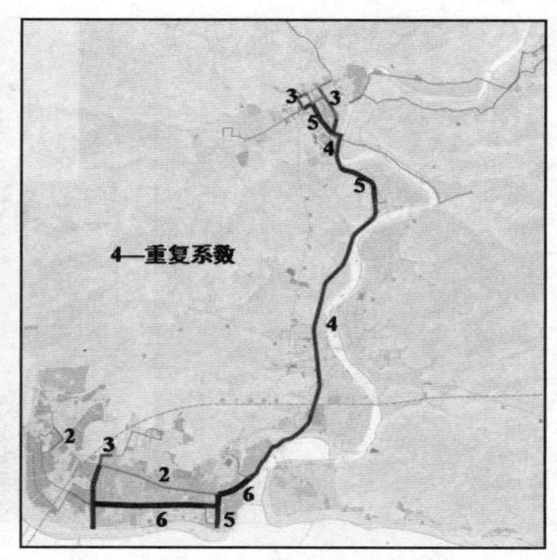

图 6　永嘉沿楠溪江公交走廊

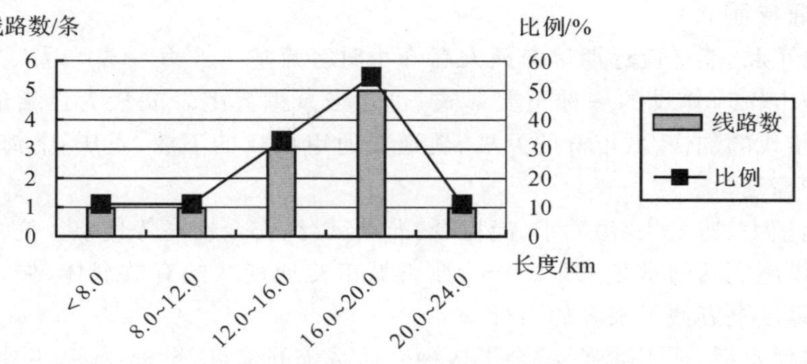

图 7　永嘉公交线路长度分布

(4)组团内公交出行比例低、组团间公交出行比例高

据统计分析,同等规模的城市,组团式布局城市的公交出行比例高于大饼式布局的城市。组团布局的城市中,由于组团与组团之间距离较远,公交出行比例较高;组团内部面积较小,慢行交通出行比例较高,公交出行比例低。这样的出行特征为公交规划提供了很好的指导意义。

(5)组团间站点覆盖率低

公交走廊主要联系重要组团,重要组团间次要组团、外围散点的公交服务水平则会降低。同样,公交站点 500m 覆盖率,在组团内布局可以达到 90%,但组团间一般很难超过 70%。由于公交的公共性、大运量等特性,线路很难覆盖组团间的散状用地。

2　福建省三明市案例分析

2.1　城市总规分析

福建三明为典型的沿河带状组团城市,城市发展目标为:突出三明特有的山水特色和小尺度街坊肌理,打造现代化地区性服务中心和生态宜居城市。其中,三明城区(梅列—三元主城区)确定为促进空间结构优化、增强综合承载力、提升环境品质、突出城市特色的重点支撑。

由于城市布局的特色、建设用地的紧张、地形差异的变化等特点,重点考虑在梅列—三元主城区规划新型轻轨交通及水上巴士(见图 8)。

2.2　新型轻轨交通的布局

城市规模的扩大及发展模式的变化,不仅使城市公共交通发生了数量上的变化,而且也在质量上提出了更高的要求。为改善大城市的公共交通问题,除发展传统的地面道路交通外,许多地方都在大力发展较为完善的城市轨道交通系统,形成一个由地面、地下和空中组合而成的立体式公共交通网络。

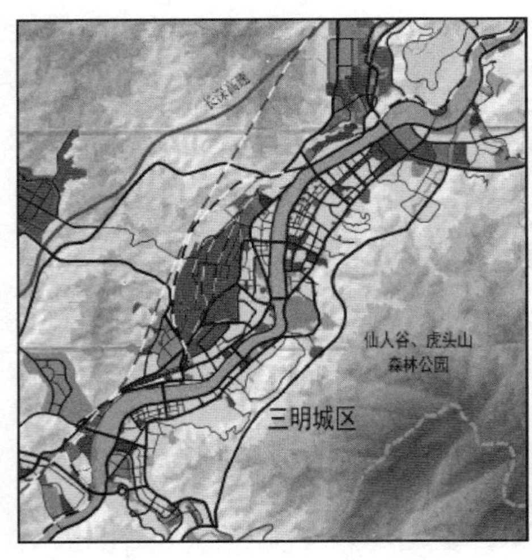

图 8　福建省三明市用地规划布局

(1)新型轻轨交通特征

采用中等载客量车厢,能适应远期单向最大高峰小时客流量 1.5 万～3.0 万人次的轨道交通称为轻轨交通。城市轻轨是城市轨道建设的一种重要形式,也是当今世界上发展最为迅猛的轨道交通形式。近年来,随着我国城市化步伐的加快、城市群的发展、轨道交通审批权的下放,重庆、上海、天津等城市纷纷掀起城市轨道交通建设的高潮。

城市轻轨具有运量大、速度快、污染小、能耗少、准点运行、安全性高等优点。它可以有效缓解人口与交通资源、汽车与交通设施之间的紧张关系。作为改善城市交通现状的有效载体,城市轻轨成为现代化大都市的重要选择,极大程度上方便了乘客的出行。

轻轨运输系统方便灵活、适用性强,综合了多种交通系统的优点:投资少,基本建设费用低,约等于地铁的 1/6;运量大,约为公共汽车的 3～4 倍;速度快,约为公共汽车的 2 倍;运营成本只有公共汽车的 50%左右;适应性强,节能,污染少,票价低,安全舒适,较准时,经济效益高。

此外,它还对城市的发展有利,容易融入城市现有格局,有利于增加采用轻轨运输城市的吸引力,并提高城市生活质量,有助于经济发展。

(2)新型轻轨交通分类

新型轻轨交通按照轨道铺设的方式及车辆的不同类型可以分轻轨交通、单轨交通、有轨电车和自动导向轨道系统,其各项技术指标见表 1。

表 1　新型轻轨系统技术指标对比

分类	形式	线路条件	客运能力	平均运行速度	备注	
轻轨系统	C 型车辆	半径≥50m 坡度≤60‰	N:1.0 万～3.0 万人次/h	v:25～35km/h	中运量适用于高架、地面或地下	轻轨
	Lc 型车辆	半径≥60m 坡度≤60‰	N:1.0 万～3.0 万人次/h	v:25～35km/h	中运量适用于高架、地面或地下	
单轨系统	跨座式单轨车辆	半径≥50m 坡度≤60‰	N:1.0 万～3.0 万人次/h	v:30～35km/h	中运量适用于高架	独轨
	悬挂式单轨车辆	半径≥50m 坡度≤60‰	N:0.8 万～1.25 万人次/h	v:≥20km/h	中运量适用于高架	

续表

分类	形式	线路条件	客运能力	平均运行速度	备注	
有轨电车	单厢或铰接式有轨电车（含D型车）	半径≥30m 坡度≤60‰	N:0.6万～1.0万人次/h	v:15～25km/h	低运量适用于地面（独立路权）、街面混行或高架	有轨
自动导向轨道系统	胶轮特制车辆	半径≥30m 坡度≤60‰	N:1.0万～3.0万人次/h	v:≥25km/h	中运量主要适用于高架或地下	导轨

通过对国内外案例的梳理，可以发现一些对三明公交建设的借鉴意义。

首先，由于新型轻轨交通所需空间较小，适合于建设用地紧张、规模较小的城市，三明虽然中心城区面积较大，但可用建设用地紧张，梅列—三元主城区内南北向道路除江滨路外，基本为双向4车道，没有条件设置公交专用道，可利用新型轻轨的建设特点构筑区内的快速公交通道。

其次，重庆的案例体现了新型轻轨交通对地形适应性强的特点，三明建设用地多集中在河谷处，地形较为复杂，采用独轨交通可较好地适应地形（见图9）。

图9 重庆独轨交通沿江布局

再次，作为伍珀塔尔市的“窗口”，新型轻轨百年来一直吸引着无数的游客慕名而至。新型轻轨的地标作用可以成为城市对外的“窗口”，同时结合规划建设的三明南站设置公交换乘枢纽，会给到达三明的乘客一个现代化都市的印象。

最后，新型轻轨交通的眺望条件好，兼具了城市观光的功能，结合三明“百里画廊”的建设，可把沙溪河沿岸打造成城市的观光通道。

从建设用地的节约性、环境要求的景观性、公交设施的低碳性等方面比选，建议三明市规划布局独轨交通。

(3)新型轻型轨道交通选线

梅列—三元主城区独轨交通线路主要考虑沟通两条BRT线路，连接三明汽车东站及三明南站两个重要的公交枢纽。线路由三明南站起，通过台江大桥后沿江滨路向北延伸，经过东乾路到达三明汽车东站（见图10、图11）。线路全长11.6km，沿线设15个站点，平均站距约800m。

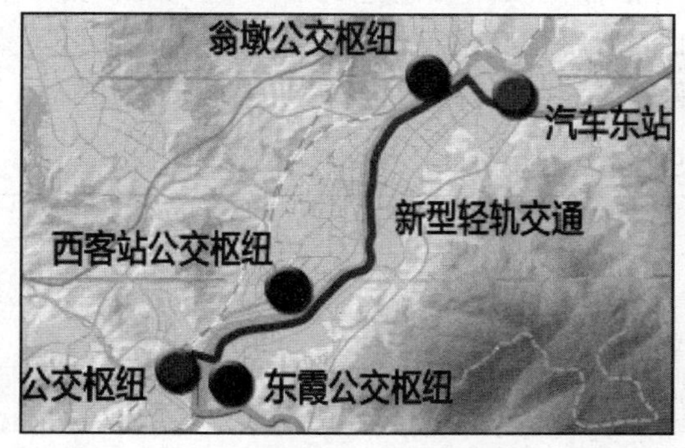

图10 梅列—三元主城区独轨线路走向方案示意图

图11 日本独轨交通过江案例

2.3 特色水上巴士的规划

随着人们生活水平的提高，对公交方式的多样性、出行方式的休闲性等都提出了高要求，而水上巴士是水上客运寻求新发展的一种方式。可以从以下几个方面对水上巴士进行界定。

就运行工具而言，水上巴士多采用现代化的、容量较大或者运行速度较快、外观相对优美的中小型船只。就运行线路而言，在城市内河固定航线，连接几个码头，乘客可在任意一个码头上下，与传统渡轮的点对点方式有很大差别。就班次票价而言，大多数有固定班次时刻，定时往返行驶，票价相对于水上旅游交通便宜很多，着眼于解决市民出行、游憩需求，是作为公交地铁等公共交通系统一个重要补充的、适应时代发展的水上客运方式。

(1)水上巴士 SWOT 分析

优势(Strength)。水上巴士具有快捷稳定、宽松舒适、环保、准点率高、噪声小的优势，不受城市堵车的影响，沿途还可以呼吸江上新鲜空气，观赏两岸风光。随着三明市"百里画廊"规划的推进，水上巴士将成为市民渴望的崭新交通服务方式。

劣势(Weakness)。水上巴士的劣势表现在客户群的培育、交通衔接、气候影响、服务频率的保证等方面。水上巴士如果不与城市公交系统联系起来将无法辐射更大的区域，导致客源稀少而无法保证服务频率。同时，在与公交衔接的场站、码头、线路延伸等的建设上，受到泊位技术规范、公交线网既有规划等的限制，不一定能在有客流的地方设置码头和公交衔接站，加上人们对水上巴士的认识不够，传统交通出行观点在短时间内难以改变，对经常性乘坐的核心客户群培育将难以尽快完善。从其他地方的经验来看，水上巴士的运行季节性强，秋冬季、大雾大风及雨雪天气时客流小，客运船的数量和航行时间也受限制。

机遇(Opportunity)。水上巴士的机遇表现在政府支持、人们向往、潜在需求大。三明市提出"百里画廊"概念，加深加快了对滨江资源的重新利用。三明市日新月异的滨江城市风貌和市民对绿色出行方式与休闲方式的渴望也造就了大量的需求，而现阶段城市组团式布局特点造成沿江陆上交通压力大、出行不便利的现状。随着城市的不断发展和沿江腹地的不断延伸，"水上巴士"将拥有良好的发展机遇和前景。

威胁(Threat)。水上巴士面临的威胁表现在随着公交和轨道线网的逐步完善，水上巴士与其他公共交通方式相比将丧失部分竞争优势(如准点直达、舒适等)。

(2)水上巴士功能定位

如何通过水上巴士更好地满足不断增长的过江和沿江的交通需求，如何通过水上巴士提供富有特色的公共交通服务，满足一部分出行者提升公交服务质量的需求，需要充分了解水上巴士乘客行为，做出合理的市场定位、客户定位，配套考虑票价策略、产品策略、服务策略、竞争策略等。

市场功能定位。水上巴士线路客运系统功能定位为"公共交通通道＋休憩观光"两大功能。这两者相辅相成，没有公共交通功能就不能充分发挥交通分担、服务过江出行需求的作用，没有休憩观光功能就不能提升城市功能和效益。在运作上可以将水上巴士交通线分为"公交线"和"休闲线"，"公交线"通过适当的衔接方式融入城市客运交通系统，坚持淡旺季定班开行，开通交通 IC 卡，寻求政府投入扶持和公交补贴；"休息线"利用公交线路，对船舶配以较高的服务要求，建设特色服务码头，在公交非高峰期间和淡旺季适当开发旅游、休闲运营服务。

乘客定位。沙溪河水上巴士乘客分公交乘客群和休憩乘客群，将各类别的乘客群分别细分为核心乘客群、重点乘客群和边缘乘客群。公交线路的核心乘客群为沿江码头站点附近的居民，主要出行模式为：步行＋水上巴士＋步行(见表 2)。当水上巴士站点网络更加完善而且与地面公交系统无缝换乘时，重点乘客群也将转变为核心乘客群。休闲公交线主要乘客为沿江附近居民、旅行社游客、三明主城区的居民。

表 2　乘客群体出行模式分析

项目	公交线	休闲线
核心乘客群	沿江码头站点附近的居民，主要出行模式为： 步行＋水上巴士＋步行	沿江站点附近的居民、旅行社游客
重点乘客群	沿江码头站点直接辐射区居民，出行模式为： 地面公交＋水上巴士＋步行	三明主城区居民 P＋R 出行模式
边缘乘客群	沿江码头站点间接辐射区居民，出行模式为： 地面公交＋水上巴士＋地面公交(或步行)	其他

(3)水上巴士线路规划

水上巴士的选线计划结合沙溪河布置，由于水路运输受电站碍航影响较大，线路只在梅列—三元主城区布置。站点布置原则：①结合主要公交枢纽，形成不同公交方式间的换乘；②经过主要旅游景点；③考虑沙溪河水文情况，避开不易设站地区；④考虑规划年公交出行需求，减轻过江出行压力。

水上巴士梅列—三元段西起三明南站客运码头，延伸至三明体育馆，线路全长15.3km，全程共设站7处，平均站距2km左右(见图12)。

图12　水上巴士和三明南站结合

3　结　语

本文在三明、永嘉等城市公交规划的基础上，对沿河带状组团城市的公共交通特性进行分析总结，并以福建省三明市为例，详细研究独轨交通和水上巴士的规划应用。带状城市建设用地紧张，本文的研究成果为沿河带状组团城市的公交规划提供了很好的借鉴，对合理选择公交模式、指导公交发展都有一定的积极意义。

参考文献

[1]倪捷，刘志强，高亦益. 带形城市的公共交通规划[J]. 城市问题，2009(1).

[2]王凯. 中小带状城市常规公交线网规划研究[D]. 西安：长安大学，2012.

[3]高克林，陈红缨. 三明中心城市综合交通体系规划[R]. 上海市政工程设计研究总院(集团)有限公司，2013.

[4]高克林，俞雪雷. 永嘉县公共交通发展规划[R]. 上海市政工程设计研究总院(集团)有限公司，2014.

Research on Transit Planning of Group City

GAO Ke-lin，ZHU Rui

(Shanghai Municipal Engineering Design Institute (Group)Co. Ltd. Shanghai 200433，China)

Abstract: This paper studies the characteristics of group city along the ribbon，and summarizes five bus characteristics; According to the traffic characteristic，unifies the Fujian province Sanming City transit planning case study，developing pattern，track selection，and water taxis，which provides reference for similar area transportation planning.

Key words: group city; traffic characteristics; transit planning; Fujian Sanming

广州火车站站前广场交通组织研究

黄　莉

（广州市交通规划研究所，广东广州 510030）

摘要：广州火车站地区是广州对外交通的枢纽，对外和对内交通的过分集中，导致该地区交通压力非常大，随着国家铁路网的进一步完善和珠三角城际轨道的动工建设，广州站迎来了建站后首次大规模改造的历史性机遇。本文针对广州站升级改造提出了几点设想，同时从方便乘客换乘与快速疏导交通的角度出发，提出广州火车站站前广场交通组织方案。

关键词：广州火车站；站前广场；升级改造；交通组织

广州火车站地处流花地区，始建于 1974 年，至今已经 40 周年。广州站见证了广州市改革开放 30 多年来在社会经济和城市发展上的巨变，承载了几代人的集体记忆。同时，该地区分布有大量服装批发网点，旅游商贸活动十分频繁，属于市级商业中心。随着建站后客流井喷似的增长，时至今日，广州站已面临设备老旧、运力饱和、候车能力不足等问题。每年的春运期间，车站设施规模偏小、候车空间狭小、运力不足等问题尤为突出，“一票难求”的现象至今未能缓解，广场上人满为患，迫使广州市不得不启用“琶洲展馆异地候车”的模式。

随着国家铁路网的进一步完善和珠三角城际轨道的动工建设，为广州站引入更多的轨道交通线路、扩大运力提供了可能，广州站迎来了建站后首次大规模改造的历史性机遇。广州火车站的升级改造势必提高客运能力和增加客流，对地区的道路交通也会产生较大影响。为此，对广州火车站站前广场的交通功能进行合理布局，以及完善交通衔接方案和周边道路交通改善方案，对快速、安全、有序地疏导广州火车站的人流、车流有着重要的意义。

1　现状交通调查与分析

1.1　火车站地区调查分析

（1）站前广场

广州火车站站前广场的交通功能分区为：站前旅客整备区、东广场、中广场、西广场。由于地铁 2 号线施工，原来西广场与中广场之间的绿化带已不存在，彼此之间没有明显的界线（见图 1）。

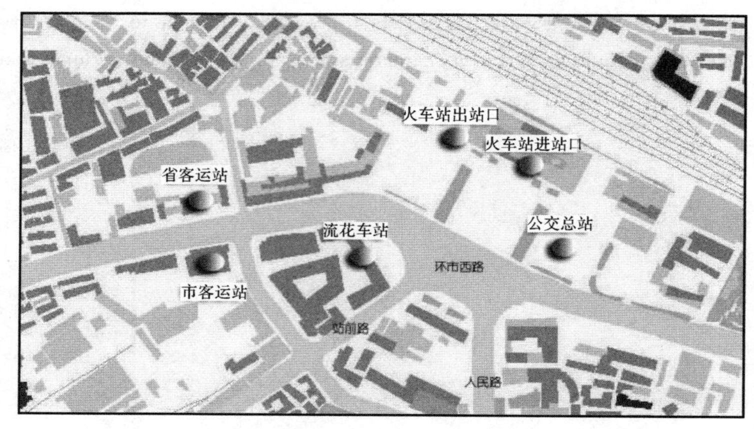

图 1　火车站地区各交通枢纽

站前旅客整备区：进出站旅客集散、候车、购票区。

东广场：分布有公交站场、出租车停靠场以及地中海地下停车场，机动车交通基本上集中在东广场，使得东广场的交通状况较为拥挤。

中广场：人流步行广场，春运期间临时候车室布置在中广场。

作者简介：黄莉（1980—　），女，工程师，主要研究方向为交通规划。

西广场：火车站出口及地铁出入口位于西广场，因此西广场是火车站出站人流缓冲区，也是火车站、地铁、公交总站和省、市客运站乘客换乘的交织点和人流集散广场。

(2)省客运站

省客运站主要提供省内和省际的长途班次，其中省内班线主要发往粤西、粤北方向，包括惠州、梅州、汕头、潮州、揭阳5市；省际班车发往海南、广西壮族自治区等省。该站日均发送量为3.7万人次/d。

(3)市客运站

市客运站主要承担省内长途客运，主要发往深圳、珠海、东莞、中山、佛山、肇庆、清远、阳江、江门等珠江三角洲地区以及番禺、花都、增城、从化等地。该站日均发送量为5.4万人次/d。

(4)流花车站

流花车站性质已由长途客运站转变为公交车站，运营面积约1500m^2，运营班线主要发往市郊及番禺、花都、增城、从化等地。

(5)公交总站

公交站场位于火车站东广场，面积约7000m^2，布置11条东西向公交停靠走廊，其中南侧设3条即到即走停靠走廊，每一条走廊停靠4条线路，分派专人调度指挥，公交车到站落客和上客后即走，不做停留，保持走廊内车辆连贯进出；北侧8条为停车候客走廊，每一条停靠1～2条公交线路。站场内共停靠公交线路26条，站场面积规模不足，停靠公交线路过多。

1.2 地区客流出行特征

广州区域内乘客到达广州站主要采用公交、地铁等公共交通，占比分别为42%、26%；其次是小客车与客运大巴交通方式，占比分别是11%、14%；其他交通方式所占比例较低。广东省内乘客以客运大巴为主，比例高达79%，除公交比例在9%外，其他交通方式所占比例都在9%以下，比例较低。省外乘客主要是通过铁路和客运大巴到达广州站，其所占比例分别为57%、36%，其他交通方式所占比例极低。广州站交通方式比例分布情况如图2所示。

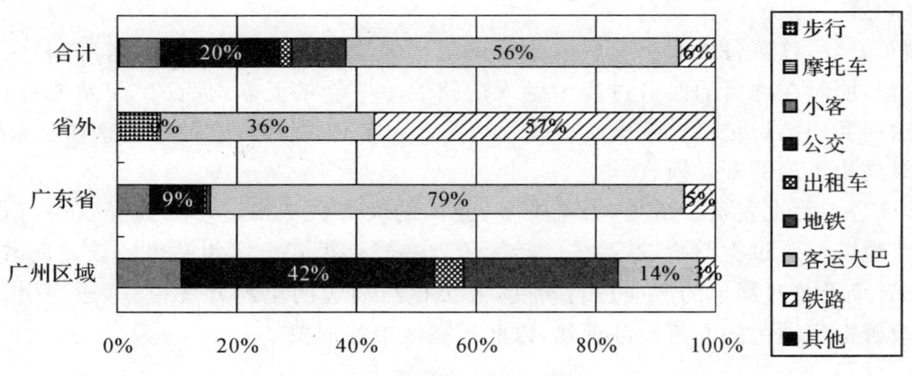

图2 广州站交通方式比例

(1)出行目的(见表1、表2)

表1 地铁、公交方式的出行目的构成

目的 方式	上班	上学	业务	娱乐购物	回家	观光旅游	接、送人	其他	合计
地铁	19.4%	1.6%	12.9%	3.6%	31.2%	11.6%	10.1%	9.6%	100.0%
公交	19.1%	1.5%	13.5%	5.9%	26.1%	10.4%	9.1%	14.5%	100.0%

表2 火车出行的目的构成

目的 方式	出差	上学	务工	回家	观光旅游	其他	合计
火车	16.9%	2.0%	36.3%	16.1%	15.8%	13.0%	100.0%

(2)方向分布

广州火车站的客流主要源于北部和东部,分别占23.4%和19.3%,南部占11.8%,西部占8.3%,西北部的客源最少,占6.5%。随着广州市“东进、南拓”发展战略的实施,东部和南部的客流还会增加。

(3)换乘特征分析

该地区采用单位车、私家车等进行换乘的情况并不多,出租车使用率也不是很高,而常规公交、长途客运以及城市快速轨道之间的交通换乘关系则比较明显,其中长途客运与铁路间的换乘率高达37.6%,充分显示了广州市在全省的交通地位。此外,随着地铁2号线和5号线的通车,其准点、快速的特征对地区的居民出行特征影响较大,对常规公交、出租车以及私家车等起到了很好的分流作用。

2 对广州站升级改造的几点设想

(1)在保留既有普速铁路功能的前提下,引入快速铁路和城际铁路

广州站作为广州铁路枢纽“四主二辅”中的4个主要客运站之一,由于广州站深陷于城市中心区,已经不符合传统的铁路车站“近城不进城”的布局策略。在参考多个国内外同类车站发展案例的基础上,按照本文第3部分确定的发展策略,广州站未来适宜向城市轨道枢纽站转型,以城市、城际轨道交通为主,兼顾中长途铁路客运发展,提高车站服务水平和吸引力。

(2)扩大车场、站房、集散广场等设施的规模,提高车站运力,优化交通枢纽和换乘设施

将广州站配套衔接交通设施作为一个整体进行研究,车场、站房和集散广场的布局方案需与相应的公交场、出租车场、长途汽车站等一体设计。目前,广州站南广场约47000m^2,受南侧内环路高架影响,其景观视觉较差,空间感较局促,为整体性改善车站周边环境,可考虑增设车站的北广场。交通枢纽布局要围绕铁路车场和轨道站点,合理进行功能分区,确保站前广场和公交总站等各功能分区的规模适宜,并适当分散设置,能够较好地满足客流集散的需求;还要减少乘客的换乘距离,为乘客提供舒适的换乘空间,最大限度地满足乘客的快速集散的需求。

(3)保留并加强广州站的文化底蕴

作为门户型车站,应该具备承载一座城市的历史记忆的功能,对于广州站现有广州特色及共同记忆的部分应该全力保留,同时在之后的改造过程中融入广州的一些新的元素,保证广州站能够伴随着一方土地的历史成长,用这些共同的记忆将这一座站、一座城、一方人串起,提高群众的认同感和自豪感。

(4)转型升级周边土地的开发模式

目前广州站周边多为批发贸易市场,人流杂乱,我国的大多数城市逐步在摒弃这一有伤城市面貌的模式,国外不少城市也曾经历过类似阶段,都早已转变了这一发展模式。广州站也应该趁此改造之机,参照国内外的相关转型升级经验对周边的产业进行转变,升级枢纽周边的土地开发模式,适当引入和培育高端产业及商务办公,改善枢纽周边的人流混乱现状,以此提高城市的形象。

3 交通组织方案研究

3.1 站前广场功能分析

站前广场主要发挥两方面的功能:①交通服务功能,广州火车站地区集结有铁路、地铁站、长途客运站、公交总站、出租车停靠站、公共停车场等多种交通设施,站前广场是这些交通方式换乘的主要结点,必须提供相应的交通服务辅助设施;②城市景观功能,广州火车站是城市对外窗口,站前广场的环境景观影响着广州城市形象,设计方案应与城市景观协调。两者如果相互冲突,以交通服务功能利益为先。基于以上考虑,站前广场的功能分区具体如下。①人流集散区:站前广场人流聚集和疏散的主要缓冲区。②公交站场:常规公交是广州火车站主要的交通衔接方式,以放射的形式组织公交线路网络。③出租车停靠站:发挥出租车舒适、灵活、便捷的特点,为乘客换乘提供方便。④公共停车场:为驾车接送乘客的客流提供停车服务。

3.2 交通衔接设施

(1)城市轨道

轨道交通是城市公共交通系统的骨干,城市轨道是广州站枢纽最为重要的市内交通衔接方式。根据广州市轨道交通线网规划,广州站将在现状地铁2、5号线基础上,新增地铁11、14号线(见图3)。

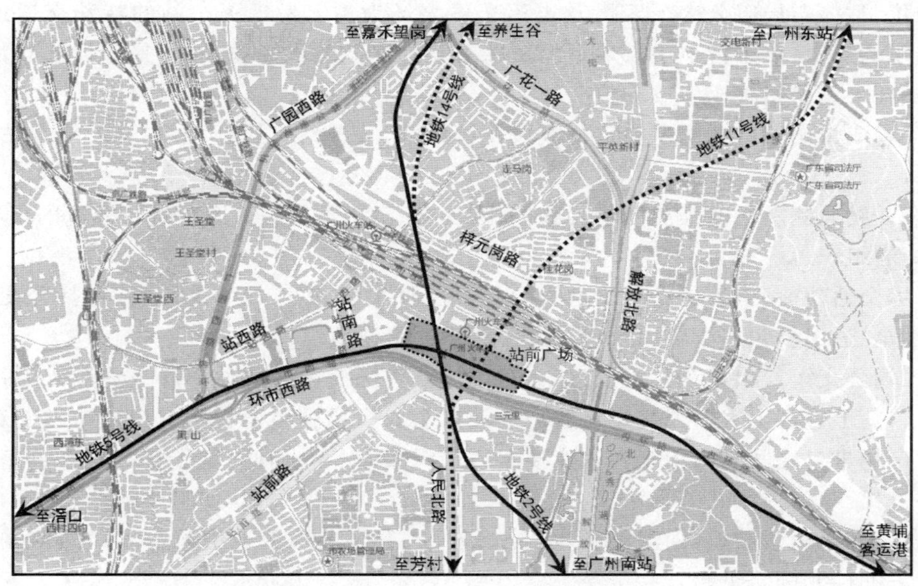

图3 广州火车站衔接城市轨道布局示意图

(2)常规公交

常规公交是城市公共交通系统的主体,在广州站枢纽各种市内交通衔接方式中的地位仅次于城市轨道。现有广州火车站公交总站位于广州站东南侧,站前行人广场的东部,始发常规公交线路30条,通往市内各个区域。现有公交总站占据了站前广场约1/3的空间,使用较为便利,不仅服务广州站,还辐射车站周边地区。但是该公交总站人流嘈杂,环境较差,且影响站前广场的整体景观。因此,应结合广州站枢纽的转型升级,对公交总站的设置进行优化。

(3)出租车

由于行李较多等原因,部分客流会选择乘坐出租车前往广州站,出租车也是公共交通的有效补充。现有出租车上落客区位于广州站东南侧,环绕公交总站设置,对火车站与公交总站之间的人流形成阻隔,且与出站厅距离达200m,使用不便。应结合广州站枢纽的转型升级进行优化设置,实现无缝衔接,并避免对乘坐公交的人流造成影响。

(4)小汽车

随着转型升级,广州站枢纽势必将吸引更多的中高端客流,该部分客流选择乘坐小汽车前往广州站的倾向性较高,建议采用建管结合的手段,抑制小汽车接送需求。

3.3 交通功能布局原则

火车站交通功能的布局原则包括以下几方面:①以客流需求预测为前提,尽可能提供必要的交通衔接设施;②有利于各种交通方式之间的衔接,方便乘客换乘;③合理组织机动车交通和行人交通,减少彼此之间的冲突和干扰;④处理好站前广场内部交通与道路交通的关系,减少进出车辆对道路交通的影响;⑤与城市整体景观相协调;⑥为春运期间交通衔接方案的制定留有余地。

3.4 交通功能布局方案

广州火车站、火车站公交总站和长途客运站(省、市客运站)是地区客流换乘的主要结点,结合省、市客运站及火车站进出站口进行布局,从有利于地区客流换乘的角度考虑,将火车站公交总站上、下客区域分开设置:东广场为下客区,西广场为上客区。

(1)交通功能布局

西广场:由于广州火车站出站口位于西广场,出站人流集中单向、带有冲击性,并且出站人流部分为外来人流,对广州不熟悉,出站口应预留一定范围的人流缓冲区。另外,在西广场还需预留一定宽度的东西向人行通道,故西广场的交通功能主要有公交上客区、火车站出站人流缓冲区和人行通道。

东广场:东广场的交通功能主要为出租车停靠场、公交车下客区和社会停车场,同时提供一定数量的军警特种车停靠泊位,整体布局以公交下客区及出租车停靠场为主。考虑火车站的特殊交通地位,近期应该尽量控制对小汽车的吸引,仅维持地中海地下停车库160个泊位的停车规模,不另增设停车泊位;行包房出入口西侧设置5~6个军警特种车停放泊位。

中广场:中广场成为站前广场的主要步行区域,结合火车站进站口的分布,主要功能为站前整备及换乘步行广场。

北广场:拟在铁路北侧新增的集散广场,同时兼顾公交、出租车及长途客车进行客流的集散。

(2)机动车交通组织

根据站前广场交通功能布局,机动车交通组织分布在西广场、东广场和北广场,包括公交车、出租车、地下车库车辆、军警车、进出行包房车辆以及单位办公车辆的交通组织。

公交车:东广场公交车与出租车共用进口,在东广场下客区下客后从地中海东侧驶入专用道西行,从西广场东南角驶入公交上客区上客。公交车从东广场驶入至西广场驶出全程自东向西按逆时针方向行驶,在东广场出口与西广场进口之间与出租车存在变换车道交织段,相互间有一定干扰。北广场车辆利用拓宽改造后的梓元岗路进出。

出租车:由东广场东南角驶入,逆时针行驶,经下客区、上客区后由地中海出入口西侧驶出。北广场车辆利用拓宽改造后的梓元岗路进出。

军警车、地下停车库和行包房的车辆:在拟建高架匝道与地下停车库之间设置双向两车道,组织军警车、地下停车库和行包房的车辆从这两条车道进出。由于驶出车辆与进库车辆及公交车、出租车流存在冲突,建议加强地下停车库和行包房驶出车辆的管理,减少对公交车和出租车的影响。

单位办公车辆:广州火车站、流花区管委会以及城管等单位的日常办公车辆需进入办公区。考虑此部分车辆较少,其交通组织如下:驶入车辆按公交进站路线行驶,经上客区最内侧行车通道穿过公交站场驶入办公区,驶出车辆由西广场公交站场出站通道直接驶离。

(3)行人交通组织

站前广场人流集散呈“双中心”状,分别为东广场公交车下客区和西广场公交车上客站,东广场主要疏散方向为北面的火车站进站区、票务中心,西面的省、市客运站,南面的流花车站;西广场主要集散方向为北面的火车站出站口,西面的省、市客运站,南面的流花车站。车站内应预留足够宽度的南北向人行通道,打通南北广场的联系,方便行人自由流动,改善现状车站对城市的分割。

4 结 语

广州站是现状广州铁路枢纽中最重要的站点,其辐射影响范围早已超出了广州市范畴,是整个珠三角经济区最重要的客流集散中心。伴随着广州站枢纽升级转型,广州站未来有望引入快速铁路、城际铁路,加强与城市轨道的衔接,并配套长途汽车客运站、公交站场、出租车上落客区等交通衔接设施,构建高密度、换乘便捷的集国铁、城际、公路客运及城市客运等多种交通方式为一体的综合交通枢纽,在继续秉承及发扬“广州站”的历史光环和记忆的同时,融入广州新元素,提升城市门户形象。

参考文献

[1]广州市人民政府.广州市总体规划及各分区规划.

[2]广州市交通规划研究所.广州火车站站前广场综合交通规划.2000.

[3]广州市交通规划研究所.广州火车站站北广场规划.2000.

[4]广州铁路集团.广州火车站和广州西站近期改造方案.2003.

Research on Traffic Organization of Guangzhou Railway Station Square

HUANG Li

(Guangzhou Transport Planning Research Institute, Guangzhou 510030)

Abstract: Guangzhou Railway Station is a hub of Guangzhou outbound traffic and excessively focused on external traffic, and causing traffic pressure in the region is very large, with the further improvement of national railway network and the Pearl River Delta Intercity rail transit construction, Guangzhou Railway Station welcomed site after the first large-scale renovation of the historic opportunity. Aiming at the Guangzhou Railway Station to upgrade some suggestions put forward at the same time, to facilitate the transfer of passengers and quickly from the traffic point of view, the Guangzhou Railway Station square traffic organization scheme.

Key words: Guangzhou Railway Station; square; upgrade; traffic organization

分散型布局的空港与高铁枢纽一体化衔接研究

王　波　蔡瑞卿

（广州市交通规划研究所，广东广州 510030）

摘要：本文从分散型布局的机场枢纽与高铁枢纽关系入手，借鉴空港与高铁枢纽衔接的国际经验，分析了广州北站—白云机场间旅客出行需求特征和交通衔接方式。以“构建广州北部综合交通枢纽，实现交通引导地区开发（TOD）”为目标，本文系统提出了白云国际机场与广州北站高铁枢纽的分层次交通联系解决方案，包括直通服务型、替代型、沿线服务型交通设施布局。

关键词：白云机场；高铁枢纽；一体化；衔接

白云机场2013年旅客吞吐量5265万人次，货邮吞吐量1.72×10^6t，分别居我国机场第2名和第3名（我国港、澳、台地区除外）。根据规划[1]，未来白云机场的定位是打造亚太地区大型复合航空枢纽，远期机场年旅客吞吐量1亿人次，货物吞吐量5×10^6t。广州北站距离白云机场约12km，是京广铁路和武广高铁的经停站，目前日发送量约5000人次。根据规划[1]，未来广州北站的定位是广州铁路枢纽的辅客运站和珠三角城际轨道交通枢纽之一。

为此，有必要从完善多种交通方式集疏运体系、提升机场旅客出行服务水平、扩大白云机场吸引辐射范围出发，深入分析空间上分散型布局的机场枢纽与高铁枢纽的关系，提出合理的交通联系解决方案，将白云机场和广州北站共同打造成为广州北部综合交通枢纽。

1　白云机场高铁衔接客流规模预测

作为综合交通体系的重要组成部分，航空和铁路对于促进交通可持续发展起关键作用。近年来，随着高速铁路（以下简称“高铁”）规模的迅速扩展，二者在综合运输体系中既相互竞争，又相互合作，但总的来看，呈现一种合作发展的态势，“空铁联运”的重要性日益凸显。

（1）白云机场吸引的高铁客流量

研究表明：500km以内，高铁方式具有绝对优势，将吸引大部分客流；500～1000km范围为航空和高铁方式的竞争区域；1000km以上，航空方式具有绝对优势。如果航空与铁路两种方式能达成有效便利的衔接，高铁方式在吸引航空短距客流的同时，也将成为机场拓展服务腹地的重要途径，其一体化运营可以实现铁路与航空两种运输方式的双赢。

根据高铁线路走向和大型机场布局分析，未来白云机场的腹地将借助高铁网络逐步拓展到广东周边省份，将对邻近的广西、湖南、贵州、江西的潜在客流产生较强的吸引力。根据预测[2]，2020年，白云机场将通过高铁网络吸引279万人次的省外客流。

（2）既有高铁车站与白云机场的关联度分析

高铁引入广州的主要站点是广州南站和广州北站（见图1）。广州南站是广州铁路枢纽的主客运站，规划有贵广、南广、广深港等多条高铁接入，具有较丰富的高铁资源。但是，广州南站距离白云机场45km，中间需要穿过主城区，理论上的最短衔接时间大于30min，交通距离长且运行时间不稳定。广州北站位于花

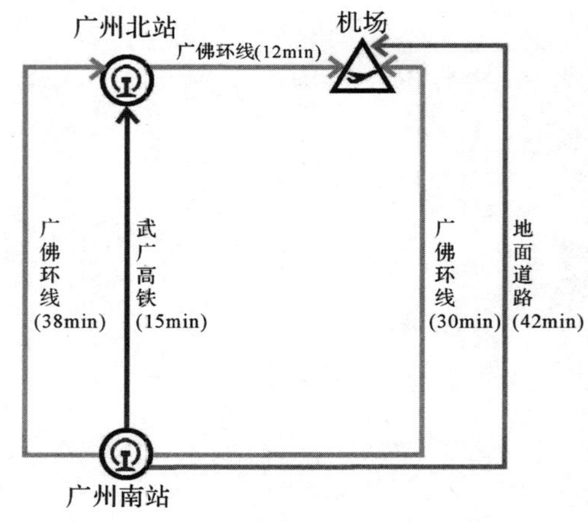

图1　白云机场与高铁车站关联度

作者简介：王波（1976—　），男，高级工程师，注册城市规划师，主要研究方向为交通运输规划与管理。

都区新华街，距离机场12km，是广州铁路枢纽的辅客运站，规划有京广铁路、武广高铁、广佛城际环线、广清城际线，与南站相比具有明显的区位优势，容易与机场构建便捷的联系，其辐射范围可覆盖邻近的湖南、江西、广西、贵州等省区及珠三角北部地区。因此，广州北站对于机场省外高铁客流的输入将承担重要的作用。可以预计，“空铁衔接”将大大增加未来白云机场区域客流中轨道方式所占的比例，彻底改变目前白云机场往珠三角地区客流集散以机场大巴为主（占83%）的格局。

根据预测[3]，远期经过广州北站衔接白云机场的高铁客流将达到3058人次/d，占广州市域空铁联运客流的40%，普通铁路和城际轨道也将带来超过2万人次/d的中转衔接客流。因此，未来广州北站与白云机场之间的衔接客流总规模将达到2.4万人次/d。

2 “分散型”布局的机场与高铁枢纽的关系

航空方式与高铁方式间竞合关系的转化主要取决于区域交通设施的一体化衔接程度。考虑到广州北站与白云机场之间相距12km，且中间隔着花都中心城区，高铁枢纽与机场枢纽处于空间上的“分离”状态，如何实现两个枢纽一体化衔接显得尤为重要和迫切。

（1）白云机场与广州北站衔接现状

2009年12月，武广高铁开通运营，高铁的运营对沿线的航空运输产生了较大的影响，航空客运吞吐量相比同期出现了大幅下降，短途航空运输逐渐被高铁取代。但目前为止，广州北站与白云机场间中转的客流量较少，空铁联运的发展潜力很大。目前广州北站与白云机场间交通衔接不便具体表现为：“空”（白云机场）“铁”（广州北站）衔接的3种交通方式（机场大巴、出租车、小汽车）均需要从花都中心城区穿过，距离远（全程16km，10个信号灯路口，2个收费站），间隔长（机场大巴30min一班），速度慢（机场大巴>40min）。

（2）广州北站枢纽定位及面临的机遇

根据规划[1]，广州北站交通枢纽定位为“广州北部综合交通枢纽”，除现有京广铁路、武广客运专线外，还将引入广清城际轨道、广佛城际环线、穗莞深城际线及广州地铁9号线等轨道交通线路。该枢纽服务于广州市北部地区，可辐射到广佛都市圈、粤北及湖南等地，实现30min到达广州主城区（广州站、广州东站）和佛山、清远的大部分建成区。其中，广佛城际环线引入白云机场和广州北站，大大拉近了两者的时间距离，铁路站台至航站楼的出行时间将缩短到15min以内[3]，能够满足北站与机场的便捷联系要求。但同时，城际轨道交通发车存在间隔时间长、覆盖范围小，对沿线地区发展带动能力弱的缺点。

3 空铁枢纽一体化衔接国际案例分析

从国内外目前已建成的航空枢纽和铁路枢纽来看，其衔接关系大致可以分为3类：①集中式布局，将高铁线路引入机场，空港与铁路枢纽合并建设，成为复合型的综合交通枢纽，代表性的如法国戴高乐国际机场、东京羽田国际机场、上海虹桥枢纽；②分散式布局，高铁车站与空港枢纽空间上分开布置（距离大于10km），通过多种交通方式实现两者之间的便捷交通联系，代表性的如伦敦希斯罗机场、北京首都国际机场；③混合式布局，兼有前两者的布局特点，代表性的如德国法兰克福机场。就广州北站和白云机场而言，更类似于分散式布局的衔接关系，对相关案例和经验分析总结如下。

（1）分散式布局案例

以伦敦希斯罗机场为例，该机场与市内8个较大的火车站的距离都较远，但通过分布于5个航站楼下的2条轨道专线和1条地铁线，实现了与市区火车站之间的多样化和便捷的轨道交通联系，很好地克服了火车站与机场分离的弊端。如图2所示，希斯罗机场与帕丁顿车站相距20km，通过轨道专线连接，分快线（Heathrow Express）和慢线（Heathrow Connect），快线采用不停站直达的模式，发车间隔15min，运行时间15min；慢线设有5个中途站，发车间隔30min，运行时间25min，快慢线均可以实现机场—列车—火车站的同平台无障碍换乘。希斯罗机场与王十字车站及潘克拉斯车站（欧洲之星高铁终点站）相距24km，有地铁线（Piccadilly Line）连接，该线设有7个中途站，发车间隔10min，运行时间约1h。

（2）空铁枢纽一体化衔接经验借鉴

从世界上客运量排名前10的机场来看，欧洲和亚洲的5个机场都实现了与既有高铁车站的轨道连接

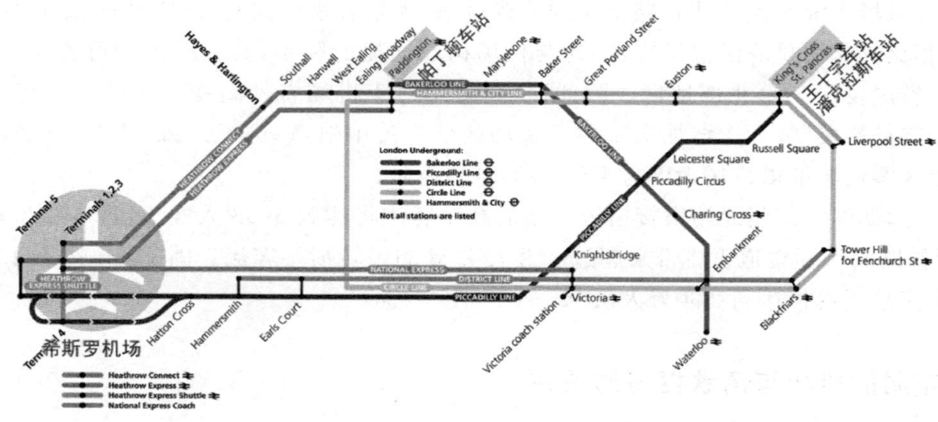

图 2　伦敦希斯罗机场与火车站的衔接关系

(见表 1)。通过对以上案例的解读,可以得出机场与高铁枢纽衔接的一般特点,包括:①机场与高铁枢纽间须具有快捷便利的直通联系,衔接时间不超过 15min;②机场与高铁枢纽间须有多种衔接方式,以满足不同层次、不同类型旅客的需求。

表 1　全球主要机场与高铁车站衔接情况[4]

机场	年客运量(万人次)	高铁车站	空间距离	衔接方式	衔接时间	备注
北京首都国际机场	7390	北京南站	38km	城市地铁	1h	需要通过两次换乘
伦敦希思罗机场	6588	王十字车站	24km	城市地铁	1h	机场快速轨道仅衔接至普铁车站帕丁顿
东京羽田国际机场	6421	机场站	<100m	与机场一体化	<5min	京滨急行线机场支线
戴高乐国际机场	5816	机场站	<100m	与机场一体化	<5min	地区快速铁路(RER-B)、高铁(TGV)的2条线路,TVG 不经巴黎市区
达拉斯国际机场	5691	—	—	—	—	与相距机场 10km 处的铁路站(仅周一～周六营业),以穿梭巴士衔接
法兰克福国际机场	5300	远途火车站	350m	与机场一体化	5min	与 1 号航站楼一体化设置,车次有限

注:全球前十大机场中,亚特兰大机场、芝加哥奥黑尔机场、洛杉矶机场、丹佛机场无铁路车站衔接,上表未列入。

4　广州北站与白云机场交通联系解决方案

以打造一体化的综合交通枢纽为目标,结合构建广州北站与白云机场之间的新城市轴,引导地区开发(TOD),提出广州北站—白云机场间的交通联系解决方案。

(1)公共交通需求分析

广州北站与白云机场衔接的公共交通的旅客包括两种类型:广州北站与白云机场的旅客、新城市轴的居民及就业人员。

对广州北站与白云机场的旅客而言,两个枢纽点之间的公共交通必须实现直通运行(实际运营里程约 20km),运行速度 100km/h 以上,运行频率 4～6 车次/h;根据白云机场 1 亿人次的远期规划客运量,应配备城际铁路、城市地铁、轻轨等中、大运量轨道交通(运输能力≥1.0 万人次/h)。此外,为实现交通方式选择的多样性,在直通运行列车误点时应提供多样化的替代交通方式(穿梭巴士等)。

对新城市轴的居民和就业人员而言,为满足广州市内城市功能节点之间的移动需求,需具备城市轨道的捷达性,运行速度 35km/h 以上,高峰时段运行频率 12～20 车次/h,运输能力≥1.0 万人次/h。沿新城市轴轨道车站的合理间距为 1～1.5km(步行 10min 内),并且,需确保覆盖地铁 9 号线服务空白地区,以实现交通方式选择的多样性。

(2)广州北站—白云机场间公共交通体系规划

综合以上分析,广州北站—白云机场间所需公共交通功能主要可概括为两种类型:(北站—机场)直通服务型、(新城市轴)沿线服务型。上述两种公共交通服务在性能上存在较大的差异,因此有必要引入性能处于两种公共交通之间的“替代型”公共交通,见表2。

表2 广州北站—白云机场间公共交通衔接方式分类[5]

交通系统	直通服务型	替代型	沿线服务型
运输能力	≥1.0万人次/h	≤0.2万人次/h	≥1.0万人次/h
旅行速度	100km/h	50km/h	≥35km/h
运行频率	4～6车次/h	4～6车次/h	12～20车次/h
北站至机场时间	约10～15min	约15～20min	约40min
方式选择	广佛城际环线	穿梭巴士	地铁9号线、AGT/BRT

规划广州北站—白云机场间公共交通的衔接方案包括:广佛城际环线、穿梭巴士、地铁9号线、AGT/BRT等(见图3)。由于地铁9号线存在北站—机场间为凸型线路、同新城市轴的方向不一致的问题,并且需在高增站同地铁3号线换乘,相比其他交通系统,该方式耗时较长。因此,为了提高新城市轴的交通服务水平,有必要引入新的交通系统(AGT/BRT),通过分层次公交系统引导和带动沿线城市发展。[5]在一体化运营服务方面,可以从以下两点考虑:①提高直达发车频率,增强对客流的吸引力;②在广州北站枢纽内设置机场候机服务区,从运送行李、办理登机手续等方面为旅客提供由车站至机场的无缝衔接式移动服务,通过有保障的衔接服务,推迟换登机牌的时间,进一步加强空铁客流的衔接便利性。

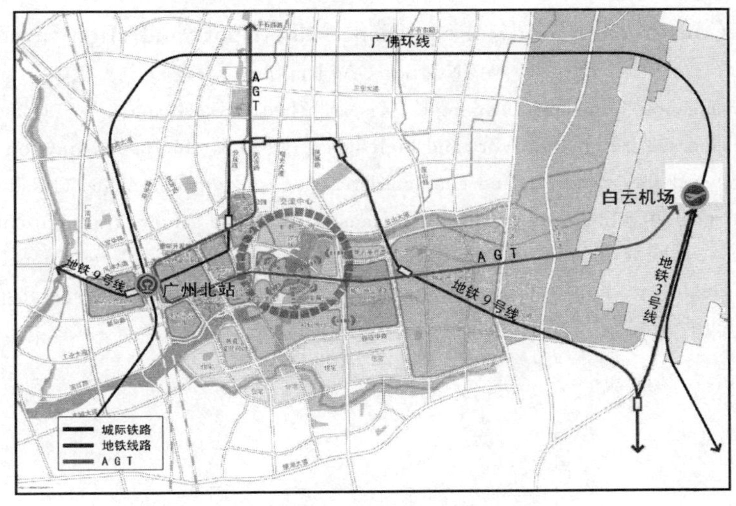

图3 公共交通一体化衔接方案

(3)交通引导地区开发(TOD)的建议

以白云机场和广州北站为主要节点,通过分层次的公共交通体系和合理的城市设计,带动沿线城市开发,形成花都区新的城市发展轴线。[3]主要建议包括:①规划设置东、西两个交通广场,将两侧交通广场的步行空间分别向外延伸,构建东西向轴线(见图4);②拓宽改建景观大道,形成象征新城市轴(广州北站—白云机场)的开放空间(见图5)。

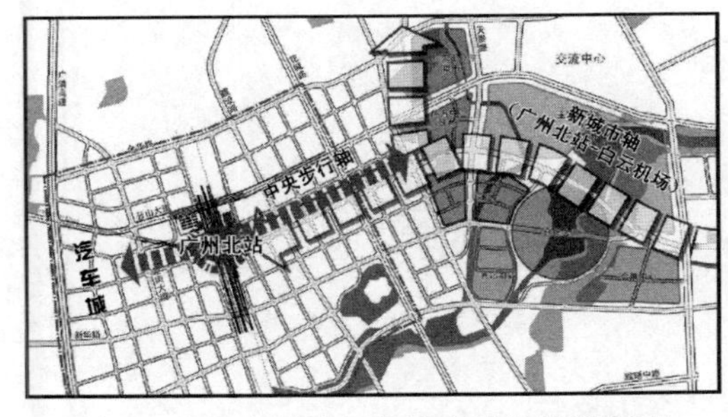

图4 中央步行轴与新城市轴的协调策略

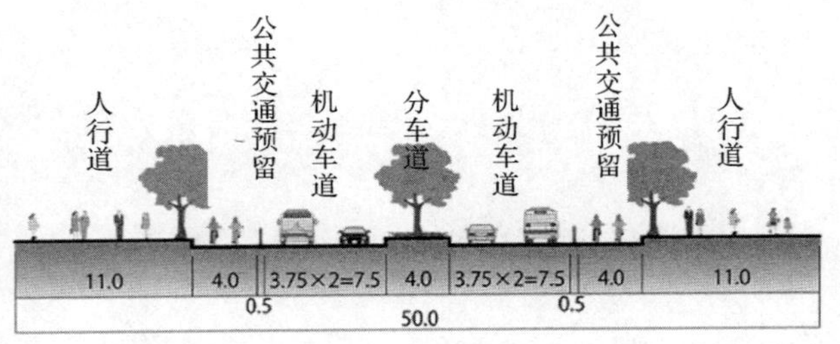

图5 新城市轴景观大道横断面推荐方案

5 结 语

随着高铁建设的全面推进，航空与高铁的竞争与合作将更加趋于明显，在城市交通枢纽布局方面应考虑到两种运输方式的关联性和一体化。由于历史原因形成的分散型枢纽布局则应重点考虑如何加强两个枢纽间的联系便捷性，实现一体化发展。白云机场和广州北站都是广州市重要的综合交通枢纽，具有较强的客流吸引和疏散能力，同时它们之间也具有很强的关联性，具备实施空铁联运的客观条件，是分散型枢纽布局的典型代表。

参考文献

[1]贺崇明，马小毅，王波，等. 广州市综合交通规划[R]. 广州市交通规划研究所，2011.

[2]张国华，等. 广州白云国际机场综合交通枢纽整体交通规划最终成果[R]. 中国城市规划设计研究院，2011.

[3]王波，黄永柳，等. 广州北站交通枢纽衔接规划研究[R]. 广州市交通规划研究所，广州至信交通顾问有限公司，中铁第四勘察设计院集团有限公司，2011.

[4]Airports participating in the ACI annual traffic statistics collection[R]. Airports Council International，2011.

[5]加尾章，水口仁郎，等. 广州北站交通枢纽衔接规划研究咨询报告[R]. 日本中央复建工程咨询株式会社，2011.

Integration Convergence Study of the Dispersed Airport and High-speed Rail Hub

WANG Bo，CAI Rui-qing

(Guangzhou Transport Planning & Research Institute，Guangzhou，510030)

Abstract: To start from the dispersed layout of airport and high-speed rail hub，this paper draw on international experience in airport-rail convergence，analyzed the travel demand characteristics and convergence model classification between Guangzhou North Station and Baiyun Airport. To build integrated north transport hub and achieve traffic oriented development (TOD) as the goal，this paper put forward the level solutions for transport links between Baiyun International Airport and North Station systematically，including through service-oriented，alternative，and along the service-oriented transport facilities layout.

Key words: Baiyun Airport；high-speed rail hub；integration；convergence

土地使用—交通供应平衡模式评价指标与实例

李春阳[1]　徐学才[2]

(1.上海申通地铁集团有限公司,上海 201103;2.华中科技大学,湖北武汉 430074)

摘要:本文通过对城市交通传统供需平衡模式的分析,引出土地使用—交通供应平衡模式,并举例说明了建立该模式指标体系的理论方法与具体步骤。

关键词:城市交通;供需平衡;指标体系

交通供应与交通需求,是城市交通运输系统中的一对基本矛盾,涉及交通规划的全过程:从信息采集、现状评估、分析预测、方案生成、方案评价、方案决策到实施反馈。城市交通规划的目标是安排未来的交通供应,为未来的交通需求提供尽量优质的服务,取得交通供需平衡,即对于各种城市交通规划方案,必须以供需平衡为评价准则,而评价则需要一定的评价指标和评价体系才能完成。

一个平衡模式的运作需要组成供需平衡系统的各子系统的完备性和可靠性。传统的供需平衡理论,基本是重"需"轻"供",其做法是凭交通需求预测来确定未来的路网通行能力,反映的是"车多修路,路多车多再修路"的工程意识,即使这种预测考虑了未来发展阶段内的种种影响因素,如交通用地、交通环境和人口增长等,它所追寻的结果也只是停留在交通需求量与道路通行能力统一的层面上,这种情况下的供需平衡具有很大的单一性和局限性。首先,把交通供应能力设计简化为道路通行能力设计,使城市交通规划等同于城市干线道路网的规划,缺乏资金、政策法规、管理、维修等方面软环境的配套设施;其次,把交通需求等同于出行需求,并用交通量来表示,使交通含义简化为原始意义上的移动;再次,传统的供需平衡倾向于单一地让交通供应来满足交通需求,缺乏经济规律制约的考虑及相应的"成本—效益"评价。

1971 年,美国交通部提出了交通发展和土地关系的研究课题,揭开了土地利用和交通综合研究的序幕,自此如城市发展的 TOD 模式(交通引导城市发展)、城市发展的 SOD 模式(政府服务引导城市发展)、城市交通走廊引导城市发展模式、城市交通枢纽整合发展模式等陆续被提出。20 世纪 80 年代开始,我国有越来越多的学者和政府部门开始关注土地利用与城市交通的协调配合问题,利用交通设施供给来调控用地布局与土地开发强度,实现两者的动态平衡和城市的可持续发展。

1　土地使用一交通供应平衡模式

所谓城市土地使用,实际上是通过土地开发提供城市活动的空间架构,使得城市空间可以为人们提供各种活动所需的场所。土地利用模式对城市交通影响非常大,城市高强度开发区域应提供较高水平配置的城市公共交通,低密度开发区域则可以适当考虑个体交通。而城市交通是城市土地利用发展变化的重要因素,城市交通方式和地区可达性的改变直接导致城市土地使用的转化,这种作用表现在两个方面:首先是对城市土地使用模式和形态的影响,如在欧美,人们普遍认为小汽车和高速公路具有较强的离心力而导致城市郊区化;其次,交通通过对土地价格的影响产生对土地使用的影响。

随着城市经济及各类活动强度的日益加大,城市交通与城市用地发展的协调性不足的现象越来越突出,如城市用地规划与城市交通规划的协调性不足,城市主干道和城市商业街功能混合;大型建筑项目选址与道路交通系统的协调性缺乏论证;城市道路建设与沿线用地开发的协调不足,主干道、快速路沿线的建筑开口等问题。城市交通系统在土地交通一体化框架中的作用逐渐增强,土地与交通系统的协调就土地使用来讲可以优化土地资源的配置,避免土地过度集中带来交通拥挤,提高土地使用率,有巨大的经济效益和社会效益;从交通系统来看,这种协调也是避免交通集中、缓解交通压力的手段和措施。土地使用—交通供应

作者简介:李春阳,男,工程师,从事交通建设管理研究;徐学才,男,博士,主要从事交通安全与系统规划研究。

平衡模式就是在此基础上产生的，主要包括3个部分。

(1)土地使用：指的是土地的合理使用、现用地上建造的建筑类型及在用地上发生的社会与经济的活动强度的度量，以人口数、就业职位数、收入水平、居民车辆拥有率、环境污染程度等为表征。

(2)交通供应：指用地之间形成的实际通道或连接线。交通供应的内涵除了交通设施或交通网络之外，还包括交通工具、交通管理、交通法规、交通安全、交通政策、交通费用(基本建设费用和运营费用)、交通运营、交通环境等影响为交通需求服务的所有方面，具体可分解为工程投资、车辆购置费用、人均道路占有率、车速、出行时间等。

(3)交通：是土地使用和交通供应共同作用的结果，以乘客数、运行车数等为表征。

如果以L表示土地使用，T表示交通供应，Q表示交通，则系统可表述为：$L+T\Leftrightarrow Q$。

2 城市交通供需平衡模式评价指标体系的建立

(1)供需平衡指标的提出和内涵

供需平衡指标是用以描述城市交通处于供需平衡状态的指标的统称。作为一个特定的供需平衡指标，应具有以下含义：①交通供应与交通需求在城市交通规划下必须具备平衡的趋势；②交通供需存在预测意义上的平衡；③指标反映的是城市交通供需平衡时交通系统某一特性的量值；④指标可以是单一的，也可以是多个指标组成的指标集。鉴于交通供需系统的综合性，具体指标应该用逻辑学予以划分等级关系、隶属关系，并通过相应的检测、对照，实现指标间的有机综合，形成一个体系。

(2)指标的产生

通过“价值—目标—任务—指标”4个层次的纵向推导来表明交通规划中供需平衡指标的产生过程。价值，即社会价值，价值的多元化导致供需关系的多极化，价值取向是产生正确可行的评价指标的前提和关键。目标，是价值的集中体现，如产生一个合理的公共交通系统，它对使用者出行应是经济、有效的，对乘客有吸引力(安全、方便和准时)，以及它对所通过的地区环境应有最低程度的干扰和不利影响。任务，可以是特定的，也可以是具体量度的，从属于“目标”，是为实现某个目标所做的各项具体工作，在交通规划中表现为各个项目，如缓解上下班的交通堵塞，则可能有3项任务：缩短出行时间、提高通行能力和减少交通事故。指标，指可以到达目标、任务要求的程度，是计量收效程度的一种水平，一般指最低可以接受的水平，且是可以评价的。如对于上述3项任务，可定出指标，如：最短出行时间为40min，最低通行能力为800辆/h，全年交通事故最多次数为20次等。

(3)指标的选定

指标产生后，各指标间有可能重复反映某一交通特性，这样就必须对产生的指标进行选定，其选择须遵守以下规则：①确定主次，明确指标所侧重的某一方面利益；②各指标应尽可能相互独立；③在保证准确反映交通特性的前提下，尽量减少指标的数量；④所选指标能够定量描述。

(4)评价的步骤

以成都市交通系统评价指标体系为例。该体系原来产生了近百个指标，初选了30个指标，最后确定了16个指标(见表1)。

表1 成都市交通系统评价指标体系

道路设施子系统B1	客运子系统B2	货运子系统B3	交通管理系统B4
指标集A1	指标集A2	指标集A3	指标集A4
1.人均道路面积 2.人均停车面积 3.路网密度 4.路网负荷度	1.万人拥有公交车辆数 2.客运结构比 3.公交线覆盖率 4.公交出行时间 5.公交正点率	1.千万元生产值车辆数 2.车辆结构比 3.单车效率	1.交通事故死亡率 2.主要路口延误 3.市区机动车速 4.交通分隔比

(5)评价的步骤

建立了评价指标结构系统后，就可以对交通规划方案进行评价，评价步骤如下。

①根据地区交通实际情况，确定各评价指标的数值。

②通过专家评价，将各指标转换为无量纲的得分。

③计算各子系统的得分：

$$U_i = \sum_j W_{ij} f_{ij}$$

式中：f_{ij} 为第 i 个子系统第 j 个指标得分，W_{ij} 为对应指标的权重。

④计算系统总得分：

$$U = \sum_i W_{i(m)} U_i$$

式中：$W_{i(m)}$ 为子系统 i 的权重。

⑤通过总得分比较，确定最佳方案或确定交通运营状况。

3 结 语

随着经济增长方式由粗放型到集约型的转变，城市规划的理论与实践应对城市建设发展进行宏观调控，协调城市各利益相关者的利益冲突，建立、健全城市交通供需平衡模式已显得十分重要和迫切，从宏观、中观到微观，多层次、全方位地分析、归纳城市交通中不同体系、不同组成、不同网络中的各个子系统相互间的依存关系和制约关系，用可量化的指标体系加以描述和评价，以求花费相对较少的成本投入，得到相对最好的效果；且着重于整体的优化和综合的效果，并结合实际效果进行对比分析，对指标群进行相应动态调整，这样才能对城市土地使用、交通发展进行有效的控制和引导。

参考文献

[1]肖秋生，徐慰慈．城市交通规划[M]．北京：人民交通出版社，1990(12)：18－34，225－226.

[2]徐慰慈．城市交通规划论[M]．上海：同济大学出版社，2000：89－90.

Index and Example of Land Use-traffic Supply Equilibrium Model Evaluation

LI Chun-yang[1]，XU Xue-cai[2]

(1. Shanghai Shentong Metro Group Co.，Shanghai 201103；2. School of Civil Engineering，Huazhong University of Science and Technology，Wuhan 430074)

Abstract: Based on the evaluation of conventional supply and demand equilibrium mode，this paper elucidates the necessity of building the evaluation model of urban traffic supply and demand equilibrium. And the "Land Use-Traffic Supply" equilibrium model is presented ，then the methodology how to set up the index system and concrete steps are exampled.

Key words: urban traffic；supply and demand equilibrium；index system

城乡公交一体化线网规划模型研究

王　静　王　正

（上海海事大学交通运输学院，上海 201306）

摘要：城镇化的快速推进引起居民出行供不应求现象的产生，为解决这个问题，本文展开城乡公交一体化线网规划模型研究。本文以此为出发点首先建立了城乡公交一体化线网规划模型，上层模型以交通管理部门城乡公交线网建设投资总额最小为目标，下层模型以线网中路阻最小为目标。最后，基于遗传算法提出求解过程。通过分析，该模型能够为城乡公交建设提供一定的理论基础。

关键词：城乡公交；线网规划；双层规划模型

随着经济的发展、城市化战略的推进以及"十二五"规划中加快社会主义新农村建设的实施，城镇化进程不断加快，农村的交通情况逐步得到改善并持续向前发展，农村公路的等级也在逐步提高。城乡间的联系日益密切，人员流动的范围及规模也在逐渐扩大，这就不可避免地造成城乡间、城镇间居民出行需求的逐渐增加。为了更好地响应国家政策，加快社会主义新农村的建设，促进农村和城市经济的发展，加快城市和农村间的融合，有必要对城乡之间的客运体系进行统一规划和协调，制定合理、有效的规划方案。

经济的发展促使乡村居民出行范围和规模逐渐扩大，公交出行交通量与日俱增，公交出行难、出行不便利等现象屡见不鲜，成为制约城乡便捷出行的瓶颈。因此，为改善城乡居民出行条件，对城乡公交一体化线网规划已成为一种客观需要，势在必行。

国外学者对于城乡公共交通的研究侧重于轨道交通衔接方面，而对常规公交的研究较少。我国专家对城乡公交线网布局、乡村线网规划方法、城乡公交发展策略等方面做了较为深层次的探讨和研究。石飞[1]提出公交发展的范围应从城市扩展到周边乡村，并大力推行城乡公交一体化线网规划。程立勤[2]提出了利用公交走廊进行"先主后次，先粗后细，分层调整，逐层优化"的城乡公交线网规划方法。姜桂燕[3]提出"点—线—面—线—点"的分层规划线网的思路。在理论研究的基础上，我国在20世纪90年代后期对城乡公交一体化实践方面做了积极的探索。但从整体上来看，对城乡公交一体化的研究目前主要集中在东部沿海发达城市，基于发展策略、市场管理、经营方法等方面，目前尚未形成具有广泛指导意义的城乡公交一体化线网规划理论体系。城乡公交一体化线网规划对城乡经济的发展有重要意义，本文希望通过建立城乡公交一体化线网规划模型，为城乡公交一体化线网规划提供一定的理论指导。

1　城乡公交一体化线网双层规划模型的构建

1.1　城乡公交一体化线网的等级划分

公交线路的合理程度是城乡公交发展的基本条件。由于城乡公交和城市公交居民的出行需求存在差异，城乡公交线路的布设应分级规划。城乡公交线网等级划分根据各线路的连接区域、功能特点，并综合土地利用情况将城乡公交线路分为3个等级。[4]

（1）城乡公交主干线：城市中心城区到城市郊区（近郊区、远郊区）之间的公交线路。公交主干线是城、乡连接的最重要通道，当城市范围扩大时它将升级成为城市中心城区公交线路。

（2）城乡公交支线：连接城市郊区之间及城市郊区至各乡、镇的公交线路。

（3）城乡公交补充联络线：连接各镇至各村的公交线路，它直接将村和村、村和镇联系起来，是直接服务

作者简介：王静（1990—　），女，硕士研究生，研究方向为交通运输系统规划与设计。

于居民的公交线路。

城乡公交主干线、城乡公交支线、城乡公交补充联络线这3个层次的公交线路之间互相补充，通过它们之间的联系，构成合理完整的城乡公交一体化线路网络。本文只对城市郊区—乡村的公交线网规划模型进行了研究，其余部分的线网规划可采用类似方法建模研究。

1.2 模型构建

(1)研究思路

城乡公交一体化线网规划是一个大而复杂的系统问题，涉及不同主体之间的联合决策，采用传统的数学规划并不能有效解决问题。与传统的单层规划决策者对所有决策变量都拥有控制权不同，双层规划模型的重要特点是上下层的决策变量分属于各层的决策者，不同的决策者根据自己的实际情况进行决策，从而得到符合全局利益的最终结果。因此，双层规划模型对于解决城乡公交线网规划问题具有优势。[5]

本文在线网规划中重点考虑交通部门城乡公交线网建设投资总额最小，将其作为重要度较高的上层规划模型。交通部门城乡公交一体化线网建设投资决策中会涉及交通部门和城乡居民两个主体之间的联合决策，具备构建双层规划模型的条件。居民公交出行交通量大的线路，为更好地满足城乡居民的出行需求，需要交通部门投入资金进行公交线路建设；反之，城乡居民公交出行交通量小的线路则不必要进行资金投入。在上层模型中还将城乡公交线网划分为公交主干线、公交支线和公交补充联络线3个层次，不同等级的线路建设投资额根据实际进行设定。下层规划模型以线网路阻最小为目标，线网路阻受到交通部门对城乡公交线路投资的影响，交通部门城乡公交建设投资多的线路，其线路条件好，方便、快捷、路阻小，城乡居民倾向于通过这样的线路出行，从而增加公交出行交通量。

(2)参数解释

F 指交通部门城乡公交线网建设投资总额(万元)；A 指城乡公交线网中公交路段集合；l^a 指路段 a 的长度(km)；$I(x^a)$ 指不同等级时路段 a 的投资额(万元)，根据实际而定；L^g 指第 g 条公交线路的长度(km)；β 指公交线路非直线系数；d 指公交线路起点到终点之间空间直线长度(km)；N_{ij} 指公交线路复线条数；G 指公交线网中公交线路集合；δ_{ij}^g 指线路相关变量($\delta_{ij}^g=1$ 时，公交点对$[i,j]$在第 g 条线路上；$\delta_{ij}^g=0$ 时，公交点对$[i,j]$不在第 g 条线路上)；M_c 指单向线路载客容量(人次)；C_x 指不同车型的客容量(当车型为中巴时，$C_x=26$；当车型为单节公交车时，$C_x=72$；当车型为铰接公交车时，$C_x=129$；当车型为双层公交车时，$C_x=140$)；γ 指单向线路满载率，城乡公交满载率为0.6；N_{cr} 指复线系数(当 $N_{ij}>4$ 时，$N_{cr}=0.7$；当 $N_{ij}=2$ 或3时，$N_{cr}=0.85$；当 $N_{ij}=0$ 或1时，$N_{cr}=1$)；f_r 指线路发车频率，常规公交发车频率60～90车次/h；$M_{\max}$指单向线路载客容量最大值(人次)；y_a 指路段 a 城乡居民公交出行交通量；c 指单位车辆载客容量(人/车)；η_{bus}指路段公交车型换算系数；β^a指路段 a 公交车道资源系数($\beta^a\leqslant 1$，若 $\beta^a=1$ 则为公交专用路)；$\xi_{ij}^{g,a}$指线路路段相关变量(当 $\xi_{ij}^{g,a}=1$ 时，路段 a 在公交点对$[i,j]$间的第 g 条线路上；当 $\xi_{ij}^{g,a}=0$ 时，其他情况)；C^a 指路段 a 的实际通行能力；n 指可通行公交线网；N 指城乡道路网；D_ρ 指公交线网密度；S_t 指有公交服务的用地总面积(km^2)；m 指公交乘客平均换乘次数；O 指公交起点集合；D 指公交终点集合；m_{ij} 指公交点对$[i,j]$区间乘客换乘次数；Q_{ij}指公交点对$[i,j]$区间的城乡居民公交出行交通量(人次)；f 指线网路阻；Q_{ij}^g指公交点对$[i,j]$区间第 g 条线路城乡居民公交出行交通量(人次)；$t^a(x)$指路段 a 的交通阻抗函数；t^a 指路段 a 的行驶时间；t_0^a 指交通量为0时，路段 a 的行驶时间。

(3)模型建立

上层规划模型：

$$\min F=\sum_{a\in A}l^a I(x^a) \tag{1}$$

s.t.
$$x^a=x^{a1}+x^{a2}+x^{a3} \tag{2}$$

$$x^a=\begin{cases}1 & \text{路段 } a \text{ 连通}\\ 0 & \text{路段 } a \text{ 不连通}\end{cases}$$

$$x^{a1}=\begin{cases}1 & \text{路段 } a \text{ 以公交主干线方式连通}\\ 0 & \text{路段 } a \text{ 不以公交主干线方式连通}\end{cases}$$

$$x^{a2}=\begin{cases}1 & \text{路段 } a \text{ 以公交支线方式连通}\\ 0 & \text{路段 } a \text{ 不以公交支线方式连通}\end{cases}$$

$$x^{a3}=\begin{cases}1 & \text{路段 } a \text{ 以公交补充联络线方式连通}\\0 & \text{路段 } a \text{ 不以公交补充联络线方式连通}\end{cases}$$

$$5\leqslant L^{g}\leqslant 15 \tag{3}$$

$$\beta=\frac{L^{g}}{d}\leqslant 1.5 \tag{4}$$

$$N_{ij}=\sum_{g\in G}\delta_{ij}^{g}\leqslant 5 \tag{5}$$

$$M_{c}=\frac{60C_{x}\gamma N_{cr}}{f_{r}}\leqslant M_{\max}\text{且 } N_{cr}=f(N_{ij}) \tag{6}$$

$$\sum_{a\in A}\frac{y^{a}}{c}\cdot\eta_{\mathrm{bus}}\cdot\beta^{a}\cdot\xi_{ij}^{g,a}\leqslant C^{a} \tag{7}$$

$$n\subseteq N \tag{8}$$

$$2\leqslant \mathrm{D}_{p}=\frac{\sum_{a\in A}l^{a}}{S_{t}}\leqslant 2.5 \tag{9}$$

$$m=\frac{\sum_{i\in O}\sum_{j\in D}m_{ij}}{\sum_{i\in O}\sum_{j\in D}Q_{ij}}\leqslant 2 \tag{10}$$

下层规划模型：

$$\min f=\sum_{a\in A}\int_{0}^{y^{a}}t^{a}(x)\mathrm{d}x \tag{11}$$

$$\text{s.t.}\quad \sum_{g\in G}Q_{ij}^{g}=Q_{ij}\qquad \forall i\in O,j\in D,g\in G \tag{12}$$

$$Q_{ij}^{g}\geqslant 0\qquad \forall i\in O,j\in D,g\in G \tag{13}$$

$$y^{a}=\sum_{i\in O}\sum_{j\in D}\sum_{g\in G}Q_{ij}^{g}\xi_{ij}^{g,a}\qquad \forall a\in A \tag{14}$$

其中，$t^{a}(x)$采用 1985 年美国联邦公路局提出的交通阻抗函数[6]：

$$t^{a}=t_{0}^{a}\left[1+0.15\left(\frac{y^{a}}{C^{a}}\right)^{4}\right] \tag{15}$$

式(1)为上层规划模型目标函数，即交通部门城乡公交线网建设投资总额最小。式(2)中 x^{a} 为决策变量，表示线路是由主干线、支线或补充联络线其中的一种方式连通或不连通。式(3)为公交线路长度约束，线长应适中，过长或过短都会使公交运行效率下降，对城乡公交一般宜取 5km～15km。[7]式(4)为公交线路非直线系数约束，公交线网的非直线系数不宜过大，城市边缘公交线网的非直线系数最大可为 1.5。式(5)为公交线路复线条数约束，一条线路上设置的公交线路条数不宜超过 5 条。式(6)为单向线路载客容量约束，对于常规公交来说，其单向线路载客容量范围为 8000～12000(人次/h)。式(7)为线路通行能力约束，由于道路通行能力有限，因此在线网规划时应考虑这个条件。式(8)为可通行公交线网约束，可通行公交线网是城乡道路网的子网络，应该满足公交线网的要求。式(9)为公交线网密度约束，公交线网密度的大小体现了乡村居民接近城乡公交线路的程度及所在区域城乡公交的发展规模，一般要达到 2～2.5km/km²。式(10)为公交乘客平均换乘次数约束，在城乡公交规划中，一般不宜超过 2 次，否则会造成出行时间和出行成本的增加，导致城乡公交的吸引力降低。在下层模型中，式(11)为下层规划模型目标函数，即以城乡公交线网路阻最小为目标。式(12)为公交点对[i,j]区间第 g 条线路公交出行总交通量约束。式(13)为公交点对[i,j]区间第 g 条线路城乡居民公交出行交通量非负约束。式(14)为路段 a 城乡居民公交出行总交通量约束。式(15)为交通阻抗函数常用模型。

2 双层规划模型的求解

双层规划模型常用的求解方法有很多，例如极点搜索算法、罚函数法、模拟退火算法、神经网络算法及其他一些启发式算法。本文建立的双层规划模型上层含有 0～1 变量，下层为一般变量，考虑到模型具有一定的特殊性，模型求解采用广泛应用于规划设计的遗传算法。[8]

利用遗传算法求解线网双层规划模型的步骤如下：

Step 1:确定实际问题参数集。在遗传算法中,模型计算时应对参数进行设定。一般包括最大迭代次数 N_d,群体规模 N_g(路段集合 A),交叉概率 P_c,变异概率 P_m,代间隙 G 等。

Step 2:参数编码。对于城乡公交一体化线网双层规划模型可采用一维实数编码,1 表示路段 a 连通,0 表示路段 a 不连通。

Step 3:随机生成初始群体 $N(t)$。城乡公交线网双层规划模型应随机生成线路规模集合为 A 的可行的初始线网方案。设置初始群体的进化代数 $t=0$,$N(0)$可以表示为:$N(0)=[x_1^{a(0)},x_2^{a(0)},x_3^{a(0)},\cdots,x_A^{a(0)}]$,并设置迭代次数计数器。当进化代数为 t 时,上层模型得到第 t 代群体代入到下层模型中进行线网阻抗的求解,得到下层模型的解。

Step 4:计算每个个体的适度值。求解公交线网双层规划模型时,上层规划模型的适应度函数为 $Fit=M-F$,其中 M 为一个很大的正数,F 为上层规划模型的目标函数。将 Step 3 得到的下层模型的解代入上层规划中计算个体的适度值。

Step 5:是否满足终止要求。如果满足终止要求,转到 Step 7,否则 $t=t+1$,转 Step 6。

Step 6:遗传操作。依照 Step 1 的参数选择适应度高的个体,并按设定的概率进行交叉、变异操作,产生 $N(t+1)$,转向 Step 4。

Step 7:终止。输出最优线网规划方案,遗传过程终止。

遗传算法求解流程图如图 1 所示。

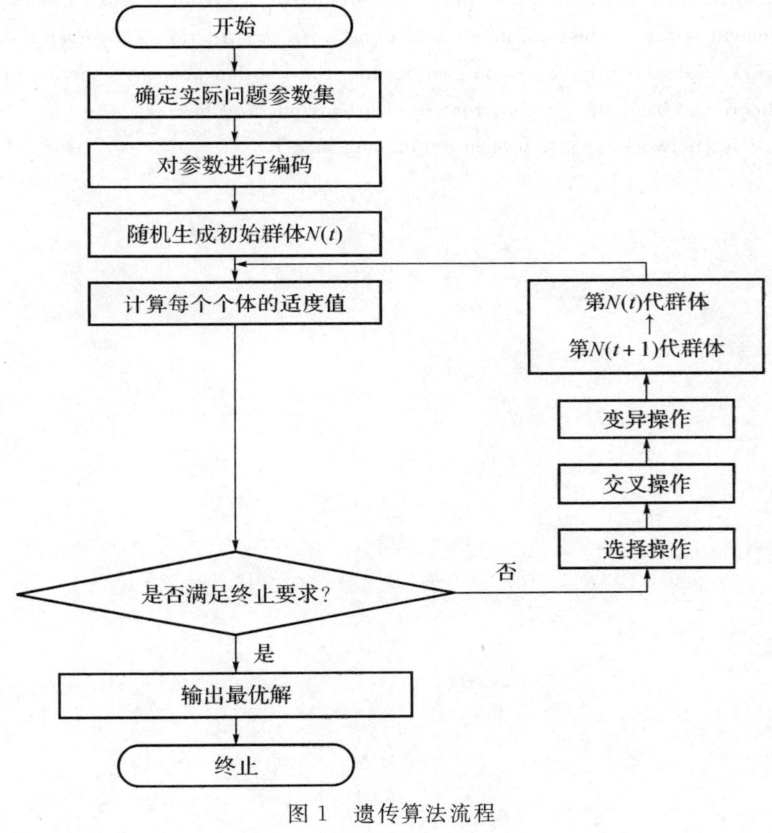

图 1 遗传算法流程

3 结 语

城乡经济发展突飞猛进,而城乡公交线网规划却不能满足日益增长的城乡居民出行需要,进行合理的城乡公交一体化线网规划是解决这个问题的有效途径。本文主要对城乡公交一体化线网规划模型进行研究,建立了上层和下层为整体的双层规划模型,并给出了基于遗传算法求解模型的过程,为城乡公交线网规划提供一定的理论参考。

参考文献

[1]石飞，王炜，陆建. 中小城市公共交通发展模式研究[J]. 规划师，2004，20(3)：76－77.
[2]程立勤. 城乡公交一体化线网优化布局研究[D]. 长沙：长沙理工大学，2008.
[3]姜桂燕. 城乡公交一体化发展规划研究[D]. 西安：长安大学，2010.
[4]赵永胜. 中小城市城乡公交一体化线网布局及运行组织研究[D]. 南京：南京林业大学，2011.
[5]宋安. 基于双层规划模型的城市公交线网优化研究[D]. 长沙：长沙理工大学，2010.
[6]王炜. 交通规划[M]. 北京：人民交通出版社，2007：163－165.
[7]罗湘. 公交线网规划的模型与算法[D]. 长沙：中南大学，2012.
[8]黄平. 最优化理论与方法[M]. 北京：清华大学出版社，2009：190－200.

Study on the Integration of Urban and Rural Public Transportation Network Layout Model

WANG Jing, WANG Zheng
(College of Transport & Communications Shanghai Maritime University, Shanghai 201306)

Abstract: The accelerated urbanization produced this phenomenon that residents travel demand lack of supply. In this paper we start to research integration of urban and rural bus network layout model in order to solve this problem. This paper, as a starting point, first establish the integration of urban and rural bus network layout model. The objective of top model is to minimize transport management sector of the total investment in network construction. The goal of lower model is to minimize resistance of bus line network. Subsequently, based on genetic algorithms author propose a solving process. Through analysis, the model can provide a theoretical basis for the construction of urban and rural bus.

Key words: urban and rural bus; network layout; level programming model

不同大型居住社区居民不同出行活动的时空特征对比分析

孙姗珊　陈　川　杨东援

（同济大学交通运输工程学院，上海 201804）

摘要：近年来，北京、上海等特大城市涌现出一大批大型居住社区，引起了交通格局重构、公共资源重配置等问题。本文选取上海作为案例，根据出行调查数据，采用统计分析方法，详细对比了不同区位大型居住社区居民不同出行活动的时空特征。研究发现，可根据区位及原动迁地这两项因素，将大型居住社区类型化，以便于针对实证研究结果进行对比分析与推演。同时，本文根据公共交通设施差异与公共服务设施差异所带来的不同大型社区居民不同出行活动的特征差异，提出大型居住社区的公交系统规划应优先满足其工作性出行，线路铺设应主要考虑大居居民的就业岗位分布，并通过完善其公共服务配套设施，来减少居民长距离的维持性、娱乐性出行。

关键词：大型居住社区；出行特征；不同区位；不同出行活动；上海

为缓解中心城区人口、住房、交通等城市各项功能的压力，加快保障性住房的规划建设，上海市于 2009 年开展了第一批大型社区的规划和建设，包括松江泗泾、宝山顾村等 15 个大型居住社区。2010 年，上海再次推出 23 个大型居住社区（以下简称“大居”）。

大居具有不同于传统居住区的 3 个特点：①大型社区是政府主导下新规划建设的以居住为主的社区，基本选址于中心城外围（外环之外），基本分布于郊区新城、新市镇镇区或毗邻新市镇镇区；②规划人口规模为 4 万～20 万人，相当于一个小城市；③主要安置和集聚的对象为中低收入群体及老年人，包括动迁安置房（主要面向中心城动迁）、经济适用房、廉租房等保障性住房。[1]

如此大规模的以居住功能为主的地域集聚和多达 30 多片大居在市域分布，必将对中心城人口与就业岗位的地理空间再分布产生重要影响，引起交通格局重构、公共资源重配置等问题。[2]

1　案例选择与研究方法

（1）案例选择

本研究的案例选择主要基于 3 个原则：①有较高入住率；②该社区大部分为保障型住房；③区位不同。

针对以上原则，本研究选取顾村、周康、江桥、浦江、泗泾 5 个大居为典型大居案例。

（2）研究方法

依托上海市《郊区保障基地大居出行特征及意愿调查》，开展了基础数据的收集工作。

本研究采用入户问卷调查法，即由调查员与居住小区楼长一一组队，由调查人员入户询问受访者并填写调查问卷。调查问卷针对户基本特征情况、个人基本调查情况、个人出行情况进行调查，共获取有效出行特征调查问卷 6325 份，并对各调查社区居民委员会进行了座谈，以辅证调查内容。

（3）研究诉求

传统的交通规划认为所有的交通小区是均匀、同质的，忽视了不同社区本身的差异对居民交通行为、交通需求所产生的影响。分析不同居住社区大居居民不同活动的时空特征，是针对不同类型大型社区做好大型外围社区交通服务规划、均衡分配城市公共资源的重要前提。问题是，不同区位的大居居民不同活动的出行具有怎样不同的时空特征和需求？应如何对不同大居进行分类，以便于实证研究结果可以进行相对推演与对比分析？这些问题的回答将有助于满足大居居民的不同类型的出行需求。

作者简介：孙姗珊（1989—　），女，在读硕士生；陈川（1960—　），女，副教授；杨东援（1953—　），男，教授。

2 基本情况对比分析

2.1 社区区位

本研究选取的5大案例地点中，顾村位于上海市宝山区，距上海市外环最近，为1.4km；江桥位于上海市嘉定区，距上海市外环3.3km；周康位于上海市浦东新区，距上海市外环5.8km；浦江位于上海市浦东新区，距上海市外环9.9km；泗泾位于上海市松江区，距上海市外环最远，为13.9km(见图1)。

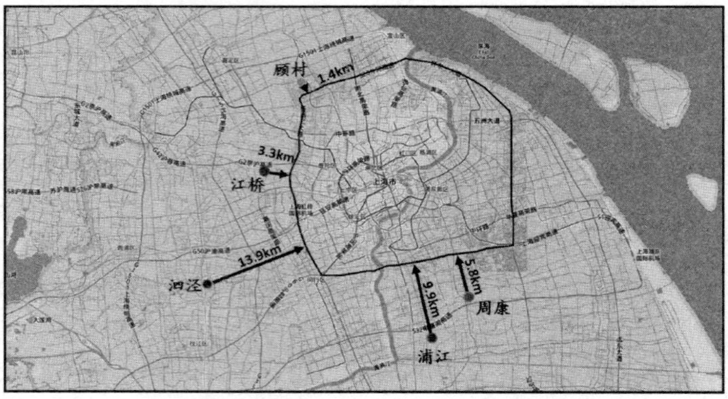

图1 案例选择大型居住社区区位示意图

2.2 公共交通设施对比

(1)公共交通线网条件对比

不同大居的线网条件各不相同。分别对各大居附近的地面公交与轨道线网进行统计，见表1。公共交通的线网条件，反映的是大居居民使用公共交通方便到达城市各处的能力。

表1 五大大居公共交通线网条件对比

大居名称	顾村	江桥	周康	浦江	泗泾
地面公交线路	5	5	12	3	3
轨道交通线路	1	0	0	0	1

(2)公共交通站点覆盖度对比

城市公共交通车站服务面积覆盖率(以下简称“站点覆盖率”)常被用于表征公共交通覆盖的均匀度及居民使用公共交通的方便度，指大居周边公共交通车站服务覆盖面积的总和占大居建成区面积的比例。指标内容按车站服务半径分成两种：地面公交300m、轨道交通600m，地面公交500m、轨道交通800m(见表2)。

表2 五大大居公共交通站点覆盖率对比

大居名	顾村	江桥	周康	浦江	泗泾
地面公交300m覆盖 轨道交通600m覆盖	70.89%	55.58%	100%	62.54%	90.74%
地面公交500m覆盖 轨道交通800m覆盖	98.04%	90.23%	100%	83.25%	99.58%

站点覆盖率反映的是不同大居居民进入公共交通系统的方便程度。周康因其绝佳的地面公交线网条件，站点覆盖率最高；泗泾虽然线网条件一般，但是距离居住区较近，站点覆盖率次之；顾村和江桥站点覆盖度一般；而浦江地面公交500m、轨道交通800m的站点覆盖率仅为83.25%，为5个大居中站点覆盖率最差的。

2.3 公共服务设施对比

经过现场的实际踏勘，本研究对5个大居附近1.5km半径范围内公共服务设施配置情况进行了梳理(见表3)。

表3 五大大居公共服务设施配置对比

	教育设施	文体设施	医疗设施	商业设施	金融设施
顾村	16	3	1	23	5
江桥	9	2	4	29	5
周康	6	0	1	17	3
浦江	11	3	1	17	3
泗泾	2	0	0	10	0

由表 3 可知，顾村、江桥、浦江均配置有这 5 类公共服务设施，顾村与江桥因位于近郊，公共服务设施配置最完善，浦江次之，周康并未配置文体设施，而泗泾 1.5km 半径范围内仅配置有教育设施和商业设施。

2.4 居民原动迁地对比

大居居民的原动迁地代表着居民迁居之前的活动范围。居住的房屋虽然进行了搬迁，但工作地点、迁居前的社交结构等并不会轻易随之变化。因此，分析大居居民的原动迁地有着非常重要的意义。

由图 2 可以得到，不同大居居民的原动迁地分布各不相同，以就近动迁或从中心城区动迁为主。其中，顾村、周康以就近动迁为主，从附近两个交通大区动迁的比例超过 50%；而江桥、浦江、泗泾则以中心城动迁为主，从中心城区动迁的比例超过 50%。

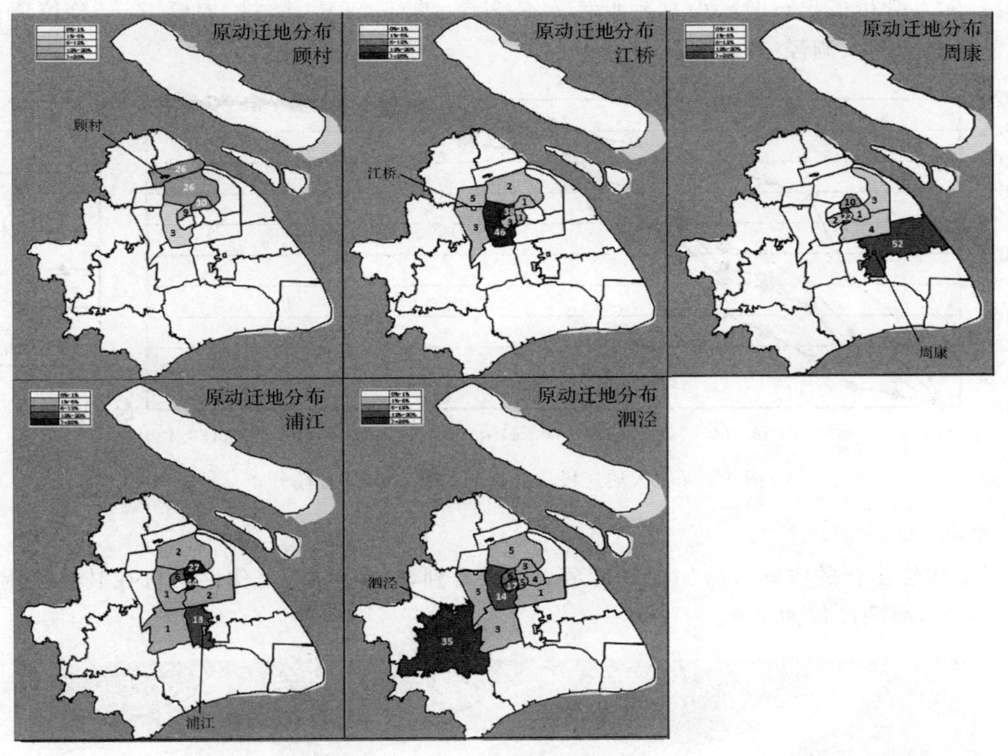

图 2　五大大居居民原动迁地分布(图中数字为所占百分比)

3　大居的分类

基于区位和动迁远近两项要素，将大居社区类型化，以便于针对实证研究结果进行对比分析与推演。基于大居区位是位于近郊还是远郊、居住人群是就近动迁至该社区还是由较远社区动迁至该社区，将目前上海市外围大居大致分为 4 种类型：近郊就近动迁型、近郊较远动迁型、远郊就近动迁型、远郊较远动迁型。五大大居中，顾村属于近郊就近动迁型，江桥属于近郊较远动迁型，周康属于远郊就近动迁型，浦江与泗泾属于远郊较远动迁型，如图 3 所示。

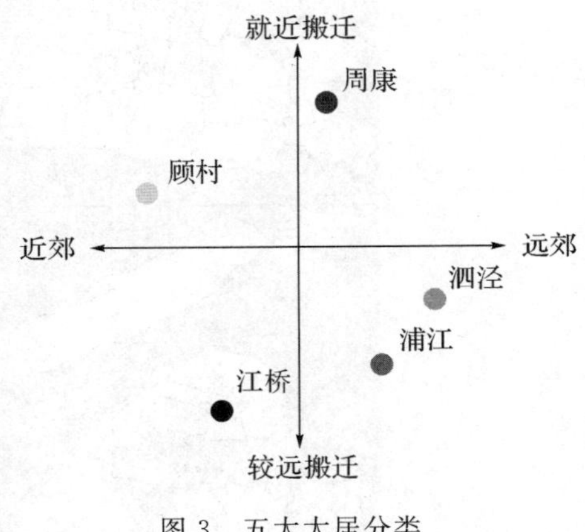

图 3　五大大居分类

4　不同大居居民不同出行活动的时空特征对比分析

为了便于分析，本文根据居民出行目的的不同将出行活动划分成三大类型：①生活所必需的活动，主要指工作或与工作相关的一些刚性出行活动，用于提供维持生活和休闲活动的财政来源的出行活动，即工作性出行；②维持生活的出行活动，指由于个人物理、生理的需要购买和消耗商品或者服务所进行的出行活动，主要指采购生活必需品、就医和去银行、邮局等维持日常生活所必需的出行，即维持性出行；③休闲或随机的出行活动，包括居民为了文化活动及心理需求所进行的社交、外出就餐、娱乐休闲活动等非刚性需求的出行，即娱乐性出行。

工作性出行是刚性出行，而维持性出行与娱乐性出行为非刚性出行。在非刚性出行中，维持性出行是必须性出行，娱乐性出行则是非必须性出行。

4.1 工作性出行

(1)出行时耗

五大大居工作性出行的平均出行时耗，由高到低分别为泗泾(68min)、浦江(65min)、江桥(63min)、顾村(56min)、周康(38min)；累计出行时耗分布如图 4 所示，25%分位值出行时耗由高到低依次是泗泾、江桥、浦江、顾村、周康，50%分位值出行时耗由高到低依次是泗泾、浦江、江桥、顾村、周康，75%分位值出行时耗由高到低依次是浦江、江桥、泗泾、顾村、周康。

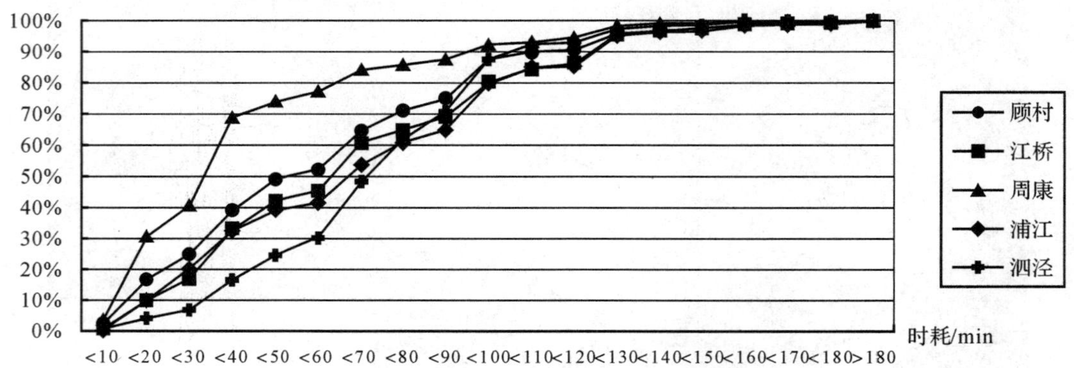

图 4　五大大居居民工作性出行累计出行时耗分布

(2)出行空间

五大大居工作性出行的空间分布如图 5 所示。可以看到，除泗泾外，工作性出行在其社区附近 $2km^2$ 左右的出行约占 8%，而泗泾仅为 2%。

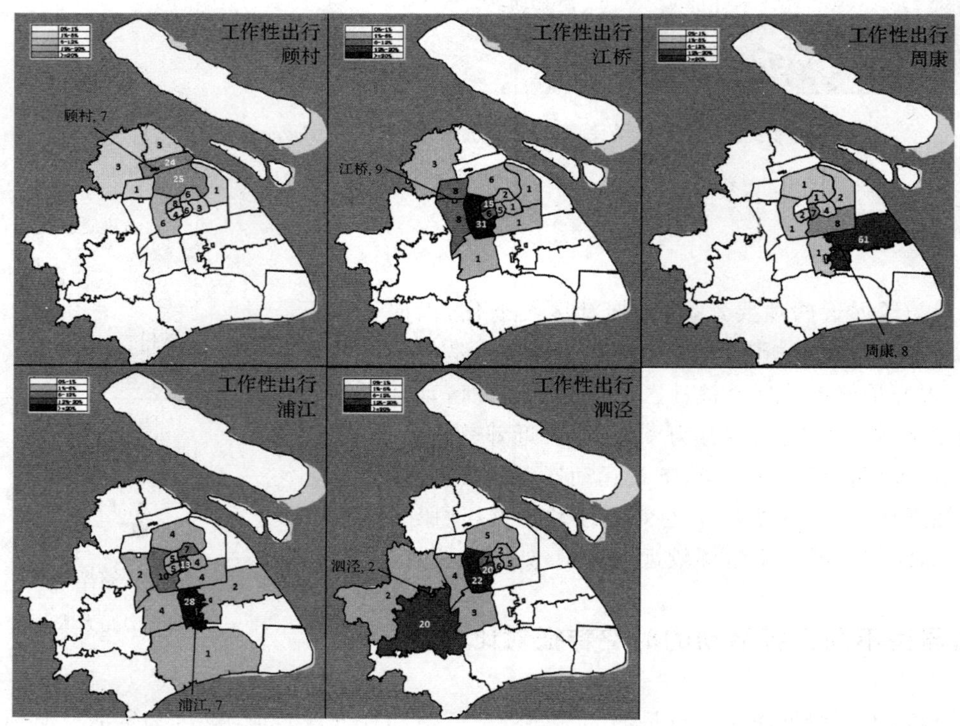

图 5　五大大居居民工作性出行空间分布(图中数字为所占百分比)

顾村社区属于近郊就近动迁这一类型，其居民工作性出行空间以其居住地为核心呈“大饼状”分布。江桥社区属于近郊较远动迁这一类型，其工作性出行空间分布也呈“大饼状”，只是形状中心略向中心城（及其原动迁地）偏移。周康社区属于远郊就近动迁这一类型，其居民空间的出行分布以其居住地为核心呈“大饼状”分布。浦江与泗泾均为远郊较远动迁这一类型，其居民出行主要集中在居住地附近新城及原动迁地，以居住地附近新城及上海市中心为轴呈“哑铃状”分布，且“哑铃”的重心在中心城区。

就活动范围而言，顾村、周康的活动范围最小，江桥次之，浦江与泗泾的活动范围较大。

4.2 维持性出行

（1）出行时耗

五大大居维持性出行的平均出行时耗，由高到低分别为泗泾（65min）、浦江（61min）、江桥（60min）、顾村（44min）、周康（42min）。除周康外，其他大居的维持性出行相比工作型出行，其平均出行时耗均略有降低。

五大大居维持性出行累计出行时耗分布如图6所示。25%分位值出行时耗由高到低依次是泗泾、江桥、浦江、周康、顾村，50%分位值出行时耗由高到低依次是泗泾、浦江、江桥、周康、顾村，75%分位值出行时耗由高到低依次是浦江、泗泾、江桥、顾村、周康。

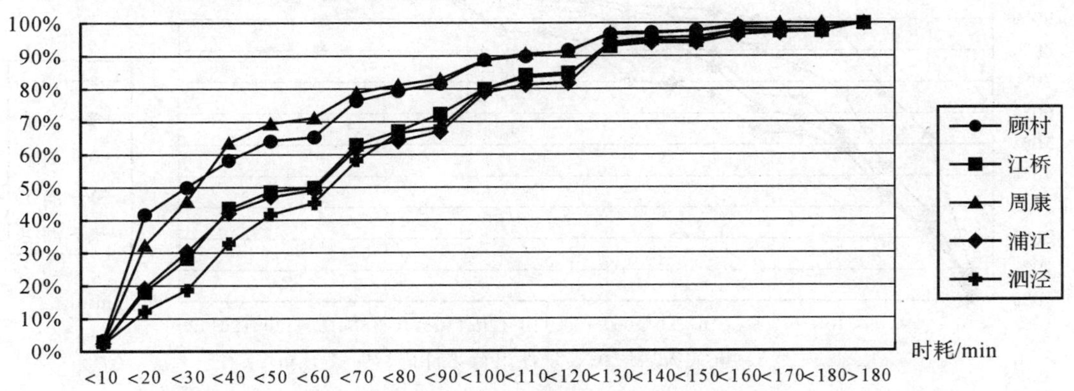

图6　五大大居居民维持性出行累计出行时耗分布

（2）出行空间

五大大居维持性出行的空间分布如图7所示。可以看到，在社区附近 $2km^2$ 范围内进行维持性出行的比重由高到低依次是顾村、浦江、江桥、周康、泗泾。相比工作性出行，除泗泾外，维持性出行就近出行的比重显著提升。

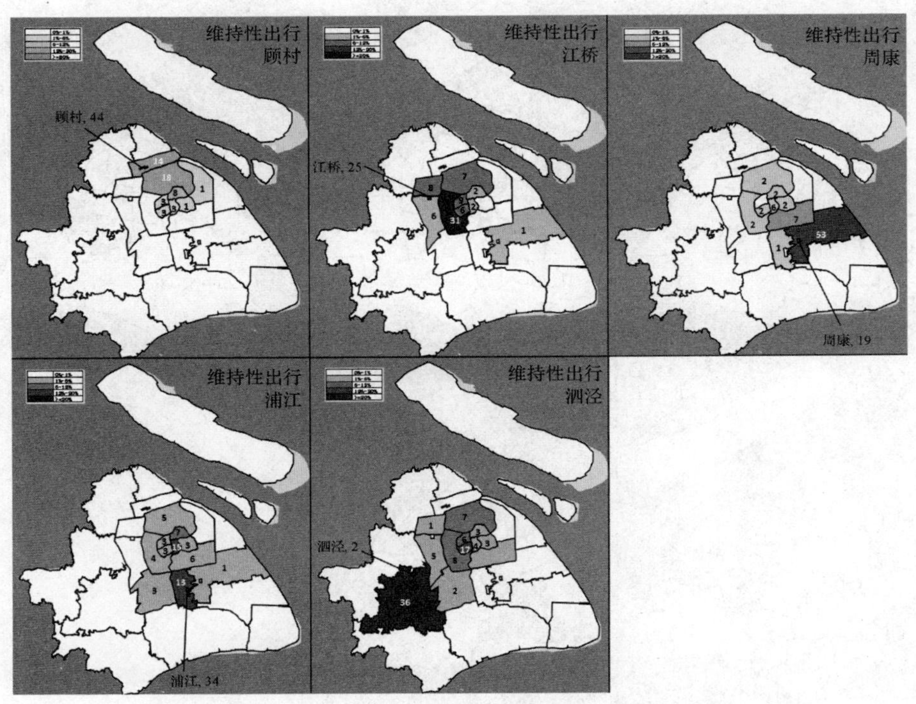

图7　五大大居居民维持性出行空间分布（图中数字为所占百分比）

就空间分布而言，顾村与周康社区仍以其居住地为核心呈“大饼状”分布。江桥社区维持性出行空间分布也呈“大饼状”，只是中心较其工作性出行略向社区偏移。浦江与泗泾仍以居住地附近新城及上海市中心为轴呈“哑铃状”分布，但“哑铃”的重心开始向居住地偏移。

就活动范围而言，相较于工作性出行，维持性出行的活动范围向其居住地收缩。

4.3 娱乐性出行

(1)出行时耗

五大大居娱乐性出行的平均出行时耗，由高到低分别为浦江(55min)、顾村(48min)、泗泾(44min)、江桥(37min)、周康(26min)。

五大大居娱乐性出行累计出行时耗分布如图8所示。25%分位值出行时耗由高到低依次是泗泾、顾村、浦江、江桥、顾村，50%分位值出行时耗由高到低依次是浦江、顾村、泗泾、江桥、周康，75%分位值出行时耗由高到低依次是浦江、顾村、泗泾、江桥、周康。

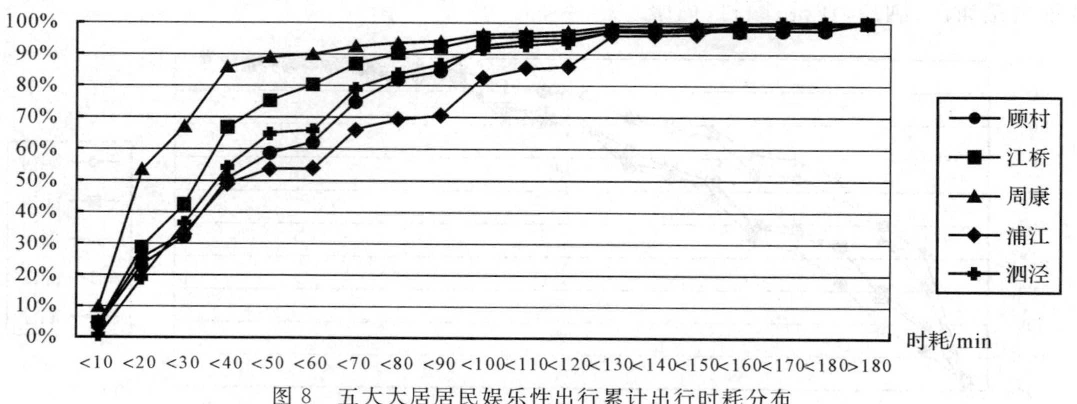

图8 五大大居居民娱乐性出行累计出行时耗分布

(2)出行空间分布

五大大居娱乐性出行的空间分布如图9所示。可以看到，在社区附近 $2km^2$ 范围内进行娱乐性出行的比重由高到低依次是周康、江桥、顾村、浦江、泗泾。相比于工作性出行，娱乐性出行就近出行的比重显著提升。相比于维持性出行，顾村、浦江的出行比重有所降低，江桥、周康的出行比重显著提升，泗泾的出行比重略有提升，但也仅有5%。

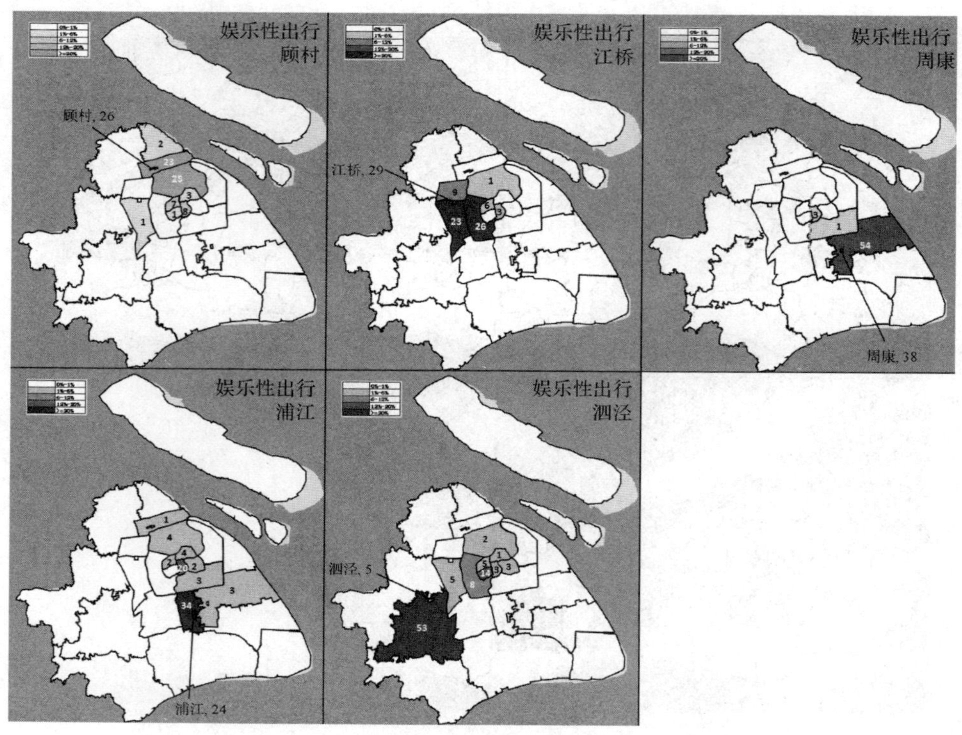

图9 五大大居居民娱乐性出行空间分布(图中数字为所占百分比)

就空间分布而言，顾村、江桥、周康社区以其居住地为核心呈“大饼状”分布。浦江与泗泾仍以居住地附近新城及上海市中心为轴呈“哑铃状”分布，但哑铃的重心为居住地附近新城。

就活动范围而言，相较于维持性出行，娱乐性出行的活动范围向其居住地收缩。

5 结 论

大居是城市的快速发展地区，其交通需求产生和分布、交通设施供给等均对城市交通有重要影响。对比分析不同区位大居居民不同活动的出行时空特征，将对大居交通系统科学规划、交通设施理性建设起到重要作用。本文以上海市为例，选择五大大居为案例地，通过入户问卷调查，详细对比分析了不同区位大居居民不同活动的出行时空特征。研究发现：

(1)大居居民出行空间分布及时耗长短受其区位及原动迁地影响。通过区位及原动迁地这两项因素，可将大居类型化，以便于实证研究结果进行对比分析与推演。远郊较远动迁社区(如泗泾、浦江)，出行空间以中心城(原动迁地)和社区为轴呈“哑铃状”分布，且伴随着出行刚性与必要性的降低，重心逐渐向社区偏移。就近动迁社区(如顾村、周康)，出行空间以社区为核心呈“大饼状”分布。近郊较远动迁的社区(如江桥)，出行空间分布呈重心向中心城(原动迁地)偏移的“大饼状”分布，且伴随着出行刚性与必要性的降低，大饼的“形心”向社区偏移。

(2)伴随着出行刚性、必要性的降低，大居居民更倾向于就近解决其出行需求。然而，大居周边公共服务设施配置不完善，将导致大居居民非刚性出行需求难以就近得到满足。在五大大居中，公共服务设施配置较为完善的社区，其社区附近 $2km^2$ 的出行比重显著增加。因此，想要满足居民非刚性出行需求，应先从公共服务设施配置入手。

(3)拥有较好公交线网条件与站点覆盖率的大居，其工作性出行的出行时耗显著低于其他大居。想要改善大居居民的出行现状，其公交系统规划应优先满足其刚性(工作性)出行需求，线路设置等必须考虑到居民就业岗位的分布情况。

参考文献

[1]张萍，杨东援.上海外围大型社区居民属性和出行行为——基于嘉定江桥金鹤新城的实证研究[J].城市规划，2012(08)：63－67.

[2]上海城市空间形态与交通发展关系研究[R].上海市城市规划设计研究院，2012：63－69.

[3]陈启新，潘家鸿.关于公交车站服务面积覆盖率[J].城市公共交通，2002(02)：17－18.

[4]REICHMAN S. Instrumental and life style aspects of urban travel behavior[J]. Transportation Research Record，1977(649)：38－42.

Analysis on Residents'time and Space Characteristics of Different Activity Behavior in Different Large-scale Residential Community in Suburban

SUN Shan-shan，CHEN Chuan，YANG Dong-yuan

(School of Transportation Engineering，Tongji University，Shanhai 201804)

Abstract: In recent years，a large number of large-scale residential communities have been built in some big cities such as Beijing and Shanghai，which brought traffic pattern reconstruction，public services reconfiguration and other problems. This paper selected Shanghai as a case，according to the data from travel behavior survey，using statistical analysis methods，compared residents' time and space characteristics of different activity behavior in different large-scale residential community. The research found that the large-scale residential community can be classified by two factors of location and former residence. Based on the difference of different activity behavior in different large-scale residential community caused by different public transportation facilities and different public services，the planning of transportation systems should give priority to commuters' travel and the laying of bus route should consider jobs distribution. And the public services should be improved to reduce the long trip of maintenance trip and entertainment trip.

Key words: large-scale residential community；characteristic of travel behavior；different location；different activity；Shanghai

基于单线路检测的城市公交旅行时间预测

张欣环[1]　晏克非[2]

（1. 浙江师范大学工学院，浙江金华 321004；2. 同济大学交通运输工程学院，上海 201804）

摘要：公交旅行时间预测是提高公交服务可靠性、改善出行结构、缓解交通问题的关键技术之一。它涉及多种信息采集处理技术和复杂的模型与算法。公交旅行时间预测方法将是未来发展先进的公交系统重点关注的研究领域之一。本文基于公交IC卡、AVL（自动车辆定位）等数据，综合考虑多种交通的随机影响因素，构建公交旅行时间预测模型，并将预测结果与实际结果对比分析，从而进一步优化预测模型，以期提高公共交通旅行时间预测的精度和可靠性，为公交出行者提供更加可靠的信息服务。

关键词：单线路检测；多线路检测；旅行时间；卡尔曼滤波；预测模型

实时的公交车旅行时间信息不但可以减少乘客的候车时间、缓解候车乘客的焦急情绪、使乘客合理地分配出行时间、方便乘客乘坐或换乘公交车，还可以丰富公交运输服务的种类、树立公共交通的良好形象、吸引更多的出行者乘坐公交车，并为公交管理部门科学调度公交车辆提供依据。[1]因此，提供准确的旅行时间可以提高公交系统的整体运营效率、增强公交运输的竞争力。

近年来，许多国家（地区）都意识到精确的公交旅行时间预测在改善出行结构中占有举足轻重的地位，于是纷纷利用公交智能化技术、先进的交通信息采集手段和设备，结合自身地理条件和多种交通影响因素，进行公交旅行时间预测的研究，旨在通过旅行时间的实时发布，减少乘客的等待时间，提高公共交通的吸引力，树立良好的城市形象，促进城市公共交通的应用和发展。[1]

1　研究对象的界定

（1）以常规公交为研究对象

在城市常规公交运输系统中，诸多外部因素的不确定性为计划时刻表的执行、车辆人员调度制造了较大的难度，导致公交服务可靠性不高，加之信息服务不到位，由此产生的额外等待时间、等待焦虑、不能准点到达目的，公交分担率始终处于较低水平，一方面为城市居民的大规模公共交通出行带来了不便，另一方面阻碍了低能耗、低污染、高效能、可持续的城市交通结构的构建。因此，在给定的技术条件下，对常规公交（特别是非专用道条件下的常规公交）旅行时间的预测方法进行深入研究具有重要的理论意义和应用价值。

（2）短时旅行时间预测

短时旅行时间预测受随机因素的影响更多，不可预期的突发性偶然事件发生的概率更大，其精度要求比长期预测高。在本文中，短时旅行时间预测是对旅行时间的下一步预测，即在时刻 t 对下一决策时刻 $t+\Delta t$ 的旅行时间做出短时预测，预测时间跨度 Δt 一般不超过 35min。[2]

长期旅行时间（≥35min）预测使用的数据形态属于历史数据，实时旅行时间预测（≤15min）使用实时数据，短时旅行时间预测（15～35min）则同时使用历史数据和实时数据：使用历史数据构建模型及检验模型，使用实时数据进行在线预测及评价（见图1）。

基于以上分析，本文具体的研究对象为15～35min范围内的具有固定行驶路线、停靠站点的城市常规公交服务系统的短时旅行时间预测，且系统内至少配备了包括AVL、IC等在内的实时空间定位、监控和传

作者简介：张欣环（1977—　），女，博士，主要研究方向为城市公共交通规划与管理；晏克非（1943—　），男，教授（博导），主要研究方向为综合交通枢纽规划与设计。

基金项目：国家高技术研究发展计划（"863"计划）资助项目（2008AA11Z201）。

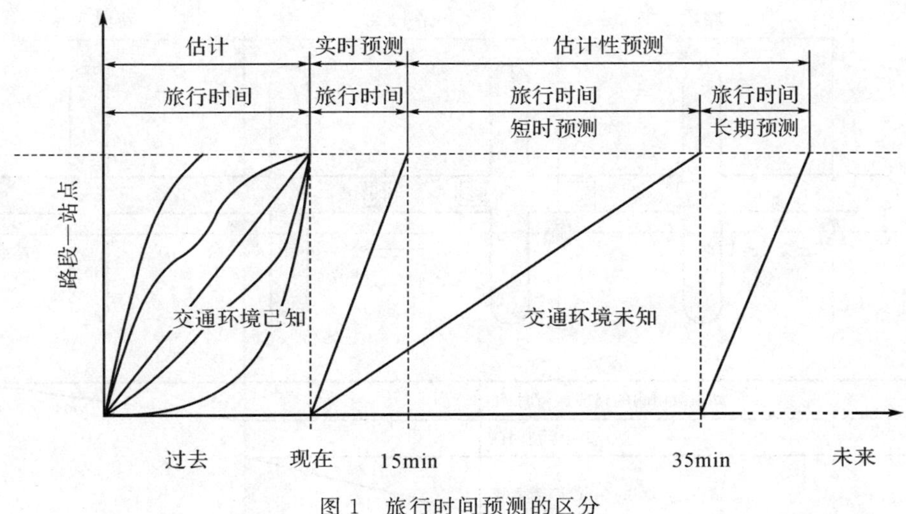

图 1　旅行时间预测的区分

输的先进智能公交技术。

(3)公交旅行时间的定义

在本文中,将公共交通旅行时间做两部分进行考虑:路段旅行时间(RT)+站点停留时间(DWT),公交换乘时间不包括在本文研究范围内。

结合以上论述,本文中公交旅行时间的定义可拓展为:以城市常规公交为载体,面向公交车的短时旅行时间(15～35min),即基于单线路检测的单公交车旅行时间预测(SS)。

2　预测模型

2.1　模型假设

(1)基本假设

公交网络由线路与站点构成。公交线路由连接站点的城市道路路段和站点组成。

①整个线路被简化成两部分:站点、路段(见图 2),路段划分以相邻两个站点为起点和终点,路段内可能包含交叉口,也可能不包含交叉口;整个旅行时间由两部分组成:路段旅行时间(RT)+站点停留时间(DWT)。

②所有车辆均装有公交 IC 、AVL 系统。

③交叉口延迟及路段延迟由路段旅行时间反映;公交站点进出站时间、站点延误都由站点停留时间反映。

④由于受路线和时间的限制,公交车辆的司机不受自身因素和主观意愿的影响。

⑤在同一公交线路上,公交车辆的车型和性能基本相同。

⑥在预测期间内,道路基础设施、站点不发生变更。

⑦假定公交车有两个车门,分别为上客车门、下客车门,单位乘客上下车所用的时间相同,乘客上下车的时间由上车人数决定。

(2)基本原理

基于单线路检测的旅行时间预测模型由两部分模型组成:路段旅行时间预测模型(RTM)、站点停留时间预测模型(DTM)。

路段旅行时间由旅行时间预测模型(RTM)预测得到:每一路段的旅行时间历史数据作为预测模型的数据输入。每一路段的到达公交站点的时刻由 IC 卡数据获得,更新后的旅行时间用来预测新的公交车旅行时间,随后这些数据被作为历史数据存储起来。停留时间以及乘客到达率预测模型(DTM)基于各个车站的乘客上下车 IC 卡记录(结合历史数据、当前数据)。

事实上,该模型的数据输入为前 3 天同一时段、同一天前一时段的旅行时间数据,模型输出为当天当前时段的旅行时间(见图 3)。

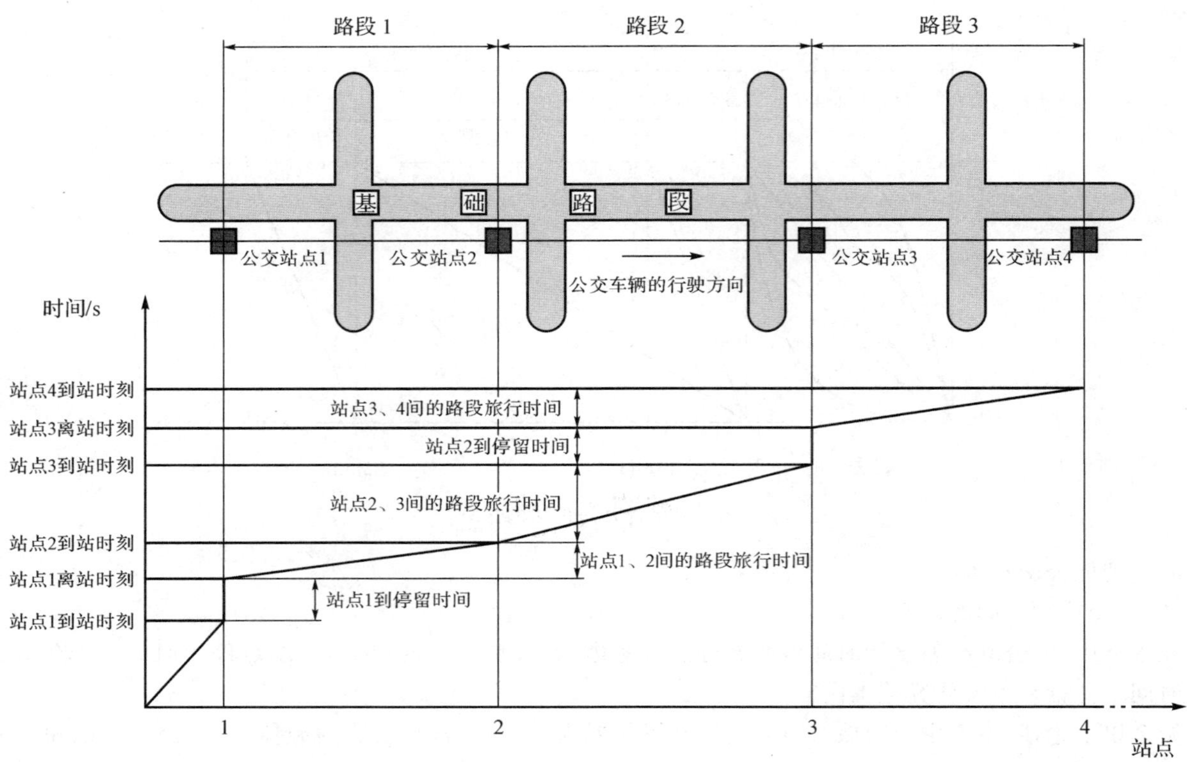

图 2　公交车辆旅行时间的组成

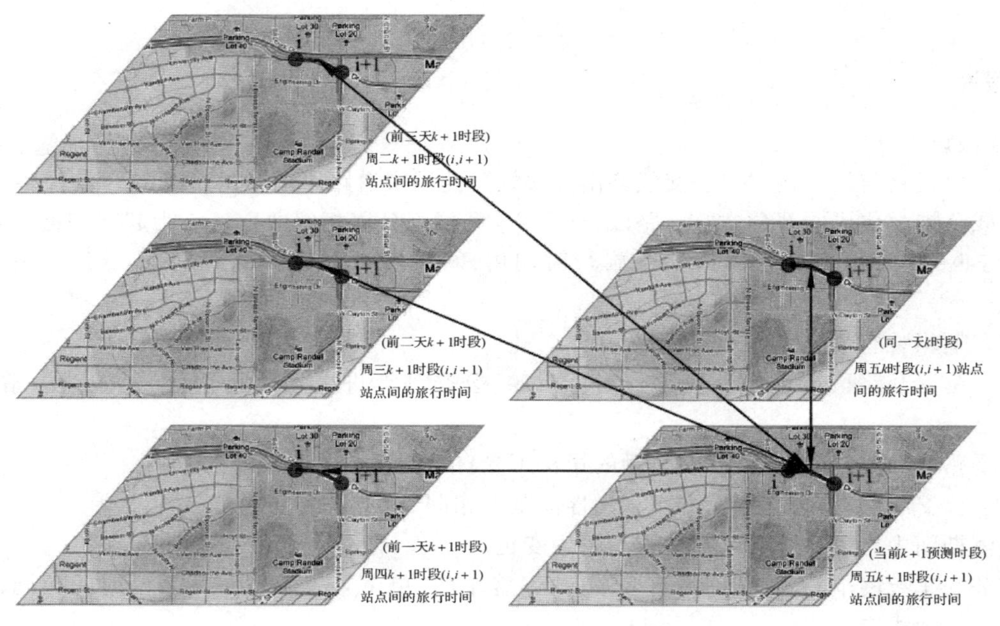

图 3　公交车旅行时间的预测原理

2.2　整体模型

站点间单线路旅行时间由两部分组成:路段旅行时间(RT)+站点停留时间(DWT),路段旅行时间可由公交车辆的到达时间表示:

$$\mathrm{AT}_{n(i+1)} = \mathrm{DT}_{n(i)} + \mathrm{RT}_{n(i,i+1)} \tag{1}$$

式中:$\mathrm{AT}_{n(i+1)}$ 为所要预测的公交车 n 到达 $i+1$ 站点的时间;$\mathrm{DT}_{n(i)}$ 为公交车 n 离开 i 站点的时间;$\mathrm{RT}_{n(i,i+1)}$ 为通过卡尔曼滤波算法预测得到的公交车 n 在 i 与 $i+1$ 站点间的旅行时间。

站点停留时间可表示为:

$$DWT_{n(i+1)} = \lambda_{(i+1)} \times H_{(i+1)} \times \rho_{avg(i+1)} \tag{2}$$

式中：$DWT_{n(i+1)}$ 为所要预测的公交车 n 在 $i+1$ 站点的停留时间；$\lambda_{(i+1)}$ 为通过卡尔曼滤波算法预测得到的 $i+1$ 站点的乘客到达率；$H_{(i+1)}$ 为公交车 n 在 $i+1$ 站点的到达车头时距，$H_{(i+1)} = AT_{n(i+1)} - AT_{n-1(i+1)}$；$\rho_{avg(i+1)}$ 为在 $i+1$ 站点平均每个乘客的上车时耗，假定为 2.5s/人。

公交车离开站点的时间可表示为：

$$DT_{n(i+1)} = AT_{n(i+1)} + DWT_{n(i+1)} \tag{3}$$

式中：$DT_{n(i+1)}$ 为所要预测的公交车 n 离开 $i+1$ 站点的时间；$AT_{n(i+1)}$ 为由式(1)预测得到的公交车 n 到达 $i+1$ 站点的时间；$DWT_{n(i+1)}$ 为由式(2)预测得到的公交车 n 在 $i+1$ 站点的停留时间。

同时，由式(1)、(2)、(3)可得离开站点的时间为：

$$DT_{n(i+1)} = DT_{n(i)} + RT_{n(i,i+1)} + \lambda_{(i+1)} \times H_{(i+1)} \times \rho_{avg(i+1)} \tag{4}$$

式中：各参数同上三式。

可以通过以上公式预测得到出行者于站点 $i+1$ 站的到达、离开时间。式中 $RT_{n(i,i+1)}$ 分别由路段旅行时间预测模型、公交乘客到达率预测模型得到。

2.3 路段旅行时间预测模型(RTM)

站点间单线路 $k+1$ 时段路段旅行时间预测模型可表示为：

$$g(k+1) = \frac{e(k) + Var(data_{out})}{e(k) + Var(data_{out}) + Var(data_{in})} \tag{5}$$

$$a(k+1) = 1 - g(k+1) \tag{6}$$

$$e(k+1) = Var(data_{in}) \times g(k+1) \tag{7}$$

$$\begin{aligned} RT_{n(i,i+1)}(k+1) &= a(k+1) \times art(k) + g(k+1) \times avg(art) \\ &= a(k+1) \times art(k) + g(k+1) \times \frac{art_1(k+1) + art_2(k+1) + art_3(k+1)}{3} \end{aligned} \tag{8}$$

式中：$g(k+1)$ 为 $k+1$ 时段的卡尔曼滤波器增益；$a(k+1)$ 为 $k+1$ 时段的环路增益；$e(k)$ 为 k 时段的滤波器误差，由上一循环中计算得到；$e(k+1)$ 为 $k+1$ 时段的滤波器误差，用于下一循环的计算；$RT_{n(i,i+1)}(k+1)$ 为通过卡尔曼滤波算法预测得到的公交车 n 在 $k+1$ 时段于 i 站点与 $i+1$ 站点间的旅行时间；$art(k)$ 为公交车在时段 k 于 i 站点与 $i+1$ 站点间的旅行时间；$art_1(k+1)$ 为公交车在前一天 $k+1$ 时段于 i 站点与 $i+1$ 站点间的旅行时间；$art_2(k+1)$ 为公交车在前二天 $k+1$ 时段于 i 站点与 $i+1$ 站点间的旅行时间；$art_3(k+1)$ 为公交车在前三天 $k+1$ 时段于 i 站点与 $i+1$ 站点间的旅行时间；$Var(data_{out})$ 为预测方差；$Var(data_{in})$ 为前三天 i 站点与 $i+1$ 站点间 $k+1$ 时段旅行时间 $art_1(k+1)$，$art_2(k+1)$，$art_3(k+1)$ 的方差。

输入方差 $Var(data_{out})$ 可由前三天在 $k+1$ 时段的旅行时间 $art_1(k+1)$，$art_2(k+1)$，$art_3(k+1)$ 表示：

$$Var(data_{in}) = Var[art_1(k+1), art_2(k+1), art_3(k+1)] \tag{9}$$

随机变量的方差可表示为：

$$Var(X) = E[(X - E[X])^2] \tag{10}$$

$$E(X) = avg(art) = \frac{art_1(k+1) + art_2(k+1) + art_3(k+1)}{3} \tag{11}$$

并用公式表示相关变量：

$$\Delta_1 = [art_1(k+1) - avg(art)]^2 \tag{12}$$

$$\Delta_2 = [art_2(k+1) - avg(art)]^2 \tag{13}$$

$$\Delta_3 = [art_3(k+1) - avg(art)]^2 \tag{14}$$

$$Var(data_{in}) = \frac{\Delta_1 + \Delta_2 + \Delta_3}{3} \tag{15}$$

$Var(data_{out})$ 由滤波器模型预测结果、未来的观测值决定，而这两者数值无法得到，因预测结果未知，且未来的出行还未发生，理想状态下，预测状态良好的情况下，$Var(data_{out}) = Var(data_{in})$，引入新的变量，即用

$Var(local_{data})$来表示 $Var(data_{out})$、$Var(data_{in})$：

$$Var(local_{data}) = Var(data_{in}) = Var(data_{out}) \tag{16}$$

滤波器增益，式(5)、滤波器误差式(7)，可简化为式(17)、(18)：

$$g(k+1) = \frac{e(k) + Var(local_{data})}{e(k) + 2Var(local_{data})} \tag{17}$$

$$e(k+1) = Var(local_{data}) \times g(k+1) \tag{18}$$

综上所述，基于卡尔曼滤波的站点间单线路路段旅行时间预测模型主要由式(6)、(8)、(17)、(18)组成，由以上 4 个重要公式即可滚动预测公交车 n 在整个线路上的路段旅行时间。

2.4 站点停留时间预测模型(DTM)

(1)站点停留时间预测模型

国内外研究成果表明[3]，站点停留时间是指公交车由于站点的影响而花费的时间，根据车辆进站的流程，站点停留时间包括：上下乘客服务时间、加减速时间、公交车开关门、站点排队产生的附加延误时间。上下乘客服务时间主要与上下车的乘客需求有关；加减速时间以及开关门时间对于同一线路同类型的公交车来说是相同的；停靠站排队产生的附加延误出现在有多公交线路停靠的站点，较长的站台会出现二次停车现象，但是根据实际观察，当站点出现公交车排队的情形时，公交车一般往往可以利用排队时间完成上下客服务，仅仅由于排队所产生的时间损失较少，可以忽略不计。因此，本文考察站点停留时间只考虑上下车乘客服务时间的差异，根据模型假设(公交车有两个车门，分别为上客车门、下客车门，单位乘客上车下车所用的时间相同，乘客上下车的时间由上车人数决定)，公交车辆在第 $i+1$ 个站点的停留时间主要由单位时间内到达的乘客人数来决定，本文用以下公式表示：

$$DWT_{n(i+1)} = \lambda_{(i+1)} \times H_{(i+1)} \times \rho_{avg(i+1)} \tag{19}$$

式中：$DWT_{n(i+1)}$ 为所要预测的公交车 n 在 $i+1$ 站点的停留时间；$\lambda_{(i+1)}$ 为通过卡尔曼滤波算法预测得到的 $i+1$ 站点的乘客到达率，单位：人/s；$H_{(i+1)}$ 为公交车 n 在 $i+1$ 站点的到达车头时距；$\rho_{avg(i+1)}$ 为在 $i+1$ 站点基本乘客服务时间，假定为 2.5s/人；

从式中可以看出，$H_{(i+1)}$ 可直接从公交 IC 数据中获取，本式中唯一要预测得到的即为公交乘客到达率 $\lambda(i+1)$。

(2)公交乘客到达率预测模型

公交乘客到达率为单位时间内到达的乘客数量，根据相关内容可知，可以通过公交 IC 数据挖掘技术得到每个站点的公交乘客到达率的历史数据。本文仍采用卡尔曼滤波方法预测 $i+1$ 站点的乘客到达率，并构建预测模型。

$Var(local_{data})$可用下式表示：

$$Var(local_{data}) = Var[par_1(k+1), par_2(k+1), par_3(k+1)] \tag{20}$$

仍有：

$$avg(par) = \frac{par_1(k+1) + par_2(k+1) + par_3(k+1)}{3} \tag{21}$$

$$\Delta_1 = [par_1(k+1) - avg(par)]^2 \tag{22}$$

$$\Delta_2 = [par_2(k+1) - avg(par)]^2 \tag{23}$$

$$\Delta_3 = [par_3(k+1) - avg(par)]^2 \tag{24}$$

$$Var(local_{data}) = \frac{\Delta_1 + \Delta_2 + \Delta_3}{3} \tag{25}$$

卡尔曼增益 $g(k+1)$、环路增益 $a(k+1)$、$\lambda_{(i+1)}(k+1)$ 预测模型如下：

$$g(k+1) = \frac{e(k) + Var(local_{data})}{e(k) + 2Var(local_{data})} \tag{26}$$

$$a(k+1) = 1 - g(k+1) \tag{27}$$

$$\begin{aligned} \lambda_{(i+1)}(k+1) &= a(k+1) \times par(k) + g(k+1) \times avg(par) \\ &= a(k+1) \times par(k) + g(k+1) \\ &\quad \times \frac{par_1(k+1) + par_2(k+1) + par_3(k+1)}{3} \end{aligned} \tag{28}$$

式中：$g(k+1)$ 为 $k+1$ 时段的卡尔曼滤波器增益；$a(k+1)$ 为 $k+1$ 时段的环路增益；$e(k)$ 为 k 时段的滤波器误差，由上一循环中计算得到；$e(k+1)$ 为 $k+1$ 时段的滤波器误差，用于下一循环的计算；$par(k)$ 为在时段 k 于 $i+1$ 站点间的乘客到达率；$par_1(k+1)$ 为前一天 $k+1$ 时段于 $i+1$ 站点间的乘客到达率；$par_2(k+1)$ 为前二天 $k+1$ 时段于 $i+1$ 站点间的乘客到达率；$par_3(k+1)$ 为前三天 $k+1$ 时段于 $i+1$ 站点间的乘客到达率；$Var(local_{data})$ 为前三天 $i+1$ 站点间 $k+1$ 时段乘客到达率"$par_1(k+1)$，$par_2(k+1)$，$par_3(k+1)$"的方差。

$$e(k+1) = Var(local_{data}) \times g(k+1) \tag{29}$$

基于卡尔曼滤波的公交乘客到达率预测模型主要由式(26)、(27)、(28)、(29)组成，由以上 4 个重要公式即可滚动预测公交车 n 在 $i+1$ 时段的乘客到达率，从而得到各个站点的停留时间。

3 应用实例及模型评价

3.1 实例线路及数据说明

(1)线路信息

本次实例线路选取 Madison 市的 2＃公交线路，位于 Madison 市的中部；路段实例选取 2＃公交线路东起 N Frances Street 西至 N Midvale Blvd 间的路段，横贯城市的中心，线路途经不同等级道路类型，能够较全面地反映公交车辆在不同道路状况下的运行特点，因此本文选用 2＃公交线路作为实例线路。

(2)数据信息

选取 2013 年 4 月 5－8 日共 4 天的公交 IC 卡、AV 数据作为实例基础数据，用 4 月 5－7 日的 $k+1$ 时段、8 日的 k 时段历史数据预测 8 日的 $k+1$ 时段数据。其中，4157 组 IC 卡旅行时间数据作为模型的输入数据，2124 组 AVL 数据作为模型的验证数据。

3.2 模型评价

(1)初步结果

针对城市道路的特点，本文以早晚高峰为界，将一天分为 3 个时段。第一时段：7:00－9:00，早高峰。第二时段：17:00－19:00，晚高峰。第三时段：其他时段，平峰。

本文将首先分析这 3 个时段之间的变化规律，再对各时段内的变化规律加以分析。

①全线总旅行时间预测结果

全线总旅行时间为公交车辆从起点站到终点站的总行程时间，计算 2＃公交线路全天 128 个站间路段 10 车次全线总行程时间预测的绝对误差与相对误差，结果见表 1。

表 1　全线总行程时间预测的绝对误差与相对误差

车次	早高峰			晚高峰			平峰			
	1	2	3	1	2	3	1	2	3	4
绝对误差(min)	1.23	1.98	2.11	0.98	2.23	0.78	1.43	0.17	0.83	1.76
相对误差	2.3%	0.4%	3.0%	4.0%	6.0%	4.0%	3.0%	2.2%	7.0%	4.0%

从表 1 可以看出：10 个车次全线总旅行时间预测的绝对误差均在 3min 之内，最大绝对误差为 2.23min，最小绝对误差仅为 0.17min；全线总行程时间预测的最大相对误差为 7%，最小相对误差仅为 0.4%。与此同时，早高峰、晚高峰与平峰对应的绝对误差与相对误差并无明显差异，说明预测模型能够根据道路交通状况的改变及时做出反应，可以对高峰时段的旅行时间做出准确预测。

②站点间旅行时间预测结果

计算上述 10 车次站点行程时间预测的平均绝对误差与平均相对误差，结果见表 2。

表 2　站点行程时间预测的平均绝对误差与相对误差

车次	早高峰			晚高峰			平峰			
	1	2	3	1	2	3	1	2	3	4
绝对误差(s)	11.78	11.2	11.6	14.11	13.54	15.98	11.67	13.12	12.32	11.56
平均相对误差	12.0%	9.0%	10%	14.0%	13.0%	15.0%	12.0%	13%	12%	9.0%

从表 2 可以看出：站点行程时间预测的平均绝对误差集中在 11～16s 之间，其中晚高峰平均绝对误差略高于其他两个时段；平均相对误差高于全线总行程时间预测的相对误差，集中在 9%～15%之间。

综上所述，以站点间路段旅行时间为预测对象时，模型预测的相对误差在 15%之内，绝对误差集中在 16s 左右；以全线旅行时间为预测对象时，该模型预测的相对误差在 7%之内，绝对误差集中为 0～3min。本文所提出的预测方法可以准确地对公交车辆的旅行时间做出预测，其中全线旅行时间预测效果优于站点旅行时间预测效果。

(2)预测评价

利用上述公交车辆站间旅行时间预测模型，对 2＃公交线路全天 128 个站间路段，6:00 到 18:00 共 235 组站间旅行时间进行预测。

由于神经网络模型可以保证预测的实时性，同时适合公共交通系统影响因素多的特点，之前的学者多使用神经网络模型预测公交旅行时间。为了对预测结果进行比较分析，他们引入基于神经网络模型的行程时间预测方法，计算两种预测方法的平均绝对相关误差(MRE)、平方根相对误差(RSRE)、最大绝对相关误差(MARE)等 3 个指标。从评价结果看，若 MRE 均小于 20%，表示本模式属于优良的预测模式。计算结果见表 3。

表 3　站点间旅行时间预测误差

路段	评价指标	卡尔曼滤波	神经网络
路段 1	MRE	0.0681	0.0750
	RSRE	0.0730	0.0849
	MARE	0.1155	0.1431
路段 2	MRE	0.0276	0.0632
	RSRE	0.0355	0.0740
	MARE	0.0760	0.1303
路段 3	MRE	0.0750	0.1638
	RSRE	0.0918	0.3494
	MARE	0.2240	0.0661
路段 4	MRE	0.0859	0.1076
	RSRE	0.1076	0.1431
	MARE	0.2290	0.1214
路段 5	MRE	0.0434	0.1115
	RSRE	0.0543	0.2290
	MARE	0.1204	0.1194
路段 6	MRE	0.0424	0.1392
	RSRE	0.0444	0.1303
	MARE	0.0967	0.2280

由以上预测结果可以看出，卡尔曼滤波算法的旅行时间预测精度比神经网络的旅行时间预测精度高，预测值也比较平稳，误差也较小。

4 结　语

公交旅行时间预测作为公交系统信息化的关键技术，对城市公共交通的顺利发展起到积极的推动作用，将是未来发展先进的智能公共交通系统重点关注的研究之一。

本文的主要研究工作和主要研究结论如下。

(1)卡尔曼滤波模型在提前一步预测时精度较高，且可利用计算机进行大量数据的运算，故本文主要采用卡尔曼滤波模型进行预测。

(2)定义了路段旅行时间、站点停留时间。在本文的预测模型中，在站点发生的所有延误都通过一个参数表示，即站点停留时间，该参数由在该站点的乘客到达率与单位乘客上车耗时的乘积表示。

(3)构建了基于单线路检测数据预测的单公交车旅行时间预测模型。

参考文献

[1]罗虹. 基于 GPS 的公交车辆到达时间预测技术研究[D]. 重庆：重庆大学，2007.

[2]ABKOWITZ M, SLAVIN H, WAKSMAMN R, et al. Transit service reliability (Report No. UMTA-MA-06-0049-78-1) [R]. U. S. Department of Transportation, 1978.

[3]HWANG M, KEMP J, LERNER-LAM E, et al. Advanced public transportation system: The state of the art update 2006 [R]. Federal Transit Administration, U. S. Department of Transportation, 2006.

[4]Transit Capacity and Quality of service Manual, 2nd Edition [EB/QL].

[5]张堂贤，郭中天. 公交车到站时间暨复合路线旅行时间预估模式的研究[J]. 土木工程学报，2005，38(12)：115－123.

[6]陈维亚. 基于智能技术的城市公交服务可靠性研究[D]. 长沙：中南大学，2010.

[7]SHALABY A, FARHAN A. Bus travel time prediction for dynamic operations control and passenger information systems [C]// Proc. 82nd Ann. Meeting, Transportation Research Board, 2003.

[8]SHALABY A, FARHAN A. Prediction model of bus arrival and departure times using AVL and APC data [J]. Journal of Public Transportation, 2004, 7(1).

Travel Time Prediction of Urban Public Transport Based on Detection of Single Routes

ZHANG Xin-huan[1], YAN Ke-fei[2]

(1. College of Engineering, Zhejiang Normal University, Jinhua, China, 321004;

2. The School of Transportation Engineering, Tongji University, Shanghai, China, 201804)

Abstract: Travel time prediction of transit is the key to improve the reliability of transit services, to improve trip structure, to alleviate traffic problems. It involves acquisition and processing technology of a variety of information and sophisticated models and algorithms, which will be one of research focus of development of advanced transit system in the future. Based on AVL and IC data, this paper consider a variety of traffic random factors, model travel time prediction of transit, and comparative analysis was carried on with the actual results, to further adjust and optimize the prediction model, to raise accuracy and reliability of the model of travel time prediction of transit, provided more reliable travel information services for traveler.

Key words: single routes detection; multiple routes detection; travel time, Kalman filter; prediction model

基于驾驶模拟技术的上海沿江隧道车道设计宽度分析

王　婷　王雪松

（同济大学交通运输工程学院，上海 201804）

摘要：上海市沿江隧道是设计车速为 80km/h 的双管 6 车道高速公路盾构隧道。受到盾构机及经济限制，隧道外径为 15.0m。《公路工程技术标准》以及《公路隧道设计规范》对于右侧侧向宽度的规定由 0.5m 调整为 0.75m，提出内侧车道由 3.75m 减少为 3.5m。本文对国内外规范进行总结，3.5m 的车道宽度被大部分国家（地区）规范采用。基于同济大学高仿真驾驶模拟器，遵照隧道设计方案分别建立内侧车道宽度为 3.75m 和 3.5m 的两种模拟场景。对比分析同一组驾驶样本在两种不同场景下的运行车速、轨迹偏移的差异，发现内侧车道由 3.75m 减少为 3.5m，对于车辆速度、轨迹没有显著影响。

关键词：隧道；车道宽度；驾驶模拟；运行车速；轨迹偏移

上海市沿江通道越江隧道工程是上海市“十二五”期间的重点推进项目，它的建设有利于规划路网的实施和市域高速公路网的完善，对于改善集疏运系统，优化黄浦江下游越江交通布局、缓解 S20 公路越江隧道拥堵等方面都能起到积极作用，同时也为 S20 公路越江隧道封闭大修创造条件。

上海市沿江隧道采用双管 6 车道高速公路 80km/h 设计速度技术标准，采用盾构工艺。隧道采用最大直径盾构机施工，外径 15.0m。由于《公路工程技术标准》（JTG B01—2003）[1] 和《公路隧道设计规范》（JTG D70—2004）[2] 对右侧最小侧向宽度要求由 0.5m 调整为 0.75m，考虑到现有盾构机的限制及经济条件，将内侧车道宽度由 3.75m 减小至 3.5m。没有现行的针对盾构法施工的公路隧道行业技术标准，其他参考规范对于该类型隧道车道宽度的规定有所差异。

目前缺乏明确的隧道车道宽度安全影响研究。目前关于车道宽度设计的研究主要针对一般开放路段，基于历史事故数据开展。[5-7] 运行车速、驾驶轨迹两种驾驶行为数据作为安全替代指标，能反映设计要素对于车辆运行的影响。[8-10] 本文基于驾驶模拟实验，研究不同车道宽度对于运行特征的影响，验证车道宽度设计的合理性。

1　国内外规范总结

规范是工程设计建设的基本准则，然而由于现有标准、规范的不足，对于盾构法施工的高速公路隧道，没有现行的行业技术标准。《公路工程技术标准》[1] 作为公路工程建设必须满足的基本准则，没有针对隧道路段车道宽度的规定，对于一般路段，设计车速为 80km/h 时，车道宽度应为 3.75m，8 车道时，内侧车道可采用 3.5m。针对钻爆法的《公路隧道设计规范》[2] 以及针对上海城市道路隧道的规范[4] 规定，设计车速为 80km/h 时，车道宽度采用 3.75m，3 车道隧道增加车道的宽度不得小于 3.5m。

考虑到公路设计规范对整条公路路段而言，对于车道宽度的要求相对较高，但是对于多车道公路，3.5m 的车道宽度也是可以采用的。隧道设计规范对隧道而言，对于隧道设计更有针对性，对隧道设计指导意义更为直接，隧道规范中针对 3 车道公路隧道车道宽度的规定表明，增加的车道可以设置为 3.5m。所以，根据对我国不同规范规定的总结，对于设计车速为 80km/h 的双孔双向 6 车道公路隧道，采用 3.75m×2＋3.5m 的车道宽度设计符合规范要求。

一些国家（地区）根据自己的实际情况以及建设经验，在各自的建设规范上对隧道车道宽度都做了相关规定。国外设计对于国内建设有一定的借鉴意义，本文总结了世界上主要几个代表性国家（地区）的指南和标准中规定的隧道横断面的宽度组成和尺寸参数，见表 1。

表 1 各国车道宽度规定

国家	设计速度或推荐速度 (km/h)	车道宽度 (m)
澳大利亚	80～100	3.50
丹麦	90～120	3.60
法国	80～100	3.50
德国	100(26T,26Tr) 70(26T) 110(29.5T)	3.50 3.50 3.75
日本	80～120 60	3.50 3.25
爱尔兰	120 90	3.50 3.25
挪威	80～100	3.45
西班牙	90～120	3.50
瑞典	70 90 110	3.50 3.75 3.75
瑞士	80～120	3.50～3.75
英国	110	3.65

从表 1 中各国对于车道宽度规定的汇总结果可以看出,3.5m 的车道宽度在欧洲和日本得到认可,而 3.6m 的车道宽度在丹麦、美国得到广泛认可,只有德国和瑞典规定采用 3.75m 的车道宽度。德国和瑞典规定采用 3.75m 车道宽度所对应的设计车速都较高,其中德国采用 3.75m 行车道宽度的条件是设计速度为 110km/h,瑞典采用 3.75m 行车道宽度的条件是设计速度达 110km/h 和 90km/h 两档,车道宽度的设置与设计车速有密切关联,设计车速越高,对于车道宽度的要求越为严格。在国外对于设计车速为 80km/h 的公路隧道,3.5m 的车道宽度设计被大多数国家(地区)所认可。

2 驾驶模拟实验

同济大学驾驶模拟器拥有 8 自由度的运动系统,横向纵向的活动范围为 5m×20m(见图 1)。驾驶舱内有一辆内饰齐全的 Renault Megane Ⅲ,去除发动机,加载了力反馈系统。投影系统的水平视角为 250°,有 5 个投影仪内置于驾驶舱,每个投影仪的分辨率为 1400×1050s,刷新率为 60 帧/s,投影效果逼真。由 3 块 LCD 屏幕组成后视镜。驾驶模拟器控制软件为法国 OKTAL 公司开发的商业软件 SCANeR™。

驾驶模拟隧道建模是指依据道路所在位置的地形数据和道路的详细设计数据建设一个与现实接近的虚拟的道路环境,并且使参与者通过对驾驶模拟器的操作能够如在现实世界一样体验这个虚拟的环境。隧道虚拟现实模型开发工作流程如图 2 所示。

图 1 同济大学驾驶模拟器

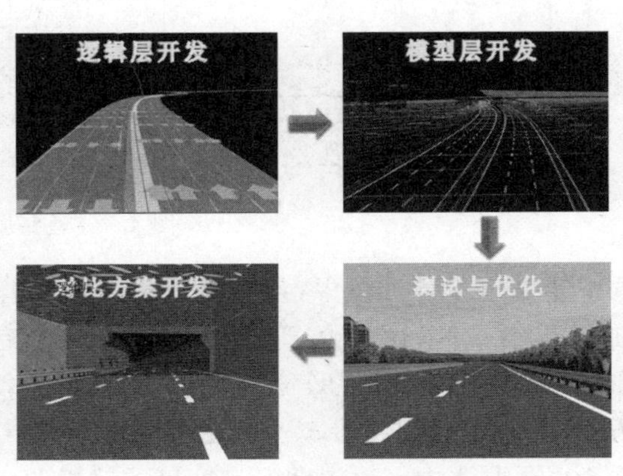

图 2 虚拟现实模型开发工作流程

实验采用控制变量的方法，共设置两种道路场景，对应两种设计方案。两方案除车道宽度设计有所差异外，其他设计要素保持一致，两方案模型如图3所示，其中方案一车道宽度为3.75m×3，方案二车道宽度为3.75m×2+3.5m。为保证实验的连续性，将两个对比方案设计在一个道路场景中，中间设置接近1000m的开放路段作为两方案的过渡段。驾驶员在模拟环境中驾驶真实车辆进行实验，记录并分析车辆驾驶数据，研究车道宽度对运行安全的影响。

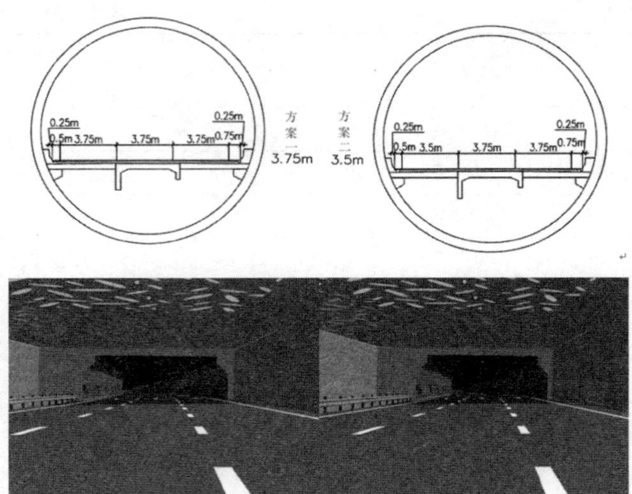

图3 隧道横断面设计方案对比

共有8个驾驶员参与实验，驾驶员在性别、年龄、驾龄、驾驶经历方面都有所不同。每个驾驶员在不知晓两隧道的差异下完成两个方案路段的驾驶，驾驶员在驾驶中保持平时驾驶习惯，实验限速为80km/h。为了减小操作的不熟练对驾驶数据的影响，实验分为实验前准备，试驾以及正式实验3个部分。实验前准备主要是知情同意书的签署以及驾驶员注意事项的告知。试驾部分主要是在另一个场景中进行特定驾驶行为的培训，目的是使驾驶员能尽快熟悉驾驶模拟器的操作，避免因对实验平台不熟悉导致实验数据有缺陷。正式实验即为在模拟场景上进行实验，并记录驾驶员驾驶数据。

3 基于实验数据的运行影响分析

运行影响分析主要包括驾驶员平均车速分布、平均轨迹偏移分布的差异分析。研究范围包括隧道路段以及隧道出入口影响路段，包括隧道入口前300m至隧道出口后300m。为了统一所有驾驶员的记录间隔，将以时间间隔记录的原始数据转换为以道路断面间隔的记录，以5m为一个间隔。

统计两个场景下所有驾驶员在每个标准断面的平均车速值，比较分析不同场景下车速大小、车速变化情况的差异性。分析车道宽度由3.75m减小到3.5m是否会导致车速的明显提高，导致行车危险性的提高。分析车道宽度的减小是否会导致车速剧烈变化，引起车辆行驶的混乱。越江隧道除进出口路段外纵坡平缓，影响车辆运行的主要是平面线形。为了了解在不同平面线形路段车道宽度对于平均车速分布的影响，绘制平均车速—平曲线曲率图，如图4所示。

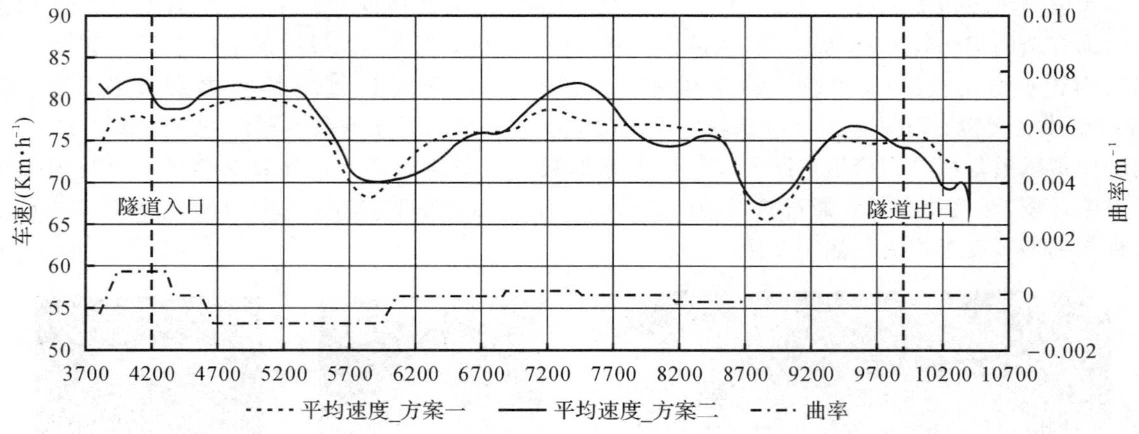

图4 隧道路段车速分布对比图

不同车道宽度设计方案中，各路段车速基本保持一致。两方案中平均车速基本一致，速度分布差异基本保持在5km/h以内，这是由于车道宽度的减小没有给驾驶员的速度选择造成影响，也没有对速度的离散性造成影响，减小内侧车道的车道宽度，驾驶员依然能保持接近限速的车速驾车。

两方案中，整个隧道路段车速变化趋势基本保持不变，在隧道内部线形变化位置有轻微波动，波动幅度均控制在10km/h之内。这说明车道宽度的轻微调整对于隧道路段车速调整趋势影响甚微，两种车道宽度设计方案中,驾驶员的驾驶习惯保持一致。

统计在标准断面所有驾驶员轨迹偏移的平均值。比较两种场景下轨迹偏移绝对值以及轨迹偏移波动情况的差异。判断车道宽度的减小是否会引起轨迹偏移的明显增大而影响车辆之间的安全距离。分析车道宽度的减小是否会引起轨迹波动幅度或者波动频率的增大,导致隧道路段驾驶混乱现象。为研究不同平面线形路段轨迹偏移的变化,绘制轨迹偏移—平曲线图,如图5所示。

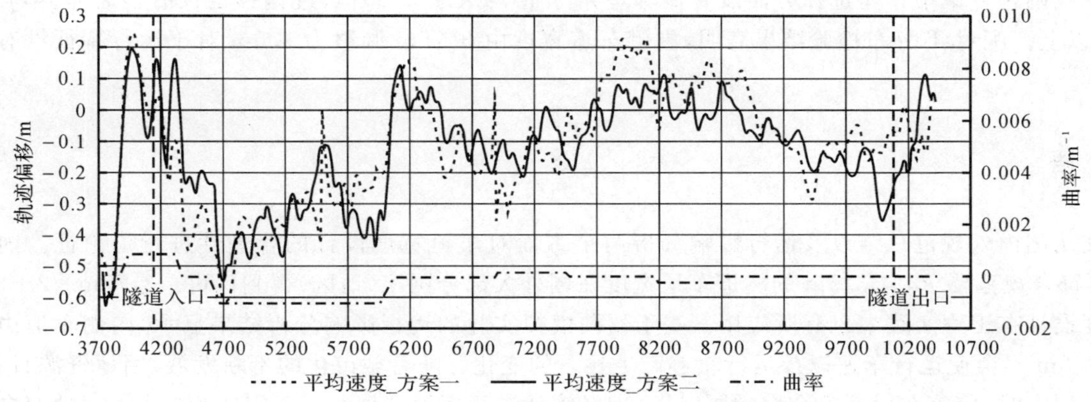

图5 两方案中隧道路段轨迹偏移分布对比图

两种方案中各路段轨迹偏移的平均值基本保持一致,且两方案中轨迹偏移的绝对值均基本保持在0.5m以内,说明车道宽度的变化没有导致轨迹偏移绝对值的增加,即车道宽度对于驾驶员驾驶习惯没有产生明显的影响。

随着隧道内位置的变化,轨迹偏移有小幅缓慢的变化,且两方案中轨迹偏移的变化趋势基本保持一致,这是因为车道宽度的轻微调整没有对驾驶员的心理造成影响,从而不会导致驾驶路径的变化。

分布图直观地反映了两种方案中运行特征数据分布的差异情况,但是在不同断面,运行数据差异不同,从分布图无法直接判断车道宽度对运行安全的影响。配对T分布检验是指用T分布理论来推论差异发生的概率,从而比较两组数据是否存在显著差异,一对观察对象中只有研究因素存在差异。将隧道路段分为如图6所示的7个路段,统计每个驾驶员在两方案中每个路段的平均车速、平均轨迹偏移作为衡量驾驶员在各路段的驾驶特征值,通过配对T分布统计方法,比较两种设计方案中每个驾驶员在车速选择以及轨迹控制方面的差异性,从而分析车道宽度设计对驾驶行为影响的显著性。

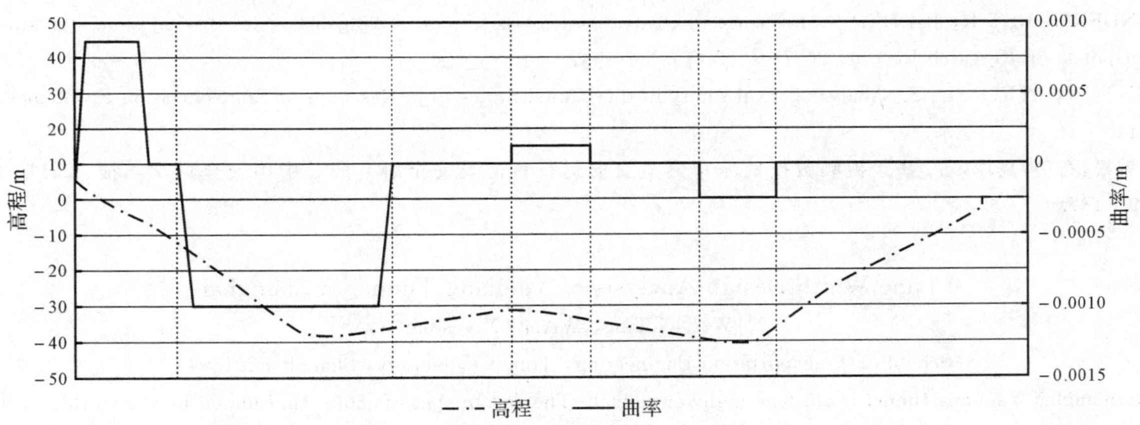

图6 T分布检验隧道路段分段示意图

利用Paired T-test检验两种车道宽度设计方案中车速变化的显著性,检验结果见表2、表3。

表2 隧道各路段车速差异性检验

路段	LD1	LD2	LD3	LD4	LD5	LD6	LD7
T值	−1.25	−1.64	1.29	−2.20	−0.01	0.17	−0.03
p值	0.25	0.1440	0.2392	0.0640	0.9934	0.8718	0.9794

表 3　各路段平均轨迹偏移差异性检验

路段	LD1	LD2	LD3	LD4	LD5	LD6	LD7
T 值	－0.51	0.32	0.97	1.12	0.93	0.80	1.78
p 值	0.6249	0.7552	0.3660	0.0717	0.3828	0.4491	0.1178

车辆在两种方案中车速选择方面没有显著差异，p 值均大于 0.05；轨迹偏移也没有显著差异，p 值保持在 0.05 以上。配对 T 分布检验结果表明，内侧车道宽度由 3.75m 调整为 3.5m 对于运行特征没有显著的影响。

4　结　语

本文从国内外规范总结以及运行影响分析两个方面对车道宽度设计的合理性进行了论证。内侧车道为 3.5m 符合规范要求，且 3.5m 的隧道车道宽度在国外大部分国家(地区)得到认可。3.75m×2＋3.5m 的车道宽度设计在工程实践中也有所应用。基于驾驶模拟实验的运行影响分析结果显示，内侧车道由 3.75m 减小至 3.5m 不会使运行车速以及运行轨迹产生显著的变化。随着城市化的不断发展，用地资源日益紧张，在交通规划中时，应该在保障安全性的同时，合理经济地进行用地规划。对于限速为 80km/h 的双向 6 车道高速公路隧道，内侧车道设计为 3.5m，可以在保障运行安全性的同时，节约用地、方便施工、节约成本，在实际中可以应用。

参考文献

[1]中华人民共和国行业标准．公路工程技术标准(JTG B01-2003)[S]．北京：人民交通出版社，2004.

[2]中华人民共和国行业标准．公路隧道设计规范(JTG D70-2004)[S]．北京：人民交通出版社，2004.

[3]中华人民共和国推荐性行业标准．公路隧道设计细则(JTG/T D70-2010)[S]．北京：人民交通出版社，2010.

[4]上海市工程建设规范．道路隧道设计规范(DG/TJ08-2033-2008)[S]．上海，2008.

[5]GROSS F，KIMBERLY E．Safety Evaluation of Lane and Shoulder Width Combinations on Rural，Two-Lane，Undivided Roads [J]．Journal of the Transportation Research Record，2009 (2103)：42－49.

[6]张铁军，唐铮铮．山区双车道公路横断面要素安全性研究[J].交通运输系统工程与信息，2010，10(4)：179－185.

[7]张铁军，唐铮铮．平原区公路横断面要素安全性研究[J].公路，2008(4)：34－39.

[8]VANDERHORST R，RIDDER S．Influence of roadside infrastructure on driving behavior：driving simulator study [J]．Transportation Research Record，2007，2018 (1)：36－44.

[9]CLINTON，STRONG J S．Analyzing road safety in the United States [J]．Research in Transportation Economics，2013：1－14.

[10]王雪松，石琦，高珍，等．基于视频数据的城市隧道交通运行特征与安全研究[J]．中国安全科学学报，2011，21(8)：129－137.

Lane Width Design Analysis of Yanjiang Tunnel in Shanghai

WANG Ting，WANG Xue-song

(School of Transportation Engineering，Tongji University，Shanghai 201804)

Abstract: Shanghai Yanjiang tunnel is a 6 lane highway tunnel. The design speed is 80km/h. Limited by the shield machine and economic constraints，tunnel diameter is 15.0m. Regulations for the right lateral width have been adjusted to be 0.75m. Therefore，the inside lane was decreased to be 3.5m. In this paper，the domestic and international norms are summarized. It was found that the inside lane width was proper to be 3.5m. Based on Tongji University's driving simulator，two tunnel models was established according to the design scheme. Operating speed，trajectory offset of the same driver in two different scenarios was compared. Analysis shows that，the vehicle speed，trajectory was not significantly affected when the inside lane is decreased from 3.75m to 3.5m.

Key words: freeway tunnel；lane width；driving simulator；driving speed；trajectory deviation

基于 AHP-SWOT 的重庆航运物流发展战略选择研究

刘云龙

(重庆交通大学,重庆 400074)

摘要:随着西部大开发实施的深入,产业向西部转移加快,为重庆航运物流发展带来机遇。本文通过对重庆航运物流发展的 SWOT 分析,对 SWOT 因素建立 AHP 模型,构建重庆航运物流发展的 SWOT 四边形,研究战略排序,提出发展战略。

关键词:SWOT;AHP;发展战略;评价模型

随着重庆的直辖和西部大开发战略的提出,重庆的经济有了大跃升。经济的发展强化了对交通运输的需求,由于航运具有资源节约、环境友好等天然优势,利用天然航道满足运输需求受到人们的重视。此外,经济的发展也为重庆航运物流发展提供了资金支持。近年来,尽管重庆对航运的投入不断加大,使重庆航运得到快速发展,但重庆航运的发展相比其他运输方式、其他省市的航运发展水平仍然有相当大的差距。本文利用 SWOT 分析法对重庆航运物流发展的内外部因素进行分析,并提出相应的发展战略。

1 重庆航物流运发展的 SWOT 分析

1.1 优 势

(1)区位自然地理条件优越

重庆作为长江上游的交通枢纽,70%以上的区(市)县位于长江干线上,具有天然的运输资源和区位优势,是西部地区综合交通运输体系的重要组成部分,在西部大开发及长江上游经济中心建设中有着重要的战略地位。重庆市有长江、嘉陵江和乌江 3 条主航道通航河流 30 条,136 条航道,总里程 4222km,其中长江干线 679km 为三级航道。

(2)沿江经济带与腹地互动发展

三峡工程竣工后,万吨级轮船可以直达重庆港,辖区内长江与嘉陵江、乌江交汇,顺长江东行,万吨级的轮船可顺江至武汉、南京、上海等地,以及沿海城市。逆长江西行,1000 吨左右的轮船可到四川省的宜宾。较小轮船沿嘉陵江北上,轮船可至合川、潼南、南充等城市,经长江到涪陵入乌江,向南能通航到贵州境内。2008 年成立的国内内陆航运最大港口——重庆寸滩国际集装箱港与万州港和涪陵港构成一个四通八达的水运体系。在中共重庆市委三届三次全委会上提出的“半小时主城”、“4 小时重庆”、“8 小时周边”、“8 小时出海”的大交通概念,使得重庆航运对腹地经济的影响更加深远,也具备了广阔的港口腹地优势。

1.2 劣 势

(1)自然条件限制及港口设施落后

尽管重庆港口的综合吞吐能力逐步攀升,但大型化、专业化深水泊位较少的局面尚未得到有效改变。三峡大坝建成后,重庆港在涨水期允许船舶吃水深度仅为 4～4.5m,由于水深、航宽不足,使得重庆航运业受限。长江干线下游航道水深基本在 10m 左右,南京以下绝大多数码头都是按照 2.5 万～3 万吨级标准建设的,南通港更是建设了内河第一座 10 万吨级码头。而重庆在 2009 年后,由于三峡大坝蓄洪,才有万吨轮船能抵达重庆朝天门港。可见,航道港口劣势明显。

由于重庆港的现代化建设起步较晚,骨干航道网开发程度不高,大多处于自然状态,港口的现代化作业

作者简介:刘云龙(1983—),男,讲师,主要研究方向为交通运输经济,物流与供应链管理。

程度较低。重庆专业集装箱运输起步较晚，港口管理技术水平还比较低，缺乏专业集装箱码头管理高级人才，先进的技术设备与落后的管理手段并存，生产组织、成本控制方面有很多需要改进。

(2)航运相关服务不完善

重庆航运尚未形成有规模的航运服务产业集群，还没有建成为水上运输部分、港口码头经营及集疏运系统提供船舶金融、法律、保险业务及船舶装卸、停泊、供应等服务的完整产业链。航运服务业与城市开发的协同促进还没有形成。由于航运服务产业集群的联动机制没有形成，重庆航运的辐射能力有限。虽然重庆航运的经济腹地有云南、贵州、四川，但其外省货源目前仅占 30%，与其他地区航运中心相比，其辐射能力还有一定差距，远未形成与其相匹配的影响力。

1.3 机 会

(1)持续的政策扶持

随着重庆直辖和西部大开发战略的深入，重庆航运进入快速发展阶段。2002 年，重庆市政府出台《重庆航运中心发展规划》，首次提出打造长江上游的航运中心的宏伟计划。2006 年，重庆市参与了《"十一五"期长江黄金水道建设总体推进方案》的制定，再次表明了重庆下大力气投资水运的决心。2007 年，重庆市发布了《关于充分发挥黄金水道作用，进一步加快建设长江上游航运中心的决定》，指出 2010 年基本建成长江上游航运中心，2020 年实现水运现代化。2008 年，国务院以国函 100 号文件正式批复设立重庆两路寸滩保税港区。保税港区的建立将成为重庆航运发展的加速器。2009 年，国务院出台《国务院关于推进重庆市统筹城乡改革和发展的若干意见》，再次明确了重庆作为长江上游航运中心的定位。一系列政策的扶持为重庆航运发展带来了契机。

(2)产业转移带来的市场机遇

西部大开发战略实施以后，国家对西部的政策倾斜使产业向西部转移的步伐加快。重庆作为国家批复的长江上游经济中心和国家统筹城乡综合配套改革试验区，对西部经济发展起到带动作用。重庆市于 2006 年提出"一圈两翼"的发展战略，2009 年又提出"一江两翼三洋"的宏伟战略。2008 年和 2010 年先后成立寸滩保税港区和两江新区，带来优厚的优惠政策，促进了重庆航运发展的基础完善，使得重庆在产业向西部转移中有望成为转移目的地，对重庆航运发展起到极大的助推作用。

1.4 威 胁

(1)长江沿岸其他省市对航运的重视程度提高

2003 年，《长江干线航道发展规划》获得国家交通部批准，到 2020 年，国家将对长江干线航道进行大规模综合治理。随着内河航运的发展及其优势的显露，各地越来越重视内河航运的发展，内河航运竞争渐趋白热化。四川、湖北、江苏、安徽、江西等省纷纷制定规划，投入巨资促进内河航运发展。与重庆市同处长江上游的四川省泸州港，经过一、二期的建设，发展迅速，年吞吐量已经突破千万吨大关。云南、贵州也加强了对境内的内河航运的建设。由于重庆航运的外部货源主要来源于云南、贵州、四川，重庆航运受到很大的竞争威胁。

(2)其他交通运输方式的发展对航运的威胁

重庆市现有铁路通车里程共计 1209km，加上即将开工的渝利等 4 条铁路和"十一五"末开工的渝黔、渝万、成渝城际等铁路线，2015 年重庆铁路通车总里程将达 2267km。随着"一圈两翼三洋"战略的提出，重庆将建设"西北翼"出境通道渝兰铁路和"西南翼"的出境通道渝黔铁路。铁路运输的迅速发展将对重庆航运发展带来极大挑战。

2 基于 AHP 模型的 SWOT 因素研究

通过上述研究，把优势、劣势、机会和威胁作为准则层，其相应因素作为第三层，对 SWOT 因素构建一个 3 层的层次分析模型(见图 1)。根据调研及二手资料研究，建立相应判断矩阵并进行检验，得到各层次指标因素的权重(见表 1)。

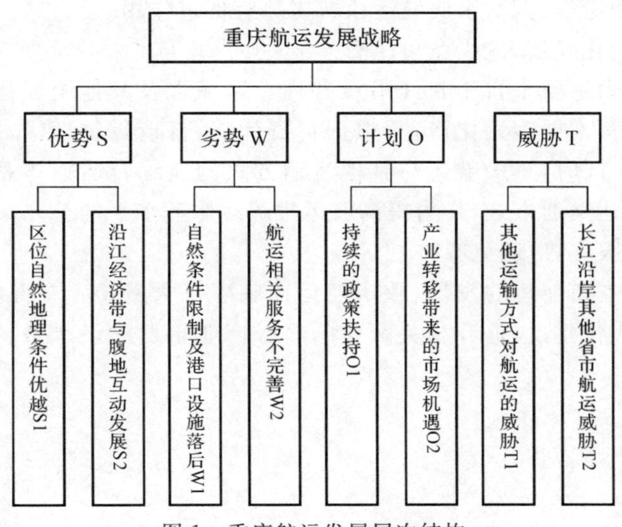

图1　重庆航运发展层次结构

表1　SWOT因素的AHP分析结果

AHP分析	SWOT因素			
	优势 S	劣势 W	机会 O	威胁 T
一级指标	0.286	0.106	0.475	0.133
二级指标	0.072	0.035	0.119	0.665
	0.214	0.071	0.356	0.665

根据AHP分析结果，对优势S，劣势W，机会O，威胁T构建重庆航运发展SWOT四边形，进行战略选择(见图2)。

根据图2，对SWOT四边形进行计算。

$$S_{\triangle SGO}=\frac{1}{2}\times 0.475\times 0.286=0.068$$

$$S_{\triangle SGT}=\frac{1}{2}\times 0.133\times 0.286=0.019$$

$$S_{\triangle WGO}=\frac{1}{2}\times 0.106\times 0.475=0.025$$

$$S_{\triangle WGT}=\frac{1}{2}\times 0.106\times 0.133=0.007$$

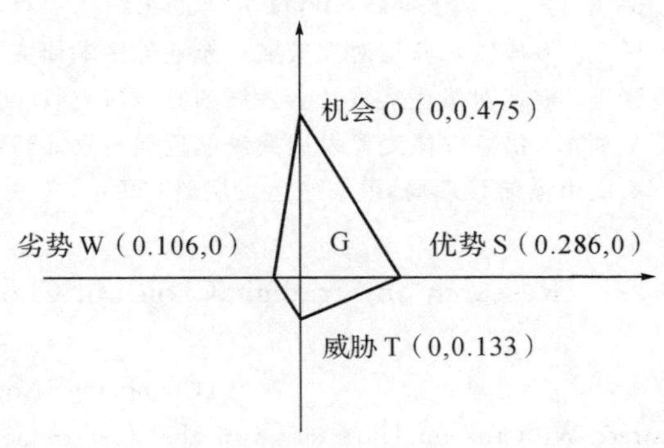

图2　重庆航运物流SWOT四边形发展战略选择

由上述计算可知，$S_{\triangle SGO}>S_{\triangle WGO}>S_{\triangle SGT}>S_{\triangle WGT}$

因此，战略选择顺序为：SO进攻型战略、WO成长型战略、ST多元化战略、WT防御型战略。

3　重庆航运发展战略研究

(1)SO进攻型战略，抓住机遇，发挥优势，促进航运快速发展

借助西部大开发战略的实施和国家对重庆在西部大开发中的定位，提升重庆航运的影响力和辐射力。国家西部大开发中为西部的基础设施建设投入巨大，这为重庆对内河航运的航道疏通、港口现代化建设提供了良好的外部机遇。同时，国家对西部产业发展提供政策扶持，使得西部地区的经济迅速发展，货运量增大，为重庆航运提供可持续发展；产业发展为重庆航运的现代服务集群产业建设提供良好帮助，提升重庆航运的综合服务水平。

(2)WO成长型战略，扭转劣势，稳步成长

重庆航运应充分利用国家扶持政策。重庆航运最大的劣势是航道的水深、航宽不足。三峡大坝蓄水后，这一劣势有所改观，万吨船舶可直抵重庆。国家规划从2003年到2020年投入160亿元对长江航道进行治理，有益于重庆航运通航船舶的吨位提升。此外，国家在重庆税收等方面的优惠政策，使航运企业的经营

成本降低，提高了航运企业的竞争力，对重庆航运扭转劣势有促进作用。

(3)ST 多元化战略，多元化发展，减少竞争压力

重庆航运面临的竞争压力主要来自于长江沿线和周边区域以及其他交通运输方式。重庆航运持续发展主业、保持竞争优势的同时，发展多元化产业，根据自身优势，打造货物运输、旅游观光、餐饮服务等多元化发展战略，分担竞争压力。同时，重庆航运与其他运输方式构建综合运输体系，形成联运互动，把其他运输方式作为航运港口的集疏运交通方式，作为提高航运集疏运服务水平的补充。

(4)WT 防御型战略，克服劣势，避免威胁

由于自身的劣势及周边省市航运的发展，重庆航运面临着巨大威胁。在此情形下，重庆航运应在政策扶持下，加强航道及港口现代化建设，提升相关配套的服务产业集群建设水平，提高服务水平和管理水平，降低成本以面对威胁。

4 结 论

随着周边省市对航运经济的重视，重庆应认清自身航运物流外部因素和内部优劣势，制定切合实际的重庆航运物流发展战略。本文通过 AHP 模型对 SWOT 因素进行量化排序，从而根据权重序列确定发展战略优先顺序，解决战略实施的轻重缓急问题。

参考文献

[1]孙超平，杨善林．战略 SWOT 决策模型的构建及其实证研究[J]．系统仿真学报，2009(3).
[2]李运东，李长祁．长江航运市场竞争态势分析[J]．中国水运，2001(3).
[3]徐飞，陈洁．基于创新 SWOT 矩阵的组织技术竞争战略[J]．科学学研究，2006(5).
[4]杨金．万成铁水联运对重庆航运企业的影响研究[J]．重庆教育学院学报，2007(3).
[5]张远．航运对重庆经济社会发展的影响研究[D].重庆：重庆交通大学，2008.
[6]王利军．借鉴安徽经验发展武汉航运促进湖北经济持续快速增长[J]．长江论坛，2005(6).
[7]重庆市港航管理局，重庆航运发展研究中心.重庆市航运发展报告[R].2009.

Research on Strategic Choice of Chongqing Shipping Development in Upstream Economic

LIU Yunlong
(Chongqing Jiaotong University, Chongqing 400074)

Abstract: With the implementation of the western development strategy, industry transfer to west speedy which brings the opportunities for shipping logistics development of Chongqing. Through the SWOT analysis of Chongqing shipping logistics development to establish AHP model, building SWOT quadrilateral of Chongqing shipping logistics development, studying strategy sort and putting forward the development strategies.

Key words: SWOT; AHP; development strategy; evaluation model

上海迪士尼乐园公共交通枢纽布局规划设计研究

刘晓倩　蒋应红

（上海市城市建设设计研究总院，上海 200125）

摘要：本文从公共交通枢纽的规模、功能、客流情况、布局设计、交通组织、与轨道交通站点的关系等方面分别介绍了香港和上海迪士尼乐园西入口公共交通枢纽，并就其共同点和不同点进行了比较分析，针对香港迪士尼乐园公共交通枢纽在设计和运营上的优点，提出了上海迪士尼乐园在相关设计和运营上需要相互配合的建议。

关键词：迪士尼乐园；公共交通枢纽；布局设计

目前，上海迪士尼乐园正在如火如荼地建设。公共交通枢纽作为乐园重要的交通转换点，通过对旅游巴士、公交专线、出租、园内接驳巴士以及行人的统一调度、集中管理，可实现外部交通与乐园内部交通系统资源的整合，形成外部常规公交、行人、内部接驳巴士系统的最优化管理，形成几个系统之间无缝衔接。

上海迪士尼乐园西入口公共交通枢纽（PTH）是为一期乐园配套建设的公交枢纽，其建设将形成承接市区交通与主题乐园交通转换的功能核心区。由于该区域在空间布局以及与乐园轨道交通的规模配置上与香港迪士尼乐园公共交通枢纽较为相近，因此，对两者进行比较分析，借鉴香港迪士尼公交枢纽布局设计和运营经验，为上海迪士尼乐园西入口公共交通枢纽的设计和运营提供一定的参考。

1　香港迪士尼乐园公共交通枢纽布局设计

1.1　位置和功能

香港迪士尼乐园于 2005 年 9 月正式开园，公交枢纽位于乐园北面入口，是通往乐园的门户，占地约 4ha（见图 1）。枢纽内设巴士总站、巴士停泊区、出租车上落客区及其他辅助设施（包括洗手间和客服中心）。其中，巴士总站服务于本地专线巴士，经停皇岗或罗湖往来深圳的过境巴士及迪士尼乐园酒店旅客和员工的接驳巴士。

1. 私家车停车场　2. 旅游巴士停车场　3. 迪士尼好莱坞酒店　4. 迪士尼线　5. 迪士尼码头　6. 迪士尼站　7. 迪士尼主题乐园　8. 迪士尼乐园酒店　9. 迪欣湖活动乐园　10. 迎乐路　11. 竹篙湾消防局暨救护站　12. 竹篙湾警署　13. 迪士尼公交枢纽

资料来源：香港旅游事务署网站 www.tourism.gov.hk。

图 1　香港迪士尼乐园公交枢纽区位

1.2　乐园客流特征

（1）乐园客流总量

根据《有关香港迪士尼乐园计划的介绍文件》（1999.3），香港迪士尼乐园在设计之初，预测开园首年客流量为 520 万人，每日约 2.7 万人次，一期全部建成后，客流量将达到 1000 万人次/a，而在乐园建成后的几年中，年客流量并未达到预期目标。2007 年，客流量比 2006 年减少 100 万人次，之后每年呈递增趋势。随着 2011 年开始扩建工程，到访乐园的客流量持续上升（见图 2）。

作者简介：刘晓倩，女，硕士，研究方向为交通运输规划与管理。

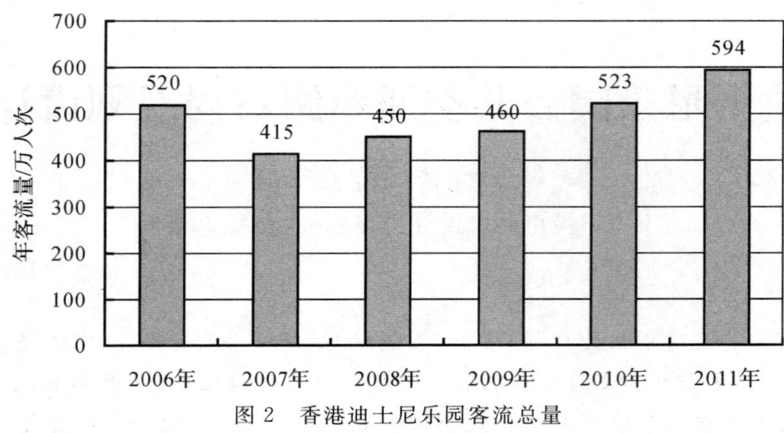

图 2　香港迪士尼乐园客流总量

(2)交通方式划分

香港迪士尼乐园的客流有明显的潮汐性，根据 2008 年统计数据，早高峰抵达量约占日客流量的 29%，晚高峰离开客流量高于早高峰，约占日客流量的 35%。公共交通枢纽在其中起到了较大的集输运客流功能。公共交通枢纽承担整个迪士尼乐园 13%的交通量，约 3510 人次/d。2008 年，香港迪士尼乐园交通方式分布情况见表 1。

表 1　香港迪士尼乐园交通方式划分(2008 年)

交通方式	地铁	私家车	旅游巴士	专线巴士	出租、接驳巴士及其他
占比	66%	8%	13%	6%	7%

1.3　枢纽布局设计

作为香港迪士尼乐园配套的重要交通设施，公共交通枢纽在布局设计上充分考虑了以人为本、安全、方便、舒适等因素。

(1)布局设计

枢纽在布局设计上共划分为 3 个区域，自东向西依次布置了巴士停泊区、巴士总站、出租车上落客区(见图 3)。

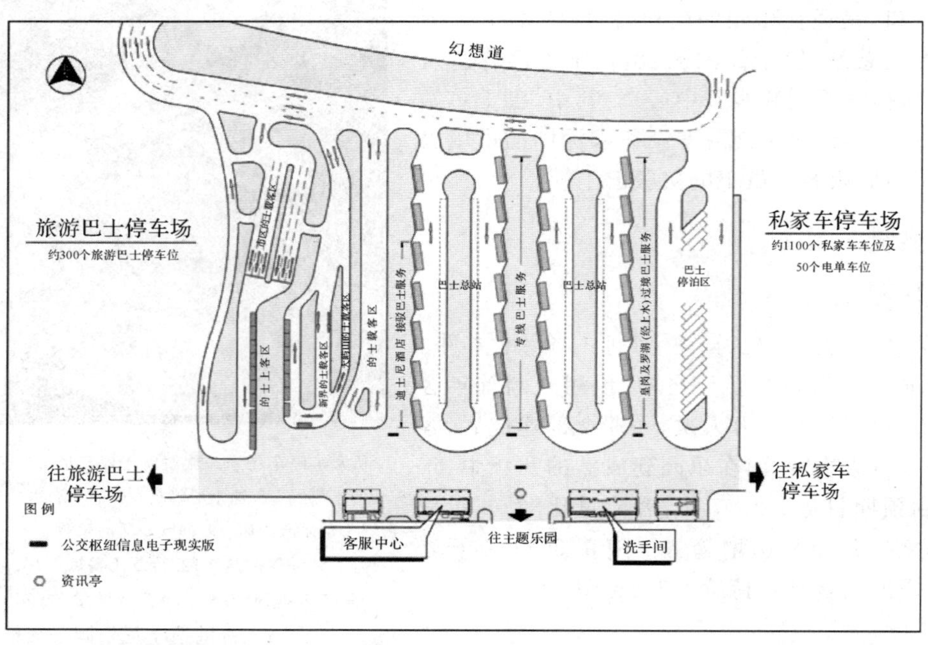

图片来源：香港特别行政区运输署的迪士尼公共交通枢纽安排。

图 3　香港迪士尼公共交通枢纽

巴士停泊区设置于枢纽的最东边，采用斜列式停车(45°)方式，共 20 个巴士停车位，用以配合晚上大量游客离开主题乐园及旺季时急剧上升的客流需求。

巴士总站设置于枢纽的中间，最接近主题乐园入口，采用“指状”站台设计，共设 28 个“锯齿形”上落客点。根据不同线路和功能，将巴士总站分成 3 个部分，自东向西依次是经皇岗或罗湖往来深圳的过境巴士停靠站(7 个上落客点)、本地专线巴士停靠站(16 个上落客点)、接驳巴士停靠站(5 个上落客点)。枢纽内共有 R8、R11、R22、R33、R42 等 5 条专线巴士，提供往来迪士尼乐园的公交服务。

出租车上落客区设置于巴士总站的西侧，由一个出租车落客区和两个出租车上客区组成。其中两个出租车上客区内，根据出租车的服务地区不同(市内、新界、大屿山)，分 3 个上客点，可供 18 辆出租车同时上客，蓄车区最多可容纳 90 辆出租车。

(2)交通组织设计

枢纽内进出站车辆均采用“左进左出”(香港为左侧行驶地区)的交通组织方式，车辆行驶流线简单顺畅，不存在冲突点，但车辆进出存在交织。

(3)与其他枢纽的布局关系

公共交通枢纽与地铁迪士尼站紧邻，两者步行距离仅 60m，方便游客根据需要做出交通方式的选择和调整(见图 4)。

在枢纽用地范围之外，增设应急和备用停车场，提高服务保障度。在距离公交枢纽 3km 处，结合地铁站设置阴澳公共交通枢纽，用以提供紧急状况下，往返迪士尼公交枢纽的巴士服务，有 7 个巴士停靠位、23 个出租蓄车位、7 个出租上客位。此外，在旅游巴士停车场西侧设泽恩路临时停车场，供需要时出租车蓄车。

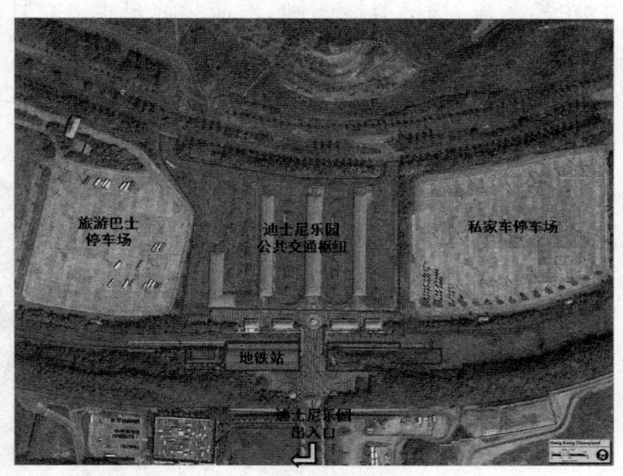

图 4　公共交通枢纽与轨道车站的位置关系

3　上海迪士尼乐园公共交通枢纽布局设计

3.1　位置和功能

上海迪士尼乐园预计于 2015 年 11 月正式开园，整个乐园规划建设有西入口、南入口、东入口 3 个公共交通枢纽，根据开园年的交通需求预测，一期首先建设西入口公共交通枢纽，用地规模为 7.75ha。

西入口公共交通枢纽位于一期主题乐园主入口西侧，西侧为园区西环路、公共停车场，南侧为公共服务通道(PTC)和中心湖，东侧围墙紧临一期乐园零售餐饮娱乐区(RD&E)(见图 5)。

枢纽内设置上海本地重要节点地区往返迪士尼乐园的专线巴士首末站、乐园内部接驳巴士停靠站、出租车候车区。此外，设置进出东侧零售餐饮娱乐区(RD&E)的专用通道。

图 5　上海迪士尼乐园西入口公共交通枢纽区位

3.2　乐园客流预测

根据《川沙 A-1 地块市政道路及交通枢纽交通预测报告》(2010.9)，2015 年上海迪士尼乐园开园后，年客流量约为 2300 万人次，参考日客流约 9.6 万人次，高峰日 12.9 万人次。2015 年乐园客流交通方式划分预测见表 2。

表 2　2015 年乐园客流交通方式划分预测

交通方式	私家车	出租车	轨道	专线巴士	旅游巴士
占比	20%	5%	45%	15%	15%

西入口公共交通枢纽(含专线巴士和出租车两种对外交通方式)约承担乐园对外交通的 20%，同时还承担园区大部分的内部接驳交通(接驳巴士)，客流总计约 3 万人次/d。

3.3　枢纽布局设计

西入口公共交通枢纽设计过程中，吸取了香港及其他公共交通枢纽设计的优点，充分考虑人车分离、步行距离最短、功能分区明确、单向交通组织等设计原则。

(1)布局设计

枢纽按功能分区共分为 3 部分，自东向西依次是接驳巴士停靠区、专线巴士首末站、出租车上落客区(见图 6)。

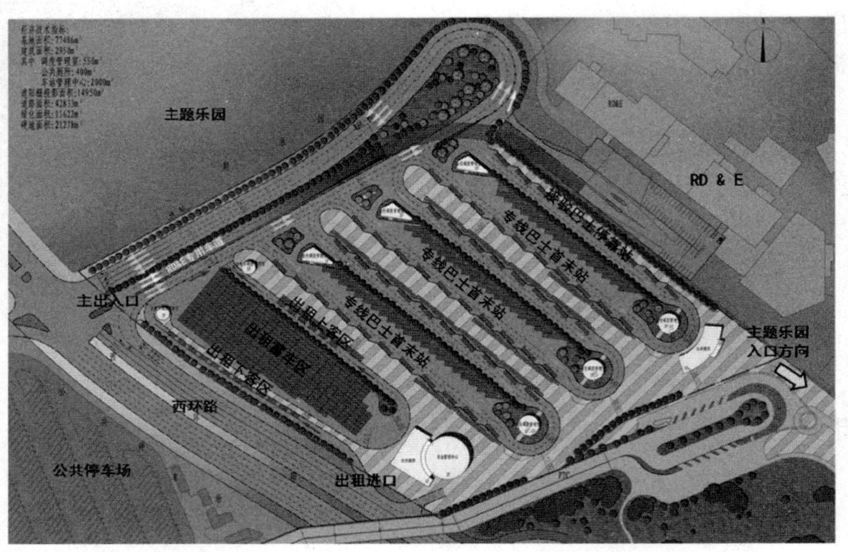

图 6　西入口公共交通枢纽布局方案

考虑集约化的交通更贴近主题乐园入口，将接驳巴士和专线巴士放置在枢纽东侧，出租车放置在枢纽的西侧。专线巴士和接驳巴士站台设计与香港迪士尼乐园公共交通枢纽一样，均采用“指状”站台，“锯齿形”停靠方式，实现人车完全分离，保障行人安全，为游客前往乐园提供安全、便捷、有序的空间(见图 7)。

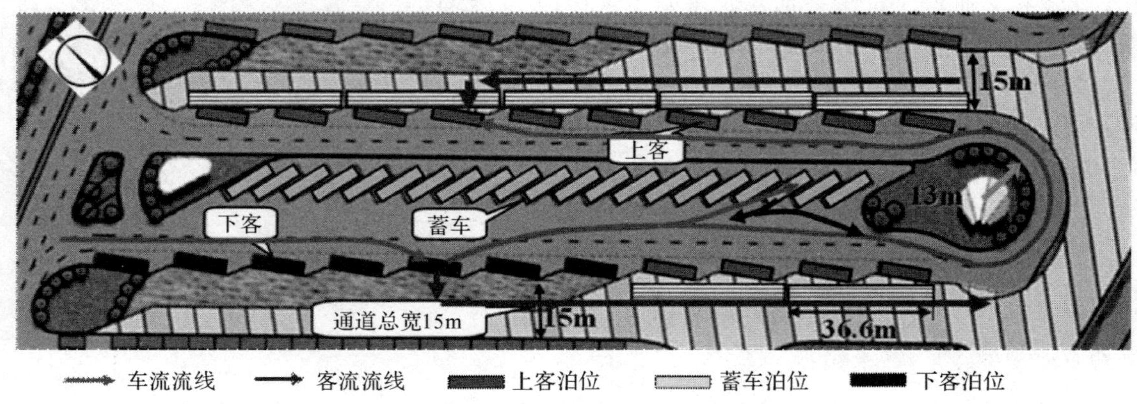

图 7　巴士港湾中的具体布局设计及组织

考虑到枢纽内高峰小时人流量大、车辆进出频繁，与香港上落客共用一个站点的方式不同，本枢纽在设计上将上客位和下客位在空间上予以分离，每条公交线各设 1 个下客位和 2 个上客位，避免高峰时进出站客流的交织。同时，充分利用车道中央间隔区域设置巴士蓄车位，方便专线巴士停蓄及紧急状况下的车辆调度。

(2)交通组织设计

枢纽内的车辆均“右进右出”,同时为减少主入口节点的交通量,在枢纽的南侧,单独设置出租车的入口,将进站出租车提前剖离。车辆行驶流线简单顺畅,不存在冲突点,但车辆进出站存在一定的交织。此外,枢纽还需要解决进出 RD&E 的机动车交通,设计时通过在枢纽配套道路上设置零售餐饮娱乐区(RD&E)专用车道及地下通道,使其在交通组织上与枢纽内车辆不存在交织和冲突点。

(3)与其他枢纽的布局关系

与香港迪士尼公共交通枢纽和地铁站紧邻的关系不同,受用地布局的限制,上海迪士尼乐园西入口公共交通枢纽与轨道交通迪士尼站的步行距离约 700m,且两者分布在主题乐园出入口的东西两侧,不利于游客在两个交通设施间的调整和转换。

为提高枢纽的安全保障度,乐园拟将南侧相距 1km 处——未来的南入口公共交通枢纽场地用作专线巴士的紧急和备用停蓄区域。

4 香港与上海迪士尼乐园公共交通枢纽的对比(见表 3)

表 3 香港与上海迪士尼乐园公共交通枢纽的对比

枢纽特点	香港迪士尼乐园公交枢纽	上海迪士尼乐园公交枢纽
用地规模	4ha	7.75ha
枢纽客流量	承担乐园总客流量的 13%,约 3510 人次/d(2008 年)	承担乐园 20%的对外客流量及内部接驳交通,约 3 万人次/d(2015 年)
设施规模及功能	巴士停泊区:20 个停车位; 巴士总站:5 条线路,28 个上落客点; 出租车上落客区:90 个蓄车位,18 个上客位	接驳巴士停靠区:9 个停车位; 专线巴士首末站:15 条线路,每条线路 1 个上客位、2 个下客位、3 个蓄车位; 出租车上落客区:12 个下客位、6 个上客位、300 个蓄车位; RD&E 专用通道:利用内部回转道路组织 RD&E 专用进出车道
布局特点	专线巴士及接驳巴士位于临近乐园入口的位置,与乐园入口距离约 330m	专线巴士及接驳巴士位于临近乐园入口的位置,与乐园入口距离约 400m
设计特点	采用“指状”站台设计,巴士上落客点设计为“锯齿形”停靠	采用“指状”站台设计,巴士上落客点设计为“锯齿形”停靠
交通组织特点	“左进左出”(香港为左侧通行地区)单向行驶,无冲突点,进出车辆有交织	“右进右出”单向行驶,无冲突点,进出车辆有交织
与其他枢纽的关系	与轨道车站:紧邻设置,距离约 60m,方便离园游客做出选择和调整; 备用和应急枢纽布局:阴澳公共交通枢纽及泽恩路出租车临时停车区	与轨道车站:分布于乐园出入口的两侧,距离约 700m,不利于离园游客做出选择和调整; 备用和应急枢纽布局:拟将未来的南入口公交枢纽场地作为专线巴士紧急和备用停蓄区域

(1)客流规模分析

从客流规模上来讲,上海迪士尼乐园公共交通枢纽承担的客流量约是香港的 8 倍,其集散客流的压力非常大,尤其是在早晚抵离客流较为集中的时段。因此,枢纽的运营和管理,应做好应对大客流的准备和应急预案,形成长效的营运机制。

(2)布局设计分析

布局设计上,两个乐园的专线巴士、出租车、接驳巴士功能分区明确、清晰,将大运量的专线巴士置于最靠近乐园出入口的位置,缩短了游客的步行距离;均采用“指状”站台设计,可以实现人车的完全分离,确保乘客安全;巴士上落客点设计为“锯齿形”停靠,方便巴士停靠和驶离站台。

(3)交通组织分析

车辆组织采用单向行驶,减少车辆冲突,避免对向车流干扰,流线简洁顺畅。但是在车辆进出站的区域存在交织，且无法消除，存在一定的安全隐患(见图8)。与香港枢纽道路的2条车道不同，考虑到交织车辆可能对直行车辆产生影响，上海迪士尼乐园的西入口公共交通枢纽进站道路共设计了3条车道，其中1条为交织车道，2条为直行车道，用以缓解交织影响。

(4)与轨道交通关系分析

相比香港迪士尼乐园公交枢纽，上海迪士尼乐园西入口公共交通枢纽距离轨道交通站点距离较远，且分布在乐园出入口的两侧，意味着离园的游客在乐园出入口处就要做出是选择轨交离开还是乘专线巴士或出租离开。因此为帮助离园的游客做出正确的出行选择，应在乐园出入口附近及时通过电子信息板及其他有效途径，告知旅客公交枢纽及地铁站客流和运营情况，方便游客选择便捷的交通工具离园，提高客流疏散效率。

(5)运营保障分析

上海迪士尼乐园南入口公共交通枢纽作为西入口公共交通枢纽的备用和紧急巴士停靠站，由于并不紧邻任何轨道交通站点，其帮助乐园客流疏散的能力有限。因此，需要考虑在迪士尼乐园核心区外的临近轨道站点设置一定规模的公共交通枢纽，以便紧急情况下，提供往返乐园西入口公交枢纽的短驳巴士服务，依靠外部的交通枢纽，疏解交通。

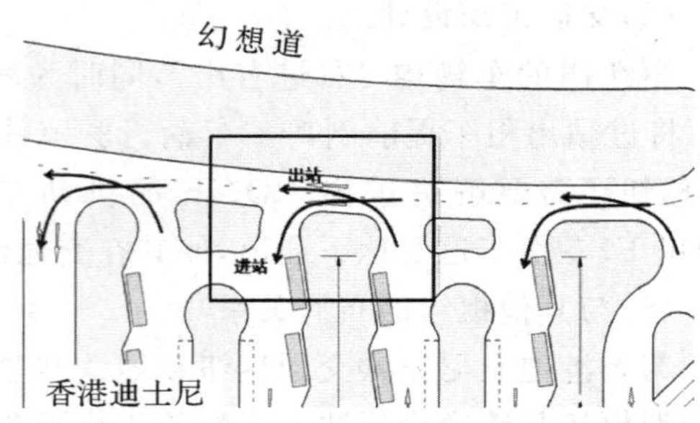

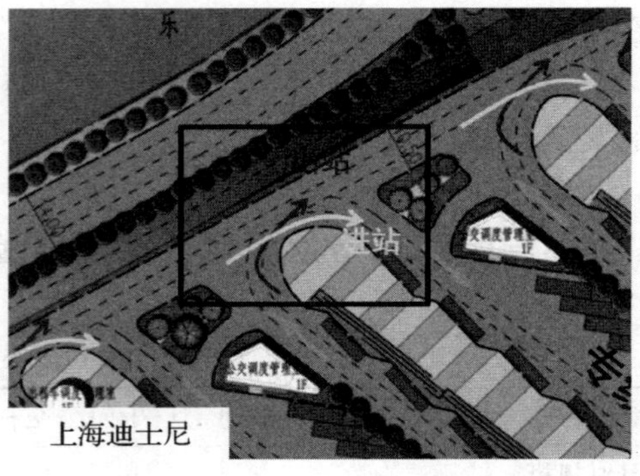

图8 香港与上海迪士尼公交枢纽车辆交织示意图

出租车上落客区域也应做好离园高峰时的应急保障措施，适当增加临时的上客位数量，如高峰时蓄车区有足够蓄车情况下，可以将出租下客区改为临时的上客区，方便游客快速离开。

5 结 语

为配合上海迪士尼乐园的建设，目前西入口公共交通枢纽已经完成方案设计工作。为了能为公众呈现一个世界级的精彩迪士尼乐园，西入口公共交通枢纽作为乐园重要的门户地区，更需要配备世界级的交通服务。然而，枢纽的布局设计仅仅是枢纽总体设计中的一个重要组成部分，还应综合考虑建筑、景观、配套设施等方面的人性化的设计要求，以提高迪士尼乐园的吸引力和游客满意度。

参考文献

[1]立法会交通事务委员会竹篙及阴澳公共运输交汇处. 香港特别行政区立法会CB(1)1687/02—03(01)号文件. 2003.

[2]香港特别行政区经济局旅游事务署. 有关香港迪士尼乐园计划的介绍文件. 1999.

[3]香港特别行政区一站通网. 香港迪士尼乐园的运输设施.

[4]香港特别行政区运输署. 迪士尼公共运输交汇处安排. 2005.

[5]香港特别行政区运输署. 香港迪士尼乐园的士运作及设施. 2005.

[6]上海市城市建设设计研究总院. 上海迪士尼乐园西入口公共交通枢纽(PTH)新建工程. 2011.

[7]上海市城市综合交通规划研究所. 川沙A-1地块市政道路及交通枢纽交通预测报告. 2010.

非机动车系统规划设计研究

黄　岩　张　胜　廖祖杏

（上海市政工程设计研究总院（集团）有限公司道路与桥梁设计研究院，上海 200092）

摘要：本文针对非机动车系统的现状，首先从定义出发对自行车和电动自行车进行区分，在此基础上研究非机动车的交通特性，然后从系统性出发，对非机动车系统重要组成部分——通道和停放设施的规划设计原则和具体参数和标准进行研究，成果可供非机动车通道及停车库（场）的规划设计工作参考。

关键词：非机动车系统；交通特性；通道；停车场；规划设计

长期以来，为满足快速增长的机动车出行需求，交通基础设施中非机动车空间被严重挤占，致使道路"机非混行"现象日趋严重，非机动车通行权及停放空间被忽视，非机动车随意停放、干扰市容等现象时有发生。而缺乏系统性的非机动车通道、停放设施等规划设计指标和标准，非机动车通道及停放设施分属不同建设主体等，均成为非机动车系统构建的不利因素。在虹桥枢纽开通之际，由于对非机动车通道及停放设施配置重视不够，产生了一系列非机动车系统的使用问题。

伴随着汽车保有量不断增加，环境污染和能源消耗等问题日益突出，非机动车作为换乘公共交通、休闲健身的一种绿色、低碳出行方式，越来越受到各方面的重视，出现了租借自行车、自行车专用道等"新生"事物，对非机动车系统的规划设计提出了更高的要求。《北京城市总体规划（2004—2020 年）》明确提出"步行和自行车交通在未来城市交通体系中仍是主要交通方式之一"，至 2020 年北京市自行车出行比例应不低于 25%。非机动车仍将在交通出行方式中占有重要比例。《上海交通发展白皮书（2013）》提出要进一步完善自行车交通系统，保障基本路权，完善自行车道网络、配建停放设施，充分发挥其在中短距离出行和公共交通接驳换乘中的作用，引导电动自行车合理使用等要求。

因此，在目前非机动车"准机动化"的发展趋势和低碳环保的环境理念下，非常必要对非机动车的种类、交通特性、出行需求以及相应的非机动车通道、停车设施规划设计开展系统研究。

1　非机动车的种类和定义

《中华人民共和国道路交通安全法》（中华人民共和国主席令第 8 号）第一百一十九条第四款规定："非机动车"，是指以人力或者畜力驱动，上道路行驶的交通工具，以及虽有动力装置驱动但设计最高时速、空车质量、外形尺寸符合有关国家标准的残疾人机动轮椅车、电动自行车等交通工具。因此，非机动车包含范围较广，包括自行车、电动自行车、电动助力车、人力三轮车、电动三轮车、畜力车、燃油助力车等。随着社会与经济的发展，非机动车主导车行发生了很大变化，研究现阶段自行车和电动自行车的定义和尺寸对于非机动车系统的规划设计非常重要。

（1）自行车的定义和尺寸。《自行车安全要求》（GB 3505—2005）中规定：自行车是仅借骑行者的人力，主要以脚蹬驱动，至少有两个车轮的车辆。《城市道路工程设计规范》（CJJ37—2012）对自行车轮廓尺寸规定为：自行车的车身长 1.93m，宽 0.6m，总高为 2.25m。代表车型为老式 28 式自行车，钢圈直径为 28in，约为 71cm，长度约为 1.85m，车把宽度为 0.6m。《自行车命名和型号编制方法》（QBT1714—1993），自行车规范以车轮直径 D 和车架高度 H 来表示。选取几家非机动车停车场进行相关尺寸调查，结论表明：非机动车平均长度为 1.7～1.75m，平均宽度为 0.55～0.60m。当前市场上的自行车偏于小型、轻型化，其长度变化幅度

作者简介：黄岩（1974—　），女，高级工程师，博士，主要研究方向为交通运输规划与管理。

项目资助：本文依托课题受上海虹桥商务区管委会科研资助，项目编号"沪虹商管 2011KT003 号"。

较大，如很受年轻人青睐的折叠类自行车，长度只有 1.3m，与标准相差较大。

(2)电动自行车的定义和尺寸。《电动自行车通用技术标准》(GB 17761—1999)将电动自行车定义为：以蓄电池作为辅助能源，具有两个车轮，能实现人力骑行、电动或电助动功能的特种车辆。主要技术参数和性能指标有：①最高车速不大于 20km/h；②整车重量不大于 40kg，车轮轮径 510～710mm；③电动机的额定输出功率不大于 240W；④蓄电池的标准电压不大于 48V。因此，从车速上很容易对电动车进行划分，即电动自行车的设计车速应小于 20km/h，属于非机动车；凡是设计时速大于 20km/h 的，属于机动车。以常见的飞鸽牌电动自行车为例，其长、宽、高尺寸为 2.02m、0.73m、1.14m，约为自行车尺寸的 1.2 倍，这与《建筑工程交通设计及停车库(场)设置标准》(DGJ08—7—2006)中规定的电动自行车与自行车的换算系数为 1.2 相一致。对市场上六大电动自行车品牌(飞鸽、绿源、雅马哈、雅迪、新日、阿米尼)网上展品的技术参数进行的调查显示：所有车辆尺寸的最高值范围为：①长：1.72～1.9m；②宽：0.48～0.75m；③车身净高：1.05～1.30m。

2 非机动车的交通特性

根据《上海市综合交通年度报告(2010)》，非机动车全日出行中，工作出行占 60%，高峰和潮汐交通由此形成；换乘公交(地铁)者占全部的 12%～15%，说明非机动车“P&R”具有一定需求。就使用原因分析，“方便、省时”与“费用低”是选择非机动车的主要原因。上海市中心区非机动车平均出行时距约 27min、约 6km。随着地铁建设，上海市非机动车长距离出行的比重呈现逐渐下降趋势。

在交通特性上，自行车与电动类的非机动车存在一定差异(见表 1)。电动类非机动车的发展趋势(尤其是车速)与现行标准有出入，建议对电动类非机动车加强管理、限速使用或禁用。

表 1 自行车和电动自行车出行特征比较

类型	出行时间(min)	出行距离(km)	平均速度(km/h)
自行车	30 以内	1～6	12.2
电动类非机动车	40 以内	6～15	25.1(超标)

根据出行距离、通行能力、占用空间、能量消耗以及废弃排放等指标对几种常用的城市交通方式综合对比(见表 2、3)，表明：自行车(电动自行车)能耗、废气排放少，占用交通空间资源相对较多(与轨交、巴士相比)，运行速度低，适合 10km 以内中、短距离出行，接驳轨交和公交系统。

表 2 各种交通工具的能耗和废气排放量

出行工具		能量消耗(kW·h/人/km)	废气总排量(g/人/km)
步行		0.04	0
自行车		0.06	0
摩托车		0.54	27.5
公共汽车	混合车道	0.12	1.0
	公交专用道	0.09	0.9
轻轨(燃油)		0.05	0.7
轿车		0.29	19

资料来源：熊辉．信号交叉口自行车通行能力研究研究[D]．北京：北京工业大学，2005.

表 3 各种城市客运交通参数对比分析(中型巴士为标准载体)

载体种类	通行能力(辆/h. 每通道)	行驶速度(km/h)	运量(人/运载工具)		行驶中人均范围(m^2/人)	交通面积取值(m^2/人)
			范围	取值		
人(步行)	2000	3.6	1	1	0.75	0.75
自行车	1500	12	1	1	5～10	6.5
摩托车	2000	25	1	1	6.6～25	16.0
小汽车	1000	35	1～5	1.3	10～30	20
微型巴士	800	25	5～12	10	4～8.0	6.0
小型巴士	600	25	24	24	2.5～5.0	4.0

续表

载体种类	通行能力（辆/h. 每通道）	行驶速度（km/h）	运量（人/运载工具）		行驶中人均范围（m^2/人）	交通面积取值（m^2/人）
			范围	取值		
中型巴士	110	25	50～80	60	1.5～4.12	2.81
大型巴士	110	25	130～180	160	1.5～4.12	2.81
轻轨车	—	35	＞350	700	0.2～0.3	0.25*
地铁	—	35	＞800	900	0.2～0.3	0.25*

注：带“*”表示不占用地面空间。

3 非机动车系统规划和设计

随着机动车保有量增加，非机动车出行环境日趋恶化，而鉴于非机动车在城市交通系统中的重要地位，现对非机动车系统中通道和停放设施的规划设计方法与技术标准进行研究。

3.1 通道规划设计

非机动车道路段规划需重点解决道路网密度、道路间距、设计车速、通行能力、断面形式、设计指标等几方面问题。

(1)非机动车通道路网密度和间距。参考国外其他城市当前的自行车路网密度与道路间距指针，结合国内城市规模、人口及自行车交通的地位等因素，不同等级、不同层次的自行车通道的路网密度和道路间距建议取值见表4。

表4 非机动车通道路网密度和间距

类别	分隔方式	密度指标（km/km^2）	间距（km）	备注
自行车专用道	独立自行车专用道	0.8～3.9	1.0～1.2	结合支路、小区道路设置
自行车主干路	实体分隔	3～4.0	0.4～0.6	生活性主干路、次干路
自行车次干路	路面划线分隔	8～15	0.15～0.2	支路、次干路

(2)设计车速。非机动车平均行驶车速(自行车一般取15km/h左右)乘修正系数，$v=15\times r_1\times r_2$。其中，v为自行车道的设计时速(km/h)；r_1为机非隔离方式修正系数，采取完全隔离时$r_1=1$，多数路段隔离时$r_1=0.9$，少数路段隔离时或划线隔离时$r_1=0.8$，无隔离设施时$r_1=0.7$；r_2为道路等级修正系数，对于自行车专用道$r_2=1.0$，对于自行车次干路$r_2=0.9$。

(3)非机动车道设计通行能力。每车道按$K=160$辆/km，以$v=15$km/h计算，则自行车道路段通行能力为2400辆/h。杨佩昆的《自行车道路段通行能力》中建议自行车道路段设计通行能力可以在理论通行能力的基础上考虑0.8的修正系数，即设计通行能力为NC$=128v$，按此数值设计的自行车道在通行能力上是留有余地的。如仍以$v=15$km/h计算，则路段设计通行能力为1920辆/(m·h)。

(4)非机动车道常用断面形式。非机动车道常用断面形式包括：机非分隔带，人非有高差；机非分隔栏，人非有高差；机非分隔，人非同平面；机非混行，人非有高差；非机动车专用道(见图1)。

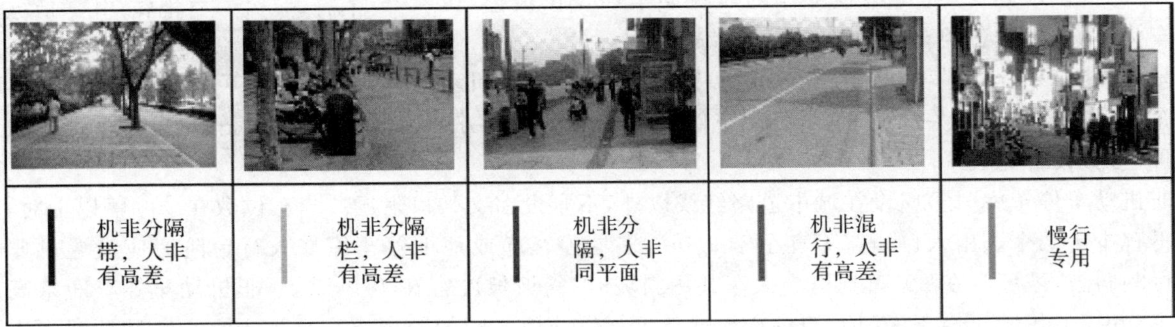

图1 非机动车常用断面形式

(5)非机动车道设计标准。自行车车把宽度一般为0.6m,在骑行中左右两侧各要求0.2m的横向摆动安全净空,因此一条自行车道宽度为1.0m。自行车车道的两侧还应留有0.25m的安全距离,这样,单一车道宽度为1.5m,两条自行车道的宽度即为2.5m,三条车道为3.5m,依次类推。非机动车道纵坡的确定:根据《城市道路工程设计规范》(CJJ37—2012)的规定,非机动车车行道纵坡宜小于2.5%,大于或等于2.5%时,需限制坡长,具体设置见表5。

表5　非机动车限制坡长

坡度(%)	坡长(m)
3.5	150
3	200
2.5	300

(6)天桥地道梯(坡)道、平台与进出口设计。手推自行车(童车)的坡道坡度不宜大于1∶4。残疾人坡道的设置应以手摇三轮车为主要出行工具,并考虑坐轮椅者、拐杖者、视力残疾者的使用和通行,坡道不宜大于1∶12,有特殊困难时不应大于1∶10。供轮椅使用的坡道两侧应设高度为0.65m的扶手。

3.2　停车场规划设计

非机动车停车场是指专门供各种自行车存放停驻的露天或室内的停放场所,非机动车停车设施规划对于非机动车系统的规划至关重要。从使用者的角度来看,可以获得安全、便利的停车设施是使用非机动车的先决条件;从管理角度来看,提供完善合理的非机动车停车场可避免非机动车乱停乱放,避免由于非机动车随意停放、占道而导致的交通堵塞或是对行人(特别是盲人)产生危险。

按停车场性质分,可以将非机动车停车场分为专用停车场(主要是单位或居民小区)和公共(社会)停车场。专用停车场是指主要供本单位和个人使用的车辆停放场所,此类停车场的停车位指标应不小于本单位职工总人数的30%。公共停车场是指主要为社会车辆提供服务的停车场所,包括为各类转乘换乘出行者提供存车服务的停车场所。

非机动车停车场规划应该在考虑其便利性和不影响城市交通和市容的前提下进行,具体进行非机动车停车设施规划应遵循以下原则。

(1)非机动车停车场应尽量分散,多处设置,以方便停放。一般应充分利用车辆和人流稀少的支路、街巷或宅旁空地,尽量不占、少占人行道。

(2)非机动车停车场应避免其出入口直接对着干道或繁忙的交叉口,规划较大的停车场地应尽可能设置两个以上的出入口,其宽度不小于2.5m。

(3)对于市级或区级行政或民政中心、金融贸易中心、医院等大量吸引人流的单位,都应设置固定的专用停车场。若场地不足,可考虑建多层式非机动车停车场。

(4)专用和公共建筑配建的停车场原则上应在主体建筑的用地范围之内。对于公共交通车站(枢纽)、轮船码头、渡口等换乘集中的地点,应按规定设置足够的非机动车公共停车场(楼)。

(5)停车场规模应视需要和停车场地大小确定。停车场形态也要因地制宜,不应硬性规定或机械搬用。停车场的设置地点与出行目的地之间的距离不宜超过100m,特殊情况下也不宜超过150m。

(6)对永久和半永久型公共停车场应配置管理人员,建立管理制度,公布收费办法。

(7)非机动车停车方式应以出入方便为原则,大型停车场中除车架外,还应配备照明、指示标志等设施,以方便使用者。在停车场总体设计中,还应考虑便于清理的车辆保养维修场地,应有利于排水并保持与周围景观的一致性。

上海市建筑物停车场规模的确定一般参照上海市2006年施行的《建筑工程交通设计及停车库(场)设置标准》(DGJ08—7—2006)中的规定。其中,建筑工程配建的非机动车停车位指标,以自行车为计算当量,各类车辆的换算系数见表6。

表6　车辆换算当量系数

非机动车		
自行车	三轮车	助动车
1.0	2.5	1.2

根据《建筑工程交通设计及停车库(场)设置标准》中对非机动车停车库(场)设计有相关的规定,非机动车停车方式应以出入方便为原则,主要停车方式有垂直式和斜列式两种,参数设置见表7。

非机动车停车库(场)应设在城市道路红线以外,不宜设在交叉口附近。当车位数在300辆以上时,其出入口不宜少于两个。出入口净宽不宜小于2.0m,多层停车库或地下停车库在人行台阶旁应设置供非机动车推行的斜坡,坡度宜在20%以下;当人车共用斜坡时,斜坡坡度宜在15%以下,非机动车停车净空高度不小于2.0m。非机动车停车库(场)的设置地点与出行目的地之间的距离不宜超过100m,特殊情况下也不宜超过 150m。

表 7 非机动车停车场(库)设计参数

停放方式		停车带宽度(m)		停车车辆间距(m) db	通道宽度(m)		单位停车面积(m^2/车)	
		单排停车(Bd)	双排停车(Bs)		一侧停车 bd	两侧停车 bs	双排一侧停车(At1)	双排两侧停车(At2)
斜列式	30°	1.00	1.60	0.50	1.20	2.00	2.00	1.80
	45°	1.40	2.26	0.50	1.20	2.00	1.65	1.51
	60°	1.70	2.77	0.50	1.50	2.60	1.67	1.55
垂直式		2.00	3.20	0.50	1.50	2.60	1.86	1.74

注:计算方式(At2=Bs+bs)* db/sinα。

非机动车停车库(场)的设计还应遵循人性化这一原则,国外研究在"人性化设计"的基础上把自行车停车设施分为如下 3 个等级。①一级:利用有锁的橱柜或是控制出入的区域来存储自行车,可防止被窃、雨雪和故意破坏。储存设施可以通过发钥匙或雇用管理员来控制。②二级:用来锁自行车车架和车轮的设施,但不保护附件,费用较高且需要维护。③三级:自行车靠架或其他保证自行车安全的固定设施。这种设施在大多数国家(地区)是最主要的设施类型,需要自行车使用者自备锁具,安全性较低,因此这类设施只适合短期停放。

4 结 论

本文首先对非机动车的定义进行研究,从现行法律法规上对自行车和电动自行车的划分,比较了自行车和电动自行车的出行特性。研究表明,自行车(电动自行车)可作为公共交通(公交车)的一种合理的补充,同时由于电动类非机动车的发展趋势(尤其是车速)与现行标准有出入,建议对电动类非机动车加强管理、限速使用或禁用;针对非机动车通道规划设计需要重点解决的路网密度和道路间距、设计车速、通行能力、断面形式以及相关车道设计指标等问题进行研究,归纳出具体参数和标准;对于非机动车停车库(场)的规划设计原则和标准进行研究,并提出应遵循人性化的原则。

参考文献

[1]中华人民共和国道路交通安全法,中华人民共和国主席令第 8 号.

[2]电动自行车通用技术条件(GB 17761—1999)[S].

[3]自行车安全要求(GB 3565—2005)[S].

[4]上海市建筑工程交通设计及停车库(场)设置标准(DGJ08—7—2006)[S].

[5]城市道路工程设计规范(CJJ37—2012)[S].

[6]自行车命名和型号编制方法(QBT1714—1993)[S].

[7]公共停车场工程建设规范(DB11/T 595—2008)[S].

[8]城市人行天桥与人行地道技术规范(CJJ69—95)[S].

[9]上海市非机动车道路停放管理规定[Z].沪府办发〔2011〕30 号文件.

[10]上海城市交通白皮书(2013)[Z].

[11]上海市综合交通年度报告[R].上海市城市综合交通规划研究所.2010.

[12]梁春岩.自行车交通流特性及其应用研究[D].长春:吉林大学,2007.

组团式布局中等规模城市骨干路网系统构建研究

黄　岩　张伟略

（上海市政工程设计研究总院（集团）有限公司道路与桥梁设计研究院，上海 200092）

摘要：本文首先对组团式布局中等规模城市的概念进行界定，并对该类城市的交通出行特征进行详细分析。进而针对中等规模城市的财力、用地、交通需求量等特点提出了一种功能与等级介于主干路与快速路之间的快捷路概念，研究了其技术特点并探讨了组团式布局中等规模城市骨干路网构建策略。最后，结合上海市金山区与温州市永嘉县案例介绍了组团式布局中等规模城市骨干路网系统构建中快捷路系统的具体应用。

关键词：组团式中等规模城市；骨干路网；快捷路

1　概　述

组团式布局城市通常是指：在城市市区及近郊范围，组成城市功能整体的各部分是至少 3 个及 3 个以上具有一定规模的分散并相隔一定距离的集中功能分区团块，受地形、历史、行政体系划分等因素影响而形成一个城市实体。组团式城市布局是一种相对分散的城市空间结构类型，根据已有城市规模效益研究成果，组团式布局城市最佳城市规模大致为 50 万～400 万人，其峰值为 100 万～200 万人。[1-3] 根据 2010 年发布的《中小城市绿皮书》以及在征求意见的《国家中长期新型城镇规划》中城市规模的划分标准，市区常住人口为 50 万～100 万人的城市属于中等规模城市，参考不同区域 50%～70% 的城镇化水平，中等规模城市总人口应为 80 万～200 万人，与组团式布局城市的峰值分布范围基本重合。因此，组团式布局是中等规模城市中较为常见的一种城市布局模式。

近年来，机动化水平与小汽车保有量均呈快速增长趋势，截至 2013 年底，小汽车保有量达到 1.37 亿辆（我国港、澳、台地区除外），较 2012 年增长 13.7%，增速较快。在一些经济较为发达的中等规模城市，小汽车保有量超过 10 万辆，达到平均 10～15 人/辆的水平，但受到财力、用地的影响，中等规模城市的道路基础设施建设落后于机动车增长，致使部分干线道路常发性拥堵，而这种情况在组团式布局城市尤为明显。

组团式布局城市与传统的单中心城市在路网的结构、时效性和可靠性等方面有所不同，而中等规模城市在城市人口、骨干道路等级、骨干路网密度等方面也与大城市之间有较大差别。目前，专门针对组团式布局中等规模城市的骨干路网系统构建方面的研究较少。本文将结合以往规划与工程实践，在对组团式布局中等规模城市的交通出行特征及其骨干路网构建策略进行研究的基础上，选取典型案例进行分析，以期为后续该类城市的骨干路网系统规划提供参考。

2　组团式布局中等规模城市交通特征分析

从城市交通系统形态的角度分析，单中心集中式城市布局使城市中心区具有最高的交通区位，成为与外围地区联系的交通枢纽，大量交通被吸引到城市中心地区，导致大城市中心区交通系统不堪重负，往往形成难以解决的交通问题；而组团式城市则可使交通量被分散到多个组团，能有效缓解城市交通系统负荷不均衡现象，但同时也会造成区域内出行距离被拉长，并使出行潮汐性更为明显。

此外，不同的成因和组团功能定位也会导致组团式布局城市的交通特征有一定的差异，但根据对已有组团式布局城市交通特征的总结，其主要特点如下。

作者简介：黄岩（1974—　），女，高级工程师，博士，主要研究方向为交通运输规划与管理。

(1)组团间联系高度依赖个体机动化出行

组团式城市布局拉大了城市的空间尺度,使城市内各组团间联系的时间与空间距离均增大,并且中等规模城市由于组团间联系客流集中度较低,通常难以达到开行公交车的阈值或公交车发车间隔时间与可达性过差,导致组团间长距离联系高度依赖个体机动化出行。

(2)车辆行驶速度快、延误忍耐度低

相比大城市与特大城市,中等规模城市通常在人均道路里程及人均道路面积等指标上占有优势,加之组团间联系道路沿线的交叉口密度较小,使得组团式布局中等规模城市的车辆行驶速度普遍较快,同时驾驶员对道路延误的忍耐程度也比大城市低。参考《城市道路交通规划设计规范》(GB 50220—95),并结合案例实践,组团式布局中等规模城市出行最大时耗见表1。

表1 组团式布局中等规模城市最大出行时耗

出行范围	最大出行时耗(min)
跨组团间出行	40～50
组团内	15～25
与骨干路网衔接	10～15

(3)出行距离双高峰分布

不同于单中心城市,组团式布局城市居民的出行距离通常呈双高峰现象,即出行距离超过10km的长距离出行和小于3km的短距离出行占比高,而3～10km的中距离出行较少。造成这种现象的主要原因为居民出行主要为距离较短的组团内部出行和距离较长的跨组团间出行。

(4)交通流空间变化特征明显

组团式布局城市干道的交通流构成有着明显的空间变化特征。通常干线道路越靠近组团中心,交通量越大、交通组成越复杂、交通干扰越多,并且随着车辆接近组团,速度会有一定程度下降;交通量的方向不均衡性也较一般城市干路突出,潮汐现象明显。

3 组团式布局中等规模城市骨干路网系统构建策略研究

3.1 中等规模城市骨干路网系统构成

在大城市与特大城市中,骨干路网通常由快速路、高速公路主干路、高等级公路组成。而在中等规模城市中,骨干道路则主要由高速公路、主干路、高等级公路组成,高速公路由于收费、覆盖率低,多作为过境通道和对外出行通道,城市内部出行多采用主干路或高等级公路。对于组团式布局城市,高等级公路是组团间联系的重要通道,而在组团内部则多使用主干路。在已有的工程实践中,高等级公路虽有着较高的设计时速,但交叉口密度过高而造成交叉口延误;同时,部分路段因穿越城镇化地区而与地方交通相混杂形成瓶颈,利用其进行长距离出行的时效性与可靠性较差。因此,将作为组团式城市跨组团间长距离出行通道常常存在便捷性、快捷性不足的问题。由于出行距离较长,组团间联系需建设一类主线可呈连续流运行的道路,但快速路建设成本过高且中等规模城市交通流量通常未能达到快速路建设的启动阈值,因此需寻求一种介于高等级公路(主干路)与快速路之间的道路,不仅建设成本低于快速路,还可满足区内组团间的快速出行需求,使城市内整体运行速度与出行品质均得以提升。近年来,多地已有实践的"快捷路"即为该类道路。

快捷路目前尚无明确定义,在本次研究中快捷路主要指设计标准低于快速路、高于高等级公路(主干路),以地面道路形式为主,可采用两辅路或设置主辅路的形式,通过对部分交叉口立交化改造和部分控制出入口、中央分隔带,使主线行驶车流达到近似连续流的效果。快捷路网构建可利用既有道路进行改造,不需建设高架路,仅在部分大型交叉口设置跨线桥或地道,工程量小,无须大范围突破道路红线,利于落实;单位造价约0.5亿～1亿元/km,经济性强。快捷路主要服务于长距离的跨组团间出行,兼顾组团内中距离出行,通常设置于各组团间或组团外围边缘地带。

表 2　各等级道路技术特点[7]

分类要素	快速路	快捷路	高等级公路(上海地方标准)		主干路
			一级公路	二级公路	
交通流状况	连续流	连续流为主	间断流	间断流	间断流
设计速度	60～100km/h	60～80km/h	60～80km/h	40～60km	40～60km/h
中央分隔带	连续设置	连续或间断设置	间断设置	间断设置或不设置	间断设置或不设置
出入口控制	全部控制,1～2km设置上下匝道	部分控制,开口间距>2km	部分控制,开口间距 1～2km	部分控制,开口间距 0.5～1km	部分控制,开口间距 0.5～0.8km
交叉口形式	全部立交	部分立交	部分立交	多采用平交	多采用平交
主线单向车道数	2～4 条	2～4 条	2～3 条	2 条	2～3 条
辅道设置	设置	设置或不设置	设置或不设置	不设置	不设置

3.2　骨干路网系统构建策略

根据前文分析,组团式布局中等规模城市的主要交通特征包括:组团间联系高度依赖个体机动化出行、车辆行驶速度快、延误忍耐度低、出行距离呈双高峰分布、交通流空间变化特征明显。根据上述特点,并综合考虑各类限制条件,组团式布局中等规模城市的骨干路网系统构建策略主要包括 4 个方面。

(1)串联区内重要组团,满足组团间快速联系需求

骨干路网系统构建时,应首先做到串联城市内各重要组团,满足组团间的快速联系需求,力争任意组团中心之间 50min 可达、市中心组团与其他组团之间 30min 可达,有效支撑城市体系,提升区内出行速度与品质。而骨干路网与各组团间的联系方式则可根据实际情况设计,尽量位于组团的外围。

(2)合理利用现有资源,构建快捷路系统

中等规模城市骨干路网将主要由快捷路与主干路构成,其中快捷路为骨干路网的主要组成部分。根据前文所述,快捷路的建设不需建设高架路,通过对现有道路进行一定程度的改造后,使主线机动车可呈近似连续流状态运行。因此,在实际应用中应合理利用现有道路资源,采用适当的改造方案,如拓宽改造、封闭部分交叉口或立交化改造、建设辅路系统等,达到主线连续流运行效果。同时,改造方案尽量避免突破道路规划红线,利于改建项目实施。

(3)合理处理快捷路与组团内道路间关系

快捷路通常布设于组团外围,但若受各种因素限制而需穿越组团时,应合理处理快捷路与组团内道路间关系。通常组团内道路的主要服务对象为短途到发车流,交叉口间距为 200～500m,快捷路与组团内道路相交叉时,为保证主线连续流运行,需与组团内道路呈立交关系。由于跨线桥对城市景观、环境等具有较大影响,因此快捷路横穿组团时多采用地道下穿的处理方式,其具体的技术标准如建筑限界等需根据交通流的车种比例具体确定。

(4)为多模式交通预留空间

骨干道路通常为城市各组团间的主要客运走廊,在对个体机动交通进行充分考虑的同时也应考虑到未来在骨干路网客运走廊进一步强化的情况下,开行大容量公共交通系统如 BRT、有轨电车等交通模式的可能性。预留方式可通过在骨干道路建设时预留中央分隔带空间并在部分路段拓宽局部道路红线等方式,为公交站点建设预留空间。

4　案例分析

4.1　上海金山区案例

金山区地处上海市西南部,是上海市除崇明岛外与市中心距离最远的郊区,与上海市中心单程出行时间超过 60min,与上海市中心城联系并不紧密,区内产业呈"二、三、一"布局模式,发展自成体系性较强。金山区为典型的组团式发展城市,区内共有 4 个大型组团,其中金山新城位于金山区最南端,是金山区中心所

在地，集中了区内主要的人口、产业、公共实施资源，而其他 3 个大型组团均位于金山区北部亭枫发展轴（见图 1）。金山区目前总人口 76 万人，规划至 2020 年，区内总人口 100 万人，是典型的中等规模组团式城市。

对金山区现状区内路网存在问题的调查分析表明，区内路网主要存在的问题为：跨组团间出行时间过长，便捷性、快捷性不足；区内部骨干路网容量低，道路级配不合理；城镇化发展与公路交通系统间相互影响等。造成上述问题的根本原因是组团式的城市布局拉长了区内各组团间的联系距离，而可供区内跨组团间长距离出行使用的道路仅有高速公路与二级公路，但上述两类道路均各自存在问题，高速公路运行速度虽快但由于收费造成总体吸引力不高，而二级公路设计时速低、交叉口密度高往往导致出行时间过长。

根据金山区路网现存的主要问题并结合区内出行的实际需求，本文提出：优化区内干线路网，构建区内快捷路系统的主要优化策略，快捷路构建主要采用对现有二级公路进行适当改造的方式，合理利用现有资源，以最小代价提升区内道路路网容量、运行速度。

通过对金山区内 OD 分布的调查研究[5]，金山区主要 OD 量分布于北部三镇间以及北部三镇与区中心金山新城间的联系，结合已有道路，构建金山区“工”字形快捷路系统，可满足区内交通需求，并能分流金山新城内的过境及货运车流（见图 2）。

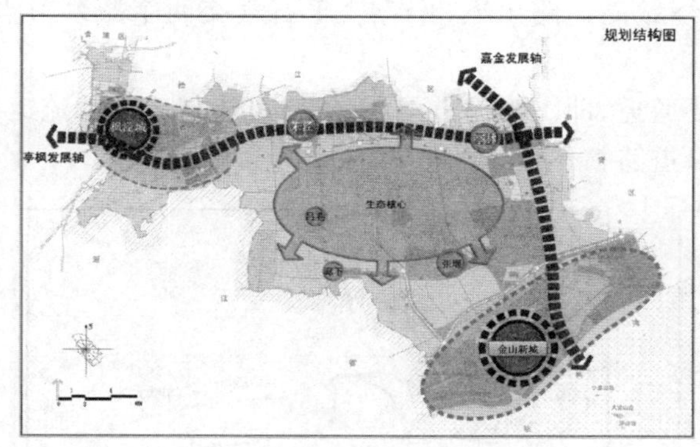

图 1　金山区城镇体系结构

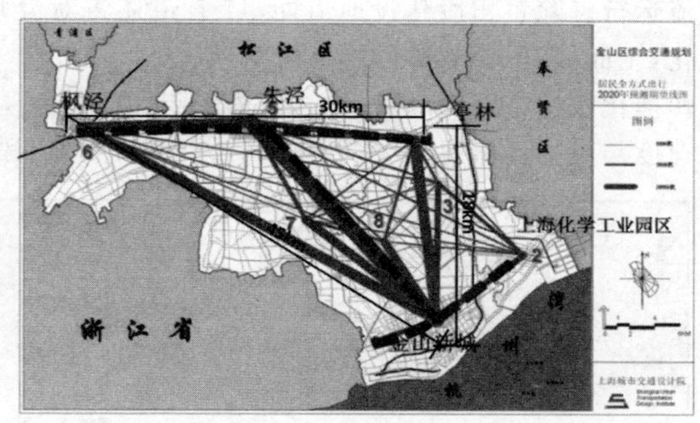

图 2　金山区快捷路通道选取示意图

根据快捷路通道选取，选择现状区内最为繁忙的亭枫公路、松卫南路及待建的新沪杭公路组建金山区的快捷路系统。近期，对亭枫公路、松卫南路的小型交叉口部分采用右进右出管理、大型交叉口部分立交化改造的方式提升两条道路的运行速度；对供需矛盾较为突出的路段实施拓宽改造，增加道路容量，待时机成熟再实施全线改造；在亭枫公路快捷化改造的同时，可考虑为开行 BRT 线路预留线路及站点空间，使亭枫公路成为北部公交主通道。对于新沪杭公路，在金山新城段增加辅路系统，分隔跨区出行车辆与短途到发车辆，减少主线交叉口数量，必要情况下设置立交交叉口。

3 条道路改造后，跨组团间联系车流可呈近似连续流状态运行，显著提升跨组团间联系速度，基本可保证区内各组团中心间 40min 可达。在远期方案实施后，现状矛盾较为突出的亭枫公路朱泾镇段、松卫南路金山新城段的交通拥堵问题将基本解决。同时，进行快捷路改造后，区内骨干路网容量也得到大幅度提升，根据 TransCAD 宏观软件分析结果，在远期方案实施后，2030 年区内路网总体依然可维持 C 级服务水平，明显好于保持路网现状不变情况下的路网服务水平（见图 3）。

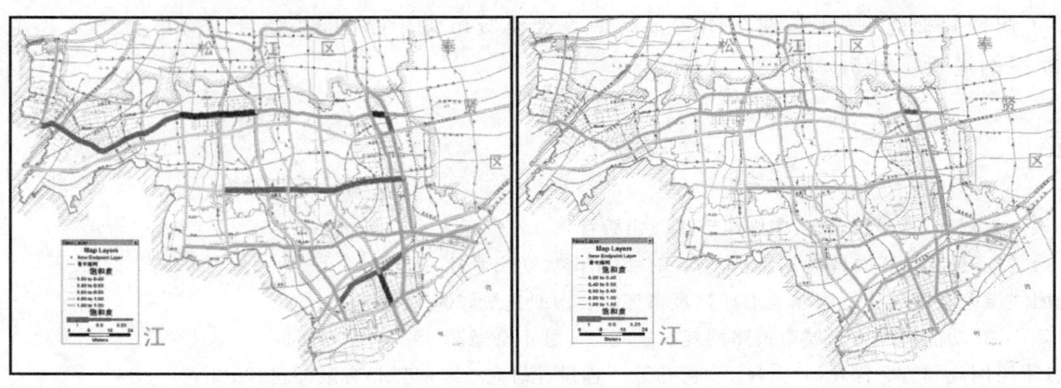

图 3　2030 年改造前后骨干路网运行状况分析

4.2 温州永嘉县案例

温州永嘉县位于温州市北部、浙江省南部，现状总人口约 90 万人，规划至 2020 年县域人口规模 108 万人。由于受到山地、河流等天然屏障的阻隔，永嘉呈组团式发展形态，在近年的发展中，逐渐呈现“一城二区、沿江多点的带状组团城市布局框架”，是典型的中等规模组团式城市。

永嘉县各组团间距离相对较近，但受楠溪江阻隔，各组团间联系通道数量极为有限，区内联系主要依靠 104 国道及 41 省道，而这两条道路均存在与沿线城镇化地区相互影响较为严重的问题，造成区内跨组团间联系不便，出行时间较长。

根据快捷化改造方案，104 国道将进行改线，由现状的横穿三江、乌牛两大组团改线至组团外围（见图 4）。104 国道改线后将主要服务于县域内跨组团间出行，交叉口密度大幅度降低，基本可保证主线呈连续流运行；乌牛区域现有 104 国道等级调整为城市主干路，服务周边地区。41 省道横穿黄田组团，与组团内多条道路平面交叉，造成过境车流与到发车流混杂、客货混行等一系列问题；受用地条件限制，41 省道在该段无法改线，因此建议 41 省道在该段修建约 2km 长地道，下穿黄田组团，使省道主线不受地方交通干扰，呈近似连续流运行。除黄田段建设地道外，41 省道还将对温州绕城高速路出入口节点、千石立交两个瓶颈节点进行优化，全面提升 41 省道的交通可靠性。

快捷化改造方案实施后，永嘉县内跨组团间联系主要通道，即 104 国道与 41 省道可近似呈连续流运行，运行速度与可靠性将得到大幅度提升，并消除瓶颈路段对道路整体运行的影响（见图 5）。

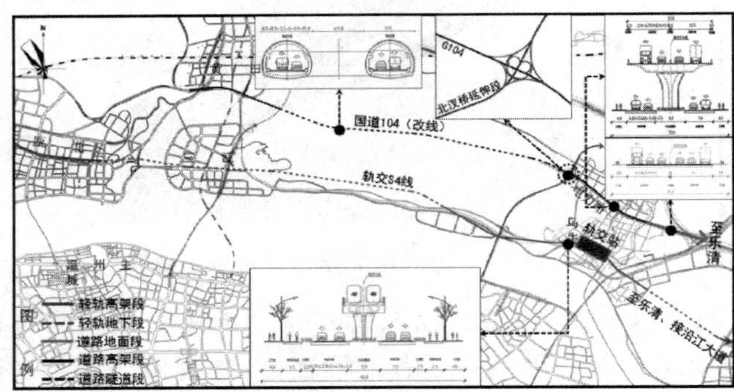

图 4　104 国道改线方案

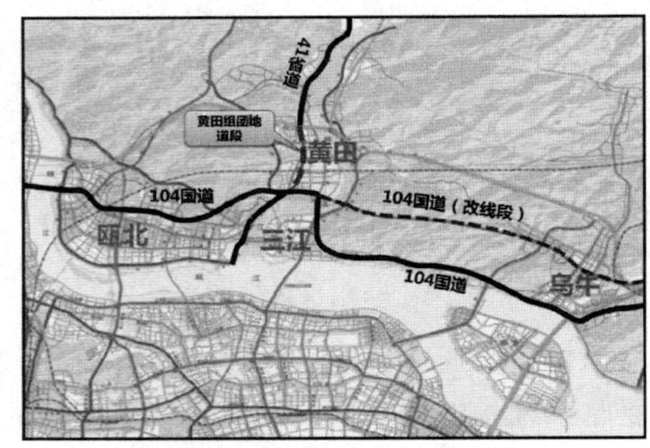

图 5　永嘉县骨干路网优化方案

5 结　论

组团式布局是中等规模城市中较为常见的一种城市布局模式，可有效解决城市中心被外围地区包围、扩展受到抑制、中心区交通流量过大等单中心城市问题，并可避免城市单中心发展带来的人口密度过高、用地紧张、交通拥挤和环境恶化等一系列城市病。但同时，组团式的城市布局也带来了组团间联系距离长、快捷性不足等问题。不同于大城市及特大型城市，中等规模城市在资金、用地、交通需求等方面均难以支撑大规模建设快速路。本文结合近年来在各地的实际工程经验，在对比分析现有相关道路等级和技术标准的基础上，提出了快捷路概念，用于构建组团式布局中等规模城市骨干路网，并结合上海市金山区和温州市永嘉县两个实际案例进行了分析。

参考文献

[1]邹德慈．城市规划导论[M]．北京：中国建筑工业出版社，2002．

[2]刘贵利，詹雪红．中小城市总体规划解析[M]．南京：东南大学出版社，2005．

[3]向睿．组团式城市空间结构的内涵及形成机理概述[J]．山西建筑，2007（33）：25－26．

[4]叶彭姚，陈小鸿．功能组团格局城市道路网规划研究[J]．城市交通，2006（4）：36－41．

[5]金山区骨干路网规划方案深化研究[R]．上海市政工程设计研究总院（集团）有限公司，2014．

[6]温州北部综合交通枢纽规划[R]．上海市政工程设计研究总院（集团）有限公司，2012．

[7]上海市城镇化地区公路工程技术标准[R]．上海市城乡建设和交通委员会，2013．

沪嘉高速公路(S5)功能调整研究

诸永宁

(上海市政工程设计研究总院(集团)有限公司,上海 200092)

摘要:为适应城市发展需求,完善上海市西北地区路网结构,方便周边市民出行,上海市政府决定将沪嘉高速公路(S5)调整为城市快速路,并于2012年1月1日起停止收费。作为我国港、澳、台地区外的首条高速公路,S5此次道路性质和收费政策的调整一直为外界所关注,本文从规划和交通的角度出发对该项措施进行一些技术性的探讨和研究,希望能为其他高速公路的运营和发展提供一些经验和建议。

关键词:沪嘉高速公路;城市快速路;规划;政策

1 概 况

沪嘉高速公路(S5)是我国港、澳、台地区外第一条高速公路,于1988年10月31日建成通车,南起汶水路,北至嘉定南门,全长18.35km,是中环的切向线;实施宽度45m,现状红线60m,双向4车道规模,设计速度为120km/h,是一条全立交、全封闭的高速公路。S5原主线收费站位于汶水路近真北路,于2001年由汶水路搬迁到南翔。

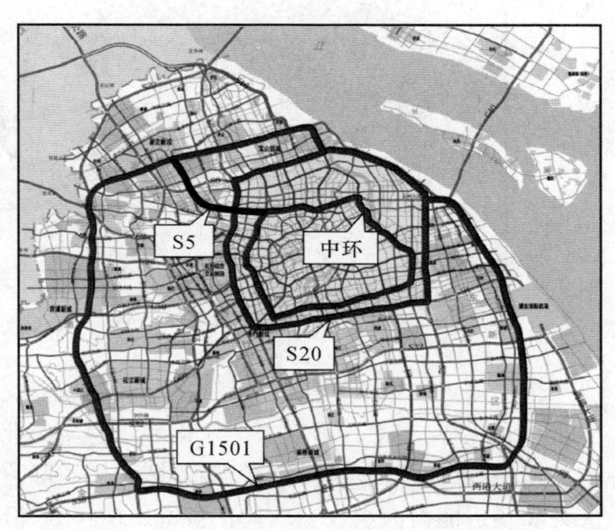

图1 沪嘉高速公路(S5)区位

2 曾经的辉煌

沪嘉高速公路工程标志着我国公路建设将发生翻天覆地的变化的开始,标志着我国公路建设的标准升到更高的一个层次。S5的设计、建设成果是一流的,竣工通车到现在20多年,各项技术指标仍然满足交通需求,在上海市高速公路路网中发挥着重要作用。

道路建成伊始,S5分担了市区与嘉定间沪宜公路56%的客、货运交通量,交通事故明显减少;解决了上海对外6个主要公路出入口中交通量最大的西北出入口交通拥塞问题,促进了上海市与外省的经济联系,改善了嘉定县(现为嘉定区)投资环境,促进了工农业生产的发展,为嘉定县跃入全国富县行列起到了积极作用。

3 发展变化

S5穿越普陀和嘉定两区,道路两侧用地经过20多年的发展变迁,从最初的农田和绿地逐步被工业及城镇建设用地所取代,道路交通也日益拥堵。与此同时,道路所承担的交通功能也逐渐由出省过境交通为主,联系嘉定与中心城为辅的公路属性,向以联系嘉定与中心城为主,过境出省为辅的一条城市内部道路属性转变。

作者简介:诸永宁,男,硕士。

(1)用地现状及规划

近年来,嘉定区建设用地规模增幅巨大,全区呈现全面快速发展的格局。嘉定人均城市建设用地面积 152m²,是全市的 1.5 倍,与 9 个郊区县的平均水平接近;人均工业用地更是达到 73.3m²,是全市人均工业用地的 2 倍。嘉定各镇农业用地比重南北差异明显:外冈镇和华亭镇的农业用地比例最高,嘉定镇街道和真新新村街道的农业用地比例最低,城镇化地区达到 90%以上。

嘉定区政治、文化中心位于中部的嘉定主城区,工业区则多集中于南部安亭、南翔、江桥等镇,S5 沿线多为农业用地,道路红线东侧现状有沪太、曹新、劳动、华亭 4 个乡镇级工业区(见图 2)。

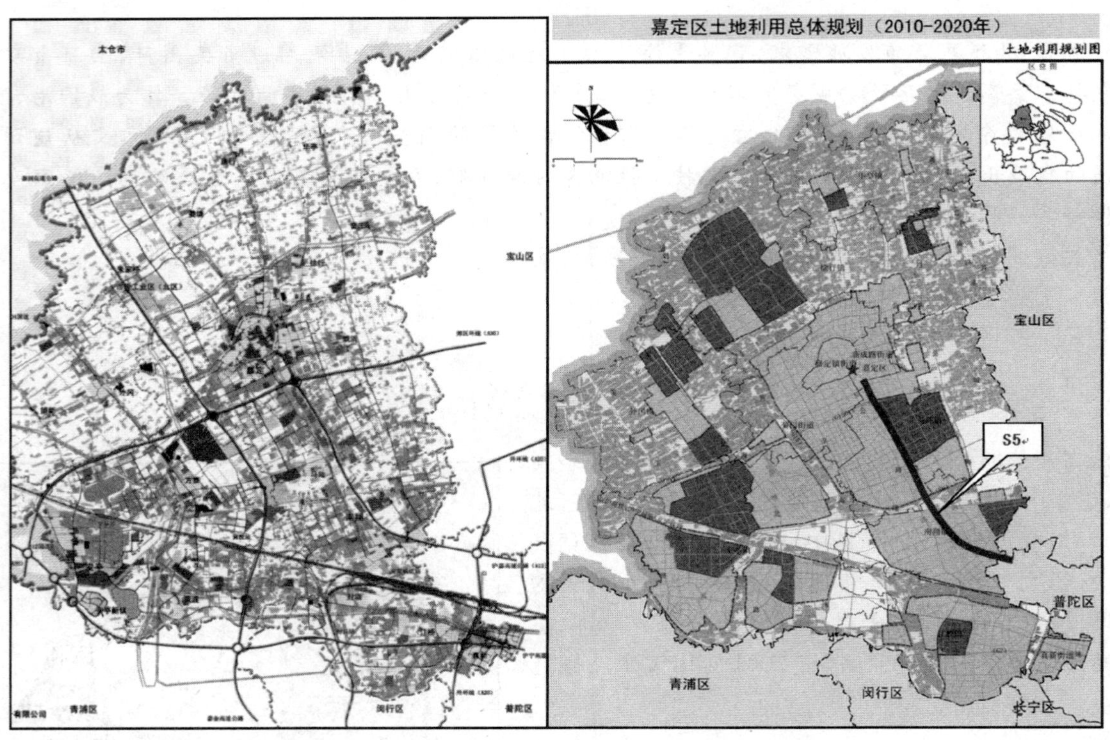

图 2　嘉定区现状用地和规划用地

依据嘉定区域规划实施方案,嘉定区区域功能定位和发展目标为:立足长江三角洲,服务长三角,依托全市综合优势,着力探索新兴产业化和新型城镇化道路,把嘉定建设成为空间布局合理、产业功能协调、城乡和谐、社会经济环境可持续发展的综合性国际汽车城,成为文化特色鲜明、社会和谐发展,具有较强综合实力和辐射能力的组合型现代化新城。现状 S5 沿线土地利用以工业及城镇建设用地为主,发展较为密集,实际上已经处于城镇化程度比较高的阶段。根据嘉定区 2010—2020 年的土地利用总体规划,S5 沿线规划用地和开发程度在现状基础上进一步加强,道路沿线已全部调整为城镇建设用地和产业用地,道路所经的嘉定新城、马陆镇和南翔镇均属于城市化开发高度密集地区。其中,嘉定新城远期规划人口为规模为 85 万人,是上海郊区发展战略的重点示范新城;马陆镇、南翔镇是整个嘉定区域发展的重要组团,用地开发强度较大。因此,S5 沪嘉高速已不再是原先意义上的连接上海市区和郊区的高速公路,而应该作为市区与周边城市化发展进程较快的新城地区的连接通道,道路的功能属性发生了深刻的变化。

S5 沿线普陀区境内的现状用地以工业用地为主,聚集了大量的货运物流企业及仓储工业厂房(见图 3)。由于周边地面路网不完善、路况较差、通行质量低下,大量货运交通过度集中于 S5,因此 S20—祁连山路段的 S5 是全线道路流量和货运交通比例最高的路段。

S5 沿线普陀区境内的规划用地较现状而言,其特点主要体现在地块的整理和归并:工业用地规模有所减少,但更加集约化,将现状较为杂乱的零散用地进行了规整,周边路网也进行了补充和完善,对减少中短距离交通借道 S5 起到了比较好的分流和引导作用。

从 S5 沿线周边用地情况来看,道路所穿越的区域已由最初的城市与乡镇间的农业用地变为由工业及城建建设开发用地所填充,而且这样的趋势在未来发展进程中将愈发明显。未来道路周边的土地将全部城镇化,从而使道路属性由点到点的公路转变为区域内部联系的城市道路。

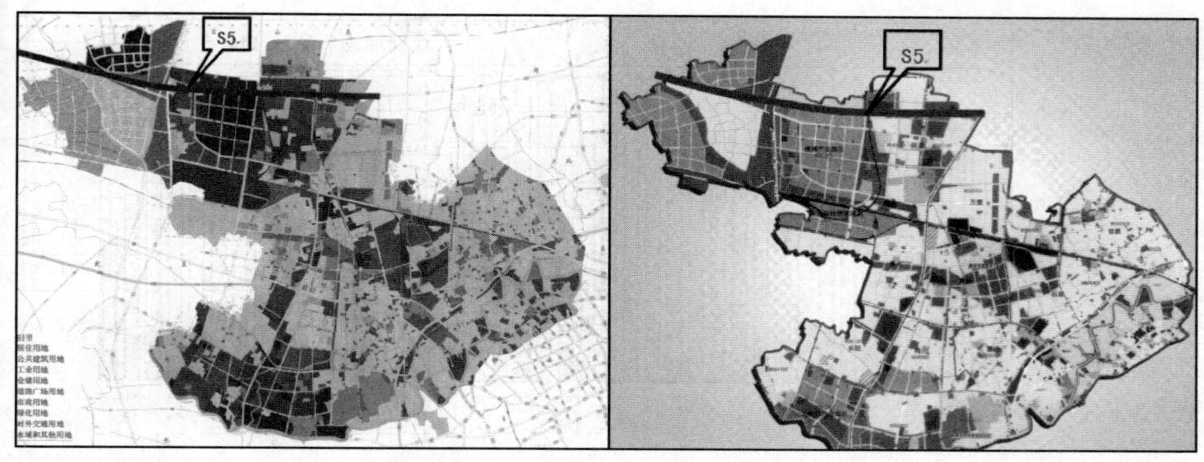

图 3　普陀区现状用地和规划用地

(2)交通发展现状及趋势

根据高速公路流量统计数据,2008—2011 年,通过沪嘉高速与上海高速公路网转换的过境交通所占比例一直在下降,而联系上海市区和嘉定新城的到发交通和新城内部交通比例在逐年上升(见图 4)。随着嘉定新城的快速开发和 S5 取消收费的实施,嘉定新城与上海市区的联系更为紧密,沪嘉高速作为最重要的联系通道,承担嘉定区与中心城内部到发交通的比重进一步增大,对外联系的高速公路功能逐渐弱化,城镇发展带来的城市快速路功能不断加强。道路功能发生了根本性的转变,实际上已承担了城市快速路的交通功能。

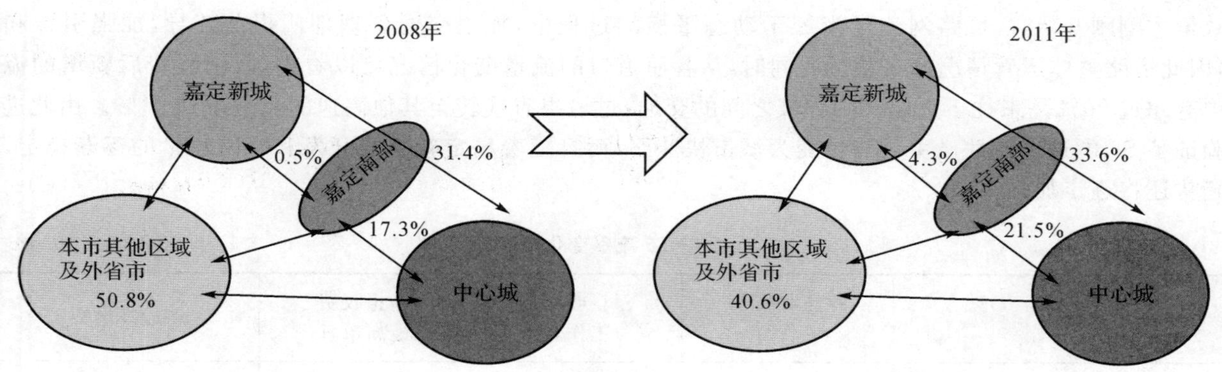

图 4　嘉定新城到发和过境交通比例变化情况

(3)取消收费实施评价

基于用地调整和周边区域发展的实际情况,上海市政府因势利导,为进一步优化路网结构,降低交通运输和公众出行成本,于 2012 年 1 月 1 日起,将 S5 调整为城市快速路并停止收费。从而结束了沪嘉高速收费的历史,同时它也是我国港、澳、台地区外首条取消收费的高速公路。

据停止收费后第 1 个月的数据统计,春节前工作日(1 月 1—21 日),S5 全天平均驶入车次 13.1 万辆,与停止收费前(12 月份全天驶入车次 11.5 万辆)相比,增长 14%。S5 单日最高驶入车次达到 14.7 万辆,与停止收费前相比,增长 28%(见图 5)。双休日 S5 每日驶入车次 10 万～11 万辆,比停止收费前(12 月份周末每日驶入车次约 7.7 万～9.5 万辆)增长 18%～30%。

春节期间,S5 驶入车次明显降低,约为节前的 40%。春节节后第 1 周,S5 驶入车次规模逐渐恢复,规模约为节前的 80%。

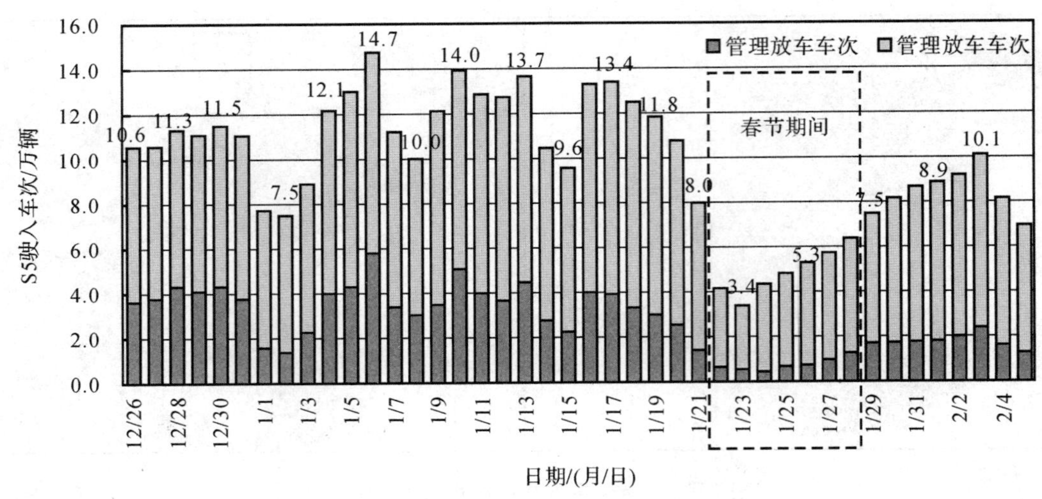

图 5　S5 沪嘉高速停止收费后驶入车次增长趋势

其他高速(G15 朱桥及其他收费口)出入 S5,春节前工作日均流量 3.4 万辆,折合 68000pcu/d,增长 15%,其中单日最高流量 3.6 万辆,折合标准车分别为 72000pcu/d,增加 22%。货车自然车比重 16%,比停止收费前增加 1%。

由流量数据检测显示(见表 1),S5 取消收费后路段流量平均增长了近两成,客货比未发生明显变化。这一方面是由于 S5 在之前已经实行了弹性收费的政策,小型客车仅收费 5 元,大型客车通行免费,因此,在上一轮弹性收费的周期内由于收费而抑制的交通需求已经得到了一定程度的释放。另一方面,由于取消收费政策才刚刚开始,区域路网流量尚处于动态平衡的过程中,加之交通管理部门提前疏导,加强引导和管理,因此道路整体运营情况好于预期。同时,从各匝道口的流量变化情况可以看出,取消收费后新增的流量当中有超过 80%是来往于嘉定和中心城之间的交通,过境出省或转至其他高速的流量不到 20%。由此进一步验证了 S5 的道路属性已由公路转变为城市快速路,而且随着嘉定新城的开发和路网流量的逐渐稳定,这一趋势还将逐步加强。

表 1　S5 流量变化情况　　(单位:$\times 10^4$ pcu/d)

断面		停止收费前工作日	停止收费后工作日	停止收费最高单日	最高增幅
主线路段	南翔主线	10.5	12.5	14.2	35%
	南门主线	4.0	4.7	4.8	20%
	丰翔路—宝安公路	7.8	8.5	9.1	17%
	宝安公路—绕城	6.8	7.5	8	18%
匝道	丰翔路	4.2	4.4	6.0	43%
	马陆	1.8	2.7	2.9	61%
其他高速出入 S5		5.9	6.8	7.2	22%

4　改造方案简介

沪嘉高速调整为城市快速路后将进行必要的改造,首先是将现状的南翔收费站搬迁至 S5-G1501 立交匝道处,将道路沿线收费设施全部取消。其次,根据流量预测结果,S5 需要进行道路扩容,改建的技术标准为双向 6 车道城市快速路,设计车速 80km/h。根据道路现状断面宽度和布设方案,采用向内侧中分带拓宽的形式以减少工程量和实施难度。断面布置如图 6 所示。

据测算,道路改建完成后可以满足今后 15～20 年的交通需求,还将继续为地区经济和社会发展提供重要的支撑。

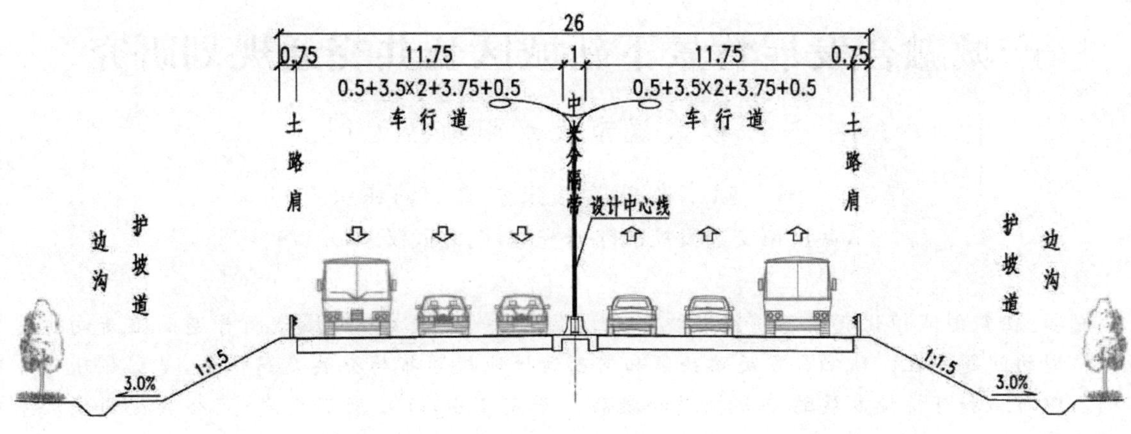

图 6　S5 路段改造断面设计图

5　经验与小结

S5 是我国港、澳、台地区外首条开通运营的高速公路，由于时代变迁和社会发展，原先道路周边的大片农田绿地已逐渐为连片开发的城镇建设用地所取代。原先相对较为独立的点状分布的城镇结构也逐渐演变为一条城镇发展带。用地性质的改变导致了交通组成也由点对点逐渐向区域辐射转变，因此，原先的高速公路定位已不再适应现状及未来的发展趋势。上海市政府及交通主管部门及时调整了道路属性并取消收费不仅对地区发展具有重大的促进作用，也符合道路目前的科学定位。

对于上海这样一个地狭人密的城市而言，在城市发展的过程中难免有“摊大饼”的情况发生。因此，对于其他射线高速而言，或多或少都存在类似于 S5 一样道路沿线用地为城镇开发用地所取代的现象，但并不能够基于此就一概而论地将全部道路都调整为城市快速路。首先，用地决定道路属性及交通功能，S5 周边的城镇空间发展结构是社会经济要素长期自组织的结果，也是区域发展政策和计划、规划的结果。对于其他区而言，应当根据自身特点和现实情况科学布局空间发展结构，不能任其自由发展或生硬地照搬。其次，上海城镇体系未来的发展重点在郊区及新城，规划部门也在积极地推进上海市域城镇体系结构向分片组团式转变，联系中心城和新城的射线高速公路仍然有其存在的必要，甚至是组团发展模式的重要依托，如果盲目改为城市道路势，必造成“摊大饼”的范围更加扩大。另外，从目前我国高速公路建设和运营模式来看，虽然取消收费可以降低出行成本，有利于地区经济发展，但以 S5 为例，每年通行费收入为 1.5 亿～2 亿元，取消收费后不仅使地方财政收入减少，也会使后期的道路养护维修成为一项经济负担。因此，高速公路收费和功能调整涉及用地、管理、运营、养护等一系列问题，需要综合权衡利弊。

沪嘉高速公路功能调整是用地变化和经济发展的结果，虽然道路功能发生了变化，但老骥伏枥，志在千里，作为城市快速路的 S5 仍将为嘉定新城的开发和地区的经济发展发挥更大的作用。

参考文献

[1]嘉定区区域总体规划实施方案(2006—2020)，2007.

[2]嘉定新城主城区总体规划(优化)(2010—2020)，2009.

[3]沪嘉高速公路大修工程(一期)、(二期)，2012.

产城融合发展背景下新城区公共交通规划研究

——以武汉市大汉阳地区为例

郑　猛　佘世英　张本湧　刘东兴

（武汉市交通发展战略研究院，湖北武汉 430017）

摘要：在新型城镇化背景下，“经济技术开发区”这一特色城市地域空间普遍面临着向现代化新城转型的问题。在产城融合发展路径下如何创新性地规划布局公共交通体系，是引领城市空间结构合理布局和可持续发展的重要机遇和挑战。研究指出，在路网高度发达、公共交通发展基础非常薄弱、对小汽车出行初步形成依赖，且以汽车制造业为主导产业的开发区，要大力发展公共交通，首要在于“提高公共交通竞争力，打造高水准公共交通体系”。然后，从模式选择、系统布局、协调土地利用、引领城市发展4个方面系统阐述大汉阳地区公共交通规划内涵。最后，从规划实施的角度，提出公共交通规划的编制应坚持以实施为导向，通过研究提炼出规划实施的突破口和引爆点，为决策者提供一个“抓手”，充分发挥“抓手”项目的牵引作用，从而“以点带面”，促进规划的全面落实。

关键词：公共交通；产城融合；车站城市；现代有轨电车

当前，在快速城市化、机动化发展形势下，大城市普遍面临着中心城区交通拥堵、人口密度大、旧城改造拆迁成本高等问题，大力发展郊区新城、疏解中心城区人口，从而在既有的中心城区和新城区两个空间维度实现有机互动和协调发展，引导城市空间合理布局成为普遍选择。然而，新城在发展过程中，极易形成两种倾向：一种是“卧城”，赋予过多的居住功能，形成往返中心城区的“钟摆”交通，造成新的拥堵；另一种则是“产城”，本文研究探讨的武汉市大汉阳地区就属于此类，该地区依托国家级经济技术开发区，以汽车制造为主导产业，在经济上给城市以巨大支撑，从短期来看，交通拥堵问题似乎没有“卧城”那么突出，但城市缺乏活力，人口增长缓慢，公共配套严重不足，在土地资源日趋紧张的压力下，产业拓展及升级转型均遭遇巨大瓶颈。在此背景下，走产城融合发展之路，以产促城，以城聚人，激发城市活力，进而发展成为具有综合功能的新城，逐渐确立为当前新型城镇化背景下转型期最重要的发展战略。

本文在充分研究大汉阳地区城市交通、产业、空间布局、土地利用等要素基础上，着眼于“产城融合”、“独立城市”的发展理念，提出了以公共交通引领城市发展新格局的具体策略，并对如何实施这一策略进行了具体研究。

1　规划背景解读

1.1　大汉阳地区基本情况

大汉阳地区位于武汉市西部，北临汉江，南依长江，向东以三环线为界，紧邻主城区，向西跨越城市外环线衔接农业生态区，距离城市中心半径15～30km（见图1、图2）。该区域包含了武汉国家级经济技术开发区、蔡甸区、汉南区3个行政区域，总面积535km^2，目前常住人口49万人。其中，武汉国家级经济技术开发区（以下简称“经开区”）是区域的核心，面积202km^2，人口20.8万人，GDP约占区域总量的70%，综合经济实力跃居中西部地区22家国家级开发区首位。经开区是本次论文核心探讨区域。

作者简介：郑猛（1982—　），男，注册城市规划师、注册咨询工程师，主要研究方向为轨道交通规划、公共交通规划、交通枢纽及交通模型；佘世英（1982—　），女，高级工程师，注册咨询工程师，主要研究方向为交通发展战略、交通信息化、交通模型。

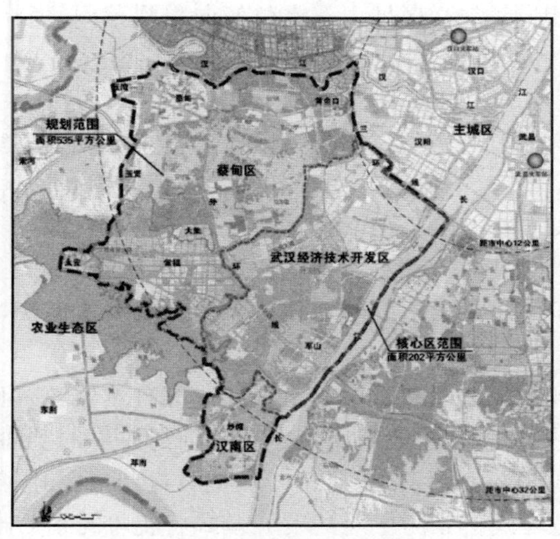

图 1　大汉阳地区规划范围及区位

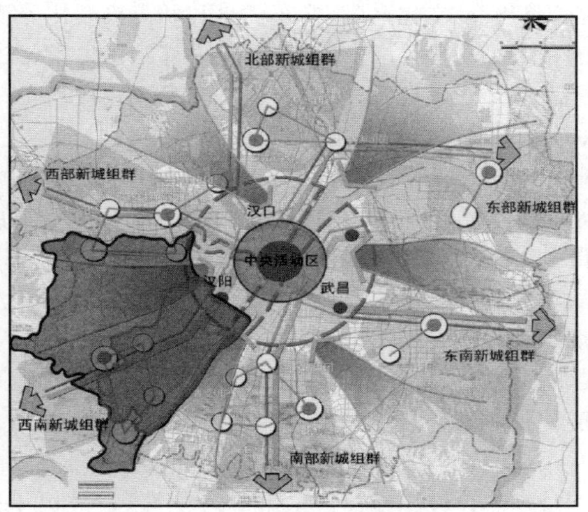

图 2　大汉阳地区与城市总规结构关系

1.2　规划区域特征分析

大汉阳地区作为以国家级经济技术开发区为载体发展起来的郊区新城，从城市交通、产业、土地利用、空间布局等方面来看，具有 4 方面特征。

(1)交通方面，道路交通较为完备，公共交通发展滞后。凭借雄厚的经济实力和良好的区位优势，新城一般都具有较为完备和发达的道路系统。大汉阳地区高、快速路系统尤为发达，城市三环线、外环线以及三条放射状高、快速路相互串联形成了联系主城和对外辐射的“三横两纵”骨架道路网络，为区域发展提供了较好的道路交通衔接条件。其中，经开区目前道路总长 285km，道路网密度 4.3km/km^2，主干道密度为 1.6km/km^2。

相较于发达的道路系统，区域内公共交通发展则明显滞后(见图 3)。①公交基础薄弱，线路和站点覆盖不足。以 500m 计算，面积覆盖率仅达到 14.9%，线网密度仅为 0.3km/km^2。②公交服务不均。目前公交线路主要集中在联系主城区和内部组团的干道上，组团内线网覆盖明显不足。③场站设施不足。开发区内仅有 4 处首末站，单车占地面积 26m^2，仅相当于一台小汽车室外停车场占地面积，场站设施缺口一半以上。④公交运营体系单一，出租车打车难问题突出。除了主城区出租车终点在开发区外，少有车辆在开发区内运行，目前区域内呈现出“有需求但无车”的窘境。

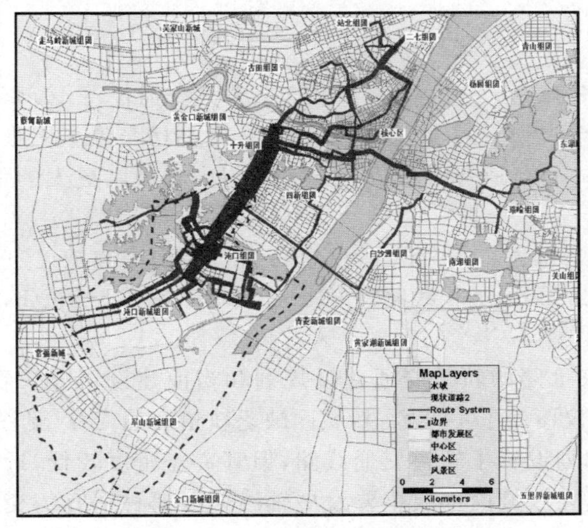

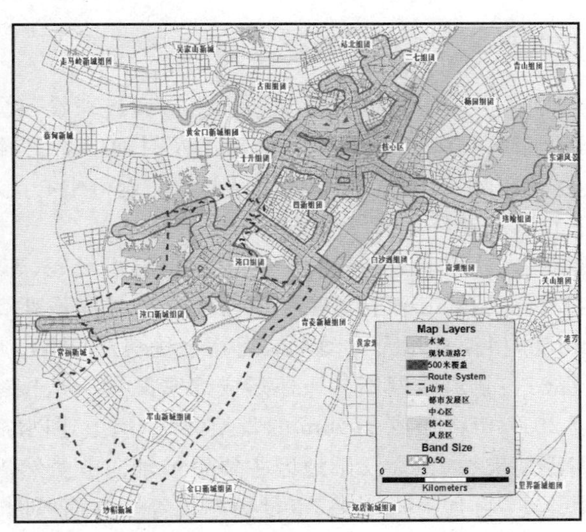

图 3　经开区现状公交线网分布(左图)及线路 500m 覆盖范围(右图)

(2)产业发展以第二产业为主，三产缺乏增长。区域内聚集了东风集团、法国标致雪铁龙、日本本田和日产等 7 家整车生产企业和近 200 家汽车零部件企业。汽车产业产值超过千亿元，占全区工业总产值 68.21%；其次是电子电器，约占全区工业总产值 24%。由于汽车产业为支柱产业，近几年整个产能急剧扩张，受产业政策、文化熏陶、购车优惠和私人机动化等诸多因素影响，区域内车本位倾向根深蒂固，面临更为严峻的私人机动化挑战。同时，产业内部结构失衡、三产增长乏力也日益凸显。第二产业比值过高，2011 年达 89%，三产仅占 11%，而发达经济开发区三产均在 30%以上，苏州工业园区达到 45%。

(3)土地利用中工业用地为主，矛盾日益突出。工业用地比重过高，占 38%，且污染较严重的二类和三类工业用地占比 85%，经济发展和生态保护的矛盾日益尖锐，再工业化和产业升级转型迫在眉睫。居住用地不足，占 18%，仅相当于工业用地的一半，通勤交通成本较高。另外，公共服务设施用地规模小，仅 3%，布局零散，严重不足，公园绿地严重缺乏，占 1.5%，湖泊、水系及山体众多但缺乏利用，尤其是大面积的工业园区和居住区内部严重缺乏公共绿地。购物、医疗、文化娱乐等大量生活配套需要依靠往返主城区解决，进一步增加了向心性交通压力。

(4)空间布局中建设用地不足，轴向绿楔受挑战。区域内虽然拥有良好的山水湖泊等自然资源，但在城市发展扩张方面仍然延续了过去摊大饼式蔓延填充发展的思路，多中心组团式布局和轴向放射的空间布局结构并未形成，生态环境也面临严峻挑战(见图 4)。与此同时，建设用地不足的矛盾也日益凸显，扣除山体、湖泊、湿地等，建设用地仅占总用地的 34%，过去以土地蔓延式扩张为主导的发展模式将捉襟见肘，难以为继，迫切需要向内涵集约式发展转型。

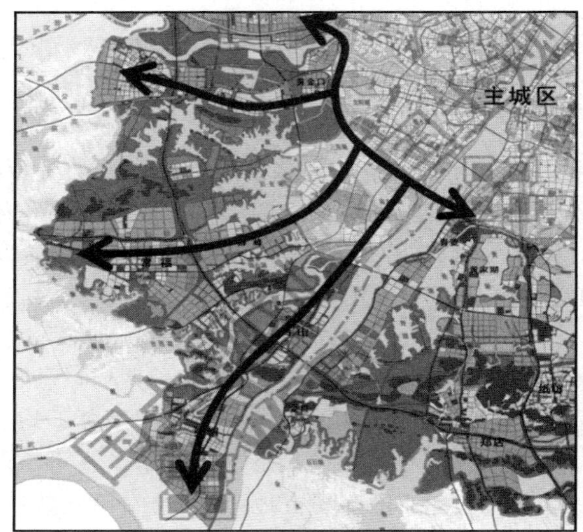

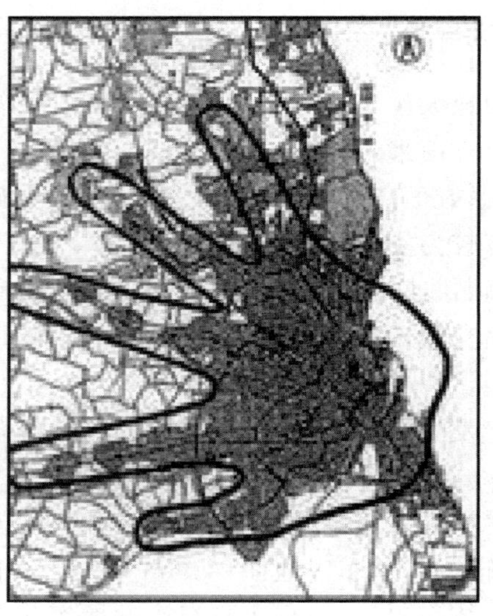

图 4　大汉阳地区空间发展轴(左图)及其与哥本哈根指状规划结构对比(右图)

1.3　公共交通发展主要挑战

挑战一：公交分摊率低。从居民出行调查来看，武汉开发区全方式通勤出行中公共交通仅占 10.4%，明显低于全市 23.5%的平均水平。若不及时加以改变，经开区由于发展快、移入人口多，拥堵与停车困难将倍增。急剧上升的经开区汽车增量和大量往返市中心的向心交通势必造成桥梁通道与中心城区更大的负担，恶化中心区交通环境。

挑战二：公交联外运输竞争力不足。与机场、火车站等城市对外客运枢纽和大型活动中心缺乏直达公交联系，与主城和其他新城衔接的公交线路平均长度 22.6km，最长线路达 37km，平均车速 21.4km/h，最高 24.9km/h，相较于私人机动车缺乏竞争优势(见图 5)。

挑战三：轨道线网不易快速形成绵密路网。从国家批复的轨道交通建设规划和当前建设情况来看，武汉市至 2017 年将形成 215km 的骨架网络，但上述网络仅覆盖了主城区，新城区缺乏轨道交通支撑(见图 6)。从远期规划来看，在大汉阳地区主要发展轴向上虽然规划设置了轨道交通线路，但其覆盖密度较低，近期客流支撑不足，再加上投资多、审批周期长等多方面原因，在区域内部及主要发展轴线采取何种适宜的交通发展模式也是一大问题。

2　城市发展目标及公共交通总体发展战略

(1)城市发展目标。2012 年，武汉市明确提出了大汉阳地区以产城融合为导向，承担着主城区人口疏解

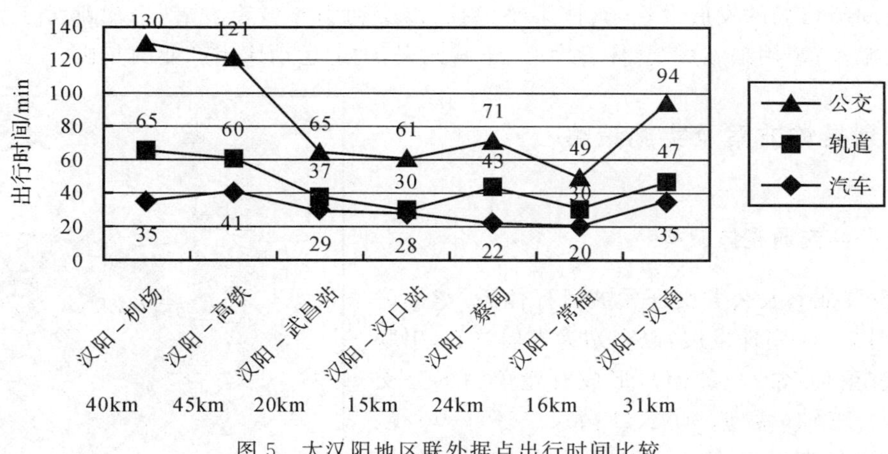

图 5　大汉阳地区联外据点出行时间比较

图 6　大汉阳地区与全市轨道交通近期建设线网关系

和新的产业积聚功能；规划人口 100 万人，远期达到 150 万人；在发展定位上，提出从现状单纯的工业区发展成为宜工、宜商、宜居的现代化新城，打造中国车都。

(2)公共交通总体发展战略。以提高大汉阳地区公共交通竞争力为出发点和着眼点，基于车站城市的发展理念，构建以轨道交通和现代城市有轨电车为城市发展主轴，以快、干、支、微的常规公交网路为支撑，以枢纽车站为城市发展核心，打造低碳、高效、便民、多元一体化公共交通体系和大汉阳绿色车都(见表 1)。

表 1　大汉阳地区公共交通发展指标汇总

目标	战略指标	2015 年指标值	2020 年指标值	2030 年指标值
车站城市	车站周边服务机能满足日常活动需求	30%	60%	80%
低碳	公共交通占机动出行比例	40%	60%	80%
	公共汽电车线路网比率	45%	60%	80%
高效	沌口与联外门户、主城、新城间<60min	60%	90%	90%
	骨干运输时间<40min	60%	90%	90%
便民	适建区骨干线网间距小于 3km	>60%	>90%	>90%
	公交线网间距小于 1km 适建区骨干公交站点 500m 覆盖率	>60%	>90%	>90%
	住户到骨干公交车站 10min 以内	>60%	>90%	>90%

另外，为了实现公共交通发展促进产城融合的发展目标，规划也同步提出了以交通布局带动都市组团

重构、引领城市空间新格局的发展设想，具体策略包括：以交通引导城市发展；释出部分工业区土地转型提供大型商业、公共服务；善用滨湖景观、体育中心、车城元素，创造运动休闲产业的契机。

3　公共交通规划具体方案及实施策略

3.1　大汉阳地区公共交通整体架构

依循大汉阳发展战略及公共交通发展目标体系，整体公交的线网架构见图 7。①串珠发展：以车站为发展核心，串联一核（沌口）、三城（蔡甸、常福、纱帽），形成有竞争力的公交都市。②快速线网：三轴（蔡甸、常福、纱帽）、二环（三环线、外环高速公路）建构具有竞争力、轴环相扣的快速线网。③加密区内线网：主要城区以骨干系统（现代有轨电车、BRT）、常规公交、微型巴士建构便捷的公交线网。④低碳游憩运输：绿楔发展生态休闲活动，导入公共交通服务，提供低碳运具选择。⑤枢纽站整合交通与生活服务机能：架构不同机能枢纽站，以枢纽站为发展核心，以交通汇集人潮，带动车站开发，并引导城市的转型发展。

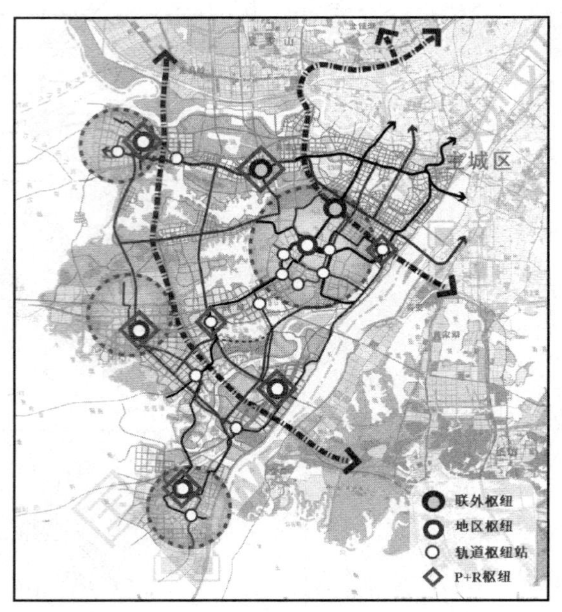

图 7　大汉阳地区公共交通规划总体结构

3.2　大汉阳地区公共交通规划方案特色

（1）以汉阳客运站为联外快巴枢纽，构建行驶高、快速公路的公交直达快巴，联系机场、高铁站、主城区重要功能区和新城中心，将骨干运输时间缩短至 40min 以内，实现高质量的公共交通服务（见表 2）。

表 2　各种运输系统功能定位比较表

功能	高效	联外骨干	城区骨干	路网普及
指标	联外时间<40min	骨干公交路线间距<3km		公交路线间距<1km 车站 500m 覆盖率>90%
快巴	* * * *	* *		*
地铁	* *	* * *	* *	* *
有轨电车	*	* *	* * * *	* * *
公交/BRT			* *	* * * *

注：* 表示该交通方式在某种特定功能下的重要性。

（2）以轨道交通为远期骨架，着力构建区域内部有轨电车中运量线网，提升区域公共交通服务品质和竞争力（见图 8）。规划以沌口组团为核心，在沌口中心区形成一环四支线网，分别为 T2 至 T5 号线，绵密覆盖于沌口中心区内，解决沌口中心区内部组团之间的交通问题，并衔接四新博览中心和新汉阳火车站。向内通过 3、4、6 号地铁线等地铁网络与主城高效衔接，向外构建 T1、T6、T7、T8 号线多方向多通道放射走廊，由沌口中心区到军山、黄陵、纱帽、常福，满足组团间衔接换乘需要；规划 T9 至 T14 号线，在周边新城组群内则形成十字横交线网，满足人口密集地区城区内部需要，线网总规模 223.6km，设置车站 290 座，工程建设规模 196.6km、车站 224 座。近期建设方案由 T1 线（体育中心—军山）、T2 线（碧湖路—沌口路）、T6 线（沌阳大道—黄陵）和 T8 线一期（军山—纱帽），总规模 63.4km，设置车站 80 座，工程建设规模

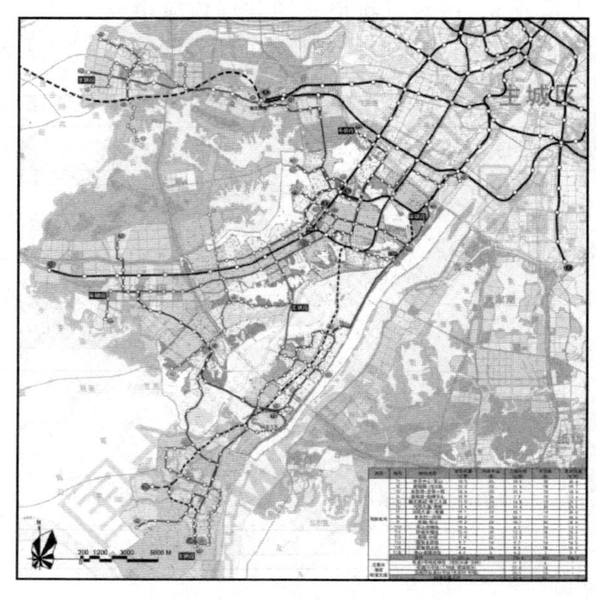

图 8　大汉阳地区有轨电车线网布局（远期）

59.8km、车站74座。

(3)基于“快、干、支、微”4个层级架构无缝衔接常规公交线网。快：直达快巴，行驶高、快速公路，联系机场、高铁站、主城区、远城区。干线：完善骨干服务间距(<1km)，形成绵密的骨干线网，维持地铁高重叠路线2～3条，远期有轨电车线网的先行。支线：强化公交覆盖率，扩大公交骨干服务范围，已有路线与骨干平行转型。微循环：服务运输的“最后一公里”，加强车站与生活据点间联系。

(4)整合公交系统，完善换乘，发展多元化、层级化枢纽，加速枢纽车站土地开发，满足交通及生活需求(见图9)。规划将枢纽划分为四级，一级枢纽为联外综合枢纽，包括汉阳客运站、新汉阳火车站；二级为地区枢纽，分别设置在沌口、蔡甸、常福、纱帽、军山组团中心，综合地铁、有轨电车、常规公交等多种换乘方式；三级枢纽是各轨道交通换乘站，包括地铁换乘站以及地铁与有轨电车换乘站；四级枢纽为P+R枢纽，多层式小汽车停车换乘站。另外，规划还在现状基础上扩增常规公交停保场、枢纽站、首末站等共24处，充分预留未来线网扩充条件，枢纽站与首末站采取小而分散的布局模式，与大型开发用地兼容，在用地性质和容积率方面提供政策支持，从而为枢纽场站同步开发提供政策保障。

(5)慢行系统连接骨干公共交通，实现及门服务，扩充出租车规模，渐进改善出租车覆盖面。打造自行车道、步行道及公共自行车，补助骨干的点到点。内层衔接服务圈(500～800m)：打造“步行＋步道”出行模式。外层衔接服务圈(3km以内)：换乘以“自行车—公交”模式搭配轨道，自行车道成网。慢行系统串联绿楔，形塑绿生活，规划郊野绿道2条、支线5条，汉南区、蔡甸区共设绿道250km。建立大汉阳地区区域巴士系统，按颜色分区域运营。渐次扩增出租车规模，弥补需求缺口。设置出租车专用候客泊位和专用候客区，改善候车舒适度，采取定点扬招与电话招车相结合，提升电招服务，缓解乘客打车难问题，降低出租车空驶率。针对商务、旅游、工业考察等，提供多元、个性化的士服务。

(6)以交通布局带动都市组团重构，释出部分工业区土地转型提供大型商业、公共服务，借鉴“台北转运站综合开发模式”，加速推动枢纽车站土地开发，创造车站城市(见图10)。

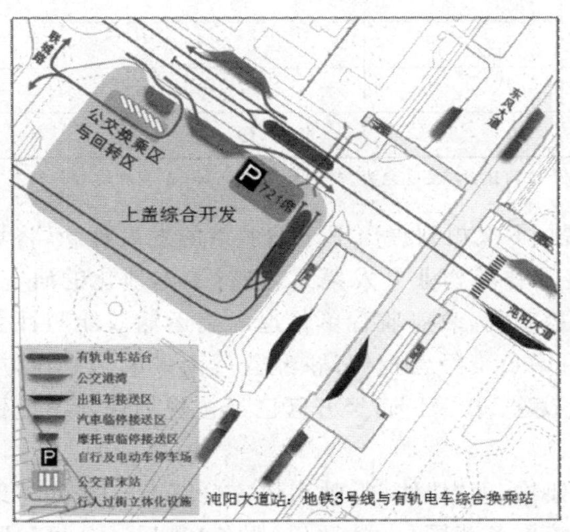

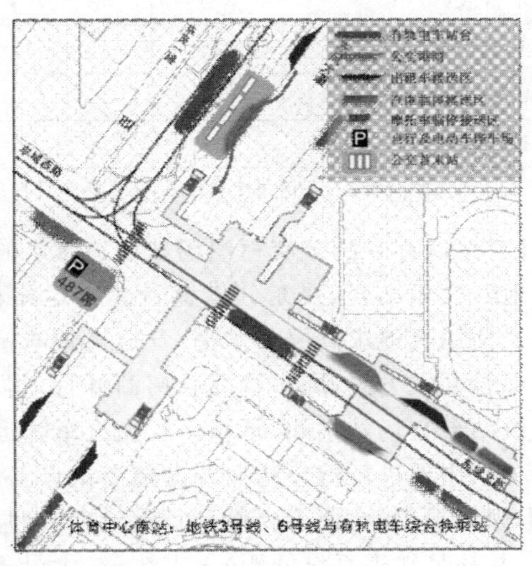

图9　综合交通枢纽换乘衔接布局(示例)

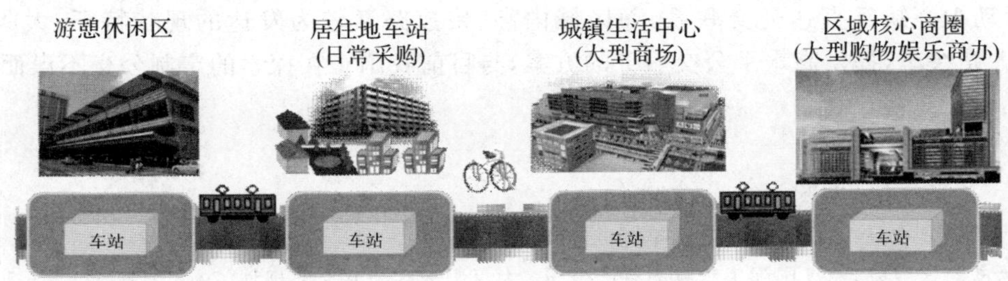

图10　车站城市规划内涵示意图

4 结论及启示

大汉阳地区公共交通规划以大汉阳地区为研究对象，针对武汉经开区推进产城融合、实现独立城市的发展要求，就如何创新性地开展公共交通规划工作做了有益的探索和尝试。从整个项目的实施来看，笔者有以下体会，以供借鉴和参考。

(1)按照传统思路编制的公共交通规划往往力求大而全、面面俱到，规划编制了很多，但往往缺乏对实际的指导意义而难以落实。本次规划采取问题与目标双导向的规划策略，采取务实的技术分析，在深入剖析大汉阳地区交通、产业、空间布局、土地利用等要素的基础上，针对当前挑战，有针对性地提出规划对策，并把提高公交竞争力、建设车站城市作为规划的出发点和落脚点，与城市空间和产业发展高度契合，为执行而规划，得到最高决策者的一致认可。

(2)对于以第二产业为主导发展起来的新城，选择何种骨干公交交通模式一直是地方政府关注的重点和规划研究的热点。本次规划在充分比较单轨、胶轮列车、BRT 等多种中运量新型交通方式基础上，提出了“在主要发展走廊上预留轨道交通骨干网，在次级走廊以及区域内以现代有轨电车作为中运量交通主体”的规划布局(见表 3)。另外，有轨电车的引入提升了公交服务质量，经开区同时也在积极开展相关车辆制造、超级电容等相关产业的招商洽谈工作，促进产业落地，丰富车都内涵。

表 3　大汉阳地区中运量系统综合比选评价

评选指标	中低速磁悬浮	单轨列车	胶轮列车	现代有轨电车	快速公交 BRT
运输扩增能力	√	√	√	√	—
成本经济	×	×	—	√	√
技术普及	×	—	√	√	√
土地开发潜力	√	√	√	√	—
城市形象	√	√	—	√	—
评选结果				○	

注：1. √表示满足期待值，—表示接近期待值，×表示不符期待值；2. 平均速度、爬坡能力、转向能力等指标，各系统均相仿。

(3)针对普遍存在的公交枢纽场站设施匮乏的问题，本次规划提出了车站城市的发展理念，将场站设施与城市土地开发相结合，并充分借鉴台北转运站枢纽及香港物业开发模式，进行了本地化的研究和探索。提出了满足使用者追求高服务水平、营运者追求高营运获利、政府监管单位追求高运输效能与社会公平的三赢策略综合开发方式，即由管委会招商开标，得标厂商负责经营枢纽站；经营厂商采取多元化方式营运；经营者提供站台与场站空间，承租予长途汽车客运、公交公司。目前，经开区已经按规划选择了地铁和有轨电车周边 3 宗用地进行枢纽物业开发招商试点工作。

(4)本规划提出的“快干支微”四级公交线网层次架构，即“快线(行驶高快速公路)＋干线(与地铁形成多元服务，并补足轨道系统间距)＋支线(扩大骨干系统服务范围)＋微循环(服务‘最后一公里’)”，目前在武汉市已被广泛接受和认可。特别是针对经开区公交联外运输竞争力不足，与机场、火车站等城市对外客运枢纽和大型活动中心缺乏直达公交联系，而区域内高、快速路又较为发达的现状特征，大胆提出了利用高、快速路开行大站快车，提供高水平公交服务的方案，与目前我国正在探索的定制公交不谋而合。

参考文献

[1]武汉市交通发展战略研究院. 武汉市交通发展年度报告[R]. 2012.

[2]武汉市交通发展战略研究院，鼎汉国际工程顾问有限公司. 大汉阳地区公共交通规划(2013—2030) [R]. 2013.

[3]武汉市交通科学研究所. 武汉经济技术开发区公共交通规划[R]. 2010.

新城综合型绿道的构建与实践

——武汉纸坊环山路绿道规划方案

代　琦　孙小丽　韩丽飞　汪　敏

（武汉市交通发展战略研究院，湖北武汉 430017）

摘要：在对广州绿道建设运营深入分析的基础上，结合纸坊新城山水人文和城市建设资源，合理定位环山路绿道复合功能。对环山路绿道项目涉及的组织架构、规划设计、分期建设、运营实施各阶段进行详细指导，为新城综合型生态绿道建设提供有价值的实践经验，并以此为抓手推动人与自然共生共存的绿色交通系统设施建设。

关键词：综合型绿道；新城；规划方案；绿色交通系统

绿道是一种线形绿色开敞空间，通常沿着河滨、溪谷、山脊、风景道路等自然和人口廊道建立，内设可供行人和骑车者进入的景观游憩线路，连接主要的公园、自然保护区、风景名胜区、历史古迹和城乡居住区等。随着人们对城市生活、工作、娱乐三大需求水平的不断提高，健康的生活方式、舒适的工作环境、生态的休闲场所逐渐成为人们共同的物质和精神需求。因此，绿道以其特有的自然景观成为近期城市建设的重点。

1　广州城市绿道规划建设情况

广州的绿道建设早在 2008 年就已经起步。依托城市深厚的历史文化和“山、水、城、田、海”的自然格局，截至 2013 年，广州建成 2163km 绿道，犹如一串串翡翠穿城而过，形成 10 条绿道精品路线，服务人口超过 800 万人，串起广州最好的山水、田园、历史人文景观，展现出“绿道成网、景观相连、景随步移、人景交融”的优美画面（见图 1）。

图 1　生态型绿道、郊野型绿道、都市型绿道

增城区位于广州市东部，地处珠三角东岸经济带黄金走廊，是广州 3 个副中心之一，城乡统筹的重要载体，总面积 $1616m^2$，现有人口 103 万人，依照自身区位、交通、自然资源合理分为 3 个功能区。增城从 2008 年开始探索绿道建设，按照自驾车绿道、自行车休闲健身绿道、增江画廊游船绿道的分类标准，率先建设 500km 具有自身特色的三大绿道网络，将旅游景点串联，形成幸福市民、快乐游客、致富农民之道（见图 2、图 3）。

图 2　增江绿道天然游泳场

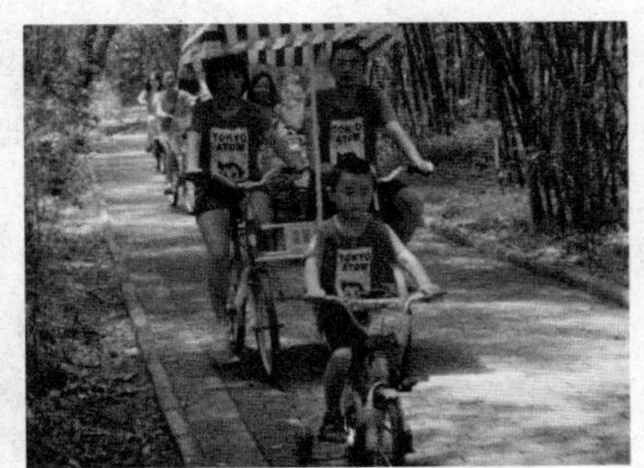

图 3　自行车休闲绿道亲子游

作者简介：代琦（1983—　），女，工程师，主要研究方向为城市公共交通、综合交通规划。

随后，深圳、北京、武汉、南京等城市也相继完成绿道系统规划、绿道建设规划、绿道三年行动计划等绿道专项规划，指导城市绿道建设。由于各城市的地域特征、自然资源不同，因此将经验与城市实际融合成为绿道建设的重要环节。

2 纸坊新城的资源禀赋

纸坊新城位于武汉市“1＋6”城市空间格局的南部新城组群，规划建设用地 225km²，规划人口 120 万人，承接主城区人口和功能舒解。其中 22.4km² 的纸坊新城中心是武汉南部综合服务核心，是纸坊新城建设的重点，依托江夏区各大投资总部建设，配以高端服务设施，从而打造武汉南部生态资本谷(见图 4)。

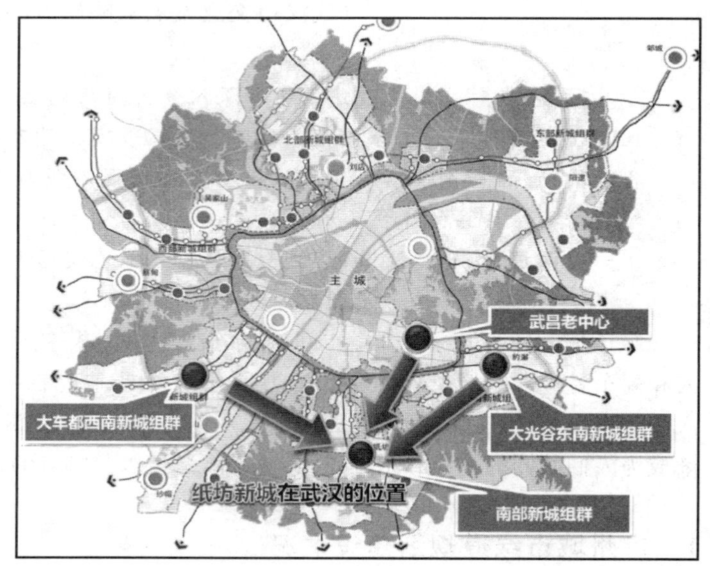

图 4 纸坊新城区位

纸坊新城拥有优越的区域交通资源、自然人文资源、都市农业资源。①从“1＋6”武汉城市发展格局来看，江夏位于“两城一心”的结合部，直接承接大光谷、大车都和武昌老中心的辐射，距离武昌中心仅 7km，联系武昌主城主干道路 9 条。②三山三水三分田，这种自然禀赋和山、水、田、城相互组合全国少有(见图 5)。③五大特色化农业，设施化的蔬菜、景观化的苗木、健康化的水产、规模化的畜禽养殖、生态化的乡村休闲游(见图 6)。

图 5 纸坊新城山水田园资源

图 6 纸坊新城林业农业资源

3 环山路绿道的功能定位

(1)功能定位

结合纸坊新城自然和城市资源特征,将环山路绿道综合功能定位为:①环山路绿道是纸坊与青菱湖绿楔和汤逊湖绿楔的生态联络线、绿色通透廊道,确定城市增长边界(UGB),避免城市无序蔓延(见图7);②环山路绿道是纸坊都市快城与周边山水生态慢岛的联系纽带,是市民亲近自然的休闲、旅游、观光廊道(见图8);③环山路绿道是服务周边地块的生活性道路,满足短距离慢行交通出行需求(见图9)。

图7 生态底线功能

图8 快城慢岛纽带功能

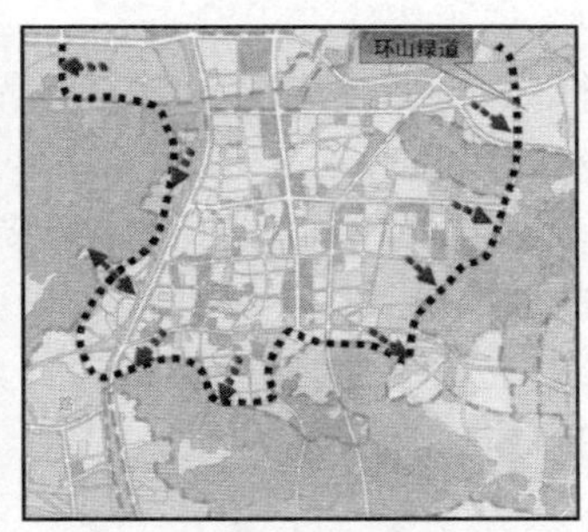

图9 服务周边交通功能

(2)规划目标

充分彰显江夏区山水资源优势,以为市民提供"显山、露水、透绿的开敞休闲空间"为目标;建设"以绿为主,以花点缀,四季四景,分段分景"的环城区生态景观绿廊,将纸坊周边优美的生态景观引入城市内部,促进人与自然的和谐发展。

(3)规划原则

纸坊新城的规划原则为以下4个方面。①科学谋划,整体设计。站在城市长远发展的战略高度,从生态绿楔整体景观角度出发,系统规划、整体设计环山路绿道建设方案。②功能复合,慢行优先。根据环山路功能定位,在满足交通服务功能的同时需重点考虑休闲景观功能,因此在道路空间分配上要优先考虑步行、自行车等慢行交通需求。③生态设计,环境融合。布线把自然景观的视觉特征、地形地貌结合考虑,在道路出现曲折时应安排一定的视觉要素(绿化、景点等),强化道路曲折性以增加旅途的趣味性,避免单调感。加强沿线生态绿化的建设,构建良好的环城生态景观廊道,为市民提供绿色的开敞休闲空间。④因地制宜,灵活多样。充分考虑沿线用地布局、交通需求、景观环境等因素,最大限度利用现有道路、桥梁等交通设施,尽量减少施工对城市交通的影响,因地制宜、灵活多样地分段确定建设改造方案。

4 环山路绿道的规划方案

(1)绿道网络体系

纸坊新城规划采用"一核、三轴、三环"的景观结构,以城市客厅为核心,金龙大道、文化路和环山路形成3条机动车景观绿道轴线,花山、八分山、青龙山形成3个自成体系的慢行绿道系统(见图10)。

环山慢行绿道系统分为主干线、循环线和联络线3个层次,覆盖江夏区"一洞、两寺、五山脉、七水库"等主要景点(见图11)。

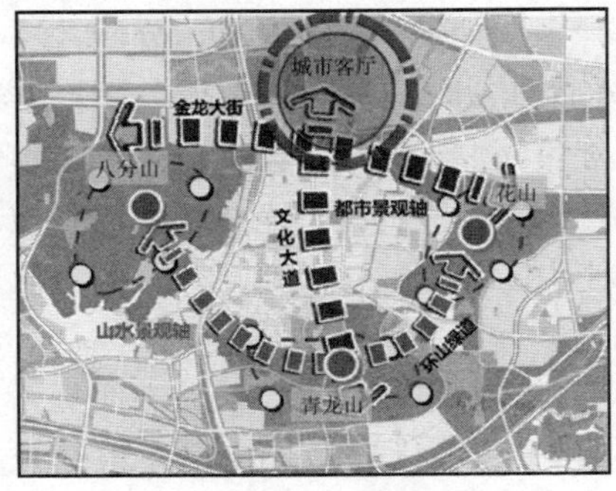

图10 纸坊新城景观系统结构

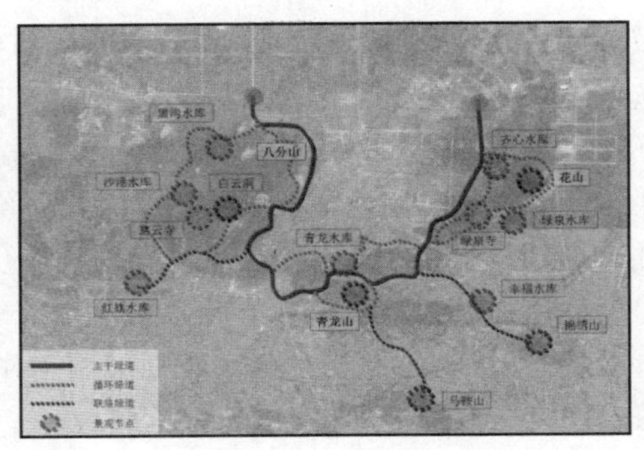

图11 环山绿道系统网络

环山路绿道干线东段起点为花山，利用山林防火通道改造成自行车绿道，向南衔接齐心水库、城际铁路纸坊东站观景台；南段经过柑橘采摘园、熊廷弼公园、青龙水库、青龙山森林公园；西段穿越武广铁路、八分山脉至金龙大道城市广场(见图 14)。线路全长 30km，沿线打造 11 处景观节点，建设供行人和自行车使用的连续绿道并结合景观节点配置具有休憩、补给、引导功能的驿站和停车场，满足游人的不同需求。

(2)断面布置

充分考虑环山路绿道景观展示、休闲娱乐等主要功能，在断面设置时规划强调慢行、停车、绿化空间的设置(见图 12)。绿道标准断面分为自行车专用健身绿道和自驾车绿道：自行车绿道宽度为 5m；自驾车绿道宽度 20m，其中慢行和停车宽度为 10m；机动车道宽 7m(见图 13)。

(3)交通组织

慢行优先，保证连续、独立、高品质的慢行空间，满足自行车、观光电车、步行多种绿色交通需求，为市民亲近自然提供良好的交通条件。

机动车接驳，控制与环山路衔接对外道路机动车进出口数量，通过交通管理措施限制机动车行驶，在对外道路进出口设置大型公共停车场、公共自行车租借点，鼓励机动车换乘慢行交通游览环山路。环山路与金龙大道、纸坊大街、武昌大道和青龙路 4 条主要干道衔接处设置 6 处公共停车场，方便机动车停放，换乘进入环山路慢行系统(见图 15)。

图 12　自行车绿道断面布置

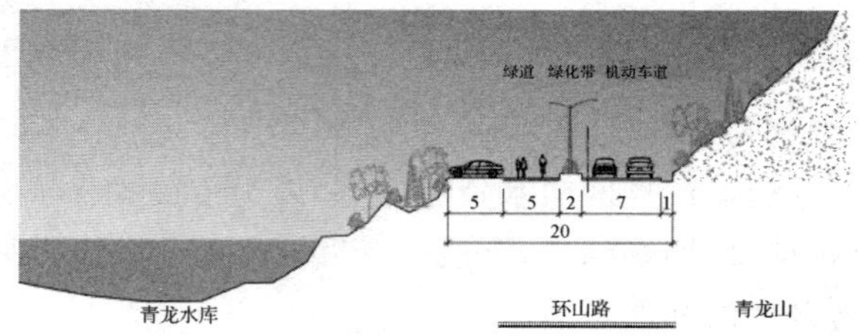

图 13　自驾车绿道断面布置

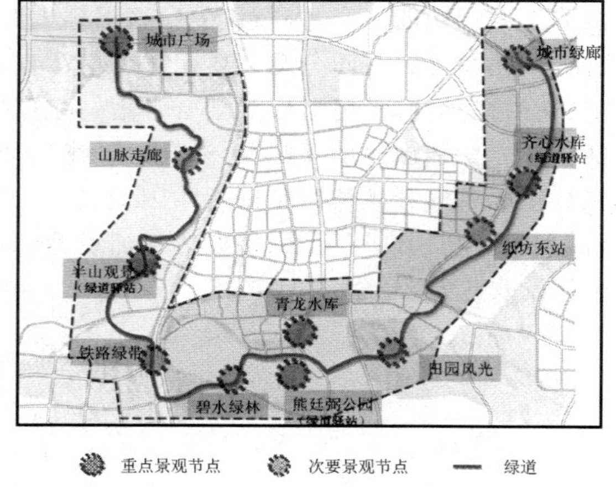

图 14　环山路绿道线路走向

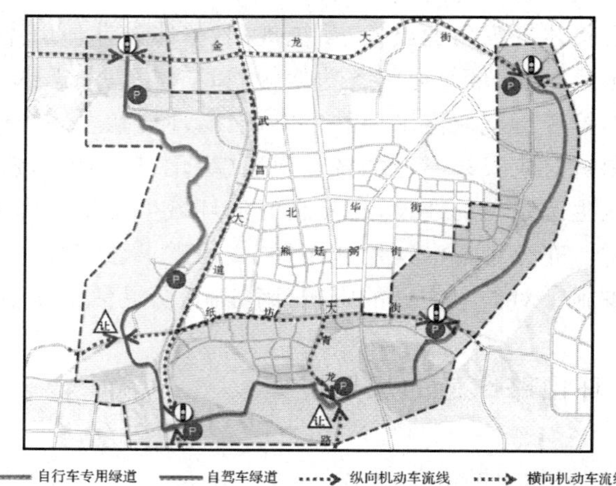

图 15　环山路绿道机动车接驳交通组织

5　项目组织与实施

环山路绿道项目采取领导小组和工作专班两级组织结构，多职能部门协同参与，分阶段主导进展，保障项目顺利实施(见图 16)。在规划阶段，分批次组织各职能部门赴广州市和增城深度考察绿道规划、建设、管理情况，充分借鉴先进的绿道规划理念和成功经验。在实施阶段，领导多次带队踏勘现场，对环山路绿道方案的可实施性、近期东段线路的建设方案进行深入研究，确定设计原则：充分利用山体现有地貌，以原防火通道为基础，依山势而建，基于不砍树、不拆迁、不征地的原则，因形就势、因地制宜、因陋就简建设，最大限度保护山体和森林植被。

环山路绿道项目于 2012 年 3 月启动规划编制工作，2013 年 6 月完成建设规划进入实施阶段，其中环山路东段工程纳入江夏区政府 2013 年“十件实事”之一。2014 年 4 月，13km 的环山路东段建成并投入使用，成为武汉市首条环山健身绿道，并成功举办“穿越楚天首县、领略江夏风情”武汉第二届众行徒步大会（见图17）。来自13个省的1700余名“徒步达人”，还有近千名普通市民，在愉快的山林穿越之中体验了江夏“城在山水中，人在风景里”的秀美风光。2015年建成东、中、西3个景观广场，亦完善沿线十一景等景观设施及配套设施，形成完善的环山路绿道系统。

图16　环山路绿道项目组织架构

图17　环山路绿道项目竣工实景

6　结　语

环山路绿道在规划定位上融合生态底线、城市与自然纽带、服务区域交通等复合功能；在建设实施中因地制宜，充分彰显江夏区山水资源优势；在时序安排上，合理分期、分段建设使用；在项目组织中体现多方参与，共同推进，保障项目又好又快完成，为新城综合型绿道建设提供新的思路。

参考文献

[1]赵兵，谢园芳.江南水乡休闲绿道建设[J].南京林业大学学报（人文社会科学版），2009.

[2]李学敏，马轶杰，任伟强，李龙.从首尔慢行交通建设谈生态交流型城市的创建[C]//城市交通年会论文集，2014.

[3]王璇.基于自行车交通的城市综合型绿道的构建研究［D］.武汉：华中科技大学，2012.

[4]武汉市国土资源与规划局.武汉市绿道系统建设规划［R］.武汉市国土资源与规划局，2012.

新形势下中国城市交通规划目标构建

欧心泉

(中国城市规划设计研究院,北京 100835)

摘要:面对中国社会经济增长由要素驱动向效率和创新驱动转型的宏观背景,本文结合中国特色社会主义事业对于生态文明的构建要求,分析当代中国城市在作为共同体和面向个体两个不同维度上的发展诉求,提出适应当代中国城市发展的城市交通规划目标构建的需要,主要关注"高效联系"和"绿色宜人"这两方面内容在交通规划目标体系中的体现和落实,以适应新形势下中国城市交通的发展要求。

关键词:城市交通;规划目标;增长方式;价值理念;效率驱动;生态文明

中国改革开放已经进入第36个年头,在以经济建设为核心的改革推动下,中国迅速摆脱过去的贫穷落后,过渡到资源要素相对富裕的时代。依托社会经济的高速增长,中国的城市和城市交通在过去这段时间里也获得了全面的更新,现代化的城市和交通系统正在建立,城市交通规划在这个过程中发挥了广泛、积极的作用。但随之而来的一些弊病也在逐渐积累,在过去发展过程中被牺牲、被忽略的因素如资源、环境、人文等,逐渐凸显其负面影响,成为阻碍中国社会经济持续发展的"路障"。

与此同时,中国社会经济的全面深化改革也在推进,传统的经济增长方式面临转变,以要素为驱动的增长时代正在过去,效率的提升和创新的引导正在成为推动新一轮中国经济增长的动力,对生态的关注、人文的关怀等也正在成为当代中国社会的共识。基于这种环境,城市交通的规划工作也需要做出相应的改变,以适应新形势的发展目标构建,转变思维、调整方式,进而推动整个规划体系的变革,支撑中国社会经济的发展,满足深化改革的需要。

1 发展环境的更新

(1)增长方式的转型

在发展的道路上,中国面临"要素驱动"向"效率驱动"和"创新驱动"的增长转型。过去30多年里,受发展水平的限制,中国经济主要依赖要素驱动以实现资本的原始积累和经济的快速增长。如今,依靠低成本的劳动力供应、高储蓄率支撑的资本供应和以牺牲环境为代价获得的比较优势,已不可持续。与过去的增长方式对应的,建立在"土地"城镇化基础上,以投资为驱动,以设施要素构建为目标的既有城市交通规划体系,也越来越难适应新形势下中国经济社会的发展要求。

面向未来,资源的优化配置和集约运用将成为发展的主导方向。面对新型城镇化的现实要求,把城镇化这一"最大的潜力"变为经济发展的现实动力,就要通过改革。改革即增长方式的转型,是"要素驱动"向"效率驱动"和"创新驱动"的转变,这也是新形势下中国城市交通发展应该面对的现实。未来的中国城市交通需要消除现有系统的碎片化和分散化影响,加强资源的整合运用,提高不同交通要素的效率以及交通系统的全要素效率。

(2)价值理念的转变

在发展的理念上,传统以经济效益和财富价值为核心的价值观正在转变,面对覆盖中国国土的重雾霾、遍布中国所有大中小城市的交通拥堵、在中国各地随处演绎的群体性事件等,当前的中国,人与自然、人与社会的关系亟待重构。对生态环境的关注和对人文环境的关怀已经成为社会的共识,并被提上国家发展的战略层面。

作者简介:欧心泉,男,研究方向为交通运输规划与管理。

党的十八大报告明确指出生态文明对于建设中国特色社会主义事业的重要性，将绿色、友好、可持续的生态文明建设作为当代中国现代化道路的选择，将生态文明作为“五位一体”中国特色社会主义事业总体布局的组成部分。与此对应的适应生态文明发展要求的交通系统也将成为未来中国城市交通发展的关注要点。在不少发展的先行先试地区，推动并实现交通与环境、交通与人的融洽已经成为必然的选择。

2 规划目标的转型

2.1 城市的发展维度

以存在价值和发展取向为判断标准，城市的发展取向具有两个维度，即作为外在经济体的城市和作为内在人生活的城市，这两类需求的差异性在当代的中国也表现得格外突出。

(1)作为经济体的城市

这个维度上，城市作为共同体存在，城市的整体运转效率以及城市在区域社会经济组织中的地位是城市发展追求的目标，而效益的最大化则是这个维度的核心需求。城市通过汇集人口、土地等要素形成基础的发展条件，吸引并获得非城市化地区的资源，这是过去30年的中国城镇化进程呈现的主要特点，可以被称为城市发展过程中的量的积累。

随着城市的进一步发展，新的经济增长模式要求突破原有的简单集聚方式，在此基础上对城市的资源进行重新整合，以效率提升和创新驱动为导向，推动新的城市组织方式与城市形态结构的形成，进而维护和支撑城市的持续发展活力，从而谋求城市发展的质的转变，此即未来中国城市的发展道路。

(2)作为人生活的城市

这个维度上，城市更多地体现为由共同体向个体的回归。城市作为社会人的聚合体，在表达并满足集体价值诉求的同时，还需要满足城市内部个体的发展诉求，包括提供公平的服务、满足自由的迁徙、给予充足的岗位、构建宜居的环境等。而这个维度是过去的发展中经常被忽略的，也是现在主要矛盾的集聚所在。

面向这个维度的城市发展更多地需要在与环境的亲和、与人性的协调这两方面下功夫。中央城镇化工作会议提出将生态文明的构建作为新型城镇化的指导要求，提出让城市融入大自然，让居民望得见山、看得见水、记得住乡愁，使城市成为文化核心价值的载体和中华文化传承的基点。

2.2 城市交通的发展目标

城市交通作为支撑城市发展的重要系统，面向城市发展的双重诉求，其目标设定也需要考虑并满足城市共同体的效率构建和城市个体的服务体验两方面的要求。

(1)高效联系的目标设定

“高效联系”的目标强调城市交通的发展需要与城市的增长模式转型相适应，通过系统效率的提升和创新方式的引入，为要素的整合与创新创造环境，从而构建更为高效的联系平台。

区域层面，需要着重改善城市的交通区位，通过设施、空间的布局匹配，运输、组织的价值协调，推动实现地理区位与经济区位的重叠。规划目标的重点以是否适应城市的发展需求为判断依据，提出对于铁路、公路、民航、水运等区域交通系统的组织优化要求，同时也需要考虑新的区域交通方式引入后，城市在整个区域活动组织关系中可能面临的重构等问题，如高速铁路开通后对沿线城市和地区发展带来的影响等。

城市层面，侧重改进城市自身的运转效率，强调城市用地与交通结构的协调、城市居民生活习性与交通方式的匹配等。规划目标的重点在于使城市交通骨架与城市用地开发相对应，确保构建合理的城市空间结构；确保城市交通设施与城市公共服务相衔接，保障城市的服务质量；整合并协调城市交通系统自身，确保交通方式间的组合优化；为未来新的交通工具发展和交通模式的构建留有余地，如与电动汽车相关的充电和停车设施的布局等。

(2)绿色宜人的目标设定

“绿色宜人”的目标主要是满足城市的生态文明构建需要，突出与自然环境和人文环境两类要素的协调。规划目标的重点包括体现城市交通系统自身的“绿色”价值，在交通组织模式上突出公共交通的优先地位，在交通方式结构中引入使用新能源的交通工具，降低城市交通出行的碳排放水平和污染贡献率。

另一方面，增强交通系统对于环境资源、人文资源的支撑，整合优质资源要素，提供承载休闲、娱乐、游憩的优质空间也是十分必要的。如对城市步行与自行车系统进行重新打造，在滨水或地形变化的地区建立适应景观环境的出行系统，以及交通设施进行人性化布局和设置等。借此，提高城市的品位，使生活在城市的人们能够充分享受途中的乐趣，使城市交通系统真正成为服务城市居民、提升城市品位、展示城市文明的载体。

3 中部城市的实践——以信阳为例

3.1 信阳的城市本底

信阳位于河南省南部，与湖北省、安徽省接壤，为三省之通衢。中国城市的南北对称轴“秦岭—淮河线”和东西对称轴“京广走廊线”在此交汇，具有“中国之中”的典型特征。随着国家交通设施的构建，信阳的对外交通区位具有突出的比较优势。

同时，信阳山水秀丽，气候宜人，由于位处中国的南北自然地理分界线，温暖湿润的气候条件和丰富多样的地貌条件使信阳拥有良好的自然生态环境，并获得“江南北国，北国江南”的美誉，连续5年入选“中国十佳宜居城市”，同时也是河南省唯一的生态保护国际合作地区。

3.2 发展路径的选择

长期以来，信阳的发展都以农业为主导，工业化和城镇化进程滞后。2013年，信阳城镇化率不足40%，与全国平均水平相差14个百分点。现状信阳的发展主要依托本地的资源和市场，经济腹地相对局限，与周边地区相比，人均GDP、财政收入等指标偏低，洼地效应明显。同时，信阳的劳动力资源也在大量地流失，市域范围的人口净流出规模达到240万人。

在这种背景下，面对现代化的发展路径选择，信阳曾将发展的关注点集中在以土地出让为导向的工业化与城镇化上，过去10年的城市建设用地急剧扩张，但与之相伴的城市人口集聚动力却明显缺乏。

对此，新一轮的城市总体规划与城市综合交通规划启动编制，信阳地方政府做出发展方向的调整转型，基于自身的交通条件和自然山水条件，突出区位和环境的比较优势，以效率提升和生态引领为导向，推动信阳融入新一轮的国家及区域经济合作进程。

3.3 交通规划目标构建

(1)交通战略制定

在区域交通构筑方面，利用交通优势条件，以枢纽建设作为区域交通发展的核心战略，促成并实现信阳经济区位与地理区位、交通区位的重合。在国家层面发挥物流枢纽城市的作用，在区域层面承担豫鄂皖门户枢纽的角色。在城市交通建设方面，面向中心城区的快速增长需要，调整城市交通网络体系，打造快速路系统形成机动交通的主骨架，布设快速公共交通走廊，提升面向公众交通的出行服务水平。在生态交通打造方面，贴合信阳“山水城市、宜居城市”的标签，突出绿色经济时期交通系统的构建要求，推动交通与环境、交通与生活的融合，实现城市的可持续发展。

(2)交通目标确立

信阳的交通系统在效率目标的构建方面主要满足多层级的发展要求(见图1)。区域规划目标关注区域的快速联系通道，如地区航空系统、城际铁路系统、高速公路网络、淮河水运等，强调资源要素的整合、枢纽价值的发挥。市域规划目标关注市域的交通系统与其他系统的开放式交互，统筹市域的产业、城镇、交通在空间上的布局。组团城市规划目标关注为地区经济一体化和城乡统筹实现提供支撑。中心城区规划目标立足大城市的构建框架，确保交通骨架系统建立以及内部交通分区系统之间的协调。

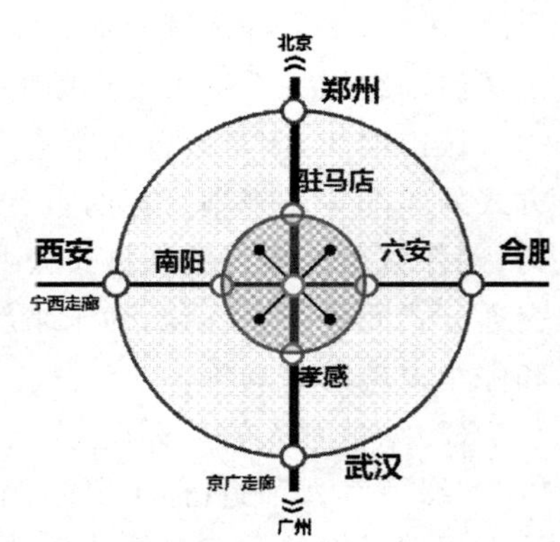

图1 区域交通的辐射联系圈层

信阳的交通系统在生态目标的构建方面主要考虑满足面向外来旅游出行与城市休闲出行这两方面的需求。一方面，根据旅游地区的差异，提出与之对应的旅游交通模式和旅游通道构建目标，通过提供分类服务，改善和提升南湾湖、大别山等旅游特色地区的交通条件；另一方面，整合信阳山水资源，明确组团城市范围的绿道建设和中心城区范围的步行与自行车系统构建目标，确定浉河两岸以及其他滨水走廊的构筑要求，提升城市的人居环境等。

4 结 语

规划目标的构建转型仅仅是中国城市交通发展转型的提要，在信阳的案例中，所揭示的和所代表的仅仅是部分中国城市的一些特征，但其特点和压力却是对当前中国社会经济转型时期的大多数中国城市发展的真实写照。

筑梦中国，我们在过去的城镇化道路上倾注更多的是钢筋和混凝土，而现在需要我们更多关注的应该是对于效率的提升、对于创新的引入以及对于生态文明的关怀等。这些既是未来中国社会经济发展的选择，也是未来中国城市交通发展的选择。

参考文献

[1]李凌. 经济效率转型[M]. 上海：上海人民出版社，2013.

[2]郑秉文. 面临“中等收入陷阱”中国经济需向效率驱动转型[J]. 中国证券报，2014.

[3]刘守英. 中国土地制度改革的逻辑与出路[J]. 财经，2014.

[4]林树森. 城市增长与城市发展[J]. 城市规划，2011.

[5]仇保兴. 建设绿色基础设施，迈向生态文明时代[J]. 中国园林，2010.

[6]MUMFORD L. Culture of cities [M]. Westport: Greenwood Press，1981.

[7]MUMFORD L. City in history: Its origins, its transformations, and its prospects [M]. Boston: Mariner Books，1968.

[8]赵延峰，欧心泉，陈仲. 信阳市城市综合交通规划[R]. 中国城市规划设计研究院，2014.

[9]Special report. China: Building the dream [J]. The Economist，2014.

中小城市慢行交通系统规划理念与措施探讨

李鑫磊　宋传增　于晓桦　法　政

（山东建筑大学交通工程学院，山东济南 250101）

摘要：为了避免中小城市快速发展的过程中出现同大城市一样的交通拥堵、环境污染等问题，进行城市交通规划时应在发展机动车交通的同时，合理引导城市慢行交通的发展。本文阐述了中小城市构建慢行交通系统的重要作用，结合中小城市的发展特点，从“以人为本”的规划理念出发，提出了包含空间规划、交通组织、土地利用、景观建设和特色塑造等内容的中小城市慢行交通系统规划措施，为中小城市将来宁静化建设提供建议。

关键词：慢行交通系统；中小城市；步行交通；自行车交通

汽车机动化的发展给城市交通带来极大方便的同时也带来了一系列的城市问题。交通拥堵、环境污染加剧、噪音污染及交通事故增多等问题已成为大城市发展过程中的痼疾，也是世界各大城市发展中面临的共同难题。中小城市在快速发展过程中为了避免出现同大城市一样的交通难题，进行城市慢行交通系统规划是非常有必要的。中小城市居民出行大部分以步行和自行车等慢行交通方式为主，因此对中小城市进行合理的慢行交通规划，不仅可以有效缓解交通拥堵、降低交通压力，更有助于促进可持续发展的中小城市交通结构，创建高品质城市交通生活。

“慢行交通”一词最早见于《上海市城市交通白皮书》[1]，它是指以步行或自行车等人力为空间移动动力的非机动交通。慢行交通作为一种低碳、环保的交通方式，是城市交通系统的重要组成部分，也是满足居民日常活动需求的重要方式，是城市高品质生活的象征。慢行交通不仅是城市居民日常生活中休闲、娱乐、购物、健身的一种方式，也在短距离出行，以及中、长距离出行与公共交通的接驳中起到了重要作用。中小城市正处于城市化快速发展的阶段，慢行交通系统亟待合理的规划与建设，打造“以人为本”的“低碳”、“安全”、“舒适”、“便捷”、“无障碍”的城市慢行交通是城市将来宁静化发展的重要环节。

1　慢行交通特征分析

慢行交通主要由步行或自行车出行组成，它不仅是居民休闲、娱乐、购物、健身的重要方式也是居民短距离出行的重要方式，是中长距离出行中与公共交通接驳不可或缺的出行方式。

（1）步行交通特征分析

步行是城市居民最主要的出行方式之一，它作为各类交通方式出行的起始和终止，是城市交通的重要组成部分和不可或缺的辅助方式。步行交通个体性强、路线选择自由，贯穿于整个城市公共空间，既满足居民的通勤出行，也满足其购物、休憩、娱乐等需求。除此之外，与其他交通方式相比，步行交通在短距离出行中具有明显优势，它直接以步行者的体力为动力，绿色环保，还可以起到健身的效果。尽管步行交通有很多优点，但是步行交通一直处于城市交通的弱势地位，大多数城市的步行空间得不到保障。[2]

（2）自行车交通特征分析

中国素有“自行车王国”之称，自行车保有量超过5.2亿辆，占到全球自行车总数的1/3。[3]自行车作为城市交通中一种广泛使用的交通工具，具有鲜明的交通特点。自行车跟步行一样具有节能、环保、健身等优点，在出行距离和速度上比步行更具有优势，在可达性上与公共交通相比不受固定站点限制，自主性较强。但是，自行车出行在城市交通发展中处于弱势地位，机非混行条件下安全性较差，并且其出行容易受气候条件的影响，不稳定性因素较大。另外，由于自行车机动灵活，没有专门的通道，自行车违章是造成城市道路

作者简介：李鑫磊，男，研究生，研究方向为交通运输规划与管理。

混乱及安全事故的一个突出因素。

2 中小城市慢行交通系统建设的意义

中小城市发展慢行交通的意义与国内外的大城市不尽相同。对国外而言，慢行交通主要用以休闲锻炼、观光旅游；而在我国大城市，慢行交通主要是为了缓解城市交通拥堵问题，通过其配合实现公交优先的交通模式。对于我国并不很拥挤的中小城市来说，发展慢行交通意义更为深远。

众多中小城市的经济结构、居民消费水平、生活习惯等与大城市有很大差距。一般情况下，城市规模小，其经济实力和居民消费水平也相对较低，而自行车和步行交通的出行比例则较高。在我国城镇化建设的过程中，很大一部分中小城市是由过去的乡镇改造而来，居民收入相对较低，自行车是主要交通工具。中小城市这种特殊的结构决定了以慢行交通方式为主的交通模式。中小城市进行慢行交通系统建设，可以优化慢行交通行为，为提高中小城市交通质量创造良好的条件。

随着各地经济的发展，城市良好的服务、功能将不断完善，中小城市在大力发展经济的同时，也在不断地改造和建设各种功能和服务设施。大部分中小城市已从过去单纯地追求经济指标的粗放模式向生态、环境、人文和谐发展的方向转变。城市商业片区的发展需要宁静有序的街区环境，良好的慢行交通环境可以促进商业的繁荣，中小城市进一步的蓬勃发展需要绿色交通政策的支持。

与大城市相同，通过鼓励和支持步行、自行车等慢行交通行为，可以有效温和地减少小汽车的使用，缓解交通拥堵，减少城市交通对资源和环境的消极影响，避免将来出现“大城市交通问题”的现象。

中小城市发展慢行交通也是关注城市弱势群体的行为。这样可以给予老年人、残疾人等更多的出行照顾，还可以提前为即将到来的城市居民老龄化时期做准备。

3 中小城市慢行交通系统规划理念

(1)慢行交通系统

慢行交通系统包括了慢行主体、慢行空间和慢行行为3部分。它是城市系统和城市交通系统的交集，不仅承担一定的通勤交通功能，还为市民提供了休闲、娱乐、健身、购物等多种服务。[4]城市中由慢行核、慢行节点、慢行廊道组成的慢行区域是城市居民频繁出行的地方，也是城市空间的重要组成部分。它们不仅丰富了城市公共生活，还为市民的生活提供了方便和安全保障。在以城市经济为主导的时代，慢行交通在城市中的作用更是被提高到了“对提高城市生活品质至关重要”的高度。

(2)中小城市慢行交通系统规划理念

现在城市交通规划建设中多表现为“重车轻人”，通常都是以机动车为主要服务对象，自行车和步行等慢行交通空间的建设多依附于机动车系统，因此慢行交通系统无法得到快速良好的发展。中小城市一直没有建立起属于慢行交通系统的专用通道，并且慢行交通一直处于城市交通中的弱势地位，其面临的安全问题也没有得到应有的重视。交通的最终目的是实现人或物的转移而不是车的移动，由此可见，倡导“以人为本”的慢行交通系统规划理念，建立“以人为本”的环境友好型慢行交通是非常有必要的。建立和完善慢行交通系统才能使城市交通结构更加全面合理，才能满足人们的出行需求，提高居民的生活质量。“安全”、“舒适”、“便捷”、“无障碍”是“以人为本”的核心内容，中小城市应在考察城市慢行交通发展、环境、安全等因素与人的关系的基础上，制定符合人性化原则的规划内容，给慢行交通使用者提供安全、方便、舒适的慢行空间和环境。这样既能满足慢行交通使用者对慢行空间使用的需求，又不妨碍机动车的发展空间，使两者能够和谐有序地发展。

4 中小城市慢行交通系统规划措施

(1)慢行交通规划的重要内容

按照“以人为本”的原则，结合中小城市的特殊条件，从多个角度出发，对中小城市慢行交通进行合理全面的规划，创建低碳、安全、舒适、便捷的慢行交通条件(见图1)。

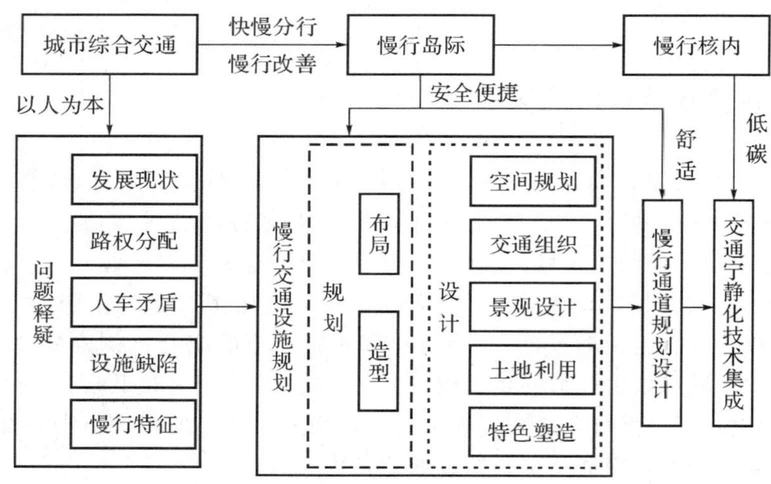

图 1　中小城市慢行交通系统规划的主要内容

(2)中小城市慢行系统规划措施

慢行空间规划。进行合理的慢行交通设计可以避免非机动车的长距离出行和机动车的短距离出行。在创建机非分行系统等方面，早有国外学者提出分区规划法，即将城市空间划分为多个慢行区，慢行区之间由公共交通引导，慢行区内部通过慢行通道联系。[5]用城市的快速路、主干道或自然边界将城市划分成若干个各具特色的慢行区(见图 2)。以潍坊市为例，潍坊市城区是方格状交通布局，且干路、支路发达，为慢行区的划分提供了条件(见图 3)。

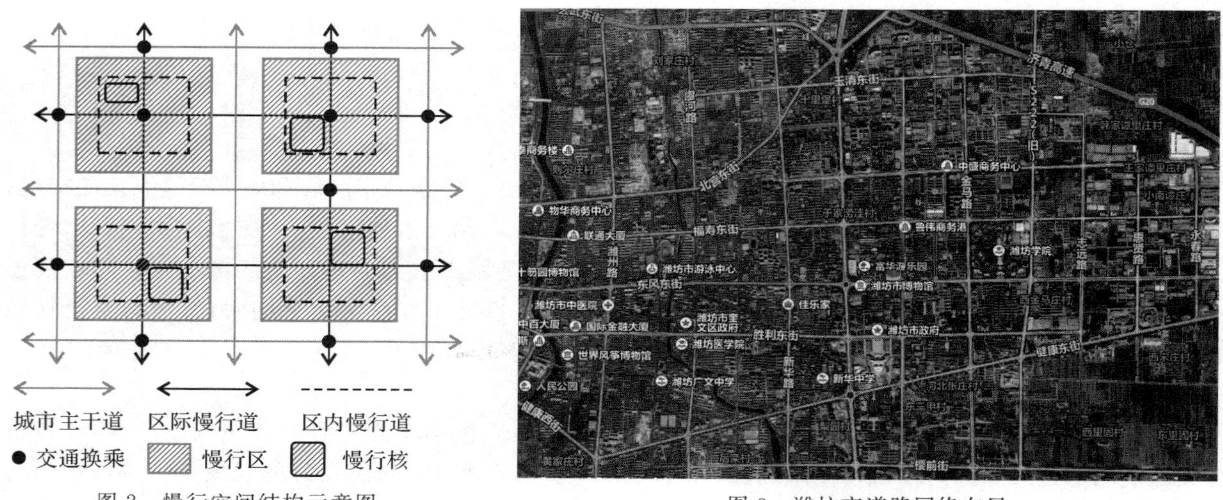

图 2　慢行空间结构示意图　　图 3　潍坊市道路网络布局

交通组织。慢行交通组织首先应包括慢行区和慢行核内的交通组织。慢行区内部的慢行核是主要交通吸引点，包括商业、娱乐、校园、医院等。由于用地紧张、客流密集等问题，机动化效率不高，所以在塑造商业、娱乐中心节点的同时，给予慢行者极大的优先权和安全感等。合理地利用公共自行车系统，将部分机动车转化为慢行交通。除了慢行区和慢行核外，还要妥善处理好城市范围内慢行与机动车交通的矛盾，组织良好的换乘体系。保障慢行交通的“公平性”与“安全性”。[6]慢行交通受自身限制，适用于短距离交通，所以要鼓励慢行区之间的长距离出行采用“慢行＋公交”的换乘体系。潍坊市地势平坦，特别适合自行车等慢行出行，潍坊市对公共自行车进行合理分布规划，改善路网的通达性，全市共设置 889 个公共自行车租借站点(见图 4)，实现了与公交站点完美衔接。

土地利用。道路是城市土地利用的结构骨架，交通需求与城市总体布局的土地利用规划息息相关，而城市的土地利用与开发又以便利的交通条件为前提。在土地资源短缺的状况下，对于服务慢行交通的支路实行多类多级的支路断面形式与标准。中小城市在土地开发时，可以适当地引入新加坡的邻里中心模式，即在适当规模的居住区域内设置邻里中心，这样既可以满足居民的日常生活需求，增加区内慢行，又可以避免原始出现单中心城市蔓延的后果。

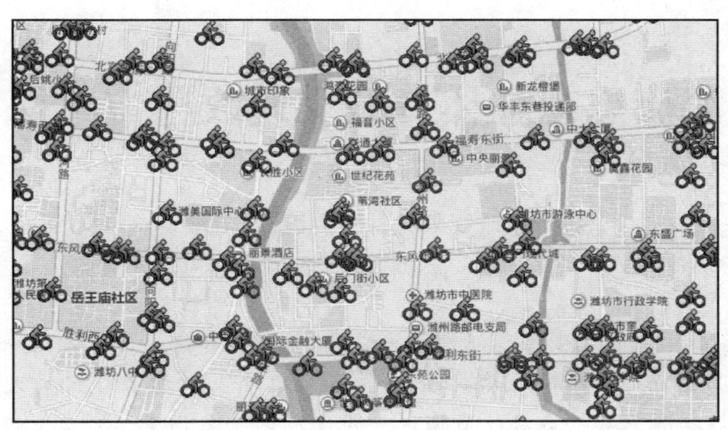

图 4　潍坊市部分公共自行车租借站点分布情况

景观设计。慢行系统内除了慢行设施外，还要具有良好的景观环境，慢行交通系统的景观设计应包含自然景物、人造景物、人文文化。每种出行方式有着不同的速度、不同的视野，城市慢行交通系统的景观设计，应以慢行者的视觉要求为主。依附于城市道路的慢行通道的景观设计，应使道路线形、坡道、与机动车道的分隔、绿化等做到连续、平滑、自然通视效果好，与自然环境兼容、协调。以休闲、娱乐为主的慢行道路景观设计，应将重点放在自身形态和绿化植物形态的设计上，如道路自身线性、断面设计、绿化植物选择与造型。慢行与其他交通方式衔接点的景观设计，也应注重交通建筑与地方建筑风格的协调[7]，以潍坊为例，推行“人非共版，滤镜相融”的设计理念。

特色建设。建设具有独特魅力的城市慢行交通系统，也可形成城市生活名片，对城市的生活品质和城市魅力的提升有着促进作用。城市街道文化是居民生活方式、习俗和地域文化在城市空间中的积淀和反映，是城市历时性和共时性特征在空间上的叠加。在规划慢行交通系统时，应结合当地文化特色，延续和重塑传统的街道格局和空间形态，引入慢行旅游，给老城区注入新的活力，营造历史与现代交融的城市空间，创造新的城市品牌。以潍坊为例，探寻创造独具本土特色的绿道建设模式，即引入“机动车绿道”概念，它是一种结合非干线公路设置的线形绿色廊道，连接自然景观资源、人文景观资源和城镇资源，为游客提供良好的视觉体验和休闲游憩空间。

5　结　语

在当前能源供应日趋紧张、城市交通拥堵加剧的背景下，规划高品质的慢行交通体系能够引导市民形成全新的出行观念。中小城市做好慢行系统规划，在完善与提升城市空间功能，提高居民生活品质方面具有重要作用。本文以潍坊市为例，研究中小城市慢行交通规划的理念与措施，在既能满足慢行交通使用者对慢行空间使用的需求，又不妨碍机动车的发展空间的基础上，真正从安全、舒适、便捷、无障碍等以人为本的规划理念出发，通过对空间规划、交通组织、土地利用、景观设计、特色塑造等 5 个层面的规划措施的研究，为创建高品质的慢行交通条件，丰富中小城市居民的日常生活提供理论支持。

参考文献

[1]刘冬飞.“绿色交通”：一种可持续发展的交通理念[J].现代城市研究，2003(01)：60－63.

[2]王芬，钱杰，唐东雄.生态城市建设理论与实践的再思考[J].上海环境科学，2002(05)：265－270.

[3]王肇飞，李晓华，邵小东，耿娟.大城市慢行交通系统规划策略研究[J].物流工程与管理，2009(06)：93－94.

[4]夏天.城市慢行交通系统设计策略分析[J].交通信息与安全，2010(05)：81－84.

[5]（丹麦）扬·盖尔，拉尔斯·吉姆松.公共空间·公共生活[M].汤羽扬等，译.北京：中国建筑工业出版社，2003.

[6]晏克非.交通需求管理理论与方法[M].上海：同济大学出版社，2012.

[7]黄田甜.城市慢行交通系统规划初探[D].苏州：苏州科技学院，2011：37－39.

上海旗忠森林体育城交通改善方案探讨

虞振清

（上海市市政规划设计研究院，上海 200031）

摘要：上海旗忠森林体育城坐落于闵行区马桥镇，凭借历年来承办亚洲唯一一站 ATP1000 大师赛而享誉海内外。然而，非赛事期间缺乏人气、赛事观赛人数增长缓慢的发展瓶颈日益显现。对外交通网络不完善是制约旗忠森林体育城进一步发展的重要因素。本文从轨道交通、对外路网等方面，对旗忠森林体育城交通提出了一系列改善方案，旨在为区域发展创造更扎实的交通基础。

关键词：体育城；交通配套；完善方案

重大赛事、活动的举办，是提升城市软实力、塑造名片形象、争取国际地位的重要手段之一。北京奥运会、上海世博会的成功历历在目，给世人留下了深刻的印象。然而，诸如奥运场馆逐步丧失活力、丢失人气甚至沦为“鬼城”的报道甚嚣尘上，又给规划建设者敲响了警钟。以重大赛事为引领的区域发展的理念，既是难得的机遇，又是高难度的挑战，而交通作为其中左右得失的重要因素，是规划建设者必须重视的关键一环。上海旗忠森林体育城正面临着上述机遇与挑战。

1 旗忠森林体育城及上海 ATP1000 网球大师赛举办概况

(1)旗忠森林体育城

上海旗忠森林体育城园区位于上海市西南部的闵行区马桥镇，距上海市人民广场约 27km，距虹桥机场 21km(见图 1)。旗忠森林体育城以体育赛事为主题，融入商业、商务、生活、国际、文化五大元素，通过规划布局体育赛事经济、高档新兴商贸、生命健康产业、高档商务、创新金融、生物医药医疗、总部园区、国际学校等，着力打造一个以体育为主题的休闲、宜居、生态、产城融合的高端社区(见图 2)。

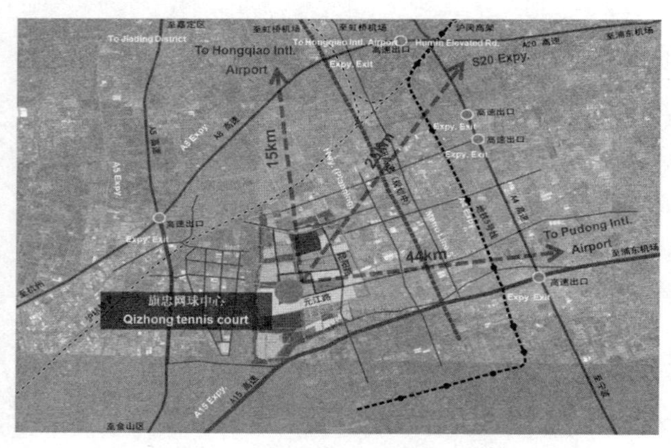

图 1　旗忠森林体育城区位示意图

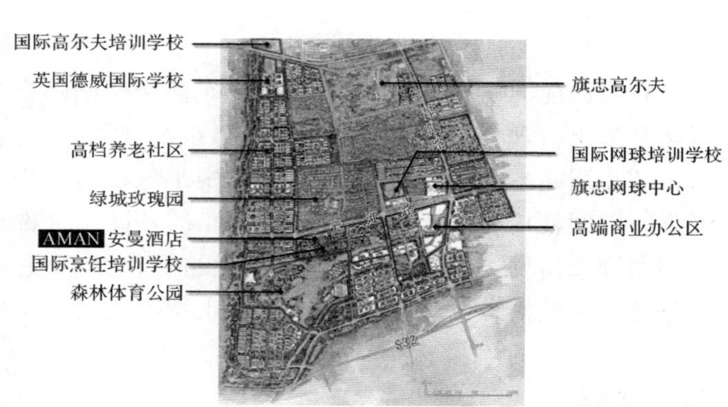

图 2　旗忠森林体育城规划示意图

旗忠森林体育城范围内的主要设施及赛事如下。①旗忠国际网球中心：占地 508 亩，共有 25 片标准场地，拥有可容纳 15000 名观众的亚洲最大的中央球馆、5000 座的 2 号馆、2000 座的 3 号馆，亦可举办篮球、乒乓球、体操、游泳、音乐会、演唱会等赛事及娱乐活动。②旗忠高尔夫球场：离市中心最近的 18 洞标准杆高尔夫球场，占地 1050 亩，目前正进行全方位提升改造，并为引进顶级国际赛事做充足准备。③大型体育公园：规划建造一个约占地 1800 亩的体育公园，全球最大的体育经纪及演艺公司 IMG(国际管理集团)已参与该体育公园的设计。④安曼酒店：作为顶级奢华酒店的代表之一，正在建设的全国第 3 家安曼酒店紧邻旗忠网

作者简介：虞振清，男，副所长，研究方向为交通运输规划。

球中心，能够吸引更多的国际外交活动和顶级商务宴请，让更多的全球政商精英、文体明星和社会各界名流了解闵行、了解上海。⑤体育赛事：主要举办上海 ATP1000 网球大师赛，于每年 10 月举行，历年观赛人数约 10 万人次。

(2)上海 ATP1000 大师赛

上海 ATP1000 大师赛是 ATP 下辖的 ATP 世界巡回赛的一个系列，全年共 9 站，上海是欧美地区外、亚洲唯一一个承办此旗舰赛事的城市，领衔吉隆坡站、曼谷站两个 ATP250 赛事以及北京站、东京站两个 ATP500 赛事，构成男子职业网球的亚洲赛季。上海大师赛的重要程度仅次于网球四大满贯和 ATP 世界巡回赛年终总决赛。其中，2010 年的上海大师赛集齐了所有世界前二十强球员，也是该年度包括 8 站 ATP1000 大师赛在内的所有非四大满贯赛事中唯一做到这一点的赛事，上海大师赛的魅力可见一斑。

2 发展瓶颈及制约因素分析

旗忠网球中心于 2005 年建成，同年起举办 ATP 网球赛事。但长期以来，除了赛事举办期间，场馆及周边人气不足，赛事带动周边发展的效应较弱。自 2009 年承办 ATP1000 大师赛以来，历年观众人数均在 10 万人次左右，增长趋势缓慢，是世界 9 站大师赛中观众人数最少的一站，与亚洲唯一一站的地位及 ATP 的要求有一定距离。同时，旗忠森林体育城在基本建成前氛围略显冷清，近期尚不足以支撑并引领区域的发展。

旗忠森林体育城发展正面临一系列瓶颈，究其原因，除了 ATP1000 大师赛周边配套不足、票务问题及其他相关赛事分流等因素外，交通不便是制约其进一步发展的重要因素。

(1)缺乏轨道交通的有力支持

旗忠森林体育城目前缺乏直达的轨道交通，网球中心距离轨交 5 号线北桥站约 5.8km，距离 22 号线(金山铁路)车墩站约 6km，且周边公交线路稀少，仅马莘专线和马闵线两条地面公交经过，班次少，接驳时间长，服务能力不足(见图 3)。对比轨交 11 号线已开通至上海国际赛车场的条件，ATP1000 大师赛的配套设施迫切需要进行加强。

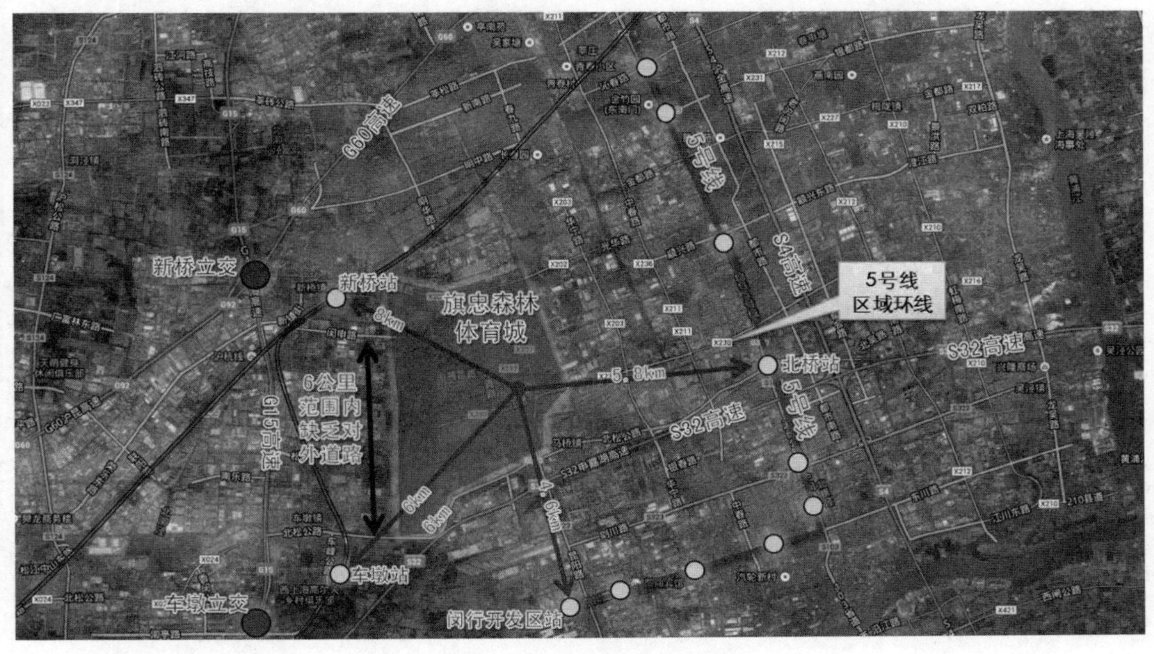

图 3 体育城现状交通示意图

(2)对外路网单一

在路网规划建设方面，旗忠森林体育城所处闵行西南地区的自身路网体系较好，整体呈方格网形，道路级配相对合理，但闵行西南地区，尤其是马桥镇地区的路网存在以下主要问题：①现状与中心城间仅有 S4 高速一条快速通道，在大量居住区导入、工业区集聚的背景下缺乏快速路层面的便捷联系；②既有高速公路如 S32，对闵行南部地区的服务存在缺位；③区与区之间的联系通道建设相对滞后，尤其与松江区路网对接不完善，制约了地区向西辐射能力的释放；④现状路网与既有轨道交通衔接不畅，难以发挥既有轨道交通作用。

3 交通优化方案

根据国际体育城的发展及相关重大赛事举办成功的经验表明，便捷的快速路系统、易达的轨道交通网络、良好的公交接驳服务以及完善的配套旅游设施是促进区域发展、聚拢人气的必要条件。因此，为改善旗忠森林体育城的对外交通条件，变制约为动力，针对轨交、路网两大薄弱环节，建议采取以下优化措施。

(1)增加直达轨道交通

为进一步加强轨道交通对旗忠森林体育城尤其是旗忠网球中心的配套服务，提出 3 个初步设想：①新增 5 号线“C”形换环线，将新增的支线沿东川路、昆阳路、元江路形成“C”形半环，重点服务网球中心及其周边区域，换线总长约 15km，可采用中运量制式；②预留 12 号线向南延伸的功能，将 12 号线起点站向南延伸至旗忠网球中心，沿顾戴路—淶亭南路—昆阳路敷设，延伸线路长约 17km；③预留中运量轨道的可能，沿北松公路、昆阳路、元江路布设一条中运量轨道交通系统，与 22 号线、5 号线和 15 号线形成多层次的轨道网络系统。

轨道交通具有造价高、审批和建设周期长的特点，近期难以发挥立竿见影的效果，可作为中远期改善方案予以控制。

(2)打破尽端格局，完善区域对外路网体系

通过增设高速公路匝道出入口，有效加强区域接入快速系统的便捷度。通过完善区之间对接道路体系，打破现状尽端式的路网格局，拓展区域对外交通的扇面，形成多路径对外通道，释放区域对外辐射的能力。

旗忠森林体育城虽有 S32 申嘉湖高速经过，但由于未设置出入口，因此对体育城基本没有服务；而马桥镇与松江区对接道路的匮乏，更直接抑制了区域向西的对外连接，与 G15 沈海高速、G60 新桥枢纽立交缺乏便捷的沟通。改善方案如图 4 所示。

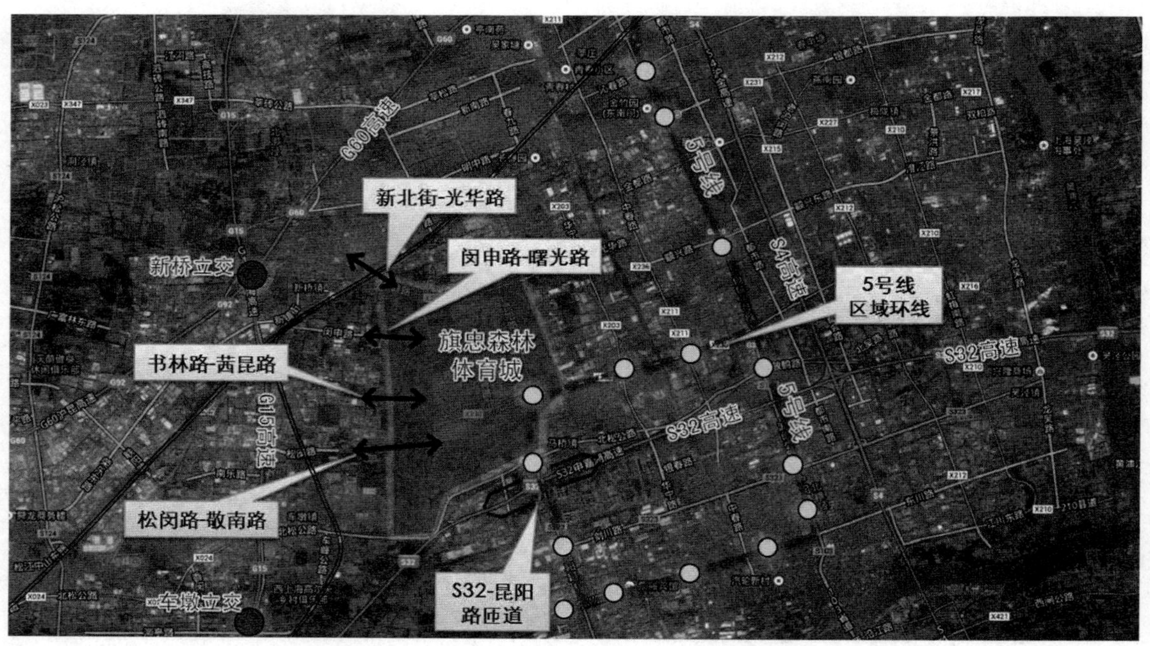

图 4 改善方案示意图

新增 S32 高速昆阳路匝道，改善目前闵行区（松江区界—黄浦江）15km 范围内仅有一处出入口（S4/S32—剑川路组合立交）的局面，使 S32 在承担机场高速主要功能的前提下，进一步服务闵行西南部地区。由于 S32 与 G15、S4 等高速均设有互通式立交，能够“以点带面”形成网络效应，提升旗忠森林体育城的易达性。同时，该措施对于缓解闵行南部地区过于依赖 S4—剑川路出入口的局面、缓解剑川路拥堵状况也能起到明显的改善作用。

加密松江区与马桥镇的对接道路，打破区域隔阂，完善路网格局，促进区域协调发展。建议连通光华路—新北街，服务轨交22号线新桥站及新桥镇与马桥北部的联系；连通闵申路—曙光路、书林路—茜昆路、松闵路—敬南路，服务车墩镇、松江新城与马桥地区尤其是旗忠森林体育城核心区的对接。通过上述新增的区之间对接道路，能够使马桥地区与新车公路—车亭公路(G320国道)建立直接的联系，进而连接G15车墩立交、G60新桥立交出入口，有效增加该地区与高速公路系统、轨交站点的衔接路径，使中心城、新城乃至长三角与旗忠森林体育城建立起更丰富的联系途径。

4 结 语

结合实例，本文提出通过完善轨道交通网络、加强快速路系统服务、优化区之间对接道路布局，可使旗忠森林体育城具备多通道、多模式的对外交通体系，大大增强区域的可达性和易达性，为开发建设乃至未来的转型发展奠定扎实的基础。笔者结合自己对该类区域特点的粗浅认识，借此机会抛砖引玉，盼有更多的同仁关注体育城及重大赛事的交通研究。

参考文献

[1]上海市城市总体规划(1999—2020).
[2]上海市闵行新城总体规划(2007—2020).
[3]赵雯.上海体育产业发展模式研究.2006.

特大城市更新区交通规划方法研究

夏振翔

（上海市市政规划设计研究院，上海 200031）

摘要：随着城市规模的不断扩展、城市功能的不断提升，特大城市旧区的更新逐渐成为城市发展的重要环节之一。土地使用性质和开发强度的大幅度变化带来了交通需求特征的巨大改变，然而交通设施用地相对恒定给城市更新区的交通适应性带来了巨大的挑战。本文结合上海世界博览会、前滩、徐汇滨江、北外滩等区域的交通规划，提出了一些特大城市更新区的交通规划方法。

关键词：城市更新区；交通规划

1 更新区城市发展趋势与交通适应性分析

1.1 城市发展趋势

从国内外大部分特大城市发展历程来看，城市发展是城市功能、城市规模与产业发展不断地相互促进、互相作用的结果。经过初期快速城市化的发展，城市人口和产业达到一定程度后，城市发展的动力将由土地扩展向功能提升转变。城市发展的衡量因子不再简单地以人口规模和经济总量为核心指标，面向不同区域的资源支配能力逐渐成为特大城市发展的核心要素之一，其他的人口素养、经济结构、基础设施乃至城市文脉等也都逐渐成为重要的影响因素。这一时期，由于土地资源环境的约束，旧城改造后的城市更新区逐渐成为城市发展的重要源泉之一。城市更新区中有价值的产业、历史遗迹等将得到保留和延续，而其他区域将按照当代的城市发展理念、城市发展需要和科学技术水平重新建设，这类区域更多的是工业仓储等类型用地向居住和商办用地转型，如世界博览会（世博）、前滩、徐汇滨江和南大地区等均属于这一范畴；另一种是老旧居住用地向新型居住用地和商办用地更新，如北外滩、虹镇老街等。更新后，单位面积的土地产出效率将得到明显提高，城市环境和城市面貌将得到改善，城市空间结构将更适宜人类居住。

1.2 交通适应性分析

在城市更新过程中，受制于建设用地规模的恒定，城市发展更注重城市功能的实现和集聚程度的提高，这给交通系统带来了颠覆性的变革。从城市更新过程中城市发展的特点来看，开发规模、使用性质和开发强度等 3 个方面将给区域交通出行特征带来巨大的变化。

开发规模扩大引起交通出行量的增加。城市更新区土地开发规模持续增加，总建筑量普遍超过了原有的建筑量。在大规模城市开发的背景下，原本客货混杂的交通出行状态转变为客运交通占主导地位，同时交通出行量相应增加。以世博、前滩、徐汇滨江等重点发展区域为例，区域土地面积 22.7km^2，约占中心城土地面积的 3.4%，开发量超过 20km^2，交通出行量近 400 万人次，约占中心城交通出行总量的 10%。

土地使用类型多元化促进交通出行分布趋于均衡。城市更新区较以往的城市开发区更加注重不同类型用地的融合，大多将商办、公共设施、居住、绿化等各类用地混合分布，希望营造成为具备 24 小时人类活动需要的城市街区，希望能在区域范围内解决更多的居住、就业、休闲、娱乐、购物等各类生活需求，实现更高比例的职住平衡。由于城市用地结构趋于合理，交通出行的分布产生了较大改变，一方面区域内的交通出行比重得到提高，对外交通的依赖有所降低，可以减轻对外交通压力；另一方面，早晚高峰对外交通在进出两个方向上更加均衡，潮汐交通现象得到一定程度的缓解，可以更好地发挥各类交通设施的服务运能。

作者简介：夏振翔，男，工程师，副所长，主要研究方向为交通规划、交通分析、交通仿真。

开发强度的提高促进综合交通发展模式的形成。土地利用效率不断提高，单体项目的开发强度不断提高，容积率不断上升，使得单体项目的人员集聚度不断提高、人员跨度不断延展。高集聚的人员分布使得局部范围的交通设施的客流集散压力大大增加，大跨度的人员结构需要提供涵盖机动车、公共交通和慢行交通等的综合交通系统，简单地平面疏解客流已不再适用于城市更新区。

1.3 更新区发展过程中面临的主要矛盾

与建设新城相比，城市更新区作为老旧城区的更新改造，其本身具有一定程度的交通基础设施，如道路、轨道交通线路及车站、地面公交线路和场站等。同时，作为整个城市交通的一部分，各类交通设施都与系统存在一定程度的联系。既有交通设施用地占比大多都已接近或超过规范指标，因此在新的城市规划中，交通设施用地的指标也相对恒定，大部分既有交通设施将被保留并加以改造利用，仅对少部分进行调整，这也与城市更新区继承和延续城市发展脉络的发展思路相契合。较为全面的交通基础设施可以促进更新区的快速发展，缩短培育城市功能的时间跨度，但面对城市功能调整带来的交通出行特征显著变化，既有交通基础设施服务的能力的缺陷也较为明显。

(1)高强度土地开发与有限的交通资源之间的矛盾

城市更新区的开发规模和土地使用性质的调整，会带来区域交通出行量的快速增长，但由于区域内可供交通设施建设的用地相对恒定，难以保证交通设施用地的同步增长。有限的土地需要承担更多的交通出行量，这将是巨大挑战。

(2)出行分布与设施服务范围之间的矛盾

土地使用性质的大幅度调整，势必带来交通出行分布的本质性改变，如北外滩地区改造前以通过性交通为主，改造后由于新增了大量商办和居住用地，到发交通比重大幅增加；又如世博地区，改造前为2010上海世博会遗留场地，大多为空置场地，改造后以商办休闲用地为主，成为继外滩—陆家嘴—北外滩和虹桥商务区之后，又一核心CBD地区，向心到发交通大幅增加。

(3)构建综合交通系统促进区域开发的需求更为迫切

城市更新区的居住人口和就业人口结构将产生较大调整，涵盖不同社会阶层人士。不同人群由于价值体系和目标取向的差别，势必造成交通出行方式需求的多样化，普通人群需要准时可靠的交通出行方式，高端人群则需要相对快速便捷的交通出行方式，低层人士则更加偏重于廉价可达的交通出行方式。针对有限的土地资源，需要研究如何平衡各类交通出行方式，满足不同人群交通出行的需要。

2 城市更新区交通发展模式

(1)交通发展目标

城市更新区作为特大城市的重要组成部分，需要基于既有的特大城市综合交通体系，对区域交通系统进行补充和完善，重点解决区域居住和就业人口在通勤、购物、休闲、娱乐等各方面的交通出行需求：①提高区域交通的宜人性，以人的出行为核心目标优化平衡交通系统；②提高区域交通的可达性，加强城市更新区与其他城区的交通联系；③提高区域交通的便捷性，降低城市更新区与其他城区的交通出行时耗；④提高区域交通的保障度，减缓交通拥堵的出现和蔓延。

(2)交通发展趋势

为实现城市更新区的交通发展目标，需要继承和延续特大城市交通发展的脉络，同时也要根据城市更新区的特点，创新交通发展模式，以满足城市更新区不同人群的交通出行需求。①公交主导。需要坚持公共交通主导交通服务、引导城市发展的理念。公共交通大运量的特点是支撑城市更新区开发建设的根本要素之一。②道路基础。道路网络是承载地面公交、机动车和慢行交通的主要载体，道路网络的基础作用是不容忽视的。③慢行突破。当今社会更加注重低碳绿色的发展模式，更加注重围绕人的行为的城市发展，慢行交通恰恰是这两点在交通方面最好的代表。良好的步行和非机动车通行环境，是衡量宜居城市的重要指标之一。

3 城市更新区交通规划策略

3.1 立体化

城市更新区有限的土地资源是制约交通发展的关键因素，各类交通设施的立体化，打破一维平面的束缚，向上上天、向下入地，形成“地面＋空中＋地下”相互衔接、相互协调的交通系统，是交通发展突破土地瓶颈的重要方式。传统意义上，建设地铁和高架道路是立体化交通的重要表现形式，但随着宜人性交通发展理念的不断推广，立体化交通在公共交通、机动车交通和慢行交通等各方面都有各自独特的发展方式。

(1)轨道交通线网优化

轨道交通具有大容量、高速度、准时的特点，是公共交通优先发展的主要方式之一。城市更新区的轨道交通线网优化，应结合城市总体发展需要，采用延伸、新辟等不同方式加强轨道交通对区域开发的支撑力度。在上海城市更新区规划实践中，轨道交通 11 号线改走徐汇滨江核心区域云锦路，有力地促进了徐汇滨江地区的规划建设；同时，滨江两岸有轨电车规划方案，也为世博、前滩、徐汇滨江、北外滩和杨浦滨江等地区的开发建设带来了新的动力。

(2)公交枢纽上盖开发

公共交通枢纽是人流最为集聚的区域，结合建筑设置，有利于人流集散，也有利于商业开发，是 TOD 模式的最佳表现之一。

(3)地下道路联系

对于城市更新区，对外交通是交通的主要瓶颈，在地面通道难以增加的条件下，可以结合城市地下道路规划建设的需要，构建地下道路对外连接通道，以加强对外交通联系。上海北横通道的规划建设，一方面加强了市域骨干路网系统；另一方面，将北外滩与上海火车站、中山公路、虹桥商务区等中心城重点区域串联起来，加强了北外滩的对外交通联系。

(4)慢行连廊或地道

当代交通规划理论学者，开始更加注重各类交通方式之间的衔接，更加注重楼宇与楼宇之间的交通联系。以步行连廊天桥和地道为代表的慢行通道应运而生，它是轨道交通、地面公交站点以及楼宇之间的重要连接方式，能够将不同的交通方式和交通目的地紧密地联系在一起。世博、陆家嘴、北外滩等区域都结合轨道交通站点分布，建设了一批连接轨道交通站点与周边楼宇的地下步行通道，建立了更为完善的慢行交通集散系统。

3.2 整体化

城市更新区是特大城市的重要组成部分，区域交通系统的建设不能孤立于城市交通系统之外，需要加强与城市交通系统的衔接。同时，城市更新区高强度开发带来的综合交通运输需要，也要求区域内的交通设施建设能够发挥整体优势。

(1)道路网络对外衔接

由于原有土地使用性质不同，区域路网的形态、级配差异较为明显，与城市道路系统的衔接程度也有明显区别。因此，需要在城市总体道路框架体系下，加强路网功能的衔接，道路等级的对接，形成一张无缝对接道路网络图。

(2)公交线网对外衔接

公交线网的优化也需要结合城市总体公交线网的布设要求进行优化，多采用延伸、新批、接驳等形式实现公交线路对于城市更新区的全覆盖。

(3)综合交通枢纽节点建设

区域交通枢纽的建设需要更多地融入轨道、地面公交、非机动车、步行等各类交通出行方式，将各类交通出行方式在枢纽节点形成转换节点，提高换乘效率。结合轨道交通站点建设，世博和前滩地区规划了 7 处公交枢纽，徐汇滨江规划了 3 处公交枢纽，北外滩规划了 1 处公交枢纽。

(4)地下车库连通

不断扩大的机动车停车需求与有限的停车供给之间的矛盾是困扰静态交通发展的重要因素。通过构建区域内部的地下道路系统，连接各地块地下车库，一方面有利于综合利用区域各地块地下车库资源，发挥区域地下车库的整体效益，缓解不同单体项目地下车库在局部时段停车供给不足的问题；另一方面，地下车库联通有利于分散进出车辆，避免车辆集中在个别坡道进出造成的拥堵等候。结合地块开发，世博、徐汇滨江等区域都将地下车库的连接通道纳入规划总体方案，并作为土地出让的边界条件之一，推动地下车库的连通，从而发挥区域停车整体优势，满足机动车停车需求。

3.3 人性化

随着交通发展向精细化的不断深入，交通基础设施的规划建设将更加体现人的行为意识。无论是公共交通、机动车交通还是慢行交通，都需要体现人的各类行为特征。

(1)内部高密度路网系统

通过加密道路网络、缩小地块范围、降低车行道跨度、增加人行道宽度，达到降低机动车出行的目的，鼓励慢行交通出行的目的。世博和前滩地区在原有路网骨架的基础上，适度增加了支路，以实现高密度、小尺度的路网格局，体现人性化的交通出行。

(2)高覆盖率公交系统

通过加密公交站点覆盖率，加强公共交通对区域的服务能力，吸引居住和就业人口更多地选用公共交通出行方式。

(3)慢行廊道的人性化设计

在街道设计中，除了按照人员通行的基本要求，设置必要的人行道宽度以外，还需要结合环境景观和人文特征设置绿化小品和小型广场，增加慢行交通出行的吸引力。

参考文献

[1]上海市市政规划设计研究院.黄浦江南延伸段前滩地区、徐汇滨江商务区交通专项规划.2013.

[2]上海市市政规划设计研究院.陆家嘴 CBD 地区交通组织及规划.2013.

[3]上海市城乡建设和交通发展研究院，上海市市政规划设计研究院.世博地区综合交通规划(中期成果).2014.

[4]上海市市政规划设计研究院.滨江公共活动空间连通规划(汇报稿).2014.

[5]上海市市政规划设计研究院.杨浦滨江地区道路交通规划研究.2013.

[6]上海市市政规划设计研究院，等.祁连敏感区道路规划.2010.

长沙大河西综合交通枢纽总体设计分析

肖和华　谭　倩

（长沙市规划设计院有限责任公司，湖南长沙 410007）

摘要：大河西综合交通枢纽是先导区创建“两型社会”的示范性工程，由于地理位置的复杂性，枢纽在各方面面临着多种交通挑战。本文针对该枢纽周边现状及功能定位，提出设计理念与原则，介绍了枢纽总体布局方案，研究了交通需求及设施规模，分析了外围道路集散系统与核心区交通组织方案，最后总结了规划、设计过程出现的问题及经验教训。

关键字：长沙大河西；综合交通枢纽；总体设计；功能布局；交通组织

2007 年，国家发改委批复长株潭城市群为“两型社会”综合配套改革试验区。为实现拓展城市发展的构想，长沙市政府提出了“建设大河西、打造先导区”的战略部署，努力把湘江西岸打造成为“两型社会”的示范区。

长沙市汽车西站位于长沙大河西先导区内规划的现代服务业核心区域，西站自身成为该区域乃至整个大河西先导区的门户、标志性地区。

原汽车西站存在客运需求旺盛与站场供应不匹配、交通秩序混乱与交通管理落后、各交通方式衔接不畅等问题。改造原汽车西站以及综合考虑规划中的轨道站点，对各交通方式，包括公路客运、轨道交通、常规公交、市内交通多种方式，进行一体化交通总体设计，完成大河西综合交通枢纽的一系列对内、对外的交通服务功能，打造两型试验先导区体现资源节约和环境友好的综合交通运输体系和复合型枢纽的重要节点，是该项目总体设计的总目标。

1　设计理念与原则

将枢纽核心区集散交通与枢纽开发区内的交通分离，建设枢纽专用的高架快速集散道路系统。快速集散道路系统的功能定位为满足枢纽交通核心区车辆快速集散的要求，服务对象为枢纽的客运车辆。枢纽综合开发区内的交通需求通过地面道路满足。

大河西综合交通枢纽规划设计理念与原则为：①依托客运的用地综合开发；②人车分流的人性化交通环境；③到发分流的简捷化交通流线；④功能整合的立体化枢纽空间；⑤分工明确的平衡性道路系统。

2　枢纽总体布局及交通需求

（1）枢纽区位分析

枢纽东临西二环、北靠枫林三路、西侧为玉兰路、南侧为规划支路燕航路。作为长沙市门户，大河西综合交通枢纽位于长沙市大河西先导区的“一心三极”的核心位置，位于先导区东西向交通走廊，是近期打造的重点区域之一；是长沙市西大门的重要交通窗口，是公路客运主枢纽站、公交枢纽中心、轨道交通等多方式的集散与换乘的综合枢纽（见图 1）。

同时，大河西综合交通枢纽位于先导区滨江新城与梅溪湖片的连接线的中轴位置，周边区域缺乏大型综合性商业配套，旺盛的客流需求将推动西站周边的开发与旧城更新（见图 2）。西站枢纽的建设应适应这种需求，依托客运西站的人流以及区位优势发展服务于周边及客运枢纽的商业配套功能，进行综合开发。

作者简介：肖和华，男，高级工程师。

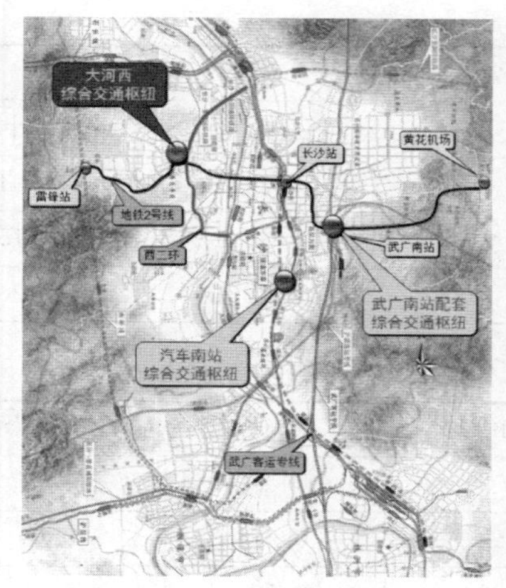

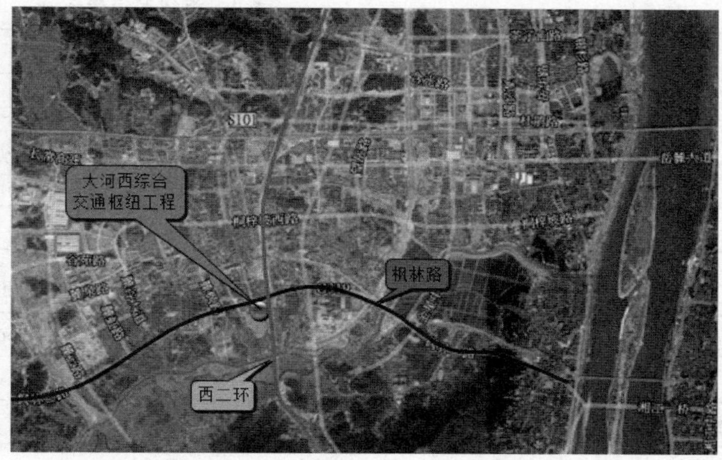

图 1　项目区位(交通区位)

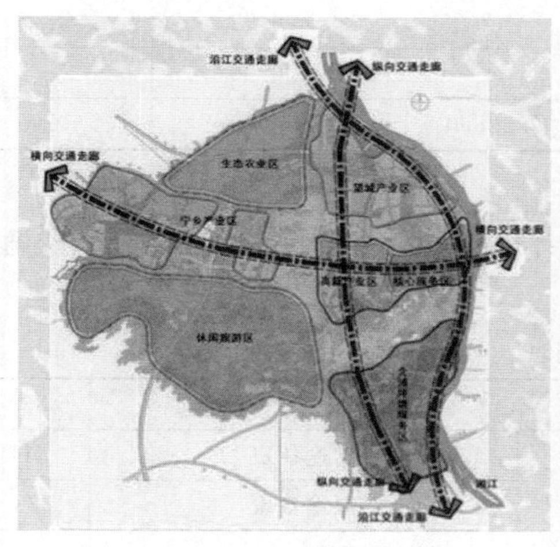

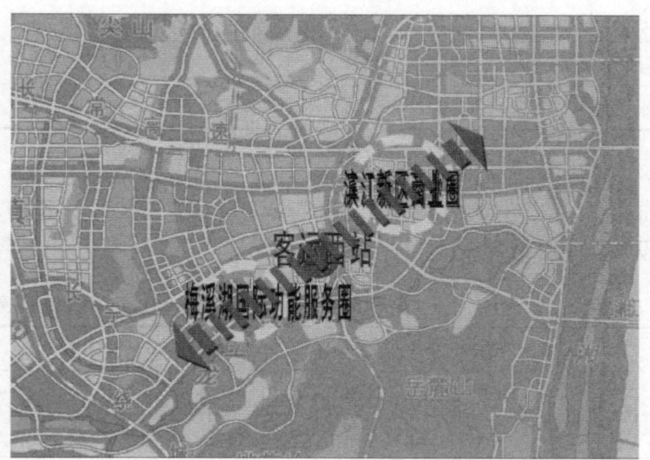

图 2　项目区位(功能区位)

(2)枢纽功能布局

由于西站是集地铁、公路客运、城市公交、小汽车等交通方式于一体的综合交通枢纽,同时依托客运进行高强度的商业开发,需对各功能部分进行整合并合理布局以构建功能完整、接驳顺畅的综合空间体。

大河西综合交通枢纽自上而下分别为高架平台、地面广场、地下交通层、地铁站厅层和地铁站台层;自北向南依次为加油站、车辆检测保养楼、公交楼、车辆备班楼、候车楼、换乘大楼,购物中心、写字楼、酒店式公寓等处于项目的东南部的综合开发商业体,与交通体通过廊桥相连接,真正实现 TOD 式新理念(见图 3)。

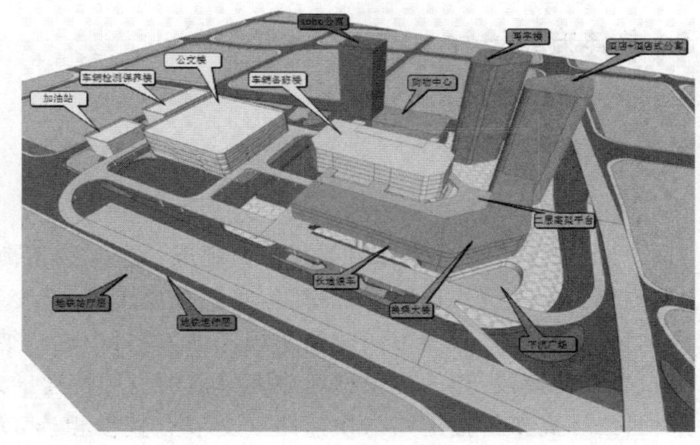

图 3　功能布局

(3)枢纽交通需求

枢纽交通需求预测包括两部分:①枢纽客运规模预测;②枢纽核心区道路系统的交通量预测。

根据同济大学对大河西综合交通枢纽进行的前期研究的预测结果,得到枢纽客运规模及枢纽核心区道路交通量(见表 1、表 2)。

表 1　枢纽客运量预测

高峰小时	公路客运(人次/h)	市内交通(人次/h)				
		公交	轨道	出租车	小汽车	小计
到达量	4288	7406	1949	780	1169	11304
发送量	5044	9575	2520	808	1512	14415
集散量	9331	16982	4469	1788	2681	25920

表 2　枢纽核心区道路交通量预测

西站综合开发	路段通行能力(pcu/h)		平均分配流量(pcu/h)		平均 V/C	
	东—西/南—北	西—东/北—南	东—西/南—北	西—东/北—南	东—西/南—北	西—东/北—南
枫林路高架	3137	3137	2024	2154	0.65	0.69
枫林路辅道	3035	3035	2411	2688	0.79	0.89
西二环辅道	2720	2720	2029	2529	0.75	0.93
玉兰路	2720	2720	2495	2035	0.92	0.75
游园东路	2008	—	1500	—	0.75	—
燕航路	1242	1242	978	890	0.79	0.72

(4)枢纽客运设施规模

根据同济大学的客运交通需求结论及《汽车客运站建筑设计规范》(JGJ—99)测算大河西综合交通枢纽的各设施规模,结果见表 3。

表 3　客运设施规模列表

发车位		66 个	备班数		339 个
其中	长途发车位	33 个	其中	长途备班	311 个
	短途发车位	33 个		短途备班	28 个
换乘大厅面积		9327m²	候车厅面积		6634m²
其中	地下一层换乘大厅面积	842m²	其中	长途候车厅	5183m²
	一层换乘大厅面积	8485m²		短途候车厅	1451m²
售票窗口(人工)		40 个			

3　总体方案设计

3.1　快速集散系统

(1)系统组成

整个快速集散系统有以下几方面组成:立交、高架衔接段、车道边、地面循环道路。

立交:与外围快速路系统衔接,实现车流转换,立交节点为西二环—枫林路立交,其中西二环为快速路,枫林路在最新的《长沙市快速路系统规划方案》中也已纳入快速路。

高架衔接段:作为提供枢纽旅客集散的专用快速通道,主要采用全封闭的快速路形式,并分别通过枫林路、西二环高架衔接道路与快速路立交节点直接相连,为进、离场的车辆提供快速通道,并体现发分流的交通组织要求。

车道边:车道边是上下客,旅客进出交通中心实现人、车转换的区域。因受到建筑布局的限制,车道边资源非常有限,要求综合考虑、有效合理利用。枢纽内车道边分别布置在出发层、到达层和车库内。

地面循环路:在核心区范围,由西二环辅道、枫林路辅道、燕航东路、游园东路、玉兰东路形成地面循环道路系统,方便地面层交通,包括公交、出租、社会车辆进出枢纽。

(2)高架衔接方案设计优选

大河西综合交通枢纽总体设计方案自规划阶段至项目前期研究阶段,再到项目投标方案阶段、项目施工图设计阶段,经历了多轮论证修改,其中的高架衔接方案的衍生过程尤其体现了整个枢纽设计的优选过程(见表4)。

原规划阶段:该方案采用高架桥的形式为公交车进入公交枢纽开辟了专用通道,高架桥入口设置于枫林路处,并与公交枢纽的停车库二楼衔接。

前期研究阶段:从西二环—枫林路立交西南角的右转匝道上分流出一条匝道,在汽车西站站房前建设二层高架桥,并与二层的站房相衔接,设置下客区及下客的乘客平台;连接到二层公路客运停车场以及南边的公交停车楼,并设置下匝道与西二环连接。

项目投标阶段:基本维持前期研究阶段的方案,仅增加跨西二环、连接枫林路、可实现出站客运车辆快速由南往西转换的高架匝道。

项目施工图阶段:取消跨燕航东路、连接西二环的、可实现出站客运车辆由北往南快速转换的高架匝道。

表4 高架衔接方案优选过程

原规划阶段	方案评析	前期研究阶段	方案评析
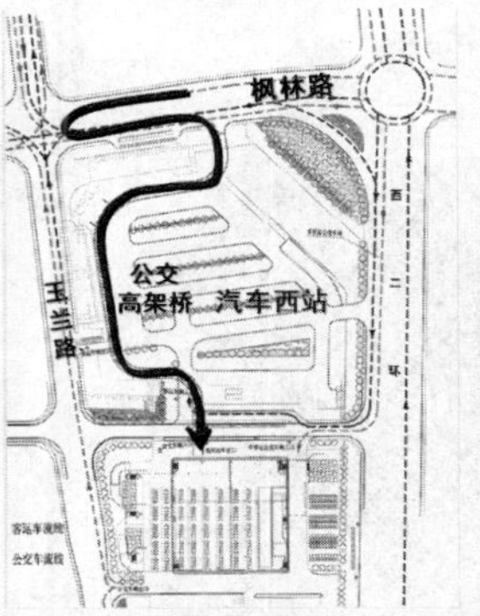	优点:一定程度上分离了公交与其他交通方式,方便了公交到达与公交客运站房的换乘 缺点:原方案的交通设施布局不合理,缺少对区域交通集散的整体考虑		优点:利用枫林路高架、西二环高架,增加联系客运站的高架衔接匝道,为长短途客运提供快速集散通道 缺点:客运高架桥只设一个往南的出口,客运车辆需往南行驶至金星南路然后掉头进入西二环,再到枫林路立交桥处进行转换,绕行距离太长
项目投标阶段	**方案评析**	**项目施工图阶段**	**方案评析**
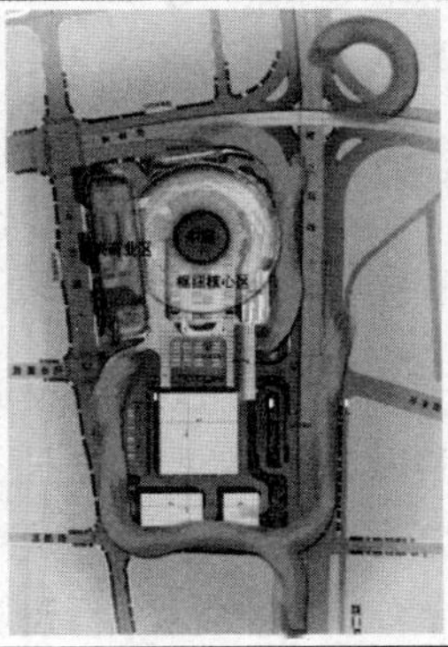	客运高架桥有两个出口,一个出口直接跨西二环后再往北进入环线,另一个出口为往南的客运车出口,大大缩短了绕行距离		受施工条件限制以及考虑南向客运需求较小,取消南下匝道

3.2 地面道路系统

与大河西综合交通枢纽相关的地面道路主要有枫林路辅道、玉兰路、燕航东路、游园东路和西二环辅道。玉兰路道路红线宽度30m,城市次干道,双向四车道。燕航东路和游园东路红线宽度为18m,车行道宽度为12m。根据枢纽地面交通组织的需要,燕航东路双向2车道,游园东路单向2车道。西二环辅道和枫林路辅道,主要服务于进出枢纽的地面层交通,皆设置2个车道。

根据同济大学交通仿真测试结果(见表2),地面道路系统运行良好。

3.3 枢纽核心区交通组织

长、短途车。长、短途客运交通通过二层客运高架桥进出站,短途发车区设置在车辆备班楼二层,长途发车区设置在换乘大楼二层发车平台(见图4)。

公交。公交在地面层进入,地面层发车,公交下客区在站房东侧主入口外侧;公交发车区在已建公交停车楼一层，共设置19条公交发车线路（见图5）。

出租车。出租车下客区设置在站房东侧的地下一层，共设置4条车道，可同时停车40辆（见图6）。在公交停车楼的东侧设置的士服务区，为区域范围内的出租车司机提供临时休息的场所。

社会车辆。社会车车库主要设置在地下二层、局部在地下一层，共设置6个地下车库出入口（见图7）。

枢纽内部人流组织。长途到站区设计在西二环与游园东路相交的高架平台上，下车旅客可通过自动扶梯下至地面层，转乘公交、出租、地铁和社会车辆。

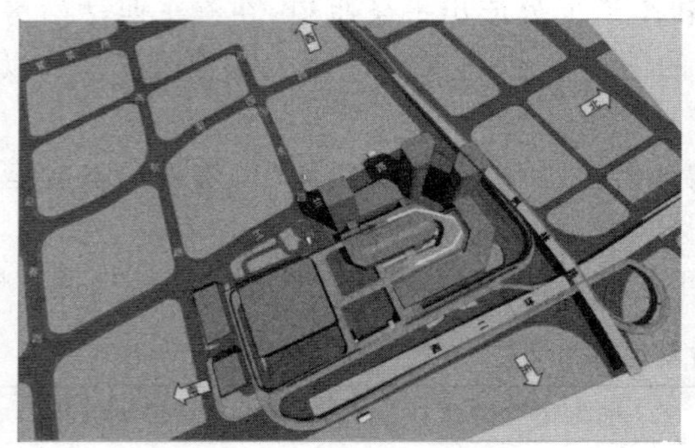
图4　长、短途交通流线

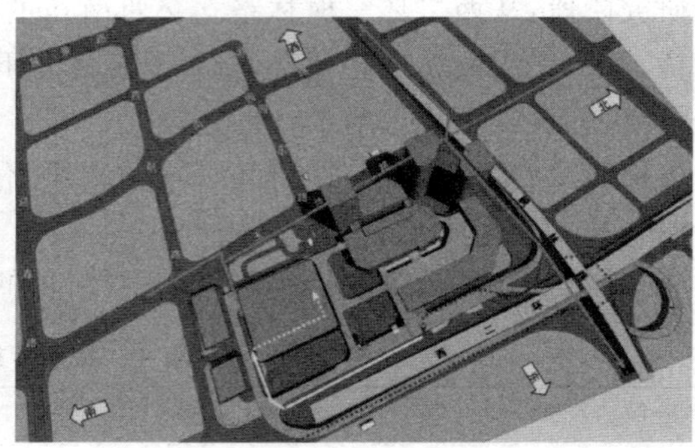
图5　公交车交通流线

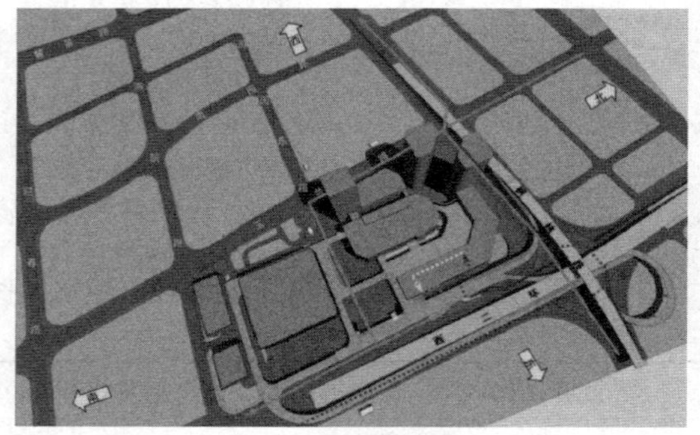
图6　出租车交通流线

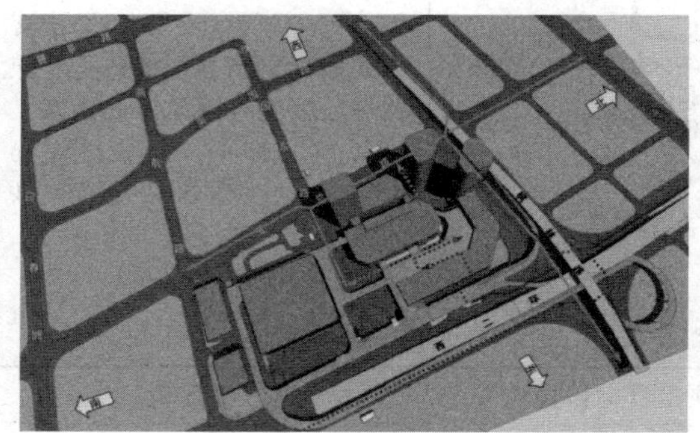
图7　社会车辆交通流线

4　结　语

长沙市大河西综合交通枢纽是集合国际先进设计思想和交通科技规划建设的试验性、示范性综合交通枢纽，使地铁（MRT）、快速公交（BRT）和长途客运、城市公交等交通方式高效交汇，换乘时间缩短至5min，换乘距离缩短至60m以内，努力实现“零换乘”或近距离换乘（见图8）。大河西综合交通枢纽的建成将成为先导区核心区的地标性交通枢纽。在其最终实施方案收获诸多褒奖的同时，作为设计者，对整个规划、设计过程出现的问题及经验进行总结，以供后人参考。

（1）首先需要明确枢纽功能定位，综合交通枢纽具有交通换乘量大、交通换乘方式多的特点。因此，分清枢纽各类交通换乘方式的主次，规划设计阶段结合现有条件进行针对性处理就非常重要。

（2）综合交通枢纽大量客流集散仅靠城市道路网的支撑远不能满足要求，在规划阶段将轨道交通引入枢纽，可有效发挥轨道交通大运量的特点，有效吸引旅客，减轻枢纽内、外道路交通压力。

（3）集约化资源利用，实现立体化多层次开发，使枢纽的各种服务功能及换乘需求均在枢纽范围内完成，降低枢纽流线组织对周边路口的交通压力。

（4）在城市枢纽周边地区的未来发展中，车站枢纽作为“城市触媒”，在带动周边地区发展时，应提倡“一体化”的发展，从而形成多空间、多功能的新城市空间，构建大型的、有机的综合城市体系结构。

（5）以人为本，构建完善的慢行系统，人车分离，提高客流换乘组织的便捷性、有序性、高效性。

（6）综合交通枢纽总体交通方案不是一蹴而就的，必须经过反复论证，把握好枢纽需求方向，综合考虑可实施性，方能形成最终有效方案。

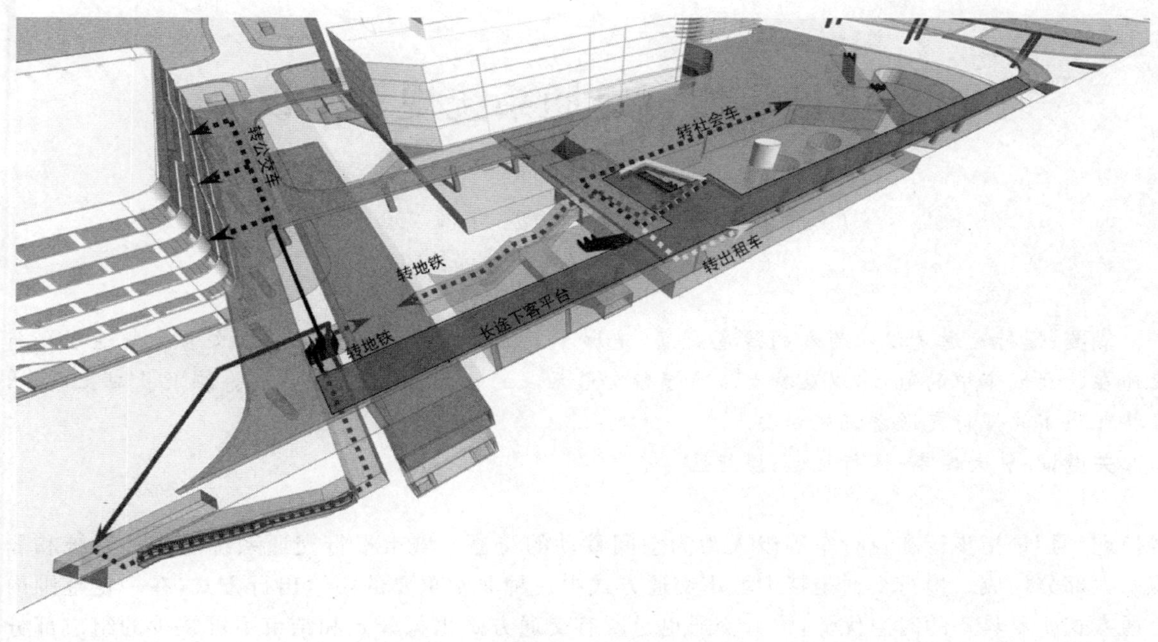

图 8 内部人流组织流线

参考文献

[1]肖和华,陈军,等.长沙大河西综合交通枢纽工程方案优化设计[R].长沙市规划设计院有限责任公司,2013.

[2]晏克非,黎冬平,等.长沙市客运西站综合枢纽交通总体规划方案[R].同济大学交通运输工程学院,2009.

[3]张胜,黄岩.上海虹桥枢纽道路及市政配套设施规划设计[J].城市道桥与防洪,2007.

[4]焦长洲.深圳北站综合交通枢纽总体设计分析[J].广东土木与建筑,2013.

特大城市慢行交通系统规划刍议

范季平

（上海市市政规划设计研究院，上海 200031）

摘要：慢行交通是以人为本的绿色交通，是城市交通的重要组成部分。本文首先阐述了慢行交通在特大城市中的地位，以及特大城市慢行交通系统的空间类型与规划理念；在此基础上，提出了特大城市的慢行交通系统规划要点。

关键词：特大城市；慢行交通；慢行区

"慢行交通"是指步行和自行车等以人力为空间移动的交通。城市慢行交通系统由步行系统和非机动车系统两大部分构成。慢行交通是特大城市交通方式中一种非常重要的短途出行方式，在一定范围内具有其他交通方式所不具备的时空优势，慢行交通也是所有交通方式出行开始和结束不可缺少的组成部分，"公交(轨道)＋慢行"模式是特大城市交通发展的必然趋势和选择。伴随特大城市机动化进程的推进，片面强调车辆通行效率的交通设计与管理手段给慢行交通出行者带来极大的不便甚至是生命危险，基于慢行交通出行者的人性化交通环境亟待改进。

1　慢行交通在特大城市中的地位

(1)慢行交通是特大城市综合交通系统的重要组成部分，也是其他交通出行方式的重要衔接方式。步行交通是重要的短途出行方式，在一定范围内较其他交通方式占有优势，且是其他交通方式中不可缺少的交通环节。非机动车是人们短距离出行的代步工具，也是公共交通的重要保障[2]。

(2)慢行交通是特大城市绿色交通发展战略的重要组成部分。步行是居民最常采用的出行方式，步行交通节能环保，是绿色交通的首要构成因素。非机动车具有人力或电力驱动、无废气排放、噪音小的环保优势，而机动车虽然提高了出行效率，但是带来了一系列诸如大气污染、噪声污染等问题。

(3)慢行交通中的步行交通是特大城市社会游憩活动的重要环节，在不同的公共活动区域应重点予以保障。步行交通的活跃与否关联着城市中各类用地的繁荣与便利程度。步行交通是交通枢纽、轨道交通点、商业和旅游文化区域、居住社区等人员活动密集区域重要的联系纽带，只有确保这些区域的步行设施连续、便捷、安全，城市才有活力。

(4)非机动车交通是特大城市公共交通的辅助和补充。非机动车具有方便灵活、自主性大和可达性高的特点，能提高居民公共交通出行效率。电(助)动车在公共交通网络不完善的中心城外围郊区满足居民中短距离出行，弥补了远郊公共交通线网稀疏的不足。公共自行车租借系统解决了轨道交通站到达目的地"最后一公里"的问题，是公共交通的功能延伸。

2　特大城市慢行交通系统的空间类型与规划理念

(1)慢行交通的空间类型划分

慢行交通主要有以下 6 种空间类型。①慢行路径：指由步行、非机动车通行为主要功能的城市道路慢行交通通道，是城市慢行交通系统的骨架。②慢行节点：以慢行交通过街设施为主要功能的慢行关键点，包括过街天桥、过街地道、平面交叉口、行人二次过街设施等。③慢行区：以商业办公区、居住小区、学校、文化活动等积聚区为慢行吸引点，慢行区内的慢行交通处于绝对优势，慢行区外的交通是为使区内正常运作而产

作者简介：范季平，女，硕士，研究方向为道路网络规划与慢行交通专项规划。

生，是慢行交通系统中的主要运动器官。[1]④三级自行车道网：结合道路沿线土地利用性质和道路等级，将自行车道划分为三级，一级是分担干道流量、服务慢行区的自行车主通道；二级是衔接公共交通枢纽与公共交通的自行车辅通道；三级是兼顾交通与游憩功能的自行车休闲道。⑤步行交通网络：由步行路径与步行节点构成。⑥自行车交通网络：由慢行区与多级自行车道网络组成。

(2)慢行交通的规划理念

建立以人为本的环境友好型慢行交通系统。应以人为中心，以人的尺度来衡量城市慢行交通现状与未来发展空间，制定出符合人性化原则的慢行交通规划内容。既能满足以步行和非机动车出行为主的人对道路使用的需求，又不妨碍机动车的发展空间，使两者能和谐有序地发展。

合理组织慢行空间要素，促进慢行系统的和谐发展。如图1所示，步行交通的形态由步行路径与节点围合慢行区而成，非机动车交通形态由自行车道贯穿慢行区而成，因此，慢行交通系统要考虑在整个城市空间层面下的点、线、面完整和有序的构成。

构建城市线性绿色开敞空间的健康绿道。结合特大城市的水系、山体、田园、林地、自然保护区、风景名胜区、城市绿地以及历史文化古迹等自然和人文资源，构建集生态保护、体育运动、休闲娱乐、文化体验、科普教育、旅游度假等为一体，供居民、游客步行和骑游的绿色廊道。

结合城市发展面临的问题，制定有特色的慢行交通措施。针对大城市轨道交通发展面临的“最后一公里”问题、旅游景观等资源需要串联等城市发展的掣肘，采用公共自行车租借等方式来化解难题。

因地制宜的慢行交通管理措施。电(助)动车在大城市中的发展是对公共交通的补充，也是对公共交通的挑战，只有制定合理的分时段、分区域的管理办法，才能有效地平衡电(助)动车在城市中的发展。

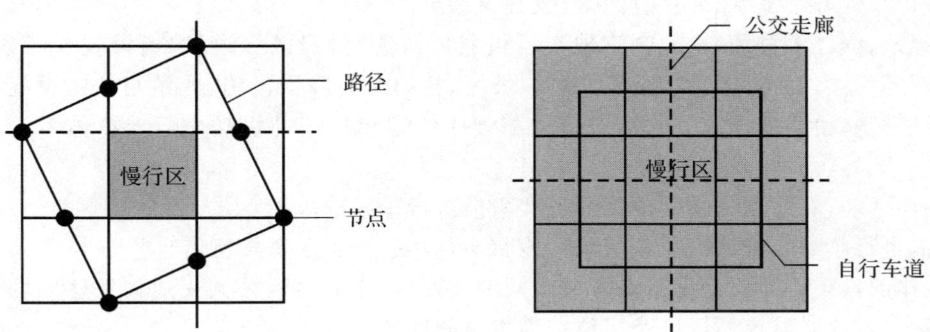

图1 步行交通与非机动车交通的空间要素

3 特大城市的慢行交通系统规划要点

构筑特大城市安全、公平、便捷、舒适、优美的慢行出行环境，使其逐步走向系统化、舒适化和有序化，有助于成为绿色、健康、可持续发展的现代化国际大都市。为此，本文提出了符合特大城市的慢行交通系统规划要点。[3]

(1)梳理步行路径，解决好慢行节点问题，合理布局步行过街设施间距与设施类型

慢行区的划分需考虑城市土地利用、客流活动、道路等级等情况，应处理好慢行区内部路径的引导、梳理，改善慢行区内部行人的步行环境，对滨水、绿地、商业等步行有利因素应加强步道的贯通，结合绿化、广场、驳岸建设步道，形成与环境相融合的步行空间，加强商业街区断面改造、扩大人行道宽度、严格限制非机动车进入等措施；对慢行区对外沟通区域，减少干道对城市居民生活的影响，做好干道人流的引导。节点的慢行交通主要是处理好行人过街设施，行人过街设施要考虑安全性、便捷性，应结合道路等级、用地类型及步行强度来确定干道过街设施的间距和过街设施的长度，结合道路级别、行人类型、环境条件等选择平面过街设施与立体过街设施(见图2)。中小学校前应规划天桥过街，社区与大学校门前采取平面过街；结合快速路下地面主干路的中央分割带建设二次过街设施；结合轨道站厅与出入口设置情况建设地下过街通道；结合商业区的经济优势、风貌区的景观要求兴建立体过街设施，构建中心城核心区的地下步行系统。

(2)结合城市空间布局与土地利用发展，合理布置多层次、多功能的非机动车通道网络

非机动车通道网络规划依照“分流、联络、舒适”的原则划分慢行区，将非机动车通道网络划分为自行车

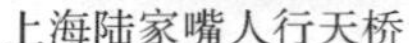

上海陆家嘴人行天桥

德国二次过街

图 2　因地制宜的人行过街设施

主通道、自行车辅通道和自行车休闲道。自行车主通道组织慢行区对外联系，为非机动车提供相对宽敞、安全的通行空间，其布局主要考虑加强各慢行区之间的联系。自行车辅通道是与公共交通衔接的非机动车通道，为公共交通提供多通道、高保障度的路径服务，其布局主要考虑保证慢行区内部非机动车交通的通达性及与公共交通的有效衔接性。自行车休闲道兼顾交通与游憩，布局上应结合旅游、商业、滨水、绿地等休闲文化娱乐设施，路面铺装方面更多地考虑骑行的舒适性。

(3)结合城市线性开敞滨水、绿地空间，建设健康绿道

结合城市绿地、滨江等资源，因地制宜地布设供居民游憩、健身的绿道，绿道设置要考虑贯通、安全、有特色和经济合理等因素，绿道的材料、色彩、宽度、坡度、盲道与无障碍设施、驿站与休闲设施、标示系统等均需深入考虑居民健身、游憩的需求；同时，应提供与健康绿道相适应的机动交通支撑体系，方便居民进出健康绿道网络。

(4)建立规模适度，有差别的使用政策的公共租借自行车系统规划

将公共租借自行车纳入公共交通系统统筹发展，在功能上区分公共租借自行车与个人自行车，坚持政府规划、市场运作的模式。建议建设重点为城市外围及郊区，中心城区公共交通欠发达区域也可试点建设。在郊区的布设重点可放在城市新区以及岗位较为集中的区域。

图 3　上海街头与张江地铁站的公共租借自行车停靠点

(5)合理引导电(助)动车发展

在特大城市中心区域，应加强电(助)动车的使用管理，结合非机动车相应的管理办法加强电(助)动车的使用管理。①持续加强路面执法管理，不间断地组织开展全市性、区域性、时段性集中整治行动，严厉查处电(助)动车等非机动车闯红灯、逆向行驶、占用其他车道行驶等交通违法行为。②不断完善道路交通组织，在开展日常执法整治的同时，坚持“梳”、“堵”结合，力争通过改善非机动车道路通行环境规范行车秩序，针对近年来各类大型市政工程项目对交通组织带来较大影响的情况，在对机动车采取路段禁行或远距离绕行等措施时，最大限度地保留或开辟非机动车通道，尽量满足施工区域非机动车的通行需求。③加强交通文明宣传教育，定期开展全市性交通安全宣传活动。

在城市外围及郊区，应加强非机动车交通设施建设。①提高规划道路的非机动车道宽度标准，避免1.5m宽非机动车道的存在。②在对新建、改建道路进行交通设计审核过程中，对具备相关条件的道路，严格要求有关部门同步加装和完善机非隔离护栏，为电(助)动车等非机动车按车道行驶创造条件。

4 结 语

未来交通系统将更多地融入我们的生活空间中，特大城市的交通发展目标，不只是继续强化机动车交通，对于回归人力、回归自然的步行和自行车交通也将是发展重点。在道路上，我们可以随着小汽车疾驰，可以在道路上凭听车轮徐徐骑行，也可以在路边小憩。总之，在特大城市的交通系统中，我们不只是行色匆匆的路人，还可以是悠闲宁静的归人。因为我们拥有一个安全、舒适的慢行交通环境，无论年轻力壮、还是老幼妇孺，皆能共享。因此，推动慢行交通系统是当前及未来特大城市交通的发展重点。

参考文献

[1]中等城市慢行交通系统规划分析[J].交通科技与经济，2011.

[2]上海市城市综合交通规划研究所，上海市市政规划设计研究院.上海市综合交通体系规划[R].2010.

[3]上海市市政规划设计研究院.上海市慢行交通发展对策研究[R].2013.

公交都市条件下上海郊区新城公交站点设置问题与对策

侯德劭

（上海市奉贤城市交通运输管理所，上海 201400）

摘要：公交都市是未来城市缓解交通压力、改善城市环境的必然选择，公交站点是服务于公交都市的连接点和服务终端。本文从公交都市建设的角度，分析了上海郊区新城公交站点设置存在的问题与特征，从规划层面提出了构建公交走廊，以公交枢纽、站点为中心引导城市土地开发的城市发展策略，从建设层面提出了公交站点与道路设施、建筑空间一体化建设的思想，并在公交站点具体设置中，针对选址、站点形式、站距等要素提出了建设性的建议。

关键词：公交都市；公共站点；对策

公交都市[1]是为应对小汽车高速增长和交通拥堵所采取的一项城市交通战略，已成为全球大都市的发展方向。其特点为：①具有高达60％及以上的公交分担率；②以快速交通引导土地利用和产业布局，以快速公交走廊引导人居集聚，以公交车站打造城市开发中心；③采取全方位的公交优先政策保证公共交通的优先发展；④采取包括限制小汽车过快发展、引导小汽车合理使用的管理措施。随着人口迅速增加，规模不断扩大，城市交通需求旺盛，道路交通拥堵日益严重，我国许多大城市都在实施公交都市计划。上海市也明确要确立公共交通在城市交通中的主体地位，建成与现代化国际大都市地位相匹配的“公交都市”。近年来，上海郊区在开展以低碳、生态、智慧、宜居为理念的第三代新城的建设，势必要走在“公交都市”建设的前列。

公交站点[2]是公共交通服务乘客的起点和终点，是公交都市系统组成的重要节点，其设置是否合理关乎公交都市运行的效率，对市民出行的便捷性以及交通环境有重大影响。本文以上海郊区奉贤新城为例，从公交都市的视角对郊区新城公交站点存在的问题和对策进行研究。

1 现状公交站点存在的问题

目前，奉贤新城有公交线路 59 条，区域内公交线网总长度 383km，线网密度为 0.54km/km^2，中心城区线网密度 1.69 km/km^2，复线系数 3.45，万人车拥有率 4.9 辆。全区共设公交站点 2108 座，其中港湾式公交站 380 座；300m 站距站点覆盖率低于 10％，中心城区占其中的 59％。公交站点设置情况见表 1。

表 1 公交站点设置情况

公交站点总数	港湾式公交站点数	300m 站距站点数	中心城区 300m 站距站点数
2108 座	380 座	126 座	74 座

奉贤新城在城市化的过程中，由于交通系统规划滞后于城市建设，公交站点存在先建设后规划的情况，出现诸多不合理的现象，已经不能满足现状的交通需求，更不符合公交都市的建设要求。

（1）公交点选址不合理

①公交站点设在交叉口车辆排队等信号灯的一侧。中心城区约有 30％的公交站点设在车辆排队等候信号灯的道路一侧，公交车在此停靠给排队车辆带来影响，特别是在 4 块板以上的道路，公交车停靠后要直行或左转弯就必须变道，既对正在排队的车辆造成干扰，又使尾随车辆被迫等候，造成车辆无法快速驶入交叉口，既存在安全隐患，又造成无端延误，个别站点已经成为城市交通拥堵的重要节点。

②公交站点与交叉口渠化缺乏一体化设计。中心城区有 20％的公交站点离交叉口停车线过近（小于 30m），由于用地限制，在公交站点改造中未实施与交叉口一体化的设计，公交车辆靠站时，公交车挤占一条

作者简介：侯德劭（1972— ），男，工程师，主要从事交通规划管理工作。

机动车道，交叉口进口道车数变少，使得其他车辆行进困难，加剧交通拥堵。

(2)公交站距设置不合理

郊区的公交发展是一个从中心城往城乡伸展的过程，这就使得公交站点存在分布密度低、站距分布不均的问题。

①中心城区公交站点基本实现了 500m 站距的覆盖，但也存在部分路段公交站点过密，站距为 100～300m。过密的站距使得公交运行缓慢，影响了公交运行效率。且由于站点多，站点位置选择困难，不得不靠近交叉口设站。

②中心城以外区域公交站点覆盖范围不能满足市民出行需求。公交站点平均站距实际上大于 800m，最大的站距达 2000m，增加了居民的步行距离、候车时间和总出行时间，直接影响市民乘公交出行的便捷度。

(3)公交站点泊位设置不足

①公交首末站泊位设置不足。由于没有系统规划，公交首末站总数过少，且过度集中。目前，全区共设公交首末站 8 处，50%集中在中心城区，首末站的高度集中使得公交线网复线系数高。同时，由于用地不足，公交首末站的泊位数量严重不足，建设规模偏小，设施档次低。

②公交中间站泊位不足。由于公交发展滞后于道路建设，早先的城市道路很少设置港湾式公交站，基本都是在后来的道路改造中建成，这时候由于用地问题，大多数改造的港湾式公交站以单线路车辆停靠为主。但随着公交线路不断增多，同一停靠站停靠公交线路越来越多，公交站点泊位不足，多辆公交车到达时，车辆进出站困难，公交车辆占道上下客等现象严重，既造成公交运行缓慢，也造成道路交通拥堵。中心城区公交站点停靠线路数量统计见表 2，笔者选择环城东路曙光路站进行公交车停靠站延误观测，该站点有 10 条线路停靠，只有一个停车泊位(见图 1)。

表 2　中心城区公交站点停靠线路数量统计

停靠线路数量	1 条	2 条	3 条	4 条	5 条以上
所占比例	13.12%	23.34%	30.24%	22.52%	10.78

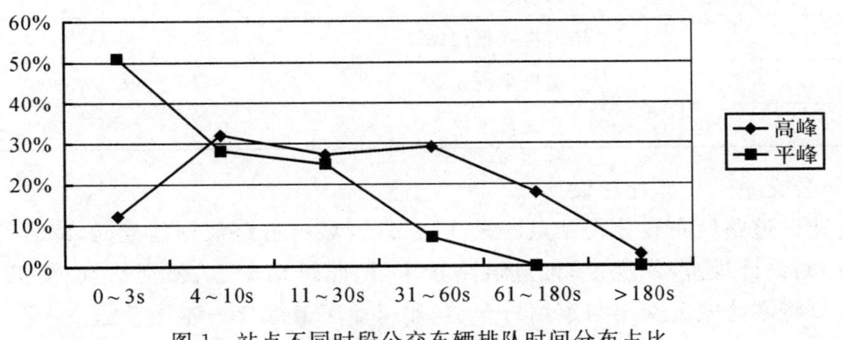

图 1　站点不同时段公交车辆排队时间分布占比

(4)公交站点类型单一

①公交枢纽、首末站主要以候车长廊为主设置，形式单一。人与机动车在同一平面通行，不可避免交错，给交通安全带来隐患。由于未进行交通枢纽的综合开发建设，枢纽、首末站的布局与城市大型聚居区、大型商业中心、重要公共设施等的协调不够，各自为政，缺乏统一考虑，与其他交通设施站点之间的衔接普遍存在换乘步行距离过长、换乘站位置和功能设置不能满足换乘需求、无法最大限度地发挥各种公共交通的综合效益等问题。

②公交中间站以非港湾式站点为主，90%为非港湾式公交站点，仅 10%为港湾式停靠站。非港湾式公交站点在一块板的道路主要沿人行道设置，在三板块道路上则大多沿机非分隔带设置。这些设置要么对行人安全造成威胁，要么对非机动车出行造成干扰，存在很大的交通安全隐患。

2　公交都市条件下的公交站点设置对策

目前，上海市郊区新城在争建公交都市，其目标是构建“多层次、多功能、多方向、多方式”的综合交通体系，公交站点是该系统中重要的连接点，是面向乘客的服务终端，其设置应该是使换乘更方便、更快速，在规划和建设中应做一体化考虑。

2.1 交通规划引领，以 TOD 模式进行城市土地开发

倡导公交优先，构建公交都市，必须重视交通规划的引领作用，公交枢纽、公交站点应与城市土地开发一体化规划，并在实施过程中得到体现、安排和落实。

①科学制定城市综合交通规划，突出公交走廊、枢纽的土地功能布局和土地性质，建立公交导向的城市空间形态结构，引导城市紧凑、高效发展。规划以快速大运量的轨道交通为骨干，以地面公交、慢行交通为补充的城市综合交通体系。做好公共交通设施用地控制预留，保证规划方案的整体协同性、布局合理性、控制前瞻性和实施可行性。协调公交走廊、线路、枢纽布局与道路网、步行、自行车以及停车换乘体系布局的协同关系。落实重要交通节点设置和换乘衔接，各种公共交通方式的功能分工。

②以公交走廊作为城市的发展轴，在新开发地块、重建地块、填充地块以 TOD 的理念来引领规划建设，促进人口居住和就业沿公交走廊两侧集聚，构建最佳“居住地＋公交走廊＋就业地”的出行组合，使 70％的公交出行集中在公交走廊两侧，实现紧凑型城市发展。

2.2 提升交通设施规划建设标准

(1)优化公交枢纽、首末站的布局及用地规模

便捷是公交都市的首要特征，随着郊区新城的城市化发展，单中心模式逐步被多中心模式取代，便捷的公交体系要求公交枢纽、首末站的布局也要多点均衡布局。特别是在新建的住宅、商业区、文体活动中心、轨道站点等区域必须设公交枢纽或首末站。不同的公交枢纽、站点的规模与周边的交通流量、站点等级、位置、功能、作用等相关[3,4]，考虑多线共用枢纽及换乘的方便，其用地规模可根据表 3 确定。

表 3 主城区公交枢纽、首末站用地规模取值范围

序号	类型	建设用地范围(m^2)
1	综合换乘枢纽	10000～20000
2	轨道换乘枢纽站	5000～9000
3	公交换乘枢纽站	5000～7000
4	公交首末站	1000～4000

(2)推行道路与公交站点一体化建设

要打破以往先建设道路后布设公交站点的做法，在进行城市道路规划建设时，综合考虑《城市道路设计规范》、《城市公交场站设计规范》的规定，推进道路行车道、非机动车道、公交站点、交叉口一体化设计与建设。在路段和交叉口将港湾式公交站与道路行车道、非机动车道综合一体化考虑。

(3)扩大公交站点的覆盖范围

快速是公交都市的重要原则，对于乘坐公交来说主要体现为乘客步行到公交站点的时间和乘坐车时间最短(优)。研究表明[5-7]公交站点之间的距离不宜过长也不宜过短，应根据实际情况进行调整。高密度住宅区、商务区等核心区客流密集、乘客乘距短、上下站频繁，站间距宜设置为 300m 左右；中心城区公交站点间距宜为 300～500m；在中心区边缘区域，站间距可适当增加至 800m。快速公交线路各站点之间的距离应该为 800～1600m，既能满足快速公交行驶速度较快的要求，又能照顾到沿途乘客方便乘车的需求。在设计公交站点的实际过程中，还应该考虑换乘站点、过街人行横道等因素。

2.3 根据不同交通环境合理选择公交站点位置和形式

(1)公交站点位置和形式的选择

公交站点的布局有设置在十字路口附近和设置在路段(远离十字路口)两种选择。[8-11]

①公交站点设置在交叉口的位置选择。公交都市建设需要让乘客快速到达公交站点乘坐公交，因此，条件许可的情况下，公交站点应优先设置在交叉口附近，便于乘客快速通过人行道到达公交站点。新建交叉口，公交站点应尽量设置在交叉口下游，且与交叉口做一体化设计，可采用设置在机非隔离带和设置在人

行道上两种方式，与交叉口的距离应大于 50m，若在主干路则要大于 100m，出口道有拓宽的则不小于 15m。若公交车流量较大，公交站点应优先考虑设置在进口道附近，以避免公交车在下游停靠时，其他后续车流容易产生堵塞交叉口的现象，距离交叉口的距离：在次干路，不少于 70m；在主干路，不少于 100m。

②公交站点在路段的位置选择。设置非机动车道的道路，公交站点可沿机非分隔带设置，且设置港湾式公交站，根据机非隔离带和非机动车宽度，可选择挤压隔离带或者非机动车道宽度。未设非机动车道的道路，公交站点可沿人行道设置。当非机动车的流量较小时（<1000vel/h），可设置港湾式公交站，适当挤压人行道宽度；非机动车流量大时，可设置直线式公交站。按《城市道路设计规范》规定，在路段上设置公交站点，上下行对称的站点宜在道路平面上错开，即应交叉设站，错开距离应不小于 30m；同时，为方便公交乘客异向换乘，错开距离不应大于 100m。

(2)公交站点泊位数的选择

《城市公交场站设计规范》仅对公交站点泊位数设计做了一般性的规定，而文献[12,13]的研究更能体现对公交都市站点泊位的设计需求，公交站点泊位数与交叉口绿信比、公交车辆的平均停留时间等因素有关。中心城区公交站车辆停留时间约 30s，由此计算路段、交叉口公交站点泊位数和通行能力（见表 4、表 5）。

表 4　路段公交站点港湾式泊位数与通行能力

泊位数(个)	1	2	3	4	5
有效泊位数(个)	1	1.7	2.25	2.4	2.5
通行能力(辆/h)	75	127	169	180	187

表 5　交叉口附近的公交站点港湾式泊位数与通行能力

泊位数(个)	1	2	3	4	5
有效泊位数(个)	1	1.9	2.55	3.2	3.75
通行能力(辆/h)	60	114	153	192	225

设置中，公交车标准车长为 12m，铰接车的标准车长为 15m，站内公交车辆之间的安全距离一般取 3m，则一个标准泊位长为 15m，有条件的设置为 18m。

2.4 采用先进的公交站点开发模式

(1)采用交通综合体开发模式建设公交站

借鉴中国香港、新加坡等城市建设的经验，新建地块的公交枢纽、公交站建设采用综合体开发模式，充分利用地下、地面、地上三重空间，形成交通、商业、住宅一体化的空间，有效发挥土地综合效益，节约城市用地。

(2)结合城市广场统一布设公交站点

通过土地整合利用，将公交站点结合城市广场整体布设，加强人流集结区域城市节点建设，形成一定规模的交通集散广场，提高周边居民使用公共交通和公共开放空间的便利度。

(3)加强公交站点与其他交通设施的衔接

优化综合换乘，鼓励高效出行方式的转换。通过精心设计的步行系统，将轨道交通站、公交站与商业设施结合，实现交通枢纽内部各种交通方式之间的便利换乘，提高换乘效率。

3 结　论

当前大城市交通拥堵越来越引起人们的关注，公交都市是缓解交通拥堵的必然发展方式。因此，提前规划布局，从公交都市的角度研究公交站点建设是一个重要的课题。本文以上海奉贤新城为例，分析郊区新城公交站点的设置特征及其存在的问题，提出相应对策，对建设低碳、生态、宜居的上海第三代新城具有一定参考意义。

参考文献

[1]罗伯特·瑟夫洛.公交都市[M].北京:中国建筑工业出版社,2007.
[2]宋世辉.公交站场布局规划研究[D].重庆:重庆交通大学,2009.
[3]石红文,罗良,鲍同.公交中间站类型与规模的确定方法研究[J].交通运输系统工程与信息,2007,7(2).
[4]张晓达,景啸.城市公交中途站合理规模研究[J].城市交通,2009(5).
[5]陈学武,葛宏伟,芦方强.公交停靠站点站位优化设计方法[C]//第九次全国城市道路与交通工程学术会议论文集,2007.
[6]钱小兵,李淑庆,李家顺.大型房地产项目公交站点配置研究[J].重庆交通大学学报,2011,29(5).
[7]常瑶.西安国际港务区公交站设置研究[J].公路与汽运,2013(4).
[8]税文兵.公交停靠站通行能力研究[J].城市公共交通,2011(10).
[9]彭国雄,莫汉康.城市公交停靠站设置常见问题及对策[J].交通运输工程学报,2001,(9):77-80.
[10]西安市城市规划研究院.西安国际港务区发展远景规划[Z].西安:西安市城市规划研究院,2009.
[11]美国交通研究委员会.公路通行能力手册[M].任福田,刘小,译.北京:人民交通出版社,2011.
[12]任其亮.公交停靠站泊位数确定方法研究[J].交通运输系统工程与信息,2008,8(5).
[13]柴茜.公交站台能力与道路交通流关系模型研究[D].北京:北京交通大学,2009.

大数据时代的城市交通规划及其在天津的实践

万　涛

（天津市城市规划设计研究院交通所，天津 300201）

摘要：本文首先分析了城市交通规划当前面临的困境，以及大数据条件下获取城市交通规划所需信息的可能性及数据源；在此基础上提出天津大数据条件下的交通调查体系。最后，以天津市为例，介绍了手机数据和出租车 GPS 定位数据两种主要的大数据源在天津城市规划中的应用。

关键词：交通规划；大数据；手机定位；GPS

2008 年 9 月，《自然》杂志推出了“大数据”封面专栏，讲述了数据在数学、物理、生物、工程及社会经济等多学科中扮演的愈加重要的角色。如今随着数据获取渠道的增多，相对低廉和高效的海量数据处理技术的出现，以及各个领域成功案例带来的示范效应，“大数据”已悄然成为在政府和企业界出现频率极高的“热门”词语。

对于以空间及人、物、信息在空间上的移动为主要研究对象的城市规划以及交通规划领域，各种与空间位置相关的数据都可能成为交通“大数据”的来源。目前已经存在的与空间位置相关的数据源众多。天津市手机通话和信令数据每天以 TB 级的速度生成，装配在上千辆出租车和公交车上的 GPS 装置每天也会产生上百 GB 的数据，微博、微信等社交网络也会生成大量与位置相关的数据。这些数据中隐藏着大量需要进行分析、整理、发掘的，对城市交通规划及城市规划有用的信息。在这个即将到来的大数据时代，需要我们用大数据思维去主动发掘大数据的潜在价值。

1　交通规划面临的机遇与挑战

（1）传统交通规划获取信息方法的局限性

在城市交通规划中，获取规划所需的基本信息的常用手段是交通调查。调查一般以城市中的全体交通参与者为对象，调查对象的总体非常庞大，因此只能采取抽样调查的形式，并在数据处理时通过扩样推断总体的信息。调查所需的成本巨大，信息的精度在处理过程中也会受到方方面面因素的制约。

进入 21 世纪，社会经济的快速发展使得人员空间流动的范围和特性与之前相比都发生了较大的变化。随着城市空间拓展以及滨海新区开发开放，远距离出行的情况开始大幅增加，机动化出行开始在城市交通中占到越来越大的比重；小汽车开始大量进入家庭，轨道交通等新型交通工具在城市中的出现和运营使得人们完成一次出行的可选择性和复杂性增加。与此同时，随着工作与生活节奏的加快和大量外来人口的涌入，不同类型的人群组织一日活动的方式也开始呈现出越来越大的差异性。在这种情况下，自 20 世纪 80 年代沿用至今的以出行为询问重点的居民出行调查表格所采集到的数据，在很多方面已不足以满足建模的需求和深入分析交通问题的需要。因此，需要考虑采用新的调查手段以应对发展形势带来的挑战。

手机信令数据、出租车 GPS 数据、公共交通刷卡数据、机动车停车场停车刷卡数据以及其他基于位置的信息的引入，使得全样信息的获取成为可能，信息精度也较传统的调查方法有大幅度的提高。更为重要的是，通过用户数据的关联分析，可以使我们对城市交通参与者的交通行为和习惯有更好的理解和把握，从而有针对性地设置面向不同类型人群的交通规划与服务，使规划发挥更大的效益。大数据时代的到来给传统交通调查带来进一步提高改进的契机，需要我们抓住时机，尽快构建面向大数据的综合交通调查体系。

（2）国内相关城市开展大数据调查的情况

目前，北京、上海、深圳、重庆等城市先后投入数千万资金开展相关“大数据”的关键技术及平台的研究、

作者简介：万涛，男，硕士，工程师。

应用发布系统的建设工作。北京于2005年建成全国第一个浮动车交通信息采集系统，目前该系统接入出租车、社会车辆和旅游巴士总计约4万辆，实现了北京市域路网路段速度信息采集，基于该系统的交通拥堵指数研究成果已向社会发布，并成为交通运行状况评价和信息发布的常规工作。上海政府正在做智能交通系统基础设施建设工作。上海市已经建立了交通综合信息平台，已经汇集了道路交通、公共交通和对外交通的静态和动态信息，建立了道路交通诱导系统，引导车辆选择合理的路径。深圳于2011年成立综合交通运行指挥中心，开始大数据应用的探索工作。这一指挥中心囊括了深圳全市24个交通信息化系统的海量交通基础数据，为缓解交通拥堵、制定交通方案提供了准确可靠的依据。重庆市综合交通信息平台目前已投入试用，该平台包括现状交通基础设施数据库、规划交通基础设施数据库、交通运行动态数据库等多项专题数据以及GPS浮动车处理系统、监控视频车流量处理系统、道路交通运行状态检测系统等多个子系统，以支持交通发展趋势分析和制定交通政策。

2 天津市发展大数据交通规划调查系统的设想

目前，天津可纳入基于大数据的综合交通调查体系的大数据源共有4种：手机信令数据、出租车GPS数据、包括轨道交通和常规公交在内的公共交通乘客IC卡刷卡数据以及公交车辆的GPS数据和收费停车场IC卡刷卡数据。通过对这些源数据的整合和处理，我们不仅可以分析天津市居民的出行行为特征与规律，而且还可以对天津市道路交通系统和公共交通系统的运行情况进行实时的监控和分析（见图1）。

基于手机信令数据的城市居民出行特征分析：可以通过对手机用户在各时间段不同空间位置停留的时间长度和出现频率的统计，判断用户家庭与工作所在地的位置，获得城市职住空间分布的基本信息；通过对不同地点手机用户到达时间与强度的统计，对不同区域的主导用地类型进行判别；通过手机信令数据蕴含的用户位置移动的信息，判别用户的出行频率、方式和目的，对替代传统甲方问讯调查的可行性进行探索。

基于出租车GPS的出租车运营与交通拥挤指数应用研究：获取出租车运营的OD矩阵及各种运营指标，分析出租车的运营状况；获取各路段的出租车运营车速，进而评估道路交通的拥挤状况，建立道路交通拥挤指数系统；对出租车的行驶路径进行分析，分析城市道路交通网络存在的问题并提出改进的意见。

基于公共交通IC卡刷卡及公交车辆GPS的公共交通规划与运营应用研究：构建更加精确的公共交通线路站点GIS系统作为开展进一步分析工作的基础；结合公交车辆GPS数据的位置信息和乘客刷卡的时间信息，定位乘客的下车地点，并使用相应算法推断公交乘客的出行OD信息，获取线网、线路以及站点层面的公共交通出行及运营信息；构建针对公共交通的运行评价指数系统，对城市公共交通的运行情况进行评价。

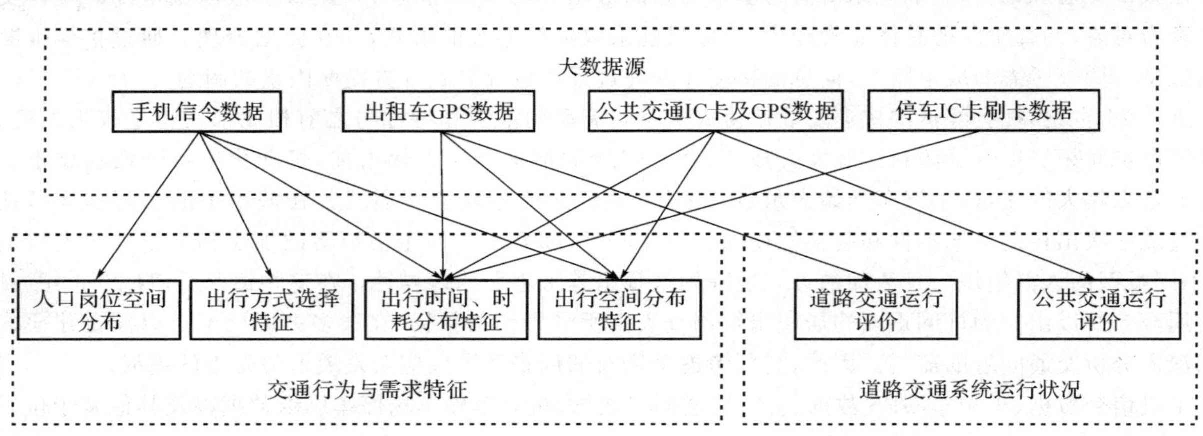

图1　面向大数据的综合交通调查体系示意图

3 大数据在天津城市交通规划中的应用

（1）手机定位技术对出行OD的分析

使用移动通信网络所记录保存的用户通话时间、提供服务的基站编号和位置等信息，结合城市的用地性质分析，获得城市内本地常住居民的居住地人口与工作岗位人口分布，外地人口的空间分布与逗留时间情况，以及天津市主要区域间的现状 OD 出行客流。该项调查的成果可用于校验抽样问卷调查以及交通模型推算出的城市人员出行数据的准确性与合理性，为城市交通规划提供基础性的工作资料。

为保证采用尽量多的样本，要求使用天津市全部 3 家移动运营商——天津移动(GSM＋TD)、天津联通(GSM＋WCDMA)、天津电信(CDMA)的手机数据。

分析处理连续多天长期夜间时间段手机数据，得到天津市本地手机用户夜间空间分布情况，识别本地手机用户居住地分布情况，并进一步扩样得到本地所有人口的居住地分布情况。分析处理多个工作日白天时间段手机数据，得到天津市本地手机用户白天空间分布情况，并对特殊人群做针对性处理，识别本地手机用户工作岗位分布情况，并扩样得到本地人口工作岗位分布情况。统计处理以上信息，得到中心城区、环城四区及滨海新区共 8 个大区间 OD 日客流交换量(见图 2)。

(2)出租车 GPS 对天津路网车速的研究

道路交通特性分析是城市交通管理研究中的基础性研究课题之一，交通流 3 个参数之一的速度参数是表征道路运行状态的重要指标，它比流量更能直观、准确地反映道路交通的运行状态。对其总体及其时变特征等的研究可以更加准确地了解城市道路的运行状况，为交通控制和管理措施的实施提供决策支持。

传统的线圈检测方式只能采集断面速度，无法获取路段平均行程车速信息。而人工调查需要耗费大量人力、物力和时间，实际操作难度相当大。

随着天津市出租车安装 GPS 设备的普及，能够实现对任何装有 GPS 终端的出租车进行实时监控和实时调度，具有轨迹和运营数据自动存储的功能。对获取得到的出租车 GPS 数据，进行轨迹回放、地图匹配等分析处理，就能获得路段行程车速和路段交通状态数据。

利用天津全市范围内 3300 台出租车历史 GPS 数据，进行天津市路网速度的计算，为把握全市范围全时间段道路运行状态(路段行程车速)提供定量化数据分析支撑。对不同等级的道路设定拥堵阈值、划分道路拥挤状态，可以识别出路网中的常发性拥堵路段(见图 3)。

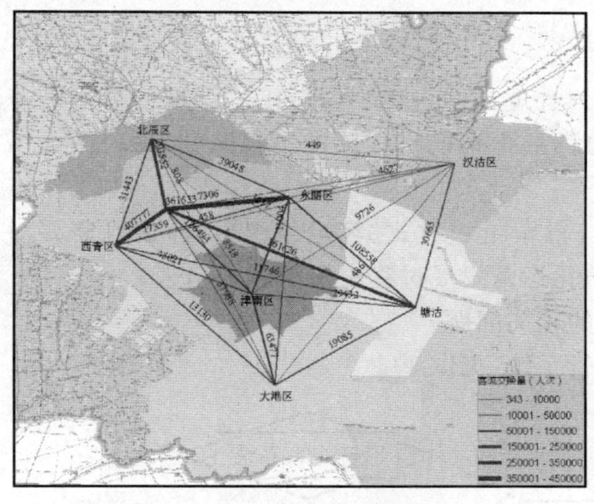

图 2　大区间 OD 客流交换量

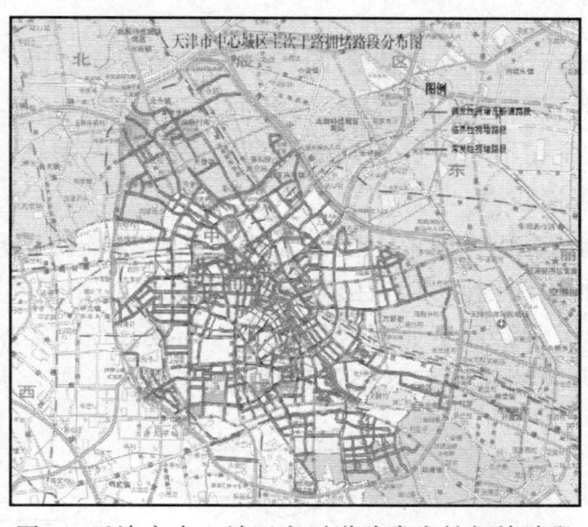

图 3　天津市中心城区主干道路常发性拥堵路段

4　结　语

天津市在第四次综合交通调查中已开展了手机用户出行调查、出租车 GPS 车速调查、基于出租车 GPS 的 OD 调查等工作，也对大数据的使用进行了探索，但总体来看相关研究的系统性不够，研究深度仍需加强。

参考文献

[1]STOPHER P R, GREAVES P S. Household travel surveys: Where are we going? [J]. Transportation Research Part A, 2007, 41: 367－381.

[2]STOPHER P R. Use of a activity-based diary to collect household travel data [J]. Transportation, 1992, 19: 159－176.

[3]天津市城市规划设计研究院. 天津市第四次综合交通调查报告[R].

轨道交通新线运营前期工作的分析及探讨

柴 彬 经 纬

（天津市地下铁道运营有限公司，天津 300222）

摘要：城市轨道交通区别于其他交通类型最显著的特征在于它完全依附于城市的建设及规划走向，其线路的可逆性及可变性几乎为零，用可持续发展的理论来约束这个产业有其必要性。如何使运营管理企业深层次地参与到新线前期工作中，形成支撑规划设计、施工建设的态势，并从终端用户的角度不断优化整个产业链，是企业管理者需要重点考虑的问题。本文从运营管理的角度出发，逆向分析城轨体系未来发展需解决的这一问题，并总结出建议性意见。

关键字：轨道交通；可持续发展；新线前期

自2000年以来，城市轨道交通高速发展十余年，总结发展城市轨道交通的一般规律，分为以下3个环节：规划设计、建设施工、运营管理。运营管理企业在逐渐完善日常管理既有线路运营的同时，还需总结相关经验，参与新线的规划设计、施工建设等运营阶段之前的相关工作，形成新线筹备的完善机制，衔接好运营前的各项工作，避免建、管分离所产生的矛盾问题。

1 运营管理企业发展规律及既有管理模式

（1）运营管理企业发展的一般规律及双向问题

运营管理企业随首条线路开通应运而生。初期，运营管理工作占其企业分工的全部内容。随着新线的建设，企业在不断扩容的同时逐渐面临两方面问题：一方面要保证既有线路的平稳运营，另一方面需筹备新线的过渡接收。

由此，运营管理者不仅需要熟练掌握设备使用规程、行车组织方式、客运组织方法，而且需要对新线保持极高的关注度及参与性。双向并行的模式在走向网络化运营发展过程中逐渐体现出来。

（2）运营管理企业现行组织架构及接收新线需解决的相关问题

国内成熟运营管理企业发展至今，逐渐形成六大运行系统（见图1）。

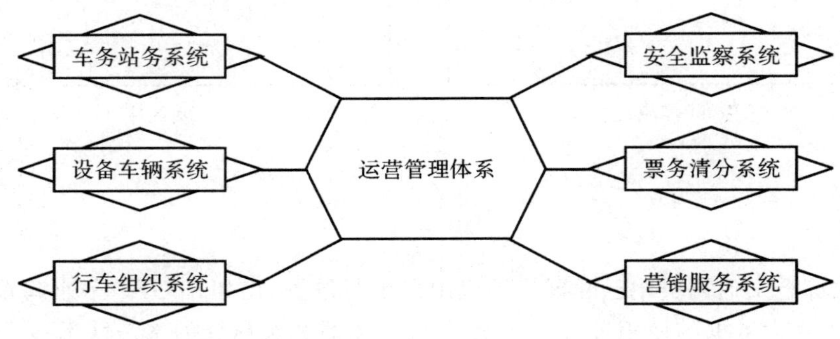

图1 国内成熟运营管理企业六大运行系统

该组织架构虽然可以满足日常运营的管理需求，但是并无专业模块负责介入以及接收新线，容易导致运营管理企业忽视这一前期组织环节，出现重运营轻筹备的现象。其原因为：①运营管理企业成立之初的架构以运营服务保障为主，新线筹备职能保留在建设架构中，因建、管分离的原因，运营管理企业暂无此职能；②运营管理企业建立初期，工作重点集中于首条线的运营，新线工作需求并不迫切，开展新线工作的时

作者简介：柴彬，助理工程师；经纬，高级工程师。

机尚未到来；③在未进入网络化阶段时，运营管理企业对运营的认识还处于摸索阶段，并不能提供深厚的运营经验以供前期工作采纳。

2 建立运营管理企业前期工作机制

(1)运营管理企业介入新线的重要性分析

新建一条地铁线路需要经历规划、设计、建设、安装、调试等过程，才能最终满足运营条件。这期间，运营管理企业召集各专业人员参与接收的准备工作，这一接收阶段以设备联调工作开始为起始点，此时所有土建、设备均已定型，实际上交给运营管理企业的已经是一个完全的成品，运营管理企业无法再根据自身需求进行大方向性的变更。

城市轨道交通的宗旨是服务于乘客。运营管理企业在长期服务过程中，总结积累了大量终端用户的体验感受，特别是在安全保障、应急抢险等方面的特殊需求，而这些宝贵的经验如能在设计之初、建设之中提供给设计者、建设者，让他们能够从源头想乘客之所想，克服自身局限性，会使地铁的设计建设水平逐渐提高，适应服务管理需求，全面提升服务功能。

(2)线路规划、设计及建设对调试与使用的影响问题

设计过程缺乏对运营使用方便性考虑问题。地铁的设计要求不完全等同于国铁，其设计理念应完全以乘客为本，不应照搬照抄国铁模式。如有的设计院为地铁员工独辟了进出段场的通勤车及通勤站台，但实际上，对于高密度行车组织精确到分秒必争的城市地铁，这种设计就显冗余。再如车站站型及出口设计，忽视了使用方面的便利性，使车站控制室位置不合理，造成了车站管理人员不能在最短的时间内到达重要点位；且某些出口位置的设置未充分考虑拆迁难度及施工难度，造成不必要的扰民问题。上述问题最终都会留给运营管理企业来解决，因为错失了在前期合理解决的时机，致使很难从根本上彻底改变，留下遗憾。

设备缺陷及周期性规划问题。地铁线路从规划设计到建设运营需经过数年之久，部分设备系统由于处在快速更新换代的时期，在设计时属于先进技术，但因缺乏对行业发展前瞻性的客观分析，致使开通时不得不面临升级的窘境，给运营、养管、维护造成额外负担，且部分设备的产品特性还需根据使用习惯重新调整。

土建遗留问题。当今越来越多的城市已经进入全面网络化运营时代，线网建设密度与日俱增，先进的规划选线设计理念被不断引进，并线走向、叠线发展、多线交叉换乘等趋于常态化，这就要求全面优化建筑施工精度、施工工艺、施工强度。建筑问题的出现，不仅短时间内无法恢复而且直接影响行车组织及客运服务，在快速交通发展时代不仅影响一个城市的应急体系，甚至牵动一个城市的神经。

保护区管理问题。为保障地铁行车安全，按照有关规定在地铁沿线有效范围内设立地铁的保护区管理制度，保障保护区内的所有施工不危及行车安全。地铁建设在规划伊始就面临保护控制问题，并贯穿整个建设阶段直至停车后。地铁管理方应统筹管理，全过程监控，最终将全部职责移交给运营管理企业，发挥保护地铁安全的作用。

新线与其他物业关系处理问题。新建地铁线路需考虑当地人口分布、规划布局、地质条件、拆迁难度、环境规划以及其他附属产业，不仅要发挥交通运输作用，还要承担促进及引导沿线发展的职能。将商场、超市、银行、写字楼、酒店、景区等众多物业嵌连，在规划与建设环节多由建设前期部门进行沟通及交涉，待交由运营方时发现存在很多需要协调的问题。

(3)运营管理企业在体系中需发挥的作用

根据既有运营经验，运营管理企业参与各专业系统设计方案，参与用户需求书制定，从运营角度给出合同谈判、设计联络的有效建议，协助设计、施工等单位的方案调整，提升地铁的整体功能。

运营方需积极、及时地给出设备使用反馈，建立完整的设备库，并从品牌选型、产品稳定性、生产周期以及供应商的发展迁移走向综合考虑，而非简单地按照适用性选择产品。

运营方应针对既有线路的土建设施情况总结出一套使用经验及易出现缺陷的改造名录，并在土建进场施工后，提出合理化建议，从建设源头要求建设单位做好隐蔽性工程及薄弱环节的安全把控。

运营管理企业长期接触综合枢纽、公交运营、国铁运营、机场运营等其他相关运营单位，参与制定大型乘客接驳、客运组织、人员疏散等应急预案演练，在运营经验上给设计环节提供理论支持。

运营管理企业需着重规划新线接收后的人员配备情况，保持人力政策一致性，在线路规划发展过程中，

进行人员订单式管理培养，最终潜移默化地融入新线工作中。

(4)建设与运营管理相结合产生的加成效应

建设与运营管理作为两个独立的企业，虽主体关系从属各自公司，但最终工作都是围绕开通运营这一个目标，那么就需要建立合作平台，使得运营管理人员能够及时掌握线路及车站施工工艺、施工进度、建筑材料以及土建设计变更等一系列工程内容，采用人员互访、交流机制，定期委派运营管理人员深入建设现场，参与设计需求会议，提供设备采购建议，从而缩减日后返工及改造费用。

3 运营管理企业设置机构解决体系内的关系

目前，部分地铁运营管理企业已经逐步建立新线前期筹备组织，抽调部分具备既有线路开通经验人员组成临时项目组，协调处理开通事宜，但仅限建设末期综合联调及试运行阶段。大量与新线可研、初步设计等与规划设计、建设施工这两个重要环节相结合的问题，就需由专业的新线筹备机构来进行完整运作。

(1)新线筹备机构的作用及职能

新线筹备机构的作用及职能：①负责参与新线规划、可研方案以及初设文件的制定，并给出运营管理建议及跟踪反馈；②建立运营管理单位设备、专家资源库，对既有运营设备、车辆、土建等设施进行运用评议，参与新线招投标及采购工作；③派驻专员跟踪建设进度，掌握建设工程工艺，结合运营需求参与制定新增及整改方案；④协助上级单位前期部门工作，协调平级建设单位的前期工作事宜；⑤制定接收新建线路相关管理流程事宜，总结归档各类技术资料并最终移交运营相关专业；⑥组织运营各专业人员进行新建线路综合联调工作事宜，搭建建设与运营对接渠道；⑦建立运营开通评议专家库，按照国家法律法规以及行业标准组织相关专家对新线运行及开通进行资质评议；⑧负责收集整理既有线路资料及分析数据，进行行业体系优化及风险评估管理；⑨组织进行外部交流与行业动态分析，协助企业制定计划及可持续性发展战略；⑩建立与其他同类企业及相关产业沟通的对话平台，进行行业阶段性评估，参与国际交流与新兴资源推荐。

(2)新线前期工作的演化过程

以天津地铁前期工作为例。自 2000 年成立集团公司以来，天津地铁建设初期设置运营管理部、规划前期部、工程建设部、造价合约部等重要业务部门。1 号线筹备开通项目期间，运营管理部逐渐独立出来，组建运营公司，负责相关开通筹备事宜，并于 2006 年 6 月 12 日试运营。2、3 号线建设伊始，为寻求新的模式来解决 1 号线后建设时期的遗留问题，建立了 2、3 号线前期工作组，完成了 2、3 号线从建设介入到筹备开通等一系列任务，为强化运营管理企业在开通前的前期筹备工作做了一次有益的尝试，并获得了很多实践经验。据此，新线筹备办公室于 2014 年正式成立，协助 5、6 号线建设相关事项，组织介入 4、7、10 号线及 Z1 线的设计联络、设备招标及其他相关新线工作事宜。

(3)新线筹备机构为运营管理企业及整体产业创造产业价值

新线筹备机构不仅可以缓解运营管理企业直接接收新建线路所面临的一系列问题，还可将运营管理企业的管理思路以及最终使用需求直接渗透到新线的前期工作中。该机构搭载了一个自规划设计开始到施工建设直至调试运行的贯通渠道，使运营管理企业不再作为独立的终端用户而脱离整个产业，并随着机构职能的不断完善及深层次地介入到前期工作中，形成一种运营支持设计、设计指导施工、施工交付运营的良性可持续发展态势。

4 结 语

运营管理企业参与整个产业的运作，是近年来地铁行业不断发展创新所产生的不可或缺的积极态势。从优化整合行业分工、优质完成工程建设、优良运营管理终端服务这 3 个层次宏观看待这一环节，不仅对运营管理企业提出了更深层次的人才素质及使用需求，也对企业管理者消除结构性及政策性的困难阻碍提出了更加积极的要求，且随着整个产业不断发展壮大，这一纽带型环节势必会出现。因此，产业管理者须在前期工作方面明确方向，积极探索，不断协调规划设计、建设施工、运营管理的关系，建立一套完整的前期筹备工作体系，实现地铁产业的可持续发展。

论城市街道命名

曹寿民[1]　罗孝贤[2]

(1. 台湾中兴工程顾问公司，台北；2. 台湾淡江大学运输管理学系，台北)

摘要：街道命名的考虑因素很多，可以大致分为主要考虑因素与次要考虑因素。主要考虑因素有方位性、方向性、扩张性、系统性、国际性与友善性等。次要考虑因素包括政治性、文化性、历史性与纪念性等。街道命名与街道型式(pattern)密切相关，棋盘式的街道型式与系统性的街道命名结合，其效果最佳；辐射式的街道型式或不规则的街道型式不易与街道命名发挥综效(synergy)。考虑周到的街道命名能够提供用路人最好的方便性，所以与都市交通关系密切。

本文以实例比较古今中外街道命名之异同。东方以北京与台北为例，西方以美国的华盛顿与纽约为例；并就比较结果提出建议，作为未来都市街道命名之参考准则。

关键词：街道；命名

命名是大事，无论是对个人或是对街道。就个人而言，命名是家族中辈分最高或最尊贵者的特权，姓名要随着人生数十年，不宜轻易更动，并且姓名涉及个人证件与资料的核对与有效性，因此命名时要考虑诸多因素。就街道而言，其存在可能千百年，街名或路名涉及许多人的共同记忆、历史记载、地址查核与信件投递，甚至影响房地产价格，更不宜随便更改，所以要慎重。

对道路使用者而言，有本地人与外地人，有初到者与久居者，设想周到的道路命名能够给用路人提供很大的方便，例如路名容易记得，用路人不会迷路。对市政管理单位而言，都市扩张是必然的趋势，所以道路命名系统必须考虑都市发展的未来性。对民众而言，文化水平与教育程度因人而异，而且差距甚大，所以道路命名应弃繁就简，舍难从易，从而符合全民的需要。

1　主要因素

街道命名的考虑因素很多，从用路人、居民与都市发展的观点，可以概分为主要因素与次要因素。主要因素包括系统性、国际性、友善性、扩张性、方向性与方位性等。

(1)系统性是指路名不是各自独立不相关的，而是有关联性，例如数字、字母、十二生肖、天干、地支等都有一定的顺序，最好是社会大众早就知道，并且耳熟能详。

(2)国际性是指世界的共通性，不同国家和地区有不同的语言与不同的文化。经过长期的发展与文化的融合，目前全球最通用的大概是阿拉伯数字，其次是英文。由于交通工具的进步，各国各地区之间来往密切，民众互访十分频繁，所以街道命名应该跳出单一城市或国家和地区的框架，要从地球村的概念出发。

(3)友善性是指容易记。由于医药卫生水平的提高，高龄化已是全球的趋势，记忆力衰退是高龄人口的特征，并且民众的活动范围日渐扩大，不像农业社会只局限于十分狭小的区域，所以路名应一目了然，易记难忘。

(4)扩张性是指街道的数目会随着都市的发展而增加，而且是从最早的市中心向四面延伸。若是街道命名没有系统性，则城市的不同地区可能出现相同的路名，容易混淆。若是系统太小，则可能不够用，如英文字母只有 26 个，生肖只有 12 种，天干只有 10 个字，地支只有 12 个字，天干地支并用则有 60 种组合。

(5)方向性是指用路人可根据相邻路名的改变立刻知道自己行进的方向，若是与目的地所在的方向不合，便可实时修正，不会迷路与绕道，以免增加道路的负担与浪费自己的时间。

(6)方位性是指用路人只要知道相交的两条街道名称，即可清楚掌握该交叉路口在该城市的明确位置。

作者简介：曹寿民，董事长；罗孝贤，副教授兼总务长。

2 次要因素

街道命名的次要考虑因素包括政治性、文化性与历史性等，次要因素与主要因素的不同在于次要因素是国家性、城市性或地区性的，主要因素则属于人类或全球的共通性。

（1）政治性是指街道命名与政治思想、事件或人物有关，如三民路、建国路、解放路、延安路等。政治本身具有高度的争议性，所以政治性的路名会因改朝换代或其他政治因素改变而显得不妥，以致需要更名。

（2）文化性是指路名与传统文化相结合，如四维路、八德路、仁爱路等。文化是经过长时间的陶冶洗练而形成的共识，所以经得起时间的考验，不会因时代变迁而变得不适宜。

（3）历史性是指借由路名反映历史事件或人物，如光复路、中山路、中正路、辛亥路等。历史性往往与政治性或纪念性并存，历史事件或人物在不同的时间或从不同的角度可能有不同的评价，因此亦容易引起争论。

3 实例分析

现存的北京城始建于明成祖时期，距今已有600年的历史。北京城分为内城与外城，如图1所示，其内城有正阳门、崇文门、朝阳门、东直门、安定门、德胜门、西直门、阜成门与宣武门等九个城门。垂直贯穿各门的街道，以城门区分为“内大街”与“外大街”，例如“东直门内大街”与“东直门外大街”；平行通过各门的街道则视其位于门的何方而命名为“北大街”、“南大街”、“东大街”与“西大街”，例如“安定门东大街”与“安定门西大街”，如图2所示。另外与“某门内大街”相接的次要道路，结合其位于该“内大街”的方向，又命名为“某门某方向小街”，例如“东直门北小街”与“朝阳门南小街”。由上可知，北京城的街道有“内外”、“东西”、“南北”与“大小”之分，更由门的名称可以知道“方位”所在，故其原本的命名方式颇具系统性与科学性。但是，当北京城逐渐向外扩张时，上述命名方式就难以为继了。

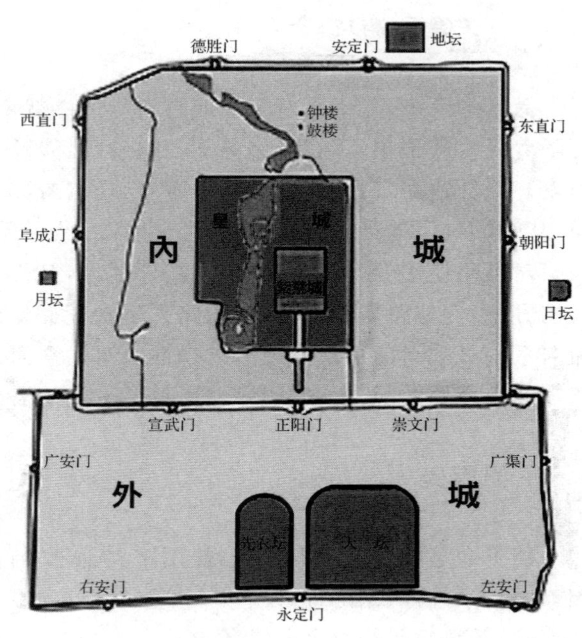

图1 北京内城九门图

中国台北市的街道命名可以分为新旧两个阶段。1945—1967年，属于旧阶段。当时台北市的行政辖区较小，其街道命名以祖国大陆的主要城市为依据，原则上各省的省会为优先命名对象，并以各城市在祖国大陆的地理位置对应同名街道在台北市辖区的地理位置，例如大理街在旧台北市的西南角，如图3所示。该命名方式颇有创意与系统性，但未考虑民众的地理知识程度，一般民众未必熟悉祖国大陆主要城市的分布情形，同时亦未顾及未来的城市扩张。1968年，中国台北市向东、向北、向南扩大，对于新纳入的外围街道则无法按照原方式命名。另外，中国台北市以中山南（北）路与忠孝东（西）路分别为南北向与东西向的中轴线，中山南（北）路以东与以西的同名道路分别称为东路与西路，例如“忠孝东路”与“忠孝西路”；忠孝东（西）路以北与以南的同名道路则分别称为北路与南路，例如“中山北路”与“中山南路”。

美国纽约市曼哈顿区的街道如图4所示，南北向的路称为avenue（大道），最东的街道是第一大道，自东向西逐条加1，共有12条大道，并以第五大道为中轴线，划分曼哈顿为东区与西区，第四大道经过Union Square后成为公园大道（Park Avenue），在公园大道东侧与西侧又分别增加莱辛顿大道（Lexington Avenue）与麦迪逊大道（Madison Avenue）；东西向的路称为street（街），从East Houston Street北边的E 1st St.（East First Street，第一街）开始，自南向北逐条加1，共有200多条街。该街道命名方式简单易记，对于外来访客非常方便，不易迷路，其命名以全球通用的阿拉伯数字为主，符合其国际性的特质。

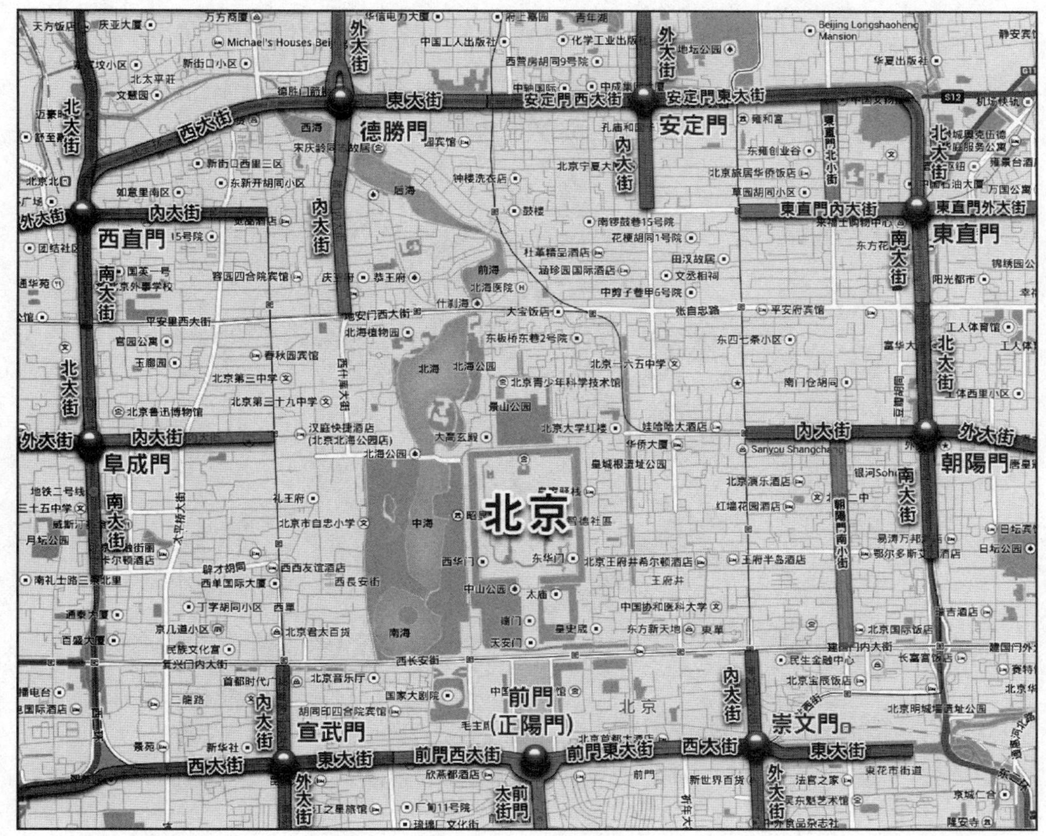

图 2　北京内城街道

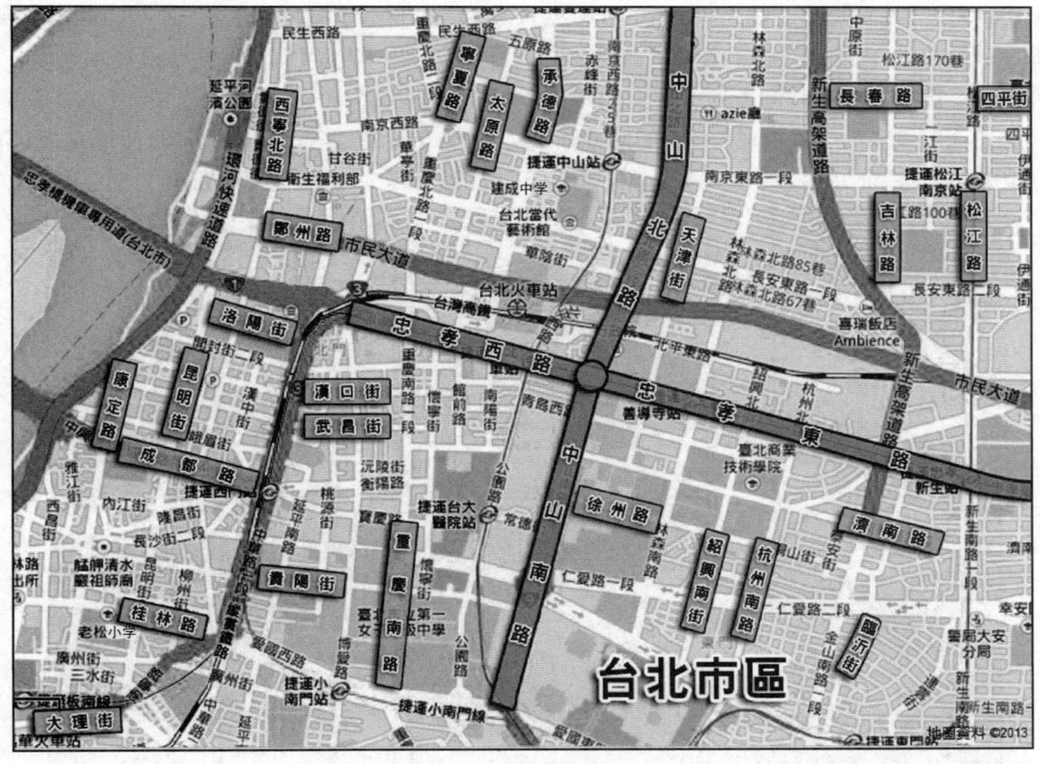

图 3　台北市街道

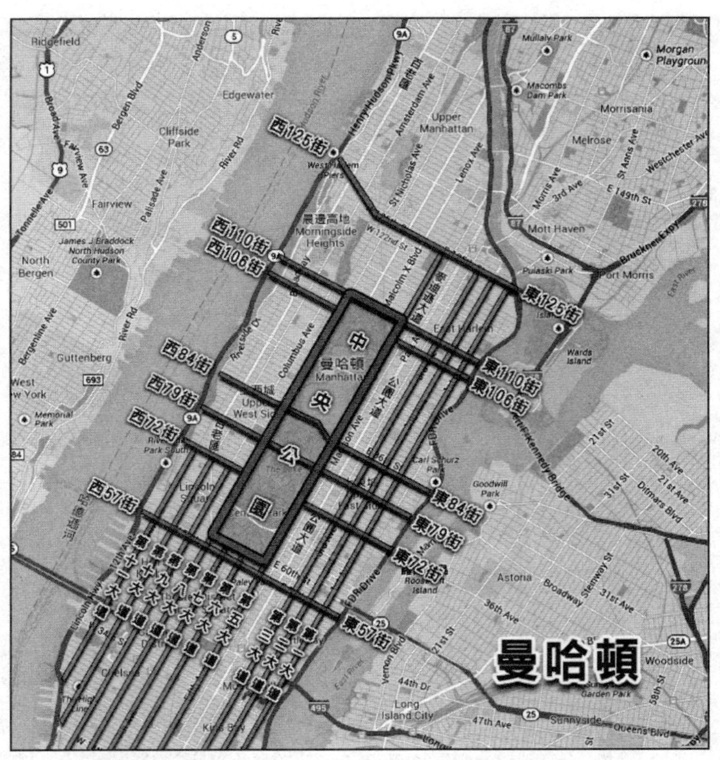

图 4　美国纽约市曼哈顿区街道

美国首都华盛顿的街道如图 5 所示。美国国会为全国最高权力机构，因此以国会山庄(Capitol Hill)为中心，以通过国会的街为中轴线，划分市区为东北(NE)、东南(SE)、西北(NW)、西南(SW)4 个区，其主要街道均称为 street，但东西向与南北向的街道分别用英文字母与阿拉伯数字表示，并且都以国会山庄为起点，向外逐条排序。数字没有限制，可以无限增加。英文字母只有 26 个，当 26 个字母用尽时，可以再从 A 开始，但不是只用一个字母，而是用以该字母开头的英文字，例如 A 改为 Adams 或 Abraham，B 改为 Bryant 或 Barbara，此法可突破 26 个字母的限制，如图 6 所示。由图 6 可知，华盛顿东西向的街道是街(Street，St.)与路(Place，Pl.)两个系统并用，街是主要道路，其系统是先按英文字母排序，再按英文字排序，故在 U St.、

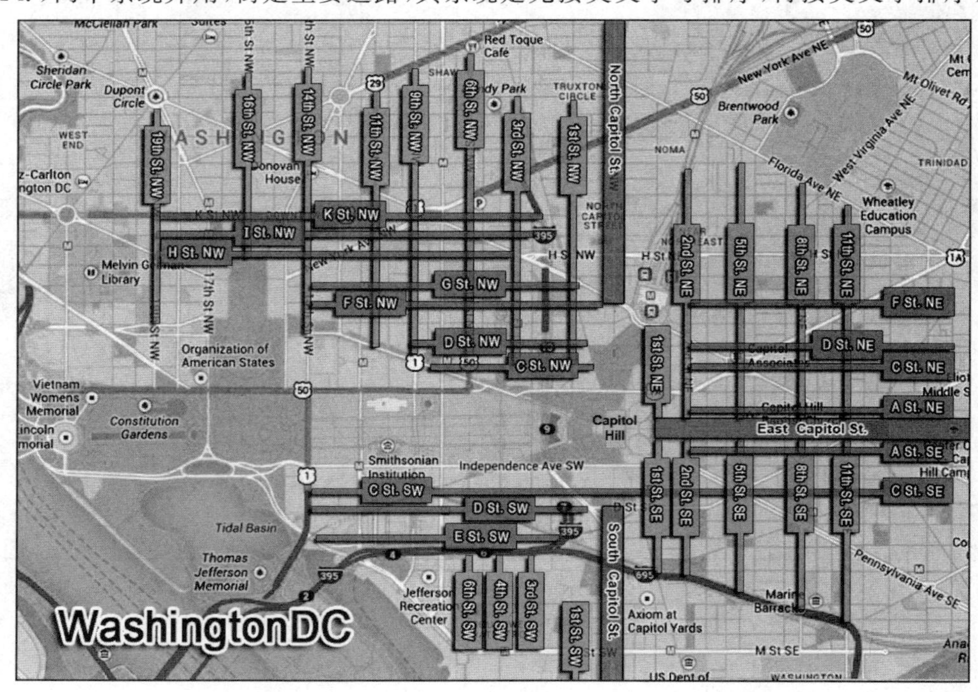

图 5　美国华盛顿街道(一)

V St.、W St. 之后为 Adams St.、Bryant St.、Channing St. 等；路是次要道路，其系统是按英文字的第一个字母排列，故在 Quincy Pl. 之后依序为 Randolph Pl.、Seaton Pl. 与 Todd Pl. 等。

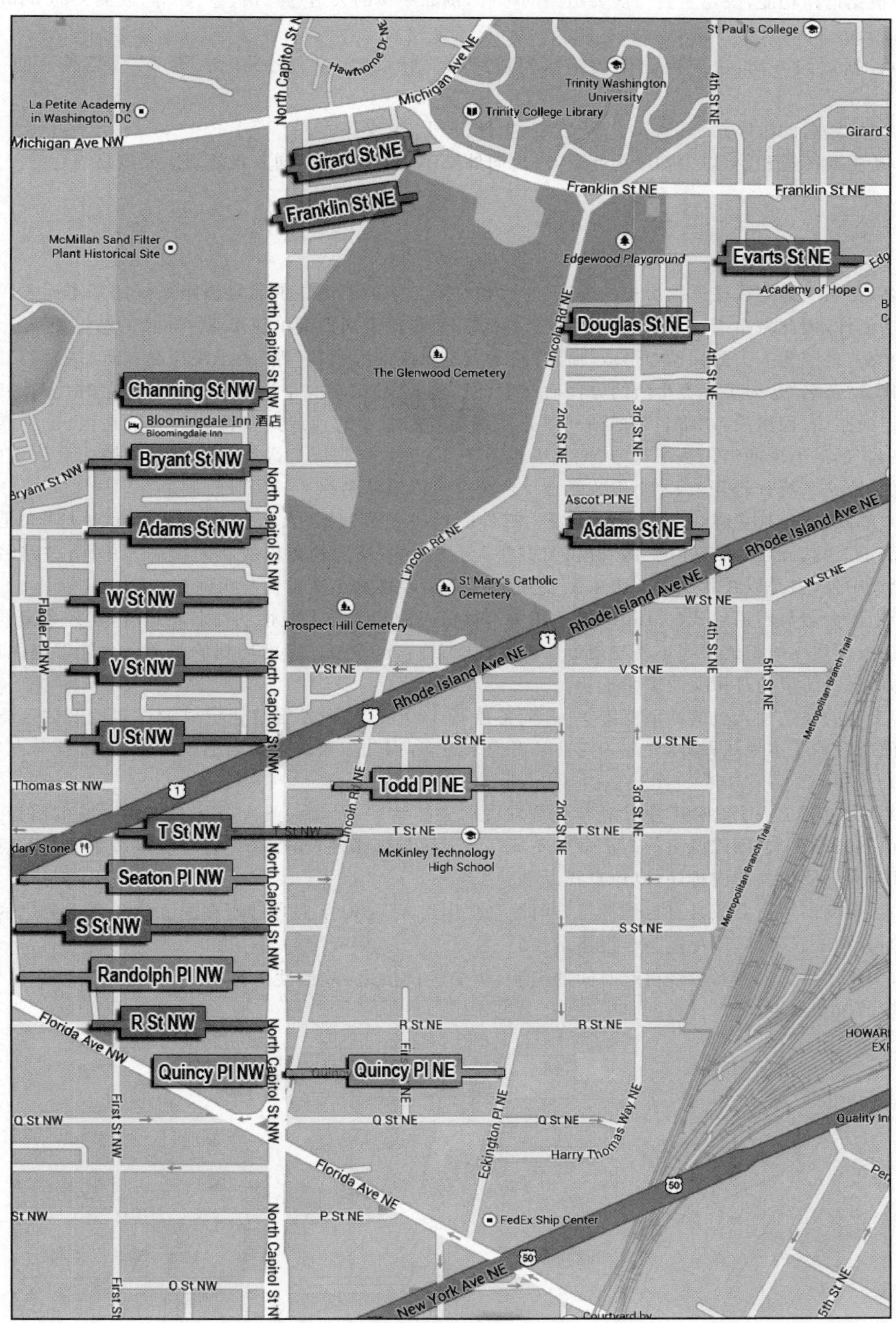

图 6　美国华盛顿街道(二)

分析以上 4 个案例，提出城市街道命名的步骤如下：

(1)选择城市东西向与南北向的中轴线。

(2)根据中轴线，划分市区为东北、东南、西北、西南四区，或是划分同名街道为东街、西街、南街、北街。

(3)根据道路功能，决定主要与次要道路的称呼，例如中文的大道、路、街、巷、弄等，或英文的 boulevard、avenue、street、place、lane 等。

(4)根据道路方向，决定南北向与东西向道路的称呼，例如中文的路、街、道等，或是英文的 street、avenue、road 等。

(5)决定路名的排序系统，例如字母、数字、生肖、天干、地支等。

(6)从主要街道开始，以中轴线为起点，由内向外排序命名；再以相同方式处理次要道路与巷弄等支道。

4 结 论

人名、街名与地名往往反映历史的变迁、时代的背景与人的素质。街名是道路系统的基本元素，更具有重要的功能性，因此城市街道命名应从路网整体考虑，而非就个别街道单独作业。本文的结论如下：

(1)“路”是因为人类的移动而形成，所谓“路是人走出来的”，所以“路”的出现应是在远古的渔猎时代或游牧时代。“路名”是为了人类生活的方便而产生，但“路名”的出现应是远迟于“路”。渔猎时代与游牧时代没有固定的路线，固然没有“路名”；即使在道路系统简单的农业时代或人口稀少的乡下地区，也不需要“路名”；“路名”最早出现的年代虽不可考，但至少也是千年以上，推测应是人类聚居形成市镇之后因道路数量逐渐增加，道路系统日趋复杂，才由市政管理单位统筹予以道路名称。

(2)“邮政”的出现更强化“路名”的需要。邮件的投递必须依据“人名”与“地址”，而“地址”则是以“街廓”或“街道”为基础，例如秦朝的“闾”、隋朝的“里”与唐朝的“坊”，均是以块状的街廓为单元。“路名”演变至今，无论中外，多是以线状的街道为单元，这是因为后者在使用上更方便与明确。

(3)街道命名与街道型式(pattern)密切相关。棋盘式的街道与系统性的命名相结合，其效果最佳；辐射式的街道或不规则的街道型式不易与街道命名发挥综效(synergy)。考虑周到的街道命名能够提供用路人最好的方便性，所以与都市交通关系密切。

(4)交通的发达使人类的活动范围扩大，商务旅行十分频繁，观光旅游业更成为许多地区的重要产业。道路的使用者除了本地居民外，外地人与初访者愈来愈多，因此城市街道命名的国际性、系统性与友善性愈加重要。

(5)“城镇化”是一个社会产业升级与经济发展的必然结果，大量农业人口从农村移入城市也势必造成原有城市的范围扩大，因此城市的街道命名要具有未来性与扩张性，而且在命名时应以市中心为起点，由内向外排序，而不要由外向内排序，以免自我设限。

(6)城市的街道命名应具有方位性与方向性，使“用路人”随时掌握自己所在的方位与正在前进的方向，据此判断移动的正确性，以免迷路与绕路。

(7)文化性的街道命名较经得起时间的考验，历史性的次之，政治性的再次之，因为政治性命名容易受政治环境的改变而更动。

道路工程之生态设计

蔡肇鹏

(台湾营建仲裁协会,台湾)

摘要:对于道路建设过程中,所涉及的生态保育与复原之生态工程,秉持交通运输建设必须与周遭环境生态共生、共存与共荣之基本理念,采取循序渐进的方式加强教育训练,倡导正确观念,落实生态工程及生物栖息地保护,基于环境补偿替代及栖息地复原与重建等规划与工程设计理念从事道路建设,同时兼顾生态系统之稳定,及生物廊道连续性之维持,从而使道路建设对生态系统之影响减至最低。本文针对台湾地区高速公路及一般道路建设与生态工程之设计与营造,就设计之基本理念与原则及相关设施营造方式加以探讨,说明其参考与依据,以使本研究能够协助祖国大陆与台湾在道路建设中落实应用生态工程,改善环境与生态,发挥道路应有之功能与效益。

关键词:高速公路;一般道路;生态保育;生态工程

道路之建设,可提供人、物等快速便捷之运输,可促进经济发展与社会繁荣,并带给人类甚多其他益处。然而,在甚多利益下,兴建道路对其沿线的生态与环境所带来的效果如何?早期道路建设时,生态维护与环境免受污染等事宜,都不被主政者或是工程规划与设计之工程师们所重视与关注,因而生态遭受破坏、环境招致污染、生物栖息地遭受切割而碎裂、阻碍生物之移动、导致道路致死(Road Kill)案例增加等负面效果凸现。时至今日,由于社会大众对于本身周遭生活环境与生态之重视与维系,促使主政者亦开始重视此问题之严重性、迫切性与需要性。因此,道路建设计划之实施,都应遵循环境保育法制之规范与要求,落实生态设计与环境保育等积极作为。

1 道路建设与生态工程

(1)生态工程之定义

生态工程是永续的生态工程,且需兼具人类社会之福祉与自然生态,即道路之建设与自然之生态应兼容。有效之道路生态工程,应多加考虑道路周遭环境之稳定性、安全性、经济性与生物多样性等,且亦应具备有形与无形之生态营造观念。[1]其中,有形之道路生态施工,应重视形态、材质、施工项目、施工方法等名目;然而,无形之生态道路施工方法,强调减量、减形、减法等极为简易之方式。

生态工程的成功要件包括:①须从观念及心态做起(尊重自然);②需做整体性之系统考虑;③对现有生态环境之认知;④减少营造工程对生态之冲击至最低程度;⑤研究可能造成安全问题之因子,从源头将因子去除;⑥因地制宜,就地取材;⑦不需做就不要做,并减少资源之消耗。[2]

生态工程应能够达成3方面的使用目的。[3]①用:能够发挥更多之功能,不仅为人类所利用,亦可兼顾其他生物利用。②强:更能够善用自然之材料与力量,将自然材料结合成强固之保护力。③美:让原本硬之工程变为艺术之创作。公共工程之建设,除应重视生态维系与环境保护外,更应以进入永续之公共工程为终极目标。永续公共工程,即符合环境保育、社会公益与经济成长所规划、建置、营运与管理之公共工程。[4]

(2)道路建设与生态工程之意义

道路为人类生活中必须仰赖之通行方式,道路亦不单纯只用于运输人或其他对象,同时亦串联两地之文化,丰富社会之生活,扮演着重要交通串联之功能。道路建设之型式大都为线形结构,其使用情形包括直接穿越土地、切割土地与生物栖息地等,使得动植物之生存空间逐渐碎裂,因此对于生物或生态具有重大影响。

无论是都市还是乡村,道路建设都是造成生态环境与生态栖息地遭受破坏之主要因素之一。总而言之,道路建设对生物之间接影响包括栖息地之损失(habitat loss)、栖息地之降级(habitat degradation)与栖息地之孤立(habitat isolation)等,直接影响包括造成动物伤亡(fauna casualties)等,此等问题是道路建设工作者必须加以注意之事项。

生态工程包含生态与工程两大部分。其中生态指生物体与生物生存之环境间互动关系；工程则指人类为促进生活之安全，于环境中建设土木工程之方法。于工程之中，融入生态之观念，最重要之理念是尊重环境中各种生物。设计工程方法时，亦应重视环境中各种生物之生存权利。

(3)道路建设对环境生态之影响

道路建设对生态之影响，包括道路本身所造成生态系统之逐渐消失、道路施工对邻近生态系统之影响、道路开发后对生态系统之影响、道路交通对动物之伤害、车辆对生态之干扰与路廊缓冲带之预留、道路对周遭景观之冲击等(见表1)。

表1　道路对周遭环境之影响[5]

道路建设 →	物种影响 →	族群影响
道路密度	栖息地减少	栖息地隔局
构造型式	构造干扰	族群密度及区域变化
交通流量	噪音	物种消失
道路宽度	水文	生态系统改变
网络连接度	化学污染	
	边界效应	
	物种死亡	

从道路维护管理之环境观点，归纳道路建设完成营运对周遭环境所造成之影响与冲击，包括：①风切效应(wind shear)所造成之干扰；②开挖后之坡面生态基质之不良；③施工过程与竣工营运期间造成非点源之污染；④噪音、空气污染与振动等干扰；⑤为便于维护及安全考虑等，都有过度设计之现象发生。[6]

道路建设工程对环境所造成之冲击，主要来自施工中对环境之干扰，道路竣工营运时对生态之影响，道路本身对生态环境之切割，造成动植物、栖息地等遭受威胁等。各个影响因素为：①道路工程对生态环境之影响；②道路工程对动物之影响；③道路工程对植物之影响；④道路工程对景观之影响；⑤道路工程对生物环境之影响。

基于Forman等[7]的研究，综合现今生态领域之研究，归纳整合出道路建设对环境之影响为：①道路两侧植生带及动物之影响；②道路对生物族群之影响；③路廊之阻隔效应(barrier effect)与栖息地之破碎；④道路之排放水污染。

2　道路建设与生态设计

生态道路之目的是使交通建设对自然环境之冲击减至最小。于挖掘土方大之山区路段尽量改以隧道方式，使其地貌尽量维持原有状况，使生物保有最大之移动面积。反之，于需要大量填土之区域，应采取高架桥梁方式，让生物得以不受车祸之威胁而自由穿越其下。

生态设计可定义为：整合生命历程，降低环境破坏冲击之设计形式。生态设计能够尊重物种多样性、降低资源耗损、保存养分与水循环、维护栖息地之质量，并能关注人类与生态健全之所有其他先决条件。[8]至于生态工程设计原则，依据Bergen[9]归纳后，包括以下数则：①因地制宜；②维持所设计之各项功能需求之独立性；③承认激发生态设计之价值与意义。Mitsch[10]更进一步以生态学之观点加以说明，生态工程应具有以下设计原则：①生态系统自行支配其结构与功能；②维持生态系统内生物功能及化学组成之均衡；③生态系统为开放且分散之系统；④生态系统为自我设计之系统；⑤生态工程应提倡生物多样性；⑥维持生态系统化学及生物组成多样化；⑦维持生态交汇区、过渡区之缓冲功能；⑧结合生态技术之应用与环境管理；⑨生态系统为复杂之网络关系；⑩考虑生态系统之历史演变；⑪着重生态系统边缘之易破坏性；⑫生态系统为一个层级系统；⑬生态工程尽可能设计脉动行为系统；⑭考虑生态系统之循环具有特殊之时间与空间尺度；⑮生态工程尽可能结合生态系统；⑯以环境管理减轻污染对生态系统之影响；⑰在地理边缘区域之生态系统与物种最为脆弱；⑱生态工程技术必须以整合方式完成；⑲生态系统信息储存于结构中。[11]

(1)生态道路之设计原则

①道路全线之设计原则。道路全线之设计原则,除依据上述执行成功之要件作为工程设计之准绳外,应依据下列原则进行道路工程之设计:道路路线之安排应以不穿越物种栖息地为原则;道路路线应配合地形、地貌,并减少地貌之改变,例如道路以双段式栈道之方式;以高架或地下方式设计,减弱道路对周遭生态与环境之冲击;采用透水性佳之铺面材料,可降低路面及地表之径流。[12,13]

②道路路旁之设计原则,包括以下几个方面。

采用合适之植生配置,以实现野生动物及行车之平衡:提供车辆驾驶人及动物两者最大之能见度;提供野生动物之覆盖物、遮蔽物、穿越道路之能力及最佳之能见度等4项要求;所选择之设计方案,对于动物与车辆驾驶人可能并非最好之设计,亦可为可接受之次佳方案。

创造仿自然之地形:以林木线边缘之多样化消除笔直之道路边缘线;将道路路边还原成倾斜之坡度,修成起伏之地形;增加道路路边外围表面之异质性,以创造仿自然之地貌;先期道路两旁以优势之草种覆盖,且引导自然植物之入侵演习。

提升野生动物之安全性:栽植非野生动物食源之植物,可以减少野生动物之靠近;栅栏之设置可减少野生动物之道路致死率;沿道路两侧设置反射车灯之反射器,对某些野生动物具有警告效果;警示标语之利用,可减少道路致死之发生概率;提高道路路边植生带高度,以导引鸟类之飞行。

道路路边微栖息地之保护设计原则:表土之保留与再利用;调整道路路灯之高度与亮度,或利用灌木减少车辆大灯之眩光,从而保护栖息地之质量;设置不同修剪与刈草之频率,可提供不同生物多样性之栖息地;对于濒临绝种之物种,可栽植具有吸引力之植物,可创造相对之栖息地;增加人工设施,以提供相关之物种筑巢环境;保护残存栖息地,或提供新的补偿性栖息地。

(2)道路边坡之设计原则

所有道路之边坡都会受到土壤侵蚀(soil erosion)与土体破坏(mass wasting)等影响,可利用不同之方法减缓边坡之变质与退化。遵守基本之侵蚀控制原则,可以将侵蚀损失减至最小。侵蚀损失最小化可借由采用仿自然边坡之整地原则达成。边坡保护与侵蚀控制之方法的分类见表2。

表2 边坡保护与侵蚀控制方法之分类[14]

活的植生营建	设计应用范例	无生命之营建方式	设计应用范例
传统之植生	草类种植 铺草皮 移植	传统之结构物	混凝土重力墙 圆柱桩墙 地锚挡土墙
混合式营建	设计应用范例	混合式营建	设计应用范例
使用木本植物(woody plants)加劲并作为土体运动之屏障	活树桩 活束枝捆 树枝层 树枝填土	植物与结构物之联结	护坡加坡面植生 梯台构造加台阶植生
于挡土结构物前方之开口或孔隙中种植木本植物	活性格框墙 植生石笼 植生地工格网墙 植生岩石胸墙	于多孔质护岸与地表覆盖之前方开口或孔隙中种植木本植物	节理植生 加树桩之石笼排 植生混凝土块护坡 植生蜂巢网格

道路边坡之保护设计方法,包括:为求生态绿化,应选择潜在植被之原生树种,以加速植物之演替;边坡表土之回收再利用,加速植群社会之演化;岩石边坡应采用特殊生态工法,包括客土植栽法、打桩编栅植生法、自由型格梁植生法及喷稳定土法等,以防止冲刷且利植生;适度调整道路边坡植栽高度,正确诱导鸟类飞行路线;道路边坡于坡面开挖后,应随即采取保护措施及植生等设计。

(3)道路排水沟之设计原则

道路排水沟之设计原则包括:创造自然湿地之植生型态,同时对径流水进行过滤;于排水沟中加设缓坡道,可避免爬虫类与两栖类无法逃脱排水沟;营造多孔隙表面,可提供生物栖息之空间;避免排水沟水路落差阻隔,并提供脱困之脱离斜坡、鱼梯或洄游设施等,从而减少动物伤害;设计多孔隙铺面,减轻雨水飞溅,从而提高行车质量与安全。

(4)道路路面之设计原则

妥善使用小型陷阱,可避免某些爬虫类生物之道路致死发生。设置野生动物之穿越廊道,其做法包括以下3个方面。

①高架式之穿越廊道。设计方式:典型设计模式是应用道路两侧密生植被,或中央较空旷之草生地,以石块堆栈方式配置而成。位置选择:可通过感应式摄影、动物移动模拟及道路致死发生点等推断最适宜之设置位置与地点。

②地下化之穿越廊道。其设计原则与高架式相同,唯其设计方式由高架式改为地下穿越式之差异。

③双阶式之设计可减少地貌之改变。道路在地形变化较大之处,采用双阶式路面设计,不仅可减少大面积之挖填方,甚至于可减少地貌之改变与破坏,同时亦可保留中间分隔带之原始植生,达到降低对当地植被破坏及生态系统之冲击。

(5)桥梁与管(箱)涵之设计原则

①桥梁之设计理念:可减少平面道路运输对环境与生态之伤害;可减少平面道路对栖息地或水流造成干扰;可减少道路营建之资源消耗;以桥梁工程取代道路土方工程可减少工地作业时间,减少对环境之干扰;重视生物廊道之连续性,进而保持栖息地之完整性。

②管(箱)涵之设计理念:管(箱)涵之入口及周围都应增设诱导植生;管(箱)涵之内部应依进出之动物习性,设置低水路及步道;管(箱)涵底部之铺底材料,应模拟原路径材料;管(箱)涵之入口衔接之道路边沟,应加盖板并设置脱离斜坡;管(箱)涵邻近替代路径之路权范围内,应设非食饵植物以利阻隔。

(6)隧道工程之生态设计原则

①对动植物之栖息地环境造成最小干扰,如以隧道构筑取代路堑开挖。

②隧道洞口开挖最小,以维系及恢复自然景观。

③减少隧道开挖产生渣料运输对环境之伤害。

(7)道路挡土墙之生态设计原则

①挡土墙应以多孔质墙面设计,如框条式挡土墙,以加速植群之演替。

②挡土墙设计与实施,应减少对栖息地造成干扰。

③挡土墙设计所应用之材料应减少营建资源之消耗。

④挡土墙设计所使用之工法应减少工地作业时间,如加劲挡土墙之应用等。

(8)道路两侧栅栏之生态设计原则

①应针对地行及物种,调整道路两侧之栅栏高度、网目孔径及接地之空隙,以避免动物钻入而造成危害。

②无小型动物出入之路段,栅栏与地面可保留适当之空间。

③可能有小型动物进出之处,栅栏底应埋入地面下10cm以上;对于会钻掘之动物,该栅栏底应埋入并浇置混凝土,以避免其侵入。

④市区路段为防止猫、狗等,经由道路边坡之斜坡陡槽侵入道路,于陡槽与路边侧沟之交叉处,应加置可动式栅栏盖。

⑤交流道区、站区、市区路段等人车进出繁杂之处,可采用链式铁丝网栅栏;郊区及一般道路可采用铁丝网栅栏。

(9)照明及交通与交控工程设施之生态设计原则[15-16]

①道路路廊经过生物栖息地,其照明设计应在不影响行车安全规范下,就照明设置之位置、距离及灯具之照度范围、颜色性与遮光设施等加以选择与调整,以避免干扰道路周边之生态环境。

②选择适当地点设置并推广再生能源,包括太阳能、风能等,以达到节省资源之消耗。

③交流道、区站等区位,慎选并推广应用高效能之照明设施与灯具。

④尽量将无线电铁塔与中断机台之建筑共构,以减少铁塔林立及大量基础之开挖,可避免邻近景观之破坏。

⑤尽可能将交控设施及其相关之控制器,整合于同一控制箱体内,可减少控制箱之设置,以防景观破坏环境。

⑥尽可能将交控设施与控制器或相关交通工程设施等建构于同一结构框架上,以节省经费与空间。

(10)交流道与站区之生态设计原则

①因地制宜融合当地景观设计,从而维护自然景观。

②区站建筑物之设计,必须符合绿建筑指标之规定。

③区站之停车场、人行道及广场等,其铺面设计应以透水性较佳之材料为主。

④区站周遭为防范油污及化学药剂等外泄而污染邻近水源,应考虑设计排水截流、沉淀池及污水处理设施等,至合乎法规标准后才准予放流。

⑤交流道区应适当应用路权范围内之水源与原有绿地设计湿地生态池,以营造生物多样性之栖息地。

⑥交流道区内适当地点设置滞留池或沉淀池,以沉淀过滤污染物质。

(11)动物穿越路径之设计原则

无法高架化、隧道化之高自然环境路段,必须考虑生态设计。其中最重要的生态考虑,即在动物习惯移动之路径上,开辟动物穿越路径,以保障动物觅食、求偶及繁殖等安全,免除动物于穿越道路时遭受车祸而死亡。下面引介各种动物穿越道路路径之设计方式[17]:大型动物之箱型地下道;中型动物之涵管式通道;两栖类、爬虫类动物之涵管式通道;动物之跨越陆桥;桥梁下之生态路径;诱导鸟类飞越道路之植栽计划。

(12)防止动物入侵道路之设计原则

①动物入侵道路之习性:日常生活行为之入侵道路模式;繁殖期、产卵期之入侵道路模式;分巢行动之入侵道路模式;车祸死尸再引起动物之入侵模式。

②防止动物入侵之栅栏设计。

③防止动物入侵之道路照明计划。

(13)施工管理阶段之设计原则

①植栽物应给予保护设备,以避免机械割伤或压死。

②应考虑机械设备运送之干扰。

③地下水应先行过滤,并进行流水导引,可避免遭受泥沙污染及影响鱼类之生态。

④应避免化学物质之残留。

⑤应进行表土之保存与再利用。

⑥施工方式应谋求对环境干扰最小之施工方法。

⑦因施工造成自然环境之改变,尽可能加以复原或尽可能快速植生复育。

⑧相关环境保护措施及运输道路之开辟与维护等项目,应逐项估验与计价,以便工地明确执行各种要求。

⑨路权范围内地上物之清除与掘除前,应针对珍贵树种及保育树种等,提出保护对策。

⑩工区内应设置沉淀池,可将施工所造成之污水经过适当导排水系统,汇集沉淀后再行排放。

⑪工区于施工中应随时洒水,以避免粉尘弥漫,影响道路周遭生态与环境。

⑫施工时间之设计安排,应充分掌握动物生活史,避免在夜间及繁殖期施工。

⑬设计办理栖息地之迁移,应避免在动物繁殖季节或幼年期进行,以免干扰族群之繁衍与数量。

(14)都市道路之生态改造设计原则

生态道路之规划与设计,不仅是在乡村、山区、林地、公园等生态条件较佳之环境,于都市尽为人工环境所包围之环境中,亦有其发挥之空间,其中最有效之做法为道路地下化之设计,而其上则可作为公园、绿地及种草、植树,绿地内可同时创造人工生态湖泊,水岸长满水生植物,湖边亦可引来雁鸭悠游,此是多么优美之生态道路改造都市。

3 结 语

道路工程之规划与设计应遵循“节省能源,绿化环境”之永续发展之精神。当道路路廊对周遭栖息地的影响无法回避时,应采取最小干扰之规划与设计;若确实有所破坏时,应有补偿替代方案之选择。道路施工应采用高效率之方式,缩短施工时间及缩小环境影响范围,以减少对环境之干扰。总而言之,兼顾景观与生态保育之执行态度,是所有民众对从事道路建设者之共同期待,因此所有道路之兴建,除期望工程师、建筑师、景观规划设计师等技术人员参与外,尚能期待有关之生态与艺术学者、专家亦能共同参与之每个各人,尤其是身为主管或计划上位之领导者,及对政策能能够予以影响之政治人物等,都应秉持“尊重技术”与“服从专业”之精神，从事与支持道路生态工程之规划与设计，以期道路工程能融入景观美学与生态保育中，使所规划设计与兴建之道路成为真正绿化之“生态道路”。

参考文献

[1]方伟达. 城乡:生态规划、设计与批判[M]. 台北:六合出版社,2009.03.

[2]行政主管部门公共工程委员会. 公共建设相关专业人员生态工程讲习河溪水域讲义[M]. 未出版,2006.

[3]王永珍. 河川景观暨生态环境规划[M]. 台北:明文书局股份有限公司,2008.

[4]行政主管部门公共工程委员会. 永续公共工程——节能减碳手册(草案)[R]. 2008.

[5]赖明洲. 植被复育重建生态工程[M]. 台北:明文书局股份有限公司,2007.12.

[6]邱铭源. 省道建设应用生态工法的理念与实践[C]//2003 年度技专院校教师赴公民营机构研习－高速公路建筑与景观,交通主管部门台湾区省道新建工程局,2003.

[7]FORMAN R T T, SPERLING D, BISSONETTE J A. Road ecology: science and solutions[M]. Washington: Island Press,2002.

[8]辛・凡得来恩,史都华・考文. 生态设计学:让地球永续的创意法则[J]. 郭彦铭,译. 马可波罗文化,2009.

[9]BERGEN S D, BOLTON S M, FRIDLEY J L. Design principles for ecological engineering[J]. Ecological Engineering, 18(1):21－27,2001.

[10]MITSCH W J, JORGENSEN S E. Ecological engineering and ecosystem restoration[J]. John Wiely & Sons,2004.

[11]李锦育. 生态工程[M]. 台北:五南图书出版股份有限公司,2010.

[12]彭国栋. 公路建设与生态保育[S]. 交通主管部门台湾区省道新建工程局,2003.

[13]杨松隆. 省道建设与生态工法[S]. 交通主管部门台湾区省道新建工程局,2004.

[14]GRAY D H, SOTIR R B. 坡地生态工法:坡地植生工程理论与实务[M]. 陈彦璋,陈伟尧译. 明文书局股份有限公司,2005.

[15]蔡肇鹏. 山区高速公路之规划原则[C]//第十三届海峡两岸都市交通学术研讨会论文集,2005.

[16]蔡肇鹏. 台湾区高速公路建设回顾与展望[C]//第十二届海峡两岸都市交通学术研讨会论文集,2004.

[17]林宪德. 城乡生态[M]. 台北:詹氏书局,2007.

高雄捷运低碳绿色措施促进宜居高雄经验分享

郝建生　陈培安　林志铭　刘昭堂

（高雄捷运公司，高雄）

摘要：能源使用与碳排放量持续增加，对全球整体生活环境造成极大影响，故低碳生活成为全世界积极推动的环保政策，而整体规划大众运输系统、抵制私人运具，是节能减碳的重要课题，也是促成宜居城市的关键。高雄市于2013年国际宜居城市大赛中，得金数及得牌数居世界第一，本文说明其在交通整体规划中的具体作为；并从高雄捷运公司角度，分享高捷公司为尽社会公民责任、提升捷运运量以求永续经营，除提供安全、可靠、便捷、舒适的捷运服务外，更配合高雄市整体政策，在整体营销上，如何规划运量营销项目、提供多元旅游套票、推动车站小区化、一站一特色及向下扎根教育；在大众运输整合上，如何结合行政部门补贴提供票价优惠、行驶接驳公交车，如何营运、建置、研发公共自行车租借系统及参与高雄轻轨维修营运作业；在无缝转乘上，与绿色运具整合，提供转乘信息、完善转乘设施及转乘票价优惠；最后，说明节能策略、新系统研发及对外提供顾问服务。推动绿能运输及低碳小区是高捷公司的重要方针，本文分享了如何结合捷运骨干运输优势，整合其他“第一哩”及“最后一哩”的大众运输服务，提升高雄市的大众运输市占率，打造低碳生活的宜居都市。

关键词：低碳生活；高雄捷运；公共自行车；轻轨系统；无缝运输

良好的运输服务是都市蓬勃发展的关键之一，大高雄市整体都市发展以“链接高雄，活络高都”为交通规划之宗旨，推动七大项运输策略——“建立港市一体的交通运输系统”、“推动双管齐下的无障碍运具”、“推动三大低碳运具服务”、“打造四大智慧运输走廊”、“发展层级服务的五大公共运输”、“建立高效率的六大转运中心”及“强化七大观光运输路线”，各项计划的发展方向为提供民众绿色、快速及无缝的运输服务，建造宜居城市。高雄捷运扮演着联结与拓展的角色，不但自身提供中长途的旅运服务，还联结了航空、高铁、台铁、公交车及渡轮等系统。近年来公共自行车及轻轨系统的加入，增加了整体路网的可及性，而运输系统的蓬勃发展，带动了当地房产的成长及带来了移居及参观的民众，活络了高雄市地区的社会经济活动。

1　高雄捷运与宜居高雄

1.1　高雄市宜居运输政策

为达到宜居城市目标，大高雄市地区整体运输规划的五大政策目标如下。

（1）人本的交通

落实“以人为本”交通运输发展导向，兼顾用户需求，建立运输系统友善使用环境，以提升交通建设亲和性、舒适性及可靠性为目标。建置通用、无差异、无障碍交通环境，使不同行为能力、使用族群均能便利使用，建构人本的交通运输环境。

（2）便捷的交通

针对大高雄交通运输发展需求，结合智能型运输系统，整合各项交通运输系统资源，以工程及管理方式强化既有系统链接，改善效率，建构快速、准点的公共运输系统，提升大高雄整体运输服务效率及便捷度。

（3）安全的交通

积极以工程、教育、执法及鼓励使用安全运具为手段，配合安全监督与管理的系统机制，以“预防于先”

作者简介：郝建生，男，硕士，董事长；陈培安，男，硕士，总经理；林志铭，男，博士，企划处处长；刘昭堂，男，硕士，维修处工程师。

为原则，改善交通运输环境，进而降低交通事故伤亡可能性及程度，提升整体运输环境安全性。

(4)永续的交通

环境永续部分，考虑运输建设造成的外部效果，维护生态平衡以避免破坏环境，并积极引进节能运具以降低污染。在社会永续部分，运输系统发展兼顾各阶层族群民众的使用权益，以公平、合理的方式缩短城乡差距。在经济永续部分，提升高雄市交通运输资源的有效利用与效果，健全运输系统的财务结构，提高服务质量，建立财务上自给自足的运输系统，以正向循环方式发展交通运输。

(5)休闲的交通

适应休闲产业的发展，针对观光游憩需求，高雄市整合观光资源，规划适时、适地的运输服务系统，引进话题性、吸引性多元观光运具，建立无缝式转乘接驳观光运输环境。

高雄市以人为本的运输规划，为民众提供便捷的交通服务，并顺应世界潮流打造低碳生活，其中“永续运输”则是迈向宜居城市的重要策略方针。唯有提供低碳、便捷及便宜的旅运服务，才能吸引民众永久居住，而高雄捷运则在其中扮演着不可或缺的角色。

1.2 高雄捷运运输服务

高雄捷运公司自 2008 年 3 月捷运系统红线通车营运以来，迄今已营运届满 6 年，员工的营运、维修、品管、经营附属事业、营销、信息、客服等各项业务推展能力逐渐成熟，运量与营收逐年增长，各系统服务指针也持续精进，系统安全稳定，各项大型活动人潮输运均能顺利完成。

自 2009 年起，高雄捷运公司在市政府环保基金的补助下，开始经营 City-bike(公共自行车系统，Bicycle Sharing System，BSS)。截至 2014 年 04 月，高雄市已经建成 155 个租借站、1500 辆公共自行车的租借系统。租借站多数布设于捷运沿线及高雄市著名景点，提供便捷的转乘服务及用于假日休闲游憩的交通工具，为民众提供“第一哩”及“最后一哩”的服务。

另外，中国台湾地区第一条轻轨系统于 2013 年 06 月正式于高雄市动工，而高雄捷运也于 2014 年 04 月取得第一阶段的经营权，在不久的未来，也将提供高雄地区新系统运输的服务。

(1)经营系统介绍

①高雄捷运系统

系统数据：目前，该系统共计有红、橘两线，红线长 28.3km，橘线长 14.4km，属于高运量系统；车站总计 38 座，其中包含高架车站 8 座、平面车站 2 座及地下车站 28 座，并于美丽岛车站交会；另包含 3 座机厂，分别位于冈山区、前镇区及大寮区。

营运时间：每日凌晨 05 时 55 分至晚间 24 时，尖峰班距 4～6min，离峰班距 6～8min。

②City-bike 公共自行车系统

系统数据：目前，该系统共计 155 个租借站，分别布设于高雄捷运系统沿线车站及重要人口据点，如学校、观光景点等，平均每日上线约 1500 辆自行车供民众租借。

营运时间：全天候 24 小时营运，持一卡通(i-PASS)及信用卡皆可租借，第一小时免费，后续每半小时分别为新台币 10 元及 20 元。

③高雄环状轻轨系统

系统数据：目前，该系统分两阶段进行建置，第一阶段路线长度为 8.7km，共计 14 座车站，及一座机厂；其中 C3 车站及 C14 车站分别与高雄捷运系统 R6 凯旋站及 O1 西子湾车站交会(见图 1)。

营运时间：每日凌晨 06 时至晚间 23 时，尖峰班距 7.5min，离峰班距 15min。

(2)运输整合规划

高雄捷运公司负责营运高雄市捷运、公共自行车及轻轨系统，是台湾地区唯一经营如此多元的运输公司，也因此负担起整合及提升整体营运效率的重责大任，为民众提供便捷的大众运输，进行各项策略推动及信息整合。

捷运时刻表优化：配合台铁及高铁两系统首班车时间，调整捷运首班车发车时间，使民众有充裕时间进行转乘；同时，配合红橘两线沿线小区特性(如行经楠梓加工区)，增加深夜列车，以满足晚班民众下班后的搭乘需求。

City-bike 区位选择：公共自行车点位选择，为民众提供转乘便利，现行所有捷运系统车站外均设置租借站，使民众除享有捷运站务人员的服务外，在搭乘捷运后即可租借转乘；根据对高雄市地区旅运行为的观察，在个别学区（如高雄女中等）、观光景点（如驳二特区、西子湾、莲池潭及公园地区）及商贸区（三多商圈等）增设租借站。

旅客信息系统：为便利民众了解周围信息，除在车站内提供各项转乘信息，如捷运系统转乘信息、公交车转乘信息、公共自行车转乘信息，还提供 E 化系统，提供 App 软件供民众下载使用。

图 1　高雄轻轨路线　　　　图 2　一卡通适用范围及优惠

1.3　高雄捷运营销服务

（1）多元票证规划

台湾地区有多家公司经营交通电子票证系统，交通主管部门自 2010 年起推动多卡通政策，补助台铁、捷运、公交车及客运建置多卡通闸门或验票机，扩大多卡通服务范围，以期早日达到全面电子票证使用多卡通的目标，使民众持有一张卡就能通行整个地区，享受无缝转乘的便利性（见图 2）。

目前，高雄捷运使用的电子票证"一卡通 i-PASS"，已进行多元整合，现已适用小额消费特约商店、高雄捷运系统、City-bike 系统、台湾地区各市公交车或客运系统、铁路及高雄市渡轮，使民众一卡在手，即可畅游高雄，而在未来轻轨系统完成后，亦将使用一卡通，达到一票通行的目的。

为促进民众使用公共运输，高雄捷运与其他行业合作，包含航空、渡轮、高铁等，结合相关优惠推出套票，提供外来民众及观光客使用。如"高铁高捷交通联票"、"红毛港文化园区旅游套票"及"城市悠活二日游套票"。

（2）票价优惠

向民众提供多元的票种服务，满足不同族群的需求，包含普卡（八五折优惠）、学生卡（七五折优惠）、团体票（10 人以上八折优惠）、30 日定期票（学生新台币 799 元，一般民众新台币 999 元）、一日卡、二日卡。搭乘台铁及 City-bike 后转乘捷运，另享有转乘优惠，增强民众使用大众运输系统的意愿。

（3）高捷小巴

与环保基金合作，提供免费、短程的接驳服务，选定人口密集地区，如仁武、前镇及临海工业区等区域，开辟多条免费接驳路线，每日定时定点自捷运站出发进行点对点运送，鼓励民众搭乘后转乘捷运，且建议将经营绩效良好的黄金路线纳入高雄市正规行驶的路线中经营。

（4）自行车上捷运

民众可携带折叠式自行车（免费）及一般自行车（人车1票1次，不限里程，折扣价新台币60元）乘车。民众上班通勤及假日休闲游憩时，可享受携带自行车结合捷运转乘的便利。

（5）车站小区化

与地方小区建立良好互动，加深彼此情谊，营造“小区一体”氛围，从而达到小区认同的目标。

小区清洁作业：与车站当地邻里合作，与当地居民共同进行小区清扫作业，借由该项活动，与当地民众建立良好的互动，聆听需求，进而改善服务。

拜访邻近学校与机关团体：借由外界提供不同的意见，进行营运方针的调整；在捷运沿线有不少的学校及机关团体，都是大众运输的高使用族群，通过定期访谈，了解需求后调整营运作业。

一站一特色：针对小区文化特色及车站性质，进行站内特色规划，已布置内容包含蕨类生态园区、童书中心、古迹文化展示等，并策划导览、说故事等活动，吸引民众前来参观（见图3）。

（6）向下扎根教育

低碳生活，需要全体民众共同执行，而使用大众运输系统，便是达成此目标的基础。培养如此意念宜从教育着手，故自营运以来，高雄捷运便与沿线各小学合作，除安排专业讲师至学校以趣味的方式倡导搭乘捷运外，并在寒暑假期间规划营队活动（科学营、捷运体验营），让学生亲自参与并了解大众运输系统的运作，在教学与活动的过程中，将绿色运输理念深植于心（见图4）。

图3　一站一特色——童书中心

图4　向下扎根教育——捷运礼仪教学

2　节能规划

大众运输系统相较于私人运具，所造成的碳排放相对较少，但仍会消耗大量电力。因此，需详细检视各车站设备使用及操作流程，建立优化及配套措施，如车站无人候车区的省电作业、用水设备改善，并且成立“节能小组”，定期召开会议，检视各类水电节能管理措施，针对异常部分进行查证、追踪与改善。

在行车用电方面，在兼顾“系统服务水平”及“成本节省”的前提下，设定号志系统，适当调整列车运行时刻表的行车预留时间，有效节省运行时耗损的牵引动力，同时回收电联车进站刹车所产生的电力，进一步降低营运成本。

（1）新系统研发

高雄捷运公司除精熟运输本业外，为提升经营效率及吸引民众使用，亦积极研发新系统。

自行研发公共自行车租借系统：更快速、更友善的新型式公共自行车租借系统，提升民众租车效率及自行车调配绩效。

票证系统优化：提升自动收费系统，改善中央处理机系统数据库硬件，提高内存空间交换容量。

建立第二代捷运营运管理系统：配合增加轻轨营运业务（预计2015年底通车），规划符合未来6年信息应用服务的企业资源规划系统主机与网络架构，以提升后续经营绩效。

（2）对外服务

高雄捷运公司多元运输系统的经营，营造了大高雄地区低碳生活的环境，为积极推广这些成功经验，也进行以下业务推广：举办轨道经营管理讲座、专才人员培训服务、技术顾问服务、公共自行车经营与建置、磨轨及洗轨服务、信息系统及技术服务输出。

3 结　论

高雄捷运公司自 2001 年成立至今，历经兴建及营运阶段，对于高雄地区的成长，肩负着一份责任，为了向民众提供便捷服务、创造低碳运输环境及塑造宜居城市，将持续不断努力。除了继续精进捷运本业外，未来轻轨系统加入后，高雄地区轨道系统逐渐成网，如何带给民众无缝运输，成为营运的重要课题之一，相信我们可以为高雄地区民众带来轻松、便捷、快速的运输新生活。

参考文献

[1]高雄市交通局. 交通政策——五大政策目标[OL].

[2]高雄市环保局. 高雄市公共自行车信息网[OL].

[3]一卡通票证公司. 一卡通官方网站[OL].

[4]高雄捷运股份有限公司. 2013 年年度事业计划[R]. 2013.

[5]林桢家，任雅纯. 大众运输导向发展与住宅区位选择——台北捷运淡水线之实证研究[D]. 台北：台北大学，2005.

[6]邱莹，姜渝生. 中型都市公共运输发展政策及策略之探讨——以花莲市为例[D]. 台南：成功大学，2008.

[7]吴纲立，吴曜馨. 活化型生态大众运输村选址评估之研究——以高雄市铁路地下化地区为例[D]. 台南：成功大学，2008.

[8]BRUIJN H D, VEENEMAN W. Decision-making for light rail[J]. Transportation Research Part A, 2009, 43(4): 349－359.

[9]MARTENS K. The bicycle as a feedering mode: experience from three European countries[J]. Transportation Research Part D, 2004,9(9):281－294.

[10]PUCHER J, BUEHLER R, SEINEN M. Bicycling renaissance in North American? An update and re-appraisal of cycling trends and policies[J]. Transportation Research Part A, 2011, 45(6):451－475.

PRT系统应用研究计划

——以林口新市镇为例

赵绍廉[1]　曾惠明[2]　成力庚[3]　蔡欣局[2]　吴雅惠[4]

（1.新北市交通局，台湾；2.中华顾问工程轨道中心，台湾；

3.台湾“政治大学”企业管理学，台湾；4.世曦工程顾问公司运输土木部，台湾）

摘要：个人化快速捷运系统（Personal Rapid Transit，PRT）具有低成本、低噪音、零污染、高效能及个人专属服务的特性，可提供都市及交通规划方面的新选择，并可结合现有公共运输系统如铁路、捷运等交通系统，方便旅客接驳转乘，提供“最后一哩”服务，实现轨道运输的无缝接驳，形成一套完善且便捷的公共运输路网。

林口新市镇第三期，邻近的机场捷运A9站将于2015年通车。近年来，人口增长快速，各项建设与开发计划陆续展开，包括2017年台北世界大学生运动会的选手村、大型购物娱乐商城、新北影视城等，极具发展潜力。林口新市镇属新开发地区，区内道路呈棋盘状，主要道路路宽皆达30m，相当适合引进PRT系统。

新北市政府、中国台湾“中华顾问工程中心”、世曦工程顾问股份有限公司为推动林口新市镇引进PRT系统，组成研究团队，搜集分析PRT系统的案例，并进行林口新市镇PRT系统路网初步规划与营运仿真分析，了解PRT系统在林口新市镇的发展性与可行性。

关键词：个人化快速捷运系统（PRT）；林口新市镇；“最后一哩”服务

1　个人化快速捷运系统（PRT）的定义

PRT（Personal Rapid Transit，个人化快速捷运系统）是一种公共运输系统，是小型、轻量化、计算机控制的电动车辆，运行于专用导轨或路网上的捷运系统。其特性为提供区域运输“最后一哩”服务，并以服务短程、转乘与接驳旅客为主，每辆车可乘坐2～6人，属于较为个人化的运输系统。《天下杂志》的《2014亚洲经济大预测》一文，也将PRT系统具备自动车辆驾驶、自动停车功能、个人化车辆特性，视为2014年六大发展趋势之一。

PRT系统一般为电动车，可利用靠站时间充电，胶轮与钢轮系统皆有。伦敦希斯罗机场采用Ultra公司的PRT系统即胶轮系统，行驶于混凝土导轨上；顺天生态园区试营运的由Vectus公司开发的PRT系统为钢轮系统。

目前营运或发展中PRT系统的系统功能特性见表1。

表1　PRT系统的系统功能特性汇总

项目	特性或功能	备注
车辆	无人驾驶小型车辆（每车乘坐2～6人）	—
动力	电力车辆采用线性马达或旋转马达	—
导轨/路面	混凝土或钢轨都有	伦敦希斯罗机场为混凝土导轨，顺天生态园区为钢轨
悬挂/支撑方式	悬挂或支撑方式都有	目前营运中的系统皆为支撑系统，有Jpods公司开发的悬挂式概念车
导引方式	导轨、地面磁性线圈感应、车上激光感应装置	—
路权型式	专有路权，高架或地下	—

作者简介：赵绍廉，局长；曾惠明，顾问；成力庚，博士候选人；蔡欣局，正工程师；吴雅惠，正工程师。

续表

项目	特性或功能	备注
班距	车距 4s～1.5min	—
路线长度	3.8～13.2km	虽然目前以路线型式营运为主，一般认为路网型式较能发挥 PRT 系统效益
最大爬坡	10%	—
最小转弯半径	5m	—

2 目前营运中的 PRT 系统案例

目前营运中的 PRT 系统有 3 个，分述如下。

(1)美国西弗吉尼亚州摩根镇 PRT 系统

美国西弗吉尼亚州摩根镇(Morgan Town, West Virginia)的西弗吉尼亚大学为了连接几个互不相连的校区，在政府资助下，由波音公司建置 PRT 系统(WVUPRT)，在校内设置了 5 个车站，即核桃(Walnut)、比卡斯特(Beechurst)、工学院(Engineering)、大楼(Towers)、医学院(Medical)，并铺设了 813.84km 的轨道，以高架型式为主。

本系统自 1975 年开始营运，每车厢 8 个座位，最多可乘载 20 名乘客，日运量约 16000 人次，以服务西弗吉尼亚大学学生与教职员为主，学生与教职员凭学生证或教职员证刷卡即可搭乘，一般民众可付费搭乘，每次 50 美分。

该系统有 3 种运营模式，分别是按需、预定、循环。其中，前两种模式分别在非尖峰时段与尖峰时段使用，后一种在需求较低时段使用。“按需”模式是 PRT 系统特有的运营模式，在这种模式下，当有乘客按下召唤按钮时，系统就开始计时，一般如果超过 5min，就算没有其他乘客，还是会有一辆列车开往该乘客所处车站供其搭乘。当超过 15 个人要同时前往一个目的地时，另外一辆列车也会启动，以便运送更多的乘客。列车启动后会直达乘客要去的目的地，中途各站不作停留。在预定模式下，列车会按照客流规律，在特定的路线下按照预定的频次运送乘客。在循环模式下，列车会每站都停。

(2)英国伦敦希斯罗机场 PRT 系统

英国伦敦希斯罗机场 T5 至停车场的旅客接驳系统，于 2011 年首度启用 Ultra 公司制造的 PRT 系统，导轨长度 3.8km，单轨环状轨道，轨道采用高架模式，铺面为沥青混凝土，轮胎为胶轮。

该 PRT 系统目前有 21 辆车，3 处车站，其中 2 站位于第 5 航厦远程停车场，另 1 站位于第 5 航厦内，平均营运时速 40km/h，平均等候时间为 10～15s，约 80%以上旅客无须等候，总运行时间(第 5 航厦与停车场间)为 5min。每车厢可乘载 4 人，最大承载重量为 450kg，同时亦可容纳轮椅、婴儿车及自行车。

本系统主要服务旅客由停车场至第 5 航厦，也是停车场旅客到达第 5 航厦的必然方式，故将费用包含于停车收费中，旅客搭乘 PRT 时不需另外收费。旅客至搭车月台，只要通过计算机屏幕选择到达的车站，会由系统派车载客。

(3)阿联阿布扎比马斯达尔城 PRT 系统

马斯达尔城 PRT 系统自 2010 年 11 月开始营运，主要提供马斯达尔城北侧停车场至第一阶段发展区马斯达尔学院之间旅客往来的服务，长 1.7km，有 10 辆车提供服务，为地下系统，每天服务 700～1000 位旅客之搭乘。由于马斯达尔城以零碳城市为目标，城内禁止其他车辆，外来旅客须将车辆停于停车场后，搭乘 PRT 系统至马斯达尔学院(目前主要的发展区)。目前，本套系统服务于马斯达尔城居民，采取免费搭乘的方式。

3 中国台湾新北市林口新市镇发展计划

(1)林口特定区发展历程

林口特定区的地理位置以中山高速公路林口交流道为核心，横跨中国台湾北部区域的新北市与桃园县。其开发起源于 20 世纪 60 年代后期，当时的台北正处于快速工业化与都市化的时期，加上位于淡水河洪水平原上的人口密集地区(包含台北市西区、三重、芦洲、新庄、板桥等地区)连续遭逢几次重大水患,相关行政部门因此提出林口特定区的构想,以解决人口在洪泛地区过度集中的都市发展危机。

这次的规划基本上确立了特定区内的土地使用分区,到了 1978 年,林口台地的开发转交由行政部门住宅与都市发展局办理,提出《林口新市镇整体开发计划》,以"开发新市镇,广建住宅"为名纳入台湾地区十二项建设计划之中,后经过几波发展形成现在的面貌,其发展历程如图 1 所示。

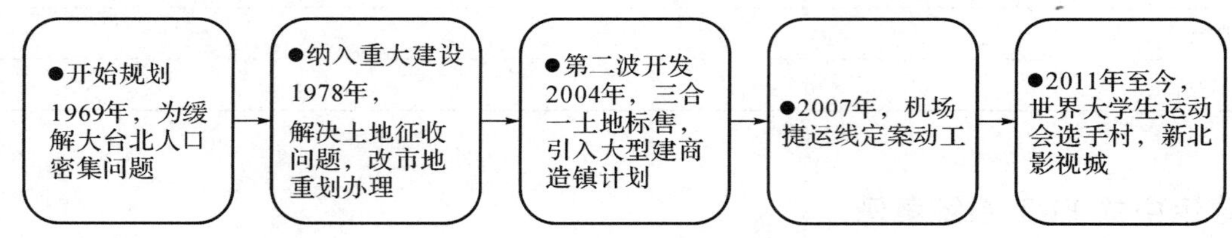

图 1　林口特定区发展历程

(2)林口特定区都市计划

林口特定区位于台北市西方,北临台湾海峡,东至台北盆地边缘,南接台 1 号省道北侧,西与桃园相临,距台北市中心仅约 20km,计划面积 18480.38hm^2(1hm^2=0.01km^2,下同)。

林口特定区的都市化地区跨越中山高速公路,南北长约 6km,东西宽约 4km,范围包括林口区及龟山乡所属公西、坪顶等聚落及其附近屸整之台地,面积约 1620hm^2(见图 2)。

计划目标年为 2021 年,都市化地区计划人口为 20 万人,加上林口台地上之农业区及部分保护区的发展计划人口 15 万人,总计 35 万人。

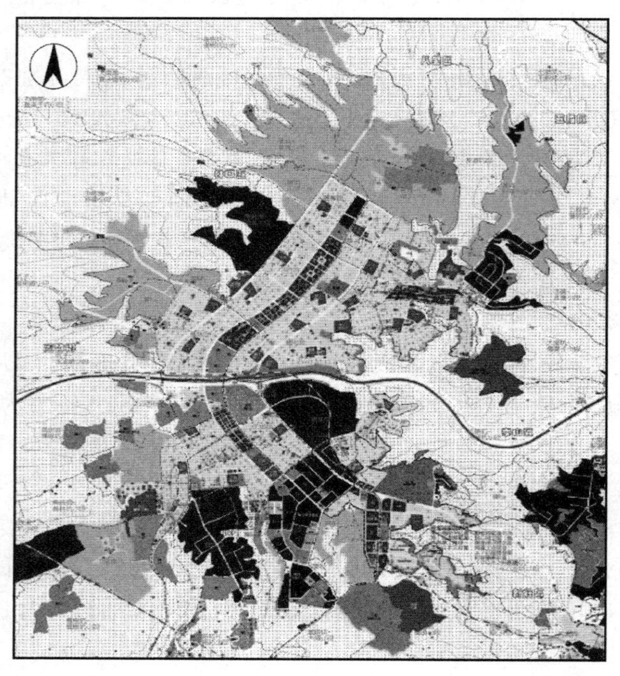

图 2　林口特定区都市计划

(3)林口特定区 PRT 系统应用范围

PRT 系统应用研究范围(见图 3),主要位于林口新市镇第一期发展与第三期发展区,南侧起于中山高速公路,北侧至信义路,西侧至文化北路、东侧至文化一路,南北长约 2km,东西宽约 1km,约 462hm^2 的范围,土地使用类别以住宅区与商业区为主。

近年,重大建设计划陆续推动,如桃园机场捷运线 A9 站即将开通营运,林口行政园区、转运站设立,林口中商 36 招商引入日商三井,计划打造台湾北部最大 OUTLET 商城,另有将作为 2017 年台北"世界大学运动会"选手村的住宅兴建计划,新北影视城影视旗舰区已与民视电视台、TVBS 电视台完成开发签约等,使得本计划区的发展与人口引入加速,此区域未来将引入居住人口 6.8 万人,就业人口约 2 万人。

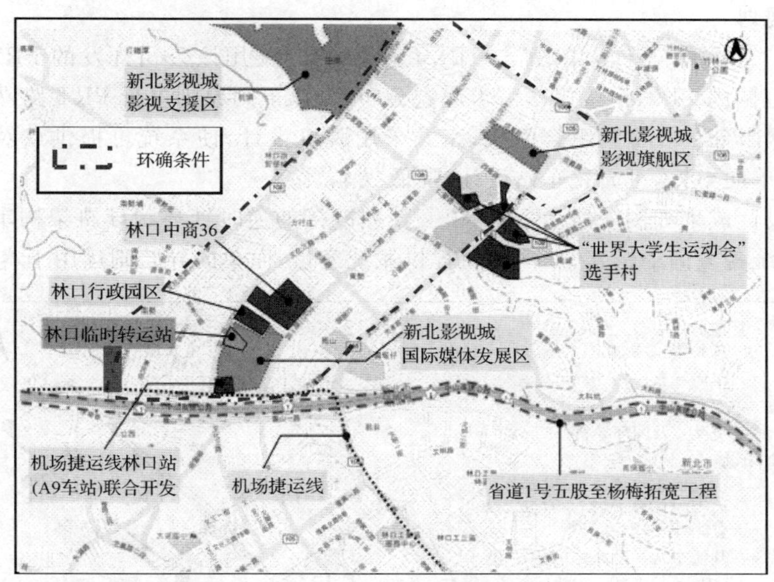

图 3　PRT 规划范围与重大开发建设计划区位

4　林口新市镇 PRT 示范计划

(1)PRT 系统旅运需求预测

PRT 路线主要将串联规划范围内重要发展区，如新北影视城、林口中商 36 OUTLET 商城、台北"世界大学运动会"选手村，以及机场捷运 A9 站，提供此区域内"最后一哩"服务。本计划与新北市合作，利用"台北都会区整体运输需求预测模式建立与应用(TRTS-IV)"，对台北都会区旅运需求特性进行调查，进而建立旅运需求模式参数，建立规划范围 PRT 系统旅次需求起讫分布表，作为 PRT 路线规划设计的依据。本计划预测 16 个车站晨峰小时旅次需求起讫情况见表 2，晨峰小时约 2897 人搭乘。

表 2　林口 PRT 系统晨峰小时旅次需求起讫统计　(单位:人次/h)

起＼讫	L1	L2	L3	L4	L5	L6	L7	L8	L9	L10	L11	L12	L13	L14	L15	L16	合计
L1	0	33	30	10	23	39	11	7	9	10	9	10	10	40	32	36	309
L2	74	0	7	3	5	8	3	2	2	2	3	3	3	10	8	8	141
L3	58	6	0	3	4	7	3	2	2	2	1	2	2	8	6	8	114
L4	122	11	10	0	10	17	5	3	3	4	3	4	3	18	10	13	236
L5	93	8	7	4	0	13	3	3	2	3	2	3	2	12	7	10	172
L6	88	8	7	4	8	0	3	3	2	2	2	3	2	13	8	10	163
L7	137	11	12	6	10	16	0	3	4	4	4	4	4	18	11	16	260
L8	90	8	8	3	8	11	3	0	3	2	2	3	2	12	9	10	174
L9	106	9	9	4	8	11	5	3	0	3	3	3	3	12	10	11	200
L10	46	3	3	2	4	6	2	1	2	0	1	2	2	7	4	4	89
L11	55	6	4	3	4	7	2	2	2	2	0	3	2	8	6	7	113
L12	114	11	9	4	8	11	5	3	3	4	3	0	4	13	10	12	214
L13	133	12	10	5	8	12	5	3	3	4	3	5	0	13	11	11	238
L14	116	11	10	4	9	16	5	3	3	4	3	4	3	0	11	13	215
L15	58	6	4	3	4	8	3	2	2	2	1	2	2	8	0	8	113
L16	78	7	7	3	7	10	3	2	2	2	2	3	2	11	7	0	146
合计	1368	150	137	61	120	192	61	42	44	50	42	54	46	203	150	177	2897

(2)路线与车站规划

PRT 路网设计由“中华顾问工程中心”与 Ultra 公司合作,使用该公司开发的 PRT 路线规划仿真软件(ATSim),输入规划范围内 PRT 系统旅次需求起讫分布表,以下列原则进行 PRT 路网设计:PRT 路网由多个环形单向导轨,依据服务量及位置组合而成;车站采用脱机设计,使系统可提供点对点的直达服务;车站进出主线采用平行的单向导轨,可简化车站设计,降低成本。

林口 PRT 路网设计成果如图 4 所示:路网由一系列链接的逆时针环状导轨架构串联而成;四个顺时针圆环型交叉点提供系统各方向的链接;双向导轨提供系统容量,而单向导轨则运用于容量较低区段。

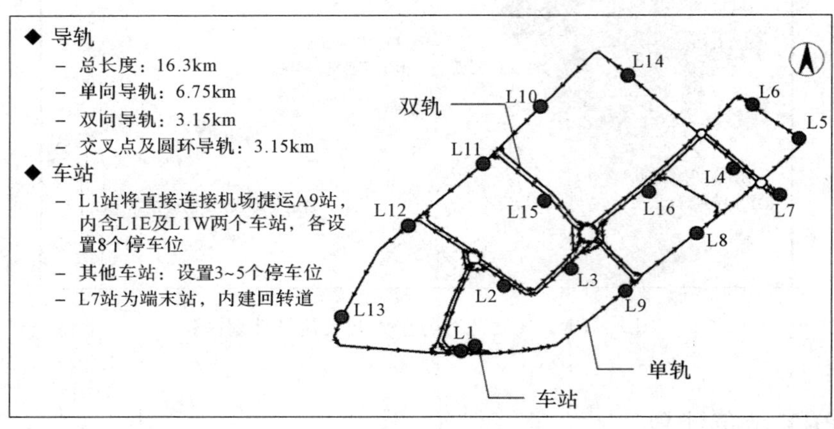

图 4　林口 PRT 路网设计成果

(3)PRT 路网营运绩效评估

由“中华顾问工程中心”与 Ultra 公司合作,采用 ATSim 进行 PRT 路网营运绩效评估(车辆行进动态仿真如图 5 所示)。此模拟工具是 PRT 实际营运控制系统的复制版本,包括车行速度、乘客上下车所需时间、乘客到达车站的流量模式及乘客共乘车辆的组成等因素。其营运参数之模拟结果见表 3。

表 3　林口 PRT 系统路网营运绩效仿真结果汇整

参数	结果	说明
车辆数	300 辆	满足 2041 年尖峰时段需求
平均候车时间	72s	自乘客抵达车站起,至搭上 PRT 车辆止
平均旅次距离	2.1km	仅含载客的旅次
平均旅次时间	491s	自乘客抵达车站起,至乘客离开目的车站止
平均载客人数	1.53 人	每一旅次
平均候车人数	49 人	整个系统 16 个车站
最高候车人数	89 人	整个系统 16 个车站
载客公里营运效率 (occupied km)	82 %	车辆载客的公里数 (passenger km)/车辆营运的总公里数(seat km)
载客座公里营运效率 (occupied seat km)	32 %	车辆载客座的公里数 (occupied seat km) / 车辆营运的总座位公里数(seat km) 。例如:一辆 PRT 车辆行驶 5km,将提供 20 座位公里(每一 PRT 车辆有 4 个座位)。若此行程搭载 3 名乘客,则达成 75%载客位公里的营运效率

由于投入营运的车辆数与旅客候车时间有关,车辆数多,可缩短旅客候车时间,车辆数与平均候车时间关系如图 6 所示。分别以目标年运量达 60%、75%、100%三种情况进行模拟,运量越大,为维持相同平均候车时间,所需车辆数越多。目标年运量 100%情况下,为维持平均旅客候车时间于 75s 以下,所需车辆数为 300 辆。

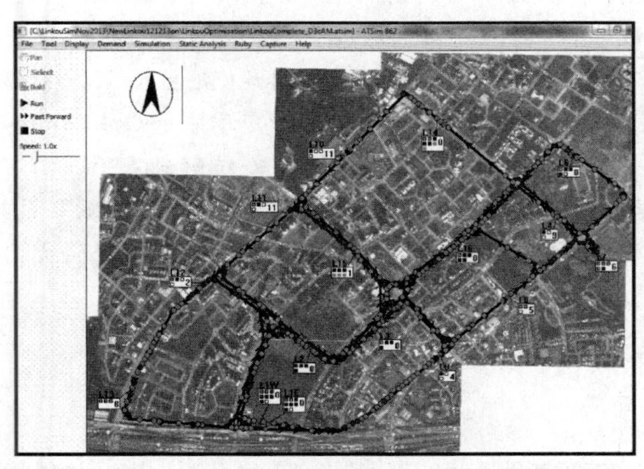

图 5　以 ATSim 模拟林口 PRT 路网车辆行进动态

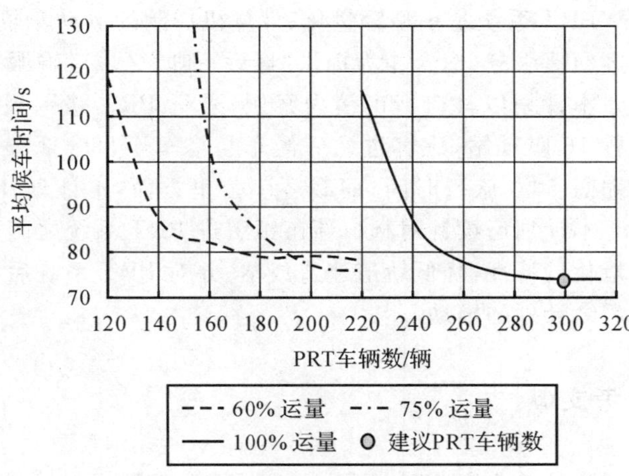

图 6　PRT 车辆数与旅客平均候车时间

5　PRT 系统与其他公共运输系统之比较

将 PRT 系统与林口地区公交车系统的平均搭乘时间与候车时间表进行比较，如图 7(a)所示。林口地区目前有 9 条小区公交车(新巴士)在当地提供免费搭乘服务，每日总计约 96 班次。本计划分析，在此公交车路网服务下，平均每公交车旅次搭乘时间约 8min，候车时间 10min，平均总计 18min；PRT 系统为旅客到站以后按钮启动叫车，车辆及时提供服务，故旅客平均候车时间较短，约 72s，平均搭车时间约 8min，故旅客到站 10min 内可到达目的地车站。

将林口 PRT 路网与新北市规划兴建的淡海轻轨、安坑轻轨计划进行比较，并以载客座公里作为营运效率的指标。轻轨每班次列车约可乘载 200～300 人(含座位与立位)，且行车多半采用全线营运或区间列车营运的方式，弹性有限；相对地，PRT 系统针对旅客需求提供服务，可较有效地降低空车里程。

统计林口 PRT 路网与淡海轻轨、安坑轻轨载客座公里营运效率如图 7(b)所示，载客座公里即平均每座位公里载客率，林口 PRT 路网为 32%，较淡海轻轨与安坑轻轨为高，且林口 PRT 系统旅客搭乘全为座位，淡海轻轨与安坑轻轨皆包含 7～8 成立位，故林口 PRT 系统的舒适度显然较高。

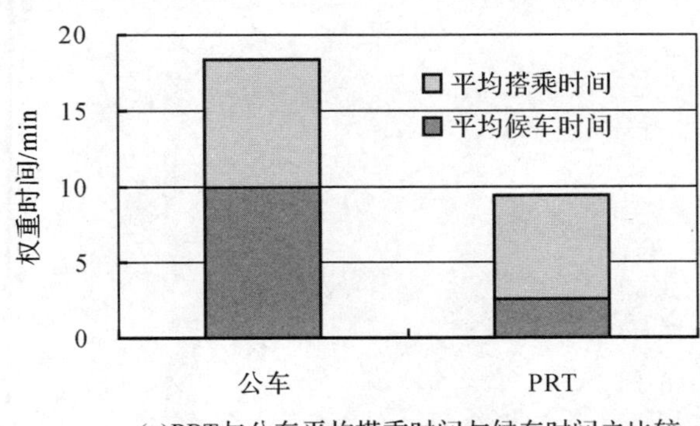

(a)PRT与公车平均搭乘时间与候车时间之比较

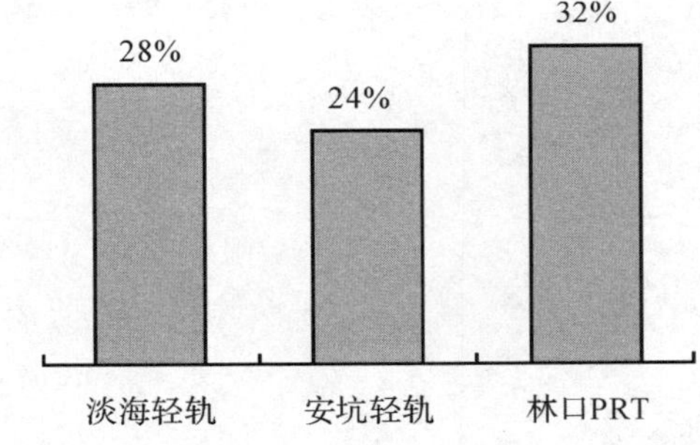

(b)PRT与淡海轻轨与安坑轻轨载客座公里营运效率之比较

图 7　林口 PRT 路网与公交车及轻轨系统比较

6　结　论

台北都会区捷运系统自 1997 年通车以来，目前日旅客量约 174 万人次。随着路网逐渐向外扩大，旅客增加比例已不如以往，因路网扩大后，末端的服务范围扩大，对旅客及户性降低，故搭乘人数也较少。考虑到永续环境，提升公共运输系统发展，减少私人运具使用，仍是重要施政目标与方向。

针对都会区外围地区提供合适的公共运输系统，如考虑运量规模、降低建置成本、弹性营运以提高效率，提高提高民众便利性与搭乘意愿，降低私人运具的使用，并且弹性营运降低成本以达到永续营运的目标，为运输系统规划的重要议题。

PRT 系统是小型轻量化、计算机控制的电动车辆，运行于专用导轨或路网上，以个人化、实时服务提供旅客便捷服务，适合作为提供“最后一哩”区域运输服务，以短程、转乘与接驳旅客为主。

本计划以林口新市镇为案例，进行 PRT 路网规划与营运模拟，规划路网长 10km(轨道长 16.3km)，设置 16 座车站，旅客进站后候车与搭车至目的地车站时间在 10min 之内，较小区公交车服务(约 18min)，可缩短 50%旅行时间；而载客座公里方面，本计划林口 PRT 达 32%，比淡海轻轨与安坑轻轨高。

本计划后续针对林口新市镇引进 PRT 系统之高架结构与车站进行研究设计，希望达到发挥 PRT 系统轻量化的特性，降低轨道建造成本；并对 PRT 系统后续营运的票证系统、营运方式与相关法规进行研究，以利后续计划的推动。

参考文献

[1]曾惠明.个人快速交通系统——兼具便利、安全、环保、低成本及美学的新世代大众运输系统[R].财团法人中国台湾“中华顾问工程中心”,2013.

[2]FEATHERSTONE C. Linkou system feasibility modelling report[R]. 2014.

年长者安全通行环境改善计划

杨博文　陈冠龙　林俊源
（台北市交通局，台北）

摘要：随着台北市65岁以上人口数逐年增加，年长者行人交通事故件数约占本市行人总事故件数30%。为降低本市65岁以上年长者交通事故，建构安全的通行环境，2011年青年公园周边推动年长者安全通行示范区，2012年年长者事故较多的公园、寺庙——行天宫、荣星花园、保安宫暨孔庙之通行环境改善。改善完成后事故情况均有减少。2013年持续推动相关改善事项，实施范围锁定公园、寺庙及医院等年长者活动较频繁的场所，根据年长行人的事故伤亡比例进行筛选，选定龙山寺、大安森林公园、碧湖公园、荣民总医院、台北市立联合医院仁爱院区、台北市立联合医院中兴院区等6处地点优先进行年长者通行环境改善。根据各地点年长者事故情形，拟定工程、教育及执法的防治作为，希冀通过各项措施的实行，共同维护年长者"行"的安全。

关键词：年长者；65岁以上；通行

随着台北市65岁以上人口逐年增加，年长者行人交通事故件数约占本市行人总事故件数30%（见表1）。因此，年长者安全通行环境改善计划，从年长者较常活动之公园、医院及寺庙等公共场所筛选年长者事故超过30%的地点进行优先改善，邀集相关单位逐一进行会勘改善，经由跨单位合作，整合政府资源，建构适合年长者通行之环境。自2011年以青年公园周边推动年长者安全通行示范区，通过示范区逐步扩大改善全市年长者事故较多地点，故2012年持续办理年长者事故较多地点——行天宫、荣星花园、保安宫暨孔庙之通行环境改善。2013年除公园、寺庙外，亦纳入老人健康检查医院持续办理相关改善事项，选定龙山寺、大安森林公园、碧湖公园、荣民总医院、台北市立联合医院仁爱院区、台北市立联合医院中兴院区等6处地点优先进行年长者通行环境改善。

除以交通工程手段改善通行环境外，通过"交通安全守护团"由拥有专业交通安全知识的讲师授课，借由实际案例及监视器画面提升年长者自我保护能力；并且与医院合作倡导交通安全，使到医院等待看病的民众也能获得交通安全相关信息。

表1　历年行人与年长者行人事故

年份	行人事故人数（人）	年长者行人事故人数（人）	年长者行人事故比例
2008	1881	609	32%
2009	1912	590	31%
2010	2246	656	29%
2011	2327	700	30%
2012	2380	708	30%
2013	2306	682	30%

数据来源：台北市警察局交通警察大队2014年5月7日建文件资料。

1　办理情形

1.1　2011年执行情形

2011年，针对年长者事故特性进行分析，选择老化指数最高的万华区，在青年公园周边道路推动建立年

作者简介：杨博文，约雇技士；陈冠龙，代理科长；林俊源，股长。

主要资料来源：台北市警察局交通大队2014年5月7日前建文件事故资料。

长者安全通行示范区，整合 16 个局(处)工程、教育倡导及执法等方面提出 21 项改善措施，塑造年长者无障碍、舒适及安全的通行环境。

(1)改善行人通行空间及清洁美化周边环境：①对人行道进行清洁、整理、设施美化；②更新人行道上既有车阻，并张贴反光贴纸；③实施机动车退出骑楼措施，重新规划停车空间。

(2)强化交通管制设施：在行人穿越频繁的地点设置当心行人荧光标志，提醒驾驶人注意行人穿越；号志化路口设置行人专用时相；重新绘设周边道路上的交通标线，提升其夜间醒目度；将周边道路的速限降为 30km/h，以交通宁静区概念维护良好的交通环境。

(3)强化交通安全教育：强化倡导礼让行人及对年长者进行交通安全教育，并加强执法。在候车亭、号志控制箱及公共设施外墙张贴交通安全海报；深入邻里办理面对面的交通安全讲座；鼓励大众运输业提供敬老优惠措施，如将淘汰更换的车辆改为低地板公交车、设置敬老爱心车队等，向年长者提供方便、舒适的交通工具。针对驾驶者不礼让行人、行人违规、酒后驾车、违规停车、流动摊贩占用道路等交通违规加强整治。

(4)提升道路铺面质量：于人潮较多的路口试用彩色铺面，提醒驾驶者礼让行人；配合路平项目时程，纳入国兴路及青年路，以提升道路质量。

1.2 2012 年执行情形

2012 年，针对年长者使用频率最高的 9 座寺庙及 15 座公园(不含青年公园)逐一进行事故分析，并选定事故率较高的行天宫、荣星花园及保安宫暨孔庙等 3 处地点实施，并结合 14 个局(处)推动 60 项改善工作，共同维护年长者交通安全，改善重点有以下 6 项：①设置彩绘路面提醒驾驶员礼让行人；②实施行人专用时相、增设红灯倒数号志、延长行人绿灯通行时间、设置当心行人荧光标志、降低道路速限；③改善行人通行空间，设置无障碍斜坡道，让机车退出骑楼；④清洁美化周边环境；⑤倡导礼让行人及年长者安全教育；⑥取缔重大违规、车辆不礼让行人、行人违规。

1.3 2013 年执行情形

2013 年，针对 25 处寺庙公园以及 30 家开办老人健康检查的医疗院所，择定 6 处事故率较高的地点(大安森林公园；碧湖公园；仁爱医院并宏恩医院；中兴医院；龙山寺并艋舺公园；荣总并振兴医院)进行改善，改善重点如下：①路口车辆、行人动线调整；②设置行人专用时相；③新增或调整现有标志、标线及号志；④绘设标线型人行道及彩绘路面；⑤停车秩序整顿；⑥加强倡导交通安全相关事项；⑦加强取缔车辆不礼让行人、违规停车等行为。

2 计划达成效益

根据交通事故资料，从年长者常去的公园、寺庙及老人健康检查服务医院等公共场所筛选出优先改善地点，并逐一进行勘察改善，经由多单位合作整合，推动改善措施，建构适合年长者通行的环境，后续追踪事故改善地点在 1 年后见效。

自 2011 年成立“交通安全守护团”巡回讲座，以大专院校、高中职学校、乐龄中心、老人服务中心、健康服务中心及民间(企业机关团体)为对象，通过拥有专业交通安全知识的讲师，倡导正确的交通安全及驾驶观念。其中保护自己的驾驶观念包括 3 个方面。①基本之道：遵守交通安全规则。②看得到别人：如行经无号志路口，应确认无左右来车再通过路口。③可被其他路人看到：如穿着鲜艳的服装，让其他路人可以明显看见，以提高注意。

至 2013 年，交通安全守护团已举办讲座 256 场次，约 38445 人参与，其中年长者部分 102 场次，约 4912 人。

经由 2011—2013 年年长者通行环境改善计划，台北市年长者行人事故件数已显著减少(见表 2、表 3)。

表 2　2011 年改善前后年长者行人事故比较　（单位：人）

	整体事故		行人事故		年长者行人事故	
	事故件数	受伤人数	事故件数	受伤人数	事故件数	受伤人数
改善前(2010 年 7 月—2011 年 6 月)	85	95	16	21	9	13
改善后(2011 年 7 月—2012 年 6 月)	66	67	7	7	4	4
增减件(人)数	－19	－28	－9	－14	－5	－9
增减比例	－22％	－29％	－56％	－67％	－56％	－69％

表 3　2012 年改善前后年长者行人事故受伤人数比较　（单位：人）

	整体事故	行人事故	年长者行人事故
	受伤人数	受伤人数	受伤人数
改善前(2011 年 7 月—2012 年 6 月)	64	10	7
改善后(2011 年 7 月—2012 年 6 月)	50	10	4
增减人数	－14	—	－3
增减比例	－22％	—	－43％

3　结　论

营造年长者安全的通行环境，是落实本市人本交通政策的最佳指标，经过多年的努力，交通局与相关单位、小区代表（里长）共同检视通行空间与改善交通设施，包括巷道降低速限、停车管制、设置路口穿越设施（如彩绘铺面、行人穿越道及行人专用时相的设置）、机车退出骑楼及人行道整平等措施，对年长者使用频率较高地区的周边硬件设施进行改善，已有一定的成效。但仍可见部分年长者不遵守号志管制，在路口、路段违规穿越道路，已责请相关单位在年长者通行环境改善地点加强整治。并且，违规行为影响交通秩序成为交通安全的潜在风险，因此未来除持续分析观察台北市交通事故特性，持续进行通行环境改善外，安全的通行环境仍需借由各机关、小区及年长者家人的力量投入，通过社会福利机构及小区的认同与支持，加强倡导正确的穿越道路观念，协助维护年长者通行的安全环境。

台北市公共自行车发展

刘嘉佑　黄皇嘉　卢彦璁

（台北市交通局，台北）

摘要：近年来，气候变迁快速，各地区对环保、减碳及永续等议题越加重视。因此，鼓励公共运输、减少私有机动运具的使用是城市减碳的重要课题。台北市已有完善的大众捷运及公交车系统，为提供公共运输"最后一哩"的服务，于 2009 年推动公共自行车的使用，以完善公共运输环境及网络。

2009 年推出公共自行车示范计划后，于 2012 年扩大规模，目标是 2014 年提供 162 站、5350 辆公共自行车，搭配捷运公交车等公共运输工具，以构建方便的公共运输。扩大后搭配低廉费率、简易注册等措施，公共自行车使用量日益增加，于 2012 年 12 月突破百万人次，更于 2013 年 11 月达千万人次，2014 年 5 月达 2000 万人次，使用量成倍增长。

公共自行车使用量增加，带动自行车使用风潮，现有的道路空间需要重新分配，以提供安全自行车空间，并同时兼顾交通需求及行人安全。此外，除道路硬件建设外，软件塑造也是不可或缺的，本研究将就公共自行车推动过程及各项措施进行探讨，包含软硬件建设及培养，以塑造台北市自行车友善新文化。

关键词：公共自行车；YouBike；发展

全球变暖已是目前世界公认的事实，为缓和气候变迁所带来的负面冲击，减少温室气体排放及节省能源消耗已成为全世界当前与未来的施政重点。根据国际能源总署（International Energy Agency，IEA）报告，2008 年全球运输能源消耗占比平均约为 27.3%，经济合作开发组织（Organization for Economic Co-operation and Development，OECD）成员方为 32.2%。由此可见，运输部门在全球节能减碳施政上将扮演重要角色，中国台湾地区为应对全球节能减碳趋势，发展绿色运输已成为现阶段重要的运输政策方向。

台北市交通政策以发展公共运输、营造友善安全运输环境为主，通过积极打造友善、安全与便利的绿色运输环境，期望以捷运路网为骨干，辅以广泛的公交车路网，再搭配"最后一哩"输运，如市民小巴、公共自行车、步行及出租车等，提供更深入、全面的交通服务，使市民通过完善的公共运输系统，随心所欲地到达目的地。

1　微笑单车（YouBike）的诞生

随着捷运信义线于 2013 年通车、松山线于 2014 年底通车，台北市大众捷运二期路网已逐步成型，为鼓励市民使用公共运输，逐步减少私人运具的使用，有赖于公共运输提供更优良的服务，提高其可靠度及可及性；同时，需培养大众的使用习惯，以实现绿色、友善、宜居、永续的城市愿景。

应对全球变暖，节能减碳、追求永续发展已是各国际城市的追求目标，亦是城市间的竞争项目。台北市秉持追求永续发展，鼓励绿色运输的发展及使用，除兴建捷运及完善公交车服务外，参考各地公共自行车发展历程，于 2009 年 3 月推出公共自行车，称为微笑单车（YouBike），采用示范方式在信义计划区设置 11 个站及 500 辆公共自行车，各站距离 200～500m，提供"甲地租车、乙地还车"的 24 小时自动化借还车服务（见图 1）。该示范计划虽然在初期广受好评，获得相当好的声誉。但公共自行车的整体使用率却一直不如预期，营运厂商的收支无法平衡（见图 2）。经检讨，使用率不高的原因有如下几方面。

（1）服务范围太小：信义计划区的站点密度虽然足够，但计划范围仅限信义计划区内，无法吸引更多的

作者简介：刘嘉佑，科长；黄皇嘉，股长；卢彦璁，技士。

市民使用。

(2)费率复杂:该计划的费率参考法国巴黎,采用会员制及多种收费方式,原用意是希望为提供使用者提供更多选择,使用者却因此无所适从,导致使用者却步。

(3)认证不够便利:市民须持双证件至服务中心办理认证或抵扣押金后才能使用 YouBike,服务便利性及普及性不足,民众无法随时使用,双证件认证也造成民众对于提供个人信息的不安感。

图 1　YouBike 租借站及车辆

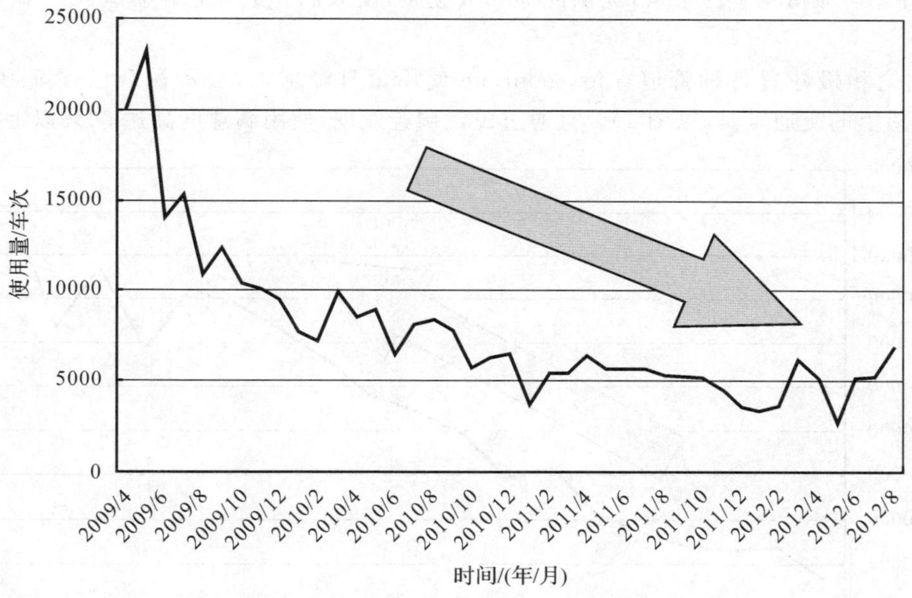

图 2　YouBike 示范计划(2009 年 4 月—2012 年 8 月)每月使用情况

2　微笑单车(YouBike)的成长蜕变

2.1　台北市公共自行车的成长

为提供更便捷、优质的公共自行车服务,自 2012 年 8 月调整营运策略,包括扩大服务范围、简化认证程序、提供单一费率等措施,以更完善的服务吸引民众使用(见图 3)。

(1)扩大服务范围

自 2012 年 8 月起,台北市先于信义区、南港区、松山区、中山区及大安区启用租借站共 30 个,提供 960 辆车,扩大租借站范围,并以每一个行政区内至少有 10 个租借站为目标,让各行政区租借站数量达一定规模,让市民骑乘租借自行车更加便利。

(2)简化认证程序

在 YouBike 示范计划的 3 年内,台北市民展现出相当高的素质,无失窃车,所以在扩大项目实施范围时,推出首创的手机认证会员方式,只要通过悠游卡及手机,即可通过网络或各租借站的自动服务机免费登记成为 YouBike 会员。会员只要持悠游卡即可租借自行车,为市民提供最便捷的认证程序;非会员亦可使用信用卡或"中华电信"839 小额付款方式直接租借自行车,为游客或短期骑乘者体验台北生活提供新选择。

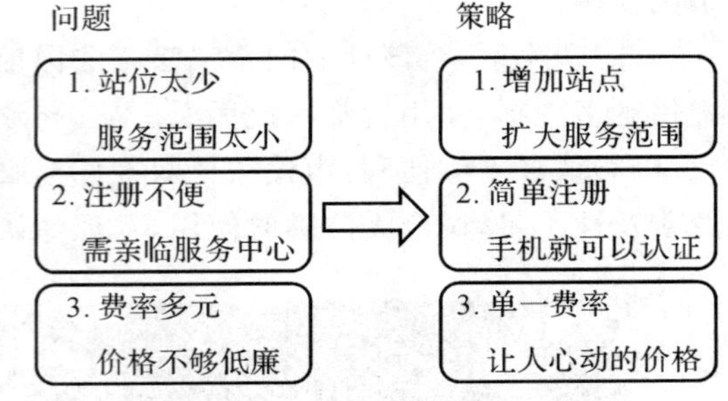

图 3 YouBike 扩展时的策略

(3)单一费率

YouBike 早期参考了法国巴黎公共自行车系统的费率以及注册认证方式,设置多种费率供民众选择。然而,这与民众的使用习惯不同,复杂费率使许多市民在使用前就却步。因此,将费率调整为单一费率(每 30min 10 元,本文中"元"均指新台币),让使用者很容易了解及使用。

(4)前 30min 免费补贴

为鼓励民众使用公共自行车,很多城市公共自行车系统均提供免费使用时段,如巴黎、伦敦为 30min、纽约为 45min。公共自行车系统营运厂商收入多来自行政部门补助(贴)、企业赞助、广告及租借收入等,因此,在系统营运初期,政策性支持是成功要素之一。

考虑目前台北市公共自行车站点密度不足、系统可靠度不足,民众由私人运具移转所需时间,为鼓励绿色运输的使用,并基于城市竞争的考量,提供前 30min 免费,使人们养成绿色运输使用习惯,从而逐步取代汽机车使用。

通过租借站之积极建置各种管道宣传,YouBike 使用量日渐增加,显示民众已逐渐习惯且喜欢使用 YouBike 作为生活上的交通工具(见图 4)。且通过民意调查发现,使用满意度高达 90%以上。

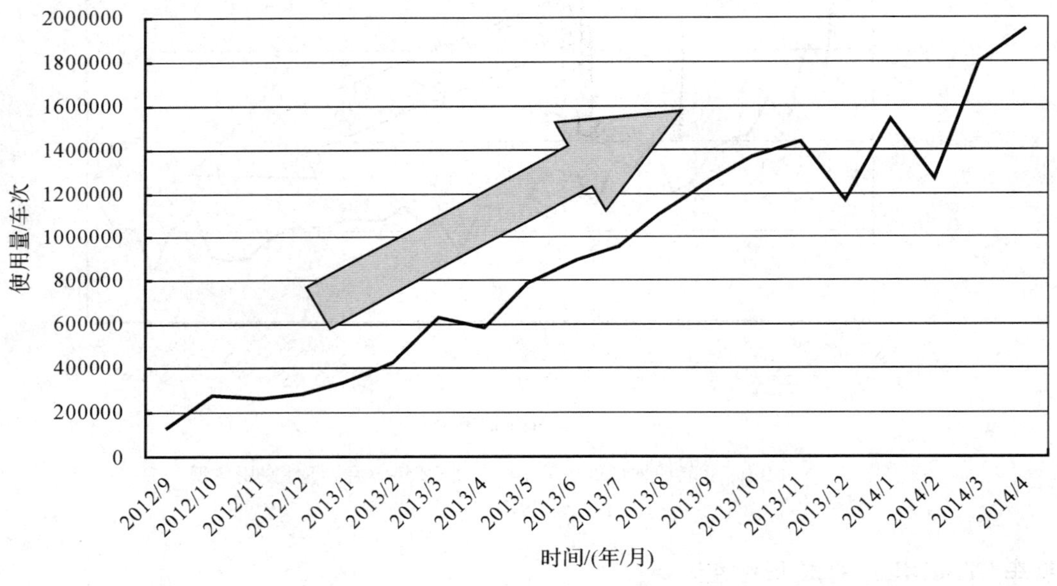

图 4 YouBike 计划改善后的使用情况

2.2 台北市公共自行车之蜕变

在 YouBike 被认可的同时,台北市民对 YouBike 的期许也愈来愈高,公共自行车就民众常反映事项持续精进改善,以提供更优质的服务,让 YouBike 成为台北市的骄傲。

(1)解决调度问题

由于市民对 YouBike 的热爱,于假日或平日尖峰时间常造成部分站点发生"无位可还"或"无车可借"的现象,时有民怨发生,故"无位可还"及"无车可借"是交通局及营运厂商的首要解决事项。经交通局及营运厂商开会研议后,采取下列解决方法。

建立各站预警值:根据各站附近的土地使用特性归纳出各站的使用特性,利用该使用特性建立各站的预警值。营运厂商可通过中央监控系统观察各站使用率，在达预警值时，立即安排调度人员前往将车辆取出，以避免无位可还或无车可借事情的发生。

增加调度能力：为改善无车可借及无位可还的情形，YouBike 现分三班分区调度，预先安排各站尖峰使用需求；并依各站使用情况搭配机动调度，利用前述预警功能派遣机动调度人员前往调度。

规划增柱或增站：经研讨，部分站位的供需比例过于悬殊，以调度方式很难完全解除无位可还的情形，因而交通局在可用空间足够情况下，以增加车柱数或在附近增建辅助站位方式提供更多车位，以解决无位可还或无车可借的问题。

提供满站增时服务：民众遇无位可还时，可至自动服务机上选择满站增时，即再提供 30min 免费使用时间供民众等候或前往他站还车。

(2)提供官方行动 App 服务

基于现在使用者多使用智能型手机，为便于使用者查询各站实时状况，提供智能型手机 App“微笑单车”，使用者可通过 App 实时了解各站状况，避免“无位可还”或“无车可借”，亦可利用 App 登入查询个人借还车数据(见图 5)。为精进服务质量，2014 年 4 月该 App 新增故障通报功能，以加速维修时效。

图 5　微笑单车 App

(3)提倡公平使用

自 2012 年 8 月公共自行车推广至全市后，广受市民好评，为提倡公共自行车分享及公平的精神，让更多市民能共同分享公共运输服务，以最少的资源创造最大的效益，2013 年 10 月起实施“续借限制”及“累进费率”两项新措施，鼓励使用者短程使用、快借快还，避免长时间借用，让公共自行车能供更多市民使用。

续借限制：还车后 15min 内，不得于同站(还车站)借车。但考虑使用者借车后可能有更换车辆的需求，借车后 5min 内于同站还车后再借则不受限。

累进费率：使用悠游卡的会员，前 30min 免费，使用 4h 以内仍维持原费率每 30min 10 元；使用时间超过 4h，8h 以内，调整为每 30min 20 元；使用时间超过 8h，则每 30min 40 元。

(4)推动自行车新文化，友善有礼分享

随着 YouBike 使用量增加，台北市自行车族群人口亦随之增加，为减少自行车与行人的冲突，交通局对骑自行车人士加强引导，以培养自行车新文化，构建友善的自行车骑乘环境。

排队文化：目前，YouBike 深受市民喜爱，许多站位尖峰时段常出现一车难求的情形。为了推广排队文化，自 2013 年 9 月起在各租借站划设排队等候标记，市民可依序排队(见图 6)。

自行车友善文化：为培养自行车友善文化，利用 YouBike 前方车篮增加骑车小叮咛，提醒骑车者不骑骑楼、礼让行人、减速慢行及不催促行人等，并于车辆后端提醒骑车者“人车共道、行人优先”及“禁行骑楼”(见图 7)。交通局也持续运用各种方式，如 CMS 可变信息系统、LED 跑马灯、公交车候车亭、广播等，加强自行车友善文化倡导。

违规记点：为避免少数使用者未按规定行驶，造成其他用路人的困扰，自 2014 年 1 月起采取违规记点措施，若有不当使用 YouBike 者，将依情节严重程度予以处罚，严重者将被取消会员资格(见图 8)。希望通过倡导方式，让每个 YouBike 使用者能以身作则，遵守交通规则，不造成他人的困扰。

(5)更人性化之操作

外来旅客可享用本市便利的 YouBike。2014 年 4 月，修正单次借车系统，改为电子商务交易模式，使一般磁条式信用卡也可进行单次借车。同时，考虑原注册时用户需利用屏幕虚拟键盘或实体按键进行悠游卡卡号输入，较不方便，自 2014 年 4 月起调整注册方式，使用者可直接通过卡片阅读机直接读取悠游卡卡号，简化注册程序。

图 6　YouBike 排队文化

图 7　YouBike 倡导自行车友善文化之小叮咛

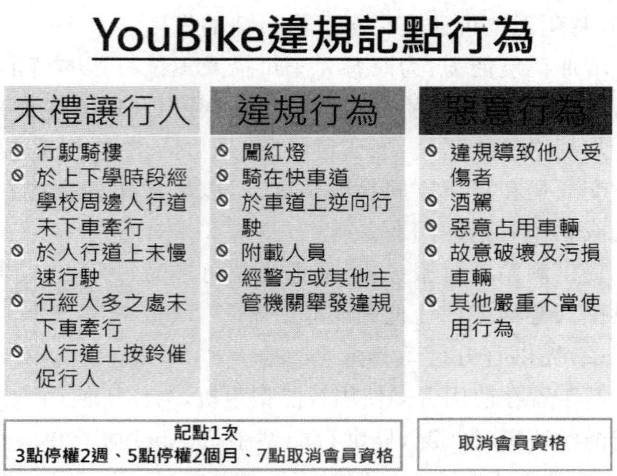

YouBike違規記點行為

未禮讓行人	違規行為	惡意行為
行駛騎樓 於上下學時段經學校周邊人行道未下車牽行 於人行道上未慢速行駛 行經人多之處未下車牽行 人行道上按鈴催促行人	闖紅燈 騎在快車道 於車道上逆向行駛 附載人員 經警方或其他主管機關舉發違規	違規導致他人受傷者 酒駕 惡意占用車輛 故意破壞及污損車輛 其他嚴重不當使用行為
記點1次 3點停權2週、5點停權2個月、7點取消會員資格		取消會員資格

图 8　YouBike 违规记点措施

3　结　论

推广绿色运具，建立永续环保城市，是台北市长期的努力目标。2009 年，台北市首创了 YouBike 公共自行车系统，作为市民市区代步方式，以及联结大众运输热点的通行工具。

经过 5 年经营，市民对 YouBike 的满意度逾 90%；使用量超过 2000 万车次，使用率从不到 3%上升到 5.5%。该项目在环保、减少私人载具、建立自行车友善文化方面，都展现了傲人的成就，不仅带动了中国台湾地区各主要城市加速推广自行车，更吸引了北京、上海、首尔及东京等亚洲主要城市前来台北取经。

为满足民众使用需求及期盼，YouBike 将于 2014 年底完成 190 站的目标，预定于 2015 年建成 250 站。未来以全市至少 300 站作为长期目标，使 YouBike 的平均站距为 350m，市民在 5min 内即可步行到达 1 处 YouBike 站，从而提供更便利的公共运输服务，以期能借由捷运二期路网的成形及 YouBike 持续扩大规模来减少市民私人运具使用率，希望 2020 年绿色运输使用率能达到 70%。

本市除了不断提升 YouBike 的规模外，同时通过 YouBike 持续推广自行车友善文化，希望自行车能更礼让、分享、友善、有礼，使骑自行车者与行人皆可享受更轻松惬意的“行”的环境，使自行车友善文化能如捷运文化一般，成为台北市的骄傲。

参考文献

[1]交通主管部门运输研究所. 运输政策手册(绿色运输). 2012.

新北市快速公交车规划与营运分析

——以林口地区为例

苏先知　林传宗　饶秉书

（新北市交通局，新北）

摘要：新北市发展交通政策目标为“提升低碳旅次比例、减少机动车旅次、打造公共运输为主轴之易行城市”，并以“构建人本友善绿能之公共运输环境”为终极目标。本文以新北市新兴区域——林口区为例，为向民众提供就学、就业、就养及乐活方面更加便利的公交车服务，新北市规划行经高、快速公路或高架桥的跨市快速直达公交车，探讨其营运绩效，并对快速公交车辟驶前后民众问卷调查进行统计分析，了解民众满意情形以做改进，作为未来辟驶新路线之规划与营运参考。

关键词：公路公共运输；快速公交车

林口区为新北市 29 个行政区之一，北滨台湾海峡，东与八里及五股区为界，南与泰山区、桃园县龟山乡为邻，大部分区域位于平均海拔约 250m 的林口台地上，总面积为 $54km^2$，省道 1 号林口交流道位于林口区南部边界，是该区域的主要进出门户（见图 1）。

近年来，随着交通建设的发展及工业区、新市镇重划区的陆续开发，林口区已经逐步转变为工、商业共存的区域，且人口增长快速，林口区人口统计已由 2011 年 2 月 83795 人成长至 2014 年 2 月 94689 人（见图 2），人口年增率名列新北市各行政区之前茅。

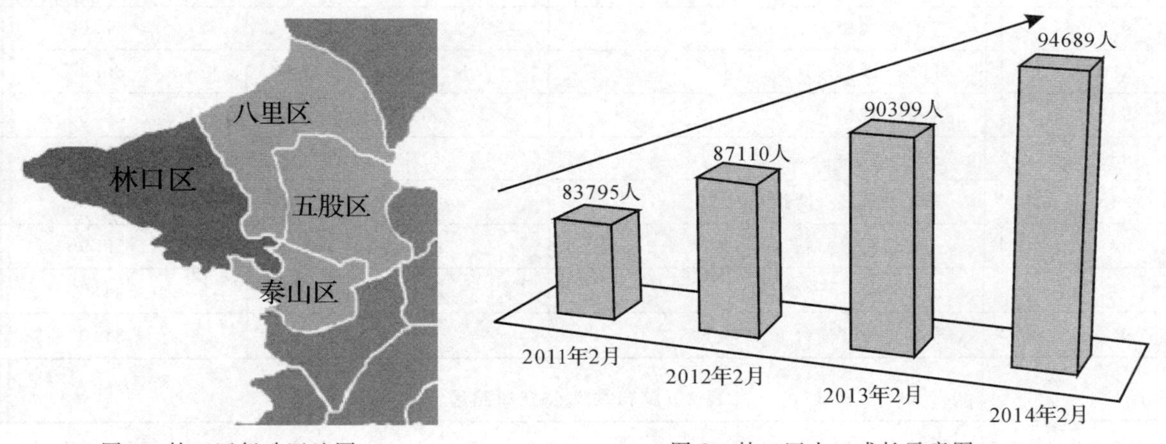

图 1　林口区行政区地图　　图 2　林口区人口成长示意图

林口区人口较密集的主要居住区域内无高铁、台铁等铁道运输行经设站。桃园机场捷运线预计 2015 年通车，在此之前联外大众运输均需仰赖公路客运及市区公交车等公路公共运输，更凸显规划便捷的市区公交车路线的重要性。

1　林口区快速公交车规划与发展

1.1　双北快速公交车规划概况

快速公交车是以双北市境内的高速公路、快速道路为主轴所规划的公交车路线，利用高速 1 号、高速 3 号、水源快速道路、东西向快速道路（市民大道）、堤顶大道、环东大道（高架）、洲美快速道路与信义快速道

作者简介：苏先知，运输管理科科长；林传宗，运输管理科股长；饶秉书，运输管理科科员职务代理人。

路、新北环河快速道路、西滨快速公路(台 61 线)、东西向快速公路万里瑞滨线(台 62 线)、八里新店线(台 64 线)及新北市特二号道路(台 65 线)等路线,停站点少且多利用高架路段,目标单程行驶时间约 1h,并以到达重要转车点快速接驳至双北市各区域为目标。

快速公交车的特色在于路线直捷、停靠站数少,单程约 1h。部分路线沿途行经捷运车站,可方便民众通过台北捷运路网无缝转乘。新北市境内快速公交车路线已辟驶达 21 条,路线横跨新北及台北两市的跨市快速公交车(含台北市辖管路线)已辟驶 22 条,合计共 43 条路线(见表 1、表 2)。

表 1 新北市境内快速公交车路线

路线编号	路线起讫说明	实施日期(年/月/日)	营业里程(km)
908	三峡—捷运景安站	2007/9/12	39.90
910	三峡—捷运府中站	2003/9/1	56.00
916	三峡—捷运永宁站	2006/5/31	32.40
917	莺歌—捷运永宁站	2006/5/31	26.80
918	泰山—新店	2006/7/7	44.60
920	林口—捷运板桥站	2008/12/16	59.50
921	北大小区—捷运景安站	2010/9/1	44.50
922	三峡北大小区—捷运永宁站	2010/1/8	31.60
923	坪林—捷运新店站	2010/8/1	55.00
925	芦洲—林口	2010/11/3	57.10
926	三重—板桥	2010/9/1	38.15
926 副	三重—新北大桥—板桥	2011/7/23	37.25
927	三重—八里	2010/11/3	19.90
928	三重—八里	2010/11/3	47.60
930	青潭—板桥	2010/8/26	36.20
931	芦洲—林口	2011/6/4	53.50
932	三峡—板桥公车站	2012/3/1	43.00
940	三峡—省 3—捷运府中站	2013/3/4	35.60
941	三峡—省 3—新店	2013/7/1	59.90
942	三峡—台 65—林口	2013/9/6	74.00
948	林口—省 1—台 65—板桥	2014/2/17	31.00

表 2 跨市快速公交车路线

路线编号	路线起讫说明	实施日期(年/月/日)	营业里程(km)	辖管
232 快	芦洲—松山车站	2005/1/1	35.0	台北市
605 快	汐止—台北车站	2005/10/1	36.8	台北市
905	锦绣—民生小区	2001/10/23	41.2	台北市
905 副	锦绣—民生小区	2006/8/15	35.6	台北市
906	锦绣—松山机场	2009/2/2	40.0	台北市
906 副	锦绣—松山机场	2009/2/2	37.2	台北市
907	万华—汐止	2005/7/1	54.4	台北市
909	锦绣—松山机场	2006/6/1	44.2	台北市
912	深坑—捷运市政府站	2014/3/17	28.3	台北市

续表

路线编号	路线起讫说明	实施日期(年/月/日)	营业里程(km)	辖管
919	汐止—捷运忠孝复兴站	2008/11/17	38.9	新北市
933	三重—动物园	2012/2/14	48.4	新北市
935	锦绣山庄—台北市政府	2012/4/2	32.6	新北市
936	林口—捷运圆山站	2012/5/24	57.6	新北市
937	林口—圆山	2012/7/20	53.0	新北市
938	五股—捷运台大医院站	2012/7/6	25.3	新北市
939	新北市三峡区—台北市政府	2012/6/27	66.0	新北市
943	三峡—省道3号—台北大学(台北校区)	2013/9/16	70.0	新北市
945	林口—松山机场	2013/12/20	64.7	新北市
946	林口—内湖科技园区	2013/12/20	68.5	新北市
946副	林口—内湖科技园区(经南势街)	2013/12/20	63.6	新北市
949	深坑—省道3甲—捷运古亭站	2014/3/29	31.4	台北市
950	永和—内湖科学园区	2014/4/15	38.1	台北市

1.2 林口区快速公交车概况

新北市因土地面积大、居住人口多,邻近台北市各行政区,且本市房价相较台北市低廉,造就许多在台北市上班的民众搬迁至新北市购屋定居,每日为了上下班、就医、就学、休闲娱乐等必须往返台北市及新北市境内的交通需求迫切,因此大众运输的规划需以双北通勤为核心规划。

林口地区现有9条快速公交车,分别为920、925、931、936、937、945、946、946副及948,可服务林口往返板桥、三重、芦洲、三峡、台北市捷运圆山站、松山机场及内湖地区(见图3),且路线涵盖林口区内各主要市区道路,服务范围广泛且便利。各路线2014年1月至4月平均每日载客人次见表3,其中920路线为林口地区辟驶的第一条快速公交车路线,营运迄今载客状况稳定,并且其余路线逐月载客人次均有提升,可见各路线均充分发挥了其疏运的功能(见图4)。

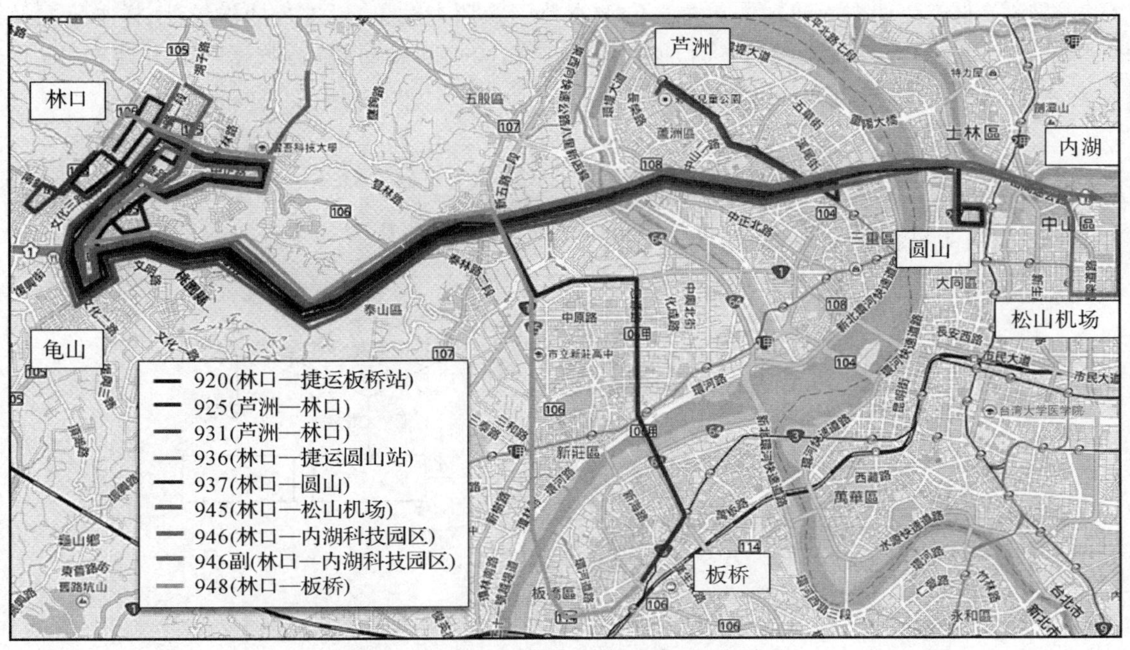

图3 林口区快速公交车路网

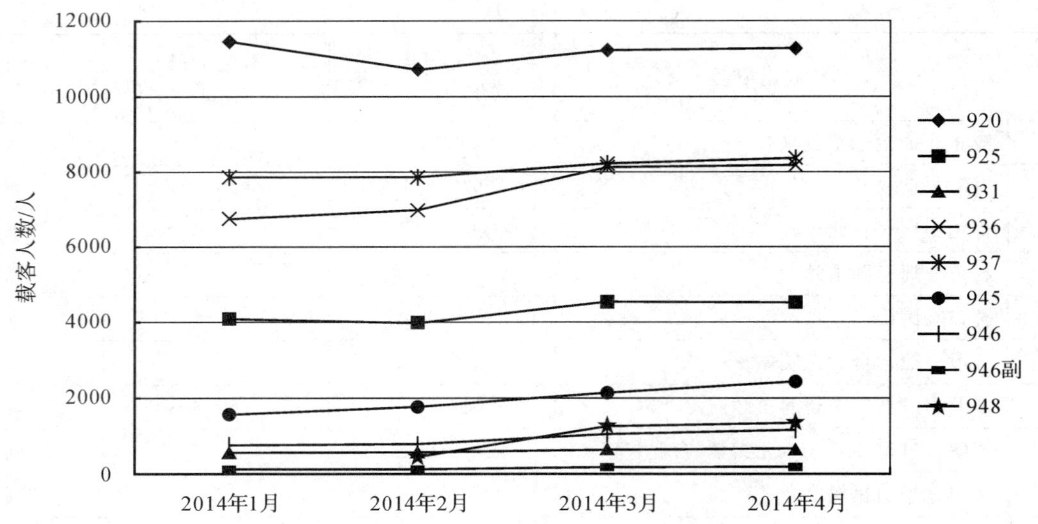

图 4 林口区快速公交车每日平均载客情况

表 3 林口区快速公交车每日平均载客人数 （单位：人）

路线 时间	920	925	931	936	937	945	946	946 副	948
2014 年 1 月	11414	4098	582	6738	7866	1561	760	114	—
2014 年 2 月	10712	3974	575	6984	7862	1768	792	121	473
2014 年 3 月	11208	4541	659	8126	8219	2158	1048	173	1274
2014 年 4 月	11261	4523	670	8188	8357	2431	1174	180	1346

2 研究方法

2.1 问卷设计与抽样方法

本研究调查作业流程如图 5 所示。首先选定调查范围及调查对象，再进行抽样设计、样本分配及问卷设计，再招募调查员及进行教育训练，然后进行问卷调查。在调查问卷回收后，数据输入并建文件，通过检核程序做问卷合理性筛选，再进行数据分析。

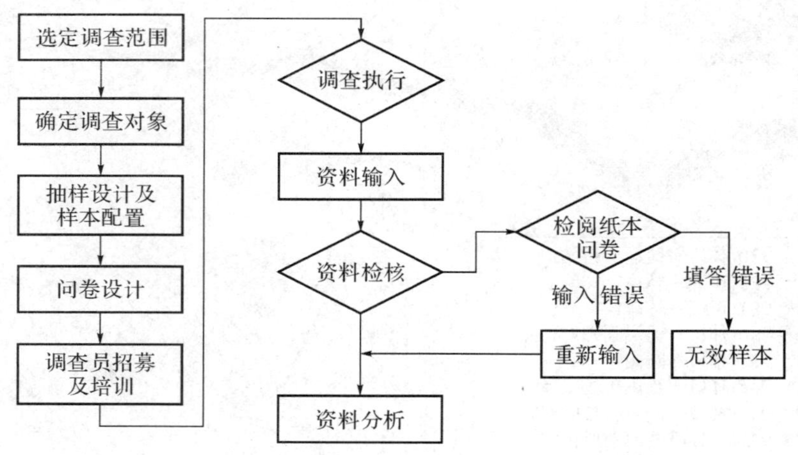

图 5 调查流程

本次调查范围以行经林口区的快速公交车路线为调查主体，调查对象为快速公交车用户（乘客），调查对象均需年满 15 岁以上，调查时间为 2014 年 5 月 12 日至 5 月 23 日，委托本市市区公交车业者（台北汽车客运股份有限公司、三重汽车客运股份有限公司、大都会汽车客运股份有限公司）提供调查员协助调查，调查方式分为定点调查及随车调查，平常日调查时间为06:00—20:00，尖峰时段为07:00—09:00及17:00—19:00，其余为离峰时段；假日为09:00—18:00。

本研究仅以快速公交车用户为调查对象，并考虑调查人力及时间有限，上述3家市区公交车业者预计各搜集100份以上有效样本，以达到在95%信心水平下，误差率为±5%以内。据此，以样本有效率95%估计，规划各调查路线完成约315份问卷调查。本次调查中，定点调查的抽样方式是由调查员于调查站位随机面访候车乘客，随车调查的抽样方式则由调查员于公交车上针对车内乘客进行面访。本研究调查合计回收446份问卷，其中有效样本数为439份，样本有效率为98.4%。

2.2 资料分析

以上问卷调查作业完成并回收问卷后，根据研究目的与研究假设加以分析，所采用的统计分析方法为：①叙述性统计(Descriptive Analysis)，包括次数分析，可用于了解游客之旅游特性及基本资料之分布状况；②信度分析；③独立样本T检定(Independent-Sample T-test)；④重要度—绩效分析法(Important Performance Analysis，IPA)。IPA分析法是利用乘客对快速公交车提供的各项服务的重视度与满意度进行分析，以作为管理单位的参考。

3 林口区快速公交车问卷调查分析

3.1 乘客基本资料分析

本次调查林口区快速公交车乘客基本资料见表4，女性乘客占51.2%，稍高于男性乘客。检视本次调查乘客的年龄比例，30～39岁占29.9%、20～29岁占23.6%、15～19岁占18.9%，三者合计达72.4%，是主要族群，与搭乘目的有47.2%之高比例为通勤、通学旅次相对应。可见，快速公交车乘客多为39岁以下的上班族或学生族。该数据也间接呈现了新兴发展的林口区现有人口结构。

表4 林口区快速公交车乘客基本数据分析

项目	分类	百分比(%)	项目	分类	百分比(%)
性别	男性	48.8	搭乘目的	上下班/上下学	47.2
	女性	51.2		看病/探病	14.2
年龄	15～19岁	18.9		公务	7.1
	20～29岁	23.6		购物	4.7
	30～39岁	29.9		探亲访友	9.4
	40～49岁	9.4		返乡/返居住地	4.7
	50～59岁	9.4		休闲游憩	12.6
	60～64岁	5.5			
	65岁以上	3.1			

3.2 搭乘频率分析

林口区快速公交车乘客搭乘频率见表5，使用者以每周5天(含)以上占44.1%最高、每周3～4天占19.7%次之，若将每周至少搭乘1～2天及以上的使用者定义为经常搭乘使用者，则经常搭乘比例为80.3%，不常搭乘比例为19.7%。

一般市区公交车经常搭乘使用者的搭乘目的较多为通勤旅次，而对照上述搭乘目的分析可知快速公交车乘客搭乘比例高的原因，并显示快速公交车因路线规划较快速、省时、方便、直捷，已逐渐形成固定使用者。

表 5　林口区快速公交车乘客搭乘频率

	搭乘频率	百分比(%)	分类百分比(%)
经常搭乘	每周 5 天(含)以上	44.1	80.3
	每周 3～4 天	19.7	
	每周 1～2 天	16.5	
不常搭乘	每月 1～3 天	15.0	19.7
	低于每月 1 天	4.7	

3.3　满意度分析

林口区快速公交车乘客的满意度见表 6，平均满意度以“很满意”为 5 分、“满意”4 分、“普通”3 分、“不满意”2 分、“很不满意”1 分为标准，计算平均值而得。

表 6　林口区快速公交车乘客搭乘满意度

		满意度
班次及路线	班次密集程度	4.26
	班次符合需要	4.23
	路线直捷不弯绕	4.25
车辆设备	车内清洁整齐	4.33
	车上站名预报(语音或 LED 广告牌)	4.33
	车内路线信息可清楚辨识	4.28
	车辆行驶噪音小	4.13
	空调功能正常、舒适	4.20
	其他乘车服务(Wi-Fi、充电插座等)	4.24
候车站设施	候车站环境及设施舒适	3.92
	站牌路线图信息提供	4.11
	公交车到站时间预估信息提供	3.91
驾驶员服务	行车平稳无急驶急停	4.33
	司机遵守驾驶规则(不违规、不过站不停等)	4.39
	司机的态度良好、乐于提供服务	4.46
整体满意度		4.34

从乘客满意度中可发现，在驾驶员服务项下“行车平稳无急驶急停”、“司机遵守驾驶规则”及“司机态度良好、乐于提供服务”等 3 项均让使用者感到满意，另车辆设备中“车内清洁整齐”及“车上站名预报”也让使用者感到满意，凸显营运业者对新车投入及驾驶员服务教育训练方面的努力，赢得乘客普遍好感。

乘客满意度相对较低的项目中，“公交车到站时间预估信息提供”满意度 3.91 为最低，其次为“候车站环境及设施舒适”满意度 3.92。新北市交通局虽有建设公交车动态信息系统，乘客可随时随地利用智能型手机查阅公交车到站时间，但无智能型手机的乘客，则需仰赖候车亭所附设的 LED 广告牌，但并非所有公车站位均合乎建设候车亭与附设安装 LED 广告牌的条件，也间接造成此两个项目的满意度相对较低。

3.4　大众运输效益分析

根据本研究的调查，林口区尚未辟驶快速公交车路线前，目前搭乘快速公交车乘客在相同旅次目的下，采用的交通方式见表 7。其中，以搭乘其他路线公交车或客运占比最高(49.6%)。对照该路线旅次起讫调查，使用者较多利用原有 1209(公西—北门)、1210(林口—北门)、1211(长庚大学—市政府)等客运服务。

表 7 快速公交车辟驶前目前搭乘快速公交车乘客采用交通方式统计

交通工具	百分比(%)	交通工具	百分比(%)
开汽车	26.8	骑机车	6.3
他人接送	12.6	出租车	2.4
自行车	0.8	步行	0.8
其他公交车/客运	49.6	以前从未来过	0.7

采用开车及骑机车方式抵达目的地的比例分别为 26.8%及 6.3%。以 2014 年 4 月为例(见表 8),各快速公交车路线总运量为 1143913 人次,推估移转私人运具旅次量,小汽车及机车分别为 306225 人次及 72066 人次。按小汽车承载率 1.62 及机车承载率 1.15 推估移转私人运具旅次量,小汽车及机车分别为 189028 车次及 62666 车次。

表 8 林口区快速公交车载客人次统计

路线	2014 年 4 月份载客(人次)	路线	2014 年 4 月份载客(人次)
920	337824	945	72935
925	135676	946	35231
931	20101	946 副	5413
936	245649	948	40384
937	250700	总计	1143913

根据《运输部门能源节约能源及减少温室气体排放之规划研究》,小汽车及机车耗油率分别以 10.4km/L及 27.3km/L 计算,而汽、机车碳排量均按 2241g/L 计算。本次调查各乘客起讫的平均旅次长度约为 22km,据此推估移转私人运具行驶里程,则小汽车及机车分别为 4158618 车公里及 1378664 车公里。节省小汽车及机车燃料分别为 399867L 及 50500L,合计约 450367L,减碳量总计达 1009.2t。以上可说明林口区快速公交车辟驶后已吸引多数民众放弃私人运具改搭大众运输,并在节能与环保方面有优异表现。

3.5 重要度—绩效分析(IPA)

本研究 IPA 分析图以重要度为 x 轴、满意度为 y 轴构成图 6,再根据问卷反映的重要度及满意度总平均值(4.47、4.23)分割为Ⅰ、Ⅱ、Ⅲ、Ⅳ4 个象限。

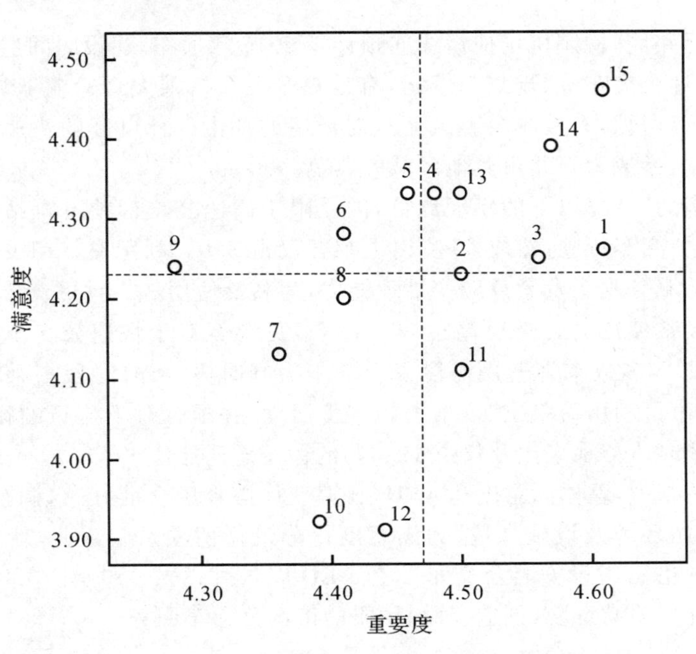

1. 班次密集程度
2. 班次符合需要
3. 路线直捷不弯绕
4. 车内清洁整齐
5. 车上站名预报
6. 车内路线信息可清楚辨识
7. 车辆行驶噪音小
8. 空调功能正常、舒适
9. 其他乘车服务
10. 候车站环境及设施舒适
11. 站牌路线图信息提供
12. 到站时间预估信息提供
13. 行车平稳无急驶急停
14. 司机遵守驾驶规则
15. 司机的态度良好

图 6 快速公交车服务重要度—绩效分析

各象限代表的意义分别为：Ⅰ象限表示乘客对于落于此区的问项非常重视且感到满意，为提供服务者应“继续保持”的区块，亦可视为推广快速公交车的“机会”；Ⅱ象限表示乘客对于落于此区的问项虽较不重视，但提供服务者却能提供良好的服务质量，虽属“过度供给”区块，亦可视为快速公交车在市场竞争中，能与其他路线有所区别的“优势”；Ⅲ象限表示乘客对于落于此区的问项较不重视也不满意，为“优先级较低”的区块，亦可视为快速公交车竞争的“弱点”；Ⅳ象限表示乘客对于落于此区的问项非常重视但感到不满意，为“加强改善重点”区块，亦可视为快速公交车竞争的“威胁”。

由 IPA 分析图可知，落于Ⅰ象限者有“班次密集程度”、“班次符合需要”、“路线直捷不弯绕”、“车内清洁整齐”、“行车平稳无急驶急停”、“司机遵守驾驶规则”及“司机的态度良好”等 7 个项目。快速公交车因行驶高速公路依法不得站立乘客，林口区快速公交车辟驶初期常有民众反映班次不足、上不了车的情况。在交通局及营运业者的努力下，此状况已有所改善并反映在乘客的问卷调查结果中。新北市公交车评鉴中的“B1 新车比率”指标定义一般是公交车车龄 5 年内属新车，检视 2013 年第 2 期成绩，林口区各快速公交车路线新车比率得分皆为满分，也是民众对于平稳性及舒适度感到满意的原因。

落于Ⅱ象限者有“车上站名预报”、“车内路线信息可清楚辨识”及“其他乘车服务（Wi-Fi、充电插座等）”等 3 项。此 3 项虽较属于辅助服务性质，却因贴心的服务细节获乘客好感。新北市所属车辆均全面装设 GPS 车机及站名播报器，可于即将抵达站位时预先播报告知乘客，且新北市于 2014 年起鼓励各业者提供 4 语播报。快速公交车各车辆路线牌均已于车前使用大片 LED 屏幕显示，并以箭头显示该班次行驶方向性，提供乘客方便且可迅速辨识的路线信息。而在智能型手机普及时代，双北地区公交车更首创提供部分路线“台北公众区免费无线上网”Wi-Fi 及车上充电插座服务，提供民众在车上办理公务或休闲的新型态服务。

落于Ⅲ象限者有“车辆行驶噪音小”、“空调功能正常、舒适”、“候车站环境及设施舒适”及“到站时间预估信息提供”等 4 项，民众虽对于行驶噪音及空调服务较不满意，但其满意度得分较接近平均值，而候车环境及到站时间预估则是所有问项中满意度最低的两项，无论主管机关还是提供服务的业者，未来均需在此区块加强服务的提供及改善。

落于Ⅳ象限者仅“站牌路线图信息提供”1 项，站牌为传达路线信息给乘客最直接的设施，乘客均认为此为重要服务项目。新北市已于 2013 年起陆续更新境内 7000 余个公车站牌，旧式路线图字体较小且含广告的情形将消失，取而代之的是字体放大、信息清晰明确且统一规格的新式站牌，期望未来更加提升乘客对于站牌信息提供服务的满意度。

4 结 论

(1)新北市积极建构三环三线捷运路网，桃园机场捷运线亦预计于 2015 年通车，建设时间造成交通冲击与民众交通的不便利，故期望借由“快速公交车”的规划与营运，有效提升民众搭乘大众运输工具的便捷性，进而培养民众使用大众运输工具的良好习惯，有效减少私人运具对环境的冲击。林口区的快速公交车路线规划深受民众支持，每日均有高搭乘率，已成为新北市其他区域的典范。

(2)林口区快速公交车路线乘客多为 39 岁以下的年轻族群，因受限于高速公路行驶不得站立乘客的规定，营运业者均使用 40 人座非低地板公交车行驶，造成 60 岁以上乘客仅占 8.6％利用率。相关单位应研讨改善措施或创新方法，并提升驾驶员的服务观念及紧急应变处理能力，为高龄使用者提供更友善的服务。

(3)林口区快速公交车路线乘客经常使用者比例已高达 80.3％，显见乘客对于快速公交车服务的依赖及肯定。搭乘旅次中通勤旅次占 47.2％，多数乘客使用时段仅上下午尖峰时段，离峰时段搭乘人数落差大是现况快速公交车营运的难处。新北市可利用跨单位、多渠道的宣传活动，并配合时下流行的社群网页、部落格进行路线及景点宣传，以提升离峰时段搭乘人次及仅占 12.6％的休闲游憩旅次。

(4)林口区快速公交车服务质量调查中，整体满意度达 4.34，普遍获得搭乘民众的好感，调查问项中“公交车到站时间预估信息提供”及“候车站环境及设施舒适”为满意度得分最低两项。鉴于此，新北市应积极办理目前市区公交车候车亭的建置，并借由附设安装公交车动态 LED 广告牌以及 0800-00-5284 双北免付费语音到站查询电话的推广宣传，提升相关满意度，创造全面、优质的市区公交车服务。

新北市公共自行车规划与推动

叶耀墩[1]　林昭贤[1]　刘心荷[1]　林幸加[2]　陈宏达[2]　曹晋瑜[2]

（1.新北市交通局，新北；2.鼎汉国际工程顾问股份有限公司）

摘要：近年来，由于气候暖化，各国发展低碳运输成为备受重视的议题。公共自行车发展基于低碳运输概念而生，借由公共运具的共享，在短距离内，使民众日常生活及交通获得最大满足。通过启动二轮生活圈的习惯养成及完整的市区公共自行车租借站点分布，建构完整的短程接驳运输系统。借由设立更多公共自行车站点，提供新北市更完善的低碳转乘运具，落实绿色运输无缝接轨的绿色交通概念，规划新北市站点遴选及细部规划设计，以利后续作业的推动。

关键词：公共自行车；示范规划；低碳运具

公共自行车的发展基于低碳运输的概念，使民众以不需自行购置自行车的方式，借由公共运具的共享，在短距离内，使民众的日常生活与交通都获得最大的满足，并减少对私人运具的依赖，达到降低空气污染的目的。

新北市自2008年10月31日率台湾地区风气之先，开办最早启用的市区人工化公共自行车租借系统，并于2013年9月于板桥地区导入自动化公共自行车租借系统，共设置13处自动化租借站及200辆公共自行车，方便民众通勤、公务、悠游与转乘等使用，落实低碳生活。

借由新北市公共自行车租借站点遴选及细部规划设计，推广自行车作为短程接驳交通工具，启动二轮生活圈的习惯养成及完整的市区公共自行车租借站点分布，建构无碳短程接驳运输概念，以绿色行动开启低碳城市之钥。

1　新北市公共自行车需求调查与分析

（1）调查设计

①调查目的与调查地点。为了解服务范围内民众对于自行车及公共自行车的骑乘习惯、需求与政策接受度，在新北市境内的大众运输场站及非大众运输场站（如公务机关、办公大楼、商场、休闲运动等重要旅次产生与吸引据点）进行问卷调查。

②抽样方式。抽样方式是将新北市分为6个分区，分别按人口比例规划预计回收的有效样本数，并选择在重要旅次产生及吸引点以系统抽样方式进行调查。本次研究回收总问卷1124份，有效样本数1098份，符合在95%信心水平下，误差率在±3%内。

（2）调查结果分析

受访者中骑乘自行车者的比例不高，主要因为“无骑自行车习惯”、“家中无自行车”。有意愿使用公共自行车的受访者中（67.0%），希望到离租借站的步行时间以5min以内占比最高（39.7%），其次为6～10min（占34.8%），平均可接受步行时间约为10.44min，可作为设站间距的参考。整段以公共自行车取代原运具使用的，机车被取代比例为8.4%，小汽车被取代比例为0.8%；公共自行车搭配大众运输取代原运具使用的，机车被取代比例为6.1%，小汽车被取代比例为0.6%，相关调查结果可作为效益评估的运用。

2　租借系统规模推估与建置规划

为促进公共自行车计划的推广，针对新北市发展定位、服务范围、设置规模与布设方式进行整体规划，

作者简介：叶耀墩，运输规划科科长；林昭贤，运输规划科股长；刘心荷，运输规划科技士；林幸加，副总经理；陈宏达，协理；曹晋瑜，副理。

作为新北市公共自行车建设与营运计划执行的参考依据。

2.1 发展定位

新北市长期实施公共运输与低碳城市的策略，考虑公共自行车的使用特性，并配合发展低碳城市，推广都市交通政策及绿色运输理念，推动公共自行车作为大众运输转乘的短程交通工具，以减少旅运时间；并鼓励民众使用自行车作为短时短程旅次的交通工具，以达到纾解交通拥塞、减低噪音和空气污染的目的。

2.2 规模推估

(1)交通需求预测

依据新北市行政分区，按照地域范围将新北市29个行政区划分为六大地区，包括海山地区、重新地区、土树地区、大文山地区、北海岸地区及东北角地区，所对应的行政区划见表1。其中，人口分布较密集的地区为永和、芦洲、板桥、三重、中和、新庄等地。而六大地区中亦以临近台北市中心且具备捷运系统、公交车路线相对密集的重新地区及海山地区的旅次产生与旅次吸引数最多。

表1　新北市六大分区

地区	行政区划
海山地区	板桥区、中和区、永和区
重新地区	新庄区、五股区、泰山区、三重区、芦洲区、林口区、八里区
土树地区	土城区、树林区、三峡区、莺歌区
大文山地区	新店区、汐止区、深坑区、坪林区、石碇区、乌来区
北海岸地区	淡水区、三芝区、石门区、金山区、万里区
东北角地区	瑞芳区、贡寮区、平溪区、双溪区

配合新北市公共自行车预定发展期程，将2021年设定为需求预测目标年，根据台北市于2012年完成的台北都会区整体运输需求预测模式建立与应用(TRTS-Ⅳ)，台北都会区全日旅次发生量预测结果基于2009年(TRTS-Ⅳ基年)台北都会区全日总旅次约1662.1万人次，2021年的全日总旅次数将达到1853.17万人次，各旅次目的的旅次发生预测结果见表2。

表2　台北都会区各旅次目的的全日旅次发生预测结果

项目	年份	家—工作(HBW)	家—学校(HBE)	家—其他(HBO)	非家(NHB)	合计
旅次数(万人次/d)	2009年	469.91	324.24	515.64	352.33	1662.12
	2015年	505.43	308.74	548.98	404.56	1767.71
	2021年	531.68	287.97	575.11	458.41	1853.17

注：旅次数含步行旅次。

数据来源：台北市捷运工程局.台北都会区整体运输需求预测模式与应用(TRTS-Ⅳ).2012.

(2)服务范围界定

为规划公共自行车租借系统作为大众运输“最后一哩”服务，参考相关研究对自行车转乘大众运输的相关研究成果，以大众运输场站3km内为服务范围，亦即自行车骑乘15min的距离。

考虑骑乘条件，新北市公共自行车租借系统以新北市平原区且具轨道运输路线的3km范围内居住人口与旅次活动较为密集的区域为规划系统服务范围。设站范围涵盖新北市新店区、汐止区、新庄区、三重区、芦洲区、永和区、中和区、五股区、泰山区、林口区、淡水区、板桥区、土城区、三峡区、树林区与莺歌区等16个行政区。服务区域包括新北市捷运路网与台铁主要路廊，包括捷运新店线、新庄线、芦洲线、中和线、淡水线、机场线、万板线、环状线与万大线，以及台铁汐科—汐止段与山佳—莺歌段等。服务范围如图1所示。

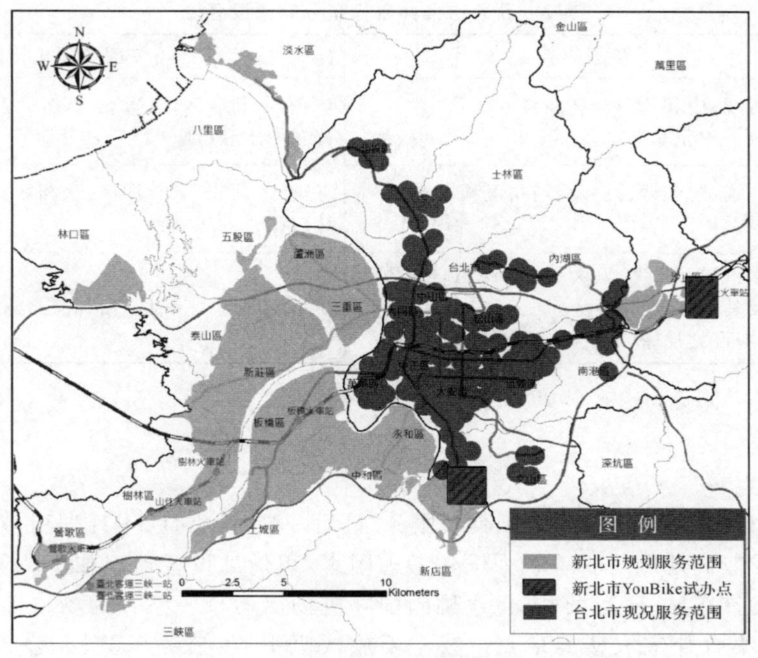

图 1　新北市公共自行车服务范围

(3)规模推估

规模推估的方式采用目标年系统规划服务范围内的全日旅次数，参考世界各地案例的经验设定公共自行车使用比例及平均每站上线公共自行车数，推估租借次数、平均周转率及车辆数规模，再根据停车位与上线车辆数比值，推估租借站停车位规模。

①系统服务范围内全日旅次数

根据 TRTS-Ⅳ模式的 2009 年台北都会区全日总旅次数(含步行与自行车)及系统服务范围所涵盖的交通分区，估算 2021 年(目标年)系统服务范围内全日总旅次数约为 792.8 万人旅次。

②公共自行车租借次数

参考其他城市目前系统营运状况，并考虑新北市的交通环境、机动车辆持有情况、运具使用与特性及台湾地区公共自行车的费率政策等，根据乐观、中估及保守等 3 种情境，推算目标年公共自行车旅次需求。假设 2021 年(目标年)服务范围内公共自行车使用率的乐观、中估及保守情境分别约 0.90%、0.65%及 0.45%，据此推估公共自行车租借次数分别为 71356 次/d、51535 次/d 及 35678 次/d。

③租借站规模

新北市规划在系统服务范围内设置约 300 处租借站，平均每租借站公共自行车配置规划为 27 辆/站，包括上线自行车与备用车(供维修时备用)，估算公共自行车总数量为 8000 辆。同时，依据公共自行车租借次数的情境假设推估每租借站上线公共自行车数并得到均值，推估乐观、中估及保守情境下公共自行车平均周转率分别约 9.0 次/车/d、6.5 次/车/d 及 4.5 次/车/d。

参考世界各地案例执行经验，公共自行车周转率越高，对应尖峰方向性的需求、停车位数相对自行车数的配比要求也越高。因此，根据公共自行车的使用状况设定停车位数，系统周转率 6 次/车/d 以上的停车位按公共自行车总数的 1.5 倍设置，周转率 6 次/车/d 以下的停车位则按公共自行车总数的 1.3 倍设置。据此推估乐观及中估情境下停车位需求约为 12000 车位，保守情境下停车位需求约为 10400 车位。

2.3　建置期程规划

依照租借站建置规划原则，以分期、分区的建设方式，将系统建设过程分为 3 期，各期规划设站服务范围见表 3。

表 3　新北市公共自行车分期建设区域

期别	范围	服务涵盖行政区
第一期	1.捷运新店线、中和、芦洲、新庄线 2.台铁汐科—汐止车站区段	汐止区、新店区、三重区(部分)、芦洲区(部分)、新庄区(部分)、中永和(部分)
第二期	1.捷运芦洲线、中和线、万板线与机场线 2.第一期设站加密	三重区、新庄区、芦洲区、永和区、中和区、五股区、泰山区、林口区
第三期	1.捷运淡水线、环状线、万大线、台铁山佳—莺歌车站区段及其他需求区域 2.第一、二期设站加密	新增淡水区、三峡区、树林区与莺歌区

2.4　租借站布设原则

(1)租借站布设地点

为满足公共自行车作为短程接驳交通工具及服务“最后一哩”的特性，本计划租借站设置地点以大众运输场站与旅次活动需求较高地区间的串联为优先考虑因素，租借站设置地点如下。①交通集散点：新北市主要交通集散点包括台铁车站、捷运场站(包含桃园国际机场捷运)、公路客运场站等交通场站。②主要旅次产生点：住宅小区及集合住宅大楼等地点。③主要旅次吸引点：公务机关、办公大楼、学校、商场、超商(市)、公园绿地、游憩景点、运动休闲设施、文化展演设施等地点。

(2)租借站布设空间

布设空间可考虑人行道、路侧等道路用地，以及公用土地与私有土地等路外用地，租借站布设空间如图 2 所示。

人行道

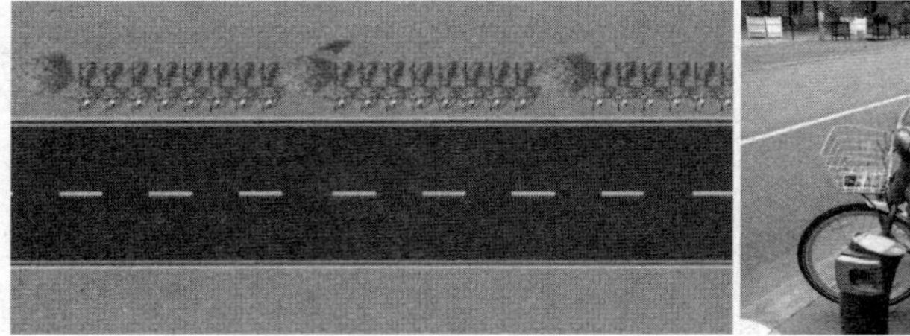

路侧

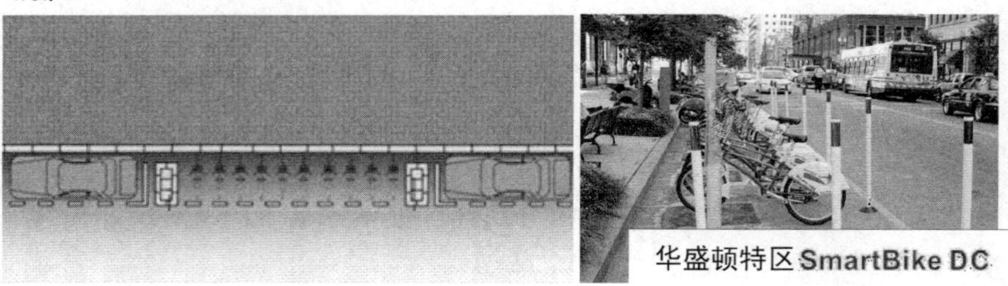

路外用地

图 2　租借站布设空间示意图

①人行道

人行道宽度应在 3.0m 以上，且人行道旁有设置骑楼或建筑物退缩的空间，则为优先选择条件。若人行道宽度达 2.0m 以上，不足 3.0m，但有骑楼空间可供人行走，且邻近无较为合适的空间用地，则可考虑以人行道设置斜坡方式布设，供自行车上下人行道。租借站以不妨碍人的行动线为主要考虑因素，且不宜邻近路口行人等候区、公车站候车区及交通场站与建筑物出入口。租借站不宜邻近消防栓、变电箱及电信箱等设施。

②路侧空间

路侧设置租借站则以次要干道为原则,涂销部分路边汽车、机车停车格位作为租借站使用,且必须详细规划相关交通安全设施,如设置回复式导杆、阻车柱(架)、自行车停车弯等标示系统,从而利于路人辨识,以免设施本身成为路障。在路侧设置租借站时应设置必要的交通安全设施,且因目前路边设置的公共自行车租借站尚未有相关规范,建议制定路侧设置公共自行车租借站管理办法加以规范。

③公用土地

开放空间:选择合适的公用土地,如利民活动中心、公园广场、公有建筑物开放空间,且应以不影响原使用功能及不妨碍公共空间通行为原则。公有公共停车场:停车场内设置租借站可采用停车柱方式或闸门式停车区,以设置于平面层为原则,若为地下层或地上层,则坡道坡度应大于1∶8,且汽车、机车分隔坡道。

使用公有土地需依据公有土地使用相关规定办理,建议由相关单位协商取得用地使用权,并争取免除使用租金,以减轻营运成本的负担;也可考虑合作方式,以提高未来用地的取得及执行效率。

④私有土地

使用私有土地可与私人单位结盟成为伙伴关系,争取无偿取得用地使用权,并可在新建筑开发案进行都市设计审议时,要求提供设置公共自行车租借站的空间。

3 预期效益

(1)增加可及性与提升大众运输使用率

一般民众愿意步行至大众运输场站的距离约为5min或300m,随着步行距离变远,民众使用大众运输的意愿递减。公共自行车可提供大众运输“最后一哩”的服务,提升大众运输场站与目的地的可及性,强化网络结构,配合捷运与铁路及转运站等建设,以及相关大众运输鼓励政策的实施,从而带动大众运输使用率的提升。

(2)减碳效益

自行车为零碳排放运具,公共自行车可增加大众运输的可及性,有助于直接或间接地移转私人机动运具,达到节能减碳的功效。

依据问卷调查的分析结果,在有公共自行车服务的情况下,愿意使用公共自行车或公共自行车转乘大众运输的方式取代小汽车与机车旅次的比例分别为1.4%、14.5%。将亲友接送者假设为顺道旅次,不列入效益估算。

新北市公共自行车建设与营运计划期间可达到1.33亿租借车次,依照运具移转比例、旅次长度与车辆耗能与碳排放系数等参数设定,预估总节省燃料为4450000L,减碳量约4500t,若以每棵树每年可吸收12kg的二氧化碳计算,其减碳量约为22.9座大安森林公园的年吸碳量。

(3)健康效益

公共自行车除可满足大众运输旅次“最后一哩”的服务,亦不可忽略其为短程旅次的理想运具,同时也是健身、休闲的一种方式。骑乘自行车不仅可达到低碳的交通目的,其道路基础建设成本也低,在骑乘过程中会消耗大量氧气,对健康有极大益处,可帮助控制体重、增强心肺功能、降低血压、预防骨质疏松及防止老化等。

(4)城市形象

公共自行车租借系统普遍受到民众欢迎,世界各地媒体,包括网络、电视、报纸广为报道并给予好评,不仅能提升城市形象,也能达到城市宣传的效果。

(5)产业关联及衍生效益

借由公共自行车的推广,可以提升自行车相关产业产值与创造就业机会。

大力倡导和推进绿色出行

陈洁行

（浙江省城市科学研究会，浙江杭州 310006）

摘要：本文对当前日益凸显的城市道路交通“两难”问题提出治堵良方，倡导绿色出行，实施公交优先，并提出了杭州公交优化的目标；倡导自行车出行，打造具有杭州特色的城市慢行交通模式；加强宣传教育，规范交通秩序，保障绿色出行。

关键词：城市交通；治堵对策；绿色出行

建设“美丽杭州”，归根结底是要让全市人民的生活更美好。大力倡导和推进绿色出行，改善杭州的交通状况和空气质量，是建设“美丽杭州”的重要内容之一。

杭州自20世纪90年代以来，经济一直保持两位数的高速增长，带动了“人、车、路”等交通事业的飞速发展。2002年5月1日，杭州市开放小型汽车的上牌控制。当时，老城区的机动车保有量仅11.5万辆，截至2012年8月，已达89.06万辆，每月递增约1万辆，目前已达98万辆，很快就要突破百万辆大关！杭州老城区地少人多，功能集中，是典型的向心性、混合型、平面型交通，加之东西各有水系相隔，道路面积有限，随着机动车数量的快速增长，“行车难、停车难”等城市交通问题日益凸显，而交通拥堵汽车尾气正是PM2.5的祸害源（汽车堵停时排出的尾气比行驶时毒6倍）。严酷的现状，引起社会各界的广泛关注，“治堵”是当前首要的任务。显然，依靠旧城区有限范围的道路改造和传统的管理模式无法适应交通结构在数量与质量上的突变。提倡绿色（低碳）出行，才是治堵和环保的良方，这不仅仅是对道路交通“两难”问题的缓解，更根本的是培养市民形成绿色出行的理念。

1 提倡绿色出行，首先要实施公交优先

城市公共交通应是市民出行的首选，成为分担全市交通量的主力。但从现状看，杭州的公共交通分担率为23%～25%，与“主力”的要求和国务院“指导意见”提出的60%相距甚远。杭州的公交总体水平在全国同行中还算居前的，但从宏观上看，发展情况不容乐观，还远远没有达到“优化”的目标。网络布局不够合理，服务水平不高，速度、准点率、舒适性、可达性等方面与小汽车的差距较大，导致公交车竞争力不断下降。因此，公交优先的关键是“公交优化”。

公交优化的基本条件是：快捷、安全和相对的舒适。如果乘坐公交车比其他方式快捷，票价便宜，上车有座位可坐，当然会成为市民出行的首选。而现状与此要求差距甚大，有的线路（以68路为例），车次间隔时间长，拥挤，乘客上车争先恐后，形似逃难。有位交警同志说：“这样轧公交，人的尊严都没了。”在人口密集的中心城区，这种状况并非个别。杭州开通地铁以后，老城区边缘的市民得益不少，但中心城区的交通拥堵并未得到缓解，恰如北京有10条地铁线路，地面交通仍是“首堵”。

公交优化的目标，首先要投向中心城区。

（1）要快捷，除了优先给公交“路权”外，公交要优化自身网络。线路的布局，站点的设置，都要科学合理，换乘要方便乘客，尽可能做到“无缝对接”、“零换乘”。特别是城市中心“热点”多的线路，更要精心调研、精心布局。仍以68路为例：这条线上有三大超市（乐购、世纪联华、家乐福）、四大医院（浙一、市一、省妇保、省中医院），自从撤销同线的31路后，没有弥补，68路的超市、医院站点的拥挤状况可想而知，不得不说这是线路布局上的缺憾。

网络优化的更高目标是智能化，杭州公共交通信息化管理虽取得了一定的成绩，但是还未能实现智能调度，与城市交通管理、运行等智能交通系统缺乏相互联系，并缺乏对决策的反馈，没有充分起到提高公共交通服务水平的作用。杭州市各相关部门较早就开始了智能交通建设，但由于缺乏一个有力的机构进行协

调，导致开发的各个智能交通信息系统相互独立，信息交换不畅，数据共享困难。当务之急是必须在技术上解决好系统整合、信息交换、深加工和共享的问题，建立智能交通信息平台，把“独立”变为“系统”，支持城市交通出行实现有序、高效、低碳。

(2)要相对舒适，必须增加车辆，改善车型。杭州市区现有564条公交线路，运行的车辆7656辆，分担城市交通量23%～25%，且服务水平不高。如果把分担率提高50%～60%，车辆增加一倍仍难谈“舒适”。所以，必须大力增加优质的公交车辆，使杭州的公交车能与天堂之美相匹配，不但车容美，还要服务美，上车不用“轧”，还能有座位。若市民出行喜爱乘坐公交车，公交自然会成为分担城市交通的主力军。

提倡市民出行多乘公交车，前提是市民喜爱乘公交。而公交“优化”是渐进的过程，政府和社会都要为此努力，职能部门、公交集团更应积极努力。中国有句古话：己所不欲，勿施于人。公交集团首先要倡导本公司职工上下班乘坐公交车，亲身体验，什么时候自己喜欢上公交车了，群众也会喜欢了。

(3)公交优化，当前要解决3个问题：①要解决场站设施的严重不足，目前车辆进场停保率只有47%，一多半的车辆不能进场停保，更不要说再增加车辆；②车辆及耗油、维修的价格上涨，运营成本提高，不胜负荷；③道路行驶权实现公交优先尚待时日。针对这种情况，政府和全社会都应加大对公交基础设施建设和车辆购置的扶助，国际上行之有效的经验大致是：给钱、减税、减油价、给路权。一些国家(地区)在税收和燃料等方面给予公交优惠，限制公交以外的车辆而给公交更多的路权，这些措施收效甚好，值得参考。

2 绿色出行的最佳工具——自行车

杭州是一个适宜骑自行车出行的城市，主城区地势平坦，城区的半径行程为自行车最佳(0.5h)。所以，在自行车盛行时，杭州的自行车保有率(按城市人口)是全国之最。自从小汽车进入家庭，自行车地位下降。然而，在推动低碳交通和公交最后2km服务后，大力发展杭州特色的“免费单车”服务系统，公共自行车成为绿色出行的亮点，可谓是全球之最。公共自行车服务系统日均租用量达25万辆次。有专家测算，按日均租用量10万辆次，每次出行里程2km计算，杭州公共自行车服务系统年可节约燃油7500t，减排二氧化碳23897t。这是值得大力提倡的绿色出行方式。

说到自行车，不得不说说目前风起云涌的“电动自行车”。据有关方面的统计，现在全市已有140多万辆电动自行车。这些车辆多数拆掉了限速装置，原来限速20km/h变成了40km/h，成了“准”摩托车，但其刹车装置仍沿用自行车的，所以交通肇事特别多，成了道路交通的“麻烦制造者”。因此，十分必要对电动自行车加以整治、限制。检查限速装置，对厂商和使用者都要严加管理，不能违规提速，把电动自行车真正纳入“自行车”的范畴。

3 倡导慢行生活方式

杭州已经打造出具有地方特色的城市慢行交通模式，运用运河(杭州段)和市区河道建设了水上航运系统，开通“水上巴士”、“水上的士”，并在河道两侧建立完备成网的慢行交通系统。这种江南水乡独特的慢行交通方式，在盈盈碧水间行进，看得到蓝天白云、青山绿水，陶冶性情，有益于身心健康，又不增添道路交通压力，实在是一举多得的出行方式。许多市民选择了上下班沿河步行或是乘坐水上巴士，沿河慢行也成了市民日常活动的方式，并成为杭州独特的风景线。有关专家提出，应进一步创新模式，根据杭州城市特点，围绕西湖风景区和市区河道建设，构建良好的“步行＋自行车”的沿河慢行系统，完善滨河慢行空间通道的布局，提高城市慢行系统的安全性、连续性、优先性，合理增加与拓宽自行车专用道，进一步突出绿色出行的亮点和特色。

4 规范交通秩序，保障绿色出行

当前道路交通发生的“乱”象，相当一部分是交通参与者的不良行为造成的。这部分人的行为心态大致有骄横、烦躁、无知等不同类型，其根源是文化修养、公共道德和守法意识的缺失。所以要大力加强宣传教育和实行必要的处罚。对全社会来说，要在大力提高全民文化素养的同时，大力加强公共道德和守法意识的宣传教育，使整个社会大兴遵纪守法之风，人与人交往大兴礼貌谦让之风。随着民众整体素质的提升，城市道路交通的有序、畅通，指日可待。

杭州公共自行车系统建设经验研究

李 康

(浙江大学城市学院,浙江杭州 310015)

摘要:随着杭州经济的快速发展,私家车拥有比例持续上升,交通问题日趋严重。行车难、停车难"两难"问题日益凸显。杭州市人民政府于2008年开始建设公共自行车系统,系统开通5年多来,运营情况良好,在一定程度上缓解了"两难"问题。本文分析了杭州公共自行车系统成功的原因和积极作用,探索其成功经验,并提出可供其他城市借鉴之处。

关键词:杭州;公共自行车;交通政策

1 公共自行车的发展背景

随着生活水平的持续提高,私家车走进越来越多的家庭。汽车给人们带来便利的同时,也带来了很多问题,比如增加能源消耗,加剧空气污染等。同时,道路资源越来越满足不了车辆的需求,城市道路日益拥堵。

越来越多的城市开始转变观念,从原来鼓励汽车产业发展、促进消费、拉动内需的政策,逐渐演变为提出"低碳、绿色、环保出行"等理念,号召市民加入到"低碳"的行列中来。如今,这一理念已被各国人民所接受,众多组织和个人以各种各样的方式宣传、推行这一环保理念。

自行车体积小、成本低、使用方便、操作灵活、环保性强,是一种优秀的辅助性交通工具,在短途出行和与轨道交通相接驳方面,有很大的发展空间。通过包括自行车在内的各种交通工具组合模式,可以提高城市交通的整体效率,满足市民不同的出行需求。

公共自行车起源于欧洲。据记载,1965年,荷兰阿姆斯特丹的一个非政府组织发起"白色自行车计划",他们推出一批颜色统一、没有锁的自行车放在公共区域供人们免费使用。这被认为是公共自行车的起源。从20世纪70年代开始,有识之士开始反思工业经济发展模式的得失,人们开始认识到汽车的缺点,并重新认识自行车的优点。随着科技的发展,更轻便、更快速的自行车不断被研制出来,自行车在欧美各国重新开始流行,至今方兴未艾。自行车因其独特的优点,也被视为人口密集地区的一种廉价、快速、可靠的交通工具。很多城市在公共自行车设置方面进行了大量的探索实践。

2 杭州发展公共自行车的现实条件

由于自行车交通的特性,并非所有城市在任何时间都适合推广。自行车交通适合特定的人群在一定的环境(包括地形、气候等因素)中使用。从城市地理和气候因素来看,杭州是适合于推广公共自行车的城市。

(1)地理条件

杭州地处中国东南沿海,位于浙江省中北部,长江三角洲南翼。全市面积16596km²,市辖区3068km²,属于浙北平原区,平原面积约占全市的60%,整体地势平坦,海拔2~10m。

(2)气候条件

杭州地处亚热带温润地区的北部,属于亚热带季风性湿润气候,年平均降水量为1100~1600mm,年雨日130~160天。雨量较充沛,四季分明,没有极端性天气。

(3)经济社会条件

杭州自古经济就比较发达,有"钱塘自古繁华"的说法。到了现代,杭州是中国经济最为发达的城市之

作者简介:李康,男,公共管理硕士,主要研究方向为高教管理、公共管理等。

一，2008 年人均 GDP 突破 1 万美元。经济总量在全国各省（区）会城市中排名第 2，经济综合实力排名在全国大中城市中也名列前 10 位。

(4)社会意识和交通规划条件

杭州属于主城区面积比较小的省会城市，经济发展迅速、面积较小，形成了行车难、停车难的“两难”问题。截至 2008 年 6 月，杭州全市机动车保有量 46.55 万辆；截至 2010 年底，达到 69.15 万辆；截至 2013 年底，突破 110 万辆，相当于每 3 人就拥有 1 辆车，是国内人均汽车拥有量最高的城市。面对如此庞大的汽车数量，有关部门即使再加强整治和管理，也无法阻挡堵车大潮的到来，杭州也因此成为仅次于北京、上海等特大城市的“堵城”。另一方面，杭州市城区主要道路（非社区小路）中，实现机非硬隔离的道路占总里程的 84%，采用划线分离的占 10.5%，机非混行道路仅占 5.5%。杭州比较良好的道路条件是其发展公共自行车的基础。应该说，杭州公共自行车就是在城市发展到一定阶段，公共目标重新定位下，回归自然思想催生的自然产物。

3 杭州的公共自行车系统发展回顾

2008 年 4 月，杭州市公交集团与杭州市公交广告公司出资 500 万元，成立杭州市公共自行车交通服务发展有限公司，负责公共自行车的运营业务。2008 年 5 月 1 日，公共自行车系统正式启动，首批 2500 辆公共自行车投放到 61 个服务点，意图吸引部分驾车出行者放弃开车，改为绿色出行，同时也向外来游客开放。

杭州市公共自行车系统在启动前，广泛借鉴了国内外经验，扬长避短，在硬件上采用了较高标准，尤其体现在车辆工艺和系统的界面友好性上，这一点领先于国内其他城市。租车费用在国内城市中也比较低，收费标准为：第 1 个小时免费，1～2 小时内收取 1 元，2～3 小时内收取 2 元，3 小时以上收取 3 元。系统采用全自助操作，租还车程序简单，便于使用者操作。随着杭州公共自行车的普及率和使用频率的增加，其网络化和规模化大幅度提高。

系统运行满 1 年时，系统的平均日租用量已突破 10 万人次。截至 2013 年底，在杭州市范围内，共有 2500 余处服务点和 6 万多辆自行车投入运行。按照发展规划，今后每个地铁站周边的公共自行车停车位将不少于 200 个。可以想象，公共自行车已经成为杭州市民出行的重要交通方式。在交通越来越拥挤的未来几年，公共自行车系统还将扮演更加突出的作用。

2011 年 9 月，英国 BBC 评选全球公共自行车系统服务最好的城市，杭州作为“世界上最大的公共自行车项目”起源地入选。2013 年 8 月，杭州公共自行车又获殊荣，据《今日美国》报道，美国一家专业户外活动网站对全球 553 个城市的公共自行车进行分析和比较，根据 6 个标准进行综合打分，选出得分最高的 16 个地区，杭州以便捷的租用和低廉的费用，夺得第一，领先巴黎、纽约等国际大都市。

4 杭州公共自行车系统的积极效应

杭州公共自行车系统作为政府“民生工程”的典型代表，已经具有相当的规模，很好地体现了政府“执政为民”的理念，口碑良好，百姓满意度高，产生了极好的社会效应。公共自行车在推行“绿色交通，低碳生活”方面起到了良好的示范作用。杭州公共自行车系统很自然地与杭州的环境保护、生态建设工作有机结合起来，具有以下积极意义。

(1)给市民的日常出行带来便利

政府的这一举措充分体现了落实科学发展观、创建和谐社会的决心与能力，符合杭州市生活品质之城建设的目标，绝大部分市民对这一工程打出高分。

(2)改善了城区的交通状况

公共自行车延伸了公交服务，较好地解决了“回家路上最后一公里”问题，提高了城市公共交通的机动性和可达性，提高了城市交通的整体运行效率，缓解了杭州“出行难”问题，也为市民提供了绿色健康的出行方式。

(3)拉近杭州与国际名城之间的距离

公共自行车系统缩小了与国外发达城市的建设发展水平之间的差距，改善了杭州的宜居生态环境，具有深远的象征意义和现实意义。

(4)创造一种新的旅游方式

一辆小小的自行车,可以让外地游客不再坐在车上,走马观花地欣赏西湖美景,而是身临其境地体验“休闲之都”的方方面面,享受“深度游”和“慢旅游”;弱化了外地游客的匆忙感,放慢了旅游的节奏,增加了参与度和体验感。公共自行车系统为杭州推进旅游国际化进程,为低碳旅游提供了全新的载体。

(5)体现了服务型政府的工作理念转变

当前,杭州市各级政府全面加快服务型政府建设,并将公共服务作为各级政府的主要职能。只有强化政府的公共服务职能,确立政府在公共服务中的主体地位并发挥主导作用,才能使广大民众真正享受到经济发展的成果。

5 杭州建设公共自行车系统的经验

(1)公益性的定位是系统运行的基础

公共自行车系统能够得以推广,除了其方便、快捷、低碳等原因外,不可避免地也有公益性,即“免费”的原因。据了解,目前国际上运行较好的城市公共自行车系统都采用公益性的运作模式,均设有一定的免费时间。经济杠杆是最直接也是最有效的,一定时间内的公益免费是必要的。据了解,很多人考虑到租车满1小时后要收费,会在即将满1小时的时候找到服务点还车后再次借车,以达到免费借用的目的。低廉的收费体现了公共自行车系统公益性的角色定位,也能吸引更多的使用者。这使得公共自行车在与其他交通工具的竞争中占据一定的优势。

(2)一定的人流量是系统成功的前提

公共自行车要想取得成功,必须实现规模化和网络化。对人口太少的城市,无法体现系统的效益,设施利用存在很大浪费,如果缩小设施规模,则会影响系统的便利性,系统无法正常运转。也就是说,该服务需要一定的交通出行需求量作为支撑。济南、烟台等城市的公共自行车系统推行不畅,城市太小、人口太少是主要原因之一。针对较大的使用需求做好规划,并迅速形成规模,实现网络化运作,建成便捷的服务网络体系,是用户愿意采用公共自行车系统出行的必要条件。国外的试验表明,公共自行车系统的成果推广,应在拥有至少200万人口的城市进行。

(3)成熟的技术是系统发展的保障

公共自行车之所以会在20世纪60年代在欧洲遭遇滑铁卢,一个重要的原因就是自行车的大量丢失导致系统难以为继。这说明系统若要成功运行,首先要确保一定的自行车数量。由于科技水平欠发达,早期的系统无法解决车辆被盗问题。现在,GPS定位、单车身份认定、网络查询等新方法、新技术纷纷被采用,确保了车辆的安全性,消除了使用者的后顾之忧。另一方面,通过科技的运用,使用者可以轻松地了解周边服务点的信息,便于操作,能吸引越来越多的人使用公共自行车系统。

(4)便利的操作是系统运行的基础

公共自行车主要是为短距离出行服务,这部分出行者中老年人、未成年学生等相对弱势的群体占较大比重,烦琐的操作对他们来说具有一定难度。如果弱势群体觉得很难操作,会使他们的使用积极性大打折扣。如果还车不成功导致车辆丢失而卡内押金受损,将极大地影响使用热情。

(5)政府的参与是系统运行的支撑

作为不以盈利为目的的市政设施,公共自行车系统想靠一家之力取得成功是不太可能的,政府的参与对公共自行车系统的运作有重要影响。由政府主导进行项目融资,完成系统运行的前期建设和相关投入是前期条件。政府的积极参与和监督,对于提高系统水平,促进系统迈入良性循环,起着重要的作用。政府的参与有助于创造运营公司与市民双赢的局面,对于缓解城市交通拥堵也有推动作用。

(6)优越的道路条件是系统运行的前提条件

自行车道路是自行车交通的载体。道路设施差、通行能力弱都会直接影响系统的顺畅运行。健全而质量较高的自行车道路基础条件可以保证系统的品质,提高通行效率,并吸引更多的人使用。

(7)有序的调度是系统运行的保障

即便是公共自行车发展比较完善的欧美城市,也仍存在高峰时间借不到车或还不了车的“潮汐现象”,

但由于欧美国家人口基数较小,此矛盾不如我国这么突出。潮汐现象成为目前制约公共自行车发展的一个大问题,由于经常会碰到借不到车或还不了车的问题,很多潜在使用者最终还是放弃低碳出行,改为开车出行。国外大部分的公共自行车系统都投入了大量人力物力,以加强调度工作,如伦敦公共自行车系统公司拥有维护人员达400多人,巴黎公共自行车系统公司的维护人员也有300多人,即使如此,有时候还是显得人手不足。对于国内城市,该问题更为严重,车辆更多、维护人员更少,导致供需矛盾更为突出。

(8)合理的规划是系统建设的未来

未来的公共自行车系统建设,除了要做好公共自行车系统的专项规划外,还必须紧密配合其他相关规划。这是一个系统的综合工程,必须将系统的规划有机地融合到其他市政规划中,确保其优先发展的地位,从而有效保证公共自行车交通的不断发展壮大。

6 结 论

公共自行车是缓解交通“两难”、降低污染、节约能源的重要补充手段。在政府追求“绿色GDP”的今天,作为城市“绿色交通”、“低碳出行”的重要载体,自行车交通在居民的短距离出行中扮演着不可替代的角色,在短途出行、环境保护、养生保健、旅游休闲等方面都拥有其他交通工具所不具备的众多优点。在各大城市都注重发展公共交通的当下,建设完善的公共自行车系统,可减少私家车的使用,促进城市交通的可持续发展,达到事半功倍的效果。

参考文献

[1]周庆禄,姜莹.试论城市自行车使用管理[J].中国人民公安大学学报(自然科学版),2002(3).

[2]徐超.巴黎打造“自行车城市”[J].城市交通,2009,5(5):98.

[3]苏建忠,魏清泉,游细斌.美国的自行车友好社区及其启示[J].国外城市规划,2008,21(3):94-97.

[4]王军.自行车岂能乱停乱占道[EB/OL].2005-09-20.http://gz.jxcn.on/NEWS/2005-9200592095135.htm.

[5]林飞龙.绿色交通:实现城市交通可持续发展的有效手段[J].生态经济,2004(7):26-28.

[6]王国平.加快公共自行车交通系统建设切实解决公交最后一公里问题[N].杭州日报.2008-03-21(1).

[7]刘林森.欧洲:骑自行车成时尚[J].安全与健康,2009(5):38-39.

长三角南翼杭州都市圈公共交通研究

陈洁行　沈悦林　金　凌　龚　勤　卢亚萍

（浙江省城市科学研究会，浙江杭州 310006）

摘要：本文研究了以杭州为中心的都市圈公交一体化规划及发展现状，具体分析了杭州都市圈公交一体化实践及其遇到的问题，并在借鉴国内都市圈公交一体化发展经验的基础上，提出了杭州都市圈公交一体化的发展建议，认为都市圈公交一体化对促进杭州都市圈的经济社会发展具有重要推动作用。

关键词：杭州都市圈；公交一体化；对策研究

长三角南翼以中心城市杭州为中心的都市圈连接国家确定的沪宁（沪）杭、沿杭州湾和杭湖宁三大发展带，在长三角区域发展总体布局中有着极其重要的地位。2009 年 12 月 10 日，中国城市发展战略研究院发布对国内六大都市圈综合竞争力的测评结果，杭州都市圈位列国内六大都市圈之首。

构建杭州都市圈是贯彻落实党的十七大精神和中央关于长三角率先发展战略、加快融入长三角区域发展的具体行动。研究杭州都市圈的公交一体化，发展以杭州为中心的公共交通系统，在更高的起点上抓住机遇，加强交流合作，对促进长三角地区的经济社会发展具有重要作用。

目前，杭州都市圈公共交通已形成包括铁路、快客、长途客运、旅游客运、公务与商务客运以及公交线路延伸等多种形式的综合交通系统，亦能基本承担和满足各类乘客的不同需求。研究都市圈公交一体化，当然包括铁路（动车组和高铁），地铁与轻轨交通，快客与长途客运，以及旅游客运、公务与商务客运等交通系统。但这些系统范围广、专业性强，又各具自身的特点，需要专题研讨。故本研究将以中心城市的公交延伸交通系统为研究重点。

1　杭州都市圈与公交一体化

（1）杭州都市圈的定位

都市圈是城市地域空间形态演化的一种高级形式，是社会生产力和城市化发展到一定水平的必然结果，也是一个国家或区域集聚人口和产业最重要的空间组织形态和实现区域各方互利共赢的有效平台。

根据经济关联度、地理交通区位、历史人文基础等都市圈划分的基本原则，杭州市政协完成的课题报告将杭州都市圈范围界定为：杭州、嘉兴、湖州、绍兴四市全境的区域，总面积 34585km^2，2007 年末户籍总人口约 1703.2 万人。其中，杭州为全国副省级城市、浙江省会，嘉兴、湖州、绍兴分别为浙江地级市，县级市有富阳、临安、建德、桐庐、淳安、平湖、桐乡、海宁、嘉善、海盐、德清、长兴、安吉、诸暨、上虞、嵊州、绍兴、新昌等 18 个县（市）。

杭州都市圈以杭州市为中心，湖州、嘉兴、绍兴三个城市为副中心，高速公路、铁路及国道等主要交通走廊为发展轴线的圈层与轴向发展相结合的“四圈层”（核心圈、紧密圈、带动圈和影响圈）复合式空间结构。“核心圈”即杭州主城区（六城区）；“紧密圈”是指湖州、嘉兴、绍兴三市的城区和杭州的萧山、余杭、富阳、临安四区（市）以及与杭州接壤的海宁、桐乡、德清、安吉、绍兴（县）、诸暨六县（市）；“带动圈”指的是杭州、湖州、嘉兴、绍兴四市市域范围的其他所有县（市）；“影响圈”是指杭州、湖州、嘉兴、绍兴四市市域周边的省、市、县（市），如上海、宁波、金华、衢州等的一些区、县（市）以及江苏省的宜兴、安徽省的黄山、广德等地区。

（2）杭州都市圈的交通

加强杭州主城区与湖州、嘉兴、绍兴市区及所属县（市）的交通设施建设，加快形成以杭州为中心、放射状、覆盖都市圈的交通网，对于提升杭州辐射功能，促进都市圈的形成和发展至关重要。

杭州都市圈区位条件优越，区内交通发达，集中了高速公路、铁路、水路、港口及航空，基础设施比较完备。区域内已形成以杭州市区为核心，杭宁、沪杭、杭甬、乍嘉苏、杭金衢等高速公路及 104、320 国道为主要交通走廊的交通骨架。杭宁、沪杭高铁建成通车，杭甬高铁正在加快建设，新建成和在建的申嘉湖杭、申苏浙皖、杭长、杭浦、嘉绍和绍诸等高速公路，杭甬运河、运河二通道等水路，萧山国际机场二期和嘉兴乍浦港建设，将进一步提升区域交通网络化水平。

加快建设钱江十桥，缩短萧山与桐乡的空间距离；建设萧山机场至绍兴的快速通道，形成萧山机场至周边地区的道路网络；积极创造条件，争取杭州市区轨道交通向湖州、嘉兴、绍兴市区及沿线县城延伸，缩短杭州市区与周边城市的时空距离；加快都市圈公共交通对接，及早开通杭州市区至湖州、嘉兴、绍兴市区以及周边县(市)城的直达公交线路，实现"公交一体化"，已成为加快长三角南翼发展的当务之急。

(3)公交一体化的含义

杭州都市圈公交一体化，即把杭州主城区与都市圈内某一节点所在地的公共交通作为一个整体，打破行政区界线、城乡壁垒和部门分割，对公共交通进行统一规划布局、统一运力调度、统一资源调配、统一服务规范、统一经济政策，从而建立高度系统化、组织化的运营服务体系。从某种意义上也可称之为"城际公交"。

对于"城际公交"，国内目前还没有统一的定义。但业内专家一般认为其定义包括3方面内容：①营运路线为城郊之间或临近的城市之间，有固定的起始站和中途站，定点按时发车；②营运距离相对较短，基本都在150km以内；③与普通市内公交线路相比，路况比较复杂，路况组成可以是"城市公路＋高速公路(或高架桥、国道)＋城市公路"。所谓"城际公交"是指以公交化模式运营的城际道路客运，不是通常意义上的城市市区运行的公交客运，是主要运行于城市与城市之间的道路公共客运。

"城际公交"的优势主要有以下几点：①满足了城市间沿途乘客的需求，快客运输一般为点对点的直达车辆，普通城际客运虽然可以途中上客，但没有固定站点，不能按时发班，进不了市中心，而公交化运营之后，乘客可以就近上车，实现直达进城；②由于实行低票价政策，节约了民众出行的经济成本，为民众出行带来了更多的实惠；③有利于应对铁路提速和城际列车运行对城际客运产生的不利影响，与铁路运输形成优势互补；④加强了城市之间的互联，便捷的"城际公交"能让城市间紧密地联结在一起，实现空间跨越。"城际公交"的劣势在于相对城际快客，中途停靠较多，运行时间较长；受城市交通和地域限制，"城际公交"进入城市中心，不仅需要较大的停车场地，而且还会带来城市交通的压力。

2　杭州都市圈公交一体化的实践

杭州市在国内率先进行了都市圈"公交一体化"实践，并取得了初步成效。杭州市人民政府办公厅于2009年10月13日印发了《关于杭州都市经济圈"公交一体化"实施办法》(杭政办函〔2009〕339号)。2010年10月11日，市委办、市府办又以〔2010〕128号文，下发了《关于分解落实以新型城市化为主导进一步加强城乡区域统筹发展工作任务的通知》。其中，在统筹城乡基础设施建设的工作目标中明确提出，要进一步加快推进市区与县(市)公交一体化，并对此项工作做出了具体部署。

(1)指导思想与目标

杭州都市圈"公交一体化"以"政府主导、企业运作，总体规划、分步实施"为原则，创新城际公交发展机制，通过优化市域、都市圈内公交资源，形成市域一体的城市公共交通运营体系，促进区域经济健康发展，为群众出行提供经济、便捷、安全、舒适的公交服务。到2015年，五县市全面完成本地二、三级客运网络的整合改造，开通县(市)城至杭州主城区的城际公交线路，中心镇至杭州主城区实行客运班线公交化运营。

(2)推进方案与站点设置

市属五县(市)"公交一体化"工作要按照"先富阳、临安两市，后桐庐、建德、淳安三县(市)"的步骤稳步推进，五县(市)要按照各自的"公交一体化"实施方案，做好本辖区内公交资源整合和增量合作等工作。与周边5个节点县(市)的都市圈公交一体化工作，具体由市城管办牵头，市交通局、公安局交警局等部门参与，负责指导推进都市圈公交一体化工作，完成公交资源整合、公司组建、公交线路设置等工作。

合理设置站点：①各县(市)进入主城区的营运线路的首末站原则上沿用长运客运站及杭州旅游集散中心场站，营运车辆进入主城区后，可利用现有公交站点设停靠站；②加快杭州周边地区大型换乘点的规划与建设，解决公交首末站严重缺乏的问题；③在条件许可的情况下，通过BRT快速公交换乘，方便乘客出行。

(3)经济运作模式

杭州都市圈"公交一体化"工作以股份制形式运作。①富阳、临安两市按照以块为主的原则，整合辖区内所有涉杭线路资源，组建国有独资的公交企业，并与杭州市公交集团按各占50%的股份比例成立杭州[县(市)名]公共交通有限公司(公司注册在当地)，按照保本低票价的原则经营所有涉杭公交线路，并实行自负盈亏。涉杭线路整合成本按照现客运企业注册地划分，由市、县两级分摊，市财政不予补贴。②建德、桐庐、淳安三县(市)参照“德清模式”，即“存量不变，增量合作，保本低票价”的运行模式，由杭州公交城际客运有限公司与三县(市)以现金注入的方式，按各占51%与49%的股份比例成立杭州[县(市)名]公共交通有限公司，开通城际公交线路。③与周边绍兴、海宁、安吉、桐乡、诸暨等5个节点县(市)的“公交一体化”工作，在征得所属辖区上级政府同意后，参照“德清模式”成立公司，开通城际公交线路。

(4)政策与法制保障

政策保障。①建立油价补贴机制。杭州主城区与五县(市)和5个节点县(市)“公交一体化”改造后组建的公司，属地享受中央财政专项补贴。②场站建设列入预算安排。为实施公交一体化而建设的公交场地作为属地城市公共交通基础设施，其建设经费由属地县(市)政府承担。③根据《浙江省人民政府关于继续免征城乡公共交通车船税的通知》(浙政发〔2008〕85号)精神，对杭州主城区与五县(市)和5个节点县(市)“公交一体化”改造后组建的公司免缴3年公共交通车船税，缓缴4次工程费，其营运车辆可进入市长运集团经营的东、南、西、北汽车站。

法制保障。①杭州主城区与市属五县(市)和5个节点县(市)“公交一体化”改造后组建的公司设置的运营线路按相关法定程序审批。②严格按照《中华人民共和国公司法》运作，按现代企业管理制度规范管理，不断提高服务质量和水平。③按照“谁审批、谁监管”的原则，由市公交行政主管部门按照《杭州市城市公共客运营管理条例》要求，依法实施城市公共交通行业监管；由市交通运营管理部门按照《中华人民共和国道路运输条例》要求，依法实施道路运输行业管理。④市公安交警、城管执法部门要加大对违法与交通违法行为的处罚力度，市信访部门要根据《国务院信访条例》的要求做好政策宣传与维护稳定工作，推进都市圈公交一体化的实施。

(5)组织领导与监管

成立杭州市推进都市圈公交一体化工作领导小组，由市政府分管副市长担任组长，分管公交、交通工作的副秘书长及五县(市)政府主要负责人担任副组长，有关部门和单位的主要负责人为成员。领导小组下设办公室，各县(市)也应成立相应的组织机构，具体负责各县(市)公交一体化推进工作。

为确保市属五县(市)和5个节点县(市)“公交一体化”工作稳步推进，根据省政府批复，成熟一条开通一条。推进都市圈公交一体化领导小组要加强对市属五县(市)和5个节点县(市)公交一体化办公室的指导和帮助，各县(市)政府要切实加强领导，负责推进过程中的有关工作协调和社会稳定工作。

市城管办、规划局、交通局、运营管理局、物价局、公安局交警局等相关部门要根据各自职责，在实施“公交一体化”后，加强公共交通执法管理与对公交行业的监管，要制定大杭州公共交通专项规划、行业标准与价格机制，以及城际公交监管流程与规范。

(6)实施现状与打算

自2008年4月27日正式开通德清与杭州之间国内首条跨区域公交K588路之后，12辆公交车每天搭载2500多人次奔走于德清与杭州之间，每年杭州到德清旅游人数超过70万人次。2009年5月，连接海宁连杭经济区和余杭主城区跨城市快速道路——人民大道建成通车，杭州城际公交一体化的梦想逐渐变成现实。

由浙江省交通规划设计研究院完成的杭州都市圈综合交通规划初稿，提出了“突出一主五轴，加强三副一环七带”，进了海宁。嘉兴和杭州两城率先实现了公交T卡互通。杭州市区至市域5县市以及嘉湖绍节点县市圈内，实现公交构筑四系统、实现“一圈一体化”的都市圈交通发展目标构想框架。其中，“一主”，指的是强化“杭州国家级综合交通主枢纽”地位；“三副”则为建设湖州、嘉兴、绍兴等区域性综合交通副枢纽。而“一环”，即建设都市圈交通环线。“一体化”则是要实现包括基础设施体系、运输服务体系和交通管理体系全面一体化的综合交通体系。

杭州都市圈高速公路环线(杭州二绕)初步方案已经通过，主要影响范围是临安、富阳、诸暨、越城、绍兴、萧山、海宁、桐乡、德清。推动都市圈公交一体化，是各节点县(市)及杭州五县(市)融入杭州的迫切需要。

3 都市圈公交一体化的问题分析

(1)公交一体化的定位与适应性

城际公交一体化虽然有部分路段在城市公路上运行，但其性质仍属于普通城际客运。以杭州至德清的公交为例，这是在原有客运线路基础上，通过途中调整站点，并将终点站设置至市中心，虽通过下浮票价以及沿途停靠并进入市中心，得到百姓欢迎，但其实质还是普通城际客运，仍然不能改变"道路客运公共服务体系以快客为主，普客、公交为辅"的格局。考虑到城际公交的运行时间劣势和城市空间限制，在距离适中、条件允许的城市之间，发展以城际公交为主的道路客运是可行的，但不能作为都市圈城际普遍推广的一种公交模式。国内一些先行省份对"城际公交"的发展持支持探索的态度，在具体的政策支持上也处于观察阶段。如规费方面，湖南、北京两地的"城际公交"，企业虽然没有缴纳规费，但政府也没有发文减免；而其他几个省的"城际公交"都规定了如数缴纳公路规费。

(2)行政界线与审批管理

由于城际公交一体化深入城市中心，涉及道路交通和城市交通两个部门的业务管理，不仅审批涉及两个部门，而且所用法规依据也涉及多个法规。针对这一法规体制，牌证如何审批，经营如何监管，需要及时解决。如杭州至德清"城际公交"由杭州汽车北站进入武林门，同一线路两个管理主体的职能重叠，其公司和线路牌证由谁审批，如何管理，市场如何监管，在交通大部制改革、二元体制统一以前，如何对"公交"进行有效监管，都有一定问题。杭州的实践是在与都市圈内城市多次协商后才实施的，推广起来有一定难度。

(3)市场定位与合理竞争

经过近几年的快速发展，浙江省道路旅客运输基本形成了以服务省内及长三角地区，辐射全国主要城市，以高速快客为主导的城际道路客运公共服务体系。其中，全省共有跨市快客线路384条，跨市普通班线1305条，这些班线均已成为中短途城际客运的主力军，承担着城市之间的运输主力。而城际公交一体化发展是城市公交延伸还是城际客运深入，必将新增两种经营方式的同业竞争，不仅影响现有经营主体的利益，还会造成市场资源的浪费，影响运输效率。杭州德清"公交"的开通，对合法经营的快客班线带来较大冲击，9辆经营杭州至德清(武康)快客车辆的客源从原来的每天800余人降到了300人左右，实载率从60%降到了21%左右。不仅打破了原有的市场平衡，造成了原有快客与公交的恶性竞争，而且严重损害原有运输企业的合法利益，给社会和市场稳定带来了负面影响。

(4)线络设计与票价确定

城际公交一体化与快客相比，通过沿途停靠和进入市中心，方便了乘客，节约了旅客出行的时间和成本。但是考虑到城市交通资源和沿途停靠的时间成本，较远距离的城市之间开通城际公交必将大幅增加整个旅行的时间。考虑到城市日益拥挤，交通资源稀缺，也不允许过多城际公交的设置进入市中心，城际公交的设置必须有合适的距离。结合外省"城际公交"和杭州至德清"城际公交"的运行，省交通厅的专家认为，"城际公交"的合适距离应在50km左右，不宜超过100km，站点设置不宜超过10个，站点应设置在周边人口较为密集的乡镇和路口；城市内终点站及路线的选择不仅要考虑站点的换乘条件，还要考虑站点周围的乘客出行目的可能性，考虑站点及路线的交通条件以及实际可能性。票价也是乘客关注的重点与成败的关键之一，有的城际公交与城际快客票价相近，因此遭到了很多质疑，值得深思。

4 国内都市圈公交一体化发展情况

从全国范围来看，根据新闻报道，已有十余个省市已开通或计划开通跨区域的"城际公交"。上海在2004年就提出"城际公交计划"，拟用5年左右的时间，整合长三角公交企业，使公交车跨越省界、市界，穿梭于不同城市之间。河南省于2006年开通了郑州至开封的"城际公交"，正计划打造中原9个城市的1.5h公交圈目标。湖南省也于2010年6月开通了长沙、株洲、湘潭三城市公交车。北京开通了至河北廊坊的城际公交，辽宁开通了沈阳至抚顺、沈阳至铁岭的城际公交，江苏开通了扬州至镇江的城际公交，兰州至白银要开通城际公交等。

(1)长株潭公交

2010年9月6日，长株潭公交一体化迈出第一步。株洲市的15路公交车跨市直接开到湘潭城区的砂子岭，湘潭市的21路公交车则开到株洲城区的电脑大市场，即两条线路对开，共用起点和终点。长株潭公交一体化根据尊重历史，改革发展与稳定并重的原则，针对当时情况，分两步实施。第一步实行改造式调整。对107国道及天易公路现有公路客运运力(长沙—株洲、长沙—湘潭、株洲—湘潭)维持现有线路走向，就地改造成公共交通。对沿江北岸在霞湾对接的株洲15路公交线路与湘潭21路公交线路互相延伸为对开(株洲一湘潭，共用起终点）。以上各条线路由原企业各负其责，规范、完善站场硬件、统一标识和运营调度管理，三市其他各自市区范围内行驶的公交线路近期内原则上不能互相延伸至其他两市市区内，以维持运力平衡。第二步实施特许化经营。由建设与交通部门协同，择期对所有成熟线路和新辟公交线路实行特许化经营与质量招标，设立参与企业的技术标准和服务质量门槛，新设线路采取听证会形式确定后提交招标会。规定经营期，竞争上线的企业接受社会监督评价，经营期满时，社会监督评价作为下一期投标的依据，让服务好的企业经营好的线路。长株潭公交一体化方案还提出“零距离换乘”概念，即在火车站、机场以及大型交通枢纽实现不同交通方式（航空、高速铁路、铁路、长途客运、公交、轨道交通、水运）的“零距离换乘”，“零距离换乘”的概念还推广到长株潭城市群内人流密集的大型公共建筑附近，真正实现三市市民无障碍出行。

(2)南京都市圈公交

《南京都市圈2006—2010五年建设规划纲要》指出，到2010年，南京市都市圈形成以超特大城市南京为核心，以扬州、镇江、淮安、马鞍山、巢湖、滁州、芜湖7个大城市为主体，以27个中等城市（县级市、县城镇）和一大批小城市为基础的，分工合理、持续快速协调发展的都市圈城市体系。2010年4月，第四届南京都市圈市长峰会召开。南京、镇江、扬州、淮安、马鞍山、芜湖、滁州、巢湖的市长或副市长再度聚首，以“共建、共享、同城化”为主题，共商发展大计。其中，在城际交通方面提出：“城市间交通票价向公交票价靠拢，目前滁州、马鞍山、南京、镇江、扬州已实现联网售票。南京至镇江句容、南京至马鞍山城际班车公交化改造准备工作全面完成，城际公交线路走向、停靠站点在进一步优化中。未来，南京市将推进南京公交向周边城市延伸，提高班车公交化频率，促进都市圈城市交通票价逐步向城市公交票价靠拢。公交IC卡一体化也是都市圈市长峰会连续几年推行的重点工作。”据介绍，目前，南京、扬州、淮安公交IC卡已经互联互通，“通卡”发行总量已经突破600万张。一张IC卡可刷遍都市圈8个城市，实现区域交通的公交化。

(3)兰白都市圈公交

2010年，兰州市建委在《关于建设“兰白都市经济圈”的若干建议》中提出了两市建设规划、城际交通网络、城市服务功能等5个一体化的构想。其中提出，加快建立两市城际快速公交线路，以此带动白银的融入和两市的融合。根据客流配备公交车辆，规划设置相应的市内换乘终点站和沿途停靠站，可采取双向定时对发的方式，在免除高速、路桥通行费用的基础上，保持客运票价统一。适时建立公交辅线作为城际公交线路的延伸和辐射，组建沿线经济圈公交网络，使两市及周边地区的交通更加便捷畅通。

兰州市提出尽快开通兰州白银两市城际公交线路，构筑综合交通体系，建设白银至中川高速公路，早日实现黄河兰州白银段全线通航。思路是，在现有长途客运班线的基础上，组建兰州至白银城际公交公司，城际公交发车间隔为10min，发车时间为6:00—21:30，票价由21元降至10元。建议兰州、白银两市政府对营运费用增加部分给予财政补贴，并协调省层面上减免高速公路收费和两市车辆往来的高速公路收费。

(4)长三角情况

长三角道路运输一体化的基本思路是要推进客运一体化，以安全、高效、方便、舒适、快捷、经济、环保的服务要求为核心，优化调整运力结构，健全道路客运班线网络，形成结构合理、层次分明、运作科学的线路服务网，不断满足不同阶层的需求，努力打造现代化、一体化的区域客运服务网络。创建长三角省际道路客运品牌线路，由线到面逐步拓展覆盖范围，进而提升整个业态的服务水准，拟在苏浙、苏沪、沪浙班线中各推出一条“一线一公司”运行模式。总结试点经验，根据条件适时拓展毗邻地区公交班线开通范围，以更好地满足毗邻地区跨省出行的需求。在2009年太仓—嘉定班线基础上再推一条昆山—嘉定班线。完善道路客运联网售票体系，逐步实现区域异地联网售票。探索建设长三角区域内汽车租借网络，实现异地租还车，适应低碳经济发展方向，为道路客运提供有益补充。

另据2010年《长三角蓝皮书》显示：目前苏浙沪三地高速公路里程数已近7000km，并初步成网，时速200～250km的动车组大量开行，沪杭高铁即将开通，使长三角各个城市之间无论选择汽车、火车还是飞机，都能轻松享受“同城效应”带来的便利，长三角城市群之间已基本实现“公交一体化”。

曾有机构预测认为：2010年，长三角人均GDP有望达到1万美元左右的高收入水平，而收入增长必然会带来人均出行次数的上升和出行时效要求的提高，增加对高效率交通方式的需求。数据显示：2006年，长三角旅客发送量为34.6亿人次，预测到2020年将达55亿人次。

将省际毗邻地区间的客运从“长途”变为“公交”，一些归属于不同省市但距离很近的地区，如上海金山，浙江乍浦、嘉兴、平湖，江苏苏州等，居民在相邻城镇间的“跨省出行”，就像坐公交车一样方便。实行“公交化"以后，出行就便捷许多，班次和票价也更接近于城市公交，中途还有可能停靠少量站点，甚至像乘公交车那样允许在车厢站立。目前，在一些地区已有一些"黑车"采用这种方式运营，有待于纳入规范管理。

(5)浙江省情况

浙江省内嘉兴、湖州等市早在 2003 年就开始对其辖区内市(县)与县之间的客运线路进行了公交化运行模式的积极探索。目前，嘉兴、湖州两市到各县的班线全部采取了公交化模式运行。2007 年，绍兴先后开启了绍兴市至诸暨、上虞市、嵊州市的城际公交，形成了绍兴市至辖区县的城际公交网络。

5 杭州都市圈公交一体化发展建议

根据《浙江省城镇体系规划(2007—2020)》，杭州、嘉兴、湖州和绍兴 4 个城市将合作建设杭州都市圈，形成杭、嘉、湖、绍城镇连绵的都市圈经济。都市圈的建设必将要求城市之间建立便捷的城际公交体系，通过"城际公交"体系紧密联结，实现空间跨越。为加快杭州都市圈公交一体化发展，特提出如下建议。

(1)都市圈公交一体化宜多种形式同时并举，近期以道路交通为主，远期以轨道交通为主。目前的城际公交，经多年建设已趋成熟的"快客"起着主心骨的作用，在"十二五"期间应继续发挥其优势和作用。高铁的加快建设也已崭露头角，成为城际交通的重要力量。公交的延伸及与快客的整合也将起到一定的作用。至于远期，应着重考虑地铁连接轻轨的建设。

(2)加快杭州都市圈公交一体化步伐。2015 年底前，全面实现都市圈"紧密圈"(湖州、嘉兴、绍兴三市的城区和杭州的萧山、余杭、富阳、临安四区市以及与杭州接壤的海宁、桐乡、德清、安吉、绍兴、诸暨 6 个县市)的公交一体化，争取"十二五"期间实现都市圈"带动圈"(杭州、湖州、嘉兴、绍兴四市市域范围的其他所有县市)的公交一体化。

(3)都市圈公交一体化建设应充分发挥中心城市的优势。公交一体化体系以城市公交为主进行延伸，同时尽量发挥快客与普通客运的作用，进行合并调整，实行合作共赢。线路改造应通盘考虑，以避免市场不公平竞争，兼顾现有经营者的利益，减少社会不稳定因素。

(4)都市圈公交一体化拟实行公司化股份制经营。以市场化运作、公司化运营、股份制合作为原则，对拟运行的线路均实行公司化(股份制)经营，按照"一线一公司"的运营结构组成股份有限公司。中心城市公交占股以不低于 50%为宜，以充分发挥中心城市的优势，具体办法应与股东及到达地有关部门协商确定。

(5)都市圈公交一体化的规费应优惠，票价应低廉。实行低价政策，由企业申请，经交通管理部门审核后由物价部门批准，对公交一体化的规费，应按照《浙江省道路运输管理条例》第十一条"公交化运行的乡村客运班车应当减收或者免收养路费和客运附加费等规费"的规定给予优惠。

(6)修订《浙江省道路运输管理条例》，明确都市圈公交管理办法。《浙江省道路运输管理条例》第三条仅规定"县级以上交通行政管理部门负责组织领导本行政区域内的道路运输管理工作"，而对跨县市的都市圈城际公交未作明确规定，建议进行修订，对都市圈公交一体化的审批、监管等进行具体明确。

(7)适时进行轨道交通的设计、部署和连接。都市圈公交一体化在完成汽车公交线路规划、调整、改造的同时，应适时进行轨道交通的设计和部署。可考虑将杭州的地铁通过延伸或与地上轻轨连接，争取早日到达嘉兴、湖州、绍兴等城市，将中心城市与辐射城市连成一体，真正意义上实现都市圈公交一体化。

参考文献

[1]杭州市政协. 杭州都市圈在长三角发展的研究.

[2]杭州市人民政府办公厅. 关于杭州都市圈"公交一体化"实施办法(杭政办函〔2009〕339 号).

[3]杭州市公共交通集团有限公司. 杭州都市圈"公交一体化"实施有关情况.

[4]浙江省交通厅课题组. 道路客运"城际公交"体系建立和发展模式研究.

[5]2010 年率先转型中的长三角. 全球金融危机下的长江三角洲基础设施建设.

立足杭州实际，谋划可持续发展的城市交通系统

——以杭州城市步行和自行车交通系统为例

罗　斌　刘丰军

（杭州市综合交通研究中心，浙江杭州 310006）

摘要：绿色交通是基于可持续发展交通观念所发展的协和式交通运输系统，是实现可持续发展交通的一种有效手段。本文对杭州市步行和自行车系统情况进行了介绍，重点针对国家步行示范项目的示范段进行深入分析，总结经验，可作为其他城市步行、自行车系统建设的有益借鉴。

关键词：可持续发展；绿色交通；示范项目；城市交通系统

绿色交通体系的概念是由 Chris Bradshaw 于 1994 年提出。绿色交通是基于可持续发展交通的观念所发展的协和式交通运输系统，是实现可持续发展交通的一种有效手段。对比来说，可持续发展交通是交通发展的宏观方向，绿色交通是可以实施具体交通的重要微观理念，绿色交通只有符合可持续发展才具有生命力，可持续发展需要通过绿色交通的实施得以实现。

Chris Bradshaw 将绿色交通工具依次排序，分别是步行、自行车、公共交通、共乘车，最后才是自用车。从国内外城市发展经验来看，城市交通问题处理得较好的城市，如中国香港、韩国首尔、丹麦哥本哈根等，均将步行、自行车和公共交通系统的改善作为城市交通环境改善的一项重要内容，并受到高度重视。

杭州市委、市政府历来非常重视步行自行车系统的规划和建设，已将步行和自行车交通系统纳入城市公共交通体系中，在组织机构、政策优惠、项目推进上予以优先保障，扎实推进该系统的不断完善。根据国家住房和城乡建设部《关于做好城市步行和自行车交通系统示范项目有关工作的通知》（建办城函〔2010〕738 号）文件精神，杭州作为全国第一批步行和自行车交通系统示范城市，已完成包括工作机制建立、规划体系完善、政策研究制定、具体示范区或段建设等相关工作，并通过浙江省住房和城市建设厅审查验收。

1　杭州市步行和自行车交通发展概况

1.1　城市发展概况

杭州市位于中国经济发达的长江三角洲南翼，浙江省西北部。东临杭州湾，东北与上海相望（距离约150km），南与金华、衢州、绍兴三市连接，西与安徽省交界，北与湖州、嘉兴两市毗邻（见图 1）。杭州市是浙江省省会和经济、文化、科教中心，素以“三面云山一面城”闻名，是国家历史文化名城和重要的风景旅游城市。杭州城市布局呈“K”形结构，即向东北方向拓展（余杭区、下沙城）和实现沿江开发、跨江发展，城市建设从“西湖时代”迈入“钱塘江时代”，形成“一主三副、双心双轴、六大组团、六条生态带”开放式空间结构模式（见图 2）。

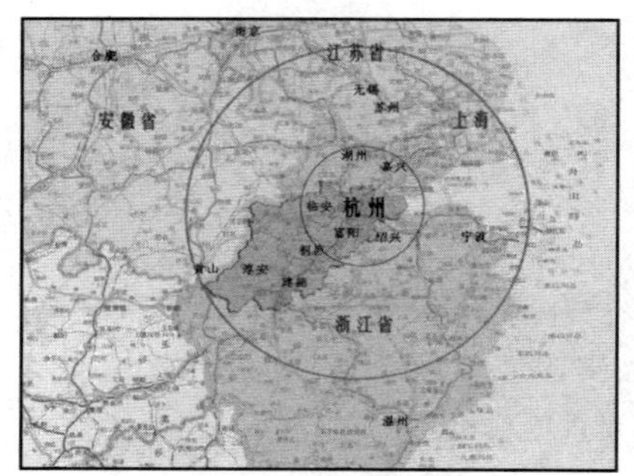

图 1　杭州市区位

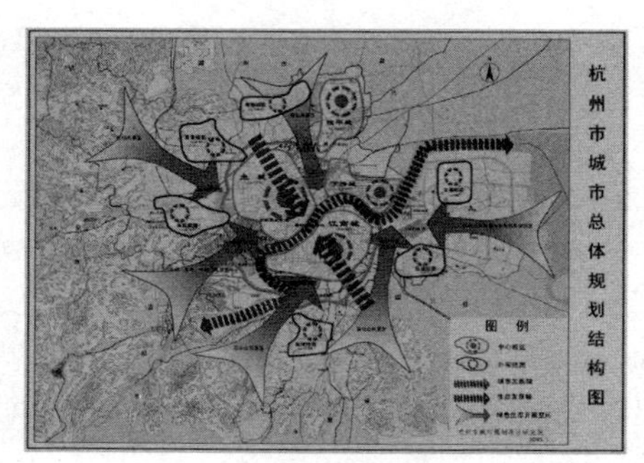

图 2　杭州市城市总体规划结构

作者简介：罗斌（1977—　），男，硕士，副总工，高级工程师。

1.2 交通发展系统矛盾与策略

(1)城市化、机动化发展引发交通拥堵

近几年来,杭州市机动车保有量以较快的速度持续迅猛增长(机动车年增长率为10.3%,其中小汽车增长率为23.2%)。截至2012年末,杭州市区常住人口机动车拥有率为27.6辆/百人;私人小客车百人拥有率为17.7辆/百人,即平均2户家庭1辆车。城市化、机动化的迅猛发展带来的交通问题日益严重,供需矛盾激化。

(2)居民出行距离、时耗特点

中国是自行车大国,在杭州,自行车交通不管是过去还是现在,乃至将来相当长时间内,仍将是居民出行的主要交通工具。杭州地形平缓、气候宜人。根据调查,杭州市区常住人口现状全方式出行中,步行及非机动车交通比例均超过30%,平均出行时耗约为半小时。

(3)以公交优先为指导,倡导低碳交通(包括步行、自行车交通),打造"五位一体"大公交系统

城市交通的"可持续发展"和"倡导绿色交通"一直是杭州市交通发展的主要战略目标。2010年初,为了全面推动城市全面协调可持续发展,优先发展公共交通,杭州市委、市政府专门下发了《关于深入实施公共交通优先发展战略,打造"品质公交"的实施意见》,旨在使杭州公交实现"质"的发展,打造"品质公交":构建地铁、地面公交(含BRT)、出租车、水上巴士、免费单车等具有杭州特色的多层次、多元化的"五位一体"的大公共交通营运结构体系,完善市域一体化的公共交通线路网络体系,形成智能化信息化的公共交通管理体系,形成品质至上的公共交通服务体系,落实优先发展公共交通的保障措施。

1.3 杭州市步行和自行车交通系统规划与建设

(1)从决策层面,明确步行和自行车交通规划定位,编制"2规划、1计划、1导则"

近几年来,杭州市陆续编制《杭州市综合交通规划(修编)(2007—2020)》、《杭州市慢行交通系统规划》、《杭州市非机动车发展战略规划》、《杭州市公共自行车交通发展专项规划》、《杭州市河道交通航运规划》、《杭州市自行车交通近期发展对策研究》等多项关于杭州市城市步行、自行车交通系统的专项规划,系统提出了杭州市城市步行、自行车慢行交通系统的发展目标、策略,详细制定了杭州市非机动车发展的相关战略和政策,并确定相关建设原则与标准,均较好地指导着目前杭州市城市步行、自行车交通系统的有序运行。

作为示范项目的重要工作内容,杭州市以优先发展城市公共交通领导小组为牵头机构,于2010年编制完成《杭州市三副城公共自行车系统专项规划研究》、《杭州市主城核心区步行、自行车交通系统近期建设规划》、《杭州市主城核心区步行、自行车交通系统年度建设计划及滚动计划》,进一步清晰杭州市城市步行、自行车交通系统的内涵、功能、目标、原则与标准,并提出近期建设规划的规模与项目(包括示范项目),切实体现近期建设的指导性与计划性。通过编制《杭州市步行、自行车交通系统设计导则》,在设计原则、功能定位、建设标准等方面进行引导,为今后指导步行和自行车系统建设提供依据。

(2)在建设层面,结合一系列整治工程,进一步完善步行、自行车通道系统建设

近年来,杭州市结合道路、河道综合整治,支路建设、背街小巷改造,坚持同步规划、同步设计、同步建设、同步投入使用,建成了覆盖全路网、近2100km,以及覆盖291条河道、超过300km的城市步行和自行车通道系统,基本形成了"路路通"、"河河有"的系统格局。2010年,按照杭州步行、自行车交通系统示范项目既定目标完成中山南路综保工程项目建设和中东河综合整治示范区(段)建设。2013年,新一轮杭州市城区河道整治工程也已经上马,主要有西部4条河道和东北部4条河道等8个项目。河道总长度约为27.5km,水域面积约为500000m^2,总投资额99155.95万元;整治河道30条(段),其中当年完成10条(段);新建闸站1座,续建闸站2座;年投资额约104903万元(其中市本级45660万元)。

(3)在操作层面,坚持政府主导、市场运作、公益定位,实现公共自行车系统整体效益提升

杭州市委、市政府成立了由杭州市政府分管副市长任组长、市政府分管副秘书长任副组长的杭州市公共自行车交通系统建设和管理领导小组。同时,依托杭州市公交集团公司,组建了国有独资的杭州公共自行车交通服务发展有限公司,负责系统车辆引进、租借网点与配套设施建设等工作。通过坚持免费服务、提高运作能力等方式,实现盈利模式创新。

截至2012年底,结合公交站点、风景旅游点、道路、河道建设等,杭州市已建成2692个公共自行车交通

服务点、6.98 万辆公共自行车的服务网络，相比上年增长 7.3%；全年租用量为 9427 万人次，已成为国内规模最大、租用量最多的公共自行车交通出行系统，基本实现了满足市民短途出行需求、解决公交“最后一公里”和风景区交通几大功能，并具备“通借通还”、“无人值守”等特点。截至 2012 年 5 月，杭州市公共自行车 24 小时服务点已增至 55 个。至 2012 年底，杭州还计划新增 3000 辆公共自行车，新增 100 个服务点，增加 35 个售卡点等配套工程。

2　杭州示范项目实施成效

2.1　建成核心区“一环、三步、四滨、四连”的步行、自行车交通系统(长约 50km)

结合土地利用、产业需求，建成主城核心区“一环、三步、四滨、四连”的步行、自行车交通系统（长约 50km），形成示范区域及系统规模效应（见图 3）。目前，主城核心区是浙江省和杭州市的行政中心，市级商业中心（湖滨商圈、武林商圈、吴山商圈）、西湖风景区以及旅游服务基地（大量的高档宾馆、饭店、城站火车站）等功能区，用地最为紧张、交通最为繁忙。同时，这些区块的公交最为发达，步行、自行车等绿色交通发展最有“土壤”。“一环”，指环西湖通道；“三慢”，指湖滨路、河坊街、中山路等 3 条历史街区与步行街；“四滨”，指中河、东河、运河、上塘河；“四连”，指平海路—清吟街、西湖大道、东坡路—武林路、密渡桥路。

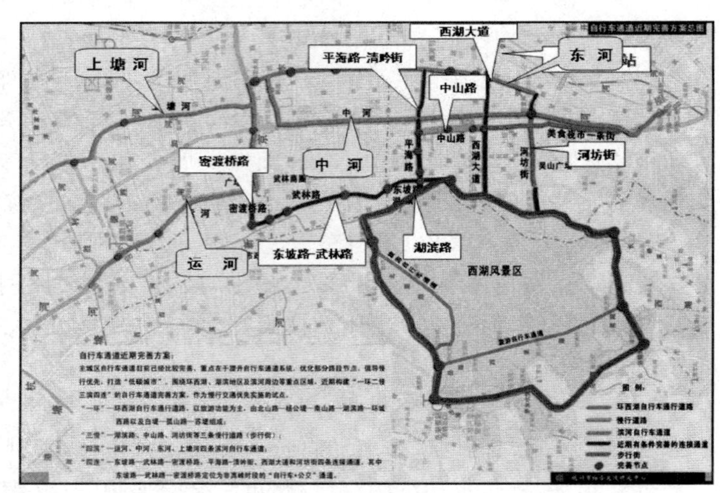

图 3　系统方案示意图

2.2　实现主城区公共自行车的巩固、提升与服务范围延伸，覆盖全市“一主三副”

杭州市致力于继续巩固和提升主城区现有公共自行车服务点的服务质量和水平，进一步优化信息系统，细化服务流程，加大维护力度，完善保障体系。同时，重点实现公共自行车跨江发展，延伸至下沙、临平、江南 3 个副城，为支撑总体规划确定的“一主三幅六组团”组团式城市发展格局，以及构建“公交＋自行车（步行）”的现代化交通出行理念奠定了良好的设施基础（见图 4）。根据“四结合、一公示”工作机制，不断完善主城区 2000 余处公共自行车服务点系统，新增完成“进社区”100 余处、“网点加密”80 余处。

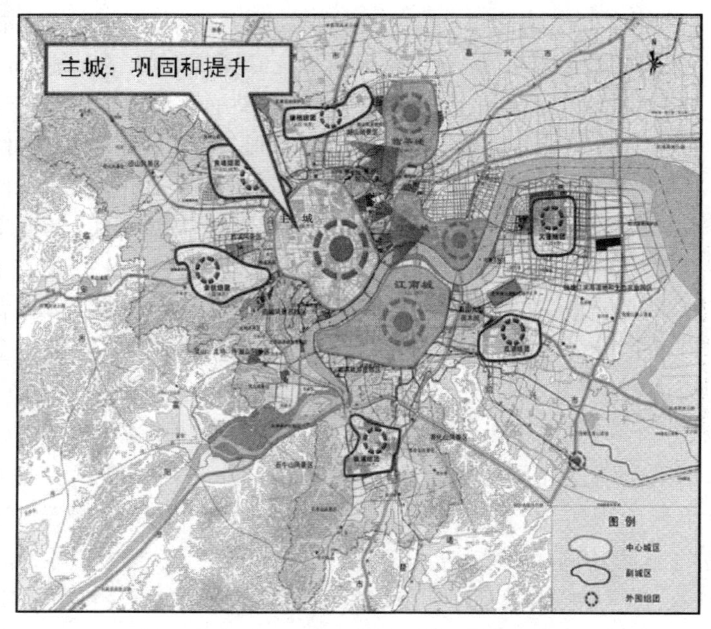

图 4　公共自行车分布示意图

2.3　示范区(段)建设概况

2010 年示范工程项目的重点是完成中山南路综保工程项目建设和中、东河综合整治，2010 年“十一”国庆期间，中山南路及中、东河综合整治与保护工程均顺利建成，沿中山南路、中河、东河的步行、自行车专用道系统（约 20km）初步形成。

(1)中山南路综保工程

中山南路工程（鼓楼—万松岭路口），长约 1.3km，既是中山路综合保护工程的收官之作，也是南宋皇城大遗址综合保护工程的开篇之作，是杭州打响“南宋牌”、营造宋风建筑、彰显城市特色的典范，力求打造出一条“宜居、宜商、宜文、宜游”的生活品质之街。

步行和自行车交通系统建设的主要特点：①先后编制了《中山路道路设计》、《中山路道路交通设施设计》、《中山路城市家具设计》、《解放路天桥设计》、《水系景观专项设计》、《道路铺装专项设计》、《中山路道路绿化设计》、《中山路立面整治专项设计》等多个设计方案，奠定技术支撑；②参照南宋御街坊巷结构，通过对道路、交通设施、城市家具、绿化景观、照明等专项设计，营造出充满历史氛围的步行街；③充分考虑和沿街公交、公共自行车、建筑物、换乘枢纽等的衔接，优化相关节点，建成中山北路、西湖大道人行立体过街设施，在关键节点保证步行街交通系统连续。

(2)中、东河综合整治与保护开发工程

中河北段北起新坝，南至凤山路，全长 5.8km。东河北起运河，南至中河，全长约 4.1km，属运河水系，是贯穿杭州市上城区、下城区的主干河道，河道两侧绿化带控制宽度为 5～20m，其中贯通河道两岸的步行和自行车系统约 20km。原状东河河道两侧园路在河道与道路桥梁处多为断头，并不贯通，且园路只有 1.5m 宽，不适合行人及非机动车通行。

通过本次河道沿线整治，可为市民休闲游憩提供一个绝佳的场所。①针对现状园路狭窄、不连贯的情况，新建、改建沿河慢行系统 16km。②实现连续、畅通的游步道系统，通过建设宝善桥等 12 座桥下栈道、凤起路桥等 3 处过街地道，实现河道两侧园路全线贯通，贯通原状河道与道路桥梁断头的园路，连接桥梁两侧步行和自行车系统。③改路为河，通过新开挖河道 291m、新建船闸 3 座，使中河、东河、运河 3 条河流贯通，结合沿河 11 个游船停靠点，以水上巴士的“水上游”和步行、公共自行车“岸上游”两种形式，将皇城遗址、历史街区等旅游景点串珠成链。④与河道沿线的水上巴士、公共自行车服务点做好无缝衔接，新增公共自行车点近 29 处。⑤完善节点竖向和坡道设计，补充无障碍设施，满足自行车骑行或推行的要求。⑥根据区域景观效果，园路材质采用冷色系的花岗岩和暖色系的高湖石。

3 杭州城市步行和自行车交通系统建设特点

(1)适合市情，符合民生

杭州城市居民出行平均时耗约半小时，步行、自行车交通出行条件较理想。同时，自行车交通具有准时、环保、有利健康、短距离出行快等优点，与杭州市打造“生活品质之城”的发展目标相吻合。另外，结合近年来道路、河道综合整治，支路建设、背街小巷改造，杭州已建成比较完善的步行、自行车通道系统，为城市步行、自行车交通运行奠定了好的设施基础。

(2)规划先导，建设有序

坚持科学规划，依据《杭州市综合交通规划(修编)(2007—2020)》等编制“2 规划、1 计划、1 导则”；抓住重点，明确步行和自行车交通的功能定位和系统建设标准，提出近期建设规划的规模与项目，分步实施；做好示范区、段建设，从而保证步行、自行车系统建设在高起点上顺利推进。

(3)组织保障、推进有力

以推进优先发展城市公共交通领导小组为统筹机构，通过市、区联动、专家指导、学习借鉴、经验总结，在规划完善、政策制订、建设推进等方面继续做好“示范项目”深入推进工作。2011 年，在主城核心区 15km^2 范围内，实施了“51131”工程(5 条道路、11 条街道、31 坊巷)，建成了全长约 30km 的步行、自行车交通系统出行环境；同时，新增公共自行车服务点 100 余处，公共自行车 5000 余辆。

4 结　语

步行和自行车交通体系完善与否，是一座城市是否宜居的重要表征，对步行、自行车出行方式的认同与接纳更是城市文明程度的象征。只有改善绿色出行的硬件环境，打造安全、连续、畅通、公平、舒适、可达性好的步行、自行车环境，实现各类公共交通工具的无缝对接，才能使更多市民、游客自愿地选择这种绿色、环保的方式出行，从而有效缓解日渐严重的交通拥堵通现状，实现城市交通的可持续发展，实现环境资源的可持续利用。

通过近几年的道路、河道综合整治和开发建设，杭州步行、自行车系统通道已有很大改善，但是在系统的连贯性、安全性及舒适性等方面仍有待进一步完善，具体体现在部分滨河步行系统未能全线贯通、步道与周边道路系统衔接不畅、步行街区（含地下空间、空中廊道）未能充分开发利用等。今后，我们将继续努力，坚持“规划、建设、管理、素质”四管齐下，不断完善、提升整个城市的步行和自行车交通体系。

参考文献

[1]罗斌，刘丰军.杭州市核心区步行自行车系统近期建设规划与完善方案研究[R].杭州市综合交通研究中心，2012.

[2]刘树斌，罗时春.杭州市自行车交通发展机制研究[R].杭州市综合交通研究中心，2009.

[3]余伟.杭州市慢行交通系统规划与设计指引[R].杭州市城市规划设计研究院，2009.

[4]城市道路设计规范(CJJ37—90)[S].

[5]城市道路交通规划设计规范(GB 50220—95)[S].

大学城规划交通结构引导策略研究

——以杭州大学城为例

刘树斌　罗时春

(杭州市综合交通研究中心,浙江杭州 310006)

摘要:近年,大学城在我国兴起。在城市"机动化"大发展背景下,大学城又具有"能量聚集和放大"效应,必须在规划阶段就充分重视交通问题。本文以"杭州大学城"规划为例,从交通方式结构引导入手,结合杭州城市特点,合理定位公共交通、小汽车交通,确定大学城对外交通结构;结合大学城内部布局和功能要求,突出保障步行和自行车交通,确定大学城内部交通组织原则;采用恰当的交通方式结构引导策略,实现"交通"对大学城运行的良好支持。

关键词:规划;大学城;交通方式;结构;慢行交通

"大学城"在我国高等教育改革推进和促进城市经济社会发展中起到了重要作用。2009 年,杭州市政府启动建设"杭州大学城"(杭州师范大学),这也是杭州继下沙、滨江、小和山之后的第 4 座大学城。2010 年,在项目总平面方案深化阶段,校方组织开展了大学城"动静态交通研究",以期在杭州"小汽车持续高速增长、城市交通拥堵初现"的背景下,合理配置资源,保障大学城建成后内外交通良好运行。本文主要就"大学城"规划中的交通结构引导策略进行探讨。

1　大学城主要特征

(1)起源与发展

"大学城"率先出现在英美等一些高等教育发达的国家,通常是指大学发展过程中,大学本身的规模越来越大,有的大学聚集在一起,大学周围或大学校园本身成为具有一定规模的城镇,常常被人们称为"大学城"(University Town)。《教育大辞典》把"大学城"解释为:"围绕大学建立的社区。人口一般在 5 万～10 万人,为大学生提供良好的学习环境和便利的食宿、交通等条件。如意大利的波洛尼亚、英国的剑桥和牛津、日本的筑波等。"[1]

国外大学城的产生方式主要有两种:一种是自然形成,如美国的波士顿,英国的牛津、剑桥等大学城,都是经过百年以上的历史自然形成的;另一种是主动构建,如美国的密苏里、日本的筑波大学城等,是在二战后随着高等教育的迅猛发展,由国家、地方政府、高等院校和企业等多方合作而共同构建的。[2]国内的大学城主要是主动构建形成,总数超过 60 座,其规模小至上海浦东金桥大学园区(约 0.9km^2),大至广州大学城(约 43.3km^2)。[3]大学城一般由政府、社会或多元化投入进行建设,为高校提供基础设施和后勤系统社会保障,通过一定机制运行。

(2)城市属性

刘易斯·芒福德指出:城市的主要功能是化力为形,化能量为文化,化死的东西为活的艺术形象,化生物的繁衍为社会创造力;如果大学要在新的城市聚集过程中扮演核心的角色,那么,它不但必须在区域范围内疏散和重新组织其设施,而且必须进行内部的转变和改革。[4]从城市功能角度看,大学城不但通过与外部发生物质、能量和信息交换以实现自身功能,从而具有城市的基本属性,甚至可能在新的城市聚集过程中成为区域的核心,对城市的规划、建设和管理提出更高的要求。

(3)功能与需求

大学城的发展使得大学教育由早期的单个学科专业化较强转向多学科强强联手全面发展,日益呈现多元化趋势,兼容并蓄,更有利于打造综合性大学。现代大学城相对于传统的教学、科研任务,更注重为社会

作者简介:刘树斌(1971—　),男,所长,高级工程师,国家注册城市规划师。

提供科学技术支撑，为社会发展所需的持续教育、终身教育提供服务，亦即“产、学、研”功能一体化。因而可认为现代大学城具有三大主要功能：培养人才，科学创新，服务社会。

大学城的形成与社会、政治、经济等因素密切相关。大学城的发展中，除内部功能布局完善外，还要注重与城市发展、社会经济发展相协调。近年来，国内蓬勃兴起大学城，其运行具有这样的需求：需要安定、稳定的办学环境；需要便捷周到的生活服务体系；具有大量且定期的人员流动；具有长期且稳定的多样性、年轻化消费群体。[5]可以看出，“交通”对大学城的运行不可或缺。规划阶段对大学城交通方式结构进行合理安排，将有力保障大学城启用后交通的效率与协调，从而支持大学城良好运行（见图 1）。

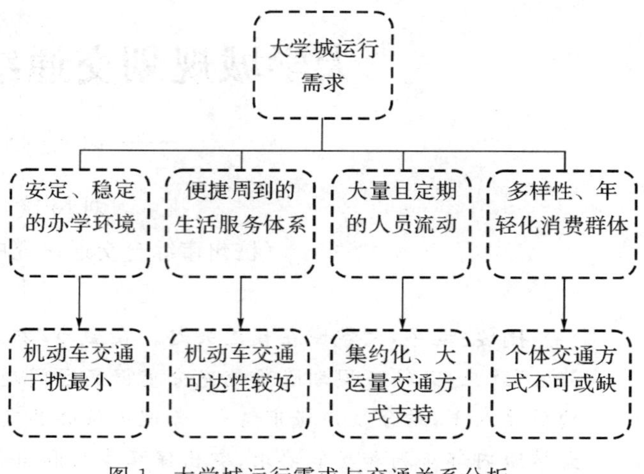

图 1　大学城运行需求与交通关系分析

2　杭州大学城相关特性分析

（1）区位特点

杭州市城市空间的总体结构为“一主城、三副城、六组团”，杭州大学城位于余杭组团。在“六组团”中，余杭组团以“与杭州主城距离最近、交通联系最为紧密、周边建设情况最为成熟、自然和人文景观资源最丰富”为突出特征，具有良好的发展条件。城市总体规划中，已明确余杭组团为城市西部的近郊住宅区和高教科研基地（见图 2）。

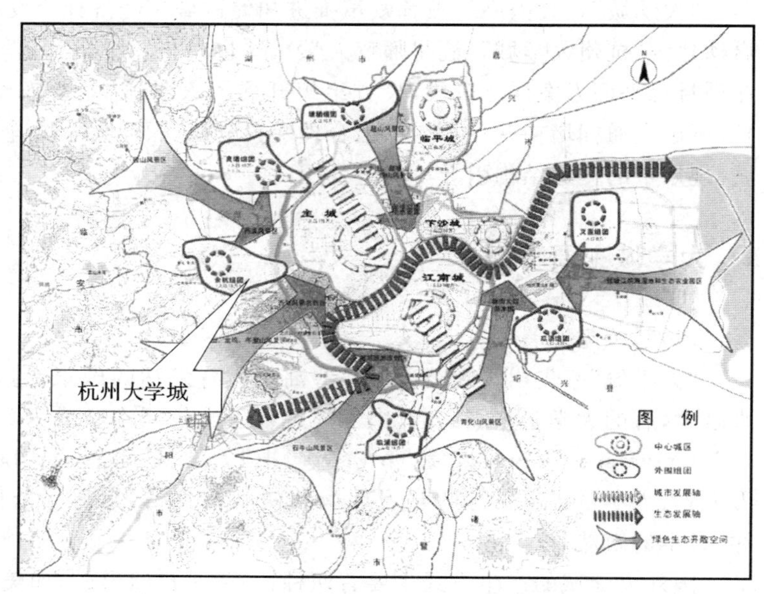

图 2　余杭组团在杭州城市总体结构中位置示意图

杭州大学城距离杭州城市中心、风景区、对外交通枢纽等有一定距离。其中，距离西湖风景区 12.6km，距离现状城市 CBD 武林广场 14.7km，距离未来城市 CBD 钱江新城 19.8km，距离萧山国际机场 39.1km（见图 3）。

（2）定位及规模

杭州师范大学的校史可以追溯至 1908 年建成的浙江官立两级师范学堂。2009 年，在学校发展迈入第二个百年之际，杭州市政府提出“建设省内乃至国内一流综合性大学”，启动建设杭州大学城。规划上汲取了杭州已建 3 个大学城的经验，全面体现了以学生为本、集约化、城校共融、交通便捷、人文生态的原则。规划总用地 2.19km^2，规划建筑面积 $2\times10^6\sim2.2\times10^6 m^2$，其中学校建筑面积 $1.2\times10^6 m^2$；规划人口规模 4 万人，其中学生人口 3 万人。

（3）交通条件

杭州大学城位于余杭组团的中东部，依托规划城市道路网络，特别是北侧的留祥快速路西延伸线、南侧的文一西路都是杭州主城“三纵五横”快速路网的延伸道路，是杭州大学城区位条件便利的主要原因。西侧的良睦路纵贯余杭组团，决定了其南北交通骨干道路的地位；南侧的海曙路向东通至绕城高速圈以内，都为杭州大学城创造了良好的交通条件（见图 4）。规划轨道交通 5 号线沿大学城南侧的海曙路布置，并设有 3 处站点，预计于 2020 年建成投入使用。

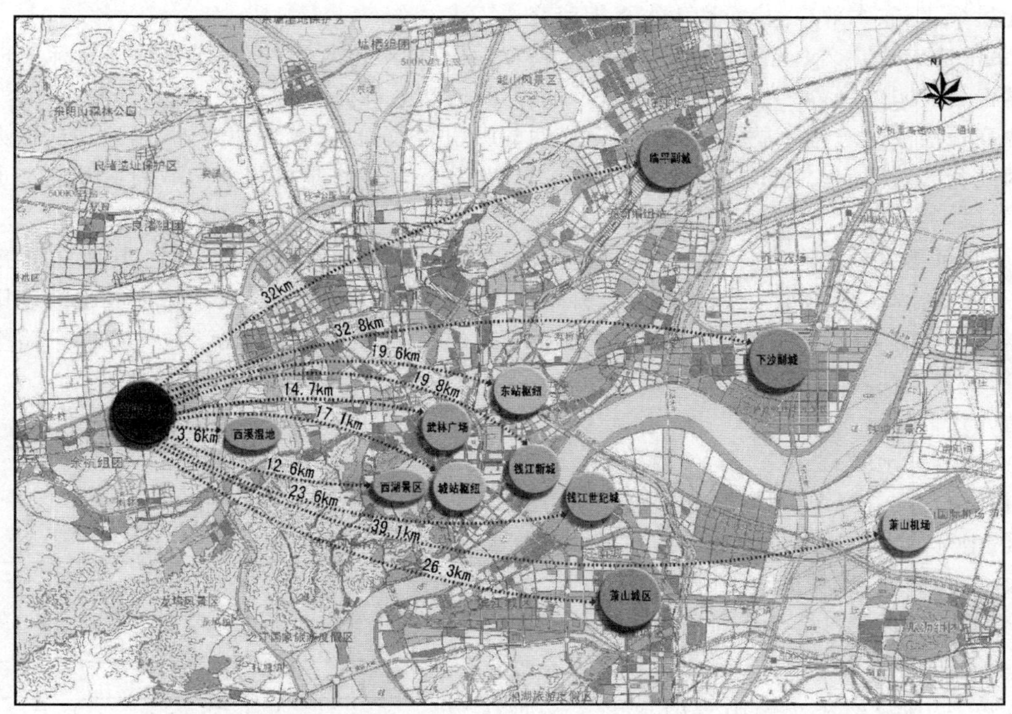

图 3　杭州大学城与城市中心、风景区、对外交通枢纽等空间关系分析

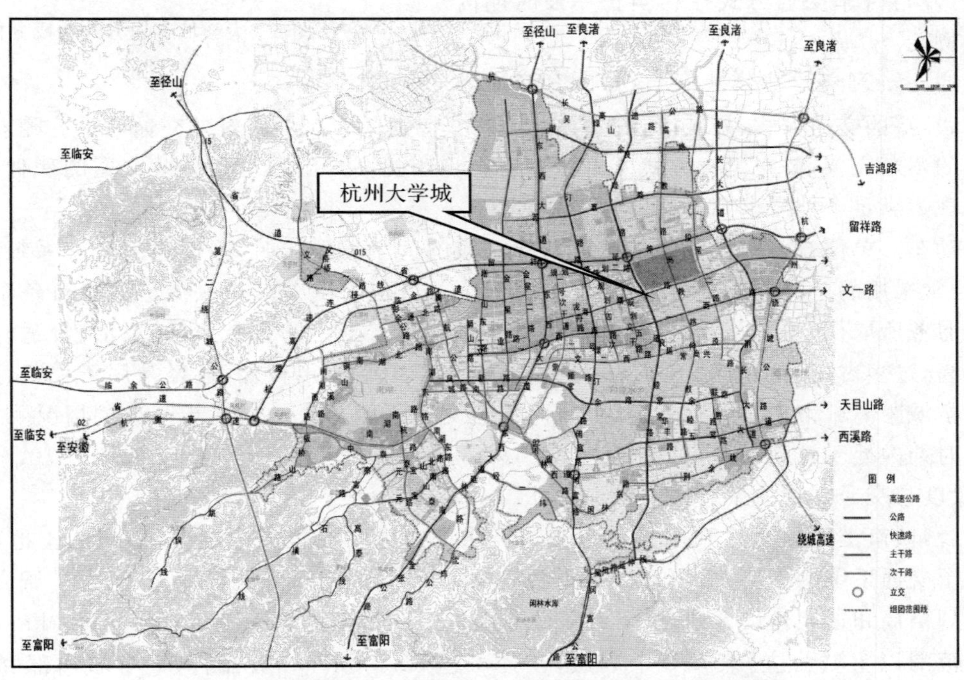

图 4　杭州大学城与余杭组团规划路网关系示意图

3　杭州大学城交通方式研究

(1)交通总体特征

英国著名高等教育学家阿什比说:“大学既不能远离社会,也不能完全消融在社会之中,大学应当和外界社会保持适当的距离。”[6]随着时代发展,大学城和城市、社会的联系更加密切,但又保持适当的空间距离,其交通总体特征如下:

①能量聚集和放大效应带来大量人流交通需求。“城市”是一定区域内的物流、人流、信息流的汇集结点,通过能量聚集效应和放大效应,形成了城市的各种功能。而大学城更多地体现为人流、信息流的汇集结

点，也具有能量聚集、放大效应，从而产生大量人流交通需求。

②人流集中造成瞬时交通峰值明显。大学日常教学具有明显的规律性，决定了大量人流短时间内交通需求，包括学生从校园外到、离学校，在校内上、下课等，瞬时交通峰值明显。

③早、晚高峰潮汐交通特征显著。大学城对交通的吸引力较强，除教学功能外，用地功能以办公、研发、商贸为主，因此其区域潮汐交通出行特征尤为明显，早、晚高峰时段将是杭州大学城周边及内部道路网交通压力最大的时段。

④与主城联系是主要交通流向。主客流出行方向以大学城以东的杭州主城为主，其他方向相对较弱。

⑤交通需求个性化、多样性。除日常教学、科研办公具有较强规律性外，大学城内其他活动则呈现个性化，在不同出行方向上具有不同的出行距离，交通需求具有多样性的特征。大学城内部的道路空间条件也应支持交通需求多样性，提供多元化的交通服务。

(2)交通方式构成

规划中必须客观地把握未来交通需求水平，预测交通方式和结构，合理配置资源，科学引导交通出行方式结构。未来发展中杭州大学城的主要交通方式可分为三大类：慢行交通、公共交通、自备机动车(见图5)。

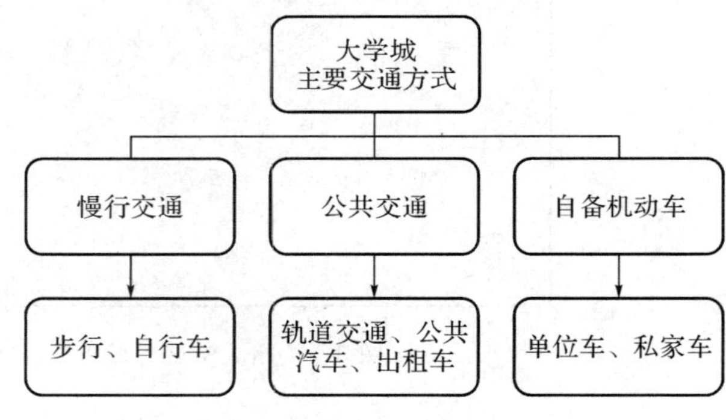

图5　大学城交通方式构成分析

①慢行交通。步行及自行车交通适应个性化交通需求，经济、方便，对环境无污染，是杭州大学城(东西长2.1km，南北宽1.0km)内短距离出行的最主要交通方式，在杭州城市具有良好的步行空间和自行车使用传统的背景下，步行及自行车交通方式在相当长一段时期内将保持较高比例。

②公共交通。轨道交通和公共汽车，是所有交通方式中最为高效、经济的交通方式，是城市首选的交通方式，特别适合大学城对外交通联系。随着大学城所在区域公交系统的不断完善，公交出行方式所占比例将会稳步提高。出租车是公共交通的一种必要补充，其作用更多地体现为满足个性需求，服务更方便、灵活。

③自备机动车。单位自备车是在位于城市新建区域的大学城建成时，因周边的公交系统尚不发达，高校、企事业单位常采用的一种过渡交通方式，以大巴车为主。但将随着区域发展、成熟，自备车将逐步被城市公交社会化服务所取代。私人小汽车在杭州仍处于高速增长期。它具有机动、灵活、舒适、方便的优点，但使用成本较高，过多占用道路资源，对环境污染大；除用于上下班出行外，还经常用于公务、旅游、娱乐等目的。杭州大学城距离城市中心区有一定距离，而轨道交通不能与大学城同步开通的情况下，私家车使用比例将在一定时期内处于较高水平，必须充分重视。

(3)空间尺度与交通方式关系

从宏观上看，城市土地的开发利用是城市交通需求的根源。在很大程度上，不同的土地利用性质、规模、强度，决定了交通系统的支持方式和力度，有必要从空间尺度、土地利用角度分析大学城交通特征。根据杭州城市规划格局和近期建设计划，杭州大学城在余杭组团内部的辐射范围在半径4.0km以内，在杭州市区内的辐射范围以主城为主，兼顾3个副城，半径可达35.0km。一般而言，大学城内部和距离大学城1.0km范围内的区域，步行和自行车方式的吸引力较强；距离大学城4.0km以内的区域，自行车方式的优势较明显；距离杭州大学城超过4.0km的区域，公共交通、小汽车则具有明显优势和吸引力。

4　交通结构引导策略

(1)校外交通

①优先发展公共交通。公共交通集约、经济，适合大学城生成的各类客运交通需求。杭州市大公交体系的建设完善，提升了公共交通的品质，但是杭州大学城所处的余杭组团为新建区域，应加快实施“公交优先”，特别是在规划轨道交通线路建成之前，地面常规公交的建设是重中之重。常规公交线路布置应能担当大学城对外出行最主要交通方式的作用，并充分考虑沿大学城周边的公交站点对大学城客流的吸纳效应，

引导广大师生选择公共交通作为主要交通出行方式。

②适度满足小汽车的使用要求。杭州大学城距离主城中心区较远，如杭州师范大学原校区位于主城内部，学校教职工也居住于主城内。在落实“公交优先”的前提下，应适度满足教职工利用小汽车出行的需求，在道路规模和停车设施配套等方面预留必要的条件。

③步行和自行车作为补充，适用于对外短距离出行以及换乘公共交通。

(2)校内交通

①优先发展步行和自行车交通。杭州市历来重视步行、自行车交通设施建设，也有良好的使用传统，在杭州大学城内，应把步行和自行车交通作为首选的交通方式，加强步行和自行车通道系统建设，倡导慢行，打造“低碳、生态”大学校园；除完善通道系统网络外，还要考虑通行环境的安全、舒适，并充分考虑自行车在大学城内的停放设施（自行车的停放空间安排，应教学区、生活区并重，地面、室内相结合）。

②校内公交仅做补充。大学校园日常作息的规律性，决定了大量人流（学生）短时间内、较短距离集中移动的特点，不需要、也不可能通过常规公交为此类客流提供解决方案（通过慢行交通解决，而非机动化）。但为方便校内跨区块的交通联系，兼顾校内环境因素，可在校园内开通小型电动公交车线路，以满足外来访客、校内观光等交通需求，但受其运输能力限制，仅可作为校内交通方式的补充。此类校内公交的“运量”并不具备竞争优势，其作用在于适应校园环境，服务多样化需求，提升校园交通品质。

③限制小汽车穿行。为保证校园慢行交通的安全、教学生活的静谧，引导进入校园的小汽车就近停放，选择就近出入口离去，避免在校园内穿行。

5 结 语

大学城具有城市属性，又与城市社会保持距离。杭州大学城特定的空间位置条件，以及大学城“能量聚集和放大”效应，势必对城市交通基础设施配置和交通组织管理提出更高的要求。

科学的交通方式结构有利于资源的合理利用和交通整体运行效率的提升。大学城的交通结构引导策略必须“内外有别”：基于城市条件和发展阶段，大学城对外应“优先发展公共交通，适度满足小汽车，步行自行车作补充”；基于校园环境生态要求，大学城内部必须“优先保障步行和自行车、校内公交仅做补充、限制小汽车穿行”。基于以上原则，通过恰当的交通方式结构的引导策略，实现“交通”对大学城运行的良好支持。

参考文献

[1]顾明远.教育大辞典[M].上海：上海教育出版社，1991.

[2]蒋洪池.中国大学城建设的价值错位及其修复[J].石油大学学报(社会科学版)，2004(6).

[3]周伟.中国大学城发展模式研究[D].广州：中山大学，2009.

[4]刘易斯·芒福德.城市发展史——起源、演变和前景[M].北京：中国建筑出版社，2005.

[5]陈尚义.对我国大学城所在区域经济社会发展的战略思考——以地方政府为视角[J].福州大学学报(哲学社会科学版)，2009(3).

[6]阿什比.科技发达时代的大学教育[M].北京：人民教育出版社，1983.

中小型城市慢行系统规划研究

——以大理市主城区为例

伍　鹏　桂　姣　吴文俊

（云南省设计院第四规划公司，云南昆明 650228）

摘要：慢行系统是中小城市交通出行的主体，既能缓解城市通勤交通压力，又是改善城市环境和推进城市活力的重要载体。本文以提升慢行系统吸引力和改善城市环境为目标，在规划理念借鉴基础上，通过对大理城市空间结构、用地功能布局、出行活动特性的分析，提出大理城市慢行系统发展策略、空间结构，以及慢行网络规划和微观设计要求，旨在为其他中小城市的规划提供参考。

关键词：慢行系统；安宁交通；出行特征

慢行交通是以步行及自行车为主体、以低速环保型助动车（最高车速不大于 20km/h，噪声较低，制动良好）为过渡性补充的非机动交通系统。[1]慢行交通具有资源和能源节约的特点，有利于环保、优化出行结构、支撑社会经济发展的优势，对于有限的空间资源和能源供给条件下的中小型城市实现城市可持续发展具有重要战略意义。

大理市中心城区是云南省典型的中小型带状城市，对慢行交通发展具有得天独厚的条件。首先，城市空间尺度较小，平均出行距离为 3.5km，机动车交通优势难以发挥，慢行交通具有较强的竞争力；其次，城市呈带状发展，沿城市发展轴易形成公共交通走廊，并以公交枢纽为核心，形成放射状的慢行集散交通网络；再者，对山地和滨水的功能区，易构建和谐、特色的步行系统。

然而，大理市中心区道路交通拥挤问题严重，城市环境不断恶化，交通体系规划停留在“以车为本”的理念，过多关注私有机动车出行，而忽略了步行和自行车出行系统，造成慢行交通的行驶和停车设施得不到保障，机非隔离设施不完善、冲突严重、安全隐患突出，保障政策缺乏等问题。

当前的慢行交通规划还以满足相应的技术标准和规范要求为主，缺乏对城市功能定位、用地布局、出行活动、文化保护等方面的深层次分析，不符合城市发展要求，需要对城市慢行系统进行审视和探索。

1　慢行系统规划理念

大理市是典型的集旅游、休闲、商务功能为一体的传统慢行城市，而机动化发展势头极为迅猛，严重影响城市环境，急需引用人车分流和平衡、新城市主义和 TOD 模式、宁静化交通的规划理念，引导城市用地开发和交通系统结构调整，实现城市绿色、低碳发展。

（1）雷德朋模式。以人车分流的理念为指导，构建住宅设施围绕学校、商业以及其他社区设施布置的邻里单元，设置独立的机动交通和行人（自行车）交通平面分离的网络，每栋住宅一面连接车行道（支路或尽端路），另一面连接人行系统，当步行道不得不穿越车行道时采用高架或地道。这种模式适应机动化时代，适用于紧凑型城市结构，人口居住密度较高的地区。

（2）共享理论。共享理论是指人和车辆平等共存，逐渐取代人车分离，满足人类尺度而无需将交通限制到无法接受的水平，使街道中步行者和机动车能够和谐相处，提升街道空间的活力，增强沿街商业的经济效益，适用于人口密度较低的城市功能区。

（3）安宁交通。与传统街道的人行道与车行道分离不同，安宁交通将人行与车行道系统融合，通过将道路设计为尽端式或缩口状，以限制外部交通通过；或者将车道设计成折线形或蛇形，迫使车辆减速，保证步行者的安全。这种模式归还步行和骑车空间和其他非交通活动空间，提高步行者、骑车者和其他非交通活

作者简介：伍鹏，男，交通规划师；桂姣，女，交通规划师；吴文俊，男，城市规划师。

注释：文中居民出行特征数据来源于《大理市城市综合交通体系规划（2013—2025 年）》的调查研究报告。

动参与者的安全性，减少空气和噪声污染。

(4)新城市主义。新城市主义提倡“多样和混合”用地模式，将居住和公共服务设施都布置在适宜步行出行的空间范围内，构建“紧凑、生机勃勃、适宜步行”的城市社区形态。重视公共交通体系与土地利用的协同关系。

2 慢行系统发展策略

(1)提升慢行系统地位，构建绿色低碳城市。大理市居民日均出行次数为 2.78 人次/d，慢行交通(步行和非机动车)的出行比重为 52%，高于公共交通和私人机动车的分担率(47%)(见图 1)。同时，慢行交通分担率与城市碳排放量成反比[2]，高出行分担率意味着低碳排放量，因此慢行系统的发展是构建大理低碳示范区的基石。

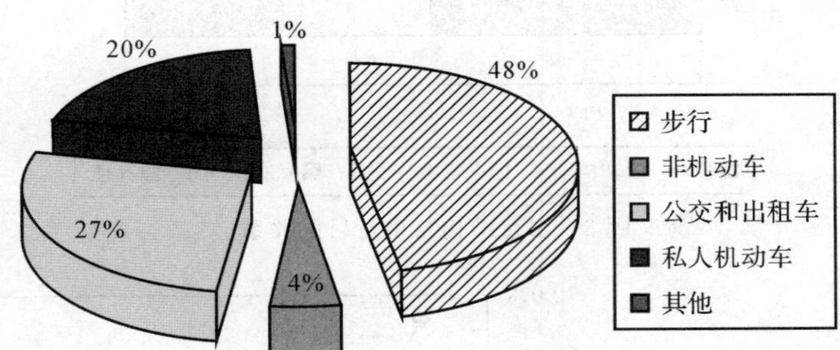

图 1　主城区居民出行结构

(2)结合用地功能布局，采取分类分区发展引导。用地功能布局对城市交通出行方式有极大影响，下关南、北市区由办公、商业、居住等多种功能构成，慢行交通比例在 45%以上；开发区和凤仪片区以物流、商贸、产业区为主，慢行交通比重小于 45%；古城以居住、商业、旅游服务等功能为主，慢行交通比重为 71.7%，其中步行比重高达 67.2%(见图 2)。各功能区慢行交通的构成和地位作用存在差异，应对城市各功能区慢行系统发展进行分类引导。

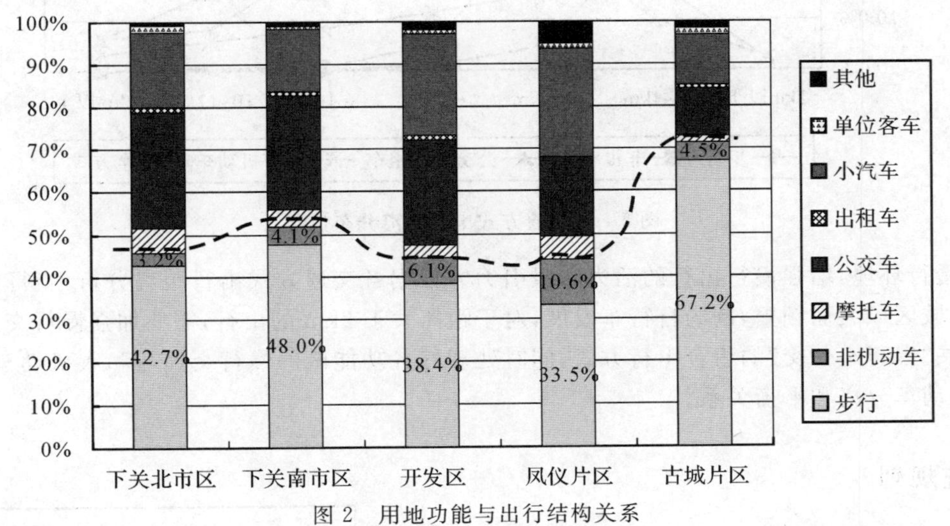

图 2　用地功能与出行结构关系

(3)引导和满足出行活动需求，构建人性化的慢行系统。与大城市相比，中小城市的生存性出行(上班、上学、务工)的慢行交通量较大，生活性出行(购物、就餐、文体活动、探亲访友)中慢行交通需求比重也大于其他方式(见图 3)。慢行交通(步行和非机动车)以通勤出行为主，居住区与行政办公、学校之间应配建无障碍慢行设施；生活性出行中购物就餐和文体娱乐的慢行交通需求较大，应重视综合商业、文化娱乐、景观功能区慢行系统的设置，改善慢行出行环境(见图 4)。

(4)以新城市主义理念为指导，构建城市慢行生活圈。大理市中心城区平均步行出行距离为 1.63km，出行活跃区为 4km 以内区段，优势体现在小于 2km 的区段；非机动车平均出行距离为 3.09km，出行活跃区为 6km 以内，优势区为 2～4km(见图 5)。大理市倡导土地集约和混合开发利用，完善社区公共服务配套设施(医院、学校、公园等)，建立出行半径小于 2km 的充满活力和人性化的慢行生活圈。

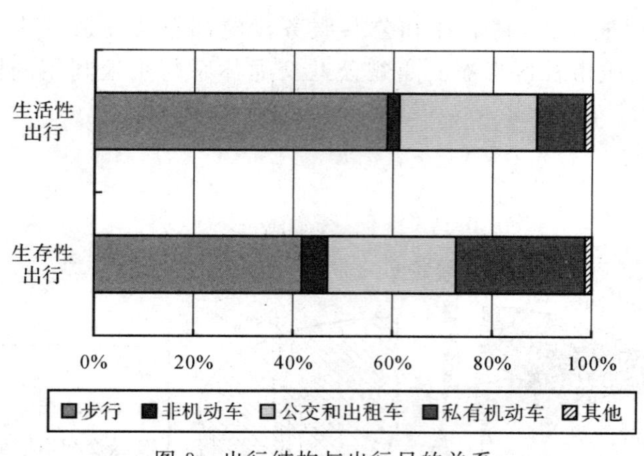

图 3　出行结构与出行目的关系

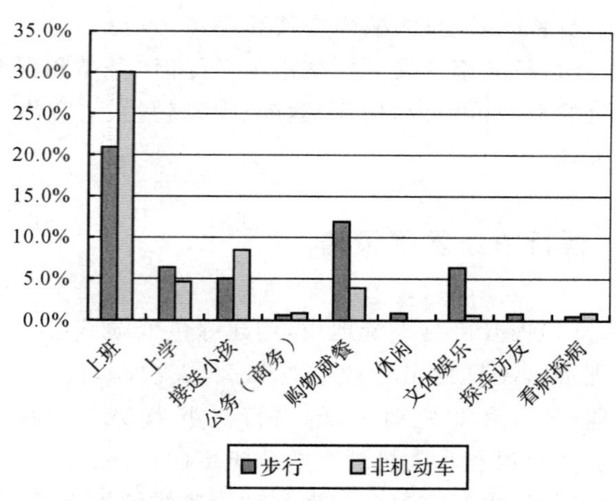

图 4　步行和非机动车出行目的分布情况

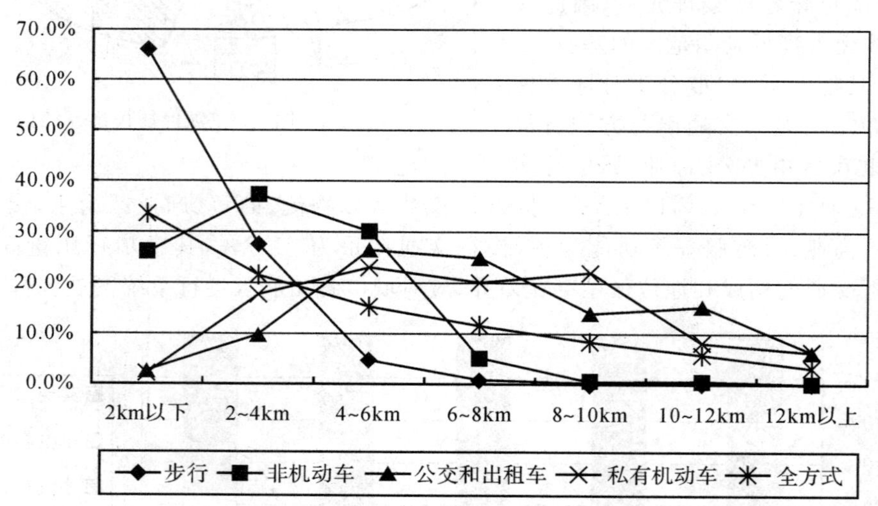

图 5　各交通方式出行距离分布情况

(5)改善慢行环境，增强慢行出行的活力和吸引力。根据各交通方式出行距离分析，步行优势区在 2km 内。由于大理城区风大而频繁，制约自行车发展，对于距离大于 2km 的出行，需要加强慢行交通圈与公交系统的衔接，发展“慢行＋公交”的组合出行方式，同时处理好各功能区的慢行交通与私人机动车的关系，合理确定慢行与机动车分离和平衡关系。

3　慢行系统规划

3.1　宏观层面

按照大理市“两开发、两保护”战略要求，结合城市空间结构和绿廊布局，串联公园、景区、开敞空间、水系、历史文化遗产，形成“一环八放射”的城市慢行廊道，串联洱海绿色廊道和城市公园(见图 6)。“一环”为环洱海步行廊道，“八射”包括古城放射线、北市区放射线、西洱河放射线、云岭大道放射线、龙山公园放射线、红山公园、海东中心区放射线、体育公园放射线。

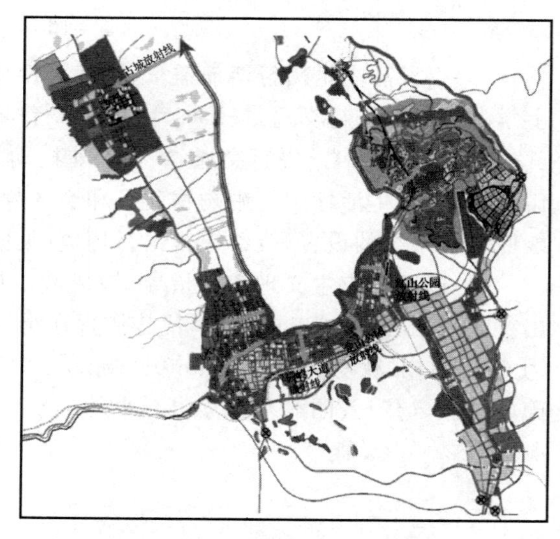

图 6　慢行系统空间结构

3.2　中观层面

下关南北市区集中了主城区 44%的人口和 50%的岗位，是主城区主要交通发生源和吸引点，也是交通供需矛盾最为突出地区，为实现通过慢行系统优化达到缓解交通拥堵和提升城市活力的双重目标，应在中观层面围绕关南北市区开展研究。

(1)慢行系统构架。下关南北市区功能分区明显，南、北市区的中心以商业、办公为主，西侧、南侧以生活服务区为主，东侧和中部为滨水活动空间。同时，各类出行通道功能较为清晰，通勤通道呈“网格状”发展，连接核心商业与外围的生活区；娱乐健身、观光旅游型通道沿洱海和西洱河往各城市功能区内放射，与城区通勤通道有机衔接(见图7)，因此慢行系统采取“分区分类”发展模式。

(2)慢行发展分区。考虑到地形和用地功能、出行特征、文化保护、景观品质等要素差异，将下关南北市区划分为核心商业办公慢行区、传统生活慢行区、山地生活慢行区、滨水活动慢行区、新区综合服务慢行区、社区慢行服务区，分类进行规划引导(见图8～10)。

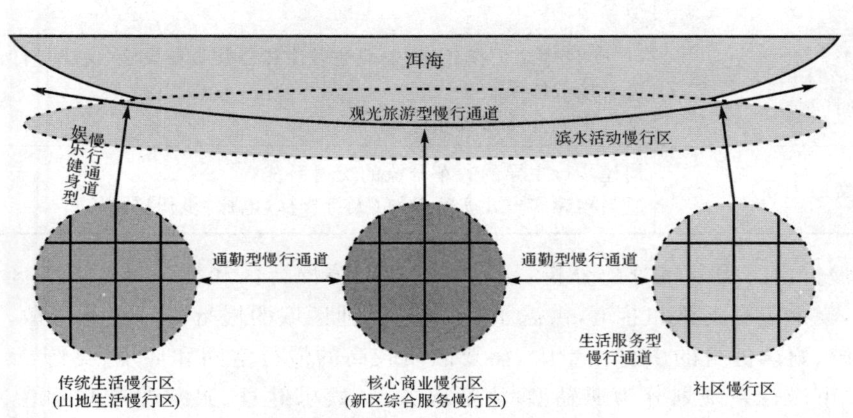

图7 慢行系统构架

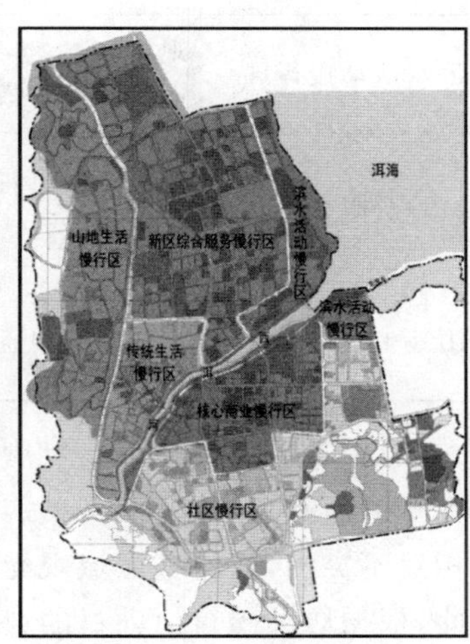

图8 慢行系统分区

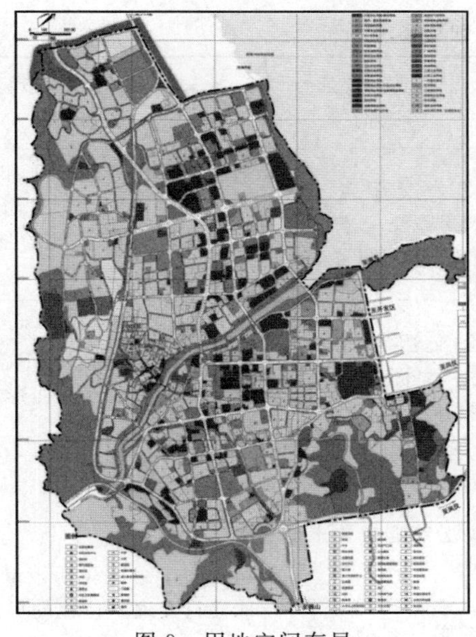

图9 用地空间布局

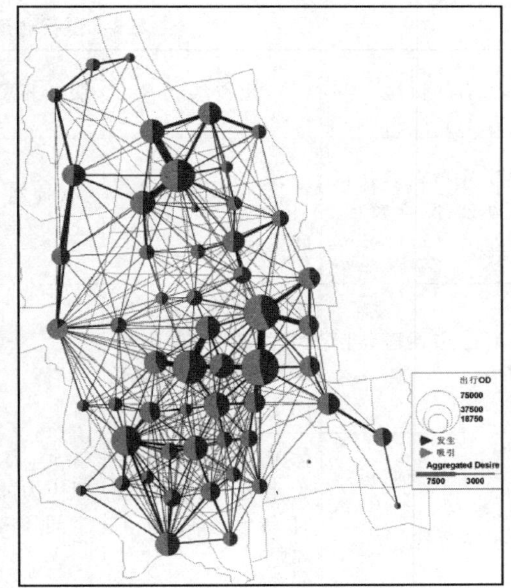

图10 慢行出行OD分布

(3)分区规划引导。按照各类慢行区需求构成和需求量特征差异，从用地功能、交通模式、慢行组织方面对慢行系统规划进行引导(见表1)。

表1 分区规划引导

慢行分区	需求特征	规划引导
核心商业办公慢行区	以通勤型出行和购物、餐饮等生活性出行为主，慢行出行量大而持续时间长	设置步行专用道，并限制机动车通行，提升步行环境； 提升商业区公交服务，并优化步行公交接驳体系； 设置大尺度步行空间和行人休息设施

续表

慢行分区	需求特征	规划引导
社区慢行服务区	生活服务型、通勤出行为主，流量较为平均	构建居住与公共空间、服务设施之间慢行通道，并改善步行设施环境品质； 慢行区内采取交通净化的理念，构建宁静、和谐生活空间； 构建无障碍慢行系统，满足不同群体的步行出行需求
传统生活慢行区	通勤和生活服务为主，兼顾观光旅游出行	慢行设施呈不规整、有机型；[3] 提升街道与商业、文化设施的融合度； 限制私人机动车，强化慢行系统与支线公交、电瓶车的衔接
滨水活动慢行区	观光旅游、健身娱乐等出行为主，区内环境较敏感	依托河流、道路、景观等要素，构建人车分流的绿色慢行网络和生活空间
新区综合服务慢行区	以通勤型出行和活性出行为主，出行量较大而持续时间长	以TOD理念为指导，集中配建居住和公共服务设施，优化步行与公交接驳体系； 结合用地性质布置相应步行设施
山地生活慢行区	生活服务和通勤交通主导	构建步行主导的人车分流的交通系统； 适当构建多方式步行系统（人行扶梯、电梯、步行楼梯）

（4）慢行通道规划。通过城市慢行出行需求量分配分析：核心区商业办公慢行区和社区慢行服务区承载大量的通勤型、生活服务型客流，集中于次支路和巷道，供需矛盾突出；其他区域的慢行量较小和分散，矛盾相对不突出，而这些区域观光旅游、娱乐健身的出行比重大，需要品质较高的慢行空间和环境（见图11）。对此，根据居民出行活动目的，将城市慢行系统划分为通勤型、生活服务型、娱乐健身、旅游观光型通道，并基于各类通道的出行特征，对交通衔接、服务要求和慢行系统形式提出要求（见表2，图12）。

表2　慢行通道规划和要求

通道名称	分布区域	出行特征	服务要求	与其他交通方式衔接	适合的步行系统形式
通勤型慢行通道	主要分布在居住区与办公区、学校区、商业区之间	上班、上学为主要目的；出行时间、空间固定	快速通过、便捷	对公交服务要求高，需要完善的慢行+公交服务模式	适合人车分流的模式；断面采取机非分离形式，核心商业慢行区和社区慢行生活区人流量大的地方设置人行天桥或地道
生活服务型慢行通道	主要分布在居住区周边	购物、就餐、就医等为主要目的；出行空间固定、时间不固定	舒适、有吸引力的空间环境	公交服务作为补充，共同完成生活服务型出行	适合共享理论和安宁交通；断面采取机非分离或机非共面形式
娱乐健身型慢行通道	主要分布在城市绿地、水域、名胜、体育场所沿线	休闲、健身、散步等为主要目的；出行时间、空间均不固定		对公交服务要求低	适合安宁交通和新城市主义，断面采取慢行交通一体化的形式
观光旅游型慢行通道	主要分布在旅游景点周边	观光旅游为主要目的；出行空间固定、时间不固定		需要与其他交通方式有效衔接，可达性要求高	

3.3　微观层面

（1）畅达交通。城市主次干道穿越人流集中的核心商业办公区、交通枢纽站的区域，机动车和慢行交通矛盾突出，应构建机动车与慢行分流体系。对于步行系统，可结合公交站点和商业办公区的出入口设置高架步行系统或地下通道，满足步行安全、方便的需求，减少人流对机动车的横向干扰；人流量相对较小区域，道路交叉口和路段设置人行安全设施，并保证人行过街信号时长；对于非机动车系统，设置机非隔离设施，保障路段非机动车空间连续性和交叉口的通行权。

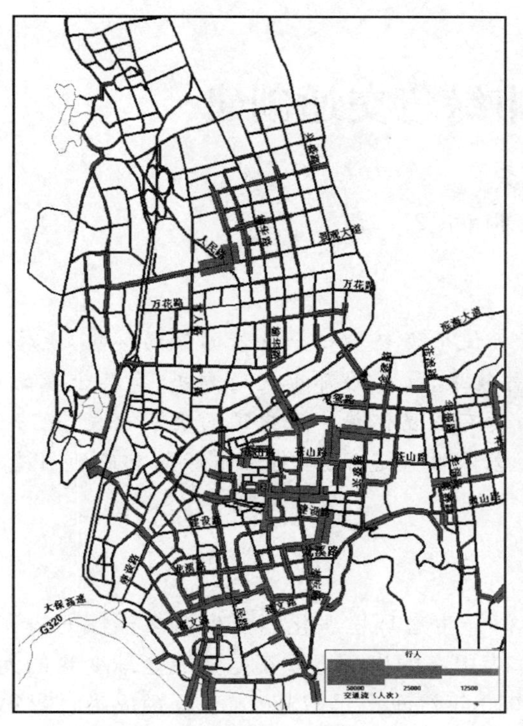

图 11　慢行需求出行分配

图 12　慢行系统规划

(2)安宁交通。对于传统和现代生活区、休闲公园、环境敏感区等，一种方式是通过道路设施宁静化设计，增加道路减速、中央隔离设施，减小道路平纵转弯半径，缩减道路红线或交叉口等，降低机动车速，达到安宁化的交通体系；另一种方式是交通系统管理，通过限制或限时控制私人机动车的区内通行，构建公交、步行街，打造安全、低碳的慢行生活空间。

(3)环境设计。对于特色商业、旅游休闲活动区，围绕城市文化主题、出行者心理需求、精细化设计理念，强化步行和非机动车交通设施与周边建筑、景观环境的协调性，寻求慢行“交通”和“场所”平衡[4]，构建特色、活跃、和谐的商业、生态滨水、文化慢行廊道。

4　结　语

慢行系统是中小城市交通出行结构的主体，既缓解城市通勤交通压力，又是改善城市环境和提高城市活力的重要载体。本文以提升慢行系统吸引力和改善城市环境为目标，在借鉴规划理念的基础上，通过对大理城市空间、用地功能、出行活动的分析，提出大理城市慢行系统发展策略、慢行系统空间结构、慢行网络规划和微观设计要求。然而，慢行系统构建需要多个政府职能部门在理念上取得共识、行动上统筹协调，并进一步研究保障政策和措施。

参考文献

[1]熊文，陈小鸿，胡显标．城市慢行交通规划刍议[J]．城市交通，2011，1(1)：44－52.

[2]李振宇．低碳城市交通模式与发展策略[J]．工程研究，2011，3(2)：105－112.

[3]郭东亮，刘笑芳．成都市黄龙溪古镇街道空间设计手法研究[J]．城乡规划与环境建设，2012，4(2)：32－33.

[4]周文竹，陈阳．寻求“场所”与“交通”的平衡——南京珠江路商业街沿线步行空间改善规划研究[J]．建筑与文化，2010.

自行车复兴与都市绿色交通创建

何玉宏

（南京交通学院，江苏南京 211188）

摘要：面对城市化、机动化的迅猛发展，为自行车使用者创造一个良好的交通环境，是城市建设管理中亟待解决的“难点”问题。自行车作为一种健康、绿色的都市交通方式，有其合理的使用范围，特别在短途出行、公交衔接、环境保护等方面具有明显优势。从中国的现实出发，充分认识自行车交通的重要性，倡导自行车复兴，将自行车纳入公共交通体系，对都市绿色交通的创建意义重大，更是一种生活品质的重建、交通本质的回归。

关键词：自行车；都市交通；生活品质；创建

人类正面临大规模的能源和环境危机。全球变暖、海洋生态环境恶化以及生活多样性的损失，是我们当前所面临的三大威胁。尽管已有许多证据表明以汽车为中心的生活方式正是造成全球变暖的元凶，中国依然正以惊人的速度迈进汽车社会。据统计，中国继 2010 年汽车产销双超 1800 万辆成为世界第一之后，2013 年再次刷新全球历史纪录。中国从一个“自行车王国”一跃而成为“汽车产销大国”，仅用了不到 30 年的时间就走完了西方发达国家用半个多世纪乃至一个世纪才走过的历程。面对城市化、机动化的迅猛发展，尽快扭转当前交通环境恶化的趋势，为包括弱势群体在内的自行车使用者创造安全、有序、便捷、舒适的交通环境，已成为全社会关注的“热点”，也是城市建设管理中亟待解决的“难点”问题。因此，从现实出发，充分认识自行车交通的重要性，倡导自行车复兴，除了能解决城市短距离交通问题外，更是一种生活品质的重建、交通本质的回归，并以此带动整个城市交通的良性发展。

1 自行车，一种健康、绿色的生活方式

自 1897 年上海从英国引进了第一辆自行车至今，中国的城市自行车交通已走过了一百多年的历史。新中国成立以后，一直到改革开放以前，自行车的增长一直较平缓，人均拥有率不高。改革开放以后，1979—1988 年是中国自行车拥有水平提高最快的十年。至 1988 年，中国自行车年生产量突破 4000 万辆，相当于 1978 年全世界的自行车总产量，年平均增长 16.8%，拥有量达到 3.4 亿辆，成为名副其实的“自行车王国”。到 21 世纪初，全国自行车总量约为 5.4 亿辆，平均每 2.5 人就有一辆自行车，许多大城市几乎每人拥有一辆自行车。[1]曾几何时，每个人的很重要的成年符号是学会骑自行车。在 70 年代以前，自行车成为父母厚爱孩子、定情做亲、改善生活的最为珍贵的礼品。甚至只要说起自行车，每个中国人都能讲出一堆关于它的故事，自行车也成了我们生活中不可或缺的组成部分。

但那个时代似乎过去了，作为普及最广泛的一种交通工具——自行车逐渐从使用价值中剥离出来。一位专家曾经建议中国最大的城市上海，用 5～10 年时间逐步取消市区自行车，并呼吁，上海应成为第一个无自行车的城市，上海人不能骑着自行车进入 21 世纪。[2]特别令人遗憾的是，许多城市随着城市发展，一再发生将非机动车道缩减或改建为机动车道的现象。自行车停车设施已从我们眼前逐渐消失，新建的许多现代化商务办公大楼、大型公共建筑再也找不到以往那种设在门前的方便的存车设施。如果骑着自行车来这样的地方就会发现找不到存车地，即使有，也只是隐藏在某个角落或者地下室；而与之形成对照，小汽车往往被安排在门前最醒目、最方便的地方停车。在 21 世纪的中国，自行车在某些人的眼里，似乎已不再代表什么

作者简介：何玉宏（1963— ），男，南京交通学院科研处处长，教授，江苏省高校“青蓝工程”学术带头人，主要从事城市交通问题、交通社会学研究。

项目资助：本文受教育部人文社会科学研究规划基金项目“交通运输方式变革对社会生活方式的影响研究”（项目批准号 12YJA840010）和江苏省“六大人才高峰”第十批高层次人才培养项目（项目编号：JNHB-020C）资助。

身份或者特殊价值，而在一定程度上代表着中下层社会的生活符号，或者说似乎已经成为贫穷和落伍的代名词，甚至出现政协委员骑车参会被拒会场外的闹剧。

显然，这与西方发达国家兴起发展人行道、自行车道为主的绿色交通模式背道而驰。在瑞典、挪威等北欧地区，自行车被看成是城市现代文明的一部分，无论是居民楼还是现代化办公楼，都把自行车停车设施安排在最醒目方便的地方，尽可能靠近建筑物的行人出入口，为自行车交通利用者提供最大方便。应当说，自行车的被弱视，是中国经济快速发展过程中贫富分化所产生的一种社会心理。这种畸形的社会心理既与城市公共交通建设相矛盾，也与当前构建低碳绿色的都市交通体系格格不入。我们认为，自行车所反映出来的社会现象，只应该是都市繁衍与社会发展过程中的一个过渡阶段，在未来，自行车作为一种节约能源、节省空间的慢速交通形态，及其使人们身心获得放松的特点，必有其对大城市交通的补充辅助价值，以及对倡导健康生活的引导意义。

自行车是一种零污染、不会造成塞车，而且有益健康的交通方式。一项来自北京市区的调查显示，居民出行选择自行车交通方式的原因依序为：准时、锻炼身体、沿途购物方便、省钱、最快、携带重物方便、接送小孩方便及其他。[3]从占据前3位的原因（准时72%、锻炼身体55%、沿途购物方便41%）可以看出，自行车不仅仅是一种准时性高的交通工具，它已经成为人们日常生活不可分割的一部分，而且这种生活方式是一种可持续的、健康的、值得提倡的生活方式。

这种观点也从科学家的研究中得到证实。研究发现：居住在城市里的人比住在郊区的人来得瘦，部分原因是他们走路的机会较多，不会一出门就开车。[4]瘦或者说不胖在一定程度上是健康的代名词。肥胖是今日社会最严重的问题之一，归根究底并非因为缺乏运动的空间与时间，而是习惯久坐的生活状态及美食诱惑。从这个角度讲，“融入生活之中的生活单车，会是最完美的运动。不需要多余开销、不需要另外排出时间，整个城市的人都能够自然健康”。[4]当我们随着社会一起成长，重拾漫步的乐趣固然不错，但毕竟步行和汽车之间的速度天差地远，而在步行和汽车之间的是自行车。它的速度刚好能够适应城市的节奏。更重要的是，自行车可以自由地钻进城市的每个角落，骑车者的身体直接沐浴在城市的辉光中，它融入了城市，变成了城市的一部分。[5]

2 应该让自行车成为大众受惠的公共产品

自行车本不属于公共产品，但是自行车道却是公共产品，它表现为明显的非排他性和非竞争性，属于城市基础设施；而为倡导自行车交通所修建的自行车租借点，则可视为准公共产品。据统计，日本建有2万多千米的自行车专用道路，自行车拥有量和机动车拥有量基本持平。法国交通部和环保部则联手，不遗余力地提倡自行车。1995年，法国交通部面向重点城市颁布了10项自行车推广计划，并将自行车交通系统建设纳入市政建设计划当中。这份推广计划要求全国多数城市在公路修建和城市建设中必须对自行车专用道路建设进行优先考虑安排。巴黎设有1450个租车点，每隔200多米就有一个联网租借站，自行车作为一种环保交通工具越来越受到人们的重视。而在我国有些城市，许多马路的自行车道甚至已经消失，以至在滚滚的车流中，骑车人穿梭其中，有如飘零的叶子；汽车或者在身边呼啸而过，或在旁边穿梭，就好比“没穿衣服的人在烤架上奔跑，在四分卫守备的地方排队，看得直教人胆战心惊、坐立难安”。[4]

长期以来，城市交通规划建设是以机动化为本的指导思想，形成了机动化为主的道路网络，自行车道路从属于机动车道路系统，且不成系统。这种政策导向在相当程度上是为了满足地方经济的增长。因为，为机动化而规划建设的大量机动车快速通道等基础设施——高架路、立交桥、快速路，首先拉动了建材产业，其次拉动了汽车产业以及相关服务行业，直接刺激了地方经济的增长。相比投资自行车道建设，所得到的短期回报高出许多。在这种经济性、功利性的政策导向下，自行车交通的发展自然让位于机动车交通的发展，自行车面临这些冷遇也就不足为奇了。

城市交通所服务的对象是全体居民，具有公共性、非排他性，实现的是绝大多数人和物的有效移动，而非针对一部分或少数人享有，更不能仅仅以地方经济、产业发展为原则来推动城市交通基础设施建设。但事实上，我国许多城市交通建设恰恰忽视了城市交通的公共属性，没有体现以人为本的原则。例如：缩减人行道宽度，取消行人安全岛，将居民街道和商业街道也开辟为机动车通道。这些措施并没有改善城市交通、提升城市品位，反而刺激了机动车数量的增加，带来了交通拥堵、交通事故频发、环境污染等负面问题。同时，挤压了自行车等私人小型交通工具的生存空间，造成城市居民出行困难。

因此，我们不禁要问，城市交通是谁的交通？它服务的主体是谁？它建设的最终原则是什么？美国社会学家罗尔斯在他的《正义论》一书中指出“社会的和经济的不平等应这样安排，使它们①适合于最少受惠者的最大利益，②依系于在机会公平平等的条件下职务和地位向所有人开放”。[6]这一经典论调突出了处于不利或弱势地位的社会群体的利益要求，为我们解决“柏油路上的公平难题”提供了思路。从这一角度出发，城市交通是为了满足全体市民的出行需要，它不仅仅是满足、改善少数人的出行条件，而是要解决城市普通多数百姓生活、工作的出行安排；它不能只为少数拥有机动车的社会群体服务，而是将服务的重点集中于拥有简单、价廉等交通工具的群体。因此，城市交通的管理者要把自行车交通看作是为广大居民特别是工薪阶层提供服务的、普惠大众的公共产品。在城市交通政策的制定中，要优先关注弱势群体、绝大多数人群体，把“公平逻辑”原则贯穿于城市交通建设过程当中。[7]

3 创建绿色都市交通，将自行车纳入公共交通体系

20世纪五六十年代，拥有一辆自行车是多数中国普通居民的梦想。但随着经济发展、城市化进程加快，自行车在中国城市交通中的地位逐渐衰退，私人小汽车等机动交通工具逐渐成为人们心中以及现实生活中较为推崇的交通工具。问题是无论道路再拓宽、设置再多的场地，也不能满足日益增长的机动车数量与停放空间。

当我们意识到城市机动车数量的快速增加已经给我们带来难题和苦恼时，自行车成为我们不得不重新考量的交通工具。从城市交通的现实情况看，自行车仍然是民众重要的出行工具。如果自行车的功能被忽略了，实际上就是公众交通工具选择权被侵犯及政府工作不到位。[8]近年来，“自行车出行”重新在国内一些城市被提倡，有关提倡自行车出行的政策变得更有针对性。在这些政策当中，自行车被纳入城市公共交通系统中，以倡导公共自行车租借方式，解决公交“最后一公里”问题，对准了城市居民日常短程交通的对接。例如，北京拟在全市全部小区建立自行车租借点，免费为市民提供自行车租借服务，以此方便市民，缓解城市的交通压力。杭州从2008年5月起，开始推广公共环保自行车服务，并力争将服务点遍布全市。在服务点设置原则上，选择公交车站、游客集中的西湖周边区域，并采取就近归还自行车的规定。市民只需拥有一张交通卡，就能通过预缴存方式在任一服务点租到一辆公共自行车，1～2h的租车费用一般只需1～2元甚至免费。

应该说，北京、杭州的做法值得推广。然而，自行车租借服务却在部分城市遭到冷遇。空间缺乏、布点不足、宣传不足、租还不便等因素，成为自行车租借服务的阻碍。那么，究竟是我们的生活观念在抛弃自行车，还是城市的交通机制在抛弃自行车？本文认为：自行车目前的这种尴尬境地，只是都市繁衍与社会发展过程中的一个过渡阶段；在未来，或者就在今天，自行车作为一种节约能源、节省空间的慢速交通形态，必有其对大城市交通的补充辅助价值，以及对倡导健康生活的引导意义。城市不应把自行车和公交作为互相对立的交通方式来对待，而应从交通运输管理的角度，研究如何把两种交通方式进行组合，以获得最高的效率，实现它在我国城市公共交通体系中地位的“回归”。

为了创建城市绿色交通，必须要做好如下几方面的工作：①重新提倡自行车，并树立崇尚骑车的新风尚，在全社会形成一种欢迎自行车、尊重自行车的自行车文化；②像汽车有专行路一样，自行车也理应有属于自己的专行路；③倡导“自行车＋公共交通”出行模式；④须努力改进自行车的性能。更多更好地生产出轻便又能折叠的自行车，自行车就能与公共交通或地铁结合起来，从而成为都市中最迅捷和廉价的交通方式，并解决市内远距离的交通。[9]若能将通常体力的人骑自行车的速度提高一半，自行车在交通工具的选择中将有更大的作为。

4 自行车象征一种生活态度

交通运输是人类追求良好生活品质的方法之一，干净清新的空气是优质生活的内涵之一。更进一步说，良好的生活品质，也是人的生命价值之一，其愿景不仅在于追求自己高品质的生活内涵，同时也造福别人的高品质生活。[10]一位社会学家认为，在这个虚荣奢华的世界上，自行车象征着一种生活态度、一种价值

观。[11]自行车以其不扰人、不占地、朴实无华、身体力行，同消费主义的时尚形成鲜明的对照。它将成为绿色文明的组成部分，消费主义的解毒剂，后工业时代的生活态度，一个崭新世纪的主导价值观。正如哥伦比亚首都波哥大的前任市长恩里克·佩那罗舍在出席曼哈顿交通政策会议发表的演讲中所说："我们的工作在朝着怎样的方向？什么是我们的目标？我们的目标是一个孩子能够骑着自行车到达任何一个地方……我们应该思考自行车不仅仅是一个可爱的不错的东西，它还是一种权利。自行车道是重要的，20％是因为它的安全性，80％是因为它是个象征。"[12]

5 结 语

尽管目标是明确的，但实现目标的过程是很坎坷的。由于受"小汽车是城市现代化的象征"的影响，我们的城市与环境遭到越来越大的破坏。但一切并非不可逆转，这就要求我们顺应当今世界盛行的"自行车风"，复兴自行车，提倡自行车，宣扬简单、健康、环保的出行方式，提升城市生活的品质，让自行车带来的革命在全社会形成一种欢迎自行车、尊重自行车的自行车文化，向着真正的城市现代文明靠近。

参考文献

[1]石忆邵，等.我国大城市自行车道发展的困境及其政策取向[J].现代城市研究，2006(10).

[2]潘熙磷.中国不能骑着自行车进入21世纪[J].改革纵横，1995(11).

[3]李伟.步行和自行车交通规划与实践[M].北京：知识出版社，2009.

[4]杰夫·梅普司.铁马革命：如何用自行车打造好城市[M].王惟芬，译.台北：行人文化实验室出版，2010.

[5]汪民安.身体、空间与后现代性[M].南京：江苏人民出版社，2006.

[6]罗尔斯.正义论[M].何怀宏等，译.北京：中国社会科学出版社，1988.

[7]何玉宏.城市交通公平中的多元利益均衡[J].上海城市管理，2010(3).

[8]叶祝颐.继续复制自行车免费租借的绿色交通思路[J].观察与思考，2008(22).

[9]陈艳玲.拒绝还是共赢？——对折叠自行车搭乘轨道交谈争议的探讨[C]//第十六届海峡两岸都市交通学术研讨会论文集，2008.

[10]沈添财.绿色交通与空气质量的改善[J].城市交通，2001(2).

[11]郑也夫.自行车族成员的呐喊[J].博览群书，2000(2).

[12]王军.采访本上的城市[M].上海：生活·读书·新知三联书店，2008.

杭州市公共自行车交通服务系统的构建与优化

陶雪军
(杭州市公共交通集团有限公司,浙江杭州 310008)

摘要:建立融入城市公共交通体系的公共自行车交通服务系统,使自行车以准公共产品的方式成为城市公共交通的补充,用全新理念迅速占领城市公交一席之地,用全新思路打造自有品牌,用现代化技术实现其公共产品的高效流通,打造具有里程碑意义的现代化公共自行车智能管理系统。

关键词:公共自行车;智能系统;便捷;优化;杭州模式

近年来,随着社会经济的飞速发展和城市化进程步伐加快,城市人口不断增加,城市居民出行量逐年递增,城市交通压力越来越大。为此,2006 年 12 月 1 日,国家建设部等四部委联合下发了《关于优先发展城市公共交通若干经济政策的意见》(以下简称《意见》),《意见》为全国城市公共交通事业的发展奠定了良好的外部政策环境。城市公共交通业如何在“公交优先”政策的引导下,提升服务质量,实现“公交优先”,提高公交出行分担率,减轻城市交通压力,缓解城市“两难”矛盾,是摆在政府与公交企业面前必须解答的时代命题。

2008 年 3 月,杭州市委、市政府在“公交优先”工作中,提出向法国巴黎学习,采取政府引导、企业运作的模式,在国内率先构建符合“无、近、通、配、美”要求的公共自行车交通系统,并将其纳入城市公交体系之中,以解决公交出行“最后一公里”问题,使公交服务网络更趋完善。2008 年 5 月,代表着“绿色、低碳”的第一代公共自行车交通服务系统试运行成功,开启了杭州公共自行车系统全面建设的序幕。

1 杭州公共自行车系统的构建特色

公共自行车交通服务系统采用“自助操作、智能管理、通租通还、押金保证、超时收费、实时结算”的运作方式,由于便捷、经济、安全、共享的特征,逐渐成为中外游客和杭州市民出行必不可少的交通工具。

(1)建设原则。杭州公共自行车系统围绕“五字”方针进行设计、建设和管理。①“无”:无人值守。实行自助操作,走动式服务管理模式。②“近”:就近布点。根据市民和中外游客的出行需求,按照中心区300～500m 的距离设点,加大服务网点建设,提高网点覆盖率,提高市民使用率。③“通”:通租通还。租用者可在任意一个服务点租车后,到任意一个服务点还车,方便市民租用。④“配”:科学配送。建立科学、合理的车辆调配系统,解决租、还车难问题。⑤“美”:彰显美学。由中国美院对公共自行车亭、棚进行形象识别设计,彰显城市美学,使公共自行车亭棚成为杭州一道靓丽的风景线。

(2)技术运用。杭州市公共自行车系统采用 3 层架构运行,由租用、查询、管理、结算、网络与监控 6 个功能模块和 14 个子系统及 3 个附属系统组成,充分运用射频识别、信息通信,自动控制等技术融于一体的物联网技术,不仅完成了服务点上公共自行车的自助租用操作,而且实现了后台系统的有效管理,达到了“无人值守、自助服务、通租通还、方便智能”的设计理念。

(3)运作方式。杭州公共自行车系统的运作方式体现在 5 个方面。①网络运营、通租通还。实行“统一品牌、统一标准、统一设施、统一平台”的管理办法,运用物联网技术,实现公共自行车租借服务网点间的通租通还。②自助操作、智能管理。租借系统全程实现“无人值守、自助操作,智能管理”,只需刷卡一次,就可实现提车或还车,操作系统的便利性达到国际领先水平。③限时免费、押金保证。实行“一小时免费和超时收费制”,同时实现租车押金保证(200 元),有利于提高自行车使用频率。④租卡通用、另设专卡。杭州公交 IC 卡,卡内(电子钱包区)具有 200 元以上资费的,均可租车、还车。同时为方便中外游客租用公共自行车,

---

作者简介:陶雪军(1982—),男,总经理。

还专门开发了公共自行车租用卡。⑤车辆保险、安全骑行。对所有公共自行车向保险公司投保骑车者人身意外伤害险和第三者责任险。

2 发展中衍生的新课题

杭州公共自行车交通服务系统继承并延续了世界上最先进的公共自行车服务理念，通过消化吸收再创新，在系统集成、公共资源配置、服务体系建立、管理策略实施以及经营方式拓展等各方面实现了全面突破，带有"杭州"印记的公共自行车发展动态已成为世界公共自行车发展的旗帜。杭州公共自行车服务系统在由点成面、由面成网的发展过程中，系统开发的深入化、经营管理的策略化及服务体系的标准化等方面不断趋于成熟；在持续优化服务网点、拓宽服务范围以及进一步完善服务体系的过程中，公共自行车"杭州模式"也遇到了具有"杭州"印记的发展新课题。

(1)网点资源配置与集中使用需求的矛盾引发"还车难"问题。杭州公共自行车系统采用智能化的全自助式人机对话方式，实现了可完全脱离人工的自动化服务机制。但全城范围的通租通还式服务体系与市民早晚高峰需求的"潮汐"现象形成矛盾，最终引发了"还车难"问题。

(2)道路资源配置与针对性使用需求的矛盾引发"布点难"问题。杭州公共自行车服务点主要占用城市主干道中人行道宽度大于3.5m的场地资源，随着布点建设的加大，以及主城区道路资源的局限性，使"布点难"问题逐渐凸显。

(3)场地资源配置与维保基地配备需求的矛盾引发"保修难"问题。随着市民对公共自行车出行依赖性的加大，车辆的使用频率不断提高，加上产品本身的公共性，促使车辆破损率不断攀升，车辆"保修难"也成了公司运营过程中的一大难题。

(4)营销资源配置与持续"造血"需求的矛盾引发"营运难"问题。杭州公共自行车系统主要采取"政府主导，企业运作"的运营模式，在政府完成建设资金的一次性投入后，公司通过市场化运作来满足公益性服务，如何最大化利用现有资源成为制约企业发展的关键因素。

(5)信息渠道配置与"点对点"式服务需求的矛盾引发"处置难"问题。市民、游客在无人值守网点租用公共自行车服务过程中，在向服务部门咨询、沟通时，由于问题处理及时性低、服务热线接通率低而影响服务总体质量。

3 项目的持续优化

(1)加强技术应用破解"还车难"。通过分析，造成"还车难"的因素主要是需求热点区域的车辆流动性带有明显的潮汐特点，无法完全依靠自身调节能力达到资源的动态平衡。因此，需要运用信息化技术建立实时动态调度管理机制。

(2)通过规划引导破解"布点难"。杭州公共自行车在初期完成网络化布点后，就已成为世界上规模最大的公共自行车交通服务网。为实现其由最大规模向最佳规模转变，我们进行了公共自行车布点的专项研究，根据城市发展规划与公众需求，落实公交与自行车换乘(bus＋ride)和停车换乘(parking＋ride)相结合的城市交通出行方案。

(3)以保障为中心破解"维修难"。作为杭州公共自行车基础服务实体，保障公共自行车的维修并实现长期持续的保养，是公共自行车服务持续发展的核心因素。为有效应对车辆故障率高及因使用年限引起的故障日益增多的问题，我们在改进车辆工艺、加强维修人员投入、完善现场维护机制、建立车辆保养制度等基础上进行了工作创新。

(4)创新服务模式破解"处置难"。为提高公共自行车窗口服务水平，通过升级改造热线智能电话系统，推行24小时服务制，提高了服务热线85331122接通率与问题处理成功率。公共自行车行业省级规范《城市公共自行车管理服务规范》的编制发布，很好地指导杭州市公共自行车系统的提升、完善，对其他城市也具有积极的参考借鉴意义，便于公共自行车"杭州模式"在浙江省乃至全国推广。

(5)加大资源开发破解"营运难"。为使杭州公共自行车在不断提升服务水平的同时保持自身造血功能，我们始终坚持"公益性定位，市场化运作"方针，积极利用公共自行车资源优势，以资源的商业化运作保证公益性服务，并在现有资源基础上创新思路，从单纯的卖资源模式逐步向卖内容、卖载体、卖综合与延伸服务的模式过渡，实现对资源的二次开发。

经过6年的发展，杭州公共自行车交通系统在目标、体制、建设、管理、营运、技术、政策等方面均已形成了自身独有的鲜明特点，那就是“政府主导，公交运作，公益定位，便民利民”。政府在发挥主导作用的同时，依托公交组建专业团队运作，以资源的商业化运作保障公益性服务，为公共自行车服务系统的健康运行和可持续发展奠定了良好基础。这样的运作体系，被国内外同行和媒体评价为“杭州模式”，并产生了广泛影响。国内百余个城市先后邀请杭州到当地协助建设公共自行车系统，目前已协助黑龙江、山西、贵州、甘肃等全国17个省60余个城市完成公共自行车系统建设并投入运行，这些项目的成功运作，为国内外其他城市实现绿色低碳出行起到了促进作用。

4 系统取得的成效

杭州市公共自行车交通服务系统投入运行以来，从各方面的反映情况分析，取得的成果已经远远超出了当初解决公交出行“最后一公里”和缓解城市交通“两难”问题的初衷，在推进节能减排、建设低碳城市、倡导绿色出行、提高城市品位、改善城市形象及提高市民身体素质等方面均取得了一定的成果。

(1)融入了城市公共交通体系，基本解决了公交“最后一公里”出行问题。基于对公共自行车交通系统公益性的定位，用科技手段实现了公共自行车租用的自主服务和通租通还，使其与现有公交系统有机结合。目前，从公共自行车的租用情况分析，租用区域从景区转向城区，租用时段也开始集中到早晚出行高峰(占日租用量45%左右)，这说明公共自行车的租用已经从当初的景区游览转向正常出行。从这一变化可以证明，公共自行车交通系统可以解决公交“最后一公里”出行问题。

(2)进一步提高公交出行分担率，缓解城市交通“两难”。通过把公共自行车租用优惠条件与公交出行相结合，吸引更多的人选择公交出行，以提高公交出行分担率。目前，公共自行车日最高租用量达到41.14万人次，6年累计租用量突破4.1亿人次，公交出行分担率得到进一步的提高，对减轻城市道路交通压力，改善道路交通条件，缓解交通“两难”起到了一定的作用。

(3)倡导绿色出行，推动城市低碳经济的发展。据统计，2013年全年日均租用量28.28万人次，平均租用时间33.6min，平均出行距离为3.0～5.0km。如与公交车出行相比，可节约12600t标准煤，减少二氧化碳排放34200t；如与小汽车出行相比，可节约标准煤50900t，减少二氧化碳排放量137400t；如按每辆小汽车平均运载2人计算，相当于每天减少14.14万辆小汽车的出行量。而一年所节省的燃油费用，相当于政府对公共自行车的全部投入，对城市生态建设的示范、引导效应更不可估量。

(4)方便公众出行，降低市民交通出行成本。杭州公共自行车交通服务系统的建设，通过科技创新，有效降低系统运行成本，最大限度降低租用者出行成本，实行市民在一小时之内免费租用公共自行车。同时，把公共自行车免费租用优惠条件与常规公交出行相联系，推出常规公交与公共自行车换乘实行免费租用时间延长至一个半小时的举措，从而吸引更多的人选择公交出行。据统计，自系统推出以来，96%以上的公共自行车租用都是免费的。

(5)城市品位得到提高，城市形象进一步提升。公共自行车交通系统的推行：①符合杭州休闲旅游的城市定位；②与运河慢行系统、河道慢行系统、西湖环湖游以及商场超市购物有机结合，相得益彰，更加增添了休闲氛围和旅游气息；③通过对服务设施在形状、颜色等方面的设计，使其自然地融入了既定的城市色调之中，展现了一副人与自然相融的画卷，美化了城市，为建设休闲之都和国际旅游城市，打造“生活品质之城”添上了靓丽的一笔。目前，公共自行车这一绿色出行的交通方式，已经成为杭州打造“生活品质之城”又一个新的亮点。

基于慢行系统的宁波城市道路绿化景观建设

——以宁波东部新城道路绿化建设为例

沈　明

（宁波市园林管理局，浙江宁波 315010）

摘要：当前，许多大中城市为缓解城市交通压力，改善城市环境，正积极推行绿色出行，而发展慢行交通系统是鼓励市民绿色出行的必要条件。借鉴国内外慢行系统建设的成功案例，本研究尝试为宁波东部新城构建一个富有宁波特色的慢行交通系统，并以城市园林绿化管理者的身份，对该交通系统的道路绿化建设和改造提出一些建议，希望能够给当前的新城道路绿化建设提供参考。在未来的某天，当慢行交通在宁波开始发展时，能够尽可能减少道路绿化方面的改造投入，以达到避免重复建设、减少资源浪费的目的。

关键词：慢行交通；道路绿化；东部新城

现代化城市的快速发展，使城市生态环境质量日益下降。我国许多大中城市，都面临着人口膨胀、交通拥堵、环境污染等一系列问题，市民对环境保护的呼声和要求越来越高。2010 年，北京雾霾天气的出现，促使各地政府纷纷把环境保护纳入了政府工作的主要内容。作为治霾、控污染的手段之一，控制机动车数量、单双号出行、鼓励公共交通及非机动车出行开始在全国盛行。由此，城市慢行系统逐步兴起。良好的城市慢行系统能引起市民绿色出行的兴趣，提高市民出行的道路环境质量，最终达到减少城市环境污染的目的。目前，国内外已经有许多大中城市开展了慢行系统规划的实践。得益于此，在未来建设美丽宁波的宏伟蓝图下，宁波城市慢行系统规划必将是一项保护城市环境的有益探索。

道路绿化是慢行系统最重要的景观元素。作为全市园林绿化的主管部门，园林局长期以来将道路绿化作为重点管理对象。为了能够将道路绿化做得更有前瞻性、更有计划性，最大限度地减少浪费，本研究以城市慢行道路系统作为未来道路的方向，研究如何建设适应城市慢行系统的道路绿化景观。一方面，该研究从长远利益出发，是避免重复建设的有效探索；另一方面，该研究也可以为现阶段道路绿化改造和新道路建设提供依据。服务“慢行系统”是绿化景观建设的首要服务内容，进行绿化建设既是新的尝试，也是未来道路绿化发展的一个重要方向。

1　研究背景

1.1　“慢行系统”的定义

“慢行系统”是建立在“慢行交通”基础之上的，服务于“慢行城市”的一种城市交通系统。所谓“慢行交通”，是把步行、自行车、公交车等慢速出行方式作为城市交通的主体，引导居民采用“步行＋公交”、“自行车＋公交”的出行方式，以缓解交通拥堵现状，减少汽车尾气排放，从而营造一个舒适、安全、便捷、清洁、宁静的城市环境。相应地，“慢行系统”主要是包括城市步行、非机动车、慢速机动交通系统及与其配套的相关软硬件设施的总称。它是城市中相对独立、但又与城市各系统联系紧密的特殊事物。

1.2　国内外研究现状及实例

由于欧美国家城市发展较早，城市问题出现也较早，所以应对城市问题的探索和实践也相对较早开展。慢行系统的发展在美国已经有 80 多年的历史，早在 1928 年，美国的城市规划师克拉伦斯等就设计了雷德朋社区，它对城市道路实行严格分级，主张将步行道与公共绿地相接，与车行道相分离。该体系此后成为汽车时代建设主区的典范。新西兰政府于 2005 年实施了自行车交通网络规划，目的在于营造多样的骑行环境，以此鼓励更多的市民选择自行车出行。同样，荷兰政府重视交通政策整合与系统的管理落实，打造成了自行车王国。而在丹麦哥本哈根，慢行系统的建设更是有着全球瞩目的成效。半个世纪以前，它还是一个汽车主导的城市，而现在它是当今国际知名的慢行城市。从1962年的第一条步行街开始，通过几十年的不断发展完善，哥本哈根建立起了覆盖整个中心的步行网络。同时，它也是世界闻名的自行车城市，约1/3的市民选择骑自行车上班，这完全得益于城市中功能完备、景观优美的自行车绿色通道网络的存在。

在我国，慢行系统是近十几年才发展起来的。随着城市汽车数量的猛增，城市道路拥堵越发严重，于是国内许多一、二线城市，尤其是“堵城”开始寻求解决交通拥堵和城市污染等问题的有效办法。作为我国第一大城市的上海，于2001年制定并颁发了首部《上海市城市交通发展白皮书》，书中明确提出要重视城市慢行交通。2007年，上海在国内率先编制《上海市慢行交通系统规划》，该规划分区域完整阐述了慢行系统的实施方法。紧接着，《杭州市慢行交通系统规划》于2008年得到市政府批复。其中，提出了慢行系统规划、管理和行动的基本框架。该规划还将慢行系统分为非机动车交通和步行交通两大部分，结合杭州优越的自然和人文景观，特别规划了城市滨河慢行系统，充分体现了城市特色。杭州也是目前国内在慢行系统建设方面最为成功的案例。随后，深圳、大连、无锡等城市相继尝试进行慢行系统规划。近几年，城市慢行系统规划在全国大中城市中盛行，它将成为未来城市道路规划，尤其是新城区道路规划的主流方向。

1.3 宁波市慢行系统规划的基础条件

(1)宁波交通现状

近几年，宁波市交通存在的主要问题有：①核心区交通负荷饱和，东西、南北向交通不畅；②道路干道布局并不合理，存在大量不必要的穿行交通；③交叉口通行能力低，大多数交叉口已处于拥挤饱和状态；④三江建设片区道路网络性差，支路密度低，连通性不强，造成主、次干路交通流过分集中；⑤停车泊位不足，静态交通规划建设与管理有待加强；⑥公交线网不合理，营运效率较低。而产生这些问题的原因是：①机动车保有量增长速度过快，道路建设的速度与机动车增长速度失调；②城市功能过于集中，中心区交通吸引量大，形成交通极化现象；③交通管理法规政策还不够完善，缺乏有效的交通需求管理措施；④不文明交通行为的存在，扰乱了正常的交通秩序。为有效缓解交通问题，宁波市已经采取了从规划到管理，各部门联动的举措。近几年，宁波市正加快东部新城区和其他重点区域的开发建设，疏解过于集中的城市交通；启动了城市快速轨道交通的建设，并开始落实优先发展公共交通等政策。

(2)宁波道路现状

宁波市主城区道路形式多样，绿化断面以一板二带式、二板三带式、三板四带式、四板五带式为主。只有部分四板五带式道路有设公交专用车道及港湾式停车，非机动车道与公交车道并用、步行道与沿街商铺相融合的情况较多。从近几年的道路绿化改造情况来看，许多道路因面积受限，无法拓宽增建，只有少数道路在改造时有条件增设非机动车道或步行道，如2012年改建的江北区湖西路，得益于日湖公园的地理优势，沿公园设置了游步道。老三区道路主要依靠设置中央绿化带或隔离栏等形式，将机动车道与非机动车道隔离，但仅仅实现了不同交通之间的分离，离城市慢行系统距离很远。这种道路形式在景观功能上满足不了非机动车出行的品质需求。相比较，近几年快速发展的东部新城区、鄞州中心区、东钱湖旅游区等新区在道路建设上有了长远的规划和考虑。以东部新城道路建设为例，自2007年成立东部新城开发建设指挥部以来，该区域的道路建设和配套道路绿化都由该指挥部统一负责。近5年，东部新城区主要新建或改建道路有民安东路、惊驾东路、院士路、会展路、海晏路等近十条主要干道。其中多条道路建设荣获“甬江杯”、“钱江杯”优质工程奖项。从东部新城建设指挥部获悉，2012年至今“三横三纵”道路绿地改造的投入资金为3亿元左右，2012年之前的投入资金总计2.5亿元左右。“三横三纵”道路的非机动车道用红色地面铺装区分，二板三带及四板五带式为主，人非共板，主要包括惊驾东路、中山东路、民安东路、河清路、海晏路部分。这种红色铺装配以醒目的白色自行车地标的新型车道在东部新城区已经建设有10km左右，受到了市民的喜爱和好评，既提高了市民非机动车出行的兴趣，也吸引了一些自行车爱好者前来骑行。东部新城区道路建设的这种尝试可以视为宁波“慢行道路”建设的开始，完全可以在更多有条件的区域实行，为未来的慢行系统建设做准备。

(3)慢行系统概念下的努力与尝试

为鼓励城市慢行、发展公共交通，宁波市政府已经出台了一系列相关政策，也在东钱湖、北仑等有条件的区域率先建设了一批适宜城市慢行的自行车道、游步道、登山步道等。这些政策的实施说明，宁波在未来有条件、有信心建设完整的区域慢行系统。到目前为止,除市规划局在全市性规划中所做的努力,其他的尝试正在逐步进行。①交通部门制定了"公交都市"的发展战略,除新辟公交线路、建设公交专用道、增加公交服务站点、实现"零距离"换乘外,交通部门还推出了免费换乘细则,即 2013 年下半年实现市区公交 1 小时免费换乘。这是鼓励公共出行的一剂良策。②建设公共自行车系统。2013 年底,市 6 区建成公共自行车停放点 600 个,投放 15000 辆公共自行车,结合居住区、办公、商业、菜场、超市、公交站点等布置,主要集中在 6 区人员密集、道路拥挤的中心区域。这是宁波市推行自行车出行的又一大举措。③自行车道、登山步道、游步道的兴起。由市规划设计院编制的东钱湖环湖自行车的建设,全长约 11km,采用彩色沥青路面,配以一定比例的木板路和石铺路,增加了骑行乐趣,不仅吸引了大批自行车爱好者,也吸引了众多企事业单位前往开展系列骑行环保宣传活动。分布在北仑、奉化、宁海等地的登山步道、游步道近几年也很受欢迎。2011 年,北仑已建成超过 100km 的森林游步道,当时还主要是建在各风景区。如今,在北仑的一些农业园区、风景优美的乡村农田区也已经建成了多条游步道,供市民休闲健身。可以从一些节假日的游客数量上看出这些健身步道的受欢迎程度。这也说明,市民对这种慢行休闲健身的出行方式越来越青睐。通过政府政策导向、市民出行选择可以看出,城市慢行,已经成为公众普遍接受和认可的生活方式。

2 服务于慢行系统的新型道路绿化

根据宁波市道路建设的现状,从政府在发展城市慢行设施建设上的努力以及市民对慢行出行的需求来看,宁波市完全有条件建设适合宁波本土的慢行系统。与杭州、无锡等城市一样,因为主城区土地使用面积受限,宁波的慢行系统规划也需要从新城区开始。因此,笔者将东部新城道路绿化作为研究对象,通过分析新型道路绿化的三大功能需求,并探讨不同分区道路绿化的建设要求,指出服务于慢行系统的道路绿化景观该如何建设。该研究可以为当前城市道路的绿化改造提供一些新的方向,也为有条件的道路绿化提前做好绿化规划设计预期,避免重复建设的同时,让当前的道路绿化更具前瞻性。

2.1 新型道路绿化的功能要求

东部新城,是宁波未来的政治、经济、文化和商业中心,总面积 15.85km^2。根据东部新城总体规划,水系面积占 16.2%,绿化面积占 9.6%,实际开发的用地面积仅占 47.3%,这部分用地涵盖了住宅区、行政办公中心、商业中心、商务中心等多元化的区域空间。如此大面积的水系、绿地和开放空间,在国内城市中心区建设中可谓绝无仅有,它不仅拥有南北绵延 3.5km 的甬新河、新(老)杨木碶河及明湖组成的三河一湖滨水景观区域,还拥有南北长约 3.3km 的公园湿地——中央公园。这些现有绿地资源的存在,为东部新城区建设功能齐全、景观优美的慢行系统提供了保障。在这样一个政治、经济、文化和商业中心,道路绿化需要满足的功能变得综合化,在不同的区域,有着不同的功能要求,这也符合慢行系统道路绿化的功能需求。

(1)传统功能的要求

城市道路绿化有三大传统功能,分别是分隔交通、美化环境和净化空气,其中以分隔交通为重要功能。东部新城道路宽广,商务、酒店、机关大楼林立,机动车辆出行较为频繁。因此,在分隔车流上,要求尽可能扩大中央绿化带的宽度,避免不同方向的机动车相互干扰,也可为两侧的高楼大厦增加绿地景观。在机动车与非机动车之间的分隔带上,绿化层次要丰富,乔、灌、草搭配,为非机动车道设置绿色屏障,这样能够更好地创造舒适的骑行环境,减少机动车产生的安全隐患和环境干扰。东部新城现代感极强,它不像海曙区那样富于历史、略显沧桑,而是一个全球化的新兴城。因此,笔者认为,在道路绿化的环境美化功能上,应不同于老 3 区。在绿化的规划设计上力求新颖,采用大气、简约的设计手法。各条道路绿带不间断,让绿带随着道路贯穿整个新城,以达到良好的净化空气的目的。植物品种丰富,部分道路可尝试使用一批适生的外来品种,用丰富的植物色彩、植物造型来体现东部新城不一样的场所精神,创造东部新城新颖独特的道路绿化景观。

东西干线的中山东部、惊驾东路、民安东路是新城区的主要交通干道,车流量相对较大。作为主城区道路的延伸路段,可延续原道路的绿化方法,采用传统的设计方案,多选择乡土植物等粗放型的植物品种,减少养护管理给日常交通带来的麻烦。

(2)生态功能

慢行系统的道路绿化景观除了需具备上述几个传统功能外,还需满足调蓄洪涝、生物栖息、维持生境三大生态功能。慢行道路往往分布于风景区、河岸、湿地或农田区域，以设置自行车道和步行道为主。东部新城正在打造的三河一湖景观就可以被很好地利用。甬新河景观项目南北长约 3.5km，属于排洪与景观紧密结合的水利工程，是东部新城景观框架中的一部分。老杨木碶河景观项目总长约 1.7km，是重要的公共开放空间。新杨木碶河景观总长约 3.5km，呈现自然生态气氛，利用不同植物属性创造出有序的道路景观韵律感。明湖规划建设完成后，成为东片区最大的生态区。环三湖一河沿岸的周边道路即可规划为新城慢行系统的一部分，这些临水慢行道路绿化的建设就要求富于景观变化，将其作为周边环境的一部分，既能相互融合，又能单独使用。因此，规划设计必须根据它所处的地理位置，结合景区规划同步进行。临水慢行道一向是最受人们欢迎的步行道，因此，尽可能将这部分道路联结起来，形成回旋，方便人们健身之用。

(3)人文功能

道路绿化景观的人文功能主要包括承载城市人文、提供休闲游憩、扩大信息交流 3 个内容。这部分道路主要考虑分布于居住区、商业广场等日常人流量大、人际交往需求大的区域，也可选择中央公园及明湖生态区等大型旅游观光场所，将公园、广场的游憩道作为慢行系统网络的一部分，充分利用全区公共开放绿色空间，打造人文功能强大的慢行空间。承载城市人文功能可以通过绿化区域中的小品、设施等表现出来，通过打造精品园林雕塑、富有精神文化内容的各类园林设施将道路绿地中的宁波文化体现出来，使道路绿化空间成为公共开放绿色空间的一个补充。

2.2 新型道路绿化的设计要求

(1)中心慢行区

中心慢行区的道路规划适用于东部新城核心区，以启新路、会展路、北明程路、定宁街等为典型。它的主要特征是：①道路密度高，慢行可达性高；②慢行交通系统的通勤和休闲功能兼具；③用地类型以各类公共设施用地为主。在中心慢行区，慢行交通系统的绿化设计要点主要包括 4 点。①强化人车分流的组织：可以结合外围设置的停车场、空中连廊和地下商业街绿化，做好分流屏障。②与公交系统实现近距离接驳：要做好慢行服务和换乘枢纽与快速公交站、地铁站、休闲水运码头等区域的绿化布置，绿化设计要求新颖、四季有景可赏。③与城市公共开放空间良好衔接：形成连续绿道网络，提高开放空间可达性。④以 300m 左右的间距，布置一般性慢行服务节点，此节点也是道路绿化需要考虑的主要内容。总的来说，在此区域，道路绿化的设计最主要的是考虑人车分流的功能。

(2)居住生活慢行区

居住生活慢行区适用于东部新城房产地开发集中区域，包括书香景苑、锦绣东城等周边地块，典型道路有会展路、莘苑路、民安东路等。本区域慢行道路有 3 个主要特征：①慢行交通系统沿致密度中等的城市道路网和具有中等可达性的城市公共开放空间分布；②慢行交通系统兼具通勤和休闲功能；③用地类型以居住为主，兼有公共设施等用地。此区域慢行交通系统与城市设计要点有 4 点。①提高慢行交通系统的可渗透度和连续性：鼓励社区绿地的开放和连通，构成连接社区的慢行休闲网络，通勤类慢行交通沿社区间道路布置。②与社区中心良好衔接：慢行交通系统的节点与社区公共服务中心结合布局，并在该区域优先完善步行系统。③与公交系统实现近距离接驳：慢行服务和换乘枢纽与快速公交站、地铁站、休闲水运码头结合布局。④以 300m 左右的间距，布置一般性慢行服务节点。

(3)商务办公慢行区

此区域主要为东部新城航运中心、会展中心、金融服务中心以及新市府行政中心等，其典型路线包括江澄北路、和济街等。本区域慢行道路有 3 个主要特征：①慢行交通系统沿致密度中等的城市道路网和具有高可达性的城市公共开放空间分布；②慢行交通系统强调通勤功能，兼顾休闲功能；③用地类型以商业办公、科研设计用地为主。其慢行交通系统与城市设计要点主要有 4 点。①提高慢行交通系统的可渗透度和连续性：鼓励各用地内部附属绿地的开放和联通，构成连续的慢行休闲网络，通勤类慢行交通主要沿用地周边道路布置。②与公交系统实现近距离接驳：慢行服务和换乘枢纽与快速公交站、地铁站、休闲水运码头结合布局。③中心商业办公区域强化人车分流的组织：可以通过外围设置停车场库、空中连廊和地下商业街等途径。④以 300m 左右的间距，布置一般性慢行服务节点。

2.3 道路改造的设计要点

东部新城道路建设多数是在原有道路上的扩建、改建。为实现上述慢行系统道路景观的功能，对不同区域的道路景观的区别设计和建设，需要进行不断的尝试和探索。总的来说，建设东部新城慢行系统首要的是在当前进行道路改造过程时，保留现状道路格局，将非机动车道及人行道划作慢行道。有条件的区域保证非机动车道宽 3.5m，其中外侧 1.5m 划为自行车专用道，电动自行车等休闲型机动车禁止驶入自行车专用道；然后增加标识及交通控制设施，保障慢行交通系统的安全性，自行车专用道采用彩色沥青地面，喷涂统一图形标识；再是用独特新颖的道路绿化分隔机动车道及慢行道，并能让慢行道出行的人们能够享受良好的出行环境；最后是注意慢行道的雨洪管理等其他辅助设施，如绿化带下凹或设排水孔，收集路面径流，人行道采用透水铺装等。总之，慢行道除了要满足普通道路首要的顺利通行功能外，还需满足普通道路所不具备的轻松出行、快乐出行、健康出行的绿色出行目的。

3 研究发展方向及存在的问题

开车出门堵车、电瓶车出门尾气太重、公交出行还要步行等这些麻烦在老城区比较普遍，能够有效地缓解老城区的交通压力才是所有研究的最终目的。发展慢行交通、鼓励城市慢行最终也需要渗透城区的各个区域。老城区人口数量大、人员流动频繁，堵车现象严重，是更需要市民非机动车出行的区域。但是由于面积受限，靠新增、扩建慢行道，很难实现效果。上海、杭州等其他大城市的慢行系统规划和实施经验，在老城区仍较难推行。靠创造吸人眼球的绿化景观来鼓励市民们绿色出行，效果也甚微。通过道路绿化对公交场站进行优化、美化，将多数站点实行港湾式泊车，并结合城市公共自行车的使用，能够起到良好的鼓励“自行车＋公交”的出行模式。因此，本研究以有条件率先实行慢行交通的东部新城为例，探讨了道路绿化建设改造的方式方法。在实施的过程中，不断总结经验，努力探索出更适合于老城区的道路绿化模式。老城区推行慢行交通，可以考虑先从服务公交开始，从公交站点起步，让慢行道从城市外围逐步向中心蔓延，最终达到大力发展绿色出行的目的。

参考文献

[1]孙蕾，潘宜．波士顿大都市公园系统与珠三角区域绿道的比较研究[J]．中国园林，2011(1)：17－21.
[2]程立勤．大连主城区慢行交通系统规划[J]．大连交通大学学报，2012(33)：30－33.
[3]崔曙平．杭州慢行交通系统的规划及启示[J]．城乡规划，2010，12：30－31.
[4]金军青．宁波市北仑区城区道路绿化现状调查和发展对策[D]．杭州：浙江农林大学．2011.

基于少数民族地区交通基础设施建设下的临空经济区发展思考

——以云南省沧源机场为例

郭凯峰

（云南省设计院集团，云南昆明 650228）

摘要：本文结合云南省少数民族地区沧源佤山机场的建设背景，在分析区域产业发展现状及发展条件的基础上，提出依托交通基础设施建设带动临空经济区发展的主要思路和目标。本文提出沧源临空经济核心区和辐射区的分类发展要求、临空经济区产业选择原则、临空经济区重点产业选择路径与识别等发展途径，并有针对性地提出了下一阶段的主要实施策略。

关键词：少数民族地区；交通基础设施；沧源临空经济区；云南

云南省近年来大力推进机场建设，不断完善民航运输网络和机场布局，有力带动了地方旅游业和相关产业的发展，促进了地方经济社会的又好又快发展。沧源县旅游资源丰富，但地处我国西南边陲，复杂的地形给交通发展带来了不利影响，公路建设耗资巨大，铁路建设困难重重，更需要发展航空来打通走向全国、走向世界的通道，将资源优势转换为经济优势，使少数民族群众早日脱贫致富，选择机场建设是最经济、最实惠、最方便、最明智的选择。

沧源佤山机场建设项目已列入云南省"十二五"规划，并作为省政府督办重点工程之一，机场选址报告已经过初审和审查，正在加快开工建设进程。沧源机场的性质为国内民用航空支线机场。考虑到沧源机场主要为省内旅游服务，重点面向省内旅游点的航线，沧源机场按国内小型机场规划，以开通支线航线为主。机场建成后，不仅可以促进地区经济社会和旅游业的大力发展，而且能促进民族团结和增强各民族凝聚力，对巩固边防也将起到十分重要的作用。

沧源在我国实施新一轮西部大开发战略、云南"两强一堡"建设和沧源佤山机场加快建设进程的宏观背景下，推进临空经济区域产业发展的条件日益成熟和迫切。

1 规划中的沧源佤山机场

（1）机场性质和作用

沧源机场的性质为民用航空支线机场。考虑到沧源机场主要为发展旅游经济服务，是重点面向省内外旅游点的航线，沧源机场按小型机场规划，以开通支线航线为主。机场规划选址如图 1 所示。根据预测，沧源机场主要通航目的地为昆明长水国际机场，同时考虑环线旅游建设，连接至省内其他机场的空中交通，所以考虑航程主要为沧源至昆明、西双版纳、迪庆等云南省内航线，适当考虑起降成都、贵阳、广州等航线。

图 1 沧源佤山机场选址示意图

（2）近期（2020 年）规划建设规模

机场近期建设规模为 4C。根据规划的航程、机型和场址条件，跑道长度初步估算为 2400～2800m，

作者简介：郭凯峰（1985— ），男，中国城市规划学会会员、云南省城市科学研究会会员，云南省设计院集团城市规划师，产业规划室主任，主要从事城乡规划与区域经济发展研究。

宽45m，跑道两端各设一掉头坪。根据《民用机场选址报告编制内容及深度要求》，要按照机场的远期建设规模确定初选场址。沧源机场远期跑道按2600m考虑。结合其他同类机场的情况，初步判断近期目标年(2020年)机场旅客吞吐量约为30万人次，并预测配套建设航站楼5000m² 左右，旅客停车场3500m² 左右。沧源佤山机场近期、远期航空运输业务量初步预测，见表1。

表1 沧源佤山机场近期、远期航空运输业务量初步预测

项目	近期目标年2020年	远期目标年2040年
旅客吞吐量(万人次)	30	80
货邮吞吐量(t)	900	3200
年起降架次(架次)	3300	8400

资料来源：《云南省沧源民用机场项目选址报告》。

2 发展现状

2.1 经济社会现状

21世纪以来，沧源县始终坚持抓机遇、求发展、扩内需、保增长、重民生的方针，全县经济社会发展取得了重大成就，国民经济保持了平稳较快发展，精神文明和各项社会事业发展取得新进展，社会保持和谐稳定，人民生活持续改善。

(1)经济持续快速健康发展，综合经济实力进一步增强。2010年全县国内生产总值(GDP)133311万元，比2006年国内生产总值75505万元翻了一番，年均增长15.5%，县域综合经济实力进一步增强(见图2)。人均生产总值达到7073元，年均增长13%。财政收入1.32亿元，年均增长33.9%，其中，地方财政一般性预算收入7980万元，年均增长37.5%，财政总支出10.69亿元，年均增长41.4%。2010年全社会固定资产投资达15.8亿元，年均增长23.9%，是“十五”期间的2.5倍，是改革开放以来投资力度最大的5年。

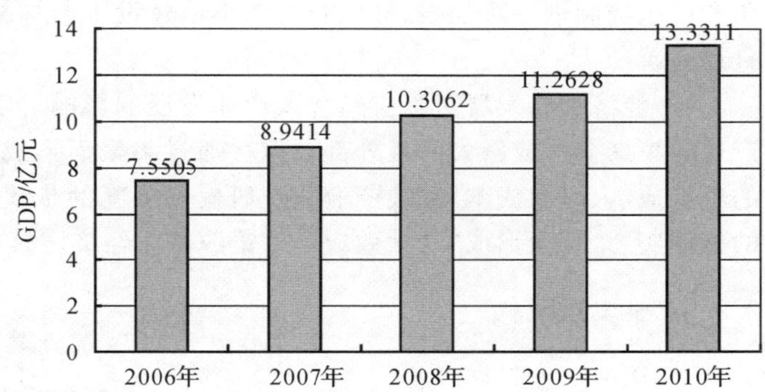

图2 沧源县2006—2010年经济总量发展情况

(2)产业结构进一步优化，第二、三产业协同发展。沧源县域经济结构趋于稳定，第二、三产业比重逐年提升，城镇集聚功能显著增强。2010年，全县第一产业完成增加值37000万元，增长4.7%，拉动经济增长1.4个百分点；第二产业完成增加值41384万元，增长28.1%，拉动经济增长7.5个百分点；第三产业完成增加值54927万元，增长9.8%，拉动经济增长4.3个百分点(见图3)。三次产业结构比重由2006年的34.4∶27.7∶37.9调整为2010年的27.8∶31.0∶41.2(见图4)。2006—2010年沧源县产业结构变化如图5所示。

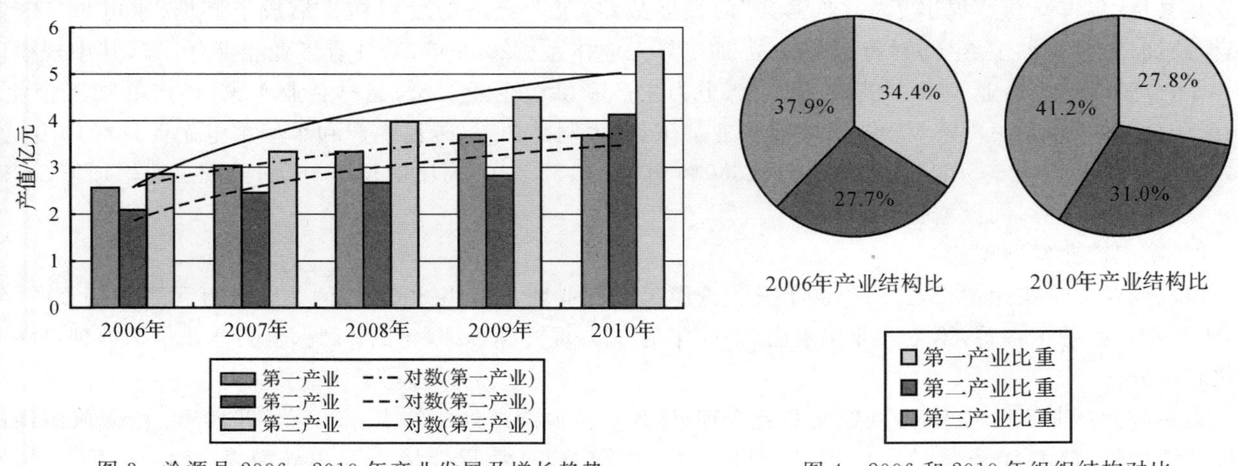

图3 沧源县2006—2010年产业发展及增长趋势

图4 2006和2010年组织结构对比

(3)城镇化进程加快,但落后于临沧市平均水平。2009年沧源县城镇化水平为26.4%,低于临沧市平均水平2.6个百分点,在临沧市8个县(区)中排名第5(见图6)。沧源县城镇一体化进程加快,城镇建成区面积6.2km²,城镇积聚力和影响力不断增强,城镇化水平由2006年的22%提高到2010年的28%,提高了4.68个百分点,城镇化进程显著加快。

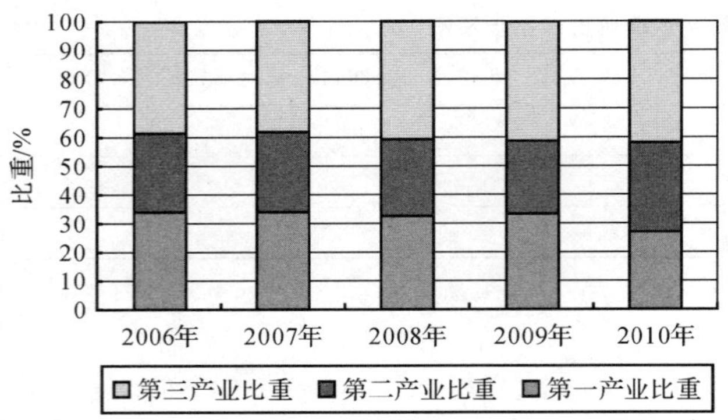

图5 沧源县2006—2010年间产业结构变化

数据来源:《沧源佤族自治县国民经济和社会发展情况统计资料》(2006—2010年)。

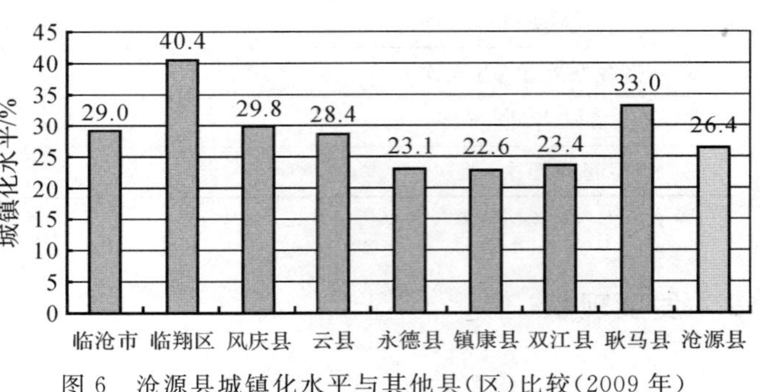

图6 沧源县城镇化水平与其他县(区)比较(2009年)

(4)加快推进全面小康社会建设,有效地优化了县域城镇功能。在全面建设小康社会中,人民收入稳定增长,完成了两轮"兴边富民"工程,6大工程30件惠民实事深入人心,省市挂钩帮扶成效明显;地区精神文明和民主法制进一步加强;县城和特色小镇建设不断加快,新农村建设扎实推进,城乡面貌焕然一新,功能日趋完善。

(5)经济社会发展对临空经济区产业发展的影响。随着经济社会的快速发展,各种生产要素以及大量产业的集聚会形成巨大的正外部效应。通过集聚而形成的溢出效应可以节约临空经济区产业发展中企业的经济成本、时间成本,加快产业科技研发和创新的步伐,提高临空经济区产业发展的经济效益,增强产业的整体实力,从而形成"马太效应",使沧源临空经济区具有比较优势,进一步促进地区竞争力的持续提高。

2.2 产业发展现状

(1)第一产业发展现状

在新农村建设的有力推动下,农业生产条件进一步改善,优质农产品生产、产业结构调整、畜牧业产业发展、冬季农业开发、农业产业化经营取得新突破,农业和农村经济呈现良好的发展态势。2010年,沧源县全县农村经济总收入48816.8万元,农民人均纯收入2768元。粮食产量5763.9×10^4kg,农民人均有粮368kg。其中,核桃、烤烟、茶叶、甘蔗、橡胶等特色产业不断壮大,有力地支撑了全县农民增收,农村可持续发展的产业集群逐步形成。2010年全县实现农林牧渔业总产值91445万元,实现农业增加值37000万元。

(2)第二产业发展现状

按照临沧市委、市人民政府提出的围绕提升"三个核心指标","抓三子、促三化"的要求,县委、县人民政府立足县情,集群众智慧提出了"工业强县"的发展战略,工业经济的发展初步形成了制糖、水电、矿产、制茶、橡胶加工、竹木加工、生物制药、畜牧产品加工等工业体系。2009年,全县有工业企业46家,其中规模以上9家,分别为制糖企业1家、制茶企业2家、电力生产和供应企业2家、建材企业1家、矿产品加工企业1家、采矿企业2家;规模以下37家,大多为茶业加工、竹木制品加工、砖瓦生产和小型水电企业。2010年,全县共实现工业总产值80887万元,完成计划66030万元的122.5%,同比增长66.6%;实现工业增加值24796万元,按可比价计算,同比增长22.0%。

(3)第三产业发展现状

第三产业总量快速增长,比重不断上升。沧源第三产业增加值由2005年的25237万元增加到2010年的54927万元,翻了一番,第三产业比重由2006年的38%提升到2010年的41%,全县产业结构得到进一步优化和提升。

新兴旅游产业不断壮大,产业结构日趋合理,体现了沧源旅游经济特点。2006—2010年,沧源旅游经济指标持续增长,旅游经济总量大幅提升(见图7)。这期间,全县累计接待国内外游客194.18万人次,比

2001—2005 年的 62.51 万人次增长 210.64%；旅游总收入达 7.52 亿元，比 2001—2005 年的 2.53 亿元增长 197.23%。2005 年与 2010 年相比，沧源县旅游业收入由 0.72 亿元上升到 2.33 亿元，占当年全县 GDP 的比重由 10.94%上升到 2010 年的 17.47%，占第三产业增加值的比重由 28.29%增到 42.39%；旅游产业直接和间接从业人员达 4415 人，文化旅游产业已成为扩大社会就业的重要途径之一。此外，继沧源县被列为云南省 40 个重点旅游县市之一、勐来乡被列为重点建设的 60 个旅游小镇之一、翁丁村被列为重点建设的 200 个旅游特色村且是首批推进建设的 50 个村之一之后，云南省旅游综合改革试验区、民族文化旅游县、永和国家级口岸、南滚河国家公园、沧源机场均处于紧锣密鼓申报中。2010 年，沧源招商引资项目就达 34 项，累计到位资金达 12.74 亿元，旅游产业、城市服务功能项目成为 2010 年度招商引资重点领域，旅游产业在全县经济社会发展中的带动和辐射作用已初显锋芒。

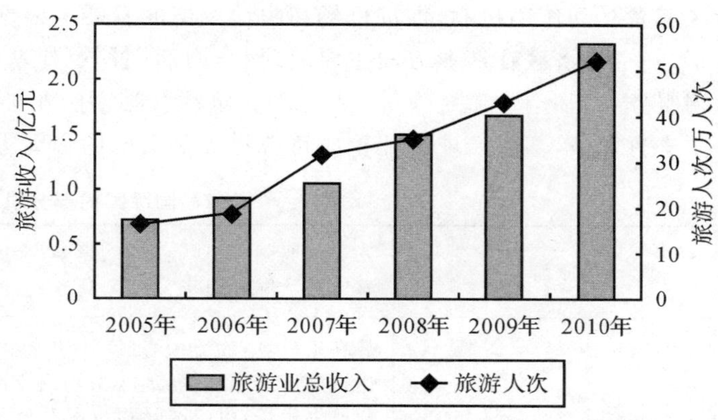

图 7　沧源县 2005—2010 年旅游业总收入和旅游人次

3　建设沧源临空经济区的思考

3.1　重点研究区域划分

(1)临空经济核心区

核心区的范围为沧源佤山机场周边(糯良)、县城(勐董)及沧源县域 10 个乡镇(4 镇 6 乡)，具体包括勐董镇(县城)、糯良乡(机场)、勐省镇、岩帅镇、芒卡镇、单甲乡、勐来乡、班洪乡、班老乡、勐角乡，总面积约 $2539km^2$。该范围主要涵盖了沧源佤山机场临空交通设施和县城旅游综合服务区，空间广阔，可开发用地较多，将重点发展旅游业、绿色工业、现代农业等临空经济核心产业，使之成为带动整个临空经济区的增长极。依据《沧源佤族自治县城市总体规划修改(2010－2030)》规划预测的县域人口来看，2030 年临空经济区核心区人口约有 25 万人。

(2)临空经济辐射区

辐射区的范围为依靠沧源佤山机场所具备辐射条件的周边区域。综合行政区划由近及远，包括耿马、双江、镇康、孟定和缅甸佤邦地区等县外具有临空产业特征的部分功能区。辐射区总面积约为 $1.2\times10^4 km^2$。这些地区尽管与沧源佤山机场距离较远，但其现状产业中的一部分极具临空经济特征，如少数民族庆典(耿马泼水节)、民族特色手工业(孟定造纸)、特色茶文化(双江大叶种茶)、神秘异域风情(缅甸佤邦)等；有的地区与沧源佤山机场能够相互促进，如孟定边境经济合作开发区(孟定副县级镇)的综合服务功能。依据各地总体规划预测的总人口来看，临空经济辐射区人口约有 150 万人(耿马、双江、镇康约 85 万～90 万人；缅甸佤邦约 45 万～50 万人，预留辐射弹性指标约 10 万～20 万人)。

3.2　临空经济区产业选择原则

临空经济区产业选择的原则包括：临空产业突出地方民族特色；发挥区位与资源比较优势；顺应产业结构优化总趋势；与沧源城市总体规划一致；围绕临空经济新功能定位；强化产业关联扩大市场潜力；坚持临空产业集群化发展；坚持临空产业发展先进性；坚持临空经济可持续发展。

3.3　沧源临空经济区重点产业选择路径与识别

(1)遵循临空产业发展的客观规律

临空经济区是指依托机场尤其是区域性机场的人流和物流优势而发展起来的区域经济形态。临空经济区产业具有产业引导性、聚集性、服务多样性以及时间便利性等优势，可以通过机场、临空经济区和辐射区三者互动作用机制，促进机场和腹地经济的发展。根据对全球部分机场及其周边地区临空产业的归纳考察，临空经济区在产业方面主要表现为：酒店、餐饮、维护等空港直接配套产业，临空型加工产业，临空型高端服务业，临空型旅游业等（见表 2）。沧源县临空产业必须遵循临空产业发展的客观规律，重点选择上述产业进行发展，但各产业的比重应符合沧源佤山机场和周边区域的发展定位。

表 2　国际国内部分机场周边产业状况

旅游	三亚凤凰国际机场：旅游、商务、会展、娱乐 海口美兰国际机场：旅游、商务、会展
物流	戴高乐机场：物流中心、联邦快递中心 达拉斯沃斯堡机场：地区主要物流枢纽中心 慕尼黑机场：ITC 国际物流配送公司机场商务中心 哥本哈根机场：聚集了物流公司、快递公司，是物质集散中心 仁川机场：物流园区和自由经济区 成田机场：成田国际物流复合基地、成田国际物流联盟 日本中部机场城：配送中心
商贸	不来梅机场：机场城东区，进行分拨销售 中部机场城：口岸交流区（包括贸易、商业、文化、休闲娱乐以及住宿设施等） 戴高乐机场及法兰克福机场：商务中心 尼斯机场及汉堡机场：商业园区
金融	苏黎世机场：聚集了银行业 达拉斯沃斯堡机场：聚集了金融保险业，是 12 个地区联邦储备银行所在地 香农机场：保险、银行
会展	成田机场：爱知世博会 慕尼黑机场：机场内部设有会议中心 伯明翰机场：国际展览中心
信息服务	哥本哈根机场、香农机场、不来梅机场：客户服务中心
印刷传媒	香农机场：期刊发行
住宿、餐饮、娱乐	史基浦机场、仁川机场、慕尼黑机场、苏黎世机场：具有餐饮、购物场所
科研机构	哥本哈根机场：NOKIA 研发中心 香农机场：利默里克、垂利、瑟勒斯、波尔、安尼斯等国家科技园 成田机场：筑波科学城 伯明翰际机场：阿斯通（Aston）、沃力克、伯明翰等科学园，罗伯罗技术中心 日本中部机场城：学术研究机构和实验室
高科技产业	不来梅机场：机场城西区 哥本哈根机场：IT 集群和电信业
生物医药	爱尔兰香农机场、仁川机场、达拉斯沃斯堡机场：生物医药集群
传统制造业	仁川机场：各类工业园区、加工保税区 不来梅机场：食品与饮料生产

通过对云南省相关旅游服务型机场的比较研究，发现丽江机场的空间发展模式值得借鉴。该机场主要依托机场集聚人流、物流等综合效益，通过县城（旅游集散中心）的中转作用，实现向周边地区的扩散。

（2）切合临沧市战略要求、沧源产业基础和发展趋势

沧源是临沧区域发展战略的重点区域，临沧市发展规划明确指出：建设沧源生态文化旅游产业发展试验区和孟定边境经济合作开发区。充分发挥沧源的生态优势和文化优势，加大沧源佤山机场、公路交通和口岸等基础设施建设力度，改善旅游经济发展环境（见图 8）。围绕以“世外沧源 · 世界佤乡”和建设南滚河国家公园为主的旅游资源开发，保护和开发佤族文化资源，促进生态文化旅游产业加快发展。沧源发展规划指出沧源旅游业发展重点建设项目包括：沧源生态旅游产业发展试验区、南滚河国家公园、沧源县翁丁原始部落文化旅游区、沧源县崖画谷国家地质公园旅游区、沧源县班洪抗英纪念遗址红色旅游区、沧源县司岗里中心公园、沧源县佤文化民俗风情旅游村。

旅游是沧源实现跨越式发展的优势产业。因此，临空经济区产业发展必须围绕旅游产业，这一资源消耗少、环境污染少、产出效率高的环保型、生态型绿色产业。从沧源的产业基础来看，沧源的商贸、物流业欠发达，高新技术产业和制造业缺乏基础。因此，临空经济区产业必须立足于现有产业的升级改造，大力发展临空型的旅游业及相关联的现代服务业。从沧源产业的发展趋势来看，作为"空港门户"区，旅游、度假休闲、佤文化创意产业等高端服务业是发展主流，应成为沧源临空经济区产业发展的重中之重(见图9)。

考虑到上述原则，初步确定未来沧源临空经济区产业重点打造如下产业：民族文化旅游、(佤文化)创意产业、空港直接配套服务业(酒店、餐饮、娱乐、中高档房地产)、生态休闲旅游产业等现代旅游服务产业；以工业结构优化升级为重点，充分发挥资源优势，走科技含量高、经济效益好、资源消耗少、环境污染少的新型工业化道路，推进工业经济结构调整和发展方式转变。其中包括优化和培育核桃、蔗糖、茶叶、橡胶、竹木、畜牧等优势资源加工业，做大做强建材业和清洁能源等新型绿色工业产业，提升茶叶、甘蔗、橡胶、核桃、竹子、木薯、药材、畜牧、林产业等现代生态农林产业。

遵循"重点产业带动、配套产业协作、产业链条拓展、集群效应显著"的发展思路，形成临空经济区资源互补、产业关联、梯度发展的多层次产业群，加快建立分工合理、共同参与区域竞争的沧源临空产业体系。

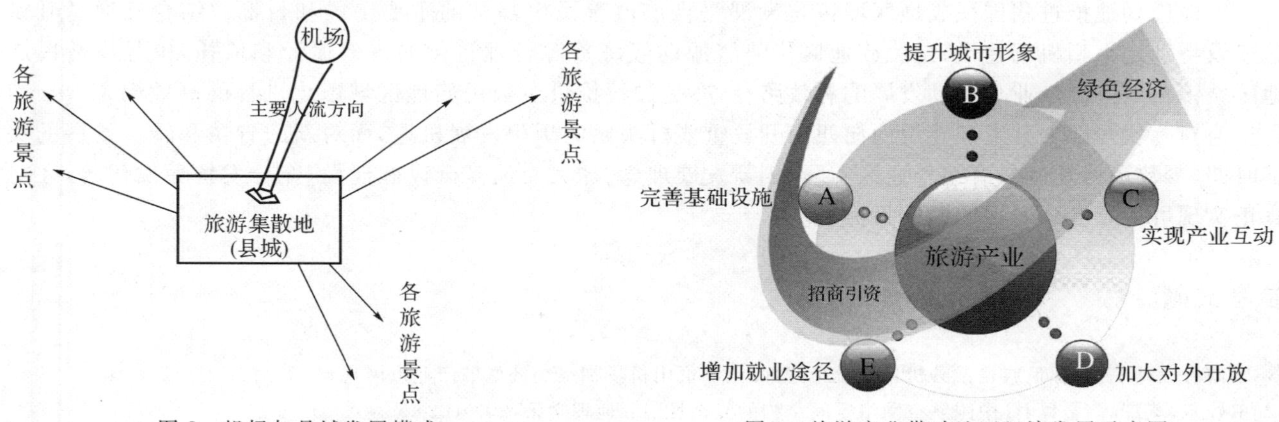

图8　机场与县城发展模式　　　图9　旅游产业带动地区经济发展示意图

(3)临空经济区未来可能的产业发展方向

作为面向东南亚、南亚的航空客运的重要节点，临空型产业、休闲旅游和绿色生态产业基地，以民族特色旅游为重点的现代服务业城市的沧源临空经济区，未来可能发展的重点产业方向包括7个方面。①现代休闲度假产业。主要发展综合休闲度假、集团机构休闲度假，佤族手工艺和民族化商品展示等。②建筑、建材业。围绕机场建设项目工程，机场周边地区的道路建设，糯良航空小镇的市政设施和房地产建设。③房地产业。发展航空新城居住商品房、休闲度假别墅等。④金三角风情博览村。发展东南亚国家的风情建筑、工艺特产、特色餐饮、特色文化、保健休闲、旅游超市等。⑤仓储物流产业。发展机场建设、航空新城建设所需物资的储运、简单加工，农产品、工业产品仓储、航空保税业和与航运有关的商务服务业等。⑥现代农业及农产品交易。主要发展茶叶、甘蔗、橡胶、特色野菜等作物的种植及新品种开发，绿色蔬菜、鲜果以及鲜活水产品、农副产品集散交易等。⑦教育园区。发展中、高级职业培训，少数民族产品制作技艺、技能和文化表演等培训，以及相关的物流专业培训。

4　制定实施机制的思考

(1)完善地区协调机制，建立区域高层联络体系

由于行政隶属关系的不同，沧源机场可以在临沧市政府牵头下，建立一个专门的高层联络平台，这个平台可以建为一个联络组性质的常设机构。沧源县作为临空经济核心区，沧源县政府可以成立县长(副县长)担任组长的联络组，专门负责同机场、周边地区的沟通和交流，并鼓励机场、各航空公司也成立类似的机构，直接由总经理(副总经理)领导，双方进行定期会晤或通过直接联系、实时通告的方式，及时将自己的需求告知对方，如对劳动力资源、土地资源、服务支持等信息。这样，机场、航空公司、周边地区的需求可以被沧源县了解，而沧源县所能够提供的服务也可以反馈到周边地区、机场和航空公司。通过信息的及时互动，可以增强机场、沧源县、周边辐射地区三方产业的互补性，弥补双方发展中出现的短边，既推动了机场的健康发

展，又拉动了区域经济的发展。

(2)增强园区交流，构建临空经济区沟通体制

同区域整体一样，沧源临空经济区内部各功能组团间也需建立完善的信息沟通机制，以避免有限资源的浪费，并实现临空经济区内产业互动和产业聚集。这种共同机制可以仿效上一点，由沧源县相关部门出面组织，建立由高层管理人员共同参加的临空经济区发展联络组，定期组织会晤，及时传达政府的政策信息，通报临空经济区运营状况，交流成功的招商、管理经验，并针对出现的矛盾或问题，及时进行协调和解决。

(3)建立周边地区合作机制，实现临空经济的辐射带动作用

沧源县的发展始终离不开临沧市、周边兄弟县市地区经济的支持。沧源县要充分发挥交通、旅游资源、物流、产业集聚等方面的辐射和传递作用，同周边地区互通有无，扩大临空经济区的辐射范围，实现区域经济实力的整体提升。

5 结 语

积极稳妥地推进我国民族地区城镇化发展是当前改善民生福祉的重要手段和目标。结合交通基础设施建设特别是小型机场建设，是民族地区优势资源向经济资源合理转化的有效途径和依托，也是少数民族地区城镇化与资源产业化互动发展的有效路径，亦是加快推进少数民族地区城镇化进程的高效引擎。云南省正值新一轮西部大开发和建设面向西南开放重要桥头堡的历史发展机遇，面对新的省情和转型发展的关键时期，少数民族地区只有结合地区实际、创新发展理念、加大交通基础设施建设、充分发挥后发优势，才能真正实现可持续健康发展的既定目标。

参考文献

[1]云南省设计院，沧源佤族自治县机场建设指挥部. 沧源佤山机场临空经济区域产业发展规划[R]. 2011.

[2]王姣娥，莫辉辉，金凤君. 中国航空网络空间结构的复杂性[J]. 地理学报，2009(08).

[3]曹江涛. 临空经济区与区域经济发展的互动关系研究[D]. 南京：南京航空航天大学，2007.

[4]郭凯峰，陈丽. 欠发达地区小城镇与产业集群互动耦合发展机制研究——以江苏省邳州市官湖镇为例[J]. 小城镇建设，2008(02).

武汉落实公交优先，创建公交都市举措探索

徐　琳　李　丹　李玲琦

（武汉市交通发展战略研究院，湖北武汉 430017）

摘要：公交都市建设是落实公交优先的重要举措，是目前我国大城市的主要发展方向。通过分析武汉公交发展现状，按照公共交通发展的主要方向和目标，从轨道交通、中运量系统、常规公交、微循环、交通枢纽等方面，提出公交都市建设举措。

关键词：公交都市；公共交通；协调发展

城市公共交通是由轨道交通、公共汽车、电车、出租汽车、轮渡、公共自行车、索道等交通方式组成的供公众乘用的各种交通方式的总称，是城市基础设施的重要组成部分，是一项关系国计民生的社会公益事业。

公交都市是为应对小汽车高速增长和交通拥堵所采取的一项城市战略，是落实公交优先的重要举措，是目前大都市的主要发展方向。2011 年，交通部发布《关于开展国家公交都市建设示范工程有关事项的通知》提出“十二五”组织开展国家公交都市建设示范工程，确立了公共交通在城市交通系统中的主体地位。2012 年，武汉与北京、深圳等 15 个城市被授予第一批国家公交都市建设示范工程创建城市。2013 年，武汉市委市政府原则通过《武汉市国家公交都市试点城市建设实施方案》，明确指示把武汉公交建设成为一流公交都市，以“公共交通引领城市发展”为战略导向，打造一体化公交都市体系，实现城市的可持续发展。[1]

当前，武汉市面临建设“国家中心城市”，力争建设“世界城市”的历史机遇，公交都市建设对打造城市新的空间格局、落实公交优先发展战略、实现公共交通与城市协调发展具有重大战略意义。

1　武汉公共交通发展概况

武汉市依水而生、山河湖泊众多，长江、汉江在此交汇，将主城分隔为汉口、汉阳、武昌三镇，呈现出“两江三镇、山湖分隔”的城市形态。武汉市公共交通系统由常规公交、小公共汽车、微循环巴士、电车、轮渡、出租车、轨道交通和公共自行车组成。其中，小公共汽车于 2011 年取缔，微循环巴士于 2013 年新增。

2002—2012 年，全市公共交通投资增长幅度超过 20 倍。其中，常规公交投资增长了 7 倍，轨道交通投资增幅超过 25 倍。近年来，轨道交通投资额占据了公共交通投资的主体，占公共交通投资的 90%左右。城市公共交通投资持续增加，大力发展公交步伐坚定。[2]

（1）轨道交通建设

武汉是国内第 7 座开通轨道交通的城市，2012 年 12 月，轨道 2 号线开通运营，武汉市金“十”字轨道格局形成；2013 年 12 月，轨道 4 号线一期通车运营，武汉进入地铁网络时代，轨道交通成功连通三大火车站，高铁、城铁、地铁、长途客运实现快速换乘。目前，武汉市已建成轨道交通里程 72.7km，在建里程约 140km，轨道交通建设速度达到 35km/a。

轨道 2 号线开通后，全市轨道交通和常规公交的客流均有大幅增加，“轨道＋常规公交”的日客流总量上升 51.0 万人次；轨道日均过江客流量占公共交通过长江总客流的 1/4，轨道沿线的道路交通状况有不同程度的缓解，重点路口和路段的车速提高 8%～12%（见图 1）；中心城区三座过江通道的客流量均有不同程度的下降（见图 2）。轨道交通网络化运营后，给传统公共交通体系带来新变化，对于优化居民出行方式、缓解中心区交通压力发挥了显著的作用。

作者简介：徐琳（1981—　），女，工程师，主要研究方向为交通规划、公共交通。

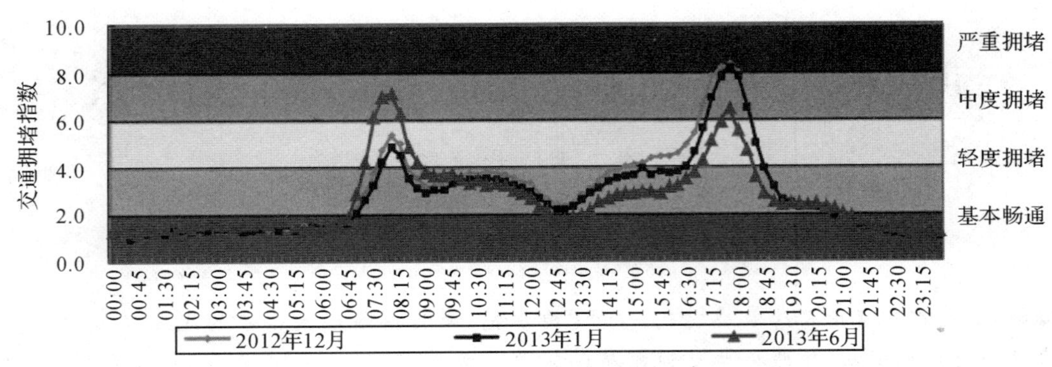

图 1　轨道 2 号线开通前后 1 个月、开通半年全市拥堵指数对比

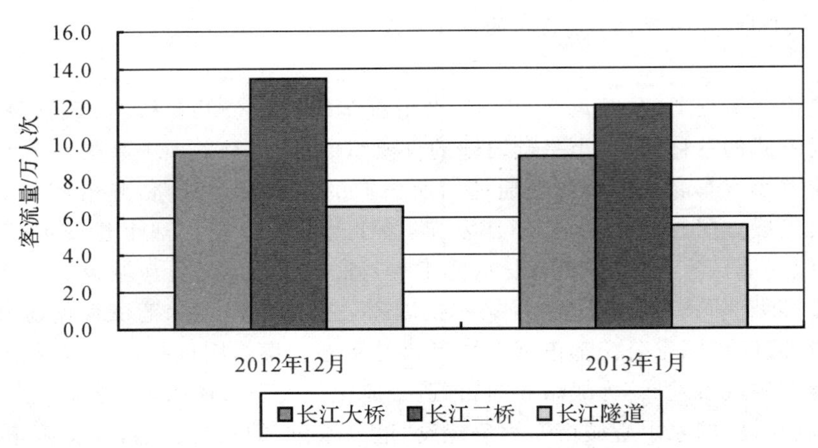

图 2　轨道 2 号线开通前后中心城区过江通道客流量

(2)常规公交建设

2002—2012 年，武汉市公交线路历经快速增长、线路精简和外围发展 3 个阶段。截至 2012 年底，全市公交运营车辆为 7375 辆，运营线路 307 条(普线 59 条，专线 248 条)，线网长度 1307km，公交线网运行线路长度 6026km，线路平均里程 19.6km。2013 年，武汉市开通微循环巴士线路 32 条。都市发展区内现状公交站点 2800 个，其中有 726 个标准港湾式站点，公交首末站及停车场 46 座，各类公交枢纽 7 座，公交停保场 9 座(见图 3)。

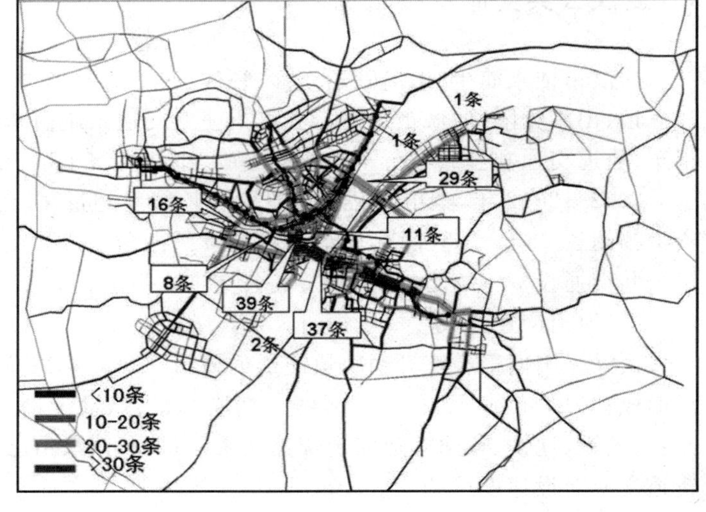

图 3　2012 年公交线网

(3)辅助公交系统

武汉市的辅助公交系统主要有出租车、轮渡和公共自行车。目前，武汉市出租车千人拥有量为 3.49 辆，年客运规模 3.87 亿人次。2008—2012 年，轮渡船舶数量稳步增加，航线数维持在 9～11 条，年客运规模维持在 1100 万人次。公共自行车服务系统已形成规模，截至 2012 年底，共有自行车站点 1256 个、自行车 7 万辆。作为常规公交和轨道交通的补充，辅助公交系统正在快速发展，以满足市民多样化的出行需求。

(4)现状问题分析

通过对武汉市公共交通现状的分析，发现存在以下几个方面的问题：①目前武汉市 3 条轨道交通(72.7km)作用不足，有轨电车、BRT 等中运量系统刚刚起步，具有竞争力的公交结构体系还未真正形成(常规公交承担了 75%以上的公交客运总量)；②随着新城与主城之间的联系日益加强，传统的公共交通模式难以满足日渐增长的交通需求；③常规公交线网重复系数高，线路长，运行效率较低，缺乏竞争力；城市形态导致过江公交线路重复系数达到 4.6，有待结合跨江轨道交通的建设逐步优化；④全市公交换乘枢纽的建设普遍滞后，多方式一体化综合换乘功能有待提升。

2 公共交通发展方向

创建公交都市是武汉市建设国家中心城市的重要举措，本着集约紧凑城市、多元复合网络、高效统筹衔接、品质功能提升、交通与城市经济生活和谐共生的理念，以国家中心城市、两型社会、综合交通枢纽建设为契机，以提高公共交通服务能力和水平为核心，形成公交引领城市发展的模式，建成以轨道交通为骨干、常规公交为主体，轮渡、出租汽车为补充，慢行交通相衔接的一体化公共交通体系。结合现存问题，提出未来的主要发展方向。

(1)把握交通出行结构转型关键期，构建多元一体公共交通体系

通过加快建设以轨道交通为骨干，常规公交为主体，完善中运量和微循环公交系统，加快城乡公交一体化步伐，轮渡、出租汽车为补充，慢行交通相衔接的一体化公共交通体系，达到公共交通占机动化出行比例 60%以上，轨道占公交比例 60%的战略目标。

(2)发挥轨道交通引领作用，支撑新的城市空间格局

通过在新城区构建“快轨结合”交通走廊，以 TOD 模式引导“1＋6”城市空间新格局，同时在主城区构筑高密度快速客运网络体系，支撑用地集约发展。达到 2020 年主城轨道站点 800m 服务半径内人口、岗位覆盖率超过 95%，公交分担率超过 35%，轨道占公交的比例超过 40%；轨道交通新城区到中心城区不超过 30min，穿城不超过 60min。

(3)拓展中运量，建立多层次、多模式公交架构，积极支持新城发展建设

为适应武汉市“1＋6”新城建设，在主城内，通过引入中运量系统(公交)，丰富和完善公交系统层次；在新城内，弥补轨道交通覆盖不足问题，发挥骨干作用，引导郊区新城公共交通模式由传统的“轨道＋公交”向“轨道＋中运量＋公交”转变(见图 4)。

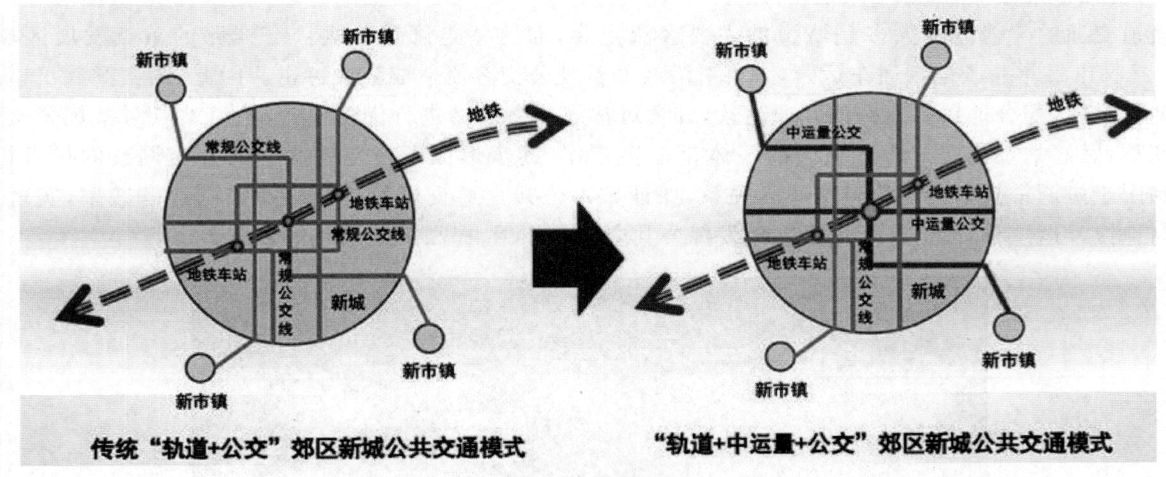

图 4 交通模式的转变

(4)优化常规公交系统，强化多方式相互衔接

通过协调常规公交与轨道交通的关系，优化公交网络，实现常规公共交通客运总量及地铁客运总量双增长；完善公交微循环线路，建成服务全市主要社区的公交微循环系统，提高覆盖率，加快城乡公交一体化步伐；同时，加快公交专用道的建设，使之尽快成网，配合公交信号优先，提高公交运行速度和竞争力。基于以上措施，最终实现 2020 年主城区公交站点 500m 服务半径全覆盖，主城区任意两点间公共交通可达时间不超过 50min。

(5)打造枢纽支撑工程，构建“枢纽＋物业”集约高效可持续发展的公共交通系统

通过树立“车站城市”的理念，采取“地铁＋物业”开发模式，统筹研究轨道、现代有轨电车、BRT 等多种交通方式，构建衔接高效、绿色便民的综合换乘衔接枢纽体系，促进城市交通与土地利用协调发展。

3 公交都市建设举措

要建设公交都市，应根据武汉市的实际情况，采取适宜的措施。武汉市公交都市试点城市建设实施方案提出优先发展公共交通，初步建成 7 条地铁覆盖武汉三镇，引导小汽车出行向公共交通方式转移，实现公共交通占机动化出行比例60％以上的目标。按照武汉公交都市的规划目标，从轨道交通、中运量系统、常规公交、微循环、交通枢纽等方面，提出建设公交都市的举措。

(1)大力发展轨道交通

轨道交通是一种大运量、高效、快速的交通方式，是目前城市公共交通的重要发展方向之一，其建设有利于改善城市的空间环境、交通环境、生态环境、社会环境。

目前，武汉市轨道交通建设已通车里程 72.7km，在建里程(含已批拟建线路)约 140km，与国内同等城市相比，建设规模相对滞后。为更好地落实城市总体规划，提升武汉的枢纽地位，有必要依据城市经济发展需要，大力发展轨道交通，提高覆盖范围，强化重点发展区和外围新城的交通支撑；优化加密中心城区轨道交通线网布局，提升主城交通容量和疏解能力，支撑土地高强度集约利用；充分挖掘轨道交通运输潜力，提升轨道交通整体服务水平；结合各新城区工业倍增和新城建设目标，延伸放射主城轨道网，引导城市发展；切实发挥轨道交通作为城市客运交通骨干的积极作用，提高公共交通系统的服务水平及整体竞争能力。

(2)完善中运量系统

中运量系统主要服务外围或放射性交通出行，可以成为新城内部发展的主要交通模式，在轨道交通覆盖不到的地方，作为一种新的公共交通方式，紧密联系住宅、商业与办公等不同空间区域。

完善武汉市中运量系统的建设，主要从两个方面着手：①主城区结合规划的轨道网络，在有条件的区域发展中运量系统，与轨道交通形成换乘枢纽，扩大轨道交通覆盖范围，形成强大的主城公交骨干架构，同时与常规公交、出租车、轮渡、公共自行车等形成换乘衔接一体化的公共交通客运系统；②外围新城以中运量系统为主，发挥其骨架作用，串联各个组团，并依次成网，发挥规模效应，形成多层次枢纽和多模式交通的高效换乘。

(3)优化常规公交，加强与轨道衔接

轨道交通的覆盖范围大多是城市的主要客流走廊，而这些走廊是常规公交线路的重点发展区域(见图 5)。武汉市每年一条地铁通车运营，必将对沿线的常规公交客流造成较大冲击。因此，为支撑武汉市全面进入地铁时代，配合地铁新线路的开通运营，继续对常规公交线网进行优化，结合轨道站点对常规公交站点进行调整，做好常规公交与轨道交通的一体化衔接工作，逐步形成配合地铁开通的公交调整的长效机制。该机制用于协调常规公交与轨道交通的关系，保证城市公共交通良好的可达性及线网运营效率，实现常规公交与地铁客运总量双增长，更大程度地发挥公共交通的作用，提高系统的整体效能。

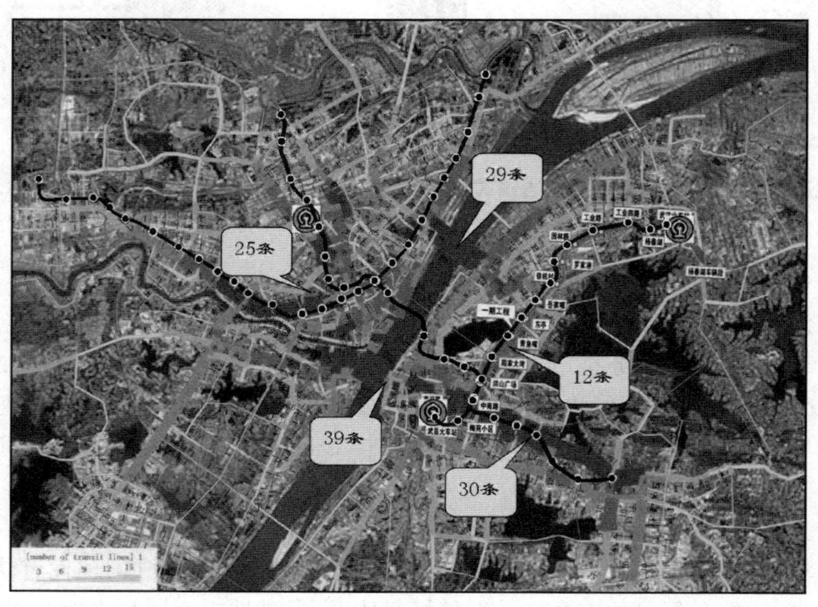

图 5 现状公交线网与地铁 1、2、4 号线的关系

(4)加强公交微循环，服务最后一公里

随着城市的发展，微循环公交系统作为公共交通系统的重要组成部分，作用日益凸显。微循环公交系统的建设有助于完善公交客运体系，提高公交出行率，形成以轨道交通为骨干，常规公交为基础，出租车、轮渡、公共自行车等多种方式协调发展的公共交通体系。

继续加强微循环公交系统的规划和实施，以方便小区、大专院校、工业园区、经济开发区、城乡接合部市民出行，填补公交盲区和空白，加强与轨道交通接驳，逐步建成服务全市主要社区的公交微循环系统，实现不同层次线路之间的客流交换，解决市民“最后一公里”出行难题。

此外，在大型商业区和居住区内部设置电瓶车系统，不仅连接居住区及商业区内部，还可实现与轨道站点的快速联系；强化水陆交通联系，开辟两江四岸游览航线，并适时开通沿长江、汉江、大型湖泊水上快速客运交通航线；继续建设公共自行车系统，保证公共自行车服务系统租借点的自行车数量。

(5)提升枢纽功能，构筑车站城市

武汉市结合轨道交通系统规划，强化综合换乘枢纽建设，完善枢纽层次和交通体系，在都市发展区共布局11个大型综合枢纽、23个外围小汽车停车换乘、12个市内客运集散枢纽和中心区自行车、公交接驳换乘中心(见图6)。

树立“车站城市”的理念，采取“地铁＋物业”开发模式，优先发展轨道交通车站的上盖物业、车站周边的地下商业街，构建衔接高效、绿色的公共交通体系；对轨道站点周边复合开发，并进行商业开发；结合地铁换乘站与大型枢纽，以“小地块/高容积率”模式开发成为大型地标；在地铁换乘站点提供通道，并与周边地块无缝衔接；连接可考虑提供适量商业(例如商业连廊、下沉广场或地下步行街)；尽量减少停车位数量，提倡使用公共交通。

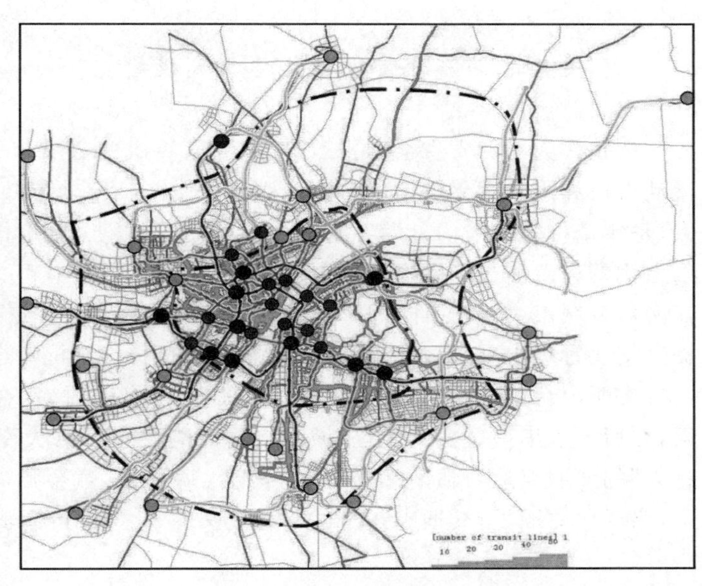

图6 都市发展区交通枢纽布局

4 结 语

公交都市是一种以城市公共交通为机动化出行主体的城市发展模式，是落实公交优先发展理念的重要举措，以公共交通引导城市发展，从而提高城市综合效率，提升社会环境效益。武汉作为国家公交都市试点城市，对城市建设和交通结构提出更高要求，下一步要继续加强各种交通方式的衔接，提高公交服务水平和运行效率，逐步形成多层次、集约型、一体化的城市公共交通体系，引导居民出行向公交方式转变。

参考文献

[1]武汉市交通运输委员会.武汉国家公交都市试点城市建设实施方案[Z].2013.

[2]武汉市交通发展战略研究院.武汉市交通发展年度报告(2011—2013)[R].

[3]李发鑫.公交都市遭遇冰火两重天[J].运输经理世界，2013(4)：61－63.

从初级汽车时代迈向文明汽车时代

——杭州打造文明交通新模式

庄 琪

（杭州市公安局交通警察局，浙江杭州 310014）

摘要：在各级各部门的密切配合与协作下，在全体市民的积极参与和践行下，杭州公安交警部门按照《杭州市打造交通文明示范城市三年规划（2010—2012）》设计的目标和路径，经过3年的不懈努力，在全国打响了“交通文明，杭州先行”的品牌，有力提升了城市交通文明水准，推进了杭州从“初级汽车时代”迈入“文明汽车时代”。

关键词：汽车时代；文明交通；杭州模式

杭州作为浙江省省会，是长江三角洲南翼次中心城市和著名的国际风景旅游城市，每年吸引了大量的流动人口和来自世界各地的游客。截至2013年底，全市共有户籍人口706.6万人，外来暂住人口415.7万人，每年来杭州的境内外游客都在3000万人次以上；全市机动车保有量达到了254.3万辆，并以平均每月2万余辆的速度增长。高密度的人流、高增长的车辆给城市交通管理带来了沉重压力。加之杭州属于典型的江南水乡城市，城湖一体、河道众多，路网结构存在诸多先天不足，进一步增添了交通管理难度。如何有效提升交通管理水平，保障广大市民安全、快捷出行，是杭州这座城市亟须解决的重要课题。

文明出行，杭州先行。3年来，杭州作为一名先行者，在推动城市交通文明建设的道路上进行了艰苦探索，并留下一串串坚实的足迹，城市交通面貌发生了巨大变化。走在街头，“车让人、人让车”和“车让车、人让人”的文明交通习惯蔚然成风，西博会、动漫节、黄金周等重大活动和节日期间的交通井然有序，车更多了，路反而更顺了，交通参与者的行为更文明了，“礼让斑马线”、“酒驾零容忍”已经成为杭州的一抹标志色。

1 科学决策来自理性思考

1886年，德国人本茨制造出了世界上第一辆汽车。经过一百多年的发展，西方发达国家逐渐积淀形成了汽车文化。而在中国，汽车进入家庭是近几年的事情。在汽车保有量爆发式增长的进程中，交通文明建设滞后于汽车发展已成为一种“通病”。他山之石，可以攻玉。国外许多城市的经验做法为杭州打造文明交通示范城市提供了有益的启示。2009年12月，时任市委常委、公安局长柯良栋在台北参加第四届“海峡两岸暨香港、澳门警学研讨会”期间，专门考察了台北市的交通管理工作，给他触动很大。将台北市和杭州市有关交通的几个基本数据对照分析：台北市当时的机动车保有量是180万辆，杭州是157万辆，但是杭州市2008年的交通事故死亡人数是862人，而台北市仅为80人。主要原因就是台北的管理者以人为本，出行者文明素质高：台北的社区经常会把一些老人召集起来，开个小会，通报一下近期发生的交通事故，提出需要注意的交通安全事项。例如，考虑到老人行动相对迟缓，穿的衣服颜色也大多比较深，在夜间不易被驾驶员发现，社区就会提醒老人夜间出行注意事项，防患于未然。从这一事例，可以深切地感受到台北在交通安全教育方面，已经做得十分细致。

受此启发，杭州市在多方征求意见和反复修改的基础上，制定了《杭州市打造交通文明示范城市三年规划（2010—2012）》（以下简称《三年规划》）。2010年3月，市文明委召开全体会议，审议并通过了这一规划，时任浙江省委常委、杭州市委书记黄坤明明确提出了“打造交通文明示范城市”3年奋斗目标。

2 三年实践铸就“杭州模式”

2010—2012年，杭州深入持久地开展了内容丰富、形式多样的城市交通文明创建活动。在市委、市人民政府的高度重视下，杭州公安局交警局与全市各相关部门齐心协力、通力合作，各界市民群众也积极地参与进来，大家共同努力，把杭州的交通文明建设推向了一个新的高潮，使杭州的城市交通文明水平有了极大的提高。

2.1 文明养成重引导

文明行车习惯的养成不可能一蹴而就，需要有一个循序渐进的引导过程。为此，杭州实施了“先公后私，以点带面”的策略。首先，选取杭州公交车作为试点，率先推出了“公交礼让斑马线”，在社会上产生了良好的示范效应；随后，出租车、公务车等紧跟行动，“礼让斑马线”活动由点到面，在全市的“公”字头的车辆中迅速展开；10 万户家庭签订文明出行公约、文明出行活动的深入开展，使更多的私家车也逐渐养成了文明礼让的良好习惯。

(1)公交礼让斑马线

一座城市是否让人留恋，让人去而忘返，最直观的体现就是窗口行业的文明程度，而文明交通则是推开这扇窗口的第一次亲密接触。无论是长期居住在这个城市的人，还是到这座城市来旅游观光或者出差的人，生活是否舒适安心、每天的出行是否顺畅、公交的便利与舒适程度如何，往往都是人们热爱这座城市，并为之吸引的重要动力因素。对于外地人来说，交通是他们来到这座城市的传统工具，也是来到这座城市的第一直观印象，机场、车站、公交、出租、小汽车、商场、旅馆等，都是他们认识这座城市的第一口碑。杭州交通给外地游客留下最深印象的是斑马线前的公交车礼让行为，成为众多外地游客瞬间爱上杭州的一个理由。

(2)文明出行、的士争先

“公交礼让斑马线”的知名度打响以后，杭州市公安局交警局和市道路运输管理局开始联手做起出租车的文章，通过宣传发动，首先在全市出租车行业提出了“出租车司机向公交学习”的口号。交警部门认识到，“礼让斑马线”虽然在公交车试行得不错，可是如果要如法炮制到其他运输企业中去，力度就不会太大，因为这些运输企业的管理形式与公交公司有所不同。许多运输企业的车辆，不是个人承包的，就是挂靠在某一个单位的。这些企业本身没有公交公司那样的实力，也缺少公交公司那样完备而强大的管控能力。针对这样的状况，为切实提高出租车驾驶人文明行车意识，根据《三年规划》的总体要求，市公安局交警局和道路运输管理局联合行动，从 2010 年下半年起，共同在全市出租汽车行业开展了“文明出行，的士争先”主题活动。活动一开始，就得到了全市各大出租车企业，以及出租车司机的积极响应和广泛参与，经过两年多时间的实践，也取得了可喜的成效。

(3)“公”字头做表率

在打造交通文明示范城市《三年规划》过程中，杭州始终坚持了“先公后私、公仆带头”的原则，包含两层意思：①要求“公”车带头，即加强对公交车、公共出租车、公务用车、工程车等“公”字打头车辆的管理，让这些“公”字头汽车带头做文明出行的表率，以此来带动私家车的文明出行；②要求公仆带头，即要求领导同志、党员干部、公务员带头遵守交通文明，无论是坐公车、开公车还是开私车，都要时刻牢记自己的公务员身份，必须要带头守法，对法律要有敬畏感，要争做文明出行的表率。在积极倡导的同时，交警局还联手纪委，严肃查处公务员交通违法事件，特别是对公务员酒驾行为，进行了严厉的处罚。作为公务员，对酒后驾车这种“明知违法而为之”的故意违法行为，决不能简单地走过场。因此，一旦党政机关工作人员有酒后驾驶等严重交通违法行为，不仅要抄告其所在单位，还要将该违法记录写进公务员档案，作为公务员考核的基本要求。在较短时间内，杭州就成为全省乃至全国整治公务员酒后驾车、醉酒驾车检查力度最大、执行率最高的城市。与此同时，市公安局交警局也积极行动，专门发文规范全市警车、公务车辆的交通行为，倡导警用车辆、公务车辆带头做好文明行车的表率。

(4)发动十万家庭签署文明公约

为深入推进《三年规划》，深化“文明出行”宣传教育活动，提升市民交通文明素质和城区文明程度，为创建全国文明城市加分添彩，根据全国“文明交通行动计划”的总体要求，2011 年 4 月，杭州发动了 10 万户家庭签订《家庭文明出行公约》，开展“携手 1+6，文明出行公约进万家”活动。这些活动的目的是通过广大中小学生、幼儿园小朋友发动众多家长，通过广大教职员工发动其他家庭成员，努力让每个家庭成员都能践行“文明出行、从我做起”，自觉遵守交通法规，规范交通行为。根据《家庭文明出行公约》的约定，参与签字的家庭成员都要争当文明交通“6 种人”，即“文明交通驾驶员、文明交通行路人、文明交通乘车人、文明交通骑车人、文明交通宣传员和文明交通监督员”。

2.2 意识为先重教育

交通文明意识的培养必须重视教育，要从小抓起、从孩子抓起。为此，杭州实施了“纳入教学，全面覆盖”的策略。一方面，把“交通文明三年行动规划”（以下简称“三年行动规划”）纳入学校的法制教育，成为基础教育的新内容；另一方面，通过组织开展“普及安全知识、提高避险能力”交通安全教育活动、体验交通安全知识等各种形式多样的教育方式，使交通安全知识全面覆盖，普及全市各年龄段学生，从而使交通安全知识深深地扎根在孩子们心间。

（1）基础教育有新内容

杭州市教育局高度重视交通文明示范城市建设，充分认识到开展好交通文明知识教育，提高学生交通文明素养对于构建和谐社会、组建幸福家庭，提升全市文明素质的重要意义，开展了对“三年行动规划”的学习，并将规划的有关内容纳入《市教育法制宣传教育第六个五年规划》，在教育局普法教育工作会议上做了专题部署。按照规划的计划安排：2010 年，交通文明知识纳入全市幼儿园和小学的教育内容，并固定课时，建立 1 个市级和 5 个区、县（市）级学生交通文明教育基地；2011 年，交通文明和交通安全法律法规的相关内容列入初中教育内容，教学课时不低于 10 节，建成 10 个区、县（市）级学生交通文明教育基地；2012 年，交通文明和交通安全法律法规的相关内容列入高中教育内容，高中毕业前统一组织相应的交通安全法律法规考试，所有区、县（市）均建立学生交通文明教育基地。

为了尽快落实“三年行动规划”要求，深化交通安全宣教工作，市教育局积极协同市公安局交警局，充分发挥交警校外交通安全辅导员作用，通过师资力量培训等方式，加强校外交通安全辅导员队伍建设。同时，积极推动学校、家庭以及相关机构和团体的合作，完善、开发和引进有效的教育方法，继续深化“小手拉大手”交通安全宣教活动，以学生带动家长提高文明出行素质，为打造交通文明示范城市做出应有的贡献。

（2）针对孩子特性提高避险能力

多年以来，杭州交警局对交通安全知识的宣传教育工作从未间断，也从未放松过。“三年行动规划”实施后，这方面的工作更是得到了加强，而且更着重于从娃娃开始，从源头抓交通安全的管理与指导。在“三年行动规划”中，交警局针对中、小学生的特点做了许多工作。首先，在学校建立起宣传教育的载体，不仅让学生在交通安全意识上有所长进，而且也成为学生社会实践的一个重要组成部分。在交警局的配合下，杭州市教育局部署了全市中、小学开展以“普及安全知识，提高避险能力”为主题的交通安全教育活动。全市中小学、幼儿园立足本校（本园）安全工作形势及特点，通过国旗下讲话，进行宣传动员，要求师生更新观念，强化“安全第一，预防为主”的思想，增强安全工作的责任感与敏锐性，牢固树立起安全工作重于泰山的意识。全市中小学校也纷纷举办交通安全主题班会，邀请交警到校讲课，组织学生进行知识竞赛、观看专题片、知识讲座等，有针对性地开展专门的交通安全教育，重点加强上下学的交通安全、消防安全等知识的教育，真正做到安全知识入脑入心，进一步提高中小学生的安全意识和避险能力。

（3）交警主动进校园

在杭州，交警主动进校园，到中小学讲课，传授交通安全文明知识已经成为一种制度。在每个学期的开学或结束时，驻地交警大队的宣传部门都会针对当时的情况，派出干警到学校去宣传讲课。他们会为学生带去浅显而又实用的交通安全常识，如：穿越马路时必须从人行横道上通过，要听从交警的指挥，做到“红灯停，绿灯行”，以及“一慢、二看、三通过”；打出租车时，不要站在机动车道上；如果遇上交通事故，要维护好现场，同时喊大人，通知医院，以便迅速抢救伤员，并及时向交警或治安人员报警，还要记住肇事车辆的号码等；告诉学生一些乘坐汽车的安全知识，如坐公交车时要遵守秩序，要在指定地点依次候车，等车停稳后先下后上等。

（4）交通志愿者在行动

志愿者服务是杭州城市的一张金名片，也是杭州市共青团工作的一个大品牌。团市委下属的市志愿者协会积极发动市民，以志愿者的身份参与到城市交通文明的倡导和维护活动中，协助交警在早高峰时段、重要交通路口，维护交通秩序，引导行人安全过马路，劝导车辆礼让行人，以志愿者一点一滴的实际行动来感染市民，强化交通意识，遵守交通法规。同时，志愿者还开展酒驾义务监督员等活动，深入宾馆饭店进行酒驾劝导，协助交警进行酒驾检查，倡导“开车不喝酒，喝酒不开车”的良好风尚。交通文明志愿者服务活动既是增加城市交通管理力量，监督市民遵守交通法律法规，也是普通市民体验城市交通，参与城市交通管理、提升自身文明涵养的重要渠道之一。

为了把志愿者服务活动组织得更好，志愿者协会采取了以下措施：①进一步扩大交通文明志愿服务宣传，加大招募力度，吸引更多的普通市民参与到活动中；②加强志愿者的基本理念和服务技能培训，提高志愿者的综合素质；③注重关爱志愿者，以组织慰问、心得分享和活动联谊等形式，提高志愿者的凝聚力和战斗力。

杭州市文明办、共青团杭州市委、市公安局交警局和志愿者协会还联合推出每日“文明行路指数”。这个形式既新颖又实用，有了“文明行路指数”，市民就能像看天气预报一样，直观地了解前一天杭州市民文明出行的情况，以便给开车人提供小心警惕指数。

2.3 舆论宣传重造势

城市交通文明建设是一项系统工程，只有全民参与、共同努力，方能取得理想成效。因此，必须在全社会营造起浓厚的氛围，让社会各界的人们都能关注交通安全、参与交通文明建设。为此，杭州市实施了“多点展开，分层推进”的策略，通过组织专家发出《我们的倡议》、引导外来务工人员担当交通劝导员、发动武警官兵上街劝导执勤、开展“文明车辆添彩虹”活动等各种形式和载体，注重舆论造势，强化宣传效果，从不同的角度分层推进，在社会各界都植入“文明交通，人人有责”的理念。

(1)来自“我们”论坛倡议

2011 年 11 月 21 日，杭州市委办公厅、政研室和《杭州》杂志社三家单位共同举办“我们”论坛，来自全市学术界、行业界、媒体界、党政界和市民的代表等共聚一堂，从“礼仪”的角度介入城市交通管理，探讨交通文明礼仪对缓解交通“两难”、提升城市文明的现实价值和长远意义。通过深入研讨，会议形成了《守法出行，知礼让行，大爱有行》的交通文明礼仪倡议书，倡议全市人民“斑马线上不争先，红绿灯前不抢行，行人不乱穿马路”，自觉做到文明候车、文明乘车、文明开车、文明停车。研讨会上，杭州交警从交通管理的角度，阐述了开展“三年行动规划”的必要性和紧迫性，指出：以“礼让斑马线”为切入点和突破口大力推行的“三年行动计划”，将为城市道路通行顺畅、压减道路交通事故、优化和强化警力投放提供强有力的支撑，并进一步推进和加快城市文明进程。

(2)外来人员担当交通劝导员

多年以来，外来务工人员对于杭州的交通规章制度知之甚少。他们骑着快速电动车飞奔疾驶，闯红灯、开快车、骑非机动车带人、机动车超载等不文明的交通现象时有所见，由此造成了不少交通隐患。如何让外来人员，特别是一些中西部乡村地区来杭州的务工人员也能遵守“文明出行”的规章制度，融入这个现代交通文明大都市？2011 年 8 月 10 日，杭州市建筑业外来务工人员“文明行路交通劝导”志愿者活动正式启动。此次活动由市建委主办，市建筑企业管理站具体组织实施。全市 600 余名建筑业外来务工人员参与了此次活动。该活动一方面使建筑业外来务工人员更直接地参与文明城市创建，进一步激发他们的主人翁意识和社会责任感，为杭州市创建文明城市贡献自己的力量；另一方面，也希望通过外来务工人员开展文明交通劝导，进一步教育市民养成良好的文明行路习惯，提升他们的文明素质，营造更加安全有序的文明交通氛围。此后每天的交通早高峰时段，统一身穿“文明行路从我做起”文化衫的外来务工人员，都出现在闹市路口开展文明出行宣传，劝导行人和非机动车辆遵章行路，协助交警维护交通秩序。

(3)传递城市文明的公共自行车

为破解“行路难、停车难”问题，从 2008 年 3 月起，杭州采取“政府引导，企业运作，政策保障，社会参与”方式，构建起了覆盖全市的公共自行车网络。此举在国内尚无先例，与国外的公共自行车系统也有所不同，甚至比国外的更加先进。杭州的公共自行车系统是构建公交车与自行车换乘(B＋R)及停车换乘(P＋R)组合的交通模式，是公交服务的延伸，有效提高了城市公共交通的机动性和可达性，吸引小汽车出行者改变出行方式，节约道路资源、减少环境污染、缓解“出行难，停车难”问题；也是市委、市人民政府坚持“以人为本，以民为先”，实施公交优先，提高城市知名度的又一个重大理念创新。杭州的整个公共自行车交通系统依托公交，1 小时之内，免费租用。根据一次规划，分步实施的原则，公交公司于 2008 年 5 月 1 日起在西湖景区、城北、城西范围内以公交首末站为核心，以风景名胜区、小区、商家、广场等为结点，设立多个试点区，并设置了 62 个租车服务点。此后，服务点逐年猛增，到 2012 年末，全市已建立了 2411 个服务点，共投放 6.06 万辆公共自行车。杭州的公共自行车，不仅极大地方便了本地市民和外地游客的便捷环保出行，而且成了传递杭州城市文明的有效载体，为杭州的城市交通文明营造了温馨而浓郁的氛围。

2.4 共建文明重合力

杭州是一座“共建共享生活品质之城”，历来有着“共建共享”的优良传统，很多工作都是通过“共建”的方式取得了优异的成就，当然发展成果也由大家共享。打造交通文明示范城市，同样离不开方方面面的共同努力。为此，杭州市高度重视交通文明的共建共享，实施了“发动各界，齐抓共管”的策略，在全市公安交警身先士卒的基础上，与部队、学校、银行、保险、餐饮业等社会各界通力合作，积聚大家的力量，共同建设富有杭州特色的城市交通文明，积累了丰富的经验，取得了喜人的成绩。

(1)规范代驾行业

全市各地交警部门对辖区范围内较大型的餐饮企业开展了逐一走访。一方面，他们向餐饮业经营者讲清推行“酒后代驾”业务的重要性，对全市的餐饮企业和代驾公司都提出了相当高的要求，力求高起点、严要求，在程序、信任度、技术等环节上建立严格的行为规范，确保酒后代驾业从一开始就走规范的发展之路；另一方面，他们又要求市内各大酒店、酒吧、娱乐企业等在每一张餐桌或餐厅墙上贴上代驾服务的标示，并要求他们的门厅内立有代驾服务牌子。杭州交警还与相关部门一起严格监督从业人员的准入机制，本着一切为顾客着想的理念，在各个环节上严格把关，要求所有的代驾人员都必须经过严格的准入机制，精心挑选与审核，并经过驾驶操作技术、劳动纪律、礼仪礼节、语言艺术、职业道德、外语、醉者简单护理等方面的培训才可以上岗，形成代驾行业的系统服务规范。

(2)文明出行联信用

在“三年行动规划”期间，进一步完善社会信用体系建设，是打造文明交通、建设和谐社会的重要途径之一，也是增强杭州综合竞争力的一项战略措施。为此，交警与运营管理部门一起联手共建“文明出行联信用”体系，大力推进交通安全诚信体系建设，将公民交通安全违法记录与个人的信用、保险、职业准入等挂钩，将公民遵守交通法律法规情况纳入城市的社会信用体系，建立起文明交通失信行为联动惩治机制。醉驾、飙车等法律已有明确规定的交通违法行为，只要发生一次，就被认定为严重违法行为，构成个人信用失信；闯红灯、反向行驶、违规超速等交通违法行为，同样也将影响驾驶员的个人诚信。同时，杭州交警部门还联合交通运输局依托公共信用信息系统，建立文明交通信用信息交换共享平台，向劳动与社会保障、公务员管理、银行、交通运输、保险公司等政府部门和行业机构提供查询服务。

(3)保险伴你文明出行

保险和交通文明息息相关。2011 年 6 月 29 日，浙江保险行业协会联合杭州市文明办、共青团、杭州市委、杭州市交警局、FM93 浙江电台交通之声，在杭州举行“同一蓝天下，平安每一天——浙江保险伴你文明出行”大型公益活动。此次活动历时半年，由浙江保险行业协会下属的保险企业认管杭州市 10 个主要交通路口，每个路口每次安排两名劝导员，半年共派出劝导员近 500 名、7400 余人次。他们佩戴浙江保险业统一制作的“文明衫、文明帽、小旗帜”等，在早晚上下班高峰期，配合交警部门指导行人和非机动车安全出行，宣传文明出行理念，推进杭州创建全国文明城市。为保证这次活动取得圆满成果，浙江保监局还对近 500 名劝导员进行了劝导文明出行相关性知识的培训，并由浙江省保险行业协会组织日常考评，包括暗访测评，听取交警和行人的意见等。

2.5 执法管理重科学

作为杭州城市交通的管理者，杭州交警的执法管理水平也直接体现着这座城市的交通文明程度。为进一步提高其科学执法能力和人性化管理水平，杭州交警实施了“科学文明，双管齐下”的策略。

(1)双限并举，重拳治理交通拥堵

近年来，随着杭州城市建设的飞速发展，市区机动车的数量猛增，道路拥堵问题由此变得日益突出。为了给道路基础设施建设和地铁建设赢取时间，切实缓解交通压力，杭州从 2011 年 10 月 8 日起，对城区部分区域实行工作日交通高峰时段“错峰限行”的交通管理措施。从 2014 年 5 月 5 日起，又实施了限行升级措施，增加了受限时间和受限车辆。从 2014 年 3 月 26 日零时起，杭州对全市小客车实行总量调控管理，即俗称的限购。期间，杭州充分借鉴了北京、天津、广州的经验和教训，年度指标增量 8 万个，采取摇号与竞价相结合的方式。特别是在摇号与竞价的比例分配上，确定 80%的指标用于摇号，在比例上要高于天津、广州

50%的比例设定，充分考虑了群众的实际需求和社会公平。但是，如果群众急需用车或有特殊需求，也可以通过竞价方式及时获取指标，购车上牌。竞拍所得经费，将专项用于全市大气污染治理、城市拥堵治理、公共交通事业等。

(2)为文明出行添一片阴凉

行人在遇到红灯时，少则需要等候30s，多则需要2min。夏季时，行人头顶烈日，暴晒在太阳下等过马路，难免会失去耐心甚至产生烦躁，因此抢在红绿灯交换前加速通行，或者对红灯视而不见等交通违法行为就很容易产生。为进一步提高广大交通参与者的文明行车意识，切实缓解非机动车驾驶人在交通路口等待红绿灯时烈日暴晒的问题，立足"以人为本"的服务理念，杭州市有关部门结合道路交通管理工作的实际情况，摸索出了"公益广告与商业广告相结合，努力做到不花纳税人一分钱"的路子，在国内最早推行了道路遮阳棚，为文明出行增添了一片阴凉。

自从杭州路口安装了遮阳棚以后，自行车、助动车一般都不会越线停车了，抢红灯过马路的人显然减少了许多。路口秩序井然，对文明出行、安全行车起到了很好的推进作用。在路口非机动车道安装遮阳棚，为市民在酷暑中等候绿灯通行时带来一片阴凉，不仅有利于规范交通秩序，而且通过遮阳棚上的公益广告为交通文明营造宣传氛围。

(3)"中国式过马路"管起来

礼让是双方的，车辆要"礼让"行人，行人也应遵守交规"礼让"车辆。而如今，"中国式过马路"的不良现象却引人深思。在许多城市，一些在路口等红灯的人，凑够了一撮，就会无视红绿灯、无视道路秩序、无视行驶的车辆，心安理得地集体穿越马路。其实，这也是一种不礼让的违法现象。无须讳言，这种现象在杭州也尚未杜绝。"中国式过马路"现象，折射出来的是一种对规则意识的淡漠，一种无可奈何的心态，一种中国传统文化中"法不责众"的观念。行人"集体闯红灯"给交通带来的隐患是不言而喻的，尤其是在人群流量较大的路口，不仅给行人安全带来隐患，也影响车辆的正常通行。

治理"中国式过马路"，杭州交警以行人、非机动车严管严治为突破口，摸索出了以"宣、改、管、治"四头并进的治理模式。①"宣"，即宣传教育。杭州交警重点借政府之力、部门之力、媒体之力、社会之力，依托市文明办，将交通文明创建纳入文明城市创建，作为对区政府考核的一项指标和硬任务，以此构建"政府牵头、公安主推、部门联动"的宣传工作机制。②"改"，即改进、改善和改变。就是"全面排查抓改进、精细挖潜求改善、宣管并重促改变"。针对行人乱穿马路的问题，杭州交警首先从自身找问题和不足，改进不合理、不规范的交通设施。同时，按照精益求精的要求，不断寻求管理设施和措施的改善。最后，通过交管部门自身的改进、改善，逐渐改变交通参与者的法制意识、安全意识和行为习惯。③"管"，即严格管理。"宣、改"是"管"的前提和基础，只有宣传教育工作到位，从管理者的角度对交通设施改进、改善到位，才能最大限度预防和减少"中国式过马路"行为的出现，为交警日常执法管理工作提供支撑。按照"有法必依、执法必严、违法必究"的处置原则，现阶段杭州交警对"中国式过马路"问题严守严管严处。④"治"，即长效治理。运动式、突击式整治执法工作方式，被证明只能收一时之效，而非正本清源的长久之计。行人交通违法具有很强的反复性，一旦放松管控，极易造成反弹，使之前的工作前功尽弃。"宣、改、管"的最终目的，是为了实现长效治理。长效治理的关键是处理好管理者与被管理者的关系，积极寻找管理的平衡点，通过常抓不懈，让行人过马路行为强制入轨，步入良性轨道。杭州交警在"中国式过马路"治理中，注重建立长效治理机制，形成了"周点评、月排名、季考核、年总结"一套完善的考核激励机制。

3 提炼升华推动交通文明

近几年的努力打造，使杭州的交通文明结出了累累的硕果："文明行车、文明行路"和"车让人、人让车、车让车"的文明习惯蔚然成风，杭州的交通文明为杭州创建全国文明城市做出了积极的贡献；"礼让斑马线"和"酒驾零容忍"成为杭州交通文明建设的两大特色经验，影响遍及全国；吴斌、蒋定军、北山交警中队等先进人物和先进事迹不断涌现，生动地映射出了杭州市民交通文明意识的极大提升；春秋两大旅游旺季的交通顺畅有序，重大节庆和安保任务的圆满完成，也都离不开文明交通的创建。

文明交通实践虽然成果喜人、成效明显，但这并不等于可以躺在成绩簿上沾沾自喜，故步自封。杭州建设交通文明示范城市是一项长期而艰巨的任务，道路还很漫长，要做的工作还很多。成绩属于过去，只有前进路上不停步，“美丽杭州”的交通才能变得更加通畅文明。因此，我们回顾工作、总结做法、提炼经验，最终的目的就是要服务于今后的交通管理工作、升华杭州的交通文明建设。

展望未来，我们对进一步抓好杭州的交通文明建设信心百倍。扎实推进深化杭州交通文明建设的10项措施，5年实现杭州城市交通循环畅通的任务，8年建成交通文明全国示范城市。发展蓝图已经绘就，未来的“天堂交通”一定会更加通畅、更加文明。

参考文献

[1]杭州杂志社. 西子湖畔的思考[M]. 杭州：杭州杂志社，2012(8)：118－119.

[2]乐华. 谈“中国式过马路”的杭州治理模式[J]. 公安学刊，2013(5)：91－94.

[3]瞿伟江. 内外兼修抓主体软硬并举寻突破协同推进执法规范化与文明交通建设[J]. 杭州，2011(11)：16.

[4]美国交通研究委员会. 道路通行能力手册[M]. 北京：人民交通出版社，2007.

[5]张弘. 改变“中国式过马路”我们准备好了吗[N]. 人民公安报，2013-4-19(4).

[6]郭俊发. 加拿大交通管理体制及其启示[J]. 广东公路交通，2007(1)：62－66.

[7]柯严. 国外怎样进行交通安全宣传教育[J]. 道路交通管理，2007(3)：40－41.

以绿色交通为主导的可持续城市发展分析

——以哥本哈根为例

章　阳　詹舒莹　王千姿　王艺斌　厉　圣

（浙江大学城市学院，浙江杭州 310015）

摘要：以哥本哈根为例，运用文献研究法和定性分析法，研究哥本哈根的城市发展模式，分析以绿色交通为主导的可持续、宜居城市发展策略。研究发现：哥本哈根提出了著名的"手指形态规划"策略，并长期遵循该规划；哥本哈根是以轨道交通为主导发展的城市，它采用了放射形的发展模式，轨道交通系统所支撑的走廊从中心城区向外辐射，分别指向区域的 5 个方向，城市的发展大都集中在轨道交通车站附近；在哥本哈根，公共交通系统包含各种模式的地铁、火车和公共汽车，哥本哈根在发展过程中，不仅重视公共交通的发展，还进行面向公共交通的不同交通模式间的整合；哥本哈根的以轨道交通为依托的 TOD 发展模式对现今一些城市的"可持续、宜居"发展有很好的借鉴作用。

关键词：可持续；手指形态规划；公共交通；TOD 发展模式

20 世纪 80 年代，"可持续发展"、"宜居发展"的口号一经提出便得到了世界各国的积极响应，城市问题的重要性也日益显露。在这样的大背景下，专家学者开始广泛探索有效解决城市不可持续、不宜居问题的途径和方法，并"逐渐认识到城市规划及由此形成的城市建成环境将是促进可持续、宜居发展的关键所在"。

城市建成环境将影响人们的行为，包括交通出行方式、社会交往等，继而影响城市的能源使用、交通安全、空气质量、人体健康以及社会活力。城市建成环境和城市交通之间的关联性一直受到人们的重视。大量研究表明，两者之间存在着复杂的相互作用关系，特定的城市交通模式会导致相应的城市土地利用模式和城市空间结构特征，而城市土地利用模式和城市空间结构的改变又会影响城市的交通模式。[1]

因此，对以绿色交通为主导的可持续城市发展进行研究是十分必要的。本文将以哥本哈根为例，简要分析以绿色交通为主导的宜居城市发展策略。

1　长期策略与可持续发展

哥本哈根是一个以公共交通系统为基础展开的城市，拥有 180 万人，其中城区 52 万人。1947 年，哥本哈根提出了著名的"手指形态规划"，该规划规定城市开发要沿着几条狭窄的放射形线路集中进行，发达的轨道交通系统沿着这些线路从中心城区向外辐射，分别指向城市区域的 5 个方向；沿线的土地开发与轨道交通建设相结合，大多数公共建筑和高密度的住宅区集中在轨道交通枢纽和场站周围，使得新城的居民能够方便地利用轨道交通出行。同时，在中心城区，公交系统与完善的行人和自行车设施相结合，加强了中心城区的交通功能。作为欧洲人均收入最高的城市之一，哥本哈根的人均汽车拥有率却很低，人们更多的是依靠公共交通、步行和自行车来完成出行。哥本哈根市民出行方式及相关数据见表 1。

表 1　哥本哈根市民出行方式、人均 GDP 和 CO_2 排放量

人口（百万人）	面积（km^2）	汽车	公共	自行车	步行	密度	人均 GDP（PPP）	CO_2（t/人）
1.8	455.61	29%	28%	36%	7%	0.26	65460.0	5.38

哥本哈根对城市规划有着明确的导向：鼓励市民多通过公共交通出行，在一些区域限制小汽车通行。在 1987 年区域规划的修订版中规定，所有的区域重要功能单位都要设在距离轨道交通车站步行距离 1.0km 的范围内。1993 年规划修订版，在国家环境部指定的"限制引导"政策下，规定要在当地直接规划区域到距离轨道交通车站 1.0km 的范围内集中进行城市建设。[3]

2 因地制宜的城市结构规划

哥本哈根的城市结构规划提到：二级城市中心应该建立和发展在离开最中心地区的“手指”周围。与此同时，有一个政策计划提到每个二级中心都应该建立一个交通枢纽，工作场所、工厂和企业应定位在这些交通枢纽周边（见图1）。这一政策被称为“靠近一站”政策。在以后的区域规划中它成了一个重要的项目。

针对“靠近一站”政策，哥本哈根制定了细致的规划：①市民工作场所应位于郊区火车站的600m范围内，确保工人步行10min即可到达工作地点；②居住区域应设置在距离车站2000m内的地方，旨在确保居民从站点到相关目的地行动方便，居民可以步行或骑自行车去商店购物或者回家；③公共服务和商业服务应该接近站点；④“手指”间的绿地可以很容易规划。[6]图2所示为“靠近一站”政策规划站点区域布局图。

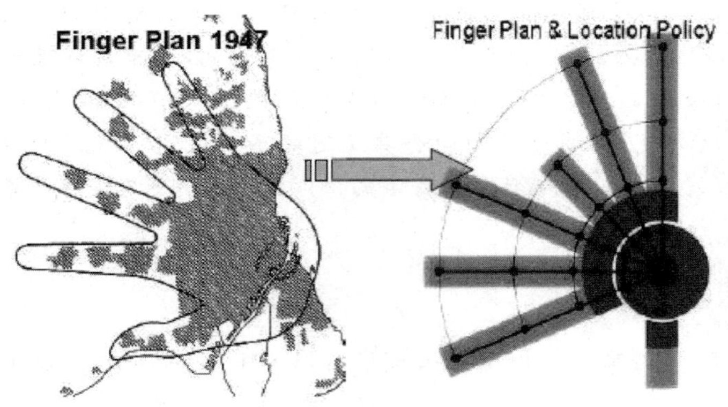

资料来源：Peter Hartoft-Nielsen，2002。

图1 哥本哈根主要新城区域结构规划

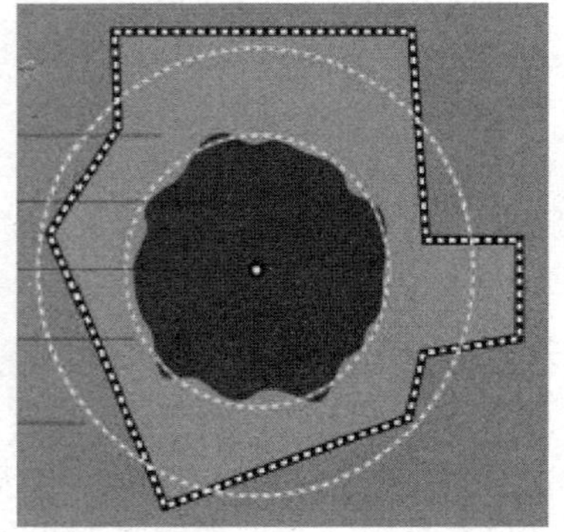

资料来源：Peter Hartoft-Nielsen，2002。

图2 “靠近一站”规划布局图

3 轨道交通系统主导城市形态发展

哥本哈根以轨道交通为主导。使用铁路系统是哥本哈根人非常重要的一项日常生活。车站周围为市民提供大量工作和居住场所，大多市民都采用轨道交通出行，从而为轨道交通提供了大量的客流，而这些客流的存在又促进了沿线的商业开发，工作、居住和商业的这种混合开发进一步促进了轨道交通的发展，并持续推动沿线的土地开发。有两种类型的列车在哥本哈根运营，分别是red S-trains和regional trains。其中，red S-trains被视为连接郊区与市中心的纽带，沿着“手指”从市中心辐射到几大重要的郊区古城。“手指”之间覆盖大量的绿化，整个发展模式区别于面状辐射，是有机地由点发射。red S-trains系统每天运营超过350000人次。[2]

哥本哈根采用了放射形的发展模式，轨道交通系统所支撑的走廊从中心城区向外辐射，分别指向区域的5个方向，城市的发展大都集中在轨道交通车站附近（见图3）。这样的发展模式有以下优点：①所有的走廊都通向中心城区，有利于维持一个强大的中心城区；②轨道交通系统很好地覆盖了新开发地区，能方便地实现新区与市中

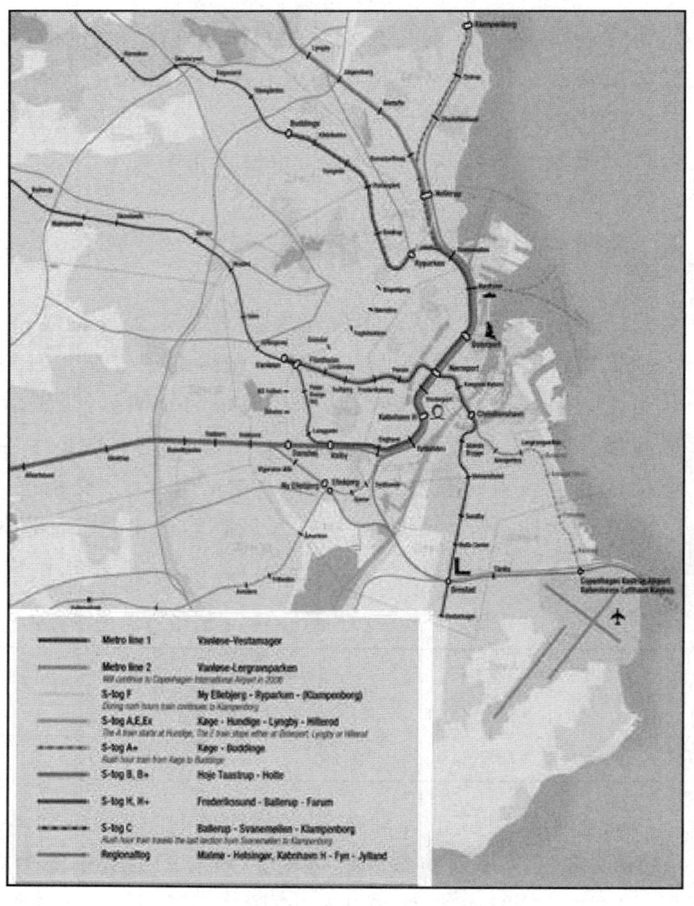

图3 哥本哈根轨道路网

心之间的出行;③这种集中发展模式可以提高土地的利用效率,并节省大量基础设施的投资,同时,对走廊之间绿楔的保护也有利于维持一个良好的城市生态环境。值得注意的是,哥本哈根的这种发展模式是在整个区域层面上实施的,而不仅限于某一条走廊或是一个小区。城市的活动是在整个区域内存在的,而不局限于某一个小的区域,如果只是在一个小的区域内实行 TOD 模式,并不能改变整个区域原有的用地形态和出行特征,所能取得的效果就非常有限。在整个区域的范围内实行这种发展模式,就能充分地发挥规模效应,形成整合优势,从而改变整个区域的用地形态和出行特征,促进区域发展。[4]

4 可达性与多种公共交通方式的高度配合

哥本哈根公交系统能够方便有效地服务于沿线地区,人们也可以从不同地区非常方便地到达城市轨道交通车站。另外,城市新开发区域与市中心之间通过城市轨道交通系统相连接,方便地解决了新区到中心城区的出行便捷性问题;在新城的用地开发上重视就业与居住的平衡,并主要环绕轨道交通车站进行。开发轴从车站向外发散,连接居住小区,轴线两侧集中了大量的公共设施和商业设施。新城中心区不允许小汽车通行,步行、自行车和地面常规公交在该区域共存,因此市民在新城的出行可以不依靠小汽车也能方便地完成。

在哥本哈根,公共交通系统包含各种模式的地铁、火车和公共汽车(见图 4)。哥本哈根在发展过程中,不仅重视公共交通的发展,还进行面向公共交通的不同交通模式间的整合。包括公共交通在内的任何交通模式都不是孤立存在的,它们都是整个城市交通系统的一个部分。由于轨道交通本身并不能直接提供"点对点"的服务,有效地提高轨道交通车站的可达性就显得非常重要。因此,集中在车站周围的土地开发使得轨道交通覆盖了城市大量的活动区域,而完善的步行系统和自行车路网在方便了非机动化交通出行的同时也提高了轨道交通的可达性;支线公交车站设在轨道交通车站附近,将更大范围内的出行者汇集到轨道交

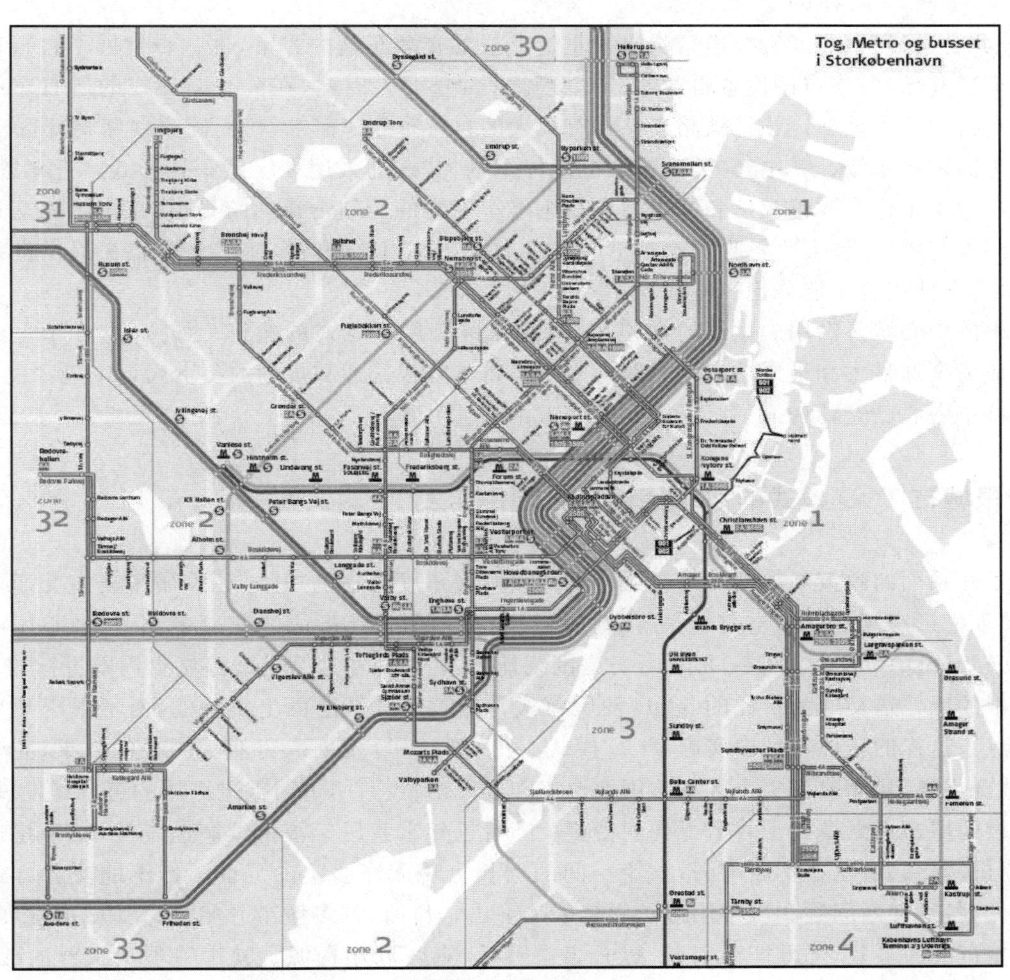

图 4 哥本哈根城郊公交路网

通系统。例如:有一个系统,是由哥本哈根地铁和公交相互合作的网络,系统采取可互换地铁和巴士门票的措施,大大方便了乘客的换乘,从而提高了公共交通的可达性。[7]

除了铁路和公交系统以外,自行车规划是城市道路规划的不可分割的一部分,哥本哈根早在20世纪60和70年代就已经形成局部自行车道网。虽然很多市民都拥有小汽车,但许多人依然继续使用自行车,自行车已经成为被社会广为接受的交通工具和城市交通的重要组成,1/3的市民选择骑自行车上班。在哥本哈根,自行车交通与机动车交通、步道交通同样被看作独立的交通系统。自行车道网遍布市中心地区,自行车道路网总长超过300km(见图5)。哥本哈根自行车交通政策的目标是提高自行车通勤比例,改善骑车人交通安全、提高骑行速度和骑车的舒适性。

图5 已建成的和在规划中的自行车路网

自行车与公共交通相结合,自行车交通和公共交通都有其局限性而不能满足所有交通需求。《城市规划(2001)》提出了将两者有机结合的建议,这样小汽车使用者也多了一个可以选择的交通方式。哥本哈根《公共交通规划(1998)》提出了将自行车带上公共交通车辆的方案,进一步扩展了自行车的使用范围。在公共交通起始站、终点站设置自行车停车设施非常重要。因此,在公交新环线的所有车站及地铁车站附近设置自行车停车设施。预计铁路车站将有极大的自行车停车需求,丹麦国家铁路将郊区车站25%的自行车位设为固定停车场。其中,50%为带顶棚的停车场,其余的采用多层停车架形式。近年来,一些郊区车站已经完成改善工作。改善车站和终点站自行车停车设施的计划由哥本哈根市、哥本哈根交通部和丹麦国家铁路共同参与制定,各方为各自拥有或管辖的车站的改善工作出资,他们还希望在提供良好的停车设施的同时,自行车使用者也能分担一些成本。

哥本哈根的中心城区沿用中世纪的街道布局,并保留有许多老式的建筑。如今,这个中世纪城市的人行路网已经成为全球最大和最成功的人行路网之一。哥本哈根交通和规划的负责人评论道:“仅仅60年,小汽车主导的城市中心已经转变成了以人为本的城市中心。”[8]

5 哥本哈根城市TOD模式的成功经验给我们的启发

哥本哈根一系列的政策规划都是站在城市可持续发展角度考虑的,通过建设城市轨道交通网络来支撑区域远期的“手指形态规划”,轨道交通系统支撑沿线以及各个站点形成的交通走廊,从中心城区向外放射出去。TOD (Transit-Oriented Development)是围绕地铁、轻轨或快速公交线路站点周围进行的土地开发模式。哥本哈根的以轨道交通为依托的TOD发展模式是在整个区域层面上实施的,而不限于某个小区或者轨道交通站点。这样的整体区域内实施TOD模式,可以使TOD规划取得非常明显的效果,充分发挥规模效应,形成整合优势,从而改变整个区域的用地形态和居民出行特征,进而促进区域的可持续发展。[5]

哥本哈根的城市规划模式十分值得我们借鉴。随着近年来我国经济持续高速发展,城市化进程不断加快,郊区化和机动化趋势也在不断增强,城市空间的增长出现无序蔓延的局面。传统的交通方式逐步向机动化出行转变,各种交通问题和城市用地矛盾越来越突出。目前,许多城市开始检讨其城市发展方向,意识到必须限制城市无序蔓延、降低能源消耗、提升生态环境、有效利用资源。其中一项很重要的战略,就是通过以公共交通为导向的城市发展(TOD)策略进行系统的、协调的土地发展和公共交通建设。

城市交通对城市发展的重要性不言而喻。大多数现代化城市都是以小汽车为主要交通工具，而小汽车交通存在许多影响城市可持续发展的问题：交通拥堵、噪音、空气污染、城市景观的破坏和社区的割裂等。这些问题的存在大大限制了城市的可持续发展，我们需要改变这种状况。从哥本哈根的发展进程中我们可以看到，以绿色交通为主导的城市发展模式才是正确的"可持续、宜居"的城市发展模式。

参考文献

[1]蒋谦，国外公交导向开发研究的启示[J].国外规划研究，2002，26(8)：82－87.

[2]Cooperation of Transport Modes and Structural Plan.

[3]手形的城市：丹麦首都哥本哈根.

[4]丹麦首都哥本哈根轨道交通.

[5]哥本哈根 TOD 模式研究-3e 交通系统研究.

[6]The Copenhagen finger plan and the proximity to station.

[7]Section-2-Local-transport of Copenhagen.

[8]The Transport and Environmental Plan 2004.

杭州绿色低碳交通建设架构与实践

郑　亮

（杭州市交通运输局，浙江杭州 310014）

摘要：绿色低碳交通是一种以低能耗、低排放、低污染为根本特征的交通运输发展模式，其核心在于提高交通运输的用能效率、改善交通运输的用能结构、减少交通运输的碳排放。本文首先对杭州绿色低碳交通现状进行分析，重点阐述了绿色低碳交通建设的六大重点领域，提出了绿色低碳交通建设的4种模式，为其他城市建设绿色低碳交通提供参考。

关键词：绿色低碳交通；碳排放；重点领域；探索模式

气候变化已经成为国际社会普遍关注的全球性问题。从《联合国气候变化框架公约》签署到《京都议定书》生效，从丹麦的哥本哈根，到南非的德班、墨西哥的坎昆、卡塔尔的多哈、波兰的华沙，再到秘鲁利马，各国携手应对气候变化，共同推进绿色、低碳发展已成为当今世界的主流。在这样的形势和背景下，杭州市交通运输部门以打造低碳城市为目标，立足低碳交通建设，开展了可持续的绿色低碳交通的探索与实践。

1　绿色低碳交通建设的现状

杭州作为中国东南部的重要交通枢纽、长三角地区三大综合运输枢纽之一，各种交通运输方式齐全。2013年，全市GDP 8343.52亿元，人均9.48万元，万元GDP能耗0.498t标准煤（依据2010年不变价计算，2011—2013年，万元GDP能耗下降分别为4.42%、6.82%、3.5%），与国际先进水平相比还有一定的差距，工业能耗占比较大。

2011年和2012年，杭州先后列入交通运输部的低碳交通运输体系试点城市和财政部的节能减排财政政策综合示范试点城市。2011—2013年，杭州市交通运输系统围绕“八大重点工程”28个子项目，完成总投资额26.2亿元，节约标准油29000t、标准煤145000t，固碳249000t。

（1）交通能源消耗及碳排放现状。根据杭州市交通运输能源统计数据，测算2012年杭州市交通运输行业（不含私人交通）能源消耗达到2527000t标准煤，CO_2排放总量为5358000t。2012年，杭州市交通运输行业（不含私人交通）碳排放结构：公路客、货运CO_2排放量分别为378000t、3727000t；港口、船舶CO_2排放量分别为9000t、424000t；城市公交车、出租车CO_2排放量分别为434000t、386000t。

近3年来，杭州市能源消耗及CO_2排放呈现出以下4方面特点：①公路运输能耗以柴油为主，CO_2排放总量较大；②营运船舶燃料消耗量较大，受经济波动影响大；③港口能源消耗量逐年增加，CO_2排放总量较小；④城市客运能耗以汽柴油为主，新能源车辆增长快。

（2）能源需求及碳排放预测。随着经济发展，杭州市交通运输需求将继续快速增长，营业性交通运输能耗与CO_2排放总量将进一步增加，但增幅将有所减缓。预计2015年能源消耗量为2854000t，CO_2排放总量为6014000t；2020年能源消耗量为3387000t，CO_2排放总量为7118000t。2013—2020年，能源消耗总量、CO_2排放总量年均增长率分别为3.57%和3.43%。

2　绿色低碳交通建设的思路与重点任务

追求绿色低碳交通已经成为各城市交通发展的目标与共识。绿色低碳交通建设在于使交通运输系统逐渐摆脱对化石能源的过度依赖，实现低碳转型发展，支撑低碳经济的成长。绿色低碳交通建设是一项综

作者简介：郑亮，男，主任科员，长期从事交通运输行业节能减排管理工作。

合性的系统工程，不仅涉及道路系统、车辆系统，还应该考虑车辆使用的燃料、交通管理的手段，甚至需要考虑非交通手段的城市规划、政策资金及市民参与，从而构建绿色低碳交通的共识。[1]结合杭州城市的特点，本研究围绕绿色低碳交通建设的六大重点领域开展了相关工作，这六大领域基本涵盖所有的交通运输环节。

(1)低碳综合交通系统。涉及交通网络优化、枢纽场站优化、水上绿色运输、自行车出行系统、轨道交通系统等。如"五位一体"绿色公交体系：重点是发展杭州城市特色项目"公共自行车、水上巴士"。杭州地处江南，水网密布，有近900km市区河道，为杭州发展水上巴士创造了得天独厚的自然环境。目前，杭州开通8条水上公交线路，总里程约63km，开通至今共完成公交客运运输量305万余人次，日均客运量达到0.35万人次。全市公共自行车已达8.13万辆，服务网点达3243个，日均租用逾30万人次，被英国BBC公司评为"全球8个提供最棒的公共自行车服务的城市之一"。

(2)低碳交通基础设施。涉及低碳公路基础设施建设、低碳港口设施节能改造、低碳运输站场体系建设、绿色照明设施节能工程、物联网在工程领域应用、碳汇林建设等。如ETC车道建设：实现全市范围内的高速公路电子不停车收费系统(ETC)100%覆盖，72个收费站建成160条ETC车道，用户数达到10.2万车次。下一步，交通运输部计划在2015年底实现全国高速公路ETC联网工程。

(3)低碳交通运输装备。涉及老旧车船淘汰更新、绿色驾培设备开发应用、绿色维修技术应用、出租车怠速器推广等。如新能源运输装备应用：全市新能源公交车累计达2258辆，占总量的27.49%；其中，油电混合动力公交车1078辆、液化天然气公交车1000辆、纯电动车辆100辆、即充式纯电动车80辆；最近又新增816辆天然气公交车，萧山、余杭、富阳也开展了推广；此外，投入500辆纯电动出租车，针对出租车、长途客运(杭州长运)、货运行业(汤氏物流)等也进行了天然气车辆的推广。

(4)低碳物流技术应用。涉及道路运输组织优化、水路运输组织优化、物流基础设施工程、车船大型和标准化发展等。如物流公共信息平台：杭州市原始开发的物流公共信息平台，上升为国家交通运输物流公共信息平台。平台总体布局"1+32+nX"，其中"1"代表平台的国家级管理服务系统，"32"泛指各省级区域交换节点，"nX"是指与平台互联互通的物流信息相关系统。平台累计数据交换量达7.7亿条，实现物流信息共享，年均约1000亿元的物流价值。平台已经走向国际，成立了"东北亚物流信息服务网络"，下一步将积极开展与亚太地区、欧洲、美国等物流信息的共享合作。

(5)低碳信息技术工程。涉及营运车辆联网联控、免停靠报港系统、千岛湖智慧航区建设、办公自动化等。如公众出行信息服务系统：开展了信息资源整合共享建设，不仅整合了五位一体、长运等交通系统内部的信息资源，还整合了公安交警、城管委、建委等交通系统外部的信息资源，开发了"交通·杭州"手机App软件，已向公众提供了近1000万次的交通绿色出行信息服务，类似于2011年推出的"台北好行"智能型手机App应用程序。[2]下一步，将探索通过市场化的机制优化软件，引进民间丰沛创意，并深度推广。

(6)低碳交通能力建设。涉及低碳交通统计体系、碳汇交易、标准和规范、新技术新材料科研等。如低碳交通宣传—汽车节油大赛：2010年以来，市交通运输局联合相关政府部门、媒体、协会等连续面向社会主办四届汽车节油大赛，共计有超过10万人直接或间接参与活动，媒体累计报道超过上千篇。通过社会海选，向广大市民传递了"在生活中节油，在工作中节油"的理念。其中，2013年组织了由8个省9个市参加的《中国好手艺》"汽车节油王"技能大赛。赛后，杭州电视台制作了6集电视节目，面向全国播出，传递了绿色低碳的理念。

3 启示与思考

通过可持续的绿色低碳交通的探索与实践，就如何推进绿色低碳交通发展从"模式探索"和"方法论"的角度进行归纳和思考。

(1)突破传统应用范围思维定式，拓展低碳技术在不同领域的应用。绿色照明技术(含太阳能、LED等)实践案例：先在钱江隧道、绕城高速公路、淳安隧道、千秋关隧道等公路建设领域应用，然后在公共自行车服务区、公交站牌等公共交通领域、航标灯和码头等水路运输领域，以及办公楼节能改造等机关节能范畴开展推广应用。

(2)节能减排思想贯穿各个环节，建设节能减排技术应用的综合体。低碳高速公路实践案例：包括路面循环技术、绿色照明、碳汇林、ETC、信息化等元素。

(3)衔接低碳体系建设不同环节,发挥系统优势实现整体效率提升。“五位一体”绿色公交体系实践案例:地铁(节能设备设施、线网规划)、公交(线路规划、节能与新能源车辆、BRT、驾驶技术)、公共自行车(规划、照明)、水上巴士、出租车(纯电动车)得到了很好的纵深发展,通过组合换乘的协调设计、公共出行服务平台实现了高效衔接。

(4)着力提高低碳技术推进效率,将较为成熟的经验规范化制度化。实践案例:将公共自行车服务系统的建设与运营形成杭州模式,编制了《城市公共自行车系统技术规范》、《城市公共自行车管理服务规范》两个省级地方标准,浙江省形成了17万辆公共自行车的规模,面向全国30多个城市的服务推广,国内技术服务合同额超过3亿元。

4 存在问题及下一步努力方向

(1)存在的问题。①文化体系建设需同步;②企业主体自发性不够;③市民意识有待加强。

(2)下一步努力方向。①进一步优化综合交通基础设施。加快推进轨道交通建设,到2019年,杭州的轨道交通线网将由5条组成,总长约190km;五种交通运输方式之间的换乘需要进一步优化;积极优化自行车出行环境,保障自行车出行专用路权。②进一步加强交通运输环境保护工作。一是大气污染防治。2013年杭州市先后有5次大范围严重雾霾天气。据环保部门测算,杭州市机动车尾气排放对大气PM2.5的贡献率达39.5%。鉴于目前大气污染的严峻形势,杭州市政府已经决定加大“错峰限行”力度,实施摇号与竞价相结合的小客车总量调控管理措施,即“双限新政”。减少机动车尾气排放需要加快推进营运车辆黄标车淘汰,加快低碳交通运输装备的投放。二是水环境保护。抓好水源保护、船舶防污染治理、码头污染治理、内河和千岛湖污水上岸等。三是进一步加快绿色低碳交通文化构建。注重培育绿色循环低碳交通运输文化,组织开展汽车节油大赛、节能宣传周、低碳日、无车日、斑马线前礼让行人等活动,积极倡导绿色出行。

参考文献

[1]冯正民.台湾绿色交通政策与实践[J].城市交通,2011(1).
[2]罗孝贤.公共交通的整体思维——台北经验[J].交通与运输,2012(6).

品质生活愿景中的城市交通环境

环境优先的公共停车场建设与地下空间开发

——以武汉市梨园广场公共停车场项目为例

潘福超

（上海市城市建设设计研究总院，上海 200125）

摘要：本文通过对武汉市梨园广场公共停车场项目设计的项目背景、设计原则和手法的分析与总结，探讨了“环境敏感地段”中环境优先的公共停车场设计过程中，如何在确保景观、交通、功能协调统一的前提下，通过地上地下一体化设计和交通整合设计，以景观环境为主体，交通枢纽换乘为核心，既为人们提供舒适优美的休闲广场，又将地铁、公交、小汽车等有机联系起来，创造地上、地下有机结合的复合多维立体空间。

关键词：环境敏感地段；公共停车场；环境优先；地上地下一体化；交通整合

民间环保组织——自然之友于 2013 年 4 月 11 日在北京发布的年度环境绿皮书《中国环境发展报告(2013)》中指出：“空气污染、交通拥堵、垃圾处理困境等成为中国城市环境的不可承受之重。”城市的出行环境变得越来越差，交通拥堵问题不仅影响城市的通勤效率，也间接地给城市的经济活力带来压力，而且还直接加重市民的焦虑情绪。由于之前对于机动车行业的大力支持，对城市公共交通优先的策略重视不够，造成城市环境污染和“停车难”问题。为解决这些问题，首先要在规划中大力鼓励公交和低碳出行，其次通过多种设计方法解决停车问题，遏制出行环境的进一步恶化。

地下空间资源的开发与利用成为大城市破解用地不足、交通拥堵及环境污染等难题的重要途径，也是实现高品质的人性化城市的重要手段。但是，过度的地下开发也会造成城市生态效益下降。作为设计人员，一定要有引导的意识，对资源进行准确评价，达到经济和环境效益的最大化。在设计中，以环境生态为基础，如何将地上与地下、建筑与交通等城市要素一体化设计与整合，成为设计师的重要课题。

“环境敏感地段”主要是指在大城市的重要交通节点或多种功能高密度集中的地段，建设环境与建筑物之间的关系非常紧密，通常具有功能复合性、生态敏感性与技术复杂性等特征。在这些地区建设，往往会对城市交通、出行方式、城市形象以及防灾疏散等产生极大的影响，具有高度敏感性。如城市的各个主要商业密集圈(带)、环境优先地带、主干道交叉区域、交通换乘枢纽、部分大型公共建筑所在区域等。[1]本文中的案例属于环境优先地带并有交通换乘功能的区域。

1 项目背景及概况

项目所在的区位是武汉主城区进入东湖景区的门户，是徐东大街的终点景观点(见图 1)。东湖是武汉的城市名片之一，而梨园广场是东湖的门户，是体现武汉城市的风貌特征的一处重要载体。梨园广场重要的地理位置和定位，使得其在节假日期间存在较大的停车缺口，而现状广场交通组织混乱，停车不足。本项目的建设目标即解决门户景观、公交换乘和周边停车供需矛盾问题。

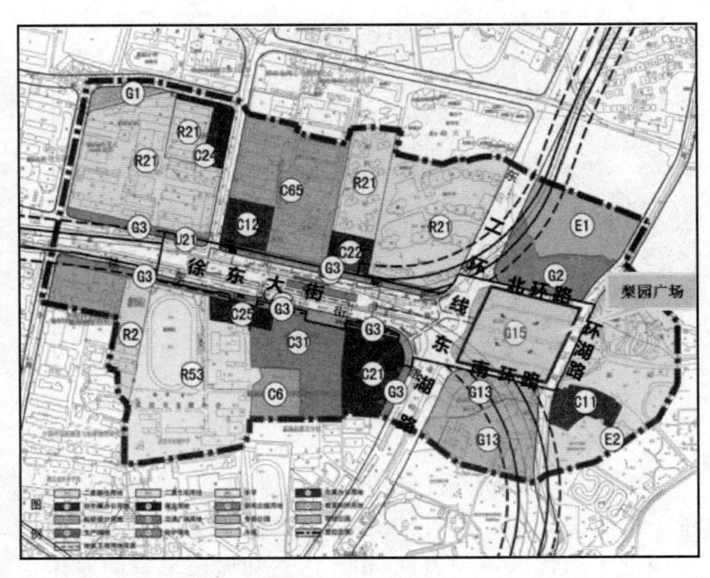

图 1 研究范围

项目西侧过二环线东湖路，地下有地铁 8 号线梨园站，北侧为水杉林，东侧为东湖景区，南侧为东湖牡丹园，用地面积约 2.0hm^2 (1hm^2 = 0.01km^2)。项目选址区域规划用地性质为绿化结合公交枢纽及公共停车场。

2 设计原则

地上地下一体化。地下与地上一体化设计更加关注城市功能的扩展以及与地面使用功能的连接,不仅在于地上与地下空间的重组联动,而且涉及城市诸多要素。地下规划设计通过与地面绿化、城市道路、地面建筑等城市要素的立体整合,通过具体的设计手法将光、景引入地下,最终把人引入地下,构建多层次、活跃、趣味的地上地下协同发展的复合空间。

交通整合。公共空间立体化交通方式的整合,不仅能够实现人与机动车的分流,改善人流密集型公共空间的交通秩序,还可以保证城市公共空间的各项功能稳定、集约、高效运转,提升城市公众生活的品质,增强城市空间的链接,创建高质量的城市空间环境。

3 设计解析

3.1 地上地下一体化设计

(1)地面景观设计

为创造城市景观和自然景观有机过渡的开放空间,为市民和游客提供具有文化内涵、人性化的城市绿色空间,广场景观设计定位为集景观、交通、休闲、生态功能于一体的东湖景区门户广场。设计强调人的活动与自然的融合,追求景观空间上的延续性,功能上的适应性和多样性(见图 2、图 3)。

因此,设计中的一个重要课题就是“城市末端广场”如何构建市中心至东湖入口的景观视廊,延续城市纹理结构。首先,设计中在靠近城市一侧安排了下沉式公交枢纽,在靠近景区的一侧集中绿化,动静分区,同时在广场中间设计一条东西贯通、变化丰富的景观轴,在空间关系上强化了城市景观轴线,加强了城市与景区的交流,从平面关系上延续了城市道路,具有很强的视觉及景观引导性。

地面高差结合景观设计,通过下沉广场、升起的旱桥、缓坡草地等设计手法避免了地面的“平面化”,使得场地成为高低错落、场景丰富的立体化空间。

景观轴线以硬质广场为主,通过布置樱花大道、引导性铺装、五彩灯带、线性水景及座椅来强调景观的轴线性,突出广场文化氛围,既为人们提供休闲的场所,也为空间人流疏散、方便客流通行提供空间场所。

设计中对生态停车场也进行了研究。首先在下沉式公交枢纽西侧结合古树保护(墨西哥落羽杉),设置了景观带,使得城市一侧界面完整,又对公交枢纽进行遮挡,使得公交枢纽融于广场绿化中,最大限度地减少公交停车对地面景观的破坏。在公交车候车区人行道岛上种植树木,起到良好而生态的遮阴功能,公交车停车位采用环保生态、透水透气性好的植草砖铺装,形成一个清新环保的生态停车场。

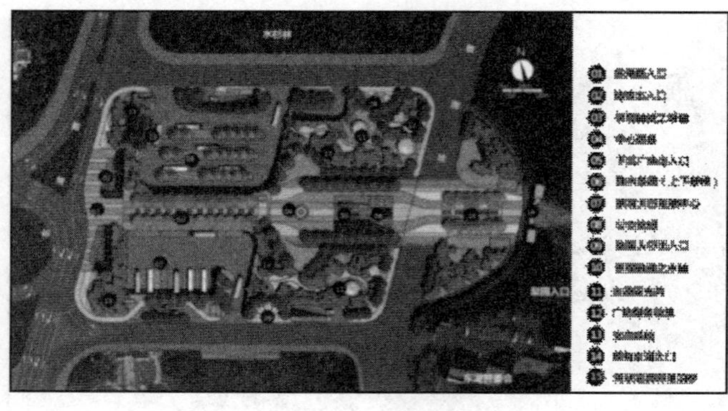

图 2 总平面

图 3 景观轴线

(2)下沉广场设计

随着地下空间开发利用的日益发展,人们对地下空间的使用要求也越来越高,为了减少人们对地面和地下的感觉差别,除了设置各种形式的采光井、中庭,减少地下空间的压抑之外,城市的下沉广场是城市空间向地下渗透的一种表现,相互渗透和城市形态的立体化是一致的。[2]它作为一种沟通地面和地下空间的大型通道,对改善地下空间环境起到重要作用。

下沉式广场一般与主体工程的出入口相结合，使人流经下沉式广场的空间到达工程内部。它产生的高差变化和构成要素的变异，使空间错落有致、开敞张弛，将自然光和风等环境因素引入，构造一个从地面到地下环境变换的空间。下沉广场将地下街、地铁等地下公共空间串联，大型的下沉广场也可以使地下一层变成建筑“首层”，模糊了地上地下的概念，使城市界面和地下界面逐渐融为一体，成为一个立体有机的系统。

例如梨园广场上设置开敞的下沉广场，形成阳光谷的景观效果，借助于地面和地下空间的相互渗透、融合，较好实现了景观轴线的开敞性，并结合座椅，水景，成为景观小品，既兼顾了景观功能，又解决了地下空间的采光、通风问题。

3.2　交通整合设计

(1)动态交通

在城市的机动车系统建设中，一方面大力完善、优化公交服务系统，另一方面是有选择性地将机动车交通向“非地面”的空间发展[1]，如地下、建筑首层等，这样可以释放出地面空间，减少对环境的视觉遮挡或妨碍，可为人们提供更多环境优美的开放空间。

图 4　公交枢纽鸟瞰图

在梨园广场项目中，为了最大限度地减少公交枢纽对地面景观的影响，与以往的公交枢纽放置在地面上不同，方案最大的特色就是将公交枢纽放入地块西侧半地下，分南北两侧设置，下沉2.5m(见图 4)。北侧设置公交线路，每条线路为独立站台，上、下客分离。公交站台设置垂直楼扶梯，直接连接地下一层，方便与地铁的换乘。南侧作为公交站台预留、出租车、接驳等。此项目开启了武汉市公交枢纽由地面转入地下的开端，为地面景观的营造创造了条件。

(2)静态交通

机动车出行为我们带来便捷的同时也产生了很多环境问题，地下停车场的建设可以提供充裕的停车泊位，保证区域行人和非机动车的正常通行，提高道路的通行能力，防止交通阻塞，减少车辆耗损及尾气、噪音等一系列环境问题，对提升区域形象具有重要意义。

但是，由于机动车出行比例逐年上升，各城市对停车设施的配建要求也在不断提高。对于一般地区，基本的停车需求还是需要按照规范标准配置，但对于“环境敏感地段”，它往往或建筑密度高、交通压力大，或服务范围广、环境要求高。对此地段，从规划阶段就应对停车规模进行控制，如采取“截流”等措施，避免过多的机动车进入“环境敏感地段”。

梨园广场公共停车场除做成地下停车场外，在停车需求测算时，有意在缓解景区停车缺口的同时取下限，同时结合轨道交通，提供“P＋R”停车位，引导和促进民众对公共交通的使用积极性。

(3)步行交通

良好的地下步行交通，最大的优点在于能够解决所在区域的人行交通问题，同时也有具有“全天候”及有安全保障等特点。其中，城市步行系统与公共交通整合是实现公共空间立体化的重要内容，步行系统的“舒适、自由”，尤其是地下步行系统及地上地下步行转换系统的“便捷性”才能更好地体现城市品质。

目前，步行系统在空间形态上来看，已由简单的地下街、下沉街和下沉广场逐渐发展成为城市的公共地下步行网络，更加注重与地铁枢纽的结合和空间品质的提高，只有将步行系统构建成网络，才能使整个地段的步行质量得到提升。同时，通过将城市轨道、公交枢纽、机动车等公共交通与公园绿地及其他城市开放步行空间充分连接，形成完善的城市步行系统，实现步行活动的最短路径及多路径选择。

梨园广场步行的设计重点为无缝换乘模式，将地铁、公交枢纽、小汽车停车、景区人行等功能进行有效结合与转换，各个人流均可在广场及地下一层地下空间实现无缝换乘和接驳，交通枢纽与步行系统实现完美结合(见图 5)。该设计方案充分体现公交优先的设计理念，在半地下设置公交枢纽，在地下一、二层设置小汽车停车库，在平面距离和高度上使得公共交通与人的关系最为便捷，最为直接。同时，在广场内部营造了设施完善、氛围独特的自由步行场所。

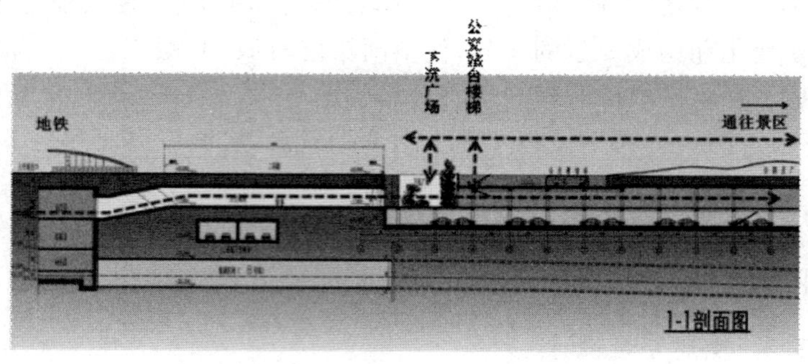

图 5　步行交通分析

4　结　语

未来的城市地下空间的发展，即有功能集约、运行高效的趋势，也有舒适安全、和谐共生的理念；重视地上地下一体化设计，建筑和交通整合成为规划师提升设计品质，是实现城市生态、交通等资源效能最大化的重要途径。

一体化设计除表现在设计方面外，后期的建设机制和运营也应该包含其中。与城市地下空间管理直接相关的有国土资源、城市规划、建设和交通等 10 多个部门，其地下空间开发技术已不是问题，现在面临的最大困难来源于机制问题。因为集约化或多样混合功能离不开各个职能部门的通力合作，若没有一个能统一管理的职能部门，某些规划思想很难贯彻下去。

再者，目前土地界面的平面分割，影响了不同权属的城市要素与地下公共空间体系的立体整合，界面分配不清极有可能导致许多后期隐患，给地下空间发展带来制约。

总之，生态环境是我们赖以生存的基础，城市地下空间开发不能以破坏生态环境为代价，规划师应多角度思考，集约化、综合化、一体化地利用和优化我们共同的城市资源，为实现城市品质的整体提升发挥自己的作用。

参考文献

[1]褚冬竹. 城市针灸——“建筑、交通一体化”观念下的建筑策略初探[J]. 新建筑，2011.

[2]刘捷，刘耘. 城市空间的相互渗透[J]. 华中建筑，2004，22（1）：84－86.

[3]王勃，黄黎敏，郭东军，陈志龙. 城市中心商业区文化广场建设与地下空间开发——甘肃武威文化广场方案设计[J]. 地下空间与工程学报，2010(4)：239－241.

[4]卢济威，陈泳. 地下与地上一体化设计——地下空间有效发展的策略[J]. 上海交通大学学报，2012(1)：1－6.

[5]董冰. 建筑景观一体化环境设计研究及实践[J]. 新建筑，2012(2)：118－121.

[6]毛锋. 生态城市的基本环境与规划原理和方法[J]. 中国人口资源与环境，2008，18(1)：155－159.

[7]黄莉，霍小平. 城市地下空间利用——地下综合体发展模式探讨[J]. 北京建筑工程学院，1999，15(2)：89－99.

[8]王文卿. 城市地下空间规划与设计[M]. 南京：东南大学出版社，2000.

[9]侯学渊，束昱. 论我国城市地下综合体的发展战略[J]. 地下空间，1990，10(1)：1－10.

Environmental Prioritized Public Parking Facility Construction and Underground Space Development
——Using Liyuan Plaza Public Parking Facility at Wuhan as An Example

PAN Fu-chao，HUANG Hao

(Shanghai Urban Construction Design & Research Institute，Shanghai 200125)

Abstract: According to analysis and summary of background and design principles & methods of Liyuan Plaza public parking facility at Wuhan，this paper discussed in the design process of environmental prioritized public parking facility in environmental sensitive area，how to using the uniform and harmonious of landscape，transportation，and function as a prerequisite，according to above-ground and underground integration and transportation integration，treating landscape as main part and transit transfer hub as core，not only provide people with beautiful and comfortable leisure square，but also link subway，public transport，and car together，create a composite multidimensional space with organic combination of above-ground and underground.

Key words: environmental sensitive area；public parking facility；environmental prioritized；integration of above-ground and underground；transportation integration

国内外有轨电车交叉口优先信号控制方法初探

范宇杰
（上海市城市建设设计研究总院，上海 200125）

摘要：在大力发展公共交通以缓解城市交通压力已成为共识的今天，沉寂百余年的现代有轨电车又重新活跃在大中城市的道路上。本文首先针对国内外主要的有轨电车信号优先控制研究成果进行了综述，然后选取现代有轨电车实际运营城市的典型案例，分别对有轨电车交叉口信号被动优先、主动优先控制进行了介绍和探索，最后指出有轨电车交叉口信号优先控制领域可能的发展趋势。

关键词：有轨电车；信号优先控制

在大力发展公共交通以缓解城市交通压力已成为共识的今天，沉寂百余年的现代有轨电车又重新活跃在大中城市的道路上。[1]现代有轨电车作为一种轨道交通方式，以其运能适中、灵活性较强、绿色环保、乘坐舒适、成本相对较低等特点备受欧美城市的青睐。上海、天津、广州等城市也陆续引进了现代有轨电车系统并已投入运营。

有轨电车相对社会车辆以及常规公交等交通方式，有其独特的行驶特性，若沿用传统的信号控制方法会对其运行的效率及安全产生不利影响。另一方面，现代有轨电车在欧美的复兴开始得较晚，目前国内仅有极少数城市有现代有轨电车的实际运营经验。因此，国内外关于有轨电车在交叉口的信号优先控制方法研究较少。本文将就有轨电车优先控制理论研究及已应用有轨电车信号优先控制的城市这两方面展开初步探索。

1 有轨电车交叉口信号优先控制理论研究

（1）国外相关研究方法

Thomas[2]应用 SIMAN 模型构建了有轨电车与公共汽车的仿真模型，并对德国马格德堡市不同情况下的公共交通网络进行了仿真，包括在提供不同的交叉口信号优先控制策略下的模型仿真，结论显示该仿真模型可用于模拟有轨电车与公共汽车的运行环境，并且精准度较高。

Matsumoto[3]提出了两种有轨电车优先控制方法：top-priority 和 semi-priority。top-priority 为有轨电车交叉口绝对优先控制策略，优先措施包括有轨电车绿灯延长与红灯早断（见图 1）。semi-priority 为有轨电车交叉口条件优先控制策略，优先措施为有轨电车绿灯延长。两种优先控制策略均未考虑对背景车流的影响。Matsumoto 对广岛市有轨电车线路进行了有轨电车优先控制方法效益的仿真研究，其结论表明两种优先控制方法均有利于提高有轨电车的交通效益，但对背景车流存在一定的影响。

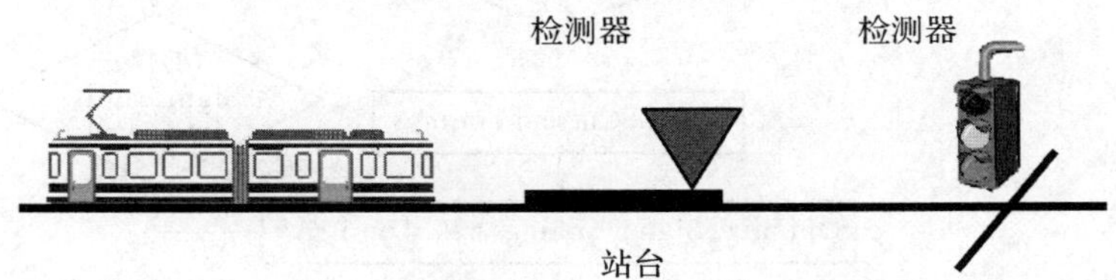

图 1 信号优先控制系统中检测器与交叉口信号灯的关系[3]

Shalaby[4]利用 Paramics 微观仿真软件，建立多伦多市核心区 King Street 的微观仿真模型，对多伦多市核心区 King Street 的有轨电车进行不同情况下的仿真分析，得出了更有利于提高有轨电车交通效益的建议

作者简介：范宇杰（1988— ），男，硕士研究生。

措施:①已实施的有轨电车交叉口无条件优先控制;②去除目前已应用的有轨电车交叉口优先控制;③全线禁止社会车辆左转;④将道路改造为有轨电车专用路。结论显示,全线禁止社会车辆左转以及将道路改造为有轨电车专用路对于提高有轨电车服务水平有着更好的效果,其中将道路改造为有轨电车专用路具有更好的可实施性。

之后,Shalaby[5]对有轨电车车头时距控制方法进行了研究。Shalaby 采用多智能体的方法对有轨电车车队的车头时距进行监控与控制,一旦多智能体发现有轨电车车队形成串车,多智能体将阻止串车现象的形成并在车队中保持一个合理的车头时距。仿真结果表明,多智能体可解决已形成的串车问题,并有效防止串车现象的再次出现。

《交通信号控制指南——德国现代规范(RiLSA)》[6]针对有轨电车交叉口信号控制进行了相应的控制参数及方案介绍,具体内容包括考虑有轨电车运行的黄灯时间、绿灯间隔时间的确定;有轨电车运行条件下的交叉口在线绝对优先控制策略。在确定控制参数时,考虑了有轨电车的车长、行驶速度、加减速度等特性。但由于我国行驶环境与德国存在一定差异,其控制参数及方案不宜直接应用于我国城市有轨电车优先控制系统。

Elisangela[7]建立了评估有轨电车时刻表的影响因素体系,包括信号控制、优先规则、路段行驶安全等因素,体系中明确了各影响因素对有轨电车时刻表的具体影响程度。

Li[8]研究了有轨电车在道路平面交叉口的优先信号控制系统及模型,提出的优先信号控制系统包括四部分:有轨电车检测装置、有轨电车行程时间预测模式、有轨电车优先申请生成器、信号控制机(见图 2)。有轨电车的优先申请分为 3 种情况。①有轨电车晚点。在这种情况下,系统为有轨电车提供沿线协调在线优先控制。该控制方法可为有轨电车提供最优绿波带宽,目标函数为最小化有轨电车交叉口延误的同时减小对背景车流的影响。②无优先申请。③有轨电车准点到达或者提早到达。该控制系统的实施需建立在原有离线协调控制的基础上,Li 等以圣地亚哥有轨电车系统为原型,对所提出的优先控制系统利用 Paramics 微观仿真软件进行了仿真分析。结论表明:该控制系统可显著提高有轨电车的交通效益,同时对背景车流没有过于明显的影响。

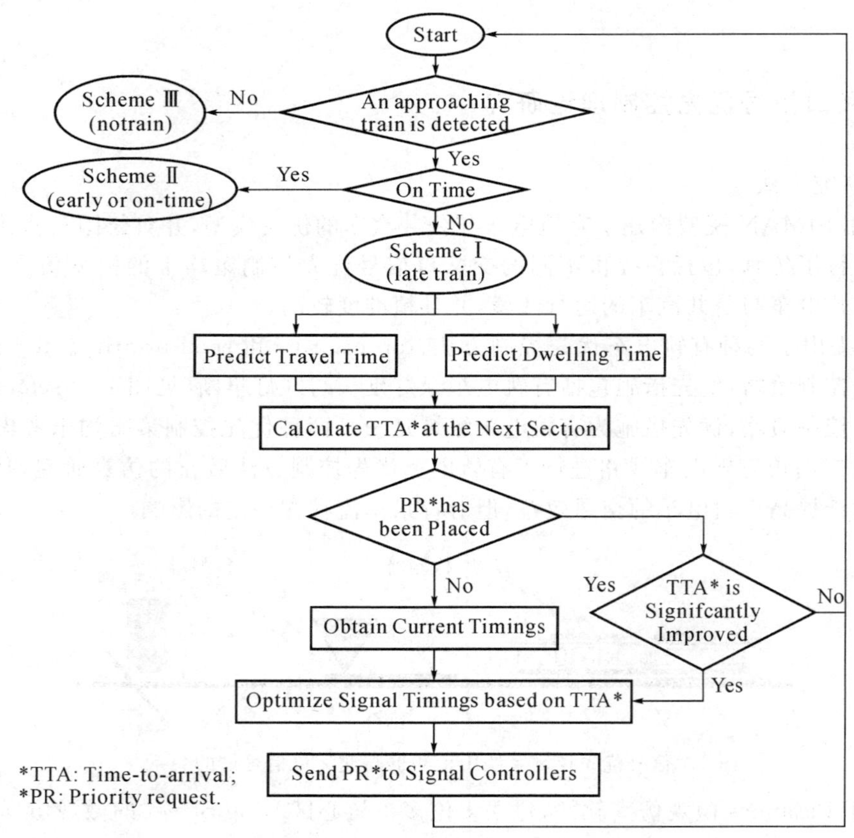

图 2　有轨电车信号优先控制策略[8]

Currie[9]对墨尔本市及多伦多市的有轨电车实时信号优先控制系统进行了介绍,具体内容包括两市有轨电车的行驶环境及设计参数、控制系统硬件设施的设置情况、控制系统的控制逻辑及相关参数的确定方法。在此基础上,他总结了两市有轨电车优先控制系统的优点与缺点,对两市有轨电车优先控制系统未来的发展与完善方向进行了较为深入的讨论。其中,多伦多市更加注重实施信号优先控制系统策略的应用性及先进性,而墨尔本市则更加关注系统对于整体交通系统拥堵的影响及晚点有轨电车的优先级控制。

(2)国内相关研究方法

国内引入现代有轨电车较晚,并且本身的信号优先控制研究较为落后。因此,我国学者对于有轨电车的研究较集中于对有轨电车系统及车辆特性的介绍,对于有轨电车在交叉口的优先控制方法研究得较少。同济大学的李盛[10]曾对有轨电车在交叉口的信号优先控制进行了相应的研究。李盛提出了有轨电车交叉口绝对优先控制方法,并对其他相位车流进行相位补偿。通过对法国南特市有轨电车线路进行仿真研究,他提出的绝对优先控制方法对有轨电车交通效益有很好的保证,但由于采用绝对优先控制,对部分背景车流有一定的影响。吴迪[11]在李盛研究的基础上,提出了有轨电车交叉口单点在线优先控制方法,以交叉口总体人均效益最大化为目标,兼顾有轨电车晚点情况、能耗与乘坐舒适性、其他社会车辆交通效益等因素,为有轨电车提供单点实时条件优先控制;并以交叉口背景车流绿波带宽最大为控制目标,提出了有轨电车离线协调优先控制方法。

2 实际有轨电车优先控制方法应用情况介绍

欧美发达国家的部分城市已应用了现代有轨电车系统,对有轨电车在交叉口的控制策略大致分为3个类别[6]:①无优先控制;②绝对优先控制;③条件优先控制。其中,绝对优先控制和条件优先控制都属于主动优先控制。

总结若干国内外已应用有轨电车的典型城市的交通控制情况,将其交通环境及管理控制方案总结于表1。从中选取圣地亚哥、多伦多及墨尔本3个城市,分别介绍有轨电车在实际运营应用中被动优先与主动优先的情况。

表1 部分城市有轨电车的管理控制方案[9,12]

城市	有轨电车交通环境	管理控制方案
卡加立,加拿大	路中型,专用道路	TRANSYT-7F,无优先控制,基于电车时刻表的固定信号配时
波特兰,美国	路边型	在商业区应用检测线圈对电车进行优先控制
萨克拉门托,美国	路中型,专用道路	为适应电车行驶对交叉口进行优化设计
旧金山,美国	专用道路,混用道路	108个平交口中20个为信控交叉口,其中5个有电车优先控制
圣地亚哥,美国	路中型,专用道或混用道路	被动优先控制
圣何赛,美国	路中型,混用道路	NEMA,提供各种等级的电车优先控制
多伦多,加拿大	路中型,专用道或混用道路	MTSS,主动优先控制
墨尔本,澳大利亚	路中型,专用道或混用道路	SCATS,主动优先控制
波士顿,美国	路中型,混用道路	无优先控制
水牛城,美国	路中型	由电车驾驶员发送优先申请
天津,中国	路中型,专用道路	无优先控制
上海,中国	路中型,混用道路	无优先控制

(1)被动优先控制应用案例

以圣地亚哥有轨电车(SDT)为例,介绍有轨电车被动优先控制概况。

圣地亚哥商业区实施有轨电车被动优先已有15年的历史,其控制特征为:①有轨电车在停靠站内等待下游交叉口绿灯;②绿灯启亮后,电车需在5s内驶离;③若错过驶离时间窗,电车需等待下个周期的绿灯;④若电车在驶离时间窗内驶离交叉口,在其到达下一停靠站前,一路为绿波所控制;⑤采用两相位,固定信号配时,并且应用广泛。

SDT 被动优先控制的特点为:①若电车驾驶员没有在驶离时间窗内离开,则电车将有很大延误;②不能明确地指示驾驶员驶离时间窗,容易造成操作上的失误;③在停靠站处等待绿灯的有轨电车可能会堵塞停靠站,阻碍其他电车进站;④当交叉口社会车辆需求较大时,不利于交叉口的整体交通效益,这也是被动优先控制的不利之处。

SDT 采用的有轨电车离线协调控制方案仅为有轨电车提供带宽为 5s 的绿波,若有轨电车因各种因素未能在 5s 内驶离,则需要等待一个周期的时间,造成有轨电车延误过大。当交叉口没有有轨电车到达时,有轨电车绿灯相位仍然存在;当交叉口饱和度较高时,不利于背景车流社会车辆的交通效益。

(2)主动优先控制应用案例

以多伦多有轨电车及墨尔本有轨电车(TSP)为例,介绍有轨电车主动优先控制概况。

多伦多有轨电车的控制特征为:①采用 2 个线圈检测有轨电车,分别位于停车线及其上游 100m 处;②主要采用电车相位绿灯延长及红灯早断两种策略;③对背景交通进行部分相位补偿;④可对线控进行相位差恢复;⑤次要交叉口的电车相位,绿灯可多延长至 30s,主要交叉口为 16s;根据相交道路方向行人最短过街时间确定红灯早断时刻;⑥周期可在一定范围内变动。

墨尔本有轨电车(TSP)的控制特征为:①采用 SCATS 系统对有轨电车进行交叉口信号优先控制;②采用 2 个线圈检测有轨电车,分别位于停车线及其上游 200m 处;③主要采用电车相位绿灯延长及红灯早断两种策略;④周期长度不变;⑤对相交道路方向有相位补偿;⑥不可对线控进行相位差恢复;⑦可在周期中插入电车专用相位,例如当电车需要转向的情况。

对多伦多和墨尔本两市的有轨电车信号优先控制系统进行对比,见表 2。

表 2 多伦多与墨尔本市有轨电车信号优先控制方案对比

	多伦多	墨尔本
控制策略	绿灯延长,红灯缩短	绿灯延长,红灯缩短, 电车相位插入
周期时长	可变	不变
相位补偿	部分	全部
相位差恢复	有	无
车队优先申请	仅处理车队中头车的优先申请, 其他电车不进行优先控制	对车队中所有车辆均进行优先控制
双向优先申请	双向均进行优先控制, 根据后申请电车进行优先控制	先到先服务,仅对一个流向进行优先控制
转向车辆清空相位	有	有

Currie[9] 对以上两个控制系统面临的问题与发展方向也进行了相应的探讨,得出的结论见表 3。

表 3 多伦多与墨尔本市有轨电车信号优先控制系统发展方向

	多伦多	墨尔本
问题 & 挑战	(1)电车车队车头时距变化大 (2)模型中欠缺对进口道停靠站的考虑 (3)发车频率及交通条件的综合作用	(1)未能很好地建立电车优先度与背景交通的关系 (2)电车无条件优先,不考虑其早点、晚点情况 (3)进口道停靠站对优先控制的影响
发展方向	(1)在更多的交叉口实施电车优先控制 (2)优化控制逻辑,以适应进口道处设有停靠站的主要交叉口的控制要求 (3)改进控制逻辑使其与 SCOOT 系统兼容	(1)根据电车晚点情况,结合背景交通状况,对其进行条件优先控制 (2)更好地解决冲突相位同时申请的问题

3 结 语

关于有轨电车的控制参数、被动优先控制、主动优先控制等方面的研究虽然数量不多,但是都有相应的研究成果。国外的相关研究相对成熟，我国现代有轨电车引入时间较晚，因此相关的研究较少，在当前国内有轨电车规划建设如火如荼的形式下，急需提出一种适应国内实情的有轨电车信号优先控制方法。

在有轨电车交叉口信号优先的实际运用上，有轨电车被动优先控制虽对提高有轨电车交通效益有相应的作用，但是对背景交通影响较大，控制逻辑及方法还有待进行相应的完善。

有轨电车主动优先控制包括绝对优先控制与条件优先控制。通过对相关文献和有轨电车实际运营控制情况的分析，可以发现有轨电车交叉口信号优先控制的未来趋势为条件优先控制，即有轨电车优先的同时需考虑背景交通的交通效益。

参考文献

[1]卫超.现代有轨电车的适用性研究[D].上海：同济大学，2008.

[2]SCHULZET. Simulation of streetcar and bus traffic[C]// Proceedings of the 1993 Winter Simulation Conference, 1993: 1239－1243.

[3]MSTSUMOTO S. A study of the traffic impact of the streetcar in city traffic. http://kocoro.org/kocoro21/pdf/05.pdf.

[4]SHALABY A, ABDULHAI B, LEE J. Assessment of streetcar transit priority options using microsimulationmodeling[J]. Canadian Journal of Civil Engineering, 2003, 30(6): 1000－1009.

[5]LING K, SHALABY A. A reinforcement learning approach to streetcar bunching control[J]. Journal of Intelligent Transportation Systems: Technology, Planning, and Operations, 2005, 9(2): 59－68.

[6](德)道路与交通工程研究学会.交通信号控制指南——德国现代规范(RiLSA).李克平，译.北京：中国建筑工业出版社，2006.

[7]MIEKO K E, ALEXANDER V. Assessing tram schedules using a library of simulation components[C]//Proceedings of the 2007 Winter Simulation Conference, WSC, 2007: 1878－1886.

[8]LIM, WU G Y, LI Y. Active signal priority for Light-Rail Transit (LRT) at grade-crossings[C]//2007 TRB Annual Meeting, Transportation Research Board, Washington, D.C., 2007.

[9]CURRIE G, SHALABY A. Active transit signal priority for streetcars-experience in Melbourne and Toronto[C]// 2008 TRB Annual Meeting, Transportation Research Board, Washington, D.C., 2008.

[10]李盛.现代有轨电车规划与控制方法研究[D].上海：同济大学，2005.

[11]吴迪.现代路面有轨电车交叉口优先信号控制方法研究[D].上海：同济大学，2011.

[12]VENGLAR S P, FAMBRO D B, WALTERS C H. Development of analytical tools for evaluating operations of light-rail at-grade within an urban signal system[C]// 1994 TRB Annual Meeting, Transportation Research Board, Washington, D.C., 1994.

Ways of Streetcar Intersection Signal Control Method at Home and Abroad

FAN Yu-jie

(Shanghai Urban Construction Design and Research Institute, Shanghai 200125)

Abstract: It has been the common sense that we should develop public transit system now, and the modern streetcar is back to the city transportation system again after a hundred years. The research achievement of streetcar intersection signal control research at home and abroad has been summarized first. The typical city cases of streetcar operating now has been introduced from two kinds of signal control method: passive priority control and active priority control. Last, the possibledevelopingtrend of intersection signal control method has been summed up.

Key words: streetcar intersection; signal control

综合交通枢纽客流检测与应急诱导系统研究

王庆纲

（上海市政工程设计研究总院（集团）有限公司，上海 200433）

摘要：在突发事件情况下，对客流状态进行有效监控和诱导是体现综合交通枢纽应急管理能力的重要内容之一。本文以综合交通枢纽客流检测与应急诱导系统为研究对象，首先通过对枢纽客流特性的分析，提出了该系统的总体框架；然后，对客流检测、突发事件判别和应急诱导路径选择等关键技术进行了专项研究；最后，通过一个案例，对综合交通枢纽的应急诱导过程进行了说明。该系统通过监测综合交通枢纽的动态客流通行状况，实现及时、高效、有针对性的客流诱导，可提高综合交通枢纽管理部门的应急处置能力，具有一定的实际应用价值。

关键词：智能交通；应急诱导；客流检测；路径选择；综合交通枢纽

综合交通枢纽是多种交通运输干线交汇与衔接的重要节点，承担着为旅客与货物的发送、中转、到达提供所需的多种运输设施与辅助服务的功能，极易出现大规模客流快速集聚、多种交通方式换乘交织的情况，尤其在春节、假日及重大活动期间。因此，一旦发生突发事件（如火灾、爆炸、重要设备故障等），如何快速准确地发现异常情况，如何对客流进行有效诱导和快速疏散，成为枢纽管理部门所必须面对的一个重要问题。

目前，相关领域的专家学者在客流检测、客流诱导等方面已开展了大量有价值的研究。陈艳艳等[1]针对地铁站内通常采用的近景、非垂直视野的视频拍摄角度，通过采集行人头部的 Haar 特征，利用 AdaBoost 算法对客流数量及运动方向等进行有效检测；王晓等[2]则采用帧间与帧内相结合的算法，准确获取视频流中的运动物体，并针对公交车辆的上下车客流进行了实例研究；赵哲等[3]对高层建筑在突发火灾情况下的人员分布特性进行了研究，采用 Pathfinder 软件对建筑物内的人员疏散过程和诱导策略进行了仿真和分析；张新等[4]在已知多条线路末班车运行时刻的条件下，研究为地铁旅客提供可达的 OD 路径诱导信息服务。但面对综合交通枢纽智能化管理的迫切需求，基于实时准确的客流检测信息实现突发事件自动判别及客流快速疏散的相关系统还处于研究阶段，实际应用还较少，未实现枢纽客流的主动式管理，无法满足枢纽智能化管理的业务需求。

因此，本文以综合交通枢纽客流检测与应急诱导系统为研究对象，对系统总体框架及关键技术进行了深入研究，以期通过信息化、智能化的方式对综合交通枢纽客流进行动态监测和管理，提高交通枢纽的应急保障能力。

1　综合交通枢纽客流特性分析

综合交通枢纽是众多交通方式的汇聚节点，其客流往往表现出如下 5 个特性。

（1）客流具有明显的目的性。枢纽内的客流通常具有明显的目的性，按其目的不同可分为出发客流和到达客流。对于出发客流，其目的地通常为各种交通方式的出发区；对于到达客流，其目的地通常为各种交通方式的换乘区，如长途大巴、轨道交通、公交车、出租车、停车库等。但随着枢纽区域商业功能的不断完善，以购物为出行目的的比例呈现逐步上升的趋势。

（2）客流具有信息需求的连贯性。旅客在接收各类交通信息（特别是路径诱导信息）的过程中，一旦出现信息间断，会表现出无所适从的状态，而这些信息间断通常发生在枢纽区域内多条路径的交汇点。因此，在提供交通信息服务时，应考虑交通信息在时间和空间上的连贯性。

（3）客流具有直观的理解性。枢纽内多种交通方式在空间高度聚集，造成道路信息（如横向通道、纵向

作者简介：王庆纲，男，工学硕士，研究方向为智能交通管理系统、综合交通信息服务等。

通道等)、节点信息(如售票区域、等候区域、出入口等)、班次信息及服务信息(如餐饮、住宿、商业等)等繁杂信息的高度汇聚。旅客在行进过程中接收各类信息,对各类交通标识的识读时间有限,通常采取直观的理解方式,即对第一时间无法解读的信息往往是忽略的。因此,交通信息服务应采取分级诱导策略,并对交通标识的样式及信息表现方式提出了很高的要求。

(4)客流具有听觉的主导性。旅客在获取视觉信息的同时,对交通枢纽内实时广播信息的获取通常具有明显的主导性。而广播信息具有显著的大范围、时效性的特点,更适合于提供动态班次信息、换乘信息及在紧急情况下的客流诱导信息等。

(5)客流具有明显的空间不均衡性。交通枢纽通常由各类等候区(如候机厅、乘车站台、售票厅)及其相互的连接通道组成。通常情况下,客流分布与各类交通方式的运行班次具有较强的关联性,某类交通方式邻近班次到发的时段也是该等候区内旅客数量的高峰时段。在突发情况下,由于旅客的避险心理,客流多集中于各类交通方式的等候区与枢纽主要出口之间的连接通道;若未有效诱导客流,则主要通道会集聚绝大多数客流,容易产生客流拥挤和堵塞等状况。

2 系统总体框架研究

结合综合交通枢纽的客流特性,采用先进的数字监控、视频处理、网络技术及计算机技术等,对突发事件情况下的客流检测与应急诱导流程进行研究,提出该系统的总体框架(见图1)。

该系统主要由实时视频采集、异常事件检测、应急决策和应急信息发布4个主要模块组成。其中,实时视频采集模块通过布设在站台、候车区、安检口、楼梯等重点区域的视频摄像机不间断地采集实时视频图像;异常事件检测模块通过对视频图像序列进行分析与处理,对客流的动态运动特征进行自动识别,根据预定义的突发事件判别标准确定突发事件的性质和级别;应急决策模块根据突发事件的级别,依照应急预案采取针对性的应急处置措施,并对处置结果进行动态跟踪;应急信息发布模块通过静态交通标示、动态诱导屏、语音广播、SMS推送等方式向枢纽内的客流进行动态诱导和快速疏散,以引导客流快速到达枢纽出口或安全区域。

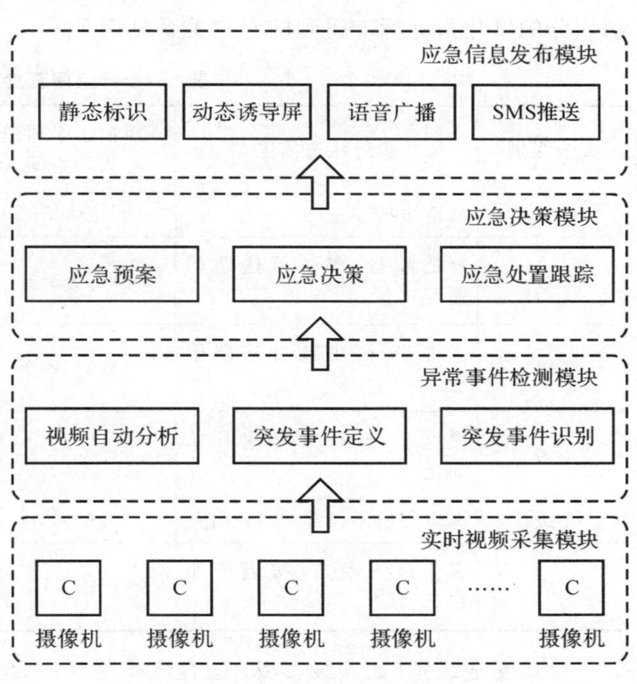

图1 综合交通枢纽客流检测与应急诱导系统总体框架

3 关键技术研究

综合交通枢纽客流检测与应急诱导系统是实现突发事件检测、应急客流疏散的复杂系统,对提高综合交通枢纽的应急处置能力具有重要的意义。下面对该系统实施的一些关键技术进行研究。

3.1 客流检测技术

综合交通枢纽内的客流检测是利用视频监视设备,获取监控区域内的实时动态场景图像;利用计算机视觉分析技术,对视频序列进行自动分析,实现动态场景中目标定位、识别和跟踪,以提取客流状态特征信息。

目前主要采用的客流检测技术包括3个方法。[5]

(1)背景差法。该法是选取一帧图像作为参考图像,用当前帧的图像和参考图像做差分。如果参考图像选取适当,就能够比较准确地识别出检测场景内的运动目标。该方法必须在算法中考虑光照阴影、物体遮挡等各种外部环境因素的影响。

(2)帧间差分法。该法又称多帧识别,是在连续的图像序列中对两个或多个相邻帧间,基于像素的时间差分并且阈值化来提取图像中的运动区域。帧间差分法对动态环境具有较强的自适应性,能够快速有效地从背景中检测出运动目标,但不能完全提取出所有相关的特征像素点,在运动实体内部容易产生空洞现象。

(3)基于统计学习的检测方法。该方法是目前较前沿的视频检测技术,是通过样本集中学习人体的不同变化,从而检测和跟踪可变性的物体,有效降低外部环境对检测效果的影响,显著提高检测的准确性。

目前,背景差法和帧间差分法已在实际系统中广泛应用,而基于统计学习的检测方法由于良好的环境适用性和高检测精度,得到科研机构和研发企业的关注和重视,已逐渐从理论研究走向工程应用,是该系统建设的重要技术选择。

3.2 突发事件判别技术

获取综合交通枢纽的各类突发事件(如火灾、爆炸、电梯故障、供电故障等)的报警信息,可从枢纽智能建筑管理信息系统直接获取相关报警信息,也可根据各类突发事件对枢纽内客流运动特性的影响程度进行检测和获取。

基于客流动态特性的突发事件判别方法是对枢纽空间内客流运动特性进行动态分析,按照预设的判别标准,对不同级别的突发事件进行自动检测和预警,以采取相应预案措施。采用步行空间密度作为安全级别划分的量化指标标准得到的对应关系见表 1。

表 1 步行空间密度与安全级别对应汇总[6] (单位:m^2/人)

安全级别	步行状态描述	单向水平通道人均空间	双向水平通道人均空间	上行楼梯人均空间	下行楼梯人均空间
1 级	自由步行	≥3.3	≥3.5	≥2.5	≥3.0
2 级	舒适步行,多数可达期望速度	2.0～3.3	2.5～3.5	1.5～2.5	2.0～3.0
3 级	正常步行,少数可达期望速度	1.5～2.0	2.0～2.5	1.0～1.5	1.5～2.0
4 级	慢速步行,行人群速开始同化	1.0～1.5	1.0～2.0	0.7～1.0	1.0～1.5
5 级	客流开始不稳定,步行受限	0.6～1.0	0.6～1.0	0.4～0.7	0.6～1.0
6 级	客流极不稳定,接近停滞状态	≤0.6	≤0.6	≤0.4	≤0.6

对高安全级别(如 5 级、6 级)的客流检测区域,应向枢纽管理者发出预警信息,以重点监测该区域的客流状况,并及时采取有效的处置措施,避免客流通行状态进一步恶化,影响其他区域的正常通行。

3.3 应急诱导路径选择技术

在突发事件情况下,选择从事件地点到枢纽出口之间最佳的客流诱导路径是快速疏散人群、减少事件影响和损失的重要内容。该问题的解决可采用图论的相关研究方法,即求解有向赋权图的最短路径问题。

(1)根据交通枢纽的空间布局和客流分布特征,建立有向赋权图 $D=(V,E)$,其中 V 是该图的所有节点组成的集合,E 是所有边组成的集合(见图 2)。

图 2 中,v_s 为突发事件发生地点,即客流诱导路径的起点;$v_{d1},v_{d2},\cdots,v_{dk}$ 为交通枢纽的出口,即客流诱导路径的终点;v_j 为枢纽空间内的交叉节点;e_{ij} 为相邻两个节点 v_i 与 v_j 之间的有向边,若两节点之间可双向通行,则分别用两条有向边表示。

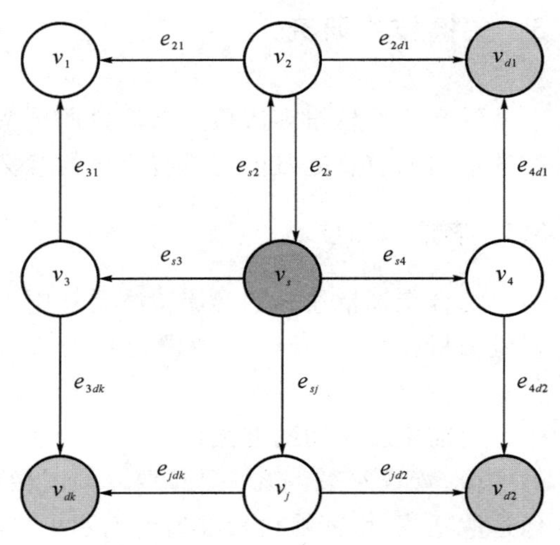

图 2 综合交通枢纽空间布局示意图

(2)对每条有向边的权重进行赋值，以表征该通行路径的通畅程度。赋值时主要考虑人均空间面积 q、路径长度 l 等因素对该有向边通畅性的影响，即：

$$\omega_{ij} = F(q_{ij}) + G(l_{ij}) \tag{1}$$

其中，ω_{ij} 的值越大，说明该通行路径 e_{ij} 的通畅性越差。

(3)采用 Dijkstra 算法求解该有向赋权图的最短路径问题，其最短路径的意义非物理空间上的路径长度最短，而是考虑各影响因素的费用最小(即通畅性最好)路径。其基本思路为：从起点 v_s 出发，按照假想的流沿网络所有可能的方向等速前进，遇到新节点后再继续沿所有可能的方向继续前进，则最先到达某终点 v_{dk} 的路径即为起点 v_s 与该终点 v_{dk} 之间的最短路径 L_{s-dk} 。其求解流程说明如下。

①对标记矩阵 $P(V)$、跟踪矩阵 $T(V)$ 分别进行初始化赋值：

$$P(v_i) = \begin{cases} 0, & i = s \\ +\infty, & i = 1,2,\cdots,n \text{ 且 } i \neq s \end{cases} \tag{2}$$

$$T(v_i) = +\infty,\ i = 1,2,\cdots,n \tag{3}$$

②将起点 v_s 加入跟踪矩阵：$T(v_s) = P(v_s)$。

③从起点 v_s 出发，更新其相邻点 v_z 的标记矩阵赋值：

$$P(v_z) = \min\{P(v_z, P(v_s) + w_{sz})\},\ z = 1,2,\cdots,m \tag{4}$$

其中，m 为与起点相邻的节点 v_z 个数。

④对满足 $P(v_j) \neq +\infty$ 且 $T(v_j) = +\infty$ 的所有节点 v_j，如果下式成立：

$$\min\{P(v_1), P(v_2), \cdots, P(v_j), \cdots, P(v_n)\} = P(v_t) \tag{5}$$

则跟踪矩阵 $T(v_t) = P(v_t)$。

⑤以 v_t 为新的起点，重复上述步骤③、④，直至满足下式：

$$T(v_i) \neq +\infty,\ i = 1,2,\cdots,n \tag{6}$$

⑥根据 $T(v_i)$ 反向跟踪，即可找到 v_s 到 v_{dk} 的最短路径 L_{s-dk}；$P(v_{dk})$ 即为最短距离。

当图中有多个终点时(即枢纽存在多个出口)，则最短距离为从起点 v_s 到所有终点 v_{dk} 的最短距离的最小值，即 $P_{\min} = \min\{P(v_{d1}), P(v_{d2}), \cdots, P(v_{dk})\}$。

根据上述求解的最短路径，确定面向枢纽客流的路径诱导方案，并在路径的重要节点(如各 v_j 节点)通过 LED 动态诱导屏、语音广播等听、视觉方式向客流发布应急诱导信息。由于客流诱导的集聚效应，客流诱导信息发布后，可能造成原通畅路径的客流量迅速增长，从而使得该枢纽区域内的最短路径变化。因此，突发事件情况下的路径诱导具有极强的时间特性，应根据实际的客流分布情况进行动态计算，及时调整客流诱导方案，以实现对枢纽客流的动态诱导和快速疏散。

4 案例研究

下面以某综合交通枢纽的地下一层空间为例，将其空间布局抽象为图 3 所示的路网图。根据实时客流检测信息，对判定为 5 级和 6 级的突发事件，对各路径 e_{ij} 的权重按照式(1)进行赋值，其中 $F(q)$ 和 $G(l)$ 的取值见表 2。则按前述流程计算起点 v_s 到 v_{d1}、v_{d2} 的最短路径见表 3。

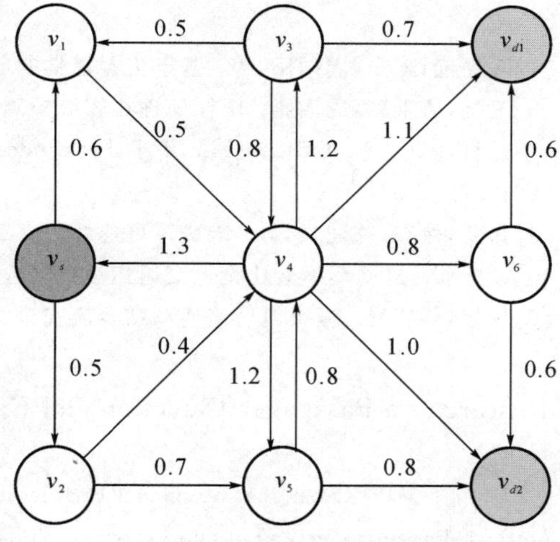

图 3 枢纽空间布局及路径权重实例

表 2 通行路径权重赋值参数

安全级别	1	2	3	4	5	6
$F(q)$	0.1	0.2	0.4	0.6	0.8	1.0
路径长度(m)	(0,20)	(21,35)	(36,50)	(51,75)	(76,100)	(100,+∞)
$G(l)$	0.1	0.2	0.3	0.4	0.5	0.6

表 3　最短路径计算

计算次数	v_s	v_1	v_2	v_3	v_4	v_5	v_6	v_{d1}	v_{d2}
1	0	+∞	+∞	+∞	+∞	+∞	+∞	+∞	+∞
2		0.6	0.5*	+∞	1.3	+∞	+∞	+∞	+∞
3		0.6*		+∞	0.9	1.2	+∞	+∞	+∞
4				1.1	0.9*	1.2	+∞	+∞	+∞
5				1.1*		1.2	1.7	2.0	1.9
6						1.2*	1.7	1.8	1.9
7							1.7*	1.8	1.9
8								1.8*	1.9
9									1.9*

根据表 3，v_s 到 v_{d1} 的最短路径 $L_{s\text{-}d1}$ 为：$v_s \rightarrow v_1 \rightarrow v_3 \rightarrow v_{d1}$；$P(v_{d1})$最短距离为 1.8；$v_s$ 到 v_{d2} 的最短路径 $L_{s\text{-}d2}$ 为：$v_s \rightarrow v_2 \rightarrow v_4 \rightarrow v_{d2}$；$P(v_{d2})$最短距离为 1.9。则在当前客流通行状态下，客流疏散的最佳路径为 $L_{s\text{-}d1}(v_s \rightarrow v_1 \rightarrow v_3 \rightarrow v_{d1})$，通过在疏散路径的重要节点，采用动态诱导屏、语音广播等方式向旅客发布路径诱导信息，有效避免客流局部聚集和逆向交汇，实现枢纽旅客的快速疏散。

5　结　语

在综合交通枢纽客流检测与应急诱导系统的应用研究中，本文以分析综合交通枢纽的客流特性为切入点，针对客流特性提出了系统的总体框架，并对系统框架中的关键技术（包括客流检测、突发事件判别和应急诱导路径选择）进行了专项研究，以支撑整个系统的构建和实施。本文通过案例研究对客流检测与应急诱导的过程进行了说明，表明该系统可实时监测综合交通枢纽的动态客流通行状况，实现及时、高效、有针对性的客流诱导，进而提高综合交通枢纽管理部门的应急处置能力，保障交通枢纽的运行安全。

参考文献

[1]陈艳艳，陈宁，周雨阳，等. 基于机器视觉的地铁站客流自动检测方法[J]. 公路交通科技，2013，30(10)：122－128.

[2]王晓，唐洪鹏，周丽雅. 图像处理在客流检测中的算法研究[J]. 中国海洋大学学报，2010，40(6)：161－166.

[3]赵哲，陈清光，王海蓉，等. 基于 Pathfinder 的公众聚集场所的应急诱导疏散[J]. 消防科学与技术，2013，32(12)：1327－1330.

[4]张新，徐杰，郭建媛，等. 末班车可达性条件下客流诱导系统研究[J]. 物流技术，2012，31(9)：216－219.

[5]顾应欣. 机动车不避让行人交通违法自动检测系统研究[J]. 中国公共安全，2013(23)：191－194.

[6]杨超，傅搏峰. 城市轨道交通车站客流安全检测与应急管理系统[J]. 城市轨道交通研究，2008(2)：49－51，62.

Research on Passenger Detection and Emergency Guidance System in Comprehensive Transportation Hub

WANG Qing-gang

(Shanghai Municipal Engineering Design Institute (Group) CO., LTD., Shanghai 200433)

Abstract: Passenger detection and emergency guidance is one of the most important functions of comprehensive transportation hub in unexpected events. This paper has made some research on passenger detection and emergency guidance system in comprehensive transportation hub. Firstly, the characteristic of passenger flow is analyzed and the system architecture is presented. Secondly, the key technologies are studied respectively, including passenger detection, unexpected events judgement and passenger guidance route selection. Finally, an example is executed to explain the emergency guidance process in comprehensive transportation hub. The system is an effective way to improve the emergency treatment capability of managementdepartment. And it has certain application value.

Key words: intelligent transportation; emergency guidance; passenger detection; guidance route selection; comprehensive transportation hub

地下车库联络道通风系统的研究

施孝增

（上海市政设计研究总院（集团）有限公司，上海 200092）

摘要：地下车库联络道作为一种新型的地下交通道路，其通风系统设计日益受到关注。本文通过对地下车库联络道的火灾危险性分析，对学术界、工程界在地下车库联络道方面研究的综述，提出了地下车库联络道的通风系统设计原则，通风方式设计思路，以及通风系统关键设计参数的选取。

关键词：地下车库联络道；通风系统；烟气控制

地下车库联络道路（Underground Parking Link，UPL）是近几年出现的一种新型的城市地下交通道路，用于连接各地块车库而修筑的位于道路下方的并布有独立出入口的地下公共通道。地下车库联络道有很多种叫法，如地下联系道路、地下环路、地下车行环廊等[1-3]，本文以在编的行业标准《城市地下空间基本术语规范》中的术语及解释为准。

我国建成的地下车库联络道有北京中关村 UPL、北京金融街 UPL、北京奥林匹克公园 UPL、苏州火车站 UPL 等工程（见图 1、图 2）。

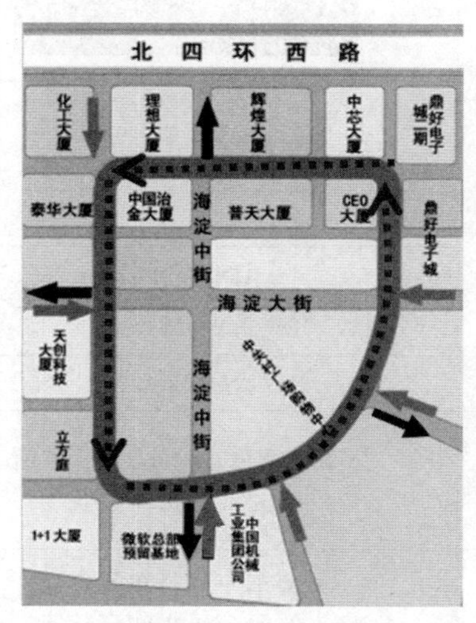

图 1　北京中关村地下车行通道总体布置

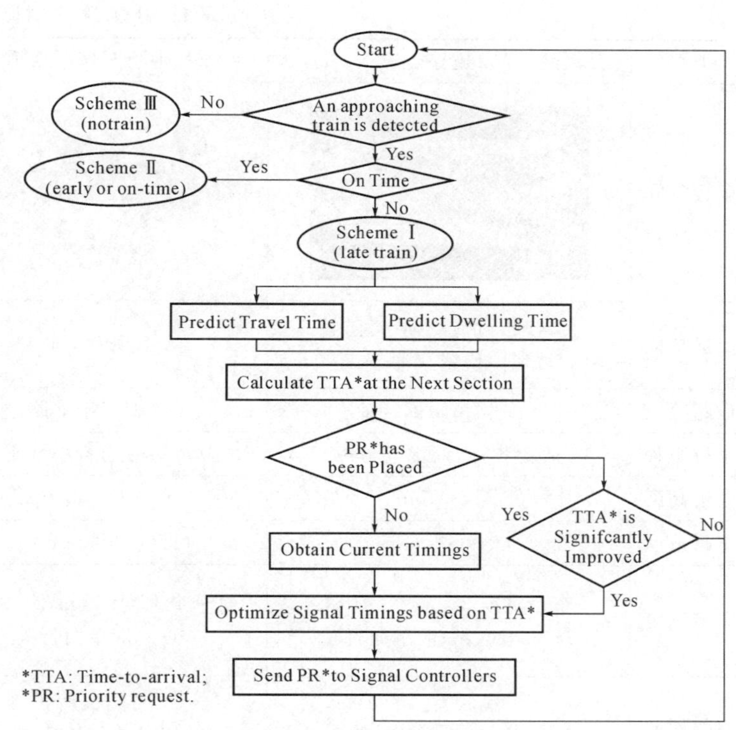

图 2　北京金融街地下车行通道总体布置

地下车库联络道的主通道通常呈环形，且联络道的形状通常是不规则的，一旦发生 CO、NO_x 等有毒气体无组织扩散，其后果非常严重。因此，考虑车道通风方面的优化问题具有重要的意义。[4] 康晓龙等[5]认为，地下车库联络道与地面或者车库相接的出入口、交叉口较多，相比传统的一入一出的长直型，其火灾排烟系统更为复杂。华高英等[6-7]认为，地下车库联络道位于城市中心繁华区，交通流量大，隧道内发生车辆拥堵及汽车火灾的概率较高，因此需对隧道的防灾能力进行研究，尤其是隧道的排烟设计，地下车库联络道结构

作者简介：施孝增（1986—　），男，硕士研究生，工程师，研究方向为隧道通风研究与设计。

的复杂性增加了隧道排烟设计的难度。然而，相比传统的隧道，地下车库联络道的设计行车速度通常为20km/h，火灾发生概率与火灾危险性级别都需要进一步研究。目前，行业内对地下车库联络道还没有一个确切的定义，既不能简单地看作大型地下车库的车行通道，也不能完全按照城市公路隧道进行设计。此外，现行的相关规范中提供的可参考的设计依据较少或者比较笼统，不能完全满足地下车库联络道通风系统的设计要求。[8]因此，有必要对地下车库联络道的火灾危险性进行分析，明确地下车库联络道的通风系统设计原则、通风方式设计思路及通风系统关键设计参数的选取。

1 地下车库联络道火灾危险性研究

地下车库联络道的通风系统设计目前主要采用性能化防火设计方法。[7]性能化消防设计方法应用所有可能的方法去对建筑的火灾危险性和将导致的后果进行定性、定量的预测与评估，以期得到最佳的消防设计方案和最好的防火保护。[9]性能化设计使得地下车库联络道的通风排烟系统防火级别远高于城市道路隧道，从高效实用、减少不必要的工程投入角度来说，性能化设计方法不是一种理想的设计方法。为了明确地下车库联络道的通风系统设计原则和通风方式设计思路，有必要对地下车库联络道的火灾危险性进行分析。

地下道路火灾主要指汽车火灾，汽车火灾与地下道路的功能、车速、流量等密切相关。[10-11]工程实践过程中，地下车库联络道与地下车库车行通道容易被混为一谈，误认为地下车库联络道与地下车库的车行通道类似，可参考地下车库的惯例进行工程设计；有的则“一刀切”，认为地下车库联络道的设计标准应该高于城市道路隧道。为了化解误区，下面对地下车库联络道、城市道路隧道、地下车库车行通道在交通功能、道路等级、通行车种等方面进行比较（见表1）。

表1 功能、形态对比

类别	城市道路隧道	地下车库联络道	地下车库车行通道
车行空间			
交通功能	过区域、过境交通，常跨越地形障碍或交通节点	到发交通	停车
道路等级	城市道路	相当于支路	—
通行车种	通行各种客、货运车辆	一般通行小汽车	一般通行小汽车
车道高度	4.5～5m	3.2～3.8m	2.2～2.8m
车行速度	40～80km/h	20km/h	5～10km/h
车道宽度	车道宽度3.25～3.75m，2～4车道，一般单向行驶	每车道宽度3.0m，2～3车道，一般单向行驶	每车道宽度3.0m，1～2车道，行驶方向按需设置
道路形态	线状、枝状匝道连接周边道路	环状、枝状匝道连接周边地块	大型车库成行车及停车的两个层次的环状
车行流量	通常在1500pcu/h以上	根据连接车库的总车位数而定，通常为800～1500pcu/h	根据所在车库的车位数而定

由表1可以看出，从交通功能来看，地下车库联络道服务于区域车库群的到发交通，其通行功能介于城市道路隧道和地下车库的车行通道之间。行车速度是地下道路通风系统设计所考虑的关键参数之一，地下车库联络道的设计车行速度高于地下车库通行道路，同时又低于城市道路隧道。城市道路隧道服务于过区域、过境交通，其车行流量通常较大，而对于地下车库联络道，由于服务的是区域车库群，其车行流量高于地下车库的车行通道。综上可知，从车辆碰撞引发火灾的角度看，地下车库联络道的火灾危险性低于城市道

路隧道，同时要比地下车库车行通道高。但是从消防疏散角度来说，火灾危险性还需要考虑地下车库联络道道路形态的复杂程度对火灾烟气控制的影响。具体地说，主通道的形状、匝道的设置都将改变隧道或者联络道的消防疏散模式。工程实践中，联络道形式多种多样，没有确定的形态，在进行通风系统设计时，如果地下车库联络道的主通道与匝道设置与城市道路隧道相似，可综合联络道的功能特点、道路参数等，考虑适当降低地下车库联络道的火灾烟控级别，相关专业如给排水、电气等，可相应调整消防等级，由此可在满足安全使用的前提下，显著节约整个消防系统的投资。

地下车库联络道的火灾危险性分析是通风系统设计的基础，有助于在进行排烟系统设计时采用针对性的方法。通过以上分析可知，当地下车库联络道的道路形态与城市道路隧道相似时，可综合联络道的功能特点、道路参数等，适当降低地下车库联络道的火灾烟控级别。

2 地下车库联络道通风系统选择与设计

目前，对地下车库联络道通风系统的研究主要是实验和数值模拟两个方面。在实验研究方面，王伟等[12]对北京市的两条地下道路进行了实体通风实验，认为对于采用“分段多竖井纵向送排通风系统”的奥林匹克公园地下车库联络道，在轴流风机的送风口处安装可调节风向的百叶，可强化联络道的通风。余后从等[13]通过1/10的小尺寸模型实验对采用“分段自然通风＋半横向机械通风”的复合通风系统的某地下车库联络道进行了分析，认为对无自然排烟口路段地下交通环廊，隧道顶部的排烟量越大，烟气层下降得越慢，顶部以下的烟气温度越低，越有利于隧道内的人员疏散。自然排烟口面积大，且在顶棚中央，具有很好的排烟作用，能够有效排出隧道内的烟气，比无自然排烟的路段中机械排烟的效果要好。

数值模拟方面的研究主要是火灾控烟方面，李磊等[14]对北京金融街地下车库联络道进行了烟气流动预测仿真模拟，认为联络道所采用的“分段全横向通风系统”能够控制烟气的扩散，满足安全疏散的要求。华高英等[15-16]对北京市CBD地下车库联络道进行了Fluent火灾数值模拟，对CBD地下车库联络道5种典型火灾场景下的烟气控制方案进行了优化，认为“分段射流风机＋轴流风机诱导送排风”的通风方式可避免火灾烟气在整个隧道中蔓延，为人员的疏散创造有利环境。钱晓彬等[17-18]采用FDS对武汉某地下车库联络道进行了火灾模拟，发现在轴流风机排烟量满足需求的前提下，采用“分段半横向集中式机械通风系统”可使大部分火灾烟气通过隧道顶部排烟道排出，烟气被控制在火源上下游430m范围内，大大提高了人员疏散的安全性。姜学鹏等[19]针对地下车库联络道的构造与功能特点，提出了地下车库联络道火灾通风排烟设计的一般方法，并利用Fluent对其火灾烟气控制方案进行模拟验证，认为“分段射流风机＋竖井轴流风机送排式”通风系统可有效保证火源下游车辆和火源上游人员的逃生安全。

从以上对地下车库联络道通风系统的实验和数值模拟研究可以看出，地下车库联络道通风系统的设计相对灵活，自然通风、机械通风及两者相结合的复合通风都得到了验证。需要注意的是，当地下车库联络道主通道的形状是环状时，需要对地下车库联络道通风系统分段考虑，即将地下车库联络道的主通道按照通道形状划分成若干区段，考虑风机性能、通风效果等因素，并结合工程实践，单个区段长度控制范围为200～250m，每个区段在考虑整体通风效果的前提下分段通风。

为了更好地研究地下车库联络道的通风系统，笔者对我国部分城市地下车库联络道进行了汇总（见表2）。

表2 地下车库联络道通风方式汇总

联络道名称	长度/交通方式	通风方式（分段）	建设时间
北京中关村科技园西区UPL	1.9km 单向逆时针	射流风机＋全横向式	2002年竣工
北京金融街UPL	2.2km 双向交通	全横向式	2006年竣工
北京奥林匹克公园UPL	5.5km 单向逆时针	射流风机＋轴流风机送排式	2008年竣工
北京中央核心区UPL	1.45km 单向逆时针	射流风机＋轴流风机送排式	2008年起建

续表

联络道名称	长度/交通方式	通风方式(分段)	建设时间
武汉王家墩 UPL	2.2km 单向逆时针	自然通风+半横向式	2010 年起建
无锡锡东新城 UPL	2.2km 单向逆时针	半横向式	2012 年竣工
苏州火车站 UPL	2.17km 单向逆时针	射流风机+轴流风机送排式	2012 年竣工
重庆解放碑商务区地下车行道路	2.8km 单向逆时针	全横向式	在建
济南汉峪片区 UPL	1.0km/1.2km 单向逆时针	半横向式	在建
义乌金融街 UPL	1.5km/1.5km 单向逆时针	半横向式	在建

从表 2 可以看出,地下车库联络道的通风系统多采用“射流风机+轴流风机送排式”、全横向式、半横向式等 3 种通风方式。其中,“射流风机+轴流风机送排式”通风系统是通过将地下车库联络道的主通道分段,每段通道两端设置送排风设备与井道,中间通道设置射流风机实现通风。全横向式和半横向式统称横向式,全横向式通风系统投资费用较多,应用较少。半横向式是在全横向式的基础上发展起来的,在联络道顶部或者侧部设置排风口,联络道出入口自然补风。对于全射流的通风方式,由于车行主隧道通常为环形或者矩形,联络道在堵塞情况下,废气将在环形车道内部将形成循环流动,不能够及时有效地排出;[20,21]此外,火灾工况下,单一的纵向通风将造成联络道内烟气的无组织蔓延,威胁疏散逃生。需要说明的是,地下车库联络道采用何种通风方式,不仅与隧道的建设规模,如联络道长度、车行流量、车种比例密切相关,还与联络道的建设模式和联络形式有关。要进行地下车库联络道通风系统的研究,需要对地下车库联络道的建设模式和联络形式进行归纳总结。通过工程实例的总结,地下车库联络道的建设模式和联络形式可分为 3 种,即单建式、邻建式、合建式,这 3 种形式的功能核心都是为所联络的地下空间的到发交通服务(见表 3)。

表 3 地下车库联络道的建设模式和联络形式归纳

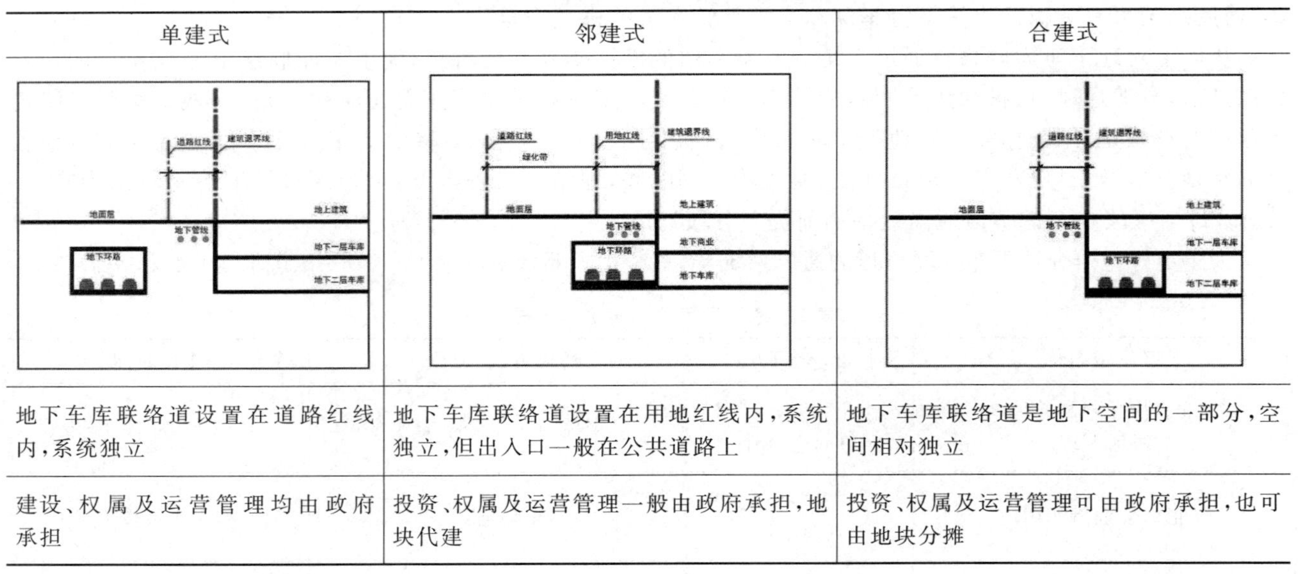

单建式	邻建式	合建式
地下车库联络道设置在道路红线内,系统独立	地下车库联络道设置在用地红线内,系统独立,但出入口一般在公共道路上	地下车库联络道是地下空间的一部分,空间相对独立
建设、权属及运营管理均由政府承担	投资、权属及运营管理一般由政府承担,地块代建	投资、权属及运营管理可由政府承担,也可由地块分摊

对于合建式地下车库联络道,由于联络道是地下空间的一部分,因此通风系统可以统筹考虑,灵活管理。可考虑地下车库联络道利用地下空间二层的车库通风系统,采用半横向通风方式进行联络道的通风排烟,既满足联络道的通风排烟要求,又可以高效利用地下空间的设备和管道,显著减少投资,简化通风系统。

对于邻建式地下车库联络道,由于投资、权属及运营管理一般由政府承担,地块代建,因此联络道在通风系统设计时，需要考虑联络道建成后的设备系统运营管理。可考虑地下车库联络道统筹利用地下空间的出地面通风井道进行送排风，通风系统机房独立设置。邻建式联络道优先采用半横向式，以减少出地面风井对地面景观的影响，在条件允许情况下，也可采用“射流风机＋轴流风机送排式”。

对于单建式地下车库联络道，由于其建设、权属及运营管理均由政府承担，系统相对独立，可根据通风机房、送排风井道位置，采用半横向式或者“射流风机＋轴流风机送排式”。

3 关键设计参数的选取研究

(1)火灾规模

火灾规模取值是确定火灾设防标准的前置条件，直接影响防火灾系统的设施等级，火灾又是小概率事件，因此需要权衡经济、技术各方面因素，以确定合理的火灾规模。国际道路协会(PIARC)于 1995、1999、2007 年分别对车辆火灾规模进行了推荐[11,22-23]，上海市于 2008 年也发布了火灾规模的推荐取值[24]，见表 4。

表 4 车辆火灾规模 (单位：MW)

车种类别	PIARC-1995	PIARC-1999	PIARC-2007	上海道路隧道规范
1 辆小型客车	—	2.5	2.5	3～5
1 辆大型客车	—	5	5	—
2～3 辆客车	—	8	8	—
货车	—	15	15	10～15
卡车	20	20～30	20～30	—
巴士	20	20	10	20～30

借鉴国内外相关标准及工程实践经验，考虑地下车库联络道通行车辆均为小轿车，通行设计速度为 20km/h，工程选用的火灾规模为 5MW，即认为：①正常行车状况下，考虑车辆自身起火；②事故状况下，考虑两部车相撞起火；③3 部或者 3 部以上车辆着火作为小概率事件考虑。

(2)风量计算

通过工程实践的积累，笔者建议采用如下方法进行风量计算。

对于“射流风机＋轴流风机送排式”通风系统，其风量取稀释 CO、烟雾浓度需风量，稀释地下环路空气异味的需风量，隧道换气风速需风量和大于火灾临界风速排烟需风量中的最大者。其中，临界风速的计算推荐采用《上海市道路隧道设计规范》的规定值：[24]

$$V_c = K_1 K g \left(\frac{gHQ}{\rho C_p A T_f}\right)^{\frac{1}{3}} \tag{1}$$

$$T_f = \left(\frac{Q}{\rho C_p A V_c}\right) + T \tag{2}$$

$$K_g = 1 + 0.0374 i^{0.8} \tag{3}$$

式中：$K_1 = 0.606$；V_c 为临界风速(m/s)；Q 为火灾规模(kW)；H 为隧道最大净空高度(m)；A 为隧道横断面积(m^2)；K_g 为坡度修正系数；i 为隧道坡度(%)；C_p 为空气比热(kJ/(kg·K))；g 为重力加速度(m/s^2)；T 为火场远区空气温度(K)；T_f 为烟气平均温度(K)；ρ 为火场远区空气密度(kg/m^3)。

对于半横向式通风系统，其风量取稀释 CO、烟雾浓度需风量、稀释地下环路空气异味的需风量、隧道换气风速需风量和消除火灾释热量所排烟需风量中的最大者。其中，消除火灾释热量所排烟需风量计算(以墙型烟缕为例)为：[25]

$$V = \frac{M_\rho T}{\rho_0 T_0} \tag{4}$$

$$\Delta T = \frac{Q_c}{M_\rho C_p} \tag{5}$$

$$Z > Z_1, M_\rho = 0.0355(2Q_c)^{1/3} Z^{5/3} + 0.0018 Q_c \tag{6}$$

$$Z < Z_1, M_\rho = 0.016(2Q_c)^{3/5} Z \tag{7}$$

$$Z = Z_1, M_p = 0.035Q_c \tag{8}$$

式中：Q_c 为热释放量的对流部分，一般取值为 $0.7Q$(kW)；Z 为燃料面到烟层底部的高度(m)；Z_1 为火焰极限高度(m)；M_p 为烟缕质量流量(kg/s)；V 为排烟量(m^3/s)；ρ_0 为环境温度下气体的密度(kg/m^3)，通常 $t_0=20℃$，$\rho_0=1.2kg/m^3$；T_0 为环境的绝对温度(K)；T 为烟气的绝对温度(K)，$T=T_0+\Delta T$；ΔT 为烟气温度与环境温度的差值(℃)。

4 结 语

地下车库联络道作为一种新型的城市地下交通道路，其通风系统设计关系到联络道运营安全。但是，目前国内对地下车库联络道还没有一个确切的定义，现行规范对该类型隧道通风系统设计尚无定论。本文对地下车库联络道的火灾危险性进行了分析，对学术界、工程界在地下车库联络道方面的研究进行了综述，认为：①当地下车库联络道的道路形态与城市道路隧道相似时，可综合联络道的功能特点、道路参数等，适当降低地下车库联络道的火灾烟控级别；②环状地下车库联络道通风系统进行分段考虑，通风系统不仅与隧道的建设规模相关，还与联络道的建设模式和联络形式有关；③地下车库联络道火灾规模按照正常行车状况下，考虑车辆自身起火、事故状况，风量计算应考虑通风方式对火灾排烟需风量的影响。

对地下车库联络道通风系统的实验还需更深入一步。目前的实验研究较少，尚无对实体地下车库联络道的废气运动规律研究以及烟气扩散特性研究。如果条件允许，建议在建成的地下车库联络道内进行通风和火灾实验测试，完善通风和排烟设计。此外，“分段射流风机＋轴流风机送排式”与分段半横向式通风系统虽然已经在工程实践中得以应用，但是对分段原则以及分段的合理性研究尚无定论。

致 谢

感谢城交地下院高工王曦在第1、2章节给予的帮助。

参考文献

[1]姜学鹏，徐志胜，黄益良，等．苏州火车站地下交通联系通道火灾烟控的性能化研究[J]．科技导报，2009，27(09)：77－82.

[2]袁廷朋，姚坚．国内外地下车行环路工程建设案例与启示[J]．上海建设科技，2011(05)：10－13.

[3]朱江．综述城市地下环形隧道及其设计要点[J]．特种结构，2011，28(6)：79－83.

[4]赵红莉，徐志胜，姜学鹏．苏州火车站地下环形车道通风安全及火灾烟控技术研究[J]．中国安全科学学报，2008，18(12)：172－176.

[5]康晓龙，王伟，赵耀华，等．城市地下交通隧道性能化防火设计探讨[J]．建筑科学，2007，23(08)：4－8.

[6]HUA G Y, WANG W, ZHAO Y H, et al. A study of an optimal smoke control strategy for an urban traffic link tunnel fire [J]. Tunneling and Underground Space Technology, 2011, 26(2):336-344.

[7]华高英，李磊．城市地下交通联系隧道烟控设计研究初探[J]．暖通空调，2013，43(06)：104－108.

[8]北京市规划委员会．北京市地下联系隧道规划设计导则[S]．北京，2011.

[9]李引擎．建筑防火性能化设计[M]．北京：化学工业出版社，2005.

[10]中华人民共和国交通部．公路隧道交通工程设计规范[S]．重庆，2004.

[11]PIARC. Systems and equipment for fire and smoke control in road tunnels[S]. Committee on Road Tunnels, 2007.

[12]王伟，华高英，赵耀华，等．城市地下交通隧道实体通风测试与数值模拟[J]．北京工业大学学报，2010，36(2)：193－198.

[13]余后从，郭修纪．地下交通环廊通风排烟试验研究[J]．消防科学与技术，2012，31(09)：922－925.

[14]李磊，刘文利，肖泽南，等．金融街地下车行系统消防安全性能化设计评估[J]．消防技术与产品信息，2004(01)：4－7.

[15]华高英．城市地下交通联系隧道性能化防火设计研究[D]．北京：北京工业大学，2009.

[16]华高英，王伟，赵耀华，等．北京市CBD地下交通联系隧道火灾烟气控制研究[J]．暖通空调，2010，40(12)：75－79.

[17]钱晓彬，黄求喜，王晓刚．武汉CBD地下交通环廊火灾烟气控制[J]．中华建设，2012(06)：210－211.

[18]GUO X J, YUAN J P, FANG Z, et al. Study on smoke control of wuhan CBD urban traffic link tunnel [J]. Procedia Engineering, 2013 (52):124-130.

[19]姜学鹏，付维纲，袁月明，等．城市地下联系隧道火灾通风排烟设计方法[J]．科技导报，2013，31(12)：15－20.

[20]庄炜茜,徐志胜,赵红莉,等. 竖井在苏州火车站地下空间环形车道中的应用[J]. 铁道标准设计,2008(增刊):53－55.

[21]陈陆一,杨洁,张旭. 某城市地下交通联系隧道压力模式影响因素分析[J]. 建筑节能,2013,41(01):14－18.

[22]PIARC. Road safety in tunnels[S]. Committee on Road Tunnels, 1995.

[23]PIARC. Fire and smoke control in road tunnels[S]. Committee on Road Tunnels, 1999.

[24]上海市建设和交通委员会. 道路隧道设计规范(DG/T J08—2033—2008)[S]. 上海:上海市建筑建材业市场管理总站,2008.

[25]上海市建设和交通委员会. 建筑放排烟技术规程(DGJ 08—88—2006)[S]. 上海:上海市建筑建材业市场管理总站,2006.

Research on Ventilation System of Underground Parking Link

SHI Xiao-zeng

(Shanghai Municipal Engineering Design Institute (Group) Co., Ltd., Shanghai 200092)

Abstract: As a new underground traffic road, the design of ventilation system of underground parking link has received more and more attention. The fire risk of underground parking link is analyzed in this article, together with the research on underground parking link in academic and engineering field is reviewed. This article proposes the design principle and method of ventilation system of underground parking link, as well as the selection of critical design parameters.

Key words: underground parking link; ventilation system; smoke control.

上海非机动车实际拥有量和使用量调查方法研究

王　静　王　正

（上海海事大学交通运输学院，上海 201306）

摘要：非机动车出行具有污染小、低碳环保、占用交通资源少等优势，将成为城市绿色出行的交通选择。对于国际大都市上海来说，非机动车保有量为1000万辆左右，非机动车出行已经成为居民出行的主要交通方式之一。由于上海非机动车总量庞大、种类繁多，交警部门很难计算非机动车拥有量和使用量，因此给管理政策的制定带来困难。本文以上海为例，提出3种非机动车实际拥有量和4类使用量数据采集方法，并对2014年上海非机动车拥有量和使用量进行推算。结果表明，本文所提出的方法是一种有效的方法，具有一定的参考价值。

关键词：非机动车；自行车；电动自行车；拥有量；使用量

国内城市，尤其像上海这种国际大都市，人口密集、机动车占有率高速增长、交通用地紧张，造成城市交通拥挤、能源消耗、环境恶化等诸多问题。在世界各国都在倡导“节能环保”的今天，“低碳绿色”的交通出行成为专家关注的焦点。非机动车出行具有污染小、低碳环保、占用交通资源少等优势，将成为城市绿色出行的交通选择，具有重要的现实意义。

根据《中华人民共和国道路交通安全法》第119条规定，非机动车是指以人力或者畜力驱动，上道路行驶的交通工具，以及虽有动力装置驱动但设计最高时速、空车质量、外形尺寸符合有关国家标准的残疾人机动轮椅车、电动自行车等交通工具。根据管理实践，通常将非机动车分为自行车、三轮车、电动自行车、残疾人机动轮椅车和畜力车等。[1]本文所研究的非机动车仅包括燃油燃气助动车、电动自行车和脚踏自行车（以下简称“自行车”）。

非机动车是我国大城市居民出行最主要的交通方式之一，在出行结构中占1/3左右。2004年上海自行车出行比重25.0%，2009年降为13.5%；2004年电（助）动车出行比重5.3%，2009年则为15.2%，超过自行车出行比重（见图1）。随着出行距离的增大和机动化进程的加快，自行车出行逐渐向电助动车转移是自行车出行比重下降的最重要原因。

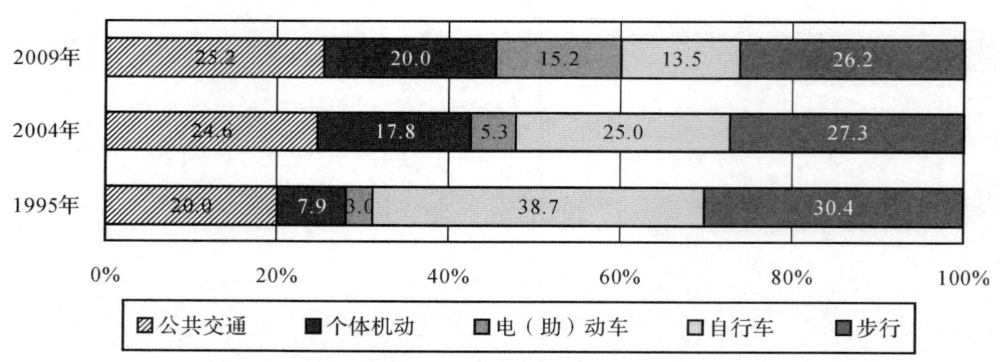

图1　上海居民出行方式结构变化

目前，上海非机动车保有量1000万辆左右，超过60%处于高利用率状态。近10年来，上海电动自行车飞速发展，截至2013年9月，在上海登记上牌的电动车已超过300万辆。由于上海非机动车总量庞大、种类繁多、行驶速度差异较大，对产销环节缺乏有效的法规限制，部分在上海登记注册的非机动车已经淘汰，但没有到交警部门注销；大量超标电动车在上海或外地销售和登记上牌，甚至无牌也在上海通行（新版《上海市非机动车管理办法》于2014年3月1日起施行，禁止超标车辆产销、限定外省市登记车辆在沪行驶）。依

作者简介：王静（1990—　），女，硕士研究生，研究方向为交通运输系统规划与设计。

据《上海非机动车登记管理办法》,无法掌握上海非机动车的实际拥有和使用情况,造成交警部门管理困难,大量超标非机动车上路行驶,存在安全隐患,管理难度较大。

目前,专家大多侧重于机动车、公交车等机动化方式研究,缺乏非机动车调查方面的研究。周文华等[2]从出行效益方面分析了电动车对城市交通结构的影响。Brown 分析了电动车作为交通工具的优缺点,着重从交通系统的出行效益方面分析了电动助动车的交通地位及作用。徐吉谦[3]研究了城市自行车交通的基本特性、出行特征和交通特性。姜洋等[4]采用 PLPS 调研自行车来弥补相关基础数据不足,梳理现状问题,指导规划设计及评估实施效果。杨金华等[5]提出要明确自行车交通在城市交通中的定位,大力发展"公共交通+自行车"的换乘模式,同时适度发展电动车。国内外在非机动车实际拥有量、使用量调查统计方面的研究几乎空白。

本文旨在通过基础数据的采集,形成调查上海非机动车实际拥有量和使用量的技术方法,为推算上海非机动车实际拥有量和使用量提供依据,为非机动车管理部门制定政策奠定基础。

1 基础数据采集

1.1 非机动车数据采集思路

非机动车数据采集的总体思路是分类分区进行采集。2007 年,上海停止了对燃气助动车的置换上牌,按照淘汰计划,2014 年 2 月将是上海所有燃气助动车的报废时限。因此,"分类"只将非机动车分为电动车和自行车两类,各类非机动车采用不同的方法分别采集数据。"分区"即将上海划分为内环以内、内外环间和外环以外 3 个区域,对 3 个区域的非机动车分别进行统计。

1.2 非机动车实际拥有量数据采集方法

通过大量收集文献资料并以上海非机动车实际情况为基础,对非机动车基础数据采集归纳,总结为以下 3 种方法。

(1)根据牌照结构推算,具体如下。

①沪牌电动车数量。由于电动车在上牌后才能上路行驶,可以通过上海交警总队非机动车管理部门得到沪牌的电动车数量,记为 $Q^E_{沪}$。

②调查得到自行车和电动车比例,及电动车沪牌和非沪牌的比例。根据由居住小区、轨道交通车站、商办吸引点、非机动车停车场、路段和交叉口非机动车流量调查得到自行车和电动车比例,记为 $P^B : P^E$,以及电动车挂沪牌、非沪牌所占比例,记为 $P^E_{沪} : P^E_{非沪}$。

③推算上海电动车的实际拥有量 Q^E。

$$Q^E = Q^E_{沪} / P^E_{沪},则\ Q^E_{非沪} = Q^E - Q^E_{沪}$$

④计算自行车的实际拥有量 Q^B。

$$Q^B = (Q^E / P^E) \times P^B$$

⑤非机动车的实际拥有量 Q。

$$Q = Q^E + Q^B$$

(2)从拥有者角度推算:将非机动车分为自用、公用和营运 3 类,然后汇总。

①自用非机动车。其一,住家非机动车调查分区域选点。在内环以内、内外环之间和外环以外,各行政区分别选取居住小区,并核查各小区的户数和入住率,调查各小区自行车和电动车(根据牌照类别进行识别)数量。小区调查时间为夜间 20:00 以后或早晨 6:00 以前,并根据上海各区域人口数量的百分比进行扩样。其二,非住家非机动车调查。在内环内、内外环之间和外环以外的 3 个区域,分别选择学校和建设工地为调查对象,调查其自行车和电动车数量,并根据上海高校在校生和外地务工人员的数量进行扩样。高校调查时间为夜间 20:00 以后或早晨 6:00 以前,工地调查时间在上午 9:00 以后。

②公用非机动车。统计目前在闵行、浦东张江、宝山、松江、崇明等地使用的公共自行车数量。

③营运非机动车。以申通快递公司为调查对象,调查其员工数量和电动车拥有量,并根据上海快递从业人员进行扩样。

(3)从产销环节推算,具体如下。

①根据上海自行车或电动车行业的调研报告数据,采用增长率法得到 i 年上海地区自行车或电动车销量估计值 S_i。

②通过抽样调查 m 辆自行车或电动车来估计其平均使用年限 T。例如:根据上海非机动车的有关规定,自初次登记之日起,年限达到8年的非机动车予以报废处理,设报废年限 $t(t=0\sim 8$,其中0表示购买当年由于交通事故或某种原因造成报废)。选取 m 个样本进行调查,统计数据 0 年报废的有 x_0 辆,1 年报废的有 x_1 辆,以此类推。其中,$\sum_{t=0}^{8} x_t = m$,则 $T = \sum_{t=0}^{8} t \times x_t / m$

③根据平均使用年限 T 得到 i 年自行车或电动车的报废数量 B_i,i 年自行车或电动车的报废数量 $B_i = S_{i-T}$。

④根据自行车或电动车销量的估计值 S_i 和报废数量 B_i,可以推算出上海 i 年自行车或电动车的实际拥有量 Q_i,即 $Q_i = Q_{i-1} + S_i - S_{i-T}$。

1.3 非机动车使用量数据采集方法

(1)现场调查。在中心城区,每个行政区至少选择 1～2 个交叉口路段(以交通性主、次干路和支路为主),对晚高峰时间(16:00—18:30)的非机动车流量进行观测。在内环内、内外环之间和外环以外选取不同类型住宅(别墅、公寓、老公房和保障房),调查其高峰小时(早高峰为 7:00—8:00,晚高峰为 18:00—19:00)进出小区的非机动车流量。选取 1 处公寓和 1 处老公房做样本,调查其白天 12 小时(7:00—19:00)进出小区的非机动车流量。

(2)家访调查。将非机动车使用量纳入上海市第五次综合交通大调查中,设计包含家庭成员平日上班、上学和生活中使用非机动车的种类、层次(全程使用和与其他交通方式接驳)、次数以及非机动车出行意愿等问题的问卷进行调查。

(3)网上调查。通过"问卷星"调查网站,设计并发布调查问卷,调查非机动车的使用情况,包括个人特征(年龄、性别、职业等)、非机动车拥有量及类型、非机动车出行目的、频率、次数、距离与其他交通方式换乘等。

(4)问询调研。以快递公司骑非机动车送快递的快递员为调查对象,询问其平均每天的出行次数和出行距离。以上海轨道交通站点公共自行车使用者为调查对象,询问其出行目的、出行区段、接驳地铁的时间、距离等。

1.4 调查数据扩样

非机动车出行调查涉及的范围广、规模大、专业性强、牵涉部门多,尤其是在市场经济和居民普遍重视个人隐私权保护的前提下,入户难度非常大,而流动人口多、出租屋管理错综复杂等诸多因素进一步增加了调查的难度。由于现实中存在许多不可控因素,各区域的抽样率也存在差异,因此要最大限度地降低因抽样技术不完善和漏填信息而产生的影响。样本数据的扩样方法十分重要,按照数据的扩样流程,一般都分为 3 个阶段开展。

(1)数据录入:对原始数据进行编码、录入,修正异常编码,剔除无法统计的数据。

(2)直接扩样:以民政、公安等部门提供的人口、非机动车总量数据为全样,对非机动车抽样调查数据进行扩样。

(3)校核扩样:利用核查线流量当日调查数据对直接扩样后数据进行校核。[6]

2 上海非机动车实际拥有量和使用量调查

上海非机动车实际拥有量和使用量调查,目的在于通过已有的历史数据和问卷调查结果推算 2014 年上海非机动车的拥有和使用状况,为相关交通部门制定政策和管理方案提供依据。

2.1 上海非机动车实际拥有量调查

本文拥有量调查采用牌照结构估算法,步骤如下。

(1)沪牌电动车数量 $Q^E_{沪}$。从交警部门得到的数据目前只统计到 2012 年(见表 1),而估算所需要的时间是基于 2014 年,所以要根据历史数据进行推算。本次沪牌电动车推算采用指数平滑法,指数平滑的优点在于:由于各个时间阶段的数据权重不同,赋予近期数据较大的权值,有利于提高预测的精度。此次采用三次指数平滑模型,使用 Excel 数据分析工具进行计算。经过计算得到:2014 年上海沪牌非机动车 $Q^E_{沪}$ 为 329.8 万辆。

表 1　上海非机动车注册量　　(单位:万辆)

年份	沪牌电动车	年份	沪牌电动车
2001	2.50	2007	213.4
2002	10.98	2008	233.0
2003	40.80	2009	248.5
2004	83.60	2010	260.9
2005	135.80	2011	270.0
2006	187.60	2012	294.4

数据来源:上海交警总队非机动车管理部门。

(2)选择大型居住区周边的配套商业区进行调查。这些商业设施内设购物中心以吸引周边居民,居民到此活动使用非机动车出行的比例较高。同时在此出行的居民,大多为购物出行,时间相对比较充裕,比较愿意配合调查。从区域分布考虑,选择 4 个调查地点,分别为西郊百联、南方国际商厦、欧尚超市长阳店、卜蜂莲花杨高店。通过对调查数据整理分析,剔除异常数据,经过矫正、筛选、数据汇总,得到所需要的数据分析结果:电动车沪牌和非沪牌的比例 $P^E_{沪}:P^E_{非沪}=57\%:43\%$。

(3)上海电动车的实际拥有量 $Q^E=Q^E_{沪}/P^E_{沪}=578.6$ 万辆,则 $Q^E_{非沪}=Q^E-Q^E_{沪}=248.8$ 万辆。

(4)通过问卷调查得到自行车和电动车拥有比例 $P^B:P^E=67\%:33\%$,自行车的实际拥有量 $Q^B=(Q^E/P^E)\times P^B=1174.7$ 万辆。

(5)非机动车的实际拥有量 $Q=Q^E+Q^B=1753.3$ 万辆。

2.2　上海非机动车使用量调查

(1)将实际问卷调查数据汇总以后,分析电动车的平均使用年限。根据数据分析,电动车平均使用年限为 6 年。调查数据中使用在 6 年以上的数据可能是由于一些家庭电动车购买较早而目前不再使用,或家庭购买了私家车而将电动车弃之不用,但调查者在接受问卷调查时并未将其状态填为报废,而是在用状态。因此,修正问卷调查原始数据中不合理的数据,然后用指数平滑法推算上海 2014 年电动车使用量。沪牌电动车使用量 $q^E_{沪}=319.9$ 万辆,非沪牌电动车使用量 $q^E_{非沪}=241.4$ 万辆,总电动车使用量 $q^E=561.3$ 万辆。

(2)自行车与电动车使用比例 $p^B:p^E$ 采用现场调查的第一种方法,根据路段流量进行推算(见表 2)。根据区域划分,分别在内环以内、内外环之间和外环以外适当选取 22 个道路等级以生活性干道和主要支路为主的路段展开调查。

表 2　非机动车使用总量汇总

	自行车	电动车	合计
使用总量汇总(车次)	20754	29866	50620

通过路段流量调查,将 3 个区域的数据汇总得到上海自行车与电动车使用比例 $p^B:p^E=42\%:58\%$。

(3)计算得到上海 2014 年自行车使用量 $q^B=q^E/p^E\times p^B=406$ 万辆,非机动车总使用量 $q=q^B+q^E=967.8$ 万辆。

3　结　语

非机动车出行已经成为上海市居民出行的主要交通方式之一。由于非机动车总量庞大、种类繁多,交警部门很难计算非机动车拥有量和使用量,因此给管理政策的制定带来困难。本文提出根据牌照结构,从拥有者角度、产销环节推算 3 种非机动车实际拥有量数据采集方法，即现场调查、家访调查、网上调查和问询调查，并对 2014 年上海非机动车拥有量和使用量进行推算。通过本文的研究，希望能够为推算非机动车实际拥有量和使用量提供依据，为非机动车管理部门制定政策奠定基础。

参考文献

[1]中华人民共和国国家标准. 中华人民共和国道路交通安全法. 全国人民代表大会常务委员会.

[2]周文华，徐志修. 浅析电动自行车的发展对国内城市交通结构的影响[J]. 交通标准化，2005，05：116－120.

[3]徐吉谦，张迎东，梅冰. 自行车交通出行特征和合理的适用范围探讨[J]. 现代城市研究，1994，06：26－30.

[4]姜洋，王悦，余军，等. 基于 PLPS 调研方法的步行和自行车交通规划设计评估[J]. 城市交通，2011，05：28－38.

[5]杨金花，季令. 城市交通系统的非机动车交通问题及对策[J]. 铁道运输与经济，2006，05：14－16.

[6]张天然. 矩阵四维平衡在上海综合交通模型中的应用[J]. 交通与运输，2012，02：32－34.

Research on Shanghai Non-motorized Vehicle Amount of Actual Ownership and Usage Survey Method

WANG Jing，WANG Zheng

(College of Transport & Communications，Shanghai 201306)

Abstract: Non-motorized travel has so many advantages. Such as little pollution，low carbon environmental protection and occupied fewer transportation resources. It will become a urban green travel option. For the international metropolis of Shanghai，non-motorized vehicle ownership is about 10 million，and non-motorized travel has become one of the main mode of residents travel. Due to the huge amount and wide range of non-motorized vehicle in Shanghai，it is hard for traffic police department to calculate the amount of ownership and usage，and thus it is difficult to develop management policies. Taking Shanghai as an example，this article proposes three ownership and four usage projections of non-motorized data collection. Also，the article has use these methods to project in 2014 ownership and usage in shanghai. Result shows that proposed method is effective，and has a certain reference value.

Key words：non-motorized vehicle；bicycle；electric bicycle；ownership；usage

基于路网阻抗的双层公交网络客流OD推算模型研究

杨熙宇[1]　王胜平[2]　冯　波[2]

(1. 同济大学道路与交通工程教育部重点实验室，上海 2018041；
2. 上海林同炎李国豪土建工程咨询有限公司，上海 200437)

摘要：公交网络客流OD是公交线路规划和调整的重要依据。本文针对传统模型忽略了公交换乘和道路拥堵对OD推算路径的影响，造成推算结果不理想的缺陷，根据公交站点上下客数据，提出了以公交网络阻抗为基础，建立了广义最小二乘法和交通分配相结合的双层优化模型，设计相应的收敛计算规则，并运用实际案例对模型进行了验证，与实际调查数据进行对比的结果证明了该双层公交客流OD推算方法具有较高的精度。

关键词：交通规划；公交客流OD推算；双层模型；上下客人数

公交客流OD矩阵体现了客流在各站点之间的分布情况，是进行公交线路规划和调整的依据。获取公交OD矩阵最初始、最直接的方法即进行OD调查，但OD调查是一项非常复杂的工程，它涉及人力、物力等各个环节，对出行者的干扰也较大。此外，数据的精准度受抽样率影响，尤其对于大城市，巨大的人口基数决定了抽样率相对较小，难以保证精度。公交客流OD推算是基于相应的数学模型，通过输入少量的交通调查数据，获得公交客流OD矩阵的方法。该方法较对OD调查而言，具有操作简单、容易组织、费用少、耗时短等优点。

公交客流OD推算模型主要包括概率论模型[1-5]和结构优化模型[6-11]。概率论模型是根据大量调查统计资料建立公交乘客出行站数与概率之间的关系模型，通过少量的站点上下客人数调查数据计算得到公交客流OD。结构优化模型通过引入吸引权系数，建立公交网络中公交上下站之间的分布模型。这些模型有各自的适用范围和局限性，模型中考虑的公交出行影响因素偏宏观，模型忽略了公交换乘和道路拥堵对OD推算路径的影响。进一步在模型中细化以上影响因素，是本文研究的重点之一。

本文拟采用广义最小二乘法和交通分配相结合的双层规划模型，进行公交网络客流OD反推；利用公交站点上下客人数作为模型输入，细化模型中公交换乘和道路拥堵对OD推算路径的影响；通过设计相应的收敛计算规则，给出OD推算的计算结果，提高公交网络客流OD推算的精度。

1　模型建立及算法研究

(1)问题描述

假定一个有 m 个站点的公交网络，其网络简化形式如图1所示，$T_i(i=1,\cdots,m)$ 和 $U_j(j=1,\cdots,m)$ 分别代表某时段站点 i 和站点 j 的上下客人数，X_{ij} 为对应时段从站点 i 上车，到站点 j 下车的乘客数。其中，T_i 和 U_j 可以直接通过交通调查获得。

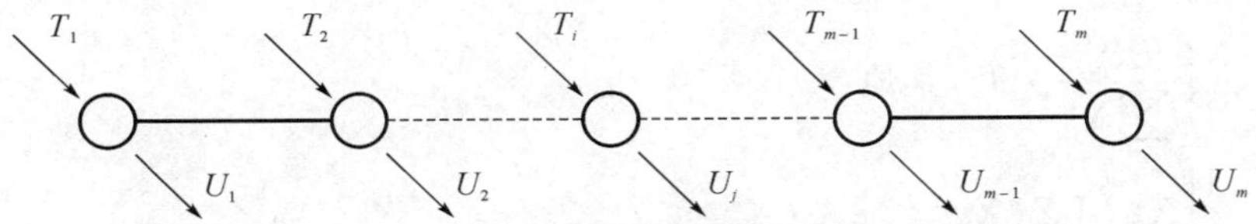

图1　设有 m 个站点的公交线网的简化形式

(2)模型建立

①假设每个公交站点的上下客数是可获知的(通过调查或其他采集手段)，即 T_i 和 U_j 是已知的；

作者简介：杨熙宇(1982—　)，男，博士研究生，研究方向为交通运输规划与管理；王胜平(1964—　)，女，高级工程师，从事城市道路与交通规划；冯波(1977—　)，男，高级工程师，从事城市道路与交通规划。

②假设每条公交线路上公交车辆发车频率是一定的，公交车辆的到达是相互独立的；

③假设每个乘客的一次换乘时间为固定值，且该值可以通过调查获得。

(3)模型构建

本文拟采用广义最小二乘模型与弹性需求分配模型相结合的双层优化模型来推算公交客流 OD。上层采用广义最小二乘模型，将各站点上下客数据表述为最优化问题，即各站点推算得到的理论上下客人数与实际调查的上下客人数的总误差最小，即系统最优。下层模型为弹性需求分配模型，避免了交通量约束的矛盾，同时体现道路拥挤状况对公交客流 OD 出行路径的影响。具体的模型为：

上层模型
$$\min: Z(X_{ij}^{k}) = \sum_{i}\sum_{j}\left|U_j - \sum_{i} X_{ij}^{k}\right| \tag{1}$$

s. t.
$$X_{ij}^{0} = p_{ij}T_i \quad \forall i,j \tag{2}$$

$$p_{ij} = \frac{\lambda^{j-i}e^{-\lambda}}{(j-i)!} \Big/ \sum_{i=1}^{j-1}\frac{\lambda^{j-i}e^{-\lambda}}{(j-i)!} \tag{3}$$

下层模型
$$\min: g(t, X_{ij}^{k}) = \sum_{i}\sum_{j}\left[c_{ij}(t)X_{ij}^{k} + w_{ij}(t)\right] \tag{4}$$

s. t.
$$w_{ij} = f(t), \tag{5}$$

$$f(t) = \frac{L_{ij}}{v_{ij}}\left[1 + \alpha\sum_{j=i+1}^{j}\left(\frac{F}{C}\right)^{\beta}\right] + \sum_{k=1}^{k}a_k \tag{6}$$

$$0 \leqslant \frac{X_{ij}^{k}}{\sum_{j}X_{ij}^{k}} \leqslant 1, \forall i,j \tag{7}$$

式中：T_i 为模型输入，表示对应于站点 i 的上客数；U_j 为模型输入，表示对应于站点 j 的下客数；X_{ij}^{k} 为第 k 次计算时，站点 i 到站点 j 的公交客流 OD；$c_{ij}(t)$ 为单辆公交车自由状态下的时间成本；λ 为需要标定的参数；L_{ij} 为公交站点 i 到公交站点 j 的实际距离；v_{ij} 为站点 i 到站点 j 的公交自由行驶速度；α、β 为等效阻抗参数；F 为道路实际的交通流量；C 为道路通行能力；a_k 为第 k 次换乘的等待时间，可以通过公交运行时刻表推算获得。

(4)参数标定

在推算模型中，有 3 个参数需要标定，它们分别是 α、β 和 λ。标定过程相对简单。

①使用最小二乘法先对 α 和 β 进行标定，对式(6)变形后两边取对数，得到函数如下：

$$\ln\left(f(t) - \frac{L_{ij}}{v_{ij}} - \sum_{k=1}^{k}a_k\right) = \ln\alpha + \beta\ln\left(\sum_{j=i+1}^{j}\frac{F}{C}\right) \tag{8}$$

这样便可通过以往的调查数据进行最小二乘法，标定出参数 α 和 β 的值。

② λ 标定过程相对简单，在计算出公交出行阻抗矩阵 $\{t_{ij}\}$ 的基础上，通过对 λ 求极大似然估计得到：

$$\lambda = (\overline{t_{ij}})^{-1} \tag{9}$$

$$\overline{t_{ij}} = \frac{\sum_{i=1}^{i=n}\sum_{j=1}^{j=n}t_{ij}}{n^2} \tag{10}$$

式中：$\overline{t_{ij}}$ 为公交平均出行阻抗。

(5)模型计算

①模型输入数据 T_i、U_j；

②计算方法：

$$X_{ij}^{k+1} = \begin{cases} \dfrac{X_{ij}^{k}}{\sum_{j}X_{ij}^{k}}\cdot T_i, \text{其他} \\ X_{ij}^{k}, \text{if } Z(X_{ij}^{k}) \leqslant e, g(X_{ij}^{k}) \leqslant \varepsilon \end{cases} \tag{11}$$

③收敛规则：

$$Z(X_{ij}^{k}) \leqslant e, g(X_{ij}^{k}) \leqslant \varepsilon \tag{12}$$

2 案例应用

以某城市主城区为例，在掌握相关规划资料的基础上进行公交客流 OD 反推。主城区现有公交线路 18

条，共计公交站点 147 个，具体走向分布如图 2 所示。

(1)输入条件

应用模型进行公交网络客流 OD 反推，该模型输入的已知条件包括：

① 交通小区上下客人数：首先对于研究区域的 147 个公交站点输入 T_i、U_j。

② 公交站点距离矩阵：由 Emme 3 宏观交通仿真软件计算得到。

③ 线路速度：设骨架线路、基本线路及补充线路的平均行程速度分别为 30km/h、21.5km/h 及 15km/h。

④假定乘客的换乘时间为 3min。

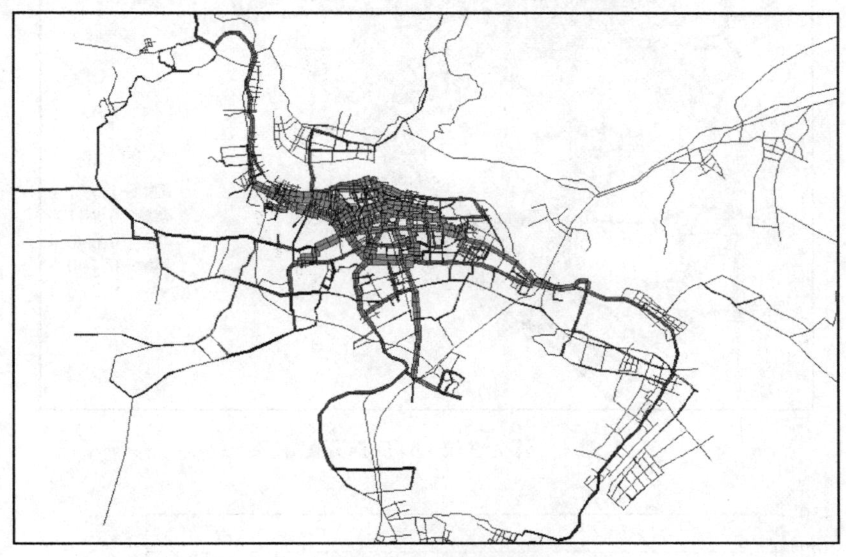

图 2　公交线路走向图

(2)计算过程(见图 3)

①通过最小二乘法标定 α 和 β 分别为 0.17 和 3.8，在 Emme 3 里面通过矩阵计算得到公交出行阻抗矩 $\{t_{ij}\}$。由此，可以标定参数 $\lambda = 0.059$；②以 Emme 3 软件为计算平台，通过 VB 将双层模型的执行过程编辑为宏，导入 Emme 3 中进行计算；③通过设置不同的迭代次数 k，观察收敛阀值 e 和 ε，当计算次数达到 $k = 46$ 次时，阀值 e 和 ε 趋于稳定，故取 $k = 46$ 的计算结果。

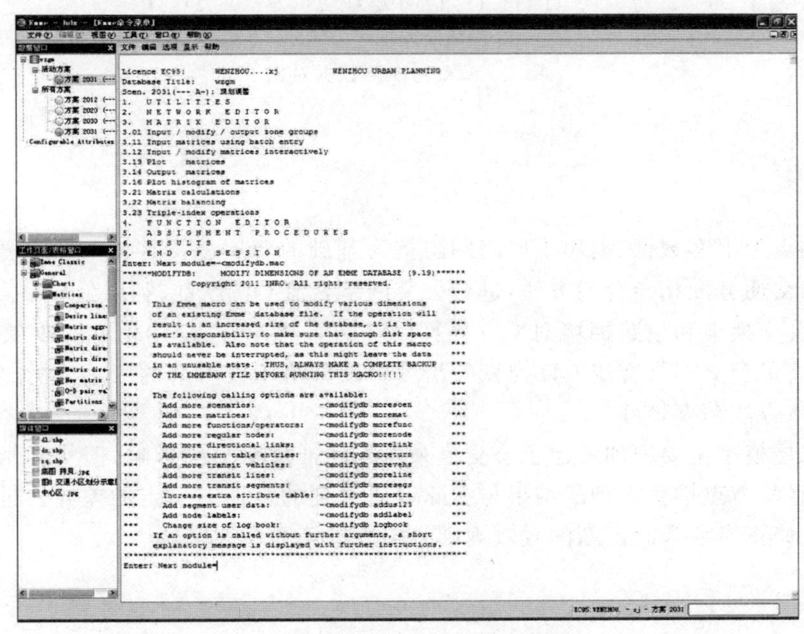

图 3　Emme 3 计算界面

(3)推算结果

图 4 直观地反映了公交客流 OD 反推的计算结果。选取反推结果中重要的 32 个公交断面客流进行检

验,检验结果如图 5 所示。路段流量值的平均相对误差在 4.5%左右,精度足以满足反推结果的要求。

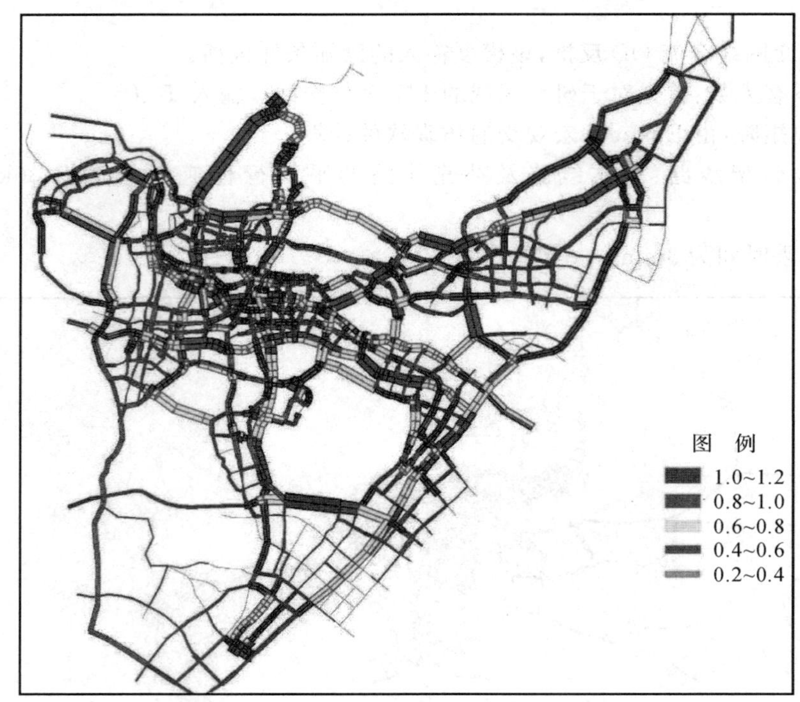

图 4　公交客流 OD 反推分配结果

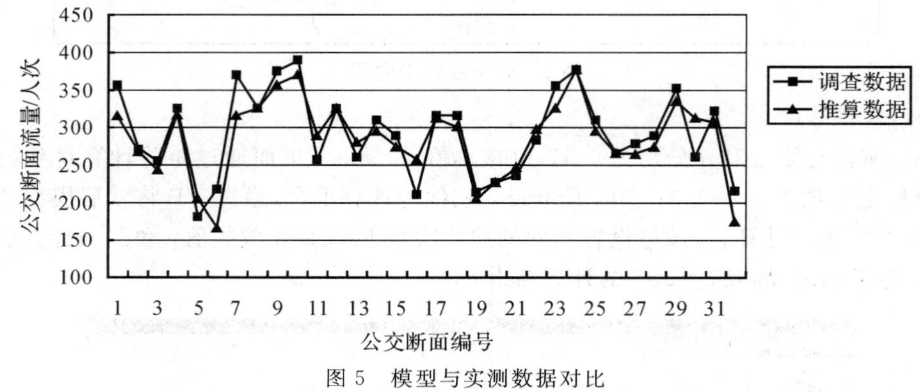

图 5　模型与实测数据对比

3　结　论

本文基于公交站点上下客数据,提出了以路网阻抗为基础的双层公交客流 OD 推算模型。该模型采用了广义最小二乘法和交通分配相结合的方法,进行公交网络客流 OD 反推;利用公交站点上下客人数作为模型输入,细化模型中公交换乘和道路拥堵对 OD 推算路径的影响;通过设计相应的收敛计算规则,给出 OD 推算的计算结果,提高了公交网络客流 OD 推算的精度。该方法不仅可节约大量人力、物力,且准确、可靠。经过案例分析验证,该方法精度较好。

本研究提出的双层模型主要增加考虑了公交换乘对 OD 推算路径的影响,但实际由于目前公交网络的复杂性,可能会导致某些节点推算得到的结果与实际调研得到的数据有一定的差异。进一步的研究工作可以考虑在模型中加入修正参数和制定新的收敛规则来提高推算的精度。

参考文献

[1]TSYGALNITSKY S. Simplied methods for transportation planning[D]. Cambridge: Department of Civil Engineering, Massachusetts Institute of Technology, 1977.

[2]SIMON J , FURTH P G. Generating a bus route OD matrix from on-off data[J]. Journal of Transportation Engineering (American Society of Civil Engineers) , 1985, 111 (6) : 583-593.

[3]LI Y W, CASSIDY M J. A generalized and efficient algorithm for estimating transit route ODs from passenger counts[J]. Elsevier Ltd, 2006.

[4]窦慧丽,刘好德,杨晓光,等.基于站点上下客人数的公交客流OD反推方法研究[J].交通与计算机.2007.

[5]刘颖杰,靳文舟,康凯,等.基于IC信息和概率理论的公交OD反推方法[J].公路与汽运.2010.

[6]FURTH P G, NAVICK D S. Bus route OD matrix generation: Relationship between bi-proportional and recursive methods [R]. Transportation Research Record 1338,14C21,1992.

[7]朱从坤,丁建霆,陈瑜.公交线路OD反推的结构化模型研究[J].哈尔滨工业大学学报.2005.

[8]NUZZOLO A, CRISALLI U. Estimation of transit origin, destination matrices from traffic counts using a schedule-based approach[C]//Proceedings of the AET 2001, Homerton College, Cambridge.

[9]WILLIAM H K, LAM Z X, CHAN K S. Estimation of transit origin-destination matrices from passenger counts using a frequency-based approach[J]. Journal of Mathematical Modeling and Algorithms, 2003, 2: 329-348.

[10]WU Z, LAM W H K. Transit passenger origin-destination estimation in congested transit networks with elastic line frequencies[J]. Annals of Operations Research, 2006, 144(1):363-378.

[11]王济儒,查伟雄,李剑.由车站上下车客流量估计铁路OD矩阵[J].交通运输工程与信息学报,2004 (4) :23-27.

OD Matrix Estimation Bi-level Method of Public Transportation Network Based on Impedance

Yang Xi-yu[1] ,Wang Sheng-ping[2] ,Feng Bo[2]

(1. Lin Tung-yen & Li Guo-hao Consultants Shanghai LTD, Shanghai 200437, China; 2. Tongji University, Key Laboratory of Road and Traffic Engineering of the Ministry of Education, Shanghai 201804, China)

Abstract: The OD matrix is the important data for transit line planning and optimizing. This paper presented an efficient OD estimation bi-level model, which applied the impedance of bus travel using the number of boarding and alighting passengers at each stop. This paper detailed the key issues associated the model including design of the impedance parameters, the calibration of model parameters, and rule of convergence. The results of a rigorous validation with data from a real bus network revealed that the proposed model is quite effective and reliable.

Key words: traffic planning; transit OD matrix estimation; bi-level model; on/ off counts

城市交叉口延误计算方法研究

蔡广逸　陆峥嵘

（上海林同炎李国豪土建工程咨询有限公司，上海 200437）

摘要：延误是评价交叉口服务水平最重要的指标之一，交叉口服务水平和评价主要取决于交叉口延误的计算。目前信号交叉口延误的计算方法较多，本文在实测法、理论分析法和计算机模拟法中各选取一种常用的方法——点样本法、Webster 模型法和 Vissim 仿真法进行介绍。结合上海市十字信号交叉口延误计算实例，对比和分析了 3 种方法的各自特点，提出 3 种方法的适用范围，供设计人员在工程实践中选择合适的方法进行参考。

关键词：信号交叉口；延误计算；Webster 模型法；Vissim 仿真；点样本法

大量事实表明，城市交叉口的拥挤现象最为严重，80％以上的延误集中在城市道路交叉口，平面交叉的通行能力不足道路的 50％。[2] 信号交叉口延误的影响因素众多，涉及交叉口几何设计与信号配时的各个方面，是一个能够综合反映交叉口的几何设计与信号配时优劣的评价指标。道路交叉口是否需要进行改扩建等工程措施，直接取决于交叉口的延误计算。因此，交叉口延误的计算方法具有十分重要的实际意义。

1　交叉口延误估算方法介绍

目前对信号交叉口延误的计算方法较多，本文在实测法、理论分析法和计算机模拟法中各选取一种常用的方法——点样本法、Webster 模型法和 Vissim 仿真法进行介绍。

1.1　点样本法

点样本法的具体调查方法[4]为：在每个进口道处，需 3～4 名调查人员和一块秒表，其中 1 号调查员手持秒表，每 15s 报时一次，2 号调查员每 15 秒记录一次停留在入口引道停车线之后的车辆数，3 号调查员记录每 1min 间隔内在引道内停驶的车辆数，4 号调查员的记录每隔 1min 间隔内在引道内不停驶的车辆数。当交通量较小时，3、4 号调查员的调查任务可由一人完成。点样本法的调查表样式见表 1。

表 1　点样本法调查表

交叉口名称	入口方向		车道数			
日期	天气		观测员			
分工	1 号、2 号调查员				3 号、4 号调查员	
开始时间（以 min 为单位换行）	在下列时段停留在入口引道停车线之后的车辆数				在 1min 内引道交通量中停驶/不停驶的车辆数	
	0s	15s	30s	45s	停驶车数	不停驶车数
7:00—7:01						
7:01—7:02						
…	…	…	…	…	…	…
…	…	…	…	…	…	…

假设 2 号调查员记录的车辆总数为 N_2，3 号调查员记录的车辆总数为 N_3，4 号调查员记录的车辆总数

作者简介：蔡广逸（1989—　），男，助理工程师，从事城市交通规划与管理；陆峥嵘（1969—　），男，高级工程师，从事城市道路与交通规划。

为 N_4，则该进口道平均停车延误 $D=\frac{15N_2}{N_3+N_4}$（s）。

1.2 Webster 模型法

Webster 延误模型[3]由 Webster 于 1958 年提出，是目前国内使用最多的交叉口延误模型，在美国 TRB 推出《通行能力手册》2000 版（即 HCM2000）之后开始被广泛使用。该模型由均匀延误、随机延误和初始排队延误 3 部分组成。其公式表达式如下：

$$d=d_u+d_r+d_c \tag{1}$$

式中：d 为各车道每车平均信控延误（s/pcu）；d_u 为均匀延误，即车辆均匀到达所产生的延误；d_r 为随机延误，即车辆随机到达并引起超饱和周期所产生的附加延误；d_c 为初始排队延误，即上一时段留下的初始排队车辆对后续车辆影响所产生的附加延误。

其中：

$$d_u=\frac{C(1-\lambda)^2}{2(1-x\lambda)} \tag{2}$$

$$d_r=900T[(x-1)+\sqrt{(x-1)^2+\frac{4xT}{Q}}] \tag{3}$$

$$d_c=\frac{900kc(1-\lambda)^2}{(1-x\lambda)QT} \tag{4}$$

式中：C 为信号周期时长（s）；λ 为车道绿信比；x 为车道饱和度；T 为分析时段持续时长；Q 为车道通行能力；k 为上一时段积余车辆数。

1.3 Vissim 仿真法

Vissim 是由德国 PTV 公司开发的微观交通流仿真系统。该系统是一个离散的、随机的、以 0.1s 为时间步长的微观仿真软件。仿真车辆的速度及其行为模型采用了德国 Karlsruhe 大学 Wiedemann 教授的“心理—生理跟驰模型”，其车道变换行为采用了基本规则的算法。

Vissim 仿真软件以个体车辆为单位，对仿真车辆的出行行为进行细致的定义、跟踪和记录。因此，可以准确地统计出车辆延误。

Vissim 仿真软件的延误计算方法为：①定义一个通过交叉口的路段，并定义其行程速度；②通过仿真测试，统计出其实际运行时间；③实际运行时间减去其按照行程速度所需时间，得到该断面内车辆平均延误。

Vissim 系统用于描述交通行为的参数主要有：车辆参数（最大加减速度、期望加减速度、长度、宽度、重量、动力等）；换道参数（最小车头距、等待换道的最多时间、换慢车道的最短车头时距）；强制换道参数（最大减速度、可接受减速度）；跟驰行为参数（停止车辆平均间距、特定速度时保持的车头时距、从静止起动时的期望加速度、40km/h 的期望加速度等）；横向行为参数（期望位置）。

描述延误的参数主要有：每车平均总延误、每车平均停车时间、队列中车辆状态改变次数、总车辆数、每人平均总延误、总行人数。[5]

2 案例分析

2.1 交叉口调查数据分析

本文以上海市松江区松汇路与人民南路交叉口为研究对象，对该交叉口进行了详细调查。调查时间为早 7:00—9:00 和晚 16:30—18:30。交叉口现状车道功能划分，如图 1 所示。

经统计，得出调查高峰小时为 16:45—17:45，高峰小时进口道转向、流量与信号灯配时的数据见表 2。点样本法调查数据较多，在此仅列举东进口调查时间 16:45—17:00 的数据，见表 3。

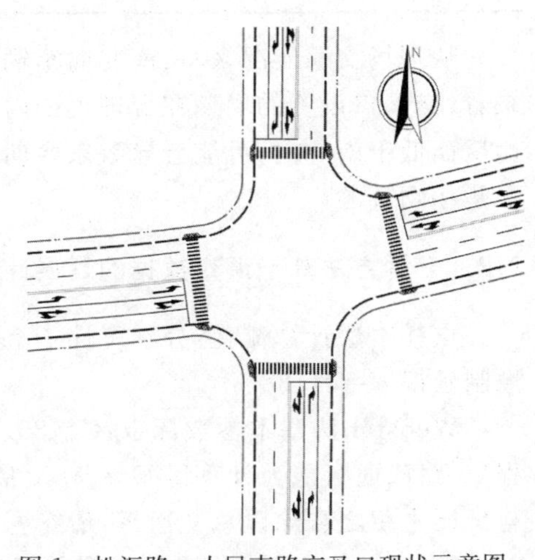

图 1　松汇路—人民南路交叉口现状示意图

表 2　交叉口高峰小时流量及信号配时

进口道	方向	流量(pcu)	绿灯时间(s)	进口道	方向	流量(pcu)	绿灯时间(s)
东进口	左转	176	35	北进口	左转	217	44
	直行	421	35		直行	245	44
	右转	111	35		右转	210	44
	小计	708			小计	672	
西进口	左转	224	35	南进口	左转	191	44
	直行	496	35		直行	319	44
	右转	96	35		右转	138	44
	小计	816			小计	648	
流量总计(pcu)	2844						

表 3　交叉口高峰小时点样本法延误调查　　(单位:辆)

开始时间(以 min 为单位换行)	在下列时段停留在入口引道停车线之后的车辆数				在 1min 内引道交通量中停驶/不停驶的车辆数	
	0s	15s	30s	45s	停驶车数	不停驶车数
16:45—16:46	2	4	7	1	8	0
16:46—16:47	0	0	3	8	8	5
16:47—16:48	9	3	0	0	9	3
16:48—16:49	4	5	5	8	9	1
16:49—16:50	6	2	0	0	7	4
16:51—16:52	2	6	11	7	11	0
16:52—16:53	2	0	3	8	8	3
16:53—16:54	9	4	0	3	15	3
16:54—16:55	4	5	5	8	8	0
16:55—16:56	6	2	0	4	10	4
16:56—16:57	9	14	8	3	14	0
16:57—16:58	0	4	9	12	12	4
16:58—16:59	9	3	0	3	14	3
16:59—17:00	4	7	9	6	11	0
小计	66	59	60	71	144	30
总计	256				174	

从现场交通实况来看:南北向车辆经常有空闲时间,而东西车辆则偶尔会发生拥堵。从现场调查数据来看:交叉口设置的周期在合理范围内,但是信号灯配时存在明显缺陷,东西交通量较南北向大,而其绿信比反而低于南北向,可能会导致东西向车辆拥堵,交叉口主要延误来源于东西进口方向车辆。这与实际情况是相吻合的。

2.2　三种方法基于调查数据的延误计算

点样本法计算流程:分别统计 4 个进口道方向延误,结合各个进口方向交通量加权平均,可以算出平均控制延误 $d=41.38$。

Webster 法基本参数标定:$C=85$、$T=0.25$、$x=0.411$、$k=2$,由上海市工程建设规范《城市道路设计规程》[6]路段通行能力计算得 $Q=518$。最后利用 Webster 法,对每个进口道分别计算延误,各进口车道交通量与延误之积之和除以总交通量,最终算出交叉口平均控制延误 $d=50.22$。

Vissim 仿真法操作流程与参数标定:在软件中画好路网之后,定义大车∶小车=5∶95,东西向车辆设计速度为30km/h，南北向车辆设计速度20km/h，随机车辆速度大致为泊松分布；在左转和右转区域设置减速带；在交叉口冲突点设置优先原则进行避让，避免出现撞车情况；在出口道设置优先原则，避免在仿真中合流时出现撞车现象。取东西向理想速度为25km/h，南北向理想速度为18km/h，经加权平均后可以得出交叉口平均控制延误$d=47.65$。

2.3 三种计算方法优缺点比较

通过对3种延误计算方法进行实例分析，可以看出这3种方法各有优缺点(见表4)。

表4 三种延误计算方法优缺点比较

方法	优点	缺点
点样本法	(1)不依赖于信号设备，一个样本中的错误或遗漏对总的结果几乎没有影响 (2)能够得到比较完整的描述交叉口停车延误的统计数字	(1)相对而言，调查难度与成本较高。当停驶车辆占比很高时，由于排队数目很大，在15s内清点停驶车辆很难完成 (2)在计算交叉口平均控制延误时没有考虑车辆的启制动、加减速所需时间和交叉口内冲突等所需时间，计算出的结果往往小于实际延误
Webster法	(1)从延误产生的原因来分析，建立延误分析模型，认可度较高 (2)模型估算应用方便，受主观因素影响小，精确度高	(1)现有公式对一些干扰因素考虑较少，过于理想化，如实际中常见的混用车道，交叉口拓宽和设置待转区等，将会导致估算结果与实际相差很大 (2)对于交叉口饱和度趋近于1时，将会导致交叉口周期迅速增大，从而导致延误增大，不符合实际，因此该方法只适用于交叉口饱和度不大的情形
Vissim仿真法	(1)通过模拟，能较真实地反映和重现实际交通状况，再现路段交通流的运行情况，直观地反映车流的密集程度、拥挤状况、排队状况等，具有广泛的实用价值 (2)能模拟路段上的机动车、非机动车及行人等交通流，该方法因此不仅能描述信控交叉口车辆的延误，也能计算行人和非机动车的延误[7]	(1)上手难度较高，需要充分理解软件中延误分析的各项参数意义以及如何调整 (2)受主观因素影响较大，尤其是理想速度的设定，将会直接影响延误的最后计算结果，需要反复标定各项参数，以保证其延误分析的精度

总体而言：Webster法计算简单高效，在饱和度不高的交叉口进行延误计算时正确率较高，在交叉口改善方案中进行延误估算尤为适用；Vissim仿真法上手难度较高，主观性强，但能够非常直观地表达出交叉口的拥堵与排队情况，常用于交叉口延误较大的复杂型交叉口延误计算分析；点样本法适用于停驶比例不高、排队长度不长的交叉口，可用于在交叉口改善完成后验证前期方案中的延误计算的可信度。

3 结 语

本文结合工程实例，重点阐述了计算交叉口延误3种不同的方法——Webster模型法、点样本法以及Vissim仿真法各自的使用条件和适用范围。由于3种方法具有各自的使用条件和适用范围，工程设计人员应根据工程实际情况选取合适的方法进行交叉口延误的计算，为更准确、更切合实际的工程措施提供理论数据的支撑。

参考文献

[1]郑远.信号交叉口延误估计方法研究[D].上海：同济大学.2008.
[2]张婉鸣.城市道路交叉口交通组织优化设计研究[D].广州：华南理工大学，2012.
[3]WEBSTER F V. Traffic signal setting [R]. Road Research Technical Paper No. 39 London. HMSO，1958.
[4]王炜，过秀成.交通工程学[M].南京：东南大学出版社，2000.
[5]陈绍宽，郭谨一，王璇，毛保华.信号交叉口延误计算方法的比较[J].北京交通大学学报，2005，29(3)：77－80.
[6]上海市工程建设规范城市道路设计规程(DGJ 08—2106—2012)[S].

[7]李硕，张谞博，周慧，高岩，李魏饶. 城市信号控制交叉口延误计算与仿真研究[J]. 湘潭大小自然学科学报，2011，33(4).

Study on Based on Urban Intersection Delay Estimation Method

CAI Guang-yi, LU Zheng-rong

(Lin Tung-Yen & Li Guo-Hao Consultants Shanghai Ltd., Shanghai 200437)

Abstract: Delay is one of the most important index to evaluate the road intersection service level, calculate the intersection service level and evaluation depends mainly on the intersection delay. The current method of calculating delay in signal intersection is variable. This paper mainly introduces(actual, theoretical analysis and computer simulation of each select one[1]) the commonly used sample survey method, Webster's delay model method, Vissim simulation method. Combined with the example of Shanghai city cross intersection delay, compares and analyzes their respective characteristics of the three methods, scope of application to put forward three kinds of methods, for designers to choose appropriate methods for reference in engineering practice.

Key words: signal intersection; delay calculation; Webster's delay model; Vissim simulation; sample survey

浅论大中城市老城交通拥堵问题解决的思路

——扬州文昌阁中环疏解工程的浅析

陆峥嵘

(上海林同炎李国豪土建工程咨询有限公司,上海 200092)

摘要:许多大中城市的老城是整个城市的政治、经济和文化的中心,也是整个城市的交通聚集点。近年来,大中城市老城交通拥堵也经常出现。本次研究提供了大中城市老城改造解决交通拥堵的范例。老城交通拥堵的部分原因不是道路容量不足,而是交通组织混乱、停车位不足等。因此,解决老城交通拥堵问题应通过详细的交通调查,寻找产生交通拥堵的根本原因,针对性地提出具有投资见效快、操作性强的工程性改善措施,通过提高既有道路资源的利用效率来实现。

关键词:大中城市;老城;交通拥堵;扬州文昌阁

“交通拥堵”成为许多大中城市的“都市病”。“如何寻找有效途径解决交通拥堵?”也成为许多大中城市必须解决的主要问题之一。本次研究通过对扬州市老城核心区道路拥堵点的梳理与研究,从整体到局部,寻找造成拥堵的根本性原因,因地制宜地制定节点交通改善方案。通过拓宽改建道路、建设简易结构工程、增设停车设施、优化交通组织等措施,简便高效地解决局部节点的拥堵问题,提升环路的道路通行能力,从而带动整条环线的交通畅通,进而缓解城市核心区的交通矛盾,提高既有道路资源的利用效率,取得良好的经济效益和社会效益,对于类似城市和地区处理交通拥堵问题具有良好的示范效应。

1 工程概况

本项目所在的区域位于扬州中心城区,占地约 5.09km^2,也是扬州古城的主体,汇集了扬州城最为丰富的历史遗存和最为丰厚的文化底蕴。近年来,随着城市经济的迅猛发展,扬州市机动车保有量急速增长,文昌阁所在老城的交通压力急剧增加,特别是文昌阁周边由于商业建筑较为集中、人流量大,交通拥堵现象更加突出。本方案重点研究扬州文昌阁中环交通的疏解,特别是四大交通拥堵点的改造,进而提出相应工程性的改善措施。

2 功能定位分析

根据扬州市综合规划,将老城区分为内环、中环、外环 3 个环路系统:内环引导用于引导中心区到发交通;中环疏解用于疏解中心区通勤交通;外环分流用于分流中心区穿越交通。

在 3 个环线来看,市域范围内东西南北向的穿越交通流应以外环疏解为主,内环主要为缓解文昌阁商圈的到发交通。而本次实施的中环,应以疏解中心区的通勤交通及中环沿线单位的到发交通为主。

因此,本研究方案设计的主要目的是解决目前中环所存在的主要拥堵节点,梳理道路的整体脉络,基本实现中环全线的快速畅通,满足通勤、到发、出行的基本需求。

3 拥堵原因分析及对策

(1)中环线主要拥堵原因及对策

扬州中环由泰州路、南通东路、南通西路、淮海路、文汇东路、大学北路、念四路、大虹桥西路、大虹桥路、友谊路、盐阜西路、盐阜东路 12 条道路组成,全长约 12.7km(见图 1)。

作者简介:陆峥嵘(1969—),男,高级工程师,从事城市道路与交通规划。

中环现状高峰时段的交通流量为580～1120pcu/h。根据对现状交通流量的分析以及现场的调研，中环线全线除个别路段的服务水平为四级，处于饱和状态外，其余路段基本能够达到至少三级的服务水平(见图2)。中环线的交通拥堵主要存在于4个节点，即大虹桥、苏北医院、跃进桥及便益门桥。

其中，大虹桥地区交通拥堵的主要原因在于道路较窄、路网不完善导致道路自身通行能力不足；苏北医院节点则是由于苏北医院停车位有限，导致大量就医车辆堆积于周边道路，导致该段道路的基本功能没有完全发挥出来；跃进桥节点现状仅为两车道，与其所在的运河西路双向四车道的断面不匹配，形成瓶颈；便益门桥节点则是由于该区域的交通组织形式为2个不受信号灯控制的3个交叉口组合，导致该路段总体服务水平极低。

图1　工程地理位置

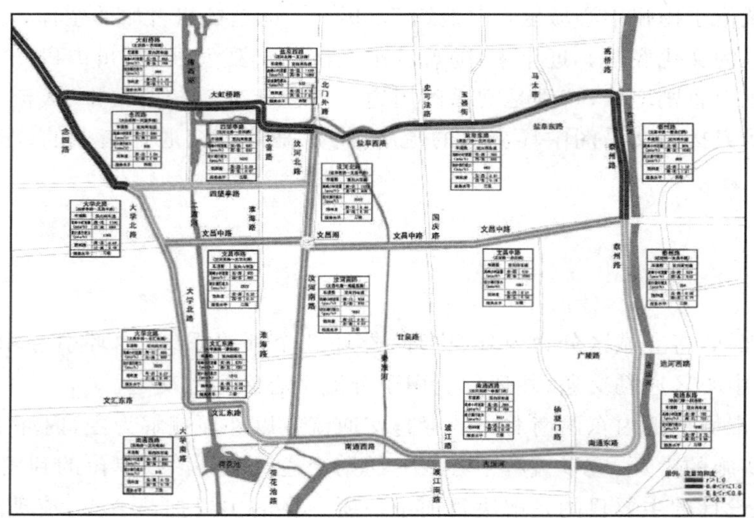

图2　现状中环线饱和度分析

(2)研究路线

本方案围绕4个节点作重点分析，提出主要的改善方案，方案研究主要路线为：确定节点研究范围→交通拥堵原因分析→针对性处理方案→处理后交通评价。

4　工程实施方案

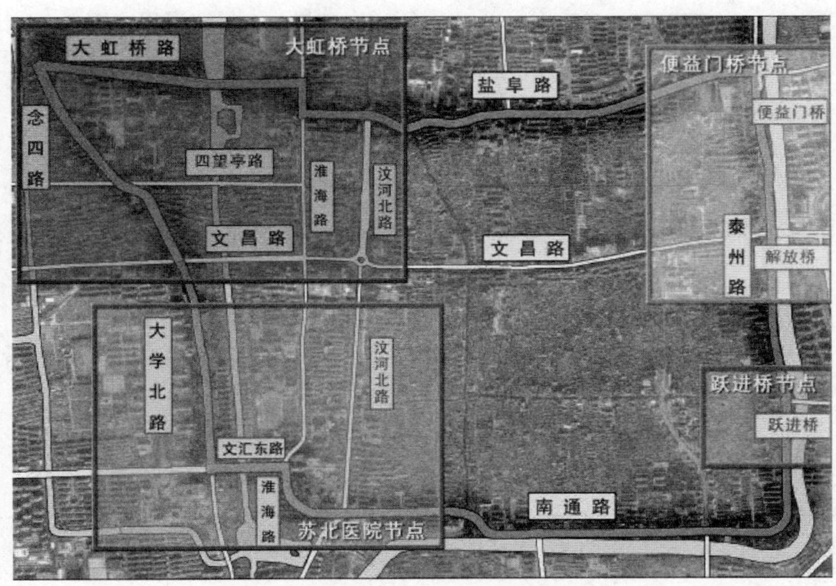

图 3　中环线 4 个节点示意图

4.1　大虹桥节点

(1)研究范围

本节点包括大虹桥路、念四路、四望亭路、淮海路、盐阜西路、北门外大街所合围的区域(见图 3)。

(2)交通拥堵原因分析

①周边主干路网尚未形成,承担较多的东西向通行压力。该区域受瘦西湖影响,东西向通道匮乏。大虹桥路、盐阜西路作为老城区北部地区的东西向贯通道路,在北侧的瘦西湖地道尚未通车、漕河路尚未贯通的情况下,吸引了较多东西向的车流。现状大虹桥路交通流量达到 900pcu/h,大于一车道 750pcu/h 的通行能力。

②道路宽度受限,制约因素较多。大虹桥路(城中村段)车行道宽度仅为 9m,人行道宽度最窄处仅为 1m。早晚交通高峰期间,人车混杂,交通拥堵严重。

③平行大虹桥路的四望亭路分流作用有限。大虹桥路南侧的四望亭路现状为扬州一条繁华的商业街,道路两侧商铺众多。尽管道路具有双向四车道的空间,但是被沿街停放的机动及非机动车占用,仅能按单向两车道通行,未能有效分流大虹桥路的交通流量。

④两种交通流混杂,旅游旺季冲突较大。本条道路承担了扬州老城北部地区的东西向过境交通以及到瘦西湖景区旅游车辆两种交通流。由于瘦西湖南门停车场紧邻大虹桥路建设,在旅游旺季两种车流的交织也是造成该节点交通拥堵的主要原因之一。

(3)主要处理措施

新建大虹桥隧道,同步打通大虹桥路至双向二快二慢,拓宽念四路至双向四快二慢,将现状四望亭路沿线停车引导至新建的四望亭路地下停车场,恢复四望亭路双向四快二慢的交通组织形式。同时,优化周边区域的交通组织形式,大虹桥路单向通行,结合路网构建微循环通道,有效提高区域交通通行能力(见图 4)。

(4)疏解后交通评价

经过交通整治后,区域交通流量进行重新分配,各路段的通行能力均有不同程度的提高,交通改善效果明显。

4.2　苏北医院节点

(1)研究范围

苏北医院以及苏北医院周边的公共区域荷花池公园一并纳入了本次研究范围(见图 3)。

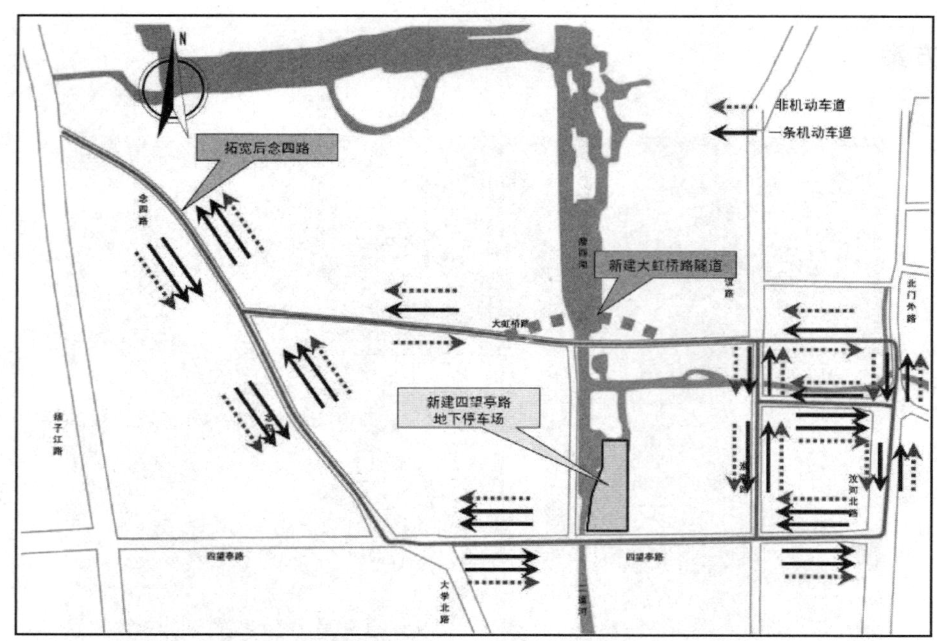

图 4　大虹桥节点建设方案示意图

(2)交通拥堵原因分析

苏北医院为江苏省苏北地区最大的综合性三级甲等医院,建筑面积约为 120000m^2,年进出车辆约 100 万辆(约 3740 辆/d),需要配备 1200 个停车位。医院内部能提供的停车位仅 400 个,因此导致了大量车辆无法及时快速地进入医院,机动车辆侵占人行空间,行人及非机动车反过来需占用车行道来确保自己的通行,排队进入医院的车辆积压在南通路上,导致南通路的拥堵。

(3)主要处理措施

利用荷花池的地下空间新建荷花池地下车库,可增加 700 个公共停车车位,为医院及周边地区服务(见图 5)。车库建成后,对地面的荷花池公园进行景观恢复,并对门前广场进行景观整治,提升周边景观。将非机动车停车场布置在苏北医院进口广场东侧,停车位 1400 个,便于病人就医。

(4)疏解后交通评价

该区域的交通整治为解决苏北医院的停车问题,使进出苏北医院的机动车能快速、有序地进出,非机动车能在不侵占道路空间的情况下集中、近距离停放,进而使该区域的道路恢复其道路本身的功能,并有效打通道路瓶颈,基本可以实现该区域的交通疏解目的。

4.3　跃进桥节点

(1)研究范围

本节点着重研究跃进桥交叉口相关的道路包括泰州路、运河西路以及广陵路(见图 3)。

(2)交通拥堵原因分析

运河西路作为平行于文昌路的东西向进出城通道,对文昌路交通是有效的缓解和补充。由于跃进桥东段已按规划辟筑为四快二慢的断面形式,现状两快两慢的跃进桥显然成了该路段的一处瓶颈。

(3)主要处理措施

将现状二快二慢的跃进桥按双向四快二慢拓宽,确保与其所在的运河西路断面一致。利用桥头交叉口标高较高的特点建设泰州路两车道下穿地道,分流泰州路方向直行交通(见图 6)。两侧设置辅道,与跃进桥在地道上面平交,主要解决转向交通需求。

(4)疏解后交通评价

跃进桥拓宽及新建泰州路地道后,直行车辆分流,交叉口进口车道增加,道路及交叉口通行能力得到提高,交叉口延误明显降低。

图 5　荷花池地下停车场示意图

图 6　泰州路下穿跃进路总体布置

4.4　便益门桥节点

(1)研究范围

本节点研究范围包括便益门桥、泰州路(盐阜路—文昌路)以及便益门大街(见图 3)。

(2)交通拥堵原因分析

①泰州路车道数不足。泰州路(盐阜路以北)已按双向四快二慢辟筑到位,泰州路(文昌路以南)虽然按双向二快二慢布置,但其东侧平行于泰州路的运河西路按双向四快二慢布置,且横向间距 300m,故现状泰州路(盐阜路—文昌路)段仅按双向两车道布置在该区域内就显得通行能力有限,成为该区域的瓶颈路段(见图 7)。

图 7　便益门桥节点现状场地分析

②盐阜路、泰州路交通口服务水平较低。跨古运河的便益门桥通过“人”型匝道与泰州路衔接,在该区域形成了连续的 3 处交叉,交叉口间总距为 150m,其中两个交叉口未设信号灯,造成高峰时期交通组织混乱,通行能力较差。

(3)主要处理措施

①泰州路拓宽。与北段泰州路断面统一,按双向四车道辟筑。

②泰州路盐阜路交叉口交通整治。本方案中便益门桥维持现状,利用周边现有的路网进行交通组织的调整;取消泰州路—盐阜路交叉口,增加两个交叉口的信号灯控制,有效提高该区域的交通通行能力(见图 8)。

(4)改造效果分析

已建桥梁和道路基本保留利用,交叉口的服务水平得到提高,交通改善效果明显。

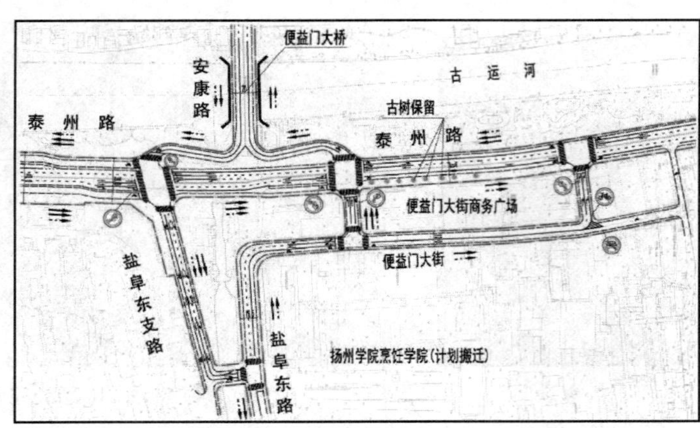

图 8　整治后的区域路网交通组织示意图

5　结　语

国内许多大中城市的老城是整个城市的政治、经济和文化的中心，也是整个城市的交通聚集点。但是老城的城市格局基本到位，建筑物密集，道路扩容改建难度很大。随着城市经济的发展，机动车保有量的迅速增长，老城中心区交通拥堵也经常出现。

"扬州文昌阁中环疏解工程的研究"提供了大中城市老城改造解决交通拥堵的范例。通过对老城交通拥堵审慎而细致的研究，可以发现造成老城交通拥堵的不是道路容量不足，而是交通组织混乱、停车位不足等原因。因此，解决老城交通拥堵问题应进行详细的交通调查，寻找产生交通拥堵的根本原因，针对性地提出投资见效快、操作性强的工程性改善措施，提高既有道路资源的利用效率。

Discussion on Solving the Big City City Traffic Congestion Problems:
Yangzhou Wenchang Pavilion Central Relief Engineering Analysis

LU Zheng-rong
(Lin Tung-yen & Li Guo-hao Consultants Shanghai Ltd, Shanghai 200092)

Abstract: In China Mainland, the old city of many large and medium-sized cities is the city's political, economic and cultural center, but also the entire city traffic aggregation points. In recent years, the old city of large and medium-sized city traffic jams often occur. This study provides city transformation of the old city and solve traffic congestion paradigm. Part of the reason the old city traffic congestion is not the road capacity is insufficient, instead of traffic disorder, the shortage of parking spaces. Therefore to solve the traffic congestion problem through traffic investigation in detail, looking for the causes of traffic congestion, we propose has the investment quick, practical engineering measures, improve the existing road resource use efficiency to achieve.

Key words: large and medium-sized city; the old city; traffic congestion; Yangzhou Wenchang pavilion

基于车牌识别数据的交通需求管理对象分析

罗江邻　杨东援

（同济大学道路与交通工程教育部重点实验室，上海 201804）

摘要：本文以上海车牌识别数据为研究对象，围绕车牌号码是车辆唯一标识这一特点，从车辆使用特征这一维度对上海车牌识别数据进行挖掘，分析车辆使用特征，探讨不同使用频度车辆构成。以此为基础，利用聚类分析方法，从车辆使用特征角度将车辆分为5类，并分析各类车辆的属地构成、每天不同类别的车辆构成等，以期为上海交通需求管理政策措施提供技术支持。

关键词：车牌识别数据；车辆使用频度；交通构成；车辆分类；聚类分析

随着社会经济和城市机动化的发展，交通问题已成为很多城市为之困扰的难题，如交通拥堵、环境污染等。为了应对日益恶化的交通问题，确立交通需求管理的地位，交通需求管理已成为很多城市交通发展的战略之一，如新一轮《上海交通发展白皮书（2014）》就对交通需求管理做了详尽的阐述。与此同时，随着智能交通技术的不断发展，依靠各种交通信息采集系统，如车牌识别系统，能够全天候不间断地对交通系统进行监测，每天都会产生海量的交通数据，逐步形成一种密集数据环境，这让多角度、连续观测城市交通状态及其特征演变规律成为可能，也能为交通需求管理等政策及相关决策提供信息支撑。

车牌识别技术是一项利用车辆的动态视频或静态图像进行牌照号码、牌照颜色自动识别的模式识别技术。车牌识别数据目前的应用与研究主要集中在交通管理、行程时间估计[1-3]、OD矩阵估计[4-6]等方面。由于车牌识别数据能够唯一标识车辆并能够提供车辆类型、属地等特征信息，因而对车牌识别数据的深入挖掘，不但可以提取道路交通特征，还能够获取车辆的使用情况特征，能为交通规划和交通管理提供强有力的决策支持。本文通过对上海车牌识别数据的深入挖掘，从车辆使用特征这一角度对交通构成进行分析，揭示交通需求管理的作用对象，以期为交通需求管理政策措施的制定提供技术支持。

1　数据准备

（1）车牌识别数据

本文以上海市2012年10月30天的车牌识别数据为研究对象，数据记录总量近3.3亿条，包含了17天工作日（8—12日、15—19日、22—26日、29—30日）、7天中秋节和国庆节假日（1—7日）、6天双休日（13—14日、20—21日、27—28日）的数据。上海车牌识别系统覆盖了上海市高架道路的主线、部分匝道及地面道路，检测断面共349个，其中地面道路检测断面81个，快速路检测断面268个，能够较为全面地反映上海市快速路系统的交通状况。

（2）数据质量控制

车牌识别系统在检测到有车辆经过时，会对车牌号码进行识别，如果识别成功，则记录车牌照号码，如果识别失败，则显示为“00000000”。实际上，受车牌识别系统的技术性能等因素的影响，即便识别成功，显示的车牌号码也可能为识别错误的号码。因而，车牌识别准确率分析应该包含识别成功率（非零率）分析和识别正确率分析两方面内容。

机动车号牌通常包含车牌发牌机关代号和序号两个部分，各地区的车牌序号编码方式有所不同，数字和字母组合方式繁多，采用车牌序号的编排规则来判定识别正确率较难实现，因而考虑采用车牌发牌机关代码来判定车牌号码是否识别正确，如果发牌机关代码不在规定的范围内，说明识别错误。

作者简介：罗江邻（1989—　），男，在读硕士研究生；杨东援（1953—　），男，教授，博士生导师，工学博士，从事交通运输规划与交通信息工程研究。

基金项目：上海市科学技术委员会科研计划项目（12511509600）。

从识别非零率和识别正确率综合分析上海车牌识别准确率，30 天的识别准确率大多在 88％以上，平均识别准确率为 89.4％。在不同的光照条件下，车牌识别系统识别精度有所不同，在光照良好的白天识别精度高，在光照较差的夜晚识别精度相对较低。分析表明，上海车牌识别系统白天识别准确率平均为 91.5％，夜间为 85.0％，能够满足相关技术标准的要求。

2 车辆使用频度特征分析

在分析之前，首先定义车辆使用频度：1 天中，车辆被车牌识别系统检测到（无论多少次）则表明车辆当天处于使用状态，使用频度为 1。对于本文研究的 30 天数据而言，车辆使用频度在 1 到 30 之间，使用频度为 1，表明车辆只使用了 1 天；使用频度为 30，表明车辆每天都处于使用状态。

2.1 每天车辆使用频度构成

分析 30 天每天不同使用频度（1～30）的车辆数量，如图 1 所示。平均每天有 186697 辆车的使用频度为 1，占 12.2％。总体而言，平均每天有 50.8％的车辆的使用频度小于 15 次，49.2％的车辆的使用频度大于等于 15 次，可见低频车辆比重较大。

从图 1 可知，工作日与非工作日在低使用频度（1～10）的车辆数量差异不大，但中、高使用频度（11～27）的车辆数量存在显著的差异，工作日中、高频度的车辆数量比非工作日的中、高频度车辆数量多。使用频度为 11～27 的车辆表现出明显的通勤特征，工作日平均处于使用状态的车辆数量远大于非工作日平均处于使用状态的车辆数量，工作日比非工作日的车辆数量平均多 36.9％。使用频度为 30 的车辆有 60847 辆，即每天都处于使用状态。其中，上海车辆有 52576 辆，占 86.4％；外地车辆有 8271 辆，占 13.6％。使用频度为 30 的 60847 辆车平均每天产生 1555204 条记录，平均每辆车每天被检测到 25.6 次，由图 2 可以发现不同检测次数区间的车辆数量存在两个峰值。

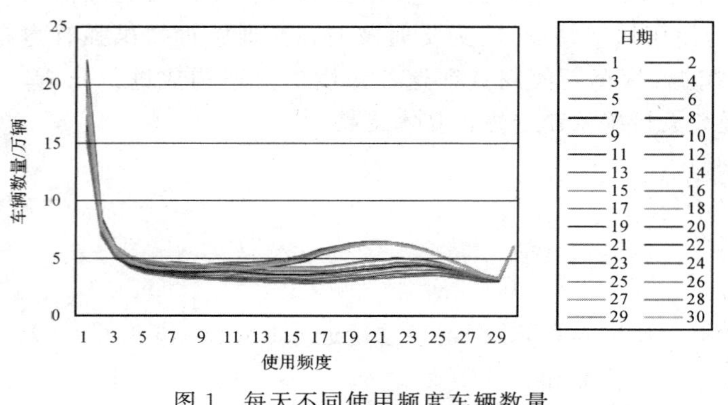

图 1 每天不同使用频度车辆数量

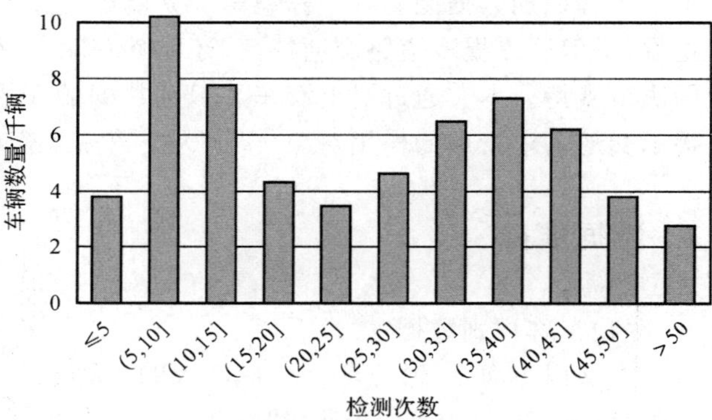

图 2 使用频度为 30 的不同检测次数的车辆数量

2.2 工作日车辆使用频度构成

对 17 天工作日的使用频度（1～17）进行单独分析。17 天工作日每天都处于使用状态，则使用频度为 17。从图 3 可以发现，工作日每天不同使用频度的车辆构成非常稳定，且低频车辆和高频车辆都有较大的数量。17 天工作日中，平均 269482 辆车每天都处于使用状态，占每天车辆总量的 16.3％；在每天的车辆构成中，使用频度在 9 次及以上的车辆数量占总量的 55.2％，使用频度在 14 次及以上的车辆数量占总量的 34.7％。

考察工作日的车辆在非工作日的使用情况，由于工作日使用的车辆在非工作日可能不使用，因而非工作日的使用频度为 0～13。从图 4 可知，工作日的车辆构成中，非工作日使用频度低的车辆占有较大比例，非工作日使用频度为 0～6 的车辆平均每天有 964926 辆，占 65.1％，7～13 的车辆平均为 510829 辆，占 34.9％，非工作日使用频度为 13 的车辆有 71388 辆，占 4.9％。

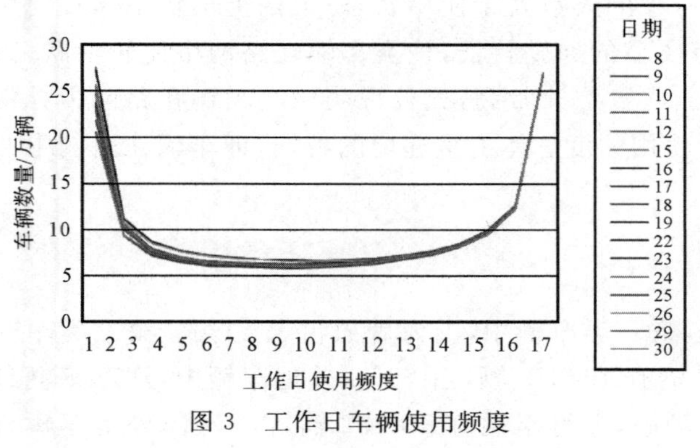

图 3　工作日车辆使用频度

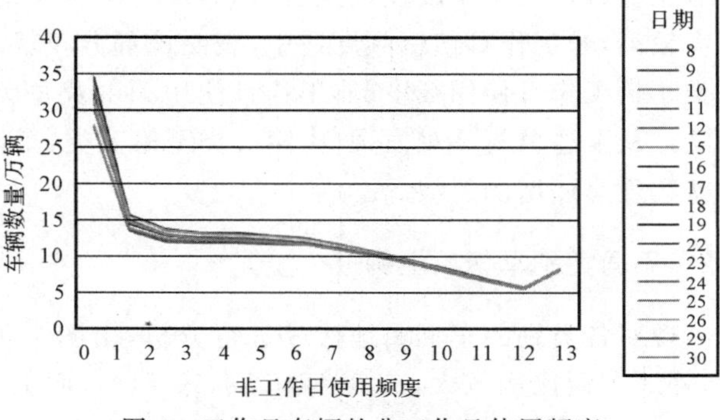

图 4　工作日车辆的非工作日使用频度

2.3　非工作日车辆使用频度构成

单独分析 13 天非工作日的使用频度(1～13)(见图 5)。13 天非工作日车辆每天都处于使用状态，则使用频度为 13。非工作日每天不同使用频度的车辆构成比较稳定，双休日的车辆数量大于对应的国庆假期的车辆数量。非工作日低使用频度的车辆比重较大，使用频度为 1～7 的车辆数量占 64.9%。

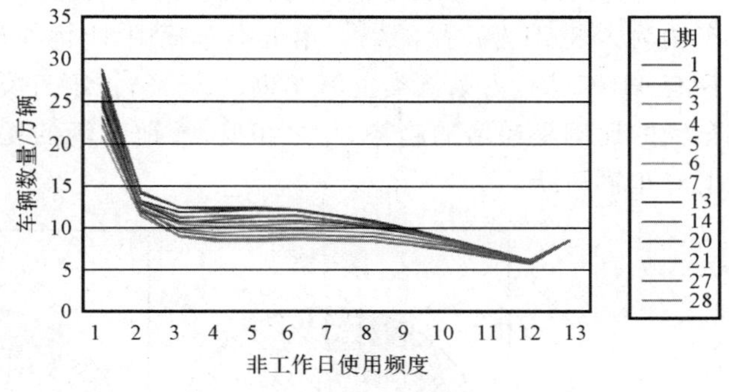

图 5　非工作日车辆使用频度

3　车辆分类分析

3.1　车辆分类

前文对车辆的使用特征进行了分析，以此为基础，从车辆使用特征这一角度对车辆进行分类，探讨不同类别车辆的特征，以期为交通需求管理等政策措施的制定提供参考。由于事先并不知道车辆的类别标号，所以这属于典型的无监督学习过程，因而采用数据挖掘中常用的技术手段——聚类分析。作为典型的无监督学习过程，而且前文已对车辆使用特征做了一定的分析，对车辆使用特征有了一些认识，故采用最常用的聚类算法——K-means 算法对车辆进行聚类分析。

选取车辆的工作日使用频度、非工作日使用频度以及车辆处于使用状态的平均每天检测次数作为聚类指标，将其分为 5 类。经过 24 次迭代，聚类收敛，最终聚类中心见表 1。方差分析表明，参与聚类分析的 3 个特征变量能较好地区分各类，使类间的差异足够大。聚类结果见图 6。

表 1　最终聚类中心

	Cluster				
	1	2	3	4	5
工作日使用频度	2	2	8	15	16
非工作日使用频度	1	2	5	8	12
平均每天检测次数	1.9	9.7	4.4	8.3	34.8

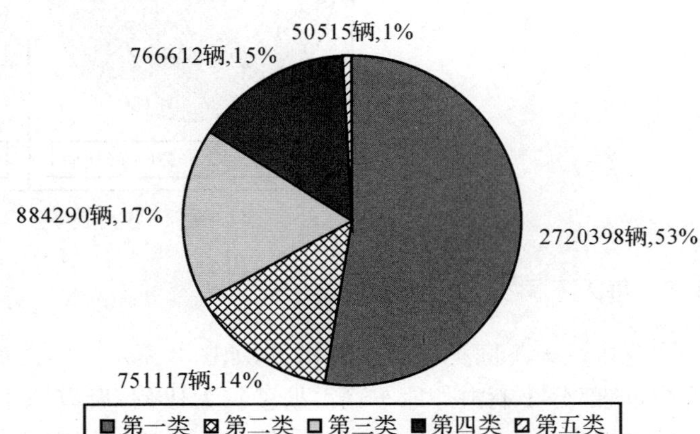

图 6　车辆聚类结果

由表 1 可知，第一类车辆的工作日使用频度、非工作日使用频度及平均检测次数均较低，说明该类车辆在上海路网的总体活跃程度低；和第一类一样，第二类车辆工作日使用频度、非工作日使用频度均较低，但检测次数较第一类高，该部分车辆使用频度低，表明该部分车辆不经常出现在路网中；第三类车辆的工作日与非工作日均处于中度使用频度状态，即一个月中约有一半的天数处于使用状态；第四类车辆工作日使用频度较高，非工作日使用频度适中，表明该部分车辆具有明显的通勤特征，该类车辆在路网中比较活跃；第五类车辆工作日使用频度、非工作日使用频度及每天检测次数都非常高，充分说明该类车辆在路网中异常活跃。从上述分析不难发现，由第一类至第五类，车辆的使用频度总体上呈递增的特征，即车辆在路网中的活跃程度呈递增的趋势。

3.2 不同类别车辆属地构成

现对各类别的车辆属地构成进行分析，由图 7 可见，第一类车辆中，上海牌照占了 51％。第二类车辆中，外地车辆比例较大，有 554748 辆，占 74％，而上海车辆有 196369 辆，占 26％；外地车辆中，江苏车辆最多，有 271502 辆，占 36％，比上海车辆还多。第三类车辆中，上海车辆有 557082 辆，占 63％；外地车辆有 327208 辆，占 37％。第四类车辆中，上海车辆比例比第三类更大，占到了 76％，车辆数量为 582991 辆，外地车辆为 183621 辆，占 24％。第五类车辆中，上海车辆的比例高达 95％，有 48098 辆，其中，上海营运出租车辆有 41012 辆，占第五类上海车辆的 85％，占第五类车辆总量的 81％。可以发现，由第二类至第五类，上海车辆的比例呈递增的趋势，与之相反，外地车辆的比例不断减少，表明在上海道路网系统中，外地车辆不如上海车辆活跃。

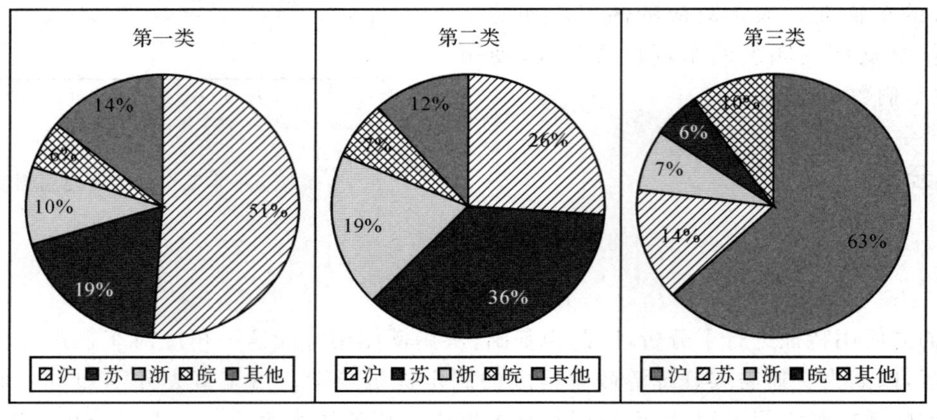

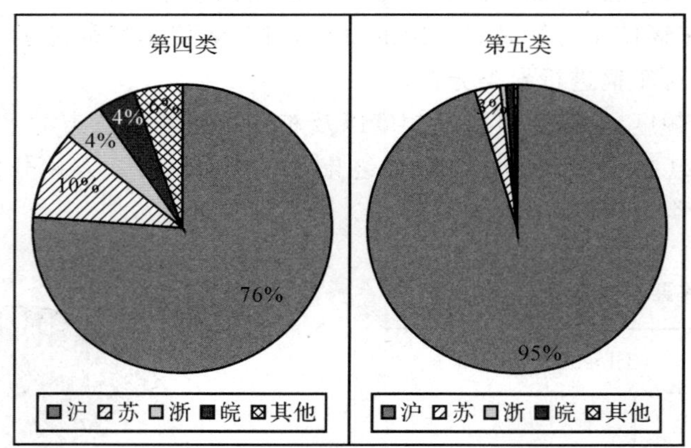

图 7 各类别不同属地的车辆构成

3.3 每天不同类别车辆构成

分析每天不同类别的车辆构成，如图 8 所示。第二类车辆非工作日的数量大于工作日，由车辆属地分析可知，该部分车辆中外地车辆占据了较大比例，所以非工作日车辆数量大于工作日主要是由于非工作日外地的旅游观光等车辆进沪造成的；第三类车辆有一定的通勤特征，但是特征不是十分明显；而第四类车辆具有非常明显的通勤特征，工作日车辆数量大于非工作日，与此同时，双休日车辆数量大于国庆节假日；第五类车辆波动较小，由于高活动强度的营运车辆占了该类车辆的主导地位。

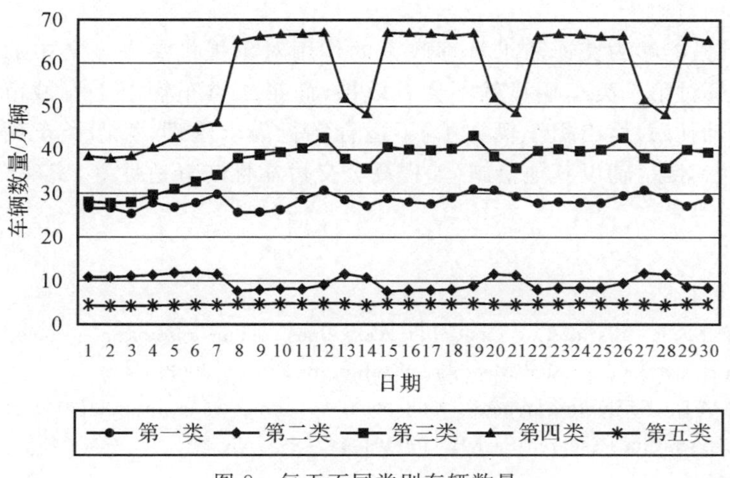

图 8　每天不同类别车辆数量

由图 9 可以发现，各类别的车辆在工作日和非工作日的构成非常稳定。第二类车辆节假日、双休日分别占 10％和 9％，而工作日第二类车辆占 6％；第三类车辆工作日、双休日和节假日所占的比重差距不大，为 26％～28％；第四类车辆工作日占 45％，双休日、节假日分别占 38％和 36％；而第五类车辆和第三类车辆一样，工作日、双休日和节假日的比例为 3％～4％。

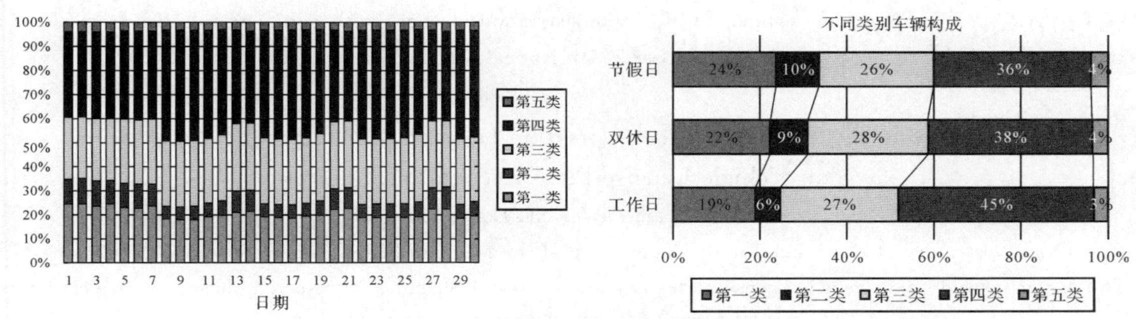

图 9　不同类别车辆构成比例

考察每天不同类别车辆所产生的数据记录量(见图 10)。第四类和第五类车辆是路网中最活跃的车辆，车辆产生的数据记录量较大，对工作日而言，45％的第四类车辆产生了 54％的记录量，3％的第五类车辆产生了 17％的记录量，而第一、二、三类车辆以 51％的车辆仅产生了 29％的数据记录量；对双休日而言，42％的第四、五类车辆产生了 62％的记录量，节假日 40％的四、五类车辆产生了 60％的记录量。不难发现，第五类车辆每天以 3％～4％的车辆产生了 17％～18％的记录量。

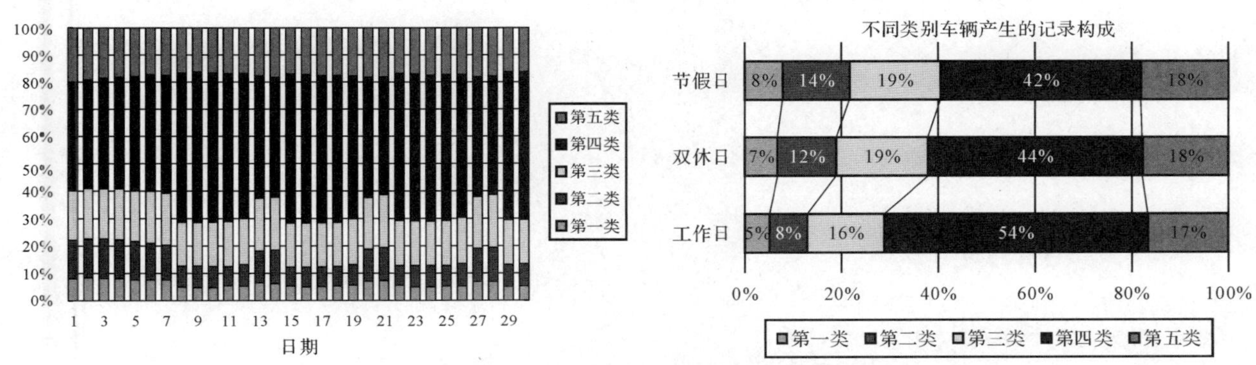

图 10　不同类别车辆产生的记录量构成比例

4　结　语

本文以上海车牌识别数据作为研究对象，紧紧围绕车牌号码是车辆的唯一"身份"标识这一特点，从车辆使用特征这一维度对上海车牌识别数据进行挖掘，分析路网的交通构成，在此基础上，将车辆分为 5 类，分析各类车辆的构成。

针对车辆构成的探讨，能够为交通需求管理政策的作用对象提供参考。文中的车辆分类中，诸如拥堵收费等交通需求管理政策对第一类车辆显然不会有效果；而第二类车辆由上海城市的性质决定，对其进行管理需要慎重；第五类车辆以营运出租车辆为主，不适合实行需求管理；第四类车辆具有明显的通勤特征，应是需求管理的重点考虑对象，辅以其他措施（如提高公交可靠性与舒适性等）实现交通方式的转移。

参考文献

[1]FRANCOIS D, HESHAM R. Estimating spatial travel times using automatic vehicle identification data [CD]. Transportation Research Board 2003 Annual Meeting, Washington, D. C. 2003.

[2]FRANCOIS D, HESHAM R. Estimating dynamic roadway travel times using automatic vehicle identification data for low sampling rates[J]. Transportation Research Part B, 2006(40):745—766.

[3]MEI L T, WILLIAM H K L. Application of automatic vehicle identification technology for real-time journey time estimation[J]. Information Fusion, 2011(12):11—19.

[4]MICHAEL P, DIXON L R R. Population origin-destination estimation using automatic vehicle identification and volume data[J]. Journal of Transportation Engineering, 2005:75—82.

[5]CASTILLO E, MENENDEZ J M, JIMENEZ P. Trip matrix and path flow reconstruction and estimation based on plate scanning and link observations[J]. Transportation Research Part B, 2008(42):455—481.

[6]KWON J, VARAIYA P. Real-time estimation of origin-destination matrices with partial trajectories from electronic toll collection tag data[C]//Transportation Research Board 84th Annual Meeting, Washington, D. C. 2005.

Analysis the Targets of Transportation Demand Management Based on Vehicle License Plate Recognition Data

LUO Jiang-lin, YANG Dong-yuan

(Key Laboratory of Road and Traffic Engineering of the Ministry of Education, Shanghai 201804)

Abstract: This paper takes 30 days vehicle license plate recognition data of Shanghai as research object. As vehicle license plate number can uniquely identify a vehicle, the VLPR data is mined from the perspective of vehicle using features. This paper explores vehicle using features, and investigates the vehicles composition of different using frequency. On this basis, vehicles are divided into 5 categories from the perspective of vehicle using features with clustering method, and vehicle region composition and daily traffic composition of different categories are investigated. This paper looks forward to providing technical support for the transportation demand management policies and measures of Shanghai.

Key words: vehicle license plate recognition data; vehicle using frequency; traffic composition; vehicle classification; clustering analysis

基于改善杭州市交通的多维思考

钱觉寿　王　薇　张爱珍

（浙江大学城市学院，浙江杭州 310015）

摘要：本文阐述分析了杭州市一些常见的交通不良现象和交通安全隐患，并从做好市区道路与交通的顶层设计研究和加强市民交通安全意识教育两个方面提出了促进杭州交通安全发展的思考，供相关部门领导参考。

关键词：城市交通；交通安全；发展思考

杭州是一座美丽的旅游城市，令人向往。杭州的西湖山水、桃红柳绿，令人陶醉。杭州地铁 1 号线的开通每天让近 20 余万人穿梭于地下，初步缓解了沿线往常每天都是高峰的局面。但随着城市汽车拥有量的不断增加，杭州市民期待着更多条地铁的建成，尽快缓解疏通地面的交通拥堵，减少交通事故的发生率与减少对生命的潜在威胁。据报道，我国交通事故年死亡人数，连续十年居世界第一。全国共发生道路交通事故死亡人数：2009 年为 67759 人，2010 年为 65225 人，2011 年为 62387 人。浙江省 2010—2012 年共发生道路交通事故死亡 15579 人，受伤 64284 人。

1　杭州市交通隐患与常见交通不良现象

(1)市区红绿灯设计

当前要真正做好杭州市交通安全，使道路畅通、各行其道，交通“总设计师”的水平十分重要。从事掌控设计红绿黄灯的团队，要不断遵照实践—理论—再实践—总结推广的客观规律，持续推进科学化、合理化、人性化的管理理念。当前市区红绿灯设计主要存在 3 方面的问题。①右转红色箭头指示灯需进一步调整。如玉古路浙江大学正大门和小桥门的右转红色箭头指示灯是否能调整为右转红灯，因为这两处都是进浙江大学校园。其中，小桥门从东向西的人行道、绿灯时间太短，健康人在 10 余秒钟穿过去需冒风险，何况行驶汽车的不让道、老年人的慢步、女性的小步均显得无力与无奈，尽管装了有声音的提醒“东向西是绿灯”也无济于事。②转道指示灯尚不统一。天目山路黄龙路向杭大路的右边辅道，指示灯分别是向右和向左，无直行道，导致西向车的直行道车临时改道，十分不合理，应该与杭大路到保俶路的辅道一致，才有助于保持交通秩序。③左转弯的指示灯无调头转向灯，均可调头。虽然没显示掉头转弯信息，但实际上很多路口都可以调头，造成后边的车子无法通畅左转，很容易发生撞车或撞人事故。如建国路凤起路口南向北、邵逸夫医院大门口右转后左边道左转调头处、庆春路西向东立交桥下和文辉大桥下的西向东调头处。

另外还有一些问题，如变相的人行道存在严重的交通隐患。庆春路六公园和庆春路楚庆巷出口有多处石子路，常见这种不是人行道的人行道，许多公交汽车下车的人群跑步或快走超过两侧的快速车道，实在是令人担心。是否设法调整附近人行道或加设栏杆阻止人车同行也是一个问题。

规范人行道坚持人性化。随着高层住宅的增加、私家车的增多，对于居住地大门的快车道不该设双黄线，便于民众出行，减少交通事故。如求是路上绿园住宅正大门，业主多，私家车多，出门处设双黄线，但实际上每天私家车进出频繁，存在严重的交通隐患。浙江大学城市学院的正大门处于湖州街，介于城乡接合地，汽车多、电动车多、人多，两处的红绿灯存在同一问题，显示红灯右转都要扣分记点，曾经有媒体做过报道，此处属杭州市违纪最多的路口之一。处于浙江大学城市学院石祥路的北门，同样人多、电动车多、大卡车多，然而教师开车进入校门十分艰难，西向南的石祥路右转开口与学校大门不在一条直线上，需稍往右调头，才能进入通向校门的道路，存在重大的交通隐患。

上述只是笔者经常目睹的路段存在的交通安全隐患的不良现象。请主管部门及时踩点核实并进一步研究做适当的修整。

前不久全国推出“闯黄灯要扣分，要重罚”，初一听很有道理。黄灯是不应该再冲过线，提醒减速，然而能通过的车不多，这也会增加后面车的拥堵，何况车速的惯性也造成一定难度的顺从。如果黄灯车不能走，是否把黄灯取消，改为红灯的倒计时秒数并适当延长，形成绿灯行、红灯停的简单管理模式。目前红灯的倒计时秒数需进一步研究，做好各种不同路段的时间差异性的科学性与合理性。

（2）市民的生命安全教育意识淡薄

人的生命是宝贵的，健康是金，健康是福。一旦遇上交通事故，给当时发生事故路段造成的交通带来损失，更给双方事故人的单位、家庭带来的不幸。据报道，2012 年全省交警部门事故接警 321 万余次，共发生上报的道路交通事故 19270 起，死亡 4962 人，受伤 19728 人，直接经济损失 8053 万余元。其中，全省中小学生及学前儿童全年因交通事故死亡 136 人，驾驶人未按规定让行导致事故死亡 588 人。涉及电动自行车的事故 6204 起，死亡 1019 人。

国外学校通常对小学生、中学生开展生命教育，教会他们保护自己，远离危险，学会逃生的具体方法，但当前中国缺少“生命教育”。市民百态戏剧性表演层出不穷，如横穿马路、宁可冒着生命危险急奔、助动车与汽车在快车道比速度、助动车上同时坐上一家四口、汽车右转车道、骑电动车、自行车者抢道“S”形前进、开车玩手机、骑电动车玩手机、骑自行车玩手机，凡事种种不可胜举。

（3）驾驶员的交通安全意识有待提高

20 世纪 60 年代的杭州市区，自然、安静、美丽，行人行走自信、自由、安全，市民以步行为主，偶尔骑自行车，路远坐公交车，各人各行其道。随着时代的进步与发展，经济的发展与腾飞，市民的收入增加，市民出行以自行车代步，以电动车代替自行车，以汽车代非机动车，当前杭州市区的马路在不断增加与增宽、车道的立交分流、地下铁道的建成与运营，还是缓解不了交通的“两难”。每天交通事故不断，人员伤亡增加，保险公司的忙碌，残缺家庭的增加，这一切令人心酸。

发生交通事故常与驾驶员的违法驾驶有关，如开车速度过快、开车时思想开小差、玩手机、聊天与疲劳驾驶、不规范开车（如闯红灯、实线变道、超车）等。杭州机动车数量多年以两位数增长，截至 2014 年 2 月底，杭州市机动车保有量达到 259.8 万辆，过去一年净增量达到 27.6 万辆，年增长率为 12.17%，机动车保有量位居全国 36 个大城市第 7 位。交通事故死亡原因分布：未按规定让行占 12%，超速行驶占 7%，无证驾驶占 5%，违反交通信号与违法占道行驶均为 3%；另有疲劳驾驶、酒后驾驶、违法上道路行驶、违法变更车道、超车、违法装载与逆行均占 2%。

笔者认为需加强对驾驶员的交通安全规范教育，加强对他们的人文关怀与生命教育，结合交通安全规范细则，对触犯交通法规且发生重大事故的驾驶员要加大处罚力度甚至取消机动车驾驶证。

2 促进杭州交通安全发展的思考

据了解，现杭州市居民家庭用车已超过 120 万辆，电动自行车有近 180 万辆。城市的交通问题已引起浙江省和杭州市人民政府领导的高度重视。杭州市地铁 1 号线的开通，有利于缓解部分区域的交通拥堵。但如何推进地铁后时代的交通发展，笔者提出以下几点建议。

（1）做好市区交通与道路的顶层设计研究

要综合考虑杭州市各类公共交通线路的规划和设计，以尽快形成设计合理的综合交通系统。在党和政府的重视下，杭州市城市交通发展较快，但常规公交网络布局不合理，服务均质化，整体公交网络效率不强、服务水平不高。杭州市现有常规公交营运线路已超过 400 条，其中主城内线路占八成以上，各副城、组团线路近两成。虽然杭州城市道路的常规公交利用率相对高，但线网布局不尽合理、分布不均衡、换乘系统不完善，仍维系“点到点”的单一层次线网布局模式，尚未形成“鼓励换乘”的复合层次线网布局。市中心区线网较密，外围地区及城市新发展地区的线路布设较少。城市干路上公交线路高度集中，公交线网重复系数偏高，运力过分重复投放，主城中心区尤甚，而支路公交网络布局明显不足，直接影响了公交的可达性。

要认真做好进一步完善市区红绿黄灯的规范设计：①考虑是否再减少或取消右转弯的红色箭头指示灯，以利于右转弯道通畅；②根据道路的通车频率，合理设计红绿灯的持续时间比例；③慎重研究黄灯的功能及其开放时间，如在某些非十字路口，在非高峰期或晚上人少的时间里，在人行道以黄灯警示过路人和来往车辆，还是十分必要的；④人行过道的红绿灯设计时间，要坚持人性化，不该过长或过短，过长则使等者焦虑与不耐烦,会带来抢道的负面情绪,过短则使行人要以小跑快速通过,或许让老年人过马路存在生命安全风险。另外,目前存在不是人行道的人行道,应考虑是否进一步在该区域内对人行道再做合理的调整,避免人车共道引发的事故。对超速、变道、挤车、任意停车接客、酒驾等行为要严格处理,严防重犯。对车尾喷散浓烟的车辆要严管处罚。

(2)加强市民交通安全意识教育

市民要不断认真学习交通法规,懂得走路的规则。从幼儿园、小学、中学、大学直至社区都需开展交通安全与生命安全教育。可以向市民发放交通安全的知识信息资料,通过交通事故的案例进行强化教育。让大学生走出校园、立足街头,配合交警的劝导与协助过马路的引导,抓拍犯规的交通事件与人群,必要时利用有关新闻媒体进行报道与评论。严格执行已出台的处罚条例,真正使每个市民做到"绿灯行,红灯停"的规范行为,时刻维护好交通安全。

和谐、美丽的杭州要有更多的绿色出行。积极推行公共自行车,环保出行;私家车要让路让人,彬彬有礼;公共交通车要安全出行,切忌赶时伤人;出租人保持清洁卫生,规范行车。尤其是对骑电动车的人要加强安全行车教育,切莫求快而乱穿马路而阻碍其他行人和车辆交通。只有杭州市民共同努力,才能推进平安杭州、健康杭州的建设。

杭州市的交通随着经济全面地高速发展,已经向立体化交通道路延伸,随着地铁 1 号线路建成并运行,紧接着地铁 2、3、4、5 号线路的逐步开工建设和相继投入运行,一定会给杭州市民的出行带来更多方便与安全。相信在省、市人民政府的高度重视下,经过全体市民共同努力,在不远的将来,一个畅通和谐的交通环境一定会展现在世人面前。

Multi-dimensional Thinking of Post-subway Traffic in Hangzhou City

QIAN Jue-shou, WANG Wei, ZHANG Ai-zhen

(Zhejiang University City College, Zhejiang, Hangzhou 310015)

Abstract: This paper analyzes some common traffic bad phenomenon and traffic hidden dangers in Hangzhou. It puts forward suggestions to improve the traffic safety situation in Hangzhou from making the top design of the urban roads and traffic and strengthening public traffic safety consciousness education, which will be a reference point for the related department leader.

Key words: urban traffic; traffic safety; thinking of development

浙江省公路交通情况调查数据处理方法研究

高介敦　张　平

（浙江省交通科学研究院，浙江杭州 310006）

摘要：公路交通量调查是公路建设管理的一项重要工作，可为公路规划、养护、管理部门提供交通基础资料。本文阐述了交通量调查的目的和意义，回顾了浙江省公路交通量调查工作的现状，并深入分析了浙江省交通量调查信息化系统数据信息处理方法；针对目前的建设成果和研究状况，对浙江省交通量调查的未来发展和建设提出了问题和建议。

关键词：交通量调查；调查设备；交通量观测站；数据处理

交通量调查（以下简称“交调”）数据是基于有组织、有计划的交通量调查，通过统计整理和分析，所取得的交通量的统计资料。各级公路管理部门通过对国、省、县、乡、专用公路进行定期和不定期的调查，掌握各等级公路交通流量特征，分析交通拥挤情况，为公路建设总规划与管理提供重要的基础数据。随着信息化技术水平的提高和公路网规划、公路建设管理与运营管理对交通信息需求类型和层次的提升，公路交通数据处理分析及应用系统成为处理公路交调数据、提供专家用户交通指标、实现查询统计评价的功能、研究公路交通特征规律的重要平台，因此有必要对其进行深入分析，研究其功能扩展方案，并研究如何应用相关技术实现功能。目前，我国公路网规划、建设管理和交通运输管理的联系不够紧密，较少考虑三者之间的协调性，公路网的建设与规划脱节，公路网的管理与建设脱节。要加强公路网的规划、建设管理和交通运输管理三者的联系，首先就要对公路交通数据进行科学、统一的处理分析，并从中提炼出有价值的交通信息，实现公路交通信息的共享。

1　浙江省公路交调现状

浙江省从 1981 年开始进行交通流量观测工作，80 年代初的国道上日交通流量一般不超过 2000 辆。随着经济的蓬勃发展，公路交通流量逐年快速上升，观测手段也产生了变化。交通流量观测手段分为最原始的手工记数、机械计数器和自动观测仪器 3 个阶段。通过专门对人工观测的调查，一个交调员应对日交通流量 2000～3000 辆不会有问题，但超过 5000 辆就非常困难，7000 辆以上流量就要两个人配合观测。因此，20 世纪 90 年代中期陆续开始使用一种叫 TAM 的自动观测设备，并开发了数据处理软件，交通量观测工作正式转向自动化、信息化。从 2003 年起，浙江省公路管理部门正式大规模开展观测站自动化建设，引进一些生产厂商安装了部分自动化观测设备，可以实现全天 24 小时不间断地计数、分车型、自动生成上报数据文件等功能。2005 年，交通运输部修改了车型分类标准，随后的几年间，先后发布了设备标准、《固定式交通流量调查设备与数据服务中心基础交通数据通信协议》、推荐厂家名单等。浙江省公路管理部门每年安排一定的资金，用于自动化设备的购置。到 2014 年 5 月，浙江省已经建立的调查站点共 2186 个（包括人工调查站点与自动化调查站点），其中自动化观测设备 353 个。随着路网的调整以及设备使用年限的逐渐到来，原先布设的自动化观测站可能存在着位置不合适、设备老化失修等情况，还需要进一步逐一排查，以灵活掌握变动情况。

2　浙江省公路交通量观测站点的设置与交调内容

（1）交调观测站点的设置方式

交通量观测站点的设置通常基于一条路线的区间划分，代表该区间的观测点一般设置在道路的起点和

作者简介：高介敦（1987—　），男，助理工程师；张　平（1977—　），男，工程师。

重要的交叉口。工作观测内容是按规定分车型记录通过本断面的机动车和非机动车数量。由各县区公路管理站专职人员对人工观测点进行调查统计汇总，审核后通过网上填报的方式报地市公路管理局(处)进行审定，审定合格后上报省公路局，再由省公路局上报至省交通厅，最后由省交通厅上报至交通部。

(2)交调观测站点调查内容

目前，浙江省公路交通情况调查为干线公路采取自动化设备观测与人工观测相结合的方式。国省道的人工观测方式为每月的5日和20日进行2次24小时连续观测，即观测日的早上7:00直至第二天的早上7:00。县、乡级公路的人工观测方式为每年3月5日、5月5日、9月5日和11月5日分别进行1次24小时连续观测，所采取的观测时间和国、省道观测时间相同。其中11月5日同时也是每年需要进行1次的比重调查日。干线公路的车速调查为每年1次，采取区间车速调查，样本规定起讫点重合配对数达到100对以上，不强制对县、乡公路车速调查。

专项调查根据全省统一部署，结合地方实际，采取如下方式。

①交通量调查。结合连续式交通量观测仪和人工调查方式。浙江省在国、省干线公路和部分县级公路上已采用了比较先进的连续式观测设备，能够进行数据处理分析，其他县级公路和乡级公路仍使用原始的人工调查记录方式。

②车速调查。目前主要采取跟车调查和测速仪相结合的方式。

③交通比重调查。在人工调查路线上，由交调人员进行交通比重调查。

④专项调查。在路网结构发生变化或在交通量变化大的路段和日期进行专项调查。

3 交调部级系统和交调省级系统

交通运输是国民经济运行的晴雨表，公路交通又占有重要地位，针对当前国家干线公路交调数据采集能力差、动态数据不成体系、应用服务不成规模、实际效果不太明显的问题，本着落实交通运输部党组提出的发展现代交通运输业、通过“三个转变”做好“三个服务”的指示精神，在《国家高速公路网交通量调查观测站点布局规划》和《关于加快实施国家高速公路网交通量调查观测站点布局规划的通知》(厅规划字〔2009〕67号)的指导下，率先在我国区域经济最发达、区域交通一体化特征最明显、公众出行服务需求最旺盛的京沪公路运输通道和长三角开展“国家干线公路交通情况调查数据采集与服务系统试点工程调查站试点工程”的建设。同时，结合国家干线公路网的交调统计数据，初步建成部省多级联动的交调数据中心，开展相关综合分析和数据服务，提高交通主管部门对路网规划、建设、养护、应急处置和管理决策能力，提升交通主管部门对社会公众出行的公共服务水平，促进交通向服务型转变。

(1)交通部规划院“公路交通情况调查管理系统”数据接收与应用

随着公路交调数据不断积累，迫切需要对大量交通数据进行有效管理，并进一步挖掘有价值的交通信息，以提高公路网的规划、设计、管理和决策的科学性及效率。根据交通运输部《关于国家干线公路交通情况调查数据采集与服务系统试点工程可行性研究报告的批复》(交规划发〔2009〕583号)和《关于国家干线公路交通情况调查数据采集与服务系统试点工程初步设计的批复》(交水发〔2009〕670号)要求，浙江省作为试点省份之一，开始使用交通部规划院开发的公路交通情况调查管理系统平台。由于试点省份全部使用的是交通部统一开发的部、省数据共享服务软件，因此浙江省数据中心根据交通部规划院的工作布置，应用公路交通情况调查管理系统。该系统目前为省、市、县三级交调人员查询、审核、上报每月交调数据，在交通部规划院的指导下，完成了部署交调数据中心系统并上线试运行，制订了省级数据中心运行维护管理制度和实施细则，落实了专职数据中心维护人员，确保了数据安全。

交通量采集设备与省公路局数据中心间的通信按照交通部制定的《固定式交通流量调查设备与数据服务中心基础交通数据通信协议》规定的交通数据传输与反馈、交互应答、指令与反馈和保证数据完整等4方面通信机制，定义4类11种通信数据包为交通量采集设备与省公路局数据中心间的通信机制服务。

公路交调管理系统平台的动态数据的分发、转发和提取功能。

①数据分发功能：可以对下级数据用户按照标准数据格式实时分发所辖区域内的交通情况数据。

②数据转发功能：可以对上级数据用户按照标准数据格式实时转发接收到的交通情况数据。

③数据提取功能：可以根据数据用户要求，自动补发某时间段内的数据内容。

(2)浙江省交调数据中心“浙江省公路交通情况调查数据中心平台”数据接收与应用

为了满足交通部规划院的文件要求，浙江省公路管理局目前建立了“一个数据中心、两套数据库、多级上报”的制度，即一个浙江省交调数据中心；两套交调数据库以及省、市、县三级上报交调数据的机制。浙江省公路管理部门为了保证数据的完整性，同时自行开发了浙江省公路交调数据中心平台。交调设备的实时数据会同时上传两份，一份传送给公路交调管理系统数据中心数据库，另外一份传送给浙江省公路交调数据中心平台，同时每天晚上第二中心会同步第一中心的数据，理论上两部分数据完全一致，且两份数据的传输完全参照《关于加强公路交通情况调查设备技术管理的指导意见》(厅规划字〔2007〕52 号文修订稿)的相关规定。浙江省公路交调数据中心平台是交通运输部规划院开发的公路交调管理系统的有益补充，数据库的数据经过同步处理后，可与部级系统数据保持一致，如图 1 所示。

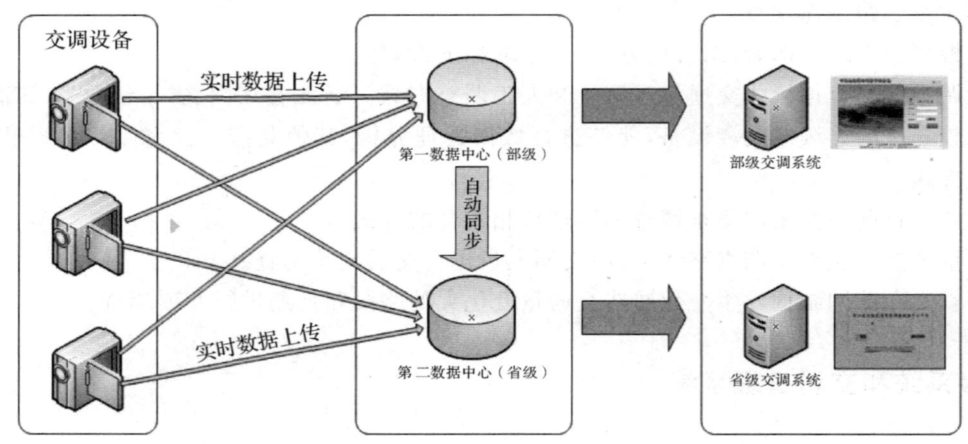

图 1　浙江省交调部级系统与省级系统关系

4　浙江省公路交调数据处理分析问题

(1)数据实时数据的补发机制

由于交调设备需要依靠通信设备、电路以及其他客观因素，5min 的数据包并不能保证实时上传至数据中心。但是，这些未发送成功的数据可通过相关的补发机制，于通信或者电路恢复时进行上传，并以此来保证数据的完整性。然而，浙江省交调数据中心通过完成一套交调设备上传两个数据库后，将两套数据库的数据进行比对后，发现设备上传至两套数据库后数据存在不一致的问题。

(2)实时数据与小时数据的计算模型

通过分析实时数据转换成的计算模型和缺失数据原因计算模型后发现，目前公路交通情况调查管理系统实时数据以 5min 为一个数据包上传数据，即 1h 共有 12 个数据包。而系统会判断该 12 个数据包中需要有至少 6 个数据包的情况下，才能计算小时数据，否则小时数据为缺失。而异常数据的剔除主要包括对车辆瞬时车速、跟车百分比、平均车头间距、单个方向的车辆自然数、一个车道的混合自然数、时间作用率的数据进行判断。这种计算模型会使交通量数据出现一定的偏差，产生系统数据与实际数据不符合的现象。

(3)日平均交通量数据与年、月、季度报表的计算模型

通过分析研究日平均交通量数据转换成年、季、月报表数据的计算模型发现，公路交调管理系统模型将日交通流量数据分成第 1 至第 8 时、第 9 至第 16 时、第 17 至第 24 时共 3 个周期段。在实时数据与小时数据的计算模型基础下，对一个周期段内有小时数据的进行判断。详细来说，如果一个周期段内存在若干个小时数据，则该周期段小时交通量为：

$$N = T(n)/n \times 8$$

式中：N 为周期段内的小时交通量；n 为有数据的小时数；$T(n)$为 n 个小时交通量数据之和。

而日交通量数据为 3 个周期段总和，即：

$$N(\mathrm{day}) = T(h1 - h8) + T(h9 - h16) + T(h17 - h24)$$

式中：$N(\mathrm{day})$是日交通量；$T(h1-h8)$、$T(h9-h16)$、$T(h17-h24)$分别表示第 1 周期、第 2 周期和第 3 周期的小时交通量之和。

5 下一步的研究重点

浙江省的交调设备数据按照交通部规划院发布标准协议，同时上传到两套交调数据库。而现在其他省市主要采用的方法是一交调设备按照标准协议首先上传到一个数据中心、一个数据库；再通过数据抽取或者数据发送的方式，将一个数据库中的数据共享给其他机构或平台中。下一步将重点研究这两种方式的数据协议传输方式和数据传输过程的差异和优劣性。

参考文献

[1]孙淑娟，于荣苍. 公路交通量调查数据的分析与应用 [J]. 黑龙江交通科技，2004，(3)：69－70.

[2]欧阳伟. 论交通量数据统计、分析与应用 [J]. 经济研究导刊，2010，(19)：167－168.

[3]王向红. 浅谈公路交通情况调查信息在公路建设中的应用 [J]. 北方交通，2010，(6)：124－125.

[4]林凤梅. 浅议公路交通量调查工作存在的问题与改进的建议 [J]. 濮阳职业技术学院学报，2012，25(5)：144－145.

[5]肖华. 浅谈交通量调查数据的分析与应用 [J]. 科技信息，2007，(25)：567－568.

[6]李宝玲，孙淑娟. 浅谈交通量调查方法 [J]. 黑龙江交通科技，2004，(2)：81－82.

[7]吴雪梅. 高速公路交通量调查技术体系研究[D]. 重庆：重庆交通大学，2008.

[8]姚霞霞. 湖南省高速公路交通量调查观测站点布局规划研究[D]. 长沙：长沙理工大学，2010.

[9]刘继伟. 省域高速公路网交通调查观测站点布局规划研究与应用[D]. 西安：长安大学，2011.

[10]刘志强. 公路交通调查观测点布局方法研究[D]. 长春：吉林大学，2010.

Research of Zhejiang Highway Traffic Data Survey System Data Processing Method

GAO Jie-dun, ZHANG Ping

(Zhejiang Scientific Research Institute of Transport, Zhejiang, Hangzhou 310006)

Abstract: Highway traffic data survey is significant for highway construction and management, and provides traffic fundamental information for highway planning, maintenance and management departments. The paper would identify the objective and significance of traffic survey, review the current situation of Zhejiang highway traffic survey, and analyze data processing method of Zhejiang traffic survey system. According to the current construction achievement and research situation, the paper would present problems and suggestions for Zhejiang traffic survey in future.

Key words: traffic data survey; survey equipment; traffic data collection stations; data analysis

城市高架快速路主线入口车头时距特性分析

徐会忠[1]　陈　斌[2,3]　方黎刚[1]

（1. 杭州市路桥有限公司，浙江杭州 310011；2. 杭州市市政设施监管中心，浙江杭州 310003；3. 浙江大学建筑工程学院，浙江杭州 310058）

摘要：本文基于安装在城市高架快速路入口动态称重系统的实测车头时距数据，对其进行概率统计分析，从统计学的角度考察了不同车道、不同流量状态、不同车速情况下车头时距的特性。发现车道 1 的车头时距大部分集中在 10s 之内，车道 2 的车头时距大部分集中在 20s 之内；一周内车道 1 的车头时距变化较小，而车道 2 的车头时距则随时间推移逐渐变大，最后两天的值较大；跟驰流的车头时距服从对数正态分布，自由流的车头时距服从 Gamma 分布；不同车速等级下车头时距的均值和方差均随速度的增大呈现“U 型”变化。经分析，本研究全面掌握了车头时距的分布规律，为交通模拟研究和车辆荷载分析奠定了基础。

关键词：城市高架；动态称重系统；车头时距；概率特性

车头时距是交通流理论中的重要参数之一，它不仅可以表现两车之间的运行状况，也可以表现交通流的到达和离散的特性。它是分析车辆的换道特性、跟驰特性以及穿插特性的前提，是计算道路通行能力、构建车辆跟驰模型、优化信号配时的最常用和最基本的参数，同时也是模拟实际车流，考虑实际车流对道路结构物（桥梁）产生车辆荷载的重要参数。交通工程学中常用负指数分布、移位负指数分布、Erlang 分布以及 M3 分布等来模拟车头时距分布。在以往的研究中，通常认为车头时距服从负指数分布，也有研究将其描述为指数分布。

车辆在道路上的行驶分为自由行驶和跟驰行驶。当车辆的运动不受前面运动车辆的影响时，称该车为自由行驶，反之则称为跟驰行驶。[1]在 20 世纪 90 年代的中国公路桥梁设计荷载规范研究中，通过实测数据得到，自由流状态和跟驰流状态的车头时距均服从 Gamma 分布的结论。[2,3]另有相关研究表明，中小跨径桥梁的车辆荷载由自由流下的车辆荷载控制，大跨径桥梁的车辆受跟驰流下的车辆荷载控制。[4-6]因此，通过实测车流研究车头时距的分布规律，对于准确地模拟实际车流和计算实际的桥梁荷载效应具有意义。[7]本文采用安装在城市高架快速路入口的动态称重系统（Weight-in-Motion，WIM），实测了城市物流区高架快速路车流的车头时距，对车头时距进行统计分布，以期从统计学的角度获得不同车道、不同流量状态、不同车速情况下车头时距的分布特征，全面掌握车头时距的分布规律，为高架桥梁上的交通模拟研究和车辆荷载分析奠定基础。

1　数据采集与处理

浙江省杭州市的城市北部区域拥有钢材、食品等诸多物流市场。由于超重货车通行频繁，该区域的道路路面结构破损率极高，并在近年相继发生 4 次严重的桥梁失效事故。为了解该区域超重车辆通行状况，获取当地桥梁安全评估的车辆荷载，有效促进超重车辆的治理工作，杭州市的城市基础设施管理部门于 2012 年 6 月在该区域一高架快速路的上桥口安装了一套动态称重系统（见图 1），24 小时动态监测通行车辆，这也是浙江省城市道路上第一次应用动态称重系统的实例。通过该道路车辆信息的监测，能了解该区域甚至该城市的通行车辆荷载状况。本次安装的动态称重系统采用较为成熟的弯板式传感器动态检测车辆的重量信息，在弯板的两侧设置线圈车辆检测器，用于分离车辆，并配合弯板传感器检测车辆的车道和车速信息等；在路侧设置数据采集控制器，用于接收弯板及线圈信息，并进行信息处理，形成被检测车辆信息，上传至控制中心。动态称重系统采集的数据包含车辆通过时间、总重、轴重、轴数、轴组数、轴距、车型、车道位置、速度、加速度、车牌号、车牌类型及车头照片。

作者简介：徐会忠（1981—　），男，学士；陈斌（1981—　），男，博士研究生。

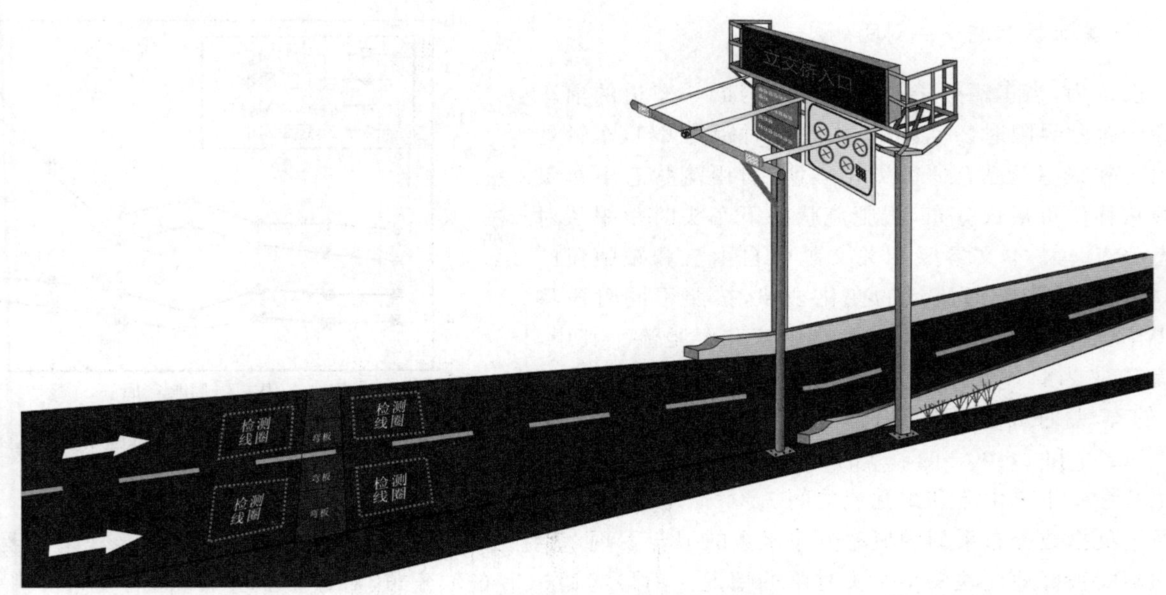

图 1　现场安装的动态称重系统(WIM)

监测得到前后两辆车通过的时间差和行车速度，将两者相乘可以得到监测点位置的车头时距。从获得的车头时距看，样本最大值达到 1200s，绝大部分的车头时距集中在小于 3s 的区间，分布范围相当广。当然，考虑作为车辆荷载的实际应用，当车头时距大于一定程度，前后相邻两辆车的荷载效应的叠加是没有意义的，即大于一定程度的车头时距对于桥梁车辆荷载的计算来说是可以忽略不计的。结合实际，本文重点研究小于 50s 的车头时距的分布规律特性。

2　车头时距特性分析

2.1　不同车道的总体车头时距

对两车道总体车头时距分别进行概率统计分析，得到每天两个车道车头时距的概率直方图、均值和方差。图 2 给出 2012 年 7 月 18 日两车道的车头时距概率直方图，由图可以看出：两车道车头时距总体呈现类似的分布形式，但车道 1 的车头时距较小，大部分集中在 10s 之内；车道 2 的车头时距较为离散，大部分集中在 20s 之内。这种分布特性与该位置处于车流分流区有关，2 车道的部分车流在经过前方道口时分流到了地面辅道，没有上桥，从而使车流呈现较为稀疏的特征。

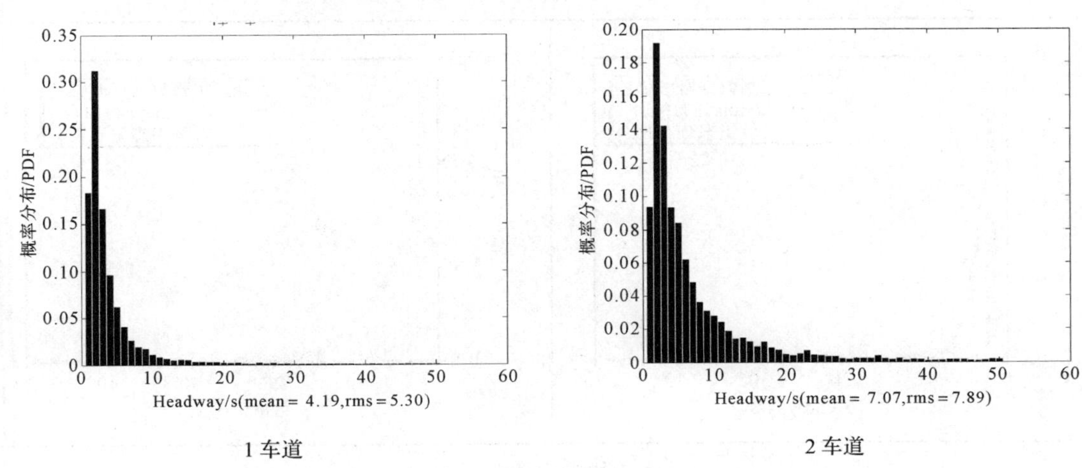

图 2　18 日两车道总体车头时距直方图

图 3 给出了某一个星期两个车道车头时距均值和方差，在一周内的变化情况。从图中可以看出：在一周内车道 1 的车头时距变化较小，星期四的数据为最小；车道 2 的车头时距在一周内总体呈现变大的趋势，但前 5 天的变化较小，而最后两天增大较多。这说明非工作日对车道 2 的车头时距的影响比较大。

2.2 不同车流状态的车头时距

一般认为，当车辆处于头车位置或与同一车道的前车距离大于跟驰界限时(一般取车头时速时距为 8s)，车辆处于自由行驶状态。已有研究结论表明，自由流状态下车头时距服从移位负指数分布，跟驰流状态下车头时距服从对数正态分布。[1,8]本文参照相关文献中自由流和跟驰流的定义，根据一天中交通流量的变化规律，按照不同时段将一天中车辆行驶的车头时距分为自由流和跟驰流。其中，自由流选取当日车流密度低的 0:00—5:00 和 22:00—24:00的车头时距，跟驰流选取当日车流密度较高的 8:00—11:00 和 14:00—18:00 的车头时距，其他时段的车头时距特性介于自由流和跟驰流之间。

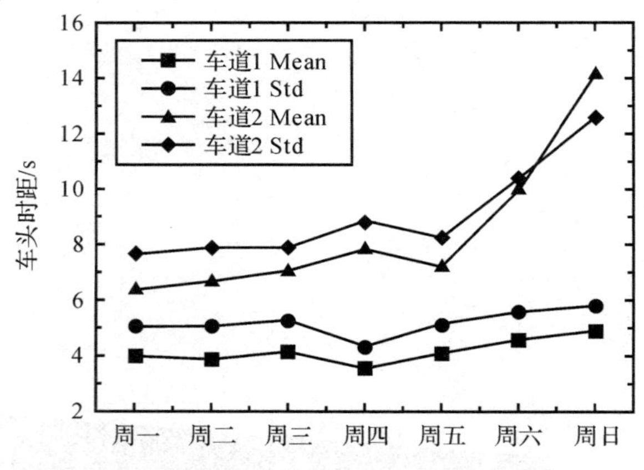

图 3　1 周内车头时距均值和根方差随日期的变化

通过负指数分布系列的概率分布函数的拟合发现，负指数分布、移位负指数分布、Erlang 分布以及M 3 分布均不能很好地反映较小车头时距的情况。而最终通过韦布尔分布、对数正态分布、伽马分布等多种概率分布拟合和 Kolmogorov-Smirnov 检验(K-S 检验)法的拟合优度检验，发现跟驰流的车头时距均服从对数正态分布，而自由流的车头时距较大，服从 Gamma 分布，分布参数的拟合情况如表 1 所示。图 4 给出了 2012 年 12 月 17 日两种车流状态下的两个车道车头时距的概率分布拟合情况。

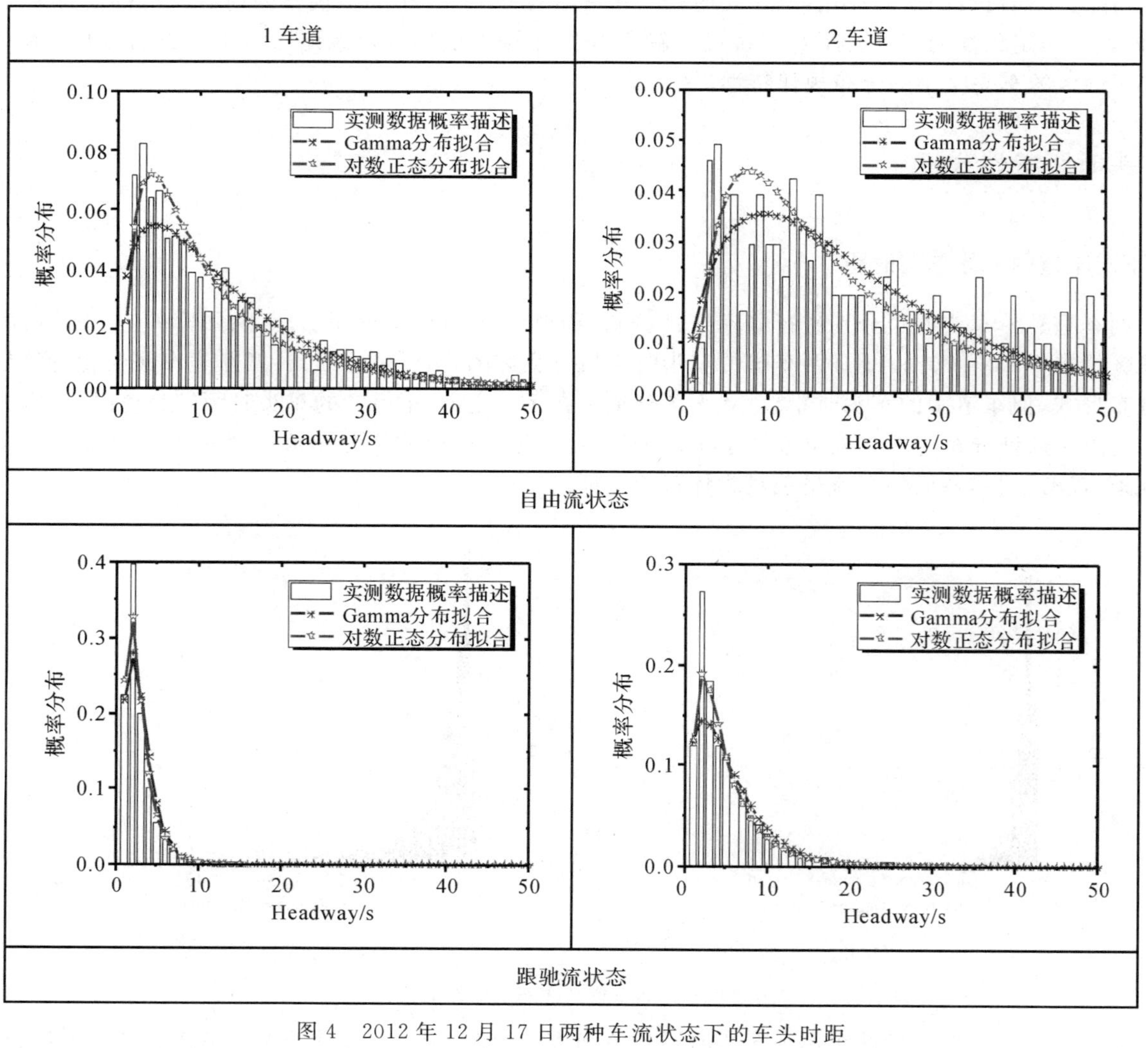

1 车道	2 车道
实测数据概率描述 / Gamma分布拟合 / 对数正态分布拟合；概率分布；Headway/s	实测数据概率描述 / Gamma分布拟合 / 对数正态分布拟合；概率分布；Headway/s
自由流状态	
实测数据概率描述 / Gamma分布拟合 / 对数正态分布拟合；概率分布；Headway/s	实测数据概率描述 / Gamma分布拟合 / 对数正态分布拟合；概率分布；Headway/s
跟驰流状态	

图 4　2012 年 12 月 17 日两种车流状态下的车头时距

表 1　车头时距分布类型及其参数

车头时距		分布类型	参　数	
车道 1	自由流	Gamma 分布	1.38	8.74
	跟驰流	对数正态分布	0.83	0.58
车道 2	自由流	Gamma 分布	1.85	10.75
	跟驰流	对数正态分布	1.56	0.878

2.3　不同车速的车头时距

根据《城市道路交通拥堵评价指标体系》将速度划分为 6 个等级(见表 2),对不同等级下的车头时距进行概率统计分析,得到其均值和方差,如图 5 所示。

表 2　城市道路交通拥堵速度划分等级

等级	速度范围(km/h)
1 级	$v\leqslant 20$
2 级	$20<v\leqslant 35$
3 级	$35<v\leqslant 50$
4 级	$50<v\leqslant 65$
5 级	$65<v\leqslant 80$
6 级	$v\geqslant 80$

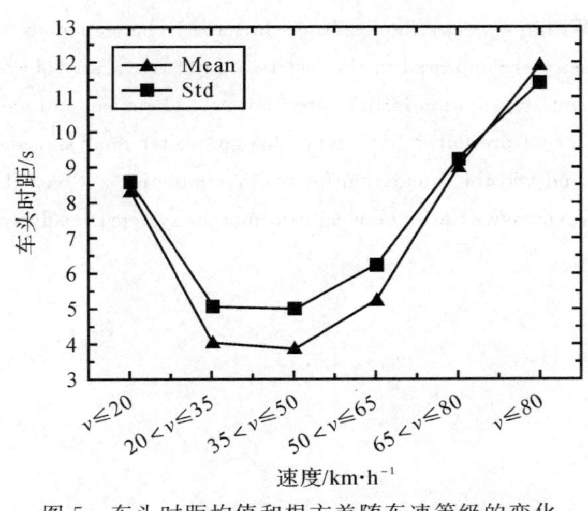

图 5　车头时距均值和根方差随车速等级的变化

3　结　论

根据城市高架快速路主线入口处实测的车头时距数据,对其进行统计,获得了不同车道、不同流量状态、不同车速情况下车头时距的分布特征,得到以下 3 点结论。

(1)车道 1 的车头时距大部分集中在 10s 之内,车道 2 的车头时距大部分集中在 20s 之内;1 周内车道 1 的车头时距变化较小,而车道 2 的车头时距则逐渐变大,最后两天增大较多。

(2)根据 1 天中交通流量的变化规律,按照不同时段将 1 天中车辆行驶的车头时距分为自由流和跟驰流,通过多种概率分布拟合和 K-S 检验,确定跟驰流的车头时距服从对数正态分布,自由流的车头时距服从 Gamma 分布。

(3)根据《城市道路交通拥堵评价指标体系》将速度划分为 6 个等级,不同等级下的车头时距均值和方差均随着速度的增大呈现"U 型"变化。

参考文献

[1]陈娇. 城市快速路车头时距特性分析[D]. 长春:吉林大学,2012.

[2]李扬海,等. 公路桥梁结构可靠度与概率极限状态设计[M]. 北京:人民交通出版社,1997.

[3]公路桥梁车辆荷载研究课题组. 公路桥梁车辆荷载研究[J]. 公路, 1997(3): 8－12.

[4]CAPRANI, C C, OBRIEN E J, MCLACHLAN G J. Characteristic traffic load effects from a mixture of loading events on short to medium span bridges[J]. Structural Safety, 2008, 30(5): 394－404.

[5]OBRIEN E J, HAYRAPETOVA A, WALSH C. The use of micro-simulation for congested traffic load modeling of medium-and long-span bridges[J]. Structure and Infrastructure Engineering, 2012, 8(3): 269－276.

[6]CAPRANI C C. Calibration of a congestion load model for highway bridges using traffic microsimulation[J]. Structural Engineering International, 2012, 22(3): 342－348.

[7]EUGENE J, COLIN C. Headway modelling for traffic load assessment of short to medium span bridges[J]. Structural Engineer, 2005, 83(16): 33－36.

[8]陶鹏飞,王殿海,金盛.车头时距混合分布模型[J]. 西南交通大学学报, 2011(04): 633－637.

Analysis of Headway Characteristics on An Urban Expressway Entrance

ZHONG Zheng[1], CHEN Bin[2,3], FANG Li-gang[1]

(1. Hangzhou R&B Co. Ltd.; Hangzhou 310011; 2. Hangzhou Municipal Facilities Supervision and Administration Center; Hangzhou 310003; 3. College of Civil Engineering and Architecture, Zhejiang University, Hangzhou 310058)

Abstract: Based on the weight-in-motion system installed on an expressway bridge entrance in Hangzhou City, measured headway data at different lane, different flow state, and different speeds were investigated from the point of view of statistics. The results shows that the headways in Lane 1 are concentrated in 10 seconds, and headways in Lane 2 are concentrated in 20 seconds. Within a week, the headways in Lane 1 change smalls, while the headways in Lane 2 were increases with time, and larger values were appeared in the last two days. Headway obeys the lognormal distribution in the following flow state, and obeys Gamma distribution in free stream state. The mean and variance of the headway in different speed grade were increases with speed, and presented "U" type change. After analysis, it is comprehensively grasp the statistic characteristics of the headway, and laid the foundation for traffic simulation and vehicle load analysis on the expressway bridges.

Key words: expressway bridge; weight-in-motion system; headway; statistic characteristics

基于交通需求的停车换乘点布局优化研究

何 莎

(北京交通大学交通运输学院,北京 100044)

摘要:随着城市交通拥堵问题的日益严峻,城市交通需求管理中停车换乘(P&R)方案也愈发地受到重视,而停车换乘站点布局研究是停车换乘方案规划的重要组成部分,对加强交通需求管理具有重要作用。本文在给定停车换乘可能选择地点集合的前提下,从城市交通网络系统的宏观角度出发,以系统内停车换乘站点的建设成本和所有交通需求量的总出行成本之和最小为优化目标,构建了停车换乘站点布局优化模型。最后,借助 Lingo 商业软件进行算例分析,验证了模型的有效性。

关键词:交通需求管理;停车换乘;布局优化;成本效益

近年来,随着机动车保有量的日益增长,城市交通拥堵问题也日趋严峻。停车换乘方案作为交通需求管理的重要措施之一,对缓解城市交通压力和调节城市交通结构具有重要的作用。停车换乘站点布局研究是停车换乘方案规划的重要组成部分,停车换乘设施的选址和布局规划的合理与否直接关系到该交通需求管理措施是否能够经济、高效地发挥其交通需求调节作用。刘燕等[1]对北京停车换乘需求进行了调查,发现换乘对象主要为通勤者。程左宏[2]对北京已有的 P&R 站点存在的问题进行了分析,指出某些换乘点能力紧张,而有的则能力虚糜,说明其布局存在不合理现象。

在 P&R 的布局优化研究方面,Berman 等[3]在给定设施的数目、已知乘客流的线路、流量确定的情况下提出了截流布局优化问题;Mark 等[4]将危险品监测站(Preventative Inspection Model,PIM)布置的思路应用到 P&R 布局优化中;Wang 等[5]在考虑线性单中心都市的 P&R 布局时,基于利益最大和社会成本最低的目标提出了一种经济学的优化方法;谢晓倩等[6]在广义多设施多目标优化选址模型的基础上,以各需求点与临近的供应点之间的总广义费用(出行时间、出行费用)最少为优化目标,提出了多设施多目标 P&R 布局优化模型;方青等[7]以 P&R 用户广义出行费用最小为优化目标,建立了 P&R 布局优化模型,并设计了遗传算法对模型进行求解;黄一峰等[8]基于粒子群优化理论,构建了空间分析上的 P&R 布局优化截流模型;刘有军等[9]通过评估各个备选点位可达性指标的大小,提出一种基于 GIS 的停车换乘设施优化方法。然而,这些研究却很少考虑停车换乘站点建设成本和出行成本的总和,并且对停车换乘设施的能力也缺乏一定的考虑。因此,本文在考虑交通需求量的基础上,综合考虑停车换乘站点建设成本和所有交通需求量总出行成本,进而对停车换乘站点布局优化进行研究。

1 P&R 布局优化一般原则

停车换乘点位置的选择应该遵循一定的原则,由此可以初步确定可选的停车换乘地点,能在一定程度上简化后续的布局优化。主要原则有如下几个方面:①停车换乘点应该设在城市客运量较大的运输通道上,与大容量的公共交通系统有机衔接;②停车换乘点应该设在其服务范围内小汽车出行发生源最多的地方,并且对服务范围内的小汽车出行具有最大的吸引力;③停车换乘点能够为停车换乘者提供最大的便捷程度,如设置在公交线路、轨道交通线路的终点站或是其附近。就北京而言,除了所要遵循的主要原则以外,还有在四环以内不设置停车换乘点的原则。

作者简介:何莎(1990—),女,研究生,研究方向为交通运输规划与管理。

2 P&R 站点布局的基本模型

在交通枢纽的规划之中,相关模型的研究已非常成熟。传统的方法有一元交通枢纽场站布局的重心法、一元交通枢纽场站布局微分法、成本分析法,经典的枢纽选址布局模型有覆盖模型、平面中位距离模型、特定枢纽选址模型等。[10]

(1)成本分析法

成本分析法是在已经得到待选枢纽位置集合的前提下,以枢纽系统的总成本最小化为目标,通过简单的财务计算,经过比较选择总运输成本最小的点作为最佳的枢纽布局。每个待选点的总费用计算公式如下:

$$C_i = R_i + \sum_{j=1}^{n} d_{ij} W_j F \tag{1}$$

式中:R_i 为每个待选枢纽的建设成本;W_j 为每个运输发生源的交通需求发生量;d_{ij} 为各运输发生源到待选枢纽的距离;F 为相同的单位运输费用。

(2)覆盖模型

本文主要介绍覆盖问题之中的覆盖集问题。该问题是以覆盖所有需求点的最小的选址数作为优化目标函数,旨在用最少的枢纽数覆盖所有的需求点。

$$\min \sum_{j \in J} X_j \tag{2}$$

$$\text{s. t} \quad \sum_{j \in N_i} X_j \geqslant 1, \forall i \in I \tag{3}$$

$$X_j \in \{0,1\}, \forall j \in J \tag{4}$$

式中:I 指的是所有运输需求点的集合;J 指的是候选枢纽地点的集合;d_{ij} 指的是需求点到候选点的距离;$N_i = \{j \mid d_{ij} \leqslant D_c\}$,指能覆盖需求点的所有候选点的集合,为覆盖距离;$X_j$ 决策变量,如果在候选点j选址,则 $X_j = 1$;否则 $X_j = 0$。

上述两个模型直接应用于停车换乘点布局优化问题中时,均存在些许不足。例如:缺乏对 OD 需求的考虑,不太符合实际;欠缺对待选停车换乘站点能力的分析;目前对于覆盖模型中的覆盖距离没有可供参考的成文标准。

3 P&R 布局优化模型建立

(1)模型建立思路

首先根据停车换乘站点布局的一般原则或者其他布局优化模型初步确定候选站点,再根据定性或定量分析的方法得到一个可能的待选点集合。

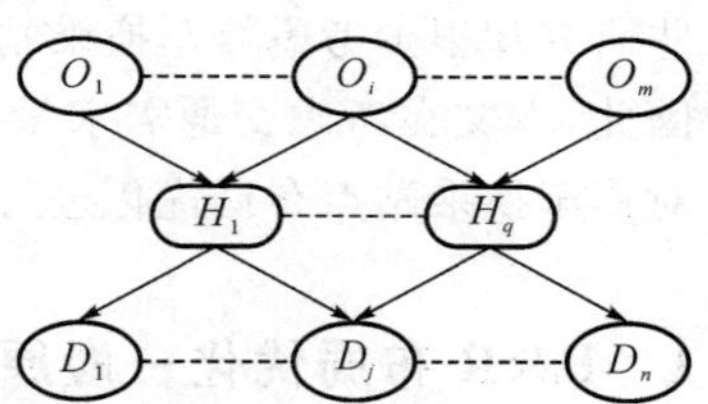

图 1 停车换乘点网络布局

考虑将一个城市的区域划分成两个部分,以初步得到的待选停车换乘地点间的虚拟连接线为分界线。在分界线以内,即近似为城市的中心区域,将其看作是交通需求的吸引区域;在分界线以外的部分,即近似为城市的市郊区域,将其看作是交通需求的发生区域。假设在交通需求的吸引区域可以确定固定的交通需求吸引点,如市区商业中心;相应地,可以在交通需求的发生区域确定固定的交通需求发生点,如城市周边的卫星城。基于交通需求对城市区域进行划分,得到停车换乘点布局的网络结构(见图1),交通需求发生点 O 产生的交通需求经过停车换乘点 H,最后到达交通需求吸引点 D。

(2)模型构建

模型假设:①从交通发生点 O 产生的去往交通吸引点 D 的交通量均采用停车换乘方案;②交通发生点产生的交通量可以通过任何一个停车换乘点到达交通吸引点;③所有产生交通需求的发生点均在初始给定的待选停车换乘点的吸引范围内;④各交通发生点的交通需求量、备选站点的建设费用、停车换乘一次的费用、$O_i \rightarrow H_k$ 和 $H_k \rightarrow D_j$ 的费率均已知且为定值。

假设在一个城市的交通系统中,有 m 个交通发生点 $O_i(i=1,2,\cdots,m)$,n 个交通吸引点,经过初步选择

得到 q 个待选停车换乘点。以系统内停车换乘点建设成本和所有交通需求量总出行成本最小，辅以相关的约束条件，构建布局优化模型。

$$\begin{aligned}\min W &= \sum_{i=1}^{m}\sum_{k=1}^{q}C_{ik}O_{ik}+\sum_{k=1}^{q}\sum_{j=1}^{n}C_{kj}D_{kj}+\sum_{k=1}^{q}(C_k\sum_{i=1}^{m}O_{ik})+\sum_{k=1}^{q}F_kX_k \\ &= \sum_{i=1}^{m}\sum_{k=1}^{q}C_{ik}O_{ik}+\sum_{k=1}^{q}\sum_{j=1}^{n}C_{kj}D_{kj}+\sum_{k=1}^{q}(C_k\sum_{i=1}^{m}O_{ik}+F_kX_k)\end{aligned} \tag{5}$$

s. t

$$\sum_{k=1}^{q}T_{ij}^{k}=T_{ij},i=1,2,\cdots,m;j=1,2,\cdots,n \tag{6}$$

$$O_{ik}=\sum_{j=1}^{n}T_{ij}^{k},i=1,2,\cdots,m;k=1,2,\cdots,q \tag{7}$$

$$D_{kj}=\sum_{i=1}^{m}T_{ij}^{k},k=1,2,\cdots,q;j=1,2,\cdots,n \tag{8}$$

$$\sum_{k=1}^{q}O_{ik}=A_i,i=1,2,\cdots,m \tag{9}$$

$$\sum_{i=1}^{m}O_{ik}=\sum_{j=1}^{n}D_{kj},k=1,2,\cdots,q \tag{10}$$

$$\sum_{i=1}^{m}O_{ik}\leqslant P_k,k=1,2,\cdots,q \tag{11}$$

$$\sum_{i=1}^{m}O_{ik}-MX_k\leqslant 0,k=1,2,\cdots,q \tag{12}$$

$$O_{ik},D_{kj}\geqslant 0,i=1,2,\cdots,m;\quad k=1,2,\cdots,q;j=1,2,\cdots,n \tag{13}$$

式中：W 为系统由停车换乘产生的总费用；O_{ik} 为从交通发生点 i 到待选停车换乘点 k 的交通量；D_{kj} 为从待选停车换乘点 k 到交通吸引点 j 的交通量；C_{ik} 为从交通发生点 i 到待选停车换乘点 k 的单位费率；C_{kj} 为从待选停车换乘点 k 到交通吸引点 j 的单位费率；C_k 为停车换乘者在待选点 k 停车换乘一次的费用；F_k 为待选停车换乘点 k 的建设费用；T_{ij}^{k} 为从交通发生点 i 通过待选停车换乘点 k 到达交通吸引点 j 的 OD 交通量；T_{ij} 为从交通发生点 i 到交通吸引点 j 的 OD 交通量；A_i 为交通发生点 i 的交通发生量；P_k 为待选停车换乘点 k 的交通容纳能力；X_k 为决策变量，若待选停车换乘点 k 被选中则 $X_k=1$，否则 $X_k=0$；M 为一个无穷大的正数。

目标函数(5)使得整个城市交通系统中停车换乘的总费用最小；约束(6)从交通发生点 i 通过各待选换乘站点 k 到达交通吸引点 j 的交通量之和等于发生点 i 和吸引点 j 之间的 OD 交通量；约束(7)从交通发生点 i 到待选停车换乘点 k 的交通量等于发生点 i 与各吸引点 j 之间的 OD 在点 k 的换乘交通量；约束(8)从待选停车换乘点 k 到交通吸引点 j 的交通量等于各发生点 i 与吸引点 j 之间的 OD 在点 k 的换乘交通量；约束(9)从交通发生点 i 到各待选停车换乘点 k 的交通量之和等于发生点 i 的发生交通量；约束(10)从交通发生点 i 到待选停车换乘点 k 的交通量与从待选停车换乘点 k 到交通吸引点 j 的交通量相等；约束(11)是从各交通发生点 i 到待选停车换乘点 k 的交通量之和小于待选点 k 的容纳能力；约束(12)表示待选点与交通量的对应关系，若发生点到待选点 k 的交通量不为 0，则 $X_k=1$，这表示待选点 k 被选中；约束(13)是关于交通量的非负约束。交通量从发生点通过停车换乘点到吸引点的单位费率 C_{ik} 和 C_{kj} 根据停车换乘者的出行时间、燃油费及出行舒适程度等多方面进行综合度量。

4 模型算例分析

假设在某一交通系统中，共有 6 个交通发生点、5 个交通吸引点，按照一定的停车换乘点的布局原则初步得到 7 个待选点(见图 2)。

设交通发生点与交通吸引点之间每天的交通量的 OD 矩阵见表 1，交通发生点与待选停车换乘点之间的费率 C_{ik} 矩阵见表 2，待选停车换乘点与交通吸引点之间的费率 C_{kj} 矩阵见表 3。

设各待选停车换乘点的建设费用平均摊到每天的费用和每停车换乘一次的费用(见表 4)，其容纳能力见表 5。

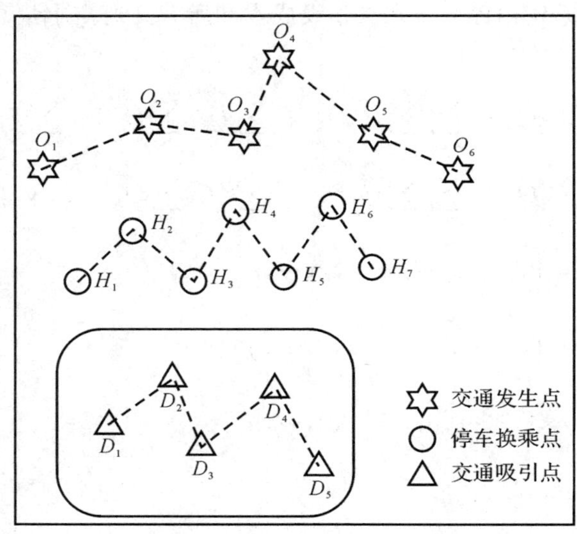

图 2 算例示意图

表 1 *OD* 矩

（单位：辆）

O \ D	1	2	3	4	5	发生量
1	300	190	150	90	60	790
2	260	410	180	160	140	1150
3	150	320	290	180	70	1010
4	50	350	410	280	60	1150
5	80	130	300	480	280	1270
6	80	140	160	210	360	950
吸引量	920	1540	1490	1400	970	6320

表 2 费率 C_{ik} 矩阵

（单位：元）

O \ H	1	2	3	4	5	6	7
1	20	25	35	45	60	70	85
2	30	20	30	40	50	60	70
3	50	40	30	20	45	50	60
4	90	75	60	45	30	40	60
5	95	80	65	50	35	20	40
6	100	85	70	50	40	30	20

表 3 费率 C_{kj} 矩阵

（单位：元）

H \ D	1	2	3	4	5
1	20	30	45	60	70
2	25	20	35	55	65
3	20	20	40	50	70
4	50	35	20	40	60
5	75	55	40	25	35
6	75	60	45	30	55
7	80	60	45	35	20

表 4 换乘点的其他费用 (单位:元)

	H_1	H_2	H_3	H_4	H_5	H_6	H_7
建设费用	40000	35000	30000	38000	40000	35000	30000
换乘费用	15	12	10	14	15	12	10

表 5 换乘点的容纳能力 (单位:辆)

	H_1	H_2	H_3	H_4	H_5	H_6	H_7
容纳能力	2000	2000	1500	1500	2000	1200	1400

基于以上假设数据,利用 Lingo 数学软件编程对模型进行求解,最终得到在给定初始待选停车换乘点的前提下的布局优化方案。经计算得出,在待选的 7 个停车换乘点中,选择 H_2、H_3、H_5、H_7 待选点作为最终选定的停车换乘布局方案。每个待选点所承担的交通量分别为 1940 辆、1450 辆、1730 辆、1200 辆,系统的总成本为 600480 元。

5 结 论

本文针对停车换乘的交通需求管理方案,对停车换乘的布局优化问题进行了研究,建立了基于交通需求的停车换乘布局优化模型。模型以系统总成本最小为优化目标,综合考虑了交通发生量、换乘点建设成本和停车换乘者的出行成本。本文基于假设数据进行算例分析,运用所建立的布局优化模型并借助 Lingo 进行求解,结果表明本文所建模型在停车换乘地点的布局优化方面具备一定的参考价值。在实际规划中可根据一定的布局原则初步确定可行的待选停车候车点,然后再利用布局优化模型对其进一步优化,最终得到合理的、优化的停车换乘布局方案。本文的研究内容为进一步加强城市交通需求管理具有一定的积极作用。

参考文献

[1]刘燕,秦焕美,潘小松. 北京市停车换乘需求调查与分析[J]. 交通运输工程与信息学报,2011,9(3):118－124.

[2]程左宏. 北京市停车换乘措施存在的问题及对策研究[J]. 道路交通与安全,2010(4):4－8.

[3]BERMAN O, HODGSON M J, KRASS D. Flow interception problems[M]. Berlin: Springer, 1995:389－426.

[4]MARK W, HORNER, SARA G. Network flow-based strategies for identifying rail park-and-ride facility locations[J]. Socio-Economic Planning Science, 2007(41):255－268.

[5]WANG J Y, YANG T H, LINDESY R. Locating and pricing park-and-ride facilities in a linear city with deterministic mode choice[J]. Transportation Research Part B, 2004(38):709－731.

[6]谢晓倩,徐世凯. 停车换乘选址模型研究[J]. 大连交通大学学报,2012,32(1):17－19.

[7]方青,潘晓东,吴中. 基于遗传算法的城市停车换乘设施选址模型研究[J]. 中国科技论文在线,2010,5(10):763－766.

[8]黄一峰,靳文舟. 基于粒子群优化理论的停车换乘系统优化选址模型研究[J]. 城市轨道交通研究,2009(3):17－21.

[9]刘有军,晏克非. 基于 GIS 的停车换乘设施优化选址方法的研究[J]. 交通科技,2003(4):85－87.

[10]何世伟. 综合交通枢纽规划理论与方法[M]. 北京:人民交通出版社,2012:86－87.

Research on the Layout Optimization of Park and Ride Based on Transport Demand

HE Sha

(School of Traffic and Transportation, Beijing Jiaotong University, Beijing 100044, China)

Abstract: With the problem of urban traffic congestion becoming more worse, we are paying more attention to the Park and Ride (P&R), which is one of the Transport Demand Management(TDM). As the study on layout of P&R is an important aspect of P&R planning, it plays a major role in the strengthening TDM. On the base of the traffic network system, This paper designed a layout optimization model taking the total cost of P&R construction and person's travel as the minimum optimized goal. In the end, this paper also designed a case about it with solving the model by Lingo mathematics software so as to check the effectiveness of the model.

Key words: transport demand management; park and ride; layout optimization; cost-effectiveness

短距离交织区通行能力计算方法研究初探

刘晓倩

（上海市城市建设设计研究总院，上海 200125）

摘要：目前对于交织区的研究多偏重高等级和快速道路，这些路段上的交织长度都有一定距离要求。然而在实际工作中，往往需要较为快捷地测算短距离、低车速交织区的运行状态和通行能力，很多研究成果和算法不能很好地适用。鉴于此，本文通过相关理论研究，尝试简化计算，提出3种适用于不同管理措施和交织段长度下的A型交织区通行能力计算方法。

关键词：交织区；通行能力；交织长度

行驶方向大致相同的两股或多股车流，沿着相当长的路段，不借助交通控制设施进行交叉运行，就构成了交织区。交织区中驾驶员需要紧张地变换车道，导致交织区内的交通受紊流影响，以致交织路段通行能力低于基本路段的通行能力，所以交织区往往会成为道路系统的瓶颈所在。因此，研究道路交织区通行能力对于道路设计和道路交通管理工作都具有实际意义。目前对交织区通行能力研究对象大多为高等级公路，交织区的车辆运行表现为速度快、交织距离长等特点。美国《道路通行能力手册 HCM2000》[1]通过模型运算给出交织长度150～750m，车速为90～120km/h的自由流交织区的通行能力数值，但并没有给出通行能力值的计算方法。同时，其他研究成果考虑交织区的行为复杂性，给定的参数关系算法非常复杂，需要借助相关软件和模型进行测算。但在实际工作中，往往需要较为快捷地测算短距离、低车速的交织区的运行状态和通行能力，本文尝试借用目前已有的理论，简化计算方法，对短距离A型交织区的通行能力进行测算。

1 交织区的构型及交织长度

交织区的构型。国内道路交织区采用了HCM94交织区分类方法，依据交织车辆穿过交织路段时必须进行的车道交换最少次数，将交织区分为A型、B型和C型。[3]本文主要对A型交织区展开研究，其特点为每辆交织车辆为了完成交织，必须横过一条连接入口三角区端部和出口三角区端部的一条车道分界线，这条车道分界线被称为"路拱线"。A型交织区是只有一条路拱线的交织构型。

交织长度。交织区内交通运行特性主要取决于该区域上的速度、流量、交织长度、宽度及相互间的关系。其中，交织长度是指从合流匝道终点与主线连接点至下游分流匝道起点与主线连接点之间的长度，是影响交织区域车流运行特性的最重要参数之一。与其他两种构型相比，A型交织区因交织车辆在通过交织区时需要加减速，所以其运行速度对交织区长度的敏感度最高(见图1)。

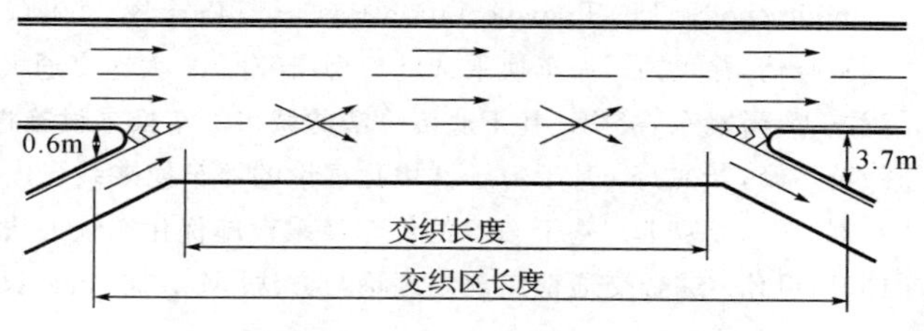

图1 A型交织区及交织长度示意图

2 短距离交织区通行能力计算的方法

2.1 方法一：环形交叉口通行能力计算模型

(1)常规环形交叉口交织段通行能力计算法

当环状交叉口中心岛距离≥25m时，可用常规环形交叉口交织区通行能力计算方法[3]：

作者简介：刘晓倩，女，硕士，研究方向为交通运输规划与管理。

$$C = \frac{160\left(1+\frac{e}{w}\right)w}{1+\frac{w}{l}} \tag{1}$$

式中:C 为交织段通行能力,$0.85C$ 等于设计通行能力(pcu/h);l 为交织段长度(m);w 为交织段宽度(m);e 为环交入口平均宽度(m)。

式(1)中,要求环状交叉口中心岛直径≥25m,由于环形交叉口交织长度为中心岛直径和一倍的交织段宽度之和,故此方法可适用于交织长度>30m 的短距离 A 型交织区。

(2)小型环形交叉口交织段通行能力计算法

当环交中心岛距离<25m 时,可用小型环形交叉口交织区通行能力计算方法[3]:

$$C = K\left(\sum w + \sqrt{A}\right) \tag{2}$$

式中:C 为环交实用通行能力,$0.8C$ 等于设计通行能力(pcu/h);$\sum w$ 为所有引道基本宽度的总和(m);A 为引道拓宽增加的面积(m^2)。K 为系数(pcu/h·m)。

式(2)中,要求环交中心岛直径<25m,由于环形交叉口交织长度为中心岛直径和一倍的交织段宽度之和,故此方法可适用于交织长度<30m 的短距离 A 型交织区。

2.2 方法二:无信号灯控制交叉口通行能力计算法

当交织区长度<30m 时,交织区相当于无信号灯控制交叉口。[3]因此,当交织区的长度足够小时,也可以借用无信号灯控制交叉口的通行能力计算方法。

分析交织区车辆运行特征,与两个单行交叉口一致,即任何方向车辆都直行穿过交叉口。按可穿越间隙理论,定义车流量较少的一股交织路段为次要道路,车流量较大的为主要道路。主要道路优先通过,次要道路停车避让,则次要道路每小时能穿越主要道路车流的数量为:

$$Q_{次} = \frac{Q_{主}\, e^{-qt_c}}{1-e^{-qt_f}} \tag{3}$$

式中:$Q_{主}$ 为主要道路上的交通量(pcu/h);$Q_{次}$ 为次要道路可能通行能力(pcu/h);q 为 $Q_{主}/3600$,主要道路车辆到达率(pcu/h);t_c 为临界间隙,对停车待机通过者 $t_c=7\sim9$s,对减速待机通过者,$t_c=6\sim8$s;t_f 为次要道路上车辆跟车时距,$t_f=3\sim5$s。次要道路避让主要道路,其通行能力取决于主要道路的现有交通量。

2.3 方法三:进口道车道变换最小长度模型

东南大学邱丰博士等[4]发现,当设置于最右侧的公交专用道结束后,左转公交车与右转社会车辆会在进入交叉口进口道路段上需要完成一次交织,他们提出了交叉口进口道车道变换最小交织长度计算模型。

$$L_s = S_1 + S_2 + S_3 = \frac{V_b t_w}{3.6} + \frac{V_b^2}{3.6(V-V_b)} + 0.833V_b \tag{4}$$

式中:L_s 为车辆变道交织段最小距离(m);S_1 为车辆在等待可插入空间的时间 t_w 内,以速度 V_b 行驶的距离(m);S_2 为发现可插入间隙,以速度 V_b 行驶至插入空间与车辆平行的距离(m);S_3 为车辆横移至目标车道行驶距离(m),横移速度取 1m/s[5];V_b 为变道车辆变道前行驶速度(km/h);V_c 为车辆变道时行驶速度(km/h);V 为目标车道上车辆行驶速度(km/h);并假定 $V>V_b$;t_w 为寻求可插入空间的平均等待时间(s),推荐值公交车取 7s,小汽车取 4s;

式(4)基础上,进一步分析,当 $V_b=0$ 时,即变道车辆停车让行时,L_s 达到理论上的最小值,上式可简化为 $L_s=0.833V_c$,此时若交织段长度给定,则 V_c 相应确定,变道车辆行驶车速不得超过 V_c 行驶,V_c 接近可能设计车速,则交织区单车道可能的通行能力为:

$$C = K \cdot V_c$$

式中:C 为交织段单车道通行能力(pcu/h);K 为相应服务水平下的密度要求(如 D 级以上服务水平,密度要求>28.0~35.0)(pcu/km/标准车道)[1];V_c 为可能设计车速(km/h)。

3 算例应用

某公共交通枢纽的平面设计中,接驳巴士、专线巴士的上下客区采用指状站台设计(见图 2)。因此,在接驳巴士驶离、专线巴士驶入车辆在A点形成一个A型交织区，交织长度为9m，单车道宽度为3.5m。交织高峰时段，接驳巴士驶离、专线巴士驶入量分别为165pcu/h、150pcu/h，采用上述方法对交织区的通行能力进行测算，结果见表1。

当交通量较小的情况下，减速让行管理措施比两个单向均停车让行的交织区通行能力高。

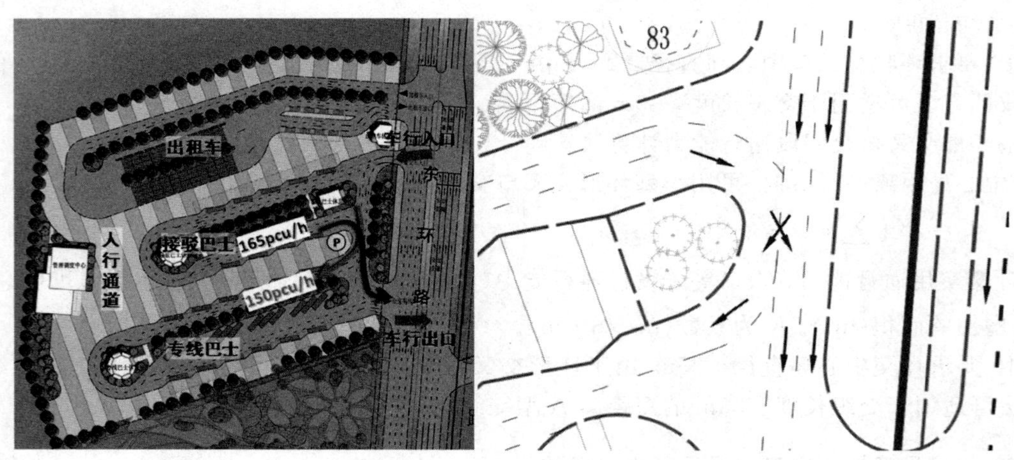

图2　公交枢纽交织区示意图

表1　计算结果

计算方法	通行能力(pcu/h)	管理措施	备注
方法一	960	两个单向均减速让行	交织区域通行能力
方法二	533	次要道路停车让行	1条交织车道通行能力
方法三	420	两个单向均停车让行	1条交织车道通行能力

4　小　结

本文给出3种计算短距离A型交织段的方法，每种方法适用于不同的交织长度和道路管理措施。其中，环形交织段通行能力计算法可根据交织长度选择不同公式，无信号灯控制交叉口通行能力计算法适用于交织长度小于30m的交织区，而进口道车道变换最小长度模型法能算出最小交织长度以及交织长度确定后的限制车速。以上方法的计算结果可以为短距离A型交织段的道路设计和交通管理提供一定的参考。

参考文献

[1]美国交通研究委员会.道路通行能力手册HCM2000[M].任福田等，译.北京：人民交通出版社，2007.
[2]陈宽民，严宝杰.道路通行能力分析[M].北京：人民交通出版社，2003，67－68.
[3]中国公路学会《交通工程手册》编委会.交通工程手册[M].北京：人民交通出版社，1998，410－412.
[4]邱丰，李文权，贾晓欢，等.混行公交进口道长度设置[J].东南大学学报(自然科学版)，2011，41(5)：1104－1108.
[5]裴玉龙.道路勘测设计[M].哈尔滨：哈尔滨工业大学出版社，2005.

被动式的出行者信息服务与交通控制协同模式和算法研究

保丽霞

(上海市城市建设设计研究总院,上海 200125)

摘要:本文分析了出行者信息服务与交通控制系统协同运作的必要性,提出了一种出行者信息被动协同模式,研究了在公交站点到站时间发布、基于手机的公交到达附近站点预报、地面道路行程时间发布等方面的外场设备布设和计算模型。

关键词:出行者信息服务;协同模式;协同算法

近 20 年来,智能交通系统在交通信息采集与发布平台、区域交通信号控制、快速路基于可变信息板的交通状态发布、停车泊位诱导、公共交通定位及调度等子系统方面取得了显著的成绩。但是,城市地面道路的交通状态发布、行程时间发布及公交到站的个性化信息发布,涉及交叉口信号控制的交通信息发布,一些城市不敢尝试,有的做的效果也不佳,尤其是快速路与地面道路的状态对比,难以在相同 OD 需求下提供一个精准的行程时间诱导信息。

出行者信息发布(Traveler Information Service System,TISS)是以动态交通分配理论为基础,实时分析复杂多变的路网交通状态,综合运用 GPS 和 GIS 等技术,通过车载信息装置、可变信息板、个人智能手机等动态地向出行者提供实时交通信息和最优路径引导指令,给出行者出行规划路径的同时均衡路网交通流。城市交通控制系统(Urban Traffic Control System, UTCS)主要是采集处理交叉口上下游的交通参数,预测车辆的到达图式和排队长度,确定交叉口合适的信号参数(周期、绿信比、相位差)等,给予不同进口方向车辆的时间分配通行权,从而实现交叉口车辆运行的安全、有序。

本文主要在城市交通流特性、交叉口信号控制的基础上,研究面向公交到站时间发布、快速路地面道路协同诱导实施的关键点及方法。

1 TISS 与 UTCS 的协同必要性

TISS 和 UTCS 是智能交通系统(Intelligent Transportation Systems, ITS)的核心组成部分,是城市交通管理的两种主要有效手段。它们具有共同的管理对象——由人、车、路、环境组成的复杂交通流,它们有共同的目标——实现路网交通流的畅通,提高交通运输的安全、舒适性。它们时空结合、相互反馈,交通控制方案决定了车辆在交叉口的等待时间,改变了车流在时间上的分布,交通流诱导通过合理分配,改变了车流在空间路网上的分布。因此,只有两系统协同运作,才能发挥 1+1>2 的交通管理效果。

从发展历史来看,交通信号控制的出现(1914 年在英国)远远早于交通流诱导系统。交通流诱导最初以可变信息板的群体诱导出现的,它包含在交通控制系统中,比如在 SCATS 系统中,主要以交叉口信号控制为主,同时系统也可以在关键地点安设可变信息板,拥挤、事故发生时通过可变信息板提示驾驶员和出行者,从而使其避开拥挤区,起到疏导、分流交通的作用。

2 TISS 与 UTGS 的协同模式研究

2.1 国外的相关研究

采用何种模式将 UTCS 和 UTFGS 协同起来发展成为国内外专家首先探讨的热点。Belletal[1] 提出了

作者简介:保丽霞(1978—),女,博士,主要研究智能交通。

交通流最佳路径诱导和交通控制协同的两种途径:①低水平协同,即两系统的数据共享;②高层次协同,即两系统相互影响和相互作用。这种协同思路比较容易操作,交通控制系统和交通流诱导系统都需要全面实时地采集到路网交通信息,而现在的各种检测设备基本上都是为交通控制服务的,因此第一层次应该考虑如何实现交通规划数据、基础设施数据、交通控制、交通监控、接处警等交通信息的共享。

Shimizu 等[1]提出一个以交通控制为主的两系统协同概念框架,信号控制系统通过检测到的交通信息进行信号基本参数优化,以综合 PI 指标值最小放行交叉口的到达车辆,动态路径诱导则根据路段行程时间和交叉口的车辆延误计算 OD 的最佳路径。这个系统中路径诱导对疏导交通流的主动作用比较小,主要是交通信号控制根据流量调节交叉口的通过能力,避免交叉口的拥堵。

Gartner 等[1]提出了一种实时交通信号控制与动态交通流诱导协同的框架。该理念首先依据不同的交通状态将交通信号控制分为 6 个层次的自适应控制策略,在动态交通分配模型预测路网交通状态的基础上,与信号控制策略进行匹配,这样在选定的交通控制策略下进行路径规划,这里交通控制策略能使车辆在交叉口的延误最小。所以,它是一种以诱导为主的协同模式。

吉林大学杨兆升教授、徐立群博士[2]针对国内城市目前的交通管理系统,提出一种依托目前的道路交通控制中心的交通流诱导与控制的协同机制,他们将交通信息共享作为实现两系统协同的基础,根据实时采集的路网交通信息,交叉口信号配时优化和动态路径最优选择同步进行,并将诱导信息发布出去,构成一个循环。天津大学马寿峰博士[3]、徐岩宇博士、王亮硕士等在对国内外交通控制与交通诱导的各种组合模式进行阐述之后,提出了一种改进的两系统组合框架结构。该协同模式将控制与诱导置于同等重要的地位,充分考虑两系统的耦合关系,可以用两种方法实现:①另辟一个新的交通管理系统,以路网总体指标为最优目标,建立统一的优化模型,求解得到控制、诱导策略;②借鉴系统递阶控制的思想,在低层次上对诱导、控制分别求解,在高层次上进行交互协调优化。

清华大学的李瑞敏博士也提出一种基于多智能体的交通控制与交通诱导的集成体系,河北工业大学魏连雨教授、韩志新硕士提出了一种基于自组织理论和协同学原理的交通协调策略等。[4]

2.2 一种 TISS 被动协同模式

国内外关于交通流诱导与控制策略协同的发展模式主要归结为重点强调基础交通信息采集与共享,可以侧重于交通流诱导或交通控制,或二者并重、协同运作,从而实现路网交通流的顺畅。但是就我国城市现阶段,诱导控制二者并重还比较难于实施。

本文从便于工程应用出发,提出一种 TISS 被动协同模式:TISS 的路段行程时间计算,考虑到沿线各个交叉口的停车延误。这种模式的实施过程较简单,适合于固定配时的路段,或者交通流有规律,很少有突变的城市或者区域。路段平均行程时间可以通过车牌识别、区间平均速度估计等方法计算。这种模式下,只需要单向的中心—终端的数据传输。这种模式的不足是:单个出行者不能够提前使 UTCS 对自己的路径选择有所准备,这在目前也的确很难做到。

3 TISS 和 UTCS 协同的模型算法研究

3.1 在既定的交通控制下研究动态交通分配模型

有学者使用 TRANSYT 模型,将路段的总运行延误时间作为路段流量的函数,研究了在一个固定信号配时控制的路网上如何通过交通流估计运行时间。[1]这个模型主要是以信号控制参数不变为基础,通过路段流量估计行程时间。杨兆升教授也延承这种思想,研究了一种基于排队论的路段行程时间预测,其核心是用排队论预测交叉口的等待时间、通过时间。[5]

Manguzze 试验和评价了一个与交叉口运行时间相协调的平衡路线选择模型。模型结果表明:交通工程学中的交叉口通行能力和延误分析的方法适合用于协调路线选择模型。[1]

3.2 交通控制与动态交通分配迭代优化

Gartner 强调有必要把路网交通均衡分析结合到区域交通控制设计中,他提出把路径选择结合到交通信号最优过程设计，把交通流量作为交通信号配时问题的目标函数的决策变量，二者迭代优化。Allsop 和 Charlesworth 进行了多次模拟试验，用 TRANSYT 在 6 个交叉口上模拟交通流的迭代控制和实时分配。试验表明，对控制—诱导协同问题，可能存在多个彼此一致的点，即流量处于用户平衡状态，而信号配时对交通流是最优的。尽管这些解有不同的流量和绿灯时间模式，但总出行时间实际上是相等的。他们还发现迭代过程的最终解依赖初始信号的设置。

Cantarella 等人提出组合交通控制和交通诱导求解的一种迭代方法。该方法中交通控制问题以二阶段方法解决(第一阶段确定绿信比，第二阶段基于总计延误最小来确定信号调整)，但是在小规模网络上试验后还发现它并没有令人满意的收敛性。Al 和 Gartner 研究了 Webster 控制下的 Wardrop 交通均衡。[1] 他们将绿灯时间看作决策变量，修改了 Beckmann 交通均衡公式。绿灯时间受约束于 Webster 等饱和公式。Sou 提出类似于 Yang 等的二层规划方法，着手解决区域交通控制和网络流的最优化问题。论文提出一个混合搜索的启发式方法，并将该方法用于网络，测试结果显示：混合搜索方法在解决平衡网络流的区域交通控制最优问题方面取得了比较好的结果。

3.3 全局优化模型

麻省理工学院一批研究人员(Gershwin，Tan，Gartner)最早用数学方法描述交通控制和诱导协同问题。他们将网络交通控制问题与单个出行者路径选择行为结合起来表示为一个混合最优化规划(Hierarchical Optimization Planning, HOP)。[1] 该方法认为交通管理者和驾驶员的目标是不同的，HOP 公式类似于二层规划问题。低层规划利用满足单个驾驶员路径选择行为的平衡交通流来描述。当交通管理者能够把两个控制参数和交通流作为决策变量来优化大系统费用时，得到综合系统最优问题。

天津大学的王亮、马寿峰等[1] 借鉴大系统递阶优化的思想，利用动态交通分配模型和交通最优控制模型，提出了一种二级结构控制与诱导递阶协调的系统结构，建立协调优化模型，并用迭代的协调算法进行求解，采用仿真路网进行模拟协调验证。

上海海运学院周八益等[6] 提出了动态交通控制——交通分配组合模型的求解算法，通过研究路网交通流特性，建立了一个将信号周期、绿灯时间、路网流量组合在一起的目标函数，并以一个简单的路网进行求解验证。

3.4 TISS 被动协同模式下的协同算法研究

TISS 和 UTCS 协同的算法很多，但是都停留在理论研究、实验室网络测试的阶段。并且交通流控制和诱导迭代研究强调控制诱导策略的一致性，二者被表示为两个同一层次的相互关联的问题，这两个问题被迭代直至这两个解之间的一致性被满足。但是诸多研究表明，很多情况下不能保证迭代方法产生一个收敛解，即使这个方法收敛，很可能是局部最优解，而不是整体最优解。

TISS 被动协同是目前最易于工程应用的协同模式，在公交站点到站时间发布、基于手机的公交到达附近站点预报、地面道路行程时间发布等方面可以应用。该模式最关键的在于包含交叉口停车延误在内的行程时间计算。

(1)设置车牌识别装置，间隔 1km 为一个断面，假设城市道路平均速度为 30km/h，1km 大约需要 2min，因此，计算间隔可以取 3min。

$$T = \sum_i \left[\frac{\sum_j t_j}{n} + \frac{\sum_k t_k}{m} \right] \tag{1}$$

(2)路段上无车牌识别装置，只有环形线圈采集点速度，可以在充分考虑交叉口延误的条件下，采用行程时间估算模型。

$$T_a = T_a(r) + T_a(q) = \frac{L}{v} + \frac{C(1-u)^2}{2(1-y)} \tag{2}$$

式中：L 为上游交叉口出口 20m 至当前交叉口停车线前 100m 的距离，v 为采集的平均点速度，c 为信号周期时长(s)，u 为绿信比，y 为流量比。

4 结论

论文分析了出行者信息发布和交通控制两系统协同运作的必要性和实施难点，对国内外 TISS 和 UTFGS 协同的模式进行了研究，主要归结为重点强调基础交通信息采集与共享，在这之上可以侧重于交通流诱导、交通控制，或二者并重，协同运作，实现路网交通流的顺畅。论文总结了既定的交通控制下研究动态交通分配、全局优化等 3 个协同模型。从工程应用角度出发，提出了 TISS 被动协同模式，并研究了在公交站点到站时间发布、基于手机的公交到达附近站点预报、地面道路行程时间发布等方面的外场设备布设和计算模型。

参考文献

[1]马寿峰.智能交通系统中控制与诱导问题的研究[D].天津:天津大学,1999.

[2]杨兆升.城市交通流诱导系统理论与模型[M].北京:人民交通出版社,1999(88).

[3]王亮,马寿峰,贺国光.一种交通控制与诱导递阶协调优化模型[J].系统工程理论与实践,2004(6):125－133.

[4]韩志新,魏连雨.交通管理中控制系统与诱导系统协调理论探索[J].河北工业大学学报,2003,32(1).

[5]杨兆升,李全喜.基于城市交通控制系统的动态车辆行驶路线选择的方法[J].公路交通科技,1999,16(1).

[6]周溪召,等.实时交通控制和交通分配整合的研究进展[J].上海海运学院学报,2002,23(3):22－24.

基于出租汽车运行数据的城市交通实时路况系统的实践和应用分析

张国权[1]　胡　斌[2]

（1.上海强生控股股份有限公司，上海 200041；2.上海强生智能导航技术有限公司，上海 200041）

摘要：为了改善交通环境，实现城市智能交通，需要有动态、海量、各类道路实时车速的数据源支持。利用浮动车全球卫星定位及移动通信平台进行远程数据传输，是采集城市道路实时车速和提供多用途的位置服务的一个重要手段，可在智能交通系统框架中的道路交通建设和节能减排、改善城市生态环境管理、出行路径优化诱导、多方式出租汽车叫车等方面发挥重要作用。

关键词：出租汽车运行数据；实时路况；智能交通

具有全球卫星定位和无线通信功能的浮动车数据采集技术，是近年来国际智能交通系统所采用的获取道路交通信息的先进技术手段之一，其基本原理是：根据装载全球卫星定位和无线通信系统的车辆在行驶过程中定期记录车辆位置、方向、速度等信息，实时传输至信息处理中心，并与地图、路径推测等相关的计算模型和算法进行处理，使浮动车位置与城市道路在时间和空间上关联起来，得到浮动车所经过道路的车辆行驶速度及道路的行车旅行时间等交通信息。如果在城市中部署足够数量的浮动车，就可以获得整个城市动态、实时的道路交通信息。

行驶时间长、行驶里程多、离散特性强以及分布特性广等要素决定了出租汽车是浮动车采集技术的最佳实现对象。上海强生控股股份有限公司（以下简称“强生控股”）目前拥有安装具有全球卫星定位及无线通信系统车载设备的出租汽车13000余辆。自2004年以来，强生控股已基于出租汽车运行数据采集、分析，在实现城市交通实时路况这一技术领域探索和实践了10年时间。本文就强生控股基于出租汽车运行数据的城市交通实时路况系统的实践和应用情况进行分析。

1　城市交通实时路况系统的构成及特性

城市交通实时路况系统通过对相当数量的出租汽车运行数据进行分析，建立与城市道路交通状况的相关关系，通过基础数据采集、远程无线传输、海量数据处理等子系统的协同工作，得到以饱和度为主的城市道路交通实时信息，并由信息发布子系统对外发布，从而满足各种不同的应用需求。

1.1　城市交通实时路况系统的构成（见图1）

（1）基础数据采集系统

安装具有全球卫星定位及远程无线传输的车载智能终端的出租汽车，能够采集、保存和实时发送车辆位置、行驶方向、行驶速度、行驶状态、高架快速路标志、制动信号、卫星数等出租汽车运行数据。

（2）远程数据传输系统

远程数据传输系统的传输方式由出租汽车车载智能终端内置无线通信芯片决定，目前采用的是GPRS模块，实际上传数据速率为20kb/s

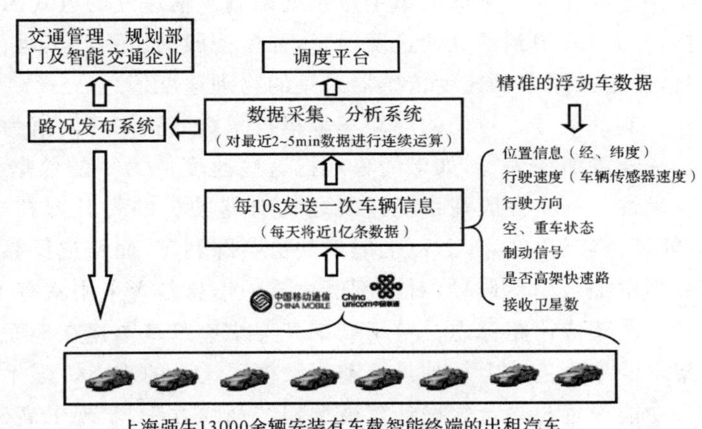

图1　强生控股城市交通实时路况系统

作者简介：张国权，男，高级经济师，副总经理，从事城市交通客运企业运营和技术管理；胡斌，男，工程师，总经理，长期从事交通客运企业信息化技术应用与管理。

左右，发送频率为次/10s，24h 不间断。3G、4G 的技术逐渐成熟、资费不断下降，未来将成为远程数据传输系统的主要方式。

(3)海量数据处理系统

海量数据处理系统将通过远程数据传输系统发送的出租汽车运行数据即时接收、存储和快速写入数据库。海量数据处理系统是整个系统的核心之一，该系统接收和处理数据的能力直接决定了实时交通信息的质量。目前，强生控股每天接收到的有效出租汽车运行数据近 1 亿条(已经剔除了 13000 余辆入网车辆接收卫星颗数在 3 颗以下的数据)，这是提供精准的实时路况信息的重要保证。

(4)电子地图

车辆位置数据与电子地图路段信息关联，形成以路段为基础的数据分析模型，路段信息包括路段名称、起止点、长度、路段状态(单双行)。如果实时路况发布是用于电子地图终端显示的，则要求系统的电子地图与终端的电子地图必须匹配。

(5)实时路况信息处理系统

海量数据处理系统接收、保存的出租汽车运行数据，按照上传数据量，在规定的时间内，连续不断地将车辆位置、速度、方向、空重车状态、高架标志、制动标志等路段信息，通过已经建立的数据模型进行运算，产生该时间范围内的路段速度信息。目前，强生控股的实时路况信息处理系统已经可以连续运算最近 2～5min 内的实时路况信息。

(6)实时路况发布系统

根据各种应用需求，发布系统向用户实时发布城市道路交通信息。

1.2 城市交通实时路况系统的特性分析

(1)系统的技术特点和创新

出租汽车。作为浮动车重要的组成部分，出租汽车最大的特点是行驶时间长(约 18h/d)、行驶里程多(350km/d)、离散性强(没有固定路线，按照乘客的意愿选择路线)、分布广(可以覆盖城区道路)。因此，一个城市如果能够具有一定规模的出租汽车入网，通过它采集的出租汽车运行数据，就可以满足城市交通实时路况系统的数据要求。

数据发送频率。目前，多数城市出租汽车运行数据发送频率为：空车次/30s，重车次/120s。这虽能满足城市电召平台的使用需求，但远远不能达到实时路况系统的要求。强生控股的出租汽车运行数据发送频率为次/10s，这就保证了出租汽车运行轨迹中的每个采集点都能分布在相连路段上，大大提高了平均每个路段的数据点数量。

海量数据处理技术。海量数据接收技术通过多线程、多模块、高速存储、高速写入数据、断点快速处理等综合技术，保证了每天能够接收、存储近 1 亿条数据。

行驶速度。全球卫星定位系统采集车辆速度的方式因其定位漂移和换算方式，会影响速度数据的准确性。为了采集到精准的速度信息，强生控股的出租汽车运行数据没有采用全球卫星定位系统采集的速度信息，而是采用车辆速度传感器采集的物理速度信息。

制动信号。目前的浮动车采集技术难以获知速度值为零的车辆的状态，因为等待红灯和在路边停靠的车辆速度值均为零，如果简单地把这些速度值为零的数据全部采用或弃用，会极大地影响道路实时路况的准确性。强生控股在系统开发之初对驾驶员的驾驶习惯进行了分析研判，得知在行驶过程中速度值为零(如等待红灯)时，90％以上的驾驶员会踩刹车，而路边停靠车辆则不会有制动信号。因此，在出租汽车运行数据中加入制动信号，对速度值为零的信息是否采用就有了判断的依据，从而可提高采集数据的质量。

高架快速路标志。鉴于城市高架快速路基本建在地面道路上的情况，如何区分车辆在高架上还是在高架下的地面道路上行驶是浮动车数据采集上的难点。强生控股针对这一问题，采用了车载智能终端硬件设备功能设置与平台数据计算模型相结合的方法，实现了高架快速路及其所覆盖的地面道路的车速信息的准确区分。

(2)系统准确性分析

从系统的技术特点和创新分析可以看出，含有车辆传感器速度、制动信号、高架快速路判别标志等内容的上传数据，能够极大地提高单一出租汽车运行数据的质量，而提高整个实时路况系统数据准确性的另一重要因素就是车辆入网规模。

以上海市为例，上海城区外环线内的面积约为 664km²，由于在外环线外的出租汽车运营是由区域性（郊区）出租汽车来承担的，因此，市区出租汽车的营运范围基本集中在外环线内。据对强生控股城市交通实时路况数据库近 10 年不同车辆规模运行数据的分析，在高质量的出租汽车运行数据的基础上，可得到城区面积、车辆规模、实时路况数据运算时间范围和准确性之间的关系（见表 1）。

表 1　强生控股城市交通实时路况准确率分析

车辆规模	每平方公里车辆数	运算时间范围	准确率
3000 辆	4～5 辆/km²	30min 内	40%
6000 辆	8～9 辆/km²	20min 内	70%
8000 辆	10～12 辆/km²	10min 内	85%
13000 辆	19～20 辆/km²	2～5min 内	90%

注：以上准确率分析中，3000 辆与 6000 辆规模由强生控股自测数据产生，8000 辆与 13000 辆规模由第三方专业单位高德公司实地道路测试数据产生。

从表 1 中可以看出，城市交通道路实时路况系统在保证个体出租汽车运行数据质量的情况下，车辆规模与城区面积之间的比例达到 10 辆/km² 以上，就可以准确得知道路实时情况，且车辆规模越大，准确性越高。

2　城市交通实时路况系统的应用

目前，强生控股的城市交通实时路况系统已在提供路况数据信息支持、路况数据查询、定制交通引导系统和实时动态智能导航等领域得到了广泛的应用。

（1）提供路况数据信息支持

城市交通实时路况系统根据政府管理、规划部门的需求，按日、周、月等不同时间周期，提供整个城区以及规定区域的道路车速分析数据以及突发情况下的道路拥堵数据，为城市交通管理提供路况数据信息支持。

（2）提供路况数据查询

城市交通实时路况系统通过互联网、PND 终端、智能手机终端发布实时路况信息。用户可以通过计算机、智能手机等移动上网设备实时查看上海各区域的路况示意图（目前已经实现的区域包括全上海的高架快速路、市区主干道、高速公路通道、人民广场、淮海商业街、外滩、静安寺、新天地等共 30 个区域），使出行者随时随地获得"网上路况情报板"、"掌中路况情报板"。

（3）定制交通引导系统

城市交通实时路况系统在主要商业、交通集散地、大型公共停车场、社区、会展中心和商务楼宇，或在配有彩色显示设备的住宅门禁系统上定制该地区周边高架道路、地面道路实时路况的交通引导系统。

（4）实时动态智能导航

在原有的静态路径规划的基础上，加入实时路况数据参与的路径规划，丰富了路径规划选择方案，便于出行者选择交通顺畅的路线，避开拥堵道路，以最短时间到达目的地（见图 2）。方案一：静态导航，只规划最近的道路，虽然路径最短，但可能费时、费油。方案二：实时路况数据参与运算的地面道路行驶时间最短路径。方案三：实时路况数据参与运算的地面、高架相结合行驶时间最短路径。

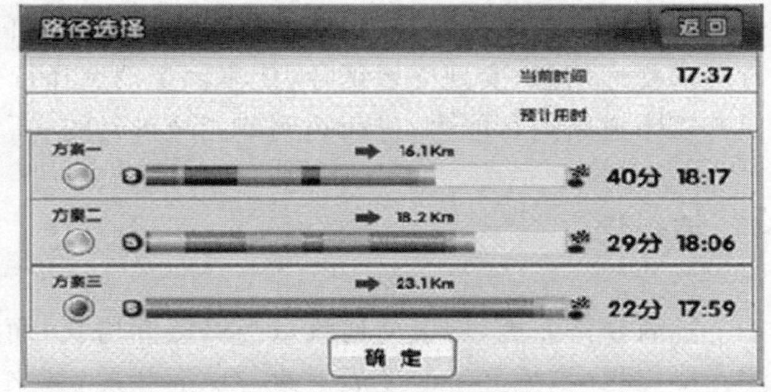

图 2　实时动态智能导航

3　系统发展和应用前景分析

目前，强生控股基于出租汽车运行数据的城市交通实时路况系统应用仍处于初级阶段。如能通过多元、广泛的合作，对多年来积累的车辆位置、行驶状态等大数据进行深入的研究，在导航技术上持续研发，并不断在城市智能交通发展中实践应用，对提高交通管理效率、提供交通出行指数、优化出租汽车运营模式、推广实时路况导航和出行引导系统具有重要作用和积极意义。

(1)提高交通管理效率

按区域建立实时交通监控系统，对整个城市高架、地面等道路的实时交通情况进行有效监控，如有异常拥堵，系统能自动报警，有利于相关部门及时组织力量进行现场疏导，在较短时间内使交通恢复畅通。

(2)提供交通出行指数

充分利用多年来保存的历史数据并结合路段信息，就能预估道路行驶速度趋势(见表2)。若能与气象及工作日历、周期等资料相结合，建立数据模型，可以实现交通出行指数的预报，从而为市民制定出行计划带来更大的方便。

表2　市区地面重点区域主干道早晚高峰机动车平均时速　　(单位:km/h)

区域(无方向)		7:00—9:30					16:30—19:30				
		周一	周二	周三	周四	周五	周一	周二	周三	周四	周五
1	虹桥开发区	17.89	19.72	19.13	19.21	20.06	20.70	19.52	16.80	18.26	16.65
2	静安寺	15.09	15.14	15.86	15.63	15.13	13.98	13.18	12.70	11.78	13.08
3	人民广场	16.13	15.92	15.96	16.97	16.19	13.44	11.27	11.11	10.50	9.68
4	外滩	20.09	20.47	20.40	21.69	19.45	18.08	16.99	17.56	16.14	15.87
5	小陆家嘴	17.85	18.36	18.38	17.78	18.27	16.96	16.27	15.77	14.97	14.67
6	新客站	15.87	16.05	15.82	15.19	16.99	14.14	13.40	14.63	13.73	12.80
7	徐家汇	19.70	20.16	19.91	19.98	19.84	13.61	13.06	13.17	12.75	11.16
8	豫园	20.65	20.47	20.80	20.11	21.73	20.58	20.09	17.91	16.97	14.47
9	中山公园	15.65	14.68	15.15	16.34	14.82	14.79	13.48	14.16	13.38	13.48

(3)优化出租汽车运营模式

大力推广电话调度、减少出租汽车空驶里程、提高里程利用率，是得到普遍认可的节能减排的有效手段。但是目前，上海出租汽车日均调度业务量在全部出租汽车服务车次中所占的比重仅为3%左右，高峰时段市民通过叫车电话叫车的成功率也很低；路边扬招和空车行驶揽客仍然是上海出租汽车业务的主要方式，造成了由于人、车信息不对称而出现的叫车困难和出租汽车空驶里程的增加。

未来可以通过出租汽车运行数据对某时间段内的乘客上下车的数据分析，建立该时段的乘客上车热点地区，及时向出租汽车驾驶员发布，引导出租汽车驾驶员靠近相关区域，并通过电话、互联网、智能手机软件、自助叫车终端等多种方便快捷的方式鼓励乘客通过调度平台呼叫出租汽车，通过调度平台搭建人、车信息对称的桥梁，从而达到减缓道路交通压力、提高出租汽车里程利用率的目的。

(4)持续推广实时路况导航

持续推广实时路况导航，向出行者提供基于时间与经济最优的出行线路规划与决策支持，以及与出行有关的交通信息，实现交通诱导，让车辆主动选择行车路线、避开拥堵路段、提高车辆行驶的平均车速，有效提升城市道路通行能力，进而达到节能减排目的。

4　结　语

随着经济发展，城市交通流量必然持续增长，而交通拥堵又造成了能源、时间的损失，产生更严重的环境污染，最终拖累经济的发展。改善交通状况，越来越受到各国政府的重视和民众的关心。加强和改善交通的研究、实现智能交通、增加交通投资，被视为增强国际竞争力的基础。基于出租汽车运行数据的在智能交通体系中的位置服务，是一种挖掘现有资源、投资小、数据较精准、动态性较强的好方法，在注重改善城市交通的当下，可供政府相关管理部门和交通营运企业借鉴。

长宁临空经济园区及其周边地区新型公共交通系统研究

黄　岩　虞子佩

（上海市政工程设计研究总院（集团）有限公司，上海 200092）

摘要：为应对长宁临空经济园区经济转型发展的需要，缓解区域交通基础设施配置与新的交通需求之间的供需矛盾，研究采用新型中运量公共交通系统接驳轨道交通站点解决区域交通瓶颈的可行性。在选线、站点布置以及客流量预测基础上，本研究从系统运行速度、客运能力、占用道路情况、系统可扩展性、投资及建设周期以及噪音等方面对比分析悬轨、BRT、有轨电车和跨座式单轨等4种公共交通系统，最终选择悬轨系统作为推荐方案，进而从技术标准、断面布设、车站设置、运营组织、运输能力以及投资和资金筹措等实施层面进行工程可行性研究，并对系统效果进行评估，可为大城市转型发展区域解决交通出行问题提供参考和借鉴。

关键词：新型中运量公交系统；选线；站点设置；制式比选；悬轨系统；工程可行性

1　概　述

长宁临空经济园区毗邻虹桥机场，距离上海市中心 30min 车程，规划面积约 5.14km²，位于空港总部簇群内，依托虹桥商务区。园区区域功能重新定位、转型发展，区域发展共分 3 个阶段：1993—2007 年，产业集聚阶段；2008—2010 年，转型阶段；2010 年至今，建设虹桥门户阶段。园区“十二五”期间将初步建设成为“低碳绿色商贸新城，名企集聚的总部高地、三区融合的虹桥门户”。由于转型发展，园区建设总量及业态均有所调整，原有的交通基础设施条件无法适应新的发展需求，需要根据新的功能定位，在客观分析既有交通设施条件的前提下，考虑采取合理的措施，尤其是公共交通系统的配置来改善今后该区域发展将面临的交通瓶颈。

2　区域交通条件及交通需求分析

长宁临空经济园区被外环线分为东临空和西临空两片，因毗邻虹桥枢纽，且被外环线、苏州河、虹桥机场等阻隔，区域对外交通不畅、过境交通与地方交通混行、干扰严重。经预测，2020 年高峰小时进出园区的机动车总量为 19000pcu/h，区域路网总密度仅为 5.96km/km²，远低于上海浦西内环内 11.76km/km² 的密度，且道路以支路为主，严重缺乏主次干路。受到既有规划路网条件的限制，未来园区小汽车交通将无法达到预期的 25%的出行率（见表 1）。

表 1　临空经济园区出行交通方式（2020 年）预测

出行方式	步行	轨道	常规公交车	自行车	出租车	小汽车
比例（%）	10	15	30	12	8	25

轨道交通在该区域及周边呈“三横一纵”布局，已建成的 2、10、13 号线均呈东西向分布，规划南北向轨交 16 号线未来可分别与以上 3 条轨交线路实现换乘。目前，淞虹路站是临空区域唯一可就近使用的站点，日均进出站约 6 万人次，仅次于长宁区的中山公园（3 线换乘）和娄山关路站。轨交站点距离东、西临空核心区步行距离在 1.5km 以上、2～3km 范围内，步行距离过长。区域内虽然有各类公交线路 12 条、设站点 15 个，但是受路网条件限制，线路布局不尽合理，区域对外衔接线路少、线路过于集中、南北向线路缺乏且公交站

作者简介：黄岩（1974—　），女，高级工程师，博士，主要研究方向为交通运输规划与管理。

点覆盖率低，东临空北翟路北侧常规公交站点 500m 覆盖率仅为 37%，西临空区域几乎无公交线路。

由于区域内路网条件有限、轨交站点距离区域核心区过远、公交线路和站点设置条件不理想，因此需要一种高效、连续、舒适、不占或少占路权的具有较高出行效率和品质的新型公共交通来支撑该区域的发展。

3 新型公共交通系统方案研究

(1)总体原则

新型公共交通系统方案设计的总体原则为：①就近接驳轨交站点，提高换乘效率；②便利与虹桥机场 T1、T2 联系；③改善东、西临空公共交通出行品质；④结合规划，有效服务核心地块；⑤减少对已建道路、居民区的影响。

(2)选线方案(见图 1)

方案一线路总长 8.6km，线路走向为广顺路—临新路—协和路—金钟路—福泉路—泉口路(周家浜)—广虹路—迎乐路—空港三路—空港一路，可有效串联 13 号线丰庄站、2 号线淞虹路站、10 号线 1 号航站楼站(见表 2)，连接区域内一区、一核、一轴、西临空、机场东片区，直接影响地块包括苏州河一街坊、新长宁集团、博世、联合利华、弘基休闲广场、建滔步行街广场、五星级酒店、SOHO、卜峰莲花、新泾家园、机场东片区等。

方案二线路总长 7.5km，轨交站点联系同方案一，线路北部区域与方案一一致，地铁淞虹路以南区域对西临空地块的服务作用有限。

从充分带动西临空片区的发展，加强东西临空片区的连通方面考虑，选择方案一为推荐方案。

(3)站点布置

全线共设 14 个站点(见表 2)，平均站间距 600m。以每个站点覆盖面半径 300m 计算，线路总覆盖面积达 4.5km^2，其中覆盖长宁临空约 71%的地区(若不算原新泾地区，覆盖率可达 95%)。

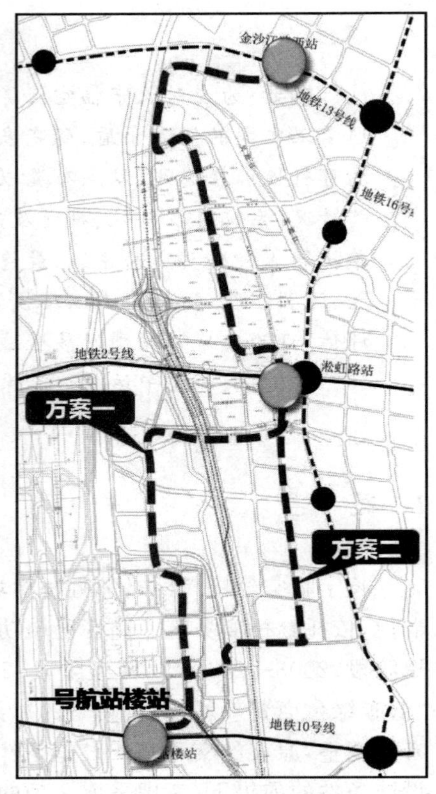

图 1 选线方案示意图

表 2 临空经济园区新型公共交通系统站点初步设置

编号	站点位置	备注
1	丰庄站	13 号线转乘
2	丰庄西路站	
3	广顺路福泉路	
4	协和路临虹路	
5	协和路通协路	
6	协和路北翟路	
7	淞虹路站	2、16 号线换乘
8	泉口路广顺路	
9	广虹路迎乐路	
10	迎乐路仙霞路	
11	迎乐路联虹路	
12	空港三路	
13	空港一路	
14	1 号航站楼站	10 号线换乘

(4)客流量预测(见表 3)

2015 年,临空经济园区约 70%建成使用;2020 年,全部投入使用;2015 年、2020 年,预测增设轨道接驳线后,采用公共交通出行总比例为 50%(其中轨道交通为 25%);2030 年,采用公共交通出行比例为 60%(其中轨道交通为 40%左右)。

表 3　临空经济园区新型公共交通系统客流量预测

	2015 年	2020 年(基本方案)	2030 年(高比例方案)
区域内日出行总量(万人次/d)	47.5	67.5	67.5
轨道出行总量(万人次/d)	12.7	18.1	25.8
高峰小时出行总量(万人次/h)	2.5	3.6	5.0
高峰小时单向平均断面流量(人次/h)	6200	9000	12500

注:表中数据无特别说明均为双向数据。

(5)制式比选

新型公共交通方案的特点分析见表 4。①符合区域现状:少占地、立体布局、充分利用城市空间。②高效、连续:交叉口信号优先或不受影响。③系统运量:中等运量,轨道交通的补充。④环境友好:低噪音、低污染、低能耗。⑤区域特色及形象:独特、兼具观光性。

表 4　临空经济园区新型公共交通系统制式比选

系统	单位	悬轨	BRT	有轨电车	跨坐式单轨
平均运送速度	km/h	25～40	20～40	15～35	30～50
单向客运量	万人/h	0.8～1.5	1.0～2.0	1.0～2.0	1.5～2.5
系统适应性	/	中等客流、中等密度区域	中客流、中 密度区域	客流中等、中密度区域	中高客流、中高密度区域
路面特征	/	专用	专用/混行	专用/混行	专用
车道宽	m	一般 2	3.5～4.0	一般 3	2.5
车辆配置	/	专用列车	常规/特殊公交车	专用电车	专用列车
最小转弯半径	m	30	20	20	100
车场配置	/	专用	专用或与常规公交共用	专用	专用
系统扩展性	/	一般	最好	较好	一般
投资额	亿元/km	0.8～1.5	0.3～0.6	0.5～0.8	3～4
建设周期	年	1～2	1～2	2	2～3
国产化		国际空列集团	100%	70%～100%	重庆已有产业基地
噪音	dB(A)	6.5m 以外小于 65	同普通机动车	—	10m 处小于 74

4　悬轨系统实施方案研究

结合系统沿线道路及用地现状,从断面形式、车站设置、运营组织、系统运输能力、停车保养场选址等方面,对悬轨方案在长宁临空经济园区的工程可行性进行研究。线路全长 8.6km,建设期总投资估算 12.9 亿元(静态投资、无贷款),技术经济指标 1.5 亿元/km(不含车辆购置)。对其建成使用效果评估表明:区域公共交通吸引力增加,公交出行比例提高,个体机动化出行比例减少,道路交通拥堵得到缓解。2020年,公共交通出行比例可由45%(其中轨道交通为15%)提高至50%(其中轨道交通为25%);2030年,16号线建成后,公共交通出行比例可达60%(其中轨道交通为40%左右)。

5 结 语

区域经济转型发展,业态调整、建筑总量增加等将导致区域内部既有交通设施无法满足转型后区域的交通需求,产生交通瓶颈、影响区域总体发展。悬轨系统具有中等运量、立体布局、占地少、对道路交通干扰少、建设周期短、投资适中、低噪音、环境友好等特点,可作为大城市轨道交通的补充,是解决经济转型发展地区交通出行问题的较为有效的方式。长宁临空经济园区悬轨系统方案呈现出以下特点:区域公共交通吸引力增加,公交出行比例提高,个体机动化出行比例减少,区域道路交通拥堵得到缓解。

参考文献

[1]上海市长宁区委.长宁区国民经济和社会发展第十二个五年规划.2011.
[2]中国城市规划设计研究院.上海虹桥临空经济园区一体化规划.2010.
[3]上海城市规划设计研究院,等.长宁区临空经济园区控制性详细规划.2007.
[4]同济大学交通运输工程学院.长宁区临空经济园区交通规划专题研究.2011.
[5]上海市政工程设计研究总院(集团)有限公司.虹桥商务区机场东片区规划设计方案.2012.

涡轮式交叉口设计与适用性分析

刘　坤　孔庆伟

（上海市政交通设计研究院有限公司，上海 200030）

摘要：随着机动车保有量逐年增加，城市交通拥堵日益严重，交叉口往往成为制约路网交通顺畅的因素。本文提出涡轮式交叉口设计方法，合并左转和直行车辆，将四相位信号控制缩短为两相位，消除左转机动车在交叉口产生的冲突点，从而提高交叉口运行效率。本文对涡轮式交叉口设计和交通组织原理进行介绍，分析其适用性和优缺点，并以某交叉口为例，论证涡轮式交叉口运行效果。

关键词：涡轮式交叉口；车辆延误；信号控制；交叉口左转

近年来，城市机动车保有量逐年增加，交通拥堵问题日益严重。而交叉口作为城市道路系统的重要组成部分，通常也是城市道路交通系统的瓶颈，是制约和影响城市交通顺畅通行的一个关键因素。

众多专家学者致力于优化信号交叉口通行能力的研究，其中多数研究集中于优化信号配时以提高交叉口通行能力[1-3]和减少左转车流延误[4-5]。这些研究在一定程度上能够降低交叉口延误，但由于这些研究多基于四相位信号交叉口进行优化，信号周期较长，优化的局限性较大。

因此，本次研究旨在综合考虑交叉口交通组织和信号控制，研究涡轮式交叉口交通组织，缩短信号相位和信号周期，从而提高交叉口通行能力，降低交叉口延误。

1　涡轮式交叉口设计原理

1.1　涡轮式交叉口平面设计

如图1所示，涡轮式交叉口适当增加交叉口整体面积，设置导流岛；左转车辆利用导流岛区域设置左转匝道驶入相邻方向的进口道，并与该方向直行车辆合流，采用同一直行相位通过交叉口；将部分直行车道停车线适当后移，用于左转车辆蓄车待行，后移停车线直行车道数与左转匝道车道数保持一致。

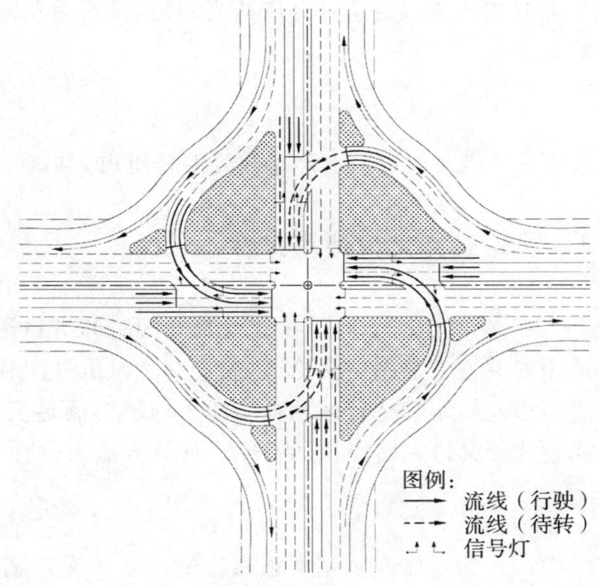

图1　涡轮式交叉口交通组织示意图

涡轮式交叉口可以减少左转车流与直行车流的冲突，取消交叉口左转信号相位，从而将普通交叉口的四相位信号控制调整为二相位信号控制，降低交叉口的整体信号周期。

1.2　涡轮式交叉口信号设计

涡轮式交叉口的每个进口道共包含3组信号灯，分别为进口道信号灯、延后直行车道信号灯和左转匝道信号灯，信号控制方法为：当交叉口进口道信号灯为东西向车流放行时，东西向左转匝道信号灯为绿灯，左转车流驶入南北向进口道；当交叉口进口道信号灯为南北向车流

作者简介：刘坤，男，硕士，研究方向为道路交通设计。

放行时，东西向左转匝道信号灯为红灯，南北向左转车流可驶入东西向进口道。

进口道信号灯为涡轮式交叉口的主信号灯，该组信号灯的信号配时直接影响另外两组信号灯。进口道信号灯共设有两相位，各相位信号配时计算方法如下。[6]

首先，计算信号配时的总有效绿灯时间：

$$G_e = C_0 - L \tag{1}$$

式中：C_0 为信号周期时长，L 为信号总损失时间。信号总损失时间为：

$$L = \sum_k (L_s + I - A)_k \tag{2}$$

式中：L_s 为起动损失时间，A 为黄灯时长，I 为绿灯间隔时间，k 为一个周期内的绿灯间隔数。绿灯间隔时间计算方法为：

$$I = \frac{z}{v_a} + t_s \tag{3}$$

式中：z 为进口道停车线到冲突点距离，v_a 为车辆在进口道上的行驶车速，t_s 为车辆制动时间。

随后，确定各相位的有效绿灯时间：

$$g_{ej} = G_e \frac{\max[y_j, y'_j, \cdots]}{Y} \tag{4}$$

式中：j 为一个周期内的相位数，y_j 为第 j 相位的流量比，Y 为信号周期全部相位的各个最大流量比之和。流量比计算方法为：

$$y_j = \frac{q_Z + q_L}{S} \tag{5}$$

式中：q_Z 为高峰小时进口道直行流量，q_L 为高峰小时进口道左转汇入流量，S 为进口道设计饱和流量。

最终，确定各相位显示绿灯时间：

$$g_j = g_{ej} - A_j + L_j \tag{6}$$

式中：A_j 为第 j 相位黄灯时长，L_j 为第 j 相位起动损失时间。

延后直行车道信号灯为保证左转车辆能够顺利进入进口道，避免左转车辆与直行车辆的冲突。延后直行车道信号灯信号配时与进口道信号灯保持一致。

左转匝道信号灯控制左转车辆由匝道进入进口道。当进口道信号灯为红灯时，由于对向进口道驶出的最后一辆车行驶至左转匝道入口处尚有一段距离，为避免左转车辆与直行车辆的冲突，左转匝道信号灯信号配时相比进口道信号灯应适当缩短，以作为左转匝道与进口道信号灯的绿灯间隔时间。绿灯间隔时间计算方法为：

$$I' = \frac{z'}{v_a} + t_s \tag{7}$$

式中：z' 为对向进口道停车线到左转匝道入口处的距离。

2 涡轮式交叉口适用条件

在涡轮式交叉口中，由于受信号配时和进口道蓄车能力的影响，左转交通成为判定涡轮式交叉口是否适用的关键。根据前文论述，确定交叉口信号配时后，即可获得左转匝道通行能力，若左转匝道通行能力和进口道左转车辆待行区域蓄车能力均能够满足实际左转交通量，则表明其满足涡轮式交叉口的适用条件。涡轮式交叉口左转匝道通行能力计算方法为：

$$CAP_j = \frac{C_0 - g_j - A_j - I'}{C_0} \times S_L \times f_W \times f_g \times m \tag{8}$$

式中：S_L 为左转车道基本饱和流量，f_W 为车道宽度校正系数，f_g 为坡度及大车校正系数，m 为左转匝道车道数。

进口道左转待行区域蓄车能力计算方法为：

$$Q = \frac{d}{t_L} \times m \times \left[\frac{3600}{C_0}\right] \tag{9}$$

式中：d 为进口道左转待行区域长度，t_L 为左转车辆车头间距。

3 实例分析

对某个交叉口交通流量数据进行调查，该交叉口交通流量数据见表 1。

表 1 交叉口交通流量调查数据

进口道	转向	交通流量(pcu/h)	进口道	转向	交通流量(pcu/h)
东进口	左转	261	西进口	左转	247
	直行	912		直行	943
	右转	330		右转	317
南进口	左转	272	北进口	左转	289
	直行	884		直行	873
	右转	309		右转	334

如图 1 所示，本文中涡轮式交叉口每个进口道设置 3 条直行车道，1 条右转车道，左转匝道为 2 车道设计。根据各进口道流量和前文论述的信号配时方法对涡轮式交叉口进行信号配时，并运用 Vissim 交通仿真软件对涡轮式交叉口进行交通仿真(见图 2、图 3)。

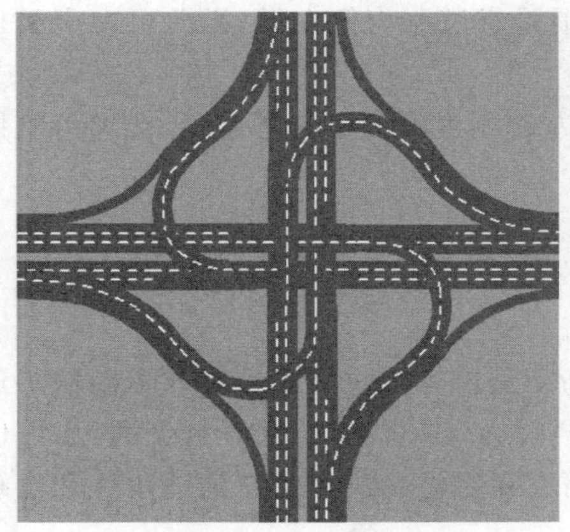

图 2 涡轮式交叉口交通仿真

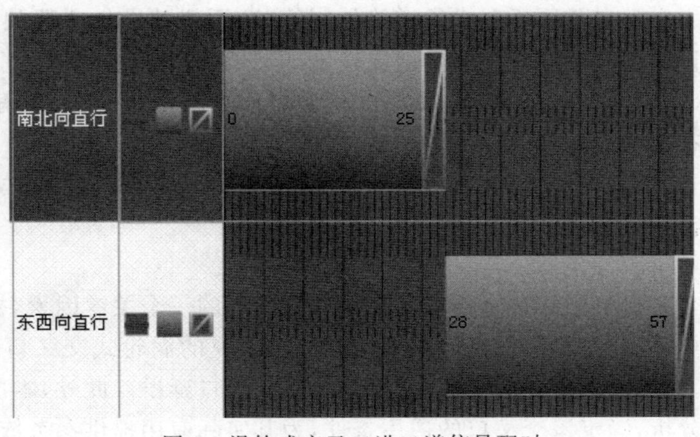

图 3 涡轮式交叉口进口道信号配时

为对比涡轮式交叉口的运行效果，运用 Vissim 软件对普通四相位交叉口进行仿真(见图 4)，普通交叉口与涡轮式交叉口同等规模设计，进口道设置为 5 车道，分别为 1 条左转车道，3 条直行车道和 1 条右转车道。普通交叉口采用与涡轮式交叉口相同的信号周期，并根据 F. Webster-B. Cobber 理论[7]进行信号配时。由于涡轮式交叉口和普通交叉口均设置专右车道，受信号灯影响较小，因此本次研究仅就两种交叉口左转和直行车流进行对比分析。涡轮式交叉口和普通交叉口左转和直行车流交通仿真运行结果见表 2。

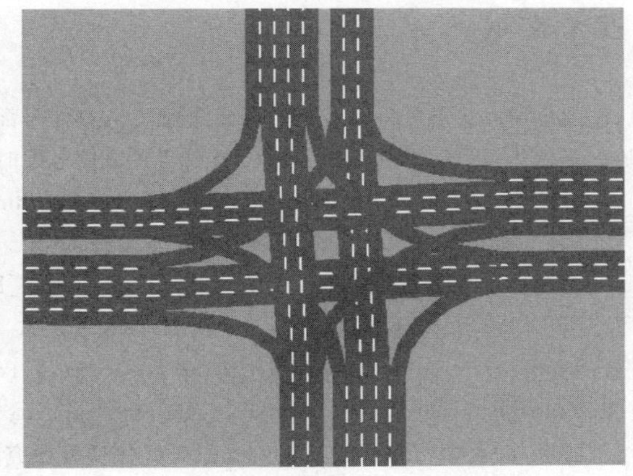

图 4 普通交叉口交通仿真

从表 2 可以看出，涡轮式交叉口能够减少车辆在交叉口的停车时间，提高车辆通过交叉口的运行速度，从而有效降低行车延误，尤其对于交叉口左转交通，运行效率改善更为显著。

表 2 交通仿真运行结果

		车均延误(s)	车均停车时间(s)	平均行驶速度(km/h)
涡轮式交叉口	左转车辆	32.9	18.3	24.7
	直行车辆	15.7	7.1	31.9

续表

		车均延误(s)	车均停车时间(s)	平均行驶速度(km/h)
普通交叉口	左转车辆	57.7	42.9	19.8
	直行车辆	26.2	17.9	28.6

4 涡轮式交叉口特点分析

涡轮式交叉口作为一种新型交叉口,有如下5方面特点。

(1)降低交叉口延误。涡轮式交叉口将左转车辆与直行车辆合流,取消左转信号相位,将原有的四相位信号控制压缩为两相位信号控制,从而在不影响车辆运行的情况下减小信号周期,降低交叉口整体延误。

(2)减少车辆冲突。涡轮式交叉口通过设置导流岛和匝道隔离各个转向交通,减小车流交织区域面积,使车流在交织区域能够较快通过,降低车流冲突的概率。

(3)减少行人与机动车冲突,增加行人过街绕行距离。涡轮式交叉口设置有较大面积的导流岛,可在导流岛上设置行人二次过街设施。各进口道转向车道分离,缩短了行人过街距离,减少行人过街过程中与机动车的冲突区域。同时,行人通过导流岛二次过街也会增加一定的绕行距离。

(4)左转车辆需要绕行。涡轮式交叉口左转车辆需要通过匝道绕行,增加了一定的绕行距离;且左转车辆进入交叉口范围后要求靠道路外侧行驶,而驾驶员长期驾驶习惯是靠道路内侧左转,因此可在交叉口入口处设置明确的标志标牌和引导设施,引导驾驶员正确行驶。

(5)增加交叉口面积。涡轮式交叉口设置有左转匝道,为满足左转匝道的最小转弯半径,交叉口整体面积将有所增加。

5 结　语

交叉口是制约和影响城市交通顺畅通行的一个关键因素,提高交叉口运行效率能够有效提高城市道路交通整体运行效率,缓解交通拥堵。本次研究的涡轮式交叉口的通过合流左转交通和直行交通,压缩信号相位,提高交叉口处理交通的能力,降低交叉口延误。此外,本次研究还对涡轮式交叉口的适用性和优缺点进行分析,确定该交叉口的适用条件,为其实际应用提供参考依据。

参考文献

[1]刘金明. 基于多目标规划的城市道路交叉口信号配时研究[D]. 北京:北京交通大学,2011.

[2]王秋平,谭学龙,张生瑞. 城市单点交叉口信号配时优化[J]. 交通运输工程学报,2006,6(2):60－64.

[3]SIMS A G,DOBINSON K W. The Sydney Coordinated Adaptive Traffic(SCAT) system philosophy and benefits[J]. IEEE Transaction on Vehicular Technology,29(2):130－137.

[4]李春艳. 信号交叉口左右转交通流延误模型研究[D]. 北京:北京工业大学,2004.

[5]POLLATSCHEK, POLUS A, LIVNEH M. A decision model for gap adaptance and capacity at intersections[J]. Transportation Research Part B,2002,37(11):471－491.

[6]Transportation Research Board. Highway capacity manual[M]. Washington:National Research Council,2000.

[7]蒲琪,谭永朝,杨超. 交叉口信号配时优化模型研究[J]. 上海铁道大学学报,1999,20(4):31－34.

节假日高速公路免费放行对路网的影响

——以清明节上海市路网为例

潘轶铠

(上海市市政规划设计研究院,上海 200031)

摘要:自 2012 年国庆起,高速路网对 7 座及以下小型客车实行免收通行费的政策。该政策实行以来,各条高速公路每逢年假日均能吸引大量客流。本文选取了免费放行实施后影响最为显著的清明节作为研究对象,通过对比分析两年以来上海清明节期间的高速公路、省界道口及快速路的流量变化,分析高速公路免费放行对全市快速路网的影响。

关键词:高速公路免费放行;高速公路交通运行;快速路交通运行

2012 年 7 月 24 日,国务院发布《国务院关于批转交通运输部等部门重大节假日免收小型客车通行费实施方案的通知》(以下简称《通知》),正式规定在春节、清明节、劳动节和国庆节等 4 个法定节假日,以及当年国家有关部门确定的上述法定节假日连休日,免收 7 座及以下小型客车通行费的优惠政策。免费通行的收费公路范围为符合《中华人民共和国公路法》和《收费公路管理条例》规定,经依法批准设置的收费公路(含收费桥梁和隧道)。

《通知》实施以来,无论交通参与者还是管理者都在逐步适应免费通行对高速快速路的影响。本文通过对《通知》实施 2 年来的高速快速特征的分析,为决策者、管理者与参与者提供参考与建议。

1 清明节的出行特征

从 2013 年各节假日流量比较来看,清明节受高速公路免费放行政策的影响最为显著(见表 1)。清明节交通具有短时间集聚出行的特点,相较春节与国庆,通过时间提前分流交通的比例较小,更多刚性交通集中在清明小长假期间出行。从空间上来看,连接各墓园的射线型高速公路流量变化更为显著,因此清明期间交通流具有时间空间双重集聚的特点,对高速公路的考验更大。

表 1 2013 年各免费节假日上海市高速公路快速路流量情况比较 (单位:万自然车/d)

分类		2013 年春节	2013 年清明	2013 年五一	2013 年国庆
高速公路	长假日均流量	49.5	93.4	93.5	88.9
	长假最高日流量	61.6	103.6	98.8	96.5
快速路	长假日均吸引量	135.3	179.2	190.6	171.5
	长假最高日吸引量	148.2	181.3	200.6	179.2

数据来源:2013 年上海市道路网交通运行年报。

2 清明节前周末情况

对比 2013 年、2014 年清明节及节前两周的数据,2014 年节前两周墓区周边高速公路收费站和入城段高速公路主线收费站流量有不同程度的增长,省界高速公路主线收费站流量基本持平,存在部分扫墓客流提前分流出行的情况。

清明前两周入城方向收费站日流量均较往年略有增长(见图 1)。G2 江桥、G50 徐泾、G60 新桥收费站节前周末日流量同比分别增长 7.8%、6.5%、3.7%。从增长趋势来看,增长幅度不断减小。清明节前各出

作者简介:潘轶铠,男,学士学位,工程师。

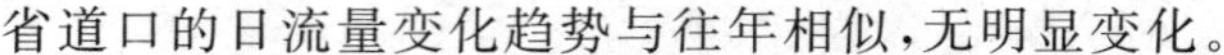

省道口的日流量变化趋势与往年相似，无明显变化。

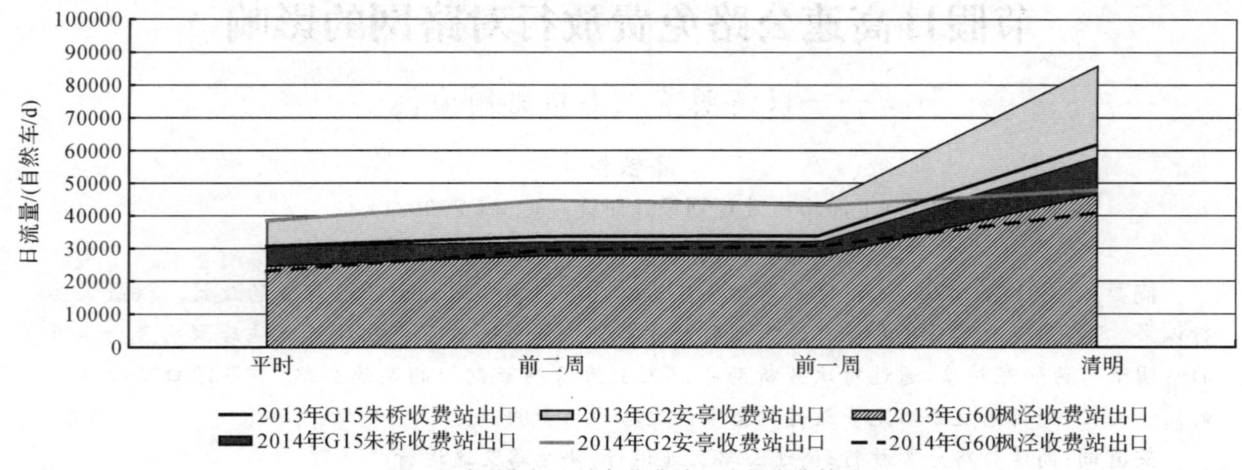

图 1　清明期间入城各收费站日流量变化情况

从往年数据来看，清明节前两周开始，墓区周边各收费站流量逐渐增加，至清明节当天达到最高峰（见图 2）。对比 2014 年清明前两周数据，G50 外青松、G1501 月浦、S4 海湾路分别较 2013 年同比增长 9.1%、19.0%、6.9%。

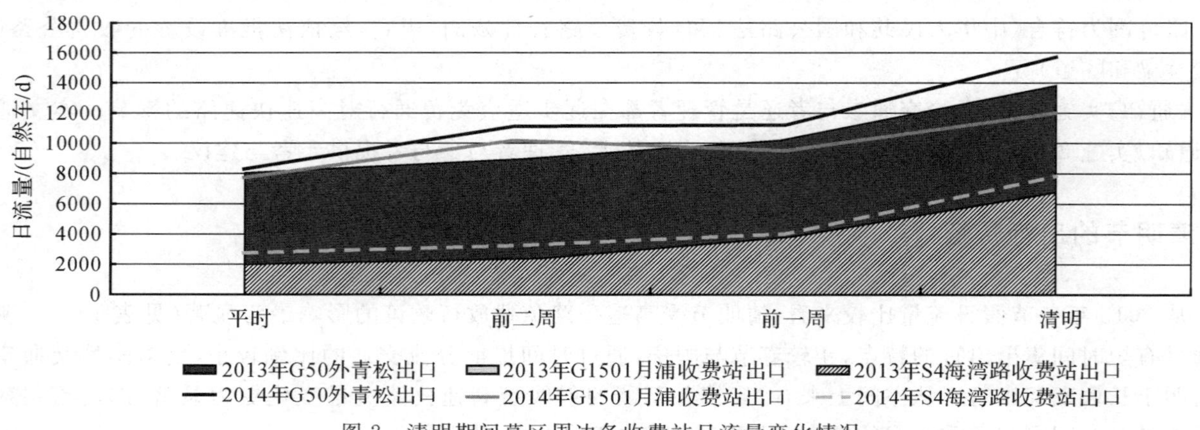

图 2　清明期间墓区周边各收费站日流量变化情况

3　清明节情况

（1）高速路网及匝道情况

清明小长假 3 天（4 月 5—7 日），2014 年全市高速路网日均流量为 100.93 万辆次（不包含沪嘉），同比增长 8.02%，其中 4 月 5 日正清明达到 107.5 万辆次，环比节前一般周末增长 46.0%，创下了历史最高纪录。2014 年清明影响较显著匝道日流量情况见表 2。

匝道方面，尽管节前周末分流了部分扫墓客流，但清明当日连接各大墓园的高速收费站日流量依然出现了较大幅度的增长，其中 G50 外青松、G1501 月浦、S4 海湾收费站日流量较平日分别增长 89.52%、55.05%、185.44%。

受短途旅游客流及扫墓客流影响，江苏方向的出省流量增长较为明显。这主要受墓区分布影响，江苏地区的墓园多于浙江，扫墓客流叠加短途游客流致使江苏方向的匝道流量大幅增长。其中 G50 沪苏、G15 朱桥、G40 沪苏、S26 沪苏收费站流量增长明显，日流量较平时周末分别增长 130.81%、102.41%、300.48%、206.32%。

此外，清明节秉承了每逢节假日崇明岛方向短途游客流随即增长的特点。崇明岛方向的两处匝道 G1501 高东收费站入口及 G40 陈海公路收费站出口分别较平时周末增长 68.51%、164.57%。且沪崇苏通道事故次数较多，处置较慢，对交通影响较大。

表 2　2014 年清明影响较显著匝道日流量　　(单位:自然车/d)

分类	位置	2013 年清明	2014 年平日	2014 年清明	环比平时变化率	同比去年变化率
出省匝道	G50 沪苏收费站出口	22083	8128	18760	130.81%	-15.05%
	G15 朱桥收费站出口	57974	30459	61653	102.41%	6.35%
	G40 沪苏收费站出口	13798	4558	18252	300.48%	32.28%
	G2 安亭收费站出口	52966	38306	47769	24.71%	-9.81%
	S26 沪苏收费站出口	15130	6837	20943	206.32%	38.42%
	G60 枫泾收费站出口	46070	23329	40784	74.82%	-11.47%
	S32 沪浙收费站出口	13001	6313	20417	223.41%	57.04%
墓区周边匝道	G50 外青松出口	13766	8262	15657	89.52%	13.74%
	G1501 月浦收费站出口	10012	7715	11962	55.05%	19.48%
	S4 海湾路收费站出口	6712	2733	7801	185.44%	16.22%
崇明匝道	G1501 高东收费站入口	36335	23785	40080	68.51%	10.31%
	G40 陈海公路收费站出口	25302	9862	26092	164.57%	3.12%

回程方面,清明长假最后一天,G2 江桥、G50 徐泾、G60 新桥以及 G40 陈海公路均出现不同程度的拥堵,环比平时周末分别增长 21.91%、16.78%、47.08%、116.17%(见表 3)。

表 3　2014 年清明回程较显著匝道日流量　　(单位:自然车/d)

位置	2013 年长假最后日	2014 年平日	2014 年长假最后日	环比平时变化率	同比去年变化率
G2 江桥收费站出口	47862	41961	51156	21.91%	6.88%
G50 徐泾收费站出口	58834	48724	56901	16.78%	-3.29%
G60 新桥收费站出口	64257	47523	69898	47.08%	8.78%
G40 陈海公路收费站入口	18265	9650	20860	116.17%	14.21%

(2)出省道口情况

全市出省道口清明期间平均流量为 61 万辆次/d,较节前增长 56.4%,净增 22.4 万辆/d。其中 4 月 5 日为长假最高峰,达 67 万辆次/d,较节前周末增长 69.3%,净增 27.4 万辆次/d。

省界道口流量中,主要流量增长在高速公路上,高速公路承担 42.5 万自然车/d,较平时周末增长 130%,占总量 69.7%;普通公路分担 18.5 万自然车/d,较平时周末增长 8.6%,占总量 30.3%。但部分高速(如 S32、S26 等)车流量饱和度较低。

出省方向上,江苏方向占 73%,为 44.1 万自然车/d;浙江方向占 27%,为 16.9 万自然车/d(见表 4)。

表 4　2014 年清明期间出省道口日流量　　(单位:自然车/d)

出省方向		2013 年清明	节前平均	2014 年 4 月 5 日	2014 年 4 月 6 日	2014 年 4 月 7 日
江苏	进沪	203060	160802	237745	235194	255492
	出沪	294226	128967	248795	180027	166945
浙江	进沪	67349	54303	71891	95684	118875
	出沪	106013	51207	110570	72982	62933

4　中心城快速路情况

中心城快速路总体运行状况良好,路网日均流量为 196.62 万辆次,较平时周末减少 5.52%(见表 5)。清明节当天路网总流量为 198.73 万辆次,受外围高速拥堵影响,清明节当日中环北段内圈大柏树至翔殷路隧道，中环北段外圈大柏树至沪嘉，延安高架北侧江苏路至 G50 徐泾收费站、沪闵高架西侧漕溪立交至莘庄、五洲大道南侧翔殷路隧道至 G1501 高东入口拥堵严重。

与平时周末相比，清明节当日早高峰流量增长较为明显，这主要是由于受节前的电视广播以及微信、微博等新媒体宣传的影响，市民为了避免大规模拥堵排队而更多地选择了提前出行(见图 3、图 4)。

表 5　2014 年各主要快速路路段平均流量及变化情况　　（单位：辆）

道路名称	2014 年清明节			2014 年平时周末			变化率		
	早高峰	晚高峰	24h	早高峰	晚高峰	24h	早高峰	晚高峰	24h
浦西内环高架	2112	2495	44922	1946	2908	46569	8.6%	−14.2%	−3.5%
南北高架	4410	4830	88826	3878	5117	89952	13.7%	−5.6%	−1.3%
延安高架东中段	3078	4478	77846	2929	5069	84264	5.1%	−11.7%	−7.6%
延安高架西段	3234	4479	75043	3563	5269	85987	−9.2%	−15.0%	−12.7%
南北高架北延伸	2645	2905	53690	2255	3075	53118	17.3%	−5.5%	1.1%
逸仙高架	1990	1726	31941	1298	2044	30829	53.3%	−15.6%	3.6%
沪闵高架	3685	4285	79328	3364	4684	79091	9.6%	−8.5%	0.3%
浦西中环路	2698	3212	55460	2553	3941	60015	5.7%	−18.5%	−7.6%
浦西中心区	2645	3197	57430	2420	3613	59761	9.3%	−11.5%	−3.9%
浦西外围区	2771	3223	56901	2532	3780	59858	9.5%	−14.7%	−4.9%
总体	2723	3213	57105	2489	3716	59821	9.4%	−13.5%	−4.5%

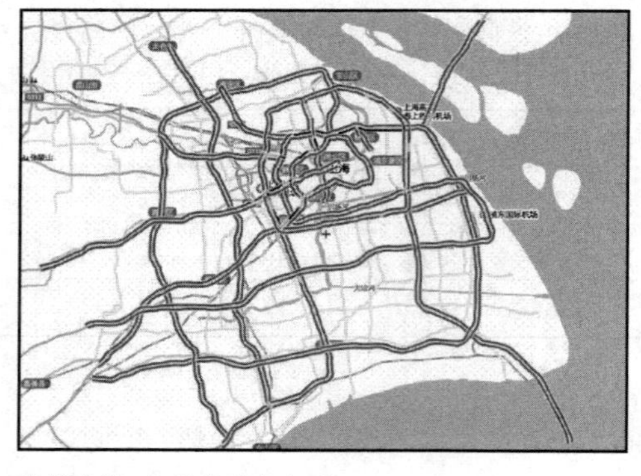

资料来源：上海交通出行网。

图 3　清明节早高峰上海市高速快速拥堵状况

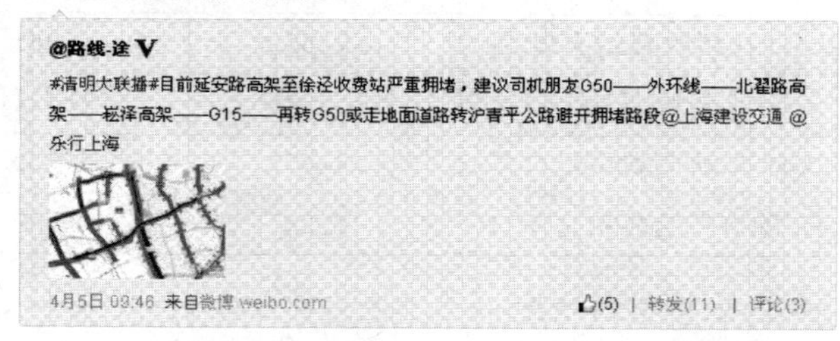

资料来源：乐行上海微博。

图 4　清明期间微博预警及交通引导页面

5　总　结

从清明节期间的高速公路总体运行情况来看，节前几周周末部分扫墓客流提前祭扫在一定程度上缓解了全市高速路网交通的增长趋势，这其中节前通过电视、网站、电台、微信及微博等多种传播方式提前宣传预警，为大众市民提供了多条路径建议，为分流拥堵高速匝道起到了重要作用；同时，多个墓区周边均提供“轨道交通＋短驳公交”扫墓客运模式，进一步缓解了道路交通压力。从本次长假来看，事故多发引发了多条高速拥堵。应加强信息互通，加强牵引车辆职守，从而加快重点路段的事故应急联动速度和事故处理速度，减少事故对高速公路交通运行的影响。

中国博览会交通综合信息服务方案研究

赵 方[1] 朱 昊[2]

(1.上海城市综合交通规划科技咨询有限公司,上海 200040;

2.上海市城乡建设和交通发展研究院,上海 200040)

摘要:本文对中国博览会的交通影响的特点进行了分析,提出了博览会交通组织和管理的基本原则。在此基础上,本文对中国博览会周边道路交通和停车、物流、人流等交通引导信息服务的功能需求做了详细的分析,提出了中国博览会信息服务系统的框架。

关键词:交通信息服务;中国博览会

中国博览会会展综合体(简称"会展综合体")是商务部和上海市政府合作共建的会展项目,是国家级重大项目,列入了上海市重点工程。会展综合体规划开发的体量庞大,会展交通具有展期客运交通短时密集到发,频繁撤换展吸引大量货车,客货混杂,交通组织难度大等特征。要实现会展综合体的功能定位和规划目标,除了配套完善综合交通规划举措来满足会展综合体的交通需求之外,还需要配合以交通信息化手段,保障综合交通规划举措的效益得到充分的发挥。

1 中国博览会交通影响的特点

中国博览会会展综合体带动周边发展的同时,也会对周边交通构成长期的、较大的影响。

(1)影响的永久性

世博会、世园会、花博会等展览会搭建的都是临时性建筑,会展属于一次性的,会展结束后对周边的交通影响即消失。而会展综合体属于永久性建筑,对周边交通的影响是长期存在的。

(2)影响的强度大

会展综合体总展出面积达到 $5\times10^5 m^2$(室内 $4\times10^5 m^2$、室外 $1\times10^5 m^2$),会展综合体一期建成后,展示面积可以达到 $3\times10^5 m^2$(室内 $2\times10^5 m^2$、室外 $1\times10^5 m^2$)。据估算,大型消费展的客流吸引规模可以达到 40 万人次/d,如此多的人次将会产生大量集中的交通需求。[1]

(3)影响的持续性

会展综合体每年将举办两届中国博览会,每届分 3 期,每届展期时长为 1 个月。车展、电子展、家具展等大型消费展,预计每年举办 3~4 个,每个展会时长约 10~15d。另外,会展综合体每年还举办各类普通展,普通展预计可以同时举办 2~3 个展会。可见,会展综合体常年都有展出,撤换展十分频繁,造成的客货流交通压力常年持续存在。[1]

2 交通组织和管理的基本原则

会展综合体的交通管理,要做到与周边交通相协调,实现整体交通的平稳运行,需要遵循以下原则。

(1)集约化原则

不论是客流较大的大型消费展,还是客流规模相对较小的普通展,会展综合体都会对周边交通构成较大压力。必须通过集约化的交通工具,实现道路交通需求量上的减少。

(2)均衡化原则

均衡化是通过对车流、人流在时间和空间上的引导、管控等,避免过分集中造成的服务设施能力不足,也同时避免混乱导致的安全隐患。

作者简介:赵方,男,工学硕士,研究方向为智能交通;朱昊,男,硕士,高级经济师,研究方向为智能交通。

(3)差异化原则

会展不可避免地需面对一些特殊需求人群,因此交通的管理应该体现差异化。例如在专业展中,客流量不是特别高,但是他们对出行品质要求较高,这时就不能像超大客流的综合消费展那样一味地限制出租车出行。

(4)有序化原则

对于客流,在一次参展出行中包括乘车、到达、购票(或签到)、入场、参展、等车返回等多个环节。对于运送布展设施的货运,包括轮候区等待、进入卸货区、驶离等环节。交通管理中应该注重各个环节的高效衔接,并通过对车流和人流的合理组织,加快车流人流的相互转换,减少交通流线的相互冲突,这有助于实现整个过程的顺畅有序。

3 交通信息服务功能需求

会展综合体的交通信息服务,是综合交通规划管理策略的实现手段,应该符合会展综合体交通管理的基本原则。依据综合交通规划管理策略,会展综合体的交通信息服务主要包括如下 4 个方面。

(1)智能停车服务

会展综合体规划配置了满足 VIP 车辆、工作人员以及中小型展会观众停车需求的展馆区地下停车库,供大客流情况下使用的紧靠综合体东部的停车场,以及外围停车场。综合体的交通,要做到停车场的合理、均衡利用,做到停车场车流和道路的有效衔接,减少展会开始和结束时段短时大量进出停车场车辆对道路交通的干扰。为此需要做以下 4 方面的工作。

①会展体周边道路路侧停车诱导。通过向进入会展体周边道路的车辆发布停车场(库)分布和车位空满信息,减少车辆寻泊时间,实现停车场均衡使用。对于外围停车场库的引导,要强调“P+R”换乘的理念,要设置“P+R”换乘引导。

②停车场快速缴费服务。在车辆集中进出停车场阶段,通过车牌识别、IC 卡等信息技术的运用,提高车辆进出停车场顺畅性,减少车辆在道路上的集聚或在停车场内的混乱无序。

③停车场内车位引导。对车辆在停车场内进行停车位引导,减少车辆寻找空车位时间,提高服务品质,同时改善停车场内秩序,提高停车效率。

④团体巴士等停车预约[2]和停车位反向查询等精细化服务。停车预约主要是针对团体巴士、参展方、VIP 客户。通过停车位的预约,不仅预先知道停车位,还能预先获知停车的行车路线,减少停车的盲目性。通过信息技术手段,提供车辆停车位置的查询,方便车主寻找车辆,进而提高停车服务的品质。

(2)物流信息化服务

会展综合体每年都有多个展会轮流布展、撤展,并且布展、撤展时间相对国外展会短很多,因此会在短时间内产生大量货运需求,对道路交通构成较大压力。同时,多个展会同时进行时,存在布展、撤展时间不完全一致导致的客流、货流混杂现象。针对这种问题,除了在交通组织上采取分流、分时等优化措施外,还需要信息化手段的配套。

会展的布展展品、装饰材料等货物运输的整个流程包括路途运输、轮候区等待、综合体卸货区卸货、撤展时的装货和运出等环节,而会展综合体的卸货和装货环节是整个流程的瓶颈。做好各个环节的有序衔接,协调不同参展方的卸货、装货需求,才能使得货物的运输忙而不乱。

①实现会展综合体周边的货运组织和管理。在会展综合体周边轮候区、装卸货区,通过车牌识别等技术手段,对车辆进行检测或识别,获知货物运输所处的环节。管理人员可以综合货运各个环节的当前负荷预估道路交通状况,合理调配单位时间轮候区放行车辆的数量,实现会展货运有条不紊地进行。

②建立货运组织与参展企业货物运输预约服务的信息联动和功能集成。在参展者信息服务平台上,提供参展企业进入轮候区、卸货区的时段预约服务。建立货运组织与货物预约服务的信息联动和功能集成,使得预约货运车辆自动进入会展综合体周边货运组织和管理系统的管理流程。

(3)动态交通管控和引导

会展综合体举办的展会的规模差异较大,大型消费展高峰日可以吸引 40 万人次客流,而小型展会参观客流在 10 万人次以下,因此对周边道路构成的交通压力差异也较大。大客流展会期间,要扩大会展综合体周边管控范围，加大管控力度；而小客流展会期间，要适当缩小管控范围及减小管理力度，避免对周边造成不必要的干扰和影响。因此，道路交通管控应该是相对动态的，对会展综合体周边道路的管控要和会展综合体人流交通组织进行有效衔接，实现动态的匹配和优化。

①建立管控范围动态显示系统。在会展综合体周边路网上，根据交通管控策略的需求，系统化布设路侧交通信息显示板，可变地显示不同规模展会的管控范围。

②实施管控区动态交通组织引导。在会展综合体周边路网上，动态显示交通组织路线、出租车上下车点拥挤程度、停车场出入口拥挤程度等信息，引导车辆在会展综合体周边均衡分布，均衡使用各类设施。合理引导轨道交通、地面公交车客流，均衡展馆各个入口及入口周边的交通压力。

(4)展馆内动态信息引导系统[3]

会展综合体体量巨大，内部结构复杂，要让观展观众快速获取各种展位信息、公用设施信息等，才能让观众在展馆内方便、顺畅地观展。在参展人集中离开的时段，应该对展馆内客流进行合理引导，使得各个疏散口、会展综合体周边各种交通方式得到相对均衡的使用。需要建立的完整的会展综合体具体包括两方面。

①会展综合体客流采集系统。通过手机信令、视频客流分析等手段，采集会展综合体内各个区域的客流信息，以及会展综合体外部车流人流转换点、广场等处的客流信息。

②会展综合体动态信息发布系统。通过展馆内广播、显示屏和智能手机客户端服务，为观展游客提供展位分布、热门展览、展馆分区域客流分布、展馆外各交通方式的客流负荷等信息。动态信息发布系统不仅为观众带来方便，也是组织者实现客流均衡引导的重要手段。

4 系统框架构想

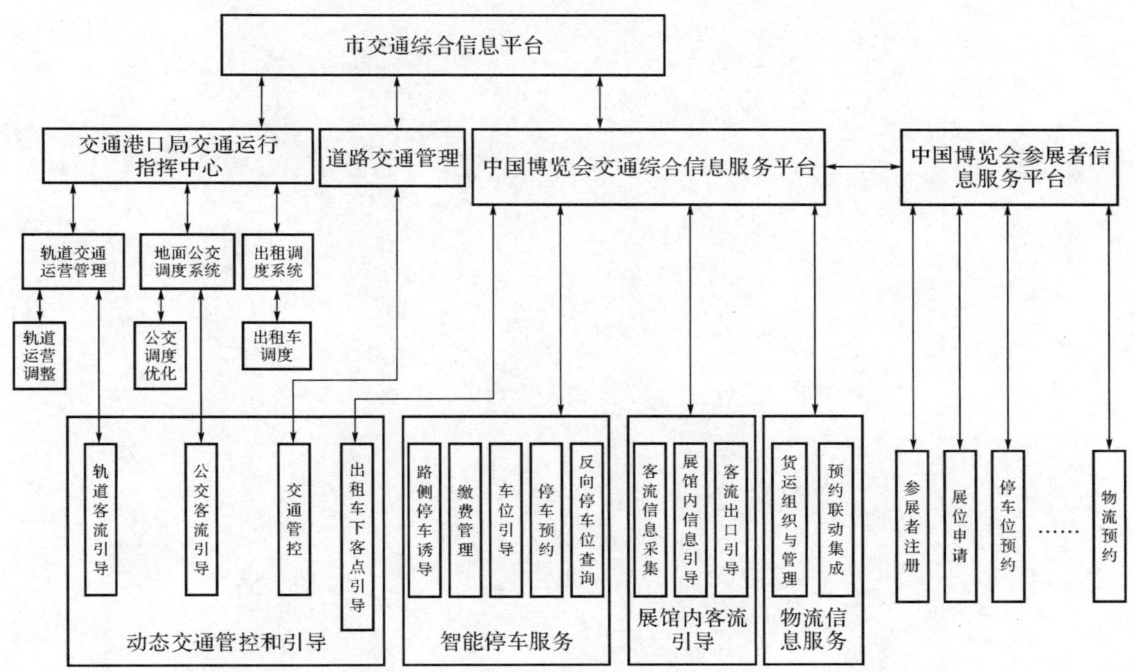

图1　信息服务系统框架

整个中国博览会交通综合信息服务系统以中国博览会交通综合信息服务平台为核心(见图1)。①该平台负责展馆及展馆周边道路的智能停车服务、动态交通管控和引导(主要是出租车下客点引导)、展馆内客流引导以及物流信息服务。②该平台与中国博览会参展者信息服务平台之间有信息的互通，参展者的停车位预约、物流预约和参展注册、展位申请等业务构成一套完整的信息服务流程，车位的分配、物流的安排等统一由中国博览会参展者信息服务平台负责实现。③该平台与市交通综合信息平台之间保持信息的互通，主要目的是经由市交通综合信息平台，实现与道路交通管理者、轨道交通运营方、地面公交企业、出租车企业之间的信息交流，便于进出场时段的客流均衡策略的实现和交通运输的保障。

展馆周边的道路管控，轨道交通运营方的轨道客流引导，公交企业的公交客流引导，都是动态交通管控和引导功能的重要功能项。此外，轨道运营方、公交企业、出租车企业还负责根据展会的交通需求，合理调配车辆资源，做好针对展会客流集散的快速响应。

5 结　语

中国博览会作为一个大体量、永久性建筑，将对周边道路构成长期、持续、较大的影响。要保证博览会有序运行，需要建立相关信息系统，进行专业化管理和服务。对停车、展览物流、人流做到合理的组织安排，做到场馆内外的车流、人流的有效衔接和平稳转换，实现博览会交通高效、有序运行。

参展者的物流、人流、车流的高效组织，是提高博览会品质的重要方面。参展者信息服务平台的交通相关信息只有与交通信息服务平台实现对接，才能做到参展者需求和交通供给的匹配，更好地满足参展者的人和物的交通需求，减少参展者交通和其他交通的相互干扰。

应该重点关注场馆内外的信息互通，在场馆内外引导方面做到均衡、有序，其中市交通综合信息平台在各个相关部门间的信息桥梁作用是实现该功能的关键。

参考文献

[1]上海市城市综合交通规划研究所. 中国博览会会展综合体综合交通规划[R]. 2012.

[2]上海市城市综合交通规划研究所. 世博交通诱导疏散与人流均衡策略研究[R]. 2010.

[3]上海市城市综合交通规划研究所. 虹桥枢纽交通综合信息服务方案[R]. 2009:19－21.

宁波智慧交通公众出行服务平台规划研究

郑　建[1]　郭　璘[2]　董聪会[3]

(1.宁波市交通发展研究中心,浙江宁波 315042;2.宁波工程学院交通与物流学院,
浙江宁波 315211;3.宁波国脉信息技术有限公司,浙江宁波 315103)

摘要:本文分析了宁波智慧交通公众出行服务平台建设的服务和功能需求,在此基础上,提出了宁波智慧交通公众出行服务平台的框架结构与功能设计,并总结了智慧交通公众出行服务平台规划中的经验和启示。

关键词:智慧交通;公众出行;服务平台;规划

智慧交通最初源于 2008 年 IBM 提出的智慧地球的概念,至今尚没有统一的界定。通常认为,智慧交通是智能交通的升级版,是在智能交通系统基础上充分应用物联网、云计算、大数据挖掘等新技术,更加回归交通以人为本的本质,并注入更多人性、科学、创新的元素,从而实现交通状态全面感知、信息资源深度融合、超前式科学决策和多元化主动服务。

2010 年 10 月,宁波市委市政府做出了《关于加快推进智慧城市建设的决定》。2011 年 6 月,宁波市委市政府进一步出台了《宁波市加快创建智慧城市行动纲要(2011—2015)》,明确将智慧交通纳入智慧城市十大重点应用体系。2012 年 11 月,《宁波智慧交通建设规划》通过评审,按照总体规划,宁波市智慧交通将重点推进"智慧交通感知与信息采集平台、智慧交通云平台、智慧交通业务支撑平台和智慧交通公共服务平台"四大平台建设。宁波智慧交通公众出行服务平台是公共服务平台的组成部分,主要面向公众提供出行信息服务。

1　宁波智慧交通平台体系架构

宁波智慧交通平台体系主要由智慧交通感知与信息采集平台、智慧交通云平台、智慧交通业务支撑平台和智慧交通公共服务平台等四大平台组成,智慧交通平台体系如图 1 所示,下面分别介绍四大平台。

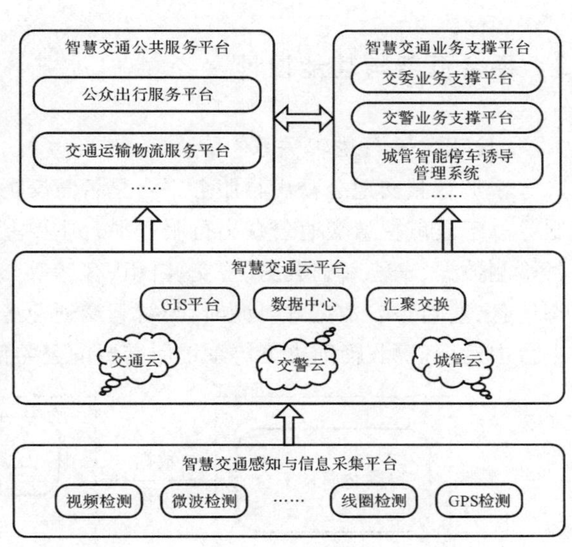

图 1　宁波智慧交通平台体系

智慧交通感知与信息采集平台通过搭建全面覆盖的基础传输网络和信息采集系统,实现交通基础信息的全方位感知和采集,交通信息的"两级汇聚,统一交换"为整个智慧交通的规划、建设、管理和服务提供基础数据保障。

智慧交通云平台通过交通数据中心、数据汇聚交换、交通地理信息共享等系统的建设,搭建集数据交换、信息存储、综合处理及支持服务于一体的智慧交通基础支撑平台,实现交通各相关部门的数据整合和共享。

智慧交通业务支撑平台是交通管理部门用于各自业务管理、分析与应用的支撑平台,包括交委业务支撑平台、交警业务支撑平台等,实现跨部门数据的整合应用,交通运行状态的综合监测,各种交通方式的协调联动,交通应急处置的快速反应。

智慧交通公共服务平台是面向公众出行服务和交通运输物流服务等的公共信息服务平台。

作者简介:郑建(1986—　),男,经济师,主要研究方向为交通运输规划与管理;郭璘(1978—　),男,副研究员,主要研究方向为智能交通系统、智能计算;董聪会(1987—　),女,硕士,主要研究方向为交通信息工程及控制。

2 公众出行服务平台建设需求分析

(1)服务需求分析

①城郊一体化行车出行信息服务。包括高速公路、国省道、普通公路、城市道路等的城郊一体化路况信息发布,交通指数信息发布,路径规划,交通管制信息发布。

②公共交通出行信息服务。包括轨道交通出行信息服务、地面公交出行信息服务、出租车出行信息服务、公共自行车出行信息服务、一体化综合出行信息服务等。

③对外交通出行信息服务。包括长途客运、铁路客运、民航客运、水上客运等方面的对外交通信息查询,市区主要长途客运站的联网售票服务,客运交通枢纽的乘客换乘与衔接信息服务。

④停车出行信息服务。包括市区轨道交通站点、公交枢纽站、学校、商城、广场等重点区域周边停车资源分布信息、可用停车泊位数据等信息的发布与查询服务,为具有实时定位功能的智能手机用户提供停车诱导信息服务。

⑤综合便民信息服务。包括交通规划信息公示、移车求助、维修驾培、加油站信息、4S店信息、市民卡信息、汽车年检、违章查询、快递查询、气象信息、旅游信息、应急信息等综合性便民信息服务。

(2)功能需求分析

①综合交通出行信息处理与分析。对来自智慧交通云平台的动静态基础交通数据,进行城郊一体化路况分析、交通拥堵指数分析、虚拟情报板定制、路径规划、停车泊位动态信息分析、出租车动态信息分析、地面公交动态信息分析、公共自行车动态运行分析、长途客运联网售票管理、对外综合交通信息分析等。

②综合交通出行信息管理。建立智慧交通公众出行数据库,对来自不同系统不同部门不同类型的基础数据库、业务数据库和分析数据库进行统一管理;建立对外信息发布管理系统,实现对外信息的统一发布及管理,有针对性地生成适合各类媒体发布的出行信息。

③综合交通出行信息发布。建立综合交通出行信息发布系统,实现对相关信息分析系统及信息服务的统一发布。

3 平台框架与功能设计

(1)相关平台逻辑关系

宁波智慧交通公众出行服务平台是智慧交通公共服务平台的主要组成部分,主要面向公众提供出行信息服务。宁波市智慧交通公众出行服务平台主要基于智慧交通云平台获取公众出行服务相关数据资源,包括视频检测数据、车辆基础数据(公交、出租、客运等)、公交线路数据、公路客运票务、出租车动态信息、地面公交动态信息、基础GIS数据等。同时,与智慧交通业务支撑平台共享路况信息、公众出行信息等智慧交通业务支撑平台中运行监测、辅助决策等系统所需要的公共信息服务数据。智慧交通平台逻辑关系如图2所示。

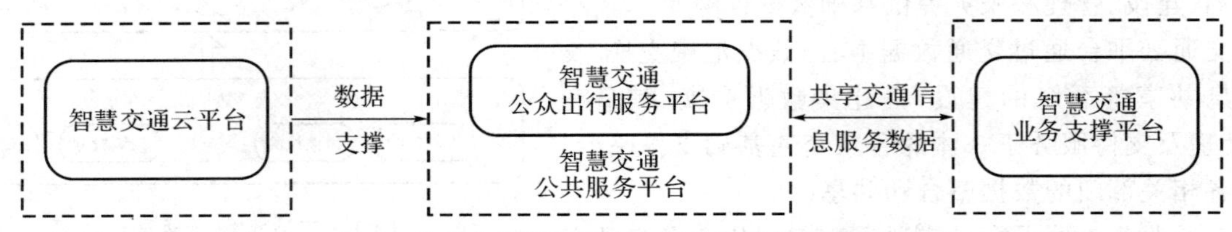

图2 公众出行服务平台与相关平台的逻辑关系

(2)平台框架结构

宁波智慧交通公众出行服务平台由数据资源层、应用分析层和展示层三大部分组成,如图3所示。

①数据资源层。数据资源层通过智慧交通云平台接入公共服务相关数据资源,按照接入数据类型和应用需求,构建基于智慧交通云平台的基础数据库。并根据平台应用分析需求进一步构建业务数据库和分析数据库,满足公共服务平台中应用分析的需求。

②应用分析层。应用分析层通过对公众出行需求的深入分析,设计开发整合应用分析系统,主要包括城郊一体化出行信息服务系统、公共交通出行信息服务系统、对外交通出行信息服务系统、停车出行信息服

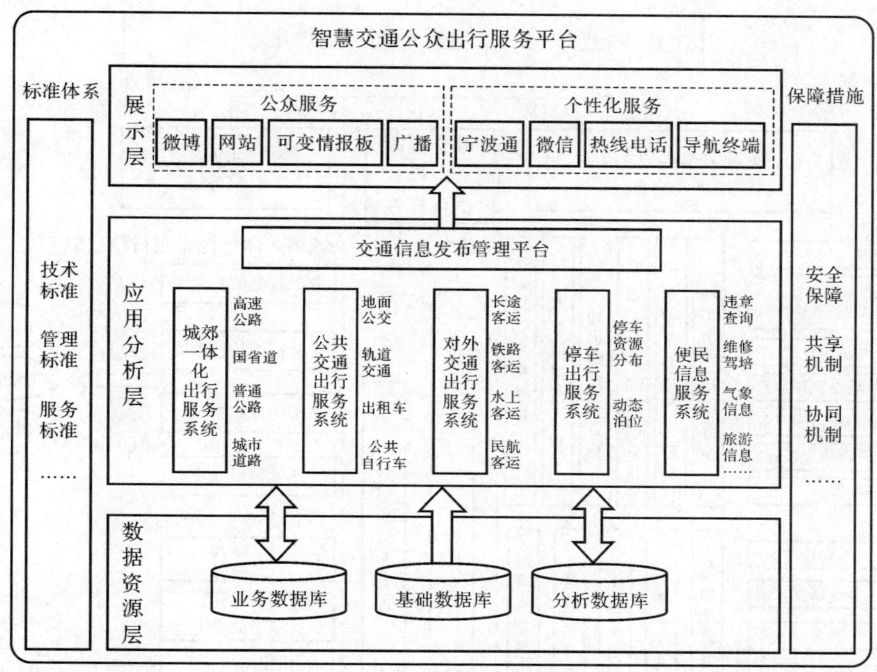

图 3　公众出行服务平台结构

务系统、综合便民信息服务系统和交通信息发布管理平台等。应用分析层将向智慧交通业务支撑平台提供路况信息、公众出行信息等运行监测、辅助决策等系统所需要的公共信息服务数据。

③展示层。展示层是用户与系统在信息服务、信息管理的对话过程中的直接界面。展示层作为一个门户框架，可以插接不同的查询分析部件，提供统一的访问授权、个性化定制、内容共享、发布和订阅，以及面向主题的展现集成，其主要展现手段包括手机移动终端、网站服务、可变情报板、微信、微博等。

(3)平台功能与服务

宁波智慧交通公众出行服务平台通过对来自智慧交通云平台的动静态基础交通数据进行综合数据处理、动态交通分析和深度数据挖掘等，建立城郊一体化出行信息服务系统、公共交通出行信息服务系统、对外交通出行信息服务系统、停车诱导出行信息服务系统、综合便民信息服务系统等。交通信息发布管理平台通过多种方式播报，为出行者提供综合交通出行信息服务(见图 4)。

4　结　语

(1)交通数据开放共享是公众出行服务平台建设的重要前提

智慧交通公众出行信息服务平台的建设依托各城市已建成的交通信息管理系统，并在原有基础上，打破交通管理部门的界限，充分实现交通信息的共享与融合；打破信息结构壁垒，充分实现交通异构数据的融合；进行融合数据的挖掘分析，面向出行者提供多元的交通信息服务。建立、完善、利用感知交通的设施，通过创新体系设计和技术应用，进行平台的顶层设计，消除“信息孤岛”，构建开放共享的智慧交通基础数据中心，充分发挥信息资源的最大效益，面向产业发展提供公共支撑平台。

(2)云计算、大数据分析与应用技术是公众出行服务平台建设的技术基础

云计算、大数据分析与智能化应用技术逐步成熟，为智慧交通公众服务平台建设提供了新的思路和方法，可满足公众出行多样化、个性化、动态化交通服务需求以及交通应急救援、跨行业综合交通服务需求。基于云计算的智慧交通公众服务平台在数据融合基础上创新服务，实现了智慧交通公众服务的集中管理、分布部署、统一发布和维护等，能够为用户、行业及企业提供个性化的服务，从而实现全社会的交通服务整体协同管理的目标，有利于提高整体交通行业的信息化水平。

(3)多方式发布、创新服务内容是提升公众出行服务品质的关键

通过有效汇聚整合交通运输行业内部及相关行业的综合交通信息，面向社会公众提供全方位、多样化的综合交通信息服务，由此提高公众出行效率、降低出行成本，使广大公众实现安全、便捷、高效、绿色出行。

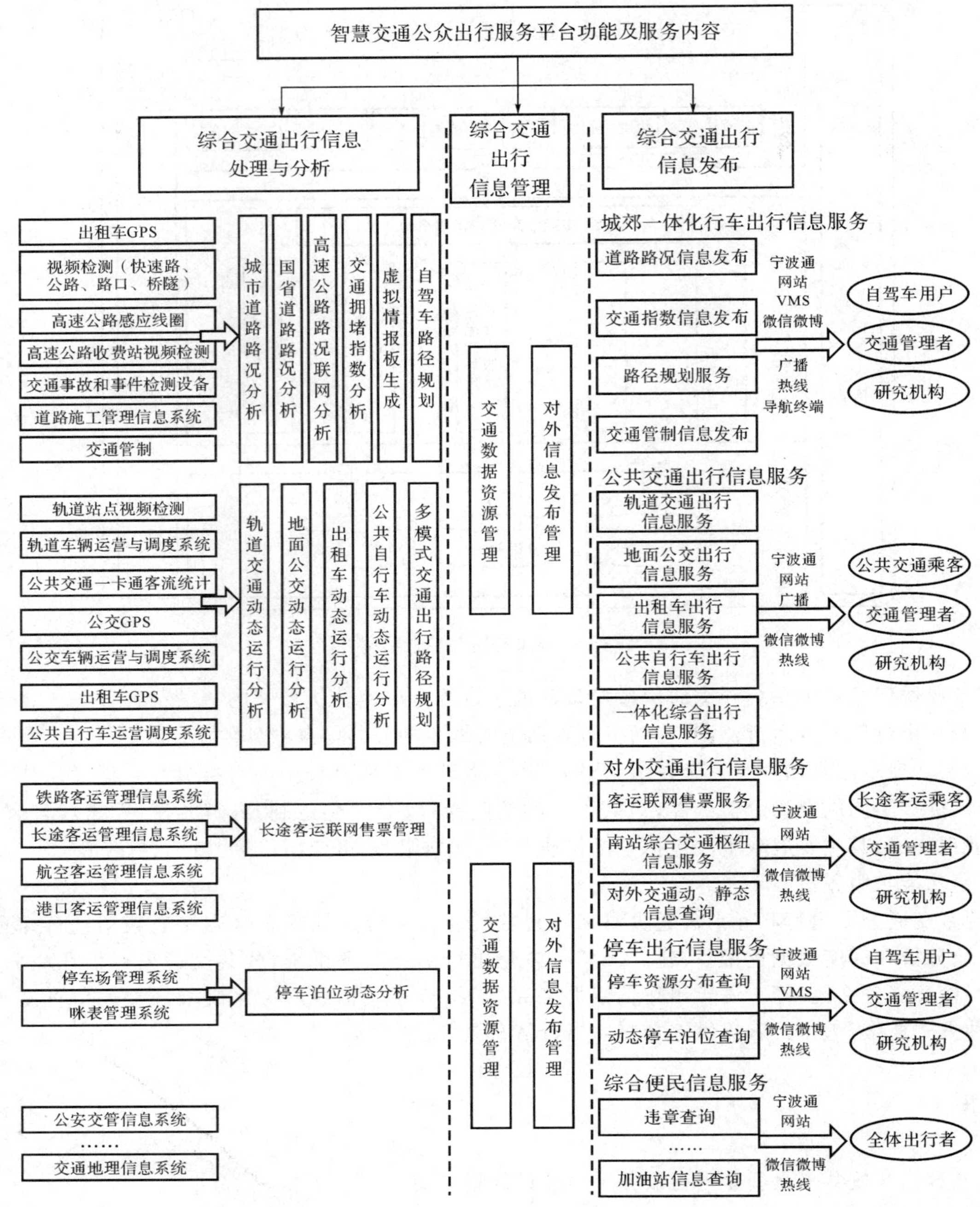

图 4　公众出行服务平台功能及服务

参考文献

[1]张轮，杨文臣，张孟. 智能交通与智慧城市[J]. 科学，2014(1)：33－37.

[2]韩海航，柴琳. 浙江省智慧交通建设与发展研究[J]. 运输经理世界，2013(11)：82－84.

[3]宁波市现代物流规划研究院. 宁波智慧交通公众出行服务平台规划研究[R]. 2014.

[4]宁波市交通运输委员会. 宁波智慧交通公共服务平台建设项目可行性研究报告[R]. 2013.

[5]宁波市交通运输委员会，等. 宁波智慧交通建设规划[R]. 2012.

[6]赵俊钰，刘芳玉，黄剑琪，彭宇. 智慧交通顶层架构研究[J]. 邮电设计技术，2013(6)：14－18.

[7]王少华，卢浩，黄骞，曹嘉. 智慧交通系统关键技术研究[J]. 测绘与空间地理信息，2013(8)：88－91.

浅谈 SCATS 系统中 ECG 参数的功能与设置

张　海　任　超

（天津市公安交通管理局科研所，天津 300040）

摘要：ECG 参数作为 SCATS 系统重要的参数之一，越来越多地被我们所应用。本文阐述了 ECG 参数的基本功能应用与设置技巧，通过实验得出最佳设置参数，对 SCATS 系统的深入应用起到了关键作用。

关键词：SCATS；ECG；信号控制；参数

随着城市建设的不断发展，城市交通拥堵状况也越来越明显，对于交通信号控制的要求也越来越高。悉尼自适应交通控制系统（Sydney Coordinated Adaptive Traffic System，SCATS）作为目前世界上少有的几个先进的城市信号交通控制系统之一，越来越多地应用于我国大中城市的交通信号控制系统。但由于应用地域的差异性，SCATS 系统中某些参数的设置具有特殊性。其中，ECG（Early Cut-off Green）这一参数给我们带来了很大的困扰。

1　ECG 参数概述

ECG，中文解释为早闭绿灯时段，是在延长绿灯时段之后，绿闪时段之前的特殊时段。结合天津市的实际情况，ECG 的主要作用是与脉冲信号配合使用，以达到整屏灯倒计时的效果。

本文还要介绍另一组参数，CL1（Clearance 1）和 CL2（Clearance 2）（见图 1）。这两个参数定义为行人清除时间，此时间内行人灯为绿闪状态，作用是提示行人相位即将结束，尽快通过路口。从时间上来看，CL1 与 ECG 的起始时间是一致的。天津市的实际情况是，要求行人灯绿灯随着机动车灯的黄灯开始而结束，且绿闪 10s。也就是说行人灯绿闪 10s 后变红灯，与机动车灯变黄灯要在同一时刻。绿闪时间为 3s，黄灯时间为 3s，全红时间为 1s。所以，CL2 要与绿闪时间一致为 3s，CL1 要设置为 7s。

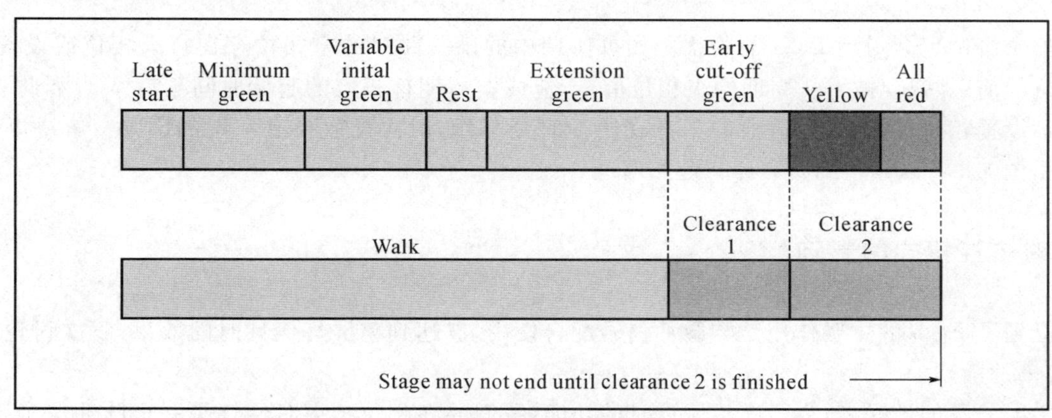

图 1　ECG 图示

2　ECG 对单一路口的影响

从一个相位过程上来说，顺序为：迟开时段—最小绿灯—可变绿灯—休息时段—延长绿灯—早闭绿灯（ECG）—绿闪时间—黄灯时间—全红时间。但 SCATS 系统中所规定的是，相位时间在延长绿灯结束后就

作者简介：张海，男，副科长，学士学位；任超，男，工学学士。

已经结束,而后面的ECG时间算到下个相位的绿灯时间内。也就是说,本相位的ECG时间是"借用"下个相位的绿灯时间。举个例子:路口设定标准四相位,相位设置见表1。

表1 标准四相位中ECG

相位	A		B		C		D	
时间(s)	30		20		35		25	
行人(s)	CL1	CL2	CL1	CL2	CL1	CL2	CL1	CL2
	7	3	0	0	7	3	0	0
ECG(s)	0		0		0		0	

虽然ECG时间都为0s,但因为ECG与CL1为同一起点,CL1充当了ECG的角色。此时信号机实际运行的时间会变为A相位37s,B相位13s,C相位42s,D相位18s。这样就会出现设定配时与实际配时不匹配的情况,究其原因就是ECG(或CL1)不平衡造成的。A相位借用B相位7s绿灯时间,变为37s;B相位变为13s;C相位借用D相位7s绿灯时间,变为42s;D相位变为18s。那如何解决呢?其实方法很简单,就是平衡相位中的ECG(见表2)。

表2 平衡相位中的ECG

相位	A		B		C		D	
时间(s)	30		20		35		25	
行人(s)	CL1	CL2	CL1	CL2	CL1	CL2	CL1	CL2
	7	3	0	0	7	3	0	0
ECG(s)	0		7		0		7	

如表2中设置,将B相位和D相位分别加上7s的ECG,这样A相位借用B相位7s绿灯时间,变为37s;B相位变为13s,借用C相位7s,变回20s;C相位变为28s,借用D相位7s绿灯时间,变回35s;D相位变为18s,借用下一周期A相位7s,变回25s;下一周期A相位也变回30s。如此循环,使设置配时和实际配时相匹配。

3 ECG对固定配时协调的影响

固定配时协调也会受到ECG的干扰。如果协调中的某一路口的末相位存在行人相位或设置了ECG,那么首相位的前7s就会被上一周期的末相位借走,造成本周期首相位的起始时间延后7s。如此一类,协调的路口在不设置相位差的情况下,他们不再在同一时刻起始,对协调效果有一定的影响。解决办法同样是平衡路口相位的ECG,调整到所有路口起始时间一致。

4 ECG对主控模式的影响

上文提到了ECG的主要作用是与脉冲信号配合使用,以达到整屏灯倒计时的效果,下文讨论主控模式下ECG带来的问题。

对于整屏分段倒计时灯,为了满足倒计时的功能,我们要在相位结束时给灯头一个脉冲信号,脉冲信号的发出时刻即ECG开始的时刻。CL1在时间上和ECG是同时开始的,试验表明CL1也可以触发脉冲信号,可以理解为ECG与CL1在时间和功能上是一致的。我们做了如下试验:设置绿闪3s,黄灯3s,全红1s。但实际情况会随着ECG或CL1时间设定而变化(见表3)。

表3 信号灯受ECG或CL1时间设定的影响

ECG或CL1(s)	红灯(s)	绿闪(s)	黄灯(s)	红灯(s)
0	3	0	3	1
1	0	0	2	1

续表

ECG 或 CL1(s)	红灯(s)	绿闪(s)	黄灯(s)	红灯(s)
2	0	0	3	1
3	0	1	3	1
4	0	2	3	1
5	0	3	3	1
6	0	3	3	1
7	0	3	3	1
8	0	3	3	1

原本相位循序应该是绿灯—绿闪—黄灯—全红，试验中却出现了绿灯—红灯—黄灯—全红的情况，其原因在于 ECG 时间设定。在触发脉冲的情况下，系统认为必须给出 ECG 的时间，且 ECG≥5s。如果 ECG 不设置或 ECG＜5s，系统就会在相位结束以后也就是延长绿灯之后补充 5s 时间作为 ECG，这 5s 是占用后面绿闪和黄灯时间的，相位时间和周期并不会延长。所以，在主控模式给出脉冲的情况下，ECG 时间必须设定且 ECG≥5s。综合行人灯 CL1 要求，可以将 ECG 设置为 7s，CL1 设置为 7s，CL2 设置为 3s。

行人灯跨相位的主控模式下，由于编写特征软件时调取的行人灯组表的不同，在设置上也有所不同。根据与泰科工程师的沟通和现场试验，我们得出结论：主控模式下，若行人灯跨相位，则 CL1＋绿闪时间≤ECG。结合天津市实际情况，可以将 ECG 设置为 7s，CL1 设置为 4s，CL2 设置为 6s。

对于多相位箭头灯，由于不涉及倒计时功能，即使在主控模式下，我们也不会给出触发脉冲，所以对 ECG 没有要求。

5 结 论

综上所述，对于主控模式下需要给出脉冲信号的参数设置，本文参考表 4 所示方案。

表 4 主控模式下脉冲信号参数设置

	ECG(s)	CL1(s)	CL2(s)	绿闪(s)	黄灯(s)	全红(s)
行人灯不跨相位	7	7	3	3	3	1
行人灯跨相位	7	4	6	3	3	1

八里台立交桥的“延年益寿”

朱兆芳　张欣红　刘锐晶
（天津市市政工程设计研究院，天津 300051）

摘要：针对当今我国城市交通拥堵以及空气 PM2.5 超标与雾霾之严重，国家提出节约资源、保护环境，推进绿色、低碳、循环发展要求。本文以八里台立交桥为例，据其建成初、中、晚期交通的发展，提出对中心城区超龄的城市互通立交设施应通过科学疏导，充分利用周边路网来减轻其交通压力，使其“延年益寿”的新思路。

关键词：节约资源；互通立交；通行能力；合理分流；延年益寿

我国城市交通拥堵以及空气 PM2.5 超标与雾霾之严重，已成为建设我国环境友好型和谐城市的最不和谐的音符，为全民所关注。抑制交通需求的举措有利于国家和城市的社会、经济发展，符合中国国情。首先，必须抑制城市规模，根据科学发展观，城市发展规模应是有限的。同时，必须限制城市中心区的面积。对于中心城区的道路及交叉设施，不应无限制扩容、大量拆改而致资源浪费，应通过科学疏导，充分利用周边路网来减轻其交通压力，使其“延年益寿”。

结合特大城市发展，在快速路、高速公路骨架建成的同时，思考如何在中心城区道路交通、交叉口设计中如何贯彻上述精神；对于已建 20 年以上的城市，如何处理互通立交。下文结合天津中环线八里台立交论述以上观点。

1　20 世纪 80 年代——八里台立交建成

1.1　建设三环十四射道路网骨架

1985 年，根据天津市综合治理城市交通的决定，建设三环十四射道路网骨架（见图 1），1985 年从中环线启动，长 34.5km，于 1986 年建成，成为中心市区一条综合性交通运输大动脉，起到联系中心城区和各分区间的交通和沟通对外客货运输的作用（见图 2）。1987 年，外环线建成，是快速路，位于中心城区边缘带，长 71.44km，以货运为主，途经 4 个郊区，连接 14 条放射性干道，把市区、郊区连接起来，起到截流、疏导过境交通和市外围工业区、居住区及中心区外围组团的交通、部分公路内环的作用。内环线位于市核心区，是一条连通天津市行政、商贸、金融中心的客运干道，全长 14.55km，限于拆迁、投资，从 1982 年起建，历时 10 年，于 1992 年建成。14 条放射线与 18 条市区出口道路，共同保证市区及对外交通的衔接通畅，14 条放射线配合环线建设，长 97.51km。为加强环线与放射线间的联系，逐步修建了 5 个节点立交。

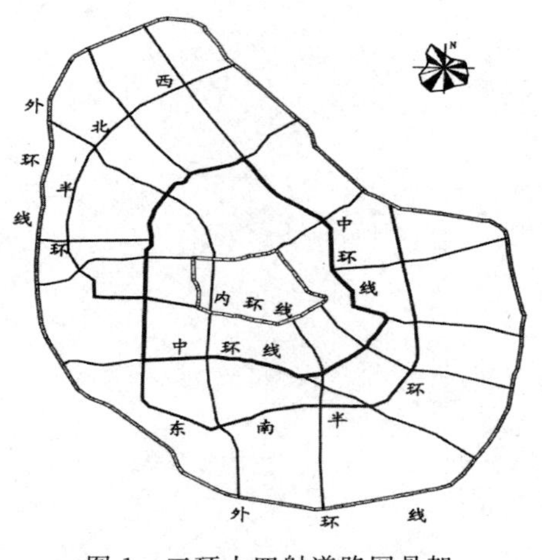

图 1　三环十四射道路网骨架

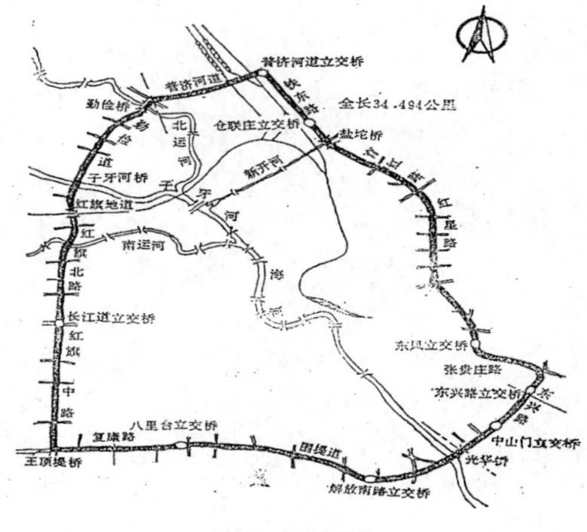

图 2　中环线

1.2 中环线西半环工程

1985 年，中环线西半环工程率先启动。中环线设计车速为 60km/h；西半环为三幅式断面，6m 人行道—6m(8m)非机动车道—2m 分隔带—22m(18m)机动车道—2m—6m(8m)—6m，共 50m；东半环为四幅式断面，5m 人行道—6m 非机动车道—1.5m 分隔带—12m 机动车道—1m 中央带—12m—1.5m—6m—5m，共 50m。

1.3 八里台建立交桥

八里台立交桥，位于中环线与卫津路交叉口处，是天津市中环线上重要的交通枢纽之一，是“彩虹”上的明珠，也是天津的首座城市互通式立交桥。

八里台路口相交道路路面较窄，旧路宽 12～14m，路口为红绿灯控制，路口机动车总量达 922veh/h (1567pcu/h)（见图 3、表 1），高峰时非机功车 16611veh/h（见图 4、表 2）。由于旧路窄，路口附近受桥梁及无轨终点站影响，车辆受阻严重，其中南、西面受阻车比例均超过 80%，经常出现 200m 以上的压车，最大排队长>250m，而根据当时的车道布置，通行能力为 1722 辆/h(pcu)，饱和度大于 1，已属阻塞状态；其他两面饱和度已接近饱和，已成为市区南部交通卡口之一。

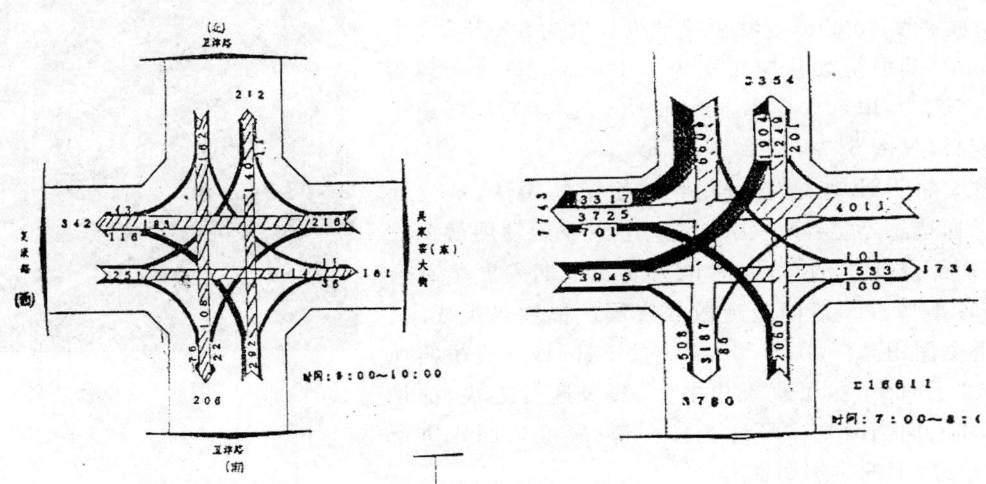

图 3　改造前机动车流量流向示意图　　图 4　改造前非机动车流量流向示意图

表 1　1984 年平交色灯路口机动车高峰小时(9:00—10:00)流量

		东口	南口	西口	北口
直	veh/h	183	140	114	108
	pcu/h	311	238	194	184
	%	84.7	47.9	45.4	66.7
左	veh/h	22	116	61	11
	pcu/h	37	197	104	19
	%	10.1	40	24.3	6.8
右	veh/h	11	36	76	43
	pcu/h	19	61	129	73
	%	15.1	12.3	30.3	26.54
单向小计	veh/h	216	292	257	162
	pcu/h	367	496	427	275
	占总口(%)	23.45	31.7	27.26	17.59
全立交合计	veh/h	922			
	pcu/h	1567			
	负荷度	0.91			

表 2 1984 年平交色灯路口非机动车高峰小时(7:00—8:00)流量

		东口	南口	西口	北口
直	veh/h	3725	1249	1553	3187
	%	92.87	60.63	39.17	48.26
左	veh/h	86	701	1904	101
	%	2.1	34.03	48.02	1.53
右	veh/h	201	100	508	3317
	pcu/h	5.01	4.85	12.81	50.23
单向小计	veh/h	4011	2060	3965	6604
	占总口(%)	24.15	12.4	23.87	39.76
全立交合计	veh/h	16611			

根据规划,中环线为快速干道。按 20 年发展估算,路口机动车总量将达 6914pcu/h,立交通行能力 10403pcu/h。八里台立交桥东西方向全长 847.62m,桥面高度 12.97m,南北长 495.984m,桥面高度 6.99m,现状桥梁地袱长度为 3600m,立交桥面积 $34600m^2$,其中桥梁结构面积为 $23120m^2$。设计荷载为汽—20,挂—100。八里台立交桥占地 7.4hm,设计为三层扁平状苜蓿型立交桥(见图 5),投资 2400 万元。

图 5 八里台立交

八里桥立交桥设计中,首次采用架空匝道的做法,从立面效果看给人以通透感,底层净空为 3m,是考虑今后发展微型汽车,这样可取代部分非机动车,同时也为立交远期发展留有余地,上层饱和时小型汽车可部分疏散到底层。根据景观要求,首次在立交桥上使用高杆灯。1985 年 7 月 1 日,该立交桥实现了全线通车。“当时来说,工程规模之大、建设速度之快,都是从没有过的”,“人们当时把中环线比作一道‘彩虹’,而八里台立交桥就是‘彩虹’上的一颗明珠”。

实践证明,八里台立交桥的建成使这一区域的交通拥堵得到了极大的缓解。据统计,通车后的第 2 年,由于平交路口改建立交,路口通行能力提高 6 倍(10403pcu/h),吸引了周围干路交通,使立交流量增加一倍左右,达到了 1932 自然辆/h,折合成标准车车流量 3284pcu/h,从而减轻了周围路段与路口的压力,使路口流量饱和度迅速下降(即由接近 1 下降为 0.3);车速大大提高,由 8.53km/h 增加到 47.1km/h,提高 5 倍左右(见图 6、图 7,表 3、表 4);非机动车流量 13730 辆/h,减少 2881 辆/h。

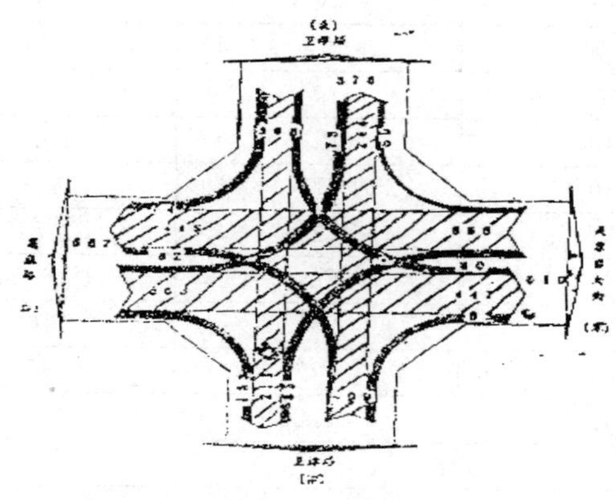

图 6 改建后机动车流量、流向示意图

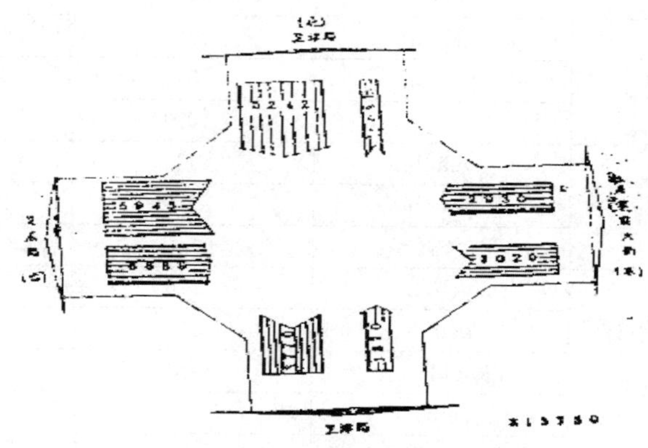

图 7 改建后非机动车流量、流向示意图

表 3 1985 年改建立交后机动车高峰小时(9:00—10:00 点)流量

		东口	南口	西口	北口
直	veh/h	413	244	447	211
	pcu/h	702	415	760	359
	%	74.4	59.7	68.5	57.8
左	veh/h	83	82	73	80
	pcu/h	141	139	124	136
	%	15	20	11.2	21.9
右	veh/h	59	83	133	74
	pcu/h	100	141	226	126
	%	10.6	20.3	20.4	20.3
单向小计	veh/h	555	409	653	365
	pcu/h	943	695	1110	620
	占总口(%)	28	21.16	32.09	18.9
全立交合计	veh/h	1982			
	pcu/h	3284			
	负荷度	0.32			

表 4 1985 年改建立交后非机动车高峰小时(7:00—8:00)流量

		东口	南口	西口	北口
进口	veh/h	2930	1670	3888	5240
	占总口(%)	21.34	12.16	28.31	38.16
出口	veh/h	2020	5770	5843	97
	占总口(%)	14.71	42.02	42.56	0.71
全立交合计	veh/h	13730			

2 20 世纪末中心市区交通结构发生质的变化

随着城市扩大交通量的增加,大城市道路客、货运交通组织随之调整,中心市区货运车辆逐渐外移,中心市区的道路交通结构发生了质的变化。天津中环线西半环 1985 年与 1998 年二次交通调整数据显示:①路段机动车平均断面流量增长迅速,1985 年平均为 977veh/h,1998 年增至 3775veh/h,其中摩托车流量增加近 6 倍,占机动车总量 8.5%;②非机动车平均断面流量增长不大,由 9123veh/h 增至 12630veh/h,仅增 0.38 倍;③车种组成发生了质的变化,货车、大车的平均流量比例分别由原 68.7%、47.9%下降为 13.4%、6.6%,客车、小车的平均流量比例分别由原 31.3%、52.1%上升为 86.6%、93.4%,即车种由以货车、大车为主而转变为以客车、小车为主。

3 21 世纪的八里台立交桥

八里台立交桥不仅承载了天津城市建设的荣耀,更在津城人们心中保有一份特殊的感情。如今,位于和平区、河西区和南开区交界处的八里台立交桥依然是全市最繁忙的立交桥之一。

根据交通流量调查资料,1998 年、2004 年、2010 年八里台立交桥机动车流量总量分别达到 9836pcu/h、10414pcu/h、14420pcu/h(见表 5~7)。立交东向路段非机动车高峰小时流量为 23902veh/h;立交西向路段非机动车高峰小时流量 12504veh/h。如今,车流量远超出其设计通行能力。面对日益增多的机动车辆,如今的八里台立交桥也显得有些“力不从心”。

表 5　1998 年立交机动车高峰小时(9:00—10:00 点)流量

		东口	南口	西口	北口
直	pcu/h	1774	1432	1690	1464
	%	73.35	56.33	63.06	67.72
左	pcu/h	340	932	541	303
	%	13.87	36.66	20.19	14.01
右	pcu/h	338	178	449	395
	%	13.78	7	16.75	18.27
单向小计	pcu/h	2452	2542	2680	2162
	占总口(%)	24.92	25.84	27.25	21.98
全立交合计	pcu/h	9836			
	负荷度	0.95			

表 6　2004 年立交机动车高峰小时(9:00—10:00)流量

		东口	南口	西口	北口
直	pcu/h	2072	1390	2472	1392
	%	72.35	52.13	77.5	76.99
左	pcu/h	376	1060	264	196
	%	13.7	39.76	8.26	10.84
右	pcu/h	296	216	460	220
	%	10.79	8.1	14.39	12.17
单向小计	pcu/h	2744	2666	3196	1808
	占总口(%)	26.34	25.6	30.69	17.36
全立交合计	pcu/h	10414			
	负荷度	1.0			

表 7　2010 年立交机动车高峰小时(9:00—10:00)流量

		东口	南口	西口	北口
单向小计	pcu/h	3335	5099	2808	2205
	占总口(%)	23.13	35.36	19.47	15.29
全立交合计	pcu/h	14420			
	负荷度	1.386			

为充分发挥老设施作用,2013 年对八里台立交桥进行了 12 项大修,包括更换 F 线第 20 跨损坏 T 梁、更换全桥地袱、T 梁翼缘板维修、改性沥青伸缩缝更换为钢伸缩缝、桥梁碱蚀混凝土维修、T 梁横隔钢板补焊、局部桥面混凝土维修、桥梁铰缝混凝土维修、桥台盖梁裂缝修补、钢伸缩缝混凝土裂缝修补、更换支座和增设限高架等。

此次维修加固工程中最重要的工程就是将复康路主桥跨越卫津路主桥的第 20 跨 10 片 T 梁全部拆除更换。新梁采用后张预应力 T 梁,更加坚固,同时高度由原有的 1.3m 缩减到 1.2m,给桥下原有的 4.5m 净高又增加了一定的空间。

同时对八里台立交桥下环岛及辅道进行改造,调整底层交通组织,将原有的环岛交通,改为交通信号灯控制,车道施画标线,减少车流交织现象。通过拆除绿化来减小环岛面积及利用桥跨,增加桥下信号灯路口面积;拓宽进出口车道的宽度,增加桥下信号灯路口通行能力。目前桥下机非混行车道宽 8~10m,缺少交通画线标志和信号灯。通过桥下辅道渠化设计拆除部分绿化及桥下铺装,拓宽进出口车道(见图 8)。

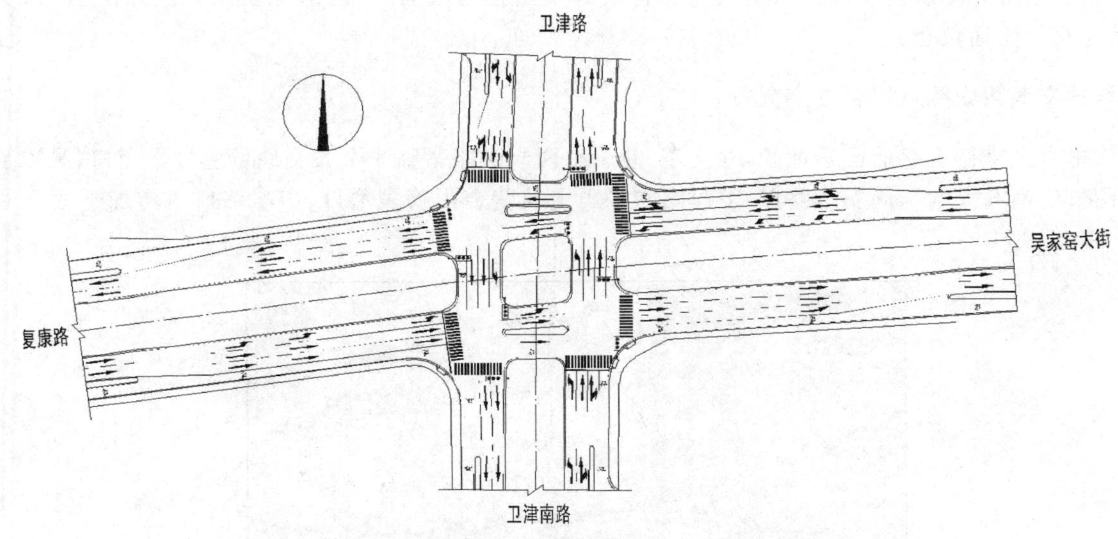

图 8　拓宽进出口车道

在立交外新增右转地面道路作为右转专用车道(见图 9)，复康路右转利用现停车场道路作为右拐专用车道(见图 10)，提前分流右转交通。将各方向右转交通引出立交范围，减小桥下环岛交通压力。新增 9m 宽机非混行车道，2m 宽人行道。

图 9　路面示意图

图 10　路面示意图

通过以上改建，有效改善了桥下机动车通行的效率：①八里台立交桥下色灯路口的交通事故、交通拥堵报警数由改造前日接警量 20 余起下降到一周接警仅为 1 起；②高峰时段通过八里台桥下信号灯路口的通行时间由 5～10min 缩减至 1～3min，通过路口一般不超过 2 个信号周期，路口通行效率得到明显提高；③通过增设交通信号灯并优化配时，路口通行秩序明显改善，各方向非机动车、行人通行安全得到了有效保障，车辆通行效率和安全性明显提升，赢得了群众的广泛赞誉，取得了良好的社会效果。

4　八里台立交“延年益寿”措施

八里台立交自 1985 年建成，经历了初期、中期、晚期，通过结构大修及底层交通改造，总体质量状况良好，为老设施提供了“延年益寿”的条件。虽然已过设计年限，但没有必要全部拆除重建。

4.1　通过调整立交口相交道路的等级及功能为立交减负

(1)立交东西向道路复康路、吴家窑大街是 2003 年版“4 个 2”的快速路系统中南一，南北向卫津路为西纵快速路。

(2)2009 年深化完善中心城区快速路网，促进中心城区及外围地区一体化发展，通过“路网完善、系统挖潜、综合协调”等方案，将南横西纵中段降级为主干路，形成了“两环＋十字＋放射线”快速路系统，复康路、吴家窑大街、卫津路降级为主干路，八里台立交桥的等级由枢纽改为一般，避免了快速交通的引入，从而大大减轻了立交的交通负担。

4.2 科学的交通组织给八里台立交减负

（1）八里台立交桥上交通已达饱和，立交东、北、南、西向引路紧临 3 个大交通量色灯平交口（吴家窑大街与气象台路口、南开大学与同安道路口、卫津路与平山道及紫金山路多岔口、庆丰路口），增加了立交通行难度（见图 11）。

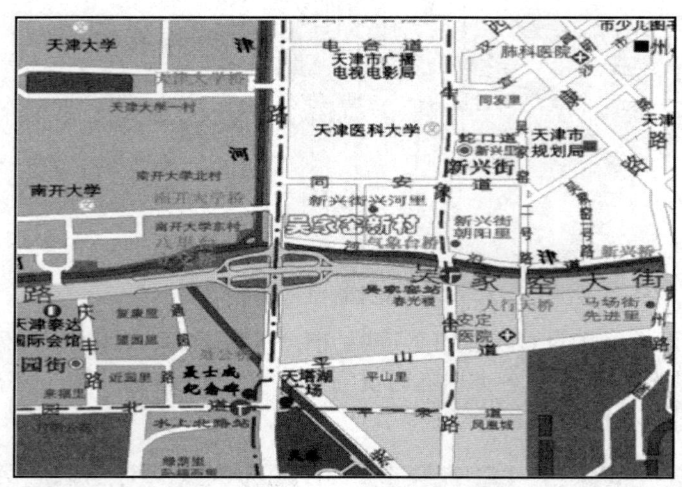

图 11 八里台立交桥

（2）科学的交通组织。29 年的交通流向数据显示，南口左拐及西口右拐这一对转向交通量一直较大，保持着主流特点，可利用西口庆丰路分流西拐南的右拐交通流，北口南开大学及同安里口禁止左转交通，吴家窑大街与气象台路口禁止南口左拐交通流，卫津路与平山道及紫金山路多岔口禁止平山道左拐及卫津路下桥左拐平山道及紫金山路的交通流，利用周边道路合理分流流量，控制减少进入立交的交通量，减轻立交交通负荷度。

通过以上交通组织，控制流量在立交桥能承受的通行能力范围内；通过给其减负，确保其安全使用，让八里台立交桥"延年益寿"。

4.3 建 议

（1）中心市区环线上设计互通立交，在环线方向上，立交桥应跨越临近立交的交通量大的主干路平交路口，立交引道应设于交通量较小的次干路处。

（2）中心市区两个主干路相交的交叉口，若交通量达到设立交的条件，尽量修建主线跨越，桥下保持色灯路口的菱形立交形式。

参考文献

[1]张欣红，朱兆芳．缓解天津交通拥堵的研讨[C]//2013 城市道桥与防洪全国技术论坛论文集，2013.

[2]朱兆芳．天津市中环线工八里台立交设计总结[C]//一九八六年道路立交工程及弯坡斜桥学术讨论会论文集，1987.

区域性高速公路网智能交通系统建设框架分析

陈　权　张玉鹏

（天津市公安交通管理局交通工程科学技术研究所，天津 300040）

摘要：本文介绍了以区域性高速公路网为背景的智能交通系统建设框架，在分析国内外现状的同时，针对实际的运营管理需求，提出区域性高速公路网智能交通系统建设的原则、系统框架、系统之间的关系及功能需求，以及系统能够运营所需配套的其他实施条件，最后给出了系统实现的方法与步骤，为智能交通系统服务于高速公路网提供了科学的方法和依据。

关键词：高速公路网；智能交通系统；框架；分析

近年来，随着我国交通运输需求的不断加大，我国高速公路的建设单程每年都在大幅度攀升，《国家高速公路网规划》的出台，极大地促进了国家高速公路网的建设和形成。在规划的指导下，各省市相继编制了本地区的“高速公路网规划”，高速公路网正在以各省市为结点，向国家高速公路网形成。以北京市为例，目前全市已形成五环高速公路、六环高速公路、八达岭、京承、机场高速、京哈、京沈、京津塘、京开、京石，机场北线两个主要环路和 9 条向外放射的高速公路网络，完成了北京市高速公路网规划总量的 50%左右。北京市高速公路在连通北京市与远郊区县及外省市，承载北京市繁重的交通任务中，发挥着重要的支撑作用。

高速公路网的快速形成，不仅给公众出行带来了极大的便利，同时对为出行者提供的服务和质量也提出了更高的要求。如何通过建设适合区域性高速公路网的智能交通系统，提高高速公路网的服务水平，增强道路的快速通行能力，缩短紧急事件响应时间以及增强路网对突发事件的决策和应对能力，对各高速公路管理部门显得尤为重要，需求十分迫切。

1　国内外现状

1.1　国外主要现状

与智能交通系统的发展历程相似，高速公路智能化也是率先由欧美等发达国家提出的。日本、美国以及欧洲等发达国家和地区的高速公路修建得较早，并已经形成较为完善的国家高速公路网体系，通过运用 ITS 技术，全面完成系统建设以及在体制方面的变革。目前，某些欧美国家的高速公路网已经实现智能化交通运营管理、信息服务以及全方位的应急响应系统。建立服务于区域性高速公路网的智能交通系统，已经是高速公路智能化发展的主要趋势。

欧洲各国的高速公路管理通过智能化和信息化技术的应用，已基本实现了网络化和区域一体化。据世界公路网报道，德国的高速公路建设已经饱和，大部分路段日趋拥挤，德国解决交通拥堵的经营理念不是修建新的道路，而是对现有道路进行改造和挖掘潜力，主要措施是交通智能化，以智能化来提高道路通行能力，使道路使用者安全、舒适和高效。如德国的 A9 高速公路建设了 100 处信息设备点，紧急停车道开放为临时行车道，从而使每小时最大车流量增加了 1500 辆，大大提高了效率。德国高速公路部分路段还采用了智能速度指导系统，在不同情况下灵活调整最高限速，使事故发生率降低了 30%。

美国的高速公路发展历史较长，至今已有 50 多年的历史。公路网的主要特点是单程长、线路多、车流量大、交叉路口多。对于如此庞大的高速公路网，美国各州的交通管理规划是通过建立整合性的系统，开发高速公路网智能交通系统，使交通管理、监察和控制达到最佳效果。管理部门科学地提出系统功能需求，由各州政府和管理部门共同运作，技术部门负责开发，通过功能、技术和组织整合，将 ITS 形成一个整合性的系

作者简介：陈权，男，学士学位；张玉鹏，男，硕士研究生，研究方向为软件工程。

统，政府和交通管理部门之间，州际交通管理部门之间共享系统数据信息，以解决交通监察和控制遇到的问题。

日本高速公路智能交通系统建设主要集中于车载导航系统（VICS）和电子不停车收费系统（ETC）。日本的道路车多而不乱，路上安装有诸多监测器和雷达，随时监控道路情况和采集信息，驾驶员可通过可变情报板获取即时的道路信息。车载电子地图已广泛使用，有多家公司开发新产品，用户可在网上下载购买。电子地图可通过卫星天线、微波、电视载波机、电话地址等多种渠道接收信息，使用电子地图，人们可以准确查询地址、气候、环境及计算拥堵时间等。2005 年底，日本的 ETC 车道就已超过了 10000 条，ETC 已在日本全国范围内普及。与此同时，日本在高速公路的紧急救援系统、监控系统的研究、开发和应用也已处于世界一流水平。

1.2 国内主要现状

随着我国各省高速公路建设的步伐加快，适用于高速公路管理的智能交通系统也在逐步建设，交通监控系统、信息发布系统以及服务于救援车辆的 GPS 路政车辆定位系统等都在不同的省份、不同路段中使用。但是，上述系统多数服务于单一的高速公路或路段。经济发达的长三角区域，也是高速公路最密集的地区，各类智能交通项目建设的应用速度日益加快，该区域高速公路的智能化系统建设已经从适用于单条高速公路的智能交通系统向区域性高速公路网智能交通系统建设发展。江西、福建、上海等省市都对本地区的高速公路网智能交通系统建设进行了规划，在规划建设的智能交通系统中，提高交通监控水平、增强为公众出行服务及紧急事件的快速响应和专家决策系统成为规划的重点内容。

江西省交通厅在全省各高速公路建设了道路监控系统、交通诱导系统、超速抓拍系统和卡口拦截系统，以进一步提高对高速公路的管控能力，提升路政执法效果，减少交通事故死伤人数，以便更好地服务广大司乘人员。在完成以上 4 个系统建设后，将建设省一级的交通监控中心，实现对全省高速公路网的监控和管理，解决各高速公路公司信息不共享、不能形成联动和路网协调控制，系统智能化水平低等问题。目前，该系统已在南昌市周边地区高速公路完成了试点工程建设。

江苏省已经实现了省、市、县三级互联，应用了车辆通行费管理系统、高速公路联网收费系统、监控系统、气象检测系统以及基于 GIS 的省市县三级公路养护管理系统、路政管理系统等，实现了全省高速公路联网收费。

目前，国内高速公路网智能交通系统建设的最大子系统为京津冀和长三角区域的高速公路联网不停车收费系统。京津冀和长三角为两个区域的北京、天津、河北、上海、江苏、浙江、江西、安徽八省市，分别实施跨省市的联网不停车收费政策。

2 高速公路网智能交通系统建设框架分析

区域性高速公路网智能交通系统建设框架分析，以高速公路网运营、管理和服务的需求为出发点，重点分析路网环境下智能交通系统建设的原则、系统的总体构成及各部分的主要功能，系统实现的步骤和配套设施，从而形成一个完整、规范的智能交通系统建设框架。

2.1 建设原则

高速公路网不同于单一高速公路，为适应路网系统的整体需求，所建设的智能交通系统必须具备强大的技术支持能力，在系统的建设过程中既存在原有系统的整合，又面临新系统的开发和建设。因此，系统建设过程中要采用合适的技术和设备，既避免浪费，又能够支持不同区域规模的高速公路网运营管理需求。

系统在建设过程中，无论是原有系统的整合，还是新系统的建设，技术方案及设备的选择应具有良好的互操作性和兼容性，具备进一步升级扩展的能力，遵循国际及国内的相关标准规范，实施开放性原则。

系统的建设需求应着眼于全局性，以区域性路网的综合需求为基础，采取"自下而上"和"自上而下"相结合的技术方案，实现智能交通系统建设。在技术手段上，首先，应破除各高速公路"信息孤岛"；其次，建立多源异构数据或信息流的无缝连接，无障碍流转。

系统开通后，系统维护工作将是一项长期而艰巨的任务。因此，系统设计过程中要尽量采取易维护的通用化、模块化设计,提高系统及设备的自检能力。系统设计应注重与城市交通管理系统、金融系统等的兼容,具备业务层面上的互操作能力。

总之,建立一个高效、精简、开放、兼容的区域高速公路网智能交通系统,对于提升高速公路网的管理水平、服务质量,增强路网的安全性和可靠性具有重要意义。

2.2 系统的总体构成及主要功能

区域性高速公路网智能交通系统的总体构成重点包括:路网基础设施的智能化管理、基础数据的自动采集、交通监控与管理、路政养护的智能化管理、跨区域的电子不停车收费、交通信息服务、高速公路的应急处置、高速公路智能化管理的共用信息平台以及基础的通信平台等,这些系统是区域高速公路网高效运营的基本组成。

(1)区域高速公路网控制总中心

控制总中心是区域高速公路网管理的核心,主要功能是在路网内各条高速公路之间以及各业务系统间进行协调和处理,尤其在紧急事件发生时,将起到核心的调度指挥作用,是区域高速公路网的最高管理机构。在系统的运行过程中,该中心发挥内外连接的作用,一方面接受公众的信息反馈,另一方面向公众发布及时准确的路网内道路交通状况和周边交通信息。

(2)区域高速公路网智能交通管理共用信息平台

共用信息平台是区域高速公路网智能交通管理系统的主要业务平台,同时也是各业务系统进行信息交换,实现数据共享的基础平台,该平台将各系统上传的数据进行处理、分析,形成有用、有效的信息再返回内部各业务平台,与外界交互的信息通过公众信息服务系统和紧急事件应急响应及专家决策系统向公众发布。

为公众服务的信息通过公众信息服务系统向外界发布,道路使用者可通过路上的可变信息情报板、网站、路侧广播、车载设备等多种方式在第一时间获得路网的道路交通信息,在紧急事件或拥堵状态下,控制中心将准确地发布路况、天气、事故、道路关闭情况、周边路网的交通状况等,有效的信息发布有利于驾车者提前选择行车路线。

(3)区域高速公路网智能交通管理系统的通信平台

根据目前我国高速公路建设的特点,在现有各高速公路光纤通信网络的基础上,建立应用于区域高速公路网智能交通系统的专有通信网络,该网络重点传输来自信号源和目的地之间的数据或信息的上传下达,在一些光纤通信网络不完备的地方,可以通过公网使两种网络互为共存,共同服务于高速公路的各个智能交通系统。

2.3 系统实现的技术和方法

区域高速公路网智能交通系统的实现,需要大量的技术及其所提供的功能。《智能交通系统手册》以信息链的形式给出了车载和路侧设施分别使用的技术,虽然这不能够完全表达该系统能够实现的所有技术方法,但是在一定程度上给出了信息流转所需的技术和方法,对于区域高速公路网智能交通系统的实现具有非常重要的借鉴意义。

3 配套条件及政策分析

实现区域性高速公路网的智能化管理,除了必要的软硬件系统建设外,还需要建立适合区域化路网管理的运营体系和管理体制。在高速公路的收费、养护和路政等主要业务的运营过程中,要依据高速公路网的特点建立能够充分发挥智能交通系统效率的营运模式和管理模式,以适合高速公路网运营管理模式下的整体调用。如北京市以50km为区域半径建立收费工区、路政巡查及养护工区,工作人员可在各类紧急事件发生后的最短时间内到达现场。以区域为单位进行业务的划分,消除了线性规划的弊端,使应急处理的范围增大,同时也提高了劳动效率,是一种较为合理的、适用于路网管理的运营模式。

在以区域高速公路网为整体运营管理的前提下,为保护道路提供者和使用者双方的利益,必须制订相应的政策、法规以保证合法者的权益,惩治不合法者的行为。在不同运营实体、不同运营管理模式、运营体制的整合过程中,也只有通过一定的政策法规才能保证各方的均衡利益。因此,政策是实现区域高速公路网络化管理的重要保障，但是政策的制订需要全面而均衡地考虑各方的影响要素。

4 系统实现的方法和步骤

目前，我国的高速公路网正处于建设高峰期，根据《国家高速公路网规划》预计，到 2020 年我国的高速公路将达到 80000km，基本完成国家高速公路网的建设，从而基本适应国民经济和社会发展的需要。与城市交通管理系统相比，高速公路智能化系统的建设仍相对落后。因此，在此种情况下进行区域性高速公路网智能交通系统建设，需要统筹规划、分步实施，并采用“自上而下”和“自下而上”相结合的方式实现。对于已经实现的部分智能交通系统进行整合，宜采用“自下而上”的方法；对于规划中建设的智能交通系统，要根据“国家智能交通系统体系框架”，采用“自上而下”的方法设计系统的整体架构和建设，以保证各系统的互联互通和整体系统的兼容性，为今后全国范围内的大区域高速公路网智能交通系统建设预留扩展空间和标准接口。

系统实现的步骤分两个阶段，分别是区域高速公路网智能交通系统发展的研究与规划阶段、基础设施建设与完善阶段。相关标准与规范、管理体制、政策与法规、投融资机制等方面的建设与高速公路网智能交通系统建设同步进行，并为其发展提供支撑作用。为使区域高速公路网智能交通系统在全国范围内尽快实施，建议在经济发达地区的高速公路网进行示范工程，从而为我国高速公路网智能交通系统的建设和发展提供宝贵经验和示范效应。

5 结　语

以区域性高速公路网为背景进行的智能交通系统建设，对于改善以往线性智能化管理的高速公路服务水平和运营效率，具有十分重要的作用和意义，并已成为我国高速公路智能化发展的主要趋势。在目前建设的探索阶段，各类异构系统的整合在技术上是容易实现的，但是与管理体制、运营模式相关的联动机制的建立仍需较长时间完善和成熟。

参考文献

[1]张云涛，龚玲，国家高速公路网规划[R]. 交通运输部，2004.

[2]杨晓光，储浩. 高速公路管理信息化与智能化及长三角应对策略[J]. 上海公路，2006.

[3]唐泽圣，等. 江西省高速公路智能交通管理与控制系统建设[R]. 江西省交通厅，2008.

[4]马应章. 国家高速公路联网小停车收费和服务系统[R]. 交通部公路科学研究院，2006.

[5]土笑京，沈鸿飞，等. 中国智能交通系统发展战略[M]. 北京：人民交通出版社，2007.

[6]陈十，土笑京. 智能交通系统手册[M]. 北京：人民交通出版社，2007.

高速公路交通电子卡口系统建设研究

程　铎

(天津市公安局交通管理局科研所,天津 300040)

摘要:为动态掌握高速公路交通状况,服务于公安实战,以追缉交通肇事逃逸、打击盗抢机动车等严重危害人民群众人身和财产安全的刑事案件为目标,为公安业务提供全面、准确的侦破依据,京沪高速交通电子卡口系统建设启动。卡口系统通过其前端数据采集设备与网络技术相结合,形成道路管控智能化网络系统,提升道路动态管控能力。本文以京沪高速天津段交通电子卡口系统建设为例,对高速公路交通电子卡口系统建设进行相关研究。

关键词:高速公路;电子卡口系统;研究

1　建设背景

1.1　交通现状

为动态掌握高速公路交通状况,服务于公安实战,以追缉交通肇事逃逸、打击盗抢机动车等严重危害人民群众人身和财产安全的刑事案件为目标,为公安业务提供全面、准确的侦破依据,京沪高速交通电子卡口系统建设启动。该系统通过其前端数据采集设备与网络技术相结合,形成道路管控智能化网络系统,提升道路动态管控能力。

京沪高速公路是我国港、澳、台地区外第一条全线建成高速公路的国道主干线,是“八五”计划中“五纵七横”和“两纵两横”3个重要路段中的一条,同时也是国家高速规划(7918网)中一条纵向主干线。起点北京,途经天津、河北、山东、江苏,终点是上海,全长1262km,全封闭,全立交,全线大部分为三车道,局部为四车道。京沪高速公路天津段起于天津武清区京沪高速56km处,止于天津静海区147km处,天津段主线和联络线全长91km。

根据京沪高速交通安全管理和公安工作的实际需求,将高速公路交通电子卡口系统信息集成到交警指挥中心平台上,将卡口数据纳入统一管理,实现系统的计算机网络化处理、信息共享和综合利用。

1.2　设计依据

京沪高速交通电子卡口系统所涉及的设计标准、规范,产品标准、规范,工程标准、规范,验收标准、规范,均应符合国家有关标准及规范,并保证达到或优于国家规定的相应标准。

(1)《中华人民共和国道路交通安全法》2004.5.1

(2)《中华人民共和国公共安全行业标准》GA/T 497—2004

(3)《交通管理信息系统建设框架》公安部

(4)《闯红灯自动记录系统通用技术条件》GA/T 496—2009

(5)《公路车辆智能监测记录系统通用技术条件》GA/T 497—2009

(6)《道路交通安全违法行为图像取证技术规范》GA/T 832—2009

(7)《机动车号牌图像自动识别技术规范》GA/T 833—2009

(8)《公安交通指挥系统建设技术规范》GA/T 445—2010

(9)《公安交通指挥系统工程建设通用程序和要求》GA/T 651—2006

作者简介:陈铎,男,法学本科。

(10)《公安交通管理外场设备基础施工通用要求》GA/T 652—2006
(11)《视频安防系统技术要求》GA/T 367—2001
(12)《视频安防监控系统技术要求》GA/T 367
(13)《公路车辆监测记录系统通用技术条件》GA/T 497—2009
(14)《道路交通安全违法行为图像取证技术规范》GA/T 832—2009
(15)《机动车号牌图像自动识别技术规范》GA/T 833—2009
(16)《社会治安动态视频监控系统技术规范》DB 33/T502
(17)《跨区域视频监控联网共享技术规范》DB 33/T 629—2007
(18)《交通电视监视系统工程验收规范》GA/T 514—2004
(19)《交通电视监视系统验收规范》GA/T 509
(20)《公安交通指挥系统工程设计制图规范》GA/T 515
(21)《民用闭路监视电视系统工程技术规范》GB 50198—94
(22)《机动车测速仪》GB/T 21255—2007
(23)《建筑物电子信息系统防雷技术规范》GB 50343—2004
(24)《智能建筑工程质量验收规范》GB 50339—2003
(25)《建筑电气工程施工质量验收规范》GB 50303—2002
(26)《光缆通信系统传输性能测试方法》GB/T 14760—1993
(27)《光纤通信系统通用规范》SJ 20552—95
(28)《波分复用光纤通信系统通用规范》SJ 20855—2002
(29)《粗波分复用光收发合一模块技术要求和测试方法》YD/T 1351—2005
(30)《电信网光纤数字传输系统工程施工及验收暂行技术规定》YDJ 44—89
(31)《中华人民共和国电子行业标准——LED 显示屏通用规范》SJ/T 11141—2003
(32)《LED 道路交通诱导可变标志》GA/T 484
(33)《电子计算机机房设计规范》GB 50174—2008
(34)《高速公路能见度监测及浓雾的预警预报》(中华人民共和国气象行业标准 QX/T 76—2007)
(35)《高速公路隧道监控系统模式》GB/T 18567—2010
(36)道路交通气象环境能见度检测器 JT/T 714—2008

2 建设原则

京沪高速交通电子卡口系统建设在高速主线路段,陈官屯站口里口外 131km 处,通过全天候监控车道过往每一辆车辆,获取通行车辆的详细信息,以及捕捉到的车辆驾驶室前排司乘人员的面部信息和车辆的前部信息,可以实现车牌、车型等特征信息的自动识别,对套牌、假牌、故意污损遮挡车牌、不按规定使用车尾转向灯等违法行为取证。并且,通过信息平台软件对货车货物情况、挂车情况、摩托车尾部号牌等图像信息的获取,可以实现卡口信息入库、区间检测、盗抢等黑名单车辆报警,以及对高速公路主线警务工作站发布的到达车辆的提前预警,LED 显示屏告知当事人违法事实及相关处罚决定,为公安机关侦查破案、打击防范违法行为、行政管理等工作提供强有力的保障。

3 系统构成

京沪高速交通电子卡口系统由前端抓拍设备、网络传输设备、中心管理设备构成(见图 1)。前端抓拍设备包括高清摄像机、补光灯、工业级卡口控制主机(检测单元)、龙门架及配套工程。中心设备包括服务器和管理终端,卡口软件系统。

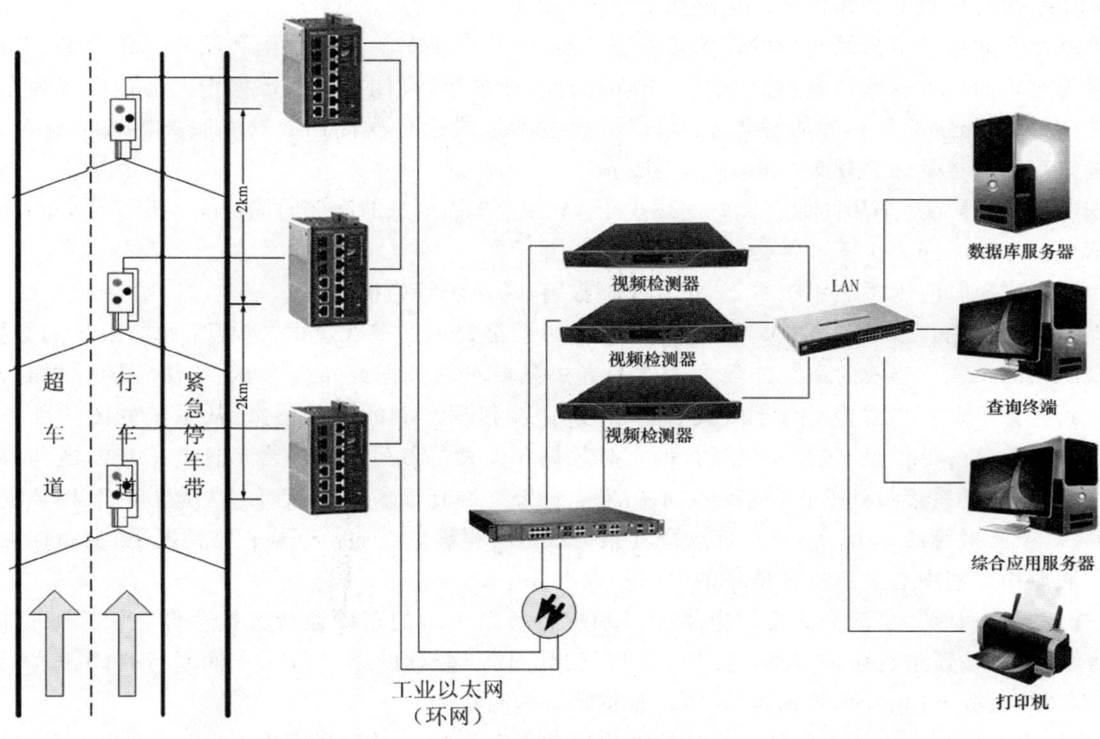

图1 系统总体结构

4 系统功能

(1)车辆捕获及测速功能。京沪高速交通电子卡口系统采用视频检测方式,车辆通过卡口即产生触发信号,车辆检测的响应速度小于5ms,车辆捕获率大于98%。系统在抓拍的同时可以检测通过车辆的速度。在拍照的同时能测定车辆的行驶速度,在5～100km/h的车速范围内,误差不超过-6～0km/h,100km/h以上的车速误差不超过-6%～0%。

(2)车辆抓拍及驾乘人员人脸辨别功能。车辆通过卡口时,系统能准确拍摄一张车辆全景图像,并通过光纤将图像传输至存储区,同时后台系统将车辆通过的信息写入相关数据库,并在图像中清晰地标明车辆通行数据,如时间、地点、车速、方向等。

高清摄像机所抓拍的图片,采用JPEG格式压缩,分辨率不低于1360×1024ppi。图片不仅能清晰地反映车辆特征,还能清晰地辨别驾驶人脸像。系统对驾驶人脸像的捕获率大于90%。在环境无雾天气下,对监控区域内规范行驶的车辆,能清晰地看见车辆头部所有特征、车内驾驶员、副驾驶位置情况、车辆全景图像、车辆类型、车辆颜色和所载货物等。

采集到的车辆图像文件应根据需要,增加防篡改功能,实现方式是在图片上增加特殊的水印,以证明此图片出自相关的权威部门,未经篡改。

(3)车辆号牌自动识别功能。京沪高速交通电子卡口系统可根据车辆图片,完成对车辆特征的判断。结合触发机制,系统可提供车辆行驶方向、速度、经过时间、地点、车牌颜色、车辆类型、车牌号码等基本信息。

牌照自动识别系统需具备对民用、警用、军用、武警、2002个性化等汽车、计算机自动识别能力,所能识别的字符包括:①"0—9"10个阿拉伯数字;②"A—Z"26个英文字母;③省市区汉字简称(京、津、晋、冀、蒙、辽、吉、黑、沪、苏、浙、皖、闽、赣、鲁、豫、鄂、湘、粤、桂、琼、川、贵、云、藏、陕、甘、青、宁、新、渝、港、澳、台);④军用车牌汉字(军、空、海、北、沈、兰、济、南、广、成);⑤号牌分类用汉字(警、学、领、试、挂、境、港、澳、拖、农);⑥武警车牌字(WJ、0—9、消、边、水、警、电、林、通)。

(4)通信传输功能。前端卡口点位设备通过光纤传输,以光纤接入交警大队指挥中心机房,实现将采集到的车辆信息(包括车辆图片、经过的时间、速度、行驶方向、是否违章、超速等信息)发送到中心系统,中心系统服务器做进一步处理,再通过公安专用网络接入市交管局指挥中心做进一步调查取证处理。

(5)信息记录存储功能。前端系统捕获的图片采用JPEG压缩形式保存,并与识别数据相对应关联。中心综合应用系统可根据业务需求定义信息保持数量和时间。

京沪高速交通电子卡口系统中的存储转发服务器，能够提供车辆通行数据和图片自动存储、上传功能。存储内容为车辆通行数据的信息，包括路口、方向、时间、速度等，存储在关系数据中。上传内容为车辆实时通行图片，存储在指定的数据库服务器上，用户可通过本地或远程连接到数据库服务器进行查看和管理。图片的具体存放路径及命名规则按相关标准执行。

数据的备份期限为：车辆图像存储时间不少于 180 天，车辆信息的存储时间应不少于 2 年，布、撤控信息及报警信息的存储时间不少于 3 年。

(6)自动报警功能：①黑名单报警，②布控车辆报警，③违法行为报警。

以上 3 种情况的告警处理方式类似，依赖系统实时采集处理的基础数据，需要原始的采集的数据，即告警数据最原始的来源。当实时采集的数据中发现有黑名单车辆数据或布控车辆、违法车辆数据时，将相关信息发送到告警平台。当告警平台接收到告警信号后，会根据车辆的相关信息，从系统的图片服务器和数据库中取出相关的各种信息，包括车辆通行的实时数据和图片。然后告警平台将这些信息发送到各个告警终端上，告警终端再将接收到的告警信息显示出来。告警终端有很多种，包括 LED 诱导屏、实时告警客户端(应用程序)、声光报警器、GIS 等，从而实现现场报警或远程报警。在通信网络正常情况下，从布控的车辆经过前端车辆抓拍点到中心发出报警信息的时间不大于 6s。

(7)查询统计功能。京沪高速交通电子卡口系统将每个卡口的车辆通行数据存储在关系数据库中，可供用户查看，也可按需进行条件查询，并进行数据导出。用户查询的条件包括车辆通行时间、车辆类型、卡口(路口)名称、行驶方向、号牌号码等，还可以根据需要进行扩展。

(8)违法查询功能。系统将每个卡口的违法告警数据存储在关系数据库中，可以供用户查看，也可按需进行条件查询，并进行数据导出。用户查询的条件包括车辆通行时间、行驶方向、卡口(路口)名称、车辆类型、违法类型、号牌号码、车道编号等。

(9)布控或撤控功能。系统能将布控内容添加到系统布控车辆名单实现布控：能对已布控内容实现撤控，能注明布控或撤控的原因，布控或撤控的责任人，能提供超过布控截止日期自动撤控的功能，能响应各级联网系统集成管理平台的布控或撤控指令，能实现分级布控或撤控。

系统将每个卡口的布控(黑名单)告警数据存储在关系数据库中，可以供用户查看。用户也可以根据自己的需要，选择相应的条件查询自己感兴趣的数据，并将其导出到 Excel、文本等文件中。可供用户查询的条件有车辆通行时间、卡口(路口)名称、行驶方向、号牌颜色、号牌号码等，还可以根据需要扩展其他条件。

(10)统计功能：数据统计和统计报表。

数据统计：系统中提供相关的业务数据统计功能，可以选择不同的条件分别进行各种情况下的数据统计。可供选择的条件包括通行时间、号牌颜色、车辆类型。

统计报表：系统中提供相关的业务报表统计功能，可以选择不同的条件分别进行各种情况下的报表统计。可供选择的条件包括报表类型(月报、日报)、路口、违法类型、区间等，而且可以生成不同形式的报表，如 Html、Excel、PDF(可扩展的)等。

(11)设备管理、检测功能。卡口各个设备及子系统具有状态自检及故障修复功能，并将检测到的异常状态上报到系统中心平台，同时，设备本身能自动做出相应的修复工作。如设定心跳机制，当网络连接异常，设备或终端不能收到正常的心跳信息时，尝试重连服务器，直到连接上为止。如果经过一段时间还无法修复异常，则将相关的异常信息上报到服务器，管理员可在设备和终端管理页面上看到相关的异常信息，然后根据异常类型选择做出不同的动作。系统每隔 5s 刷新一次设备的状态。

系统支持设备编号、设备时钟、设备运行状态监测等设备参数配置功能。系统参数应可通过友好的人机交互界面进行现场配置。参数可以通过现场外接设备(如笔记本电脑)接口及相应的接口软件进行配置。系统参数可以在中央远程配置及获取校验，系统采取有效机制保证后台系统配置参数和现场配置参数的一致性。系统提供设备故障、设备运行状态监控、系统现场登录等信息的日志管理。系统采用精密时钟源对时钟进行校正，可接受后台的校时命令，完成校时功能。系统配备设备看门狗，对设备运行情况进行安全监测，能提高设备的抗干扰能力。系统能对设备内部故障(如板卡故障、通信故障、检测数据缺失、电源故障、无图像等)进行检测，并能实时将日志记录及监测数据上传。

(12)操作日志功能和查询功能。操作日志主要为卡口中心软件的操作日志。系统将用户在平台上的每一个操作都记录到数据库的日志信息表中，可供用户查询和查看。记录的操作日志记录的信息主要包括操作人、操作时间、操作类型(增删改查、报表、统计等)、终端 IP、备注信息。还可以通过设定不同的查询条件来查询符合条件的记录，并且可以将查询出的数据导出到 LOG 文件中。

(13)时钟同步校正功能。系统中的各个终端和子系统的时间保持与中心服务器一致，并且设定同步校正机制，隔一段时间与服务器时间比对一次，当发现有差别时，自动进行校正。

(14)权限管理功能。中心系统中默认一个超级管理员 Admin。Admin 具有超级权限，可以在系统中进行任何操作，包括各种业务操作和权限管理(建议此用户只用于权限管理)。其他用户资料可由超级管理员创建，可以根据业务需要为用户分配不同的权限。系统中包括的权限有管理员、审核员、普通用户。如果有需要，还可以对权限做相应的扩展。超级管理员可以修改任何人的资料，普通用户也可以自行修改自己的密码。系统中的密码等敏感信息都是经过加密后再传输，提高系统的安全性和可靠性。

(15)集中存储功能。卡口相关数据集中存储在交警大队指挥中心，数据存储时间满足相关标准要求，并做好相关数据备份。

(16)支持前后拍功能。京沪高速交通电子卡口系统支持前拍和后拍，支持车头车尾前后同步抓拍。

(17)车辆比对检测功能。卡口能将采集到的车辆信息与系统布控车辆名单中的布控内容进行自动比对，必要时，可与被盗抢机动车等数据库进行自动比对，当比对结果符合条件时，及时发出相关警示并发送至联网系统集成管理平台。

(18)防篡改功能。卡口采集的车辆图像通过图片加密、水印等技术，具备防篡改功能。

(19)联动功能。京沪高速交通电子卡口系统预留 GIS 系统上联接口及与监控系统的接口，提供上述系统的 SDK 开发包，确保今后实现联动功能。

(20)车辆切线抓拍功能。当车辆切线行驶时，能抓拍到切线行驶车辆的图像。

(21)前端设备防破坏抓拍功能。当前端设备遭到破坏时，前端高速摄像机能自动抓拍现场图像，实现防破坏功能。

5 结 语

京沪高速天津段交通电子卡口系统是一个高标准的管控系统，能实现高清晰度的图像采集。系统采集的车辆图像分辨率高，可清晰反映车辆的号牌、汉字、驶乘人员的脸部特征及整个车辆的全貌和细节，可为事故追查、刑事侦破等公安业务提供全面、准确的依据。同时，系统存储海量信息用于分析研判。该系统的建成并投入使用为高速公路的科学安全使用发挥了非常重要的作用。

参考文献

[1]李少明，陈冰，等.面向二十一世纪的城市交通管理——ITS 在交通管理中的应用[M].北京：团结出版社，2001.

[2]隋亚刚，等.现代化道路交通管理发展与展望[M].北京：中国农业出版社，2003.

[3]蒋秉洁，李江平，等.安全与畅通[M].北京：中国人民公安大学出版社，2004.

[4]邵杰，张春生，等.智能交通应用与发展[M].北京：群众出版社，2005.

[5]隋亚刚，张惠民，梁玉庆，等.创建和谐交通 迎接科技奥运[M].北京：中国科学技术出版社，2007.

铁路企业创新培训模式的探讨与研究

韩宝芹

（天津南环铁路有限公司运输分公司，天津 300381）

摘要：职工教育培训对铁路企业的改革和发展起着越来越重要的作用。本文分析了当前铁路企业职工教育培训的现状，针对当前培训模式存在的问题，从转变培训观念、构建科学合理的培训体系、优化配置培训资源、运用综合培训手段等方面对现代铁路职工教育培训模式提出了改进与创新的建议。

关键词：铁路；培训；创新

企业关于安全方面的管理最首要和中心的环节便是安全教育的培训环节，这一环节也是保证生产顺利安全进行的重要基础。主要围绕安全告知、安全管理要求、现场危险源、事故案例教育和安全技术操作规程展开的传统式企业安全教育培训已经无法满足现代企业的管理，要从根本上克服生产安全的问题，势必要进行员工安全意识强化管理、提高员工安全防范意识、在思想上对员工进行创新型企业安全培训。如何搞好职工全员培训工作，创造新思路和工作方法；如何加强新技术、新设备、新工艺、新规章的培训，迅速培养一支高素质、高技能的人才队伍，是这项工作在相当长的一段时期内需要解决的主要矛盾。因此，有必要对职工教育培训方法创新的原则、理念、目标、方法及特点加以探讨。

1　培训观念的创新与转变

21 世纪以来，随着现代教育学、心理学的发展，素质教育理论等对职工教育培训的改革影响深远，其中影响较大的有以下几个基本观点。

(1)要承认并尊重职工在教育活动中的主体地位，通过合作学习与师生互动，和谐地创造积极思考、探索的氛围，使职工快速获取知识与技能，从而造就具有创新思维的实用型人才。

(2)人的智能类型与智能结构是有差异的，不同智能类型与智能结构的人对知识的掌握具有不同的指向性。职工在运动智能、空间智能方面比较突出，在动手技能的掌握方面比较有优势，要充分挖掘职工的潜能，努力做到扬长避短。

(3)职工教育培训不是终结性教育，而是终身教育的一个阶段，因此对职工不能局限于一种职业能力的培养，而要关注其职业能力的不断开发，要为受教育者打下终身学习的基础。

(4)职工教育培训是一种素质教育，不仅要向职工传授知识与技能，而且应注重职工的个性发展、职业能力、创新精神与创业能力的全面培养，教会职工如何做人、如何学习和如何发展。

(5)职工教育培训是一种培养综合职业能力的教育，综合职业能力包括专业能力、方法能力和社会能力，其中方法能力和社会能力与特定的、专门的职业技能知识无直接联系，是一种可迁移的跨岗位、跨职业的工作能力。

上述观点是职工教育培训方法创新的基本理念。以此为支撑，职工教育培训方法的创新应贯彻的基本思想包括：①重视实践与应用，注重协调发展；②强调发展职工的智能；③使职工的积极性与教师的主导作用有效结合；④研究和指导职工学习方法；⑤重视职工非智力因素的培养；⑥注意智力的多元性，做到因材施教。

2　职工全员培训存在的问题

虽然大多数站段对职工的培训越发重视，无论在次数还是在覆盖面上都采用全员培训方式，如防寒过冬、人身电气化等适应性培训。但总体来看，大多数是形式大于效果，或多或少存在类似的共性问题，主要体现在以下几个方面。

(1)新技术、新设备培训滞后。在这个突飞猛进、日新月异的科技时代，技术装备的更新和使用越来越快，现实往往是新设备已经投入使用或正在使用，而使用新设备、新技术的职工靠站段业余培训几天，然后答一张卷合格就完成了，但在使用上却一知半解。

(2)教学手段、方法滞后，计算机媒体教学不广泛。当前在车务部门，运输工种的规章、标准比较全，但货运系统和军运中的规章短缺，如集装箱有关规章、零担组织计划、军运计费、付费办法等，现在仍在使用，但买不到相应教材，这对货物运输工作带来困难。

(3)认识不到位，全员培训流于形式。长期以来，人们对职工培训工作形成了“培训就是集中办班，请老师讲，出点题，学员考试”，只要把台账填写好，就可以了；致使部分人员把职工培训看成以往的办班，造成职工培训走过场，流于形式，为检查而办班，为完成上级下达的指标而办班，这种认识在部分单位领导中有，从事职教工作者中也有。

(4)重检查、轻考核，致使职工培训工作落实不力。上级主管部门对职工教育工作，虽然制定出条条框框，也多次下文督促站、段按要求进行培训，但是在实际过程中，由于铁路运输安全的重要性，对职工的培训工作，不是人员落实不了，就是时间保证不了，而上级职教主管部门到基层检查指导工作，往往只是看记录、听汇报，而忽略了对职工培训过程的检查力度，即使在检查中发现了问题，也碍于情面，点到为止，造成培训工作落实不力。

(5)全员培训网络现状及改革建议站段三级教育网都已建立，但各自作用发挥得不好，如车间、班组只是完成段教育下达的任务，主动性不够，原因在于现在车间、班组的管理内容可以说是包罗万象，哪一部门的管理要求都不少，他们没有精力和时间去抓好本车间、本班组业务素质差的职工苦练基本功。建议减少车间、班组管理内容，注重实效。

3 针对职工全员培训体制现状提出改革建议

目前铁路教育培训体制的指令性比较强，上级的要求、规定也比较全面，这样就形成了铁路培训体制上的定式，只要按上级文件、电报精神认真工作，不论哪个部门来检查都不会有大的毛病，也就不会受领导的批评。久而久之，职教工作者的工作思路也形成了一种思维定式，已不适应铁路跨越式发展的需要。铁路跨越式发展所带来的新情况、新问题、新矛盾在职工全员培训体制上，没有跟上时代发展的步伐。

(1)培训工作应有远期规划，任何企业的发展都离不开人才的培养，人才的培养更需要有远期目标。应根据各系统的实际情况和发展水平进行超前培训。

(2)培训工作要层次化。根据职工素质的高低拉开档次进行培训，避免培训内容一致，导致素质高的吃不饱，素质低的跟不上，使职工素质提高比较缓慢，但要分层次培训，首先应掌握职工技术业务的真实水平。

(3)教育培训要横向联合，教育部门在单位不是孤立存在的，要掌握铁路四新知识的发展动态就要与技术等部门建立横向联合，不能关起门来搞培训。

(4)给教育部门减少繁杂的管理工作内容，管理是必要的，但有些管理内容是不必要的，是浪费时间的、无用的劳动。现在职教人员在完成培训任务后，一头就扎进管理工作中，职教人员没有时间，了解现场需求及现场所用知识，很少掌握生产一线的作业过程，没有时间研究与现场相关知识的培训内容，不能达到理论联系实际的培训效果。

(5)职工培训工作跟着上级电报、文件走，往往是急电报、急文件，连教师对文件要求培训内容还没有找到相关的培训资料的时候，就得马上培训。在时间紧，任务急的情况下，不可能没有应付的嫌疑。

4 职教创新培训最终实现共同目标

(1)硬件建设与软件建设的有机结合

随着车站对职工教育工作的不断重视，许多高科技、高技术含量的硬件设施也将逐渐上马，软件建设也列入首要发展目标进行优先规划，多媒体教学课件、不同工种岗位培训教材、计算机自动抽考等方面的软件建设正在进行中，最终的目标就是实现硬件与软件建设的有机结合。实现这一目标，首先，要在专职教师中普及多媒体技术，激发、鼓励他们去研制、开发多媒体教学课件；其次，要在职工培训机构中构建网络教学平台，在车间、班组设置终端；最后，要在职工培训的干部中普及网络教学知识，为实现网络教学普及化和管理机制科学化做好准备。

(2)适应性培训与系统培训的有机结合

部分职工现有的技术业务基础和文化素质参差不齐，各种有针对性的适应性培训的教学效果往往不尽如人意，其根源就是在日常培训中放松了对职工的系统理论知识的培训。一些职工只有在参加工作前进行一次集中式的系统培训，相应的理论基础已无法满足现实需要，有些系统理论知识在职工的头脑中已没有多少印象，在这样的条件下进行适应性培训，效果可想而知。适应性培训对提高职工现场作业能力有很大作用，但不能用适应性培训代替系统理论培训。只有让干部职工拥有扎实的基础理论水平，并不断地进行知识的更新换代，才能不断提高干部职工适应铁路飞速发展的各项能力。

(3)座堂培训与现场教学的有机结合

创新教学方法是提高教学质量的重要措施之一，但任何形式的教学方法都离不开理论培训与实际技能培训两大部分。就目前车站职工教育工作现状分析，往往重视理论培训而忽视现场教学，使原本较为系统、较为实用的理论知识在部分职工中因理解能力、应用能力的限制，无法有效应用到实践中。所以，要切实解决离开需求谈培训、脱离实际搞教育的座堂式的培训方式，应多从现场实际需求出发，加强对职工需求的调研，组织专、兼职教师或聘请高技能人才深入现场、深入岗位进行实际工作指导，教会职工将课堂上所学的理论运用到实际工作中，从而解决座堂培训与现场实际相脱节的问题。

(4)素质达标与能力水平的有机结合

工作中，有些人认为只要职工“双达标”了、“技能鉴定”通过了，其业务技能即可以胜任岗位需要。这种认识上的误区不但直接影响到职工教育工作者的主观能动性，而且会使职工教育工作步入歧途，对全面提高职工业务能力非常有害。“双达标”、“技能鉴定”对提升职工素质确实起到了一定的作用，但作为职工上岗前的一项技能检验，必然会因鉴定时间间隔、考核内容、工种等多方面限制而存在片面性，它只能代表某名职工具备了某工种上岗的基本条件，但不能证明其已完全具备了本岗位的全部技能。尤其是在当前技术不断更新、工种交叉日渐频繁的情况下，问题会尤为突显，有些考核鉴定合格的职工，到了岗位上却干不好活，特别是应急处理能力相当差，原因就是单纯的素质达标与实际能力严重脱节。解决这样的问题，就要做到素质达标与实际能力水平的有机结合，从实际岗位的生产需要出发，强化日常培训，造就一支具有技术业务再生能力的一专多能的干部职工队伍。

(5)站级培训与车间、班组培训的有机结合

随着改革的不断深化，一方面车间及班组的兼职师资力量有所减弱，职工教育培训职能弱化，造成了车间教育管理上的松散；另一方面，为精干主业，使原本缺员的一线人员更加紧张，车间及班组的工学矛盾十分突出，培训时间得不到有效保证。在这样的条件下，部分车间的干部认为，既然站段能够坚持培训，再牺牲生产时间搞培训有些得不偿失，出现了以站段培训代替车间、班组培训的问题，形成了三级培训断层，对提高职工技术业务水平十分不利。因此，在培训方面要努力构建车站、车间、班组三级培训体系，才能立体化、全方位地确保职工培训方面不断取得进步。

在当前铁路实施跨越式发展战略，加快铁路现代化建设，特别是在铁路第六次大面积提速的今天，提高职工素质，确保铁路运输安全，提高劳动效率是铁路企业发展的重要基石。为此，需要铁路全体职教工作者和专业技术干部的共同努力，为铁路职工专业素质的全面提升出谋划策，这项工作任重道远。

参考文献

[1]纪多多，王晓松．企业培训：提升人力资源质量的有效途径[J]．成人教育，2005(5).

[2]刘再恒，杨清，李俊．员工培训管理[M]．北京：对外经济贸易大学出版社，2000.

大城市轨道交通与新城的协调发展

——东京、巴黎新城建设经验借鉴

纪尚志

（天津市城市规划设计研究院，天津 300000）

摘要：新城建设是构建大城市多中心空间格局的重要手段，轨道交通则是新城发展的重要支撑。本文选取东京多摩新城、巴黎马恩拉瓦莱新城，从轨道交通建设时机、引导土地开发模式、与主城区轨道系统的衔接、政府的政策导向等方面，分析了轨道交通对新城发展的巨大作用，并对我国大城市轨道交通与新城协调发展提出了建议。

关键词：轨道交通；新城；协调发展

在经济持续高速发展以及城镇化水平不断提高的大背景下，我国北京、上海、天津等大城市事实上依然延续着“单极化”的发展模式，城市功能的过度集聚引发了严重的交通与社会问题，如城市交通的过度拥堵、就业与居住用地的失衡、区域发展不均衡等。通过快速轨道交通系统的引导，建设新城以疏解城市过度集聚的功能与人口，最终形成多中心城市空间格局，成为大城市所追求的理想。然而，多数大城市新城的建设并没有实现疏解主城区功能与人口的目标，不仅主城区的交通与社会问题没有得到实质性的解决，甚至还产生了新城“空城化”、新城成为主城区的“卧城”、轨道交通线路客流压力过大等新的城市问题。轨道交通系统如何引导新城健康发展，是我国大城市急需解决的难题。

东京、巴黎轨道交通建设起步早，在轨道交通与新城的发展关系方面积累了比较丰富的经验，这对于我国新城与轨道交通的建设具有重要意义。

1　新城与轨道交通建设

（1）多摩新城

多摩新城位于东京以西的多摩丘陵地带，距东京站 25～35km，东西长约 15km，南北长约 5km，规划总面积为 28.84km^2，规划总人口为 28.59 万人。多摩新城是日本政府投资建设的规模最大的新城，目前拥有人口约 20 万人。多摩新城涉及 3 条轨道交通线路：京王相模原线、小田急多摩线、多摩单轨线。联系多摩新城与东京主城区的京王相模原线与小田急多摩线，在多摩新城内设有 8 个站点，日均客流量约为 44 万人次（2008 年）。[1]

（2）开发背景

20 世纪 50 年代后期，东京进入飞速发展时期，东京主城区人口急剧膨胀，住房短缺问题愈演愈烈。在此背景下，政府制定了多摩新城建设计划。

多摩新城的规划目标是承接东京不断溢出的居住功能，居住定位贯穿整个新城的建设过程。如多摩新城约 80％的土地由东京都、UR 都市机构、东京都公社等采用新住宅市街开发模式主导开发（新住宅市街开发是指由公共部门利用土地征用权全面收购土地进行住宅开发的模式）。

（3）轨道交通建设

多摩新城的建设扩大了城市的空间，增加了居民的出行距离，为保证新城与东京主城之间的快速交通联系，轨道交通的建设必不可少。

多摩新城轨道交通建设主要是联系新城与东京主城的京王相模原线、小田急多摩线（见图 1）。其中，小田急多摩线于 1974 年 6 月开通至永山站，1975 年 4 月开通至多摩中心；京王相模原线于 1974 年 10 月开通至多摩中心，多摩新城的居民乘坐轨道交通可直达东京主城区。

作者简介：纪尚志（1986—　），男，工学硕士，研究方向为交通运输规划与管理。

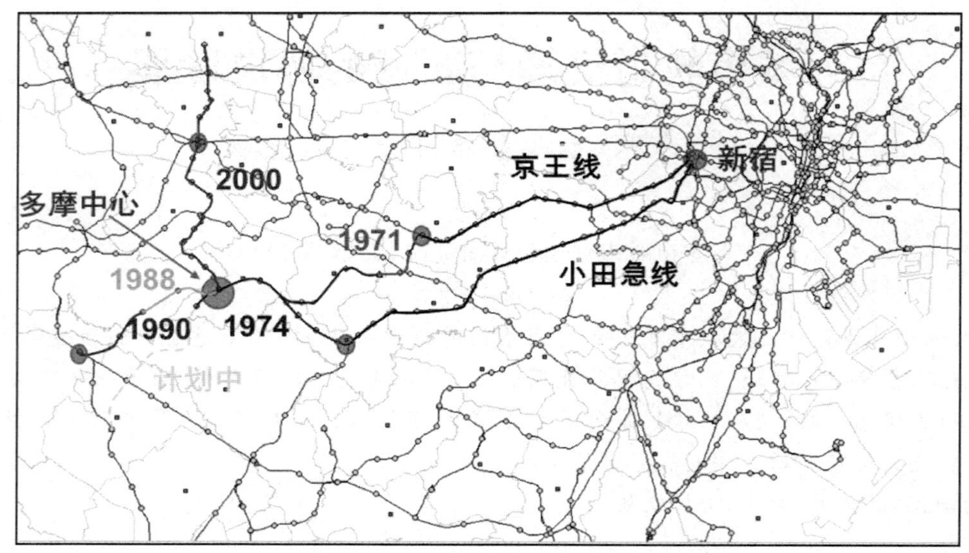

图1 多摩新城轨道交通发展示意图

(4)巴黎新城

马恩拉瓦莱新城位于巴黎城市主轴线的东端，面积约150km²，东西长22km，南北长3～7km。马恩拉瓦莱新城是巴黎沿塞纳河两侧平行轴线规划的5个新城之一，是巴黎新城中公认发展最快、最成功的一个。马恩拉瓦莱新城并不是在一片空白土地上发展起来的，而是由3个省26个市镇组成，依托马恩河谷及轨道交通，呈轴线带状空间结构(见图2)。[2]

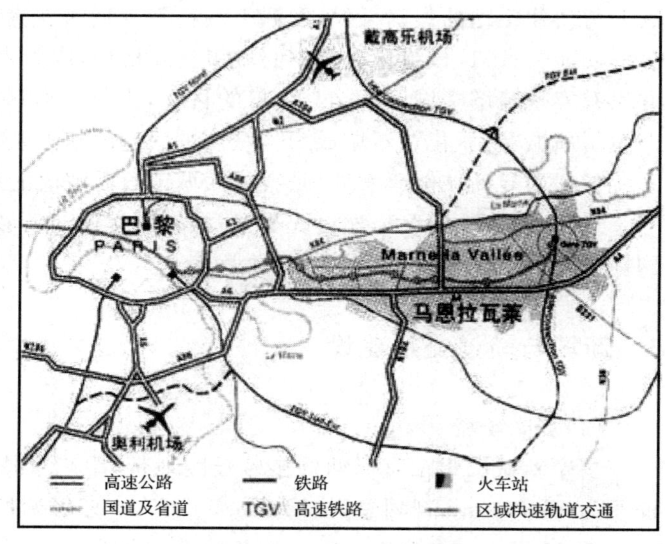

图2 巴黎新城轨道交通发展示意图

①开发背景。不同于东京，马恩拉瓦莱新城的规划目标并不是解决巴黎主城区人口的不断外溢以及城市空间的无序拓展，而是定位为新的地区中心。虽然在发展初期，马恩拉瓦莱新城也曾进行高密度住宅区的开发，并通过轨道交通的建设为新城引入人口。但是马恩拉瓦莱新城不断从大巴黎区的角度审视、调整自身的发展定位，力图促进大巴黎区东部的均衡发展。因此，马恩拉瓦莱新城政府严格控制住宅用地的开发，大力开发商业、办公及产业开发等城市组团，使其成为居住与就业平衡的功能复合新城。

②轨道交通建设。马恩拉瓦莱新城北面是马恩河，南面是森林，特殊的地理条件决定了新城的轴线状空间结构。新城以RER A线为引导支撑，在新城的西部建设城市中心，由西向东形成城市的优先发展轴线；优先发展轴线上的城市建设用地被分解为若干相对独立的城市组团；不同组团之间以及新城与巴黎主城区之间通过RER A线实现便捷交通联系；功能组团内部以RER A线车站为中心进行圈层式空间布局，人口与建筑密度从车站到外围逐渐降低，由此造就了新城“珠链式”的城市空间布局。[3]

2 新城与轨道交通的协调发展

(1)轨道交通建设时机

新城的选址往往位于城市主城区的外围，建设初期最重要的是吸引人口及产业的进驻，因此新城与主城区之间方便快捷的交通联系必不可少。如多摩新城这种以承接主城区外溢居住功能为主的新城，必须规划建设轨道交通以满足新城居民与主城区之间的快速出行需求，才能吸引足够的人口选择居住在新城。但是多摩新城开发建设的主体并非一家，且与轨道交通建设主体的关系较弱，新城的建设与轨道交通的建设基本不同步,新城开业3年后才配套轨道交通。在此之前,新城居民需要换乘多种交通方式才能完成去往东京主城区的出行,由此导致新城人口增长缓慢。而在轨道交通开通后,大大方便了新城与东京主城区之间的交通联系,新城人口增长速度明显加快。

反观马恩拉瓦莱新城,巴黎最初规划建设新城时,为了满足区域一体化发展的目标提出建立区域性交通运输体系,满足新城与主城区之间快速出行需求。这一举措使马恩拉瓦莱新城在建设初期就具有交通优势,人口增长迅速,为轨道交通线路带来了大量的客流,二者形成良性循环。

(2)轨道交通引导土地开发模式

轨道交通车站形成的交通枢纽对地区经济的带动作用十分显著。多摩新城与马恩拉瓦莱新城在建设时,都以轨道交通车站为核心,内圈层集中布置公共设施、商务办公建筑以及部分住宅,进行高强度的土地开发;外围则布置以集中式住宅为主的居住区,兼顾商务、办公用地的开发,提倡商住混合。

这种土地开发模式大大缩短了居民与公共服务设施、交通枢纽、商业办公建筑之间的距离,从侧面削减了居民对机动车的需求,提高了城市功能组团的集聚效益。

(3)与主城区轨道交通线网的衔接

贯穿多摩新城的京王相模原线,于1980年借助京王线与都营新宿线实现了京王多摩中心站到新宿线的岩本町站的直通运营。1991年,直通运营段从南大沢站延伸至新宿线另一端终点站——本八幡站。

巴黎为了实现主城区与新城的便捷交通联系,建成了由13条市域快速轨道线路(RER+市郊铁路)及常规公交网络组成的市域公共交通网络,很好地引导了新城居民的出行。区域快铁RER有5条,其中区域快铁RER A线支撑了马恩拉瓦莱新城的建设发展,不仅可以将新城居民快速运送至巴黎市中心,而且通过与郊区环线的衔接换乘,居民可以很方便地到达主城区各个地方。

(4)政府的政策导向

多摩新城的发展属于市场经济引导模式。[4]由于东京土地价格的飞涨以及交通基础设施的不断完善,东京主城区的居住功能沿轨道交通线路不断外溢,大量主城区外迁人口进入多摩新城。东京城市功能的过度集聚导致居住与就业用地的失衡,而以居住功能为主的新城的建设导致职住分离固化,由此产生大量的通勤交通,轨道交通线路拥挤不堪,引发严重的社会、经济、环境问题。

马恩拉瓦莱新城的发展属于政府政策导向模式。巴黎由于主城区旧城保护的需要而严格限制主城区的进一步开发,对新城的建设则给予多方面的政策支持,引导人口与产业涌入新城,如公共机构迁入、准入产业优惠政策、税收减免、拨款资助、公共基础设施建设等。最终的结果是,马恩拉瓦莱新城的开发建设比多摩新城更为成功:马恩拉瓦莱新城不仅是巴黎主城区功能外溢的承接地,其自身非常注重多元化产业的建设发展,逐渐成为功能复合型的新城。

3 对我国大城市轨道交通与新城建设的启示

根据以上对多摩新城、马恩拉瓦莱新城开发建设的总结分析,对我国大城市轨道交通与新城的协调发展有以下几点启示。

(1)轨道交通对新城的开发建设必不可少

经济是城市发展的命脉,新城在建设初期最重要的就是人口与产业的集聚。新城的选址往往距离城市主城区较远,为加强新城与主城区之间的联系,轨道交通的建设必不可少。同时,新城建设初期若缺乏便捷的轨道交通系统,就会导致更多的居民转而投向私人交通,不利于公共交通客流的培育。因此,轨道交通的建设宜与新城的建设同步开展。

(2)轨道交通站点宜进行土地混合利用开发

轨道交通导引大量的客流进入新城,并以轨道站点为核心进行集散,站点周边地区成为人流活动集中区。交通条件的优势,使得站点周边地区土地价格上涨,土地利用趋于集约使用模式,在轨道交通站点周边形成紧凑的城市空间格局。新城开发建设时,应建立适合轨道交通服务的土地利用模式。依据轨道交通站点的不同类型,轨道交通站点周边的用地性质一般呈复合功能,由内向外依次布置商务、办公、住宅等功能,以提高轨道交通的便利性。

(3)新城轨道交通与主城区轨道交通系统应有良好衔接

为保证新城与主城区的一体化发展，充分发挥轨道交通网络的运输优势，新城轨道交通必须与主城区轨道交通网络系统形成良好的衔接，形成区域性交通运输体系，实现新城—主城区—新城相互之间的快速交通服务。

(4)政府应积极引导复合功能型新城的建设

以居住功能为主的新城，在发展过程中会逐渐出现新城功能单一、人口结构单一、潮汐交通严重等问题。大城市在发展新城时一定要以构建功能复合型新城为目标，从政策、经济、交通、公共服务设施等多方面采取措施保证新城的健康发展。

参考文献

[1]谭瑜，叶霞飞. 东京新城发展与轨道交通建设的相互关系研究[J]. 百家论坛，2008.

[2]刘健. 马恩拉瓦莱：从新城到欧洲中心——巴黎地区新城建设回顾[J]. 规划研究，2002.

[3]赵学彬. 巴黎新城规划建设及其发展历程[J]. 规划师，2006.

[4]刘龙胜，杜建华，张道海，等. 轨道上的世界——东京都市圈城市和交通研究[M]. 北京：人民交通出版社，2013.

基于大数据的新一代智能交通管理系统建设研究

刘 胜 马 郡

（天津公安交通管理局科研所，天津 300040）

摘要：随着社会经济的发展，交通拥堵、交通事故、环境污染和能源短缺等交通相关问题已成为世界各国面临的共同问题，无论是发达国家，还是发展中国家，都毫无例外地承受着不断加剧的交通问题的困扰，交通问题已成为世界各地城市，尤其是大城市的首要问题之一。本文依托大数据等新技术手段，提出天津市新一代智能交通管理系统建设思路，进一步提高城市交通路网的使用效率，缓解城市交通问题，并且减少不必要的损失。

关键词：大数据；智能交通管理系统；指挥调度系统；信息服务

今天，道路运输已经成为超越铁路的最重要的地面运输方式，在国民经济和社会发展中起着举足轻重的作用。但是随着汽车的普及、交通需求的急剧增长，道路运输所带来的交通拥堵、交通事故和环境污染等负面效应也日益突出，逐渐成为经济和社会发展中的全球性共同问题。

解决车和路的矛盾，常用的有两个办法：①控制需求，最直接的办法就是限制车辆的增加；②增加供给，也就是修路。但是这两个办法都有其局限性。交通是社会发展和人民生活水平提高的基本条件，经济的发展必然带来出行的增加，虽然天津市已出台了“双限措施”（车辆限购、尾号限行），但面对超过 200 万辆的机动车保有量，交通形势依旧严峻。在资源、环境矛盾越来越突出的今天，面临有限的资源和财力以及环境的压力，采取增加供给，即大量修筑道路基础设施的办法也将受到限制。这就需要依靠除限制需求和提供道路设施之外的其他方法来满足日益增长的交通需求。智能交通系统正是解决这一矛盾的途径之一。

1 系统建设

1.1 天津市智能交通管理系统建设现状

（1）智能交通综合信息管理平台

经过多年的建设，天津市已经建设了交通信号控制、视频监控、交通信息采集、交通信息发布、GPS 警车及警员定位、数字执法系统和 110 接处警等七大系统，初步开发了集交通信息采集、事件判断与确认、交通状态评估、快速指挥调度等功能为一体的智能交通综合信息管理平台。

（2）交通信号区域协调控制系统一期项目

2013 年，天津市完成中心城区交通信号区域协调控制系统一期 300 个路口的建设，实现了曲阜道、友谊路、卫津路、南门外大街、红星路等 38 条主干道路交通信号的绿波协调控制，控制区域内主干道路路口停车次数减少约 25%，行车延误降低约 15%，道路通行能力提升约 20%，旅客时间和燃油节约效益明显。

（3）1500 点视频监控及电子警察系统

2011—2013 年，天津市建成中心城区 1500 点道路视频监控及电子警察系统，有效遏制了各种交通违法行为，改善了道路交通环境，大大减少了交通事故的发生。同时，该系统为天津市黄标车和机动车尾号限行管理提供了技术手段，为刑事、交通肇事逃逸案件的侦破提供了线索。

（4）存在的问题

①智能交通外场设备建设规模小，覆盖范围有限。信号协调控制率为 20%，电子警察覆盖率为 15%，微波检测器覆盖率为 9%，交通诱导屏覆盖率为 9%。

②交通信息发布手段单一，仅有交通诱导屏、广播、电视等信息发布方式。

1.2 建设目标

基于云计算、大数据等新技术手段，完成新一代智能交通管理系统的顶层设计，以及系统相关项目的建设。通过多种媒体向社会公众提供快速高效、内容丰富的交通信息服务，提高交通信息服务水平。与市规划局、交港局、公安局等相关部门实现交通信息的有效共享，突破交通数据资源互通的壁垒。树立“美丽天津”的新形象，节约城市能源，减少环境污染，提升天津市承载大型活动的能力，提升城市影响力。

2 系统方案设计

2.1 系统整体设计

新一代智能交通管理系统建设将结合物联网、云计算、大数据、移动互联网等新技术手段，注重各类交通数据资源整合，创新大数据的分析和应用，从而提升交通感知智能化水平；同时，从交通管理工作的实际应用角度出发，建立健全相应的工作机制，提高交通应急指挥调度能力，构建完善的交通信息服务系统，加快交通信息服务产业化进程。

新一代智能交通管理系统包括两个系统（交通指挥调度系统、交通信息服务系统）和两个平台（大数据处理平台、设备运行维护管理平台），如图1所示。交通指挥调度系统能够实现基于警力和智能交通设备的应急指挥调度，交通信息服务系统能够实现对社会公众的有效信息服务和政府部门的信息共享，两个平台能够为智能交通管理系统发挥功能提供后台数据支撑和运行管理保障。

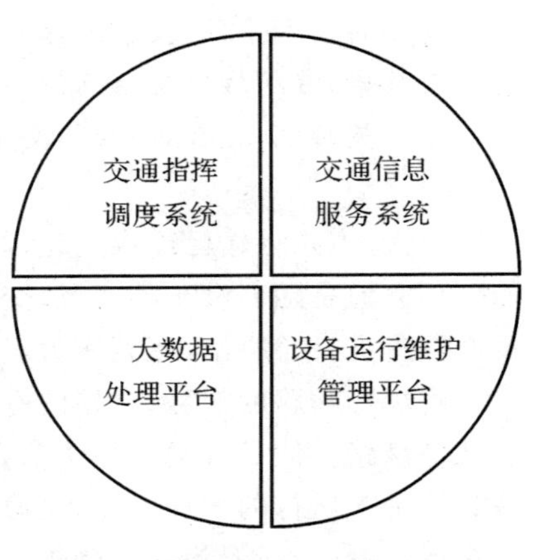

图1 智能交通系统结构

2.2 基于事件的交通指挥调度系统设计

建立扁平化指挥调度机制，打造智能化交通管理控制中心。针对交通事件，实现警力、交通电子设施等警用资源的快速调用，大幅提升交通应急指挥调度能力。建立交通突发事件预警系统，实现多系统联动的智能化应急响应。基于GIS系统实现路网状态图形显示、预警提示、视频图像调用、交通管控、交通趋势分析研判，以及交通事件分类统计分析报表周期性输出，如图2所示。

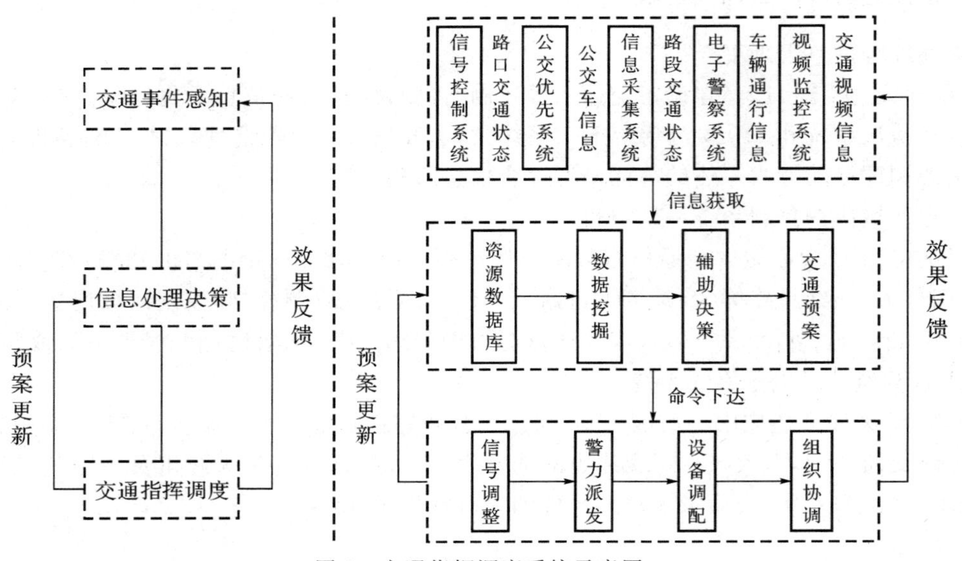

图2 交通指挥调度系统示意图

2.3 交通信息服务系统设计

以交通感知系统为基础，充分利用交通管理相关部门的各类交通数据，实现交通信息的实时采集、融合处理，通过专网、互联网、交通诱导屏、手机、广播、电视和数字信息屏等多种媒体向社会公众提供快速高效、内容丰富的交通信息服务，并与公安局、市人民政府相关部门实现交通信息的有效共享，如图 3 所示。

2.4 大数据处理平台设计

基于大数据、云计算等技术，建设天津市智能交通管理系统数据库，整合各类交通数据，以数据为依托，进行分析整合，从而进一步缩减人力、物力等成本开支，如图 4 所示。

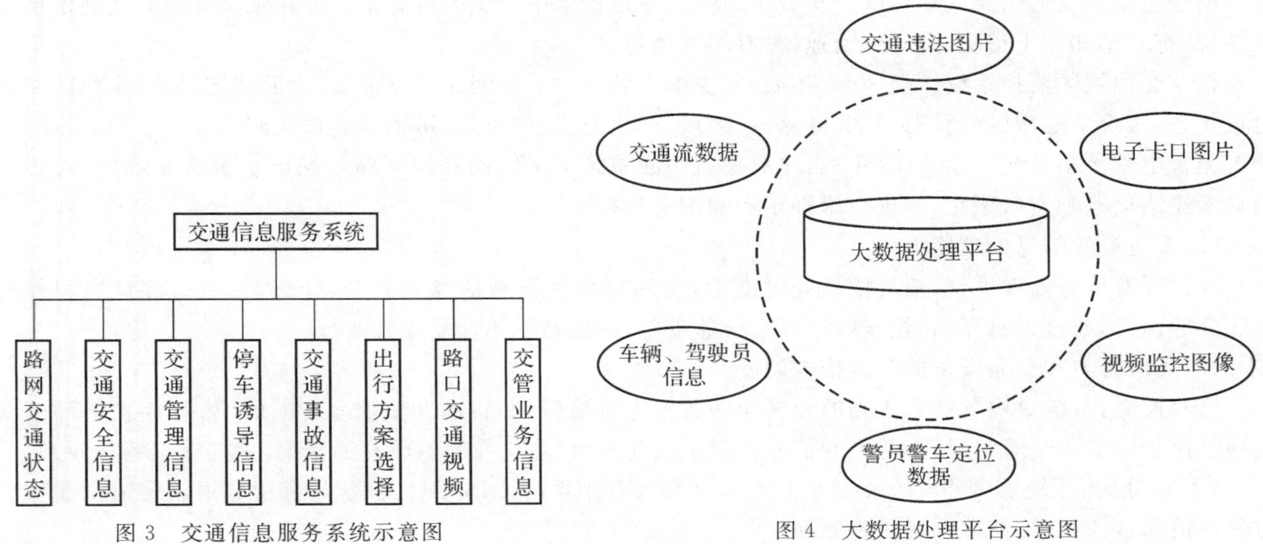

图 3 交通信息服务系统示意图

图 4 大数据处理平台示意图

2.5 设备运行维护管理平台设计

对智能交通管理系统设备实现标准化管理，统一维护，形成信息采集中心、运行维护管理中心，形成完善的运维机制，并有健全的运维队伍提供保障。对智能交通管理系统设备状态实现有效监控，建成较为完善的设备运行状态数据库；基于 GIS 系统实现交通电子设备档案的电子化管理，实现设备运行状态的有效提示和报警，如图 5 所示。

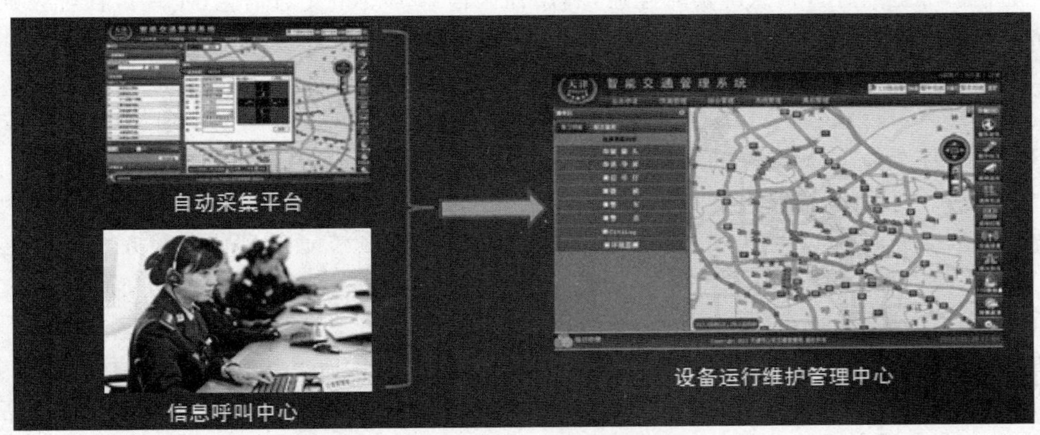

图 5 设备运行维护管理平台示意图

3 项目解决方案

3.1 基于事件的交通指挥调度系统

(1)建立多种交通感知手段

有效感知交通管理者和参与者信息、道路交通运行状态信息、占路信息、停车场状态信息以及非交管类信息(气象信息、交通聚集类信息)等。

完善交通信号区域协调控制系统。至 2015 年底，建成覆盖中心城区所有灯控路口的交通信号区域协调控制系统，通过地磁检测器采集通过路口每条车道的车辆数和占有率，感知主干路网交通运行状态，为交通信号控制系统控制参数优化提供实时数据。

建立公交优先系统。2014 年上半年，建成 41km 的公交优先系统和公交专用道监控系统。2015 年底，建设范围扩大至 194km。有效感知公交车辆运行状态，结合信号控制系统，实现公交车辆优先通行，提高公交运行效率。

健全主干道交通信息采集系统。至 2015 年底，建成覆盖中心城区所有主干道路及交叉口的交通信息采集系统，有效感知主干道交通流量、流速、占有率等信息。

整合交通视频监控系统。至 2015 年底，实现中心城区主干路网无盲点覆盖，全面感知道路、路口的交通运行状态，实现中心城区灯控路口、关键路段、区域、拥堵点位、积水点、桥梁、隧道、涵洞的实时监控。

完善电子警察系统。至 2015 年底，建成覆盖中心城区主干路网和拥堵路段的电子警察系统，实时感知机动车违法信息和卡口图片，实现对嫌疑车辆的稽查布控。

(2)改造提升信息处理能力

改造现有信息处理平台，拓展信息处理能力，实现对多种交通信息的融合、处理，针对事件性质和种类形成交通预案，通过人机互动，快速解决异常交通事件，使道路尽快恢复正常通行。

(3)实现警力和交通设备的交通指挥调度

信号控制：系统对检测器采集到的异常交通数据进行报警，并自动调整信号配时方案，管理人员可根据视频监控掌握实际交通状况，手动更改信号控制系统配时，以适应实时道路交通状况，提高路口通行效率。

110 接处警：系统实现将 110 报警信息与智能交通管理系统 GIS 平台关联，指挥中心根据警情位置和警力分布情况，及时安排警力进行快速处理。

3.2 交通信息服务系统

(1)建设和完善交通诱导显示屏

建设和完善覆盖中心城区快速路、主干路网以及关键节点的交通诱导显示屏，实现对社会公众的道路路网交通拥堵状况、交通安全信息、交通管理信息、停车信息、交通事故信息服务。

(2)建设社区信息屏交通信息服务平台

实现交通信息数据与社区信息屏实时互通，利用社区信息屏发布交通信息，实现对社会公众的道路路网交通拥堵状况、交通安全信息、交通管理信息、停车信息服务。

(3)建设互联网交通信息服务平台

按照公安部部署，建设交通信息服务互联网网站，实现对社会公众的道路网交通拥堵状况、交通安全信息、交通管理信息、停车信息、路口交通视频、OD 出行方案及预计时间信息服务。

(4)建设手机交通信息服务平台

建立手机短信业务服务平台，实现对社会公众的交通安全信息、交通管理信息服务。开发手机 App 应用，建立手机网络服务平台，借鉴互联网网站的交通信息服务内容，实现对社会公众的交通信息服务。

(5)建设和完善广播交通信息服务平台

为交通广播提供实时、准确的交通信息，提高交通广播交通信息播报频率，完善交通信息服务内容，实现对社会公众的道路网交通拥堵状况、交通安全信息、交通管理信息、停车信息、交通事故信息服务。

(6)建设和完善电视交通信息服务平台

完善传统电视的交通信息服务。完善交通新闻的信息服务内容，实现对社会公众的交通信息服务。

建设图像电视(车载电视)的交通信息服务平台。通过交通频道的定制，实现面向社会公众的道路网交通拥堵状况、交通安全信息、交通管理信息、停车信息、路口交通视频等信息服务。

(7)建设业务专网交通信息服务平台

建设公安网交通信息服务系统。根据业务需求，实现对交管局内部各业务部门、单警、执法站的交通信息服务和数据共享；实现对部局、市局的交通信息共享，满足上级单位对天津市整体交通状态的掌握和分析。

建设业务专网交通信息服务系统。根据业务需求，实现对政府相关部门(市容园林委、市政公路局、交通港口局、市建设交通委、市规划局等)的交通信息服务和数据共享。

3.3 大数据处理平台

(1)建立大数据应用数据库

接入交通事件感知系统的交通状态数据,接入交通管理业务系统的车驾管数据等,主要包括交通违法图片、电子卡口图片、交通流数据、警员警车定位数据、车辆和驾驶员信息、视频监控图像,形成完备的数据库。完成对交通大数据的缺失性、波动性、有效性、相关性分析,实现"智慧交通"管理。

(2)研究大数据应用

限行管理效果评价。对采集的流量数据进行分析,得出限行前后流量对比结果。

交通实时路况评价。对采集的流量历史数据进行分析和运算,实现路况评价信息的发布。

交通常态拥挤预测。建立路网实时数据预测模型,实现短时拥挤预测。

车辆通行特性分析。对车辆通行和违法信息分析,实现对套牌车辆报警、违法高发路口报警等。

交通规划。建立大数据分析模型,获取起止点交通数据,为交通规划提供基础数据。

交通经济指数预测。建立交通活跃性与经济发展之间的指数关系模型,实现交通经济指数预测,用于指导交通经济联动发展政策的制定。

3.4 设备运行维护管理平台

建设设备运行维护管理系统,通过人机交互方式有效监控设备运行状态,保障设备完好运行,发挥预期效果。

(1)建设设备状态信息采集平台

建设基于网络的设备状态信息自动采集平台。通过网络自动实时采集各应用系统设备状态信息,实现对信息的采集、存储和自动报警。

建立外场信息采集呼叫中心。市民可通过电话、短信、微信、互联网呼叫方式,向呼叫中心提供设备异常信息。可采用商业化运作模式,实现对外场设备报警信息的实时收集。

(2)建设设备运行维护管理中心

建立设备电子档案。统一标准,对智能交通管理系统设备建立电子档案,实现设备统一管理。

建立专业运维团队。针对不同的系统设备,建立专业运维团队。

建设运行管理中心。通过人机混合模式,实现维护信息派发、运维监督、运维考核、工作量统计、任务反馈等,实现对运行管理的集中管理。

4 总　结

总而言之,智能交通系统不仅是个物理系统,更是一个有人参与的,与社会和经济密切相关的系统。因此,天津市的智能交通系统的发展不仅仅要遵循新技术、新手段和设备的提升改造,更要依据城市发展的实际需要和所面临的问题,开展新一代智能交通系统建设,努力提高基础设施的数量和水平,协调发展基础设施建设与智能交通。通过交通感知系统、交通信号控制系统、交通诱导系统、指挥调度系统等的建立,优化出行结构,均衡路网流量,人工智能决策,提高指挥效率,最终实现提高通行能力 20%的总体目标。

参考文献

[1]庞明宝,魏连雨.系统工程与交通[M].天津:天津人民出版社,2003.

[2]徐东云,张雷,兰荣娟.城市交通拥堵的背景变换分析[J].城市问题,2009(3).

[3]付建萍,于银辉.智能交通系统的应用研究[J].吉林大学学报.

[4]杨东凯,吴今培,张其善.智能交通系统及其信息化模型[J].北京航空航天大学学报,2000,26(3).

[5]陈光华,王迪彪.智能交通系统及相关技术[J].交通科技,2003.

关于出租汽车行业经营管理体制改革对策研究

王 华

（天津市客运交通管理办公室法规处，天津 300457）

摘要：出租汽车行业代表着城市形象，在城市发展中有着重要作用，但行业中存在的拒载、绕道多收费等问题也同样突出。要解决上述问题，必须从体制机制改革入手。本文通过对出租汽车行业发展历程、行业定位和管制政策等方面进行分析，提出改革的主要思路和预期目标。改革应充分发挥市场因素、经济因素、权益因素、科技因素的导向作用，形成政策培育市场、市场引导企业、企业有序竞争、行业有效监管的局面。

关键词：出租汽车行业；发展历程；行业定位；管制政策；体制改革

出租汽车行业是城市的特殊窗口，是社会文明的重要载体，就像一张名片，直接体现了城市的管理水平、精神风貌和市民综合素质，代表着一个城市的整体形象。多年来，各省市和地区高度重视出租汽车行业管理，采取了一系列措施，推动这一行业健康稳定发展，在方便群众出行、提升城市服务能力方面，发挥了重要作用。但同时也应看到，出租汽车行业发展存在的拒载、绕道多收费、语言不文明等问题，直接影响了民众的切身利益和城市形象。要解决这些问题，提高管理水平，必须从体制机制改革入手，采取有效措施，推动出租车行业管理走上良性循环的轨道。

1 行业发展历程

出租汽车行业是在改革开放过程中逐步发展起来的。1985 年至今，历经近 30 年的发展，已经成为城市公共服务业的重要组成部分，为城市经济社会发展做出了巨大贡献。从出租汽车行业发展的主要过程分析，大体经历了 3 个阶段。

第一阶段（1985—1990 年）：解决市民"乘车难"问题，大力倡导发展的初期阶段。1985 年，以国发〔1985〕59 号文件，下发《国务院批转城乡建设环境保护部关于改革城市公共交通工作的报告的通知》，报告中明确提出"多年来，城市公共交通处于紧张状态，'乘车难'的问题长期没有解决，特别是随着城乡经济的繁荣，人民生活水平的提高，城市人口的不断增加，公共交通拥挤的情况在大城市尤为突出"。在具体意见中，为了解决城市群众"乘车难"问题的措施中，明确"大力发展出租汽车，增加各种车辆，扩大经营范围，方便市民租车"。由此，首次将出租汽车纳入公共交通范畴，并拉开了出租汽车发展的大幕，当时全国出租汽车仅有 5965 辆，经过几年的发展，取得了一些成效。以天津市为例，发展趋势与全国基本相同，从 1985 年的 1060 辆发展到 1990 年的 3100 余辆，当时的出租汽车企业主要有 3 种形式：①城市国有公共汽车企业所属的出租汽车公司，使用中档车型，主要为市民婚庆、特殊需求提供服务；②以地方旅游局所属的国有企业组成的外事旅游车队，主要为国外游客提供出行服务；③涉外星级宾馆自备配套的高档豪华车队，主要为本酒店的客人提供出行服务。以上 3 种形式的行业定位、规模结构、配置数量基本合理，属于比较合理的市场资源配置。

第二阶段（1990—1996 年）：以经营城市为载体，是出让出租汽车市场资源的快速发展阶段。1990 年前后，在各地经营城市理念的感召下，出租汽车市场被作为一种可以"经营"的资源，改变了自有属性，被各地政府部门用来"经营"。在此期间，除北京、上海、天津三大直辖市之外，各地纷纷采取"有偿使用"、"拍卖"的手段，出让出租汽车经营权。各地在行业发展过程中，"审批、拍卖"这一政策为日后的市场调节和管理增加了难度。在北京亚运会前，出租汽车在国内得以迅速发展，仅仅 10 年的时间，全国出租汽车总量就从 1985 年的 5965 辆发展到 96 万余辆，而天津市出租汽车也从 1985 年的 1100 余辆发展到 31940 辆。由于车辆的迅速增加违背了市场规律，致使出租汽车市场从"供不应求"转化为"供大于求"，供需关系发生了逆转，供需失衡的矛盾开始显现，企业经营利润下降、驾驶员运营收入降低，行业内开始出现"一次性买断、风险抵押"

等经营方式，各地区出租汽车停运、罢工的事件屡有发生。

第三阶段(1996 年至今)：为缓解供需矛盾，实行数量管制、规范行业管理的阶段。1996 年前后，迫于出租汽车企业和驾驶员的压力，为缓解供需矛盾，各地纷纷出台了“暂停出租汽车发展”的相关政策，开始实行数量管制。针对出租汽车行业出现的市场混乱、总量过剩等问题，国家建设部等部委在 1999 年、2002 年、2004 年、2005 年多次下发文件，叫停“经营权拍卖”的做法，实施严格控制出租汽车总量的措施，禁止盲目增加运力，保持出租汽车行业稳定和社会安定，健全管理体制，整顿、治理出租汽车行业。

2 出租汽车行业的定位和管制政策

对于出租汽车的定位历来就有“高档次消费”、“公共消费”、“一般消费”、“特殊消费”之争，这也就延伸出行业定位是属于“公共交通的组成部分”，还是“城市交通的组成部分”，是属于“公益性”，还是属于“经营性”的多种观点。国内外的情况也不尽相同。

2.1 行业定位：国内实践

国务院发展研究中心的观点是：出租汽车是满足居民特殊出行需要，是大容量公共交通的补充。部分学者认为：出租汽车是公共交通的组成部分，同时，在不同城市、不同区域，出租车在公共交通系统中的定位各有差异。

2006 年，北京市政府在《关于加强出租汽车行业管理的意见》(京政发〔2006〕12 号)中指出：出租汽车作为城市公共交通的组成部分，是满足具有一定支付能力群体日常出行需求和一般群众特殊出行需求及为重大国务活动和外事活动提供运输服务保障的重要交通工具。2013 年，在《关于加强出租汽车管理提高运营服务水平的意见》(京政发〔2013〕13 号)指出，北京市从城市交通整体发展出发，建立以公共交通为主、以自行车和小汽车为辅、以出租汽车为补充的特大型城市客运交通格局。

2009 年，上海市在《关于进一步促进本市出租汽车行业健康持续发展的意见》(沪府发〔2009〕62 号)中提出：出租汽车是城市综合客运体系的重要组成部分，是满足人们个性化出行需求的一种重要交通运输方式，是体现城市综合服务能力的重要载体，是城市公共交通的必要补充。

2013 年，上海市交通港口局表示，对出租汽车行业的管理，将根据国务院《关于实施城市公共交通优先发展战略的指导意见》，适时调整本市出租汽车行业定位，使其逐步退出公共交通领域，并按照行业定位，相应调整相关政策法规、管理制度、价格机制，以满足社会公众个性化特殊出行需求。

主管部门的观点：1999 年，建设部、交通部等 5 部委《关于清理整顿城市出租汽车等公共客运交通的意见》中给出租汽车的定位是公共交通中的“补充”；交通运输部、公安部在 2009 年打击“黑车”等非法从事出租汽车经营专项治理活动会议上提出“出租汽车是城市公共交通的重要补充，以经营为主的服务行业”，这一观点依然保留了“补充”的提法，但更突出了“重要”和“经营”。

2.2 行业定位：国际实践

2013 年 1 月 22 日，韩国总统李明博否决国会制定的关于将出租车纳入公交体系的《出租车法》，称该法案不符合国际准则，并没有国际先例将出租车纳入公交体系(意味着出租车也可使用公交车道)。反对意见认为：公交车道原本的设置目的是缩短路程时间，降低交通安全隐患，如果出租车也可以行驶，可能会大大降低原有效率。该法还将为出租车提供更多政策倾斜，包括减免税款、为出租车司机设立福利基金等，这一法案遭到了 70.2% 民众的反对。

在英国和其他一些国家(地区)，出租车可以申请加入本地公共交通服务。英国规定，拥有执照的出租车以及私人雇佣车辆(PHV)可以申请特殊的“公共服务车辆”(PSV)执照，像公交车那样按规定路线行驶并定点停站，旅客还可以“拼车”，但必须支付独立费用。这项规定是为了鼓励人们减少私家车的使用，而且迎合了夜间在外过夜生活的人的需求。

综上所述，国内外对出租汽车行业的定位基本相同，主要在于出租汽车行业是属于公共交通的重要组成部分，还是城市综合交通运输体系的重要组成部分，是否属于市民群众出行的主要交通方式，这些定位亟须研究确定。笔者认为，目前业内普遍认为“出租汽车是城市综合交通运输体系的组成部分，是以经营为主的服务行业,是满足居民个性化特殊出行需要的重要载体,是城市公共交通的必要补充”的定位比较符合出租汽车行业的自然属性。[3]

2.3 数量管制和价格管制

笔者在学习国家发展研究院法律经济学研究中心主任专家薛兆丰《谈出租车数量放开和价格放开》[4]一文后,感觉获益匪浅,尤其是文中对数量管制和价格管制政策存在的弊端分析得非常精辟、透彻。

各地出租汽车打车难,是多年的老问题。症状包括乘客等候时间长、司机挑客、拒载和漫天议价、政府补贴额庞大以及黑车泛滥且缺乏监管等。这些症状是由数量管制和价格管制分别导致的。

首先是数量管制,各地的出租车牌照总数是受限制的。据了解,在1993年以前,实行的是申领制和拍卖制,即无论是个人还是公司,政府申请,经审核批准或支付少量的使用费用后,即可获得牌照和经营权。在这个制度下发出的牌照总数,占据了出租车牌总数的主体。过去20年,各地基本上没有新增出租车牌照。

出租车牌照意味着排他性的专营权。无牌不能经营,有牌才能赚钱。随着城市的发展,乘客对出租车服务需求上升,专营权所带来的价值也就上升了。这些年来,出租车牌照在个人与公司或公司与公司之间或明或暗的转让价格,从几万元上升到了几十万元,就反映了这个事实。出租车牌照的这部分增值,在经济学上称为垄断租金(在纽约既繁华又实行牌照限制的地区,牌照的垄断租金超过500万元)。

由于这些牌照最初大部分不是通过拍卖而发出的,所以拾级而上的垄断租金并没有落到政府手上,而是落到了早年申领到牌照的人手上,或落到了较早以较低价格买到牌照的人手上。要特别指出,还有一些公司,付高价购入经过多次换手的牌照。只要政府放开数量管制,持牌人就会遭受损失,所以他们会极力抵抗。另一方面,政府回购牌照也有困难,因为用政府财政来补贴专营权所有者,在纳税人那里不容易通过。

出租车公司与司机约定的车辆承包金,俗称“份子钱”。“份子钱”除了体现排他性专营权所蕴含的垄断租金外,还包括各种车辆的保险费、司机的社保、购车费用及其他管理成本。换言之,乘客支付的车资中,只有部分属于司机驾驶服务的报酬,而剩余部分则只是司机“代收”的费用,持牌人所得的租金和司机所得的服务报酬的比例由市场的力量决定。司机只能赚取司机这种服务所得到的市场回报,而用行政手段直接削减司机应缴纳的份子钱,最后只能是徒劳无功。

也就是说,“出租车牌总量被冻结”这一政策,导致了两方面的结果:乘客支付的车资上升,以及早期的牌照持有者获利。解决之道就是取消总量上限,放开准入限制。然而,各地政府在长达20年时间里,居然没有任何“有序新增出租车牌照”的政策。

出租车综合征的另一根源,是价格管制。由于目前的车资标准未能体现乘客的时间成本、堵车时的汽油耗费,以及异常天气下的出车风险等因素,所以司机才会在乘客最需要用车的时段选择挑客和停运,从而导致了乘客和司机的双输。

只有互惠互利才能保证交易顺利进行。如果司机总在吃亏,那他们挑三拣四、议价绕路、甚至暂停营运,就不再是个别司机缺乏职业道德的问题,而是合约安排和价格机制的问题。要消除普遍存在而且日益严重的司机挑客和停运现象,办法只有一个,就是解除政府对出租车企业实施的价格管制,让出租车企业按车型、路段、时段和天气等条件的变化,自由调节其内部收费标准,从而保证乘客和司机能在双赢的前提下交易。

数量管制形成了专营权的垄断租金,使司机不得不缴纳较多的份子钱,乘客不得不缴纳较多的车资;而价格管制则导致了短缺,使即使租用了牌照的出租车司机,也不愿意在高峰期投入营运。这是两套独立的政策,分别导致两种结果。

解决之道很清楚:既放开数量管制,又放开价格管制。只有放开数量管制,或以拍卖新牌照的方式,或以恢复申领制的方式,才能增加出租车的总供给,降低份子钱中的专营权垄断租,既让黑车司机变成接受统一管理的合法司机,又让乘客在一个较低的价格水平上享受服务。只有放开价格管制,才能让出租车公司和个体经营者灵活地厘定车资,充分调动出租车资源,降低乘客等候时间,让出租车恢复“应急用车”的市场定位,而不是沦为“久候不至”的公共汽车。

3 改革的主要思路和预期目标

出租汽车体制改革的主要思路是:按照建立社会主义市场经济体制的要求,以市场为导向,采取盘活存量、适度增量的方法，充分发挥市场在资源配置方面的决定性作用，把市场搞活；以经济为导向，采取灵活的价格政策，充分发挥价格的经济杠杆作用，把企业搞活；以权益为导向，依法理顺企业产权关系和职工劳动关系，把底线保住；以科技为导向，健全行业、企业智能化、信息化建设，把市场管住。深化出租汽车行业体制改革，形成政策培育市场、市场引导企业、企业有序竞争、行业有效监管的局面。[2]

（1）以市场为导向，采取盘活存量、适度增量的方法，充分发挥市场在资源配置方面的决定性作用，把市场搞活。一方面，将出租汽车经营权推向市场，打破经营权终身制和总量控制。经营权可以与车辆报废年限同步，规定出租汽车经营权期限，期满政府收回经营权，重新投放市场，盘活存量；另一方面，根据市场饱和度和车辆实载比例的实际情况，确定调节调控出租汽车总量的市场节点，保持合理的出租汽车总量年度增长规模，适度增量。形成一个阶段时间内出租汽车行业按照市场变化的节拍，自然调整、自我平衡。在政策引导方面，政府主管部门坚持做好“放”的文章，把该“放”给市场的全部放开、放到位，把出租汽车市场交给市场主体。

（2）以经济为导向，采取灵活的价格政策，充分发挥价格经济杠杆的作用，把企业搞活。一方面，在出租运营价格管理方面，要找到市场调节和政府干预的平衡点，既不是完全放任市场的调节作用，又要将将政府干预控制在合理程度内，平衡各方利益，保证行业健康有序发展。另一方面，让出租车企业按车型、路段、时段和天气等条件的变化，自由调节其划一的内部收费标准，从而保证乘客和司机能在双赢的前提下交易，由乘客自主选择。同时，加大招商引资的力度，出台优惠政策，积极引导国外和社会资金进入出租汽车企业。鼓励有实力、有影响、管理规范的大型企业，通过兼并重组的方式，整合小型企业，扶持培育市场占有份额大、服务质量优、队伍素质高的骨干企业和大型龙头品牌企业，发挥规模化、集约化经营企业的主导作用，引入现代化的运营和管理手段，提升出租汽车运营的软、硬件质量，带动行业整体形象和服务质量的提升。

（3）以权益为保障，依法明确企业、驾驶员的权利和义务，理顺企业产权关系和职工劳动关系，把底线保住。积极探索，采取企业出资收回运营车辆所有权、司机以车辆所有权作价入股等多种形式，明确运营车辆的产权关系，使企业成为拥有完整产权的法人实体和市场竞争主体，以出租企业公司化经营为主要经营模式，实现车辆产权和经营权的统一。这样可以促进现代企业制度的建立，促使企业依法承担市场风险和社会责任。按照现代企业制度的要求，完善公司法人治理结构。推行行业格式合同，理顺劳动关系，强化员工制管理，探索聘任制管理模式，让企业真正担负起法定责任，企业依法与职工（司机）签订劳动合同和承包经营合同，建立健全相关社会保障制度，切实保障职工（司机）的合法权益。行业主管部门要出台政策，理顺企业、承包司机、受聘司机之间的收入分配关系，一方面可以加强企业对司机的管理能力，另一方面也减轻了司机的压力，很大程度上可以提升行业形象、强化职业道德、维护乘客利益。

（4）以科技为导向，健全行业智能化、信息化建设，充分发挥信息采集、综合分析、科学决策的作用，让数据说话。健全出租汽车服务管理系统，[5]通过调度指挥系统为运营调度提供数据支撑，提供出租车 24 小时电招服务，提高运营效率、增加运营收入、减少车辆空驶、减少尾气排放；通过轨迹回放信息方案，查询车辆行驶区间、时间、路线，查证乘客对拒载、绕道多收费的投诉和处理，提高服务质量；通过定位跟踪和视频信息的采集与分析方案，对出租车车辆运营状态进行全程监控和管理；通过车辆定位信息的采集、分析、处理，系统自动生成即时路况数据信息，利用无线网络实现即时传输，为道路交通诱导提供信息支持，为市民群众提供道路出行信息服务；通过数据综合分析方案，随时获取准确的运力、运量、客运流向的即时运营数据。为行业管理政策分析、经济分析、资源整合、交通组织等提供依据；通过车载安全控制方案，保障车辆运营安全监管，保证和驾驶员及乘车人的生命财产安全。

参考文献

[1]国务院批转城乡建设环境保护部关于改革城市公共交通工作报告通知. 国发〔1985〕59 号.

[2]韩彪，聂伟，何玲. 出租车市场体系研究——理论与实践[M]. 北京：人民交通出版社，2010.

[3]李刚. 中国出租汽车发展问题理论研究[M]. 北京：人民交通出版社，2013.

[4]薛兆丰. 谈出租车数量放开和价格放开.

[5]姚志刚，袁球明. 出租汽车客运服务质量管理理论与实践[M]. 北京：中国经济出版社，2012.

[6]荣朝. 出租车业的竞争、契约与组织. 北京：经济科学出版社，2012.

长隧道公路避难逃生安全通道设施设置之回顾与探讨

谢曜州

（台湾地区交通主管部门新建工程局副工程中心，台湾）

摘要：路网中有些路段由于受沿线地形的限制，必须以施筑隧道的方式穿越山区，其中更有长达 12.9km 的雪山隧道。长隧道内由于其特有之环境特性，致使其在面临事故时具有联络困难、可及性较低、情况不明及救援急迫等特点。因此，为维护长隧道行车运转安全与维修及救援之顺遂等目的，隧道设计时，虑及隧道内发生灾害或事故之严重性及避难逃生通道系统之重要性，如何于隧道内布设避难逃生安全通道等永久性硬件设施，系值得深入回顾与探讨之课题。本文首次以土建紧急避难逃生通路系统等硬件设施系统之设置情形进行说明，再针对人行横坑（pedestrian cross connection）、车行横坑（vehicular cross connection）及紧急停车弯（emergency parking bay）3 项，对隧道内布设方式加以探讨。因其为永久性土木构造物，一旦施工设置后，就难以变更，故对于人行或车行横坑间距设置及与主隧道之相交型式宜慎重考虑。

关键词：主隧道（车行隧道）；人行横坑；车行横坑；导坑；停车弯；通风竖井

人行横坑布设间距根据瑞士之公路隧道火灾模拟实验发现，其产生之烟雾在距火灾地点约 300m 范围内，烟雾上升聚集于隧道顶部，下部则尚存可供人呼吸之空气，300m 以外则烟雾下沉弥漫整隧道断面而影响视线及人体健康。如火灾发生于相隔两人行横坑之中间段，逃生人员往左或右两横坑疏散，最适合逃生人员体力范围之距离为 150～175m。再配合风机运转模式，并经与顾问公司及相关单位之评估，建议双孔单向双车道之长隧道公路内之人行横坑设置间距为 300～350m。与主隧道相交型式有正交及斜交两种方式，考虑到施工难易、工程费及结构安全性，采用正交型式较佳。

车行横坑除主隧道发生火警或事故时兼作人员大避难横坑之用，亦可在交管指挥下供各型车辆回转至对向主线道以通行或导流。各地区公路隧道车行横坑布设间距彼此差异很大，亦无理论或实验依据，故本文构建最适间距模式，以求算车行横坑最适间距。一般多采用最小成本观念决定设施最适间距。因此，本文建议以工程成本（包括设施设置、维修及运作成本）与事故所造成的等候成本之总和为最小准则，得最适设置间距为 1375～2050m。依其他地区经验，车行横坑设置间距为人行横坑之整数倍，且其间距不大于 1500m。因此，本文建议采用 1400～1500m（即人行横坑设置间距 300～350m 之 4～5 倍）。至于与主隧道相交型式，经本文分析比较及基于实际行车需要、车辆运转、工程费及安全性等因素之考虑，宜采用与主隧道正交之布置型式。

紧急停车弯之设置目的系提供用路人及救援单位于特殊或紧急状况时停车或大小型车辆回车之用，其设置位置位于主隧道车道右侧，设置间距配合车行横坑，即每 1400m 设置一处。

再经与顾问公司、相关单位、价值工程顾问评估后，虑及施工期程、预算限制、避难逃生通道设施设置原则，人行横坑间距为 350m，与主隧道正交方式配置。至于车行横坑间距，配合人行横坑之整数倍，采用 1400m 间距与主隧道正交方式配置。

为维护隧道密闭空间内行车秩序与安全，本文在此建议并呼吁，用路人于进入高、快速公路隧道之前，在检视车况、装载情形及本身之身体状况都无虞后再上路并遵守交通规则，尤其是不超速、不任意变换车道及行驶中随时注意前方行车动态并保持安全距离。而如何加强防灾与救援机制亦是未来值得探讨之重要课题。

1 前 言

为适应台湾地区西部运输走廊城际旅需求之快速增长，疏解中山高速公路之交通拥塞，促进兰阳平原地区之发展，相关部门已配合赓续新建完成第二高速公路、北宜高速公路(见图 1)及其他高速公路网。有些路段由于受沿线地形的限制，必须以施筑隧道方式穿越山区(见图 1)，其中更有长达 12.9km 的雪山隧道(见图 2)。由于高速公路行车速率甚高，肇事损伤之程度本已比一般公路高，一旦在长隧道内发生事故，后果更为严重。以欧洲白朗峰公路隧道(Mont Blanc Tunnel，长 11.2km，为单孔双向双车道)及瑞士阿尔卑斯山区的全球第二长之圣哥达公路隧道(Saint Gotthard Tunnel，长 16.3km，为单孔双向双车道)为例，分别在 1999 年 3 月 24 日及 2001 年 10 月 24 日于隧道内(见图 3)发生重大车祸引起火灾而导致严重伤亡事故。

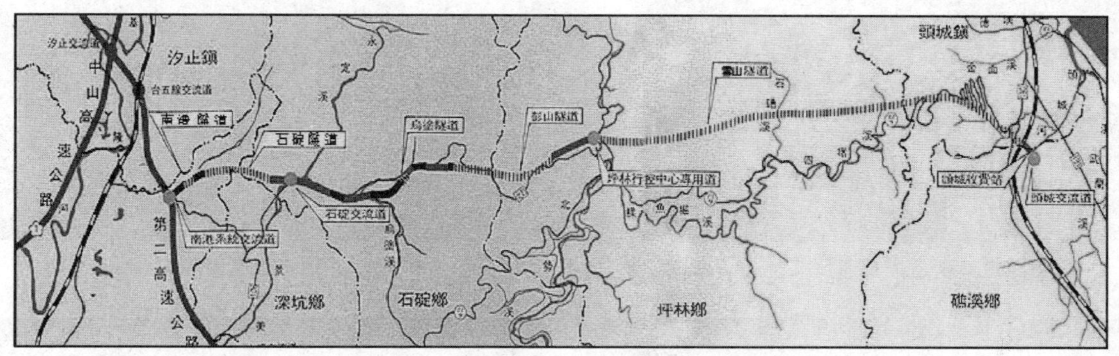

图 1　北宜高速公路南港头城段路线

图 2　北宜高速公路雪山隧道路线

图 3　2001 年 10 月 24 日瑞士圣哥达公路隧道大火

台湾地区北宜高速公路雪山隧道全长 12.9km，为双孔单向双车道之长隧道，其长度排名世界第 5。在设计阶段，其避难与救援安全逃生通道设施由双孔主线隧道、人行及车行横坑、紧急停车弯及导坑通连而成紧急事故的逃生、避难及救援之完善路径与空间。导坑平行于主隧道，位于两孔主隧道间，人行及车行横坑下方，导坑与人行及车行横坑通过人行楼梯衔接，其主要功能是提供救灾人员进入事故地点，不是专供人员避难使用，可提供最便捷之专用救援路径。本路段设计之车行横坑断面支持各型车辆之通行或导流，人行及车行横坑可与双向主隧道相通，设有人员逃生安全门，并且横坑内之通风系统与主隧道通风系统分离，其特色为拥有两套独立通风系统。①供应主隧道车道换气之加强纵流式通风系统。该关系除平时进行车道换气外，在火灾发生时，依自动控制程序运行火灾运转模式，不仅避免浓烟扩散至人行及车行横坑及对向主隧道，还提供用路人最佳之逃生环境。②提供导坑、管线廊道、人行及车行横坑及隧道机房内之人员与机房空调用新鲜空气之供气系统。此供气系统由雪山隧道南北洞口机房全天候引入新鲜空气，由于风机持续加压供气，可让此通风空间保持正压。当火灾发生时，人行及车行横坑内持续保持正压，待援人员注意安全门要确实关闭，避免隧道火灾浓烟由门缝窜入，从而在联络横坑内安全避难。人行及车行横坑内设有交控、机电及其监控等安全设施，作为逃生人员与坪林行控中心人员之联系管道，救援单位及人员可利用导坑(专用)或对向主隧道(完成交通管制之下)迅速抵达人行及车行横坑，引导用路人疏散。故相较于欧洲及其他地区之单孔或双孔长隧道，雪山隧道之交通安全设施及避难逃生通路系统系参照欧洲 PIARC 及日本道路公团之规范所设计，符合国际标准，是目前世界上避难逃生通路系统最完善之公路隧道之一，其布设情形如图 4—7 所示。

图 4　雪山隧道逃生通道及通风系统透视图

图 5　隧道内紧急停车弯

图 6　隧道内车道左侧每隔 350m 设置人行横坑及安全门

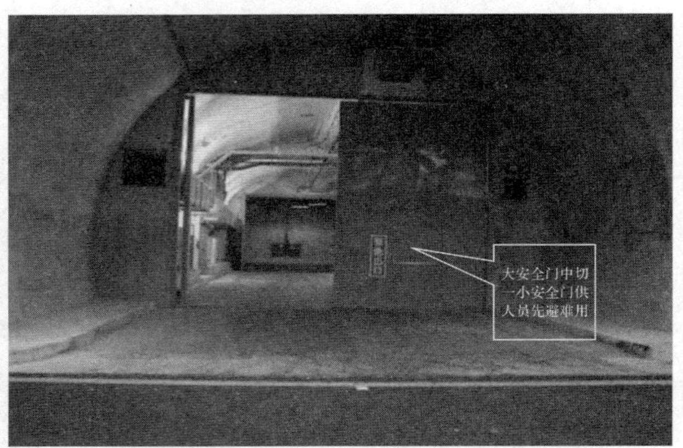

图 7　隧道内车道左侧每隔 1400m 设置车行横坑及安全门(含门中门)

虑及隧道内发生灾害之严重性及避难逃生通道之重要性,如何于隧道内布设紧急避难逃生安全通道等永久性硬件设施,亦值得深入回顾与探讨。本文将针对人行横坑、车行横坑及紧急停车弯等 3 项,对隧道内布设方式加以探讨。因其为永久性土木构造物,一旦施工设置后,就难以再更动,故设置间距及型式宜慎重考虑。

1　人行横坑

人行横坑之功用为主隧道发生火警或事故时,车辆因受阻,车内人员必须快速逃离现场,可就近利用相隔一定距离之人行或车行横坑安全避难,或经救援人员引导进行逃生疏散。

1.1　布设间距

瑞士之公路隧道火灾模拟实验发现,实验产生之烟雾在距火灾地点约 300m 范围内,烟雾上升聚集于隧道顶部,下部尚存可供人呼吸之空气;300m 以外则烟雾下沉弥漫整个隧道断面(见图 8),影响视线及人体健康。如图 9 所示,若火灾发生于两人行横坑之中间段,逃生人员往左或右两横坑疏散,最适合逃生人员体力范围之距离为 150～175m,再配合风机运转模式,人行横坑之设置间距以 300～350m 较为适宜。

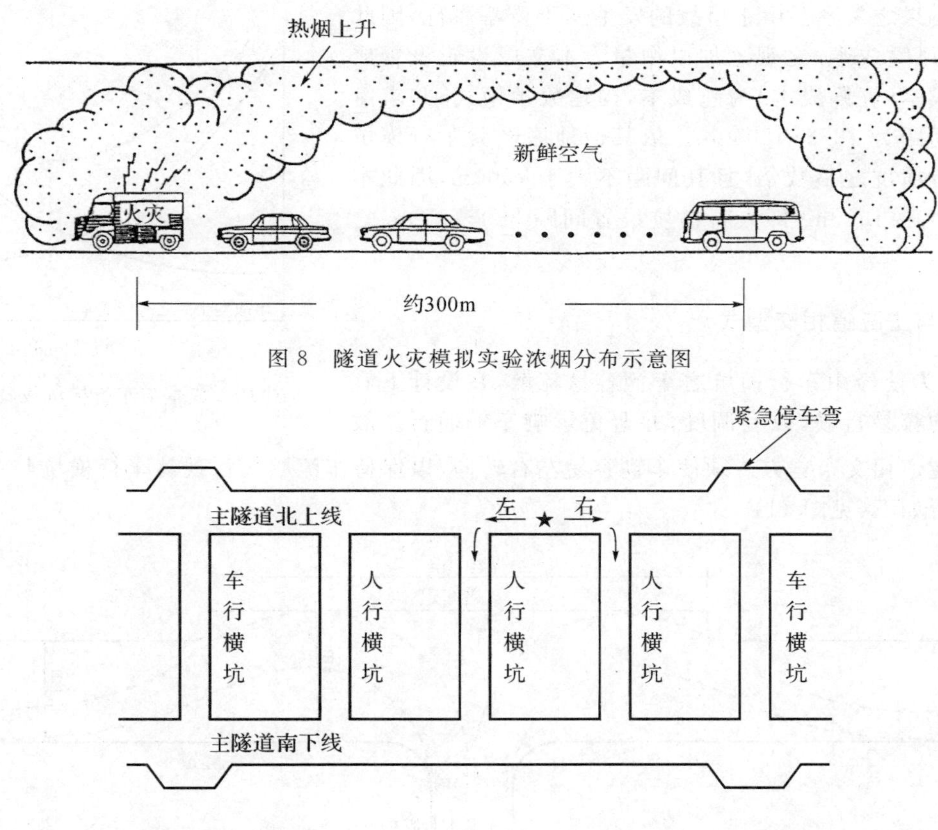

图 8　隧道火灾模拟实验浓烟分布示意图

图 9　长隧道人行横坑与车行横坑及紧急停车弯布设示意图

综上所述，并与顾问公司及相关单位研析，建议双孔单向双车道之长隧道公路内之人行横坑设置间距为 300～350m。

1.2　人行横坑与主隧道之相交型式

人行横坑与主隧道之相交型式有正交及斜交两种方式。由于人员之行走不受方向性限制，若采用斜交方式则横坑长度将比正交方式长，且与主隧道之交会处为非对称结构，施工较难，工程费增加，故采用正交方式较为理想。

2　车行横坑

车行横坑之功用为主隧道发生火警或事故时兼作人员大避难横坑之用，且经救援单位及人员可利用导坑（专用）或对向主隧道（完成交通管制之下）迅速抵达车行横坑并引导用路人进行逃生疏散。为便于现场事故处理，此横坑亦可在交管指挥下供各型车辆与救援车辆回转至对向主线道之通行或导流。

2.1　布设间距

各地区公路隧道车行横坑布设间距彼此差异很大，亦无理论或实验依据，故本文构建最适间距模式，以求算车行横坑最适间距。

决定设施最适间距一般多采用最小成本观念，主要包含工程成本及事故发生后之等候成本，其中等候成本因事故造成车流延滞而产生。假设一旦发生事故，造成人员伤亡及财务损失之成本既已固定，不受车行横坑间距大小之影响。

车行横坑最适间距，应对其建造或设置影响及对事故后果影响最小。因此，本文建议以工程成本（包括设置、维修及运作成本）与事故所造成的等候成本之总和为最小准则。如图 10 所示，设置间距愈小，事故后果愈小，但工程成本愈大，两者间存在相互替代关系，而总成本之最低点所对应的间距值即设施设置之最适间距。依据双孔隧道特性及隧道事故之救援及交通疏导措施，推导事故延滞成本，借以了解车行横坑之设置间距与事故后果之关系。由于事故的发生属于概率事件，因此事故后果可由“风险成本”之观念加以衡量。本文以设施设置成本与事故风险成本（等候成本）为总成本，构建数学模式，并求解得到最适设置间距为 1375～2050m。依其他地区经验车行横坑设置间距为人行横坑之整数倍，且其间距不大于 1500m，因此本文建议采用 1400～1500m（即人行横坑设置间距 300～350m 之 4～5 倍）。

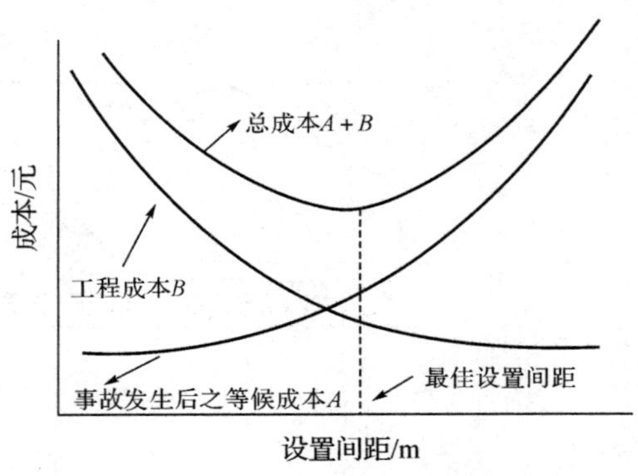

图 10　成本与车行横坑设置间距关系

2.2　车行横坑与主隧道相交型式

在长隧道，为使经由车行横坑之车辆容易疏散，在设计上宜考虑为两方向均容易行驶，以利调度，并避免影响车辆通行。故车行横坑与主隧道相交布置方式须使车辆容易左右转向，以保持车流顺畅。现就车行横坑与主线隧道之相交方式综合分析如下（见图 11）。

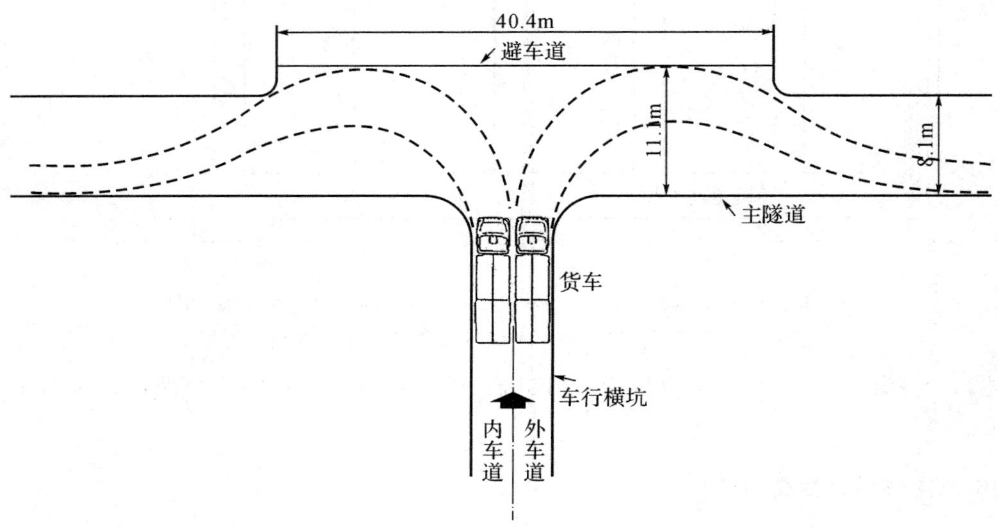

正交式车行横坑

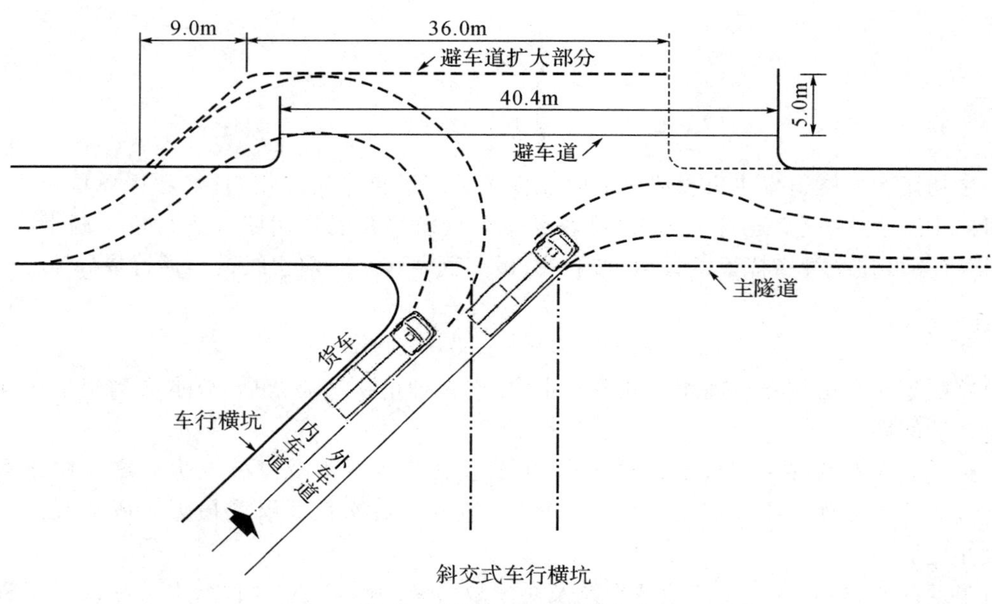

斜交式车行横坑

图 11　车行横坑之布置型式

(1)正交型式

车行横坑与主隧道正交，不论大、小车辆在横坑内之内外车道均容易左右转入主隧道，此种布置型式适合任何车辆运转。

(2)斜交方式

车行横坑与主隧道斜交,则横坑需增加长度,若与主隧道交会之跨径为正交之两倍以上时,岩盘应力集中现象严重,且为非对称式结构体,增加工程安全风险、施工难度及工程费。此种布置型式之优点在于右转车辆运行顺畅,但左转有困难,避车道(紧急停车弯)必须扩挖、左移或将弯角扩挖加大才可转弯,则开挖跨径更加扩大,对施工及结构安全均不利。

综合上述分析得知,基于实际行车需要、车辆运转、工程费及安全性等因素之考虑,车行横坑宜采用与主隧道正交之布置型式。

3 紧急停车弯

紧急停车弯之设置目的是提供用路人及救援单位于特殊或紧急状况时停车或大小型车辆回车之用,其设置位置位于主隧道车道右侧,设置间距配合车行横坑,即每1400m设置一处。①当车辆抛锚或故障时,驾驶人可将车辆移至就近车行横坑相对应之右侧停车弯,再打电话求援,以免阻碍正常车流。②人行横坑或车行横坑内之机电、交控、照明、通风防灾等设备需定期维修,维修车辆亦可停放于紧急停车弯。③配合紧急事故处理时,亦可在交管指挥下供各型车辆及救援相关车辆在车行横坑与主隧道相交处左、右转回车之用。

4 结论与建议

长隧道由于其特有之环境特性,致使其在面临事故时具有联络困难、可及性较低、情况不明及救援急迫等特点。因此隧道设计时,除本文所述之避难逃生安全通道之重要设施设置外,尚需交通安全管制设施、隧道内照明设施及通风设施、路况监测设施及安全防灾与指引设施等。经与顾问公司及相关单位、与价值工程顾问评估后,虑及施工期、预算限制、避难逃生安全通道设施设置原则,人行横坑间距为350m,与主隧道正交方式配置。至于车行横坑间距,配合人行横坑之整数倍,采用1400m间距与主隧道正交方式配置。另对于进入人行或车行横坑安全门之维修人员、逃生及救援人员尤应加强倡导随手关门,以免烟尘窜入,并于门上铺设清晰之告示牌。

虽然隧道内设计有更完善的紧急避难逃生通道系统及救援安全之机电、交控等监控设施及措施,本文仍建议并呼吁用路人于进入高、快公路隧道前,确认车况、装载情形及本身之身体状况都无虞后再上路并遵守交通规则,尤其是不超速、不任意变换车道及行驶中随时注意前方行车动态保持安全距离,以维持隧道密闭空间内行车秩序与安全。至于如何加强防灾与救援机制,亦是值得探讨之重要课题。

开放交通信息的成果

曾铭正　林淑琴　王声威
(台北市交通局,台北)

摘要:台北市交通局自20世纪90年代推行计算机号志控制系统以来,逐步引进各类高科技技术,发展智能型运输系统(ITS),而先进用路人信息服务(ATIS)是当前发展的重要方向。因此,基于扩大交通信息传递效率之立意,借由对外开放交通信息间接服务,经民间企业无限创意加值利用后,可发展多种便民信息系统,向民众提供更多元的信息查询管道,由当局提供稳定资料及引领开发方向,民间业者则担任信息加值者之角色,共同扩展台北市智能型交通推展之应用范围。为引领民间业者开发交通信息软件的方向,台北市交通局开发智能型手机软件"台北好行",形成最完备交通信息系统,将台北市民所有交通需求均纳入系统功能,内容包括公交车动态、道路信息、停车场、捷运、微笑单车YouBike、出租车、蓝色公路、城际运输及国际航班信息等实时交通信息,所提供的丰富信息领先世界主要城市,民众可利用"台北好行"快速查询所需交通信息,进行旅程规划以减少等候时间,并可选择适当运具,舒适、有效地在大台北地区悠游畅行。以2013年为例,"台北好行"总查询量为106199162次,各系统加计间接总查询量为788598095次。该系统已带领民间业者运用实时交通信息的风潮,并借由信息间接发挥倍数效益,开创实时交通信息运用的新里程碑。

关键词:智能型运输系统;先进用路人信息服务;实时交通信息;智能型手机软件

台北市自1991年起开始智能型运输系统基础建设,逐年完成各项交通监控、停车导引信息、公交车动态信息等系统,各项交通信息在各系统中发挥各自功能。台北市利用这些实时交通信息,建置"台北市交通控制中心实时交通信息网"、"台北市停车信息导引系统"、"我爱巴士5284(台北市动态公交车信息网)"等便民服务系统,并且建置整合各项实时交通信息于单一入口网站"台北市实时交通信息网",使民众取得交通信息愈趋便利。

鉴于云端技术快速发展,大量资料已可通过网络快速传输。台北市本着扩大交通信息应用之立意,积极推广实时交通信息服务、提升交通信息传递效率及推广智能型运输系统,开放实时交通信息供介接加值利用,以扩大台北市交通信息推展之应用范围。在智能型手机方兴未艾之初,台北市率先运用实时交通信息开发"花博行",其后转型为"台北好行"手机软件,推出之后广受民众喜爱,开创民众随手可得的实时交通信息新局面,并引领民间参与交通信息发展,成功扩大实时交通信息应用范围。

台北市在人本交通、永续交通理念下,以绿色运输、交通安全、无障碍运输、服务观念、信息深化为施政目标,持续扩大交通信息应用范围,并增加信息传递效率。借由对外免费开放交通信息介接服务,经民间企业无限创意加值利用后,提供民众更多元的信息查询渠道,使民众取得交通信息更实时、更正确,进而提升民众搭乘大众运输工具的意愿,创造绿色运输、人本永续的交通环境,使台北市智能型交通推展运用成效极大化,开创交通信息运用的新价值。

1　"交通信息介接"简介

台北市自2008年起,即研拟整合各项实时交通信息,通过单一窗口,提供机关、学术机构、营利及非营利机关(构)等申请介接使用,并自2009年2月1日起正式对外提供介接申请服务(见图1)。同时,为扩大交通信息之提供,台北市致力于实时交通信息提供之开发,于2011年6月新增"民营停车场基本资料(车种、名

作者简介:曾铭正,设计师;林淑琴,科长。

称、地址、格位数等）”、“闭路电视摄影机（CCTV）影像”及“肇事数据库资料”之提供，2012 年 2 月新增“公交车路线图”，2013 年 7 月增加微笑单车数据库介接服务，包括各站基本资料（站名、行政区、地点、经纬度坐标等）及实时可借车辆数、可停空位数等信息。至 2013 年，免费开放“台北市停车信息导引系统数据库”，提供民营停车场基本资料及实时剩余可停车位等信息；“台北市交通控制中心数据库”，提供道路速率、信息可变标志（CMS）显示内容、车辆侦测器（VD）资料及闭路电视摄影机（CCTV）影像等信息；“我爱巴士 5284 数据库”，提供公交车站牌、路线与车辆等实时经纬度坐标、公交车到离站及公交车路线图等信息；“台北市肇事数据库”，提供肇事时段、位置及类型等信息；“YouBike 微笑单车数据库”，提供各站基本资料，站名、行政区、地点、经纬度坐标、实时可借车辆数及可停空位数等 5 大类 19 项实时交通信息予各民营机关（构）及个人申请介接以做各项加值利用。实时交通信息经由各民营机关（构）及个人无限创意加值利用后，得到广泛的信息查询产品为民众提供更多元的信息查询渠道。交通信息数据提供的介接方式及数据库更新频率见表 1、表 2。

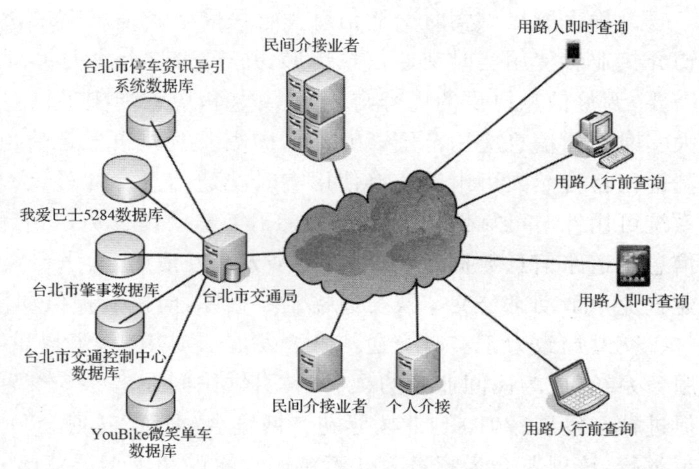

图 1　开放介接示意图

表 1　交通信息数据库提供介接方式

提供介接数据库	介接方式	说　明
台北市停车信息导引系统数据库	XML、JSON	由台北市停车信息导引系统数据库信息发布平台，以 XML 及 JSON 两种资料格式发布静态停车场基本资料与动态实时可停车位信息
台北市交通控制中心数据库	XML、URL	由台北市交通控制中心数据库信息发布平台，以 XML 资料格式发布道路速率、信息可变标志（CMS）显示内容、车辆侦测器（VD）资料；另以 URL 联结提供闭路电视摄影机（CCTV）影像等信息
我爱巴士 5284 数据库	XML、JSON	由台北市公共运输处我爱巴士（5284）数据库信息发布平台，依据交通主管部门运输研究所“公交车动态信息中心之资料交换、收集与发布机制”，以 XML 及 JSON 两种资料格式发布实时公交车动态信息
台北市肇事数据库	TXT	由交通局每季统计分析近 2 个月易肇事路口信息，并上传至交通信息介接平台，以文字资料格式发布
YouBike 微笑单车数据库	JSON	由交通局 YouBike 微笑单车数据库信息发布平台，以 JSON 资料格式，发布 YouBike 微笑单车静态场站基本资料与动态实时可停车位及可借车辆信息

表 2　交通信息数据库更新频率

项次	来源单位	提供介接数据库	介接资料	动/静态	介接格式	更新频率
1	停管处	台北市停车信息导引系统数据库	停车场基本资料	静态	XML、JSON	1d
2			剩余格位	动态	XML、JSON	30s
3	交工处	台北市交通控制中心数据库	道路速率	动态	XML	5min
4			CMS	动态	XML	5min
5			CCTV	动态	URL	实时
6	公运处	我爱巴士 5284 数据库	公交车路线站牌	静态	XML、JSON	1d
7			预估到站时间车辆位置	动态	XML、JSON	实时
8	交通局	台北市肇事数据库	肇事统计信息	静态	TXT	1 季
9	交通局	YouBike 微笑单车数据库	微笑单车基本资料及剩余格位	动态	JSON	3min

为确保所提供实时交通信息契合民间业者信息需求，2009 年 6 月及 2012 年 6 月，台北市交通局分别参访介接业者使用实时交通信息情形，并于 2012 年 9 月办理介接业者座谈会，倾听介接业者需求，以配合业者需要，调整信息提供的内容与质量。同时，应智能型手机应用之潮流及满足个人手机软件开发者之需求，扩大实时交通信息应用范围，2013 年 10 月交通局开放已有电子信息应用产品对外提供服务，20 岁以上中国台湾地区籍自然人可申请介接使用实时交通信息。此外，为使公共服务与个人使用分流，提高介接信息发布系统可用性与可靠性，交通局在 2013 年着手设置免申请、更新频率较低的 YouBike 微笑单车、停车场实时信息及道路信息数据库，分别满足个人开发使用、学术研究及学生项目研究需求。未来，交通局仍计划持续建置免申请动态公交车及交通控制数据库，向民众提供利用实时交通信息的更便利渠道。

交通局致力于实时交通信息之发展与应用，除了提供实时交通信息给外界使用之外，亦积极开发便民服务系统，成为民间业者的领头羊，引领民间业者参与交通信息产品的开发，创造便民利民的公共环境，并促进社会发展；2010 台北国际花卉博览会（简称“花博会”）于 2010 年 11 月 6 日至 2011 年 4 月 25 日在台北市举行，该展览会为超过 896 万游园人次的超大型展览活动，为缓解展览期间对周边地区之交通冲击，并向民众提供有关花博园区信息与台北市实时交通信息，交通局开发以花卉博览会为主题的智能型手机软件“花博行”（见图 2）。该软件上架服务后广受好评，并对花博会期间产生的大量人潮发挥预期功能：80%旅客使用大众运输、周边交通无拥堵之事件发生。花博会落幕后，承续开发“花博行”之技术及经验，于 2011 年 4 月 25 日改版推出“台北好行”（见图 3），以提升对台北市民旅运之服务水平，改善台北市运输系统效率。“台北好行”自推出以来，深受广大市民喜爱与推崇，“台北好行”的成功经验，更带领民间业者参与台北市实时交通信息开发的风潮，使实时交通信息随手可得。交通信息的发展促进大众运输使用率的提升，改善交通环境，成功塑造人本永续、友善交通的台北城。

图 2 “花博行”页面

2 “交通信息介接”成果

台北市交通局自发展智能型运输系统（ITS）以来，即预见交通信息可以引领民众使用习惯，进而改善交通环境，创造便民利民的生活，因此于 2009 年 2 月开放实时交通信息供各界介接申请者使用，并持续针对所提供介接信息内容精进、强化，以期激发民间创意，共同投入实时交通信息发展行列（见表 3）。

表 3 交通信息数据库主要应用成果

手机软件	公交车：台北好行、台北等公交车、公交车来了没、台北公交车、转乘通、大台北极速公交车、i84 导航：导航王、远传行动导航、威宝电信 Mr. Navi 银行：第一、台湾、永丰
地图应用	Google 地图、友迈 Urmap
导航机	Garmin、Mio
车机应用	民视飞来讯、裕隆纳智捷
研发单位	运研所、资策会、交通主管部门、台“科大”、“交大”等

制表日期：2014 年 4 月 16 日。

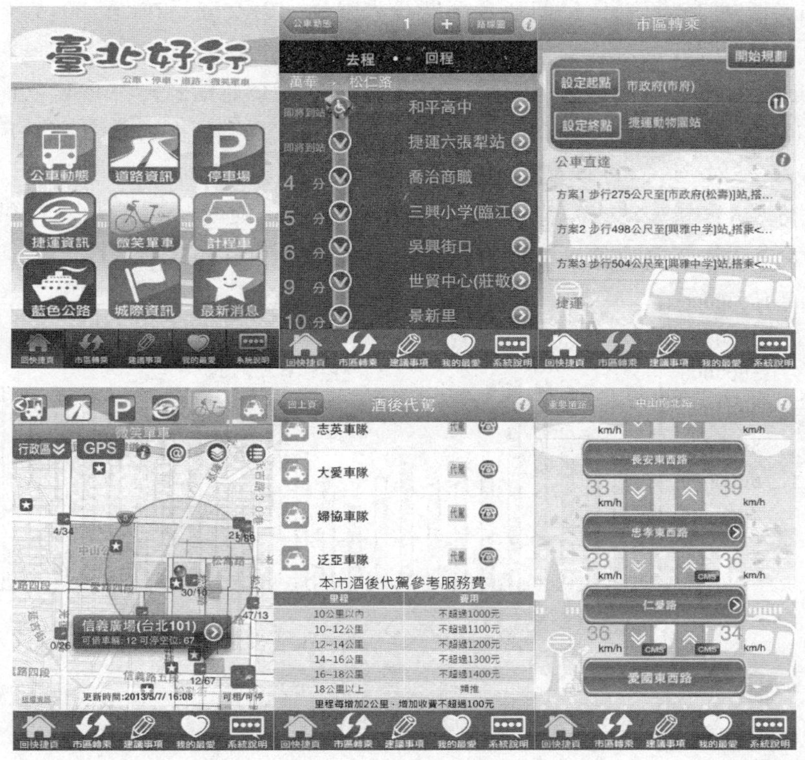

图 3 “台北好行”页面

为引领实时交通信息的发展，以及掌握信息科技发展的契机，交通局于 2011 年率先运用实时交通信息，推出智能型手机软件“台北好行”，整合所提供介接信息于单一 App(见图 4、图 5)，提供实时交通信息，广获民众喜爱，并促进了大众运输的发展。至 2014 年 3 月，“台北好行”App 下载使用人数突破 76 万人次。2013 年，每月使用“台北好行”App 查询交通信息次数达 884 万次，单月查询次数最高曾达 1496 万次(见图 6)。

图 4 介接业者产品页面

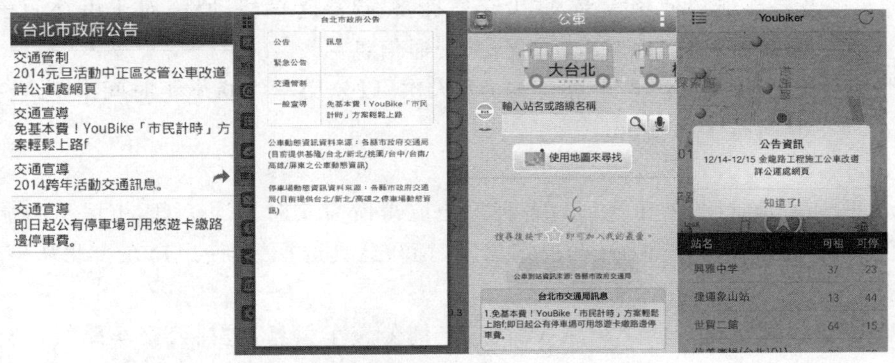

图 5 介接业者产品倡导市政信息页面

交通局致力于推广实时交通信息,民间业者踊跃投入发展实时交通系统,至 2014 年 3 月,申请介接实时交通信息的机构达 169 家,所开发对外提供服务的交通信息产品达 98 项,包含手机软件 64 项、网站 19 项、数字电视台 6 项、导航机 6 项及显示广告牌 3 项。民众通过各种交通信息产品取得实时交通信息的渠道非常多元与便利,民众日常生活与实时交通信息愈显密不可分。2013 年,交通信息数据库查询次数平均每月达 6571 万次、单月最高 7522 万次,每日查询次数以公交车动态最高,平均达 198 万次,单日最高平均达 226 万次(见图 7)。由此可见,公交车动态信息为民众最需求信息,公交车动态信息之提供使民众节省候车时间,并提升民众搭乘大众运输工具意愿,达到改善交通环境与质量之目的,创造提供交通信息之价值。

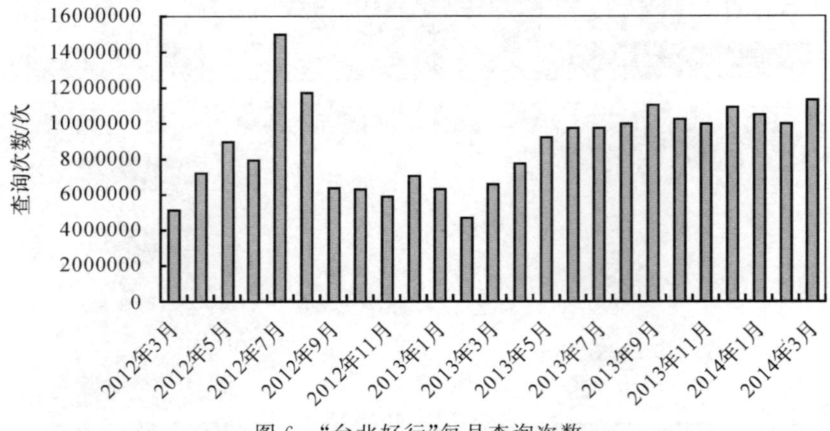

图 6 “台北好行”每月查询次数

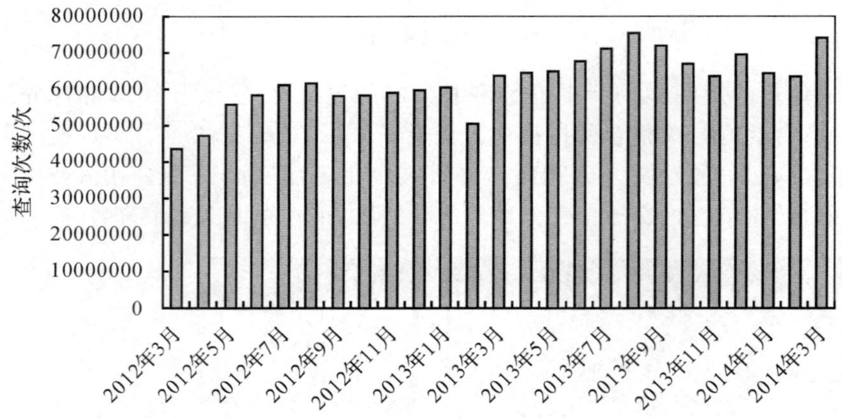

图 7 交通信息数据库每月查询次数

3 计划效益

(1)社会效益

本计划之实施不仅提高公共交通信息使用渠道,亦可提升公共运输使用率,有助于减缓私人运具成长,并减少空气、噪音污染及提高能源使用效率,减少交通拥挤、提高运输机动性;对于民众而言,有利民众将公共交通信息列为生活必需,可随时随地获取所需公共交通信息。

2013 年,台北市公交车客运人数共计约 58946 万人次,以公交车尖峰班距时间最低 3～5min,估算公交车动态系统每人次候车时间减少约 1min。

(2)运输效益

实时交通信息推展多元应用,使市民通过各种管道取得所需实时交通信息,市民从事旅运行为时,可以借由各种交通信息软件(如“台北好行”App)决定出发时间、运具选择等,使民众在台北从事各种活动时觉得很方便,提升其移动效率。

大众运输信息提供民众可使用公交车路线名称、查询公交车信息,包括公交车路线、公交车实时到站时间、各站牌的位置地图,并可依站牌查询其他公交车的到站时间,降低等待公交车的焦虑感。此外,经由信息加值运用之后的便利功能,如“台北好行”App 的市区转乘查询,民众仅需要输入起讫点,系统即可列出各种大众运输工具选择方案(含公交车及捷运转乘),便于其搭乘大众运输到达目的地,达成时间上无缝隙大众运输服务之目的。

停车场信息与道路车流信息的提供,让民众开车前往目的地前,可事先了解停车场位置与行车之路径,若旅次目的地无停车场或道路拥堵,可以实时转变搭乘大众运输前往。

为鼓励民众使用公共自行车 YouBike,交通局提供 YouBike 微笑单车实时信息供介接加值运用。市民可利用交通信息软件如(如"台北好行"App)所提供之 YouBike 租借站位置及每一站可借用与停放车位数,随时使用 YouBike 作为公共运输"最后一哩"之接驳工具,并借由所提供之自行车道路网,提升绿色运具使用率。

(3)经济效益

实时交通信息是从事各种旅运活动所必需之信息,因此利用此数据库所研发之相关服务亦因交通信息开放而蓬勃发展,如业者加值应用于手机软件、网站、车载机导航及数字电视台等交通信息服务,另银行、产险业者也利用专属手机软件提供各分行之大众运输交通信息,以利洽办民众使用大众运输,提升企业服务质量。此外,医院、学校亦利用交通信息发展手机软件为看病民众与学校师生搭乘大众运输系统提供便利查询。

实时交通信息因介接业者之创意加值,而广泛应用于生活信息 App(如生活版 Liveplates、生活行)、旅游网站(如 Fun 台北网站、Show Taiwan 网站)、阳明山公园行动导览系统、社区网络平台及新闻台等。

4 结 语

(1)多样化实时交通信息

为向民众提供完整旅行信息服务,台北市交通局整合历经 20 余年推动 ITS 建置计划所得到之道路、停车及公交车等实时交通信息,除研发"台北好行"提供的丰富信息领先交通智能型手机软件外,亦首开创举将所有交通实时信息,以 Open Data 精神使各界加值运用,创造实时交通信息最大价值。

(2)交通信息整合

整合局内(YouBike 信息、肇事信息)及所属停管处(停车信息)、交工处(道路信息)及公运处(公交车信息),通过单一窗口,为各界提供申请介接实时交通信息,简化行政程序,使申请介接者快速、便利地取得所需信息。

此外,"台北好行"提供完整的公共运输服务路网,由机场航班、台铁、高铁、城际客运等城际公共运输信息以及道路、停车场等停车转乘信息,延伸至公交车、捷运、蓝色公路等市区公共运输信息,再延伸至市民小巴、微笑单车、出租车等"最后一哩"服务。民众可利用"台北好行"快速查询所需的交通信息,进行旅程规划以减少等候时间,并可选择适当运具,舒适、有效率地在大台北地区悠游畅行,享受时间无缝隙之运输服务。

(3)公私部门合作

开放交通信息数据库供各界申请介接使用,可广泛宣传实时交通信息,以利民众迅速得知实时交通信息,增加运输效率,符合提升整体公共利益之目的,提高交通信息流通以创造交通信息最大价值。对行政单位而言,整合信息介接管道,更可维持系统之稳定及加速行政之作业;对民间机构而言,可提升业者服务范围及品牌形象;对于民众而言,有利于将交通信息列为生活必需,可随时随地获取所需之实时交通信息。

另外,通过信息介接模式,经由介接业者产品发布行政单位重要公告,使行政信息能快速通过各种传播媒介传递给民众,让民众与行政信息无缝接轨,达到便民利民之目的,延伸其利用价值。

北北基桃四县市常住人口之常住地与工作地、就学地分析

薛乃嘉　李昆振　曹慈容　梁筠翎
(台北市交通局，台北)

摘要：本研究以2010年台闽地区人口及住宅户口普查统计结果为基础，摘录北北基桃四县市常住人口中"6～18岁有就学人口"及"18岁以上有工作人口"之常住地与就学地、工作地统计表进行分析。首先，针对北北基桃四县市间工作就学人口进行分析，发现台北市每天吸引70万人以上来自外县市工作的就学人口，多数来自新北市，显示新北市与台北市紧密的关系。之后，针对台北市、新北市、桃园县及基隆市工作就学人口之空间中的移动、方向、数量进行分析，发现工作就学人口扩散与吸引之关系与外围行政区有区位、距离之地缘关系。最后，比较"人口普查"与"TRTS-Ⅳ家访调查"之差异，发现两份抽样调查几近一致，后续亦可应用于推估旅运需求上。

关键词：常住地；就学地；工作地；交通

本研究以2010年台闽地区人口与住宅户口普查(以下简称"人口普查")统计结果为基础，摘录台北市、新北市、桃园县、基隆市等四县市常住人口中"6～18岁有就学人口"及"18岁以上有工作人口"之常住地与就学地、工作地统计表进行分析，相关内容说明如下。

(1)常住人口定义：凡普查标准时刻(2010年12月26日零时整)在现住地实际居住6个月或预期居住6个月以上者，均视为该处所之常住人口。其中，中国台湾地区民众扣除出台时间已达或预期达183日以上之出台人口，再加上居留台闽地区已达或预期达183日以上之外籍人口，包括派驻外地工作人员及其眷属、外劳与外侨，但不包括各国驻中国台湾的文武公务人员及其眷属。

(2)数据型式与特性：

①18岁以上有工作人口常住地与工作地统计。其中"有工作"指受访者在普查标准周(2010年12月19日至25日)，从事有酬工作，或每周工作在15h以上之无酬家属工作者。

②6～18岁就学人口常住地与就学地统计。

③因2010年人口及住宅普查采用公务登记辅以抽样调查方式，因此调查结果数据均为加权后的结果(受访人数及百分比)。

④为着重分析主要通勤人口，本研究以"18岁以上有工作人口"及"6～18岁有就学人口"2类族群为主要分析对象，其他如"18岁以上无工作但有就学人口"、"15～18岁有工作人口"等族群，由于未取得原始调查资料，故不纳入本次分析范围中。

⑤本研究以"6～18岁有就学人口"及"18岁以上有工作人口"为主要分析对象。为方便阅读，以下分别简称为"就学人口"及"工作人口"；而两类族群合计简称为"工作就学人口"。

经由汇总北北基桃四县市各行政区间"就学人口"及"工作人口"常住地与工作地、就学地之数量、比率等数据分析(见图1)，探讨四县市上述人口在空间中的移动、路径、方向、数量，间接反映旅次产生及吸引之动态关系，更进一步从中归纳发现不同行政区通勤人口旅运行为对台北市之影响，作为日后拟订交通政策与运输规划之参考。

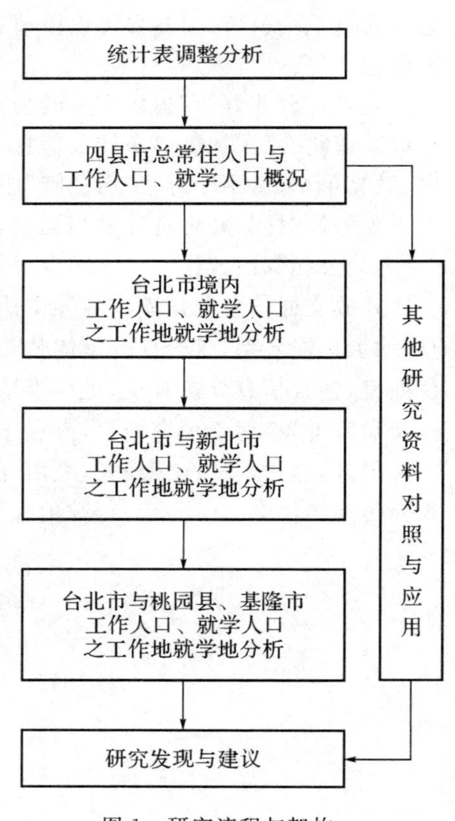

图1　研究流程与架构

1 北北基桃四县市工作就学人口分析

本节首先对北北基桃四县市常住人口特性进行说明，之后针对四县市区域内之“工作人口”及“就学人口”整体概况及其特性分别说明，并着重分析台北市旅次产生与吸引之特性。其中，四县市工作人口及就学人口就四县市内移动之人口进行研究，不包括四县市至其他外县市及吸引其他外县市进四县市之工作人口及就学人口。

1.1 四县市常住人口概况

本研究以台闽地区常住人口资料为基础，故先就北北基桃四县市常住人口特性进行说明。截至2010年底，台闽地区常住人口数计23123866人，其中有46.3%共10706697人集中在北部地区。进一步分析，北北基桃四县市常住人口共9281606人，占台湾地区常住人口40.1%。其中，台北市2655570人，占11.5%。根据近10年人口增加率分析，台北市近10年共计增加31313人，约增加1.2%；人口密度9770人/km^2，为四县市中最高。

综上所述，台湾地区常住人口有往北部及都会区集中之趋势，而四县市中以台北市人口密度最高，新北市人口总数最多，桃园县人口增长幅度最大，基隆市则为台湾地区人口密度第二高城市，显示北北基桃四县市在产业经济结构中的重要性。

1.2 四县市工作人口及就学人口概况

北北基桃四县市常住人口共9281606人，占台湾地区常住人口40.1%，其中于四县市内移动之工作人口、就学人口共5552833人。四县市中新北市工作人口及就学人口总数与比率均为最高，计2480709人，占四县市总工作人口及就学人口之44.7%；台北市1540838人，占27.7%。

在人口结构上，台北市工作人口及就学人口共1540838人，其中工作人口1211862人，就学人口328976人，两者分别占工作人口及就学人口总数之78.6%及21.4%。工作人口比率78.6%为四县市中最高。

整体而言，台北市工作人口比率最高、新北市工作人口总数最多，两地合计工作人口超过300万人，反映经济商业活动仍集中在双北市(台北市及新北市)。新北市工作人口及就学人口总数最高，若其中有大量人口之工作地与就学地在台北市，其衍生交通需求对台北市交通影响相对较大。

1.3 台北市产生之工作人口及就学人口分析

以四县市境内活动人口数为基础，四县市境内工作人口及就学人口总数为5552833人，本节进一步探讨台北市产生之工作人口、就学人口及其工作地、就学地之特性。

台北市现住人口中工作人口共1211862人，其中1031357人(85.1%)在台北市境内工作；149604人(12.3%)到新北市工作；26303人(2.2%)到桃园县工作；4598人(0.4%)到基隆市工作。台北市到外县市工作人口总计为180505人，占台北市工作人口总数之14.9%(见表1)。

表1 各县市至其他县市之工作人口与比例 (单位：人)

常住地＼工作地	台北市		新北市		桃园县		基隆市		总计		至其他三县市人数	
台北市	1031357	85.1%	149604	12.3%	26303	2.2%	4598	0.4%	1211862	100%	180505	14.9%
新北市	534077	28.3%	1281322	67.8%	66125	3.5%	7794	0.4%	1889318	100%	607996	32.2%
桃园县	45680	4.8%	46078	4.8%	864292	90.4%	467	0.0%	956517	100%	92225	9.6%
基隆市	37927	22.3%	25465	15.0%	1650	1.0%	105209	61.8%	170251	100%	65042	38.2%
总计	1649041		1502469		958370		118068		4227948		945768	

台北市现住人口中就学人口共328976人，其中309970人(94.2%)在台北市境内就学；16825人(5.1%)到新北市就学；256人(0.1%)到桃园县就学；1925人(0.6%)到基隆市就学。台北市到外县市就学人口总计为19006人，占台北市就学人口总数之5.8%(见表2)。

表 2　各县市至其他县市之就学人口与比例　（单位：人）

常住地＼就学地	台北市		新北市		桃园县		基隆市		总计		至其他三县市人数	
台北市	309970	94.2%	16825	5.1%	256	0.1%	1925	0.6%	328976	100%	19006	5.8%
新北市	79313	13.4%	501714	84.8%	5504	0.9%	4860	0.8%	591391	100%	89677	15.2%
桃园县	2300	0.7%	4304	1.2%	344514	98.1%	—	0.0%	351118	100%	6604	1.9%
基隆市	3063	5.7%	1323	2.5%	31	0.1%	48983	91.7%	53400	100%	4417	8.3%
总计	394646		524166		350305		55768		1324885		119704	

台北市现住人口中工作人口及就学人口共 1540838 人，其中 1341327 人(87.1%)在台北市境内工作就学；166429 人(10.8%)到新北市工作就学；26559 人(1.7%)到桃园县工作就学；6523 人(0.4%)到基隆市工作就学。台北市到外县市工作人口及就学人口总计 199511 人，占台北市工作人口及就学人口总数之 12.9%(见表 3)。

表 3　各县市至其他县市之工作就学人口与比例　（单元：人）

常住地＼工作就学地	台北市		新北市		桃园县		基隆市		总计		至其他三县市人数	
台北市	1341327	87.1%	166429	10.8%	26559	1.7%	6523	0.4%	1540838	100%	199511	12.9%
新北市	613390	24.7%	1783036	71.9%	71629	2.9%	12654	0.5%	2480709	100%	697673	28.1%
桃园县	47980	3.7%	50382	3.9%	1208806	92.4%	467	0.0%	1307635	100%	98829	7.6%
基隆市	40990	18.3%	26788	12.0%	1681	0.8%	154192	68.9%	223651	100%	69459	31.1%
总计	2043687		2026635		1308675		173836		5552833		1065472	

1.4　台北市吸引其他三县市之工作人口及就学人口分析

新北市、基隆市、桃园县往外县市工作人口绝大部分目的地是台北市，共 617684 人，占台北市全市工作人口 37.5%，其中又以来自新北市约 534077 人最多，占 32.4%。另外，桃园县及基隆市至台北市工作人口分别为 45680 人及 37927 人，分别占 2.8%及 2.3%(见表 4)。

表 4　各县市吸引其他县市之工作人口与比例　（单位：人）

常住地＼工作地	台北市		新北市		桃园县		基隆市		总计
台北市	1031357	62.5%	149604	10.0%	26303	2.7%	4598	3.9%	1211862
新北市	534077	32.4%	1281322	85.3%	66125	6.9%	7794	6.6%	1889318
桃园县	45680	2.8%	46078	3.1%	864292	90.2%	467	0.4%	956517
基隆市	37927	2.3%	25465	1.7%	1650	0.2%	105209	89.1%	170251
总计	1649041	100%	1502469	100%	958370	100%	118068	100%	4227948
吸引其他三县市人数	617684	37.5%	221147	14.7%	94089	9.8%	12859	10.9%	945768

台北市吸引三县市之就学人口共 84676 人，占台北市全市就学人口 21.5%(越区就读者)，其中又以新北市 79313 人数最多，占 20.1%。另外，桃园县及基隆市至台北市就学人口分别为 2300 人及 3063 人，分别占 0.6%及 0.8%(见表 5)。

表5　各县市吸引其他县市之就学人口与比例　　（单位：人）

常住地＼工作地	台北市		新北市		桃园县		基隆市		总计
台北市	309970	78.5%	16825	3.2%	256	0.1%	1925	3.5%	328976
新北市	79313	20.1%	501714	95.7%	5504	1.6%	4860	8.7%	591391
桃园县	2300	0.6%	4304	0.8%	344514	98.3%	—	0.0%	351118
基隆市	3063	0.8%	1323	0.3%	31	0.0%	48983	87.8%	53400
总计	394646	100%	524166	100%	350305	100%	55768	100%	1324885
吸引其他三县市人数	84676	21.5%	22452	4.3%	5791	1.7%	6785	12.2%	119704

在台北市总工作人口及就学人口共2043687人，其中吸引三县市之工作人口及就学人口共702360人，占台北市全市工作人口及就学人口34.4%，而以新北市613390人数最多，占30.0%。另外，桃园县及基隆市至台北市工作人口及就学人口分别为47980人及40990人，分别占2.4%及2.0%（见表6）。

表6　各县市吸引其他县市之工作就学人口与比例　　（单位：人）

常住地＼工作就学地	台北市		新北市		桃园县		基隆市		总计
台北市	1341327	65.6%	166429	8.2%	26559	2.0%	6523	3.8%	1540838
新北市	613390	30.0%	1783036	88.0%	71629	5.5%	12654	7.3%	2480709
桃园县	47980	2.4%	50382	2.5%	1208806	92.4%	467	0.3%	1307635
基隆市	40990	2.0%	26788	1.3%	1681	0.1%	154192	88.7%	223651
总计	2043687	100%	2026635	100%	1308675	100%	173836	100%	5552833
吸引其他三县市人数	702360	34.4%	243599	12.0%	99869	7.6%	19644	11.3%	1065472

1.5 小　结

（1）四县市在工作地就学人口比较

四县市在工作地就学人口（常住地即为工作地、就学地之人口）之比例，以桃园县最高为92.4%（约121万人）；台北市之87.1%（约134万人）；新北市之71.9%（约178万人）；基隆市68.9%（约15万人）为最低。桃园县与台北市工作就学人口多为内部流动，比例在8成以上，相对而言，新北市与基隆市人口在外工作就学比例偏高。

（2）四县市在外工作就学人口比较

四县市在外工作就学人口之比例相对于前述内容，以基隆市31.1%（约7万人）为最高；其次为新北市之28.1%（约70万人）；台北市之12.9%（约20万人）；桃园县之7.6%（约10万人）为最低。四县市中在外工作就学人口数以新北市为最多，计697673人，占65.5%（见表7）。

表7　四县市至其他三县市之工作就学人口与比例

	至其他三县市之工作就学人口（人）	比例（%）
台北市	199511	18.7
新北市	697673	65.5
桃园县	98829	9.3
基隆市	69459	6.5
总计	1065472	100

(3)四县市吸引外地工作就学人口比较

四县市总工作就学人口计5552833人,其中非在工作地工作就学人口计1065472人,占19.18%。四县市吸引外地工作就学人口之比例以台北市最高,约70万人,占台北市总工作就学人口数之34.4%;其次为新北市,约24万人,占新北市总工作就学人口数之12.0%;基隆市约2万人,占基隆市总工作就学人口数之11.3%;桃园县约10万人为最低,占桃园县总工作就学人口数之7.6%。四县市中以台北市吸引其他三县市工作就学人口为最多,约70万人,占65.9%;其次为新北市之22.9%(见表8)。

表8　四县市吸引其他三县市之工作就学人口与比例

	吸引其他三县市之工作就学人口(人)	比例(%)
台北市	702360	65.9
新北市	243599	22.9
桃园县	99869	9.4
基隆市	19644	1.8
总计	1065472	100

整体而言,台北市位居台湾地区北部政治、经济、交通中心之地位,旅次吸引强度最高,每天共吸引70万以上来自外县市工作就学人口,其中绝大多数来自新北市,每天超过61万人,显示新北市与台北市紧密的关系。但台北市每天除上述外来工作就学人口外,还包括四县市非就学与工作人口及台湾地区其他县市到台北市的人数,保守估计每天至少有超过100万台北市外人口到台北市活动。

新北市每天吸引243599外县市工作就学人口,其中以来自台北市为最多,共166429人,占8.2%。来自桃园县50382人,占2.5%,显示新北市与桃园县工作就学关系亦相当密切。

此外,桃园县吸引外县市工作就学人口数已将近10万人(99869人),比例最高的是新北市,每天约71629人,占5.5%。且其县内工作就学人口已超过120万人,俨然成为台湾北部地区第三大都会区。

基隆市每天吸引外来工作就学人口最多的是新北市,共12654人,占7.3%。

(4)相互二县市间工作就学人口之产生吸引比较

台北市与新北市每天往来之工作就学人口达779819人,关系极为密切,为相互二县市间互相往来人口数最多者,占总数之73.2%(见表9)。

表9　相互二县市间工作就学人口之产生吸引人口与比例

<table>
<tr><th rowspan="2">起</th><th rowspan="2">讫</th><th colspan="3">工作就学人口</th></tr>
<tr><th>人口数(人)</th><th>小计(人)</th><th>比例(%)</th></tr>
<tr><td>台北市</td><td>新北市</td><td>166429</td><td rowspan="2">779819</td><td rowspan="2">73.2</td></tr>
<tr><td>新北市</td><td>台北市</td><td>613390</td></tr>
<tr><td>台北市</td><td>桃园县</td><td>26559</td><td rowspan="2">74539</td><td rowspan="2">7.0</td></tr>
<tr><td>桃园县</td><td>台北市</td><td>47980</td></tr>
<tr><td>台北市</td><td>基隆市</td><td>6523</td><td rowspan="2">47513</td><td rowspan="2">4.5</td></tr>
<tr><td>基隆市</td><td>台北市</td><td>40990</td></tr>
<tr><td>新北市</td><td>桃园县</td><td>71629</td><td rowspan="2">122011</td><td rowspan="2">11.5</td></tr>
<tr><td>桃园县</td><td>新北市</td><td>50382</td></tr>
<tr><td>新北市</td><td>基隆市</td><td>12654</td><td rowspan="2">39442</td><td rowspan="2">3.7</td></tr>
<tr><td>基隆市</td><td>新北市</td><td>26788</td></tr>
<tr><td>桃园县</td><td>基隆市</td><td>467</td><td rowspan="2">2148</td><td rowspan="2">0.2</td></tr>
<tr><td>基隆市</td><td>桃园县</td><td>1681</td></tr>
</table>

2 人口普查与 TRTS-Ⅳ研究比较

本研究基础资料“人口普查”，虽名为普查，但执行方式与普查结果实为抽样调查推估。下文进一步就“调查特性”、“工作与就学人口”等项目，与 2012 年 12 月“台北都会区整体运输需求预测模式建立与应用(TRTS-Ⅳ)之次活动调查”(以下简称“TRTS-Ⅳ家访调查”)进行比较，对照两项调查及研究成果在各行政区人口、旅次特性及比例间有无相关性、互补性，或趋势之一致性，探讨“人口普查”资料是否进一步运用于台北市交通旅次特性分析与研拟政策之参考依据。

2.1 调查特性比较

人口普查与 TRTS-Ⅳ家访调查分别在 2010 年与 2009 年开始进行调查，人口普查为台湾地区的人口及住宅调查，TRTS-Ⅳ家访调查研究范围为台北市、新北市全部及桃园县龟山乡，两者范围不同，但分区皆依据行政分区以及乡镇市分区进行划分；以基础资料调查年期而言，两者年度相近。

(1)调查目的及项目

人口普查与 TRTS-Ⅳ家访调查之抽样共同调查的项目包括家户人口结构与组成、家户成员个人资料、工作就学地点等。

TRTS-Ⅳ专为建立整体运输需求模式设计之社经数据与旅次活动特性调查，包括车辆持有、所得、旅次起讫点、出发时间、到达时间、活动目的、使用运具(汽车、机车、自行车)、停车方式、车资、共乘人数、接送或采买角色。旅次产生端之家户旅次活动调查以派员入户方式访问调查。旅次吸引端及特殊旅次产生吸引点调查则派员至现场进行进出人数统计及抽查访问。旅次发生模块依据前述两项调查资料推计家工作旅次(HBW)、家学校 6～14 岁旅次(HBE6-14)、家接送旅次(HBP)、家学校 15 岁以上旅次(HBE15＋)、家其他旅次(HBO)、家购物旅次(HBS)、非家旅次(NHB)等不同旅次目的产生数、吸引数。

至于人口普查部分，因其调查目的在于了解台湾地区人口之质量、家庭结构、就学就业及住宅使用状况，非专为建立运输需求模式设计之调查，因此仅有工作就学地点之问项，并未问及相关社经资料(如：所得、车辆持有)、旅次目的及运具使用。因此，受限于问卷问项及内容，缺乏旅次特性数据，分析结果仅能呈现常住人口之工作地与就学地人数、目的地等情况，故普查结果无法直接获得产生吸引之旅次量、旅次之目的、使用之运具、通勤之频率、通勤之时间等。

(2)调查范围与交通分区划分

人口普查与 TRTS-Ⅳ家访调查之分区皆依据行政分区以及乡镇市分区进行划分，如台北市与新北市各行政区及桃园县龟山乡，共 42 区。但以分析旅次特性而言，行政区之范围太大，会涵盖不同所得与旅运特性，因此“TRTS-Ⅳ家访调查”应模式建构需求，将交通分区进一步细分至以里为单位(平均 1～4 个里为 1 个小分区)之均质分区，共 601 个交通分区，亦即两项调查各分区基础差异大。因此，“TRTS-Ⅳ家访调查”可得到较精细之小分区内旅运行为之资料，人口普查则仅可得到乡镇市区之间人口移动之数据。

以人口普查中内湖区与汐止区为例，其基础分区为行政区，故汐止区到内湖区工作就学目的地究竟是内科、东湖、内湖行政中心或是三总地区，则无法进一步分析，并且调查缺乏个人旅次活动如目的、使用运具等问项，因此限制人口普查数据在旅运行为上之应用。

2.2 工作与就学人口比较

以下针对人口普查之常住人口与 TRTS-Ⅳ家访调查之实住人口抽样调查结果，进一步比对两份问卷经抽样后推估之各行政区常住工作人口与就学人口数，结果显示，台北市与新北市各行政区间常住之工作人口与就学人口数变化线性趋势几近一致，唯两份调查人口年龄分布不同，且针对工作就学人口之定义亦不同(人口普查为有工作及有就学者，TRTS-Ⅳ家访调查则未区分有工作或有就学者)，故总数有些许差异，但经比对后初步认为两份调查抽样结果所代表之常住工作人口与就学人口数皆具有可信度。

整体而言，人口普查与 TRTS-Ⅳ家访调查之调查目的不同，人口普查仅调查各行政分区常住人口与其工作地、就学地之关联，可用来探讨分析各行政区间之人口移动关系，如本研究报告之内容，非全部旅次，无法呈现实际旅次起讫分布。TRTS-Ⅳ家访调查则为整体运输规划模式之人口社经变量及旅运行为之调查，可进一步汇整得到旅次起讫分布数据，用来提供详细的旅运者运输特性，并作为整体及个体模式建构、验证、校估之基础数据。

3 结 论

台北市与新北市往来人口关系为最密切的生活圈，台北市每天吸引 70 万以上外县市到台北市之工作就学人口，其中大部分来自新北市，约 61 万人，占 87.8%。加上其他两县市，每天有至少 1065264 工作就学人口在四县市间移动。如加上四县市境内活动人口，每天约有 5644072 工作就学人口在此空间活动。各行政区工作就学人口扩散与吸引之关系，与外围行政区仍有区位、距离之地缘关系。台北市与新北市无疑是四县市的主要生活圈。桃园县则与新北市关系较密切，虽然目前与台北市尚无明显生活圈关系，但未来桃园县人口增长快速，与台北市之关系值得进一步观察。而基隆市总人口最少，与新北市关系较密切。

人口普查活动人口与 TRTS-Ⅳ家访调查旅次分布在台北市境内、台北市至新北市、新北市至台北市各行政区间之相关系数分别为 0.91、0.87、0.93，可说明区间活动人口与其旅次数间有高度线性正相关关系，且所推估之工作人口及就学人口数移动趋势与主要旅次需求数量趋势上并无太大差异。唯 TRTS-Ⅳ家访调查之调查年龄分布较符合实际活动人口，因此，后续可利用 TRTS-Ⅳ整体运输需求模式推估台北都会区旅运需求。

参考文献

[1]MEYER M D, MILLER E J. Urban transportation planning: A decision-oriented approach. McGraw-Hill International Editions, 1994.

[2]行政主管部门主计单位. 2010 年人口及住宅普查初步统计结果提要分析. 2011.

[3]行政主管部门主计单位. 2010 年人口及住宅普查初步综合报告. 2011.

[4]行政主管部门主计单位. 2010 年人口及住宅普查结果推计常住地、就业地、就学地交叉表. 2011.

[5]交通主管部门统计单位. 民众日常使用运具状况调查. 2013.

[6]台北市捷运工程局. 台北都会区运输需求发展趋势分析专章. 2013.

[7]台北市捷运工程局. 台北都会区整体运输需求预测模式建立与应用(TRTS-Ⅳ). 2012.

台北市公交车站牌智能化系统服务规划

邹育菁　何承谕　陈荣明

（台北市公共运输处，台北）

摘要：台北市公交车动态信息系统于2009年全面建置完成，民众可通过计算机网页、手机、智能型站牌及电话语音等多元管道取得公交车到站信息，其中又以设置于公交车站位之智能型站牌为民众最方便取得信息之渠道。本文主要目的在于介绍台北市进行公交车智能型站牌规划与建置时所面临之问题及解决方法，以及提升站牌信息内容与质量之相关措施，相关经验可作其他城市建设发展之参考。

关键词：公交车动态信息系统；公交车到站信息；智能型站牌

目前，台北市公交车运输系统由14家民间业者联合经营，公交车路线300条，营运车辆3740辆，服务范围涵盖台北市及新北市，在台北市平均每日运量约165万人次，设置3200个站位。为了民众搭乘公交车的便利性及提供优质公交车运输服务，以达成时间无缝及信息无缝的目标，台北市自2004年起分4期建置公交车动态信息系统，于2009年完成。目前，民众可通过计算机网页、手机版网页、智能型站牌及电话语音等方式查询公交车到站时间或其发车情形等信息，且该项信息亦免费提供民间业者介接开发加值服务，以扩大信息服务传播速度及范围（见图1）。根据台北市公共运输处调查结果，智能型站牌准确率2010年为86%，2013年已提升至92%；随着到站时间准确率提升，目前平均每日查询量已达217万次，民众满意度亦逐年提高，由2010年的74.3%提升至2013年的81.6%。

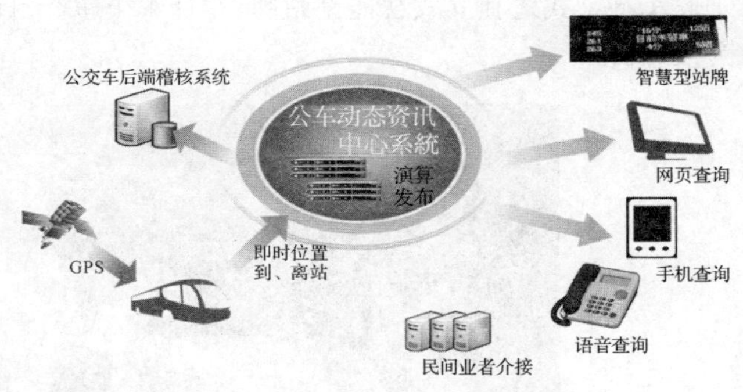

图1　台北市公交车动态信息系统架构

依据台北市联营公交车服务质量调查显示，台北市智能型站牌是民众获得公交车到站信息最常使用的方式，也因为公交车到站时间信息功能及质量的提升，带动民众对于智能型站牌使用需求增加及其设施扩建的殷切，公交车站牌信息、用户及公共运输服务间也形成良性的互动关系。本文讨论台北市各公交车站牌智能化系统服务规划及建置之经验，从而为各城市建置发展提供参考。

1　公交车站牌智能化系统建置

1.1　加速建置智能型站牌提供公交车到站信息

台北市3200个公交车站位分布于12个行政区，智能型站牌虽自2004年即开始建置，并有捷运站、公交车专用道及使用需求高之站位（如邻近学校、医院、观光景点等站位），有候车亭站位优先设置，但由于缺乏所有公交车站位的基本数据，无法就全市各公交车站位设置智能型站牌之年度、型式、数量等做整体的规划，亦由于无整体性的规划，导致在年度预算的争取上常遭遇困难。因而为了加速扩建智能型站牌以提供公交车到站信息服务，有必要通过系统化的检视，针对智能型站牌的建置研拟分年建置计划，作为年度编列预算的参考依据。

作者简介：邹育菁，股长；何承谕，科长；陈荣明，处长。

因此，公共运输处于2011年及2012年通过全市公交车站位基本资料调查了解全市公交车站位基本条件，并据以研拟分年建置计划，排定各站位建设先后顺序及型式。所需搜集的基本资料可分为5类：①地理基本数据包含站名、行政区、站址、坐标、行车方向、站区长度、人行道宽度；②路线数据，即行经路线市区公交车路线、公路客运路线；③现况设施资料，即有无候车亭、候车亭型式、候车亭座数、站牌型式、站牌数；④接电资料，即电力手孔位置及距离、号志控制器位置及距离、道路挖掘管制情形；⑤现况照片。

完成公交车站位基本资料调查后，综合检视各站位现况，决定各站位是否需设置智能型站牌及其设置型式，并考虑民众使用需求强度及接电可行性，排定各站位设置智能型站牌的顺序，而智能型站牌设置先后顺序及型式包含3方面原则：①路线数多、候车人潮多之主要干道站位、转乘点或多为固定班次路线且使用需求较高，如医院、学校、观光景点、住宅密集区域之站位优先设置，以增进使用效益；②配合道路挖掘管制时程及捷运线复旧时程规划设置顺序，以利供电需求；③公交车站位如未规划设置候车亭，采用独立式智能型站牌；已有候车亭或可规划新设候车亭，规划采用附挂式智能型站牌。

截至2014年4月，台北市公交车智能型站牌已设置922座，依型式分为附挂式、独立式及小区型站牌等3种型式(见图2)。其中，以附挂于候车亭内之型式为主，已设置775座，另有46座则采用液晶屏幕显示方式之小区型站牌建置于捷运站、图书馆及医院等人潮聚集之室内公共场所。由于许多公交车站位因无空间候车亭而无法设置附挂式站牌，自2009年起，配合研究所开发的独立式智能型站牌型式，开始建置无须附挂于候车亭型式之独立式智能型站牌，共计101座。目前亦在规划设计新式的独立式站牌，使信息显示方式更为便利。

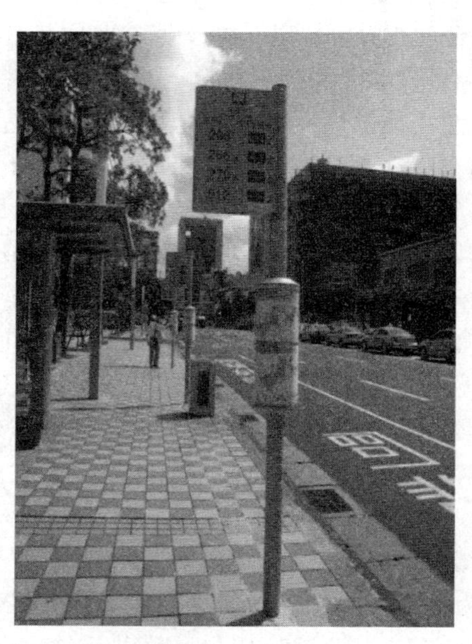

图2　智能型站牌(左上为附挂式、左下为小区型、右图为独立式)

1.2　信息质量精准措施

(1)提升公交车预估到站时间准确率

公交车预估到站时间准确率是代表系统可靠度的最重要指标之一，并直接影响使用量以及民众满意度。因此，如何提升准确率一直是系统建置过程中最重要的工作之一。

影响公交车预估到站时间准确率的因素主要可分成系统及车机站牌设备妥善等可控制因素以及交通路况等不可控因素(见图3)。在系统部分，由于台北市公交车到站时间信息系统为分期建置，原是由各期之不同承包商分别建置演算中心，为了维持系统之稳定性，故将各期整合为单一演算中心，并建置异地备援系统，降低主系统长时间故障中断服务之风险，完成整合后大幅减少在系统部分所花费维运时间并提升系统稳定性。

另外，为了缩短车机、站牌故障维修时间，提升设备妥善率，建立相关监控子系统，有故障时实时派修，监控范围包含站牌运作状态、车机上线率以及系统运作状态等。台北市公共运输处亦制定相关规定，要求公交车业者督促驾驶员于发车前确认车机已正常开启且路线设定正确，若查有未依规定开启或设定者，将列入评鉴扣分，并视违规情节依规定裁处，以维持公交车动态信息准确性。

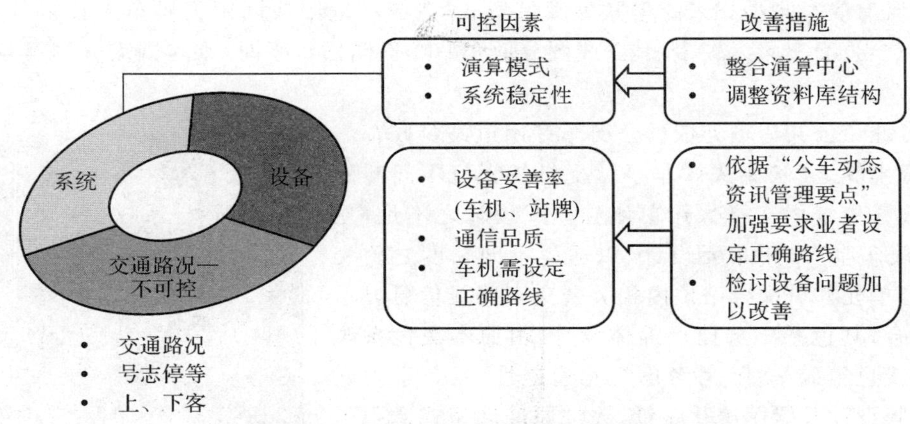

图 3　提升公交车到站时间准确率改善措施

依据公交车动态信息系统预估到站时间准确率调查结果，2013 年公交车预估到站时间平均准确率超过 92%，远高于研究所订立之标准(85%)。

(2)整合跨市公交车路线到站信息

台北市与新北市公交车到站信息系统分别建置，唯双市民众往来密切，跨双市公交车路线众多，民众候车时如无法获得新北市公交车路线之到站时间，将对其乘车时造成不便。2012 年，双市合作进行公交车到站时间信息的分享介接，使民众可在本市智能型站牌同步查询新北市公交车信息，提升乘车便利性。

(3)公交车到站信息增加站位"交管不停靠"信息

台北市时因举办活动、集会游行及施工等交通管制而有公交车改道的情形，为避免民众于管制时段暂时取消停靠的站位候车，台北市公交车动态信息系统内新增交通管制调整管理公交车到站信息的功能，可以划定交通管制区域，管制区内站位的到站信息均显示"交管不停靠"，管制区外的站位，如有部分公交车路线因改道而取消停靠，亦可弹性针对不停靠的公交车路线个别设定显示"交管不停靠"信息，使民众在查询公交车到站时间时轻松获得改道信息。

另外，在智能型站牌部分，除了在暂不靠站的公交车路线到站信息显示"交管不停靠"信息外，也同时新增以全页面方式显示交通管制信息的功能，在交通管制实施前几日，即可呈现相关信息，使民众提前掌握公交车改道相关信息。

(4)公交车到站信息新增末班车信息并提供末班车重点站位准点到站服务

对夜归的公交车族而言，常因不晓得是否已错过末班车而产生焦虑与不确定感，因此台北市在公交车动态信息后端系统新增全市公交车路线末班车发车时间数据库，再结合公交车车机 GPS 回传之立即寻址信息，于末班车行经站位后，在站名后面的预估到站时间显示"末班车已过"信息，提醒民众末班车已离站，可选择其他路线或其他运具，避免仍在站位空等候车。

另外，为了让民众更确切地掌握末班车的到站时间，方便夜间行程规划以及降低错过末班车概率，更进一步利用公交车动态信息系统累积多年所建立各公交车路线于各站位及时段的到站时间数据库，并参考过去末班车到达站位的平均时间而定出固定到站时间；试办 30 条公交车路线末班车重点站位准点到站服务，实施准点到站的站位，末班车会依照时刻表所定时间到站；如果提早到站，亦会稍做停留等，晚到则以不超过 5min 为原则，该项服务使夜间乘车更安全、更便利。

2　公交车站位相关设施提升措施

(1)候车环境改善

为了提升民众搭乘公交车的便利性与舒适性，台北市自 2009 年起陆续办理公交车站牌型式更新，通过将公交车站牌之路线名称与路线图分开配置，并降低公交车路线图设置高度，解决以往站牌路线图位置过高，民众辨识与查询公交车路线信息困难的问题，该项工作已于 2011 年完成。而在候车亭部分，亦通过全市公交车站位基本资料调查了解各公交车站位基本条件，进而研拟候车亭建置计划并加速扩建。

在候车亭型式部分，台北市公交车候车亭原建置型式最大宽度为 5.5m，而公交车专用道站位站台通常为 32m 以上，且行经专用道公交车路线众多，沿线站位为较高密度使用之乘客集散点，在尖峰时间常有众多的候车人。由于既有候车亭型式未能串联为廊带型式，造成在艳阳或阴雨天候车人较多时，部分乘客无法在候车亭下遮蔽；当公交车路线较多，其路线图分散张贴在不同候车亭时，乘客则需分别至各候车亭观看路线信息而较不便。

有鉴于此，台北市公共运输处依据公交车专用道站台候车需求，设计具连续式雨庇之“长廊式候车亭”，提供较大且不间断的遮风避雨面积，改善传统候车亭采用单座独立式设计之不足（见图 4）。“长廊式候车亭”采用单元设计，以适应不同长度之公交车专用道站台，各单元亦可配合站位内相关公交车路线信息显示方式而有不同组合；其色系配合捷运整体设计，由原本黑色系改为具自洁效果之浅色氟碳烤漆，另考虑视觉通透性，候车亭雨庇部分已调整为白膜设计及绿荫美化贴纸，改进原玻璃型式遮阳不良缺失，具有阻挡紫外线功能及具遮阴效果，并改善无连续雨遮等问题，从而符合都市意象。

图 4　长廊式候车亭

（2）整合性的公交车路线导览信息

以往各公交车站位所提供的路线信息是个别张贴单一路线之路线图，缺乏地理方向及区域邻近站位公交车路线整合信息，对于不熟悉台北市公交车路线的民众而言，使用时较不方便。因此，台北市邀集本市公交车联营管理委员会及公交车业者共同合作，参考台湾地区内外各种不同路线图呈现方式设计本市公交车路线导览图，将行经当地的公交车路线及地图信息整合于单一图面上，引导民众通过该导览图快速找寻适合的公交车路线以及其站位，并满足民众临时查询公交车路线信息的需求或未使用智能型手机及网络时取得公交车路线信息。

3　结　论

（1）台北市于 2009 年完成公交车动态信息系统建置，随着信息技术及使用需求的发展，提供网页、手机、电话语音及智能型公交车站牌等公交车到站时间等信息服务，并免费提供信息给民间介接开发加值服务，不仅有助于扩大信息传播速度及满足使用需求，还有助于鼓励民众使用公交车。

（2）乘客最关心的是公交车预估到站时间，其准确性也关系到使用率。因此，通过法制面、技术面及管理面等机制化，有助于提升系统效能、设备妥善率及降低人为因素影响。

（3）随着信息技术的提升，如何再通过公交车站位基本条件，有系统地筛选，排定智能型站牌优先级及信息内容需求客制化等，将是未来候车亭设施扩建与型式改良、路线图信息及公交车智能化系统等服务整合规划所应有的认识，以提供准确、便利、快速、客制化及国际化目标之公交车运输服务信息，使民众搭乘公交车更为便利。

参考文献

[1]台北市交通局．2013 年 3 月台北市交通统计月报[R]．2014．

[2]台北市公共运输处．2011 年台北市联营公交车服务质量调查与检讨报告[R]．2011．

[3]台北市公共运输处．2012 年台北市联营公交车服务质量调查与检讨报告[R]．2012．

[4]台北市公共运输处．2013 年台北市联营公交车服务质量调查与检讨报告[R]．2013．

停车信息导引系统建置经验

刘至得　柳茂发
（台北市停车管理工程处，台北）

摘要：台北市为交通繁忙地区，除积极依区位需求辟建公共停车场外，为使现有路外停车场可充分使用，并方便汽车驾驶人寻找停车位，缩短寻停时间及降低道路寻停流量，自1999年起建置"停车信息导引系统"，提供驾驶人实时剩余车位信息，以达到有效减少因寻找停车位所引发交通问题之目标，减轻道路交通负荷，改善生活环境质量。

继信义计划区停车信息导引系统于2003年建置完成后，续于2006年完成阳明山及西门商圈停车场信息导引系统工程，执行成果颇受好评，可减少驾驶人寻找车位时间并改善交通状况，故续编列预算于2008—2010年扩大建置停车信息导引系统于台北市12个行政区，共建置129处CMS(Changeable Message Sign，信息可变标志)。

2011年6月，"北市好停车"App延续本系统发展成果，全面提升实时停车信息行动性，结合红黄绿之停车场满车标示在Google地图上显示，改善停车信息导引系统行动性不足的问题。

提供实时停车信息服务及营造一个安全、智慧及友善的优质停车环境，一直是台北市交通施政的愿景与目标，台北市停车信息导引系统服务已朝此目标跨出了一步，展望未来，持续提升实时信息准确性、扩大纳入民营停车场数、提供更友善的服务仍是我们努力的目标，并秉持人本交通及永续运输的施政理念，加强系统管理，提升服务绩效及减少停车供需差距，增加停车便利性。

关键词：停车信息导引系统；实时停车信息；CMS；北市好停车

停车信息导引系统为先进旅行者信息系统(Advanced Traveler Information System, ATIS)之一环，主要功能是将都会区内各停车场位置、剩余车位等信息，借由路侧信息显示广告牌、互联网或无线通信等方式提供给用户。该系统在英国、德国及日本等地已推行使用一段时间。"台北市停车信息导引系统"除了路侧信息显示广告牌提供大众化停车导引信息，近年更借由智能型手机发展出个人行动停车导引信息，以满足市民个人化之停车导引需求。

"台北市停车信息导引系统"也将收集到的停车信息通过信息介接方式加值应用于手机App、手机与车载机导航、网站及数字电视台等交通信息服务，以提升本市ITS(智能运输系统)的发展。

1　系统建置过程

"台北市停车信息导引系统"共分3期建置，建置区域由信义计划区到阳明山及西门商区再扩及全市。

1.1　信义计划区试办(第一期)

自1999年起，信义计划区建置"台北市停车信息导引系统"，为全市最先建置试办区域，系统设计为封闭型系统，通信传输采用有线传输方式，包含在信息中心与导引显示广告牌及信息中心与停车场之间，均是以14.4K数据专线连接，以低速调制解调器进行数据传输。

路侧导引设备，采用柱立式及悬臂式两种立杆方式，条状式信息导引标志总计设置44处(见图1)，显示牌面数145面，单杆最多悬挂6面动态导引显示牌，显示内容为各停车场剩余的车位格数，而部分显示广告牌则依据区域规划区分显示该区域邻近停车场的剩余停车位数之加总，并选择停车位数150格以上停车场纳入系统，最终因受土地变更及参加意愿等因素影响共计纳入府前广场、松寿广场等9处路外停车场，总计

作者简介：刘至得，科长；柳茂发，股长。

可供导引停车格位 5234 格。

信义计划区建置完成后，台北市停管处于 2005 年 7 月委托吴健生教授进行民调，结果有下列效益：①就系统之认识度而言，平均 70％的受访者知道信义计划区已建有停车场信息导引系统，能在启用不到半年时间内达到如此高的认识度，实属不易；②就系统之接受度而言，例假日之系统接受度比平常日高，而目前平均使用本系统之比例为 41.6％，潜在使用者则达 70％；③就系统之使用成效而言，超过 90％的用户认为本系统有助其找寻停车位，且平均约节省 9min 之找寻时间；④就系统未来扩大兴建之建议而言，整体支持度达 92％，不支持者仅占 8％。由此可知，本停车场信息导引系统确实已发挥应有的功效，并获得绝大多数用路人的支持。

图 1 信义计划区路侧条状式停车导引标志

1.2 阳明山、士林、北投及西门商圈（第二期）

继第一期信义计划区停车信息导引系统试办结果颇受好评，第二期建置计划于 2005—2006 年，建置地点为西门商圈、阳明山、士林、北投一带，所采用之通信模块则配合 WLAN（Wireless Local Area Nework，无线局域网络）运用于 ITS 现场设备之推动，改用可抽换式之设计，并对应台北市无线宽带网络建设计划配合 WLAN 之涵盖范围，将西门商圈通信模块采用 WLAN 方式传输，西门商圈停车场信息导引系统在信息中心与导引显示广告牌之间以 ADSL 双向 512K 线路连接 Wifly 机房，经无线 Wifly 连接导引显示广告牌，信息中心与停车场之间则以 14.4K 数据专线连接。阳明山、士林、北投等区通信模块则统一采用 GPRS 做信息回传，信息中心先以 ADSL 双向 512K 线路连接至电信机房，电信机房再经无线 GPRS 连接信息导引显示广告牌。

图 2 西门商圈路侧条状式停车导引标志

西门商圈共设置 18 座立杆含显示牌面，包括 13 组动态显示及 5 组固定式导引，总计动态导引显示牌面悬挂总数量为 25 面，其侧条状式停车导引标志如图 2 所示。阳明山区目前则设置 6 组动态导引显示牌及 1 组固定式导引牌，共计 10 面动态导引显示牌。士林区则设置 8 组动态导引显示牌及 1 组固定式导引牌，共计 26 面动态导引显示牌。北投区建置 5 组动态导引显示及 4 组静态固定式导引牌，共计 10 面动态导引显示牌。

1.3 全市扩建（第三期）

全市 12 个行政区的停车场信息导引系统扩建始于 2007 年，止于 2010 年，纳入台北市公有路外停车场及达一定规模（120 格停车位以上）且有参建意愿之民营路外停车场。采用最新停车场信息导引系统理念，并根据现代科技发展做整体设计，兼顾未来与其他交通信息单位数据交换之机制，整合提升原有信义计划区等之信息中心设备，建置全台北市停车场信息中心。

为改善以往条块式停车信息仅能显示固定停车场剩余车位数、字体偏小及不具备停车场增加时后续扩充功能，本次扩建已检讨改为全版面 LED 模块之全动态 CMS 信息可变标志，可根据需求显示区域范围内停车场的相关信息（距离停车场多远、指引行驶路线、剩余车位数），并具备新辟停车场新增纳入显示之扩充性，另可由台北市交通控制中心紧急插播道路信息于 CMS，提供驾驶人适时、适地之停车信息导引及道路信息（见图 3）。

本次扩建共建置 129 处 CMS，合计 174 场纳入民营停车场，总计可供导引停车格位 57864 格。

图 3　路侧 CMS 提供路况及停车信息

2　多元实时停车信息服务

2.1　网站、电话语音及信息介接

路侧停车导引信息可变标志面板为实时停车信息服务最主动、直接的提供方式，然而仅能以定点设置提供服务，缺乏随处提供服务的机动性，因此系统提供其他服务方式包括实时车位查询网站、电话语音查询系统及信息介接业者加值应用等信息服务，让实时信息服务功能更完备。

实时车位查询网站以网页浏览方式，在 Google 地图上标示停车场位置，结合红黄绿之停车场满车状况，使民众通过互联网随时及方便地取得实时车位信息，至 2014 年 4 月 30 日，网站累计查询浏览人次达 34 万次(见图 4)。

电话语音查询系统使民众通过拨打市内电话(02)27269600 取得实时车位信息服务，系统以语音自动辨识方式供用户查询行政区内或指定停车场剩余车位信息。

图 4　实时车位查询网站

实时停车信息也经由信息介接方式加值应用于手机 App、手机与车载机导航、网站及数字电视台等交通信息服务，共 43 家机关、学校、学术单位及民间业者介接停车数据，共计提供 38094533 笔数据，作为信息加值使用。

2.2　智能型手机导入行动停车导引

2011 年 6 月，随着智能型手机普及所掀起的行动信息革命浪潮，以所建置“台北市停车信息导引系统”为基础，分别推出“台北好行”及“北市好停车”智能型手机 App，提供实时停车信息服务(见图 5)。“北市好停车”于 2011 年 6 月 1 日上架，民众借由智能型手机 GPS 定位、行政区、商圈或地标地址等方式查询停车信息，包括名称、地址、费率及实时剩余停车位等信息，结果以红（满车率 95 %以上）、黄（满车率 80%～95%）、绿（满车率 80%以下）标示满车情形并显示于 Google 地图。

随着个人化停车导引需求增长，“北市好停车”于 2013 年 12 月推出停车导引功能（见图 6），用户借由智能型手机 GPS 定位后取得附近实时停车信息，Android 手机用户可经由 Google 导航导引至停车场，iOS 手机用户则以 Apple 地图路径规划导引至停车场。

为满足使用者于大型停车场停车后忘记停车地点的寻车需求，“北市好停车”提供 QR-code 寻车导引服务（见图 7），使用者以手机相机扫描停车位旁柱子上的 QR-code 条形码，App 即记录停车位置，用户寻车时只要找到任何一处 QR-code 条形码以手机扫描，手机 App 上便显示停车场平面图，并标示用户现在位置及停车位置以方便寻车（见图 8）。目前，台北市设有寻车导引服务停车场总计 5 个。

截至 2014 年 4 月 30 日，该应用下载安装次数约 29 万次，累计使用查询次数约 467 万次。

图 5 “北市好停车”首页

图 6 “北市好停车”查询实时车位

图 7 QR-code 寻车导引标签

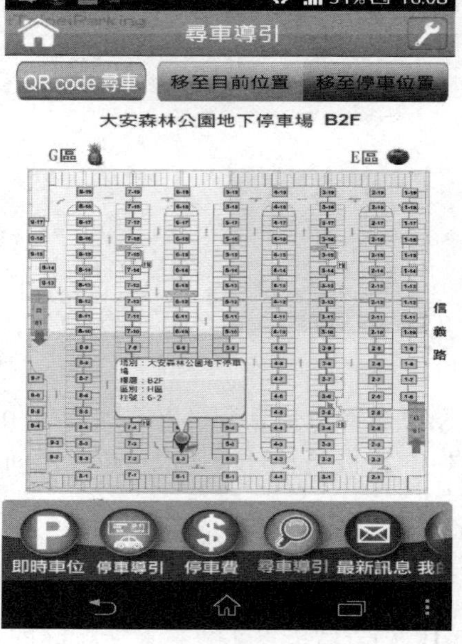

图 8 北市好停车停车场平面图

3 系统架构

台北市停车信息导引整体系统架构主要分三大部分:①原有停车场收费系统传送剩余停车格位信息至信息中心;②以信息中心各处理子系统及数据库为核心,收集停车场停车剩余格位信息,路侧停车信息导引标志信息处理;③网页用户、电话语音用户、信息加值业者及“北市好停车”使用者,通过全球信息网、电话语音、信息介接等系统处理与接口取得本市停车信息服务,有关架构说明如图 9 所示。

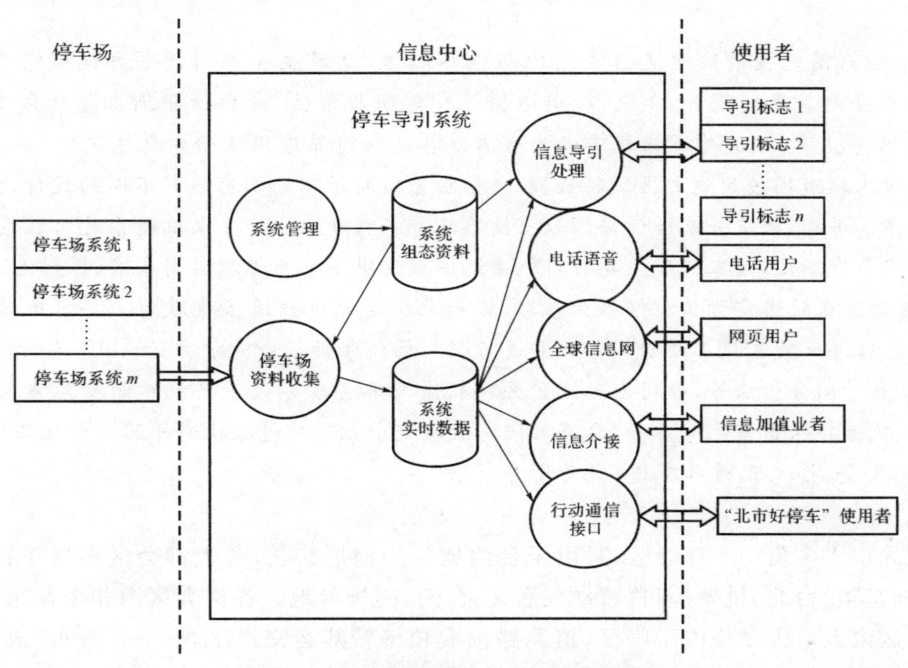

图 9 台北市停车信息导引整体系统架构

4 结 语

实时停车信息服务以营造一个安全、智慧及友善的优质停车环境为目标,也是台北市交通施政的愿景。“台北市停车信息导引系统”服务已朝此目标跨出了一步。台北市停车场登记证且对外营业的路外停车场拥有总格位数 126071 格,其中纳入实时停车信息的停车格位有 57864 格,占总格位比例达 45% 。

展望未来,除了持续提升实时信息准确性、扩大纳入民营停车场数、提供更友善的服务仍是我们努力的方向。近年来,智能型手机蓬勃发展,提供个人化、实时化及行动化的停车信息服务是未来持续精进的目标。同时,要秉持人本交通及永续运输的施政理念,加强系统管理,提升服务绩效及减少停车供需差距,从而提高停车便利性。

参考文献

[1]魏建宏,李颖.停车场实时供给信息系统之经营发展分析[C]//智能运输系统协会第一届论文集,1999.

[2]吴健生. 信义计划区停车信息导引系统工程委托评估与检讨[R].台北市停车管理处,2008.

[3]吴健生.动态停车导引信息系统之研究[C]//运输协会第八届论文研讨会,1994.

[4]赖玫廷,陈世昌.停车导引信息系统创新事业模式研究[J].财团法人车辆研究测试中心,2009.

[5]魏建宏,许琼方.以供需层面分析停车导引信息服务之系统计架构[J].“中华技术”,2009.

[6]POLAK J W, HILTON I C, AXHAUSEN K W, YOUNG W. Parking guidance and information systems: performance and capability[J]. Traffic Engineering and Control, 1990,31(10):519-524.

[7]THOMPSON R G, BONSALL P. Drivers' response to parking guidance and information system[J]. Transport Reviews, 1997,17(2):89-104.

都市轨道运输轨道工程施工安全因子研析

张　思[1]　郑国雄[2]　许俊逸[3]　林鸿基[4]

（1.台湾世曦顾问工程公司捷运部，台北；2.台湾大学，台北；
3.中国台湾；4.高速铁路工程局，台北）

摘要：中国台湾地区的陆运交通主流已与世界趋近，交通主管部门规划方向概略业已偏重铁路轨道运输系统之发展。近30年来，轨道运输产官学研各单位，考虑寿年周期整体成本低及自然资源有效运用前提下，无道砟道床轨道成为台湾及各地轨道界选用及研发之主流。

无道砟道床轨道因使用地之区域特性、轨道运输系统特性不同而有迥然不同的设计、施工、营运、养护整合型态。早期，台湾并未专门培训专业铁路轨道工程师，近30年来轨道系统工程案众多，但轨道人才及研究多有不足，故本研究主要针对轨道运输系统中安全为管理运用基准，探讨无道砟道床轨道，将以无道砟道床轨道实际工程经验为基础，以台北捷运无道砟道床轨道为主要研析标，且就参与台湾实际无道砟道床轨道施工及研究各案例进行深入整合分析。分析方法有AHP层级分析法、专家经验综整法、鱼骨图分析法等，分析内容涵盖无碴轨道与各关联界面子系统界面及其关联性分析、轨道运输安全、轨道特殊新需求等方面，再深入研究后厘定出无道砟道床轨道并落实于施工阶段。

关键词：安全因子；无道砟轨道；鱼骨图分析法

台湾地区的人口大多集中于都会区，且由于台湾地区的地形狭长，各大都会区多居于台湾地区西海岸之狭窄陆地上，如基隆、台北、桃园、新竹、台中、嘉义、台南、高雄等地。各都会区因相距甚远，相互往返时间较长。各大都会区内人口大多集中于闹区，道路路幅成长率较陆运交通工具——“汽车”成长率低，使得都会区内平均交通时间拉长。主管部门在多方评估下，实行了“安全、可靠、便捷、迅速、大量运载乘客”的铁路轨道交通运输系统，作为解决陆运交通运输之对策。

铁路轨道交通运输系统在都会区内则为大众捷运系统（包含重运量、中运量、轻运量或轻轨），在都会区之间则为高速铁路及铁路系统。因虑及降低寿年内整体成本，该系统多已采用无道砟道床轨道，在可预见之未来，将被更广泛地使用。

现代天然及人为灾害对人类所造成的伤害已远大于往昔，故专家学者亦皆致力于防灾及减灾的研究上，此亦为现代无道砟道床轨道的主要探讨议题。国际铁路轨道界在无道砟道床轨道系统的理论研发及实体应用上，已有相当多的研究成果与各自具体之发展方向，但轨道工程之特性相较其他工程而言，除理论推导外，还需要较多的本土化转换及当地的实体运用。

轨道工程为铁路工程中承续土木建筑结构体，并提供各机电子系统做进一步施作的中间衔接工程，轨道工程执行成功与否，已俨然成为铁路轨道运输工程成功的关键之一。轨道运输工程因属重大建设，经费、牵涉乘客数量与各相关界面项目皆极为庞大，只有在完善的系统界面整合及管控后，才可使轨道运输工程执行顺利且节省时间与整体成本，并可提供高安全性及高舒适度的大众运输系统。

本研究将以轨道运输系统安全为基准着手分析，进而针对无道砟道床轨道主要构件及施工阶段界面项目综整，厘定出无道砟道床轨道国际通用性之安全因子进行分析研究，以“周延缜密的施工筹划，已防范灾害于未然”的论点，从无道砟道床轨道各组件需求功能角度切入界面整合管理进行分析，再进一步针对现代无道砟道床轨道国际通用性之安全考量因子着手分析研究，做出结合理论及实务之管理应用。

1　轨道主要构件

（1）钢轨。钢轨直接负载列车荷重，且均匀往下部结构传递，提供车轮导引平顺行驶面，安全且具有足够强度、耐磨耗度、可焊接性、寿年长等功能。钢轨的主要功能须稳定、强固及安全，同时局部降低或改善噪音振动衍生之环境污染。钢轨相关组件有工字型钢轨及槽状钢轨、普通钢轨、耐磨钢轨、钢轨绝缘接头、钢轨联轨线、护轨措施、减噪音措施、隔或减振措施。

(2)钢轨扣件。钢轨扣件的主要功能为固定钢轨、承载钢轨及其往下荷重均匀传递、固定钢轨至轨道下部结构、吸收部分列车行驶产生能量(可设定具一定程度阻隔减低振动传递能力)、钢轨内电流之电气绝缘阻隔、保持轨距变位在安全范围内之无道砟道床轨道组件。钢轨扣件相关组件有扣夹、扣夹绝缘子、钢轨垫片、钢轨基钣、垂向可调式组件、锚定螺栓或钢轨隔离材扣件系统(嵌埋式轨道、减振抑噪轨道)。

(3)轨道道床或轨道承托系统。该系统为轨道最下部结构体,直接链接土建结构体(涵盖隧道仰拱、高架桥面板、地面路基或路床)。轨道道床具有足够强度承载轨道荷重、杂散电流之阻绝及导引、噪音振动之隔离或降低、稳固连接土建结构等功能。本案无道砟道床相关组件有无道砟道床、无道砟道床各式预埋件、无道砟道床束制组件(连接钉、止动撑、弹性束制)、道床—杂散电流截流网、减噪措施、隔或减振措施。

(4)特殊轨区。特殊轨区为轨道运输系统在营运中需求轨道组件,其功能为可依营运需求进行列车调度,且可满足运转需求车速、安全切换列车等功能。特殊轨区为轨道运输存在钢轨不连续之区段,事故频率相较一般主线段高,同时亦是轨道中由两根钢轨转换为四根钢轨处,无道砟道床轨道需谨慎配合钢轨线形布设。特殊轨区相关组件有道岔、菱形岔心。

(5)轨道附属件。轨道附属件主要有保障营运安全、养护维修之便利性、养护维修需求等功能。轨道附属件相关组件有止冲档、防撞杆、阻轮器、钢轨接头。有关轨道整体组件系统架构如图1所示。

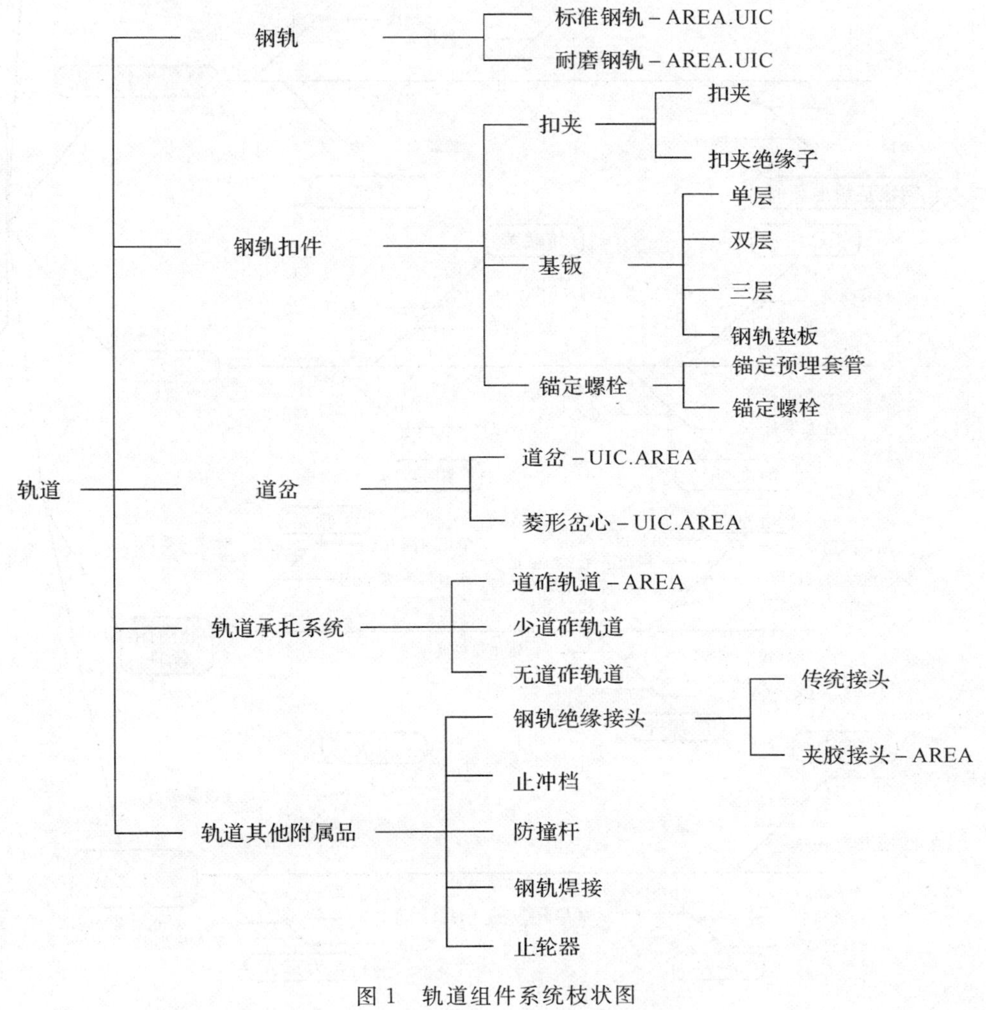

图1 轨道组件系统枝状图

2 施工阶段鱼骨图分析

在施工阶段,各轨道构件因已具有具体方向,现以鱼骨图将各轨道构件在施工阶段分析评估项目做一个链接,并做一个推演以寻求共通性安全管控原则项目(见图2)。

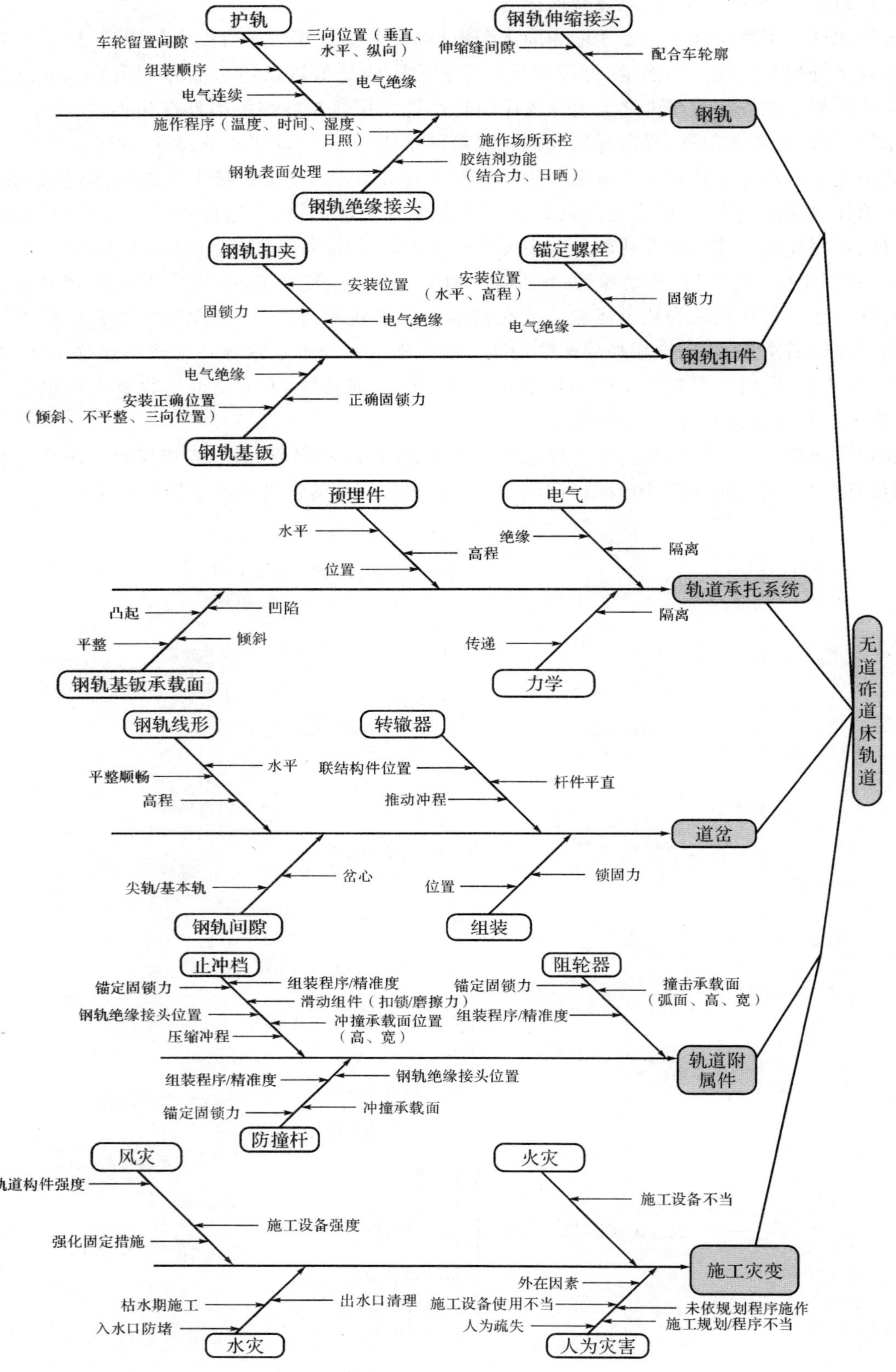

图 2　施工阶段鱼骨图

轨道各构件在施工阶段由上述鱼骨图，进一步研析整合出此阶段与无道砟道床轨道紧密关联之安全管控因子，有车轮留置间隙、安装作业(三向位置及平整性、环控、固锁力、精准度、冲击承载面)、轨道与结构互制力传递、电气绝缘、人为灾害防治(以品管品保及落实安卫作业)等 5 个项目。

3 安全管控风险评估

本研究以各阶段无道砟道床轨道安全之可能影响各项因素施以权重评估，以风险评估之角度制定其权重优先评估指标。

而风险发生概率则由制作问卷以访求目前台湾地区在无道砟道床轨道灾害管理领域权威之专家学者，经由经验判断去定义，将严重度与危害度相乘后即可得到风险图像。得到风险评估结果后，借由可行之风险对策降低风险严重度，并降低该风险因子落于风险图像分析之分部位置，即可于灾害未发生时有效降低风险。

本次研究以AHP进行施工阶段无道砟道床轨道安全因子之权重分析，并以各方轨道专家的经验判断与协助，以群体决策模式取得客观的结果。利用问卷调查方式，收集各方专家意见，让评估指标更具意义及代表性，并且决定有效之无道砟道床轨道安全因素权重。

问卷调查对象为轨道运输主管机关及轨道运输营运公司，对具无道砟道床轨道设计、施工、营运及救灾等经验之专家进行问卷调查，共计发出15份问卷。本次问卷回收12份，问卷回收率80%。将12份问卷输入计算机辅助软件Expert Choice中计算出各构面与准则的权重值，并检核AHP之一致性及计算权重值，其中有1份问卷一致性检定值(C.R.)＞0.1，未通过一致性检定，视为无效问卷；另11份一致性检定值(C.R.)＜0.1，通过一致性检定，视为有效问卷进行分析。

以层级分析法(AHP)计算出结果，最后得出的施工阶段无道砟道床轨道安全因子之权重如图3所示。

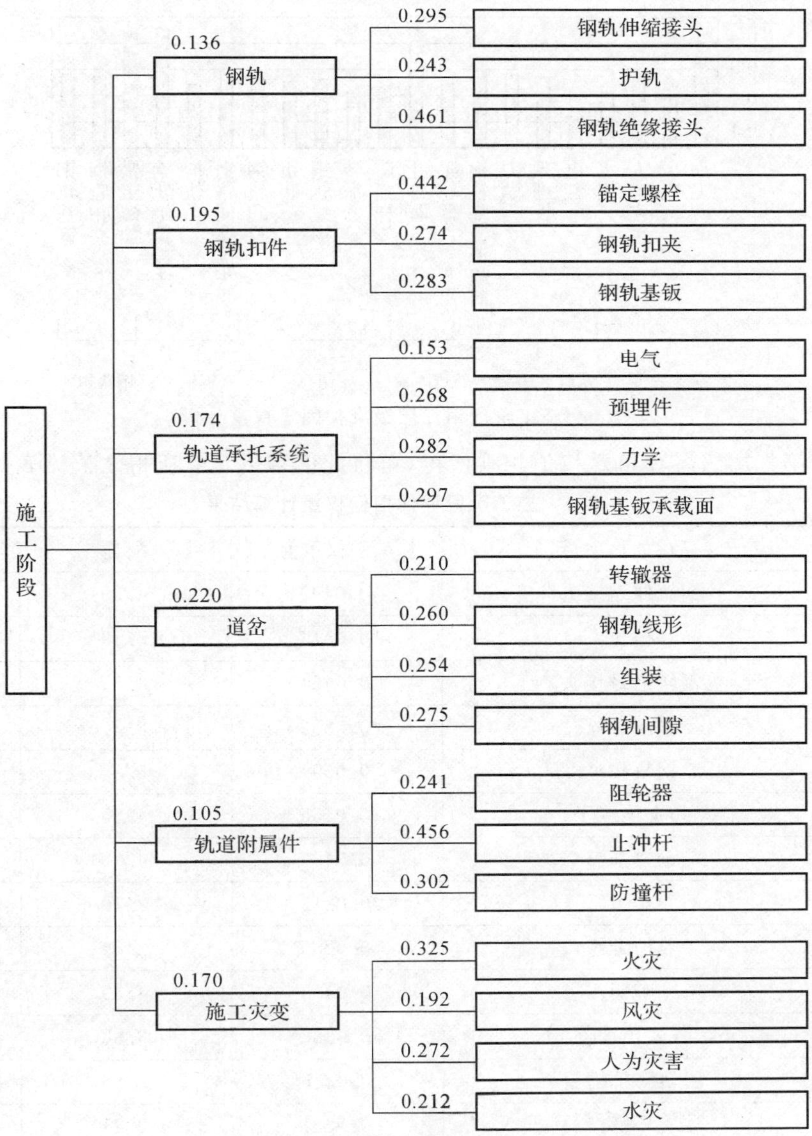

图3 施工阶段轨道安全因子权重分析

(1)由分析结果可知第一层级无道砟道床轨道安全因子之权重重要性依序为：

道岔(0.220)＞钢轨扣件(0.195)＞轨道承托系统(0.174)＞施工灾变(0.170)＞钢轨(0.136)＞轨道附属件(0.105)，其权重分析如图4所示。

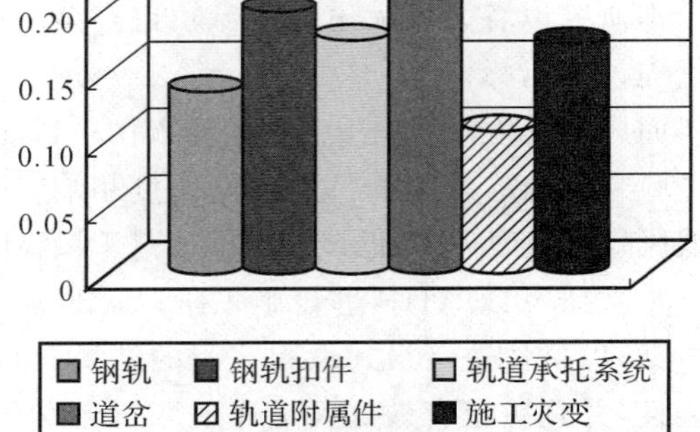

图4　施工阶段第一层级轨道安全因子之权重分析

(2)第二层级分别隶属六大项之无道砟道床轨道安全因子之权重依序为：

①钢轨方面：钢轨绝缘接头(0.461)＞钢轨伸缩接头(0.295)＞护轨(0.243)。

②钢轨扣件方面：锚定螺栓(0.442)＞钢轨基钣(0.283)＞钢轨扣夹(0.274)。

③轨道承托系统方面：钢轨基钣承载面(0.297)＞力学(0.282)＞预埋件(0.268)＞ 电气(0.153)。

④道岔方面：钢轨间隙(0.275)＞钢轨线形(0.260)＞组装(0.254)＞转辙器(0.210)。

⑤轨道附属件方面：止冲杆(0.456)＞防撞杆(0.302)＞阻轮器(0.241)。

⑥施工灾变方面：火灾(0.325)＞人为灾害(0.272)＞水灾(0.212)＞风灾(0.192)。

第二层级维护因子权重分析如图5所示。

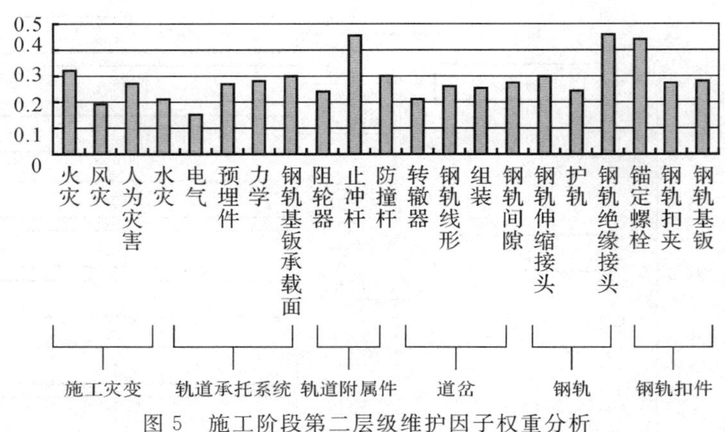

图5　施工阶段第二层级维护因子权重分析

(3)第一层级和第二层级各项目之权值相乘所得，再将此值乘以100所得之值见表1。

表1　施工阶段评估指标权重计算结果

	存在危险项目	单一权重值	配分	重要性排序
钢轨	钢轨伸缩接头	0.0499	4.99	8
	护轨	0.0519	5.19	6
	钢轨绝缘接头	0.045	4.5	11
钢轨扣件	锚定螺栓	0.0832	8.3	2
	钢轨扣夹	0.059	5.9	5
	扣夹绝缘子	0.0455	4.55	9
	钢轨基钣	0.0493	4.93	7
轨道承托系统	排水	0.0219	2.19	18
	养护维修	0.0289	2.89	16
	车辆	0.0433	4.33	12
	各式预埋件	0.0388	3.88	13
	脱轨防护措施	0.0386	3.86	14
	环境	0.0221	2.21	17

续表

	存在危险项目	单一权重值	配分	重要性排序
道岔	养护维修	0.0369	3.69	15
	土建结构	0.0645	6.45	4
	营运需求	0.0452	4.52	10
	号志	0.066	6.6	3
	车辆	0.105	10.5	1
轨道附属件	阻轮器	0.0205	2.05	19
	止冲档	0.0034	0.34	20
	防撞杆	0.0288	2.88	16

分别将评估权重前十名列出，依轨道构件进行个别分析，故删除重复项目：①锚定螺栓；②钢轨绝缘接头；③钢轨间隙；④钢轨线形；⑤组装；⑥火灾；⑦钢轨基钣；⑧钢轨扣夹；⑨钢轨基钣承载面；⑩力学。

4 结 语

轨道工程之无道砟道床依其型式及轨道运输系统特性不同，将造成差异性施工成果，故先行了解个案特性为必要之前置程序。本案研析过程中，主要以台北捷运无道砟轨道为研究分析目标，在研析过程中确有因采用道床型式造成之特有安全管控项目，故未来轨道实务机构及学术研究相关单位可参考此研究之分析过程及本案安全管控因子，进行其轨道施工安全管控因子研析，进而降低因不当轨道工程施工造成的潜在或未来实质危机。

参考文献

[1]张思.台湾无道砟道床轨道发展轨道工程创新——台湾无道砟道床轨道经验[J].工程，1993，75(2)：131－136.
[2]张思.轨道工程[M].台北："大中国"图书公司，1985.

从折衷典范探讨桃园国际机场园区第三航站区 WC 滑行道迁建配置的策略

尹台生　吴相勋

（元智大学管理研究所，桃园）

摘要：交通建设是人类社群生活的转型接口，就如马斯洛的需求原理包括生理需要、安全需要、社交需要、尊重需要及自我实现需要 5 类，是从基本需求到精致需求的蜕变。交通政策必须配合社会环境同步发展，这些操作过程是将隐性的变革议题借"折衷典范"探讨达到显性的桃园国际机场发展第三航站的议题，纲要计划、实施计划与重大工程计划至今尚在进行中。"T3"的"WC"即第三航站区的西滑行道，经由顾问公司的初步归纳资料议题，借"折衷理论"建构后续设计的搭桥功能，将显性的 WC 滑行道议题转型为通案可接受的隐性市场议题。本文以质性研究方法探讨构念(construct)间的命题(proposition)关系，利用文献的分析(archival analysis)探讨"折衷典范"的设计架构对机场建设的 Paradigm Shift 移转。

关键词：折衷典范；纲要计划；AC 加铺；滑行道

由于环境是决策的动态变因，而行政部门是"制度与组织"的产物，环境变迁带动组织变革，机场建设纲要计划的虚浮是呈现当地失灵前因，导致实施计划的治理失误(misgovernance)后果。制度的创新与组织的变革是回向公司治理机制，组织再造是创新与变革的综效，桃园国际机场公司的运作是多元化的社群关系，而 WC 的迁建策略是 T3 重大建设不负责的溢出效益。Dunning 的折衷典范是对资源投入(FDI)判断的综合典范，迁建 WC 滑行道的指标策略，从内部化优势(internalization theory)、区域特殊优势(location-specific advantages)与内部化优势(internalization advantages)的 FDI 典范，同型(isomorphic) WC 滑行道的迁移建造策略。

1　文献概要

折衷典范又称 OLI 理论，Dunning 认为在海外投资的企业必须拥有 3 种利益：①独特的所有权优势(ownership specific advantages)，厂商所拥有的特殊生产资源(其他企业所无法拥有的)；②特定的当地优势(location specific advantages)，厂商将部分的生产设备设立在外地而得利；③内部化优势(internalization advantages)，厂商一旦拥有特殊优势，将会考虑到外地生产，以充分发挥其优势。

折衷典范的基本观点是：厂商以其特有所有权优势，寻找具投资区位优势的地主国进行直接投资，至于其投资型态则依其内部化诱因之因素而定，基本上这是一个比较完整的海外投资理论。Dunning(1988)认为折衷典范可以解释任何型态的国际营运(IB)活动(见表 1)，指出当厂商拥有所有权优势时，适合契约授权；而拥有所有权优势、内部化优势、区位优势时则适合直接投资。

机场公司 WC 滑行道迁移重大工程的策略计划是 T3 的前置工程，对于机场园区后续的土地面积及营销有关键性的影响。

表 1　折衷典范的应用

决定因素	所有权优势	内部化优势	区位优势
直接投资	√	√	√
贸易	√	√	×
契约授权	√	×	×

作者简介：尹台生，研究方向为国际企业策略。

2 研究方法

(1)方法论(methodology)

方法论是思考与分析现实情况的研究理论,而方法就是搜集资料与研究的一组程序与技术,研究方法是指从事研究工作所实际采用的程序或步骤。质性研究方法由3种数据收集方式组成:深度访谈、直接观察、文献记录。质性研究是由数据、程序与文献的3项主要的内涵形成,将数据经由程序转换为更有用的文献信息。本文以质性研究之扎根理论探讨WC滑行道(第三航站楼)的规划政策。

(2)文 献

文献是档案的内涵。档案研究是对文献进行整体的观察,利用记录的文献做研究,不论是个人的或是公开的。本文以质性研究的档案的研究为核心,从收集相关资料的议题上观察文献,发掘有关二轨外交政策与两岸的网络构建构念,可作为探讨WC滑行道(第三航站区)的规划政策关系,建立联结的命题。

(3)操作项目及过程

概念(concept):概念代表事件、事物或现象的一种抽象意义,是有关某些事件、事物或现象的一组特性。概念的来源,常常来自个人的经验及观察,然后从类似的事物中归纳出一些独立的共同属性,而这样的过程称之为抽象化。

构念(construct):构念是被赋予一组具体语意之有意义名词,构念是人为创造并被赋予特定的含义,也就是说给予所抽象化出来的事物特性一个特定的传递信号。

命题(proposition):命题是对构念的叙述,它们以有关系的型式将构念联结起来。命题可依据现象决定真伪,不一定要做实证动作,它只是说明及联结两个构念的关系。

3 从折衷典范探讨桃园国际机场园区第三航站区WC滑行道迁建配置的策略

3.1 策略构想

于现今机场运量持续成长下,除务必确保机场营运之安全风险降至最低外,如何维持服务质量、提供旅客安全舒适环境暨飞航作业安全、维护门户观瞻、减少对机场营运之冲击,均有赖周全的建设策略的拟定,从而有效整合各工程界面及有效管控整体进度(见图1)。

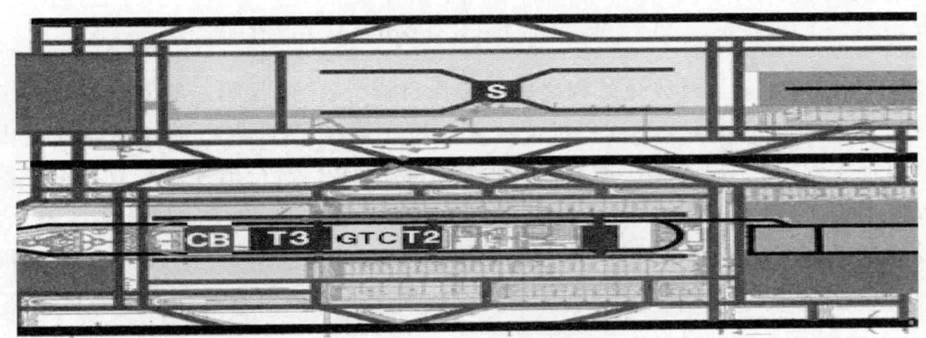

资料来源:桃园国际机场纲要计划(2011)。

图1 桃园国际机场现况

以2018年底前完成启用第三航厦为目标。2011—2014年为规划设计期:T3航站区综合规划、环境影响评估、WC滑行道迁建。

(1)依据桃园国际机场园区纲要计划,机场园区之第一期开发重点在于活用既有用地以推动建设。为确保第二航厦往西至华航园区间用地之完整性,并提高航机移动与拖行效率,建议WC滑行道应自目前位置往西迁移约710m,同时扩建成为双向滑行道,并配合办理航站南北路之地下化工程。并且WC滑行道往西迁建与双线化工程为第三航站区开发之前置作业,需于启动第三航站区建设前完成。

(2)桃园国际机场公司于后续提出桃园国际机场园区实施计划,考虑前置作业对第三航厦开发期程及既有设施等之影响。方案 1:WC 迁建与双线化。方案 2:WC 不迁建与双线化。分别对两个方案进行探讨,并提出结论与建议说明如下:方案 1 不仅建设成本较低,对于既有远程停机坪及登机廊厅等设施之影响亦较小,并能确保较多机位,考虑第三航站区整体发展规划,实施计划建议采用方案 1 办理 WC 滑行道迁建与双线化,若此前置工程延宕,将影响第三航站区后续开发期程,故应加速办理相关作业程序。

(3)依据实施计划采用 WC 滑行道迁建与双线化之规划原则,考虑空侧勤务道路配置、靠站与远程机位数,对现有长荣维修区建筑物与停机坪、机场捷运 A14a 车站冷却水塔与通风井之影响等,于 2013 年 8 月研讨 4 个 WC 滑行道迁建方案,并就此 4 个 WC 滑行道迁建方案,进一步探讨航站南北路地下化工程、滑行道桥梁方案、华航园区与长荣维修区出入口之影响、排水与公共管线,以及施工中交通维持等重要课题,研讨迁建策略。

(4)考虑对于桃园国际机场未来发展,采用方案 C 为最佳选项,使得第三航站区能拥有最多的广体客机停机坪(见图 2)。桃园国际机场公司于 2013 年 8 月 23 日召开《第三航站区配置规划报告书》审查会议。据此,WC 滑行道迁建位置经核定采方案 C 为规划方案,作为本工程作业依据。

方案 C 之 WC 滑行道往西迁建并双线化后,分别命名为 W1(西侧)及 W2(东侧)滑行道,既有 WC 滑行道中心线至新设 W2 滑行道中心线之距离为 685+57.5=742.5(m),两新设 W1 与 W2 滑行道中心线之距离为 97.5m。

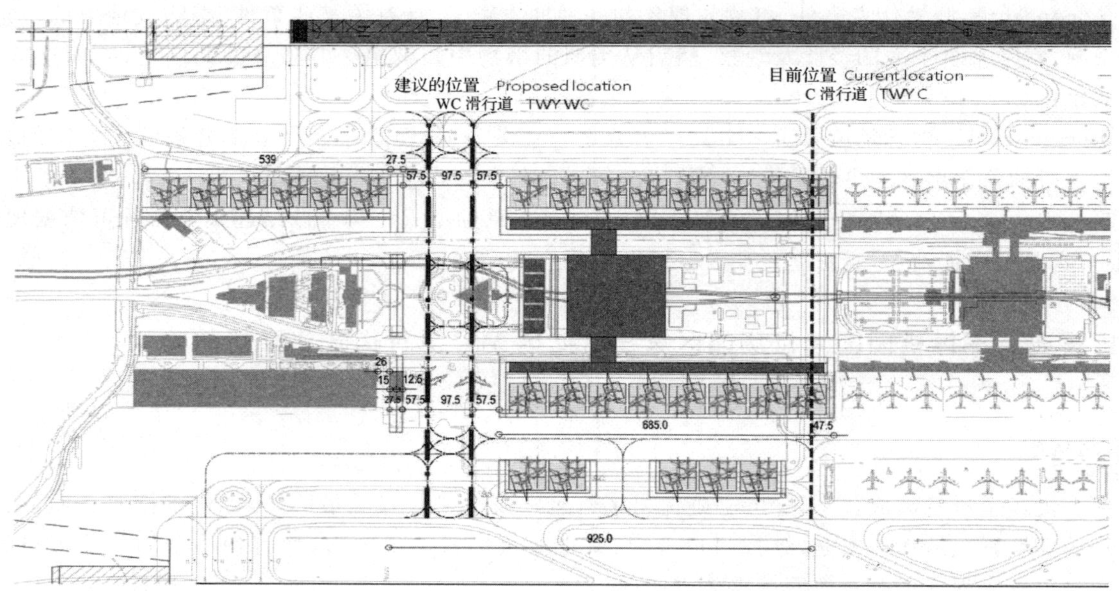

资料来源:桃园国际机场建设计划草案。

图 2　WC 滑行道迁建规划方案 C 平面图

综上所述,WC 滑行道迁建与双线化工程之主要工作目标为:①确保第二航厦至华航园区间用地之完整性,提高航机运作与拖行效率,以及靠与远程机位数量之最大化;②WC 滑行道迁建与双线化工程为第三航站区开发之先期要径工程,需于启动第三航站区建设前完成;③WC 滑行道迁建与双线化工程与第三航厦及多功能大楼工程密切相关,为及早推动 WC 滑行道迁建与双线化工程,除了研拟合适区隔计划,以不并入第三航厦工程建设计划报核为原则外,亦需研拟合适的衔接计划;④WC 滑行道工程之工区为机场主要进出动线,在设计及施工过程中必须审慎规划后续链接接口及各项交通维持及营运维持等项目。

3.2　规划依据与工程范围

WC 滑行道迁建位置在采用方案 C 为规划方案后,持续滚动检讨第三航站区之整体配置规划,第三航站区之整体配置规划平面与断面图(见图 3),第三航站区各主要设施位置之配置距离图(见图 4)。WC 滑行道往西迁建并双线化后,既有 WC 滑行道中心线至新设 W2 滑行道中心线之距离为 740m,两新设 W1 与 W2 滑行道中心线距离则修正为 100m。

3.3　施工经费估算

WC 滑行道迁建与双线化工程建造成本依据《公共建设工程经费估算编列手册》内容估算,建造成本包括设计时间作业费、用地取得及拆迁补偿费、工程建造费等,不包含施工期间利息,其余有关利息及营运、维

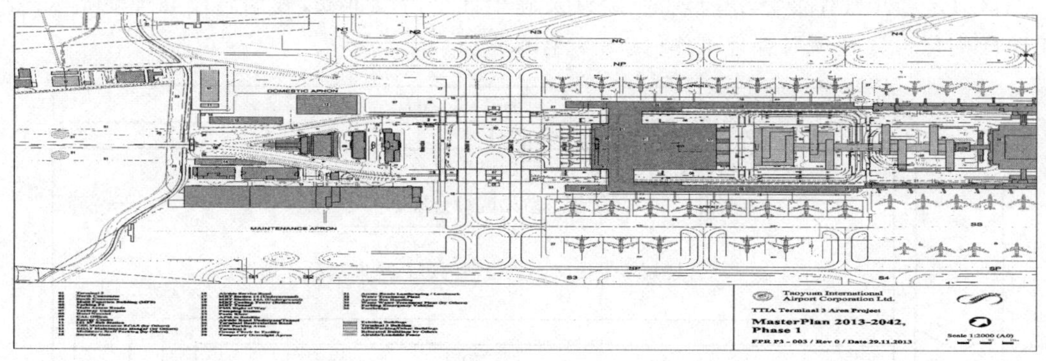

资料来源：桃园国际机场建设计划草案。

图 3　计划配置

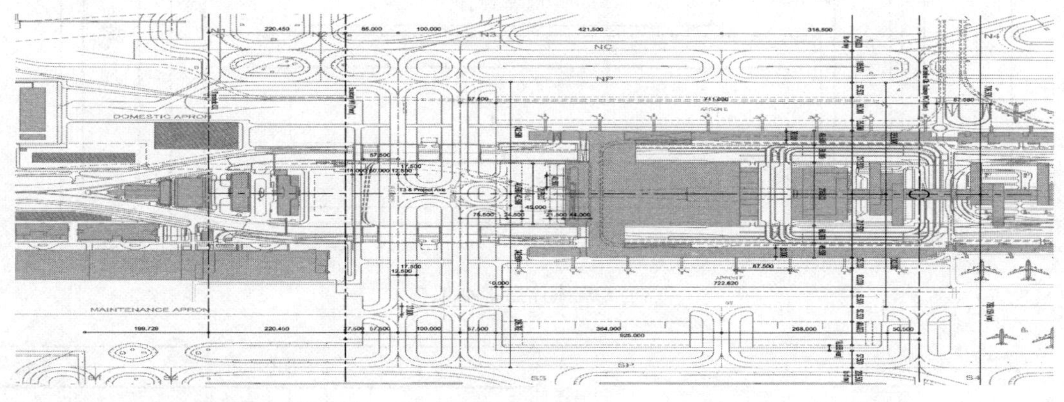

资料来源：桃园国际机场建设计划草案。

图 4　第三航站区 T3 主要配置距离

修成本等费用将由第三航站发展项目管理整体财务计划估算。

建造成本中设计时间作业费包含设计分析费、补充测量、钻探及管线调查费。其中，设计分析费按《机关委托技术服务厂商评选及计费办法》上限费率累退计算，用地取得及拆迁补偿费则按实际影响范围估列。

工程建造费包括直接工程成本、间接工程成本及工程预备费，工程建造费各项成本之估算说明如下。

(1)直接工程成本

直接工程成本项目包括：①W1 与 W2 滑行道新建工程；②W1 与 W2 滑行道桥梁工程(依桥梁面积之差异区分为两个方案)；③W1 与 W2 滑行道助导航灯光设施；④航站南、北路地下化工程(含抽水站设施)；⑤空侧勤务道路工程(含跨越航站南、北路桥梁与滑行道桥下空侧勤务道路)；⑥共同管道地下箱涵工程(仅 W1 与 W2 滑行道下方 225m 范围)；⑦华航园区东侧地下回转道路工程；⑧埔心溪东侧高架回转道路工程；⑨公共管线临时迁移工程；⑩施工中交通维持改道工程；⑪既有建筑物拆除工程(含航空科学博物馆、加油站设施、长荣航勤厂办大楼、长荣航天停车场大楼等)。

(2)间接工程成本

间接工程成本主要包括：①工程行政管理费；②总顾问项目管理费(按桃园机场公司委托项目管理专业技术服务案契约费率编列)；③工程监造费(按相关单位委托技术服务厂商评选及计费办法的上限费率累退计算)；④环境监测费；⑤空气污染防治费(按《营建工程空气污染防治费收费费率》估算)。

(3)工程建造成本

参考《公共建设工程经费估算编列手册》之上下限费率之平均值，以直接成本之 10％估算。

本工程计划成本，以 2012 年币值估算直接工程成本约新台币 27.79 亿～28.83 亿元(注：本文中“元”均指新台币)，工程建造费约 32.30 亿～33.35 亿元，建造成本约 33.65 亿～34.69 亿元。

依《桃园国际机场园区实施计划(核定版)》(2012 年 5 月)，机场公司自筹办理扩建之分年资金需求(2011—2020 年)，其中 WC 滑行道迁建与双线化工程建设经费为 4.86 亿元，航勤南北路部分路段配合办理地下化工程建设经费为 14.29 亿元，航空科学馆搬迁建设经费为 2.00 亿元。由于航空科学馆搬迁经费主要为展览馆新建费用，不纳入本次规划报告成本估算，故实施计划对应本次规划范围之建设经费应为 19.15 亿元。

第三航站区 T3 之开发作业将分为规划、设计及施工 3 个阶段推动，规划阶段办理航站区之综合规划，设计及施工阶段则负责计划项目管理工作(见图 5 至图 7)。

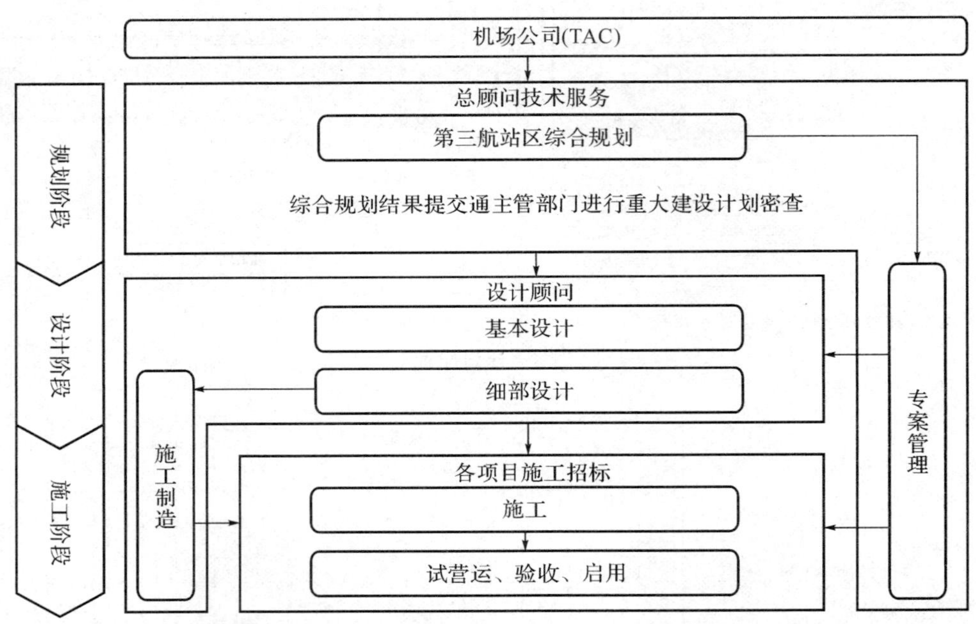

资料来源：桃园国际机场建设计划草案。

图 5　整体计划推动架构

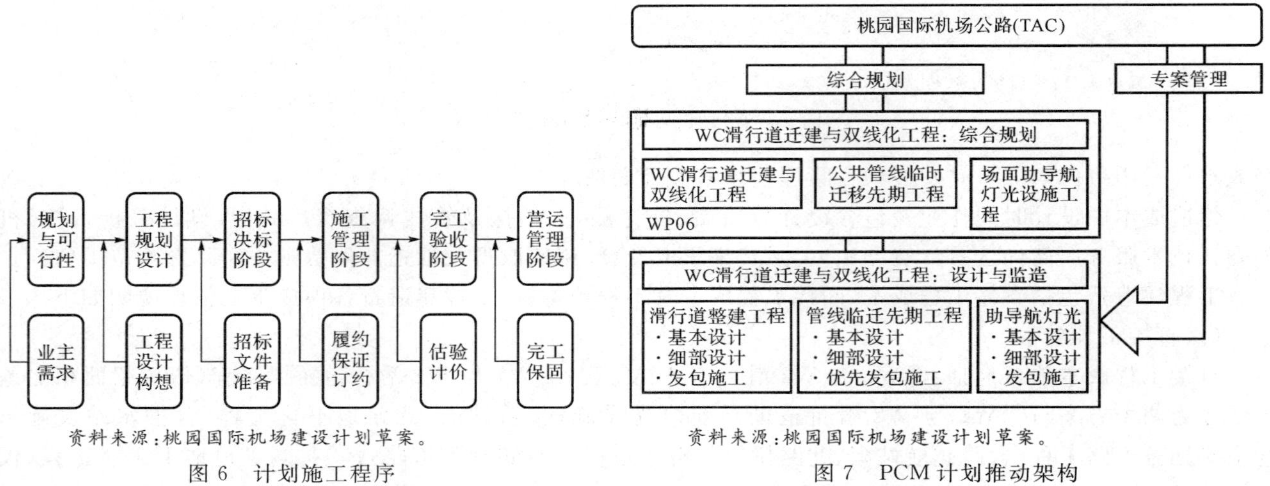

资料来源：桃园国际机场建设计划草案。

图 6　计划施工程序

资料来源：桃园国际机场建设计划草案。

图 7　PCM 计划推动架构

3.4　桃园国际机场园区第三航站区 WC 滑行道迁建

(1)WC 滑行道迁建工程范围考虑原则

本工程为第三航站区开发之前置作业，需于启动第三航站区建设前完成，但考虑现阶段第三航站区之第三航厦(T3)与多功能大楼(MFB)之规划设计尚未完成，工程范围之考虑原则为：①WC 滑行道迁建与双线化后，至少能营运 1 条 W2 滑行道，取代现有 WC 滑行道，如期提供第三航厦、停机坪与多功能大楼之建设用地；②利用航站南、北路地下化工程之大规模交维改道时机，尽量同时完成新设空侧勤务道路与滑行道西侧之陆侧回转道路，提高交维改道之整体效益；③现阶段第三航站区相关设施无法规划定案者，则配合滑行道施工以最少量为工程范围，保留后续相关设施规划设计之弹性与完整性。

(2)WC 滑行道迁建与双线化之工程范围

依据上述 3 项原则，WC 滑行道迁建与双线化之工程范围(见图 8)，详见 3.3(1)直接工程成本项目。

3.5　滑行道道面规划

对 WC 滑行道迁建及双线化工程，其滑行道铺面以及未来与其他相关工程界面进行探讨与建议。

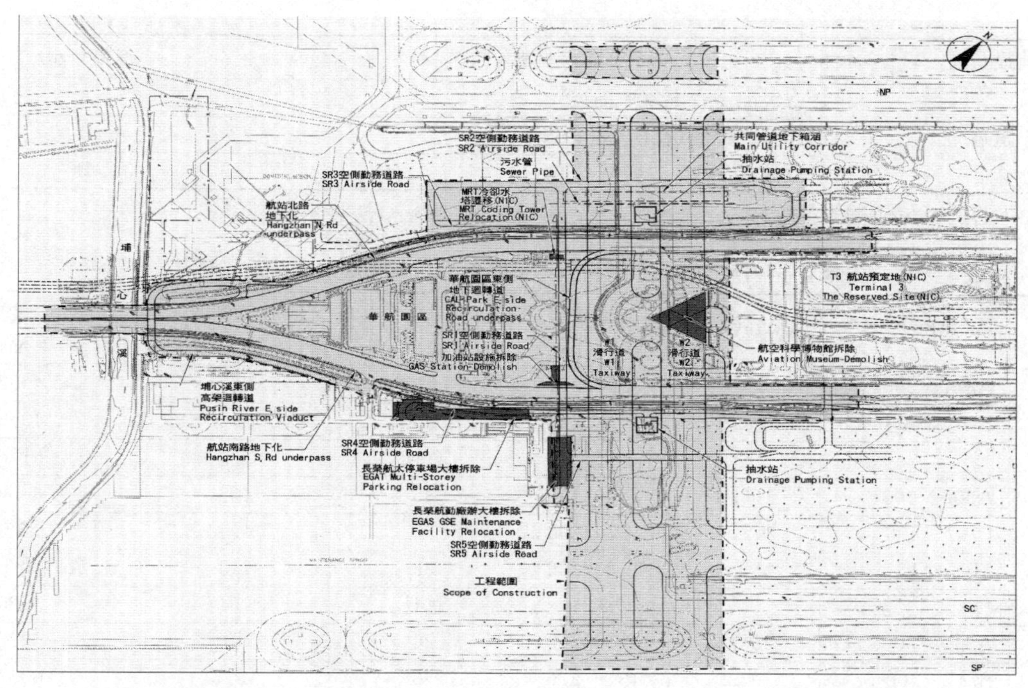

资料来源：桃园国际机场建设计划草案。

图 8　WC 滑行道迁建与双线化工程总平面图

(1)新建滑行道铺面之建议

目前桃园国际机场之道面为刚性铺面，而未来桃园国际机场跑滑道之道面型式，根据《桃园国际机场道面整建及助导航设施提升工程计划》之规划成果，未来跑滑道将为"柔性加铺于既有刚性道面"以及"新建柔性道面"两类，而本滑行道为新建之道面，考虑到后续维护及施工的一致性、后续施工快速等因素，采用柔性道面作为主要铺面方式。

在航机荷重与交通行为检讨部分，根据 ICAO 以及 FAA 对铺面厚度设计之规定，可分为临界区域与非临界区域。由图 9 可知，当航机在等待起飞以及在滑行道慢速滑行时对道面之影响最大。因此，临界区域包括跑道两头之等待起飞区、滑行道以及停机坪。而快速滑行道、跑道中间区域由于航机速度快，因此对道面影响小，可视为非临界区域，可减少道面厚度。铺面厚度设计建议应采用 FAA 之 AC 150/5320-6E *Airport Pavement Design and Evaluation* 咨询通告进行道面结构厚度设计。

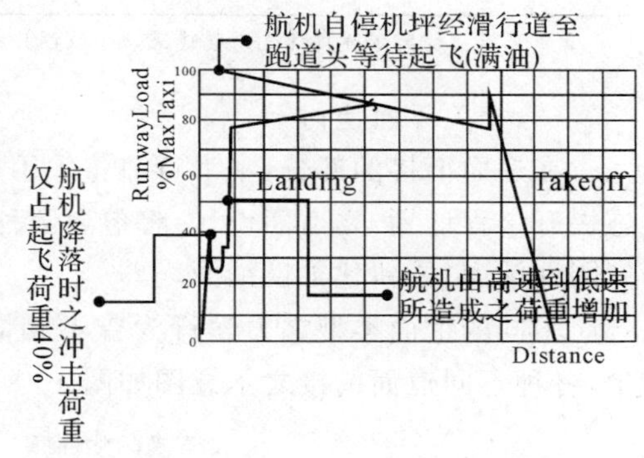

资料来源：Boeing，2009。

图 9　航机荷重行为

未来 WC 滑行道为联络南北场的重要滑行道，并且航机行驶速度慢，因此在航机交通量分析中，理论上应采用 100%之航机年离场量作为新建沥青混凝土铺面厚度设计之依据。未来将有 W1 与 W2 两条相互平行之滑行道，可分散其航机之交通量，故可采用《桃园国际机场道面整建及助导航设施提升工程计划》铺面设计报告，对 70%航机离场量之设计断面进行铺设。为防止其车辙变形，采用石胶泥沥青混凝土面层(SMA)，以增加未来道面之耐久性与抗车辙能力。所参考规划报告书中道面厚度计算与配置见表 2 与表 3。

表 2　WC 滑行道道面厚度

铺设位置	铺设材料	厚度(cm)
滑行道道面	石胶泥沥青混凝土(SMA)	5
	密级配沥青混凝土(改质)	7+8
	水泥处理底层	43
	碎石级配底层(P209)	20
	总计	83

续表

铺设位置	铺设材料	厚度(cm)
道肩	密级配沥青混凝土面层	8
	碎石级配底层(P209)	43
	总计	51

资料来源:《桃园国际机场道面整建及助导航设施提升工程计划》铺面设计报告。

表 3　2015—2035 年预估桃园国际机场各航机起飞与荷重资料

ICAO 代码	机型	MTOW(t)	胎压(kPa/psi)	在 ICAO 代码内之比例(%)	所有机队机型之比例(%)	2015—2035 年之离场量(机次)
C	A321－200	87.7	1460/211	50	12.5	406250
	B737－800/900	77.7	1517/220	50	12.5	406250
				总计	25	812500
D	A300－600	169.3	1340/194	35	1.8	58500
	B767－300	178.4	1379/200	30	1.4	45500
	MD－11	280.5	1420/206	35	1.8	58500
				总计	5	162500
E	A330－300	226.4	1450/210	20	13	422500
	B747－400	397.0	1379/200	30	19.5	633750
	B777－200	287.0	1413/205	15	9.75	316875
	B777－300	334.5	1482/215	7.5	4.875	158438
	B777－300ER	352.4	1524/221	7.5	4.875	158437
	B787－8	218.6	1517/220	20	13	422500
				总计	65	2112500
F	A380－800	551.4	1503/218	100	5	162500
				总计	5	162500
2015—2035 年总计					100	3250000

资料来源:《桃园国际机场道面整建及助导航设施提升工程计划》铺面设计报告。

(2)相关界面检讨

在道面衔接的部分,本滑行道将采用柔性道面进行铺设,然而根据《桃园国际机场道面整建及助导航设施提升工程计划》之道面设计,将包含数种不同的断面,其中包括:①新建或既有刚性铺面;②柔性加铺于既有刚性铺面;③新建柔性铺面。

不同的铺面类型之力学行为皆不相同,为防止未来道面于衔接处产生损坏或是不均匀沉陷的问题发生,各种不同道面衔接之示意图如图 10 所示。

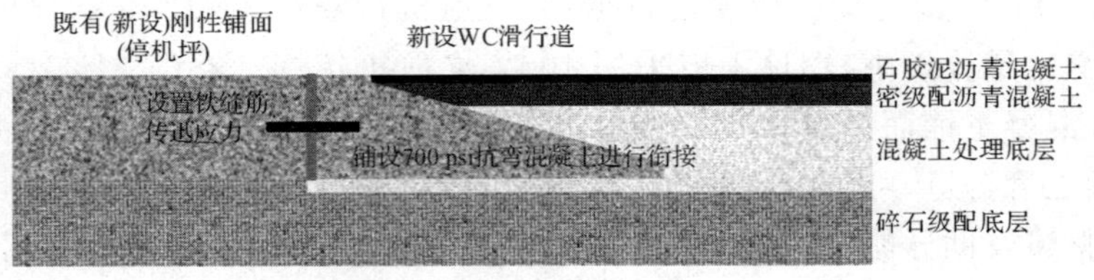

(a)新设WC滑行道道面与既有刚性铺面衔接

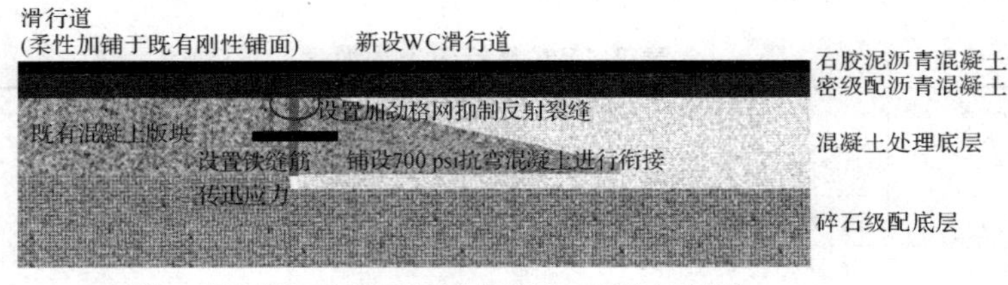

(b)新设WC滑行道道面与滑行道(柔性加铺与既有混凝土版)衔接

资料来源:桃园国际机场建设计划草案。

图 10　新设 WC 滑行道与既有道面衔接示意图

4 建议与结论

(1)建　议

从传统的机场建设到近代的航空城开发，是航空运输发展的组织变革及机场工程的挑战。桃园国际机场公司的组织变革，制度面初步转型成功，后续工程建设必须从组织文化接轨，创造一个信任的组织氛围。推动航空事业发展兼顾量体建设及转运之均衡发展，健全航空网络，促进非航空事业成长，策略性推动机场园区之建设，将机场建设与台湾航空产业及经济发展紧密结合。

Dunning 进入国际营运模式，所需 LOI 优势 3×3 的矩阵表，迁建 WC 滑行道的设计监造：①从统包政策及传统的公共工程行政上区位优势“L”的研拟，以公务机关为优先考虑，可以联结公务成本及固定建造费用的默契；②从工程施作及与 T3 的共构过程中联结，以“O”的分析研拟，由机场公司主导(该公司编组有工程处之人员)全盘机场建设，可从纲要计划、实施计划、重大工程计划、GC 的永续概念等机场公司的一贯操作，永续经营；③国际化的内涵是内部优化，从“入境随俗”的社会观点创造国际企业的比较利益，降低交易成本；以国际化为策略核心，引进标杆机场的优势同型(isomorphism)，以“I”为理论基础，释放经营管理的空间，借以传导桃园国际机场的目标。

(2)结　论

从折衷典范的操作，因 WC 滑行道的迁建，T3 有 $188hm^2$ 的用地，而下一波的航站楼有 $125hm^2$ 的用地(见图 11)。

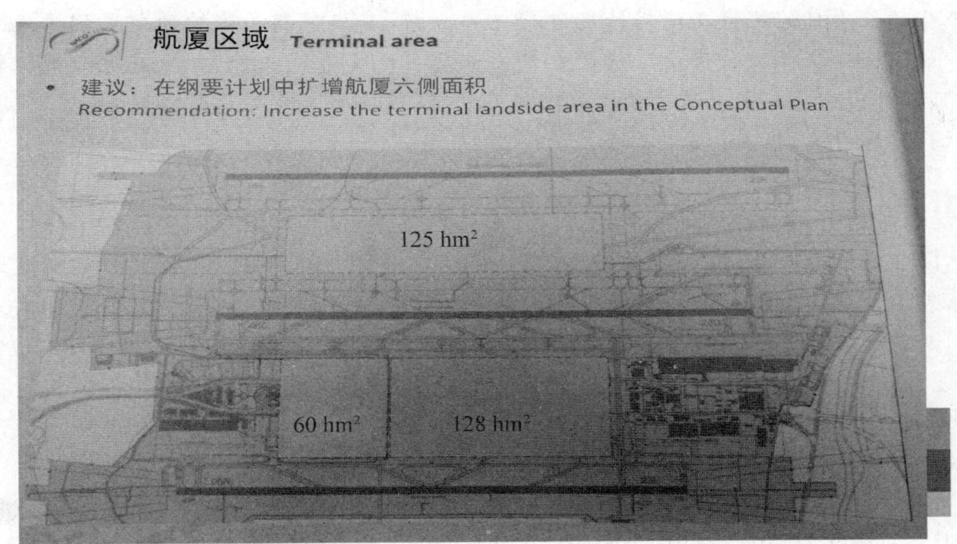

资料来源：桃园国际机场建设计划草案。

图 11　WC 滑行道计划完成后 T3 总面积

参考文献

[1]古永嘉. 企业研究方法[M],8 版. 台北：华泰文化事业股份有限公司，2003.

[2]吴芝仪，廖梅花. 扎根理论研究方法[M],2 版. 台北：涛石文化事业股份有限公司，2001.

[3]杨千. 策略管理理论与实务[M]. 台北：华泰文化事业股份有限公司，2005.

[4]陈民哲. 动态竞争同形化竞争决策过程[M]. 台北：智胜文化公司，2010.

[5]桃园国际机场公司. 桃园国际机场园区第三航站区综合规划草案. 2012.

[6]NORTH D C. Structure and Change in Economic History [M]. New York: Norton, 1981.

[7]YIN T S. Adaptation to the amendment of international convention on standards of training, certification and watchkeepin for seafarers: A policy debate approach[D]. Taoyuan: National Chengchi University, 2006.

[8]YIN T S. SMA pitch used in a surface of airport to build the maintenance strategy-airport practice discussion of Cross-strait [EB/OL]. 2012.

大台北两性旅次差异分析

林怡君　徐淑燕　王声威　薛乃嘉

（台北市交通局，台北）

摘要：因社会、经济与文化等因素，家庭中男性与女性所需负责之工作不同，为满足生活需求，利用交通工具从事各项活动来达成不同之生活目的，因此两性在外出旅次之目的及交通运输工具选择上会有所差异。

过去因性别平等意识较为薄弱，在许多公共设施建置时，未将性别之特殊需求列入考虑，如公共场所女厕数量不足，使得女性外出常常感到不便。现今两性平等观念普及，从交通运输的角度，探讨两性外出旅次目的与运具选择之差异很有必要。本研究利用大台北地区（台北市与新北市）民众外出旅次之分析，通过两性外出旅次目的与运具选择之差异，了解民众之运具使用需求，以利日后于交通设计规划时，将两性差异列入考虑，周全审慎规划，以满足民众需求，创造友善的交通环境。

本研究运用2012年《民众日常使用运具状况调查》资料，针对大台北地区居民外出从事各项活动时，所产生的旅次目的及运具使用情况进行差异分析，其中性别为影响的重要因素之一。本文以性别为研究重点，从性别的角度了解民众外出旅次目的差异。此外，本研究也分别探讨大台北地区民众日常外出旅次与通勤旅次使用各项运具状况，以作为未来交通规划与设计之参考。

关键词：交通运输；性别；旅次目的

交通与生活息息相关，人们为满足生活所需，外出从事各项活动，利用不同之运输工具作为点与点之间的移动运具，然而在文化与社会经济地位影响下，性别不同也衍生出不同的生活特性，如女性通常兼具家庭管理者的角色，外出较多从事购买家庭用品、接送小孩等处理家庭相关事务的活动；而男性则多扮演家庭收入来源的角色，两者行为因生活需求与期望不同而有明显差异，故在交通旅次及运具使用上也略有不同。

本研究主要针对大台北地区（台北市与新北市）居民外出从事各项活动时，所产生的旅次行为及运具使用情形进行差异分析，其中性别为重要影响因素之一，为本研究重点。此外，本研究也分别探讨日常外出旅次与通勤旅次，居民使用各项运具状况，以作为未来交通规划与设计之参考。

本研究资料源于2012年《民众日常使用运具状况调查》，此调查针对年满15岁以上民众进行电话访问，询问受访者在调查日前1日（周一至周五）的所有外出活动，调查期间为2012年10月4日至12月31日，在台湾地区共计完成39905份有效样本（各县市均至少1367人）。本研究撷取居住于大台北地区（台北市、新北市）且年满15岁（含）以上的有效样本共计3525份，在95%的信心水平下，受访样本的抽样误差为1.65%，其中台北市样本数为1396份，新北市样本数为2129份。

1　研究架构

本研究主要针对大台北地区（台北市与新北市）之居民，了解其外出及通勤（学）旅次概况，并从性别的角度加以剖析，研究架构如图1所示。

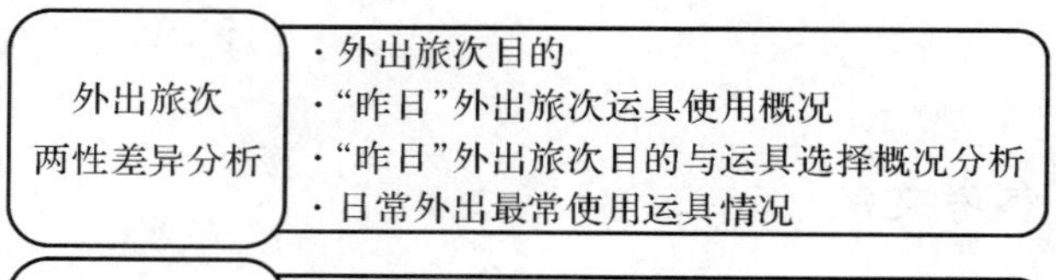

外出旅次两性差异分析	·外出旅次目的 ·"昨日"外出旅次运具使用概况 ·"昨日"外出旅次目的与运具选择概况分析 ·日常外出最常使用运具情况
通勤(学)运具使用之两性差异分析	·通勤(学)地点分析 ·通勤(学)运具使用概况
外出未搭乘公共运输工具之性别分析	·外出未搭乘公共运具原因分析

图1　大台北地区两性旅次差异分析研究

作者简介：林怡君，前科员；徐淑燕，主任；王声威，局长；薛乃嘉，技士。

本研究资料源于2012年《民众日常使用运具状况调查》中台北市与新北市样本数据。为使样本能充分反映母体(台北市与新北市)人口结构,通过样本代表性检定,以卡方检定逐一检视受访样本之性别、年龄、教育程度及行政区人口比率与母体结构间差异,若检定结果发现样本与母体结构之间有显著差异,则以加权方式处理,使样本结构与母体趋于一致。

2 大台北地区外出旅次两性差异分析

从大台北地区民众"昨日"外出旅次各运具使用情况来看,公共运具市占率约2成(21.3%),非机动运具市占率为18.3%,但仍以私人机动运具市占率最高(60.4%)。此外,大台北地区民众外出使用公共运具比例较台湾地区平均水平高,主要因为大台北地区公共运具路网建置较为完备,民众对公共运输的依赖性较高,也因大台北地区地狭人稠,若使用私人运具常会有塞车及停车位一位难求之状况发生,故相较于其他县市,大台北地区民众公共运输使用比例较高。

从性别角度分析,女性的公共运具及非机动运具市占率皆较男性高,在公共运具方面,女性使用比例为28.4%,但仅有13.8%男性选择公共运具作为外出交通工具;在非机动运具方面,女性为20.6%,男性则为15.9%;在私人机动运具方面,男性的使用比例高达70.3%,女性则为51%,较男性少约2成。

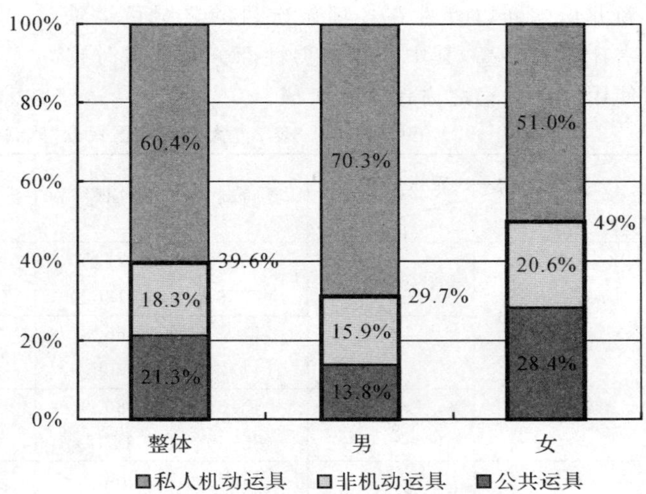

图2 大台北地区民众外出旅次运具使用概况

此外,约4成的大台北地区民众"昨日"外出使用绿色运具,其中,女性绿色运输使用比例高达5成(49%),明显高出男性(29.7%)许多,显示在绿色运输使用率上,女性多于男性(见图2)。在环保意识兴起下,为提高民众使用绿色运输比例,可从男性外出选择运具之考虑因素着手,进而改善绿色运输系统,抑或提供更多吸引民众使用绿色运输之优惠。目前,台北市极力推广YouBike微笑单车,广设租借场站,培养民众使用低污染运具之习惯,从改变民众使用习惯着手,对未来绿色运具推广将更有成效。

从地区来看,台北市民众外出使用绿色运输比例明显高于新北市,而新北市则私人运具市场占有率较高(见表1),其中,台北市民众外"昨日"外出使用绿色运输比例达50.4%,而新北市则为32.2%,且台北市女性使用绿色运输比例高达6成,而台北市男性也达4成左右(39.7%);此外,台北市女性"昨日"外出旅次使用非机动运具的比例为24.9%,显示自行车与步行也是女性外出主要选择方式。

表1 大台北地区民众"昨日"外出旅次运具使用概况

地区/性别 \ 运具市占率(%)		绿色运输	公共运具	非机动运具	私人机动运具	运具使用次数(次)
台北市	整体	50.4	27.6	22.8	49.6	8439
	男	39.7	19.3	20.4	60.3	3985
	女	60.0	35.1	24.9	40.0	4454
新北市	整体	32.2	16.9	15.3	67.8	12169
	男	23.1	10.1	13.0	76.9	5986
	女	41.0	23.5	17.5	59.0	6183

大台北地区民众外出各种旅次目的选择公共运输工具的比例皆较台湾地区整体平均水平高(见图3、表2),在通学与休闲方面的绿色运输占比超过6成,分别为77.5%与60.5%,而在购物(44.5%)与家庭及个人活动(36.2%)方面,绿色运输占比亦高,通勤方面使用绿色运输民众占比约3成(30.3%)。

从地区来看，台北市民众在各项旅次目的选择绿色运输的比例皆较新北市高(见表2)，其中又以购物使用绿色运输的比例相差最多(台北市较新北市多23.9%)，通勤方面，台北市较新北市高17.9%，商务方面亦相差17.8%。

从性别方面分析，女性在各项旅次目的之绿色运输占比皆高于男性(见表2)，尤以台北市女性于上下学选择绿色运输之比例高达87.1%。除业务外出外，台北市女性在各项外出旅次目的下，选择绿色运输的比例皆超过5成；而台北市男性仅通学与休闲使用绿色运输之比例超过5成，分别为72.0%与61.3%，其余皆不到5成。新北市同样以女性在各项旅次目的之绿色运输占比较男性高，其中新北市男性商务与业务外出使用绿色运输之占比未达1成。

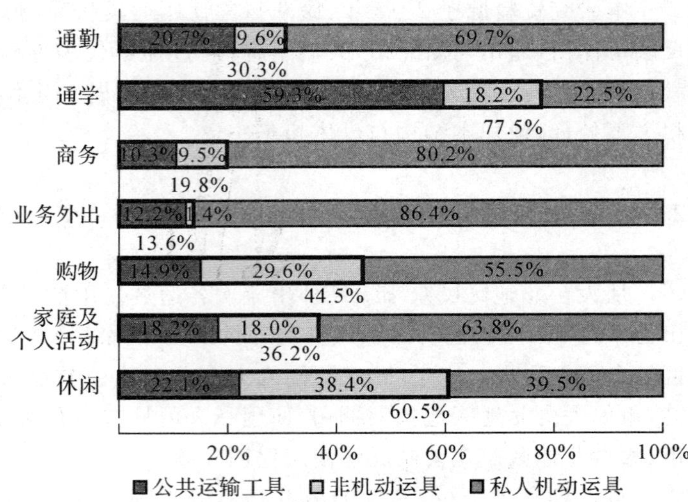

图3 大台北地区民众外出旅次目的与运具使用概况

表2 大台北地区民众"昨日"外出旅次绿色运输使用概况 (单位：%；次)

地区/性别		通勤	通学	商务	业务外出	购物	家庭及个人活动	休闲
大台北地区	整体	30.3 (7736)	77.5 (1302)	19.8 (558)	13.6 (1133)	44.5 (3187)	36.2 (3846)	60.5 (2846)
	男	17.1 (4152)	66.8 (595)	13.6 (412)	7.7 (826)	37.8 (1019)	35.4 (1310)	53.4 (1657)
	女	45.8 (3584)	86.9 (707)	37.5 (146)	29.3 (307)	47.8 (2168)	36.8 (2536)	70.8 (1189)
台北市	整体	41.4 (3005)	80.0 (589)	31.0 (208)	20.7 (486)	58.8 (1282)	47.8 (1644)	67.8 (1225)
	男	23.8 (1529)	72.0 (278)	25.6 (162)	17.7 (272)	49.0 (427)	47.2 (646)	61.3 (671)
	女	59.5 (1476)	87.1 (312)	50.6 (46)	24.4 (214)	63.8 (855)	48.4 (998)	75.9 (554)
新北市	整体	23.5 (4731)	75.8 (713)	13.2 (349)	8.2 (647)	34.9 (1906)	27.7 (2,202)	55.0 (1621)
	男	13.4 (2623)	62.2 (318)	5.9 (250)	2.7 (554)	29.6 (592)	24.0 (663)	47.7 (986)
	女	36.2 (2108)	86.7 (395)	31.4 (100)	40.7 (93)	37.3 (1313)	29.1 (1538)	66.4 (635)

注：括号内为"昨日"外出各项旅次使用运具总次数，单位为次。

调查结果显示，除通学外，民众"昨日"外出使用私人机动运具之比例皆较公共运输工具与非机动运具高，主要因为私人机动运具较为方便，且部分民众因业务需求而使用私人机动运具往来各地。整体而言，目前大台北地区民众仍以私人机动运具为主要外出交通工具。

从性别角度分析，女性之私人机动运具占比皆较男性低(见表3)。台北市女性除业务外出与家庭及个人活动使用私人机动运具之占比超过5成外，其余皆不到5成。新北市男性于业务外出使用私人机动运具之比例高达97.3%，商务外出也有94.1%，说明私人机动运具之机动性高，是男性商务与业务外出之主要运具。

表 3 大台北地区民众"昨日"外出旅次私人机动运具使用概况 （单位：%；次）

地区/性别 \ 旅次目的		通勤	通学	商务	业务外出	购物	家庭及个人活动	休闲
大台北地区	整体	69.5 (7736)	22.3 (1302)	80.2 (558)	86.4 (1133)	55.5 (3187)	63.7 (3846)	39.3 (2846)
	男	82.8 (4152)	33.3 (595)	86.3 (412)	92.2 (826)	62.3 (1019)	64.6 (1310)	46.8 (1657)
	女	54.3 (3584)	13.1 (707)	62.6 (146)	70.8 (307)	52.3 (2168)	63.2 (2536)	29.2 (1189)
台北市	整体	58.6 (3005)	20.0 (589)	68.9 (208)	79.3 (486)	41.1 (1282)	52.0 (1644)	32.1 (1225)
	男	76.0 (1529)	28.1 (278)	74.5 (162)	82.2 (272)	51.0 (427)	52.7 (646)	38.7 (671)
	女	40.5 (1476)	12.9 (312)	49.5 (46)	75.7 (214)	36.2 (855)	51.5 (998)	24.2 (554)
新北市	整体	76.6 (4731)	24.2 (713)	86.8 (349)	91.8 (647)	65.1 (1906)	72.4 (2202)	44.9 (1621)
	男	86.6 (2623)	37.8 (318)	94.1 (250)	97.3 (554)	70.5 (592)	76.1 (663)	52.2 (986)
	女	63.9 (2108)	13.3 (395)	68.6 (100)	59.4 (93)	62.7 (1313)	70.8 (1538)	33.5 (635)

注：括号内为"昨日"外出各项旅次使用运具总次数，单位为次。

3 大台北地区通勤(学)运具使用之两性差异分析

本节着重于大台北地区民众通勤、通学之运具使用概况及两性使用运具之差异分析，调查民众于通勤或通学时最常使用之交通工具，有别于上一节探讨民众"昨日"外出通勤、通学旅次运具使用概况。

从公共运输工具方面，剖析台北市民众通勤（学）的运具使用概况（见图 4），台北市民众通勤（学）最常使用之运具为市区公交车（19.7%），其次为捷运（17.2%）。若从性别角度分析，3 成左右之台北市女性使用市区公交车为主要通勤（学）之运具，较男性之 8.2%高出 23.9%；而捷运方面台北市女性为 20.8%，男性则为 13.9%。数据显示，台北市女性搭乘市区公交车与捷运之比例皆明显较男性高。

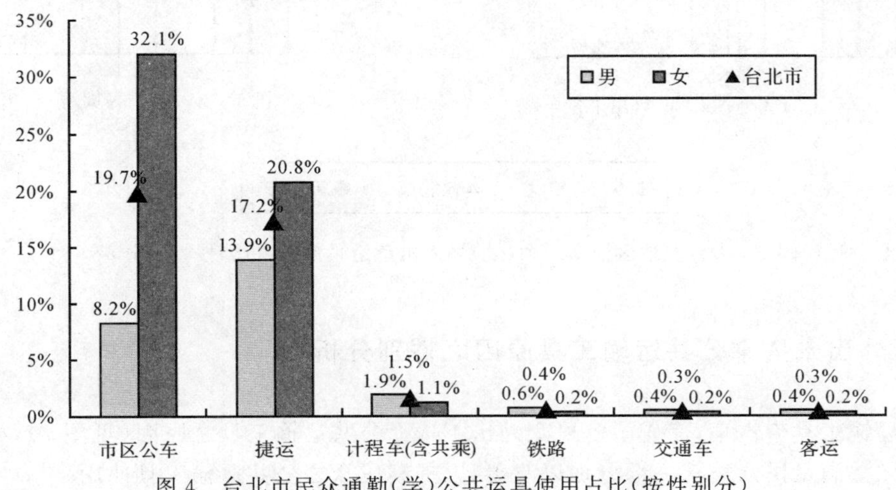

图 4 台北市民众通勤(学)公共运具使用占比(按性别分)

新北市民众于通勤(学)时最常使用之公共运输工具为市区公交车(13%)，捷运(10.1%)次之(见图 5)，新北市市区公交车与捷运之使用率较台北市低。从性别方面观察，约 2 成新北市女性使用市区公交车为通勤(学)之主要交通工具，较男性之 6.1%高出 15.1%；此外，新北市女性使用捷运的比率亦高于男性。出租车方面，台北市民众使用出租车之比例较新北市高，但在公路客运、铁路、交通车方面则新北市民众之使用比例较高，主要因为新北市在外县市工作民众的比例较台北市高，故长途运具之使用比例较高。

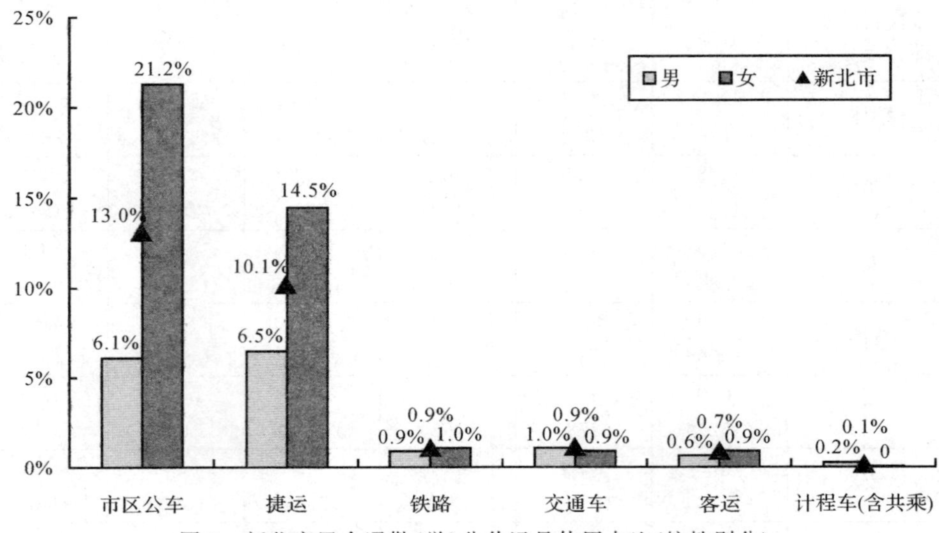

图 5　新北市民众通勤(学)公共运具使用占比(按性别分)

在私人机动运具方面(见图 6)，约 3 成之台北市民众利用机车作为通勤(学)之交通工具，自用小客车则为 13.3%。其中，又以男性使用私人机动运具之比例较女性高，男性的机车使用比率将近 4 成(39.7%)。新北市方面，同样以机车使用比例最高，将近 5 成(46.6%)，其中男性通勤(学)使用机车作为交通工具的占比超过 5 成，而自用小客车亦有 2 成左右，且使用比例皆较女性高。

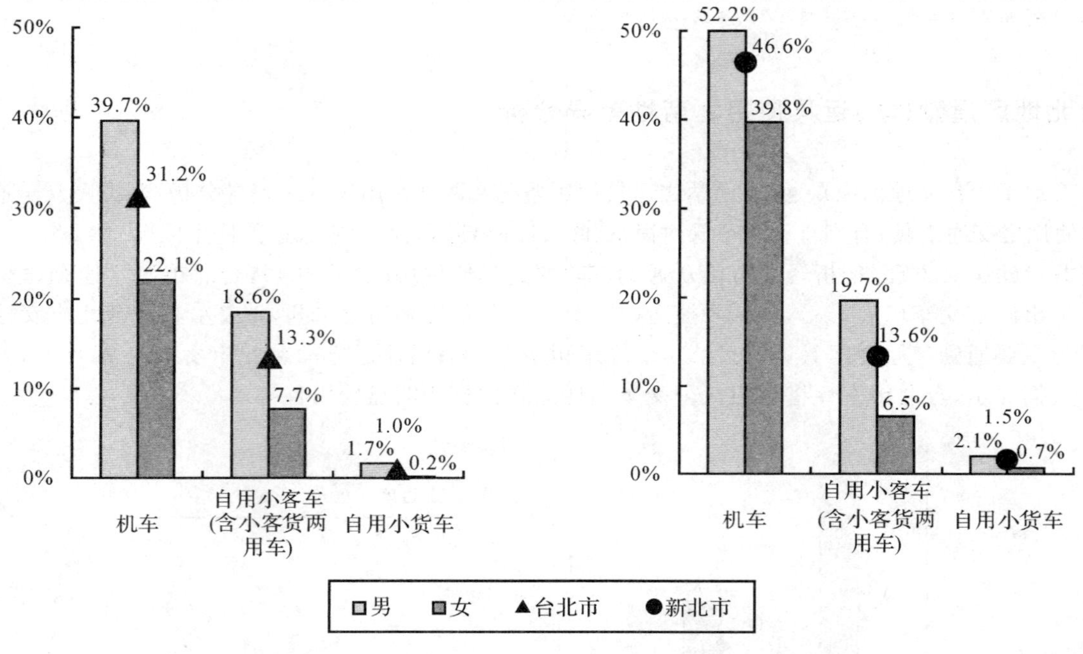

图 6　大台北地区民众通勤(学)私人机动运具使用占比(按性别分)

4　大台北地区外出未搭乘公共运输工具原因之性别分析

为提高公共运输工具市占率，需先了解民众外出不选择公共运输工具之原因(见图 7)，如此才能针对目前公共运输工具无法满足民众需求之部分加以改善，以提高民众之公共运输工具使用率。

从性别角度分析，大台北地区男性半数以上认为骑车或开车较为便利(55.3%)，这是他们不搭乘公共运输工具之主要原因，其次为距离车站太远(21.1%)；但女性除开车或骑车较方便外，约 3 成认为外出之目的地很近，不需要使用交通工具。此亦反映了大台北地区女性民众外出采用步行或骑自行车之比例较高。因许多女性常需外出处理家庭相关事务，如购物、买菜、添购生活用品、缴费等，若距离购物地点或市场较近，多数女性采用步行方式。

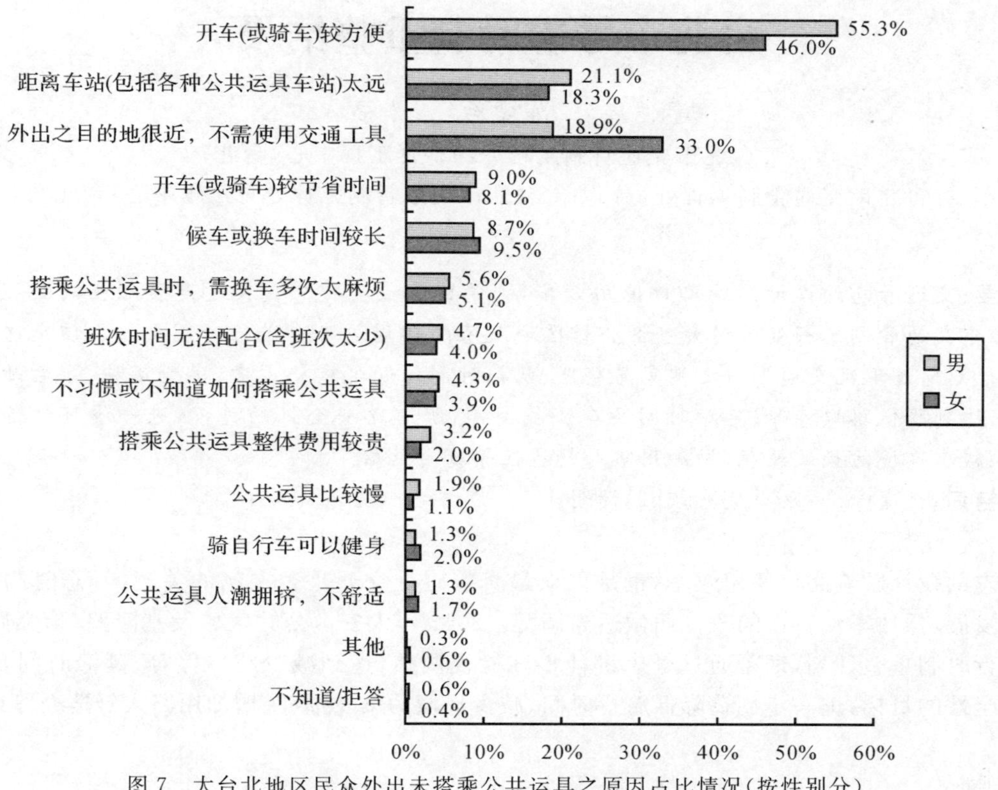

图 7　大台北地区民众外出未搭乘公共运具之原因占比情况(按性别分)

5　结　语

大台北地区民众较其他县市民众在公共运输工具与非机动运具之使用方面比例较高，这有赖于大台北地区之交通较为便利，公共运输工具之系统较完善，交通路网较密集，且当局亦提供许多优惠措施吸引民众使用公共运输工具，民众对于公共运输工具之使用已习以为常。

本研究发现，女性于外出旅次目的除通勤（学）外，购物、家庭及个人活动外出之比例亦高，而男性主要以通勤（学）占多数，休闲次之。从两性旅次目的来看，男性与女性的确有所差异，亦因外出需求不同，反映于运具之选择上，女性对公共运输工具与非机动运具之使用比例皆较男性高，因此在交通运输相关设施方面，应多考虑女性乘客之需求。此外，女性民众外出采用步行之比率亦高，因此在人行道设置上，也应将性别差异纳入考虑因素，如人行道不平整，使得女性利用婴儿手推车带小孩外出时多有不便，抑或是天桥设计不当对女性族群造成困扰等，相关单位在各项设施规划阶段应全盘考虑。

在交通方面，若能针对两性差异提供完善的系统、设施或服务，使得民众外出更便捷，交通环境更友善，并朝节能减碳与环境永续之目标发展，提高绿色运输使用比例，将是未来交通发展之主要目标。

参考文献

[1]交通主管部门统计单位．民众日常使用运具状况调查．2013.

[2]交通主管部门统计单位．2010 年民众日常使用运具状况之性别分析．2011.

[3]台北市交通局．2010 年大台北地区（双北市）15 岁以上居民通勤型态分析．2013.

台北市号志时制重整结果

李佩洋[1]　陈学台[2]　苏福智[3]

（1. 台北市交通管制工程处约聘帮工程中心，台北；
2. 台北市交通管制工程处，台北；3. 台北市交通管制工程处总工程中心，台北）

摘要：交通号志的设计影响路口使用效率，也是民众最直接感受交通是否顺畅的关键。2013年，台北市交通管制工程处针对大安区公馆区域及基隆路周边路口进行时制重整。该交通号志时制重整计划通过现况交通资料之搜集与整理、研拟时制计划之重整方案、实地实施、事后绩效评估等步骤，达到降低路口停等、延滞时间及车流冲突，增加道路安全性的目标，进一步可创造降低旅行时间、减少环境污染及油耗、增加用路人舒适性等社会效益。

关键词：交通号志；路口延滞；时制计划

交通号志的设计影响路口使用效率，也是民众最直接感受交通是否顺畅的关键，号志时制的设计须适应周边建设发展，预估车流特性的改变而做适当调配。2013 年大安区公馆区域及基隆路（信义路—福和桥）周边路口进行时制重整计划，期望通过号志设计整体检视调整，达到减少路口停等、延滞时间及车流冲突、增加道路安全性的目标，进一步创造降低旅行时间、减少环境污染及油耗、增加用路人舒适性等社会效益。

1　计划范围

交通号志时制重整计划以大安区公馆地区周边主要干道为主要范围，包含基隆路（信义路—福和桥）、辛亥路（师大路—芳兰路）、罗斯福路（师大路—基隆路）、汀州路（师大路—基隆路）、师大路（罗斯福路—水源路）、水源快速道路（师大路—福和桥）所包围之区域，如图 1 所示。

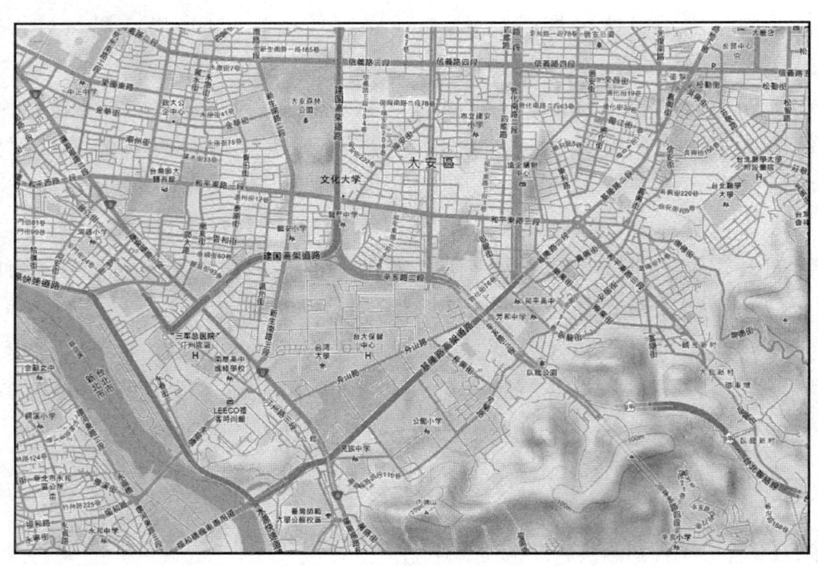

图 1　时制重整范围

2　工作内容与流程

本计划工作流程如图 2 所示。

（1）资料搜集、调查与分析包含现况交通资料搜集与整理，以及各路口交通特性调查。

（2）时制计划重整方案之研拟，指对路口群组之检核及划分、时段之检核与划分、群组周期之检核与调整、群组介接路口之时制检核与调整、时比之检核与调整等项目逐一检视与调整。

(3)实施计划主要涉及以下 3 方面内容。

①实施计划研拟。针对上述所列工作研拟之重整后时制实施计划，研拟内容包含实施时程、实施方式、微调计划及其他配套措施。

②实施作业。包含时制下载(含未通信联机路口之现场控制器设定)、路口观察、时制微调及时制下载后的实施期间旅行速率调查。

③绩效评估。针对重整之所有路口，对重整后时制进行事前、实施期间及事后进行绩效评估，评估指针包含下列项目：现场调查或车辆侦测器测得之事前、实施期间及事后旅行速率(以干道为主)；现场调查及时制优化软件所产生之路口总延滞及其他绩效指标。

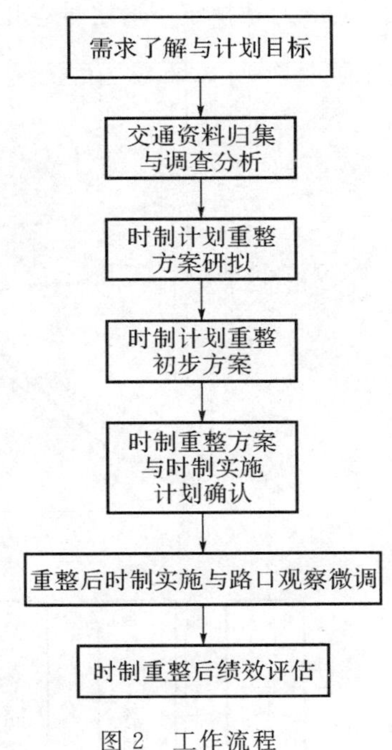

图 2 工作流程

3 资料搜集调查与分析

本计划工作范围之道路系统结构，包含 3 条快速道路(水源快速道路、基隆高架道路与建国高架道路)、13 条主要道路(基隆路、信义路、光复南路、和平东路、辛亥路、敦化南路、新生南路、罗斯福路、汀州路、建国南路、复兴南路、师大路、水源路)、2 条台北市与新北市之重要联络走廊(福和桥、永福桥)等。东西向主要干道包含信义路、和平东路、师大路等；南北向主要干道包含基隆路、光复南路、辛亥路、敦化南路、新生南路、罗斯福路、汀州路、建国南路、复兴南路、水源路等。路网结构如图 3 所示，其道路特性详见表 1。

表 1 计划范围主要道路功能特性

干道名		道路功能特性
东西向干道	信义路	横跨台北市信义区与南港区，向东可衔接福德街，向西可达台北市府城东门等地区
	和平东路	横跨台北市信义区与大安区，向东可联结庄敬隧道，向西衔接和平西路
	师大路	向西衔接水源快速道路，向东衔接和平东路
南北向干道	基隆路	向北衔接南京东路，向南衔接福和桥，是联系台北市内湖区、信义区与新北市永和区之重要道路
	光复南路	捷运黄线行经本路段，向北可衔接光复北路，向南可衔接基隆路，为台北市东区主要南北向道路
	辛亥路	连接台北市中正区、大安区及文山区，向北可达“三军总医院”汀州院区，向南衔接木新路
	敦化南路	向北可衔接敦化北路，向南可衔接基隆路，为台北市东区主要南北向道路之一
	新生南路	捷运新庄线行经本路段，向北可衔接新生北路，向南可衔接罗斯福路，为台北市东区主要南北向道路
	罗斯福路	捷运淡水线行经本路段，向北可衔接中山南路，向南可衔接景美桥往新北市新店区
	汀州路	横跨台北市万华区、中山区及文山区，与罗斯福路平行，向北衔接艋舺大道，向南衔接溪州街
	建国南路	建国高架道路行经本路段，向北衔接建国北路，向南衔接辛亥路，为台北市主要南北向道路之一
	复兴南路	捷运木栅线行经本路段，与建国南路平行向北衔接复兴北路，向南衔接辛亥路，为台北市主要道路
	水源路	全线沿新店溪右岸，北衔接华中桥，南衔接福和桥，为台北市西区主要的南北向道路

4 号志时制重整计划

本计划选择大安区公馆地区之主要路口，进行号志时制重整作业的实施。参考运输研究所建立的号志时制重整标准作业程序 SOP(见图 5)，进行路口群组之检核与划分(划分结果如图 4 所示)、时段划分(划分结果见表 2)，运用台北市交通控制系统所发展之路网模拟平台(含号志优化软件 Synchro 及微观车流仿真软件

Vissim)，于择定干道之号志化路口进行号志时制方案研拟与评估工作。

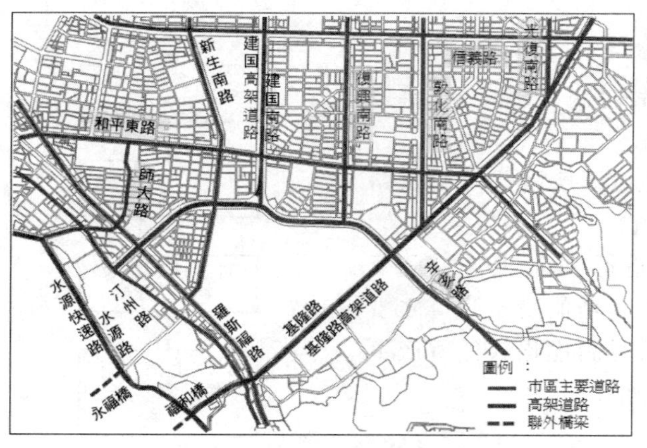

图 3　计划范围道路系统

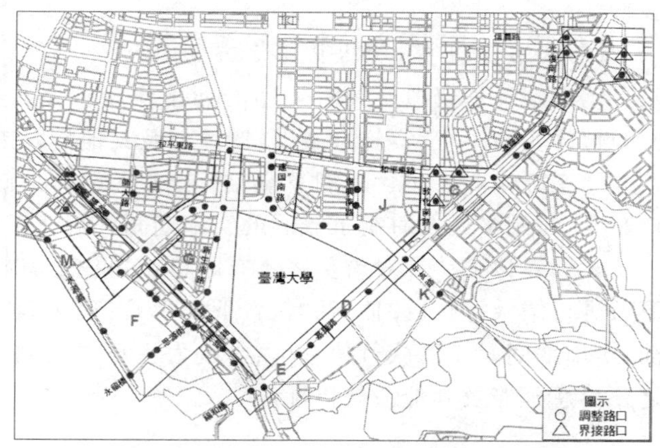

图 4　群组划分结果

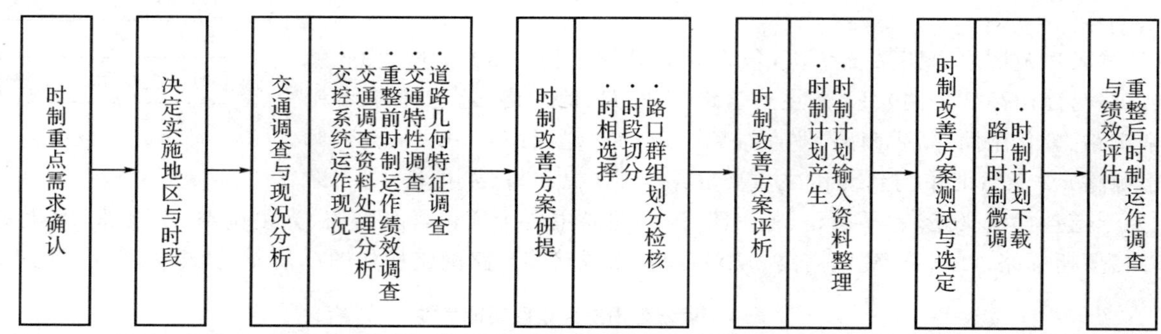

图 5　交通主管部门运输研究所时制重整标准作业程序

表 2　时段划分结果

群组	A	B	C	D	E	F	G	H	I	J	K	L	M
时段划分	0000	0000	0000	0000	0000	0000	0000	0000	0000	0000	0000	0000	0000
	0100	0100	0100	0100	0100	0100	0100	0100	0100	0100	0100	0100	0100
	0500	0500	0500	0500	0500	0500	0500	0500	0500	0500	0500	0500	0500
	0700	0700	0700	0700	0700	0700	0700	0700	0700	0700	0700	0700	0700
	0800	0717	0800	0930	0930	0900	0800	0800	0930	0930	0730	0900	0900
	0930	0800	0900	1300	1200	1200	0900	0900	1300	1300	0830	1300	1300
	1300	0930	0930	1630	1630	1630	1300	1300	1630	1630	0930	1630	1630
	1630	1300	1300	1930	1930	1930	1630	1630	1930	1930	1300	1700	1700
	1800	1557	1630	2200	2200	2200	1930	1930	2000	2200	1630	1900	1900
	1930	1614	1700	2300	2300	2300	2000	2000	2200	2300	1700	2000	2000
	2000	1630	1930				2200	2200	2300		1930	2300	2300
	2200	1730	2200				2300	2300			2200		
	2300	1930	2300								2300		
		2000											
		2100											
		2300											

5　绩效评估

各路段晨、昏峰调整后旅行时间比较见表 3、表 4，延滞时间比较见表 5。

表 3　晨峰平均旅行速率比较　（单位：s）

路名	位置（介于）	往东（南）				往西（北）			
		事前	微调	改善	服务水平	事前	微调	改善	服务水平
基隆路	信义路—和平东路	20.6	27.6	34%	D→C	14.5	24.1	66%	E→C
基隆路	和平东路—长兴街	19.6	19.1	−3%	D→D	14.3	15.2	6%	E→E
基隆路	长兴街—汀州路	35.9	18.3	−49%	A→E	23.1	25.3	10%	D→C
辛亥路	芳兰路—建国南路	23.9	25.4	6%	D→C	18.8	22.1	18%	E→D
辛亥路	建国南路—汀州路	26.9	27.8	3%	C→C	13.2	15.6	18%	F→E
罗斯福路	师大路—基隆路	20.2	28.3	40%	D→C	18.2	25.3	39%	E→C
汀州路	师大路—基隆路	16.6	17.9	8%	E→E	17.2	18.0	5%	E→E
新生南路/思源街	辛亥路—永福桥头路口	24.3	17.2	−29%	C→E	13.1	17.8	36%	F→E
水源路/师大路	罗斯福路—思源街	10.1	23.4	132%	F→D	25.6	28.3	11%	C→C

注：基隆路表述为南北向。

表 4　昏峰平均旅行速率比较　（单位：s）

路名	位置（介于）	往东（南）				往西（北）			
		事前	微调	改善	服务水平	事前	微调	改善	服务水平
基隆路	信义路—和平东路	13.3	20.2	52%	F→D	29.5	21.4	−27%	B→D
基隆路	和平东路—长兴街	16.3	13.9	−15%	E→F	10.0	20.6	106%	F→D
基隆路	长兴街—汀州路	20.6	30.0	46%	D→B	34.0	42.9	26%	B→A
辛亥路	芳兰路—建国南路	17.2	17.9	4%	E→E	13.3	13.6	2%	F→F
辛亥路	建国南路—汀州路	17.2	24.5	42%	E→C	13.3	17.1	29%	F→E
罗斯福路	师大路—基隆路	21.9	24.8	13%	D→C	15.0	27.6	84%	E→C
汀州路	师大路—基隆路	13.0	15.9	22%	F→E	14.9	15.6	5%	E→E
新生南路/思源街	辛亥路—永福桥头路口	14.1	14.4	2%	E→E	14.1	11.6	−18%	E→F
水源路/师大路	罗斯福路—思源街	17.0	24.7	45%	E→C	31.4	21.5	−32%	B→D

注：基隆路表述为南北向。

表 5　时制调整前后各群组延滞绩效比较

群组	晨峰		昏峰	
	现况	优化	现况	优化
A	64.0(E)	60.0(E)	89.0(F)	64.0(E)
B	48.0(D)	40.0(C)	59.0(D)	55.0(D)
C	64.0(E)	55.0(D)	64.0(E)	50.0(D)
E	70.0(E)	62.0(E)	81.0(F)	74.0(E)
F	45.0(D)	43.0(C)	55.0(D)	53.0(D)
G	61.0(E)	59.0(D)	50.0(D)	47.0(D)
H	49.0(D)	46.0(D)	48.0(D)	45.0(D)
I	56.0(D)	48.0(D)	65.0(E)	50.0(D)
J	51.0(D)	44.0(C)	46.0(D)	41.0(C)
K	46.0(D)	44.0(C)	41.0(C)	37.0(C)
L	60.0(E)	56.0(D)	62.0(E)	60.0(D)
整体	56.0(D)	50.0(D)	60.0(D)	49.0(D)

注：灰底为服务水平有升者。

由路段平均旅行速率结果可知服务水平提升路段，晨峰共10段、昏峰共10段。由路口延滞分析结果可知，以路口服务水平来看，有提升路口晨峰共9处、昏峰共11处。调整后各群组延滞绩效皆下降或维持不变。由此可知，时制调整对路口绩效改善而言，每处路口在各时段延滞均下降；对路段绩效而言，尖峰流量较大方向的路段服务水平均提升。

参考文献

[1]台北市交通管制工程处.2013年度台北市智能化号志时制设计及控制管理计划，期末报告[R].2014.
[2]交通主管部门运输研究所.交通号志时制重整计划(Ⅱ)——绩效评估模式建立[R].2007.

新北市路边停车格使用状态实时发布之可行性初探

陈奇正　郑丽淑　郑光汉

(新北市交通局,新北)

摘要:本研究针对新北市路边收费停车场现行收费模式,就建置实时路边停车信息发布系统之可行性,初步分析最佳的政企合作方式。本系统包涵 PDA 数字开单设备、GPRS 网络通信模块及扣款服务器等系统单元。本研究依据新北市各路段停车周转率及无线传输速度,探讨系统基础设施(备)之建置成本;此外亦需考虑各路段停车周转率及无线传输容量,将无线通信技术的服务范围及通信成本纳入营运成本进行分析,并就相关设备之生命周期,初估设备维修养护成本;效益部分探讨停车信息加值再利用之财务收益、附加价值,初建停车信息加值利用之商业模式,据此初步分析本市路边停车格使用状态实时发布系统之可行性,并提出综合建议。

关键词:路边停车数据实时传输;公私部门合作

都市停车管理与都市发展导向息息相关,随着本市蓬勃发展,实时交通信息对于用路人益发重要,其中的实时停车信息对于驾驶人更是不可或缺。新北市公有路边收费停车管理囿于开放空间之特性及缺少可限制民众缴费方式之方法,采用人工巡场开单方式管理,导致缺失路边实时停车信息。

本研究针对路边停车收费主要委托民间业者(通称“委外开单业者”)巡场开单之经营管理现况,配合运用无线通信技术(如 General Packet Radio Service, GPRS)之数字化开单设备(如 Personal Digital Assistant, PDA)发布实时路边停车信息,并通过新北市路边收费停车场分析政企之合作方式。不但可有效降低收费及管理成本、提高停车数据的更新速度、减少错误开单发生率、提高停车周转效率,且通过 PDA 及外接 GPRS 模块所建置之路边停车营运管理后台所汇整之实时路边停车信息(如路边停车剩余格位数)、路边停车延时等停车位信息,配合实时道路交通信息与旅行时间预估技术,可以为用路人提供更可靠、更完整、更准确的动态“及门旅行路线导引”功能。此外,亦可推出智能型手机应用软件,依据车辆所在位置周边区域、行政区或商圈查询收费路段实时停车信息,为驾驶人提供更便利的行中旅行信息查询与行程规划。

整体而言,实时路边停车信息之发布可有效缩短驾驶人绕寻停车位的时间,减少停车负担、避免扰乱道路车流,进而增加道路交通之流量,使都市整体路网发挥最大功能。由此观之,PDA 结合无线通信技术建置实时路边停车信息发布系统,是结合通信、信息与控制技术,达到先进停车管理的整合方法。

1　文献回顾[2,3]

发展无线通信网络平台,大多地区采用全球移动通信(GSM)或整合封包无线电服务技术作为数据传输的接口。因此,所需布建之前端系统将采用蜂巢式细胞概念来建构其通信网络,提供数据传输服务。[4] GSM 与 IS-95 同为行动通信发展中第二代数字系统代表,属于分时多任务存取(TDMA)系统,采用蜂巢式细胞概念来建构其通信系统,提供无线语音与数据服务。蜂巢式细胞概念的主要诉求在于,以多个小功率发射机的基地台取代一个高功率发射机的基地台。GSM 系统中,每一覆盖面积的基地台都配置部分频谱,且邻近基地台所配置的频谱均不相同,以避免同频干扰。而 GPRS 强化了 GSM 的数据传输能力,以“分组交换”取代“电路交换”,大幅提升传输速率,有效运用频谱资源,使更多人加入使用。[7]

蜂巢式移动通信[9]是基于频率重复使用概念之无线移动通信技术,可有效满足移动用户在无有线网络资源之地区产生的通信传输需求。使用无线蜂巢式移动系统时,无法限制信号,以至于虽然于几何图形上有所区别,传输信号间仍会发生相互干扰。因此,必须限制使用相同频率之通话个数。然而就营运的角度

作者简介:陈奇正,科长;郑丽淑,股长;郑光汉,科员。

而言，系统业者希望同频道细胞彼此之间的间隔距离(R)无须太远，使系统涵盖范围内，同一个通信频道能多次重复使用，以服务更多的通信需求，系统架构如图 1 所示，其运作如图 2 所示。

$$D = \sqrt{3N} \times R \tag{1}$$

式中：D 为使用相同频率之频带(一般称为共同频道)的细胞中心点之间的距离；R 为细胞的半径；N 为重复样式的细胞数目。

由式(1)可得知频率重复使用方式[1]，决定使用同频的两个细胞之间要相隔多少个细胞，才能使得这两个细胞不会相互干扰。

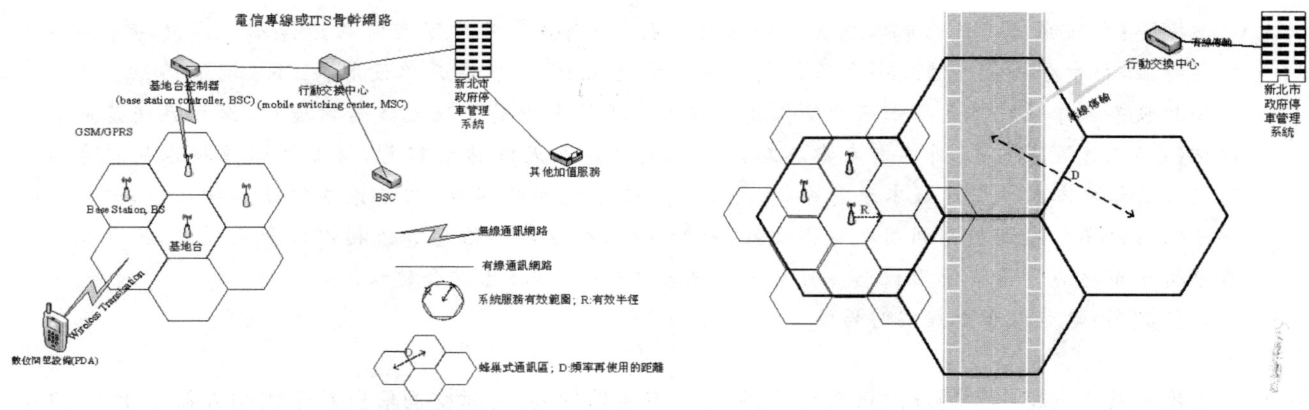

图 1　停车数据实时传输系统架构

图 2　停车数据实时传输运作示意图

2　路边停车数据实时传输模式架构

停车数据实时传输是一个集中无线通信、计算机网络及信息处理等多项先进技术在公路收费综合系统中的应用，它利用数字开单设备(PDA)自动与无线传输基地台间进行信息交换，将停车数据传输到后端的停车管理系统数据库中，进行停车数据汇整处理及发布。

在未来可与高速电子收费系统结合，中心控制计算机则根据电子卷标(e-Tag)中存储的信息识别出道路用户，提高开单效率及降低错误率。而无线通信技术使停车收费系统自动成为一般通信系统的一部分，用路人可以利用多元渠道取得各种通信与信息等服务。

停车数据实时传输系统是通过无线通信技术将停车数据传输到后端停车管理系统数据库中，当开单员完成开单作业，数字开单设备(PDA)将传送开单数据，并由无线通信网络(GPRS/GSM)上传至路侧设施(基地台或信号柱)。路侧设施通过网络通信平台将开单数据传到后端停车管理系统，并可链接金融机构或便利商店进行扣(缴)款作业，待交易完成后，将扣(缴)款成功确认信息传给车主，其运作流程如图 3 所示。

信息与通信平台为停车数据实时传输系统的核心，主要由中心单元、路侧单元、账务单元、通信平台单元与车辆(用户)单元所组成，通过彼此配合提供实时信息传递的服务。中心单元为停车管理系统，负责分析与处理由路侧单元与账务单元所传回的信息。除了土建成本及相关人事费用的支出外，中心单元主要考虑中央处理系统的运作效能及处理容量。通信平台单元由许多提供通信与通信接取网络平台所构成，提供中心单元与路侧单元、车辆(用户)单元之间的传输接口，通过不同的通信技术，将数据传送至各区数据库进行分析与处理。路侧单元负责收集数字开单设备所上传之停车资料。

2.1　模式假设

本研究参考台湾地区内外实时传输的经验，针对停车数据实时传输系统运作提出以下研究假设。

(1)通信模块(GSM/GPRS)主要功能为通过无线传输收送简讯或数据封包，使数字开单设备与后端停车管理系统之间达到通信目的。假设 PDA 运作正常、信息传送准确、GPRS 通信网络收信良好及 GPS 信号误差率低，则数据遗失及数据重复的情形不会发生。

(2)GPRS 无线通信平台效能可能受气候影响，故本研究不考虑气候因素对系统运作的影响。

(3)假设传输环境良好，不用考虑外在因素造成的干扰。行动台与基地台之间的通信会因建筑物、地形

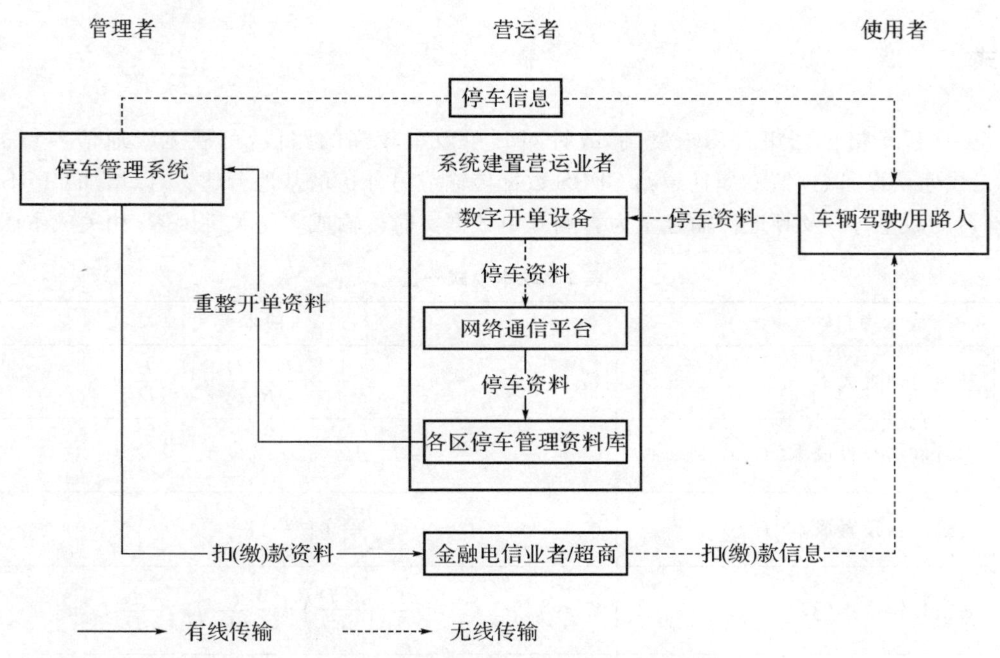

图 3　停车数据实时传输信息流程

及气候的因素而使信号受到干扰，所以必须移动基地台布设的位置，使其信号传输不被阻断。

(4)委外业者的主要收益为来自行政部门委托单位的委办服务费(劳务酬金)。假设系统业者并不针对收集的开单数据进行加值服务，且不与其他相关产业结盟，因此没有任何业外收益，故为固定收益。

2.2　商业模式

合作团队可归纳为机关、通信业者与委外开单业者，机关提供基础设施及跨部门整合，并借由通信业者与委外开单业者彼此合作达到实时传输的目的。而不同的团队组成，其系统金钱流及信息流也会有所差异，进而影响成本的构建。不同经营型式的方案所需的相关支出项目及成本汇整见表 1。

(1)委外开单业者与通信业者合伙。运用既有的网络通信平台视信息传输需求量予以扩建或租用，并依据现有的有线网络覆盖率酌量支付传输网络的租用费用。唯需考虑通信传输基础设施的建置成本。

(2)委外开单业者租用通信服务。经营团队须向通信业者租用相关通信服务，故除通信费用(数据及信息传输)及相关维护费用外，亦需支付信息处理费用，唯租用通信服务无须考虑信息传输带宽是否足够的问题。

(3)委外开单业者建置通信网络平台。在此团队组成型式，经营团队建置电子收费系统专用的网络通信平台，除了经营许可的申请，软硬件建设考虑收费路段的覆盖率及前后端系统传输便捷性，包含有线及无线传输网络、无线传输设备、基地台的布设及相关营运费用。

表 1　不同经营型式之成本比较

团队组成 / 项目	委外开单业者与通信业者合伙	委外开单业者租用通信服务	委外开单业者建置通信网络平台
布设基地台	视停车需求决定数量	×	视停车需求决定数量
布设有线网络	视实际距离的需要扩大	×	视实际距离的需要布建
信息传输速度	视信息传输量决定	×	视实际传输量的需要设置
传输通信成本	×	√	×
信息处理成本	√	√	√
维修养护成本	√	√	√

注：√表示为成本支出项；×表示为成本无须支出。

3 成本模式

新北市都会区停车格位密集且需求度高，故针对开单效率较高的路段，可视无线通信容量的需要，扩增GSM/GPRS无线通信设备、预留专属通道给GPRS数据传输或另外扩增基地台建置，以增加GPRS数据传输的容量。故基地台的数量(N)及频道传输容量为影响开单数据实时传输成本的关键因素，相关成本函数见表2。

表2　成本模式一览

成本项目		成本模式
建置成本	基地台建置成本(C_{bs})	$C_{bs}=nNu_{bs}+nu_{bsc}=\frac{1}{3}\times\frac{L\times D}{R^2}u_{bs}+\frac{L}{D}u_{bsc}$
	有线网络布设成本(C_c)	$C_c=nL_wu_c=\frac{L}{D}L_wu_c$
	传输设备设置成本(C_{an})	$C_{an}=N_{an}u_{an}=3\left(\frac{R^2}{LD}\right)\left(\frac{l_E}{s}\right)u_{an}$
营运成本	通信传输成本(C_t)	$C_t=C_{wl}+C_w=\frac{1}{3}\left(\frac{LD}{R^2}\right)u_r+\frac{l_E}{l}u_{wl}+\frac{L}{D}L_wu_w$
	网络装设成本(C_s)	$C_s=nNu_s=\frac{1}{3}\left(\frac{LD}{R^2}\right)u_s$
	能源消耗成本(C_e)	$C_e=n\times N\times u_e=\frac{1}{3}\left(\frac{LD}{R^2}\right)a+\frac{1}{3}\left(\frac{LD}{R}\right)P_e$
	维修营运成本(C_m)	$C_m=nNu_m+N_{an}u_m^{an}+N_ru_m^{ves}$ $=\frac{1}{3}\frac{LD}{R^2}u_m+3\left(\frac{R^2}{LD}\right)\left(\frac{l_E}{s}\right)u_m^{an}+N_ru_m^{ves}$

4 模式求解与分析

本研究假设费率结构皆为均一费率之情况，探讨3种不同经营团队组成。

4.1 方案求解

就以下3个方案成本函数对频率再使用距离(D)及无线通信有效距离(R)一次偏微分，且令其为0，得极值解(D^*及R^*)，结构见表3。

表3　方案最适解一览

方案	频率再使用距离	有效通信范围
经营团队整合通信业者	$D^*=\sqrt{\frac{\frac{(L\times u_{bsc})^2}{\left(\frac{l_E}{s}\right)\times(u_{an}+u_m^{an})}}{(u_{bs}+u_s+a+u_m)}}$	$R^*=\sqrt{\frac{5}{3}\times\frac{L^2\times u_{bsc}}{\left(\frac{l_E}{s}\right)\times(u_{an}+u_m^{an})}}$
经营团队租用通信服务	$D^*=\sqrt[4]{\frac{3}{4}\times\frac{(L\times L_w\times u_w)^3}{P_e^2\times\left(\frac{l_E}{s}\right)\times(u_{an}+u_m^{an})}}$	$R^*=\sqrt{\frac{L^2\times L_w\times u_w}{6\times\left(\frac{l_E}{s}\right)\times(u_{an}+u_m^{an})}}$
经营团队建置通信平台	$D^*=\sqrt{\frac{30\times\frac{L\times(u_{bsc}+L_w\times u_c)^{\frac{3}{2}}}{\left(\frac{l_E}{s}\right)\times(u_{an}+u_m^{an})^{\frac{1}{2}}}}{P_e^2+(u_{bs}+a+u_{an})}}$	$R^*=\sqrt{\frac{L^2\times(u_{bsc}+L_w\times u_c)}{3\times\left(\frac{l_E}{s}\right)\times(u_{an}+u_m^{an})}}$

(1)通信业者主导经营团队

假设通信业者之有线传输网络布设完善且足以适应系统营运所需之数据传输，经营团队仅需视开单数据传输量(无线通信网络的覆盖率)而决定基地台的建置数量(N)。故其建置成本(C_b)包含基地台建置成本(C_{bs})及传输设备建置成本(C_{an})。营运业者的营运成本(C_o)为网络装设成本(C_s)、营运能源消耗成本(C_e)及维修营运成本(C_m)。

(2)经营团队租用通信服务

假设通信业者既有的网络通信平台符合开单数据实时传输服务的系统技术需求,经营团队无须新增任何硬设备(施),故无建置成本(C_b)。但为维持系统维运妥善率,营运业者需负担系统正常运作所需的相关费用。除了设备养护之修缮费用,亦包含租用有线及无线网络通信平台的费用,故营运成本(C_o)由网络装设成本(C_s)、传输通信成本(C_t)及维修营运成本(C_m)所构成。

(3)经营团队建置通信平台

基于数据所有权及信息加值再利用的考虑,经营团队建构专属于实时传输服务系统的通信网络平台,故其建置成本(C_b)由基地台建置成本(C_{bs})、有线传输网络建置成本(C_c)及传输设备建置成本(C_{an})组成。

为维持系统维运妥善率,营运业者则须负担系统正常运作所需的相关费用。除了设备养护之修缮费用,亦包含租用有线及无线网络通信平台的费用,营运成本(C_o)仅为维修营运成本(C_m)。

4.2 数值分析

本研究参考多地通信业者建置网络通信平台所需相关兴建成本及营运成本项目的金额作为优化分析的根据,并分别就 3 个可行方案之成本项目进行分析。

(1)方案优化结果

通过基本数值的假设及对各方案的分析,带入各方案最适解,即可得到各方案于 2014 年 4 月开单时数 7030712 格/半小时下各方案优化结果(见表 4)。

表 4 各方案优化结果

优化项目 / 方案	最适频率再使用距离(D^*)	最适无线通信有效距离(R^*)	最适基地台数量(N^*)	最适蜂巢式通信区数量(n^*)	最适无线通信设施数量(N_{an})
1.通信业者主导经营团队	11.10	2.46	7	3	1
2.经营团队租用通信服务	4.22	1.19	4	7	1
3.经营团队建置通信平台	11.91	2.9	6	3	1

由表 4 分析结果发现,3 个方案每个通信区的基地台最佳数量相近。其中,方案 2 的基地台最佳数量(N^*)虽较方案 1 及方案 3 少,但其蜂巢式通信区(基地台控制器)(n^*)数量则为最多,故最佳基地台建置总数量以方案 2 最多,方案 1 次之,方案 3 最少。

(2)方案成本组成比例

由图 4 可看出,各方案的营运成本占总成本之比例皆大于建置成本,方案 2 营运成本的比例更高达 99.98%,因此,停车数据实时传输服务的型式若能有效降低营运成本,对于节省支出的总成本会有明显的帮助。

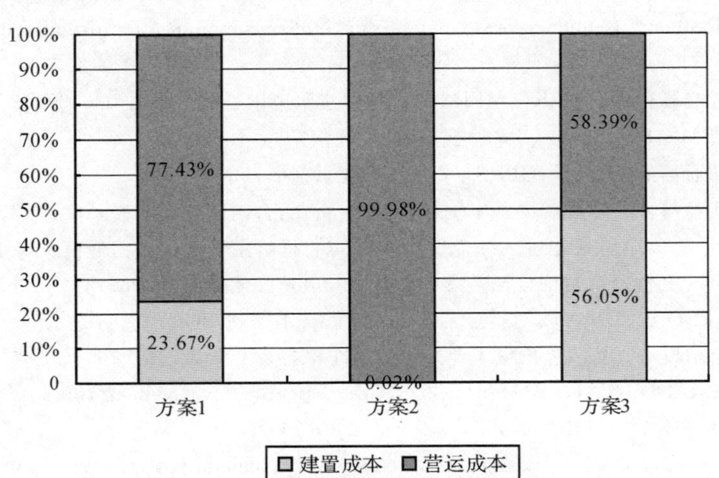

图 4 各方案总成本组成占比

(3)变动对经营成本之影响

当每月开单时数 1509 万～1709 万小时/月，方案 2 的有效传输成本增加致使其总成本上升，故方案 1 的总成本低于方案 2；当每月开单时数高于 1909 万小时/月，方案 1 的基地台总建置数量高于方案 2，方案 3 与基地台相关的建置费用、检修支出与维运成本均较高(见图 5)。

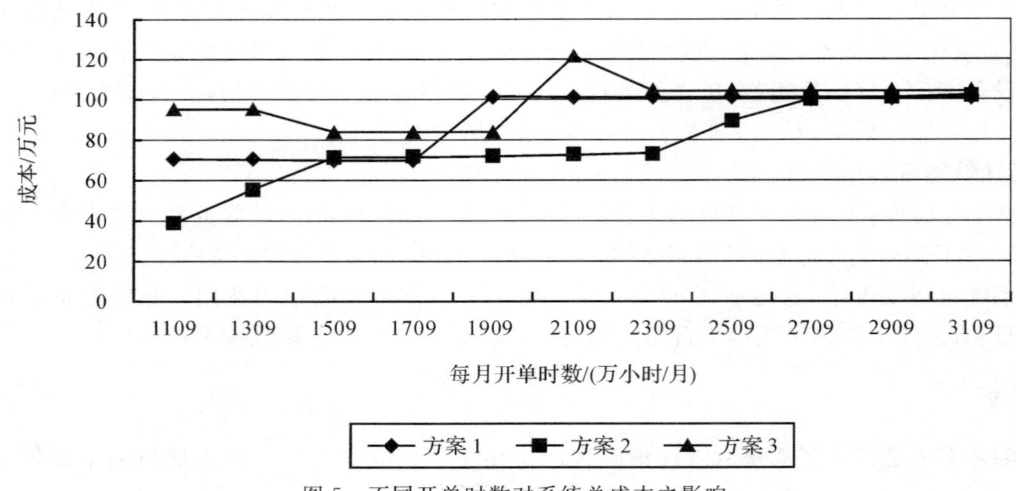

图 5　不同开单时数对系统总成本之影响

5　结论与建议

针对上述研究成果加以分析汇总后，研拟出具体结论。同时，根据研究过程中所获得之经验与心得，分别针对政策应用面及未来研究课题提出具体建议，以供后续实时传输系统规划、营运与研究之参考。

(1)由 3 个方案之成本项目比较分析得知，营运成本所占比例平均大于总成本 70%以上，因此经营团队组成型式若能有效降低营运成本，则对于总成本之节省将有较显著之帮助。

(2)在探讨开单时数变动对成本之影响分析中，开单时数低于 1509 万小时/月，委外开单业者租用通信服务(方案 2)所需经营成本最低；当开单时数 1509 万～1709 万小时/月，委外开单业者与通信业者合伙(方案 1)为最佳；当开单时数高于 1909 万小时/月，委外开单业者租用通信服务(方案 2)为最佳的经营型式。

(3)根据研究结果得知，经营团队包含通信业者之组成形式，对于建置成本及营运成本节省效益在大部分情况下具有绝对之优势。因此，布设无线通信网之设备虽增加建置成本，但获得营运成本节省之效益相当显著。

参考文献

[1]BOSE R, KUMAR A. Reducing frequency reuse distance in cellular communication using trellis coded modulation[J]. IEE Pro-Commun. ,2001,148(3).

[2]何志宏. 智能型车路系统之可行性研究[R]. 财团法人台湾营建研究中心研究报告 033,2003.

[3]郑瑞光. GSM 数据服务 SMS、HSCSD 与 GPRS 之应用[J]. 通信杂志，1999:66.

[4]何瑞光. 迈向第三代行动通信的关键——GPRS[J]. 通信杂志，2000:79.

[5]王明德，邱必洙，等. 民间参与公共建设省内外案例分析[M]. 新北：台湾营建研究院，2003.

[6]林逢庆，等. M 台湾计划——宽带管道建置之综合规划报告[R]. 行政主管部门台湾通信发展小组，2005.

[7]柯承志. GPRS/3G/WLAN 之整合系与信号涵盖率的估算[J]. 电信技术季刊，2005.

[8]谢群相. GPRS/GSM 与 FDD-WCDMA 联网整合系统[J]. 电信技术季刊，2005.

[9]柯嘉城. 车辆资通系统应用发展趋势[J]. 机械工业杂志智慧车辆技术专辑，2006:11.

[10] SZEKELY T, NASSEREDDINE J, WASHINGTON J. Effective management of a public-private partnership for infrastructure: A case study[C]//TRB 2007 Annual Meeting, 2007.

[11]SASANKA R, BARDBAN D, DAS S. Base station placement on boundary of a convex polygon[J]. Journal of Parallel and Distributed Computing, 2007.

附件 1　系统参数设定

符号	定义	符号	定义
n	蜂巢式通信区数量	u_{wl}	无线传输单位成本
N	基地台单一通信区建置数量	u_{an}	无线传输设备单位建置费用
N_{an}	传输设备建置数量	u_e	能源支出单位成本
N_r	出口匝道数	u_m	单位维运成本
D	频率再使用距离	u_m^{an}	传输设备维修费用
R	基地台通信有效距离	u_m^{ves}	监视系统单位维修费用
L	研究范围长度	l	无线通信计价单位容量
V	车流量	l_i	影像信息传输容量
L_w	有线网络布设距离	l_m	文字信息传输容量
u_{bs}	基地台单位建置成本	l_E	信息传输总容量
u_{bsc}	基地台控制器单位建置成本	s	信息传输速度
u_c	有线网络单位建置成本	a	固定能源成本
u_s	网络安装检测单位费用	P_e	变动能源成本
u_w	有线网络单位租借费用		

新北市路外公共停车场委托案推动成果初探

叶任伟

（新北市交通局，新北）

摘要：台湾地区于1985年起，开始大幅放宽汽车相关管制（如降低汽车关税及台产化率等），虽车辆持有数大幅增加，唯"盖一栋房子比组一台车慢"，陆续衍生停车供给不足问题。"行政投资为先，民众投资为主"，如交通主管部门补助地方兴建示范停车场计划、台湾—乡镇—停车场计划、建筑技术规则—建筑物奖励停车位、停车场法—临时路外停车场等，以增加停车位及停车场营运（公有公营、公有民营、民有民营）。

关键词：路外公共停车场；管理；招商法规

新北市交通局（以下简称"交通局"）管理路外公共停车场（以下简称"停车场"）经验可追溯至1999年，至2014年4月底，已执行逾60次价高者得标，逾100次最有利标之招商经验，除累积最适费率、合理营运支出、合理委外权利金等参数，亦不断修正招商程序、契约内容及履约管理等事项，始有现在之成果，因篇幅有限，本文不做招商法规依据之优劣分析。

1　一般停车场管理

1.1　导禁兼施

为避免整体停车需求随整体停车供给增加而增加，交通局常利用鲸吞蚕食原则，逐步执行路边停车减量，即"路外为主，路边为辅"，降低影响车行、人行交通顺畅之路边停车，间接抑制私有车辆使用。

1.2　停车场停车率提升

（1）月租采用不固定车位

月租车辆驶离后，车位可供临时停车，不仅提高资产整体使用效能，还能提高停车收入。

（2）停车场永远是附属事业，停车需求难以转移性

成长期：在无减少邻近地区停车供给及增加建筑开发量情况下，一般月租3～6个月（涉及原停车地点月租终止），临时停车6～12个月（涉及民俗节庆、百货周年庆、球季等季节性活动），始进入营运稳定周期。

小型停车场：停车场规模越小，尖峰停车率越易近似水平线之满载。以"淡水三民汽车停车场"（小型车58位）为例，虽假日每小时50元（月租10000元，促使无月租；本文中"元"均指新台币），自2009年2月启用至今，逢例假日尖峰必满载。

大型停车场：越大者越近似双曲线（含停车率及营业收入）。以"台北大学运动场地下停车场"（小型车975位）为例，虽临时停车每小时10元（月租1200元），交通局亦主动办理10余次路边汽车停车减量之交通改善会勘，开放近3年始出现满载（见图1）。

（3）路边停车减量

①启动。除非像板桥车站特定区在其都市计划书内已载明板桥车站特定区内禁止路边停车，或近期机关为避免后续困扰，于芦洲南港子等整体开发区，在新辟道路开放前，即实施禁停或路边停车收费等措施，否则要落实路边停车净空，常难以一蹴而就。

依经验，停车场在停车率成长期较易执行路边停车减量，故交通局现多于新辟路外停车场启用前后，执

作者简介：叶任伟，新北市交通局简任技正。

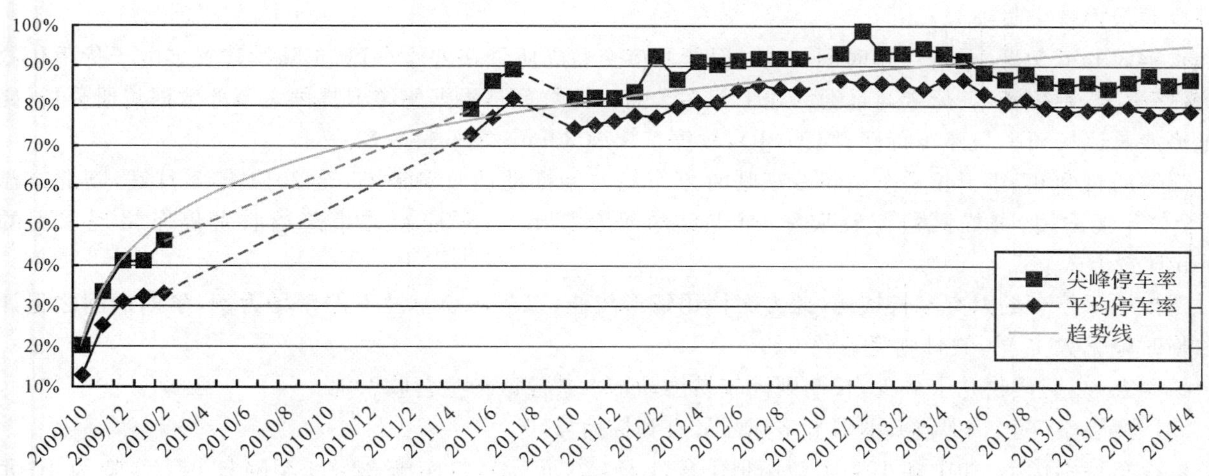

图 1 台北大学运动场地下停车场停车率

行第一次路边停车减量。

②会勘间隔。根据交通局经验，就 200～300 格小型车停车位之路外停车场，每 3 个月检讨一次路边停车秩序，一般需 1～2 年始有阶段性成果(975 格之台北大学运动场地下停车场执行约 3 年，760 格之秀朗小学运动场地下停车场则执行约 4 年，见图 2)，但仅能完成减少路边汽车停车，难以减少路边机车停车(常通过汽车格改机车格增加路外停车场收入)，路段全面禁停案例则相对较少(除非配合车道数增加或巷道净空)。

替代道路指引牌面
台北大学运动场地下停车场
停车场指引牌面
清除路障
私人停车场停业

划设禁停红线
路边汽车改设机车停车格

图 2 台北大学运动场地下停车场周边交通改善范围

1.3 效 果

基于停车收入成长曲线特性，停车场启用初期委托民间契约时间多不长(一般为 2 年)。适时路边停车整顿后，营运厂商因非预期营收增加，相对配合度较高，并且契约到期后无展延条款采用重新招商，故受书面质疑“图利他人”之案例并不常见，亦无衍生政风事件。

民有民营或 BOT 案件(如板桥正隆公园地下停车场采用 50 年契约)，交通整顿后，营运厂商收益增加将随营运时程放大，为避免遭质疑，交通局就此类交通改善之主动性，反持保守态度。

交通局现虽经管 180 余处停车场，但各停车场仍有难以复制之特殊性，执行路边停车减量后，停车率及营收实难有定量(含时间与金额)之差异分析。

1.4 费 率

(1)跌易涨难

停车场：其营运目的是吸收路边停车、降低交通拥塞(服务为主)，以收费代替管理增加停车转换率(收益为辅)，故初期为提高停车率常采用低停车费措施，满载先采取抽签(实务经验浪费行政资源，委外厂商多不愿意办，不如直接提高停车费)；又为兼顾民意，月租比例越高之停车场，越不易提高费率。

建筑物附设停车空间：停车(服务为辅)后之消费(收益为主)，采用高停车费率及消费抵停车费以筛选停车，费率会随消费场所特性而变更。

(2)优惠费率

①交通局策略(偏整体性)

新北市公有路外停车场费率折扣方案：为刺激共构停车场(含运动场下)上员工及周边居民停车意愿、促使路边停车减量作业顺利进行、降低车道出入口前住户抗议等，2000 年采用此方案(此为全市一致，为避免困扰并未再就个案细分)。

未满 30min 免费:平均停车时间 2.5h,因新北市交通局所管路外停车场,正陆续建置多电子货币包收费系统(悠游卡、台智卡、高捷卡与远通 e 通卡等多卡通),此数额是根据悠游卡提供之事务数据清册分析(路边停车格涉及巡场频率与停车特性,约 1.8h),故停车未满 30min 之车辆不多。

交通局自 2007 年于板桥车站特专三临时停车场开始推动此收费策略,至 2014 年 4 月底,新北市已有 212 个停车场适用,可提高停车转换率、降低路边停车需求,并呼应新北市路边收费停车格现采用的每 30min 计费方式。

学校地下停车场因有家长接送,此方案使用情形较佳,以芦洲小学地下停车场为例,学期期间之上课日约占临时停车数 17%,假日则降为约 6%。

经调查,短期营收并未减少,长期则因较易推动扩大禁停区衍生营收增加。

②厂商策略(随个案调整,不因价格标与最有利标而异)

隔夜车特别优惠:如中和小学运动场地下停车场(20 元/h),曾实施 22:00 至隔日 08:00 降为 10 元/h(现因夜间停车率过高已取消)。此项优惠对出租车较具吸引力(长时间工作后,回家休息)。

一定时间内收费上限小时:以三重区正义小学地下停车场(20 元/h)为例,该停车场停车未满 12h,费率上限为 100 元,即 5~12h 统一收费 100 元。此优惠在住商混合区周边停车场较具效果。

设一天费率上限:如板桥市民广场地下停车场采当日上限 150 元,此项优惠适用停车场位于转乘、老旧住宅区(子女在假日开车回家省亲)。

共构停车场上班时段特别优惠:如秀朗小学运动场、正义小学、永福小学、头前中学、中和小学运动场等提供学校及邻近机关学校上班时段日间月租优惠。上班时段对小区停车需求为离峰,机关学校需求为尖峰(约需 50 辆),此时段厂商若能提供特别优惠,可促使校园地面层禁止车辆进入,增加停车场其他收入。

信用卡优惠:此优惠应用于大型停车场经营业经管之停车场,此优惠时段之拆账不易稽查(发票地址)。

2 委托营运经验累积

(1)懵懂期(约 1999—2001 年)

上级机关补助前台北县之示范公共停车场自 1993 年起陆续开放,因当时停车用地几乎都为乡(镇、市)有土地,故当时台北县停车场权责单位(建设局公用事业管理课)并未实际介入停车场管理。1999 年,因福和中学运动场地下停车场(为学校用地,故由市府营运)面临启用,因其他单位所属停车场因公办公营,出现营运绩效欠佳,当时行政负责人决定采取委外营运管理。

当时招商契约可供参考的范例不多,价高者得标,对厂商仅有按时交权利金及收费不得超过契约的要求,当时契约期限为 2 年。

(2)资料收集期(约 2001—2004 年)

为利于停车场周边交通改善、重新招商之底价制定,新办契约纳入开场免费试停、停车率调查表回报、营运月报表回报等基本数据,前台北县内部就路外停车场委托营运是否适用促进民间参与公共建设相关法规(即采用最有标招商,以下简称“促参法规”)进行辩证。

此阶段停车场服务质量逐渐低落,常遭民众诟病。

(3)稳定期(约 2005—2006 年)

价高者得标停车场常见服务质量低现象(如不开灯、脏乱、闷热等),近 1/7 招商失败(含拒绝签约及中途恶性解约),修正招商文件仍难以改善以上情况。按照促参法规进行招商分类,部分采用价格标(非适用促参法规),其余采用最有利标(适用促参法规)方式修正招商程序,招商失败率大幅降低。

此阶段,交通局才通过经营企划书了解营运厂商过去不愿分享的评估模式,同时新增现场招商说明会、各案皆成立 13 名委员之甄审委员会、1.15 倍预估收入始分配经营权利金、厂商定期提报营业人销售额与税额申报书(以下简称“401 申报书”)、专人执行现场服务质量查核、招商文件制成范本上网分享等机制。

(4)引入 ROT 期(约 2006—2007 年)

招商前先行委托项目管理(PCM)做硬件缺失调查,然后纳入招商契约,并由营运厂商负责修缮并保固至契约终止。此项措施除可减少行政成本,并可避免兴办时之浪费(此时已有厂商自主引进全场装置 LED

灯具,可减少相关行政单位兴办时规格绑标之困扰)。

厂商提出停车未满 30min 免费之概念,交通局将其纳入后续招商要求。

(5)艺术期(约 2008—2009 年)

营运厂商自主将环境纳入艺术人文素质(彩绘壁画、绿美化、厕所重置等),使服务质量大幅提高。

(6)新北市升格阵痛期(约 2010—2012 年)

新北市升格(2010 年 12 月 25 日)前,交通局仅经管约 30 处停车场,原乡(镇、市)公所经管约 150 处停车场(内含平面、机械、立体、公办公营、公办民营等)。并且原乡(镇、市)公所不属于促参法规主办单位,衍生交通局原有与计划接收之停车场服务质量差异过大,交通局虽阶段性接管(见图 3),但仍造成部分原公所业者因无能力提报营运企划书而恐慌,检举及陈情事件不断发生。

此阶段交通局新增定期办理扩大招商说明会、厂商管理会议、厂商间经验分享等偏联系厂商高阶人员机制,以提高整体从业人员素质。

(7)蓝海期(2013 年至今)

至 2014 年 4 月底,只经管停车场增加至 180 余处,累计超过 103 次最有利标招商经验,使新北市停车场管理质量领先全台湾地区,其他市(县)不仅到新北市观摩停车场,亦开始尝试最有利标招商,不仅可将全台湾地区停车场经营业素质提升,还可减少过去业者对最有利标使部分业者无法生存的质疑。

新北市对内建立(交通局—停车场间)管理系统信息化远程查询及回传(现场装置车牌辨识系统、401 申报书、实时停车位、实时影像、缺失改善等,见图 4),降低交通局—业者间人工通信往返成本。

图 3　交通局接管停车场前后(中和区民享公园)

图 4　实时车位查询系统页面

3　不同招商方式差异分析

为求简化,就招商起始至结束之生命周期,谨以表格方式分析不同招商制度(见表 1)。

表 1　不同招商制度利弊分析

项次	内容	价格标	最有利标
1	机关准备程序	快	慢
		约 2 个月	(1)约 6 个月 (2)若需办理指定修缮之 ROT,因需请 PCM 勘查现场,故延长至 9 个月
2	厂商备标成本	低	高
		(1)免营运企划书 (2)投标期限多于上午 09:30 后(未得标者之押标金可当天质借、当天退还)	(1)经营企划书(部分厂商无能力编写) (2)未得标者押标金自投标日至,至退还日约需 14 天
3	契约完整性	差	佳
		不易事先查核契约缺陷	通过历次公告前甄审委员会建议,可不断补强契约缺陷,其效果远优于一次请顾问公司撰写招商文件
4	投标厂商数	多	少
		约 7.3 家(至 2014 年 4 月底)	约 2.9 家(至 2014 年 4 月底)

续表

项次	内容	价格标	最有利标
5	开标时间	短	长
		约 30min	(1)须于截止收件通知委员召开甄审会 (2)综合甄审约需(1+0.5×厂商数)小时
6	流标后	底价降低作业容易	底价降低作业复杂
		因平均投标厂商数多,且标价不合理过高时,难有不决标机制,衍生底价如同仅供参考之窘境	(1)底价修正太低易造成图利之议,投标厂商数过多易使甄审会过于冗长 (2)为节省市场调查作业,过去常采用:原底价×0.8
7	议约	形式	复杂
		仅能确认误缮之文字	包含公告文件、申请企划书、甄审会中承诺事项
8	履约查核	少	多
		查核时常因双方见解不同而发生争议,难以提升服务水平	已有议约程序,减少歧见,故争议不大,可提升服务水平
9	履约争议	多	少
		期初用设备缺失、期中期末移转皆有机会而发生争议	虽有因无完整议约程序而产生诉讼及仲裁争议,但仍不属恶性违约
10	资料回馈	少	多
		(1)仅 401 表较真实——若厂商胡乱填报则移请税务主管部门查核 (2)仅 6—9 时及 15—20 时之停车率调查表,厂商常填报不实	营运企划书内,即可获取各种不同缺失之改善方案(如未满 30min 免费、厕所整修、彩绘、灯具改善等)
11	定额权利金	高	低
		厂商投资成本过低,又在契约难以界定下,衍生当局设备改善费用过高及效率差	厂商出资改善设备,当局总收益常不低于价格标
12	营运权利金	无	有
		财务查核	(1)现有契约范本为(预估年收入×1.15) (2)厂商须请会计师结算
13	质量保证	差	佳
		停车场经营业非特许行业,故常有一案公司(逃漏税后倒闭)	(1)为维护公司信誉,不易恶性违约 (2)适度同行相忌可有效维持及提升服务质量,间接降低稽查成本
14	期末返还	争议大	争议小
		常因契约不完整造成争议甚至诉讼	因履约前办理 PCM 调查、营运企划书、评审、议约等确认程序,可减少争议

4 后续计划

(1)交通局现虽已具备停车场委外案件能力(财务预估、时程掌握、履约查核、妥善返还等),但现有招商资料仍有不足之处:①仍不足以对"契约长短—权利金"做定量分析;②停车场生命周期内之项目修缮(含服务水平、时机、摊提、对营收之影响等),仍不足以做定量分析;③新北市升格(2010 年 12 月 25 日)后,始接管原公所管理停车场(含公办公营与公办民营),并逐步改为全面性公办民营,故现阶段仅能提供公办公营与公办民营差异之定性分析,需再搜集资料始能定量分析。

(2)交通局配合新北市升格所接管停车场,多数软硬件不甚理想,需再办理项目改善,衍生反映于权利金收入下降,预估2017年后始上升。

(3)最有利标案停车场服务质量明显高于价格标案,但现最有利标案之营运厂商有寡占之现象,故为提升整停车场经营业之服务水平,交通局除持续办理营运经验分享,对于适用最有利标案尚未考虑缩小停车场规模。

(4)交通局现停车场招商已采用标准化作业(详见交通局网站之文件下载),部分已可委外作业(如委托PCM办理缺失调查及改善费用,及施工查验)。为节省人力,2015年将推动签办文件内财务分析(含月租数量、临停收入、建物现值、保险费、人事费、电费、水费、权利金等)委托案。

5 招商建议

5.1 无招商经验且案件单纯,建议先采用价格标

(1)虽服务质量会逐年下降,但在标案权利金下降前(约为开场后5~7年)收集营运数据,含营收、支出、难以处理之缺失。

(2)权利金常数倍于底价,但几乎没有不予决标机制,部分单位提高押标金:宁愿厂商抛弃押标金而不参与签约,也不愿意签约后恶性违约。

(3)减少权利金期数:如半年缴、年缴或一次缴等,避免厂商无预警解约。

(4)提高履约保证金:避免设备返还妥善率欠佳。

(5)无经营权利金机制:营业额抽成式的经营权利金架构应在完整财务查核下,否则易落入"图利他人"境地。

5.2 无招商经验而案件复杂,委托顾问团队协助设计招商契约采用最有利标

(1)顾问团队可协助搜集资料(收支归属、税务归属等)、草拟招商契约(法律)及协助履约(工程查核)等,降低作业单位行政成本。

(2)因招商程序及营运服务常非顾问团队之专长,单位内部仍须建立招商后之查核制度(现场查核、报表提报、权利金、财务查核等)。

5.3 有招商经验之机关,宜提高最利标比例,并修正过去契约缺陷

(1)可先避免厂商恶性竞争,确保服务品质。

(2)需准备精确数据(底价及公开之信息),以避免流标或过多厂商投标(交通局招商经验最高纪录8家),依经验,3家投标最佳(厂商可彼此竞争,且综合甄审约2.5h,不致冗长)。

(3)以250~300格小汽车位高密度住宅区停车场(稳定停车收入)为例,常先以总收入×0.65粗估权利金(若为100位则系数降至0.3,若有项目修缮则不适用此概估值),此经验值常运用于停车场建置案可行性评估及查核招商文件。

(4)通过各招商契约期初改善停车收入不至下降,甚至提高费率,可维持停车费权利金收入。

缓解杭州交通拥堵的新思路

——关于开挖西湖隧道，构建主城区“田”字形高架环线的建议

王力武

(杭州市老科技工作者协会，浙江杭州 310003)

摘要：本文分析了杭州城市布局与主导交通流的特征，提出了缓解杭州交通拥堵的思路，认为应开挖西湖隧道，尽快建成杭州主城区“田”字形高架环线，开辟城西至城东第二条高架环线，提出的城市路网建设建议对相关部门有参考价值。

关键词：城市交通；交通拥堵；缓堵思路

1 杭州的城市布局与主导交通流

杭州的主城区位于钱塘江以北，随着杭州城市发展，至今已形成了湖滨、武林、庆春地区的城市中心区，集中了省市党政机关、省市级大医院、大型商场、交通枢纽及大型娱乐场所。20 世纪 80 年代，房地产行业兴起，在城西区块及拱宸、三墩的城西北区块集中成片开发并建成了成百个居住楼盘及浙江大学新校区，成为杭州主要的集中居住区。城市中心区在西湖及宝石诸山的东面，而集中居住区在西湖与宝石诸山的西北面。这样，杭州的城市布局形成了四方缺一角的局面，给城市交通的发展带来了很大的难度。

杭州目前的主导交通车流与人流就是城西与城西北地区数十万居民要进入城市中心区或在武林地区转乘，这个主导交通流导致杭州交通的拥堵。

堵在什么地方？堵在城市中心区及城市中心区通往城西和城西北地区的连接道路上。贯穿城市中心区的上塘—中河高架，也因地面道路堵塞，车子从高架上下不来，造成了高架路堵塞。

据最新统计资料，杭州市主城区机动车保有量已突破 100 万辆，平均 3 人 1 辆私家车，在全国排第 1 位。城西及城西北的西湖、拱宸两区，人口为 137.19 万人，由于很大一部分居民居住在商品楼盘中，居民相对较为年轻，经济能力较强，楼盘区车辆户均率能达到 0.88～0.9，故两区户均率将达 0.78 左右。两区汽车保有量将达到 36 万辆左右，由此产生的交通流量十分大。

2 缓解杭州交通拥堵的思路

为了缓解城市交通拥堵，一般需要从限制行驶车辆数量、加快发展城市路网建设、加强交通控制与疏导 3 个方面采取措施。南京、上海、广州、香港等城市给我们提供了不少成功的经验。

根据对杭州交通拥堵问题的分析，并参考上述城市成功的经验，本文就发展城市路网建设方面谈一些看法及思路。

(1)解决城市交通拥堵，应首先解决主城区，再解决外围地区。因为主城区拥堵，外围地区即使通畅，车辆进入主城区时仍会堵塞。

(2)必须根据城市主导交通流来实施城市路网建设，哪里堵就在哪里采取措施。杭州的路网建设要重点解决城西及城西北居民出行问题。

(3)必须尽快建成主城区的环状地铁网，然后再向外扩展，这是缓解城市交通拥堵最有效的措施。地铁网连接集中居住区与城市中心区功能单位与交通枢纽，把交通人流通畅送达目的地。由于地铁快捷、环保、便宜，更能促使部分车主放弃开车，转为采用地铁出行，进一步减少交通车流。

(4)必须尽快建成主城区的“田”字形高架环线。它连接城市中心区与集中居住区，可使主导交通流的车辆通畅地到达目的区块。在南京，为建设城市高架环线，在玄武湖湖底修建了两条湖底隧道；在上海，在中心区环线外再建了 3 条高架环线。对于杭州，必须解决因西湖而造成的交通缺角问题。在主城区环线建

成后再向外围发展。

(5)高架环线也可由高架线及地面立交组成。为节省投资,与次干道相交的地面立交可只设右转弯出口,左转弯在次干道上通过掉头来实现。必须保证主干道上一路畅通无红绿灯,次干道上允许局部的拥堵。

(6)交通车流由"田"字形高架环线来解决,交通人流由公交及地铁来解决。

3 对城市路网建设的建议

根据以上思路,结合杭州布局及拥堵主导交通流,对城市路网建设特提出以下建议。

(1)尽快建成杭州主城区"田"字形高架环线

兴建西湖隧道。在西湖湖底开挖隧道,东端连接西湖大道高架,隧道在西湖湖底向北转90°,穿过西湖、宝石山及黄龙体育中心向北,与学院路高架相接。隧道全长约5.4km。

兴建西湖大道高架。其西端与西湖隧道相接,东端穿过铁路与秋石高架相连,其中部与上塘—中河高架形成立体交叉。

兴建学院路高架。其南端与西湖隧道及天目—艮山高架相接,其北端与德胜高架相接。该高架向北可延伸至汽车北站及三墩镇。

加快"三纵、五横"工程中主城区线路建设。贯通德胜高架并往西延伸至蒋村,贯通天目—艮山高架。其西端可地面立交延伸至汽车西站及西溪,贯通秋石高架。其北端延伸至半山,其南端与西兴大桥相接,并延伸至汽车南站。

这样,由德胜高架、学院路高架、西湖隧道、西湖大道高架及秋石高架形成了一个主城区高架环线,加上上塘—中河高架及天目—艮山高架,组成了高架环线中十字交叉线,真正形成了杭州主城区"田"字形高架环线。

(2)贯通原有隧道,开辟城西至城东第二条高架环线

在已建成的灵溪隧道、吉庆山隧道、五老峰隧道、九曜山隧道及万松岭隧道的相邻两隧道之间采用高架或地面立交连接,使之成为城西至城东地区的第二条高架环线。其东段与上塘—中河高架及秋石高架相连,北端与天目—艮山高架相连,并地面立交延伸至浙江大学。

这样,通过"田"字形高架环线及五隧道高架环线,可以有效地疏通杭州主导交通车流,达到缓解杭州交通拥堵的目的。建成后,从湖滨解百到城西的西城广场,行车只需10～12min,行车时间比原先大大缩短。

(3)集中力量加快主城区地铁网建设,暂缓外围地铁建设

杭州主城区"田"字形高架环线布局建议详见图1。

以上建议,仅供有关部门参考。

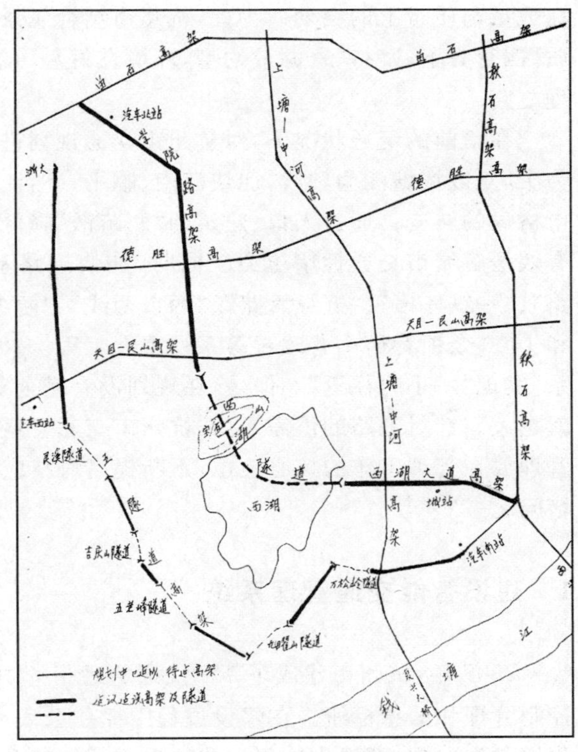

图1 杭州主城区"田"字形高架环线布局建议

杭州市智能交通管理系统在缓解城市交通拥堵问题上的应用

周为钢

(杭州市交通警察支队科研所,浙江杭州 310000)

摘要:本文从杭州城市智能交通管理的角度,介绍了杭州市交通警察队指挥中心的各个系统概况,分析了杭州城市智能交通在解决交通拥堵上的应用。

关键词:城市道路交通;交通拥堵;公共交通;信息化建设;交通发展战略

杭州市自20世纪90年代初以来,经济一直保持两位数的高速增长,带动了"人、车、路"等交通事业的飞速发展。2002年5月1日,杭州市开放小型汽车的上牌控制。当时,老城区的机动车保有量仅为11.50万辆,截至2010年8月底,全市机动车保有量为174.83万辆。其中,老城区为64.79万辆,两新区为66.13万辆,五县(市)为43.91万辆。与此同时,杭州老城区地少人多,功能集中,是典型的向心性、混合型、平面型交通,加之东西各有水系相隔,道路面积有限,随着机动车的快速增长,"行车难,停车难"的城市交通拥堵问题日益凸显出来,引起了各级党委、政府和社会各界的广泛关注。显然,依靠传统管理模式无法适应交通结构在数量与质量上的突变。为此,杭州市结合风景旅游城市的定位,坚持公交优先,坚持"规划,建设,管理,素质"四管齐下,坚持"资源节约型,环境友好型"的精细化发展模式,走出了一条具有城市自身特色的交通管理之路。

在目前的交通状况下,对杭州市交通规划进行逐步完善,今后城市的格局是"一主三副六组团",以主城为中心,以钱塘江为轴线,加快江南、临平、下沙三个副城和外围六个多核组团建设,调整城市形态,推动城市格局的转变。通过人口、建筑的"两疏散"降低主城区人口和建筑密度,分流掉老城区的拥堵交通流,以期有效缓解城市交通拥堵压力。同时,加快道路基础建设和信息化进程,杭州先后实施了"33929"、"三口五路"、"一纵三横"、"五纵六路"、"两口两线"、"两纵三横"、"十纵十横"、"60条道路修缮"等道路综合建设整治和1000余项背街小巷改善等系列重大工程。2007年启动了地铁建设,以打通主城区与3个副城之间的联系,实现"一小时往返"。但是,在规划没有完全实施,地铁没有开通之前,道路建设项目越多,管理的压力也就越大。针对道路的供需矛盾,杭州市交通警察支队加快信息化建设,大力发展智能交通建设,将智能交通管理放在管理工作的核心地位,不断提高科技应用水平,较为有效地缓解了"行车难,停车难"等城市交通拥堵问题。

1 建设智能交通管理系统

2007年,杭州市建成了新的交通管理指挥中心,中心集成了智能交通的多套系统,成为现代意义的交通控制管理和信息枢纽。在建设过程中抓住公安交通管理实践中交通信息的需求特点,建立视频监视、可视化检测为主、非可视化检测为辅的集交通信息采集、分析、决策指挥和诱导为一体的智能与人工相结合的路面动态交通指挥系统,建立起路边情报板与各类标志标板动静有机结合的路径路况诱导体系,建立符合现代化、信息化要求的交通信息采集、分析、决策、指挥和诱导的工作制度和流程化管理机制。加强交通工程技术的研究和应用,进一步做细做实交通组织、路口渠化信号控制工作,着力提高交通组织、渠化、信号控制的科学性,加强对违法行为利用技术手段取证的研究,扩大非现场执法的应用范围,提高管控能力、执法力度和效率,改善执法形象。

2 智能交通管理系统的组成

(1)交通信号控制系统(SCATS系统)。杭州市从2000年开始引进建设SCATS信号控制系统,目前

SCATS系统控制路口为468个，同时首创了“主辅灯”控制模式，开发了BRT(快速公交)信号优先系统。

(2)交通监视系统。目前，该系统已在市区建成了819个路口和路段监视点，在快速处置紧急交通事件及交通意外等方面发挥了重要作用。同时通过网络视频系统，实现了视频图像的网络共享和录像回放。该系统已与国家安全部门、省公安厅指挥中心、市公安局治安监控系统、市公交集团等部门实现了图像信息的共享。

(3)交通信息发布系统。交通信息发布系统通过采集各种动静态交通信息，在信息融合处理之后，为城市交通信号控制系统和诱导系统提供实时动态的道路路网交通信息，通过情报信息板、互联网等群体诱导方式或者车载诱导装置及时发布给出行者，引导出行者选择最佳路径出行，最大限度地提高信息对称度，实现信息由内化向外化转变。

(4)交通事件自动报警系统。系统通过处理监控区域的视频图像来提供实时交通信息和真正的空间交通流变量的测量数据，图像处理算法可以从数字化图像中提取移动物体的信息，每辆车的行驶路线均通过一系列连续图像来跟踪。由此自动检测时间参数测量、空间参数测量，并实现交通事故等交通事件的自动报警。

(5)停车诱导系统。系统通过各种途径发布停车信息，提高停车场的使用率、周转率，由此来缓解路面的车辆拥挤程度及城市道路的压力，是解决城市静态交通问题及衍生的动态交通问题的有效手段。

(6)公众媒体信息交互系统。公众媒体信息交互系统是各部门人员即时、高效地接收和发布信息的交流平台。通过该平台，信息中心能在第一时间把公众信息发布给各接收者，接收者能即时收到信息，实现了即时信息交互、信息分类管理和信息查询。

(7)重点车辆查控系统。重点车辆查控系统融合了公安工作的多个领域，如交通管理、刑事侦查、行动技术、治安管理应用，以主动全方位的方式侦测、查控各类车辆，进行实时拍摄、实时对比和实时报警，精确率达到了95%以上，从发现查控对象车辆到报警布控仅需1～2min。这一系统除了支撑非现场执法工作外，在重点车辆报警、车辆追踪、流量统计、行程时间分析等方面也具有独特的作用。

(7)ITS综合信息系统。ITS交通综合信息系统在整体架构上采用成熟的数据库和商务智能体系平台，在交通信息的深层挖掘和关联分析方面实现了较大突破，形成“多渠道进水”(多个平台采集信息)、“一个库蓄”(信息均导入ITS交通综合信息系统进行分析研究)、“多管道放水”(信息研判成果按不同平台进行分类储存并按需读取)的信息工作模式：①由大量直观类信息向综合分析类信息转变；②由“过去时”信息向“将来时”信息转变；③由一般反馈型信息向决策参谋型信息转变，为构建以情报信息为主导的现代警务机制奠定了基础。

在这些高科技的智能交通系统的辅助下，杭州市城市道路拥堵问题得到了很大程度的缓解，交通信号控制系统上，我们首创的“主辅灯”经国内著名交通仿真机构——北京交通大学中英智能交通研究中心的效益评价：机动车不仅未因安装“主辅灯”而降低通行效率，而且与未安装“主辅灯”相比，道路容量上升1.5%，平均行程时间下降6.2%，平均延误下降9.6%，平均排队长度下降7.6%，平均旅行速度提高6.2%。

3 结 语

经过这么多年的实践和研究，我们从城市交通管理者的角度思考，解决城市交通拥堵问题，不能是“头痛医头，脚痛医脚”，应该从源头抓起，结合城市规划对城市交通进行合理规划，同时结合目前国内和国际上先进的智能交通系统对已有的道路交通进行合理高效的管理，才能更加有效地缓解日益加剧的城市交通拥堵问题。

杭州“三江两岸”生态旅游交通规划研究

楼　栋

（杭州市交通规划设计研究院，浙江杭州 310006）

摘要：生态交通是交通可持续发展的方向。本文阐述了杭州市“三江两岸”生态旅游交通的规划研究方案，通过分析杭州“三江两岸”区域交通现状，围绕生态交通建设理念，提出了“四道统筹、主副结合、路景相融”的生态旅游交通布局思路和具体规划布局方案。

关键词：生态交通；旅游交通；三江两岸；可持续

生态交通是基于可持续发展理念而建立起来的，同时也是绿色交通的发展与深化，强调的是“生态学”、“绿色”、“可持续性”。生态学的研究重点在于处理现存生物体与其生存环境之间的关系。“绿色”即城市交通的“绿色性”，主要手段是减少那些有污染和排放对人体有害气体的个人交通工具的使用、增加道路和城市公共绿地面积，保护新开道路的生态平衡，并大力开发协和式交通运输体系。“可持续性”的最终目标是确保自然资源的可再生复原。[1]

钱塘江从上游至下游分别称为新安江、富春江和钱塘江，这三江贯穿杭州全市，是串联上下游城市，统筹杭州经济、文化、旅游、生态的纽带。为深入贯彻落实科学发展观、统筹区域和城乡发展，我们提出了打造杭州“三江两岸”生态旅游交通的概念，把“三江两岸”生态交通建设作为城市可持续发展的重要方向。

1　“三江两岸”交通现状

根据杭州市“三江两岸”现有的交通格局，“三江”区域已经构筑了以杭新景高速公路为骨架的高速公路交通走廊和以 320 国道、23 省道、20 省道、城市快速路、主干道为补充的干线道路交通走廊，以及由新安江、富春江、钱塘江四级航道构筑的水运交通走廊，此外伴随杭黄高铁、城市轨道交通的规划建设，“三江两岸”大运量、中远距离的综合交通走廊已基本成形。

但是目前沿江县乡道路及市区临江道路网络化程度不高，道路功能相对单一，景观、旅游、休憩等功能相对较弱。同时，江边拥有大量的黄沙码头和临时码头，严重影响了生态环境。

2　研究理念

杭州市“三江两岸”生态旅游交通以中短途交通及生态绿色出行为主，总体采用“四道统筹、主副结合、路景相融”的布局理念，构建由沿江景观大道、过江通道、滨水绿道、黄金水道组成的生态旅游交通体系。

四道统筹：统筹“三江两岸”沿江景观大道、过江通道、滨水绿道、黄金水道的规划和建设。主副结合：主线和副线两种道路体系相结合共同组成沿江道路，主线是以机动车交通功能为主，副线是以慢行交通功能为主，以观光、游览、休闲、运动功能为主的滨水绿道。路景相融：结合“三江两岸”的整体空间架构，根据道路所在区段的不同自然景观和城市特质，沿江景观大道采用 3 种形式，滨水绿道采用 5 种主题进行规划布局，形成丰富的道路景观体系。

3　沿江景观大道

沿江景观大道主要承担杭州市“三江两岸”间的城市之间交通联络、城市内部交通联系、旅游运输以及沿江景观的功能。突出沿江特色、道路串联成线，充分利用现有道路，体现品质、景观生态等要求，解决好不

作者简介：楼栋，男，学士学位。

同区县沿江道路的有机衔接和统一定位，同时加强沿江大道与城乡路网、两岸景观以及旅游开发、运动休闲的对接，更好地促进两岸城市结构的布局，提升沿江景观的层次，打造杭州沿江城市的功能带和江滨风貌带，促进“三江两岸”旅游产业集群化发展。

沿江景观大道以现有和已规划的道路为基础，通过对道路功能的进一步完善，提升景观、生态、旅游等功能，形成沿江景观大道，包括三江南岸、三江北岸共两条。北岸沿江景观大道由市区沿江大道、之江路、之浦路、320 国道杭州市区段、杭富沿江公路、富阳市江滨东大道、江滨西大道、横大线、23 省道桐庐段、320 国道桐庐至建德段、建德市江滨路、新电路等道路组成，全长约 175km。南岸沿江景观大道由市区滨江一路、闻涛路、钱塘江南岸大堤、滨江路、渔浦大桥及接线、富阳市春永线、江滨南大道、新中线、320 国道富阳段、场口镇沿江道路、桐庐县东舒线、东梓至洋州公路、柴雅线、滨江路、20 省道桐庐段、建德梅梓线、杨长线、三蒋线、桐溪大桥及接线、白章线、南山路、白小线等道路组成，全长约 266km。

4　过江通道

过江交通走廊的功能是增强南北向交通联系，强化城镇土地利用的协调发展和功能优化，促进城市的集聚。根据交通功能，过江交通走廊划分为国家级过境交通走廊、地区性交通走廊和城市内部交通走廊三类；过江交通与沿江道路体系有机结合，形成整体，为杭州市沿江开发，跨江发展奠定基础。“三江两岸”规划道路过江通道为 49 个，其中目前已建成通道 28 个，正在建设通道 5 个，规划建设的通道 16 个。

5　滨水绿道

“三江两岸”的绿道分为市级和区县级绿道两个层次。当“三江”岸边地带受地形限制或其他条件约束，沿江景观大道与江距离较远（200m 以上），达不到滨水要求时，滨水绿道采用与主线分离的断面形式，临江布设以观光、游览、休闲、运动功能为主的副线。当沿江景观大道已经临江布设时，滨水绿道与沿江景观大道合并建设，道路采用整体断面形式，滨水绿道与景观大道实现融合。此外，通过对滨水绿道与沿江景观大道、过江通道、黄金水道的系统整合和功能提升，增设相关交通转换和综合服务设施，并结合滨水慢行系统、沿江景观资源、滨水绿地、水上运动休闲等多重元素的有机搭配，形成具有丰富活力与层次的滨水绿道。

市级滨水绿道沿“三江”北岸布设，除采用与下沙沿江大道、之江路、富阳市江滨东大道、富春路、江滨西大道、横大线、23 省道、320 国道、建德市江滨路、新电路等道路组成融合段外，另有西湖区之江段、富阳新桐段、桐庐桐君山段、桐庐富春江镇段、建德严东关段、建德梅城段、建德下涯段等 7 段采用副线布设，市级滨水绿道总长约 211km，其中独立设置的副线长约 115.5km，占总里程的 54.7%。

6　黄金水道规划

黄金水道规划包括码头规划、航道规划和相应的配套服务管理设施规划，旨在通过“三江两岸”生态保护与建设工作的实施，加快沿线码头和综合作业区建设，优化港口码头布局配置，加快航道改造升级，完善港口码头生产服务配套设施，从而促进内河水运转型升级、行业提升，优化“三江两岸”生态与景观。

码头布局以增强“三江”水运的运力和增加旅游客运为主要功能，结合“三江两岸”生态景观保护与建设，在做好临时码头拆除、整合的同时，做到沿线货运作业区（综合码头）和旅游码头同步规划、同步实施。“三江”主航道及其支线航道建设 20 个货运作业区、31 个旅游码头，通过船闸改造，码头换乘等多种手段贯通“三江”的新安江航道、富春江航道、钱塘江航道、大江东航道，同时与兰江航道、分水江航道、渌渚江航道、浦阳江航道、京杭运河、杭甬运河、运河二通道航道形成完整的航道体系。

参考文献

[1]项贻强，王福建，朱兴一．生态交通的理念及策略研究[J]．华东公路，2005．

[2]范海雁，杨晓光．城市绿色交通与可持续发展关系策略问题的研究[J]．辽宁工学院学报，2004．

城市交通治堵保畅工作的创新与突破

——以杭州公安交通管理为例

乐　华

（杭州市公安局，杭州市交通警察局，浙江杭州 310006）

摘要：近年来，随着杭州城市化和机动化的飞速发展，城市交通拥堵日益加剧，成为各级政府和人民关注的热点问题。2012 年 11 月，浙江省委、省政府在全国率先启动实施治理交通拥堵工程，并提出"通过五年治理，使全省城市交通拥堵状况明显改观，人民群众满意度明显提高"的工作目标。2013 年至今，杭州公安交警围绕五年目标，从循环交通、精细管理、科技应用、秩序整治四方面入手，全面推进排堵保畅工作。在工作模式上注重突破，采用支队长领路、专班治路的责任体系；在整治手段上讲究创新，开创性提出"路口 300m 管理革命"理念并加以实践。总体来说，取得了较好的成效，可以供其他城市借鉴和参考。

关键词：交通拥堵；循环交通；精细管理；秩序整治；治堵保畅

随着中国城市化进程的不断加快，机动车的急剧增长带来了严重的交通拥堵问题，成为制约城市交通社会和经济发展的瓶颈。近年来，杭州机动车化水平提升迅猛，有数据显示：2001 年 12 月，杭州市主城区汽车保有量为 9.4 万辆，截至 2014 年 4 月底，杭州市主城区机动车保有量高达 118.1 万辆。机动车的高保有量，加上受城市空间结构、路网结构和交通结构不合理等因素的制约，杭州市交通拥堵问题日趋严重，亟待解决。

2012 年 11 月，浙江省委、省政府宣布启动全省治理城市交通拥堵工程，并提出"通过五年治理，使全省城市交通拥堵状况明显改善，人民群众满意度明显提高"的工作目标。围绕五年目标，省治理城市交通拥堵工作领导小组提出"首战即决战，当年见成效"的工作方针。由此，治理城市交通拥堵工程正式拉开序幕。

2013 年初，杭州市公安交警按省委、省政府提出的工作目标、从循环交通、精细管理、科技应用、秩序整治四方面入手，全面推进治理交通拥堵工作。在工作模式上注重突破，例如针对 10 条整治道路进行科学考评：建立"一月一考、一季一评、年度总结"的第三方考核模式；在整治手段上讲究创新，如开创性提出"路口 300m 管理革命"理念并在主要路口落地实施、新增文字提醒行人 LED 新型信号灯、新增按钮式行人信号灯等。总体来说，迅速打开了局面，取得了较好的成效。

1　杭州交警治堵保畅工作综述

2013 年作为浙江省治理城市交通拥堵工程的开局之年，杭州交警结合杭州自身交通特点，积极推进一系列交通排堵保畅工作。①从循环交通角度出发，进一步优化交通组织。在西溪路、文三西路、体育场路等 6 条道路实施潮汐交通，组织区域微循环项目 10 个，新建单行线 40 条，改善交通拥堵点 18 个，减少路面停车泊位 4677 个。②从秩序整治入手，严管治乱。强力整治"8＋2"类交通违法行为：针对违法变道车辆，开创性地在路口实施"路口 300m 严管"；针对影响道路通行的违停车辆，实行"一路一拖车"；重点整治"中国式过马路"、"非法营运、非法上路"现象，全年共查处行人乱穿马路违法行为 11.7 万起，查扣"两非"车辆 2.36 万辆，拘留无证驾驶"两非"人员 151 名。③从科技应用方面深度挖掘，搭建"智能交通"、"智慧交管"两大系统平台，积极开展"视频大会战"和"信号配时大会战"，推进交通设施的创新应用：新增文字提醒行人 LED 新型信号灯 470 余套，新增按钮式行人信号灯 90 余套。④实施科学考评，针对 10 条治堵重点道路采用第三方考核模式，建立绩效综合考评体系，实行月度、季度、年度考评制度。

2 杭州交警治堵保畅工作中的模式突破

(1)采用双向互动模式——发动社会力量参与换位思考和角色转变

杭州交警在治堵宣传模式上不是局限于媒体、报纸和网络,而是突破性地发动社会力量参与到交通整治中来。这种模式通过换位思考和角色转变,让参与者实地感受路口的交通违法现象,除了让参与者自觉遵守交通法规外,更能让参与者争做文明交通的维护者。社会力量主要包含交通志愿者、义工和驾考学员等,是由杭州交警、各级文明办和市志愿者协会联合组建而成。每天约有700名社会力量参与到10条重点治堵道路上,主要开展教育劝导、严守路口和"门前三包"等工作。

(2)采取类事业部制管理模式——支队长领路、专班治路实现专业化、扁平化

杭州交警在行政管理模式上寻求突破,针对10条重点整治道路,采用支队长领路、专班治路的管理模式,构建责权统一、层级清晰、分工明确的工作责任体系(见图1)。这种管理模式具体为:每条道路由一位局领导领衔,组建由支队、大队、中队相关人员参加的工作专班,全面负责各自"重点整治道理"的交通秩序整治工作。工作专班采用人员相对固定,不定时会商、办公的工作模式,贯穿全年交通秩序整治工作。另外,支队各业务处室作为配合与保障,根据工作需求和进展参与专班工作。这种管理模式中支队长的任务在于发挥其职能优势,优化和协调治堵资源的配置,最终决策治堵方案,而专班的主要职责在于研究制定"管用"的治堵方案,贯彻执行支队长的决策,二者分工明确、职责清晰。

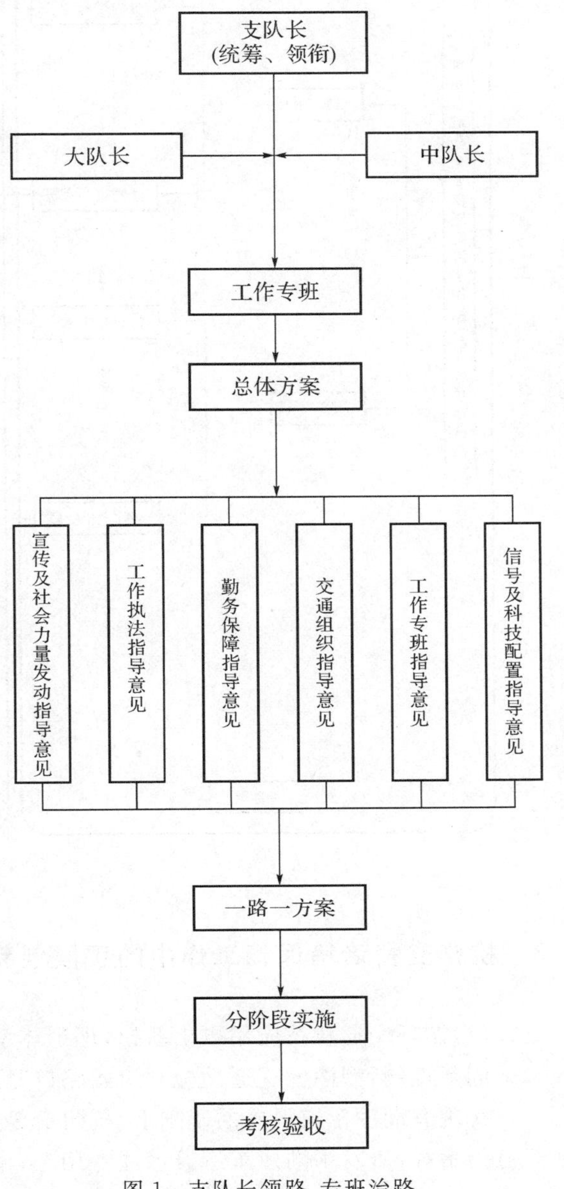

图1 支队长领路、专班治路管理实施流程

(3)引入第三方考核模式——通过考评发挥导向、激励和约束作用

杭州交警在治堵方案确定后,委托第三方制定考核标准,并且以"一月一考、一季一评、年度总结"的考核模式,对10条重点整治道路进行考核验收,考评结果实行挂红、黑旗制度和约谈制度。这种考核模式的特点在于借助于第三方力量,考核结果比较客观、公正。另外,由于实行"一月一考、一季一评",交警可以针对每月考评结果中存在的不足进行查漏补缺,在下一阶段加以完善和巩固,从而及时发现问题、改善问题。充分发挥考核的导向作用、激励作用和约束作用,促进治堵整治工作的平衡发展。

(4)建立绩效综合指标模式——科学、综合推动治堵保畅工作进展

杭州交警针对治堵保畅工作建立绩效综合考评体系,该考评体系的特点是公平、公开和公正,可以最大限度调动交警的积极性和创造性。其考核方法采用层次分析法,将复杂、烦冗的治堵过程条理化、层次化,建立递阶层次结构模型,用主观判断结合数学方法来定量描述,科学反映"治堵"工作的实际成效。

整个模型的目标层围绕"绩"、"效"两大主线展开。"绩"考核包含过程措施考核和查处违章考核。"效"考核包含核心守法考核和实际效果考核,实行以效为主、以绩为辅、绩效相结合的原则。准则层是整个模型的核心,包括勤务保障措施、亮点宣传措施、查处效果情况、行人及非机动车守法率、全程效果、交叉口效果、伤亡事故情况、财损事故情况等。基本涵盖了交警在治堵过程中的全部工作,而且加入实际运行效果、交通安全以及投诉、表扬等要素。总的来说,考核方面比较全面、客观。该模型的指标体系如图2所示。

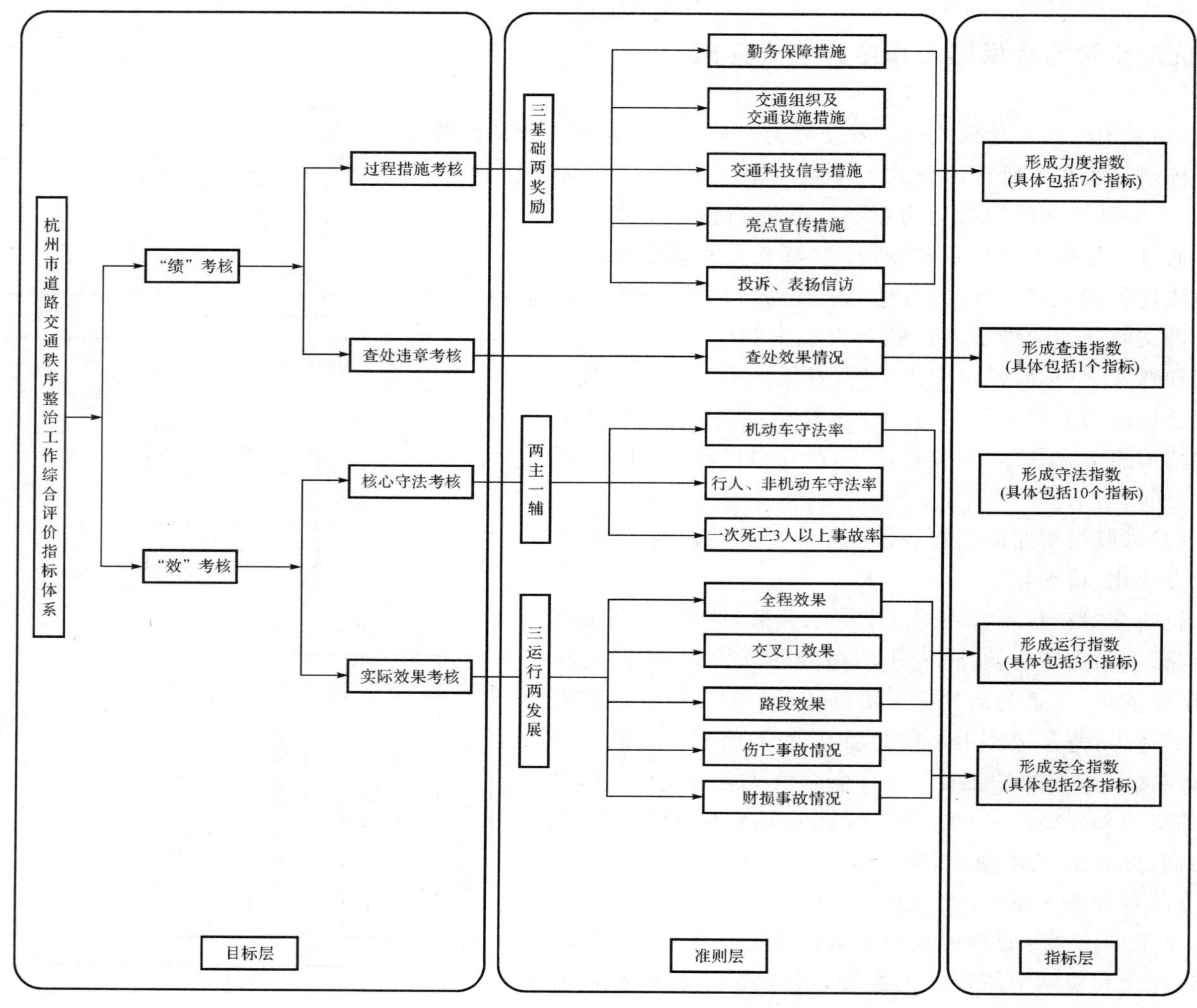

图 2　治堵保畅工作考核指标体系

3　杭州交警治堵保畅工作中的手段创新

(1)循环交通科技应用再出新招，理论体系得以丰富

创新点：新型潮汐交通设施、"组团路口"理论。

在现有潮汐车道设施的基础上，杭州交警创新循环交通的科技应用，开发了新型龙门架、磁吸式道钉、车道指示牌，研发了潮汐车道警示柱专用车，潮汐车道交通设施得到规范，提高了工作效率。同时，为丰富循环交通的理论体系，初步完成了"路口组团"的理论研究，形成了长距离循、短距离环、路口组团互为补充的循环交通理论新体系。

(2)路口 300m 管理革命——手段与理念的创新结合

创新点："路口 300m 管理革命"理念结合实际操作手段，成效喜人。

"路口 300m 管理革命"是由杭州交警根据现状交叉口进口道，车辆频繁变道导致通行能力受阻的现象，创新提出的一个纲领性的概念。根据道路的实际情况确定管理范围，并不仅仅局限于 300m。在此理念的基础之上，进一步创新设置"路口 300m 严管区"，重在"明确通行权利，规范行车秩序"的治理交通违法措施，在路口 300m 范围内实行"全方位提示，无死角监控，无漏网管理"的交通管理方式。

在上述理念的指导之下，进一步形成了严管区设置原则、设置范围、区内标志标线及设施设置等要求，形成了"路口 300m 管理"的系统性指导意见，并在杭州市主城区 66 个路口设置了"路口 300m 严管区"。该项措施，为该模式在全市范围内推广奠定了扎实的理论基础与实际经验。

(3)治理"中国式过马路"——小细节，大变化

创新点一：人行信号灯有提示，遮阳棚会说话，巧用色彩做导引。

为治理"中国式过马路",以让老百姓"看得懂,行得方便,过得安全"为目标,杭州交警在设备与措施上力求创新。①创新使用带有文字提示及倒计时功能的新型人行信号灯。人行信号灯做出小小改变,新增大文字提醒,扩大红绿灯显色效果,让过街行人能够一目了然,大大提升了人行信号灯提示效果。2013 年,首批治堵重点道路上的 50 余个路口增设此类信号灯。②路口漆画红色人行过街等候区,配以醒目文字,利用色彩诱导过街行人在此区域内进行等候。2013 年,环城西路完成标线 3047.28m²;曙光路完成标线 4784.02m²;体育场路完成标线 1304.20m²,设置隔离护栏 38 片,聚氨酯反光警示柱 38 根等。③创新使用"智能语音"遮阳棚。夏日遮阳棚结合视频检测系统(摄像头、显示屏)和语音提示器,获得智能"执法功能"。2013 年,在 10 条重点整治道路上先后安装了 28 套新型遮阳棚。

创新点二:"违法曝光台"巧用道德约束力。

"违法曝光台"通过路口架设摄像机、电视机,对行人非机动车违法行为进行现场取证、实时曝光。现场曝光的形式,从道德约束以及中国人的"面子"问题出发,有效地遏制了路口"中国式过马路"现象。在 2013 年的第一批重点治堵道路上,共设置 30 套违法曝光设备,通过对行人、非机动车违法进行现场曝光,一方面接受群众的舆论监督,起到有效警示和震慑作用;另一方面,为民警进行执法取证提供必要的证据支持。自曝光台设施实施以来,路口行人违法减少约 40%,且未发生妨碍民警执行职务的案件。

(4)掌上车管所——以群众为中心,巧用科技力量

创新点:以服务群众为中心,紧贴百姓生活,科技力量全面支撑。

为进一步服务群众,满足群众对于车辆业务办理,交通信息的查询等需求,以及提高交管部门发布交通管制信息的及时度与传播速度,结合现有科技力量,杭州交警推出"掌上车管所"手机 App 与杭州交警官方微信平台。充分利用了手机在群众日常生活中占据重要位置这一现象,实现车主、驾驶人提供业务办理、信息查询、公告提醒、提前预约等信息服务,为群众提供更快捷、更便利的服务途径。

(5)错峰限行升级——突破常规,延长时段,收效显著

创新点:适度调整错峰时段与受限车辆种类,有效避免"二次波峰"。

国内许多城市都采取了高峰时段限行的措施,但在实施后对限行时段做出调整的城市却并不多见,主要调整基本集中在对车辆尾号的调整上。杭州市于 2011 年 10 月 8 日起正式施行"错峰限行"并于 2014 年 5 月 5 日调整了错峰时段,早晚高峰各延长半小时,同时进一步限制"非浙 A 牌号"车辆的通行。

根据杭州市区调整前全天拥堵指数时段变化分析,早高峰限行时间延长半小时,从 7:00 至 9:00,可以避免产生"二次波峰"现象,使早高峰的回落提前;晚高峰限行时间提前半小时,从 16:30 至 18:30,使晚高峰波峰的发生趋于平稳,晚高峰整体指数下降。如此,可有效避免"二次波峰",而实施后效果也充分验证了这一点。

实施效果:"错峰限行"调整措施的实施体现了"交通流量明显下降,高峰时间明显缩短,行车速度明显提高"的工作成效,"二次波峰"现象得到有效遏制(见图 3)。通过系统检测,同比早高峰市区道路交通流量总体下降 6%,流速上升 6.8%(平均车速从 39.4km/h 提高至 42km/h);限行区域道路交通流量总体下降 12.24%,流速上升 9.37%(平均车速从 36km/h 提高至 39.4km/h);高架道路平均车速从 36.8km/h 提高至 43.8km/h,提升 19%。早高峰交通拥堵指数最高值为 6.4(中度拥堵),与调整前同时段数值 8.0(严重拥堵)相比,下降明显。另外,通过对全天运行情况的比对也可发现,拥堵情况得到明显改善,路网平均速度有显著提高。总的来说,"错峰限行"升级措施起到了较好的效果,并获得了群众以及社会各界的好评,为"限购"政策效果最大化提供了有利条件。

4 总结与展望

城市交通的畅通与否往往直接关系到一个城市的发展,国内外大城市无一例外都在为疏导城市交通寻求更好的方法与途径。杭州交警结合杭州市城市自身情况,下定决心,充分发挥职能作用,借助社会各界力量,积极治理城市拥堵问题。通过多年的实践,尤其是对 2013 年围绕城市治堵这一中心工作的创新与探索,杭州交警加深了对交通管理工作规律的认识,总体上可以归纳为"八个定位":秩序是关键、严管是手段、安全是底线、科技是出路、媒体是推手、考核是导向、执法是基础、队伍是根本。这"八个定位"既来自于现有的成功经验,也来自于工作中吸取的教训,代表着杭州交警人对城市交通治堵保畅工作的认识和深化。

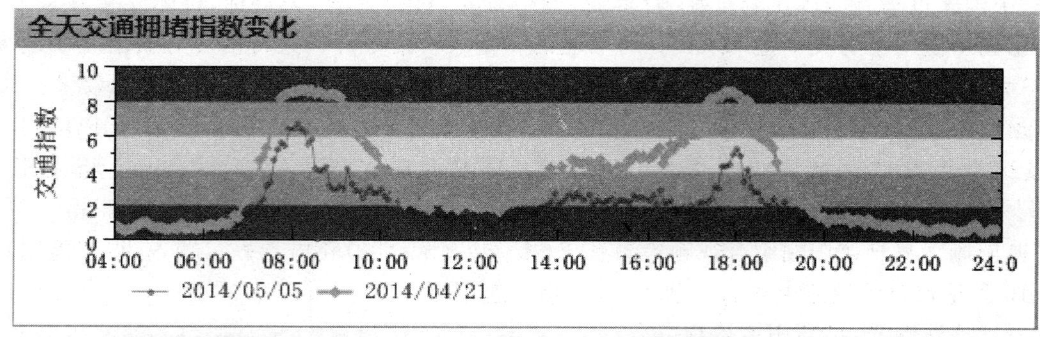

日交通运行总览

2014年04月21日(星期一) VS 2014年05月05日(星期一) 确定

	日拥堵指数	拥堵级别	早高峰			晚高峰		
			路网平均速度	拥堵路段长度	拥堵里程比例	路网平均速度	拥堵路段长度	拥堵里程比例
2014-04-21	8.2	严重拥堵	22.3	123公里	12.2%	22.1	110公里	10.9%
2014-05-05	4.9	轻度拥堵	25.6	74公里	7.3%	27.3	47公里	4.7%

图3　杭州市区全天交通拥堵指数变化

针对今后的城市治堵工作，杭州交警仍然将贯彻落实“八个定位”，在推进“通行效率”体系建设、路口组团落地、静态交通诱导社会化工作、视频系统整合应用等方面，做出积极努力，进一步突破自我，创新发展，力争在杭州市城市道路排堵保畅工作中，能够实施更有效的秩序管理措施，开发更有效的交通科技手段，建设更加便民、智能的交通引导设施，尽全力为改善杭州市城市交通通行状况贡献出应有的力量。

参考文献

[1]交通运输部道路运输司.城市交通拥堵治理实践[M].北京：人民交通出版社，2013.

[2]潘省椽.城市交通拥堵治理的实践与启示[J].浙江警察学院学报，2013，139(5)：95－98.

[3]刘亚洁.西安市城市交通拥堵问题及对策研究[D].西安：长安大学，2010.

[4]邵源，宋家骅.大城市交通拥堵管理策略与方法——以深圳市为例[J].城市交通，2010，8(6)：1－7.

[5]赵靓.员工绩效考核流程的建立与分析[D].长春：吉林大学，2009.

[6]戚黎蔚.AHP层次分析法在ITAT创业投资项目风险评估中的应用研究[D].上海：上海交通大学，2008.

[7]梁丽娟，郑瑾，裴洪雨.城市交通拥堵现状评价方法与应用[C]//第八届中国智能交通年会优秀论文集，2013.

[8]杭州市规划局.杭州市城市总体规划[R].

[9]杭州市规划局.杭州市综合交通规划(修编)[R].

[10]杭州市建设委员会杭州市综合交通研究中心.二〇一一杭州市年度交通发展报告(征求意见稿).

城市交通组织与管理方式研究

游金梅
（湖北交通职业技术学院，湖北武汉 430079）

摘要：我国城市经济发展速度越来越快，交通领域也有了较大的发展。正是由于交通业的发达，我们才需要研究出一些更合适的方法对交通运营进行组织和管理。基于以上原因，结合城市实际探析城市交通组织与管理方式，对相应的经验进行总结是本文的重点。

关键词：城市交通；组织管理；流量控制；交通规划

近年来，城市规模迅速扩大，城市居民出行距离和出行次数不断增加，原有步行和自行车交通方式无法满足居民长距离、高频率的出行需求，导致居民选择公共交通、出租汽车、私人小汽车等机动化出行方式，机动车保有量和出行量均呈爆发式迅猛增长。相对于此，中国在城市空间规划、交通基础设施建设、城市综合管理等方面的发展相对滞后。落后的交通供给无法满足快速增长的机动化交通需求，成为城市交通拥堵的根源所在。[1]

1 城市交通供给策略和需求管理

（1）城市交通供给策略

城市交通供给是指城市提供给交通参与者用来满足出行需求的交通设施及政策的总和。城市交通供给的主要手段是通过合理的城市规划，新建、改建、扩建城市道路，建设立体交通和交通辅助设施等。城市道路供给的增加能够提高城市交通容量，提升路网整体承载能力，从而减少交通拥堵。

根据满足需求对象的不同，交通供给可分为两类。①满足车辆通行的交通供给，指以满足车辆通行需求为主导的交通供给。此类交通供给的目标是促进机动车出行的方便与快捷，如增加道路、建设立交桥等。②满足市民出行的交通供给，指以满足市民日常人与物位移的出行需求为主导的交通供给。此类交通供给的目标是完成人与物的移动，如发展公共交通、建设轨道交通等。

城市交通供给策略不应只强调增加满足车辆通行的交通供给，而应以增加满足市民出行的交通供给为主，以适度增加满足车辆通行的交通供给为辅。只有确定了合理的城市交通供给策略，才能确保提供有效的交通供给，缓解城市交通拥堵现状。

（2）城市交通需求管理

广义的城市交通需求管理是指通过交通政策导向，促进交通参与者变更交通选择行为，以减少机动车出行量，促进交通量在时空上的均衡分布，减轻或消除交通拥堵，建立平衡可达的交通系统，改善城市生态环境和生活环境质量。[2]狭义的城市交通需求管理是指为削减高峰期间低载客率的小汽车交通量或促使其出行的时空均衡化而采取的综合性交通政策。

城市交通需求可分为两类。①刚性需求，指城市中数量较少的特定人群，不会随交通政策或其他出行方式的改善而改变自己的出行方式，出行需求相对固定。②弹性需求，指城市中数量较多的人群，会随着交通政策或其他出行方式的改善而改变自己的出行方式，出行需求相对不稳定，随时会因外界的变化而调整。

城市交通需求管理就是对城市交通需求中的弹性需求进行适度、科学的调节，在交通政策的引导下，改变弹性需求人群的出行方式，以保障城市交通系统的顺畅运行。

作者简介：游金梅，湖北交通职业技术学院。

2 城市交通组织优化

交通组织优化是利用交通工程原理，在现有交通基础设施条件下，对交通供给与交通需求进行合理调整，对道路时空资源进行科学组织和分配，以达到交通流安全、顺畅运行的目的。交通组织优化是交通管理部门调整交通流量、流向，合理分配道路空间，缓解交通拥堵的重要手段。交通组织优化方式按照交通供给和需求的不同影响，可分为以下两种类型。

（1）增加交通供给型交通组织优化

一般城市道路由于受到通行速度的限制，车道过宽容易造成通行空间浪费。在空间资源十分紧张的道路交叉口，车辆在导向车道内受到信号灯的控制，车速一般较慢，这时如适度压缩导向车道宽度，可大大提高道路通行能力。

（2）控制交通需求型交通组织优化

调整主干路路内停车泊位供给。调整主干路路内停车泊位供给可以减少以交通性主干路为目的地的出行，从源头减少主干路交通量，促使交通流在城市路网内合理分布。

调整临街单位出入口。调整临街单位出入口能够影响道路交通需求，有利于合理分配道路资源，保障交通量的均衡分布。

设置公交专用车道。公交专用车道在提高公共汽车行驶速度的同时使社会车辆的通行空间受到挤压，从而在一定程度上抑制了私人小汽车出行，体现了对交通需求的调节。

3 交通供给策略与需求管理影响评价

随着城镇化的持续快速发展和机动化进程的不断加快，中国城市交通拥堵问题已经成为城市发展的瓶颈和改善城市投资环境、提高市民生活质量的关键。而产生交通拥堵的根本原因是交通供给和交通需求的不平衡，即交通需求大于交通供给。[3]由此可见，解决交通供求不平衡的矛盾必须从交通供给和交通需求两个方面着手，根据城市实际制定系统对策。

在城市不同的发展阶段，针对不同的需求特性、地理气候、传统文化和基础设施条件等实际，采取何种策略、何种方式提供交通基础设施和交通服务，以及在何种情况下采取何种交通需求管理对策调整交通需求特性，是城市交通领域亟待回答和解决的问题。经验表明，今天选择的交通供给策略和交通需求管理对策将决定城市交通的未来。

3.1 当前存在的主要问题

在交通供给方面存在如下主要问题：①大规模小区建设没有同步提供公交服务，客观上引导了出行者首先选择个体交通工具来满足通勤交通的刚性需求；②以小汽车为中心，在道路通行资源分配方面，全力以赴扩大机动车的通行空间，挤压非机动车和行人的通行空间，大量占用非机动车道解决停车问题；③在规划设计和运用管理中没有对步行、自行车的通行空间给予足够重视，使得步行、自行车的通行空间不连续、不安全，通行比较困难，客观上使人们不得不放弃步行或自行车出行；④需求追随型的交通供给模式，头疼医头、脚疼医脚，缺乏系统规划与论证；⑤在道路景观、绿化和交通安全等功能的综合权衡方面，常常会将交通功能放在次要位置上。

在交通需求管理方面存在如下主要问题：①没有认为交通需求管理与交通设施供给具有同等重要地位，调整交通供需不平衡的矛盾往往侧重于供给方面；②往往认为交通需求管理是权宜之计，不是长远对策；③缺乏设施供给与需求管理整合的一体化解决方案；④对职住均衡的用地布局和公共配套设施重视不够，导致产生过多交通需求和无效出行；⑤对交通文化建设重视不够。

3.2 作用机理

交通供给策略和交通需求管理是一个问题的两个方面，缺一不可。下文分别从供给时间、需求特性、方式属性、行为模式和城市发展五个维度，对城市交通供给策略和交通需求管理进行讨论，称为五维度综合分析法。[4]

(1)城市交通供给策略的内涵与研究维度

城市社会的生产与生活活动是交通需求产生的根源。城市综合交通系统作为城市活动的重要支撑系统和动脉,必须满足城市交通的总量、结构和时空需求特性。城市交通供给策略主要研究供给模式、供给时机、供给决策的依据、供给对需求的满足程度以及不同供给策略产生的影响和效果等。因此,可以从以下5个维度思考和探索交通供给策略,如图1所示。

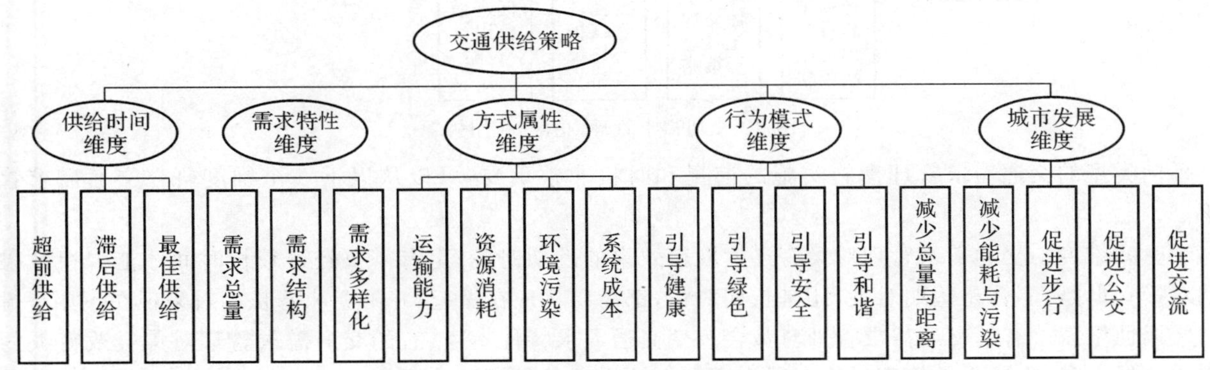

图1 交通供给策略五维度综合分析法

①供给时间维度。交通供给对交通需求有两种满足方式:需求追随型和需求引导型。需求追随型交通供给的优点是基础设施的利用效率高、投资效益好,但因交通供给滞后于交通需求,往往会在不同程度上影响和阻滞城市社会的发展。相反,需求引导型交通供给对城市发展具有很强的影响和引导作用,能够及时满足交通需求,但往往因初期需求不足而导致交通设施利用效率不高。同时,交通供给有先入为主的特点。

②需求特性维度。需要同时满足交通需求总量、交通需求结构和交通需求的多样化。无论是人的出行需求,还是货物运输需求,都有各自的需求层次和需求偏好。[5]

③方式属性维度。用不同的交通方式满足交通需求,会对资源环境产生完全不同的影响,交通运输的效率也有很大不同。

④行为模式维度。需要通过设施供给促进形成充满活力、安全、便捷、高效、健康、以人为本的城市和城市交通。由于设施供给的差异,城市在实质上就是对出行者发出了不同的选择邀请和鼓励,会形成不同的城市交通模式。

⑤城市发展维度。应根据城市结构、发展阶段、地理气候、土地利用、需求特性、设施水平的实际状况,制定切合城市实际的交通供给策略。

五维度综合分析法用以研究和制定合适的交通供给策略。上述分析研究结果将得到给定条件下的一组交通供给策略,包括交通设施供给的总量、方式结构、服务水平、供给时机和政策保障等。

总体上,中国城市交通供给策略的制定既要考虑支撑城市社会经济持续快速发展的效率性,也要考虑未来人性化理想城市发展趋势的方向性,以实现双赢。

(2)城市交通需求管理的内涵与研究维度

所谓交通需求管理,从广义上说是指通过交通政策等的导向作用,促进交通参与者交通选择行为的变更,以减少机动车出行量,减轻或消除交通拥堵;从狭义上说是指为削减高峰期间一人乘车的小汽车通勤交通量而采取的综合性交通政策。交通需求管理的内容主要包括通过实施错时上班等对策,在时间上分散交通需求;通过向驾驶人提供道路交通情报和拥堵、事故状况,促使交通需求在空间上分散化;通过提高公共交通的服务水平促进人们利用大容量、高效率的公共交通;通过实施各种综合对策,促进小汽车的有效利用,以及通过城市规划、交通规划等手段对交通需求特性进行调整,建设交通负荷小的城市。

从城市交通需求产生机理可以看出,出行具有一定的弹性和可塑性。交通需求管理策略的主要出发点就是利用出行的这一特性,在交通需求的不同阶段、从不同角度采取合适的策略,综合完成调整交通需求特性、改善交通系统运行效率、降低资源消耗和减少环境污染的交通发展目标。[6]其作用机理如图2所示。

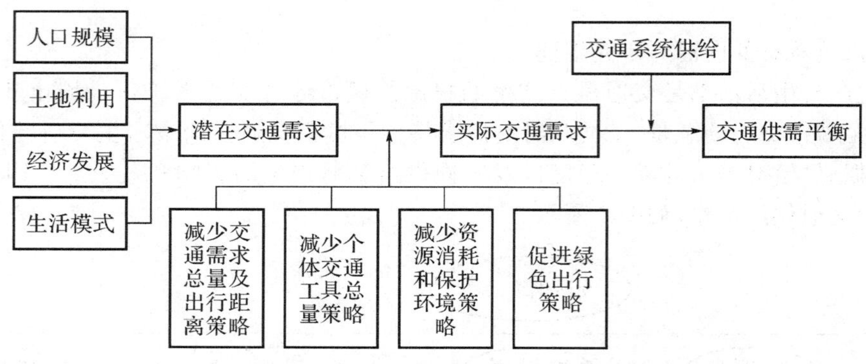

图 2 交通需求管理内容与作用机理

不同类型的交通需求管理措施实施的前提和时机非常重要，可以从以下 5 个维度研究交通需求管理对策。

①时间维度。交通需求管理对策有迅速取得效果的近期对策，也有需要经过较长时间才能取得效果的长期对策。但是，不管是短期对策，还是长期对策，都需要从现在做起，并不意味着长期对策现在不用考虑。

②属性维度。有的交通需求管理对策会改变交通需求特性本身，有的交通需求管理对策会改变人的交通方式选择，有的交通需求管理对策会减少道路上的机动车交通量。

③供求关系特性维度。处于何种供求关系状态，将决定需要何种交通需求管理对策及对策的实施时机。

④行为模式维度。不同的交通需求管理对策，将产生不同的交通行为引导效果，实现不同的管理目的。因此，应根据交通发展的总体目标确定需要实施的交通需求管理对策。

⑤城市发展维度。应该从建设生态城市、绿色交通系统的角度出发，制定系统的交通需求管理对策，调整交通需求特性，促进形成有利于可持续发展的交通选择行为，最终实现以人为本的生态城市绿色交通系统的建设目标。

4 结 论

实现交通供求关系的平衡既需要考虑交通供给，也需要考虑交通需求。一方面，要通过建设道路基础设施、完善公共交通系统和非机动交通系统、提供良好的停车设施、做好综合交通枢纽的规划建设等措施，提高交通系统的供给能力；另一方面，要通过调整城市空间结构和土地利用形态，减少交通需求总量、缩短出行距离、促进利用公交、提高出行效率，通过宣传教育和政策杠杆，推进交通文化建设，改变人的交通行为。

参考文献

[1]刘文生，何勇．武汉市交通需求管理措施研究[J]．中国水运(下半月刊)，2011(02)：53－54．

[2]王大江．城市交通需求管理适应性评价研究[D]．成都：西南交通大学，2012．

[3]王振报．北京市交通需求管理(TDM)政策研究[D]．北京：北京工业大学，2006．

[4]张娟娟．城市交通拥堵的成因及治理问题研究[D]．西安：长安大学，2008．

[5]孙孝文．和谐交通体系构建研究[D]．武汉：武汉理工大学，2007．

[6]温培培，苏子毅，翟润平．城市交通需求管理发展的探讨[J]．交通职业教育，2009(02)：46－48．

都市公交运营信息管理系统架构初探

韩　波

（杭州市公共交通集团有限公司，浙江杭州 310004）

摘要：以杭州市公共交通集团为基础，讨论分析了都市公交运营信息管理系统的架构，认为公交运营信息化管理体系至少有五大组成部分，包括司乘人员管理、线路站点管理、车辆管理、调度指挥管理及到站信息发布查询，并分析了行车作业及运营管理的实时信息采集、跟踪、处理工作，对"智慧公交"的建设有重要参考意义。

关键词：公共交通；企业运营与管理；信息系统；初探

自改革开放以来，随着人民生活水平的不断提高，私人拥有小汽车已经成为现代化大都市中越来越普遍的现象，而同时城市道路资源的增加速度远远落后于人均汽车保有率提高的速度，城市道路拥堵的问题变得日益严重。作为解决道路拥堵的重要手段，都市公共交通近年来越来越受到重视，"智慧公交"就是目前城市交通领域内最热门的话题之一。但是，以公共汽电车为代表的传统城市公交行业作为劳动密集型产业，在信息技术的应用上无疑是落后于新兴的城市轨道交通行业的，特别是目前尚未形成一套规范的公交运营信息化管理体系。本文以杭州公交为案例，初步探讨公交运营与管理的信息化体系的组成与架构。

1　杭州市公共交通集团有限公司

杭州市公共交通集团有限公司是一家主营城市公共交通服务，兼营出租汽车、旅游客运、汽车修理、汽配及燃料销售、广告发布、房产开发、物业管理、公共自行车开发服务等业务的国有独资有限责任公司。截至 2013 年底，杭州公交共拥有总资产 73.33 亿元，2.2 万余名员工，8200 余辆公交车，580 余条运营公交线路，其中快速公交线路 6 条，全市 31 座地铁站 300m 范围内配套线路 239 条。2013 年全年完成客运量 13.67 亿人次，折标总驶里程 6.54×10^8 km，线路总长度达到 9732.16km。从以上数据可以看出，杭州公交同时运营传统线路和快速公交线路，客运业务在受到轨道交通冲击的同时也需要做好与之接驳配套的工作，面临着城市道路拥堵带来的种种不利因素。近年来，杭州公交在运营信息化管理方面做了一定的实践和尝试，总结了一些经验，并形成了一些观点。

2　公交运营信息化管理系统

首先，让我们对公交运营做一个简单的分析。所谓的公交运营，是一种狭义的概念，不考虑整个公交公司的资金运作、后勤服务、车辆全生命周期管理等，仅就直接影响公交汽电车在线路运营的相关因素进行讨论。毫无疑问，公交运营是一种社会生产活动，它会产生劳动者、劳动对象、生产资料、生产流程、生产成果等要素，了解这些要素，我们就能够知道，公交运营信息化管理系统应该分别对应管理哪些内容。笔者认为，公交运营活动的直接劳动者是以司乘人员为代表的一线员工；劳动对象是公交运营的线路及其组成站点，主要的生产资料是城市公共汽电车；生产流程是通过一系列调度指挥手段，让运营车辆按计划、有序地投放到线路上行驶；生产成果则是各线路站点上按时间先后进、出站台的公交运营服务。因此，公交运营信息化管理体系至少应当包括司乘人员管理、线路站点管理、车辆管理、调度指挥管理及到站信息发布查询等五大组成部分。

从杭州公交的实践经验来看，线路站点管理系统是公交运营管理的基础，只有完善、准确的线路站点管

作者简介：韩波（1976—　），男，硕士学位，信息中心主任。

理系统，才能安全有序地开展公交运营生产；调度指挥管理系统是公交运营管理的核心，其他所有的管理系统最终都必须围绕调度指挥系统进行设计，并与之进行数据交换；司乘人员管理和车辆管理是公交运营管理的重要支撑，“人”和“车”是公交运营所需的基本资源，缺少了“人”和“车”的管理，整个公交运营的管理一定是空中楼阁；最后，到站信息发布查询平台是公交运营管理的有机组成部分，恰如产品使用说明书之于产品，没有良好的到站信息虽然仍然能给乘客提供出行服务，但这种服务无论如何都不能说是完整的。

（1）线路站点管理系统

线路站点管理系统最基本的要求是动态地对运营线路及其站点进行管理，遵循“先道路，再站点，后线路”的原则进行管理。首先，应当利用城市的电子地图获得所有城市道路的基本信息，特别是各个城市道路路口所在位置；其次，应当采集所有公交站点的经纬度坐标，并将之关联到对应道路的两侧；最后，将对应站点通过指定的路口连接形成折线，这就是我们的运营线路。由于线路站点的管理最终是为了服务于调度指挥，因此必须在线路站点的管理中对不同坐标的站点和不同轨迹的线路进行严格区分，特别是对同名称站点、上下行站点、普通与区间线路等进行区分。此外，运营车辆的日常停泊、加油、收银、保养、维修，以及其他车辆在执行非运营任务时需要停放的地点，也应作为特殊的站点纳入系统的管理。当然，作为整个公交运营管理系统的一部分，线路站点管理系统还可以引入客流分析、路段或时段车速分析、站点密度分析等工具，作为公交线路新辟、优化和调整的依据。

（2）司乘人员管理系统

司乘人员管理是人力资源管理的一部分，但是相对于一般的人力资源管理，司乘人员管理有其一定的特殊性。首先，司乘人员的部门和岗位流动性比较大，在目前公交一线劳动力紧张的情况下，客流、路况和配车的变化可能会导致司乘人员经常服务在不同的线路上；其次，司乘人员特别是司机的安全行车里程是其技能水平的重要组成部分，而安全行车里程又是一个时刻变化的数据，一般的人力资源管理难以做到时刻进行跟踪；最后，司乘人员的劳动作为一种服务，生产质量难以直接量化，而生产质量是劳动薪酬的重要原因之一。总的来讲，一般意义上的人力资源管理系统在面对大量的司乘人员时，数据的完整性和时效性不能满足公交运营需要。因此，司乘人员管理系统不能仅仅考虑公司一级人力资源管理部门的需求，而应当将更多的管理权限和职能下放到生产运营一线。公交运营所需的司乘人员管理系统必须对司乘人员进行实时的管理，包括他们的岗位状态、安全等级、服务等级，其中岗位状态可以通过系统分派产生，安全等级与服务等级则应当通过与外部系统的互动来产生，时效性上则至少应当保证每天数据的准确性。

（3）车辆管理系统

车辆管理系统本身是一个比较庞大的系统，包括车辆从购置到报废的整个生命周期的管理，以及与之配套的燃润料管理、维保物资管理等。而对狭义的公交运营来讲，我们只需要知道应当投入运营的是哪一辆车、车况是否完好、载客量大小、停放地点等。杭州公交目前将大部分车辆的维修、保养、加油、收银、洗车等功能集中到停车场内实现，因此车辆管理系统的功能主要是通过停车场管理系统实现，由停车场管理系统负责，向调度指挥管理系统提供上述车辆信息。该系统对车辆在退出运营回到停保基地后到重新进入运营这一过程进行全面监控。目前来看，车辆管理系统还应当通过车载 CAN 总线数据采集系统，实时采集车辆运行中的数据，形成对车辆在运营时和运营外的全过程监控。

（4）调度指挥管理系统

调度指挥管理系统是整个公交运营管理的核心，上述各个系统最终都是对本系统的支撑。从业务流程看，公交运营生产可以在时间上分为运营前、运营中和运营后 3 个阶段。其中，运营前准备主要包括行车作业计划的管理和人车资源的调派，运营中管理主要是实时客流的记录和实时调度的管理，运营后工作主要是各类事件的后续处理。

3 行车作业及运营管理

运营前准备可以分为行车作业计划及人车调派量部分。其中，行车作业计划需要根据预计的客流情况、天气情况、道路状况等要素，确定分圈时间、配车数量、发车间隔、首末班时间等，形成未来一整天的作业计划。一般来讲，制定和选择精确合理的行车作业计划更多地依赖准确的客流统计分析、道路拥堵状况分析和天气预报。一条线路可以根据工作日、节假日、晴、雨雪、春秋、夏、冬等因素设定十几到二十几套行车作业计划。行车作业计划的信息化管理包括:①简化大量的人工计算,从有限的输入数据出发自动生成对应的行车作业计划;②输出选定的作业计划到人车调派管理。人车调派管理的任务是根据选定的作业计划提前对未来某一天的劳动力和用车资源进行调度派遣。人车调派管理应当在保障司乘人员基本休息时间的基础上合理安排其工作时间,同时在车况允许的情况下提高车辆利用率,最终形成人、车、班次的对应关系,形成可执行的具体运营计划。

运营过程中管理的核心是实时调度系统。从理论上讲,如果不发生任何意外,公交运营完全可以按照人车调派所形成的计划运作到当天运营结束。但是实际工作中,因路阻、事故、纠纷、特殊天气等不可预料的因素,很难保证全天的运营秩序不受干扰。实时调度系统就是在出现上述意外的情况下,由一线调度员主动干预进行微调,从而确保运营秩序,保证正常运营。从公交运营的实际来看,所有突发因素对运营的影响最终都会形成两个结果:车辆班次间隔的变化和客流的不均匀分布,其中最严重的影响一定会出现在车辆班次间隔最大的区域。因此,实时调度系统建设的中心思想是预防大间隔的产生和及时缩小已经产生的班次大间隔。预防大间隔的手段一般是预测和预警,缩小大间隔的手段则需要结合调度手段,如加快发车频率、指令绕道、发送大站车、越站车、区间车等。

客流的实时记录主要是提供客流分析的原始数据。对客流的分析可以应用到线路站点管理、行车作业计划编制、实时调度指挥乃至乘客出行诱导等多个方面,是智慧公交建设不可或缺的重要基础。完整的客流记录分别应当记录车辆的上、下车客流,包括上(下)车的站点、时间、人数、特殊乘客情况,对免费换乘的线路,还应当记录换乘信息。

运营后的工作主要是对各种事件的处理,包括常规性事务的处理和非常规事件的处理。前者如车辆回场后的安检、收银、洗车、加油泊位等,杭州公交对这一系列工作的管理由停车场管理系统进行跟踪和管理。在常规性事务的处理中,要包含对运营里程的统计,从管理精细化的角度出发,应当统计每车的实际里程,并按各种不同工作状态对总里程进行区分。非常规事件的处理主要是针对如事故、违章等不可预料的事件进行后续处理,这一类事件绝大部分都与生产安全有关,因此可以纳入安全生产管理系统进行管理,按流程指导各类事件的处理并进行跟踪。

4 结 语

最后,作为公交运营的服务输出,公交运营信息管理系统应当建设出行信息发布及诱导系统。出行信息发布及诱导系统不仅可以将公交的运营情况实时发布给乘客,更重要的是起到对客流的引导作用,减少乘客等待时间,提升公交服务。该系统的前端组成可以是网站、电子站牌、手机 App 及其他各类查询终端,后台应当是统一的数据发布平台,通过对车辆实时位置和各站点地理位置的计算,将任意线路上任一站点的最近一辆或数辆公交运营车辆的实时位置告知乘客,最终发布到各种终端。

基于移动终端的出行信息服务系统研究

吕永华

(杭州市综合交通信息中心,浙江杭州 310014)

摘要:基于移动终端的出行信息服务系统以其便捷性、互动性、实时性等特点进入了快速发展阶段。本文对目前市场上主要的基于移动终端的出行信息服务系统的发展背景、主要类型、关键技术、存在的问题及成因、发展方向进行了系统的梳理和深入分析,并以“交通·杭州”公众出行手机应用系统作为典型案例,介绍了其建设推广情况以及成效。对管理部门吸取经验,开展后续基于移动终端的出行信息服务系统的建设和发展具有重要意义。

关键词:移动终端,出行信息服务

随着城市化进程不断加快,人们对城市交通运输的要求越来越高,然而由此滋生的拥堵、事故、污染等诸多社会问题,也成为当前城市发展的瓶颈。除了合理规划城市路网、适当扩建道路、加大交通管理力度之外,大力发展城市公共交通事业是解决城市交通问题的根本出路。公众出行信息服务是发展公共交通的重要组成部分,也是吸引乘客选择公交出行的重要因素。如何进一步提高公众出行信息服务水平是摆在我们面前亟待解决的问题。

1 发展背景

广大出行者迫切需要随时随地获取全方位、多层次、多种方式的交通综合信息,服务内容要更加丰富,服务范围要更加广泛,服务手段要更加经济和便捷,服务质量要更加优质。当前,中国出行信息服务系统(TISS)正处于快速发展的关键时期,中国拥有世界上最为庞大的交通运输网络和出行人群,出行需求的快速增长已成为 TISS 建设实施最重要的推动力量。

交通信息服务是指通过各种技术手段,将各类交通信息通过信息发布终端发送给用户。常见的信息发布方式包括网站、呼叫中心、短信、交通广播、可变情报板(VMS)、车载终端等。近年来,随着嵌入式技术、通信技术的飞速发展。基于移动终端的交通信息服务成为公众出行服务的又一重要途径。移动终端不受时间和空间的限制,可以满足出行者对信息服务实时性、有效性、多样化和个性化的需求,从而提高出行质量,有效缓解交通需求与供给的矛盾。

从常见的几种信息发布方式来看,互联网具有信息覆盖面广、信息量大、针对性和实时性强等特点,但其物理特性决定其不利于出行中的信息发布。VMS 具有表现力强、播放时间自由、出行中可实时获取信息等优点,但也存在针对性差、用户不能主动访问等缺点。广播设备价格低廉、普及率高,但其发布针对性和信息表现形式较差。车载终端各方面功能完备,但目前普及率不高。移动终端信息发布灵活,表现形式丰富,针对性强,具有其特有的优势:①随时随地获取出行信息;②基于位置的有效信息服务;③交通信息的互动交流,移动用户既是信息的获取者,又是信息的提供者。

2 主要类型

根据移动终端的特点及出行者的交通信息服务需求,目前市场上基于移动终端的 TISS 主要有 5 种类型。

(1)路况导航。按照一定的规则(如路线最近、最经济、用时最短等)为自驾出行者提供线路规划,并结

作者简介:吕永华,男,学士学位,研究方向为智慧交通。

合实时路况提供智能导航。应用较为广泛的主要有高德导航、凯立德导航等。

(2)交通信息查询。根据出行者的信息需求,提供各类实时、动态的交通信息查询服务,市场上较为普遍的移动应用主要有:路况信息查询系统、实时公交信息查询系统、停车服务查询系统、地铁信息查询系统、航空信息查询系统、铁路信息查询系统等。

(3)出租车叫车。用户输入起点和终点,自愿选择"是否支付小费",系统将打车需求发布给附近的出租车司机,司机可根据线路、是否有小费等选择订单。目前应用较广的有滴滴打车、快的打车等。

(4)电子购票。通过移动终端的电子支付技术,实现乘坐公交、地铁等公共交通工具乘车刷卡支付,以及购买长途客车票、火车票、飞机票等。

(5)综合服务。将以上各类应用有机结合,提供综合交通信息服务的移动终端应用。例如:广州的"沃·行讯通",杭州的"交通·杭州"等。

3 关键技术

(1)无线通信技术。无线通信是利用电磁波信号可以在自由空间中传播的特性进行信息交换的一种通信方式。目前,无线通信领域主要包括 3G、WiMax、UWB、WiFi 以及 RFID 等几大技术热点。3G 则是如今蜂窝通信技术的主流,在全球范围内也已经大规模地商用,技术日趋成熟,无线通信技术的发展脚步正在逐渐从已臻成熟的 3G 迈向 4G 通信技术。

(2)地图平台。地图平台是各种出行信息服务应用的共性技术平台,承担空间数据存储和管理、空间查询与路径规划、可视化等任务。

(3)GPS 浮动车技术。国内外普遍采用基于车载设备的 GPS 浮动车技术采集交通信息,车载设备包括 GPS 定位模块和通信模块等,GPS 模块接收卫星信号并运算出车辆的坐标和瞬时速度,通信模块负责将车辆 ID 号,经纬度坐标、瞬时速度、方向、出租车计价器状态等数据传送到信息平台,信息平台对上传数据进行存储、预处理和地图匹配后,利用相应的计算模型对交通信息进行估计,得到道路的动态交通信息,并接收信息平台发送的指令和数据。

(4)出行路径规划。多方式出行路径规划是指基于既有交通方式和运载工具,在考虑出行者不同偏好(快速、经济、少换乘及舒适)情况下,建立出行路径优化模型。

(5)大数据技术。"大数据"是指体量特别大、数据类别特别多的数据集,对这样的数据集进行抓取、管理和处理的技术被称为大数据技术。

4 存在问题及成因分析

作为一项新兴的产业,基于移动终端的 TISS 应用前景十分广阔。然而,也面临着一些问题。

(1)技术瓶颈有待进一步突破。基于移动终端的出行信息服务系统涉及多个技术领域,关键性的技术难题需要进一步的攻克。例如:如何提高导航地图数据的时效性?动态交通信息如何快速处理并得到实时应用?动态路径规划算法如何更快速、准确?多种交通模式如何更高效地集成?如何为用户方和服务提供方提供更为方便的互动应用?等等。

(2)管理体制分割,资源分散,整合难度大。由于城市交通管理体制的分割和行政区划的约束,目前 TISS 建设与管理组织体系不完善,缺乏具有执行能力的专责机构,缺乏有效的数据交换协调机制,直接影响了各类交通信息资源的共享水平及效果。

(3)相关标准规范滞后,产业化面临风险。中国的标准体系从执行力角度分为强制标准和推荐性标准。目前制定的 TISS 相关标准属于推荐标准,加之标准的宣贯工作存在不足,许多标准实际上并没有得到重视和遵循,导致当前 TISS 在数据共享、服务规范方面存在较大的障碍,在一定程度上妨碍了 TISS 产业标准化、模块化、集成化能力的发展。

(4)缺乏与市场机制的有机结合,可持续发展能力不足。基于移动终端的 TISS 的建设产出主要体现在社会效益方面,其潜在的市场利益尚未得到充分开发,对社会资金的吸引力不强,政府持续投入存在较大难度,运营维护资金总量不足,投资渠道不畅,这些因素影响到基于移动终端的 TISS 的可持续发展。其次,政府机构在服务创新方面缺乏自动力，从长远发展来看，政府长期进行建设和运营维护的人力、物力和财力投入，不利于进一步改善基于移动终端的 TISS 服务质量，急需与市场机制相结合。

5 发展方向

可以说，基于移动终端的 TISS 建设已进入快速发展期，挑战和机遇并存。计算机网络和无线通信技术发展日新月异，各种相关技术和产品已经具有一定程度的成熟性，与出行信息服务相关的技术研究和成果的转化正处在产业形成的初级阶段，部分融合了先进理念的技术产品正不断涌现，基于移动终端的 TISS 发展技术条件已经基本具备，其所面临的产业化发展前景令人期待。但是，作为 TISS 建设重要基础的相关系统建设仍有待进一步完善，能否有效解决数据采集问题和保持稳定数据来源成为现阶段基于移动终端的 TISS 发展成败的根本。同时，为了推动系统建设的健康、持续发展，需要着力优先解决以下问题：充分借鉴国内外出行信息服务和相关领域建设与运营方面的经验，在国家和地方各个层面为系统发展创造更好的政策环境和投资环境；加快标准体系的完善，促进中国出行信息服务系统的规范化建设；在分析未来发展趋势和出行者需求的基础上，明确基于移动终端的 TISS 建设与实施的方向与重点；加强运行机制的完善和创新，推动出行服务的产业化发展，探索一条适合中国社会和经济发展的基于移动终端的 TISS 发展道路。

6 典型案例

杭州市主城区机动车保有量现已超过 117 万辆，交通拥堵、停车难、交通污染、能源消耗等问题日益突显。为更好地利用移动通信技术向公众提供交通出行信息服务，杭州市交通运输局于 2013 年 1 月正式推出“交通 · 杭州”公众出行手机应用系统，该系统是基于移动终端的 TISS 综合应用典型案例。

(1)系统概况。“交通 · 杭州”公众出行手机应用系统根据市区、长途和自驾出行的不同需求特点，有针对性地提供了杭州五位一体的公共交通、城际公共交通及个人自驾等出行方式所需要的信息，涵盖了线路站点、班线时刻、票价里程、换乘转乘、路径规划、实时路况、停车诱导、通行费用等交通出行信息，具体包括公交查询、公共自行车查询、地铁查询、水上巴士查询、出租车约车、长途班车查询、实时路况查询、火车查询、航班查询、自驾线路、市内出行、长途出行、停车诱导等功能模块。

(2)推广应用情况。“交通 · 杭州”受到杭州市民和游客的高度关注和青睐。“交通 · 杭州”入选杭州市品牌办、市委宣传部评选的“2013 年度杭州十大生活现象”的“网上服务提升生活品质”，被《中国信息化》杂志评为“2013 年度智能交通”。

(3)效益分析。“交通 · 杭州”通过集成创新、技术创新，实现了服务创新和管理创新，通过在全市范围内大规模推广应用，方便了公众出行，提高了行业运行效率，提升了政府管理水平，使得社会公众、交通行业、政府部门三方同时受益。

从公众角度，“交通 · 杭州”帮助市民及时便捷地掌握出行信息，提前合理规划出行线路，提高公众出行的便利度，节省出行时间，有效改善出行心理，是实实在在让百姓受惠的“民心工程”。

从行业角度，“交通 · 杭州”提供了多种公共交通工具之间顺利换乘转乘服务，在一定程度上鼓励公众采用公共交通方式出行，使杭州市各交通资源利用率趋于合理化，提高行业整体运行效率。

从政府管理部门角度，“交通 · 杭州”集成的交通信息资源，方便管理部门对这些信息进行更为深入的分析和利用，辅助进行科学决策，进一步提高管理水平。同时，该系统还有效推进了节能减排工作。

参考文献

[1]陆锋，郑年波，等. 出行信息服务关键技术研究进展与问题探讨[J]. 中国图像图形学报，2009.

[2]周元峰，祝宏宇，等. 中国出行信息服务系统发展现状分析[J]. 公路，2011.

[3]侯晓宇，等. 面向移动终端的实时交通信息服务分析[J]. 交通信息化，2013.

[4]王爽，沈强. 交通出行信息服务平台关键问题研究综述[J]. 公路交通科技，2012.

昆明停车区域差别化管理价区研究

朱 权 唐 翀

(昆明市城市交通研究所,云南昆明 650011)

摘要:停车收费作为有效调节机动车空间分布、缓解中心区交通拥堵的重要举措,《昆明市机动车停放服务收费管理规定(2005)》确定的停车收费价区及标准已难适应当前昆明机动化迅猛发展的要求,研究成果通过对停车收费价区的重新划分,推进了昆明市停车收费区域差别化管理,实现"核心区高收费、外围区低收费",为昆明缓解交通拥堵及停车难的问题奠定了良好基础。

关键词:停车收费;区域差别化;交通拥堵;管理办法

1 国内外停车收费体系案例研究

从国内外城市停车分区实施的经验与特点来看,其实施的核心思想是:利用价格杠杆机制,调节静态交通合理分布,实现动静态交通平衡,最终实现城市交通的良好运行。从各城市停车收费分区的特点来看,主要考虑了以下几方面的因素。

(1)城市空间结构。城市空间布局结构形式对停车分区有着明显的影响,对于单中心大饼扩张式发展的城市,其道路停车收费分区也采取与之类似的圈层式形式;对于不规则形状城市或者多中心组团式城市,其停车分区政策划分则可能呈现出多种形态,既可以是参照人口工作岗位分布的多点分布,也可以是参照道路交通运行状况而构成的不规则形态,如重庆、北京、巴黎等。

(2)城市土地利用。城市土地开发利用主要基于不同开发形态的不同交通需求,并且同步反映到城市人口及工作岗位分布上。高强度的土地开发造成人口及工作岗位的高密度,其相应的交通需求也就越高,对城市道路交通设施的交通压力也就越大。这样的区域需要抑制其私人机动车使用比例,故而需要提高其停车收费水平;反之亦然,如广州、伦敦、南京等。

(3)城市道路交通服务水平和城市形态与交通区位。道路交通服务水平越差、越临近城市中心,那么就越需要控制机动车进入该区域,需要提高该区域的停车收费水平,以达到抑制机动车进入的目的。在这方面,北京最为突出。

(4)公共交通服务水平。公交覆盖主要有两方面的内容:①公交覆盖率,其表征为轨道与公交的可达性;②居民出行的方式构成。对于轨道与公交的可达性很高的区域,不需要大量的私人小汽车出行也能满足其实际出行的需要,本着降低私人小汽车使用的目的,有必要提高机动车停车收费水平。居民出行方式的构成往往与公交的可达性息息相关,但是又不尽相同,高公交可达性不一定会有高公交出行比例。在一个高公交出行比例的区域,其私人机动化出行比例很低,提高其停车收费标准,有利于引导居民出行,同时也可以防止私人机动化出行比例的上升,如巴黎、荷兰等城市(见图 1~6)。

2 昆明机动车停车收费区域差别化分析

2.1 城市空间结构原则

从交通的角度来看,昆明主城区城市空间结构大体上呈现出"环+放射路网"的格局(见图 7),总体路网形态为"4 环 17 射"。4 条环路将昆明主城区划分为不同的城市功能区。

作者简介:朱权,男,硕士,主要研究方向为交通规划与管理。

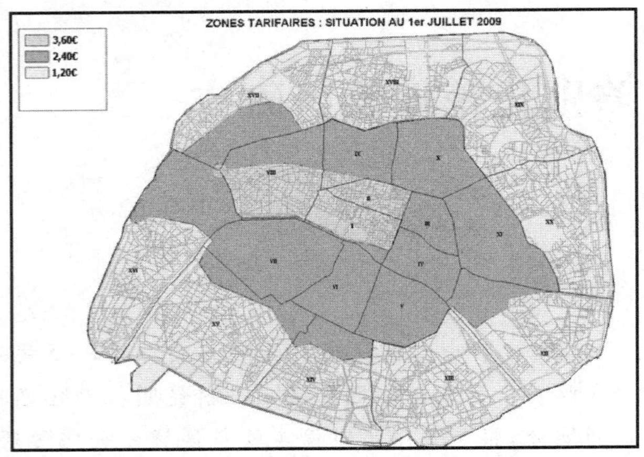

图 1　巴黎停车收费费率分区示意图

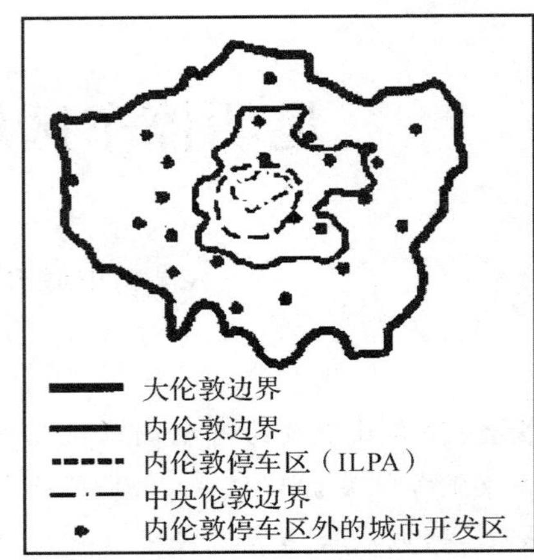

图 2　伦敦停车分区控制示意图

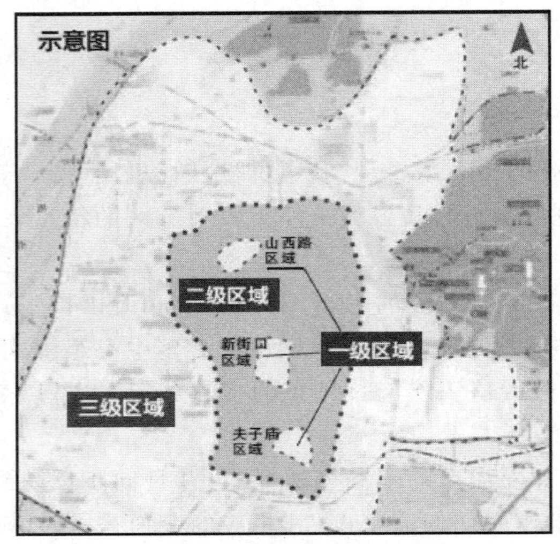

图 3　南京停车收费分区示意图

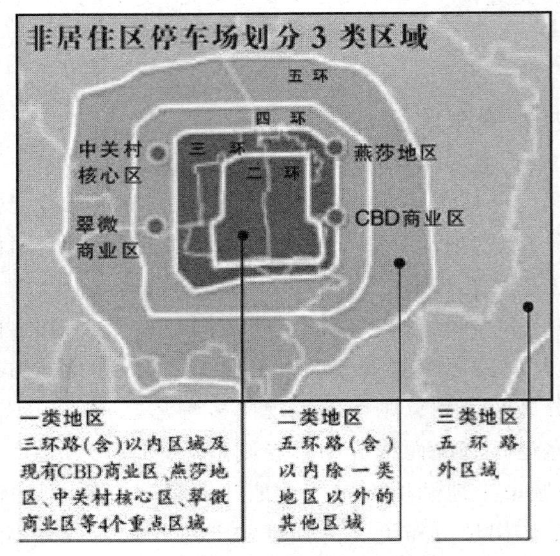

图 4　北京停车收费费率分区图

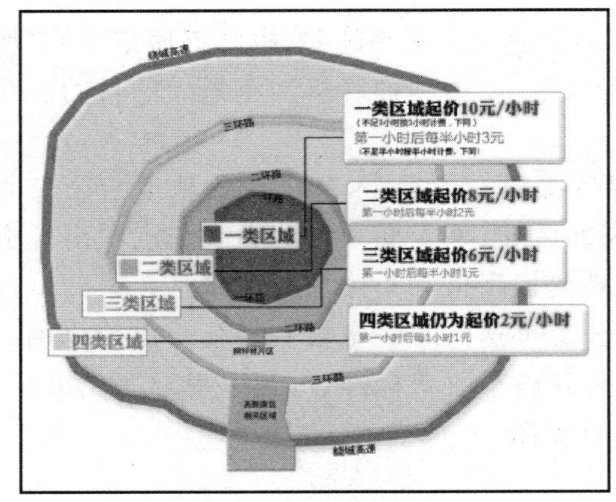

图 5　成都停车分区价区示意图

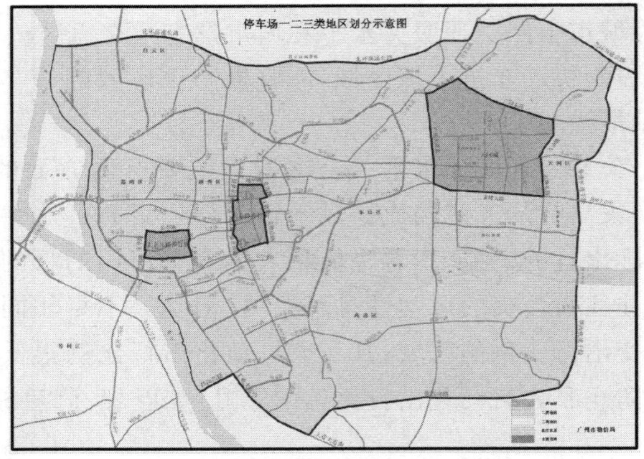

图 6　广州停车收费分区示意图

一环以内是昆明传统的老城区，聚集了昆明的主要商业服务设施；一环与二环之间是昆明市近年来发展成熟的区域，同时二环路也是昆明城市交通运行的临界线，二环以内交通较为拥堵，二环外则相对较好；二环以外至三环区域，是昆明市重点发展区域；三环以外至外绕城高速，则基本囊括了昆明市环滇都市区的范围。

正是由于昆明主城区城市空间结构上的特性，可以充分利用城市环路对城市空间的区分来划分昆明市停车分区。其方案如下：将停车收费标准划分为 4 个价区，从一环，到一、二环之间，再拓展到二、三环之间与三环以外区域，其停车收费也相应向外逐步降低（见图 8）。

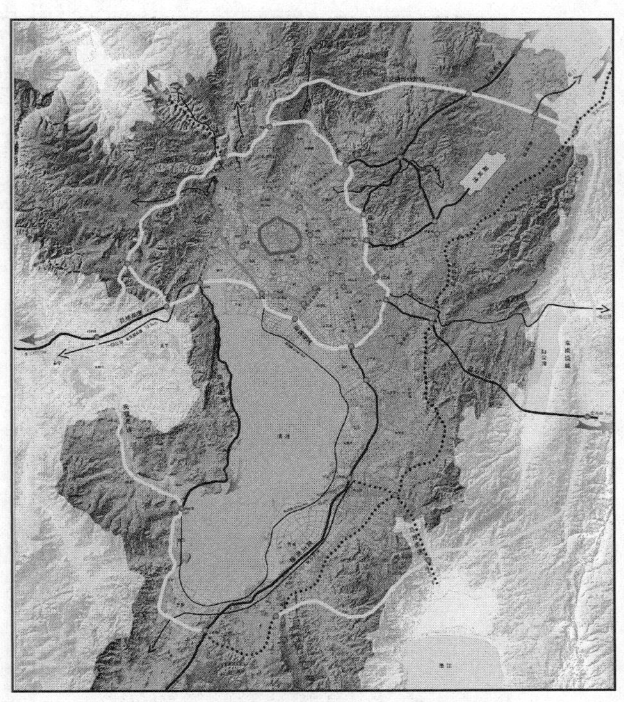

图 7 昆明市城市空间结构分析

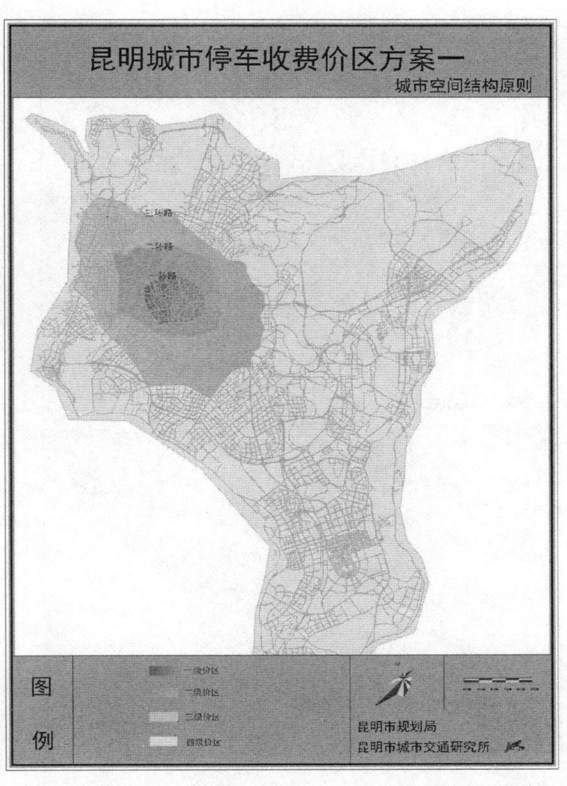

图 8 基于城市空间结构分析的停车收费价区方案

2.2 城市土地利用原则

不同的土地利用性质所产生的交通需求有着明显的区别。对于商业金融设施用地，由于其大量的人流与物流聚散效应，其交通需求明显高于一般的住宅用地。由于不同土地利用性质对交通有不同影响，为了保证城市交通的正常运行，有必要按照不同的用地性质对其实施不同的停车收费管理政策。

从昆明市的商业区分布来看，昆明市有着较为明显的商业集中分布区域（见图 9）。在主城区，其格局为“主城中心 CBD（南屏街片区）＋巫家坝次级 CBD＋若干商业集中区”；另外，在呈贡以及空港也有着相应的商业中心区。在这些商业聚集区以外，商业分布则相对零散，没有形成规模聚集效应。

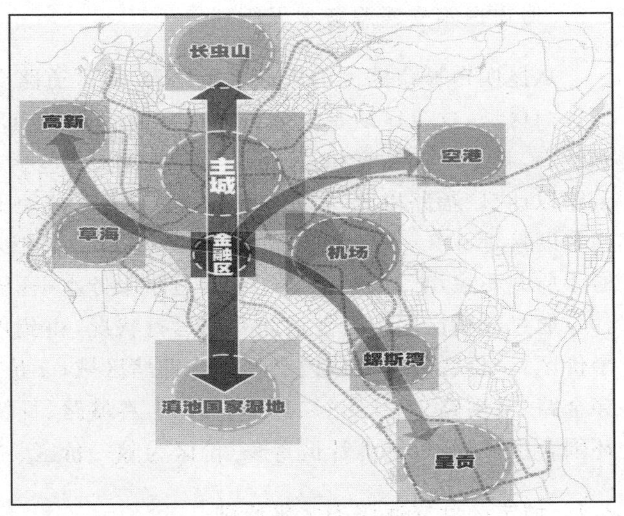

图 9 昆明城市传统功能轴及重要分区

从昆明市未来人口岗位分布也可以看出，除了中心城区既有的商业聚集区外，目前尚未形成规模的国际金融区、巫家坝片区、呈贡低碳示范区以及空港片区等区域将迎来高速发展，从规划年（2020 年）的预期人口与工作岗位分布情况来看，这些区域都将出现较大增长（见图 10）。因此，虽然目前国际金融区、巫家坝片区、呈贡低碳示范区以及空港片区等区域没有严重的交通矛盾，但是应考虑未来发展成熟后，其停车政策调整的可能。

从城市土地利用出发，结合昆明市将来土地利用规划情况，将昆明市停车收费价区划分为三大区域，其中一价区为城市 CBD 地区，即春城路、人民路、西昌路、金碧路围合区域；二价区为一环以内除一价区外区域，同时包括昆明市关上片区、国际金融区、新螺蛳湾、老螺蛳湾、呈贡低碳示范区、巫家坝片区等商业聚集区；三价区则为除一价区、二价区以外的城市其他区域（见图 11）。需要说明的是，由于国际金融区、呈贡低碳示范区、巫家坝片区等目前尚未开发成熟，对应的价区标准应在片区开发成熟后实施。

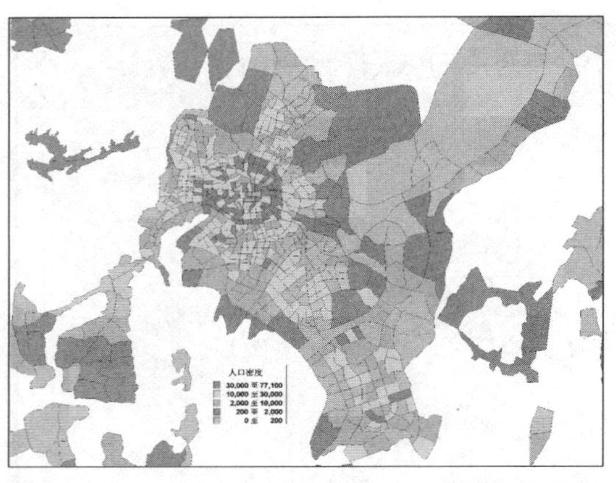

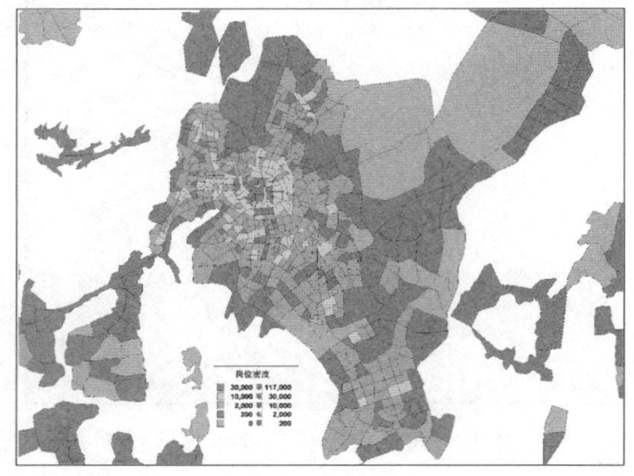

图 10　规划(2020 年)昆明主城区人口及工作岗位密度分布

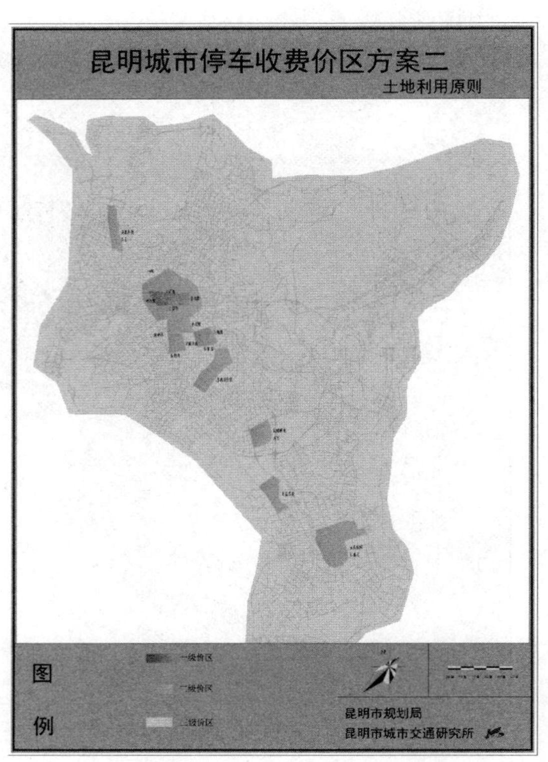

图 11　基于城市土地利用的停车收费价区方案

2.3　城市道路交通服务水平原则

从昆明市城市路网的服务水平来看，城区道路交通服务水平大体上可以分为 3 个层次。第一区域是一环以内区域，这一区域是昆明市道路交通状况最为不利的区域，高峰时段主要道路普遍处于饱和或者超饱和状态，其平均饱和度超过 1.15。第二区域则包括一、二环之间区域以及北市区(北京路两侧)、南市区(彩云路以西、广福路以北)，这一区域的主道大部分处于接近饱和状态，少数路段也有超饱和现象，其路网平均饱和度接近 0.9。第三区域则除了第一、第二区域以外区域，除个别片区交通矛盾较为集中外，其他区域交通矛盾并不突出。昆明主城区主要道路服务水平(V/C)如图 12 所示。

通过分析昆明市目前道路交通运行状况，得到停车收费价区方案。该方案将昆明市停车收费划分为 3 个价区：一价区为一环以内交通最为拥堵区域；二价区为一、二环间，以及其他交通较为拥堵区域，主要包括穿金路、霖雨路、盘江路、二环围合区域，春城路、日新路、海埂路、二环围合区域，滇池路、彩云路、广福路、二环围合区域，新螺蛳湾片区等；三价区为除一价区、二价区以外的城市其他区域(见图 13)。

2.4　城市公共交通服务水平原则

依照居民出行特征确定停车分区主要是考虑居民的公交出行比例与公交可达性。从昆明市现状公交站点覆盖来看，有呈现出明显的区域特征，一环内公交站点基本达到 300m 全覆盖，一环二环之间也基本已经实现了公交站点 500m 全覆盖。除了一、二环以外，在主要的公交客流通道及其周边也有着较为良好的公交覆盖服务。目前，昆明市现状公交站点 300m 及 500m 覆盖率如图 14 所示。

从昆明市现状公交站点覆盖出发，结合规划"轨道＋BRT"站点服务情况，确定基于城市公共交通服务水平的停车收费分区方案，整个城市停车价格共分为 3 个价区：一价区为一环路以内区域；二价区为一、二环之间以及其他公交服务较好的区域，主要包括昆曲高速、霖雨路、盘江路、二环围合区域，春城路、日新路、海埂路、二环围合区域，林荫大道、广福路、西坝路、前卫路围合区域；广福路、海埂路、官渡 14 号路、饵季路围合区域，兴苑路、西三环、科医路、西二环围合区域，呈贡低碳示范区；三价区为一价区、二价区以外的城市其他区域(见图 15)。

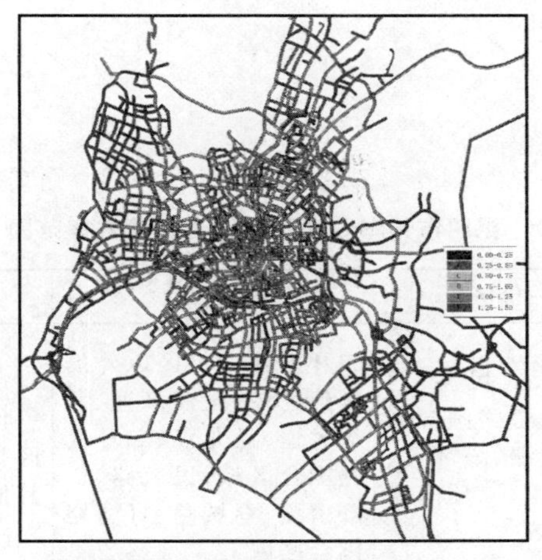

图 12　昆明主城区道路饱和度分布现状

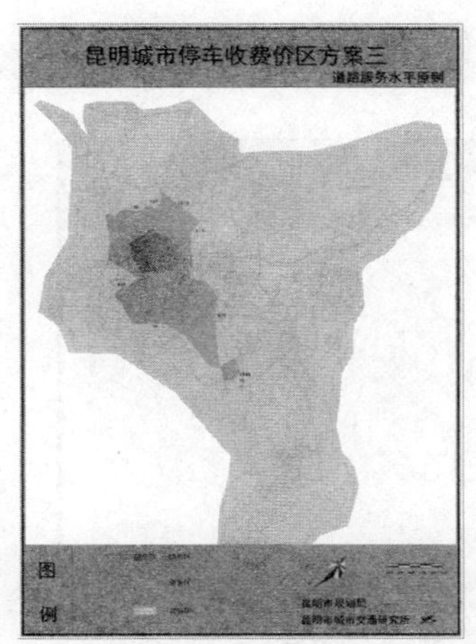

图 13　基于道路交通服务水平的停车收费价区方案

图 14　昆明市现状公交站点 300m、500m 覆盖情况

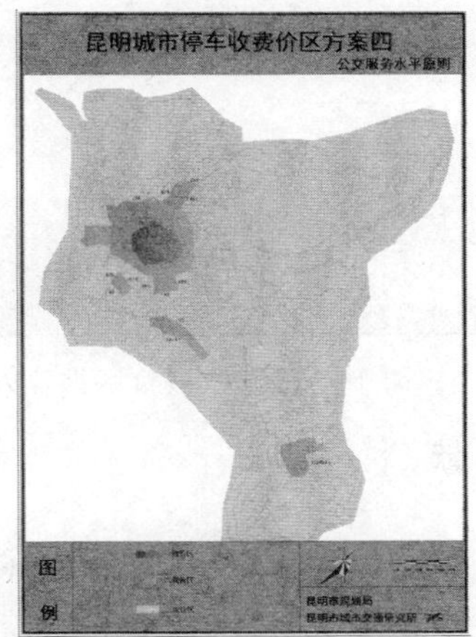

图 15　基于公共交通服务水平的停车收费价区方案

3　昆明停车区域差别化管理价区方案研究

3.1　价区划定目标及服务对象

本次停车价区划分核心目标是：通过停车价区划分，推动昆明市停车区域分时差别化供应与管理，以静制动，促进静态交通设施合理配置，为最终实现静态交通设施供需平衡、动静态交通的平衡打下良好基础。

本次停车价区划分对象为昆明主城范围内所有的经营性停车设施，既包括路内及路外公共停车场，也包括主城范围内住宅小区用于对外经营的泊位。

3.2　价区划定原则

充分借鉴国外（巴黎、伦敦、荷兰等）、国内（北京、成都、南京、广州等）城市机动车停车收费价区划定的成功经验，在综合统筹昆明城市空间布局结构、城市土地利用性质、城市道路交通服务水平、城市公共交通服务水平四大原则的基础上制定价区方案。

以昆明城市发展现状为价区制定基准年，价区方案应本着社会各界易于接受、易于识别、易于管理的原则，兼顾政府管理与社会服务，充分体现社会的公平性。

3.3 综合推荐方案(见图16、表1)

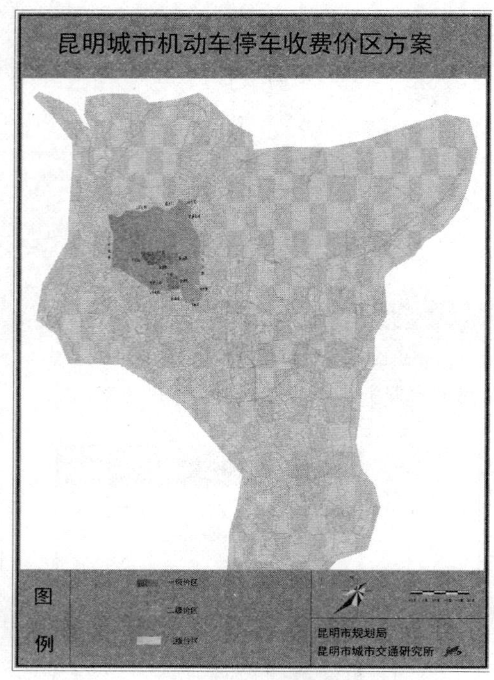

图16 停车收费价区推荐方案

表1 昆明市停车收费价区综合推荐方案范围

	一价区	二价区	三价区
范围	春城路、人民路、西昌路、金碧路围合区域;春城路、一环路、官南大道、二环南路围合区域	二环内除一价区以外的其他区域;昆曲高速、北辰大道、盘龙江、二环北路围合区域;民航路、二环南路、春城路、日新路围合区域	一价区、二价区以外城市其他区域

注:①城市客运交通枢纽,昆明火车站、东部客运站、南部客运站、西部客运站、北部客运站、西北客运站内部停车收费均按照一价区收费标准执行;②“P+R”停车收费标准另行制定,不在本次价区管理范围内;③昆明机动车停车收费价区范围及收费标准应根据城市更新和建设,建立动态评估机制,适时更新。

参考文献

[1]林卫,唐翀,等.昆明静态交通系统规划.昆明市城市交通研究所,2008.
[2]林卫,唐翀,等.昆明城市综合交通体系规划.昆明市城市交通研究所,2006.
[3]唐翀,文杰,张旭东,等.昆明城市交通年度发展报告.昆明市城市交通研究所,2012.

平安城市智能交通发展探讨

孙　斌　黄玲燕

（浙江警官职业学院，浙江杭州 310018）

摘要：随着物联网技术的发展，平安城市正从传统安防向平安城市大安防体系、数字城市、智慧城市方向发展。由此产生的安防视频及相关数据，正以惊人的速度增长着，人们如能对这些海量数据进行全面分析和挖掘，将解决城镇化建设中的诸多问题。然而，平安城市建设推动智能交通行业发展，智能交通在中国市场正处于高速发展的增长态势，主要包括交通信息采集、交通视频监控、智能公交、出租车信息服务管理、城市客运枢纽信息化等智慧平台的建设，相关项目数量大，市场规模大，增长的速度极快。由于城镇化进程加快，城市交通的城乡一体化趋势日益明显，交通信息化的范围正逐步向城镇发展。

关键词：智能交通；信息化；电子警察；地理信息系统(GIS)；应用

智能交通是一个基于现代电子信息技术面向交通运输的服务系统，其突出特点是以信息的收集、处理、发布、交换、分析、利用为主线，为交通参与者提供多样性的服务。

智能交通系统(Intelligent Transportation System，ITS)，是交通管理发展的必然趋势，各国也越来越重视智能交通的发展，并投入大量的资金与人力。智能交通主要是利用先进的计算机、电子传感器、数据通信传输、信息、控制等技术，建立大范围、全方位运用于整个地面，实时、高效、准确的交通管理系统。智能交通大大提高了交通管理的效率，而且减少对环境的污染，因而日益受到各国的重视。

智能交通在21世纪得到空前的快速发展，智能交通利用GPS定位，为人们的出行带来了极大的方便，而智能交通系统是先进的交通综合管理系统。系统起到的作用是：公路能智能地调整到最佳状态，车辆能智能地在公路上行驶。借助这个系统，管理人员将对道路、车辆的行踪一清二楚。

1　智能交通发展的必要性

随着我国城市化进程的加快和国民经济的高速发展，非机动车与机动车与日俱增，大大加剧了城市交通的压力，特别是在大城市，交通拥堵导致的环境污染、交通事故的加剧，是我国现在所面临的重大问题，更可能会阻碍我国国民经济的发展。

解决交通堵塞的传统方式是修建更多的道路，但是对于现在的大城市而言，该方式已经不适用。因为现在大城市可供修建道路的空间越来越小，必须根据实际情况解决问题。而智能交通系统综合考虑车辆与道路问题，实实在在地解决城市交通问题，改善了城市交通拥堵现状。

2　智能交通发展的现状

2.1　智能交通发展背景

(1)汽车社会化

大多数国家经历工业化过程，经济得到快速发展，从而促进了汽车产业的快速发展。经济发展与汽车产业相互促进，一些国家因而迈入了汽车化时代。可是人们想不到的是，汽车大规模地生产，带来了一系列

作者简介：孙斌(1972—　)，男，博士，副教授，浙江省新世纪“151”人才，国家安全生产应急专家推荐人选，浙江省危险化学品安全生产专家，浙江省专业带头人。

问题,交通阻塞造成的经济损失巨大,尤其是一些发达国家,汽车的普及不仅严重加剧交通问题,同时也带来了环境污染。因此,这些国家现在又要想办法治理汽车带来的问题,改善拥堵的交通状况,缓解交通压力。

(2)环境可续化

21世纪以来,城市一直面临着资源短缺以及环境污染的问题,并且随着汽车排污的日益严重,加剧了现在环境的污染。联合国已经意识到汽车所带来的危害性:生产汽车用钢带来矿产开采,破坏地球;生产塑料件带来水土污染;燃油消耗带来能源紧张和国家民族危机;尾气排放、扬尘带来大气污染;噪音污染;交通堵塞使北京成为全球最拥堵城市之一,提高城市建设成本,降低工作效率,提高用工成本,交通拥堵已成为全球主要危机之一;废弃物中电瓶、电子元器件、塑料件带来的水土污染。这些是发达国家追求经济所没考虑的问题,土地、燃油等不可再生资源被消耗,不仅不能发展经济,反而加剧环境的污染,带来后期对环境的治理等巨大工程。因石油危机以及环境恶化带来的后果,一些国家不得不采取先进的技术,对环境进行治理,投入大量的资金以及人力。智能交通技术是为解决当下交通问题应运而生的,它不仅保障了经济的发展,而且运用科学技术改善交通拥堵,解决环境问题,智能交通的发展将会是全世界发展的趋势。

(3)信息技术智能化

解决交通问题所遵循的原则是交通管理科学化、现代化。以前智能交通的设备是利用电子、传感、传输等技术实现管理,但随着科学技术的成熟与发展,尤其是计算机技术以及GPS、信息通信的普及和应用,交通监视控制系统、交通诱导系统、信息采集系统等在交通管理中发挥了很大作用,但是这些技术对系统的道路管理以及规划,还存在不足与缺陷。同时,在工业经济阶段,生产的分配主要按自然资源(包括通过劳动形成的生产资料)的占有来进行。所以,虽然生产效率大大提高了,物质财富大大增加了,但广大人民的生活水平的提高与此不成正比。在这期间,由于基本普及了中等教育,人才开始自由流动,比较成功地开发了智力资源。信息技术高速发展,快速进入信息时代,这就是"信息高速公路"。信息网络的建立,大大加快了全球经济的发展,进入信息革命时代。

2.2 智能交通发展现状

当今,全世界面临世界全球化、信息全球化,传统的交通模式已经不再适应当今快速发展的社会。交通必定要面临一次革命性的挑战,而智能交通是改变传统交通模式的必然选择。通过先进的信息技术、通信技术、控制技术、传感技术、计算器技术和系统综合技术的有效集成和应用,使人、车、路之间的相互作用以新的方式呈现,从而实现实时、准确、高效、安全、节能的目标。

国际交通普遍存在的交通三大问题是交通堵塞、环境污染以及交通安全,其中问题最严重的是交通安全。智能交通应用于道路管理后,不仅大大减少了人力成本,提高了交通工具的使用效率,而且每年交通事故死亡人数减少到30%左右。正因如此,世界发达国家重视智能交通的发展,并且投入大量的资金和人力进行智能交通的研发。经过长期的部署,现在发达国家的智能交通技术已经相当成熟,并且运用很普及。中国也有一些智能交通应用。①北京:目前北京市已初步建成4大类ITS系统,公共交通指挥与调度、紧急案例的事件管理、高速公路管理,这些子系统已在各个运营部门和各交通管理上应用。北京已经明确提出了智能交通的近期目标,同时建立智能的交通系统来管理整个城市的道路,大大改善了交通拥堵的现状。②广州:广州市的交通基础设施建设取得了很好的成绩,但是由于受到经济条件、地理位置和环境的约束,在相当长的一段时间内道路交通网络建设将很难满足交通运输增长的需求。目前,广州市对智能交通系统的需求是满足广州市城市发展和交通发展的要求。

交通信息采集,基于传感器技术、通信技术、GIS(地理信息系统)技术、3S技术(包括遥感技术、GIS、全球定位系统3种技术)和计算机技术的不断发展,经历从单一的磁性检测器交通信息采集到多源的多种采集方式组合的交通信息采集的发展过程。交通信息在处理上不断发展、革新,更加满足当今社会的需求,更加适合实际交通状况,利于各种交通的发展,便于更好地管理道路交通,减少人力资源耗费,提高整体的运行效率。

3 智能交通的特点和系统构成

3.1 智能交通的特点

智能交通系统的特点涉及系统的范围应用以及服务,涉及提高交通的管理效率。智能交通系统整体性体现在 4 个方面。①跨行业特点。智能交通系统所涉及的范围很广,所跨的行业众多,整个系统的建设庞大,而且不同行业之间存在不协调的问题。②技术领域特点。智能交通系统涉及众多行业领域,是众多领域的科学成果,需要各行业的工作人员共同努力,一起协调各种矛盾。③公安、交警、企业、单位以及相关研发部门共同努力,协调各个角色和任务,完成整个庞大系统的建设与实际运用。④智能交通系统将主要以移动通信、宽带网、RFID、传感器、云计算等新一代信息技术为支撑,更符合人的应用需求,可信度提高并变得“无处不在”,尤其在发达国家,其应用已经相当普及。

3.2 智能交通系统构成

(1)控制系统

车辆控制系统是指能替代驾驶员或者是辅助驾驶员驾车的系统,主要根据在汽车的前部和旁侧的安装雷达或者红外探测仪,准确地判断车与障碍物之间的距离。该系统的主要功能是遇到紧急情况时,自动发出报警或者自动进行刹车避让,自动根据道路的情况改变车速。目前,美国等发达国家从事这种高智能汽车的研究,并且其技术已经相当成熟。

(2)监控系统

监控系统是指在道路、驾驶员和车辆三者之间建立快速的联系,也就是现在的导航系统,能在第一时间告诉驾驶员和交通管理人员:交通拥挤是哪里,路最为畅通是哪里。

(3)信息系统

旅行系统为外出旅行的人们提供各种交通信息,提供信息的方式很多,有手机、电脑、电视、电话、路标、无线电、车内显示屏等。该系统相当于导航,不管人在哪里,只要有卫星地图,就能准确导航所在的位置,可以搜索想去的位置,以什么交通方式可以到达,这会是人们旅途的最佳伙伴。

智能交通系统是一个复杂的综合性系统,从系统组成的角度可分成以下一些子系统。

①先进的交通信息服务系统(ATIS)。ATIS 是在信息网络的基础上,通过装备在车上、道路上、换乘站、气象中心以及停车场上的传输设备和传感器,向交通信息中心提供各地的交通信息。先进的交通信息服务系统得到信息并处理信息,实时向交通参与者提供道路交通信息,交通气象信息、换乘信息、公共交通信息以及出行等各种信息。人们可以通过搜索这些信息,安排自己的路线,为出行提供很大的方便。

②交通管理系统(ATMS)。ATMS 主要是给交通管理者使用的,用于检测控制和管理公路交通,在道路、车辆和驾驶员之间提供通信联系,与 ATIS 共用信息采集、处理和传输系统。ATMS 依靠先进的计算机信息处理技术和车辆检测技术,对道路交通的状况、交通环境、交通事故以及气象状况进行实时监视,并通过收集到的信息对设备进行控制。

③先进的公共交通系统(APTS)。APTS 的目的是使公交系统实现安全便捷、运量大、经济,通过各种智能技术促进公共运输业的发展,并在公交车站通过显示器向乘客提供车辆的实时运行信息,这样乘客可以清楚地知道公交车到站时间。公交车车辆管理中心也可以根据实时信息合理地安排发车、收车等,大大地提高工作效率与服务质量。

④先进的车辆控制系统(AVCS)。AVCS 主要的目的是使驾驶员掌握各种技术,提高汽车的运行效率。

⑤货运管理系统。货运管理系统主要是指以 GPS 导航为基础,以信息管理为依据,利用物理理论进行智能化管理的系统。该系统利用先进的技术(如 GIS、GPS、物流信息等),提高工作效率。

⑥电子收费系统(ETC)。ETC 是通过安装在挡风玻璃上的车载器与收费站车道上的微波天线之间的微波专用短程通信,然后将前端采集到的信息利用计算机与银行在后端进行收费处理。该系统实现了较少人力资源耗费,利用先进的技术达到车辆通过路桥无须停车收费,并且会将处理后详细的清单交给相关业主。

⑦紧急救援系统(EMS)。EMS 为道路使用者提供车辆故障现场紧急处置、拖车、现场救护、排除事故车辆等服务。

3.3 智能交通管理平台

智能交通管理平台采用分散式网络架构,数据集中化管理。该平台集成数据库管理与备份、数据存储、车辆抓拍、车牌识别、流量统计、车辆布控报警、设备管理、数据共享等功能,为用户提供统一的网络接口、数据管理和分级部署,能对所有第三方数据提供数据接入服务。

卡口相关功能:车辆捕获、车辆测速、号牌自动识别、黑名单(模糊)比对报警、黑名单管理(导入和导出)、套牌车判断。

电子警察相关功能:闯红灯违章管理、压黄线违章管理、压实线违章管理、逆行违章管理、单点超速和区间超速违章管理。

辅助功能:图片防篡改、断点续传、模糊查询、统计报表、流量统计、数据备份或还原、GIS 功能、设备管理、系统时钟自动同步、权限管理等。

数据中心:整个管理平台核心,负责接收前端数据,数据信息提取记录,抓拍数据实时输出,车牌识别,设备管理,设备运行状况监视,全局系统时间同步;完成面向用户应用的数据处理功能,如黑白名单比对,违法类型判断,各种图片处理功能。

数据接口服务:负责使第三方数据、老系统历史数据与数据中心的对接,同时还可以进行车牌识别。对于卡口监控报警系统的图片数据、模拟闯红灯的电警数据,需要使用接口服务使数据进入数据中心。

数据中转站:负责缓存数据或对数据进行车牌识别,或安装在双网卡主机中,用于多级网络间的数据转发。它不会改变抓拍数据中的抓拍设备的设备标识、车道编号等关键信息。

Web 数据管理系统:面向用户应用,可以在 IE 上对抓拍数据进行功能强大的数据管理,提供给用户多种方式的数据应用及数据管理功能。

实时报警:实时接收数据中心发出的报警抓拍信息并进行报警提示,可与声光报警器等设备进行联动报警提醒。

高清视频录像服务:具备录像、定时、磁盘组设置、查询回放等功能。支持叠加文字模式,不叠加文字将极大减小 CPU 占用,但视频大小受图像采集设备控制。

4 智能交通的发展

4.1 智能交通发展特征

(1)信息采集与处理方式的多样化

交通信息采集的方式分为人工采集方式和自动采集方式。自动采集方式包括磁性检测器(包括感应线圈检测器、磁阻传感器等)、光学检测器(包括视频检测器、激光检测器)、微波检测器(包括微波检测器和雷达测速仪)、路面情况及测重传感器(雨雾检测器,路面结冰检测器,轮、轴重仪等)。随着科学技术的发展,自动采集技术得到不断的研究、发展和应用。各种采集技术都有各自的优缺点,利用多种采集方式进行组合采集交通信息是国内外研究的热点。开发信息的质量控制技术、多源交通信息融合技术、信息的多时间尺度预测技术、信息集成技术、信息压缩技术和存储技术等,大大提高了信息的精度及信息提供的种类。

(2)信息的内容及地理范围广

因不同地区的地理环境不同,经济条件不同,导致对信息的采集方式也是不同的。目前,智能交通一体机实现虚拟线圈的抓拍,不仅节约了成本,而且实现超速、违章抓拍。与传统的埋地线圈相比,存在很大的优势,传统的埋地线圈需要剖开道路将线圈埋在下面,但是大型车辆以及重量级的车辆长期行驶在马路上,很容易导致线圈的破坏。频繁更换线圈不仅成本高,而且会加剧交通的拥堵。行程时间、区间速度等截面和路段交通参数,丰富交通信息的采集内容的同时也扩大了采集的地理范围。

随着交通数据获取源的增加,交通信息用户对海量交通信息实时性需求逐步提高。近几年,国内外逐渐将分布式并行计算技术、高性能计算服务器以及高性能的数据处理算法应用于海量交通信息的处理之中,改善了信息的处理速度。

(3)信息采集的精度和经济性提高

随着摄像机的像素越来越高,图片的清晰度很高,现在的低照度、宽动态以及透雾技术的成熟,提高了信息处理的质量。近几年,智能交通发展迅速,信息采集的精度得到提高,经济性更加显著。

4.2 智能交通发展战略

2012 年 7 月 31 日,中国第三届智能运输大会在北京开幕,交通运输部科技司相关负责人第一次对外解析了《2012—2020年交通运输业智能交通发展战略》(以下简称《战略》)。

智能交通作为当今世界交通运输发展的热点,在支撑交通运输管理的同时,更加注重满足民众出行和公众交通出行的需求,构建了一个绿色安全的体系。智能交通是未来交通系统的发展方向。经过十几年的研发和应用,中国智能交通技术在众多大型事件中发挥了积极作用。

4.3 智能交通发展新趋势

"智能交通未来的发展将更加关注公众出行、交通安全等民生需求,更加适合我国国情、地域和行业特点,更需要企业和社会力量的参与,并将自主创新与集成创新结合起来。"交通运输部科技司副司长洪晓枫说。

智能交通是当今世界交通运输发展的热点和前沿,它依托既有交通基础设施和运载工具,通过对现代信息、通信、控制等技术的集成应用,以构建安全、便捷、高效、绿色的交通运输体系为目标,充分满足公众出行和货物运输多样化需求,是现代交通运输业的重要标志。

《战略》预测,从战略性新兴产业发展形势来看,截至2012年上半年,我国手机用户超过10亿人,其中智能手机用户2.5亿人,手机首次超过计算机成为第一大上网终端。移动互联网的迅速发展也为智能交通提供了新的手段和发展机遇。

《战略》总结了这些新形势并提出了中国智能交通的发展方向:在支撑交通运输管理的同时,更加注重为公众出行和现代物流服务;在为小汽车出行服务的同时,更加注重为公共交通和慢行交通出行服务;在关注提高效率的同时,更加注重安全发展和绿色发展;在借鉴国外、技术跟踪的基础上,更多面向国内需求等。

5 结 语

传统对道路管理是通过人工查看、管理实现的,期间需耗费大量的人力资源,并且随着经济的发展、城镇建设速度的加快,导致城市人口密集、流动人口增加,引发了各种问题。智能交通的建设则越来越重要,政府开始重视智能交通的建设,通过现代技术管理城市交通。

智能交通未来发展将更加关注公众出行、交通安全等民生需求,更加适合我国国情、地域和行业特点,更需要企业和社会力量的参与,并将自主创新与集成创新结合起来。

公共交通系统是当今世界交通运输发展的热点和前沿,它依托既有交通基础设施和运载工具,通过对现代信息、通信、控制等技术的集成应用,以构建安全、便捷、高效、绿色的交通运输体系为目标,充分满足公众出行和货物运输多样化需求,是现代交通运输业的重要标志。

在国外,日本的智能交通建设已经相当的普及,虽然日本的人口比我国相差甚远,但是日本却很注重交通的发展与建设。日本将大量的时间以及资金投入到智能交通的建设,不断吸取各国先进的技术。

从战略性新兴产业发展形势来看,截至2012年上半年,我国手机用户超过10亿人,其中智能手机用户2.5亿人,手机首次超过计算机成为第一大上网终端。移动互联网的迅速发展也为智能交通提供了新的手段和发展机遇。

因此,中国智能交通的发展方向主要在:①在支撑交通运输管理的同时,更加注重为公众出行和现代物流服务;②在为小汽车出行服务的同时,更加注重为公共交通和慢行交通出行服务;③在关注提高效率的同时,更加注重安全发展和绿色发展;④在借鉴国外、技术跟踪的基础上,更多面向国内需求等。随着国家"十二五"交通规划的出台,预计2011—2013年,中国城市(道路)智能交通行业投资额将继续快速增长,2013年总体市场规模将达到459.5亿元。智能运输系统是运输系统的未来发展方向,需要政府、企业提供就业机会,保证交通运输业的可持续发展,促进城市及周边地区的社会经济水平快速增长,为全国的智能运输系统建设提供良好的示范作用。

参考文献

[1]杜宏川.我国智能交通系统发展现状与对策分析[N].人民日报,2002.
[2]张福生.物联网,开启全新生活的智能时代[M].北京:人民大学出版社,2005.
[3]马立军.现代交通运输发展问题分析[M].北京:中国出版社,2007.
[4]晏燕.智能交通:我们要跨越的不仅是技术鸿沟[M].北京:科学出版社,2006.
[5]周雪梅,杨晓光,史春华.交通与计算机[J].杭州:浙江安防, 2005.
[6]周雪梅,杨晓光.交通与计算机[M].杭州:浙江大学出版社, 2006.
[7]王京元.中国科技信息[M].兰州:兰州大学出版社, 2007.
[8]周小蓉,鲍铁洲,李红宝.城市交通[M].北京:北京出版社,2009.
[9]周娅娜,房新智.交通科技与经济[M].北京:中国安防出版社,2009.
[10]江滔,谢中玉.交通科技[M].北京:北京交通出版社,2009.

水上巴士发展之路

杭州市水上公共观光巴士有限公司

(杭州市水上公共观光巴士有限公司,浙江杭州 310000)

摘要:本文针对水上公交的运行需求、分担出行率、提高旅游知名度、打造杭州新名片等方面进行了再次调研和分析,探索杭州水上公交科学发展之路。

关键词:杭州市;水上巴士;发展

杭州是一座水基城市,绕城范围内就有 434 条河道,总长度达 1148km,形成了五水共导的局面。市委、市政府致力于打造"生活品质之城",对河道整治的决心和力度是长期而持续的,水上公交作为一种新型运载工具和创新举措,所起到的作用也逐渐显现。

1 杭州市水上巴士公司发展历程

1.1 成立背景及定位

2004 年初,杭州市委、市政府为进一步解决"两难"问题,充分发挥京杭运河在整治保护功能转换后突显的新优势,当年 10 月 28 日成立了杭州市水上公共观光巴士有限公司,也标志着杭州成为全国首个在市区运河主干道中开通水上巴士的城市。

作为五位一体大公交体系的补充力量和亮点工程,水上巴士制定了品质公交发展战略,大力加强建设"便捷有序、快速准点、经济舒适"的水上公交系统。为提高社会效益,解决"两难"为抓手,水上巴士作为公共出行和宣扬运河文化的生力军,越来越被社会大众认知和接受。

1.2 水上巴士的发展历程

(1)水上公交稳定快速发展

杭州市水上巴士公司从成立至今,致力于拓展和发展水上公交,得到了市财政局和相关单位的大力支持。从 2004 年 10 月运行至 2013 年,公司共完成公交客运运输量达 422 万余人次,平均以 40%的增幅逐年递增,2013 年客运量完成 117 万人次,具体如图 1 所示。

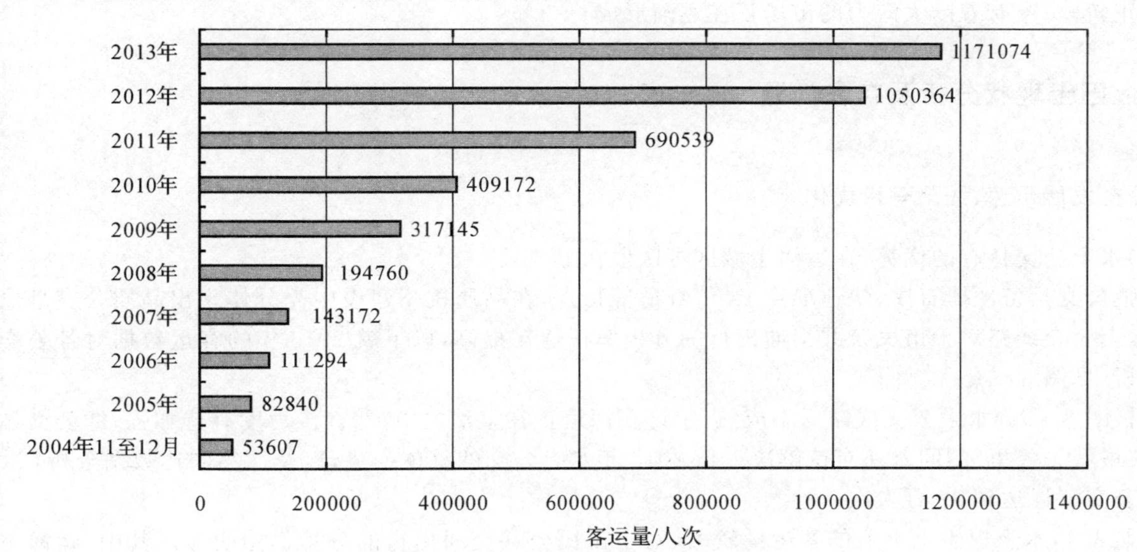

图 1 杭州市水上巴士历年客运数据比较

随着公司运营规模的不断扩大,公司的船舶由 2 艘发展到 59 艘,人员发展从 24 人到 194 人,水上公交线路从 1 条线路发展到 8 条(其中运河主城区 1 条、余杭塘河 3 条、上塘河 2 条、中东河 2 条),具体线路情况见图 2。

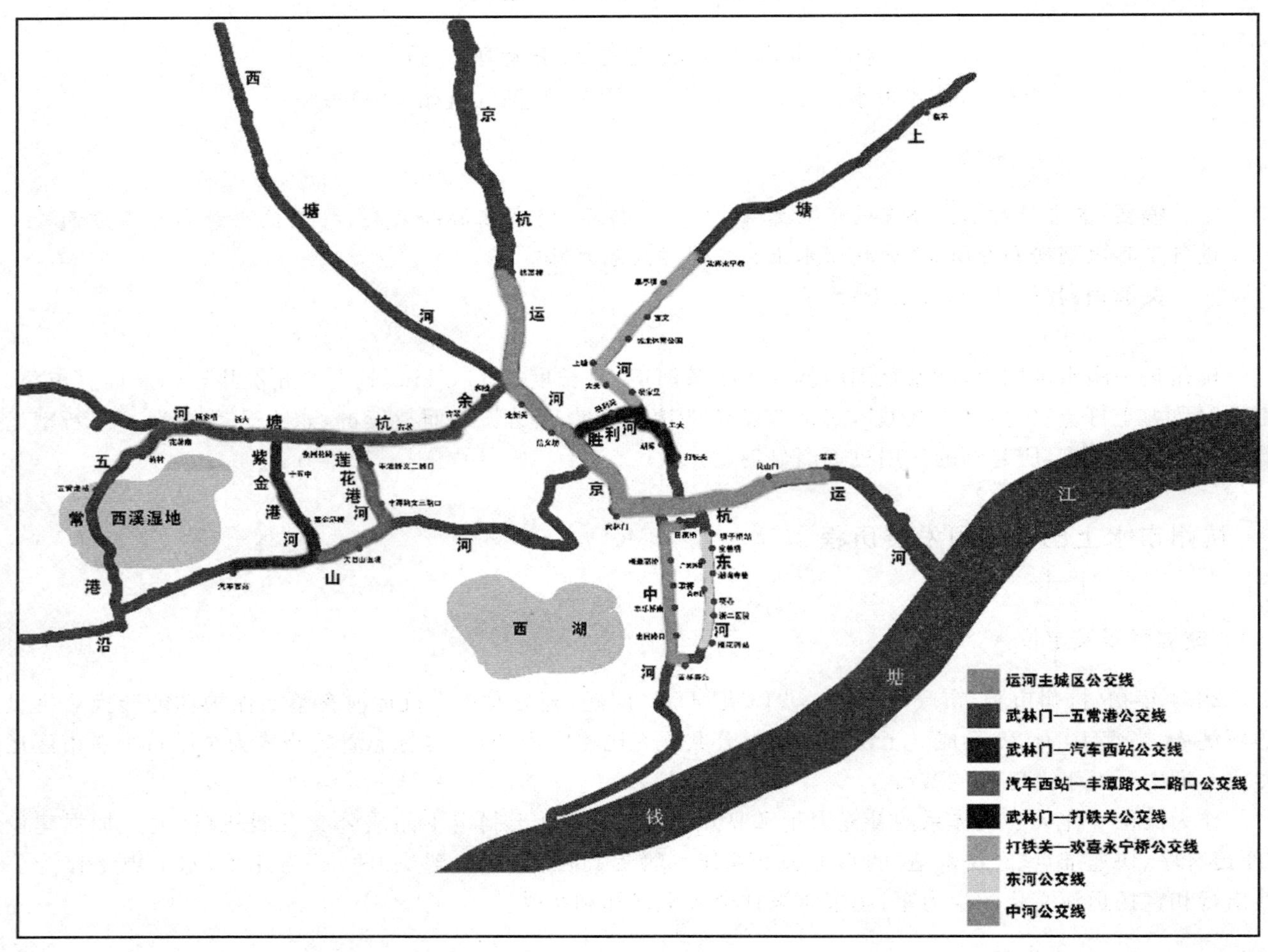

图 2　水上公交线路图

(2)发挥运河整体旅游纽带作用,做好旅游供应商角色

杭州市水上巴士公司对运河整体旅游起到纽带和载体的作用。公司在成立之初,就将传承运河文化、发展运河旅游作为公司的一项使命。同时,运河旅游也成为公司增加营收、补贴水上公交、减少财政亏损的一个重要补充。经过多年的经营,杭州市水上巴士公司作为运河旅游的供应商,随着运河整体旅游发展逐渐步入正轨,一个有着巨大潜力的市场正在逐渐形成。

2　水上巴士现状分析及存在问题

2.1　公交发展迅速,线路有待优化

(1)水上公交特有的优势,在运河主城区等区段初显成效

水上公交具备便捷有序、快速准点、经济舒适等特点,在品质杭州建设中充分体现出品质公交理念。目前,各水上公交线路对于市民公共交通出行的分担率正逐年提高,以下就 2013 年的客运数据对各公交线路进行分析(见图 3)。

分析图 3,部分水上公交线路尚不成熟:①许多河道正在整治之中;②宣传力度有待加强;③公交站与码头之间"最后一公里"的问题还有待解决。依 2013 年水上公交的整体走势,以及往年同比数据分析,2013 年的水上公交营运达到 92 万人次。

参照表 1,水上巴士上下班的客运量较大,对于市民公共交通出行的分担作用明显。其中,运河主城区段的总人次和上座率表现均比较显著,在高峰期运河的客流量也最大;而东河的上座率最高。2011 年 5 月 1

日起，杭州市水上巴士公司对部分水上公交线路进行了上下班高峰期班次加密，运河主城区和中东河线路班次间隔时间从 30min 一班调整为 15min 一班，位于交通拥堵地段的东河与中河上座率均有所提高，运河主城区段 5 月份水上公交上座率也上升至 69.48%，具有发展潜力。

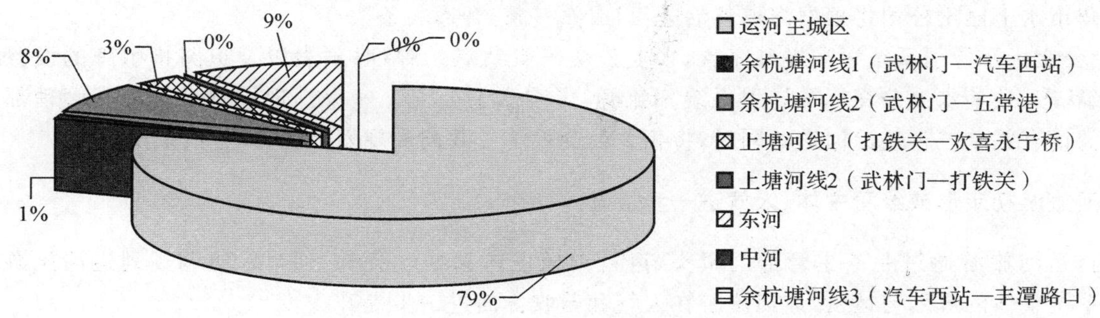

图 3　2013 年水上公交线路在公交总客运量中的比例

表 1　2011 年 1—6 月各线路的上座率和高峰时段客流所占比例　（单位：%）

水上公交线路	上座率（总人次/总客位）	高峰时段客流所占比例
运河主城区段线路	59.90	30.20
余杭塘河线 1（武林门—汽车西站）	25.41	25.24
余杭塘河线 2（武林门—五常港）	10.07	20.94
余杭塘河线 3（汽车西站—丰潭路口）	8.85	1.17
上塘河线 1（打铁关—欢喜永宁桥）	15.43	21.24
上塘河线 2（武林门—打铁关）（3—5 月份停航）	11.02	71.59
东河线路	78.55	19.00
中河线路	34.77	11.02

（2）公交线路的乘客组成分析

根据杭州市水上巴士公司日报表对刷卡人数以及调查结果的统计（暂定使用公交卡的人数为本地市民），水上公交的乘客 30%左右为本地通勤市民，30%左右为老年友好或友好人群，30%左右为外地游客。其中，除运河主城区上下班高峰期以外，其他时段的乘客中免费人群所占比例较大，公交补贴数量多。在 2011 年 1 月至 6 月期间各线路免费，人次及比例见表 2。

表 2　2011 年 1—6 月份各条线路免费人次比例　（单位：%）

水上公交线路	免费总人次所占比例	高峰时段免费比例
运河主城区线路	21.04	16.39
上塘河线 1（打铁关—欢喜永宁桥）	36.26	18.78
上塘河线 2（武林门—打铁关）（3—5 月份停航）	46.78	61.13
余杭塘河线 1（武林门—汽车西站）	33.60	31.75
余杭塘河线 2（武林门—五常港）	24.01	44.23
余杭塘河线 3（汽车西站—丰潭路口）	41.34	1.64
中河线路	54.57	15.18
东河线路	38.30	19.21

（3）受施工等因素影响，部分线路运行不稳定

部分水上公交线路运行不稳定，主要原因为：①市场开发程度不高；②班次间隔时间长且候船的相应设施有待提升；③与生活区距离较远，与公交站点和公共自行车网点未形成换乘体系；④受施工因素影响较大，如受重工路桥工程施工影响，上塘河线在很长一段时间内运行不稳定，加上宁杭高铁建设，从 2011 年 3 月份起该线路就一直处于停航状态，而余杭塘河线因今年紫金港隧道施工而将断航。以上原因导致多条水上公交线路客流量一直未能得到明显提升。

2.2 进一步完善标示导引系统,达到水上公交连片成网目标

目前,大量市区内河道正处于整治阶段,水上公交的河道水域还远未达到市政府联网连片、全城覆盖的要求,杭州市水上巴士公司将根据河道整治进程,成熟一条,开通一条。

水上公交标示导引系统还需提升完善,水上公交码头站点站牌、时刻表以及道路指引牌的设置正处于临时初级状态,致使水上公交标示导引系统不流畅,影响水上公交上座率。现杭州水上公交管理部门正加强沟通,商请有关单位在整治河道的同时,将相关公交设施一并列入规划,纳入其整治范围。

2.3 运河旅游初步形成经营主体,人气进一步上升

目前,运河旅游通过业务主管部门牵头,运营责任主体和区政府统一归口,协调规划运河旅游市场开发,形成系统整体的规划与运营,运河旅游在人气和营收方面进一步提升。

杭州市水上巴士公司作为运河旅游的供应商,只能被动在水上公交发展的余力下起到推动运河旅游的作用,并不能成为运河旅游的主导力量。水上巴士需要统一的规划,才能充分发挥作为运河旅游供应商所承担的落地功能。2011—2013 年,水上巴士旅游额运量及旅游收入情况如图 4、图 5 所示。

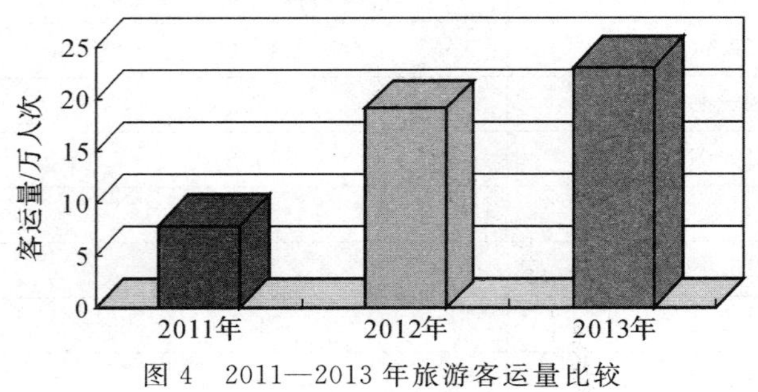

图 4　2011—2013 年旅游客运量比较

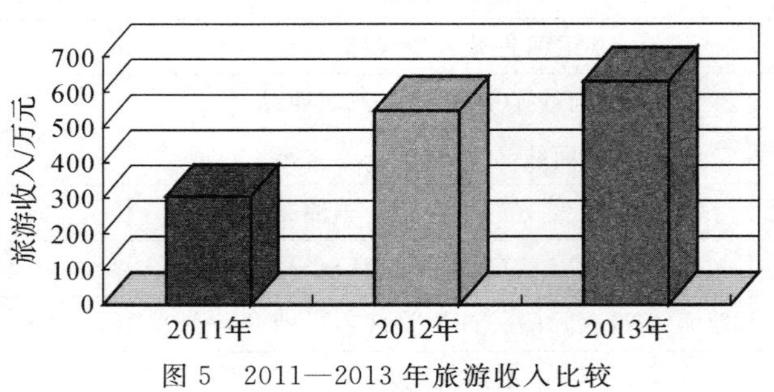

图 5　2011—2013 年旅游收入比较

3 水上巴士的发展方向与建议

市水上巴士公司经过多年运营,已达到一定规模,并取得长足发展。今后,如何在原有的基础上进一步发展,还需积极探索、转变思路,实现转型升级。

3.1 统一布局,长远规划,稳步推进水上公交

从规划着手,抓好当前工作是水上巴士的重中之重,杭州市城市综合交通研究中心编制了《杭州市区河道交通航运规划》,杭州市水上巴士公司将以此为基础并结合规划航道周边现状和发展情况,与市规划局对接编制《杭州市水上公交总体规划》,使水上公交线路涉及运河水系、上塘河水系、钱塘江水系和萧绍运河水系,基本覆盖整个杭州绕城内范围,打造“一轴、双十、两节点、四枢纽”的水上公交系统框架体系,逐步形成以钱塘江为主轴,重点发展江北十字网和江南十字网结构的一个完善的“水上公交网络”,进一步丰富、完善城市公共交通系统,扩大公共交通系统服务覆盖面,增强公共交通吸引力,并结合河边慢行系统,与陆上交通构成杭州市的城市立体交通网络。

3.2 做精做细水上公交,实现可持续稳步发展

杭州市水上巴士公司将进一步打造完善的水上公交网络系统,与整个河道规划体系接轨,有效缓解交通的土地制约和分流陆路交通压力,最大限度地方便通航河道周边群众的出行,建立优秀的“水上公交网络”,实现可持续发展,为公众提供一种真正“便捷有序、快速准点、经济舒适”的交通系统,重点突出“便捷有序”(见图 6)。

(1)保证船舶、场站等配套设施建设。水上公交作为杭州“五位一体”大公交体系的重要补充,要有可持续发展的眼光,不断培育市场,根据需求做好水上巴士各线路、船舶、场站等配套设施的建设,进一步完善水上公交的运营系统。

(2)控制发展节奏,进行线路调整,发展优势线路。重点发展运河主城区段和中东河水上公交线路,进

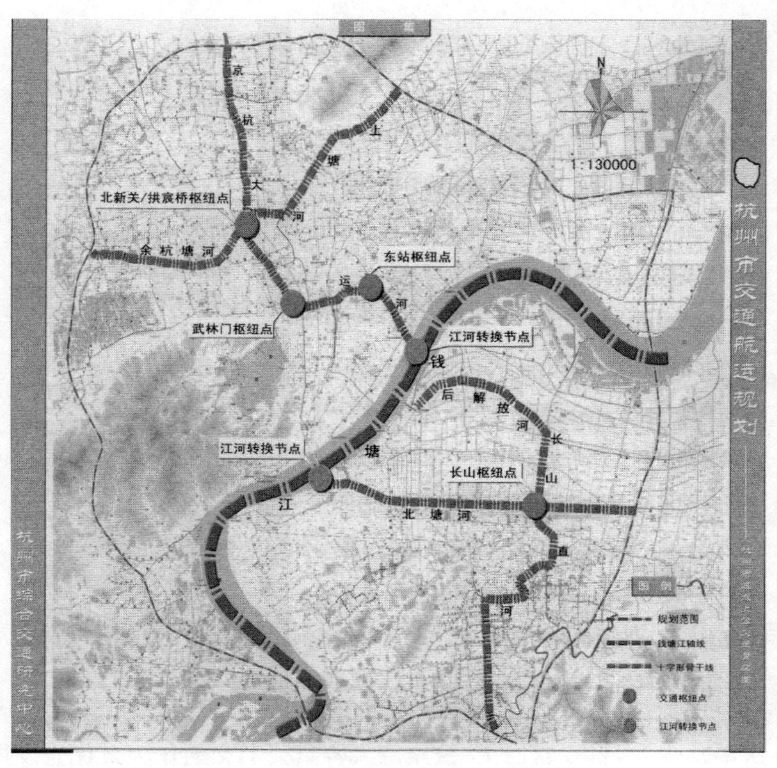

图 6　杭州市交通航运规划总图

一步加密上下班高峰期班次，完善站牌、时刻表等标示系统，加大宣传力度，吸引更多的人群选择水上公交出行。

(3)寻求与陆路公交系统的联网，改善水陆换乘条件。通过调查市民意见，杭州市水上巴士公司将按照上级交通主管部门的要求，进一步加强与市公交公司的对接，完善水上公交码头与陆路公交车站点、公共自行车网点的联网，形成便捷的水陆换乘系统，方便市民交通出行，从而真正发挥五位一体大公交体系的优势和作用。

(4)加大宣传与推广力度，提升水上公交的品牌知名度和影响力。利用报纸、网络、电台、电视等媒介集中宣传水上公交，打造立体型宣传网络平台，提高乘客认知度和上座率，并进一步提高满意度，达到品质公交目标，逐步提高交通出行分担率，有效缓解交通两难问题。

4　结　语

随着杭州市水上巴士影响力的提升，国内外的来访日渐增多，做好"品质、服务、亲民"是公司的发展目标。水上巴士公司作为运河旅游的重要载体——运河漕舫的供应商，将引进高素质的导乘、餐饮和演艺人员，进一步提高服务水平，充分发挥其对于运河旅游运的作用，突出其独特性、唯一性、纽带的功能。

中国香港特别行政区解决城市交通“出行难”问题的启示

卢智宏

（杭州市公共交通集团有限公司，浙江杭州 310004）

摘要：本文是笔者在我国香港特别行政区运输署实习交流1个月，先后考察了33个公交交汇处和10余个城市综合体，体验了铁路、专营巴士等10个不同层次的公交方式，走访了港铁、九巴、轮渡等公交企业后，了解到香港政府坚持公交优先，提升公交服务，解决交通拥堵方面的一些理念和做法。

关键词：香港特别行政区；城市交通；解决问题的启示

1 完善公交网络结构，优先发展快速公交，提高公交出行比例

中国香港特别行政区（以下简称“香港”）面积是杭州市区的1/3，人多路少，人均道路仅0.29m。自1976年起，香港先后通过3次滚动规划，将专营巴士、铁路等大容量公共交通作为最优先发展的项目，形成了以铁路、专营巴士为主体，以电车、小巴、的士、轮渡为辅助，以非专营巴士、缆车为补充的多层面互补型网络结构。各类公交线路多达千余条，各类巴士达17000余辆，出租车18138辆，仅路面公交运力就是杭州的3倍，还有港铁线11条，渡轮线百余条，且以279个公交交汇处（中心站）高密度地将各种公交方式有机衔接起来，使公交分担率高达90%，其中各类巴士占54.5%，铁路占34.7%。同时，香港还通过附征35%～110%的车辆购置税、停建中心区停车位，并提高停车费、停发出租车牌照等措施来限制私人交通的发展，使车辆拥有率控制在每千人81辆的水平。

香港经验启示我们：要尽快确定杭州大公交发展规划，并对城市未来的人口增长、出行特征、车辆增势、周边联动及城市道路极限容量等进行预测，拟定公共交通和私人交通的比例和总量规模，协调、完善交通结构；要重点建设杭州市主城区公交中心站，针对中心站少、布局不均、占道始发严重等现象，着力修编杭州市公交专项规划和分区控制性详规，严格落实场站用地，并以政策形式，明确今后在城市重点项目和生活区建设中同步规划和建设公交场站；要积极发展大容量快速公交，以弥补地铁的区域有限性，香港的公交分担率说明，在地铁高度发达地区，路面巴士系统仍然是出行的主力，因此杭州在积极发展地铁的同时，仍须着力于在大客流走廊上构建快速公交网络，并以此为主干，优化常规公交，降低重复率，提高便捷度。

2 采取积极经济政策，维护企业正常经营，保持公交良好后劲

香港给巴士企业设定了9.7%的利润率，以确保其能为社会提供良好服务。①可升可降的票价机制。由政府统计处按季就物价指数、同业工资指数和社会经济水平按既定数学模型进行测算，当达到既定值后，启动票价激活机制，避免了企业因客观因素而亏损或暴利。②优惠的税收和补偿制度。凡属政府收费项目如燃油税、牌照费、通行费等均予减免；对于轮渡等亏损企业，还以分租码头商铺、授权经营户外广告、减免租金等方式来予以支持。③独特的土地政策。政府负责建设和管理所有公交中心站并免费使用，对于公交建设用地，则将土地低价租借给企业，其租金以购买服务的形式予以抵消。

杭州市委、市政府近年来对公交的政策力度很大，为杭州公交始终具有较强服务能力提供了关键性保障。学习香港经验，建议政企双方要深入研究票价的确定依据和调整机制，测定基准票价，建立票价升降数学模型，定期测算和预警，必要时激活调价机制；要建立税收减免制度，扩大税收减免范围；要创新政府购买

作者简介：卢智宏（1962— ），男，研究生学历，经济专业，现任杭州市公共交通集团有限公司总经理。

服务内容,将按人次购买调整为按行驶里程购买,以避免企业因追求百公里客运人次而降低服务,以更好地鼓励企业加大运力投入,吸引市民乘车。

3 制定路权优先规范,创新优先通行举措,确保公交快速准点

在香港,公共巴士具有绝对的优先通行权,并列入《香港法例》。其专用道的设置以单位时间的交通流量为依据,即使是英皇道、半山道等单车道道路,一到高峰时段,整条道就让给巴士专用,同时电台等各媒体还呼吁个体交通礼让巴士,使巴士在高峰期的时速可达 20km/h,班次执行率可达 100.1%。此外,错点停站也加快了巴士的运营速度,交管部门将站小、线多、班密的停靠站,因地制宜拉长数十米至上百米,按一定间隔分设若干点位,各点位配置若干线路,车辆进站按点停靠,不需排队,既保持了道路的畅通,又加快了巴士的速度。

杭州已经在有条件的道路上设置公交专用道,公交先行权已逐步体现。借鉴香港经验,笔者建议,以道路畅通指数或单位时间的交通流量为依据,拟定规范科学的专用道设置标准,若确因道路条件有限,也可设置专用路口,以利巴士快速通过;建议对流量大、班次密、反响大的公交站点进行适度改造,拉长站位,分设停靠点,各点配线不过 6,实行错点停靠,即停即开,以弥补在设置公交站点时因忽略班次频率而导致的缺陷;建议由杭州市文明办牵头,开展“集体出行,公交先行”活动,通过广播等媒体引导个体交通“礼让巴士”,为公交快起来、准起来创造良好的社会环境。

4 保障员工薪酬福利,改善员工队伍结构,提升公交服务素质

香港巴士员工的收入水平处于同业职工平均薪酬的上游,就巴士司机而言,月均收入在 11000 元左右,且年均有 3%以上的增幅。而同业的出租车司机约 7500 元,货车司机约 5500 元。巴士员工对企业普遍具有归属感,以九巴为例,2008 年巴士司机流失率仅为 3.7%,远低于社会同期的 8.3%。杭州公交近年来,员工收入正逐渐接近城镇职工平均工资,队伍日趋稳定,服务逐步改善。但由于高强度的劳动及一定的职业风险,高素质的劳动力还是很难招入,一线员工的文化程度普遍较低,高标准的服务和高要求的操作一时还难以适应,因此,建议在目前的政策机制下,让员工工资水平适度高于城镇职工平均水平,以利于人才的流入和优胜劣汰机制的实施,提升员工队伍素质,提高优质服务水平。

5 注重细节人文关怀,提升公交服务品质,实现世界一流目标

香港公交在细节服务和人文关怀上更显特色。①如强有力的乘车引导。无论在大街小巷、商场大厦、地铁车站还是车厢内外,都有十分清晰的指示系统和线路网络图,乘车、换乘一目了然。②人性化的站牌设计。除了罗列沿途各站名外,还将班次间隔、各站票价、换乘线路及优惠幅度等分别予以标注。③富有人情味的语言提示。如以特征图案和“请让座予有需要人士”的组合来提示对特殊人群的照顾,回避了“老、弱、残”等不悦字眼,对老人均尊称为长者。④良好的车厢环境。各类公共交通均禁止饮食,车内无丢弃物和异味。⑤舒适的乘车条件。车内有鲜风过滤和电子空气净化器,车载空调通过车外感应器自动调节车内温度,车内湿度、温度及空气素质均能保持较舒适的水平。

与香港比,杭州公交的服务虽有特色但差距明显,因此学习香港,要着重提高服务者的社会服务能力,通过拉高标杆、培训教育、制度改善、薪酬激励等多管齐下,来提升服务者的责任意识、敬业精神和操作水平;要着重改进服务举措,提升人文关怀,建设导乘系统,研究换乘方案,改善对特殊群体的关爱,尝试“无饮食示范线路”;要着重拓宽企业与社会的沟通渠道,建立稳定的企业乘客互动机制,听取市民意见,了解社会预期;要进一步改善车辆品质,提高乘坐舒适度,减少环境污染。在车辆新增更新上,加大技术创新及车辆品质提升,按照“安全、舒适、环保”以及“低碳公交”建设的要求,坚持推广应用城市客车新技术,稳步推进国Ⅳ及以上低排放车辆以及油—电混合动力、纯电动、电—电混合动力等节能新能源车辆和液化天然气(LNG)等清洁能源车辆的应用。

智能交通系统集成平台的架构设计和集成方式

龙 华[1] 孙志生[2]

（1. 江西上饶公安局交通警察支队，江西上饶 334000；
2. 银江股份有限公司，浙江杭州 310030）

摘要：智能交通系统（ITS）是当前城市交通智能化体系中最重要的组成部分，但是由于缺乏统一标准，不同交通智能化集成商对智能交通系统的架构设计和实现方式是不同的。本文从建设智能交通系统实践出发，详细阐述了智能交通系统集成平台的架构设计和将子系统接入集成平台的方式。

关键词：智能交通系统；架构；集成

智能交通系统（ITS）是将先进的信息技术、数据通信传输技术、电子传感技术、控制技术及计算机技术等有效地集成运用于整个地面交通管理系统而建立的一种在大范围内、全方位发挥作用的，实时、准确、高效的综合交通运输管理系统。ITS 可以有效地利用现有交通设施，减少交通负荷和环境污染，保证交通安全，提高运输效率，因而日益受到各国的重视。

城市的智能交通系统建设，一般都是先建设一些独立系统，后期为便于实现综合决策和即时指挥功能，再将这些独立系统进行集成，同时补充其他功能子系统，形成一个集成平台。这些已有的或者后期建设的独立系统、功能子系统，都是智能交通系统集成平台的子系统。为此，智能交通系统实际上是对多个子系统的集成。由于各个子系统的厂家不同、功能不同、产品不同，所以需要完善智能交通系统体系架构，对各子系统进行整合。

1 智能交通系统的系统架构

（1）系统架构图

目前，将智能交通系统划分为采集、分析、发布 3 个层次，或者划分为感知、传输、应用 3 个层次。这两种分类方式都比较简单，不能很好地表述各个层次的功能及各层之间的关系，无法反映智能交通系统的特性。为此，根据实际应用，对 ITS 再次细分，将 ITS 分成外部设备层（或称为感知层、采集层）、子系统数据层、接口层、大数据层、应用层。其中，外部设备层和子系统数据层属于集成平台的子系统，大数据层、分析层和表现层属于集成平台，接口层为子系统和集成平台的边界。智能交通系统的系统架构如图 1 所示。

（2）各层功能介绍

外部设备层。外部设备层收集各类交通数据、设备状态数据、异常告警数据，并将这些数据传输到交通管理部门数据中心，同时执行控制服务器下发的命令并反馈执行结果。外部设备层包括车载 GPS 终端、单兵定位终端、车辆通行电子信息卡、摄像机、红外检测器、线圈检测器、光学检测仪和微波检测器等。

子系统数据层。子系统数据层负责存储外部设备层采集的数据以及设备操作日志等数据，相对于集成平台，这些数据是不标准、不规范的，不能直接使用。

接口层。接口层负责集成平台与子系统之间的通信。一个城市 ITS 的外部设备及其对应的系统会涉及多个厂家，然而由于目前缺乏统一标准，不同厂家采集的数据通常保存在不同设备中，其数据采集频率、数据规格和语义、存储格式等不尽相同，对同一类设备的控制指令格式也不相同。接口层的作用就是将各子系统上传得到的不同格式的数据转换成集成平台可用的数据，将集成平台下发的控制指令解析成各子系统可以执行的指令。如果把 ITS 看成一个操作系统，把子系统看成是外部输入设备，则接口层就是其驱动程序。

作者简介：龙华，男，工科学士学位。

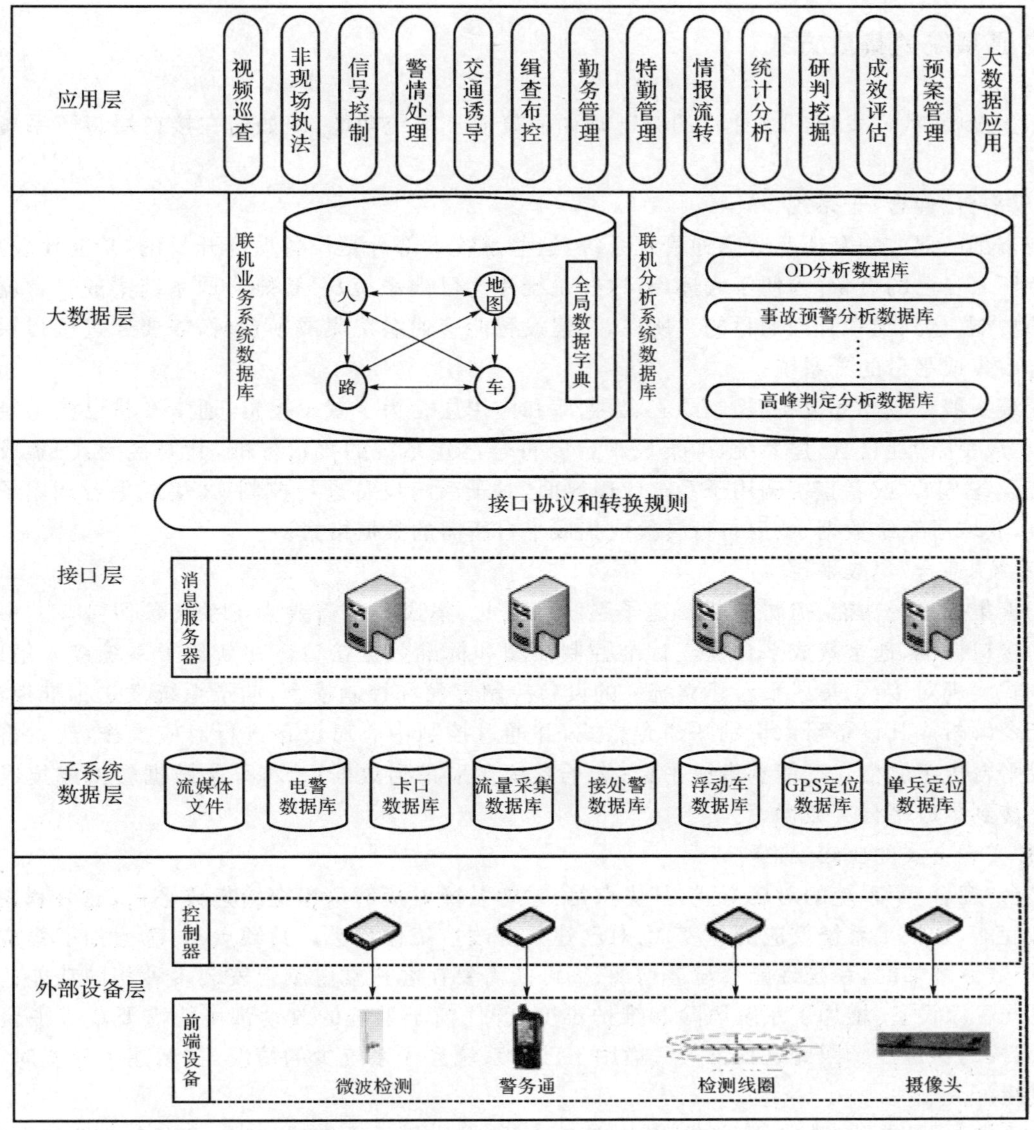

图1　智能交通系统架构

大数据层。大数据层将数据接口层提供的数据按照不同的应用功能进行分别存储，统一管理，并进行一些预处理。该层涉及的数据包括分析多媒体数据（视频、音频、图像）和文字数据（文字、数字、表格），其中多媒体数据以文件形式保存，文字数据通过数据库保存。对数据的预处理主要是对数据进行初步过滤，对不正常数据进行标注和告警；根据系统应用需要，自动创建一些中间表或者视图。例如：由于一些应用对实时性要求不高，但对系统响应时间要求较高，则在系统中“提前”将应用业务所需要的数据放到一张“快表”中。此外，大数据层还包括 GIS 数据。

应用层。应用分析层包括联机事务处理和联机分析处理系统两个大类。其中，联机事务处理包括视频巡查、信号控制、非现场执法、缉查布控、路网监控、警情处置、特勤、勤务等子系统或模块，联机分析处理包括情报研判、报表统计、辅助决策、成效评估、预测分析等子系统或模块。

(3)该设计方式的优点

将智能交通系统分成5层：①有利于系统并行开发，即可以实现集成平台和子系统分开设计、开发，最后通过接口层完成对接；②每一层的功能比较单一，开发时不会过多占用资源，如进行数据库开发时，并不需要接口层开发人员和应用层开发人员过多参与；③通过接口层对各子系统进行集成，将重点问题集中在接口层，有利于系统改善和优化。

2 智能交通系统的集成方式

在实际建设中,我们发现ITS建设的关键是如何集成子系统功能,即如何在接口层将子系统接入到集成平台。

(1)集成平台“迎合”子系统

许多城市都已建成一套或几套交通管理系统,这些系统大部分是设备厂商开发的,功能比较单一,并且一般只支持厂家自己的设备(为便于表述,将这些系统称为已建系统)。智能交通系统集成平台就是要整合这些系统的功能,达到统一管理的目的。所以,在建设智能交通系统集成平台时,需要通过接口层把这些已建系统整合成集成平台的子系统。

已建系统一般分成外部设备、控制中心、数据库和应用层。为了减少投资,通常在将已建系统接入集成平台时,是集成平台“迎合”已建系统,即集成平台要符合已建系统的接口标准,其对接为:①集成平台通过开发子系统设备SDK或者直接调用子系统应用界面,对子系统设备进行控制;②集成平台调用子系统提供的数据接口,获取子系统数据,然后自行转换成集成平台所需的数据格式。

(2)子系统“迎合”集成平台

为了完善集成平台功能,需要不断新建子系统。因此,集成平台需要为子系统预留接口。由于无法预知子系统的接口标准,通常集成平台建立标准控制模型和标准数据接口。在新建子系统接入集成平台后,通过如下方式实现对接:①集成平台建立统一的设备控制界面和控制模型,向子系统发送标准控制指令,子系统将该指令解析成其设备可以识别的命令格式,并通过控制中心对设备进行对应操作,然后将执行结果转换成集成平台规定的格式反馈到集成平台;②子系统在采集到数据后,将采集数据转换成集成平台规定的格式并上传到集成平台大数据库。

(3)两种实现方式的比较

集成平台“迎合”子系统的对接方式,其优点是:①将系统对接的负担交给集成平台,充分利用集成平台服务器的高性能,加快了系统反应的速度;②对已建系统改造工作量小。其缺点是:①增加了集成平台的负担,但子系统数量增加时,系统性能会显著增加;②可能需要在客户端电脑上安装多种相同功能的客户端控件来控制不同厂家设备,增加了系统风险和维护难度;③任何子系统的改动都可能需要集成平台进行相应修改,影响系统的稳定性。因此这种方式只适用于已建系统且子系统少的情况,在新建子系统时,不建议用这种方式对接。

子系统“迎合”集成平台的对接方式,其优点包括:①在增加子系统时,对集成平台的性能影响不大;②不需为子系统开发单独的应用界面;③容易扩展。其缺点是:①需要开发统一控制界面、标准控制模型和标准数据接口,初始投入大;②需要子系统厂商具有比较高的软件开发能力;③需要子系统服务器有较高的处理能力。因此,这种方式更符合与智能交通系统建设长期战略规划。

参考文献

[1]钱小鸿,史其信,章建强,张琳俊,等.智慧交通[M].北京:清华大学出版社,2011.

交通实时信息服务的开放平台

金向东

（杭州市公安局交通警察局科研所，浙江杭州 310014）

摘要：针对目前交通实时信息服务普遍存在的数据不统一的现象，本文提出了建立开放平台的方法，为各类信息应用终端提供统一、标准、规范的数据信息服务。通过搭建开放平台的架构体系、运用大数据分析和分布式应用服务部署技术，实现数据信息的快速、准确的处理。最后，通过杭州市现有的实时信息服务应用，验证实时信息服务开放平台在未来实现信息应用的可行性。

关键词：交通实时信息服务；开放平台；大数据分析

随着智能交通在国内蓬勃发展，各大中城市加大了交通基础设施建设方面的投入，交通诱导的感知和发布设施也得到很大程度的加强，形成了覆盖面较广的城市智能交通空间感知网络，并获得了感知设备上传的海量数据信息；随之而来的是，海量数据信息的存储、共享以及如何有效处理这些信息成为交通管理部门面临的新一轮问题。[1]

另一方面，全球范围内“大数据”的研究和应用浪潮，引起各国政府、产业界和科技界的高度关注。[2]“大数据”时代的来临，标志着传统数据挖掘方法已经不再适应日新月异的数据环境，在数据采集、数据存储、数据分析以及可视化等诸多方面捉襟见肘。[3]与此同时，各行各业对数据的依赖性有增无减，传统的针对数据的定性分析正逐步被更加明确的定量分析所取代。正是在这样的大背景下，本文将交通诱导面临的现状结合行业领域内大数据的应用进展，构建交通诱导的大数据应用平台，满足交通管理和公众出行的需要。

1　研究背景

智能交通系统（Intelligent Transportation System，ITS）是国际公认的有效缓解交通拥堵的方法之一。从最早由于经济发展而面临道路交通压力的发达国家开始，ITS 相关技术的研究已经在全世界引起了广泛关注。而交通诱导作为 ITS 的核心应用，迄今为止已经有了 30 多年的发展历史。目前，已在试运行的试验性交通诱导系统有美国的 Advanced Pathfinder、英国的 Autoguide、日本的 VICS、德国的 ALI-SCOUT 等。[4]国内交通流诱导系统由于基础条件比较薄弱，其研究及建设的步伐也滞后于发达国家。基于 VMS 的交通诱导系统在 20 世纪 90 年代就已经作为高速公路监控系统的配套设施引进国内。随着城市交通的恶化，我国许多城市开始尝试将其引进到城市道路系统中，但是普遍规模小，且注重硬件建设而忽视了软件的研发和应用，在诱导策略的制定方面缺乏系统研究，再加上能采集到的交通信息匮乏、显示设备的维护困难等方面问题，导致系统的诱导效果非常有限，与国外同类系统相比有很大差距。[5]另外，传统的交通信息发布系统一般都是基于请求—应答的同步通信，不能满足大规模的动态分布式应用环境，订阅—发布通信模式可以实现时间、空间和同步的耦合在分布式系统中的应用越来越广泛。[6]

目前，无论国内国外，交通信息服务的相关研究主要集中在技术层面，而交通信息服务的发展规律、运营管理、运行机制，以及与体制的关系和经济产业关系的研究非常缺乏。[7]此外，车联网的迅速发展为智能交通诱导系统的新应用带来了新的思路。[8]

2　研究内容

随着苹果公司推出 Carplay 车载系统，谷歌推出 Projected Mode 系统，私家车成了 IT 界巨头们的下一个战场，加上国内的互联网巨头开发有各自的导航终端应用，百度地图、高德导航以及腾讯路宝，车联网的用户之争空前激烈。同时，车载导航终端制造商也希望能在车联网的领域占有一定的市场，推出各种终端产品，形成了车联网应用的下游产业。面对激烈的市场竞争，车载终端产品应用逐步偏向于驾车的娱乐体验和优质的导航服务。优质的导航服务核心是基于实时交通路况的服务应用，目前提供的数据服务存在一定的乱象，数据信息不一致，直接影响公众出行的导航体验。针对存在的问题，本文依托大数据技术的应用进展，提出数据的开放服务模式，立足于交通管理部门数据资源的优势，研究实时信息服务的开放平台的技术架构，实现交通信息服务统一出口，规范信息标准。同时，通过开放平台，广大用户和运营服务商可以提供交通事件和车辆位置信息，实现对信息服务平台的数据补充。

3 技术架构

按照本文的研究内容，对开放平台的定位为数据服务的开放模式，其架构如图1所示。

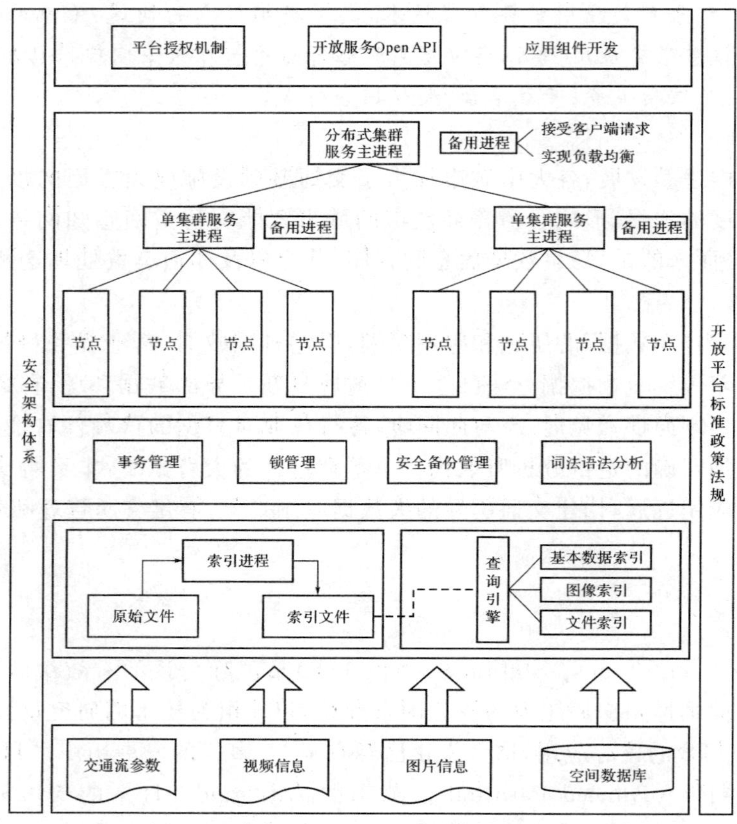

图1 开放平台技术架构

开放平台应该在保证用户隐私和安全的情况下，向用户提供优质的数据服务。为此，需构建开放平台的安全架构体系。

3.1 安全架构体系

开放平台的安全体系主要从应用安全性、网络安全性和系统物理安全性等方面进行设计。应用安全性是与平台安全机制研究和设计耦合最紧密的部门，网络安全性和系统物理安全性的相关策略设计和实现是最重要的基础支撑。

(1)应用安全性

应用安全性通常涵盖利用通信基础设施、应用系统和先进的应用安全控制技术，对应用系统的数据进行安全保护，确保能够在数据库级、文档或记录级、段落级和字段级限制非法用户的访问。应用安全性是开放平台安全机制进行设计和研究的重点和难点。通过建立可靠、完善的安全机制保障平台的应用安全性。①加密机制。针对开放平台面对的数据安全问题和第三方接入安全隐患，对数据进行加密，防止在传输过程中对数据进行修改、非授权的释放和信息量的分析，有对称加密（即秘密密钥加密）和非对称加密（公开密钥加密）两类。②数字签名机制。为了保证平台和第三方之间数据通信安全和身份验证安全，设计合理的数字签名机制；通过验证数据签名，判断数据信息的可靠性，滤除非法的数据请求和破坏信息。③访问控制机制。授予访问者唯一令牌标识，通过令牌访问标识界定用户访问资源的权限；同时对无效访问进行实际追踪，并产生报警信号或记录其为非法访问的事件报告，避免数据被非法窃取。④公证机制。通过可信任的第三方或已授权的数字签名作为担保人，保证数据有关特性的准确性。

(2)网络安全性

网络安全性主要包括3个方面。①限制非法用户通过网络远程访问和破坏系统数据，窃取传输线路中的数据。②确保对网络设备的安全配置。对网络来说，首先要确保网络设备的安全配置，保证非授权用户不能访问任意一台计算机、路由器和防火墙。③网络通信线路安全可靠、抗干扰，屏蔽性好，防止电磁泄漏，减少信号衰减。

(3)系统物理安全性

物理安全是指系统设备及相关设施受到物理保护，使之免遭破坏或丢失。本文不针对此类安全机制做进一步的研究。

3.2 大数据处理技术

面对大量的用户访问，开放平台同时也获取用户海量的数据信息，通过对海量数据信息做进一步分析，为实时信息服务提供更多的数据服务资源。

(1)分布式实时计算系统 Storm

Storm 是一个分布式的、容错的实时计算系统，可以简单、高效、可靠地处理大量的数据，其集群是由一个主节点和多个工作节点组成的。主节点运行了一个名为“Nimbus”的守护进程，用于分配代码、布置任务及故障检测。每个工作节点都运行了一个名为“Supervisor”的守护进程，用于监听工作，并根据 Nimbus 的委派开始和终止工作进程。Nimbus 和 Supervisor 的协调工作是由 Zookeeper 集群来完成的。Nimbus 守护进程和 Supervisors 守护进程的状态维持在 Zookeeper 中或保存在本地磁盘上。

通过 Storm 分布式实时计算系统，实现以下3个方面的快速、准确计算。①基于用户的空间位置数据信息和车辆状态信息，通过对数据信息的流式处理，进行数据信息不间断分析和处理，并进行数据库的更新操作，同时兼具容错性和扩展性。②连续计算能力，通过连续的数据计算分析，将最新的路况分析结果及时反馈给客户，实现路况的及时刷新。③分布式远程调用能力，通过并行处理密集查询，通过主节点和工作节点之间的拓扑关系，维护等待调用信息的分布函数，通过触发调用信息，实现查询调用的并行计算，并返回结果集数据信息。

(2)分布式数据存储技术

采用分布式的网络存储技术，将数据分散存储在网络中的多台存储设备上，分担存储负荷，提高系统的可靠性、可用性和存取效率。存储模块采用独立的索引进程将原始的数据按照条件进行分解，生成对应的索引文件，与原始数据文件一样，索引文件也是存放在分布式系统中。索引进程是多线程结构，在内存中通过缓存机制将索引文件的部分内容加载，从而加快系统的检索速度。内存中的索引信息与索引文件的同步由该进程负责。

3.3 分布式数据服务

随着信息量的剧增，信息的应用呈现出多样化，针对数据信息的分析服务呈现出激增的态势。实时信息服务主要向公众提供实时交通路况信息(文字信息、图片信息，甚至是视频图像信息)，个性化行车路线，违章信息，车驾管以及驾车行为分析等服务。基于分布式的数据服务在设计时需要注意5点要求。①服务信息的存储可拆分，通过数据信息的存储拆分，实现不同资源访问请求进行不同的消息路由，快速获取用户所需的信息。②服务统一的认证和登录机制，建立应用与认证分离的认证体系；通过统一的认证数据权限，实现不同服务请求的访问权限控制以及访问日志的记录。③服务间的认证数据同步机制，因而服务间需具备良好的数据复制同步机制，从而保证各数据网间的同步。④良好的服务间的数据迁移机制。用户在两个数据网间漫游时会充分地感受到服务响应跨网的极慢响应的感觉，用户漫游时必须允许用户将自己的个性化信息数据在两个数据网间进行迁移。同时，应保证迁移数据的完整性、时效性以及信息数据片的力度等问题。另外，数据迁移时，对用户造成的时间等待或不可用情况需制定应急响应措施机制等。⑤基于业务层面的服务的个性化定制，需考虑全局数据的同步问题；同时，清晰明确全局数据分布在各个服务上的作用和目的。

4　实际应用

本文以杭州市为例，对开放平台进行实际的说明。杭州市从2002年开始进行智能交通项目建设，经过多年的发展，形成了SCATS信号控制应用系统，以微波、视频检测、浮动车等为手段的采集检测系统，非现场处罚系统和视频监控系统等四大领域的系统应用。在此基础上，获得了大量的交通结构化和非结构化的数据信息。通过整合各类信息资源，建立统一的交通信息数据平台；并以此数据为支撑，将各个子系统的数据源进行多源数据信息的融合，获取交通状态评估信息，通过统一的信息发布服务总线，向信息板、电台广播、门户网站、移动终端等进行公众信息的发布，形成了开放平台的基础应用（见图2）。

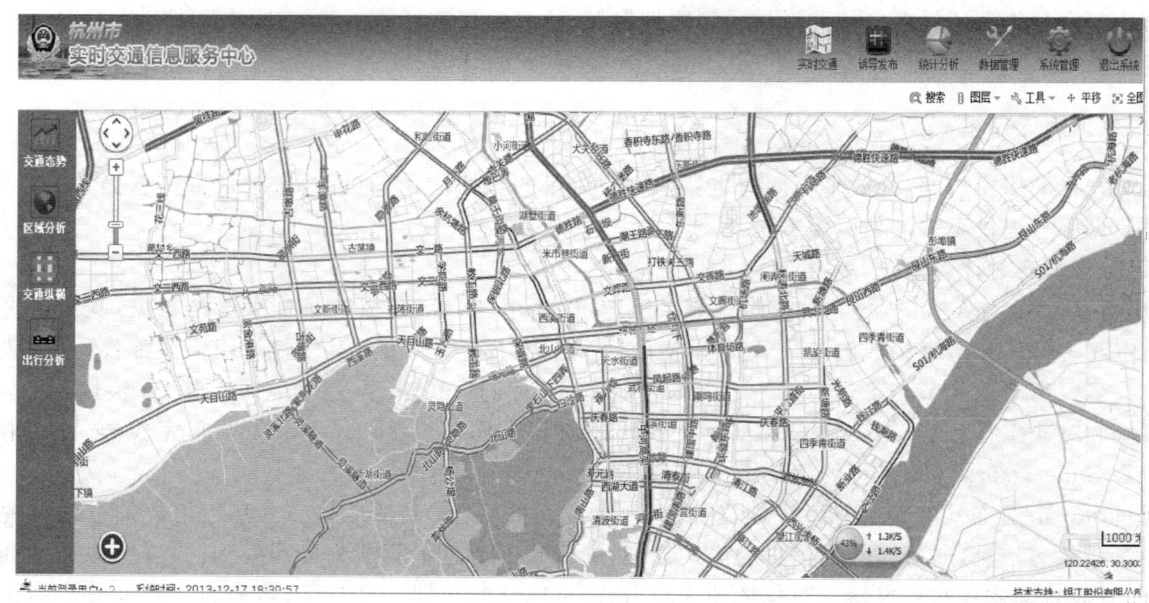

图2　实时交通信息服务中心平台

实时交通信息服务中心平台是杭州市交警支队根据实际交通管理需要，通过对SCATS、微波、卡口以及浮动车等多源采集设备的数据融合，形成了以面向交通管理为主的实时交通信息服务。该平台主要包括实时交通态势、区域交通、交通纵横和出行分析等功能模块，并整合实时信息发布手段，建立实时信息发布服务总线，实现数据信息发布的统一对称。

“天翼看交通”是杭州市交警支队与杭州电信联合发布的一个提供实时视频路况信息的产品（见图3）。其中的“实时看路况”功能，以“行政区”、“商圈”、“附近”来划分区域，用户可以快速检索到想要查看的路况摄像头。同时还可以根据用户当前位置就近提供路况视频，也可以自动分析用户行车行为，并在出行时提供相应路段的路况视频。

“掌上车管所”，是广大交通参与者利用智能手机和平板电脑及时了解和办理各项车驾业务的平台，通过移动智能终端，从原来“家门口”到“网上”，再到“掌上”的转变，改变了以往“面对面”的服务模式（见图4）。杭州公安交警部门紧扣“便民”这一主题进行开发建设，找准掌上终端的便利性和提供服务的优越性这一结合点，突出其相对窗口、电话和网上的优势，真正做到好用、实用，确保群众爱用。

图3　“天翼看交通”手机App

图4　“掌上车管所”手机App

目前，“掌上车管所”开发的服务项目包括导办指南类、在线办理类、自主预约类、查询提醒类、学习教育类五大类共计46项，已占车管所服务项目总量的50%。除新车上牌、科目考试、车辆转移、车辆检验、补登记证书等必须见人、见车的项目以外，其他都可以通过“掌上车管所”办理。

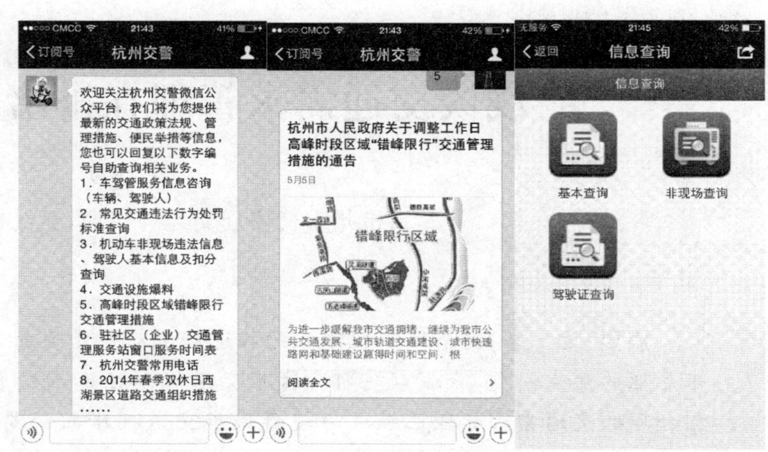

图5　杭州交警微信服务平台

杭州交警公众服务平台为用户提供包括车驾管服务信息咨询、常见交通违法处罚标准查询、机动车非现场违法信息查询和驾驶人基本信息查询、交通设施爆料、高峰时段区域错峰限行交通管理措施等5项便民服务（见图5）。通过微信的互动，用户可以便捷地了解需要的交通咨询信息和办事指南，提高办事效率。同时，通过信息的订阅推送，用户及时了解交警发布的交通组织措施，避免产生交通违法行为，为缓解交通拥堵贡献微薄之力。

5　结　语

本文研究的大数据时代下的实时信息服务的开放平台以公众出行为对象，通过形式多样的信息发布手段，为公众提供丰富、准确的出行信息服务；同时，通过规范信息发布服务接口和统一数据信息来源，为出行者提供对称的出行信息，避免数据源混乱引起的交通误导。在实际的运行过程中，目前已完成相关技术的研发和初步应用，但对外如何真正提供发布接口和运营模式的细节仍需进行深入的探讨和摸索。

参考文献

[1]RUCKS G，KUZMA A. How big data drives intelligent transportation [EB/OL]. 2012-10-25. http://www.greenbiz.com/blog/2012/08/15/how-big-data-drives-intelligent-transportation? page=0%2C0.

[2]陈美. 大数据在公共交通中的应用[J]. 图书与情报，2012(06).

[3]MANYIKA J，CHUI M，BROWN B，et al. Big data：The next frontier for innovation，competition，and productivity[R]. McKinsey Global Institute，2011.

[4]陈旭梅，于雷，郭继孚，全永燊. 美、欧、日智能交通系统(ITS)发展分析及启示[J]. 城市规划，2004 (07).

[5]陈艳，何春明. 智能交通系统应用现状及其存在问题分析[J]. 交通标准化，2007 (08).

[6]廖瑞辉，陈星光. 智能交通系统研究现状与对策分析[J]. 交通企业管理，2014(01).

[7]杨旭. 交通信息服务模式研究[D]. 北京：北京交通大学，2007.

[8]包中明，柴斌，程良骥. 物联网时代智能交通系统初探[J]. 中国公共安全(学术版)，2013(04).

浅谈交通需求管理在排堵保畅中的运用

张建文
（杭州市公安局交通警察局，浙江杭州 310014）

摘要：近年来，随着城市化进程的推进和机动化交通的飞速发展，城市交通拥堵问题已成为城市管理的热点问题，除城市规划及城市交通规划在城市发展过程中承担越来越重要的作用外，科学合理的交通需求管理已经成为缓解城市交通拥堵的必要手段。通过对杭州市城市交通拥堵及交通需求管理措施的分析，结合区域特点，提出城市排堵保畅的交通需求管理策略。

关键词：城市交通拥堵；排堵保畅；交通需求管理

1 城市交通发展面临的几个问题

（1）城市交通规划与用地规划脱节

我国城市化进程快速的发展，城市交通规划与拥堵问题的脱节，使得城市中心区功能过度集中的现象加剧，出现了“摊大饼”、“产业园”、“潮汐式交通”和“假日交通”等众多伴生词，如杭州城西至城中的早晚上下班时间的潮汐交通问题，西湖景区假日旅游交通拥堵问题。

（2）交通供给与需求的矛盾

道路供给不足、道路级配不均衡、静态停车泊位严重缺少等交通供给与需求的矛盾，成为城市交通发展及形成城市交通拥堵的一个重要因素。虽然，近年来交通基础设施建设大力投入，但“需求追随型”和“简单均一型”的交通供给问题并没有得到实质性的改变。同时，因历史欠账等问题，建设远跟不上出行增加的需求，如杭州近 3 年来政府花大力气建设停车场库，主城区每年增加停车泊位 5 万余个，但截至 2013 年底，杭州主城区停车泊位与机动车保有量比为 0.39，远远低于国际公认标准 1.2～1.5。2006—2013 年，杭州主城区停车缺口已从 14 万个逐年扩大到 65 万个，导致城市 1/5、核心区 1/3 的路面被停车占用。静态停车需求与供给的矛盾，极大地影响了动态交通的正常运行。

（3）公共交通发展的困境

许多城市都制定了公共交通发展的宏伟计划，提出了“优先发展交通，建立以公交为主体多种方式协调运行的综合客运体系”的战略目标。但实际受小汽车出行强有力的冲击，公共交通建设用地及城市规划限制等影响，近年来公共交通运输能力的大幅提高并未带来公共交通出行比例相应幅度的增长。再加上受公交场站建设滞后，公交首末站占用城市道路情况突出，公交线路非直线系数较大等因素影响，公交出行分担率不高。如截至 2013 年底，杭州市公交出行分担率为 23%。

2 交通拥堵特征分析

2.1 时间变化特征

（1）早晚高峰时段拥堵情况突出

城市交通拥堵问题，起源于早晚高峰，并逐步蔓延。就杭州市区早晚高峰拥堵的情况，对杭州市区 66 个路口的高峰流量、路口高峰排队长度及通过时间进行综合分析（见表 1、表 2），可以看出，杭州早高峰拥堵时间为 7:00—9:00，晚高峰拥堵时间为 17:00—19:00，且呈现出晚高峰拥堵情况比早高峰严重的现象，拥堵时间更长，行程车速更低。

表 1　早高峰路口拥堵状况　　(单位:个)

时间段	通畅数	繁忙数	拥堵数
06:30—07:00	52	14	0
07:00—07:30	15	39	12
07:30—08:00	0	28	38
08:00—08:30	0	28	38
08:30—09:00	20	39	7
09:00—09:30	48	17	1

表 2　晚高峰路口拥堵状况　　(单位:个)

时间段	通畅数	繁忙数	拥堵数
16:30—17:00	46	19	1
17:00—17:30	10	37	19
17:30—18:00	2	27	37
18:00—18:30	4	22	40
18:30—19:00	30	29	7
19:00—19:30	50	16	0

(2)周变规律明显

选取杭州市区东、南、西、北、中心5个位置的10个路口(曙光路求是路口、莫干山路萍水路口、艮山路备塘路口、天目山路教工路口、建国路朝晖路口、凤起路保俶路口、上塘路新市街路口、清江路总管塘路口、文二路教工路口、文三路学院路口),对其1周内早、晚高峰流量进行了统计,周一和周五的早晚高峰流量相对较大,早晚高峰拥堵比其他工作日明显。

2.2　区域交通拥堵特征明显

杭州市区上、下班时间主要集中在8:30、17:30。随着城西居住区、下沙板块、滨江板块的快速发展,中心城区作为杭州市乃至浙江省政治、经济、文化、商贸、教育、医疗等中心,早高峰向心交通的压力巨大。此外,大量穿越性交通流(如城西到下沙地区),也需经过中心城区道路转换,出行需求相互叠加,反之,晚高峰则疏散功能不足。

从时间区域交通拥堵特征来看,上下班采取大量的私家车出行的需求是行车城市早晚高峰拥堵的主因。

2.3　特定交通出行影响显著

(1)学生接送需求影响

通过对杭州5所学校抽样调查(见表3),学生总计5613人。其中,利用私家车接送1922人,占34.2%。此部分车辆顺路接送的占57.1%,绕行的占42.9%。

表 3　杭州部分中小学接送车情况　　(单位:人)

编号	学校名称	学生数	私家车数	顺路人数	绕行人数
1	天长小学	1057	518	286	232
2	丁兰小学	1209	247	160	87
3	浙大附小	1386	418	258	160
4	风帆中学	692	348	216	132
5	学军中学	1269	391	179	212
总计		5613	1922	1099	823

资料来源:杭州市教育局。

从图1可见,高比例的学生接送车需求,对交通的影响显著,而在学校每年放寒、暑假月份(2月、7月、8

月)，早晚高峰拥堵状况较其他月份相对缓和，早、晚高峰拥堵起止时间变短。

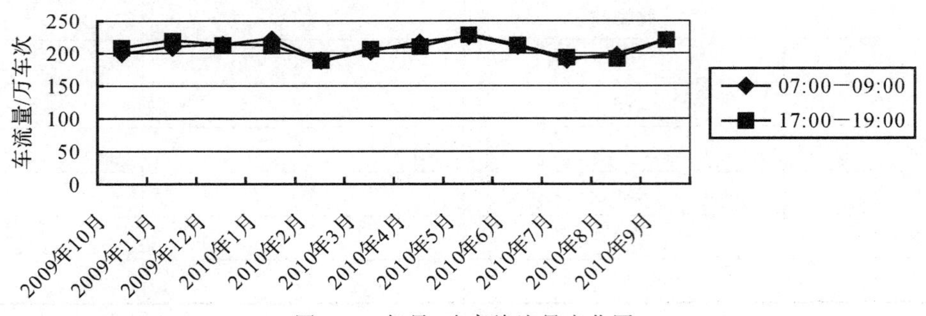

图 1　一年早、晚高峰流量变化图

(2)大型医院就诊出行需求影响

据调查，杭州市区浙一医院、浙二医院内部及周边共有停车泊位约 960 个。除去内部停车需求，剩余可供给公共停放的车位仅约 600 个，而两家医院日门诊量约 16000 多人次，缺口巨大。另对 7 家省(市)三甲医院调查，内部车位与缺口车位之比约为 1∶2(见表 4)。

表 4　杭州部分医院停车调查表　(单位:个)

编号	医院名称	影响主干道	内部车位	缺口车位
1	浙一医院	庆春路	500	550
2	浙二医院	解放路	300	670
3	省妇保医院	浣纱路	265	500
4	省儿保医院	延安路	80	580
5	省中医院	浣纱路	150	350
6	市一医院	浣纱路	170	280
7	市中医院	环城西路	200	300
合计			1665	3230

上述三甲医院都集中在中心城区，由于医院周边停车泊位缺失，停车周转率低，周边道路拥堵情况极为显著。

3　交通需求管理策略

3.1　交通需求管理的基本概念

出现于 20 世纪 70 年代的交通需求管理(Transportation Demand Management，TDM)，是各国城市规划师和交通工程师发现单纯依靠交通供给的手段无法解决交通拥堵之后，将目光投向交通需求本身的产物。交通需求管理是“抑制城市交通总量的政策性措施”，它是一种全面的管理策略。不仅对已经加载于各种运输系统和道路系统上的需求实行管理，而且连同这些需求产生的源头部分一起纳入管理范围，通过调整用地布局，控制土地开发强度，改变客货运输时空布局、方式以及改变人们的交通出行观念和行为等一系列管理措施，来达到减轻城市交通拥堵的目的。

3.2　交通需求管理对象及特点

(1) 刚性交通出行需求

从杭州市区上下班、上学放学学生接送及医院就诊出行等刚性交通需求来看，大量采取私家车出行模式，形成了固定的出行流高峰期。在高峰期间，往往是基础设施相对于需求明显不足。交通需求管理的目的就是根据一系列的措施，使现有的交通设施发挥最大的效用，在不增加基础设施建设的情况下，尽可能提高通行能力，满足高峰时期的客流需求。严密周详的交通需求管理规划，既可以解决上下班的交通问题，也可以解决上学放学接送的问题，提高道路资源利用率。

所有拥有小汽车的人对小汽车的依赖性几乎都是一种上瘾行为，就像根深蒂固的日常生活习惯一样，这种依赖性非常难以克服！但从世界其他发达国家来看，有充分的证据表明，越来越多的城市由于近年来大幅削减私人小汽车的使用，不仅使城市更适于居住和观光，而且在经济方面也取得了不俗的成绩。

(2)旅游交通需求

杭州作为国际旅游城市，每年节假日，特别是在“五一”、“十一”旅游黄金季节，景区交通拥堵特别明显。从目前西湖景区来看，节假日小汽车占有比例比较大。

很多人认为，人们一旦拥有了自己的车，有谁还会乘坐公交车去旅游呢？我们来看看国外旅游交通的一些例子。在迪士尼，人们开车到达景点，换乘一种灵巧的公交车，乘坐这种公交车在主题公园里游览本身也是一种快乐，需要做的是让游客认为这是游览观光的一部分。在威尼斯，每年的高峰期数以万计的游客前来观光旅游，运河一度饱和，但是人们不会采用乘坐小汽车的方式绕城观光，尽管这样更快捷方便，却失去了游客向往这个地方的意义。因此，全世界有很多景区，不管是世界闻名的大景区还是一些规模较小的景区，在对景区的定位、景观等进行重新塑造的时候，无一例外都会对机动车交通进行控制。再举一个例子，是关于美国国家公园的，关于推行公交立法在科罗拉多州进行了一次调查，92%的被调查者同意使用接驳车辆来减少拥堵和环境污染。每年大约有2.7亿人次游览美国国家公园，应详细地向这些游客介绍使用公交的优点，从而使更多的人愿意选择公交出行。

(3)城市过境交通

过境交通和旅游交通并存，且过境交通比例大是近城风景名胜区路网系统的最大特点。如果仅对旅游交通需求实施管理，节余下来的交通资源将吸引产生新的城市过境交通需求。这种情况将导致旅游交通需求管理的成果很快丧失，风景名胜区的交通状况无法得到改善。所以，城市过境交通是近城风景名胜区交通需求管理的又一对象。通过调整过境交通的交通方式结构，尽可能在不减少城市居民穿越风景区的交通需求总量的前提下，高效、集约、环保地使用风景区交通资源，限制和减少过境交通量，达到城市交通与风景区交通的双赢。

近城风景名胜区是城市和国家宝贵的文化和自然遗产，对穿越风景区的城市交通实行需求管理，容易受到社会各界，包括过境交通者本人的理解，管理的接受度高。难点在于：近城风景名胜区与城市密不可分，过境交通中有大量城市居民日常无法取消的出行，如通勤交通等。根据发达国家对通勤交通尤其是城市中心地区通勤交通需求管理的成功经验(如新加坡、伦敦中心区的拥挤收费)，需求管理措施的实施应建立在城市中心地区已经具备完善的、高服务水平的公交系统，以及有可方便绕行的城市环路的基础上。

3.3 交通需求管理策略

(1)“限牌、限行”双限措施

单一的限制交通需求的策略，往往会导致需求的爆发，如仅实施限行措施的话，则会刺激新购车辆的需求，而仅实施限牌措施的话，将出现大量外地上牌购车的需求。为此，两种车辆一并实施，效果叠加比较明显。

如2014年5月5日(周一)，杭州“双限”措施正式实施，即工作日高峰时段区域“错峰限行”调整措施。与4月21日(周一)早高峰相比，5月5日早高峰市区道路交通流量总体下降6%，流速上升6.8%(平均车速从39.4km/h提高至42km/h)；限行区域道路交通流量总体下降12.24%，流速上升9.37%(平均车速从36km/h提高至39.4km/h)，其中浙A车辆流量下降5%，非浙A车辆流量下降90%；高架道路平均车速从36.8km/h提高至43.8km/h，提升19%。当日早高峰交通拥堵指数短时间最高值为6.4(中度拥堵)，与上周同时段数值8.0(严重拥堵)相比下降明显。市区主要道路、高架道路通行平稳顺畅，早高峰结束时间同比上周一提前25min，体现了交通流量明显下降，高峰时间明显缩短，行车速度明显提高“三个明显”的限行成效。

在实施“双限”措施的同时，采取一些措施，优化市民出行习惯，如推迟大型超市、商场的营业时间至上午10:00开门，以错开早高峰上班出行时间；调整公交老年卡的优惠使用时段，引导老年人在平峰出行；降低出租汽车空驶率，加快建设出租汽车候客呼叫点，强化出租汽车调度功能，提高出租汽车预约叫车比例，解决高峰时段“打的难”问题；出台优惠财政、税费措施，鼓励大型机关、企事业单位购买大型客车用于早晚高峰接送，对响应的单位实行一定的财政、税费补贴。

(2)学生出行管理措施

有关学生出行的管理措施主要包括以下3个方面。①通过在学校内部或周边空地开辟学生接送车专用停车场地,减少因学生接送车停放对道路通行的干扰。②加快研究“师生快车计划”,按照“适度集中、分片定点、通行优先、专车抵校”的总体模式,选择合适的辐射范围,结合现有公交车站设置校车停靠点、在校园周边设置起始点,减少高峰交通总量和反复出行。③积极筹建“社区巴士”计划。由各区政府牵头,组织多个社区采购中小型巴士,合理调配资源,从社区集中出发接送学生。

(3)景区交通路权管理措施

景区交通路权管理主要有4项措施。①限制客车,加强换乘。如2014年杭州通过南山路实施大客车禁停措施后,“五一”期间,西湖景区交通运行平稳,效果明显。据监测,节日3天,南山路净寺至杨公堤段机动车平均时速达到44km/h,较去年的37.5km/h提升了17%。同时,南山路净寺节点通行效率也得到明显提升。此外,通过加强宣传和管控,旅游换乘数进一步提升。据市旅游集散中心统计,节日3天,黄龙体育中心停车换乘数达4523车次,较去年的4065车次上升11%;西溪天堂换乘中心经协调后重新恢复换乘功能,“五一”期间共停放换乘车辆1205车次。②控制景区商业业态的规模,削减“商贸交通”的发生量,均衡“旅游交通”。③规划建设穿山隧道、湖底隧道等通过性道路,解决景区过境交通问题。④开展西湖景区交通容量和环境容量的双边控制方案研究。结合西湖申遗工作,在西湖景区道路建立基于道路网络的环境监测点系统,并对汽车排放因子进行实时监测和监督,计算道路网各种污染排放源和排放总量,当达到一定排放总量时,对机动车辆实行严进宽出制度。

(4)静态停车管理措施

静态停车管理主要有6项措施。①加快停车换乘系统建设,在主城区外围规划建设大型停车场,启动“停车加换乘”(P+R)计划,建立多层次、多类型的城市换乘枢纽系统,通过发挥交通网络的系统功能减轻城区中心停车压力。②改善老旧小区的停车,对老旧小区进行改造,增加停车设施,因地制宜建设简易式、机械式停车库。③加大公共停车场(库)建设力度,利用体育文化设施、绿地、学校操场等地下空间,建设公共地下停车场,增加停车供给,缓解周边停车难的问题,鼓励社会投资建设经营性停车场。④鼓励各类停车场对外开放,并辅以一定的鼓励政策,同时利用城区闲置土地资源和地块建设间隙,鼓励作为临时停车场使用。⑤严格新、改、续建项目的审批制度,规范交通影响评价分析,避免配建机动车停车位出现“旧账未清,又欠新账”的情况。对项目建成后改变使用性质的,应按照改变后的使用性质,重新规划、审批配建停车场,并征求公安交通管理部门的意见。⑥通过采取停车收费区域级差,提高拥堵区域的停车收费,加快拥堵区域内停车周转率。同时,实行“占道停车—露天停车—车库停车”收费依次降低的差别化费率,落实地下停车库泊位的“租售并举”,调控停车需求和停车资源,利用价格手段鼓励停车入库,减少占道停车。

假日交通组织提升方案研究

——以杭州市为例

马绍旺

(浙江省杭州市公安局交通警察局,浙江杭州 310014)

摘要:本文从杭州节假日景区游客造成的城市交通压力出发,研究假日交通组织的提升方案。通过对现有交通组织的形式及存在的问题进行分析,采取逐层递进的方法,最终提出交通组织优化方案。通过分析研究,主要采取旅游淡季监控、预防,旅游旺季保障、协调,黄金周及法定假日引导、控制的提升型策略,通过实现与城市交通的有效分离,强化交通枢纽的换乘功能,合理引导风景区自驾游,完善旅游公交系统,提升旅游特色交通功能来对景区假日交通组织进行提升。

关键词:假日交通;交通组织;交通提升;过境分离;换乘;公交优先

杭州作为中国历史文化名城承担着巨大的交通压力。根据官方统计资料,"十一"黄金假日内西湖风景名胜区接待游客突破600万人次,较上年同期的518万人次上升15.8%。杭州市独特的"城湖一体,城湖相通"地理地貌特征,导致过境交通与旅游交通难以分离。同时,景区又紧邻湖滨中心区,景区与湖滨地区之间的交通组织问题也日益严重,从而造成了景区周边道路严重的交通拥堵问题。因此有必要系统地梳理现状假期交通和交通组织存在的问题,制定假期交通发展策略,并提出假期交通提升方案,缓解假期交通拥堵问题。

风景区交通组织提升的思路是"强边活心,有序分离",目标是疏导外围交通,增强景区活力,实现城市交通与景区交通、机动车与非机动车交通的有效分离,构筑方式合理、层次分明、衔接顺畅的综合交通系统。将穿越性交通有序引导至外围道路,实现城市交通与景区交通的分离;加强景区内部旅游交通组织,实现风景区内小汽车、公共交通、慢行交通等多种交通的相对分离和无缝衔接。研究工作按照以下3个步骤展开:①调查分析假期交通现状,总结现状问题;②结合现状问题,提出假期交通发展策略;③结合现状交通布局,提出组织优化方案。

1 现状及发展趋势分析

(1)假期交通现状

旅游交通需求快速增长。随着杭州旅游城市品质和形象不断提升,旅游吸引力不断增大,旅游人数、旅游收入稳步增长,其国民经济比重也逐年提升,2012年旅游收入占全市GDP的17.8%,旅游产业愈加成为杭州市的支柱产业。

景区内部不堪重负。通过对西湖风景区周边道路调查发现:工作日、双休日晚高峰时段,西湖风景区内的主要道路均处于较高负荷状态,北线比南线拥挤,西线比东线拥挤,整体交通压力大。景区道路运行速度比其他道路明显偏低5~10km/h。通过工作日和周末的交通数据对比看:杭州市城湖一体的空间格局使得城市过境交通很难与旅游出入交通进行有效分离,西湖风景区周边较多路段的工作日交通量要明显大于周末交通量。

外围趋于饱和。节日7天,绕城公路全线日均流量约为25.6万车次,同比增长了24%。其中10月1日,绕城公路全线流量达到30万车次,同比上升了46%;在车流方向上,除首日呈现明显单向性特点外,10月2日后,双向均出现大流量和排队通行情况。

(2)假期交通组织现状

现有机动车组织:春、秋季旅游旺季双休日期间,西湖景区道路实施机动车区域单双号、单行、循环交通、潮汐交通、公交车专用道等多项交通疏控措施。

公交配套组织:在秋季旅游旺季每个双休日,实施西湖风景区道路交通组织和管理措施。

停车配套：停车场总体规模过小，停车场位置分布不均，东线、南线停车设施缺失而西线、北线停车资源浪费，停车场出入口、停车诱导设施不够完善。

(3)假期交通趋势发展分析

杭州作为中国历史文化名城和首批中国最佳旅游城市，旅游人数逐渐增加，旅游收入稳步增长。根据预测，2015 年“十一”期间客流量将继续快速增长，各景区接待总游客预测数量为 1700 万人次，2020 年总客流量增长趋势稍缓，将会达到 2200 万人次。

未来游客跟团出游量将逐渐下降，自驾出游量将快速增长；传统“西湖一日游”已经越来越少，搭高铁到杭州自由行的客人越来越多；旅游客源中远程市场增幅放缓，近程市场游客比重快速增长；城区景区(点)接待量增幅下降，郊区景区(点)接待量增长迅速。

2 假日交通组织提升整体策略

按照旅游淡季、旅游旺季及黄金周等节假日客流状况，采取针对性的策略，采取相应实施工程(见图 1)。①旅游淡季：监控、预防。②旅游旺季：保障、协调。③“十一”黄金周及法定假日：引导、控制。

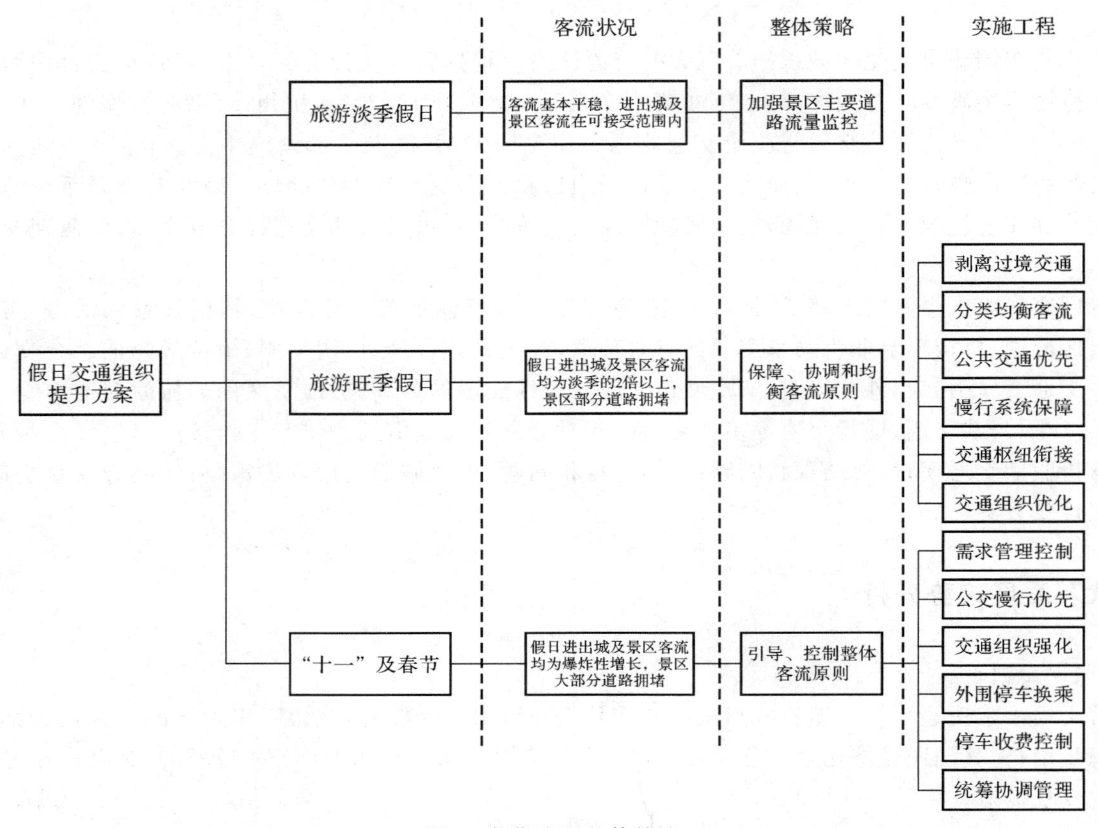

图 1　假期交通整体策略

3 实施方案

(1)剥离过境交通

城市层面：根据《杭州市“十二五”综合交通发展规划》，杭州高速公路网络将形成“一环、一绕、十射、三连”的骨架体系，实现与省内主要经济节点之间的快捷联系。

景区过境通道：建立“紫之隧道”西湖景区过境通道，形成湘湖景区保护壳。

(2)分散均衡客流

提升旅游景点品质：根据《杭州市“十二五”旅游休闲业发展规划》，建立冷门景区新景点，大幅度提高杭州旅游城市品质，分流西湖等热门景点游客数，实现旅游客流均衡，降低热门旅游景点的交通压力。

在景区范围内以杭州城市交通信息服务平台为基础，推出旅游交通信息的服务平台(见图 2)。旅游交通信息的服务平台为游客提供景点客流、景点停车、道路的流量信息、出行的诱导信息，为游客选择旅游线路提供信息服务，有效实现客流均衡。

(3)公共交通优先

轨道交通换乘：完善西湖风景区、钱江新城及湘湖、杭州乐园的地铁公交换乘系统(见图 3、图 4)。

在游览客流最为集中的环湖地区设置线路，开设有轨电车(见图 5)。

常规公交优化：加大 7 线班次，将 Y9 线改为主要在各景点周边停靠，对 194、197 线路进行调整(见图 6、图 7)；在湘湖风景区设置环湖公交线路，依次串联起主要景区(见图 8)。

按照规划方案新增 3 个水上巴士码头。

发展特色交通，在运送游客的同时增加趣味性：西湖划船、环湖观光电瓶车、湘湖环湖特色旅游线路。

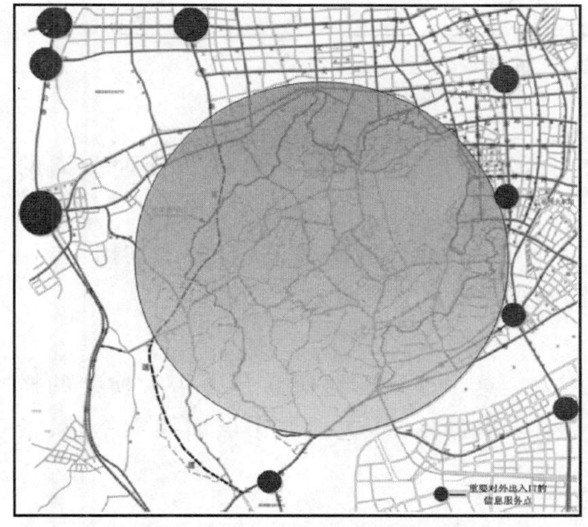

图 2 景区重要出入口的信息和诱导服务点设置

图 3 湘湖、杭州乐园与地铁 1 号线衔接图

图 4 西湖景区与地铁 1 号线衔接图

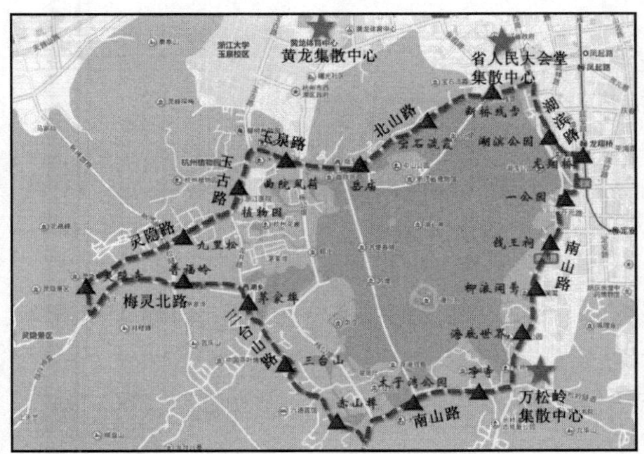

图 5 西湖景区有轨电车路线

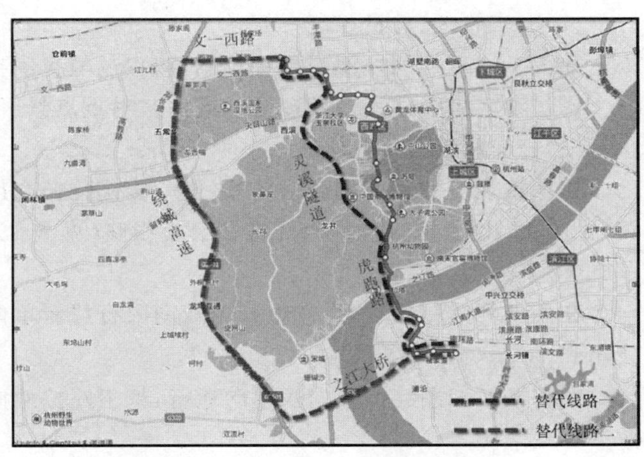

图 6 公交 194 路调整示意图

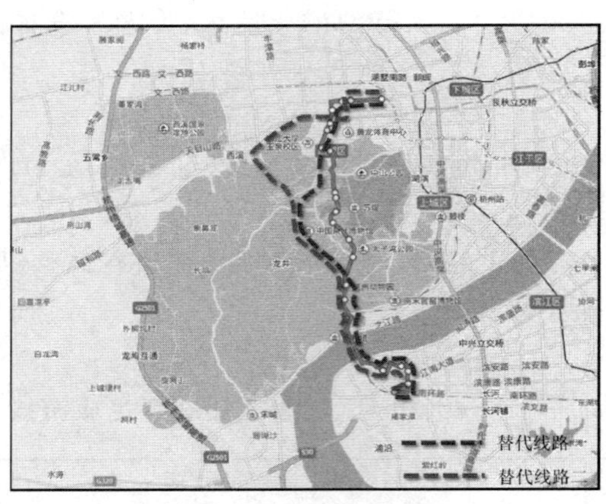
图 7　公交 197 路调整示意图

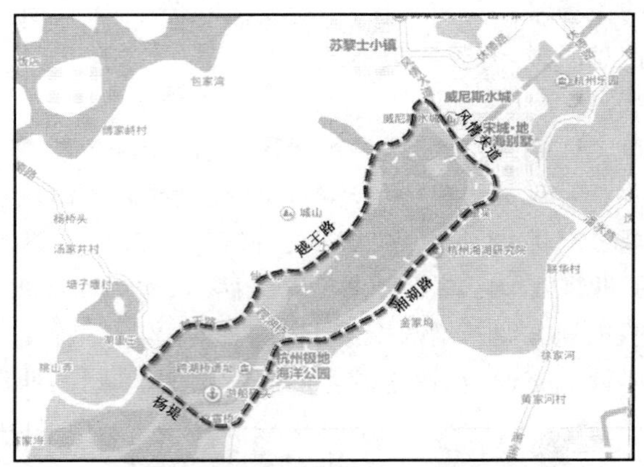

图 8　湘湖景区环湖公交线路示意图

(4)慢行系统保障

行人立体过街设施：完善道路交通设施，在人流较为集中的区域实现机动车交通与慢行交通分离的改造。

景区自行车系统：提出环湖自行车通道、通勤及旅游自行车通道、旅游自行车通道，着力于采用“自行车＋公交”的模式，利用自行车解决出行起终点到公交站点、地铁站点之间的这段距离。

(5)交通枢纽衔接

以换乘(枢纽)建设减少进入景区的小汽车数量，降低交通压力。这个换乘枢纽概念是一个大换乘的概念，不是简单地在景区边缘外围设几个“P＋R”的点，至少要有 3 个层次的换乘，包括城市层面换乘枢纽、景区周边交通换乘衔接及景区内部交通换乘衔接。

(6)交通组织优化

旅游旺季对景区周边部分道路实施单向交通(见图 9)。

保留西湖景区周边道路现状潮汐车道，在湘湖景区设置潮汐车道(见图 10、图 11)。

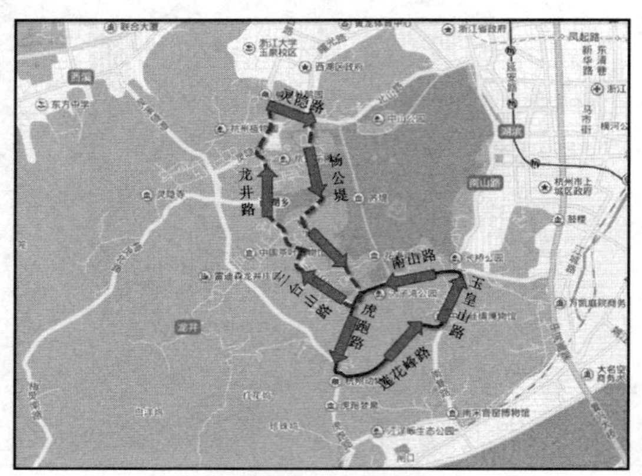

图 9　西湖景区单向交通组织图

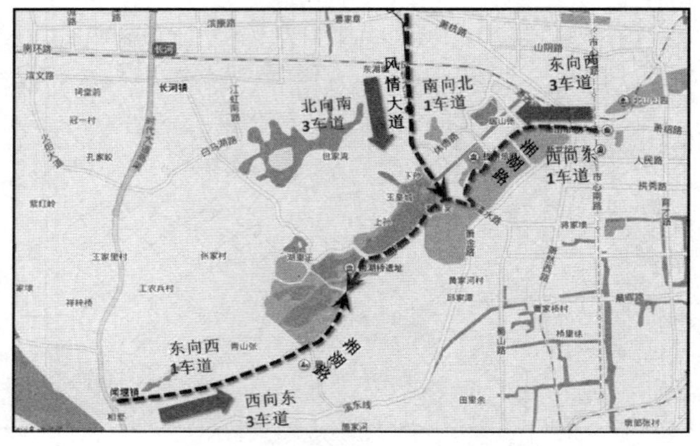

图 10　湘湖景区假期早高峰潮汐组织图

(7)需求管理、总量控制

加大“十一”期间外围引导和控制，减少过境车辆在绕城高速行驶。

通过游客分级体系以及提升承载率来对重点景区的流量进行控制。

(8)公交和慢行优先

在保持现有的公交配套措施外，进一步优化公交出行条件。近期开通西湖景区“一环＋两接驳”公交线路(见图 12)以及西溪湿地直线接驳公交线路(见图 13)；远期在西湖景区开通绿色交通专用线路(见图 14)。

(9)交通组织强化

在西湖等热门景点，继续推行单双向限行或者单向通行，局部路段可考虑仅通行公交车辆，减少小汽车使用。

湘湖景区湘湖路按东向西单向通行，越王路按西向东单向通行，组成配对单行线，提高道路交叉口通行效率。

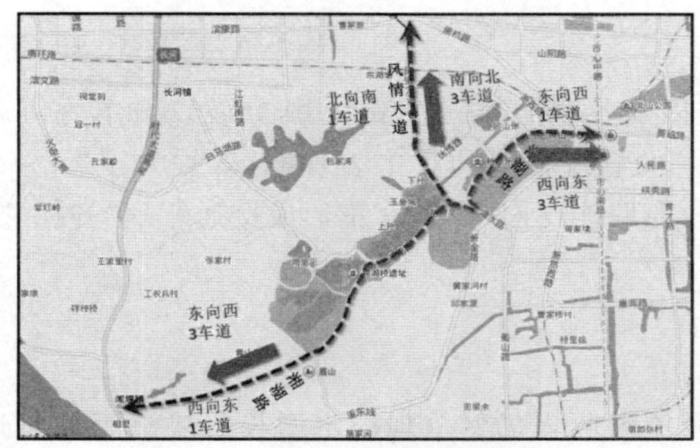

图 11　湘湖景区假期下午高峰潮汐组织

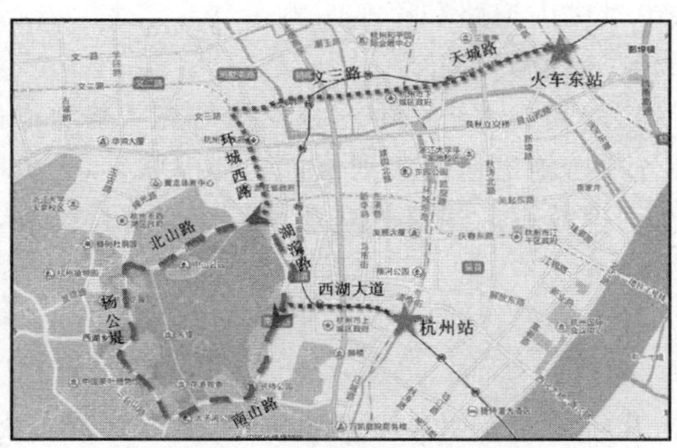

图 12　“一环＋两接驳”公交线路

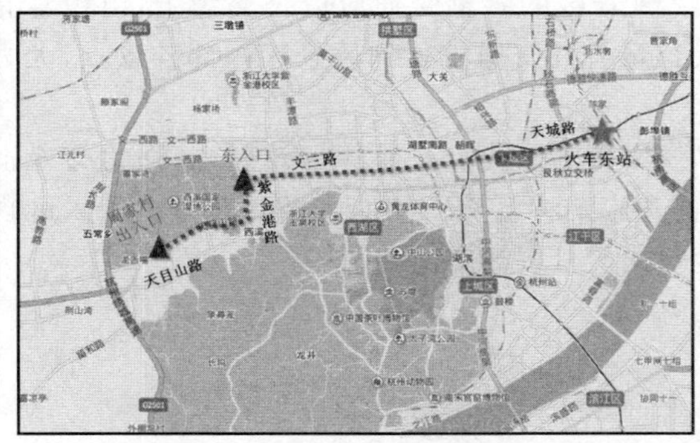

图 13　西溪湿地公交接驳示意图

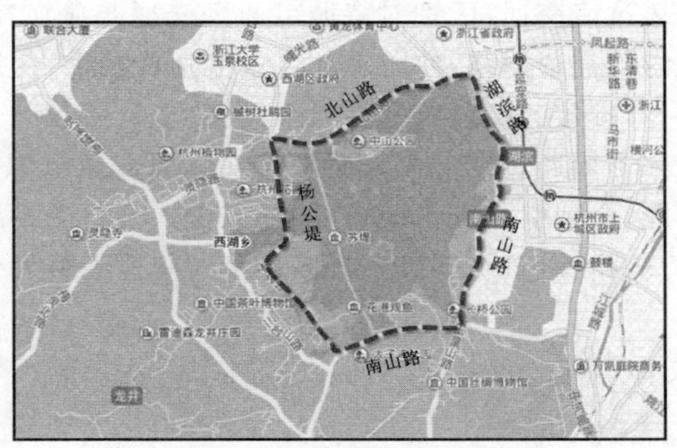

图 14　远期黄金周绿色交通专用线路

(10)外围停车换乘

保留黄龙体育中心、省人民大会堂、西溪天堂(紫金港)换乘中心，万松岭停车场，并实行免费停车、换乘。通过入城口“P＋R”换乘或集散中心“P＋R”换乘、对外交通枢纽的公交换乘等一系列措施，减少小汽车进入景区数量(见图 15)。

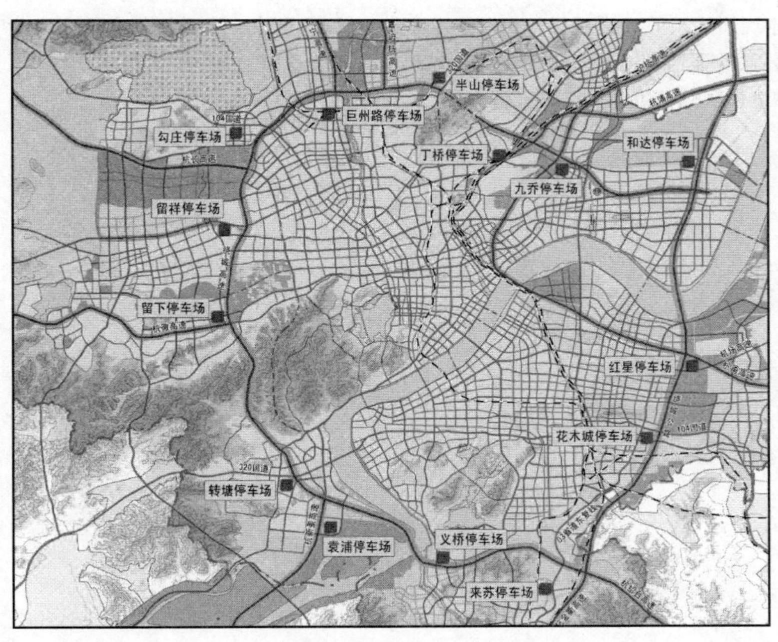

图 15　风景区周边换乘停车场布点规划

(11)停车收费控制

停车管理手段主要是通过差别化停车收费标准(景区内重要景点周边高标准、景区内大型停车场中标准，以及景区外围换乘中心低标准)、景区外围发布实时停车信息等方式，鼓励小客车在外围停车换乘，减少在景区内的行车时间，同时缓解路边停车的问题。

通过合理的收费制度，控制进入景区的机动车(主要是小客车)车辆数，将一部分小客车出行转向公交出行，减少景区内道路和停车压力。

(12)统筹协调管理

"十一"期间交通组织中充分发挥与支队基地指挥室以及各职能部门纽带作用，突破以往单一协调的模式，使得各项措施迅速落实到位，是"部门联动，公安主推"的管理模式的集中表现，有效提升了"十一"期间整体运行管理效率。建议成立现场指挥部进行统筹，各政府职能部门参与，真正形成交通管理"齐抓共管"。

4 结 论

未来几年内若无明显政策变化，杭州市旅游人数以及旅游收入仍将呈现稳定增长趋势。面对如此巨大的交通压力，未来景区一定要将机动车辆严格控制在景区外部，通过换乘系统来服务进入景区游玩的旅客。大量分离过境交通，区别对待城市通勤交通与旅游交通。风景区的游览交通应以公交为主，组织富有特色车型的游览交通网络，使游客在风景区边缘换乘，使用大容量公共交通方式到风景区内部各景点，大力发展低噪音、零排放的特色游览交通工具。

未来主要通过以下几方面来实现假期交通组织的提升：实现与城市交通的有效分离，强化交通枢纽的换乘功能，合理引导风景区自驾游，完善旅游公交系统，提升旅游特色交通功能。做到充分利用景区现有条件，发挥杭州特色，在不破坏景区环境的前提下最大化地优化假日杭州交通状况。

参考文献

[1]西湖风景名胜区管理委员会，杭州市园林文物局，等. 西湖风景名胜区总体规划(2002—2020)[R]. 2002.

[2]程颖，王金秋. 杭州西湖风景名胜区综合交通规划[J]. 城市规划通信，2007(9).

[3]刘庆余. 我国风景名胜区旅游发展模式优化研究[D]. 武汉：湖北大学，2004.

[4]PAPACOSTAS C S, PREVEDOUROS P D. Transportation engineering and planning[C]//University of Hawaii at Manoa Honolulu, Hawaii, 2001.

[5]黄翔. 旅游区管理[M]. 武汉：武汉大学出版社，2004.

[6]邢晓梅. 旅游景区总体规划体系的理论探讨——以陕西省为例[D]. 西安：陕西师范大学，2001.

[7]杜宁睿，许宁. 试论以公共交通为导向的城市发展[J]. 规划师，2003，19(11)：94－95.

[8]梁志林. 城市停车换乘设施规划研究[J]. 公路，2009(4)：181－182.

环杭州湾区域交通对城市和经济发展的影响

张伯敏

（上海铁路局嘉兴车务段，浙江嘉兴 314000）

摘要：环杭州湾地区是我国长三角区域内，城市化程度最高、城镇分布最密集、城市间经济联系最密切的地区之一，解决该地区内的交通问题，对于加速长三角城市群经济带的培育，促进上海国际大都市的发展，具有十分重大的意义。本文在分析环杭州湾城际交通运行环境的基础上，提出低碳的区域城际交通发展模式和区域综合交通网建设的基本架构，系统、综合、有效地建立经济发达地区城市间多层次、多模式、多种交通方式的交通网，以促进城市群间经济发展的需要。

关键词：城际交通；环境分析；建议

21世纪是提倡绿色环保与可持续发展的世纪，寻求可持续发展已成为人类的共识，而基于低碳理念的城际轨道交通则是实现交通领域绿色环保与可持续发展的重要手段。环杭州湾地区是我国长三角区域内，城市化程度最高、城镇分布最密集、城市间经济联系最密切的地区之一，解决该地区内的交通问题，对于加速长三角城市群经济带的培育，促进上海国际大都市的发展，具有十分重大的意义。

1　环杭州湾区域经济圈内的交通地位

环杭州湾地区是长三角地区除上海市外城市化程度最高、城镇分布最密集、经济发展水平最高、综合经济实力最强的地区之一，平均不到45km就有一座大中城市，长三角地区已成为世界第六大城市群。该地区经济繁荣、人流密集、市场发育相对完善，旅客需求呈现多样化的态势，客流以商务流、旅游流、通勤流为主，对城际客运交通需求很大。

对长三角地区、华东地区乃至全国，上海的辐射作用将逐步加强，对环杭州湾的嘉兴、杭州、绍兴、宁波等城市，由于它独特紧邻的地理环境和经济上紧密的产业联系，一个以上海为中心的大都市圈的重要性日益凸现。

城市带的高速发展必然会产生巨大的交通需求，该地区的人均收入及GDP等各项经济指标均居全国前列，市场发育相对完善，经济活动日趋频繁，人流密集，旅客对时间价值的要求也越来越高，造成铁路运能与运量的矛盾随时间的推移而日益突出。

环杭州湾地区紧邻上海、江苏，通江达海，区域内外交通发达，随着杭州湾跨海大桥，沪杭、杭甬高速铁路等重大交通项目的建成，“同城效应”日益显著，交通部门将面临严峻的竞争态势，应及时应对未来持续、快速增长的客运需求。

2　环杭州湾区域经济的特点和交通现状

环杭州湾区域是长江三角洲地区的重要组成部分，是以杭州湾为中心呈“V”形分布，包括杭州、宁波、嘉兴、湖州、绍兴、舟山在内的浙东北城市，组成了长三角南翼地区。素有鱼米之乡之称的杭嘉湖和萧绍宁平原，有19个县(市)进入中国社会经济综合百强县行列，以及较发达和完善的交通网络体系，港口优势突出，区位优势显著。

2.1　杭州湾区域经济的特点

(1)杭州湾区域经济潜力巨大。①经济规模比重占浙江省的2/3，国内生产总值总量于2012年达

作者简介：张伯敏(1957—　)，总工程师，高级工程师，从事铁道交通运输管理。

24404.4亿元,占全省的70.4%;②产业结构更加优化,2012年环杭州湾6个城市三产比例为4.8∶50.0∶45.2,呈现良好态势;③区域投资规模居前,具有与上海市毗邻的区位优势,2012年全社会固定资产投资规模总量达到11530.4亿元,占全省投资总额的67.4%;④外贸出口地位举足轻重,利用外资继续领跑,外贸依存度不断提高;⑤居民收入普遍提高,呈现齐头并进的态势;⑥区域内城市化进程加快,城市人口分布面积扩大。

(2)发达地区经济实力的快速提升使产业集聚效应日益显现。近年来,杭州纺织、机电,温州轻工,义乌小商品业,永康五金业发展迅速,特别是物流园区建设,更加快了这些产业集聚发展。由于自然资源短缺,浙江地区的能源、原材料等要从外省调入,制成品要运往外地,形成了"两头在外"的产业结构特点。

(3)区域经济呈现出不平衡发展的特点。杭州湾地域经济发展不平衡表现为地区间的经济差别明显,沿海地区优于内陆地区,浙北、浙东地区优于浙中地区,浙中地区优于浙南地区。金华、衢州、丽水等城市在自然条件、人力资源、经济状况、交通运输等方面均逊于浙北、浙东发达地区。要统筹浙江地区的整体经济发展,必须加速浙中城市群的培育,带动其周边欠发达地区的经济发展。

2.2 环杭州湾区域交通的现状

目前,环杭州湾地区的城际交通主要是以公路、铁路为主。铁路拥有沪杭、宁杭、杭甬、杭深客运专线,沪昆、萧甬、宣杭多条线路;公路有沪杭、杭甬高速公路、320国道和其他纵横交错的公路。区内铁路和公路的起讫点及途经城镇基本相同,线路走向十分接近,或平行或穿越,协作的条件十分有利,竞争态势非常明显。

(1)铁路。环杭州湾地区铁路布局是以杭州为铁路枢纽,相继建成了沪杭、宁杭、杭甬、杭深客专,杭州枢纽及新客站工程,连接沪杭、宣杭、浙赣、萧甬4个方向的空间布局,完善了铁路网,增强了铁路的运输能力。

(2)公路。杭州湾地区公路发达,以省会杭州为中心,形成了环杭州、湖州、嘉兴、宁波、绍兴等城市高速公路、国道、省级干线公路、县级公路构成的纵横交错、多层次的公路网络。杭州湾跨海大桥的建成使宁波到上海的距离从原来的394km缩短到174km,有利于杭州湾以南的宁波、台州、温州等城市接轨上海,推动浙东沿海城市与上海的交流与合作。

(3)水路。环杭州湾地区拥有京杭运河、杭甬运河、钱塘江等为主干的内河航道网,内河运输由于竞争力差,通航等级低,旅客运输近年来呈萎缩态势,主要承担货物运输。沿海港口有:宁波港、北仑港、舟山港、乍浦港等。区域港口布局以上海为中心,宁波、北仑港为南翼,乍浦、舟山等中小港口为支撑。

(4)机场。目前机场密度正在逐渐加大,杭州萧山国际机场、宁波栎社机场、舟山机场。从上海浦东国际机场到宁波栎社机场,两地飞行时间约35min。

3 环杭州湾轨道交通对区域经济的影响

3.1 轨道交通网络建设促进城市群发展

轨道交通作为一种大容量快速公共运输方式,在城市群区域发展中起着重要的作用。城市群的发展离不开综合轨道交通网络的建设。

(1)满足并优化城市群发展产生的运输需求。国际经验表明,一个国家的城市化水平达到35%~40%以后,还会有一个高速发展时期。2012年,环杭州湾地区城市化水平为40.8%,高于全省平均水平31.7%,但仍低于世界发达国家城市化水平。众所周知,城市发展对运输需求,尤其是旅客运输的需求,有极大的推动作用,工业化、城市化、市场化的加速发展,必将带来城市群内外部的旅客运量猛增。

(2)促进大城市有序的空间扩展和城市用地的集约化。城际轨道交通能够引导城市群空间演变的合理发展。轨道交通具有满足交通需求和引导发展两大基本功能,后者在城市群空间演变中具有重要的引导作用,是实现城市群空间合理拓展的有效手段,特别是方便城市居民居住地点与工作地点之间的往来,减少运距,便于居民安居乐业。

3.2 轨道交通对区域经济的影响

(1)提升可达性的空间经济联系,促进区域融合。城际轨道交通通过改变地区的可达性而改善其经济地理位置,从而使区位优势发生变化。可达性的提升对于区域内城市和地区发展带来的影响主要有以下几方面:改善交通状况,提高城市地位和区域影响力;提高区域综合可达性,提升区域发展速度和潜力;对可达性敏感产业发展和城市产业结构调整影响巨大;加强对外联系,有利于产业接触效果和接触优势。

(2)城际轨道交通能够引导城市群空间演变的合理发展。快速轨道交通具有满足交通需求和引导发展两大基本功能,后者在城市群空间演变中具有重要的引导作用,是实现城市群空间合理拓展的有效手段,特别是促进城市居民与工作地点的方便联系,减少运距,便于居民安居乐业。

(3)促进产业结构优化,提高区域竞争力。城际轨道交通以其快速、大运量、准时的特点,达到构建城市群一日交流圈的要求,给城市群内部的经济、社会和文化交流提供强大支撑。城际轨道交通使区域内的商务出行更方便的同时,节省时间与资金,提高工作效率,有利于区域融合,促进区域经济一体化,从而全面带动相关行业、产业、学科、专业等共同发展,对咨询业和商业饮食业、旅游业,以及商务办公业的支持和推动,在很大程度上促进第三产业的发展,影响整个区域的产业结构,有利于产业结构优化升级。

(4)扩大就业范围。城际轨道交通建设施工规模巨大,涉及轨道、桥梁等基础设施建设,具有产业链长、投资和需求拉动作用大的突出特点,不仅可以带动沿线地方建材、农副产品和日用品的消费,还可以拉动与城际轨道交通建设相配套的机械、电子、通信、信息、环保等多个行业的发展,提供就业岗位。同时,城际交通的运营提高了长三角都市圈的通达性,拉近了城市群的距离,使异地就业成为可能。

(5)加快城市化进程。城际轨道交通的规划和建设将对区域经济结构的改变,城镇化战略的实现,城市群的形成以及城市群产业结构的调整起到重要的作用。城际轨道交通运行速度快,能使欠发达地区与经济中心的联系更为紧密,促进沿线欠发达地区的城市化进程。

4 环杭州湾城际轨道交通发展建议

环杭州湾地区正朝着国际化大城市群的方向发展,未来城际间客运需求增长将十分迅速。同时,随着经济的发展,城市化水平的提高,城市规模扩大及城市带和卫星城市的形成,经济组团间的交流急需缩短时间距离和空间距离,区域交通急需现代化,城际间运输需求明显增加。

4.1 城际轨道交通内涵

(1)低碳可持续运输发展应遵循在等运量的前提下的污染负荷最小、对生态造成的损失最低等环境友好原则,结合交通与土地利用、产业发展以及环境的关系,提出基于低碳理念的城际交通发展模式,构筑以区域公共交通为主体,优先发展城际轨道交通的城际交通发展模式,优化城际综合交通结构。从欧美、日本的城市发展历史来看,城际轨道网在都市圈的发育形成过程中,起到了突出的凝聚和联系作用。城际交通网把区内分散的城市连成整体,强化了城市群间的联系、协作与分工,有利于产业集群向中心城市集结,中小城市专业化分工将进一步强化,从而促进整个区域的产业升级和转型。

(2)城际轨道交通是指专门用于城市密集地区、城际间中短途旅客运输的快速铁路,是联结城市密集地区大城市与中小城市、各中小城市之间及部分大城市之间的一种快捷的有轨交通联系通道。它具有用地省、运能大、能耗小、污染低、安全性好的技术优点,并能实现小编组、快速度、高密度、列车开行公交化等运输组织优点,是经济区内紧密联系、相互依存、合理分工的城市之间的基础设施。其客流结构以"一日交流圈"内相对固定的通勤、学生、商务、公务、休闲、旅游客流为主,一般一次出行 2～3h 就可到达目的地。

(3)区域综合交通基于低碳可持续运输的城际交通概念,深入研究区域城际轨道交通的建设对区域经济发展、产业布局、土地利用以及环境所产生的影响,通过合理的城际轨道交通的规划,引导区域空间结构调整与优化,满足区域城际客货运输的需求。从政策、规划与管理等角度,提出基于低碳的环杭州湾区域城际交通发展模式,建立相关支持政策及低碳可持续运输城际交通的评价指标体系。

4.2 区域综合旅客运输网的总体构想

(1)完善综合交通运输结构,适应交通量增长。有必要建设城际铁路,实现多线铁路运输,与其他运输方式一起构建具有多式联运功能的城市综合交通运输网，使城际铁路、城市轻轨、城市地铁及其他运输方式相互衔接，进一步缩短上海和环杭州湾地区其他城市的时空距离，使环杭州湾区域内的机场、港口、公路、水路等互联成网，最终形成环杭州湾地区乃至长三角地区的综合运输网络。

(2)合理铁路和公路的分工，满足旅客高质量、多层次的运输需求。环杭州湾地区属于经济发达地区，短途客流呈多样化特点，不仅要求安全、便捷，还要求舒适、品味，决定了运输服务必然多种多样，铁路和公路要发挥自身特点优势，找准各自的市场定位，满足不同层次旅客的需要，尤其是要完善综合交通枢纽，发挥公路网络便利、门对门的特点，实现旅客运输的长短途合理分工。

(3)促进环杭州湾地区现代化发展。城际铁路是一种适合现代生活形态、节奏及品质的交通方式。随着区域内信息化、智能化水平的提升，环杭州湾城镇连绵发展，中心城市的卫星城镇作为承担一定经济分工的空间节点，与中心城市之间的联系规律符合轨道交通的特点，因而未来的轨道交通必然作为城际沟通的新手段。

(4)构建综合交通网要考虑可持续发展战略。环杭州湾地区城市化的程度高，交通拥挤、噪音及废气污染、能源紧缺、人口与耕地矛盾的日益突出等，已成为制约该地区城市经济发展的重要因素。因此，城际铁路是“以人为本”，对环境友好的“绿色通道”。建设以城际铁路等快速轨道交通系统为骨架的综合交通运输网络，必将有力促进都市群的可持续发展。

(5)铁路发展必须适应城际短途交通竞争。环杭州湾地区交通方式之争，重点是速度之争。随着高速公路的兴起，铁路在300km圈内受到了高速公路的强劲挑战，很多高速公路开通一段，铁路短途客运市场就丢失一段，且公路承担的市场份额有继续扩大的趋势。所以，要保持和增加城际短途客运市场份额，有必要规划建设城际铁路，逐步将干线铁路的城际短途客运转移到城际铁路中。

4.3 区域内城际铁路的发展规划

构建“两小时交通圈”为目标的综合交通骨干网络架构，形成以杭、嘉、湖、甬、绍及周边城镇进入上海两小时的辐射圈内，催生“同城效应”，使原来相互割裂的行政区域，逐渐成为真正的经济区域。

(1)浙江铁路建设的总体架构：加快建设杭长、京福等城际客运专线或高速铁路，尽快建设以快速(快客、快货)通道为先导，以建设出省(到福建)通道和港口铁路为重点，以全省铁路网的合理布局为目标，形成北通上海，南通福州，覆盖浙江主要城市的两小时快速轨道交通圈，尽快连接浙北、浙中、浙南地区，改善中小城市之间无轨道交通联系的落后现状。

(2)上海铁路南侧建设的总体架构：通过加强对外通道建设，浦东铁路建设与沪乍铁路、跨杭州湾铁路连通，建成环杭州湾轨道交通网络。实现上海港与北仑港的战略分工和互动互补态势，扩大集装箱海铁联运比例。

(3)环杭州湾铁路发展目标：建立一个覆盖杭州湾各主要城市，由高速铁路、城际铁路、市郊铁路等构成的大容量、与市域交通换乘便捷的城际轨道交通系统，重点突出公交化的快速轨道交通网规划建设。在2020年内建立一个以沪杭为主轴，以上海为中心，杭州和宁波为副中心，呈辐射状的环杭州湾轨道交通系统，使其成为环杭州湾城市群内部的“公交”捷运系统；并使城际轨道交通与各中心城内部或城市轨道交通衔接，为环杭州湾城市间通勤和日常商务、公务、购物、旅游、休闲提供快捷可靠的交通方式，通过各种交通方式的整合形成快速高效的综合交通运输网络，带动和促进区域经济发展一体化。

5 结　论

城际轨道交通的规划与建设促进了区域经济发展、资源调配、产业结构调整。本文通过分析环杭州湾地理区位特征以及经济发展特征，提出基于低碳理念的城际交通发展模式，构筑以区域公共交通为主体，优先发展城际轨道交通的发展模式，优化城际综合交通结构。

可持续发展的城市交通及其规划与管理

关于城市有轨电车发展实践的思考

黎冬平

（上海市城市建设设计研究总院，上海 200125）

摘要：在城镇化发展和公交优先发展等多重推动力下，有轨电车在我国蓬勃兴起，本文对有轨电车的发展趋势和存在的问题进行剖析，并认真思考有轨电车的内涵以及适用范围，提出了要加强政策标准导向、强化综合交通体系分析、有轨电车分级建设以及控制好工程造价等思路，为有轨电车的可持续发展提供了思路。

关键词：城市轨道交通；有轨电车；功能定位；适用范围；分级

1881 年德国建设开通了有轨电车[1]，一个多世纪后，有轨电车进行了车辆与路权的变革，采用低地板铰接车辆、加大车辆容量、提高运行速度和舒适性，采用专用车道和交叉口的信号优先[2]，为有轨电车带来了全新的发展机遇。

近年来，有轨电车在沈阳、苏州、北京、上海等多个地区正在规划建设，在目前有轨电车蓬勃兴起的背景下，有必要对当前发展形势进行分析，认真思考如何更加科学、合理地发展有轨电车，提出可持续发展建议。

1 当前发展情况与主要问题

1.1 当前发展情况

目前，运行在长春、大连、天津、上海和沈阳的有轨电车线路，总长 93.8km，可以分为 3 个发展阶段：①在传统有轨电车基础上改造的长春和大连的线路，采用了大容量的 70％低地板铰接车，但车辆与轨道等整体技术存在差距；②2008 年和 2010 年在天津泰达和上海张江开通的胶轮导轨有轨电车，受线路客流低和路面条件不良等影响，逐步不被认可；③沈阳浑南新区为迎接全运会，2013 年开通的有轨电车系统，采用了 2.65m 宽的 70％和 100％低地板钢轮钢轨车辆，改善了车辆的加减速和转弯半径等性能，区间采用槽形导轨、绿化铺装等形式，成为有轨电车当前发展的主要形式。

目前基本建成的线路还有苏州高新区有轨电车 1 号线，以及在建的南京河西、北京西郊、广州海珠线，珠海一期工程、武汉大汉阳以及淮安一期工程等线路。同时，我国已有数十个城市正在开展有轨电车的规划方案等前期工作，计划近期启动有轨电车的建设。各城市有轨电车建设示案如图 1～4 所示。

图 1　上海张江脚轮导轨有轨电车

图 2　沈阳浑南新区钢轮钢轨有轨电车

作者简介：黎冬平（1983—　），男，博士，高级工程师，主要研究方向为城市客运交通规划设计。

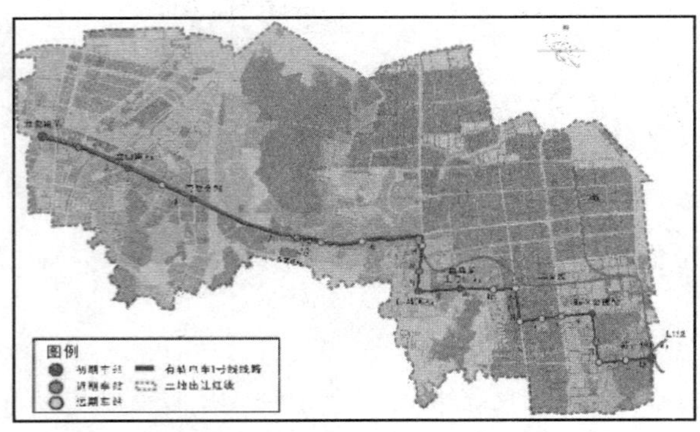
图 3　苏州高新区有轨电车 1 号线走向

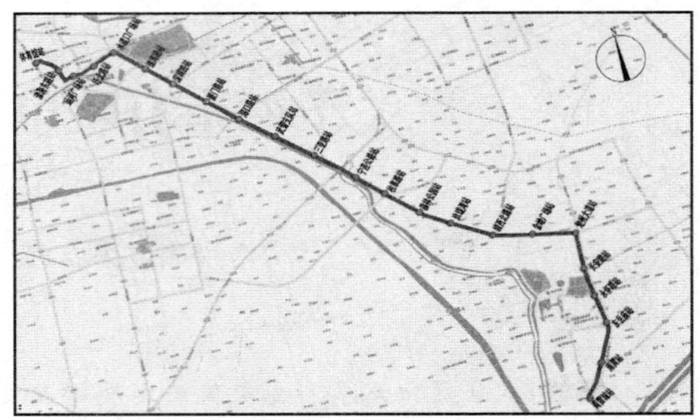
图 4　淮安市有轨电车一期工程走向

1.2　存在的主要问题

(1)建设线路多分布在外围或新区,带来客流隐忧

目前在建的有轨电车线路主要分布在城市外围或新区,包括沈阳浑南新区、武汉大汉阳等线路,主要原因是这些地区道路条件较好,同时对新区发展有良好的引导作用。相对于其他地面交通方式,有轨电车的主要交通优势是大容量,以及采用专用车道和交叉口信号优先模式实现快捷准点。新区客流量不足,无法充分体现大容量车辆的优势,如目前已正式运营半年多的沈阳浑南新区有轨电车,48km 的线路日客流量不足 1 万人次,这将降低有轨电车的发车密度,影响服务水平。同时受平面交叉口和车辆加减速性能的限制,有轨电车一般的运营速度为 20～25km/h,在新区道路交通畅通时,相对于社会车辆竞争力不足。

尽管先期建设高品质的公共交通,对于城市交通方式结构能够起到良好的引导功能,但客流培育的时间过长,将带来巨大的运营成本,进而成为一种负担,也将影响到对于有轨电车这种新兴城市客运交通方式适用范围的正确判断。

(2)对技术特点的片面认知影响了推广应用

有轨电车作为一种城市客运交通方式,具有显著的优缺点,但是在应用的过程中存在一些片面的认识。①就交通论交通,单一地注重了有轨电车方式的交通功能,片面地认为有轨电车相对于公共汽车投资过高,忽视了有轨电车对城市发展的引导,对国家能源和土地节约、环境保护政策的重大意义。②片面强调有轨电车与社会车辆混行或需要占用道路资源,认为在当前交通环境下适应性差,缺乏从功能定位、设施建设和交通组织等多方面论证,影响了对有轨电车适用范围的正确评价。③过于乐观估计了有轨电车在载客容量、运行速度上的适应性,以及相对于地铁等方式的投资经济性,部分城市规划出现了超过 40km 的线路,甚至提出要完全替代轨道交通或者是市域轨道线路,反而影响了公交体系的有序发展。

(3)缺乏系统制式的理性选择和建设技术标准

部分城市在建设有轨电车时,过于突出和重视有轨电车的景观和形象功能,而未能很好地考虑其对交通功能的影响。尤其在供电制式的选择上,过于强调架空接触网对于景观的影响,大规模地使用了无架空接触网技术,包括地面供电和储能式供电,缺乏对今后线路运营可靠性和运营费用的理性考虑;同时,在基础结构、设备选型上缺乏标准,也导致了建设投资偏高。

2　对有轨电车发展的思考

2.1　有轨电车的内涵

(1)有轨电车概念的界定

《城市公共交通分类标准》(CJJ/T 114—2007)对有轨电车的定义为:有轨电车是一种低运量的城市轨道交通,电车轨道主要铺设在城市道路路面上,车辆与其他地面交通混合运行,根据街道条件可分为 3 种情况,即混合车道、半封闭专用车道、全封闭专用车道。[3]这些规定了有轨电车的地面特性,相对于传统形式,要发挥好有轨电车的交通功能,主要突破 3 点:①改进车辆性能,提高速度和载客容量,降低地板高度以增强舒适性;②争取专用车道,这是保障运行速度和可靠性的重要基础;③实现路口优先,设置交叉口信号优先,甚至采用局部立交的形式。在这些改造下,有轨电车兼具了轨道交通的较大运能、环保舒适等优点,也使得有轨电车的交通功能定位发生了根本性变化,成为一种中等运量的公交方式,弥补了传统形式下固定轨道运行的灵活性不足等问题(见图 5、图 6)。

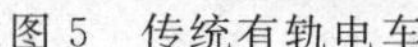
图 5　传统有轨电车

图 6　现代有轨电车

在这种变革下,有轨电车与轻轨之间的界定存在一定的交叉,两者最大的区别在于路权,有轨电车以地面铺设为主,当沿线所有路口都采用立交形式实现全封闭路权时,此时车辆也就没有必要采用低地板车辆,而选用高地板的 C 型车或 B 型车,辅以封闭站台和完善的通信控制系统后,就转变成为轻轨。

(2)控制好造价是平衡功能定位的基础

建设投资成本决定了有轨电车需要以地面敷设为主,这也是发展有轨电车的重要基础,也体现了有轨电车采用较低投资实现中等运量功能的优势。因此,控制好造价是平衡好有轨电车建设标准的重要措施,但这种控制需要在合理的范围内,尤其是要平衡好不同系统之间的投资关系。部分城市将较多的投资用于无接触网供电制式,但对于提高有轨电车效率并无帮助,如用于改善部分平面交叉口为立交形式,将有效提升交通功能。

2.2　分级应用与适用范围

(1)面向功能定位的分级应用

有轨电车在城市公交体系中的应用,主要是作为大城市轨道交通的延伸和补充、中等城市骨干公交体系以及特色公交系统等模式。[4]不同应用模式下的功能定位不同,主要体现为对有轨电车的客运能力和运营速度的要求,而在设施上最直接的体现是是否需要配置较高的路权标准。

从面向功能定位角度,可以分为骨干公交功能和一般公交功能(见图 7)。对于骨干公交功能,主要承担网络的骨架功能,服务大通道,在设施布置上,应采用专用车道和较大的站间距,局部路口可采用立交形式,以满足快捷大容量的功能为主,并预留好适应未来年大客流的条件。而对于一般公交功能,则主要是用来加密线网,或者是作为特色公交线路,可以采用混行和小站间距,提高服务功能。如苏州高新区规划的有轨电车 6 条线,80km 中,骨干公交线路有 3 条(长 43km),其他线路为加密补充功能。[5]

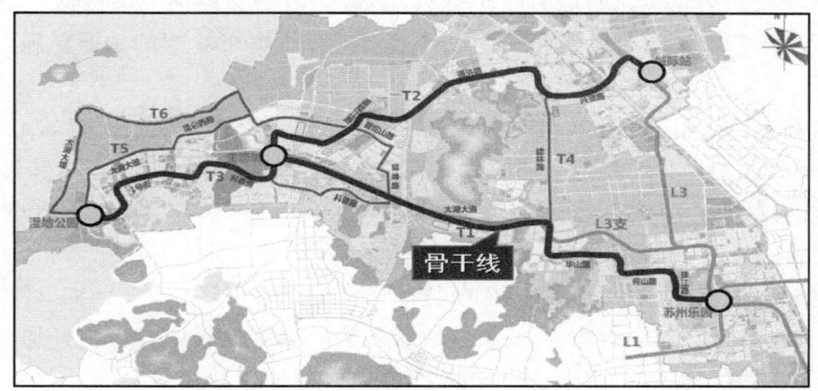

图 7　有轨电车在高新区的分级应用

(2)有轨电车的适用范围

有轨电车能否进入中心城区是提高适用范围的关键。对于特大城市,中心城区的交通更多地通过地铁等大容量轨道交通来解决;而对于太仓、泰州等中小规模城市,则期望通过有轨电车来解决城市交通问题,老城区的道路资源不足成为限制瓶颈。这些城市老城区建筑不高,部分为历史保护街区,不适宜建设高架系统;同时,老城区的尺度是比较小的,一般为3~5km。采用有轨电车,可以在老城区建设部分地下一1层线路,解决进入老城区问题;而外围道路条件较好,可以采用地面方式,在对工程投资影响不是很大的情况下,兼顾好客流与道路资源之间的关系。

将有轨电车比作道路网络中的"主干道",与地铁或轻轨等"快速路"之间,对复杂的大交叉口,也可以通过局部立交的方式来解决,从而有效提高通过能力,拓展适用范围(见图8)。

图8 有轨电车在局部路段采用高架或地道形式

2.3 综合交通体系下的有轨电车发展

由于有轨电车兼具了轨道交通工程与道路公交运行的特点,在开展有轨电车线网规划时,需要进行长远的考虑,与轨道交通系统衔接好,处理好近、远期的发展关系,同时又能适应道路交通调整的灵活性。

在开展有轨电车线网规划时,线路规划时要加强与城市空间、轨道交通线网、道路网络以及有轨电车本身的相互关系研究。同时应开展较深的建设规划控制研究,尤其是要关注对道路条件的控制、有轨电车相交形式以及平交道岔预留方向等内容。综合交通体系下有轨电车线网规划的流程与技术内容要求如图9所示。

在不同综合交通背景下,有轨电车的发展要求和方向不同,如在上海松江、苏州高新区和泰州的应用目标是不同的,包括形成一体化的其他客运交通系统,这也直接影响到对有轨电车规划方案与实施方案的判断。

2.4 重视有轨电车的交通组织与安全

有轨电车受车辆较长和钢轮钢轨摩擦力较小等影响,遇到道路交通突发事故时,应变的灵活性相对汽车要困难。做好有轨电车的交通运行组织和安全设计是实现有轨电车功能的重要保障,也是评价有轨电车运营成败的关键指标。

根据德国的统计数据[6],2011年有轨电车事故1117起,死亡人数39人。但有轨电车为主因导致的事故比例较低,更多的事故源于汽车等其他交通方式(见图10),从事故地点来看,超过85%的事故发生在交叉口附近(见图11)。而从安全上,事故导致有轨电车乘客伤亡较少,如2011年德国有轨电车事故死亡人数中只有1名有轨电车乘客。

根据沈阳已运行的有轨电车经验,造成事故的主要原因是社会车辆左转、交叉口信号绿灯间隔时间不合理、行人过街以及有轨电车限界侵入物等(见图12)。且事故更多地集中发生在开通初期,各种交通方式在出行中对有轨电车判断的误差和不适应,容易造成事故的高频率发生。

因此,对于有轨电车交通运行组织和安全设计,更多地需要加强对社会车辆以及行人的交通组织设计,更加精细地对道路交通组织、交叉口渠化、行人过街驻足区、交叉口信号灯等进行设计。同时加强对有轨电车运行规则的宣传,在开通初期加强在交叉口的协调管理。

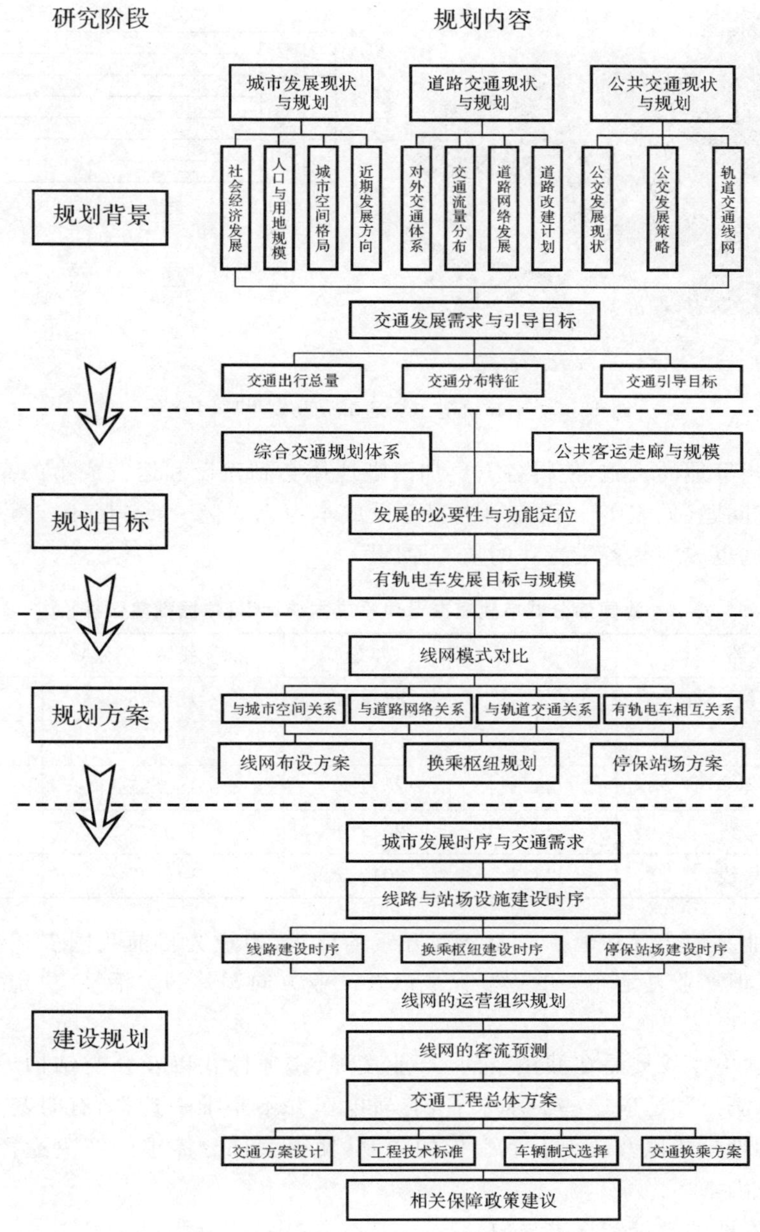

图 9　综合交通体系下有轨电车线网规划技术内容

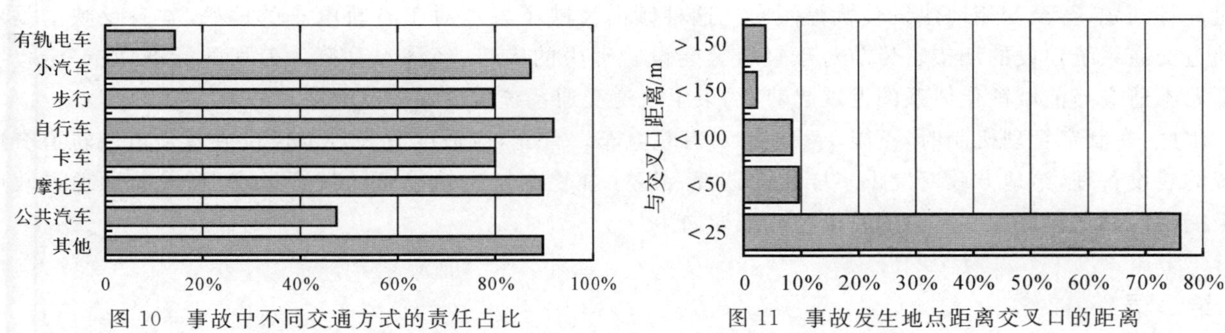

图 10　事故中不同交通方式的责任占比

图 11　事故发生地点距离交叉口的距离

2.5　明确有轨电车政策与标准导向

(1)有轨电车蓬勃兴起的内在原因分析

有轨电车蓬勃兴起，除其技术发展本身外，分析其原因和推动力，主要是公交优先发展、城镇化 TOD 引导、建设成本优势以及产业推动等综合作用。

随着城市交通拥堵的加剧，公交优先发展深入人心，城市空间扩张和新城建设都需要公交的引导。同

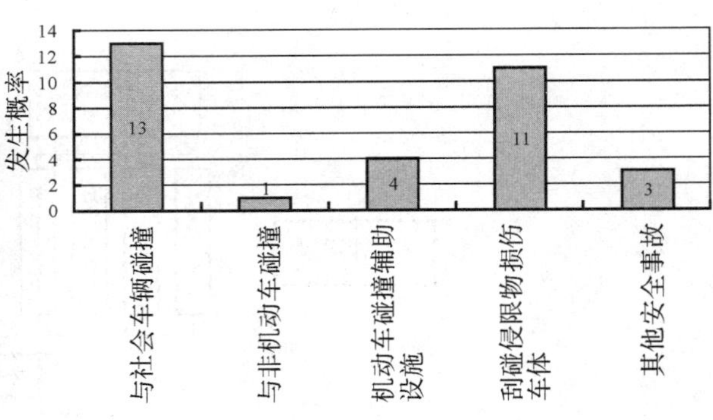

图 12 沈阳有轨电车交通事故及发生原因分布

时，随着轨道交通在苏州等地的实施，使得各方更加清晰地体会到建设和运营成本的高昂，认识到不可能寄希望于地铁来解决所有问题(见表 1)。而有轨电车建设成本为 1.0 亿～1.6 亿元，建设周期为两年左右，具有较强的建设可控性，这也成为其备受青睐的重要原因。

表 1 我国部分城市轨道交通建设成本统计表(依据批复数据)

城市	线路	长度(km)	年份	批复投资(亿元)	单价(亿元/km)
上海	13 号线二期	17	2012 年	139.68	8.21
苏州	4 号线及支线	42	2012 年	357.49	8.51
福州	2 号线	26.3	2012 年	182.27	6.93
兰州	1 号线	26.8	2013 年	189.43	7.07
南昌	2 号线	23.3	2012 年	145.23	6.23

另外，车辆厂的产业基地布局和地方产业转型升级的要求，也成为目前我国多条有轨电车线路以示范线名义建设的推动力。但产业基地布局的逐步完成以及产业方向调整的灵活性，决定了这种推动力是不可持续的。

综合背景分析，有轨电车发展是在城镇空间、产业发展、交通模式以及公交结构等快速转变时期，其综合优势脱颖而出。但从满足和适应这些需求来看，有轨电车并不是唯一选择，有时甚至劣势明显。但目前国家对于轨道交通的管理模式以及缺乏有效引导的体制，使得大部分需求的解决途径变得单一，这也是有轨电车发展重要的内在因素。

(2)明确有轨电车发展的政策和标准导向

目前，我国尚缺乏对于有轨电车的明确的建设管理和技术标准，这导致了有轨电车发展中存在一些标准过高等问题，甚至变相地建设轻轨等倾向。这种倾向反映了各地对于有轨电车的偏好，本身反映的是对于轨道交通系统建设的期望。目前对于轻轨等建设管理中的人口、经济水平等一刀切的标准，在一定程度上开始不适应当前城镇化体系的发展趋势，约束了轨道交通系统多模式的灵活性。

因此，在制定管理机制时，不能单一地针对有轨电车。首先，应适度放开对于轻轨或者是市域轨道交通系统的建设管理，给地方政府提供多样化的选择；其次，加快制定有轨电车的技术标准，形成兼顾地方政府积极能动性和把握好发展方向的政策与标准导向。

3 结 语

有轨电车作为一种中等运量的城市公共交通方式，在城镇化趋势和机动化交通拥挤背景下，成为城市发展的重要趋势。当前有轨电车的建设存在偏重于实施条件，对用地的发展引导作用，以及功能和标准有些模糊等问题。本文从分析有轨电车内涵入手，认为有轨电车应通过分级模式，适应功能定位，提高有轨电车的适用范围，在综合交通体系下进行合理的功能定位研究；更为重要的是应适应当前各地对于轨道交通发展的期望，明确政策与标准导向，从而实现有轨电车的可持续发展。

参考文献

[1]耿涛. 镌刻在轨道上的岁月留痕[J]. 交通与运输,2007,23(5):62－63.
[2] 沈景炎. 对有轨电车建设与发展的思考[J]. 交通与运输,2013,29(5):1－3.
[3] 中华人民共和国行业标准. 城市公共交通分类标准(CJJ/T 114－2007)[S].
[4] 徐一峰,黎冬平. 现代有轨电车系统在城市交通的应用模式研究[C]. 中国城市交通规划年会,2011.
[5] 苏州高新区有轨电车工作组,上海市城市建设设计研究总院. 苏州高新区有轨电车线网规划[R]. 2011.
[6] WERNER B. Trams and safety with special regard to Germany [C]//4th Sino-German Symposium on Urban Road Traffic Safety,2014.

Thoughts on the Practice of Tram Development in China

Li Dong-ping
(Shanghai Urban Construction Design & Research Institute, Shanghai 200125)

Abstract: With the multiple drivers of urbanization development and public transportation priority, the trams are booming in China. The paper seriously analyzed the trends and problems of tram development and considered the dimension and applies scope of trams. Then the paper proposed the thoughts: strengthening the policy and standards-oriental, analyzing the comprehensive transportation system, classifying the application of trams and control the construction cost, which provided ideas for the sustainable development of trams.

Key words: urban rail transport; tram; functionalities; application scope; classification

浅议绿色交通系统的构建与发展

杨 梅

(宁波市城市客运管理局,浙江宁波 315040)

摘要:为缓解交通"最后一公里"难题,建设绿色交通体系,本文以公共自行车系统为重点,分析了系统的基本组成与出行链的结构;从规模测算、网点规划、运营管理等方面分析了可持续发展的诉求;并以宁波市公共自行车系统规划与实践情况为例,评价发展绿色交通的关键需要综合设计者、建设者、管理者和使用者,体现绿色出行的意义和效果。

关键词:绿色交通;公共自行车;可持续发展

绿色交通理论最早于1994年由加拿大人克里斯·布拉德肖(Chris Bradshaw)提出,他认为绿色交通工具具有保护自然环境,加强居民生活交流,提高社区生活品质,降低能源消耗等好处。绿色交通系统的优先级依次为步行、自行车、公共交通、共乘车、单人驾驶自用车。

绿色交通作为低污染、有利于城市环境多元化的协和交通运输系统,在缓解城市交通拥堵、加快城市生态文明建设、降低城市污染方面扮演着越来越重要的角色。2012年,住建部、国家发改委、财务部发布《关于加强城市步行和自行车交通系统建设的指导意见》,以促进绿色交通理念的提升,引导地方政府转变城市交通发展思路与模式,建设绿色交通体系,预防和缓解城市交通拥堵,降低城市空气污染。自行车作为绿色交通工具的一种,是城市公共交通短距离接驳的主力,能够有效地解决公共交通"最后一公里"问题,完善城市公共交通网络,提高公共交通吸引力。本文主要探讨的是绿色交通出行方式中的慢行交通方式,即步行与非机动车交通的出行。

1 绿色慢行交通系统的组成

以机动车为主的快速交通,在早期为民众提供便利的同时,给城市发展带来一些弊端,如交通堵塞、噪音污染、雾霾天气等。越来越多的城市在走过西方发达国家单一交通发展方式的老路后,开始意识到发展多元交通、构建宜居城市生活的重要性。慢行交通以绿色出行、宜居生活为目标,充分考虑行人和自行车的交通出行需求,为行人、骑自行车者提供连续的、人性化的服务。

(1)发展慢行交通系统的意义。城市交通可持续发展,一方面需满足交通出行快速、安全、顺畅、有序的目标,另一方面要达到环保、绿色低碳、最少资源利用的要求。慢行交通作为城市公共交通系统的重要组成部分,系统的构建既需要自成体系,为城市提供一个安静、舒适、便捷的慢行交通通道,又要与其他交通方式形成较好的过渡与衔接,形成快与慢多元交通方式的结合,给城市交通可持续发展带来积极的影响。

(2)慢行交通系统的组成。慢行交通的作用是城市公共交通系统的补充和延伸,构建"慢行(步行+自行车+步行)"、"慢行+公交+慢行"、"公交+慢行+公交"的交通出行方式,需要对慢行交通系统进行细分和分层,从"点、线、面"3个层次进行顶层设计,与公共交通相互衔接,与慢行环境统一串接,体现各自功能,塑造特色区域。

点:慢行交通方式的节点、转换点、停留点、起始点。点的设置对慢行交通方式出行链至关重要,直接影响了交通出行的可靠性、舒适性、安全性和出行质量,是慢行交通起止、暂停的位置,如公共自行车网点、道路过街设施等。

线:慢行交通连续性的保障,重点包括步行空间和自行车道空间,为达到慢行系统人性化、舒适化的目标,一般结合城市景观环境、街道景观环境、滨河绿道系统等连续设置,是点对点联系的通道和路径。

作者简介:杨梅(1985—),女,硕士研究生,经济师,主要研究方向为轨道交通运营管理、公共交通规划。

面:慢行交通系统整合和网络化布局设置。结合城市水系、绿道网,对公共自行车租借点、慢行道、绿道、道路过街设施、城市家具及标示系统等进行整合,形成覆盖面广、连续性强的慢行系统集成,往往可针对性地提出骑行攻略、休闲绿廊等。

2 可持续发展的慢行交通系统构建

2.1 合理的总量控制

根据城市人口、经济发展和交通出行总量,公共自行车和步行在城市交通中应具备合适比例。因此,公共自行车网点总量既不是越多越好,也不能低于基本交通出行服务水平,需进行规模测算,合理控制总量。目前较为成熟的方法是根据服务人口、服务半径两种方法测算城市(一般指中心城市)公共自行车总规模。

(1) 服务人口测算法。以国内外已实施的城市公共自行车系统万人车辆拥有量指标为参考,结合城市发展特点、居民选择公共自行车出行的特点与趋势,进行指标修正,以未来年人口总量进行匡算。

$$Y = k \times a \times X$$

式中:k 为修正指标,a 为万人车辆拥有率,X 为人口。

(2) 服务半径预测法。从公共自行车的功能看,服务半径主要考虑人口密度和步行距离两个因素。根据城市用地规划与布局,不同区域的人口密度和交通需求不尽相同,人流密集区需增加网点,而人流分散区可适当加大网点服务半径。按照《城市道路交通设计规范》和居民出行习惯,公共自行车网点合理的服务半径为200～500m(见图1),若以300m作为网点平均间距,运用未来年中心城区建设用地即可匡算服务网点的数量和总规模。

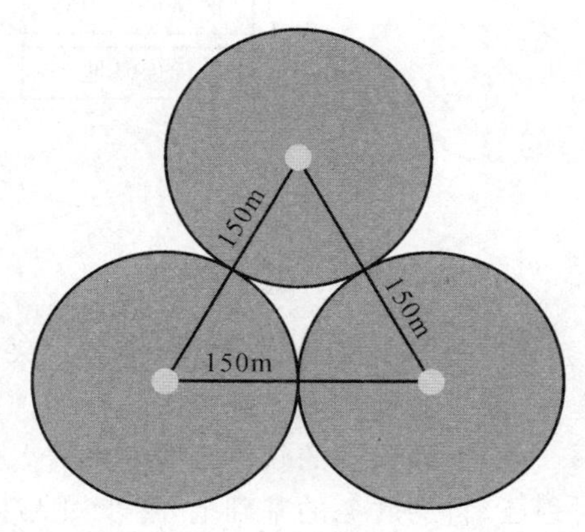

图1 公共自行车租借点服务半径示意图

2.2 科学的点线处理

布点方面,公共自行车网点布点应以轨道站点、大型换乘交通站点和公交首末站换乘点为骨干,加大人流密集区域布点密度,点多面广,充分利用现有资源,结合公建点、居民区、景区等重要区域,分区分类,区别对待,突出换乘,科学布设。遵循4个方面原则。①与用地规模同步规划布置。在人流密集区设置固定网点,预留停车用地;在网点间距大或者网络稀疏处增加网点,使整个网络间距更合理,使用更方便。②与用地和周围建筑相协调。网点的设置需符合用地性质,不影响周边设施的商业价值和风格,不影响其他项目的规划建设。③与城市发展趋势相协调。满足交通性为主,兼顾旅游观光、健身等休闲性需求,做到"重点突出,兼顾发展"。④与周围交通环境相协调。按照不同客流的主次方向,处理好与周边环境的关系。要尽量减少慢行交通过街距离,保证通行安全、顺畅。一方面可延伸道路交叉口的路缘石,同时设置路缘石渐变坡道与人行道连接;另一方面可优化交通信号相位,设置慢行交通优先候车区等。

通道布局方面,应充分保证步行空间、自行车道空间的连续性和不被占用。步行空间要巧妙地串接社区、购物中心、商业广场等,构建有活力的街区生活,避免超大尺度以汽车为主导的区域。要保证自行车的道路空间,选择合适断面的道路作为"通道",在骨干道路空间上实现人、机、非分离,其他道路上尽量保证路权,形成"骨干+毛细"的自行车通道。

2.3 便捷的衔接模式

根据城市居民出行目的统计数据分析,居民以上下班、就学、购物、就医等为出行目的的比例占90%左右,交通流的方向总体分为3种:①居住地—工作地;②居住地—生活配套设施;③住所—旅游区、办事区。

根据以上3种交通流方向,慢行交通系统要提高网点覆盖率,提升城市绿色交通出行的竞争力,以点串线带面发挥城市慢行交通的作用,必须重视网点接驳,发挥出行链便捷顺畅的优势。

(1)"慢行+公交+慢行"模式,做好与居住点、公建点、校园点、工业园区点等的接驳,与建筑物出入口保持适当距离。

(2)“公交＋慢行”、“公交＋慢行＋公交”模式，做好与轨道交通车站、公交车站、大型枢纽之间的衔接，在客流集散地出入口 100m 左右，为保障客流的相互匹配与就地消化，设置规模适当的、灵活性大的服务网点，如闸机式网点、人工值守网点，快速接驳公共交通。

(3)休憩服务模式。结合休闲道、滨河绿道提供自行车休憩服务。与过街设施、城市家具、休憩区小品等做好衔接，提升绿道品质。

2.4 高效的运营机制

慢行交通系统“点、线、面”构建形成后，高效的运营机制是其可持续发展的动力源。一般而言，公共自行车系统运营具备信息化集成度高、24 小时运营、标准网点无人值守、系统耗能较低等特点(见图 2)。高效的运营机制，不仅能体现较高的单车周转率，确保稳定的客流量，同时也能创造可观的社会效益和经济效益。

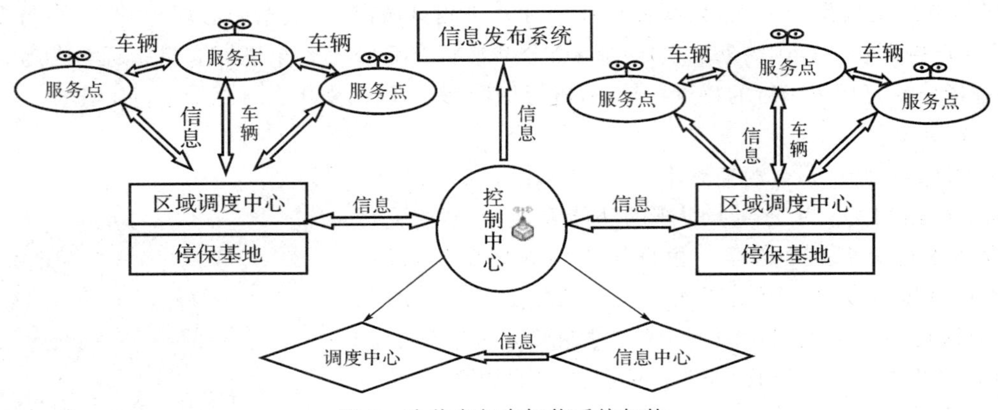

图 2 公共自行车智能系统架构

(1)政府主导的运营管理模式。采用“政府主导”的建设运营模式，有利于加快公共自行车系统项目的推进，使公益性特点得到最大化体现。同时，也有利于政府对“运营企业的服务水平”进行监管。

(2)智能稳健的软件系统。随着各地公共自行车系统软件的升级优化，信息系统在具备通租通还、24 小时租还、自助服务的基础上，逐步向无卡还车、隔夜还车、手机租车等智慧型系统发展，更大程度地降低人力成本，提升服务质量。

(3)及时的运营调度。网点的管理和调度方式应区别对待。对于网点分布密集、职住均衡、配套完善的区域，公共自行车网点间车辆具备一定的自组织功能，车辆调度的规模、服务人员的配备率可相对偏低。对于用地性质单一的区域、潮汐现象严重的区域，需及时进行车辆调配，需配备充足人员进行现场服务，使市民“还得了，租得到”。

(4)人性化的服务保障。网点周边设置醒目的指示标志，通过网点现场、网络、手机等媒介公布城市公共自行车网点分布位置索引，合理布置公共自行车租借卡办理及充值点等，加大宣传，优化服务。

3 宁波市慢行交通发展实例

3.1 宁波现状与发展

宁波是历史悠久的文化名城，拥有得天独厚的自然地理条件和悠久的城市发展史，市区拥有余姚江、奉化江和甬江不可复制的资源和丰富的水系，“书藏古今，港通天下”，是江南水乡与港口城市完美的结合。宁波市中心城区面积 312km^2，2011 年中心城区常住人口 349 万人。根据市政府线网规划批复，宁波市轨道交通线网是以主城区为核心，由三主、三辅共 6 条线组成的放射性网络，总规模 247.5km(见图 3)。宁波市绿道网规划依托“一城三片七组团”的城市空间结构，利用市区内水网密集，丛山围绕的生态景观资源，以三江六岸为骨架，形成中心放射状的生态休闲绿道。城市的发展从不同层面、不同角度体现了宁波打造公交都市、建设休闲宜居城市的目标。

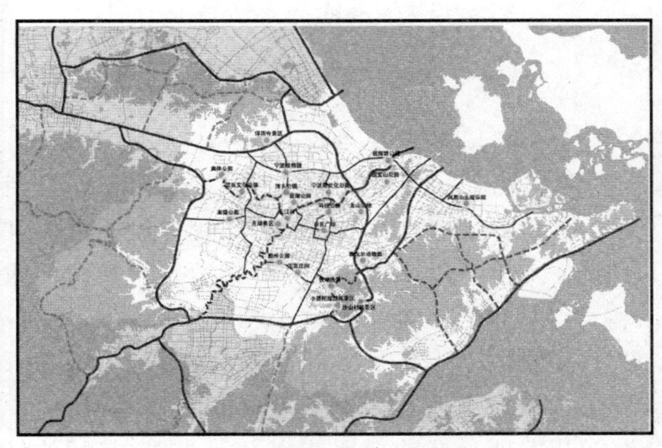

(a)宁波市区绿道网规划结构

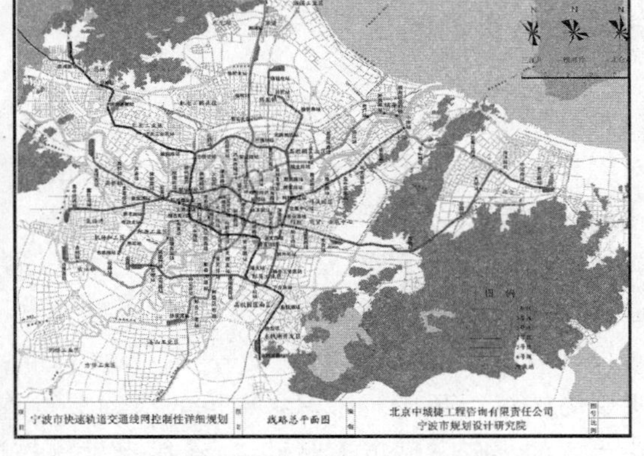

(b)宁波市轨道交通线网规划

图 3　宁波城市交通发展规划

3.2　宁波慢行交通规划方案与实施情况

(1)规划方案。宁波市区公共自行车网点规划充分依托宁波市日益完善的公共交通系统,基于已有轨道交通网规划、绿道网规划,根据出行链及公共自行车租用目的,将网点分为公交点、居住点、公建点、游憩点进行布设。参照国内外城市公共自行车系统布点的经验,对不同类型的网点进行规模核定(见表 1),依据宁波市 6 个区的地理形态与分布,构建衔接有序、覆盖面广、使用便捷、运转高效、绿色安全的公共自行车系统。

结合宁波市 6 个区的用地规划与发展阶段,规划至 2017 年公共自行车基本覆盖宁波市中心城区,服务网点达到 1200 个,自行车 30000 辆,初步建成网点布局合理、服务质量优良的公共自行车系统。

规划至 2020 年,宁波市中心城公共自行车系统规模将达到 70000 辆,租借点约 2800 个;公共自行车的日周转率为 6 次/d,中心城区公共自行车出行量为 42 万人次/d;公共自行车占全方式的出行比例将达到 3.78%。

表 1　公共自行车服务点规模

服务点类型	服务点特征	配车规模(辆)
公交点	重要的公交节点,设置于轨道交通站点,常规公交首末站、停靠站等,承担公共自行车交通与公交“零换乘”的功能	20～40(公交站) 80～100(轨道站)
公建点	设置于商业、文体中心等集散点,兼具通勤和休闲功能,为上班、办事、休闲、购物等人员提供公共自行车服务	50～100(大型公建点) 20～40(小型公建点)
居住点	设置于大型居住片区内或者小区出入口,为居民日常出行提供服务,将服务点深入出行终端	20～40
游憩点	满足日常休闲、游憩出行需求,承担旅游功能。	20～40

(2)实施情况。根据公共自行车网点总体规模与年度建设指标,宁波市区公共自行车系统建设管理实行“政府主导,分区建设,企业运作,社会参与”模式,截至 2013 年底,市区建成自行车服务网点 600 个,15000 辆公共自行车投入试运营,网点遍及市 6 个区,日均租用量最高达到 10 万余次,单车最高周转率达 8 余次,成为年度建成投用公共自行车系统规模最大的城市。2014 年 5 月 30 日,随着宁波市区轨道交通 1 号线一期工程的开通试运营,公共自行车网点已扩展至轨道沿线、高新区、宁波保税区及郊区方向,进一步方便市民。

3.3　评估与分析

公共自行车系统的建设发展,以增点、扩面、提质为总体思路,点作为最小的系统单位,发挥着举足轻重的作用。网点的布局既要从需求和规划出发,满足市民基本出行,也应从运营管理者的视角反馈运营的效果,从提升车辆周转率、减少调度次数、尽量引导自组织的角度,有取舍地布设网点。同时,随着公共自行车使用人群的增加,可从使用者角度推出多样化的网点布设形式,如在轨道交通进出客流量较大的网点附近设置闸机式的点位,在重要活动现场、潮汐通道上设置移动式的网点,满足市民不同时段的慢行交通出行及接驳需求。

4 发展绿色交通的启示

绿色交通不仅仅是一种交通出行方式、一个城市的特色与亮点，更是一种逐渐深入人心的理念。

对管理者而言，发展绿色交通是一种发展思路。优先发展城市公共交通、创建“公交都市”，是应对城市机动化和优化城市交通环境的一项重大发展战略，公共自行车系统建设作为贯彻公交优先发展战略和治理城市交通拥堵的重要手段，是管理部门转变发展思路，引导城市走向更加人性化、可持续发展模式的重要措施。通过增加公共自行车网点建设、建设慢行绿道、改善交叉口信号控制等具体手段，发挥绿色交通的效用。

对设计者而言，发展绿色交通是一项设计标准。设计标准以人的活动为主，为市民提供一个安全、舒适和有吸引力的慢行环境。考虑将市民的活动节点有机连接，加强通道与城市水系的联结性，发展以中小等级道路为主的多形态城市道路网络，沿线提供休憩设施以及发展良好的道路连通性等，追求空间的舒适性和趣味性，确保市民对慢行系统的喜欢。

对建设者而言，发展绿色交通系统是一种集成开发。在做好公共自行车网点、绿道等基础设施建设，与其他交通方式有效衔接外，更应关注相应技术管理手段的提高，智能化信息的研发，宣传产品的挖掘，旅游资源的开发，人文品质的提升等，从经济角度适度权衡可持续发展。

对体验者而言，绿色交通、慢行交通系统是一种服务品质。市民呼吁的公共自行车系统具有普及性、连续性、拓展性、完备性等特点。在发展的过程中，需要更加重视体验者的感受，加强自行车等绿色出行工具的推广与维护；注重空间的连续性，通道的铺装简洁大方、美观实用；配套的服务逐步实现通过微信、网络平台等获知最新动态，隔夜租还车、手机 App 网点查询、手机定制租车等个性化服务，并加强公共自行车系统网点便民服务的拓展。

绿色交通系统的构建与发展，是一项系统工程。可持续发展的慢行交通系统，需从管理者、设计者、建设者、使用者等多个角度反馈修正，不断完善，使点的落地更加精准，线的连通更趋平衡，面的覆盖更人性化，绿色出行的效果更明显。

参考文献

[1]建设部关于优先发展城市公共交通的意见[R]. 2004.

[2]郭敏辉，钟明. 上海市公共自行车系统规划与实践[J]. 城市交通，2009，7(4)：45－50.

[3]沈芬. 绿色交通系统人性化设计探讨[C]//中国城市交通规划 2012 年年会暨第 26 次学术研讨会论文集，2012.

[4]宁波市规划设计研究院. 宁波市城市公共自行车专项规划(2013—2017)[R]. 2013.

Research on the Construction and Development of Green Traffic System

YANG Mei

(Ningbo Administration Bureau of Passenger Traffic, Ningbo 315000, China)

Abstract: In order to solve “the last kilometer” traffic problem and construct green traffic system, this paper mainly focus on public bicycle system, analyze the basic composition and the structure of the travel chain. At the same time, it analyze the demands of sustainable development from project scale, network planning and operation management, etc. At last, it takes the public bicycle system planning and practice situations in Ningbo as an example, evaluate key factor in green transportation: Designers, builders, managers and users, this embodies the meaning and effect of green travel.

Key words: green travel; public bicycle; sustainable development

武汉体育中心区域交通组织优化研究

李玲琦　徐　琳　郑龙飞

（武汉市交通发展战略研究院，湖北武汉 430017）

摘要：科学的交通组织是保障城市体育中心顺利举办大型活动的必要条件。本文基于武汉体育中心日常及举办大型活动时的交通特征，提出交通组织优化原则和策略，系统地研究区域交通组织方案，为类似城市体育中心区域的交通组织优化提供借鉴。

关键词：城市交通；体育中心区域；交通组织优化

武汉体育中心位于武汉经济技术开发区，由“一场（体育场）两馆（体育馆、游泳馆）”组成。主场馆最多可容纳6万名观众，是武汉市规模最大的活动场馆，自2002年建成以来不定期举办各种体育赛事、演唱会等大型活动，在改善开发区投资环境、丰富武汉市民文化体育生活方面起到了重要作用。但体育中心所在的新城中心周边聚集了政务服务中心、万达广场等重要公共服务设施，是开发区对外形象展示的窗口。武汉体育中心举办大型活动时带来大量且具有冲击性的交通需求，使区域未来交通面临严峻考验。随着经过体育中心区域的轨道3、6号线即将通车运营，同时有轨电车也已顺利开工，如何发挥公交优势集散大型活动突发客流，合理组织机动车交通，成为体育中心区域发展的核心问题。

现阶段国内外研究多侧重于国际性大型活动的交通组织管理方法，而对城市性大型活动的交通管理研究较少。[1]随着城市经济的快速发展和文化事业的推进，城市性大型活动的举办日趋频繁。本文基于武汉体育中心日常及举办大型活动时的交通特征，结合近期区域相关交通规划，系统研究区域交通组织方案，对于保障大型活动的正常进行、维持区域日常交通运行、避免交通拥堵具有重要借鉴意义。

1　武汉体育中心区域交通调研

1.1　周边道路、公交及交通运行状况

武汉体育中心区域由四条路围合而成，分别是体育中心西侧的东风大道、南侧的车城北路、东侧的体育路、北侧的太子湖路。其中，东风大道为城市快速路，是连接开发区与武汉主城的重要通道，目前正进行全线高架快速化改造，改造后高架双向八车道、地面双向六车道；车城北路为双向六车道的主干道，部分路段地铁施工围挡；体育路、太子湖路均为双向四车道的次干道。4条道路形成4个交叉口，均为全转向信号灯控路口。体育中心共有3个主要出入口，除东风大道外，每条道路上各一个。

体育中心周边公交便利，东侧为体育中心公交停车场，承担8条公交线路的首发，其中5条连接武汉主城区，3条为开发区内公交线路（见图1）。在其北侧和南侧，各有两个港湾式公交站。但区域公交覆盖不均衡，集中沿东风大道走向，体育中心以东区域公交联系较少。

通过调查，平日体育中心区域过境交通、休闲购物、通勤交通叠加，交通流量主要集中在东风大道（见图2）。高峰小时交通运行平稳，除南侧车城北路因地铁施工高峰小时拥堵严重，其余道路高峰小时运行通畅，平均车速为27km/h。

作者简介：李玲琦，女，助理工程师，主要从事交通工程设计工作。

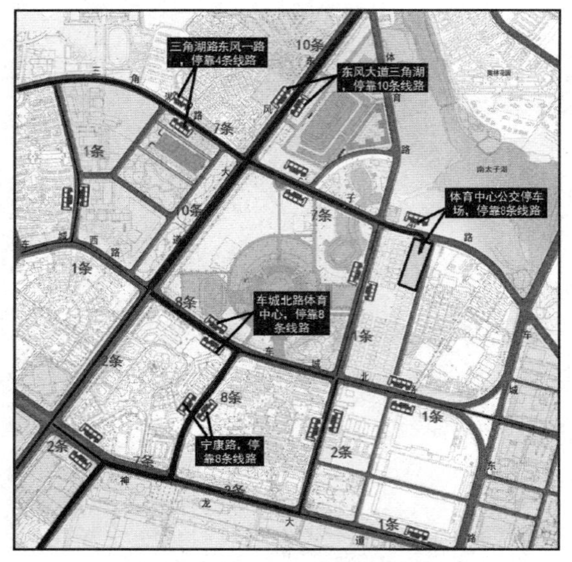

图 1　区域公交站点及线路分布图

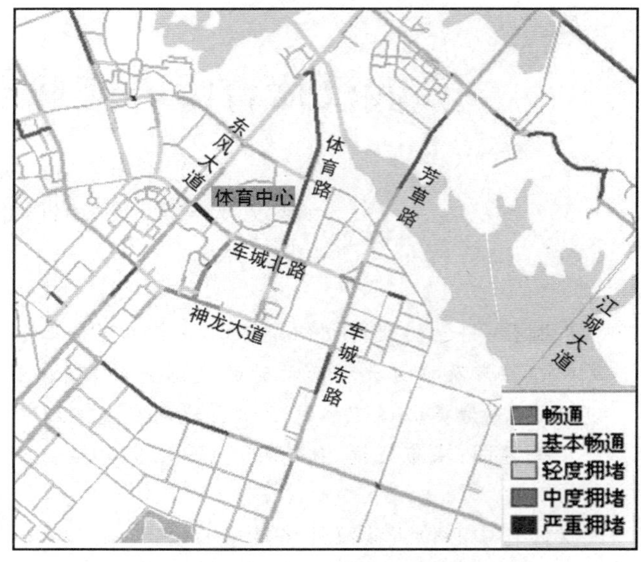

图 2　武汉体育中心平日交通运行情况

1.2　体育中心举办大型活动时交通特征分布

(1)大区 OD 分布明确

通过调查，体育中心观众有 78%来自武汉主城区，有 12%来自开发区内，其余约有 10%来自周边新城区及其他区域，交通主要流向为主城方向。同时，观众进场与散场的交通出行路径基本一致。这是因为体育中心举办大型活动时吸引客源多为本市居民，再加上往往大型活动的持续时间一般在 2h 以上，出行者往往将其作为一个时间段内的唯一出行计划，遵循"从哪儿来、到哪儿去"的原则。

(2)散场时交通集聚更为严重

以体育中心举办刘德华演唱会为例，演唱会开始时间为 19:30，结束时间为 22:00。调查显示，进场时间为 3～3.5h，进场高峰小时为 18:00—19:00，散场时间约为 1h，从活动结束前 15min 至结束后的 40min 左右，行人离开场馆(见表 1)。相比于进场，大型活动散场时瞬间涌出的机动车、行人集聚，混行严重，对体育中心周边道路交通造成严重压力。

表 1　体育中心大型演唱会进场、散场高峰小时

状态	持续时间	高峰小时
进场	3～3.5h	18:00—19:00
散场	1h	21:45—22:45

(3)机动车出行比例高，合乘率高

由于武汉体育中心位于三环以外，轨道交通等大中运量公交方式还未引入，再加上大型赛事、演唱会等属于中高档活动，现状观众机动化出行比例较高，超过 90%。其中小汽车出行方式比例最高，超过一半，达到 56%，其他交通出行方式较低(见表 2)。

在选择小汽车和出租车出行的观众中，1 人出行的仅占 15%，2～3 人出行的占 52%，4 人及以上出行的占 33%。小汽车和出租车的平均载客人数为 2.9 人/车，远高于武汉市小汽车载客数1.8 人/车、出租车载客数 2.0 人/车的平均水平。

表 2　武汉体育中心举办大型活动观众出行方式统计

调查点	非机动车	摩托车	公交	小汽车	出租车	其他	合计
沌口体育中心	7%	2%	22%	56%	11%	2%	100%

(4)体育中心周边停车问题严重

由观众出行方式及 80%的上座率调查结果计算，体育中心举办大型活动时的停车需求为 8900 个停车位。而现状体育中心停车场仅能提供 3000 个停车位，停车位缺口高达 5900 个。因此，体育中心举办大型活动时，停车位紧缺和秩序混乱，造成严重的交通拥堵。

2 区域交通组织优化原则

体育中心区域交通组织优化应以“可持续、协调、服务”为理念，不仅达到大型体育场馆集散交通“安全、有序、快速”的要求[2]，还应尽量减少对区域日常交通流的干扰。

由于武汉体育中心区位的特殊性，周边公共服务设施集中，如果采取抑制周边交通出行或采用过多的交通管控措施，将对周边居民日常出行及办公商业客流出行带来一定的影响，在制定区域交通组织优化方案时必须重点考虑。

3 武汉市体育中心区域交通组织优化策略

交通管控与方便出行并重，降低突发交通对日常出行的干扰。通过各种灵活的技术手段和方式，尽量减少交通管控的时间和范围，降低体育场馆交通出行对周边市民日常交通出行的干扰和影响，实现举办大型活动与市民日常出行的和谐共处。

采取时空分离措施实现人车分离，降低交通流的相互干扰。通过划分不同的交通通道和活动空间（如不同的停车场、行人集散区等），使各类交通流线在空间上实现分离。降低大型活动时交通流的时空集聚和相互干扰，保障大型活动交通流的安全和顺畅。

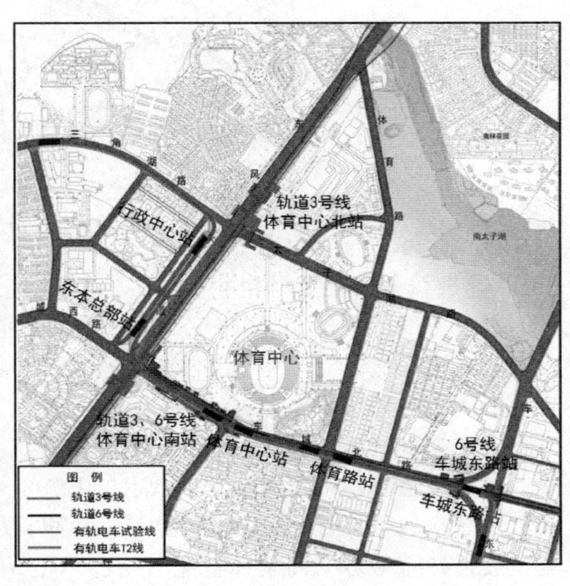

图 3 体育中心周边有轨电车和轨道站点布局

发挥和强化公共交通在大型集散交通组织上的优势。按规划，轨道交通 3 号线和 6 号线在体育中心交汇形成体育中心南站换乘枢纽，还有开发区两条有轨电车试验线和 T2 线经过，将来体育中心区域将形成多层次、一体化的公交系统（见图 3）。公共交通在大型集散交通上具有不可替代的作用。因此，体育中心区域交通组织需要统筹考虑各层次公交疏散交通方案，制定常规公交调度方案补充运力，发挥大运量轨道交通的优势，鼓励居民选用公共交通出行，降低小客车出行比例，减少交通拥堵。

整合利用区域可用停车资源，智能诱导提高效率。为避免用地资源浪费，大型体育场馆并不能完全按照最大停车需求建设配套停车场。一般体育场举办大型活动与办公、商业高峰时间存在差异，因此在区域交通组织优化中，可以充分整合区域内办公、商业建筑可用的配建停车场，建立智能停车诱导系统，提高区域停车场和周边道路利用率，缓解大型活动停车难题。

4 区域交通组织方案

（1）客流需求预测

客流总需求。体育中心场馆可容纳 6 万人，一般上座率在 80％以上。交通组织规划目标是大型活动结束 40min 后观众全部离开，散场高峰小时客流量为 54000 人次。根据体育中心客流预测模型，体育中心举办大型活动客流期望分布如图 4 所示。

公交疏散客流需求。参考类似城市体育中心客流出行方式分布，当体育中心周边公共交通较为方便时，观众优先选择公共交通。[3]经过对客流的交通方式分析，体育中心大型活动散场时，乘坐常规公交离开的有 1.1 万人次，乘坐轨道交通离开的有 2.1 万人次。

机动车量疏散需求。通过对车辆载客数分析，体育中心举办大型活动时散场高峰小时机动车需求折合成标准车是小汽车 7344 辆。

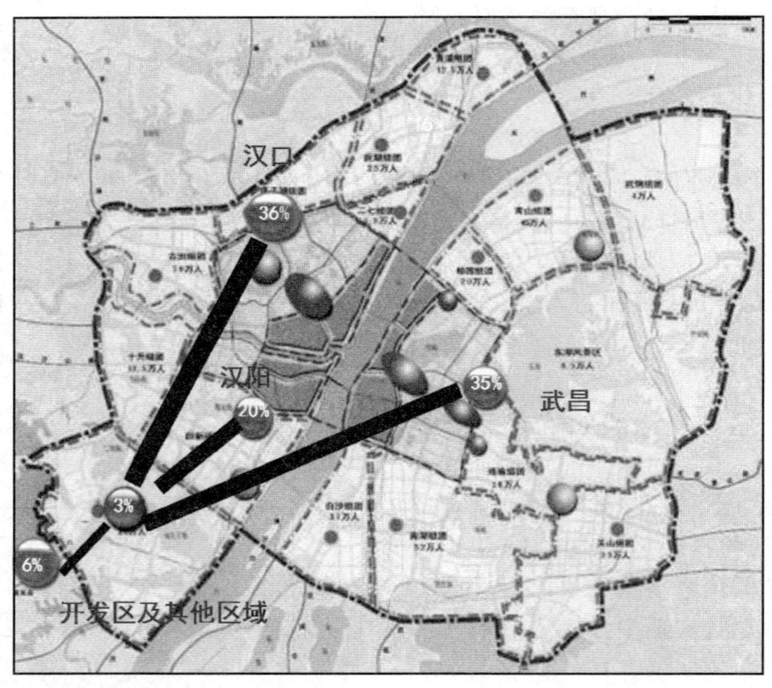

图 4　武汉体育中心举办大型活动客流出行分布情况

(2)机动车交通组织方案

划分不同层次的交通管控区域，通过对不同区域采取特定的交通管控措施，保障大型活动各类人员的顺利集疏散(见图 5)。核心区：体育中心内部，除内部人员、vip 车辆进入外，采取封闭交通措施。管控区：体育中心周边集散主要道路，允许有通行证车辆、公交车及出租车进入。引导区：区域主要集散道路，管控区与日常交通的过渡连接，采取引导措施，减少无关车辆通行。

对区域道路疏散能力测算，以周边道路可用富余能力是否能够满足疏散机动车交通需求，作为大型活动机动车交通组织优化依据(见表 3)。从测算结果看，体育中心周边主要疏散道路基本能满足疏散要求，但东风大道往主城方向高架通行能力稍有不足。因此，交通组织方案设计时应根据客流分布的方向，尽量减少不同方向车流在外围道路上的冲突与交织；同时，采取交通诱导措施，增加体育中心停车场位于红升路上的出入口，诱导车辆通过芳草路、江城大道离开，均衡周边道路交通流量，避免东风大道交通流量集中(见图 6)。

表 3　周边道路疏散能力分析

道路名称	通行条件	可用富余能力 (pcu/h)	疏散交通需求 (pcu/h)
体育路	双向 4 车道	1900	1780
太子湖路	双向 4 车道	1600	1595
车城北路	双向 6 车道	1077	928
东风大道地面	双向 6 车道	2200	1900
东风大道高架万达匝道	1 车道	1750	2011
东风大道高架车城东路匝道	1 车道	950	372
车城东路	双向 6 车道	1500	1450
神龙大道	双向 6 车道	840	552

(3)停车组织

为便于管理，机动车停车场单独设置在体育中心东侧，通过二层平台与场馆直接连接。同时在停车场中间设置专门的人行通道，实现人车分离。

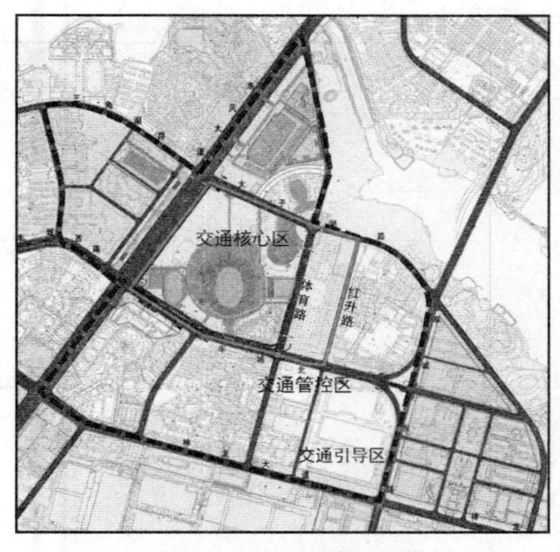

图 5　体育中心交通管控区域划分

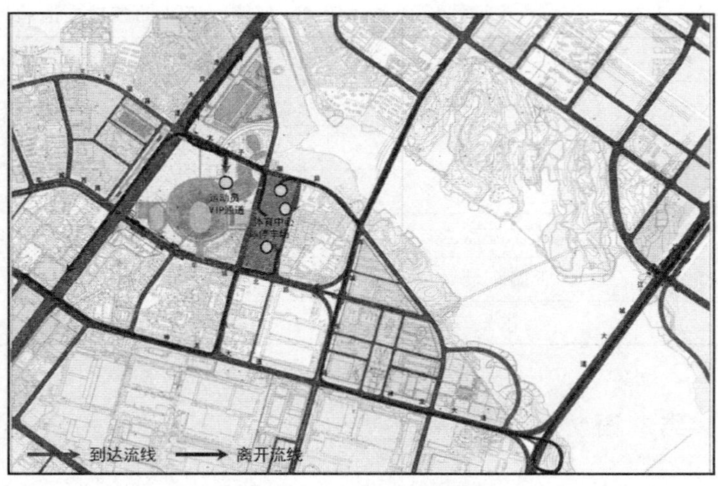

图 6　体育中心机动车交通组织

根据测算，体育中心一般活动小汽车停车需求为 3648 个车位，极端高峰上座率 100%时，小汽车停车需求为 4560 个车位。为避免资源浪费，建议体育中心东侧停车场配建机动车停车位 3600 个，可满足一般活动停车需求（见图 7）。另外，北侧的万达商业中心配建的停车库有 2090 个车位，西侧开发区政务中心配建的停车场有 620 个停车位。因此，建立区域智能停车诱导系统，在即将进入区域和到达停车库的道路上设置电子停车诱导信息牌，将万达地下停车场、体育中心停车场和政务中心停车场整合，形成区域停车位的一体化应用，以缓解大型活动停车难题。

（4）公交疏散方案

乘坐常规公交离开的观众可由二层平台经过停车场行人通道到达公交枢纽，或通过连续步道到达周边公交站点。乘坐轨道离开的观众，轨道 3、6 号线体育中心南站距离体育中心出入口最近，为避免人流积压在最近的轨道站出入口，有必要延长行人疏散路径，散场后 30min 内，距离体育中心出入口最近的 D4 出入口封闭，轨道 6 号线体育中心南站关闭，引导观众行至 6 号线车城东路站（见图 8）。举办大型活动时，疏散交通轨道发车间隔要求见表 4。

（5）相关保障措施

在体育中心场馆内外设置目的地明确、导向完善的引导标志，提高客流有序疏散效率。

散场时，为避免大量乘客滞留地铁口，地铁口前利用人行道和绿化场地设置缓冲区域，采取站外限流措施，采用隔离栅增加乘客迂回绕行进站距离。

大型活动散场前，轨道交通 3、6 号线提前储备车辆，散场后加大发车密度。

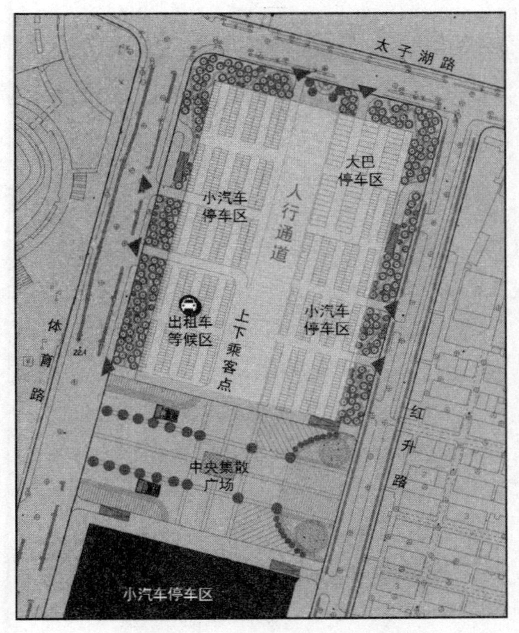

图 7　体育中心机动车停车场布局图

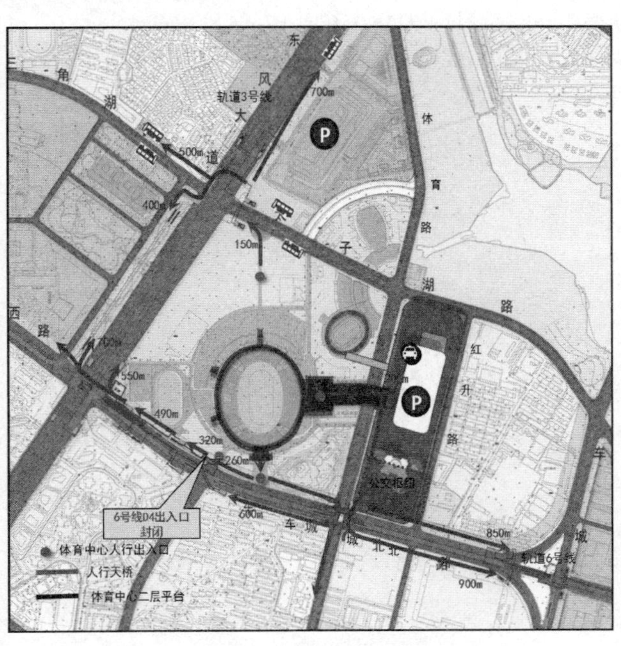

图 8　公交疏散方案

表 4　保障大型活动疏散交通轨道发车间隔要求

	3 号线	6 号线
列车编组	6B	6A
单列车最大载客量(人)	1440	1860
经过区域载客率	60％	80％
疏散客流需求(人次)	8624	10976
所需车辆数(列)	10	8
要求发车间隔	4min	5min

5　结　语

科学合理的交通组织是保障大型活动顺利举行的必要条件。本文立足于武汉市体育中心大型活动交通特征分析，结合区域交通环境变化制定交通组织优化原则和策略，系统地提出机动车、人行、公交组织方案以及相关保障措施。本文为类似城市体育中心区域交通组织规划提供了借鉴，具备一定的实用价值和指导意义。

参考文献

[1]韩凤春，梁泉，刘敏. 城市性大型活动交通组织管理方法研究与应用[J]. 中国人民公安大学学报，2012(4)：64－68.

[2]池利兵，张子栋，李凤军，等. 泰达足球场集散交通组织实施方案[R]. 中国城市规划设计研究院项目.

[3]郭继孚，孙壮志，姚广铮，等. 大型活动观众交通方式研究[J]. 交通运输系统工程与信息，2010，8(4)：172－178.

[4]路静，代义军. 大型活动的静态交通组织方法研究与应用[J]. 交通与运输，2009(12)：42－46.

[5]刘小明，陈艳艳，荣建. 大型活动交通组织规划理论与方法[M]. 北京：科学出版社，2010.

Study on Optimized Traffic Organization for Wuhan Sports Center Area

LI Ling-qi, XU Lin, ZHENG Long-fei

(Wuhan Traffic Development Strategy Institute, Wuhan 430017)

Abstract: Scientific and reasonable traffic organization is a key point of holding a successful large event in sports center. Based on the traffic characteristics of daily and holding a large event in Wuhan Sports Center, the paper suggests principle and strategy of optimizing traffic organization, making a systematic research on the regional traffic organization plan. Hope this article may provide helpful experience for traffic organization planning of similar sports center area.

Key words: urban traffic; sports center area; optimized traffic organization

基于混合 Logit 模型的出行路径选择影响因素研究

张春勤　隽志才　林徐勋

（上海交通大学安泰经济与管理学院，上海 200052）

摘要：为深入地了解交通信息对出行路径选择的影响，本文采用 SP 调查法获取机动车出行者的出行行为数据，基于混合 Logit 模型建立了总体对象和典型对象出行路径选择概率模型。采用不同调查范围的出行行为数据对模型进行验证，结果表明，出行者的社会经济特性、交通事件或拥堵的严重程度、替代路径可节省的出行时间、替代路径的熟悉程度以及交通信息的质量和内容等是影响出行者选择替代路径的主要因素，且总体对象模型和典型对象模型存在一定的差异，与实际的统计结果相吻合。

关键词：交通信息工程；路径选择行为；SP 调查；混合 Logit 模型

在日趋严重的交通拥堵情况下，向出行者提供实时的交通信息，帮助其选择最佳的出行路径，引导他们有效地利用现有的路网，已成为节省出行时间、缓解交通拥堵的一种可行策略。

国内外研究者在交通信息对出行路径选择的影响方面取得了一些成果。研究者一般采用 SP 调查或 RP 调查设计调查问卷，以现场问卷调查或邮寄问卷方法采集出行行为数据；基于有序 Probit 模型[1,2]、二项 Probit 模型[3]、二项 Logit 模型[4,5]、多项 Logit 模型[6]分析交通信息对出行路径选择的影响，得到影响出行路径选择的主要因素。由于影响出行路径选择的因素具有较高的相似性，不具备相互独立的前提条件，会对二项 Logit、多项 Logit 模型分析结论的可靠性产生一定影响。混合 Logit 模型是近年来针对自变量之间不相互独立问题提出的一种改进模型，具有用于出行路径选择影响因素分析的潜力。

已有研究的调查区域是某一特定的地域或城市类型，直观上，地域类型和城市类型对出行路径的选择会产生影响，然而目前并没有相关的研究成果。因此，本文将以我国港、澳、台地区外各地的出行行为数据为基础，采用 SP 调查法获取出行行为数据，基于混合 Logit 模型对出行路径选择的影响因素进行多变量分析，建立总体对象和典型对象出行路径选择概率模型，研究交通信息对出行路径选择的影响。

1　调查方案设计与实施

进行出行行为调查，是了解出行者信息响应特性的一种重要手段，本文进行出行者调查的目的是了解交通信息对出行路径选择行为有何影响，为交通信息发布方法提供依据。

(1)问卷设计及试调查

本着简洁、清晰、不重复、全面和合理的原则，调查问题主要包括：①出行者的社会经济特性，主要包括性别、年龄、是否已婚、学历水平、职业、所处地区、所在地城市类型、家庭收入以及车种类型等；②影响出行者选择替代路径主要因素的重要度；③不同出行场景下的出行者路径选择行为。

为了确保调查的质量，在正式调查之前，首先组织了一次规模较小的试调查，然后，根据被调查者反馈的意见，对问卷以及调查方案进行了调整。

(2)调查对象选取及样本量确定

选择调查对象时，考虑到驾车群体的特性，确定职业驾驶员、经常乘坐出租车和公交车的出行者为调查对象。

为了避免以往采用路边现场调查方法造成的部分被调查者由于仓促填写不足的缺点，以及国外邮寄问

作者简介：张春勤(1985—　)，女，工学博士研究生，主要研究方向为交通信息采集、处理与应用技术，交通运输规划与管理；隽志才(1954—　)，男，教授，工学博士，主要研究方向为交通运输系统规划与管理。

卷调查方法回收率低的缺点，2012 年寒假期间，交通工程专业本科生在所在地进行不定时调查，得到了多地区的出行行为数据。共发放了 1800 份调查问卷，回收 1576 份，有效问卷 1306 份，有效回收率为 72.56%。

2 调查结果初步分析

首先，对 SP 调查数据进行初步统计分析，有关出行者的社会经济特性调查结果如表 1 所示。

表 1 出行者的社会经济特性

<table>
<tr><th colspan="2">出行者的社会经济特性</th><th>占比(%)</th><th colspan="2">出行者的社会经济特性</th><th>占比(%)</th></tr>
<tr><td rowspan="2">性别</td><td>男</td><td>69.98</td><td rowspan="7">所处的地区</td><td>东北</td><td>55.21</td></tr>
<tr><td>女</td><td>30.02</td><td>华北</td><td>16.14</td></tr>
<tr><td rowspan="3">年龄</td><td>小于 30 岁</td><td>45.28</td><td>华中</td><td>11.12</td></tr>
<tr><td>31～50 岁</td><td>49.60</td><td>华南</td><td>1.38</td></tr>
<tr><td>大于 50 岁</td><td>5.12</td><td>华东</td><td>14.67</td></tr>
<tr><td rowspan="2">是否已婚</td><td>是</td><td>66.24</td><td>西北</td><td>1.18</td></tr>
<tr><td>否</td><td>33.76</td><td>西南</td><td>0.30</td></tr>
<tr><td rowspan="4">学历水平</td><td>小学或初中</td><td>15.35</td><td rowspan="4">家庭收入(元/月)</td><td>小于 1500</td><td>15.65</td></tr>
<tr><td>高中</td><td>29.04</td><td>1501～3000</td><td>40.93</td></tr>
<tr><td>本科或专科</td><td>45.08</td><td>3001～8000</td><td>35.14</td></tr>
<tr><td>硕士或博士</td><td>10.53</td><td>大于 8000</td><td>8.28</td></tr>
<tr><td rowspan="4">所处城市类型</td><td>特大型城市</td><td>8.12</td><td rowspan="4">车种类型</td><td>私家车</td><td>17.32</td></tr>
<tr><td>大型城市</td><td>41.85</td><td>公车</td><td>23.61</td></tr>
<tr><td>中等城市</td><td>28.05</td><td>出租车</td><td>8.46</td></tr>
<tr><td>小城市</td><td>21.98</td><td>货车</td><td>19.69</td></tr>
</table>

本文采用"打分制"调查影响出行者选择替代路径主要因素的重要度，分为"不重要"、"不太重要"、"重要"、"很重要"和"非常重要"5 个等级，对应的分值分别为 1、2、3、4、5，调查结果见表 2。

表 2 影响出行者选择替代路径主要因素的重要度

排名	影响出行者选择替代路径的主要因素	得分	标准差 SD
1	天气状况信息(如大雾、暴雪等)	3.52	0.016
2	原路线上有关交通事件或拥挤的严重程度	3.41	0.012
3	交通信息的内容和质量	3.38	0.012
4	对替代路径的熟悉程度	3.36	0.011
5	替代路径可节省的出行时间	3.20	0.006
6	替代路径的交通状况	3.13	0.067
7	原路线上的延误时间	3.04	0.064
8	替代路径的长度、道路类型	2.98	0.063
9	替代路径上交通停靠点或交叉口的多少	2.43	0.017

调查结果表明，影响出行者选择替代路径的主要因素得分的波动范围不大，此外它们的标准差波动范围很小。由影响因素排序可知，替代路径自身的状态(如交通状况、可节省的出行时间)在出行者决定是否选择替代路径时发挥很重要的作用；天气状况信息和原路线上有关交通事件或拥挤的严重程度得分较高，排在前两位；而原路线上的延误时间得分较低，排在第 7 位。这与 Emmerink 的调查结果有所不同，其研究资料表明，原路线上的延误时间排在第 1 位。[7]这表明，出行者所处地域不同，影响出行者选择替代路径主要因素的重要度也会有所不同。

3 出行路径选择行为的建模

影响出行路径选择的因素很多，不同性别、年龄、学历水平、家庭收入水平、所处地域的出行者对同一信息会有不同的反应，由于这些影响因素大部分是非连续性的，因此可以基于离散选择分析的手段，对可能影响出行路径选择的因素进行多变量分析。这些影响因素并不是相互独立不相关的，因此本文选择混合Logit 模型。

混合 Logit 模型（mixed logit model）是微观计量经济学中关于离散选择模型的最新发展，它建立在随机效用最大化（random utility maximization，RUM）理论基础上。[8] 混合 Logit 模型的随机效用方程：

$$U_{nj} = \beta_n X_{nj} + \varepsilon_{nj} \qquad \beta_n \sim f(\beta_n \mid \theta) \tag{1}$$

式中：X_{nj} 为解释变量，在本文中是指影响出发路径选择的因素，是被观测到的参数值，包含选择主体 n 和选择客体 j 的特征；β_n 为偏好差异；$f(\beta_n \mid \theta)$ 为 β_n 在总体参数 θ 下的密度函数。如果不存在偏好差异，即在 β_n 固定不变的条件下，行为主体的出发时间条件选择概率为：

$$P_{ni}(\beta_n) = \frac{\exp(\beta_n x_{ni})}{\sum_J \exp(\beta_n x_{nj})} \tag{2}$$

在混合 Logit 模型中，β_n 是随机变化的，因此还需要在此基础上乘以 β_n 自身的分布，从而得到在随机偏好差异存在下的行为主体的条件选择概率，得到混合 Logit 模型在存在随机偏好差异下的最终形式：

$$P'_{ni} = \int P_{ni} f(\beta_n \mid \theta)\mathrm{d}\beta = \int \frac{\exp(\beta_n x_{ni})}{\sum_j \exp(\beta_n x_{nj})} f(\beta_n \mid \theta)\mathrm{d}\beta \tag{3}$$

混合 Logit 模型的选择概率可以看作多维 Logit 模型选择概率的加权平均值，权重由分布密度函数 $f(\beta_n \mid \theta)$ 决定。θ 为密度函数的未知特征参数，如正态分布的均值和方差。向量 β_n 的元素都是随机变量，可以服从正态分布、对数正态分布、S_B 分布、均匀分布和三角分布等；实际研究中，多采用正态分布和 S_B 分布，由于正态分布在 0 的两侧均有分布，因此，本文根据逻辑并结合实际数据选择 S_B 分布对 β_n 进行标定。

4 模型的检验与分析

已有研究的调查区域是某一特定的地域或城市类型，直观上，地域类型和城市类型对出行路径的选择会产生影响，然而已有研究并没有相关的研究成果。因此，本文试以总体对象和典型对象为研究对象，建立总体对象和典型对象出行路径选择概率模型，研究出行路径选择的影响因素。

4.1 总体对象模型检验与分析

由于某些影响因素之间具有较强的相关性，或某些因素对行为主体没有显著的预测作用，因此需要首先对各个影响因素进行筛选。以被调查者为分析对象，利用逐步 Logit 回归方法得到显著的自变量包括：地域类型 X_1、城市类型 X_2、年龄 X_3、性别 X_4、全职 X_5、学历水平 X_6、经常驾驶或乘坐的车辆类型 X_7 等出行者的社会经济特性、交通事件的严重程度 X_8、替代路径可节省的出行时间 X_9、替代路径的熟悉程度 X_{10} 及交通信息的质量和内容 X_{11}。经检验，自变量的方差膨胀因子（VIF）小于临界点。因此，各自变量之间不存在显著的多重共线性问题。建立混合 Logit 预测模型，总体对象模型的估计结果见表 3。

表 3 混合 Logit 模型估计结果

影响因素	系数估计 B	标准差	Wald 检验	显著水平	发生比率
地区 X_{10}［东北］	17.771	1.068	27.078	0.001	5.2208E5
X_{11}［华北］	16.691	1.111	22.607	0.001	1.7740E5
X_{12}［华中］	17.822	1.099	26.020	0.001	5.4934E5
X_{13}［华南］	19.420	1.222	25.748	0.000	2.7151E5
X_{14}［华东］	17.681	1.087	26.481	0.000	4.7723E5
X_{15}［西北］	17.238	0.000	24.328	0.000	3.0646E5

续表

影响因素	系数估计 B	标准差	Wald 检验	显著水平	发生比率
城镇 X_{20}[特大型]	0.655	0.182	12.950	0.031	1.925
X_{21}[大型城市]	0.615	0.213	8.347	0.034	1.850
X_{22}[中等城市]	0.497	0.473	1.106	0.039	1.644
X_{23}[小城市]	0.267	0.260	1.059	0.034	1.306
年龄 X_{30}[<30]	−1.696	0.293	33.510	0.001	0.183
X_{31}[30～60]	−1.111	0.232	23.013	0.001	0.329
性别 X_{40}[男]	0.756	0.546	1.914	0.006	2.129
X_{41}[女]	0.292	0.142	4.233	0.004	1.339
全职 X_{50}[是]	0.316	0.178	3.163	0.035	1.371
学历 X_{60}[小学或初中]	−0.265	0.629	5.416	0.004	0.767
X_{61}[高中]	−0.574	0.600	8.458	0.000	0.563
X_{62}[本科或专科]	−0.163	0.093	21.632	0.000	0.849
X_{63}[硕士或博士]	−0.007	0.081	13.246	0.000	0.993
车辆 X_{70}[私家车]	0.672	0.246	7.490	0.006	1.958
X_{71}[公车或公交车]	0.164	0.271	2.923	0.007	1.178
X_{72}[出租车]	0.484	0.253	2.309	0.009	1.622
交通事件的严重程度 X_8	1.334	0.251	28.339	0.005	3.796
可节省时间 X_{90}[0～10min]	0.728	2.231	5.249	0.005	2.071
X_{91}[11～20min]	0.436	1.201	7.613	0.002	1.547
X_{92}[21～30min]	1.218	0.468	20.247	0.000	3.380
替代路径的熟悉程度 X_{10}	0.529	0.231	5.249	0.022	1.697
交通信息的质量 X_{11}	1.538	0.342	18.546	0.004	4.655
拟合度	AIC=145.2　SC=165.4　LR=113.2　LRI=0.88				

从模型的拟合度看，似然比指数 LRI 为 0.88，LRI 的值越接近 1 表示模型拟合得越好。Akaike 信息标准 AIC 和 Schwarts 标准 SC 的值均较小，它们的值越小表明模型拟合得越好。[9] 单个自变量对出行路径选择概率的影响作用如下。

(1)所处地域类型。不同地区的经济发展程度不同，出行者所面临的交通问题严重程度也不同，导致出行者的时间观念和时间价值也存在很大差异。其估计系数均比较大且为正数，表明出行者所处地区的类型与改变出行路径的选择概率具有显著的正相关关系。目前，国内外尚未见到类似的研究成果。

(2)所处城市类型。不同城市类型的出行者所面临的交通问题的严重程度是不同的，导致出行者对有关替代路径的关注程度不同。回归系数为正，表明出行者所处城市类型与改变出行路径的选择概率具有正相关性；随着城镇规模变大，系数也逐步变大，这表明大型城市的出行者更乐意选择替代路径，城市类型对选择出行路径具有很重要的影响。目前，国内外没有此方面的研究成果。

(3)年龄。与替代路径的选择概率成负相关，表明随着年龄的增加，出行者根据交通信息选择替代路径的概率将降低，即年轻的出行者比年老的出行者更乐意遵循所接收到的交通信息，改变出行路径，这与国内外研究者得到的结论是一致的。[10]

(4)性别。数据表明，男性出行者比女性出行者更愿意改变出行路径，原因是男性出行者的耐性较差，对延误更加敏感，更有可能选择替代路径，结果与国外研究者得到的结论是一致的。[10,11]

(5)全职。出行者从事的工作为全职工作时，出行者更愿意选择替代路径，对这一现象可能的解释是：与非全职的出行者相比，全职的出行者的时间价值更高，对延误更加敏感，更乐意遵循替代路径的建议信息。拟合参数表明，工作为全职的出行者选择替代路径的概率是非全职的出行者的 1.371 倍。

(6)学历水平。其回归系数为负数，表明随出行者学历水平的增加，出行者选择替代路径的概率降低。拟合参数表明，学历为小学、初中、高中的出行者改变出行路径的概率明显高于高学历的出行者，这与国内外以往的研究成果是相似的。[4]

(7)经常驾驶或乘坐车辆的类型。数据显示,经常驾驶或乘坐私家车和出租车的出行者选择替代路径的概率较大,公车和公交车的出行者选择替代路径的概率较小,这与出行方式的特性有很大关系。所以,出行方式的灵活性对出行路径的选择概率具有很大的影响。

(8)交通事件的严重程度。不同的出行者对事件的严重程度容忍不同,忍受限度越大,出行者选择替代路径的概率越低,即事件的严重程度与选择替代路径的概率正相关。由拟合参数可知,事件的严重程度每增加一级别,出行者选择替代路径的概率将增加 3.796 倍。

(9)替代路径可节省的出行时间。该项与选择替代路径的概率正相关,表明替代路径可节省的出行时间越长,出行者选择替代路径的概率越大,即替代路径可节省的出行时间对替代路径的选择概率具有正面促进作用,这与国外的研究结果是一致的。[6]

(10)对替代路径的熟悉程度。该项与选择替代路径的概率正相关,即随出行者对替代路径熟悉程度的提高,出行者选择替代路径的概率也随之增加。路网的熟悉程度每增加一级别,出行者选择替代路径的概率将增加 1.697 倍。

(11)交通信息的质量和内容。该项的回归系数与选择替代路径的概率具有显著的正相关性,随交通信息准确度的提高,出行者越信任交通信息,越易接受所获得的信息并按照信息内容改变出行路径,这与国内外的研究成果是一致的。[12,13]

4.2 典型对象模型检验与分析

下面从地域特性和城市类型特性两个角度分析典型对象出行路径选择概率模型。

(1)地域特性

本次调查按地域特性可分为东北、华北等七大地区。建立混合 Logit 模型时,当样本规模小于 100 时估计风险较大。[13]选取东北地区的被调查者为分析对象,建立典型地域特性的出行路径选择概率模型。

①东北地区出行路径选择概率模型

以东北地区的被调查者为分析对象,利用逐步 Logit 回归方法得到显著的自变量包括:年龄 X_1、性别 X_2 以及经常驾驶或乘坐的车辆类型 X_3 等出行者的社会经济特性、替代路径可节省的出行时间 X_4、原路径的延误时间 X_5、交通事件的严重程度 X_6、替代路径上交通停靠点或交叉口的多少 X_7 和替代路径的熟悉程度 X_8。经检验,自变量的方差膨胀因子(VIF)小于临界点,因此,各自变量之间不存在显著的多重共线性问题。建立东北地区的混合 Logit 预测模型,模型的估计结果见表 4。

表 4 东北地区的混合 Logit 模型估计结果

影响因素	系数估计 B	标准差	Wald 检验	显著水平	发生比率
年龄 X_{10}[<30 岁]	−0.714	0.392	7.313	0.009	0.490
X_{11}[30~60 岁]	−0.413	0.154	3.215	0.007	0.662
性别 X_{20}[男]	0.513	0.142	4.233	0.004	1.670
X_{21}[女]	0.463	0.643	0.520	0.041	1.589
车辆 X_{30}[私家车]	0.396	0.682	0.337	0.036	1.485
X_{31}[公车或公交车]	0.276	0.731	0.424	0.015	1.317
X_{32}[出租车]	0.471	0.713	0.437	0.038	1.602
可节省时间 X_{40}[0~10min]	0.132	1.613	0.007	0.035	1.141
X_{41}[11~20min]	0.814	1.131	0.518	0.042	2.256
X_{42}[21~30min]	1.218	0.468	20.247	0.030	3.380
原路径的延误时间 X_5	2.064	0.994	4.316	0.038	7.877
交通事件的严重程度 X_6	17.751	0.653	73.539	0.000	5.119E7
交通停靠点或交叉口 X_7	0.463	0.643	0.520	0.041	1.590
替代路径的熟悉程度 X_8	0.460	0.245	3.508	0.001	1.584
拟合度	AIC=118.2 SC=134.4 LR=198.3 LRI=0.82				

从模型的拟合度看,似然比指数 LRI 为 0.82,LRI 的值越接近 1 表示模型拟合得越好。Akaike 信息标

准 AIC 和 Schwarts 标准 SC 的值均较小,它们的值越小表明模型拟合得越好。[9]

②华东地区出行路径选择行为模型

以华东地区的被调查者为分析对象,利用逐步 Logit 回归方法得到显著的自变量包括:学历水平 X_1 以及经常驾驶或乘坐的车辆类型 X_2 等出行者的社会经济特性、替代路径可节省的出行时间 X_3、天气状况 X_4、替代路径的熟悉程度 X_5、交通信息的质量和内容 X_6。经检验,自变量的方差膨胀因子(VIF)小于临界点。因此,各自变量之间不存在显著的多重共线性问题,而且 LRI、AIC 和 SC 的值表明模型拟合得较好。建立混合 Logit 预测模型,模型的估计结果见表 5。

表 5　华东地区的混合 Logit 模型估计结果

影响因素	系数估计 B	标准差	Wald 检验	显著水平	发生比率
学历 X_{11}[高中]	−1.351	2.462	0.337	0.003	0.259
X_{12}[本科或专科]	−0.373	0.934	0.159	0.007	0.688
X_{13}[硕士或博士]	−0.219	0.854	0.066	0.004	0.803
车辆 X_{20}[私家车]	0.396	1.005	0.291	0.001	1.486
X_{21}[公车或公交车]	0.276	0.867	1.264	0.001	1.318
X_{22}[出租车]	0.896	1.206	1.597	0.002	2.449
可节省时间 X_{30}[0～10min]	1.218	0.468	20.247	0.000	3.380
X_{31}[11～20min]	1.881	0.705	7.416	0.006	6.560
X_{32}[21～30min]	1.921	0.620	9.212	0.002	6.828
天气状况 X_4	1.344	1.158	1.347	0.006	3.834
替代路径的熟悉程度 X_5	0.463	0.643	0.520	0.004	1.589
交通信息的质量和内容 X_6	5.490	2.450	5.023	0.005	242.257
拟合度	AIC=253.8　SC=259.8　LR=208.3　LRI=0.81				

由表 3～5 可知,以东北地区和华东地区的被调查者为分析对象建立的出行路径选择概率模型与总体对象模型存在很大差异,与总体对象模型相比,以典型地区的被调查者为对象建立的出行路径选择行为模型在自变量和估计系数方面都存在一定的差异。此外,总体对象模型表明出行路径选择的影响因素更全面,这表明地域特性是影响出行者改变出行路径的重要因素之一。比较表 4 和表 5 可知,基于地域特性建立的两个典型对象模型在自变量和估计系数方面存在一定的差异,这表明,不同地域的机动车出行者认为影响其改变出行路径的主要因素是不完全相同的,存在一定的差异。虽然不同地域存在着相同的影响出行路径选择的因素,但其估计系数是不同的,表明在不同地域,同一影响出行路径选择的因素所起的作用是不同的。

(2)城市类型

本次调查按城市类型可分为特大型城市、大型城市等四大类型。由于混合 Logit 模型对样本量的要求,选择大型城市和中等城市的被调查者,建立典型城市类型的出行路径选择概率模型。

①大型城市出行路径选择行为模型

以位于大型城市的被调查者为分析对象,利用逐步 Logit 回归方法,得到显著的自变量:学历水平 X_1 以及家庭收入 X_2 等出行者的社会经济特性、交通事件的严重程度 X_3、替代路径可节省的出行时间 X_4、替代路径的长度及道路类型 X_5、替代路径上交通停靠点或交叉口的多少 X_6 和替代路径的熟悉程度 X_7。经检验,自变量的方差膨胀因子(VIF)小于临界点,因此,各自变量之间不存在显著的多重共线性问题。建立混合 Logit 预测模型,模型的估计结果见表 6。

表 6　大型城市的混合 Logit 模型估计结果

影响因素	系数估计 B	标准差	Wald 检验	显著水平	发生比率
学历 X_{10}[小学或初中]	−0.957	1.147	0.695	0.009	0.384
X_{11}[高中]	−0.247	0.760	0.106	0.007	0.781
X_{12}[本科或专科]	−0.593	0.527	1.265	0.006	0.553
X_{13}[硕士或博士]	−0.396	0.682	0.337	0.010	0.673

续表

影响因素	系数估计 B	标准差	Wald 检验	显著水平	发生比率
月收入X_{20}[<1500 元]	0.940	1.914	0.241	0.023	2.559
X_{21}[1501～3000 元]	1.406	1.614	0.759	0.034	4.080
X_{22}[3001～8000 元]	0.763	1.459	0.273	0.016	2.145
交通事件的严重程度 X_3	32.531	2.078	245.29	0.000	1.343E14
可节省时间 X_{40}[0～10min]	0.132	1.613	0.007	0.005	1.141
X_{41}[11～20 min]	0.814	1.131	0.518	0.002	2.256
X_{42}[21～30 min]	1.218	0.468	20.247	0.003	3.380
替代路径的长度及道路类型 X_5	−3.489	1.826	3.652	0.006	0.031
交通停靠点或交叉口 X_6	−10.14	34.877	0.085	0.007	3.948E-5
替代路径的熟悉程度 X_7	0.399	1.881	0.045	0.002	1.490
拟合度	AIC=163.2　SC=170.4　LR=194.3　LRI=0.84				

从模型的拟合度看，似然比指数 LRI 为 0.84，LRI 的值越接近 1 表示模型拟合得越好。Akaike 信息标准 AIC 和 Schwarts 标准 SC 的值均较小，它们的值越小表明模型拟合得越好。[9]

②中等城市出行路径选择行为模型

以位于中等城市的被调查者为分析对象，利用逐步 Logit 回归方法，得到显著的自变量包括：全职 X_1、性别 X_2 以及驾驶车辆类型 X_3 等出行者的社会经济特性、原路线上的延误时间 X_4、事件发生的位置及影响范围 X_5、替代路径的交通状况 X_6 和替代路径的熟悉程度 X_7。经检验，自变量的方差膨胀因子（VIF）小于临界点。因此，各自变量之间不存在显著的多重共线性问题，而且 LRI、AIC 和 SC 的值表明模型拟合得较好。建立混合 Logit 预测模型，模型的估计结果见表 7。

表 7　中等城市的混合 Logit 模型估计结果

影响因素	系数估计 B	标准差	Wald 检验	显著水平	发生比率
全职 X_{10}[是]	0.786	0.383	4.206	0.001	2.194
性别X_{20}[男]	0.513	0.142	4.233	0.004	1.670
X_{21}[女]	0.463	0.643	0.520	0.041	1.589
车辆 X_{30}[私家车]	0.672	0.246	7.490	0.006	1.958
X_{31}[公车或公交车]	0.364	0.271	2.923	0.003	1.439
X_{32}[出租车]	0.484	0.253	2.309	0.002	1.622
原路线上的延误时间 X_4	2.064	0.994	4.316	0.003	7.877
交通事件发生位置 X_5	0.460	0.245	3.508	0.001	1.584
替代路径的交通状况 X_6	17.751	0.653	73.539	0.000	5.119E7
替代路径的熟悉程度 X_7	0.483	0.643	0.520	0.001	1.621
拟合度	AIC=175.4　SC=236.4　LR=198.3　LRI=0.86				

由表 3、表 6 和表 7 可知，以大型城市和中等城市的被调查者为分析对象建立的出行路径选择概率模型与总体对象模型存在很大差异。这表明，城市类型是影响出行者选择替代路径的重要因素，不同城市类型的出行者认为影响其选择替代路径的主要因素是不同的。由表 6 和表 7 可知，基于城市类型建立的两个典型模型在自变量和估计系数方面存在一定的差异，表明不同城市类型的出行者认为影响其改变出行路径的主要因素是不同的。虽然不同类型城镇存在着相同的影响出行路径选择的因素，但其估计系数是不完全相同的，表明在不同类型城镇，同一影响出行路径选择的因素所起的作用是不同的。

5　结　语

本文以我国港、澳、台地区外广大地区的出行者为调查对象，基于 SP 调查法获得不同交通信息影响下的出行行为数据，利用混合 Logit 模型建立了总体对象和典型对象出行路径选择概率模型，并对出行路径选择的影响因素进行了多变量分析。

本文研究成果可以为交通信息发布方法和策略提供依据，还可以为 ATIS 评价提供理论基础。但由于地域差别与交通信息对出行路径选择的影响有很大的联系，本模型在特定区域应用中，会存在差异。因此，实际应用中，应该在本模型基础上，通过交通仿真和重复试验加以改善，然后在真实环境下检验修正，得到更为合理的模型。

参考文献

[1]WARDMAN M，BONSALL P，SHIRES J. Driver response to variable message signs：a stated preference investigation[J]. Transportation Research Part C：Emerging Technologies，1997，5(6)：389－405.

[2]CHATTERJEE K，HOUNSELL N，FIRMIN P，et al. Driver response to variable message sign information in London[J]. Transportation Research Part C：Emerging Technologies，2002，10(2)：149－169.

[3]JOU R C. Modeling the impact of pre-trip information on commuter departure time and route choice[J]. Transportation Research Part B：Methodological，2001，35(10)：887－902.

[4] PEETA S，RAMOS J L，PASUPATHY R. Content of variable message signs and on-line driver behavior [J]. Transportation Research Record：Journal of the Transportation Research Board，2000，1725(1)：102－108.

[5]TSIRIMPA A，POLYDOROPOULOU A，ANTONIOU C. Development of a mixed multi-nomial logit model to capture the impact of information systems on travelers' switching behavior[J]. Journal of Intelligent Transportation Systems，2007，11(2)：79－89.

[6]DIA H，PANWAI S. Modelling drivers' compliance and route choice behaviour in response to travel information[J]. Nonlinear Dynamics，2007，49(4)：493－509.

[7]EMMERINK R H. NIJKAMP P，RIETVELD P，et al. Variable message signs and radio traffic information：An integrated empirical analysis of drivers' route choice behaviour[J]. Transportation Research Part A：Policy and Practice，1996，30(2)：135－153.

[8]杨勇攀，史仕新，陈锟. 基于混合 Logit 模型的消费者偏好测量研究[J]. 生产力研究，2009，2：73－75.

[9]王济川，郭志刚. Logistic 回归模型——方法与应用[M]. 北京：高等教育出版社，2001.

[10]HAITHAM M，et al. A combined traveler behavior and system performance model with advanced traveler information systems[J]. Transportation Research Part，1998，32(7)：479－493.

[11]RICHARD H M，EMMERINK P N，PIET R，et al. Variable message signs and radio traffic information：an integrated empirical analysis of drivers' route choice behaviour[J]. Transportation Research Part，1996，30(2)：135－153.

[12] PEETA S，RAMOS J L，PASUPATHY R. Content of variable message signs and on-line driver behavior [J]. Transportation Research Board 79th Annual Meeting.，2000，1725(0361－1981)：102－108.

[13]POLYDOROPOULOU A. Development of a mixed multi-nomial logit model to capture the impact of information systems on travelers' switching behavior[J]. Intelligent Transportation Systems，2007，11(2)：79－89.

Study on the Influencing Factors of Travelers' Route Choice Using Mixed Logit Model

ZHANG Chun-qin，JUAN Zhi-cai，LIN Xu-xun

（Antai College of Economics & Management，Shanghai Jiaotong University，Shanghai 200052）

Abstract: In order to understand how traffic information affects travelers' route behavior，state preference survey was carried out to investigate travelers' behavior data. To analyze the factors that influence route choice behavior，the overall object model and the typical object model have been estimated，which are based on mixed logit model. The model are verified by different range of travel behavior data. The results confirm the travelers' social-economic characteristic，the severity of the incident，the saving time of alternative route，the familiarity of the alternative route，and the quality and content of traffic information are the main factors that impact the route choice behavior. There are some differences between overall object model and typical object model. The results are consistent to related statistics.

Key words：traffic information engineering；route choice behavior；stated preference survey；mixed logit mode

低碳化大型活动客流交通组织方法研究

谢 辉 杨立峰

(上海市城乡建设和交通发展研究院,上海 200040)

摘要:低碳日益成为城市发展追求的目标,大型活动的组织和举办常伴随大量的交通出行,在注重客流交通快速集散的同时,低碳交通出行日益成为大型活动的发展趋势。本文基于对大型活动客流特征分析的基础上,结合低碳交通的基本特征,提出包括均衡客流集聚规模、优化客流出行结构、降低出行工具碳排放等方面的低碳化大型活动客流交通组织方法与策略,并结合国家会展中心(上海)首次展览交通组织进行实例分析,通过与常规组织方法对比分析显示,低碳化组织方法下交通结构更加向低碳交通方式倾斜,减碳效果明显。

关键词:低碳;大型活动;交通组织

大型活动通过组织大量相同类型或内容的项目在同一时间举办,从而吸引更多的客流。一般而言,同类型的活动其规模越大,吸引的客流规模也越大,活动内容越新颖或贴近观众日常需求,吸引的客流规模也越大,比如大型体育赛事、各种品牌汽车等物品的展览等。大型活动吸引的客流一旦达到或超过一定规模,将对活动场所周边地区的日常交通甚至整个举办城市的日常交通带来影响。因此,对大型活动的交通有序组织是大型活动成功举办的关键。随着城市各类大型活动的增多,如何在保障不影响城市日常交通正常运转的基础上,保障大型活动期间客流组织安全、有序,已成为政府、学术界、研究单位以及公众等日益关注的重点。目前,结合国际级、国家级的大型活动,比如奥运会、世博会、亚运会、世青会等的举办,形成了一些有关大型活动交通组织方面的研究成果,包括大型活动的交通决策支持系统、交通需求时空分布、交通流分配模型等相关方面理论研究成果[3,4],以及具体的交通管理规划、客流交通组织与管理等实践研究成果。

随着城市环境的恶化,雾霾天气的增多,低碳日益成为城市发展追求的目标,作为主要碳排放源的交通出行便成了低碳要求的重点对象。大型活动的组织和举办常伴随大量的交通出行,在注重客流交通快速集散的同时,低碳交通出行日益成为大型活动的发展趋势。本文在对大型活动客流特征分析的基础上,结合低碳交通的基本特征,提出低碳化大型活动客流交通组织方法与策略,包括均衡客流集聚规模、优化客流出行结构、降低出行工具碳排放3个方面,并结合国家会展中心(上海)首次展览交通组织的实例分析,实践证明低碳化交通组织方法在优化交通结构和减碳等方面效果明显。

1 大型活动交通特征

1.1 大型活动交通需求特征

(1)交通需求规模大。大型活动由于集聚多种项目同时展览,产生的交通需求本身就大于城市同等规模用地产生的交通需求量。根据调查分析,大型活动单位面积产生的交通需求量可以超过同等规模用地产生的交通需求量的数十倍甚至数百倍。

(2)具有明显的高峰交通特点。一般大型活动的开始时间和结束时间都是事先确定的,比较固定,参加活动的人员也趋向于固定的开始时间到达,或集中于固定的结束时间离开。与日常交通高峰相比,大型活动形成的交通高峰更为集聚,集聚的高峰对活动举办场馆道路、换乘枢纽、交通节点都会带来压力。

(3)交通时空分布呈现单一方向特征。大型活动的地方比较固定,而客流来源则是分散于各个地方。

作者简介:谢辉,男,高级工程师,博士,研究方向为交通运输规划与管理;杨立峰,男,副总工,高级工程师,注册城市规划师,注册咨询师,研究方向为综合交通规划。

一方面，大型活动的交通具有典型的单一终点或单一起点的特点；另一方面，单一起点或终点往往产生单一方向的交通流特征，在活动开始的时候，大量人流往活动地集中，活动结束的时候，大量人流又由活动地离开，具有集中聚集和集中离去的特性，加剧交通的方向不均衡性。

1.2 大型活动交通出行碳排放特征

（1）观众交通出行碳排放量最大。活动期间，包括参观者、组织人员、参展方工作人员、志愿者、服务保障人员、安保人员、媒体等人员出行，其中观众规模在整个活动过程中参与人数最多。根据大型活动的影响力，大型活动一般会吸引举办地居民，还会吸引其周边城市乃至世界各地的人员前往参观。因此观众交通出行过程产生的碳排放量最大，是大型活动出行碳排放最主要的部分。表 1 是历届大型活动出行碳排放情况，可以看出交通出行的碳排放比重之大。

表 1　大型活动中出行碳排放量[7]

活动名称	活动出行碳排放量（$\times10^4$ t）	占活动总碳排放量比重（%）
2006 年德国 FIFA 世界杯	7.3	79.0
2006 年都灵冬季奥运会	2.8	27.7
2008 年北京奥运会	84.0	78.4
2010 年南非 FIFA 世界杯	238.1	86.4
2010 年温哥华冬季奥运会	33.6	78.6
2010 年上海世博会	344.0	70.0

（2）周边道路活动期间碳排放强度是日常的数倍。由于会展活动的存在，会展期间客流成倍增加，交通量也成倍地增加，因此在增加周边道路交通的疏解压力的同时，极易造成交通拥堵等交通问题。机动车的运行速度变化不连续，对机动车的碳排放影响很大，一般是平稳行驶的数十倍。会展活动期间，周边道路的交通量增加了数倍，交通碳排放因子也增加了数倍，最终致使碳排放强度也成倍增加。

（3）距离大型活动场所越近，碳排放控制空间越大。碳排放主要包括出行距离带来的能源消耗产生的碳排放，一旦活动场所固定，其出行距离也比较固定，但在完成这段距离的出行过程中，所利用的交通工具对能源的消耗所产生的碳排放有所不同。据美国联邦公交协会 2010 年报告，美国全国各交通方式平均每车每英里 CO_2 排放量：私家车为 0.96，公交车为 0.64，轨道交通为 0.22，轻轨为 0.36，通勤铁路为 0.33，共乘汽车为 0.22（单位：磅，1 磅＝453.59237g）。大型活动观众可分为境外观众，国内举办地外观众，举办地观众；境外观众大部分通过航空等方式达到，方式比较固定单一；国内举办地外观众也主要是大容量、快速的铁路，航空等方式，方式也比较清晰；但举办地本地观众可以是自驾车、地铁、公交、出租车、自行车，甚至是步行等方式到达。对于单一方式来说，其碳排放可控空间很小；对于本地观众，其出行方式多元化，碳排放控制空间较大。

2 基于低碳理念的大型活动客流交通组织方法

2.1 低碳交通及其基本特征

低碳是指较低（更低）的温室气体（CO_2 为主）排放。低碳交通就是在日常出行中选择低能耗、低排放、低污染的交通方式，这是城市可持续交通发展的大势所趋。低碳交通不是一种新的交通方式，而是在交通领域对低碳的追求过程。低碳交通有如下 5 个基本特征。[5,6]

（1）不断低碳化发展过程。交通出行是不断减碳的过程，若要在出行中实现无碳化，除非使用清洁能源（如太阳能等），目前交通工具是依靠能源消耗实现运转，只能是不断低碳化的发展过程。

（2）重视节能的同时注重减排。根据有关部门测算，节能和减排在实现低碳化的作用中，其经济比是 4∶6的关系。因此，节能和减排都是交通低碳化的重要途径，在重视节能的同时，更要把减排上升至应有的高度。

（3）低碳化的手段是多样的。目前低碳化的手段包括技术减碳，如节能环保技术应用；也包括结构性减碳，如通过优化网络结构、运力结构等提高能效；还包括制度性减碳，如市场准入机制等。

(4)低碳化的途径是双向的。实现交通出行低碳化，其途径包括供给方面的减碳，如提供一个更低碳的交通出行服务系统；也包括需求减碳，如鼓励公众理性选择出行方式等。

(5)低碳化是系统性过程。完整的低碳交通体系包括节能减排支撑系统、清洁能源优化利用系统、公众出行引导系统 3 个部分，需要运用一切法律、经济、技术乃至舆论力量，正确引导公众的交通出行。

2.2 低碳化大型活动客流交通组织原则

大型活动客流交通出行在注重快速集散效率的同时，还应注重低碳化发展目标。结合低碳交通的基本特征，从活动交通出行过程角度，低碳化的大型活动客流交通组织原则包括以下几方面。

(1)适度均衡活动客流集聚规模。活动客流集聚超过一定规模，交通疏解困难，将产生交通拥堵；在运输效率上，低效率的运输也不符合低碳化要求。

(2)积极优化活动出行方式结构。根据各种交通方式的碳排放水平和能源消耗结构，形成满足活动出行需求的低碳化出行结构。

(3)努力降低交通工具碳排放。充分利用各种技术手段和管理手段等，降低交通工具的碳排放量。

2.3 低碳化大型活动客流交通组织对策

根据低碳化的大型活动客流交通组织原则，提出大型活动交通的组织方法与策略(见图 1)。

(1)均衡活动客流规模。大型活动一般都是凭票入场，因此可以利用大型活动的票务，发放指定日票，指定时间的票券，均衡客流到场与离场。

(2)减少日常交通规模。在大型活动客流可调性不大的情况下，可减少举办日城市日常客流规模，通过错时上下班，在家上班，放假休息等减少日常客流需求规模。

(3)加强小客车的需求管理。从能源消耗和碳排放来看，小客车的人均效率最低，通过停车泊位管理、停车收费管理、道路通行管制等方法，增加小客车出行成本，减少活动期间小客车方式的出行。

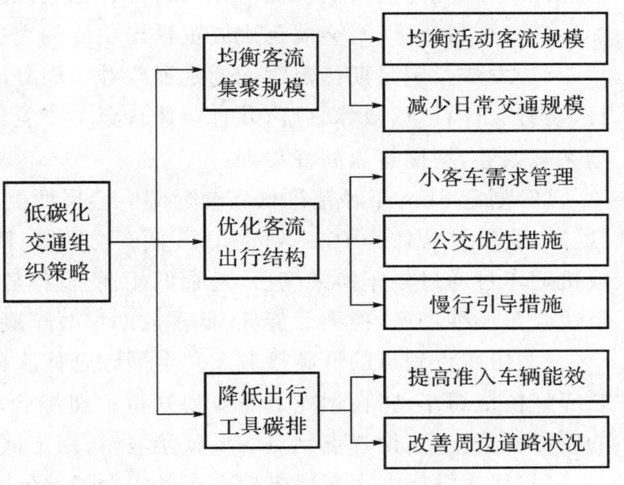

图 1 低碳化大型活动交通组织方法与策略

(4)强化公交优先。公共交通在人均碳排放效果上，是低碳化的交通工具之一，通过公交票价优惠，公交免费换乘等方式积极引导观众采用轨道交通、公交、大客车等大容量公共交通出行，提高低碳交通的比重。

(5)积极引导慢行交通出行。慢行交通是零碳交通工具，通过提供慢行交通专用路权，完善慢行交通网络等，积极引导慢行交通出行。

(6)提供准入车辆能效门槛。在大型活动举办场地，提供准入机动车辆准入门槛，如提供准入机动车的碳排放标准，或场馆提供更高排放标准的接驳车辆。

(7)改善周边道路交通环境。良好的道路路面，合理的交通引导，形成连续流交通，有利于车辆平稳行驶，平稳行驶能尽量减缓机动车的碳排放。

3 国家会展中心(上海)首展交通组织实例分析

国家会展中心(上海)是商务部和上海市政府合作共建的会展项目，是国家级重大项目，是世界上最具规模、最具水平、最具竞争力的国际一流会展综合体。位于虹桥商务区诸光路以东、崧泽高架以南区域，距离虹桥综合交通枢纽直线距离 1.5km，紧邻崧泽高架和嘉闵高架，与中心城、西部新城及对外道口的道路交通联系便利，且目前拥有地铁 2 号线直接联系中心城和浦东机场。2014 年 10 月初步建成并投入首次展览运营，首次展览内容为中国国际汽车商品交易会和中国国际摩托车、电动车及零部件交易会等展览。首展展览的展览面积共 120000m^2。

本文结合国家会展中心(上海)2014 年 10 月的首次展览,对低碳化的交通组织方法进行实例分析,并对低碳化交通组织方法的效果进行评估。[1,2]

3.1 首展客流需求特征

(1)客流总量。首次展览日期为 2014 年 10 月 19～21 日,共 3 天。主办方通过在上海市地铁站点以及大型公共场所等区域免费发放 60 万张参观票券,根据发票方式,在 50%有效客流的基础上,首展观展客流约为 10 万人/d,其中专业买家约 25%,约 2.5 万人/d。

(2)客流需求分布。地铁站点或大型公共场所大多位于中心城,本市三星级以上星级酒店大部分位于中心城,结合发放票券方式以及宾馆分布影响,推知首展客流主要方向是中心城方向。

(3)客流高峰特征。首展开闭馆时间为 9:00—18:00,首展早高峰在 8:30—10:30,晚高峰为 16:30—18:30。首展期间,日均观展客流 10 万人次,根据同类型会展,高峰一般集中在 2～3h 内,高峰系数约为 35%。因此,首展高峰单向吸引客流约 3.5 万人次/h;

3.2 首展客流组织对策

虹桥商务区是上海首个低碳实践区,国家会展中心(上海)项目位于虹桥商务区内,是虹桥商务区重大功能性项目,更是需要实现低碳化的目标,因此会展活动的客流交通组织以低碳、安全、便捷为目标。

在这个目标下,对会展首次展览提出主要的交通组织对策如下。

(1)发放指定日期指定时间的观展票券。为分散、均衡会展活动客流聚集程度,首先针对工作日与休息日,设置工作日票、双休日票,并且双休日票多于工作日票数量;其次针对开馆时间,设置 9 点、10 点、11 点入场参观票券,均衡客流高峰集聚。

(2)划定 3km 半径范围低碳交通圈。会展西侧西虹桥地块均尚未开发,周边 3km 范围分布少量的居民区。以会展综合体为中心,划定 3km 低碳交通圈,圈外北侧、西侧、南侧各设定停车换乘场地,高能耗、高排放机动车可通过停车换乘场所,换乘低能耗、低排放的接驳车辆进入场馆。东侧紧临虹桥枢纽,可结合虹桥枢纽停车换乘场所,换乘低能耗、低排放的接驳车辆进入场馆。对 3km 范围内的居民发放临时准入证。

(3)组织点到点的低碳接驳车。会展综合体服务的轨道交通有 2 号线徐泾东站,但由于 2 号线徐泾东站紧邻虹桥枢纽车站,在运能上需要为虹桥枢纽综合考虑。为扩大轨道交通的运输比例,在会展综合体周边的轨道线路车站,设置点到点的低碳接驳车,划定低碳接驳车的高峰专用行驶路权。

(4)组织酒店大客车提供接送服务。会展首展的采购商与部分专业买家住宿在会展周边酒店。为采购商和部分专业买家提供指定酒店;与周边指定酒店协商,在会展期间酒店方为住宿的会展客流提供酒店大客车接送服务。首展期间在虹桥商务区、西虹桥等会展综合体周边 30min 区域服务内,设定 4 条酒店大客车线路。

(5)设置双向非机动车道路。会展综合体周边道路均设置双向非机动车道,形成区域性非机动车网络,在会展综合体出入口以及会展综合体周边道路的交叉口,为方便非机动车通行,设置非机动车专用信号灯系统,并于会展综合体附近道路或绿地等东、南、西、北各个方向与区域设置非机动车停放点。

(6)完善周边道路路基路面改造。会展综合体位于中心城外的周边地区,道路条件为郊区公路道路标准。结合会展综合体的建设,对会展综合体周边 5 条道路和 2 条与中心城联系的干线道路进行路基改造、路面平整等道路优化,为机动车辆提供平稳的行驶环境。

(7)建立连续的交通标志引导。结合会展综合体配套设施分布和交通流线流向特点,设置基本引导区和外围引导区等双层引导,基本引导区为 3km 低碳交通圈的交通引导;外围引导区为外围大范围的干线交通引导。基本引导区坚持常规引导原则,快速路系统是最近一个上下匝道处,地面道路系统是在最近干道交叉口处设置连续性交通标准引导。大范围会展综合体与虹桥枢纽、虹桥商务区的方向基本一致,因此外围引导区坚持与虹桥商务区、虹桥枢纽等共同设置,并结合停车换乘场分布,设置分方向的引导标志。为驾驶员提供方便,减少绕行和加强交通引导。

3.3 低碳化效果评价

(1)交通结构向低碳交通倾斜。国际会展中心(上海)首展期间通过采取上述主要交通措施,参展观众的交通出行结构明显向低碳交通方式倾斜。表 2 为首展期间采取低碳化交通组织策略前后，在交通出行结构上的对比，很明显低碳化组织方式对小客车和出租车结构进行了较大的优化。其中，小客车客流一部分引导至轨道交通(接驳巴士)，一部分引导至停车换乘低碳接驳车；对出租车一般引导至酒店大客车，一部分引导至轨道接驳车；在交通结构上公共交通达到 77%，慢行交通保持在 5%的水平，个体交通与出租车由常规组织方法的 60%下降至低碳化组织方法的 18%，交通结构更加向低碳化交通方式倾斜。

表 2　首展低碳化交通组织方法的交通结构

	小客车	停车换乘低碳接驳车	出租车	酒店大客车	轨道交通	轨道站点低碳接驳车	常规公交	慢行交通	合计
常规组织方法	30%	0	30%	0	25%	0	10%	5%	100%
低碳化组织方法	5%	12%	13%	10%	25%	25%	5%	5%	100%

(2)降低碳排放量效果明显。根据国家会展中心(上海)首次展览的客流需求分析，结合各种交通方式的碳排放因子(见表 3)，对常规组织方法与低碳化组织方法的交通出行碳排放量进行分析。根据表 4 结果显示，常规组织方法的每日总碳排放量约 120t，采用低碳化组织方法的每日总碳排放量为 35t，每日减少了 85t 的碳排放量，相比减少了 70%。

表 3　各种交通方式的碳排放因子

	小客车	出租车	常规公交	酒店大客车	低碳接驳车	轨道交通	慢行交通
CO_2(g/p. km)	140.2	116.9	19.8	4.7	0	7.5	0

表 4　首展低碳化交通组织方法的碳排放效果　(单位：$\times 10^4$ g)

	小客车	停车换乘低碳接驳车	出租车	酒店大客车	轨道交通	轨道站点低碳接驳车	常规公交	慢行交通	合计
常规组织方法	6309.0	0	5260.50	0	281.25	0	158.4	0	12009.15
低碳化组织方法	841.2	0	2279.55	32.9	281.25	0	79.2	0	3514.10
减少量	5467.8	0	2980.95	−32.9	0	0	79.2	0	8495.05
减少百分比	87%	100%	57%	100%	0%	100%	50%	100%	71%

4　结　语

(1)本文分析和总结了大型活动的客流规模大、高峰明显、交通方向单一性强等客流需求特征，分析了大型活动期间交通出行碳排放特征，包括观众交通出行碳排放量最大、周边道路碳排放强度成倍增加、距离大型活动场所近、碳排放控制空间大等特点。

(2)在梳理低碳交通的基本特征的基础上，提出了大型活动的客流交通组织原则和对策，具体包括均衡客流聚集规模、优化客流出行结构、降低出行工具碳排放等 3 项，以及均衡活动客流规模、减少日常交通规模、小客车需求管理、公交优先措施、慢行引导措施、提高准入车辆能效、改善周边道路状况等 7 个方面。

(3)结合国家会展中心(上海)首次展览的交通组织进行实例分析，结合首展的客流需求特征，提出了发放指定日期指定时间的观众票券、划定 3km 范围低碳交通圈、组织点到点的低碳接驳车、组织酒店大客车接驳服务、设置双向非机动车道路、完善周边道路路基路面改造、建立连续交通标志引导等 7 个方面的组织策略。与常规组织方法对比分析显示，低碳化交通组织方法的减碳效果明显。

参考文献

[1]王明艳，杨立峰. 中国博览会会展综合体综合交通规划研究[J]. 上海城市规划，2012(2).
[2]上海市城乡建设和交通发展研究院. 中国博览会会展综合体建成初期交通保障方案研究[R]. 上海市城乡建设和交通发展研究院，2014.
[3]杨忠振，陈刚. 大型活动的交通组织方法研究[J]. 城市交通，2007，5(3).
[4]崔洪军. 大型活动交通组织管理关键技术研究[D]. 南京：东南大学，2006.
[5]李郑明，等. 上海城市低碳交通发展的思考[J]. 交通与运输，2011(12).
[6]胡静. "低碳世博"对城市未来发展的启示与借鉴[J]. 中国环境管理，2012(2).
[7]曾林慧，等. 大型活动交通出行的碳排放及碳减排[C]//中国环境科学学会学术年会论文集，2011.

Research of Large Activities Traffic Organization Method Based on Low Carbon

XIE Hui，YANG Li-feng
(The Shanghai Urban Construction and Transportation Development Research Institute，Shanghai 200040)

Abstract: Low carbon is to become the city development goal. Large-scale activities often associated with a lot of traffic travel. The fast，convenient，and low carbons are becoming the development trend of large-scale activities passenger traffic. Through the analysis of passenger flow characteristics of large-scale activities，and combined with the basic characteristics of low carbon transportation，the strategy of large-scale activities with low carbon traffic organization methods were put forward，including equilibrium flow cluster scale，optimize the traffic structure，reduce the trip travel tools carbon etc. The first time exhibition of traffic organization of the National Convention Center (Shanghai) was taken as the example，through compared with conventional method analysis，the results were the traffic structure of low carbonization method is more low carbonization，and carbon reduction effect is more obvious.

Key words: low carbon；large-scale activities；traffic organization

基于SMI的电动自行车骑行者的视觉行为分析

王卫杰[1] 任 刚[2] 杜 轩[2] 赵 霞[1]

(1.南京工业大学交通学院,南京 210009;2.东南大学交通学院,南京 210096)

摘要:电动自行车交通事故逐年攀升,电动自行车骑行者的人为因素是主因。本文将重点分析电动自行车骑行者的视觉行为特征,明确其对电动自行车行驶安全的影响。研究采用德国SMI IVIEW X帽子式眼动仪,选择在机非混行、行人非机动车混行、机非隔离路段开展眼动试验,主要分析讨论了机非隔离、机非混行与人非混行路段等不同道路环境下,电动自行车驾驶人的眼动时间、视角分布、注视持续时间、注视点分布等视觉行为特征。研究建议,在有条件的地方应当尽量将非机动车和机动车分离,设置合理的非机动车道,做到机非分离,合理设置路边停车带,减少对非机动车骑行的影响。同时,应将人行道和非机动车道分离,减少电动自行车和行人之间的冲突隐患。

关键词:电动自行车;视觉行为;眼动仪

电动自行车由于其节能、便利而被广泛使用。截至2012年,我国电动自行车保有量已接近1.5亿辆(我国港、澳、台地区除外),由电动车肇事导致的交通事故也逐年攀升,2009年电动自行车肇事交通事故造成3600余人死亡,与2004年相比,事故死亡人数竟增至6倍之多。[1]电动自行车超越了自行车成为非机动车交通事故的第一大群体,安全形势刻不容缓。研究表明,人的因素是道路交通事故的主要因素,因而有必要以电动自行车的使用者为研究对象,分析其骑行行为。而骑行过程中80%的交通信息靠视觉提供,因此研究骑行者的视觉行为特征,在把握骑行者对电动自行车安全特性的影响方面具有重要意义。

国内外的交通参与者视觉行为研究主要集中于机动车驾驶员。早期Burg开始研究视觉与事故的关系,发现动态视敏度对事故有较好的预测作用[2];Lawrence等研究了年长的和年轻驾驶员视觉的选择性注意与碰撞事故的关系[3]。长安大学的田明分析了驾驶员的视觉搜索模式[4],长安大学的马勇、袁伟等运用搜索模式模糊聚类评价法综合分析了驾驶过程的视觉行为[5],东南大学的武睿、陆建将眼动仪的视线跟踪技术引入交通标识视认性研究[6],同济大学的潘晓东等人运用EMR-8B型眼动仪研究了逆光条件下交通标志的可视距离[7]。而将视觉行为分析引入到非机动车骑行行为的研究非常少,仅有体育研究中张忠秋等开展了自行车专家与新手范式的眼动试验对比研究,分析了自行车运动员专项认知水平眼动特征。[8]

因而,本研究将借鉴国内外在机动车驾驶员视觉行为分析的研究经验,开展电动自行车骑行者的眼动试验,分析骑行过程中的视觉行为特征,为电动自行车交通安全研究提供相关理论支持。

1 眼动试验及仪器

眼动试验是一种实时的眼球运动记录试验,可以通过分析各种眼动参数来考察整个认知行为的过程。视觉搜索作为一种复杂的认知过程,是人获取外界信息继而进行加工的一种重要方式,是眼动试验的主要研究内容。就本研究而言,电动车驾驶人行驶过程中需要获取道路交通环境中关于危险和潜在危险的信息,注意和观察交通场景中恰当的位置。驾驶人的视觉搜索模式是一种选择性的注意方式,而注意的搜寻和注意的选择是典型的视觉搜索模式。注意的搜寻体现在视觉搜索行为中,可以用眼动时间和视角分布等参数表征;注意的选择体现在搜索策略中,可以用注视持续时间和注视点分布等参数表征。

本研究使用德国SMI IVIEW X帽子式眼动仪(见图1)。IVIEW X眼动仪使用一套眼罩式微型摄像

作者简介:王卫杰,男,南京工业大学交通学院院长助理,交通工程系主任,副教授,主要研究方向为交通规划与管理、交通行为、交通安全。

机，安装在专用的帽子上，捕捉眼球运动并记录视野的变化。电脑计算视线的聚焦点与视线的影像进行叠加。配套的 MPEG 视频采集器可记录实时采集的场景信息并存储，供后续研究分析。[9,10]

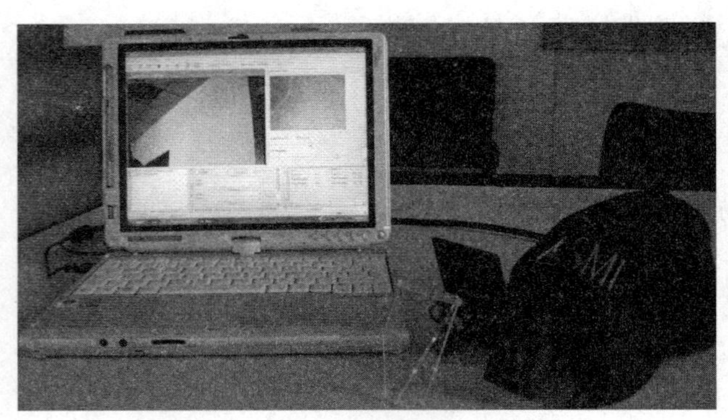

图 1　IVIEW X(TM)HED 眼动仪

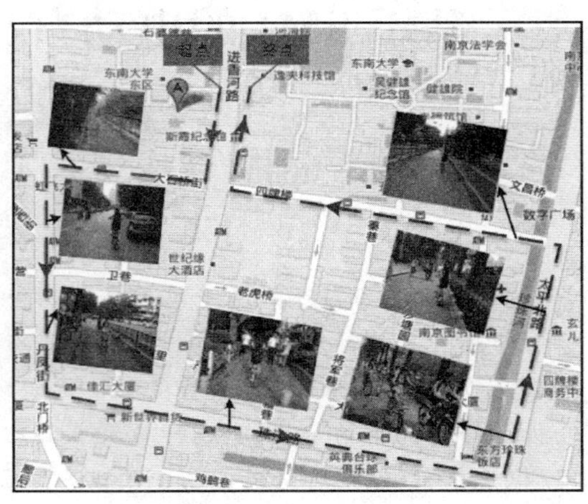

图 2　眼动仪试验线路

2　试验设计

本研究为了把握电动自行车驾驶人的视觉行为特征，选择机非混行、行人非机动车混行、机非隔离混合城市路段开展了眼动试验，分析不同道路环境下电动自行车驾驶人的视觉搜索模式特性。

试验路线如图 2 所示，从进香河路 35 号出发，到学府路再到丹凤街，进入珠江路到太平北路转向学府路，再到进香河路回到出发点。试验路线主要包含机非混行、行人非机动车混行、机非隔离等路段，满足试验目的。参加本试验的调查者为 12 名成人，裸眼视力均在 1.0 以上，且对试验线路比较熟悉。具体试验过程参照 SMI IVIEW X(TM)HED 眼动仪的说明书。

3　数据分析

本研究对眼动试验记录采用 Observer XT 系统进行了分析，本文主要分析讨论了机非隔离、机非混行与人非混行路段等不同道路环境下电动自行车驾驶人的眼动时间、视角分布、注视持续时间、注视点分布等视觉行为。

(1)眼动时间分析

将试验路段分为机非隔离、机非混行与人非混行路段 3 种类型，对电动自行车驾驶人的眼动时间分别进行统计，统计结果如图 3 所示。在骑行过程中观察不同目标的眼动时间，可以发现主要分布区间为 0～100ms，占总体的 76.32%，为扫视时间；超过 100ms 的为注视时间，占 23.58%。不同路段中眼动时间分布一致，扫视时间占绝大部分比例；在机非隔离的道路环境下，注视时间所占的比例相对较大，为 28.1%。因此，电动自行车驾驶人的视觉搜索以扫视为主。

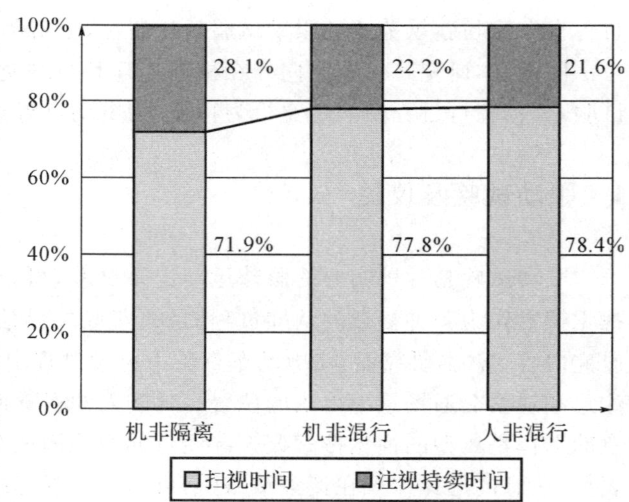

图 3　眼动时间分布情况

由于机非隔离环境下，电动自行车骑行轨迹较为单一，不会与行人或者机动车辆产生混合交通流，需要关注并分析的信息少，因此扫视时间也相对较少；而机非混行与人非混行这两种道路环境中交通组成复杂，骑行者要时刻注意行驶的机动车和可能出现的行人，因而扫视时间相对较多。

(2)视角分布分析

本研究参照 Victor[11] 的区域划分方法,对眼动轨迹位置平面分布图的正方形区域进行划分。划分方法如图 4 所示,在水平方向上,将－20～－10 角度区域定义为左边侧区域,10～20 角度区域定义为右边侧区域,将中间部分从点(－10,－10)到点(10,10)所包含的 200×200 的正方形作为道路中心区域,中心区域又将垂直方向区域分隔成上方和下方。图 4 所示场景中十字是电动车驾驶人的视点,左边侧区域包含了机动车道和对向车道,右边侧区域包含了人行道,下方对应的是观察的近处,中心区域和上方对应的是观察的远处。

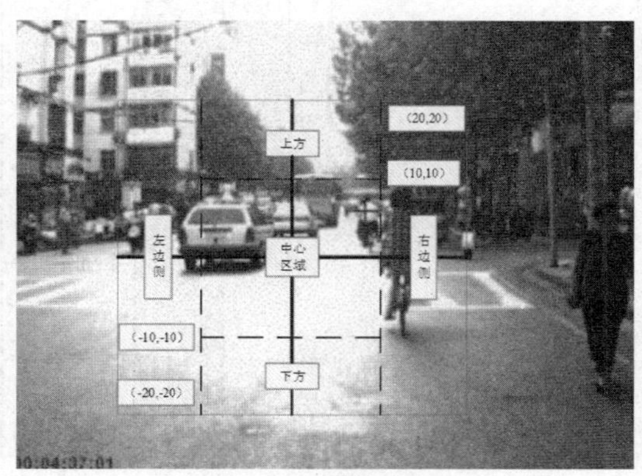

图 4　视角区域划分

①水平视角分析。图 5 表示机非隔离、机非混行、人非混行 3 种道路环境下电动自行车驾驶人在水平方向上视角的分布。在机非隔离路况下,由于行驶环境较单一、安全,驾驶人主要关注前方路况,驾驶人的水平视角主要分布在居中区域,占 91.9%;机非混行路段中,驾驶人对中心区域关注度达 69.1%,而左右两侧关注度分别为 21.6%和 9.3%,数据显示该行驶环境下,骑行者主要的注意力分布在前方和左侧路况;人非混行路段中,骑行者的注意力前方、左、右需要同时兼顾。

②垂直视角分析。根据图 4 区域的划分,垂直方向上分隔成下方、中心区域和上方。下方对应的是近处,上方对应的是远处。图 6 显示不同道路环境下电动自行车骑行者垂直视角的分布情况。从图中可以看出,在 3 种不同的环境下,电动自行车骑行者垂直视角分布基本一致:中部区域占据绝大多数,其次是上方,下方所占比例最小。这说明骑行者的视线主要集中在中心区域,绝大多数时间在关注前方的路况。

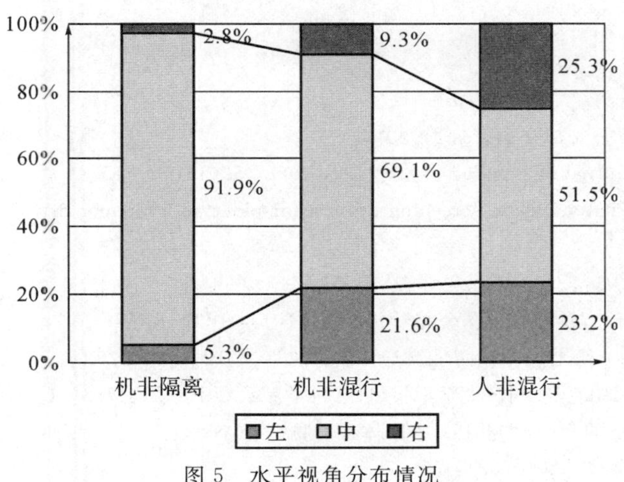

图 5　水平视角分布情况

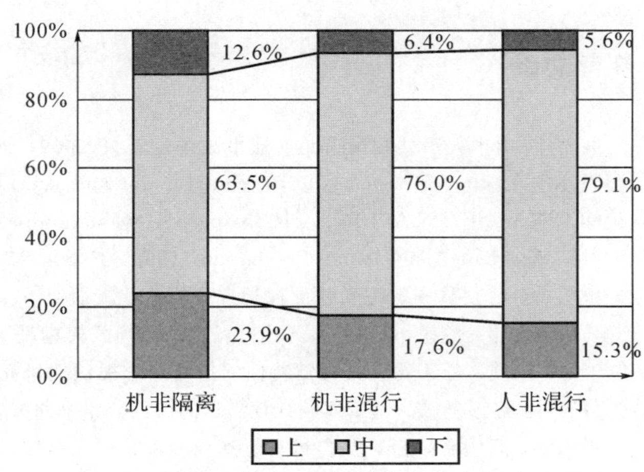

图 6　垂直视角分布情况

(3)注视点停留频度分布

不同的道路环境下,骑行者关注的对象也不相同,本研究将关注对象分为交通设施、同向非机动车、行人、机动车、景物及对向非机动车六大注视类别。图 7 为不同路段中不同类别对象的注视点停留频度的分布情况。

机非隔离环境下,同向非机动车和交通设施所占比例最多,两者合计接近 60%,在这种道路环境下,骑行者主要关注同向行驶的非机动车和道路的护栏、路缘石、信号灯等设施以保证安全;机非混行环境下,同向行驶非机动车关注频度最高,占总体的 37.9%;其次是机动车,占总体的 28.8%;行人和非机动车混行环境下,骑行者注视点的分布,同向非机动车所占比例最高,其次是行人、景物和交通设施,分别占到 25.0%、11.2%和 7.5%,该环境下,非机动车和行人是影响电动自行车通行安全的主要因素。

4　结　语

本研究利用眼动仪试验获得了不同道路环境中电动车骑行者的眼动参数,进而分析了电动自行车骑行者的视觉行为特征。研究认为:①骑行者注意力的集中程度随行驶环境的变化而变化,不同道路环境下,骑行者的注视扫视时间比例不同,环境越复杂,扫视时间所占比例就越大,每个注视点持续时间也越短。电动

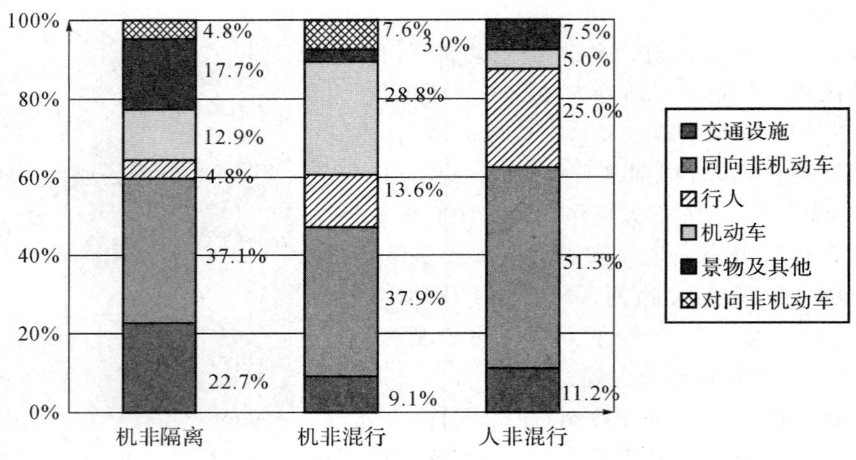

图 7 注视点停留频度分布情况

自行车骑行者的注视点主要集中在对骑行安全有影响的对象上面，包括交通设施和交通参与者；②在机非混行路段，骑行者的注意力多集中在非机动车和机动车上，在人非混行路段，则集中在行人和非机动车上，一点点道路环境的变化都会对注视举动产生大的影响，导致冲突事故发生。因此，在有条件的地方应当尽量将非机动车和机动车分离，设置合理的非机动车道，做到机非分离，合理设置路边停车带，减少对非机动车骑行的影响。同时，应将人行道和非机动车道分离，减少电动自行车和行人之间的冲突隐患。本研究仅对电动自行车骑行者的视觉行为特征进行了分析，今后将同时考虑电动自行车的速度因素，深刻分析电动自行车的事故机理。

参考文献

[1]编制组. 中华人民共和国道路交通事故统计年报(2009). 北京：公安部交通管理局，2010.

[2]BURG A. Lateral visual field as related to age and sex[J]. Journal of Applied psychology, 1968, 52(1):10－15.

[3]DECINA L E, STAPLIN L. Retrospective evaluation of alternative vision screening criteria for older and younger drivers [J]. Accident Analysis and Prevention, 1993, 25(3):267－275.

[4]田明. 新驾驶员和熟练驾驶员视觉搜索模式比较研究[D]. 西安：长安大学公路学院，2007.

[5]马勇，袁伟，付锐，郭应时. 驾驶员视觉搜索模式模糊聚类评价方法[J]. 中国公路学报，2011(01)：103－108.

[6]李娅，陆建. 基于驾驶员视觉特性的指路标志视认性研究[C]//第七届中国智能交通年会. 北京，2012:123－125.

[7]蒋宏，潘晓东，方青. 基于驾驶视觉需求的山区公路平曲线安全评价[J]. 同济大学学报(自然科学版)，2010(12):1763－1766.

[8]张忠秋，阎国利，吉承恕. 自行车运动员专项认知水平眼动特征的实验研究[J]. 中国体育科技，2001(08):7－9.

[9]李海琼，秦雅琴. 眼动仪在道路交通领域中的应用[J]. 人类工效学，2012(02)：75－79.

[10]VICTOR T W, HARBLUK J L, Engstrom J A. Sensitivity of eye-movement measures to in-vehicle task difficulty[J]. Transportation Research Part F, 2005, 8(2):167－190.

Analysis of Visual Behavior of Electrical Bicyclists Based on SMI Eye Camera

WANG Wei-jie[1], REN Gang[2], DU Xuan[2], ZHAO Xia[1]

(1. School of Transportation, Nanjing Tech University, Nanjing 210009;

2. School of Transportation, Southeast University, Nanjing 210096)

Abstract: The amount of electrical bicycle related accidents is dramatically increasing, the human factors of electrical bicyclist is the main ones. This study investigates the characteristics of visual behavior of electrical bicyclists and identifies its influence on safety. The study conducted visual behavior experiments separately at the vehicle-e-bicycle mixed traffic, vehicle-e-bicycle isolated traffic and pedestrian-e-bicycle mixed traffic, using SMI IVIEW X HED eye camera. The study analyzed the visual behavior including eye fixation times, eye-observation visual angle, visual duration time and eye fixation area.

Key words: electrical bicycle; visual behavior; eye camera

城市轨道交通发展现状及前景浅析

张　霄　丁　智　吴云双　谢宗星

（浙江大学城市学院，浙江杭州 310015）

摘要：目前我国的城市交通建设正处于起步状态，汽车等机动车仍是大多数城市居民出行的主要形式。随着社会经济持续迅速增长及人民物质文化生活水平的不断提高，建立多层次、多元化立体的交通体系，是加快城镇化过程中城市可持续发展建设、促进城市经济又好又快增长的唯一发展方向。

关键词：轨道交通；现状；发展前景；城镇化

城市轨道交通建设是我国城市交通规划中的重大选择。城市的社会活动和功能的多样化是大城市的基本特征，由此决定了大城市市民的交通需求必然也是多元化的，人们可供选择的出行方式也应该是多元化的，都可以在各自所适用的范围内发挥出最大的特点。科学规划的轨道交通体系提供了城市可持续发展的可能性，从而促进城市经济又好又快发展。

1　轨道交通的基本概念、地位和作用

（1）轨道交通的定义

我国《城市公共交通常用名词术语》将轨道交通定义为"通常以电能作为动力来源，采取车轮或轨道运转方式的一种快捷、较大运载量的公共交通类型的总称"。广义的城市轨道交通是指以轨道运转方式为主要特点，在城市公共交通系统中具有中等及以上运载量的轨道交通，它不同于道路交通和城际铁路，主要是城市内部的公共交通客运服务，范围可覆盖郊区及周围城市圈，在城市公共交通系统中具有中流砥柱作用。

（2）轨道交通在城市公共交通系统中的地位与作用

轨道交通对于调整城市空间布局、加强土地开发利用、优化城市交通结构、缓解城区地面的交通压力、减少环境污染和能源损耗等方面都有至关重要的作用。因此，首先发展以轨道交通为主的公共交通系统已成为许多国家解决城镇化过程中出现的"城市病"问题普遍采取的措施。

①轨道交通作为将来城市公共交通的主要线路，客流运送的主要通道，是城区的生命线工程。

②轨道交通作为世界上公认的轻污染、低能耗的"绿色交通"模式，是许多国家及城市解决城镇化过程中出现的许多交通问题的主要措施，对于加快实现城市的可持续发展具有极其重要的意义。

③轨道交通作为城市建设史上规模最大的一项公益性基础设施，对城市的格局和社会经济发展将产生长远的影响。轨道交通的建设同样也带动了城区轨道交通沿线经济的发展，有利于促进城市经济发展，形成卫星城和周边城镇中心，从而缓解城市中心人口规模大、住房紧张、交通拥挤、空气污染严重等问题。

④轨道交通的建设与发展有利于提高城区居民出行的效率，节约时间，改善生活品质。世界上的一些国际大城市由于轨道交通业非常发达、便捷，人们出行较少使用私家车，主要乘坐以地铁、轻轨等轨道交通为主的公共交通系统，所以城市交通秩序井然，市民的出行更加快捷方便。

2　我国城市轨道交通发展现状及存在的问题

目前，我国一些主要大城市如北京、上海、南京、广州、长春等都已逐步建成了较为完善的城市轨道交通运输系统。随着我国轨道交通系统设计和建造的急速发展，轨道交通建设方面虽有许多满意之处，但也存

资助项目：加快城镇化进程形势下轨道交通发展和影响研究——以杭州市为例（20130533B28）（杭州市哲社科项目）。

在不如人意的地方。

①城市轨道交通系统对于城市公共交通的作用逐步体现出来,其重要性也在不断地提升。我国的轨道交通发展起步较晚,对比已经具备相对成熟的轨道交通系统的发达国家来说,总体规模较小,但值得一提的是,目前轨道交通已经在城市的公共交通运输中表现出了其高效快捷的特点,已逐步成为我国推进快速城镇化过程中难以取代的一种新型交通类型。

②轨道交通能推动城市空间结构的发展,并使其向着更为合理的方向发展。城市轨道交通既能够解决城市中心地段的各种交通运输问题,而且还在城市空间结构的改变、土地的开发利用、推动城市空间的合理化发展以及维持城市可持续发展等方面发挥极为重要的作用。例如北京地铁 1 号线和 13 号线带动了北京中心地区周边地段土地的合理开发与利用,并促进了城市空间结构合理扩张。[1]

③目前,我国轨道交通系统的线网规划还不够科学。整体上看,轨道交通确实在引导城市的结构布局发展方面有着重大作用,但细分到路线的规划上,我国大多数城市现存轨道交通系统的路线规划做得并不科学,从而较易影响到城市内部的均衡发展。另外,由于城市的周边地区和卫星城的建设普遍都较为落后,造成了城区与卫星城周边地区在人流和客运量等方面的严重失衡,从而妨碍了城市的可持续平稳发展。

④由于客流量的预测与真实结果偏差较大,轨道交通建设规模与实际客流量不匹配。如上海地铁 1 号线和广州地铁 1 号线在投入运营后的客流量都比预期人数少,而上海地铁 6 号线和 8 号线开通不久后则客流量远超预估人数。

⑤轨道交通系统投资额较大。主要原因是:建造初期客流预测不准确,导致建造规模与实际客流量不匹配,而且由于高估了轨道交通的需求,导致地面与高架交通线路较少,形成恶性循环;轨道交通规划不合理,未达到控制土地开发的目的,反而造成轨道交通车站用地面积过多,造成土地资源紧张;我国现有的轨道交通技术发展落后,主要依靠其他发达国家的领先技术,运作模式仍未走向商业化发展阶段。

⑥轨道交通的连带作用突出而收益较差。目前我国内地已建成通车并投入市场的所有轨道交通中,运营状况都不太理想,而且连年亏本经营,而亏本的资金则需要当地政府在经济上的一定支持才得以继续运营下去。当然,轨道交通的发展不仅能拉动内需,还能带动沿线房地产和土地价格的快速增长。另外,轨道交通的连带作用还体现在其带动产生的巨大社会效益和经济效益上。

总之,我国的轨道交通建设仍需走一段很长的转型路线,从原来单一的只满足群众的交通需求逐步转变为既能够满足较大的交通需求又能在城镇化进程中发挥巨大作用的新型发展路线,并且需要深入分析和探讨解决转型过程中出现的问题,建立起中国特色的、符合我国国情的轨道交通建设发展综合体系。

3 对我国轨道交通发展的建议

在过去的一个世纪中,一些发达国家和地区,轨道交通的发展速度飞快,特别是 1970 年以来,第三世界国家的轨道交通建设逐渐崛起,他们的经验可供我国的轨道交通建设借鉴:发达地区或国家的大城市中大多具备以地铁为主的成熟的城市轨道交通系统,我国应先在一些大中型的城市中发展轨道交通,只在少数发展快速的城市发展地铁,更多的城市发展轻轨交通;大多数国家(地区)采用政府和轨道交通获益方共同投资建设的措施,有益于资金的快速集聚;轨道交通发展不应仅局限在地铁等方面,应该向着多元化发展。

(1)发展模式多元化

①制定层次标准。因地制宜制定出中国特色的中国化轨道交通建设标准,只有制定出了合适的标准才有利于我国轨道交通的发展,并能降低造价、缩短建设周期。

②加快立法,保证资金来源。政府应制定相关法律和法规、明确的规则和规章。通过立法、发展的条例,确保轨道交通建设过程中的资金充足稳定。

③提高国有率,降低建设成本。国家必须制定既能显著降低开发成本,又积极支持城市轨道交通发展的方针,制定行业建设标准,使建设的核心技术、核心装备实现国产化,确保轨道交通建设过程中的国产率。

④开发先进技术,提高建设水平。中国有关部门应鼓励先进的铁路运输施工技术的发展,依靠科学技术是我国城市轨道交通建设水平不断上升的关键。[2]

⑤加强交通设施引导(TOD 模式)。优越的交通基础设施对周边商业、住宅、公共服务的发展有更高的吸引力,从而推进城市功能分区的网状形式,在周边地区实现先统一和再分散,人们的生产和生活可以共享

的社会资源和自然资源的范围更广。

⑥重视绿色交通，实现可持续发展。要实现建设生态城市，人与社会、人与自然和谐的可持续发展，有必要建立资源节约型、环境友好型绿色城市轨道交通发展新模式。[3]

(2)发展类型多元化

面对中国大众运输的未来，需要建立多样化的轨道交通类型。目前，中国正在研制一个以地铁为骨干、各类城市轨道交通系统共存的城市公共交通体系。上海、武汉、天津、大连和其他大城市已建立起轻轨系统；长春、大连改革了电车；鞍山还准备修改电车。北京、上海正在计划建一条新的铁路路线；上海开通了磁悬浮铁路线；广州和北京已建成或也正在建设直线电机驱动的城市轨道交通线路等。这些施工显示了我国轨道交通发展的现状，我国的城市轨道交通类型显示一种多元化的发展趋势，如城市铁路、市郊铁路、地下铁道、轻轨交通、单轨铁路、磁悬浮交通及机场联络铁路。

4 结 语

随着城市规模的不断扩大，新兴的工业城市人口快速增长，居民出行非常频繁，物流业开始兴起，我国的城市，特别是一些大城市开始出现一系列新问题——“城市病”。首当其冲的便是城市人口问题。城市人口的快速增加，造成城市继续扩大规模，大部分城市由于过度发展中心地区而造成城市规模不断扩大，大多数城市由于城市中心地区过度开发而造成人口、产业和功能过度集中，由此引发了城市中心区对高强度交通的刚性需求。虽然许多大城市的策划者也逐渐意识到这些由于人口剧增带来的问题，并且开始重视周边地区城镇的进一步发展，但在一段时间内郊区城镇发展的相对滞后无法从根本上得到解决。因此，在这样一个缺少较大运输强度交通系统为支撑的城镇化过程中，城市空间结构的不断改变和越来越多的长距离、大强度的出行需求，便成了制约城市发展的一个主要问题。另外一个难以忽视的问题便是机动车使用群体在不断地壮大，进一步加剧了城市中心区道路拥堵和环境污染，并成为进一步加重城市人口、就业等一系列问题的不可抗因素。

作为城市基础设施的轨道交通，不但要具备容量大、速度快、绿色、平安、便利、准时等许多长处，还要能有效地减缓城市交通压力，指导城市成长，推进城市周边地区的城市化历程，改良城市环境，并能从根本上解决城市成长过程中的“城市病”。因此，在加快城镇化进程之下，发展城市轨道交通已经成了刚性需求。

参考文献

[1]章琳．城市轨道交通对城市发展的作用研究——以上海为例[D]．上海：上海师范大学，2010：1－55.

[2]梁宁慧，刘新荣，曹学山，钟正君，廖靖．中国城市地铁建设的现状和发展战略[J]．重庆建筑大学学报，2008，(06)：81－85.

[3]林仲洪．中国特色城镇化建设的铁路发展新模式[J]．铁道经济研究，2012，(03)：1－5.

An Analysis on the Present Situation and Prospects of Development of City Rail Traffic

ZHANG Xiao, DING Zhi*, WU Yun-shuang, XIE Zong-xing

(Zhejiang University City College, Hangzhou 310015)

Abstract: At present, our country city traffic construction is in the initial sate, the main form of cars and other motor vehicles is still the most city residents. Along with the social economy rapid growth and people's material life and cultural level of the continuous improvement, establish a multi-level, three-dimensional diversified transport system, is to accelerate the urbanization process in the sustainable development of city construction, promote the development of direction of city only sound and rapid economic growth.

Key words: urban rail transport; present situation; development prospects; urbanization

“去福利化”解决城市停车问题

谭永朝　项勤毅　高杨斌　陈　云

（杭州市综合交通研究中心，浙江杭州 310006）

摘要：中国城市停车位普遍存在的建设投入高和使用价格低之间的极端不对称，导致小汽车过度使用，停车矛盾不断加剧。本文首先对中国城市停车问题及停车收费定价机制进行分析，比较分析按公众心理承受能力和参考车位土地资源价值两种定价模式，指出因收费定价不合理导致的停车福利化现象是城市停车问题的根源所在；最后阐明，建立与基本国情相适应的停车经济技术支撑体系，实行去福利化的停车改革，推进停车产业化发展，是实现城市交通可持续发展的必然选择。

关键词：城市停车；停车位；福利化；收费定价；产业化

完整的交通出行需要动态和静态两个过程，即“行”与“停”的结合。对于机动化出行而言，“停”占用设施资源的时间更长、空间更大，忽视停车问题往往会带来一系列交通问题。二者在资金投入、技术支持、政策保障等方面都存在着明显差距，导致目前解决停车问题的措施相对欠缺且可操作性不强，“以静制动”解决城市交通拥堵任重道远。

本文尝试从停车收费定价入手，探讨产生停车问题的根源，提出解决城市停车问题的基本思路。

1　中国城市停车问题

（1）停车位缺口不断扩大

除少数新兴城市外，中国多数城市原有配套停车设施建设并未考虑未来机动化发展，停车位供给从机动化起步以来一直存在较大缺口。面对快速增长的停车需求，多数城市倾向于通过增加停车位供给予以满足。根据“当斯定律”（Downs Law），在政府对城市交通不进行有效管制和控制的情况下，需求总是比供给以更快速度增长。[1]

以杭州市为例，近 8 年主城区（指不含萧山区、余杭区在内的杭州市区，2012 年主城区建成区面积 318km^2）私人小汽车保有量以年均 26.5%的速度高速增长，年均增加 8.3 万辆。[2]而同期机动车停车位数量的年均增长率为 19.2%，年均增长机动车停车位 3.46 万个，核心区内机动车停车位增长率更是不足 10%。

停车位数量基数低且增长相对缓慢的状况，长期以来难以改变，部分建成区无法提供足够的可建设用地，导致停车位缺口不断增大。由于机动车的合法停车位严重不足，停车只能不断侵蚀占用并不宽裕的城市公共空间，长期处于一种“边缘违停”（现实中由于合法停车位缺口过大，无停车位的机动车只能采用打游击式的非常规方式停放，管理部门对此几乎无能为力）的状态。

（2）对公共停车位的作用认识不够

杭州市中心城区公共停车位的平均周转率可达 5～9 次/d，是同区域不对外开放专用停车位的4～6 倍，公共停车位使用效率明显较高。[3]较高比率的公共停车位通常可以弥补特定区域停车位数量的不足，国内外交通状况较好城市均具有较高比例的公共停车位。

由于对公共停车位的作用认识不充分，各城市对公共停车位的建设缺乏相应的政策支持，投入产出严重不成正比，极大影响了社会资本的投资热情。目前，中国各城市停车位缺口普遍较大，但公共停车位缺口比例更大；道路资源不足，但影响通行能力的路内停车位却成为公共停车位的主要构成，这一状况极不合理。

2012 年底，杭州市主城区小汽车保有量达 84.9 万辆，其中私人小汽车 72 万辆，同期公共停车位仅 6.3

作者简介：谭永朝（1971—　），男，硕士，教授级高级工程师，书记，主任，主要研究方向为城市交通管理。

万个，即使按公共停车位为小汽车保有量20%的最基本要求，其缺口仍超过60%。在已投入使用的既有公共停车位中，若不包括配建及小区停车位在内，路内停车位的比例竟然高达76%。[4]

(3)交通需求管理刚刚起步

面对停车困境，各城市在不断提高配建标准、推进公共停车位建设的同时，也逐渐意识到在传统的需求满足导向下，需求增长总是高于供给，必须有效开展交通需求管理。[5]

交通需求管理是一个复杂的系统工程，中国各城市多处于刚刚起步的阶段，相关研究和实践经验非常欠缺，已制定的停车政策整体性和连续性不足。作为最重要的需求调节杠杆，停车收费价格体系缺乏足够的弹性，收费定价既不体现停车位完整价值，也较少反映供需关系，难以对不合理的停车需求形成抑制作用，同时不利于停车产业的发展。

2 停车收费定价体系

2.1 基本管理形式及收费依据

中国城市机动车停车收费定价目前普遍采用政府指导价、政府定价以及市场调节价相结合的基本管理形式，其法律依据是《中华人民共和国价格法》和各省、自治区、直辖市的地方定价目录。

定价目录是根据《中华人民共和国价格法》规定，制定规范的政府定价权限、定价范围、定价方式和定价内容等清单。其中，机动车停车收费定价一般作为重要的交通运输或公用事业类项目，在地方定价目录中给予明确规定。

在地方定价目录制定并颁发的同时，各省、自治区、直辖市的物价管理部门会同时授权下辖市、县、区政府进行同级定价，出台具体的停车收费实施管理办法，作为收费的直接依据。

以杭州市为例，浙江省物价局在有关定价通知中指出，机动车停放服务实行政府定价和市场调节价两种价格管理形式，同时明确实行政府定价的范围：城市道路停车服务，具有垄断性质的配套停车场、公益性单位配套停车场、政府给予优惠政策的专业停车场收费，以及住宅小区内的公共停车场所的收费等。政府定价之外的专业停车场等其他各类停车场所的收费，允许按市场调节价进行收费。据此，杭州市中心城区内高达91.8%的对外收费停车位被纳入政府定价的范围。

2.2 定价目录收录停车收费项目的合理性分析

定价目录分中央和地方两级，列入的项目为“极少数与经济发展和人民生活关系重大、资源稀缺、自然垄断的商品价格”和“重要公用事业、公益性服务的价格”，包括重要的储备物资、军品、国家专营产品、重要能源产品、公用事业服务、国家机关收费、特定商品(服务)等。从市场供需的角度，定价目录列入的产品或服务均是特殊的，需求一般具有“必需和不可替代”的特点，供给则具有“稀缺”的特性。

停车是一种特殊的需求，需要占用大量的土地资源，且越是资源紧张的城市中心区，需求越是旺盛，土地资源的稀缺性导致停车需求的特殊性。

从出行行为的角度看，停车只是出行者选择私人小汽车出行后产生的一种需求。在既有交通结构下，停车行为并非所有城市居民的全体行为，甚至算不上多数群体行为。在城市出行方式多样化的背景下，这种行为显然是“非必需、可替代的”。[6]

一种“非必需、可替代的”需求，只是因为其需要大量占用“稀缺”的城市用地资源，故等同于“稀缺、必需、不可替代”的特殊商品而列入政府调控价格的定价目录，由目录授权的政府价格主管部门按照规定的管理形式管理，基本排斥了市场因素的调价和定价，这显然是不合理的。

2.3 停车收费定价机制

(1)按公众心理承受能力定价

凡列入定价目录的商品和服务项目，其价格的制定和调整均由目录中规定的政府部门统一负责，影响定价的因素主要包括：市场需求关系、社会承受能力、投资者的合理收益、满足特定目的的调节性税收等。

与市场化产品的定价调价机制完全不同的是，政府定价并不关心投资经营者用于进一步扩大再生产规模所需要的利润。因此政府进行停车价格定价时，虽然也会考虑停车位的区域位置、设施条件、市场需求关系、经营管理成本等要素，但更易受特定背景因素的影响，更多关注社会的可承受能力。

社会可承受能力包括政治、经济、风俗习惯、公众的心理等多方面内容，在进行收费定价的过程中，公众心理承受能力往往起关键作用。通常，公众对某种特定消费品价格的心理承受能力，既与其经济条件有关，也与普遍的历史消费习惯有关。

历史消费习惯的形成总有着特定的过程。中国多数城市产生大规模机动车停车需求的时间较短，因占用公共资源而进行付费的历史过程则更短。停车作为消费行为应实行用者付费的消费习惯在中国尚未真正形成，因而决定了列入定价目录的停车收费定价总是倾向于低廉的标准，且一次定价形成后就不会轻易再进行调整。

以执行政府定价的杭州市区地面停车位为例：现仍执行 2008 年收费标准，中心城区路内停车位白天4～6 元/h，夜间 4 元/次，附近居民可以凭居住证明办理包月使用，包月费用为 80 元/月；住宅小区内地面停车位包月价格则为 100 元/月。此外，由于路内停车位仍以服务居住区为主，车位周转率和收费收入相对很低，为节约人员成本，中心区外围的路内停车位多无人值守，长期实行 24 小时免费，这部分停车位约占主城区车位总数的 61%。

由于大量免费或廉价停车位的存在，居民家庭停车费用支出的平均标准较低。据统计，剔除停车位一次性购置费用后，杭州市主城区有车家庭平均停车费用约为 180 元/月，仅占 2012 年市区家庭可支配收入的 2.2%。[7]

(2)参考停车位土地资源价值定价

从市场经济学的角度，合理的收费定价应与可量化的停车位价值紧密相关。由于中国多数城市对外收费停车位仍以地面停车位为主，故判断一个城市的停车收费定价体系是否合理，必须研究地面停车位包含土地价值后的实际建设成本与停车收费的关系。地面停车位可量化的实际价值计算公式为：

$$V_b = S_b \times V_{L0} + C_b \tag{1}$$

式中：V_b 为停车位实际价值(万元/个)；V_{L0} 为单位土地价值，可取同区域同用地类型地块的土地出让价格(万元/个)，该值与出让楼面价 V_{F0} 和允许开发容积率 R 有关，$V_{L0} = V_{F0} \times R$；S_b 为停车位平均占地面积(m^2/个)；C_b 为单位停车位平均建设成本(万元/个)，包括场地建设成本和设备成本等。

假设一个城市平均土地出让的楼面价为 0.5 万元/m^2，平均容积率为 3，停车位平均占用土地面积为 20m^2，则建设一个地面停车位的平均土地边际成本为 30 万元，考虑建设成本后的停车位价值则大于 30 万元。随着城市建设出让用地的变动，这个数值是可变的，在可建设用地资源相对紧张的城市，地面停车位的价值总是倾向高于在售配建停车位的价格。

投资公共停车位建设的收益则与各时段的收费费率和车位利用率直接相关，某停车场的收益：

$$I_p = \sum_{i=1}^{k} (e_i \times u_i \times t_i) \tag{2}$$

式中：I_p 为停车位平均收益(元/车位)；k 为停车场收费标准类别数；e_i 为第 i 类收费费率(元/车位/h)；u_i 为第 i 类收费标准下车位平均利用率，与该时段停放次数 N_{pi}、平均停放时间 t_{pi} 和停车场总车位数 N 有关，$u_i = \dfrac{N_{pi} \times t_{pi}}{N \times t_i}$；$t_i$ 为第 i 类收费标准持续时长。

以杭州市中心区路内收费停车位为例，车位的日平均利用率为 60.4%，收费标准均分白天和夜间(晚 20:00—次日 8:00)两类，在考虑夜间仅收费 4 元/次和约 65%的车位为包月使用后，根据式(2)可算出中心城区路内收费停车位日均收益约为 25 元/车位。

实现投资盈利是公共停车场(库)建设市场化和产业化的基础[8]，基于此原则构建合理收费定价模型：

$$I_p = C_p + C_m + V_{PR} \tag{3}$$

式中：C_p 为停车位投资资本(含土地成本和建设成本)恢复费用(万元/a)，$C_p = V_b \times \dfrac{i(1+i)^n}{(1+i)^n - 1}$，其中 i 为资本年恢复率，n 为资本恢复期[9]；C_m 为停车场内车位运营所需的平均维护、管理成本(万元/a)；V_{PR} 为停车位建设合理投资回报(万元/a)，$V_{PR} = (C_P + C_m) \times \varphi$，其中 φ 为合理报酬率。

以杭州市为例，中心城区土地平均出让楼面价超过 1.5 万元/m^2，平均容积率约为 2.7，地面停车场平均建设成本为 1 万～2 万元/停车位，则地面公共停车位的平均可量化价值至少为 82 万元。此外，资本恢复期间取商业用地土地使用年限 $n=40$；资本年恢复率 i 取 5 年期（2012 年）银行基准贷款利率 6.55%；停车位合理投资回报率 φ 按最低略高于 5 年期银行基准存款利率 4.75%考虑，取 5%。

根据式(3)可知，地面公共停车场车位平均投资资本恢复费用 $C_p=5.8$ 万元/车位/a，平均最低回报 $V_{PR}=4.1$万元/车位/a，即使不考虑停车位维护、管理成本 C_m，停车场平均每停车位年收益应达 9.9 万元，日均收益约为 271 元，才能达到年 5%的最低投资回报，是现有收费收入（约为 25 元/d）的 10 倍以上。假定车位利用率和包月情况不变，为实现该收益，路内停车位白天收费标准需提高至 43 元/h。

城市中许多占用公共资源的停车位目前并未纳入收费，收费停车位的收费标准也较低，且多年来并未调整。然而，每当政府为解决停车供需矛盾提出适当提高停车位收费价格时，均会遭到公众的强烈反对，这反映了公众停车付费的心理承受能力与按土地资源价值进行市场定价之间存在非常悬殊的差距。

3 城市停车问题根源分析

(1)停车福利化的产生

社会公共福利是指国家和社会为满足全体社会成员的物质及精神生活基本需要而兴办的公益性设施和提供的相关服务，以及各项福利性财政补贴。“非营利，并以解决公众必需或惠及多数的行为”是所有福利的基本特征，而“在可负担的前提下开展”则是某一项福利合理存在或可持续的条件。

在土地非私有和城市用地资源非常稀缺的情况下，政府利用或允许大量的公共土地资源建设机动车停车位，且未考虑供需关系，实行与停车位资源成本不相对称的低廉价格，甚至采用免费的方式提供给公众使用，这样的行为具备鲜明的福利特征，城市机动车停车出现了明显的福利化现象。

(2)停车福利化让城市不可负担

地面停车位的高价值与低成本使用的不合理现象普遍存在，严重影响了停车产业化的发展。目前，除了建筑物按标准配建停车位外，很少人愿意投资建设回报性极低的收费停车位，解决停车问题只能靠政府唱主角，停车陷入了一个需求大、市场小的局面。

在城市机动化发展到一定程度、停车供需已极端不平衡的情况下，城市对这项“非必需”的需求表现出严重的“不可负担”。此时，福利化只会鼓励私人小汽车更多地使用，对于停车位缺口越来越大、公共停车位作用不足、需求管理不见成效等问题，很难找到合适的解决方法。

必要的基本福利是社会稳定的基础，偏离基本特征的福利则有碍社会公平，影响社会经济的可持续发展。当停车福利让城市无法负担时，必然会成为导致城市停车问题恶化的根源。

中国虽幅员辽阔，但可建设的土地资源并不宽裕。在许多城市中心城区人口集聚强度均超过 2 万人/km^{2}的现实条件下，充分满足公众的停车需求注定是无法实现的。中国城市交通拥堵问题突出和停车矛盾尖锐化，恰恰表明这种福利存在的极端不合理性。参照供需关系及停车位所占用的土地资源价值进行停车收费定价将成为必然。

4 从去福利化入手解决城市停车问题

(1)建立与国情相适应的城市停车经济技术支撑体系

中国有限的城市空间资源与高密度的城市人口决定其无法满足巨大的停车需求，因此必须改变现行以需求满足为核心的发展模式，加快交通需求管理的研究和实践，建立并完善与国情相适应的城市停车经济技术支撑体系。

按价值规律办事，坚持停车用者付费的原则，逐步减少政府定价停车位所占的比例，扭转停车福利化的状况。控制停车位总量与结构，在停车矛盾突出的中心城区提高公共停车位规模，并提供必要的可替代的交通方式，例如高服务水平的公共交通服务、完善的步行和自行车交通系统等。

(2)停车去福利化需要一场改革

在许多城市机动车保有量已达到或接近户均一辆的背景下，停车政策的任何改变均会不可避免地涉及一个庞大群体的利益，都将面临巨大的困难。因此，解决停车问题需要进行一场有深度的改革，即以去福利化为目的的停车改革，将停车问题交予市场解决。

每一项成功改革的结果，都使更多人成为受益者，即使在改革中受到影响的原既得利益者，也可能同时成为改革后某一方面的受益者。在停车问题已经让城市不堪重负的情势下，去福利化的改革将成为必然。改革的结果将是更合理地使用小汽车，也使城市空间更友好、环境更美好，从这个角度讲，包括小汽车使用者在内的全体城市居民都将成为停车改革的受益者。

(3)停车去福利化改革是一项长期复杂的系统工程

面对日趋严重的停车问题，改革是必然的，但各城市改革的迫切性和改革的模式存在较大差异。不同城市的规模不一，所处的经济阶段不同，城市功能形态差别较大，所适合的停车发展模式必然有所差异。改革不可能一刀切，去福利化改革注定是一项长期复杂的系统工程。

在停车改革过程中，应处理好 3 个“转换”：①政府应转换角色，改变原来大包大揽的局面，从无所不管到更偏重宏观指导工作，包括编制发展规划、制定产业政策、加强过程监管、引入社会资本、支持企业创新等；②公众应转换观念，既然占用公共资源的停车位不是生活必需品，则应有偿使用，充分体现用者付费的原则，所付费用应体现市场的调节作用；③市场运作要转换规则，尽量降低准入门槛，让更多社会力量愿意进入停车建设管理市场，通过优胜劣汰的方式让有限的资源发挥更大的作用。

5 结 语

现阶段中国各城市交通问题不断恶化，并由此引发了一系列的社会问题，停车过度福利化是重要原因之一。当城市无法继续承受时，启动一场去福利化的改革将成为必然。由于此项改革将触及一个相对强势群体的既有利益，改革过程中必然会遭到强烈的反对。只有让公众认识到停车福利化的极端不合理，意识到整个城市群体都是环境改善后的受益者，并在改革中根据实际情况采取正确的措施，得到公众的支持，才能从源头上得以缓解城市交通问题。

参考文献

[1]孙翔．现代城市交通规划的弹性思考[J]．武汉城市建设学院学报，2000，17(4)：15－19.

[2]杨莹莹，谢安政．杭州市交通运行报告[R]．杭州市综合交通研究中心，2013.

[3]谭永朝，罗斌，项勤毅．杭州市老城区停车供需矛盾分析及对策研究[R]．杭州市综合交通研究中心，2011.

[4]匡力勤，过文魁，项勤毅．2011 年杭州市区停车普查分析报告[R]．杭州市综合交通研究中心，2012.

[5]陈艳艳，刘小明．城市交通需求管理及应用[M]．北京：人民交通出版社，2009.

[6]郭继孚，刘莹，余柳．对中国大城市交通拥堵问题的认识[J]．城市交通，2011，9(2)：8－14.

[7]匡力勤，过文魁．杭州市主城区停车现状评估及对策研究[R]．杭州市综合交通研究中心，2013.

[8]刘雪莲．城市机动车停车产业化研究[D]．西安：长安大学，2012.

[9]吴涛，晏克非，李枫．城市公共停车收费定价的研究[J]．上海铁道大学学报，1999，20(12)：16－20.

Solving Urban Parking Problems Through Unsubsidized Operating

TAN Yong-zhao，XIANG Qin-yi，GAO Yang-bin，CHEN Yun

(Hangzhou Comprehensive Transport Research Center，Hangzhou 310006)

Abstract: The extremely unbalanced high construction cost of parking facilities and small revenue from low parking fee has resulted in excessive car usage and ever worsening parking space shortage problems in China. This paper first analyzes urban parking problems and pricing system in China. By comparing two parking pricing models-one from public expecting and another on land value，the paper reveals that subsidizing parking with unreasonable low parking charge is the root cause of urban parking problems. Finally，the paper points out that it is necessary to promote sustainable development of urban transportation though relevant economic and technology supporting system that matches the current development status in China. It is time to eliminate subsidization of urban parking and to promote parking industry on market economy.

Key words：urban parking；public space；subsidization；pricing；parking industrialization

出租车驾驶人安全意识客观评价方法研究

赵炜华　梁丽华　边浩毅
（浙江交通职业技术学院，浙江杭州 311112）

摘要：本文分析驾驶人安全意识水平的评价方法，研究其与多个指标的相关性，提出一种客观数据作为评价标准，将无法测量的安全意识转化为可测量的客观结果。首先选择一定出租车驾驶人样本量作为研究对象，利用模糊综合评价试验方法，对样本安全意识水平进行评价。利用一年内事故发生次数，研究安全意识水平与事故次数相关性。利用 GPS 监控数据，分析驾驶人安全意识水平与行驶车速、车速离散度和车速极大值之间的相关关系，并建立速度极大值与安全意识水平间判识模型。研究结果表明：驾驶人安全意识水平与事故次数相关，与车速均值不相关，与车速离散度相关，与车速极大值强相关。可以利用统计期内车速极大值进行驾驶人安全意识水平评价，并依据相关的模糊判识模型进行分类。经实例验证，基于车速极大值的驾驶人安全意识水平评价模型有效。该方法克服了量表评价的缺陷，能有效识别驾驶人安全意识水平，为驾驶人安全教育、管理和培训提供指导。

关键词：驾驶人；安全意识；事故；速度极大值；客观评价

美国印第安纳大学的研究结果表明，与驾驶人有关的事故占 90.3%；英国的研究表明，与道路使用者有关的事故接近 95%；芬兰研究指出，89%的事故责任在驾驶人；白俄罗斯研究则表明，与驾驶人有关的事故占 92%；挪威科技大学的研究表明，95%的事故是因人的原因造成。出租车在城市交通中担当着重要角色，具有便捷和通达速度快的特点。受城市交通中车辆密度大的影响以及载客数量决定驾驶人收入的影响，出租车在城市道路上运行速度快，驾驶人为节约时间、提高收入水平，其驾驶行为趋向于不安全，尤其对于一些法律法规界定相对不清晰的条件下，这一特征尤为突出，常见的一些特征为闯黄灯、随意变换车道、起步停车速度过快等。其实，出租车驾驶人均具有较高的驾驶技能，具有丰富的城市道路行车经验，也就是说，这一群体是一个具有较高安全技能的驾驶人群。但就我国城市道路交通事故统计数据来看，与出租车相关的交通事故占 10.7%。为提高出租车运用安全水平，管理公司往往为其装备 GPS，作为有效的监控手段。既然如此，为何数量较少的车辆、高水平的驾驶人却引发了如此高比例的交通事故，这是困惑很多运营管理者的难题。从研究资料来看，在人、车、路系统中，驾驶人占有绝对重要的地位，是运营安全的关键。

1　文献回顾

关于安全意识与事故关系的研究，最早出现于工业生产领域。而研究驾驶人安全意识对于交通安全的作用，则相对较晚。在美国康迪格州的一项调查结果表明，6 年中发生 30000 起交通事故，其中 3.9%的驾驶员是 36.4%的交通事故肇事者。而在日本一家出租车公司，两年时间内 25%的驾驶员发生的交通事故占总交通事故的 50%，而未发生过事故者仅占 14%。已有研究确定，影响交通事故的事故多发者具有如下特征：有攻击行为趋向、无责任感、社会适应不良等。[1]澳大利亚心理学家 V. 柯洛乌弗尔德对驾驶人发生事故的原因进行研究，提出安全意识对于事故的发生具有重要作用。[2] Naatanen 和 Summala 在 1976 年的研究中指出，拥有攻击性驾驶行为、风险驾驶行为特征的驾驶人在公路上更容易出现交通事故。[3] Robertson 和 Baker 在 1975 年研究 1447 名出现致命交通事故的驾驶人，发现比起没有发生重大交通事故的驾驶人，这些驾驶人在两年中的违规记录显著高于平均水平。[4] Sumer 在研究中认为，驾驶风格相关因素和危险态度与行为因素及一些短暂的因素都能直接导致事故危险。Lajunen 在 1997 年提出的安全意识普遍因素，包括文化因素、

作者简介：赵炜华（1978—　），男，工学博士，主要从事交通安全相关专业技术研究。

社会人口统计学因素和相对稳定的人格因素等。[5] Elander 等人研究指出，与驾驶有关的态度和信念对驾驶安全有影响。[6]李延红等对上海市小学生和老年人交通安全意识进行了调查研究，分析发现不同年龄段的学生与老人的知识、信念与行为的相关性不同。[7,8]谢艺红等对广西 4 个县农村地区居民进行了有关道路交通安全意识的调查，结果表明文化层次越低、经济状况越差，其安全意识越低。[9]张宇婧等对出租车驾驶人安全意识进行了测量与评价，并给出安全意识水平高低的分值，以进行针对性管理。[10]戎靖等对交通安全意识与安全行为之间的关系进行了研究，研究结果表明，安全意识和安全行为是不可分割的。[11] Reason 等人于 1990 年第一次开始构建 DBQ 问卷，研究行为与交通事故的关系。[12] Parker 和 Reason 等人又发现了一个 DBQ 因子，命名为失误(slips and lapses)。[13]挪威科技大学心理学系的 Ulleberg 等编制了包括 45 个项目的测量年轻驾驶人员风险态度的量表。挪威科技大学心理学系的 Iversen 编制了包括 16 个项目的风险态度与行为量表。土耳其奥斯曼加兹大学统计学院的 Yilmaz 等编制了 12 个项目的风险驾驶量表。Rundmo 编制了 8 个项目的驾驶人风险认知量表，加拿大维多利亚大学的 Tuokko 等编制了 11 个项目的老年驾驶人风险感知、信念、态度量表。孙黎根据中国的实际情况，编制了有 18 个项目的公交驾驶员驾驶行为预测问卷。[14] Ulleberg 和 Rundmo 综合交通违法态度、事故原因、事故风险等因素，提出了一份新的风险态度量表。[15,16]挪威运输经济学会的 Assum 设计了一份 56 题的包含大部分道路安全的问卷。[17]挪威科技大学心理学系的 Iversen 通过问卷调查来研究交通安全的态度是否对今后的危险交通行为有预测。[18] YiImaz 和 Celik 研究发现驾驶人员的风险态度与遵守限速规定、对交通事故的关注度、驾驶过程中的冒险倾向及对待驾驶的正性态度有关。[19] 2006 年，他们认为风险驾驶态度是会直接增加事故风险的行为。[20]北京大学心理学系的白海峰等人确定了中国驾驶人员风险态度量表的最初项目。[21,22]沈阳师范大学的侯雪艳通过问卷对沈阳 153 名驾驶人进行问卷调查，发现驾驶人个性特质通过驾驶人态度对驾驶行为造成影响。[23] Lawton 等人于 1997 年对问卷中违规量表进行扩展，通过对 16 个项目的 DBQ 问卷进行因子分析，发现可根据驾驶人违规的原因将违规分解为两部分：攻击性违规(aggressive violations)和交通规则违规(highway code violations)。[24] Blockey 和 Hartley 指出安全意识中有 3 个因素：一般错误(general errors)、危险错误(dangerous errors)、危险违规(dangerous violations)。[25] Åberg 和 Rimmö 以大样本的瑞典驾驶人进行 DBQ 问卷分析，将错误分解成 2 个因素：注意不足错误(inattention errors)与经验不足错误(inexperience errors)。[26] Sullman 等人对新西兰卡车司机进行 DBQ 问卷调查，通过分析发现 4 个因素，命名为：错误、过失、违规、攻击性违规。[27] Mesken 等利用芬兰驾驶人为样本进行研究，得到 4 个因素：错误、失误、超速违规(speeding violations)和人际违规(interpersonal violations)。[28] Lajunen 等在英国、芬兰、荷兰 3 个国家展开 DBQ 问卷研究，该问卷由 4 个因素组成，即攻击性违规、普通违规(ordinary violations)、错误、过失，共 27 项。[29]北京大学的白海峰以 Reason 等开发的驾驶人员行为问卷为基础，结合中国的具体情况编制出 24 个项目的驾驶人员行为问卷。[21]

从国内外研究现状来看，关于驾驶人安全意识与交通事故之间的关系是肯定的。安全意识属于驾驶人心理范畴，是一种内在于驾驶人心理而无法直接测量的概念。虽然对于其作用有所共识，但具体的研究方法则采用风险辨识、风险态度和风险行为及安全意识测评量表进行衡量。但这些研究方法主观性强，并且所获得的结论取决于参与驾驶人回答问题时的心态，因此很难将其置于完全可信的境地。除此之外，驾驶人安全意识与危险行为之间的关系是确定的，也表明在相应的安全意识指导下，驾驶人将产生不同的驾驶行为。由此出发，则可以根据驾驶人的驾驶行为判断安全意识的强弱。

基于上述分析，本文以车辆运行速度为基础，研究驾驶人安全意识与事故数量、运行车速、超速等可直接测量指标之间的相关关系，根据较为准确的车辆速度参数，建立车速与安全意识之间的识别模型，为出租车驾驶人安全管理和教育提供理论依据，并提出一种可以定量化研究驾驶人安全意识的新方法。

2 研究方法

2.1 模糊综合评价试验

(1)参与者

本试验随机选择浙江省某出租汽车公司管辖范围内的 20 名驾驶人，其中女性 7 名。所有驾驶人的资质和能力均达到出租车驾驶人的相关要求,自驾驶出租车起,无家庭重大变故和重特大事故经历,具有可接受的人生观和社会价值观。此类人作为被评价对象和评价参与者。同时,又在公司管理人员和车辆安全管理人员中选择与上述被试者均熟悉的30名人员作为评价人员,要求评价人员和被评价人员之间相互熟悉。

(2)评价方法

评价人员能对被评价人员的驾驶行为习惯、安全态度、风险行为做客观认知和判断。同时,在评价中要求评价人员不考虑以往事故经历,仅从上述因素进行评价。依据研究目标和样本,取全部驾驶人为论域。为了简化评价模型,仅设定出租车驾驶人安全意识水平为评价因子,由此建立出租车驾驶人安全意识水平认知模糊集。安全意识水平模糊集D={极高,高,较高,一般,较低,低,极低},并赋予相应的数值{7,6,5,4,3,2,1},记为{D_1,D_2,D_3,D_4,D_5,D_6,D_7}。利用模糊统计方法,获得各自隶属度,记为R_m。综合全部结果,得到不同驾驶人与安全意识水平间的模糊关系,其结果见表1。

表1 安全意识水平与评语间模糊隶属度

被试号	极高	高	较高	一般	较低	低	极低
1	0.00	0.00	0.03	0.92	0.05	0.00	0.00
2	0.00	0.00	0.03	0.90	0.05	0.02	0.00
3	0.00	0.05	0.10	0.85	0.00	0.00	0.00
4	0.00	0.90	0.02	0.08	0.00	0.00	0.00
5	0.00	0.00	0.93	0.07	0.00	0.00	0.00
6	0.94	0.04	0.02	0.00	0.00	0.00	0.00
7	0.00	0.15	0.83	0.02	0.00	0.00	0.00
8	0.02	0.00	0.04	0.20	0.03	0.73	0.00
9	0.73	0.13	0.01	0.04	0.00	0.00	0.00
10	0.00	0.00	0.00	0.00	0.00	0.03	0.97
11	0.00	0.06	0.94	0.00	0.00	0.00	0.00
12	0.00	0.00	0.01	0.03	0.87	0.04	0.05
13	0.00	0.00	0.05	0.87	0.05	0.03	0.00
14	0.00	0.00	0.00	0.97	0.00	0.02	0.01
15	0.02	0.02	0.00	0.00	0.02	0.91	0.03
16	0.00	0.02	0.08	0.83	0.05	0.02	0.00
17	0.00	0.73	0.21	0.06	0.00	0.00	0.00
18	0.00	0.00	0.00	0.00	0.04	0.15	0.81
19	0.00	0.02	0.00	0.98	0.00	0.00	0.00
20	0.00	0.00	0.01	0.02	0.23	0.74	0.00

由表1所示模糊隶属关系,取截集为0.7。根据聚类分析方法,可以将上述被试对象按照驾驶员安全意识水平高低分类。具体的分类结果见表2。

表2 不同安全意识水平被试对象分组结果

组别	极高	高	较高	一般	较低	低	极低
被试号	6,9	4,17	5,7,11	1,2,3,13,14,16,19	8,12	15,20	10,18

2.2 事故统计

在出租车运行过程中,由于驾驶人具有较高的驾驶技能,且熟悉交通环境,所以一般不会引发严重交通事故。因此,本文仅考虑事故次数作为安全水平高低的衡量指标。根据1年内相同区域事故资料,可获得不同分组情况下驾驶人平均发生事故次数的分布情况,可见随着安全意识水平的降低,事故次数呈增加趋势(见图1)。

根据结果，结合驾驶人安全意识水平分值，运用SPSS进行相关分析，可以获得如下计算方法：

$$T = 8.14 - 2.64x + 0.41x^2 - 0.028x^3 \quad (1)$$

式中：T 为事故次数，x 为安全意识水平分值。

经检验，模型拟合度为 0.962，表明模型有效。由此可以看出，运用事故次数衡量驾驶人安全意识水平高低，可以实现相应目的。但事故次数基于原来已发生事故进行推论，所以必然是一种事故后的管理手段，在实施管理中方便性较差。同时，驾驶人的安全意识在遭遇某一事件之后可能会发生变化，因此，事故次数的使用受到限制，而需要一些客观的数据来评估驾驶人的安全意识水平。

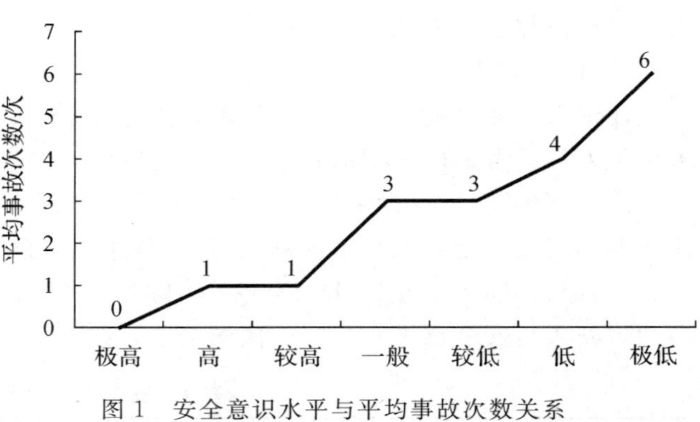

图 1　安全意识水平与平均事故次数关系

2.3　车速统计分布

选用一周内相同区域城市道路运行车速为研究资料，分析其数据分布特征。在上述数据中，不考虑停车时间，仅以正常运行期间内的车速分布为特征对象。上述数据结果来自于 GPS 监控平台。考虑到安全意识不同将导致驾驶行为的差异，而驾驶行为会体现在速度选择和速度变化速率上，因此本文主要针对车速分布特征、均值和标准差进行研究，具体统计结果见表 3。

表 3　车速统计结果　　（单位：km/h）

被试号	均值	标准差	极大值
1	36.16	20.95	102.99
2	34.61	19.31	98.00
3	33.39	18.84	96.98
4	32.92	18.95	86.98
5	34.07	19.26	90.00
6	35.94	18.31	82.98
7	31.07	17.48	86.98
8	34.93	19.48	103.97
9	35.17	18.68	83.98
10	35.87	23.11	128.97
11	31.75	17.41	86.98
12	35.83	21.54	105.98
13	32.53	17.64	96.98
14	34.42	20.26	96.98
15	33.33	19.48	114.98
16	34.69	19.56	94.97
17	33.15	18.96	84.98
18	36.12	23.08	126.97
19	33.39	18.92	92.98
20	38.77	23.99	112.00

依据表 2 的分组结果，结合车速统计结果，可以获得车速分布特征变化规律与驾驶人安全意识水平之间的对应关系（见图 2）。

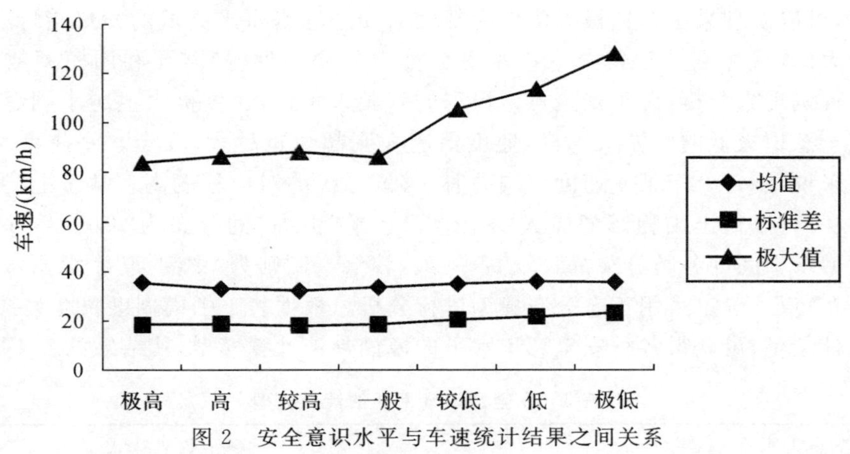

图 2　安全意识水平与车速统计结果之间关系

3　分析与计算

3.1　相关性分析

(1)车速均值

根据表 3 中车速均值结果,结合驾驶人安全意识水平分值,运用 SPSS 进行相关分析。选用多种函数模型进行相关分析,其相关系数均小于 0.35。由此可见,速度均值与安全意识水平之间的相关性较差,不能用于评价驾驶人安全意识。从中国出租车驾驶人的整体特征来看,其行驶车速多是在限速下的高位行驶。因此,不同驾驶人所选择的行驶速度差异不大。虽然其与安全意识水平相关度高,但在管理实践中应用准确度较差。

(2)车速离散度

根据表 3 中车速离散度结果,结合驾驶人安全意识水平分值,运用 SPSS 进行相关分析。不同函数模型下的相关系数最大为 0.835,其对应的函数计算方法如式(2)所示。

$$X = 37.21 - 1.94 v_m + 0.001 v_m^3 \tag{2}$$

式中:X 为安全意识水平分值,v_m 为对应安全意识水平分组内统计车速均值。

虽然从计算结果表明模型有效,但由于数据差异相对较小,且相关度不够大,因此用于评估驾驶人安全意识有限制。多方研究资料均显示安全意识与驾驶行为之间具有相关性,进而影响驾驶行为。出租车驾驶人与相同环境内一般车辆驾驶人相比,起步停车次数远多于一般车辆,故驾驶人多有急加速和急减速行为。而对于营运车辆来说,因时间浪费所造成的经济损失是难以接受的,所以其驾驶人希望安全,又要节约时间。在这种意识冲突之下,导致其车速变化离散度增大。所以,不同驾驶人之间,由于安全意识的差异,表现为车速离散度的不同。因此,据此来评价驾驶人安全意识水平是准确可量化的。

(3)车速极大值

根据表 3 中车速统计结果的极大值,结合驾驶人安全意识水平分值,运用 SPSS 进行相关分析,可以获得如下计算方法:

$$X = 39.381 - 0.569 v_p + 0.002 v_p^2 \tag{3}$$

式中:X 为安全意识水平分值,v_p 为对应安全意识水平分组内统计车速极大值。

经检验,模型拟合度为 0.978,表明模型有效。由此可以看出,统计时间内车速极大值与驾驶人安全意识水平相关度高,能够用于衡量驾驶人安全意识水平高低。从 GPS 监控平台的其他数据来看,该最大速度值均来自于夜间 12 点以后。此时,道路上车辆较少,其他道路交通信号装置停止工作,且车速监控设备亦停止工作。在此情况下,车辆行驶速度完全取决于驾驶人的主观愿望。因此,出租车驾驶人均选择较高的运行车速,这一速度值均超过限速规定。但由于驾驶人安全意识水平差异,使得不同驾驶人所选择的车速有很大区别。

3.2　安全意识辨识模型

综合比较事故数、车速平均值、车速离散度、车速极大值与驾驶人安全意识之间的相关关系,结合前述各因素的作用机理,可以发现采用车速极大值作为驾驶人安全意识水平高低的衡量指标是有效的。但对于不同的统计车速极大值,将分别处于安全意识水平分类中的哪一种,则需要利用模糊数学方法进行计算。从速度极大值的出现机理来分析,对于安全意识极高的驾驶人来说,速度极大值越小则超速量越小,安全水平越高。而对于安全意识极低的驾驶人来说,速度值越大则超速量越大,安全水平越低。对于介于中间的安全意识水平分级来说,则是处于某一速度范围内时,与该分级的对应程度高。基于上述分析,结合模糊数学隶属函数确定方法,可以得出出租车驾驶人安全意识水平"极高"的分布为"偏小型";安全意识水平"极低"的分布为"偏大型";中间的各类分级"高,较高,一般,较低,低"则为"中间型"。根据常见模糊分布形式,结合评价结果的分布特征,确定采用正态分布模型进行分析。根据表1中模糊隶属度关系,结合表2分组结果以及表3车速统计结果,可获得各种安全意识水平的模糊判识计算模型,其结果见表4。

表4 安全意识水平评估计算模型

安全意识水平	函数表达式
极高	$\tilde{A}=\begin{cases}1, & x\leqslant 82\\ e^{-(\frac{x-82}{3.2})^2}, & x>82\end{cases}$
高	$\tilde{A}=e^{-(\frac{x-86}{8.5})^2}$
较高	$\tilde{A}=e^{-(\frac{x-88}{4.3})^2}$
一般	$\tilde{A}=e^{-(\frac{x-97}{5.7})^2}$
较低	$\tilde{A}=e^{-(\frac{x-105}{3.8})^2}$
低	$\tilde{A}=e^{-(\frac{x-113}{3.6})^2}$
极低	$\tilde{A}=\begin{cases}0, & x\leqslant 125\\ 1-e^{-(\frac{x-125}{4.2})^2}, & x>125\end{cases}$

通过上述计算模型,可以明晰不同驾驶人在运行过程中的速度极大值,并评估其安全意识水平,提供了一种可量化的计算分析手段,克服了量表测量的缺陷。

为验证结果的有效性,选用30名驾驶人对相关结果进行检验。首先利用表4中的驾驶人安全意识水平模糊辨识函数,结合GPS监控车速极大值,对不同驾驶人安全意识水平进行判识,获得驾驶人安全意识水平结果。其次,利用前述的驾驶人安全意识模糊评价,由上述评价人对该对象进行评价,获得主观评价结果。再次,统计过去1年内该部分驾驶人的事故次数。将上述3项内容进行对比分析,发现模型判识结果、主观评价结果与事故次数具有很好的对应性。上述结果表明,本文所提出的驾驶人安全意识评价模型有效,可用于客观评价驾驶人安全意识水平。

4 结 论

人的行为是在思维意识支配和指导下的行为,驾驶行为也是如此。可见,驾驶人的意识水平是运行安全与否的先导。但安全意识是驾驶人的内在因素,虽然具有一些外在特征,但总体上来说,仍然是难以量化和分析的。虽然关于安全意识问题国内外进行过很多研究,但总体上来说均采用风险辨识、风险态度和风险行为几方面进行衡量。在这些方法中,由于均采用主观量度的方法,其可靠性受到很大限制,而且作为运营管理者来说,更是不具备可操作性。考虑到出租车上均装备有GPS采集和传输设备,并且受到运营管理部门的实时监控,在GPS传输数据中,车辆速度是较为准确的重要参数,也是运营管理中的重头戏和重要参照指标。因此,本文拟就驾驶人安全意识与行驶车速之间的关系进行研究,建立车速与安全意识之间的相关模型，提出 GPS 监控车速与驾驶人安全意识评价水平的对应问题，将安全意识评价指标简化，并且为驾驶人教育和管理提供支持。从安全意识的外在表现形式来看，可以使用较多的指标进行衡量。但在研究领域和管理中，一旦有外在因素的介入，必然会导致驾驶行为向安全趋势靠近，即驾驶行为将受到驾驶人要努力做好的影响。通过这样的行为记录和研究所获得的结论，其可靠性就比较低。而通过量表的手段获得的驾驶人安全意识和水平高低结果，同样是离开了驾驶员的真正操作行为，而是作为一种思考加工后的结果，所以其可靠性也受到限制。因此，驾驶员真实行车状态中的表现，将是安全意识水平高低最真实的体现。考虑到研究目的不能让驾驶人在之前获知，选用 GPS 监控数据，将获得真实结果。通过比较车速、事故数量、车速离散度、车速极大值等指标，研究其与安全意识水平之间的对应关系，明确了车速极大值可以作为安全意识水平高低的客观衡量指标。

(1)选择一定样本量进行模糊评价试验，将安全意识水平进行分级，并对样本进行分类。分析了安全意识水平与事故数之间的对应关系，表明安全意识水平高低与事故相关。

(2)选择不同指标与驾驶人安全意识水平进行相关分析，建立函数模型，研究安全意识水平与其相关关系。通过研究，最终确定统计期内将车速最大值作为驾驶人安全意识水平评价指标最为客观和有效。

(3)利用模糊数学分析方法，建立驾驶人安全意识水平与车速之间的关系模型，提供了一种快速判断驾驶人安全意识水平的计算方法，为驾驶人安全管理和培训教育等提供了参考依据，并能迅速实现不同意识水平的甄别。

参考文献

[1]刘志强，葛如海，龚标. 道路交通安全工程[M]. 北京：化学工业出版社，2005.

[2]刘兆琪. 道路交通安全应用心理学[M]. 北京：警官教育出版社，1998.

[3]NAATANEN R，SUMRNALA H. Road user behavior and traffic accident[M]. Oxford：North-Holland，1976.

[4]ROBERTSON L S，BAKER S P. Prior violation records of 1447 drivers involved in fatal crashes[J]. Accident Analysis and Prevention，1975(7)：121－128.

[5]SUMER N. Personality and behavioral predictors of traffic accidents：testing a contextual mediated model[J]. Accident Analysis and Prevention. 2003，35(6)：949－964.

[6]ELANDER J，WEST R，FRENEH D. Behavioral correlates of individual differences in road traffic rash risk：An examination of methods and findings[J]. Psychol Bull，1993(113)：279－294.

[7]李延红，郭常义，周顺福，等. 上海市中小学生交通安全意识的现况调查[J]. 环境与职业医学，2002，19(3)：155－159.

[8]李延红，郭常义，卢伟，等. 上海市老年人交通安全意识的调查研究[J]. 环境与职业医学，2003，20(1)：34－37.

[9]谢艺红，陈娜萦，耿文魁，等. 广西部分农村居民道路交通安全意识的调查研究[J]. 疾病控制杂志，2005，9(2)：164－165.

[10]张宇婧. 出租车驾驶员安全意识的测量与评价[D]. 北京：北京交通大学，2007.

[11]戎靖. 交通安全意识与安全行为之间的关系研究[D]. 北京：北京交通大学，2008.

[12]REASON J T，MANSTEAD A S R，STRADLING S G，et al. Errors and violations on the road：A real destination[J]. Ergonomics，1990(33)：1315－1332.

[13]PARKER D，REASON J T，MANSTEAD A S R，et al. Driving errors，driving violations and accident involvement[J]. Ergonomics，1995(38)：1036－1048.

[14]孙黎. 公交驾驶员 A 型人格、驾驶行为及事故的关系研究[D]. 长沙：湖南师范大学，2009.

[15]ULLEBERG P，RUNDMO T. Risk-taking attitudes among young drivers：The psychometric qualities and dimensionality of an instrument to measure young drivers' risk-taking attitudes [J]. Scandinavian Journal of Psychology，2002，43(3)：227－237.

[16]ULLEBERG P，RUNDMO T. Personality，attitudes and risk perception as predictors of risky driving behavior among young drivers [J]. Safety Science，2003，41(5)：427－443.

[17]TERJE A. Attitudes and road accident risk[J]. Accident Analysis and Prevention，1997，29(2)：153－159.

[18]HILDE I. Risk-taking attitudes and risk driving behavior [J]. Transportation Research Part F，2004(7)：135－150.

[19]YILMAZ V，CELIK H E. A model for risk driving attitudes in Turkey [J]. Social Behavior and Personality，2004，32(8)：791－797.

[20]YILMAZ V，CELIK H E. Risk driving attitudes and self-reported traffic violations among Turkish drivers：The case of Eskisehir[J]. Dogus Universities Dergisi，2006，7(1)：127－138.

[21]白海峰.人格与风险态度对风险驾驶行为的预测力研究[D].北京:北京大学,2006.

[22]庄明科,白海峰,谢晓非.驾驶人员风险驾驶行为分析及相关因素研究[J].北京大学学报(自然科学版),2005,44(3):475—82.

[23]侯雪艳.个性特质、态度对驾驶行为的预测研究[D].沈阳:沈阳师范大学,2007.

[24]LAWTON R, PARKER D, MANSTEAD A S R, et al. The role of affect in predicting social behaviors: The case of road traffic violations[J]. J. Appl. Soc. Psyehol., 1997(27): 1255—1276

[25]BLOCKEY P N, HARTLEY L R. Aberrant driving behavior: Errors and violations[J]. Ergonomics, 1995(38):1759—1771.

[26]ÅBERG L, RIMMö P A. Dimensions of aberrant driver behavior[J]. Ergonomics, 1998(41):39—56.

[27]SULLMAN M, MEADOWS M, PAJO K. Errors, lapses and violation in the drivers of heavy vehicles[C]//Proceedings of the Paper Presented at the International Conference on Traffic and Transport Psychology, Beme, Switzerland, 2000.

[28]MESKEN J, LAJUNEN T, SUMMALA H. Interpersonal violations, speeding violations and their relation to accident involvement in Finland[J]. Ergonomics, 2002(7):469—483.

[29]TIMO L, DIANNE P, HEIKKI S. The Manchester Driver Behavior Questionnaire: A cross-cultural study[J]. Accident Analysis and Prevention, 2004(36):231—238.

Study on Objective Evaluation Method of Taxi Driver Safety Consciousness

ZHAO Wei-hua, LIANG Li-hua, BIAN Hao-yi

(School of Transport Management, Zhejiang Institute of Communications, Hangzhou 311112)

Abstract: This study aims to study the correlation between safety consciousness and several indices, and propose a objective evaluation criteria, which can covert immeasurable safety consciousness to measurable objective results. We selected a number of taxi drivers as study subjects, and evaluated their safety consciousness using fuzzy comprehensive evaluation method. The number of accidents in a year is used to investigate the correlation between safety consciousness and accident number. GPS surveillance data was used to analyze the correlation between driver safety consciousness and running speed, speed dispersion, and max vehicle speed, and establish an identification model between max speed and safety consciousness level. The results show that driver safety consciousness level is correlated with accident number, and not correlated with vehicle speed, correlated with vehicle speed dispersion, and highly correlated with max vehicle speed. Max vehicle speed obtained from statistics can be used to evaluate driver safety consciousness, and categorize it according to fuzzy identification model. Verification shows that max vehicle speed based driver safety consciousness evaluation model is effective. It can overcome the demerits of scale evaluation, and can effectively identify driver safety consciousness level, and provide guidance for driver safety, management and training.

Key words: driver; safety consciousness; accidents; max speed value; objective evaluation

杭州城区超重车辆过桥监测点布置规划研究

陈　斌[1,2]　钟　峥[1]　徐会忠[3]

（1. 杭州市市政设施监管中心，浙江杭州 310003；2. 浙江大学建筑工程学院，浙江杭州 310058；
3. 杭州市路桥有限公司，浙江杭州 310011）

摘要：超重车辆对桥梁构成严重威胁，严重破坏市政基础设施，增加道路和桥梁的维护费用，缩短桥梁使用寿命。因而，有必要开展超重车辆过桥管理，长效保障桥梁的运营安全。杭州市市政设施管理部门根据城区交通干道运行状况，通过主要城区货运干道交通调查，分析了货运车辆的通行分布状况，据此进行了超重车辆通行监测点的布置规划。最后，根据布点规划，提出了分为3期的实施计划。

关键词：城市桥梁；超重车辆；监测；布点规划

城市交通是城市生命线工程的重要组成部分，城市桥梁是城市基础设施的咽喉，也是社会拥有的庞大固定资产，在城市系统中发挥着至关重要的作用。近年来，为满足经济发展需要，修建了大量的桥梁。[1]近年来，国内接连发生桥梁坍塌、道路塌陷等事故，据调查分析，货车超载是造成桥梁事故的主要原因。[2]货车超载背后的实质是受经济利益驱使，很多货运车辆私自更改车型，超重车辆大多采取加装钢板、弹簧等办法，使车货总量及轴载量大大超过了桥梁的设计荷载标准，从而导致了大部分桥梁涵洞出现构件开裂、桥墩变形等病状，引起桥梁结构灾难性的破坏。[3,4]

超重车辆对桥梁构成严重威胁，严重破坏市政基础设施，增加道路和桥梁的维护费用，缩短桥梁使用寿命。[5]由于车辆超载日趋严重，危桥数量急剧增加，特别是超限超载车辆严重的路段，桥梁病害频发，严重危及车辆的通行安全。开展超重车辆过桥管理工作，长效保障桥梁的运营安全至关重要，是城市管理水平的体现，也是整个城市品质的一项重要指标。[6]基于此，杭州市市政设施管理部门根据城区交通干道运行状况，通过主要货运干道交通调查，分析了货运车辆的通行分布状况，据此进行了超重车辆通行监测点的布置规划，意在全面监测城区超重车辆通行情况，保障桥梁等市政基础设施安全。最后，根据布点规划，提出了分为3期的实施计划。

1　交通干道运行状况分析

城市用地布局直接决定了货运车辆的交通走向。根据杭州市城市总体规划，杭州市区目前已经在实施“优化产业结构，调整工业用地布局”。目前，主城区仅城北还有少量工业用地，江南副城工业用地主要集中到滨江高新科技园区和萧山经济技术开发区，临平副城工业用地主要安排在副城北部的余杭经济开发区和钱江经济开发区，下沙副城为大型综合性工业基地，其余工业集中到瓜沥、义蓬组团（大江东工业区）。同时，物流中心、仓储用地除了结合工业区外，主要分布在市区北部、东部以及其他边缘地区。

根据杭州城区现状货运交通管理的相关规

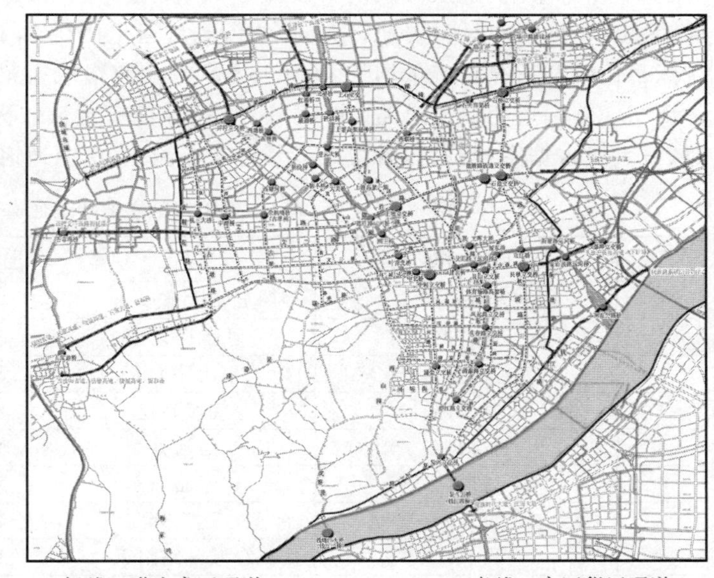

粗线：进出市区通道　　虚线：市区货运通道

图1　市区主要交通干道及大型桥梁分布情况

作者简介：陈斌（1981—　），男，工程师，硕士学位；钟峥（1966—　），女，高级工程师，学士学位；徐会忠（1981—　），男，工程师，学士学位。

基金项目：浙江省建设科技科研项目（2012049）。

定及路网现状，对城区主要货运通道按进出市区货运通道及市区内部货运通道两类进行划分(见图 1)。

截至 2010 年底，市区货运车辆达 128762 辆，占市区汽车总量的 12.2%，比上年增长 10%。总体来说，近 5 年货车保有量持续增加，2010 年约是 2006 年的 1.4 倍。为缓解市区主要道路、对外出入口交通拥挤状况，保证市民工作、生活的正常秩序，2003—2004 年，随着绕城公路的建设和投入使用，交通管理部门对城市货运交通采取了系统的管理措施，规定了外地货车和本地 8t(载质量)以上货车通行的过境道路，划定了中心区货运交通管理限制区域，较好地适应了城市经济和社会发展的要求。货运交通管理如图 2、图 3 所示。

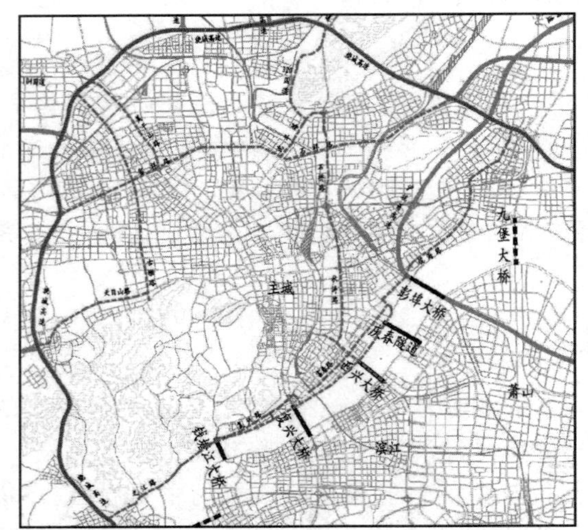

图 2　杭州主城区货运交通过境通道及临时过境通道

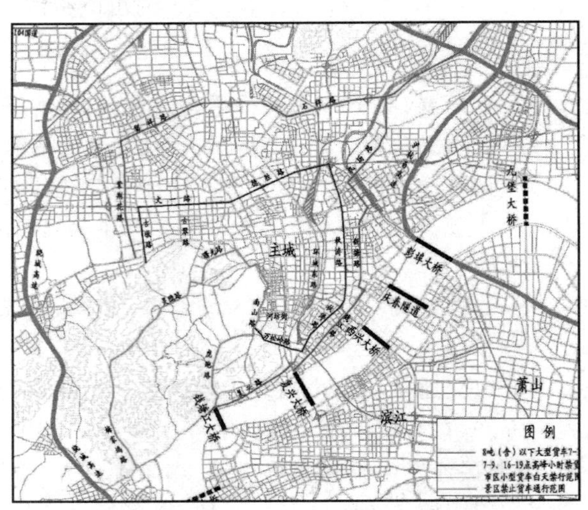

图 3　杭州主城区货运交通管理区域范围

2　主要货运干道交通调查

货运流量是违法超载非现场执法系统建设的依据。本文结合近期交通流量调查情况，对货运流量进行统计。通过对比表 1 数据与货运交通管理的范围，表明货运交通管理越严格的区域，货车交通量越小；而且货车交通量主要分布在外围，核心区内部的货车交通量较小。

对东南西北 4 个方向进出市区主要货运通道的货车流量(7:00—19:00)调查见表 1。对上述调查数据分析如下：总量上，进入市区货车数量为 19462 辆，驶出市区车辆数为 18770 辆，总数基本一致，较为均衡；东向为进出市区货车最重要通行方向，约占总货运量的 1/3，其他 3 个方向车量较为接近；西向货物进出通道中天目山路和留祥路流量均很大，尤其是天目山路沿线桥梁(五常港桥)，是重点监测布点；北向货运通道中主要与 320 国道相交接道路(沈半路、石桥路)货车流量较大，是重点监测点；东向货运通道中德胜路、艮山路、石大线占据主导位置，沿线桥梁是重点监测点；南向通道中之江路沿线桥梁及钱江四桥是重点监测点。

表 1　进出市区主要货运通道 12 小时货车流量　(单位：辆)

序号	进出市区货运通道	位置	进入市区	驶出市区	合计	分方向统计
1	天目山路	五常大道以东	2856	2631	5487	西向 8577
2	留祥路	西园路以西	1670	1420	3090	
3	G320	半山路以北	3316	3060	6376	北向 7796
4	临丁路	绕城高速	703	717	1420	
5	杭海路	运河处	1225	1263	2488	东向 13521
6	德胜路	杭海路以东	1858	1803	3661	
7	艮山路	运河处	1699	2295	3994	
8	石大线	绕城公路附近	1994	1384	3378	
9	之江路	之浦路以东	2584	2746	5330	南向 8338
10	庆春隧道	—	210	234	444	
11	钱江四桥	下层	1347	1217	2564	
小计			19462	18770	38232	38232

对市区主要货运通道的货车流量(7:00—19:00)调查见表2、表3。对上述调查数据分析如下:货运交通管理越严格的区域,货车交通量越小;而且货车交通量主要分布在外围,以古墩路—文二路—绍兴路—河坊街所围成的核心区内部的货车交通量较小。市区内货运通道中南北向货运车辆远多于东西向车辆,12小时货运量超过2000辆的通道中南北向道路有6条,东西向仅有一条。总量分析:东往西、北往南车辆分别略多于西向东、南往北车辆,但仍较为均衡。东向向市区货运通道最主要为艮山西路,所跨的艮山立交桥、艮秋立交桥及艮山西路运河桥需重点监测。南北向通道中大关路、登云路、机场路、秋涛路、新塘路、之江路货运流量较大,其中登云路、秋涛路、新塘路所跨的登云大桥、京江桥、新塘桥是重点监测布置点。

表2　市区内主要货运通道12小时货车流量(东西向道路)　(单位:辆)

序号	名称	位置	西往东	东往西	合计
1	望江路	跨铁路桥	414	375	789
2	解放路	隧道	19	11	30
3	庆春立交	庆春立交桥	113	306	419
4	凤起路	凤起立交桥	419	645	1064
5	艮山西路	凯旋路以西	1383	1864	3247
6	文晖路	文晖大桥	0	850	850
7	潮王路	潮王桥	1070	0	1070
8	天目山路	莫干山路以西	343	520	863
小计			3761	4571	8332

表3　市区内主要货运通道12小时货车流量(南北向道路)　(单位:辆)

序号	名称	位置	南向北	北向南	合计
1	大关路	大关桥	1117	912	2029
2	登云路	登云大桥	2280	2524	4804
3	莫干山路	天目山路以北	75	184	259
4	湖墅南路	环城北路以北	109	177	286
5	建国路	建北桥	540	919	1459
6	绍兴路	绍兴路运河桥	720	1076	1796
7	机场路	城东桥	1331	1029	2360
8	秋涛路	京江桥	3729	3941	7670
9	新塘路	新塘桥(新塘路运河桥)	2659	2781	5440
10	之江路	复兴路以东	1818	1718	3536
小计			14378	15261	29639

3　超重车辆监测点布置规划

结合杭州市城市特点、桥梁分布现状、货运交通管理等条件,监测点布置根据八字方针,即"外围"、"跨江"、"跨河"、"内核",按照"外围布点"、"跨江布点"、"跨河布点"、"内核布点"4个方面进行布置。

外围布点:对以8t(含)以下大型货车7:00—19:00点禁行范围线作为外围分界线,对其周边桥梁布点监测,成为主城核心区内部道路、桥梁交通运行的第一道防线。沿4个进城方向布置,共布设13个点,具体见表4。

表 4　外围布点方案

序号	方向	布点桥梁	连接道路	功能
1	西向	五常港桥	天目山路	检测由 02 省道、杭徽高速、绕城高速及老余杭进出城区的货运车辆
		五常港桥	文一西路	检测由老余杭方向进出城区的货运车辆
2		祥符立交	留祥路	检测由绕城高速进出城区的货运车辆
3				
4	北向	临丁桥	临丁路	检测由 G320、临丁路进出城区的货运车辆
5		红通桥	通益路、巨洲路	检测由杭宁高速、绕城高速进出城区的货运车辆
6		—	莫干山路	检测由 G104、勾陈路进出城区的货运车辆
7		秋石高架二期	秋石快速路、G320	监测由秋石高架桥、G320 进出城区的货运车辆
8	东向	石桥立交桥	石大高架桥	检测由世纪大道、杭浦高速、绕城东线进出城区的货运车辆
9				
10		石德立交桥	德胜路	检测由沪杭甬高速及下沙进出城货运车辆
11		艮山西路运河桥	艮山西路	检测由沪杭甬高速及下沙方向进出城货运车辆
		上闸首公路桥	杭海路	检测由杭海路、S101、下沙路进出城货运车辆
12	南向	复兴大桥下层	—	检测由江南大道进出城货运车辆
13		—	之江路	检测由杭新景、绕城进出城货运车辆

跨江布点:对跨钱塘江可通行货车的桥梁进行重点布点,起到保护大型桥梁作用。布点方案:在复兴大桥下层跨钱塘江大桥设置超重车辆称重系统。

跨河布点:对跨越运河的车行桥梁进行布点监测。运河是隔离杭州交通的重要障碍物,其上有十多座运河桥,需对这些桥梁进行重点监控,才能保证桥梁的安全,保证杭州交通的畅达。布点方案:共布设 13 个点,见表 5。

表 5　跨河布点方案

序号	布点桥梁	连接道路	备注
1	登云大桥	登云路	
2	勤俭桥	小河路	
3	大关桥	大关路	
4	德胜路运河桥	德胜路	
5	潮王桥	潮王路	
6	叶青兜桥	文晖路	
7	建北桥	建国路	
8	艮山运河桥	绍兴路、环城东路	
9	城东桥	机场路、凯旋路	
10	京江桥	秋涛路	
11	新塘路运河桥	新塘路	
12	艮山西路运河桥	艮山西路	与外围布点重合
13	上闸首公路桥	钱江路、杭海路	与外围布点重合

内核布点:检测货运超载的补充关卡,为市区内 24 小时全天候货运检测服务。布点方案:共布设 7 个点,见表 6。

表 6　内核布点方案

序号	方向	布点桥梁	连接道路
1	南北向	余杭塘桥(古翠桥)	古翠路
2		杭三大桥	古墩路
3		勤丰桥	和睦路
4	东西向	文晖大桥	文晖路
5		凤起路立交桥	凤起路
6		庆春路立交桥	庆春路
7		西塘桥	申花路、湖州街

4　超重车辆监测点实施计划

根据货运通道现状货运流量大小,桥梁运行状况,与对外高速公路、国省道的联系紧密程度及市区货运交通管理实施的范围,布点设置可按 3 期实施(见图 4)。通过分期实施,总计设置超重过桥监测点共 31 处。

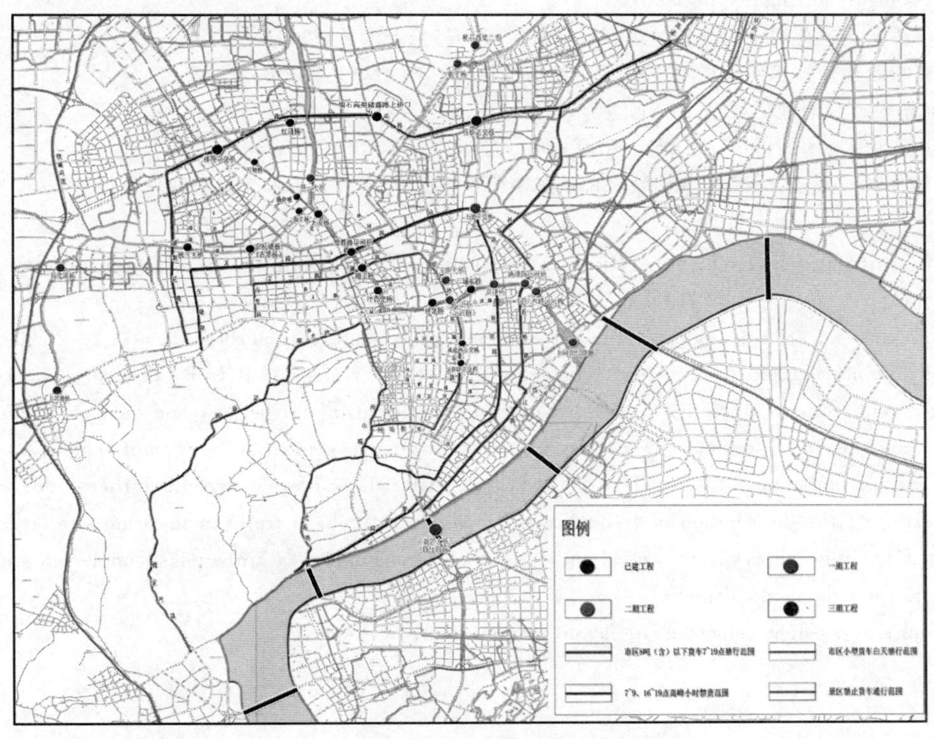

图 4　杭州市城区超重车辆监测布点实施计划

2012 年 5 月初,在石祥路留石快速路高架储鑫路上桥口(城市学院北门)试点安装超重车辆动态监控系统,进行超重车辆监测,并开始采集数据。建议在充分总结该试点项目经验的基础上,全面实施桥梁监测点布置工程。

一期初步建设与绕城、高速公路、国省道连接紧密,货运流量较大及跨钱塘江的桥梁监测点,目的是初步覆盖主要车行桥梁。一期共建设五常港桥(天目山路)、秋石高架二期、上闸首公路桥、复兴大桥下层、京江桥等 5 处。其中,五常港桥(天目山路)、秋石高架二期、上闸首公路桥共 3 处位于核心区与外部国省道、绕城高速联系的主要货运通道上;复兴大桥下层为城区跨钱塘江的主要货运通道;京江桥为跨越运河重要货运通道,与现状货运交通管理紧密相连。

二期进一步拓宽建成外围和跨江监测点,建设对外联系跨河桥梁及内核桥梁中货运流量大的主要监测点,共建设临丁桥、艮山西路运河桥、登云大桥等 9 处。

三期在总结一期及二期的成功经验基础上,全面建成主城区超重车辆过桥监测系统,共建设红通桥、潮王桥、叶青兜桥等 17 处。

5 结 论

目前，超重车辆荷载大大超过了桥梁的设计荷载标准，导致大部分桥梁出现构件开裂等病状，引起桥梁结构灾难性的破坏。由于车辆超载日趋严重，危桥数量急剧增加，特别是超限超载车辆严重的路段，桥梁病害频发，严重危及车辆的通行安全。杭州市市政设施管理部门根据城区交通干道运行状况，通过主要货运干道交通调查，分析了货运车辆的通行分布状况。据此，根据货运通道现状货运流量大小，桥梁运行状况，与对外高速公路、国省道的联系紧密程度及市区货运交通管理实施的范围，规划布置超重车辆通行监测点31 处，意在全面监测城区超重车辆通行情况，保障桥梁等市政基础设施安全。最后，根据布点规划，提出了分为 3 期的实施计划。

参考文献

[1]CHEN B, ZHONG Z, XIE X, LU P Z. Measurement-based vehicle load model for urban expressway bridges [J]. Mathematical Problems in Engineering, 2014.

[2]王涛. 高速公路桥梁交通荷载调查分析及仿真模拟[D]. 西安：长安大学，2010.

[3]李扬. 国外汽车超载治理技术的发展及应用[J]. 交通标准化，2004(09)：80－82.

[4]李扬. 美国车辆超限超载治理综述[J]. 交通世界，2004(12)：20－22.

[5]贺曙新. 车辆动态称重技术的历史、现状与展望[J]. 中外公路，2004(06)：104－108.

[6]梁旭，陈斌，王健伟，等. 基于 WIM 的典型城市桥梁车辆荷载状况分析[J]. 土木工程与管理学报，2013. 30(4)：17－22.

Monitoring Sites Layout Planning of Overweight Vehicles in Hangzhou City

CHEN Bin[1,2], ZHONG Zhen[1], XU Hui-zhong[3]

(1. Hangzhou Municipal Facilities Supervision and Administration Center, Hangzhou 310003; 2. Zhejiang University College of Civil Engineering and Architecture, Hangzhou 310011; 3. Hangzhou R & B Co. Ltd., Hangzhou 310011)

Abstract: Overweight vehicles pose a serious threat of damage to municipal infrastructure, and increase maintenance costs and shorten the life of the roads and bridges. It's necessary to carry out the management of overweight vehicles crossing the bridge, and given a long-term guarantee operational safety of the bridge. After the surveys of freight traffic condition on the main city roads, and the analysis of the distribution of freight traffic, overweight vehicle traffic monitoring site layout was planed by Hangzhou municipal facilities supervision and administration center. Finally, a three-phase implementation plan was put forward according to the site layout planning.

Key words: monitoring; overweight vehicles; site layout planning; urban bridge

驾驶员变换车道行为安全性研究

陈明磊[1]　刘志科[2]

（1. 潍坊市市政工程设计研究院有限公司，山东潍坊 261031；

2. 中铁十六局集团第五工程责任有限公司，河北唐山 063030）

摘要：在驾驶员变换车道行为分析的基础上，针对我国道路交通状况，从交通管理、车辆工程、道路工程三方面提出了提高行车安全性的措施，以期为保障道路交通安全提供参考。

关键词：变换车道；安全性；交通管理；车辆工程；道路工程

驾驶员变换车道是常见的驾驶行为之一。然而，部分驾驶员因缺乏变换车道的安全知识，在行车过程中随意变换车道，不但扰乱了交通秩序，而且增加了事故发生的概率。据统计，我国因不按规定变换车道引发的事故占事故总数的13%。而我国交通执法对变换车道行为管理较为薄弱，加上我国特有的复杂道路交通状况，更使得驾驶员在道路上频繁变换车道。

本文拟对驾驶员变换车道行为进行分析，进而提出提高行车安全性的措施，以期为提高我国道路交通安全水平提供参考。

1　变换车道行为分析

变换车道行为是驾驶员根据自身驾驶特征，根据周围车辆的速度、间距等周边环境信息，调整并完成自身驾驶目标策略的综合过程，通常可分为需求产生、条件判断和操作执行3个阶段。

（1）需求产生

需求产生即驾驶员确定是否需要变换车道的阶段。根据变换车道的需求不同，可将变换车道分为两种类型：强制性变换车道和判断性变换车道。强制性换道是指具有确定的目标车道、在一定区间内必须实施的变换车道行为，如车辆经过渠化交叉口、出入匝道口、避免障碍物，前方是专用车道或关闭车道时所进行的变换车道；判断性变换车道是指在遇到前方较慢的车辆时，为了追求更快的车速、更自由的驾驶空间而进行的变换车道行为，如车辆超过重载车辆的变换车道。

强制性变换车道的需求由驾驶员的出行策略和道路状况共同决定。强制性变换车道行为的安全性与获知道路状况时可供变换车道使用的距离和时间以及目标车道的车辆间距、速度有关。

判断性变换车道的需求可以从以下两个方面说明[1]：①当前方车辆加速度或者速度小于某一数值时，驾驶员不满意该行驶状态；②相邻车道上具有较大的行驶空间或速度，行驶能够改善目前的行车状况，即对于相邻车道的满意行驶时间比当前车道行驶时间的满意值大于某一数值。判断性变换车道的需求产生与驾驶员的出行目的和驾驶特性有关。

（2）条件判断

条件判断即驾驶员确定需要变换车道之后，确定是否具备变换车道所需的空间条件、时间条件和车辆状态[2]的阶段。驾驶员根据相邻车道上车辆的速度和间距以及自身的速度和加速度，对是否可以完成变换车道进行判断。条件判断的标准与变换车道的需求和驾驶员的驾驶特性有关，其与驾驶员的驾驶技术水平共同决定了变换车道行为的安全性。

（3）操作执行

操作执行即驾驶员确定需要并且可以变换车道之后，采取驾驶操作调整自身车速、执行变换车道的阶段。操作执行的安全性取决于驾驶员的操作行为是否规范、技术是否过关。在车辆速度较高、车辆密度较大的交通条件下，对驾驶员的驾驶技术挑战较大。

作者简介：陈明磊（1986—　），男，硕士，工程师，主要从事道路交通工程设计研究工作。

2 提高行车安全性的措施

结合上述变换车道行为的分析，可以从以下几个方面采取措施，以提高行车安全性。

2.1 交通管理措施

(1)驾驶员管理

变换车道过程中不使用方向灯是常见的违法行为，其理由有时间不够、懒得打方向灯、变换车道之后会忘记关闭方向灯、太常变换车道、认为打方向灯不重要及别人不打方向灯等。然而，从交通事故资料统计来看，与变换车道相关的交通事故多是由驾驶操作未按规定进行引起的。因此，驾驶员必须按照《中华人民共和国道路交通安全法》[3]的规定进行变换车道。驾驶员培训过程中也应加强这方面的教育。

此外，美国的交通规则规定，在街道或公路上行驶的车辆变换车道时，驾驶员需要提前打开方向灯，并通过后视镜观察目标车道的交通情况，在变换车道前，一定要回头向目标车道的后方看一下，断定后面车辆的距离足够远和足够安全，才能执行变换车道的操作。这个"回头看"动作的目的是：确认在后视镜的盲区内没有车辆。此规定值得我国学习和借鉴。

交警部门除了在执勤过程中注意随意变换车道行为的宣传教育及相应处罚之外，还应在随意变换车道严重的路段进行分道行驶专项整治。整治的方式除了现场执法以外，还可以采用电子监控的方式。重庆市采取的采信市民图像资料的举报，包括手机拍摄的车辆违法资料，也是一种好的方式。

(2)通行车辆管理

《中华人民共和国道路交通安全法实施条例》规定："在道路同方向划有 2 条以上机动车道的，左侧为快速车道，右侧为慢速车道。在快速车道行驶的机动车应当按照快速车道规定的速度行驶，未达到快速车道规定的行驶速度的，应当在慢速车道行驶。摩托车应当在最右侧车道行驶。有交通标志标明行驶速度的，按照标明的行驶速度行驶。慢速车道内的机动车超越前车时，可以借用快速车道行驶。"

由于我国车辆性能差异较大、驾驶员素质参差不齐，造成了行驶在道路上的车辆速度差异较大。由此造成了路上车辆频繁变换车道，通行效率降低，交通安全难以得到保证。此类问题在高速公路和城市快速路上最为突出。此时，应实行分车道限速，限制最高速度的同时限制最低速度，以保证不同速度区间的车辆分道行驶。对于无法满足最低速度限制的重载、超载车辆，应禁止进入高速公路、城市快速路。

大型车承载质量大，在惯性的作用下，制动和转向反应较慢，较为激烈的操作都有可能造成严重的交通事故。[4]因此，在大型车前后变换车道的风险更大。大型车的速度相对较慢，应加强大型车靠右的管理。货车、公交车交通量比例较大时，可以考虑设置货车专用道[5]、公交车专用道，分道行驶，提高道路交通安全水平。

2.2 车辆工程措施

车辆工程中至今仍存在一个难以避免的问题——车辆后视镜盲区。后视镜盲区的存在极易导致变换车道过程中发生车辆侧撞事故。同时，各种客观环境因素也会导致后视镜盲区增大或功能失效，譬如雨雾天、夜晚灯光昏暗等恶劣环境条件。

目前，车辆可以配有汽车盲区辅助系统，以解决后视镜盲区问题。更为先进的车道变换辅助系统，通过雷达检测其与后方车辆之间的距离及相对速度，辅助驾驶员完成变换车道。未来的车辆智能导航系统自然也要考虑变换车道的判断和执行。这无疑是防止驾驶员判断和操作失误，提高变换车道行为安全性的最好方法。

2.3 道路工程措施

不同的道路交通条件对于驾驶员变换车道的要求也不相同。因此道路工程中应设置相应的交通标志和标线，引导和规范驾驶员合理使用车道。变换车道的风险[6]与目标车道的车辆间距、与目标车道车辆的速度差有关：目标车道车辆间距越小、与目标车道车辆的速度差越大，其风险越大。因此，针对两种不同类型的变换车道行为，可分别采取如下措施。

强制性变换车道的位置之前，设置合理的交通标志，提前告知前方道路状况，为驾驶员提供变换车道所需的足够距离和时间，避免因不知前方道路状况而在到近距离时无法变换车道或紧急变换车道，从而降低变换车道的风险。在决策点的指路标志设置过程中，也可以同时告知驾驶员前方具体车道布局和功能，增大变换车道路段的长度，为寻找较大的车辆间距、调节自身车速提供更多空间和时间。如 MUTCD 2009 中的车道箭头指路标志[7]用车道上方向上的箭头指示了每个车道的使用功能。

判断性变换车道的路段，可以沿车道分隔线布设陶瓷道钉（见图 1）和橡胶立柱（见图 2），以减少和消除随意变换车道行为。当车辆变换车道时，因为车轮碾压沿车道分隔线铺设的陶瓷道钉会产生振动和噪声，不舒适感会使得驾驶员对变换车道的条件判断偏于保守，从而减少驾驶员变换车道的次数，提高变换车道行为的安全性。沿车道分隔线布设的橡胶立柱可以有效阻止车辆变换车道行为，可以设置于禁止变换车道的路段，如桥梁隧道路段、视距不良的急弯路段等。

图 1　沿车道分隔线铺设陶瓷道钉

图 2　沿车道分隔线铺设橡胶立柱

3　结　语

驾驶员的行为是道路交通安全的重要影响因素，而变换车道行为是其中重要的一种。本文在分析驾驶员变换车道行为的基础上，针对我国道路交通状况，从交通管理、车辆工程、道路工程 3 个方面提出提高行车安全性的措施，为保障道路交通安全水平提供了参考。

然而变换车道行为是极为复杂的微观交通行为，影响因素众多，且与驾驶员的主观意念相关。对其各阶段的影响因素进行深入量化分析，为交通安全管理、车辆智能导航和道路交通工程设计奠定基础，是进一步研究的方向。

参考文献

[1]杨玲玲．城市出租汽车驾驶行为及其安全性研究[D]．北京：北京交通大学，2007.

[2]陈斌．基于多智能主体系统的车道变换模型[J]．中国公路学报，2005，18(3)：104－108.

[3]中华人民共和国道路交通安全法[EB/OL]．http://baike.baidu.com/view604034.htm.

[4]刘金年．不安全驾驶行为对高速公路上发生大型车交通事故的影响分析[J]．交通科技与经济，2006(3)：112－115.

[5]刘柏秀，李刚，等．高速公路货车事故成因及货车专用道分析[J]．中国安全科学学报，2008，18(4)：157－162.

[6]张小东，郭忠印，等．高速公路入口合流区域安全性理论分析[J]．重庆交通学院学报，2006，25(1)：99－102.

[7]陈明磊，唐伯明，等．美国高速公路出入口指路标志设置方法[J]．中外公路，2011，31(2)：281－285.

Study on Safety of Drivers' Lane Changing Behavior

CHEN Ming-lei[1], LIU Zhi-ke[2]

(1. Weifang Municipal Engineering Design Institute Co., Ltd., Weifang, Shandong 261031;

2. China Railway 16th Bureau Group 5th Engineering Co., Ltd, Tangshan, Hebei 063030)

Abstract: Based on the analysis of drivers' lane changing behavior, in allusion to road traffic status of China, the measures to elevate the driving safety was proposed from the aspects of traffic management, vehicle engineering and road engineering. It provided a reference to ensure the road traffic safety.

Key words: lane change; safety; traffic management; vehicle engineering; road engineering

世界城市新能源汽车应用推广经验及对北京的借鉴

闫世刚

(外交学院国际经济学院,北京 100037)

摘要:新能源汽车是突破北京能源瓶颈、提升创新能力,以及推动低碳社会建设的重要保障。北京市新能源产业的应用和推广目前仍处于起步阶段,在推广机制、政策支持和应用基础设施建设等方面存在一定制约。基于纽约、伦敦、巴黎和东京等世界城市新能源汽车应用推广经验,本文从政策环境支持、基础设施建设、服务体系发展、财政支持等方面,提出促进北京市新能源汽车应用的建议和措施。

关键词:新能源汽车;应用推广;世界城市;北京

北京市作为中国的首都,是全国政治、经济和文化中心。同时,北京市也是资源匮乏、能源消耗位居全国第二的城市,在能源方面具有高度依赖性,其 100% 的天然气、97%的煤炭、80%的成品油和 65%的电力供应都来自周边省市。随着经济社会的快速发展和人民生活水平的显著提高,北京市建设环境优美、和谐宜居的现代化国际都市的步伐加快,推进"绿色北京"和中国特色世界城市建设,构建安全、可靠、清洁、高效、可持续的能源供应保障体系,为经济社会发展奠定坚实的物质基础,已成为北京市发展的重要问题。"十二五"时期是北京市加快推进中国特色世界城市建设的关键时期,新能源汽车在突破能源瓶颈、提升创新能力,以及推动低碳社会建设方面具有重要意义。

1 世界城市新能源汽车推广经验

纽约、伦敦、巴黎和东京等世界城市突出政府的规划作用,采用税收和补贴等政策支持措施,培育和发展新能源汽车,实现低碳经济下可持续发展。

(1)注重立法,加强规划

面对严峻的能源形势,世界城市通过加强规划、出台相关条例,加强监管和立法、扩大新能源汽车的应用等举措,取得了显著的能源供需平衡成果。

2007 年,东京开始针对市区范围内的公共汽车引入生物柴油,并开展第二代生物柴油在市区范围内公共汽车的应用论证和研究;另一方面,东京推动了生物柴油应用计划。2009 年,东京市政府修改了《环境保护条例》,要求拥有 200 辆以上车辆的公司到 2016 年 3 月,其低污染、低能耗汽车必须占到 5%以上,并对购买者给予一定的财政补贴。2007 年,伦敦市政府颁布了《市长应对气候变化的行动计划》(*The Mayor's Climate Change Action Plan*),2008 年正式通过《气候变化法案》,伦敦市在行动计划中加大在公共交通、步行和自行车系统上的投资,鼓励低碳交通工具的使用。制定了"低碳采购项目",鼓励采购新能源汽车,伦敦市长约翰逊计划将引进 1000 辆电动车应用于交通系统。

(2)制定积极财税政策,鼓励新能源汽车消费

财政补贴是世界城市政府扶持新能源汽车的普遍做法。以纽约市为例,2013 年 8 月,纽约市启动一项旨在刺激纽约州新能源汽车推广和应用的纽约卡车券计划。该计划涵盖从 3 级到 8 级的多个级别卡车,其中包括大型皮卡、厢式货车、拖拉机挂车以及巴士等车型。该项"卡车券计划"主要包含两个部分:①向纽约州境内未满足美国联邦政府清洁空气标准的 30 个县市消费者提供总额 900 万美元(约合 5505 万元人民币)的电动卡车消费者抵用券;②向纽约市提供价值 1000 万美元(约合 6116 万元人民币)的替代燃料抵用券,该

作者简介:闫世刚(1973—),男,新加坡南洋理工大学博士,现为外交学院副教授,系副主任,从事低碳经济和能源战略的研究工作。

抵用券适用范围包括压缩天然气卡车、混合动力卡车及经过环保改装的柴油卡车。伦敦、巴黎和东京为新能源汽车制定了一些税收优惠政策，例如伦敦免除公路税、燃油税和进城拥堵费，提高车辆折旧减免优惠额；巴黎和东京对于购买新能源汽车的消费者给予补贴。

(3)积极完善配套设施建设

从全球范围来看，巴黎是最早将清洁能源汽车引入公交系统的城市，在巴黎市区有大量纯电动公交车参与公共交通运营，纯电动车也正在日益走进巴黎人们的生活之中。2009 年，巴黎市政府拟出了一张“充电站分布图”，充电站广泛地分布于城区和郊区，市民可以轻松地根据该图找到最近的充电站。在日本东京，东京电力公司带头参与电动汽车充电站的基础建设，2009 年建成 200 多个充电站。英国首都伦敦于 2012 年开展“电源伦敦”计划，伦敦在 2013 年底前建造了 1300 个电动汽车充电站，推动了电动汽车的发展。2015 年，伦敦市将有 2.5 万个新能源车充电站，成为世界上使用新能源车的领先城市。在美国的纽约市，首批 360 个汽车充电站于 2014 年开始投入使用。这些充电站将设在交通枢纽、学校、图书馆、购物中心等处的公共或私营停车场，能够为电动汽车和油气混合车充电。纽约市计划在未来 5 年投入 5000 万美元建立 3000 个汽车充电站。

2 北京市新能源汽车应用现状及制约

2.1 北京市推广新能源汽车现状

北京市制定并颁布了包括《北京市“十二五”时期汽车产业发展规划》、《2013—2017 年清洁空气行动计划》、《北京市节能与新能源汽车示范推广试点实施方案》等一系列政策措施，积极推进新能源汽车产业的发展。北京市提出创新电动汽车示范运营模式，充分发挥“北京新能源汽车联席会议制度”作用，在土地、规划、资金等方面优先保障新能源汽车发展，鼓励私人购买、使用新能源汽车，营造国内最好的新能源汽车发展环境。

在财政方面，财政部于 2009 年拨款 9300 万元，支持北京市新能源汽车发展，包括新能源汽车动力总成模块产业化基地项目资金 8000 万元和支持电动出租车技术创新 1300 万元。2009 年，北京市用于混合动力车、纯电动车的市场财政经费 5.5 亿元已全部拨付，并在采购流程上采取政府首购、垫付车款等政策措施，加快推进新能源汽车投入实际示范运行中。在新能源汽车应用方面，2008 年奥运会和残奥会期间，北京市就已开始大规模应用新能源汽车，共 595 辆新能源汽车为赛事提供服务。奥运会后，北京市被列入十城千辆试点城市，提出以公交、环卫、出租、邮政物流等公共领域为突破口，通过示范试点加快培育产业成长，拓展私人新能源用车领域，形成“电池租借、裸车销售为模式”的发展思路，降低用户使用成本，加快培育市场应用。

2.2 新能源汽车产业应用推广存在的问题

北京市新能源汽车应用和推广尚处于培育发展阶段，与纽约、伦敦和东京等世界城市差距比较明显。由于处于起步阶段，基础相对薄弱，新能源汽车的应用和推广发展面临一定的困难和现实制约，主要表现在以下 3 个方面。

(1)新能源汽车推广机制亟待完善

北京市坚持科学发展观的发展道路，定位于“创新型城市”，自主创新成为北京市经济社会发展的主要驱动力和主导模式。在此背景下，充分利用全球先进科技资源显得尤为重要。虽然北京市在新能源汽车推广应用方面形成战略共识，但是北京市新能源汽车大规模的推广应用涉及不同部门、不同领域间的统筹协调和积极配合，包括基础设施规划、财税支持、线路规划、投资安排、实施计划、运行管理等一系列环节。在新能源汽车推广实践中，一定程度上存在“政出多门，各司其职”的情况，这导致各部门在新能源汽车推广政策措施落实方面难以达成一致共识，相关实施单位更难以在具体行动上形成合力，从而在一定程度上影响新能源汽车应用推广的针对性和有效性。

(2)财政支持政策持续性和连贯性不足

新能源汽车的应用推广需要大量设备投资和技术投资，虽然北京市在新能源汽车研发和采购环节的支持力度较大，但是北京市新能源汽车产业在应用推广过程中存在资金缺口，对实际应用后的财政支持力度不足。国外对新能源汽车的应用是财税扶持和激励政策多种方式并举。一方面,通过减免运营过程中的各种税费减少运营成本,如伦敦减免新能源汽车交通拥挤费;巴黎是按每千米二氧化碳排放量补贴,电动汽车低于 60g/km 二氧化碳排放给予 5000 欧元的补贴,混合动力车低于 135g/km 二氧化碳排放给予 2000 欧元的补贴。另一方面,世界主要城市征收燃油税、排污费等,作为新能源汽车的应用资金来源。北京市对于资金来源主要以地方财政为主,压力较大。

(3)新能源汽车应用基础设施有待加强

国际经验显示,世界城市在推广新能源汽车的同时加大充电站等配套基础设施的建设,而北京市新能源汽车发展的最重要配套设施——充电站建设滞后,已经成为新能源汽车发展的最重要障碍之一。虽然各大电网公司和能源公司都提出了充电站建设规划,但大规模的建设尚未全面展开,而且充电站的建设运营存在投资多、经济性差的问题,降低了投资建设基础设施的积极性。新能源汽车的技术标准、产品检测和认证体系有待进一步完善,技术检测和认证制度尚未确立。北京市大力发展的新能源汽车产业,在充电电池尺寸规格、连充电接口方面缺乏统一的技术标准。

3 北京市新能源汽车推广与应用的启示和借鉴

世界城市纽约、巴黎、东京和伦敦在新能源汽车应用和推广的发展政策导向、财政支持和基础设施等方面的发展经验,为北京市新能源汽车的应用和推广提供了有益的经验。

(1)政府积极引导协调,优化产业应用环境

北京市政府应充分发挥宏观调控的作用,要按照"统一规划,突出重点,强化优势,培育特色,上下联动,形成合力"的总体要求,在法律政策、战略取向和市场秩序等方面发挥积极作用,推动新能源汽车的应用和发展。首先,政府部门作为新能源产业建设的引导者和规划者,制定新能源汽车应用和发展的发展战略,明确新能源汽车应用和推广的指导思想、基本原则、目标、途径和保障手段。其二,落实优惠政策,加强财政支持力度。政府部门要积极落实国家有关扶持新能源汽车应用和推广方面的税收、补贴等各项政策,并通过探索税收、信贷、贴息贷款等鼓励政策,支持新能源产业的发展;继续加强财政对新能源产业的投入力度,改善资金投入效率和管理模式。

(2)完善新能源汽车产业链,加强基础设施建设

发展新能源汽车的难点不仅在于技术突破,更在于如何使之尽快产业化、规模化,从而服务于北京市世界城市的建设。发展新能源汽车产业的重点是使产业链集成延伸,形成适应需求多样化、动态变化的具有优势和特色的企业集群。可以通过发挥北汽、现代等高端装备制造企业的优势,促使新能源汽车产业集群的形成,加强企业之间的分工协作,使设计、制造、应用等环节紧密结合。要充分发挥市场的基础性作用,充分调动企业积极性,加强新能源汽车的充电桩、快速充电站、专业维修服务站等基础设施建设。

要继续发挥政府主导作用,引导在公交、出租、公共用车等公共服务领域率先推广使用新能源汽车,加快进入市场步伐,并在进入市场过程中不断提高新能源汽车的技术水平。突出商业模式创新的重要性,围绕电池租借、充电桩的布局与维护等创新商业模式,走出一条具有中国特色的新能源汽车发展道路,进而带动我国汽车工业的跨越式发展。

(3)加强财税支持,发挥服务中介作用

积极加大财政对清洁能源产业的投入力度,建立多元化、多层次、多渠道的投融资机制,增加资金投入,提升管理效率。①设立新能源汽车产业发展引导基金,以政府财政资金带动社会和企业对新能源汽车产业的投资,积极引导和推动民间资金参与建设新能源汽车产业,促进新能源汽车产业的发展壮大。②鼓励金融机构试点开展新能源产业建设专项资金贷款工作,支持信用担保机构对新能源汽车产业贷款提供信用担保。

4 结 语

新能源汽车的应用和推广不仅需要政府创造良好的发展环境,更加需要服务体系的建设主体依托市场机制,发挥服务组织在新能源汽车产业建设中的重要作用。充分发挥中介服务机构的支撑保障作用,积极

发展专业化市场中介服务机构及行业协会、商会等自律性组织，为新能源产业发展提供应用推广、技术支撑、知识产权和人才培训等专业服务。

参考文献

[1]黄鲁成，等. 基于专利分析的北京新能源汽车产业现状与对策研究[J]. 情报杂志，2012，5：1－6.
[2]李东卫. 我国新能源汽车产业化[J]. 中国科技投资，2011(3)：71－74.
[3]李印香. 北京新能源汽车产业发展策略探析[J]. 前线，2011，5： 47－48.
[4]刘红梅，王克强. 国际性大都市能源战略经验借鉴[J]. 上海师范大学学报(哲学社会科学版)，2010(1)：52－58.
[5]刘荣华. 北京建设世界城市之能源发展战略及对策研究[J]. 北京规划建设，2010，2：19－23.

Development and Reference of New Energy Vehicles in World Cities

YAN Shi-gang
(China Foreign Affairs University, Beijing 100037)

Abstract: New energy vehicle is important to the development of low-carbon economy. The development of new energy vehicle industry is an inevitable choice for Beijing to achieve economic growth and promote to become one of the world cities. The development of new energy vehicles in Beijing will face the challenges from popularization and application mechanism, policy and infrastructure construction. Based on development experiences of new energy vehicle in New York, London, Paris, and Tokyo, the paper puts forward several suggestions to promote the development of new energy vehicles in Beijing, which consists of policy insistence, infrastructure construction, socialized service system, and financing policy.

Key words: new energy vehicles; popularization and application; world city; Beijing.

基于可持续轨道交通模式的发展战略

张玮东

（上海轨道交通维护保障中心，上海 201103）

摘要：现在城市轨道交通已经实现 ATO 自动运行，技术也相对成熟，目前 CBTC（基于无线通信的列车控制系统）在城市轨道交通领域得到了越来越多的应用，运营间隔可以缩短至 90～120s。本文提出将三维地图应用在城市轨道 ATO 系统中，将有效减少列车对电能的消耗。轨道交通列车车辆基数庞大，如果此技术发展成熟并得以在列车上得到实际应用，轨道列车这种运营方式能更加符合绿色节能的目的。同时，此技术也能减少隧道维护保养工程的工作量，提高其工作效率。

关键词：ATO；ASC；三维地图；数据库

上海地铁选用了美国通用铁路信号公司（GRS）的 ATC 系统，北京地铁改造中选用了英国西屋公司（Westing House）的 ATC 系统，广州地铁选用了德国西门子公司（Siemens）的 ATC 系统。列车自动运行（Automatic Train Operate，ATO）系统的性能对整个地铁系统的效率、准时性、舒适性和节能性具有重大的影响。在 ATO 系统中最关键的技术就是速度的控制，速度控制是一个多目标、非线性的复杂系统。所以，ATO 速度控制算法已经成为列车自动控制系统的关键技术之一。

列车自动速度控制（Automatic Speed Control，ASC）是 ATO 子系统的核心，ASC 的主要功能是通过控制列车的牵引、制动系统来实现目标速度。列车自动速度调整是一个带负反馈的速度和加速度控制的闭环系统，ASC 通过控制输出电流的大小来控制牵引或制动力的大小，从而通过输出牵引或制动命令来确定列车的运行状态。

1 ATC 系统组成

为了城市轨道交通安全可靠的指挥行车，主要通过智能控制系统实现列车的速度控制、调整追踪时间间隔和实现定位停车等。列车运行自动控制系统（Automatic Train Control，ATC）可以用来实现这一功能。ATC 是由 3 个子系统构成的：列车自动防护子系统（Automatic Train Protection，ATP）是一个安全系统，主要负责监控列车的运行状况，并可以在紧急情况下切断 ATO 的控制，它在列车自动运行子系统 ATO 和实际运行列车控制之间起作用；列车自动监控子系统（Automatic Train Supervision，ATS）是面向车站调度中心的系统，列车所有的调度指令均通过该系统生效；列车自动运行子系统 ATO 则接收来自 ATP 和其他子系统的信息，并按要求控制列车。

1.1 轨道列车 ATO 系统

由于地铁、轻轨具有行车密度大、站间距离短的特点，所以系统的信号必须满足较高的要求。而现在列车 ATO 的运行主要依靠列车上的车载 ATO 设备来接收轨道两旁的轨旁设备发出的列车运行时的距离码及速度码，并且通过区间轨道及列车所组成的轨道电路来判定区间里是否有其他列车，从而保证列车的运营安全，基于无线通信的列车控制系统（Communicate-based Train Control，CBTC）技术的成熟能真正地将理论的运营间隔缩短至 90s。由于几乎全世界的信号公司都将这些信号设计成平面信号，并没有将其他因素考虑到设计中，随着当今科技的发展，逐渐发现这其中造成了一些可避免的巨大能源浪费。

1.2 ATO 运行的原理

在 CBTC 系统中，列车位置的确定，是列车自动控制的基础，对列车定位的精确性，会直接影响列车运

作者简介：张玮东（1990— ），男，助理工程师，学士学位。

行的性能。城市轨道交通地铁列车要实现 ATO 运行,必须拥有车载设备以及必需的轨旁设备,车上为一个整体的 ATC 的机柜,而轨旁设备由 3 部分组成:beacon antenna,pick up coil,odometer。

(1)列车定位原理的分析

在 CBTC 信号系统中,列车的定位,即确定列车的位置,主要依赖速度传感器获取列车的即时速度值,利用 pick up coil 采用积分的方法来获取列车的运行距离。同时,由于采用速度传感器的方法获得的是列车的相对运行距离,也存在累计的误差,所以,还需要采用定位信标来计算列车的绝对位置以及校准其累计的误差。

(2)速度传感器的定位原理分析

速度传感器一般安装在车辆的非驱动轴上。通过采集脉冲信号来获取车轮的转动角度,然后根据以下公式来确定列车的运行距离:

$$S = \frac{\pi \times \phi \times N}{M}$$

式中:S 为列车运行的距离;ϕ 为车轮的直径;N 为一定时间内采集到的脉冲数;M 为车轮转一周采集到的标准脉冲数。

通过速度传感器获取列车的运行距离,只是列车的相对位移大小,并非确定列车在线路轨道上的具体位置。

(3)定位信标的定位原理分析

单独依靠速度传感器来定位是不够的。所以,很多信号供应商采用信标来辅助完成列车的定位功能。信标(beacon antenna)是一种基于电磁耦合原理而构成的高速点式数据设备,在特定地点实现地面给车载设备发送一些数据信息。

车载 ATO 通过应答查询器获取列车所经过的信标 ID 值。然后,车载 ATO 根据 ID 值在线路数据库中查询相对应的信标安装位置,从而确定列车在线路上的绝对位置。系统的关系如图 1 所示。

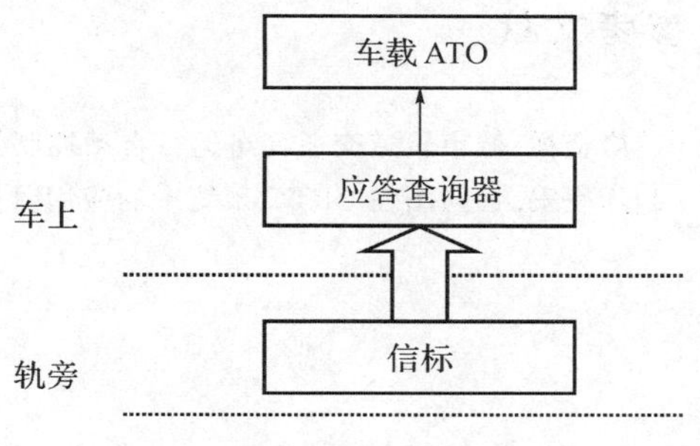

图 1 信标定位原理关系

2 三维地图的应用

随着全球导航卫星系统(Global Navigation Satellite System,GNSS)和地理信息系统(Geographic Information System,GIS)技术的发展,采用 GNSS 技术的列车定位系统可以有效地减少轨旁设备,从而降低运营成本以及维护费用,提高定位系统的可靠性。采用 GNSS 技术的列车定位系统的优势还在于可以充分利用地理信息。采用高精度的数字地图,进行地图匹配后,就可以得到列车在地图上的精确位置。

如果通过大量的数据采集以及算法的设计优化,将服务器中储存的数据转换成 3D 地图,并运用在轨道交通 ATO 系统里的 ASC 算法上,那么就等于给列车装上了一双智能的"眼睛",运营的列车就知道自己正在运行的路况,就能更好地实施牵引以及制动的命令。

以上海轨道交通 4 号线为例,全线为环线,全线共有 9 个地面高架站、17 个地下站。每辆车自重 228.6t,在早晚高峰期间列车载重能达 174.2t。取 4 号线虹桥路站至宜山路区间为例,如果算高架站台离地高度有 8m,地下站台离地高度有 12m,忽略其他因素,做个粗略的计算,相同工况的列车分别运行在如图 2 所示的两个区间,S1 和 S2。

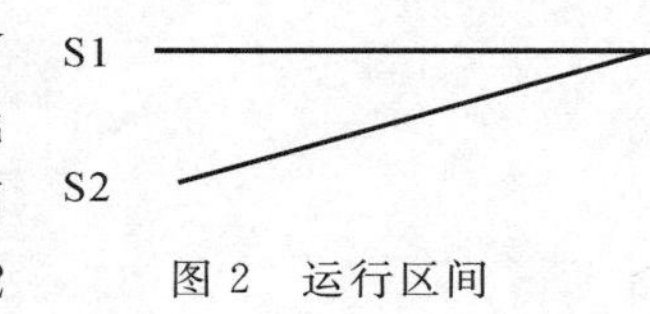

图 2 运行区间

在列车 ATO 运行时,两者运行时的距离码和速度码是一样的,而对于 S2 线路来说,在列车制动时,列车需要消耗多余的制动力来抵消重力减小的势能差。重力减少的势能为:

$$E = mgh = (228.6 + 174.2) \times 1000 \times 10 \times (8 + 12) = 8.056 \times 10^4 (\text{kJ})$$

而这些能量在制动时完全损失,没有被利用。

设想,如果列车运行时能知道下一站或者下一个经过弯道的地形地貌,甚至是当时的环境状况,在 ASC 系统中做到对应的控制补偿,势必能减少列车牵引时对电能的需求。就如一个完全不知道路况的司机和一个已经开一条线路几年的司机相比,完成全路程所需的能耗以及所用的时间肯定是不能相提并论的。如果能将地铁全网络的隧道三维模型系统建立起来，并运用到地铁列车的 ATO 系统中，不仅能提高线路的运能，进一步分担地面交通的压力，而且还能减少对电能的消耗及因制动等原因对环境的污染。

上海的土质属于软土，地质的沉降也是一个不可忽视的问题，隧道、卧土层和覆土层受力不断变化，地面上的各类情况对地下都会产生微小影响，小至一辆土方车的经过，大至地面修路建房的打桩，都会产生横向及纵向的震动，经过土质层的层层传递，日积月累对隧道、轨道的侵蚀作用非常危险。上海地铁每年在这方面的维护投资也很多。如果三维地图技术在列车上运用的同时，还能为隧道的维护及检修起到事半功倍的作用，列车每运行一次就等于完成隧道或高架的数据采集，与前期设计时存在地图数据库的数据进行对比，就能做到实时对隧道、轨道情况进行检查工作，方便工程人员对隧道的了解，做到真正的防微杜渐。

3 结 语

由于上海地铁还在发展时期，列车保有数还将增长。本文提出如果能将三维地图运用在轨道列车交通的一条线路中，甚至是全网络的控制之中，将真正提高列车运能和减少对电能的浪费，并且此方法还能辅助为隧道工程等维护检修部门提供一种新的工作思路，做到真正的绿色环保，节能高效。在此方法应用前存在的问题是如何生成三维地图模型，需要前期巨大的数据采集以及对数据库、ATO 算法的设计优化。随着现在有向图、电子地图、MapX 等技术的发展，此方法必将是未来的一个应用趋势。

参考文献

[1]徐金祥.城市轨道交通列车运行自动控制技术[M].北京：中国铁道出版社，2012.

[2]陈凌安.有向图在 CBTC 系统中的应用[J].黑龙江交通科技，2013(8)：172－173.

浅谈城市轨道交通的环保节能与未来展望

张昊铭

（上海地铁维护保障有限公司，上海 201103）

摘要：近年来，轨道交通发展迅速，各省会城市均在建设或正准备建设轨道交通，部分二级城市也开始发展轨道交通。地铁是大运量的城市轨道交通运输系统，也是耗电的大户。本文通过对轨道交通能源使用的现状进行分析、比较与展望，研究如何使轨道交通趋于低碳节能的方向和满足未来的可持续发展。

关键词：轨道交通；能源；节能；可持续发展

1 地铁能源使用情况分析

随着全球能源形势日趋严峻，政府对节能工作越来越重视，不仅制定颁布了有关的法律法规，同时各级地方政府根据中央的要求，针对各行业特点对行业节能目标进行了细化和分解，并制定了相应的工作措施。

城市轨道交通行业是当前国内正逐渐发展壮大的新兴行业，是城市大运量公共交通的主要方式。有关研究资料表明，同等运量条件下城市轨道交通比汽车能耗低 3～4 倍，因此城市轨道交通是一种节能型的公共交通方式。

尽管如此，城市轨道交通系统因其组成复杂、设备数量众多，运营过程中需要消耗大量能源，如果在规划、设计、建设以及运营等各环节做好节能研究、策划和管理工作，一定程度上可以节约能源。

地铁运营过程中消耗能源的主要形式是电能。根据对地铁的用电负荷统计分析，能耗主要为列车牵引用电和各种动力照明设备用电，如通风空调、自动扶梯、照明、弱电设备等。

从图 1 可见，地铁列车牵引用电和各种动力、照明用电量比例约各占 50％。牵引供电、通风空调、电扶梯、照明等的能耗占地铁总能耗的 90％左右，是节能工作的重点。

因此，应对地铁中主要用电设备以及持续性运转的大负荷容量设备加强能源管理和监控，并对采用变频等节能技术措施的设备做好经济技术考核和对比分析工作。

地铁能源管理系统是稳定可靠的计算机网络构成的集中式数据采集监控分析管理系统。全线设置一个能源管理中心。能源管理中心可通过地铁既有的综合监控系统的骨干网络，从各车站、车辆段等能源子站中获取能源数据，以实现全线的能源数据集中监控和管理。

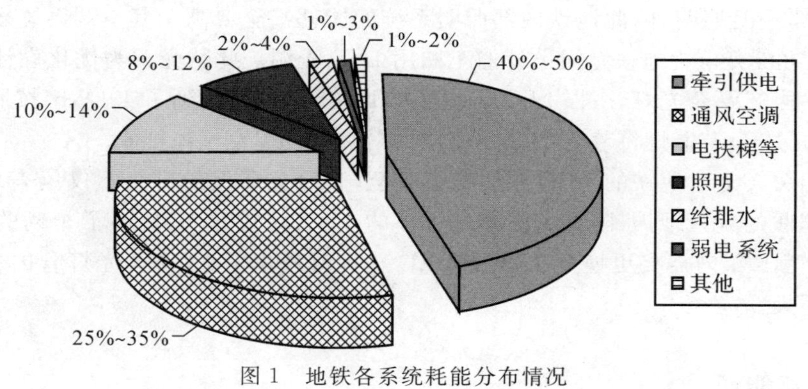

图 1　地铁各系统耗能分布情况

作者简介：张昊铭，男，工学学士学位。

2　城市轨道交通节能理念

虽然城市轨道交通在世界上已经有100多年的历史，但是现代化的城市轨道交通在我国真正大规模发展也只是近十多年才逐渐开始的。这个领域内节能的有关标准、技术要求等方面的研究还较少，而且国外在这方面也还没有系统化，目前也很难借鉴。因此，在设计阶段提出合理的节能理念对于提高节能效果有重要意义。

从城市轨道交通的实际情况分析，要建设一条节能效果良好的线路，基本可以从线路、建筑、车辆及运行控制方式、供电系统、站场机电设备系统等专业设计以及运行图编制等方面考虑。目前，这些专业领域都已经分别取得一些成果，如节能坡、车辆再生制动的应用、供电系统变压器容量合理化、弱电专业UPS综合化、节能设备和太阳能应用等，但在一条线路上全面考虑和综合应用还比较少。为了取得良好的节能效果，在设计时对于节能可做系统性考虑，即不仅要应用好已有的单项节能措施，而且要处理好各专业的接口，提高节能措施的综合效率。

地铁在满足公共交通功能需求的同时，应按照合理用能的原则，推进先进节能技术的应用，加强节能管理和能耗控制，以提高能源利用效率，降低运营成本。

3　城市轨道交通节能实例

在地下空间采用绿色、高效、环保以及耐久性能好、使用寿命长的LED光源代替传统的直管荧光灯和高压钠灯，并对洞内照度做现场总线网络的无级自动调光控制，其应用前景良好。

2008年，香港地铁与九洲光电，在全球最先引入LED作为地铁车厢和站台照明光源，受到了广泛关注(见图2)。时至今日，九洲光电的LED车厢光源真正做到了零故障、零光衰，得到了香港地铁和社会各界的一致好评。香港环保促进会将“明智环保采购”大奖授予香港地铁，彰显其对社会的责任及在打造香港成为绿色城市上做出的贡献。

图2　香港地铁车站

地铁运营的能耗主要集中在3个方面：牵引机车、内部照明、空调系统。目前牵引机车、空调系统的各项技术已经成熟，而且各项新技术在已经完工的地铁中无法大规模应用，对节能贡献不大。目前，地铁系统中能进一步挖掘节能潜力的就是地铁的内部照明。地铁环境中无法应用自然光，车厢、站台、通道内必须完全使用人工光源进行24小时照明，因此地铁内部照明系统的能耗甚至要高于其空调系统。

香港地铁采用了九洲光电为地铁专门设计的车厢用LED光源。此款光源为优化设计的28W LED光源，替代车厢内原有的2根36W荧光灯，一根LED节能灯每1000h节电就达到了49kWh，按照6年寿命周期内每天亮灯20h计算，一根LED节能灯将节电2146kWh，减少2.36t的温室气体排放。

环保促进会的相关人士对地铁的LED照明推崇备至，其绿色环保的概念不仅仅表现在电能的节省上，同时减少了对地铁车厢的频繁维护，降低了维修过程中的人工、材料开支，提高了车辆的出勤率。更重要的是，如果采用荧光灯管，6年内需要更换6次，1支LED灯具就减少了12支荧光灯管的使用，避免了荧光灯中汞元素对环境的污染。

4　城市轨道交通新能源

太阳能是一种清洁、可再生能源，同时还具有无污染、无噪声、规模随意的特点。因此，如需用一种能源来代替现有的电能，那太阳能无疑是第一选择。

每条轨道交通线路均设有停车场、车辆段和控制中心，部分轨道交通还设有高架站和高架区间，其场地优势为太阳能光伏发电系统在城市轨道交通中应用提供了可能(见图3)。

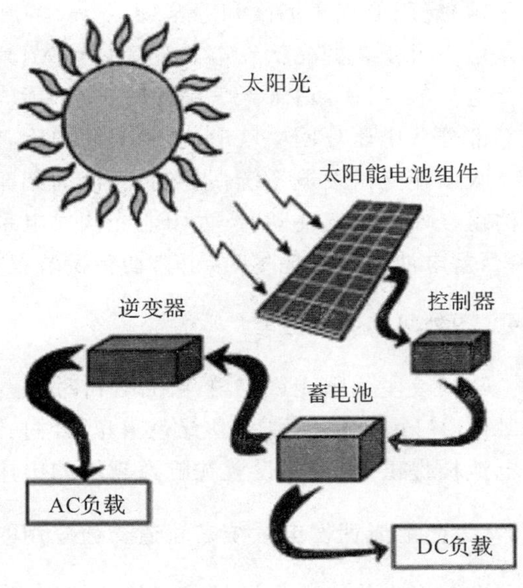

图3 太阳能光伏发电系统

4.1 太阳能光伏发电系统的组成

太阳能光伏发电系统主要由太阳能电池组件、太阳能控制器、蓄电池(组)等组成。

太阳能电池板。将太阳的辐射能力转换为电能，送往蓄电池中存储起来，或推动负载工作。

太阳能控制器。太阳能控制器的作用是控制整个系统的工作状态，并对蓄电池起到过充电保护、过放电保护的作用。在温差较大的地方，控制器还应具备温度补偿的功能。控制器还可以增加光控开关、时控开关等其他附加功能。

蓄电池。一般为铅酸电池，其作用是在有光照时，将太阳能电池板所发出的电能储存起来，到需要的时候再释放出来。

逆变器。太阳能的直接输出一般都是DC 12V、24V、48V。为能向AC 220V电器提供电能，需要将太阳能发电系统所发出的直流电能转换成交流电能，因此，需要使用DC-AC逆变器。

4.2 太阳能光伏发电系统的分类

太阳能光伏发电系统分为离网发电系统和并网发电系统。

离网发电系统通常配备蓄电池组和逆变器，白天光伏组件产生的电能经过控制提供给负载，并将多余的电能存入蓄电池组内，夜间或阴雨天蓄电池组内的能量经逆变器转换成交流电后供给负载。常应用于通信、遥测、监测设备电源，农村的集中供电，航标灯塔、路灯等。

并网发电系统是光伏阵列产生的直流电经过并网逆变器转换成符合市电电网要求的交流电之后直接接入市电网络。在阴雨天或夜晚，光伏阵列没有产生电能或者产生的电能不能满足负载需求时就由电网供电。因为直接将电能输入电网，免除配置蓄电池，省掉了蓄电池储能和释放的过程，可以充分利用太阳能阵列所发的电力，从而减小了能量的损耗，并降低了系统的成本。

4.3 太阳能光伏发电系统在城市轨道交通中的应用

(1)车辆段及停车场应用方案

城市轨道交通车辆段一般有2座检修库及办公楼、食堂、物资总库等房屋若干。2座检修库的面积一般为20000～35000m^2，按目前的技术条件，每平方米太阳能电池板的安装容量可达100W左右，2座检修库的屋顶均可安装太阳能电池板，屋顶利用率按50%计算，则每个检修库的装机容量可达1.0～1.75MW。

城市轨道交通停车场一般有1座停车列检库，1栋综合办公楼及材料库、洗车库等房屋若干。停车列检库的面积一般在20000m^{2}以上，屋顶利用率按50%计算，装机容量可达1.0MW。

(2)控制中心应用方案

城市轨道交通控制中心一般位于市内交通繁忙地段，高度一般为50～100m，地理位置上的优势为其创造商业价值提供了条件，在控制中心靠南的一面墙壁装设太阳能光伏幕墙，并在幕墙上安装LED广告牌，白天利用太阳能幕墙吸收太阳能，并将太阳能转换的电能存储于蓄电池组，夜晚蓄电池组释放能量。点亮LED广告牌，可以做到既美观又节能环保，而轨道交通公司则可以通过出租或出售广告牌的方式获取商业利益。

(3)高架站及高架区间应用方案

部分城市轨道交通线路在靠郊区位置拥有一定数量的高架车站和高架区间，高架车站的屋顶和高架区间桥的侧面可以考虑装设太阳能光伏发电系统，在高架区间可以装设太阳能检修灯，这样做不仅美观，而且示范效果显著。

(4)应用形式车辆段和停车场

由于可安装的光伏发电系统容量较大,其应用形式应为并网发电,这样不仅便于管理维护,而且可以取消蓄电池的配置。白天天气晴朗时,太阳能光伏发电系统发出的电能可供停车场和车辆段部分负荷使用,差额部分从中压环网中获取;夜晚或阴雨天,停车场和车辆段的负荷从环网中获取电能。

太阳能光伏发电系统在控制中心、高架车站和高架区间的应用形式应为离网发电系统,该系统配置蓄电池组。白天天气晴朗时,太阳能光伏发电系统储存能量;夜晚或阴雨天,蓄电池组通过逆变装置向负载供电,当蓄电池组能量耗尽时,由自动转换装置将负载切换到环网供电系统。

4.4 国外可借鉴的经验

欧洲首座太阳能铁路隧道在比利时投入运营,该隧道属巴黎—荷兰阿姆斯特丹高铁的一部分,长约3.2km,2011年6月第1列“绿色火车”经过比利时区段开始启用。火车运行所需电力全部由16000块太阳能电池板提供,电池板设置在隧道越岭的山体表面。

4.5 太阳能光伏发电系统在轨道交通应用的发展前景

太阳能光伏发电系统目前正处于初期推广阶段,在城市轨道交通实际应用中建议按以下优先顺序考虑太阳能光伏发电系统的安装:控制中心、车辆段、停车场、高架区间、高架车站。优先考虑在控制中心的安装,最后考虑在高架车站的安装。太阳能光伏发电系统的造价较高,在实际使用中如遇到投资受限,则可以通过减小系统规模,达到系统造价与投资额的匹配。

5 地铁节能的未来与展望

在太阳能、风能、生物质能、潮汐能等各类可再生能源中,太阳能成为专家们的首选。不管从资源的数量、分布的普遍性,还是从清洁性、技术的可靠性来看,太阳能都比其他可再生能源更具有优越性。

目前我国已成为世界第二大二氧化碳排放国。二氧化碳产生的污染不仅对居民健康和工农业生产造成严重损害,还使我们面临巨大的国际压力。

我国地处北半球,太阳能资源异常丰富,总面积2/3以上地区年日照时数多于2200h。目前,太阳能光伏发电技术已日趋成熟,是最具可持续发展理想特征的可再生能源技术之一。

对于节能减排,最为行之有效的方法,除了使用太阳能替代现在的电能,我们还可以使用LED照明替换现有的照明系统。

低碳环保不是为了大幅度降低企业的生产运营成本,而是在重视社会、环境责任的同时也要关注企业自身的利益。采用LED等各项新技术不但能减少对环境的污染,同时也能给企业带来更多的利润。在这一点上,香港地铁的经验是值得其他企业学习的。

采取绿色低碳经济发展策略是城市轨道交通发展的必然选择。在积极探索发展新模式过程中,应采取措施从根本上实现能源体系的转型,解决好传统的自然资源短缺问题,大力降低温室气体排放量,实现城市经济的可持续发展。有条件地逐步开发太阳能光伏发电、采用LED照明系统及进一步推广智能型LED节能照明灯具等都是重要方面。建立节能型的地下空间,是一项争取逐步实现的远大目标。

参考文献

[1]段晨宁.地铁列车节能技术的应用[J].铁路通信信号,2003,39(8).

[2]龙潭.地铁能源管理系统[J].城市轨道交通研究,2010(2):77—79.

[3]孙钧.面向低碳经济城市地下空间/轨交地铁的节能减排与环保问题[J].隧道建设,2011,31(6):643-647.

[4]王海芹.能源管理系统在城市轨道交通中的应用[OL].

[5]陈屹.太阳能光伏发电系统在轨道交通中的应用研究[J].现代城市轨道交通 2010:59-61.

[6]佚名.把绿色照进地铁[OL].

推进上海市交通行业节能减排的政策建议

陈 燕[1] 黄 成[2]

(1.上海市交通港航发展研究中心,上海 200030;2.上海市环境科学研究院,上海 200030)

摘要:本文分析了上海市交通行业大气污染物排放情况及其主要特征,提出了下阶段应着力优化交通结构和提升效率、严格控制机动车尾气污染、发展节能环保车辆、建设绿色港航、倡导绿色驾驶和维修等政策建议,并对各政策的减排效果进行了预测,面向2017年提出了减排目标和保障措施。

关键词:大气污染物;节能减排;减排效果

随着大气环境质量的恶化,交通环境问题成为各方面关注的焦点,清洁空气成为国民的迫切诉求。交通港航业是上海市节能减排的重点行业。未来几年,行业节能减排面临着诸多新形势和新挑战。交通港航业应积极探索节能减排工作向纵深方向推进的政策措施,加快转变发展方式,构建绿色交通体系,努力促进全市空气质量持续改善,实现行业科学发展。

1 上海市交通行业大气污染物排放现状

根据上海市环保部门统计,2012年,上海市机动车、船舶等交通源 NO_x、VOCs、PM10、PM2.5排放分别占到上海市排放总量的38.4%、12.8%、6.3%和13.1%。经大气扩散和化学作用后,道路、港航等流动污染源对本市PM2.5贡献达到25.8%。

2012年上海市机动车CO、VOCs、NO_x、一次PM2.5及黑炭(BC)和有机碳(OC)年排放总量分别为38.8、6.1、8.2、0.99、0.55和0.19($\times 10^4$ t)。外环线以内的中心城区大气污染源排放以机动车为主。

机动车污染物排放按车型分布如下:CO和VOCs排放主要来自轻型客车,分别占74%和71%;NO_x及PM2.5、BC、OC等一次颗粒物主要来自重型货车、公交车和重型客车(见图1),分别占 NO_x 排放总量的40.1%、18.1%和14.4%,占一次PM2.5排放的50.5%、30.3%和12.1%,占BC排放的51%、31%和12%,占OC排放的48%、28%和11%。

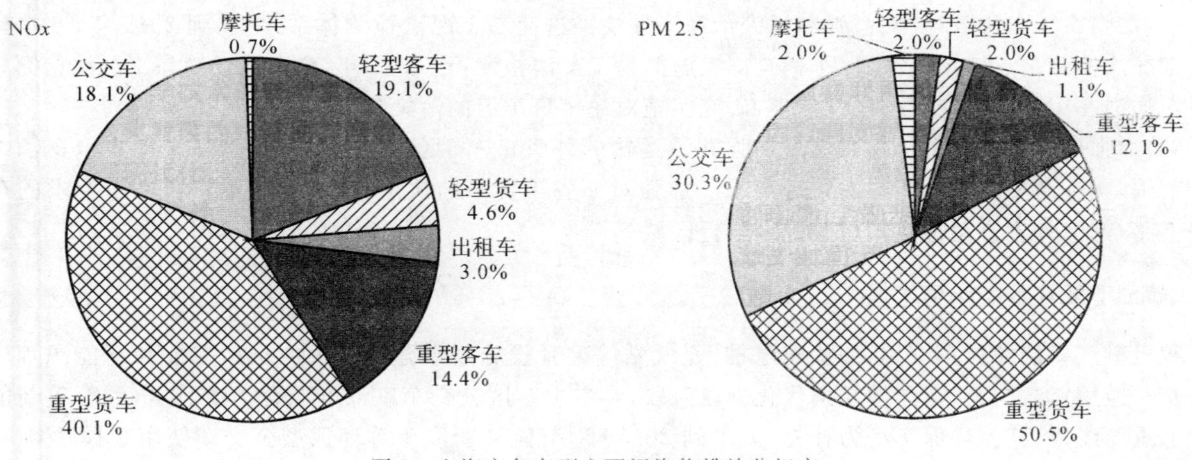

图1 上海市各车型主要污染物排放分担率

黄标车是上海市机动车污染的首要来源。各类黄标车(未达到国一标准的汽油车和未达到国三标准的柴油车)的CO、NO_x、VOCs、一次PM2.5、BC和OC等污染物排放量分别占到机动车排放总量的20%、

作者简介:陈燕(1980—),女,硕士,主要研究方向为交通节能减排、交通政策、交通规划;黄成(1980—),男,博士,高级工程师,主要研究方向为大气污染防治。

65%、23%、83%、76%和 70%。

船舶污染物排放已逐渐成为交通源排放的重要来源。船舶、非道路机械设备及集疏运车辆尾气排放、干散货装卸过程的无组织排放、低质燃油是港区大气污染的最主要因素。船舶排放集中在黄浦江和长江沿岸。根据 2010 年港口船舶污染物排放清单研究结果,港口船舶产生的 SO_2、NO_x 和 PM10 排放分别达到 2.2×10^4t、4.3×10^4t 和 0.3×10^4t 左右,分别占交通源排放总量的 97%、33%和 22%。港口机械及场内集疏运车辆的 NO_x 和 PM10 排放贡献分别占港口船舶排放总量的 5%和 3%。

2 推进上海市交通节能减排的政策建议和减排效果预测

2.1 着力优化交通结构、提升效率

(1)大力发展公共交通。构建以轨道交通为骨干、公共汽电车为基础、水上轮渡为补充、慢行交通为延伸的公共交通综合体系。至 2017 年,建成“公交都市”,力争中心城公共交通出行方式占机动化出行总量的比重达到 65%。推进 300km 公交专用道规划建设,完善重点公交走廊运行管理,持续提升公交运营速度。

(2)严格控制机动车保有量和使用强度。研究并明确机动车保有量上限,完善机动车额度拍卖长效管理机制。综合考虑道路容量、停车设施和环境约束等因素,建立机动车牌照发放额度和评估机制。通过增加使用环节成本,逐步降低机动车使用强度。研究并适时出台郊区牌照和长期在沪使用的外省市机动车牌照的管理措施。到 2017 年,中心城小客车交通量(按 km 计算)的增幅控制在 20%以内。

(3)完善内河航运集疏运体系。促进内河航运发展,打造水上高速公路网,提高集装箱水水中转和水铁联运比重。到 2017 年,水水中转比例力争达到 47%。深化内河港口结构调整,推动港口企业规模化发展、集约化经营。在新码头规划建设和老港区功能调整中,优化港区布局和码头设计,提高岸线使用效率。

(4)优化货运枢纽布局,推进货运组织方式创新。积极整合、优化货运枢纽用地资源,规划建设一批综合货运枢纽和区域性货运站,加强道路货运枢纽与港区和主要货源地的有效衔接。加快发展甩挂运输、多式联运、定班定线的货物运输。鼓励和引导共同配送,加快实施城市共同配送示范工程。

2.2 严格控制机动车尾气污染

(1)加快淘汰高污染车辆。提前报废公交黄标车,力争 2014 年完成公交黄标车淘汰更新。加大集卡黄标车提前淘汰补贴力度,实施黄标车淘汰与车辆年审挂钩,黄标车不予通过年审,注销运力额度。配合有关部门,加大超市班车环保执法管理。加快推进长途旅客运输黄标车提前报废更新。实施统一的机动车环保标志管理。配合有关部门加强扩大高污染车辆限行范围的执法检查,到 2015 年,全面完成黄标车淘汰任务。

(2)加强在用车排放检测、监管和污染治理。加快推进简易工况法检测体系建设,到 2015 年,基本建成简易工况法检测站点体系,营运性车辆全部实施简易工况法检测;到 2017 年,全面建成简易工况法检测站点体系。加强在用柴油公交车的排气治理,研究实施对超市班车等的污染防治。

(3)加强外省市机动车排污监管。加强驻沪运输的外省市车辆备案管理,逐步将外省市集卡车辆纳入监管范围,实施与本市车辆相同的管理要求。加强对外省市货车的执法检查,排放不符合本市要求的车辆不得上路行驶,外省市黄标车辆严禁进入限行区域。

2.3 鼓励节能环保型车辆发展

积极推广新能源汽车应用,加快充电桩、充气站等配套设施规划建设。大力推广节能和新能源等环保型公交车应用,促进公交车能源结构优化。现阶段,本市中心区公交车以油电混合为主、电电混合等新能源车型为重要组成、其他环保车型为补充,力争到 2015 年,节能和新能源等环保型公交车使用规模达到 3000 辆以上,到 2017 年,节能和新能源等环保型公交车的比例达到 30%。鼓励城市配送业使用清洁能源汽车。落实集装箱运输车队 LNG 改造试点,到 2017 年,完成集装箱运输车辆 LNG 改造 400 辆以上。

2.4 加快建设绿色港航

(1)推进内河船型标准化建设,加快高污染运输船舶淘汰。加强营运船舶准入管理,实施营运船舶燃料

消耗量限值标准。对现有非标准船，特别是安全性能、环保性能差的船舶，以及船龄在 15 年以上 30 年(含)之内的货船和船龄在 10 年以上 25 年(含)之内的客船等老旧运输船舶，加快报废更新，提前退出航运市场。积极采取有效措施，鼓励建造符合国家引导方向的先进、高效、节能、环保的示范船，促进内河船舶技术进步。

(2)鼓励新能源船舶应用。鼓励企业应用液化天然气(LNG)、电能、太阳能等新能源、清洁能源。推广 LNG 在普通货船和客船、港作船和工程船等船舶的应用，稳步开展危险品船、客船和货船 LNG 应用试点示范项目，启动远洋运输船舶应用 LNG 的试点工作。健全 LNG 应用的标准体系，研究出台 LNG 加注码头的标准规范，研究制定 LNG 动力船舶的排放监测检测规程，促进 LNG 应用的标准化和产业化发展。开展苏州河电电混合游览船试点。推进轮渡和浦江游船的新能源船舶应用。

(3)推进港口装卸设备清洁化改造。在集装箱装卸港口企业推进轮胎式集装箱门式起重机(RTG)，实施“油改气”、“油改电”等节能减排技术应用。积极推进散杂货码头轮胎吊“油改电”技术改造，2014 年底基本完成集装箱码头轮胎式集装箱门式起重机“油改电”、混合动力等节能减排技术改造。推广 LNG 内集卡，2015 年发展 900 辆，逐步提高应用比例。引导港区船舶使用低硫油。

(4)鼓励靠港船舶使用岸基供电。鼓励新建码头和船舶配套建设靠港船舶使用岸电的设备设施，鼓励既有码头开展靠港船舶使用岸电技术改造。研究制定岸电技术标准规范和配套政策。2017 年前，有条件的客运码头以及大型集装箱和散货码头靠港船舶全部使用岸电。

(5)全面治理重点码头粉尘污染。开展散货(煤炭、灰渣、砂石料)堆场的扬尘污染整治工程，进一步推广建设防风网、抑尘剂、喷淋除尘、密闭运输系统改造等技术。加强码头、堆场日常监管，推进码头、堆场和商品混凝土搅拌站的料仓与传送装置密闭化改造和场地整治。建设扬尘污染防控示范点，逐步在年吞吐量超过 500 万吨的煤炭、矿石码头建立扬尘在线监测系统。到 2017 年，外港散货堆场降尘设备安装率达到 100%，内港散货堆场和其他砂石料堆场降尘设备安装率达到 80%以上。

2.5 倡导绿色驾驶和维修

(1)推广节能减排驾驶技术培训。开展营运车辆驾驶员绿色驾驶技能培训与竞赛，加强船员航行操作与管理节能减排培训。总结和推广营运车船绿色驾驶操作与管理经验、技术，组织编写汽车驾驶员和船员绿色驾驶操作手册及培训教材，将节能减排意识和技能作为重点驾驶员和船员从业资质考核认定的重要内容和依据。

(2)加强汽修喷涂污染治理。强化汽修行业喷涂、干燥作业规范和执法监管，禁止露天喷涂和露天干燥，研究汽修行业挥发性有机物治理技术规范，推进汽修行业喷涂和干燥环节废气密闭化管理和净化治理。

2.6 减排效果预测

上述节能减排政策建议，经过情景分析，预计到 2017 年，上海市道路交通和港口航运的 SO_2、NO_x、VOCs 和一次 PM2.5 排放将合计削减 18%、15%、30%和 27%，即削减 4207t、18961t、20014t 和 3435t。

3 上海市交通行业节能减排目标

结合上述减排效果预测，建议上海市交通行业可实现的减排目标设立如下：到 2017 年，上海市交通行业节能减排意识明显增强，创新驱动转型发展能力稳步提高，监管水平持续提升，能源和资源利用效率明显提高，大气环境保护得到全面落实，行业污染物减排取得显著成效，单位运输量主要污染物排放明显下降，交通枢纽大气污染物浓度显著下降。力争全行业 SO_2、NO_x 和一次 PM2.5 等主要污染物排放比 2012 年分别削减 15%、15%和 25%。

4 保障措施

4.1 完善资金扶持和价格补贴机制

(1)强化交通节能减排专项资金引导作用。积极争取交通运输部节能减排专项资金支持，引导本市交通节能减排示范项目推广应用。完善本市交通节能减排专项扶持资金管理办法，加大交通港航节能减排示范应用项目推广力度。

(2)加大高污染车辆淘汰补贴力度。积极争取公交专项资金支持，明确公交黄标车提前淘汰残值补贴政策，支持公交黄标车提前淘汰。研究制定集卡黄标车提前淘汰专项补贴政策，进一步提高集卡提前报废更新补贴标准，由市节能减排专项资金落实。

(3)完善新能源汽车扶持政策。坚持不增加公交企业负担、积极引入第三方商业模式降低运营成本的原则，研究节能和新能源等环保型公交车推广专项补贴政策，由市节能减排专项资金落实对车辆购置、使用、维修保养等方面的新增成本以及配套设施建设予以补贴，积极探索建立推广长效机制。研究编制电动汽车发展规划，制定电动汽车充电设施建设的扶持政策。制定出租、邮政、环卫推广新能源汽车的购车、运营补贴等配套政策。合理调控天然气价格，鼓励燃气运营车辆的推广使用。

(4)制定出租汽车尾气处理装置更换补贴政策。研究制定公交车加装尾气处理装置、出租汽车定期更换三元催化器专项扶持政策，制定相关配套政策，合理补贴新增成本。

(5)落实轮渡船舶淘汰更新补贴政策。推进轮渡船舶新能源应用，加大更新淘汰补贴力度，由公交专项资金落实。

4.2 提升监测监控和管理能力

强化交通源监控监管能力建设。构建道路交通污染实时监测监控网络体系，强化机动车、船舶等交通源污染物排放监管装备和技术能力。加大港口、机场环境空气质量监测能力建设，完善交通污染物排放监控体系。

4.3 重视科技支撑和宣传引导

(1)发挥科技引领和支撑作用，积极支持交通港航节能减排新技术研发、创新。探索科技创新和成果转化的推广机制和鼓励机制，推进相关技术应用推广和成果孵化转化，推进交通港航减能减排科技产学研用一体发展。深化高污染车辆限行等相关政策研究。深入开展货运车辆等交通源对光化学烟雾和雾霾的污染贡献研究，研发重污染气象条件下的交通污染应急和调控技术。

(2)积极开展交通港航节能减排专项宣传活动，增强交通港航单位和公众的环保意识。加大对大气污染防治重要性、紧迫性及治理工作艰巨性等的宣传，支持交通港航单位和公众组织参与有利于节能减排和改善环境空气质量的相关活动，营造全民关心环保、参与环保、践行环保的良好氛围。

4.4 建立交通环境预警、跟踪和信息共享机制

完善交通源污染物排放清单及数据库建设。对港口、船舶、客货运车辆产生的污染物排放进行定期核算，形成排放清单数据库。建立排放清单年度定期更新和年报机制，建立交通环境预警机制和数据的共享机制。定期跟踪和评估交通港航业清洁空气行动的执行情况。定期编制和发布《上海港环境报告》，并向公众信息公开。

参考文献

[1] 上海市环境监测中心. 上海市机动车污染排放清单. 2013.

株洲市城市公共自行车建设与运营管理现状及发展对策

谭　倩[1]　周南金[2]　肖和华[1]

(1.长沙市规划设计院有限责任公司,湖南长沙 410007;2.株洲市规划信息中心,湖南株洲 412007)

摘要:从慢行道路、网点建设以及运营管理等几个方面分析了株洲市城市公共自行车现状,并对其出行特征以及公众满意度进行调查,分析目前存在的主要问题,提出未来规划、建设、管理方面的对策与建议。

关键词:城市公共自行车;运营管理;发展对策;株洲市

20世纪70年代,公共自行车系统诞生于欧洲,随着技术进步和运营模式的革新,公共自行车系统已发展成为一个被民众普遍接受的交通接驳工具。目前,全球逾30个国家和地区的许多大城市都拥有自己的公共自行车系统。我国众多城市纷纷效仿,例如杭州、上海、北京、武汉等。株洲市作为我国第二批"城市步行和自行车交通系统示范项目"城市,自行车租借系统于2011年5月6日投入试运行,2012年9月,系统全面竣工投入使用。系统从投入使用至今已经取得了较大成果,同时也存在一些问题。

1　株洲市城市公共自行车建设现状

1.1　慢行道路改造状况

自2011年来,株洲市根据自行车道路网络成网成系统原则,对全市主要道路进行了梳理,改造道路140条,总里程241.7km。对于新建道路的建设,要求按照标准建设非机动车道;对于已经建成的道路,根据目前株洲市的道路现状,通过4种类型的道路改造建设,满足自行车通行要求(见图1)。

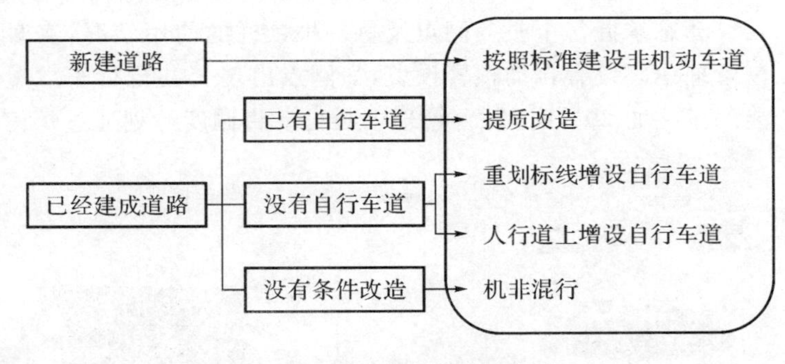

图1　4种类型的道路改造建设

对全市74条城市道路进行改造,增设"非机动车右侧通行"标志220块,施划标线9000m²,施划"非机动车标识"2900个。

1.2　公共自行车建设状况

(1)网点建设状况

全市共建公共自行车站点1018个,城区主次干道和公共场所、居民小区300～500m范围内均有公共自行车租借点,形成了方便快捷、覆盖全城的公共自行车租借网络(见图2)。

一期:设503个租借点,投放1万辆自行车,已于2011年5月正式运行。一期布点侧重于城市主要干道、公交站点、广场、繁华商业区、大型居民聚居区,形成全市的主干网络。

二期:设555个租借点,投放1万辆自行车,已于2012年6月启用。二期布点侧重于"小区、园区、景区、校区、新区、郊区",形成内部的微循环系统,真正实现了"全城全覆盖,成网成系统"的目标。

作者简介:谭倩,女,28岁,硕士,研究方向为城市交通规划与设计。

公共自行车的设计　　智能管理箱　　智能停车柱

图 2　公共自行车系统

(2)设备投入情况

建设锁柱 26658 个,投放 2 万辆自行车,管理箱 1084 个,摄像头 1266 个,后台指挥中心与数字株洲并网,实现了“资源共享,融合节约”的目标。

城市公共自行车全新设计铝合金车架,有防酸雨、防暴晒、防腐防锈、强度高等优点。智能管理箱内置 GPRS 及 CDMA 传输模块豪华液晶触摸屏,可查询个人的租车信息,也可通过其进行补缴租借费用,解锁卡片,查询附近站点的地图位置、车辆数量和空余停车柱数量。管理柱采用 3G 技术与管理中心通信。智能停车柱采用防雨防水浸泡设计,由可敌 50cm 深水耐腐蚀合金打造,抗击力强,可抗大于 1000kg 的外力冲击,有效防止丢车。支持断电还车,无论通电与否,只要还车到位,车一律会被自动上锁刷卡借还,记录信息,有效防止车辆被盗。智能记录借还时间及使用者详细信息实时上传,操作信息声光提示,使用寿命可达 15 年以上。

服务点与管理中心采用无线实时通信,可实现 24 小时无人值守管理。依托视频监控平台,对网点管理站进行远程跨地域集中实时监控,多站点图像切换、多画面观看。7×24h 监控数字化存储,提供分布式监控接入,实现公司管理人员远程实时集中监控和上级领导的检查、监管(见图 3)。

动态掌握每个服务网点及每一根锁柱的使用状况,实时准确地显示锁柱当前的使用状况(见图 4)。中央管理中心设有自动预警设置,如网点出现公共自行车数量超过智能停车柱的 80%,或自行车数量少于智能停车柱的 20%时,后台管理中心自动将调度计划通过短信通知调度员,方便调度员立即执行调度方案。

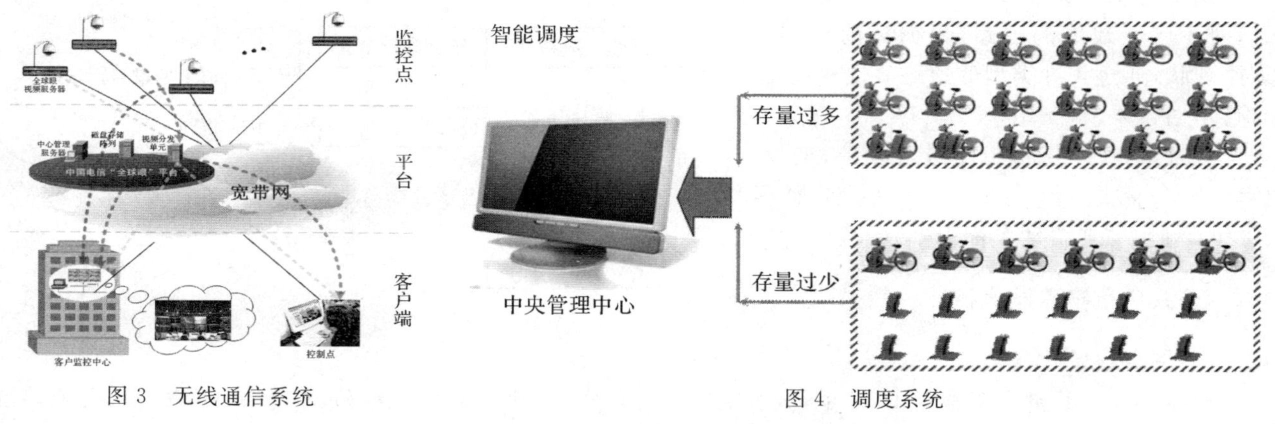

图 3　无线通信系统　　图 4　调度系统

2　株洲市城市公共自行车运营管理现状

2.1　运营管理模式

株洲市城市公共自行车借鉴了“杭州模式”(见表 1),采用政府主导、市场运作、企业管理的模式。建设规模:租借点全城全覆盖,专用道成网成系统。前期建设由政府全额投资,中标单位广东顺德天轴车料有限责任公司负责承建;后期的运营管理实行市场化,主要由株洲市健宁公共自行车租借发展有限公司负责,市政府创建工作领导小组办公室(现已改为市城管局)代表政府对公司的管理和服务质量每月进行考核。

市民办卡时需缴纳200元押金，100元消费资费。实行分时段收费：前3小时免费，第4小时收费1元，第5小时收费2元，5小时后1小时收3元(不足1小时均按1小时计费)，1天内30元封顶，从而有效避免市民霸车，提高自行车使用率。

表1　我国主要城市公共自行车运营模式比较

项目	杭州	苏州	成都(金牛区高新区)	株洲
开通时间(年/月/日)	2008/5/1	2010/9/1	2010/12/21	2011/5
租借服务点(个)	2431(2011/9/9)	70(2011/9/1)	196(2011/9/23)	1021(2012/6/4)
自行车(辆)	6.06万(2011/9/9)	2000(2011/9/1)	2500(2011/9/23)	14944(2012/6/4)
日租用量最高(次)	32万(2011/10/8)	4300(2011/6)	3400(2011/6)	20万(2012/6/4)
车日均租用量(次)	5(2010/12)	1.75(2011/6)	1.25(2011/6)	10(2012/6/4)
租车方式	缴纳200元押金并预存100元租借费，1h之内免费，1～2h收取1元租车费用，2～3h收取2元租车费用，超过3h，按3元/h计费	缴纳200元押金并预存100元租借费，每次借车1h内免费，对于超出的时间按照1元/h计算。	需凭身份证交100元押金(外地300元)，1h内免费租用公共自行车，1～2h收取1.5元租车费用，超过2h，按3元/h计费	缴交200元押金并预存100元租借费，使用3h以内免费，4h收取1元，4h以上每增加1h加收3元，14h以上至24h收30元

2.2　运营状况

截至目前，市民卡已发放约20万张，累计租还车次数达一亿人次，单日使用最高突破22万人次，平均每辆车每天使用10次以上。

受理办卡情况。全市共办卡160204张，每天以500张左右的速度增长。其中，农业银行办卡62560张，健宁公司直接办理自行车租借卡97644张，并每天仍以200张速度在发展，预计全市可办卡20万张。基本实现了“一户一卡，全民普惠”的目标。

租还车情况。开通以来，共租借自行车总次数为49438606车次，平均每卡使用次数为312次，平均每天为10万人次；有的站点日均租还车达到3000余人次，单日租还车量已突破18万人次。

3　株洲市城市公共自行车出行特征与实施效果调查

3.1　居民出行方式变化

株洲市出行交通方式呈多样化，居民出行是以步行为主，占41.26%；自行车出行比例较低，仅为4.55%。2011年，推出公共自行车后，出行比例有所提升，经调查校正，2013年9月自行车出行比例约为12.0%，如图5所示。

慢行交通出行分担率：2011年之前，慢行交通出行的总比例逐年下降；公共自行车租借点投入使用后，慢行出行比例显著提升(见图6)。

慢行交通出行目的特征：通勤、购物、餐饮出行是步行的主要目的，占81.42%。通勤交通是自行车出行的主要目的，占全目的自行车出行的75.52%以上(见图7)。

时耗、距离特征：慢行交通主要为短时间、短距离的出行服务(见图8)。时间特征：步行和自行车交通在早晚高峰时段相当集中。

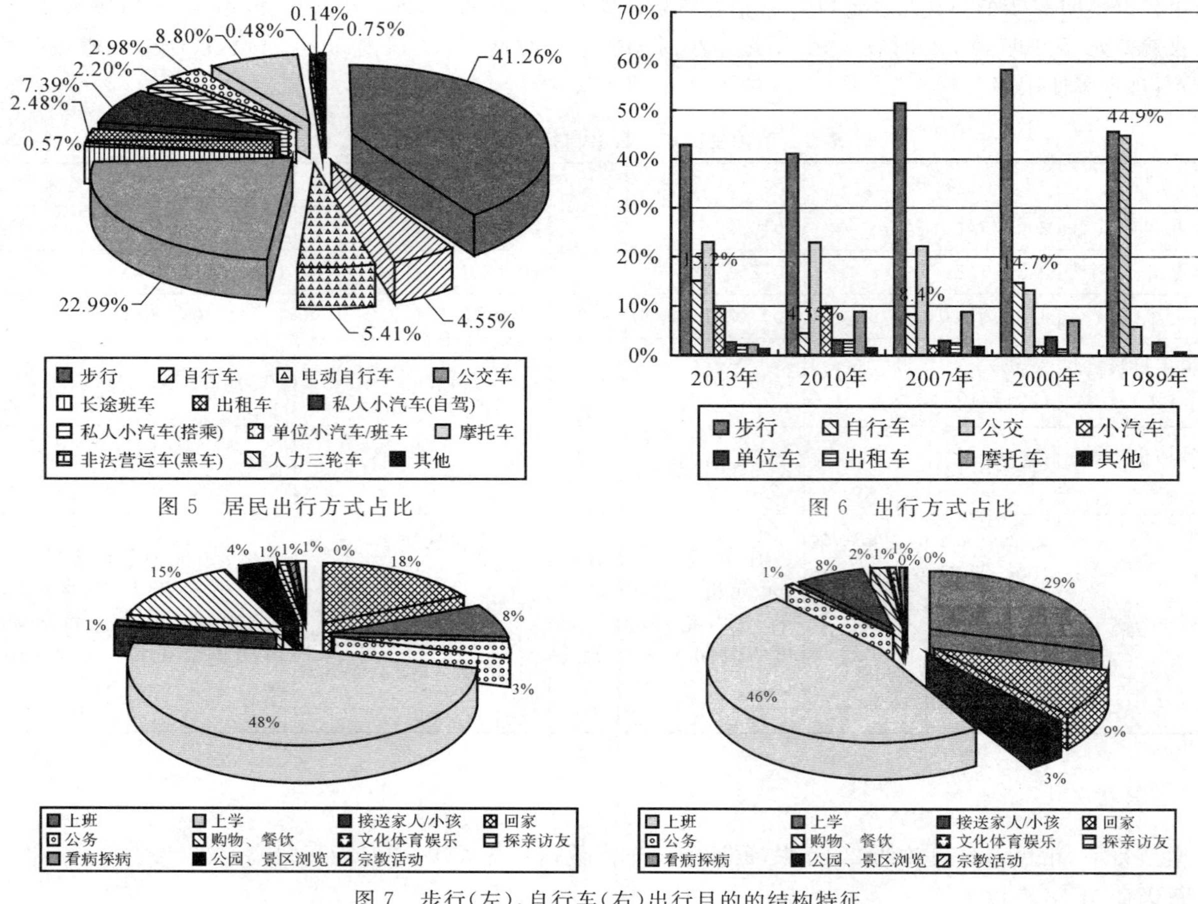

图5　居民出行方式占比

图6　出行方式占比

图7　步行(左)、自行车(右)出行目的的结构特征

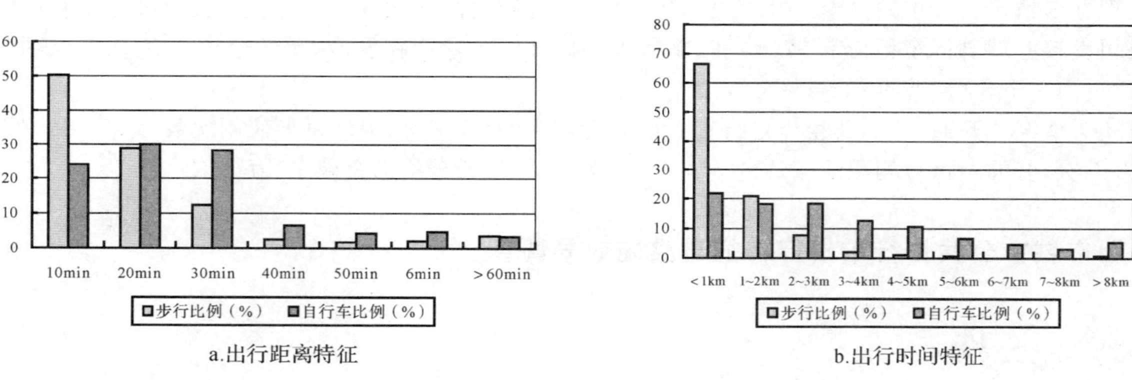

a.出行距离特征

b.出行时间特征

图8　慢行交通出行特征

3.2 慢行交通流量分布

慢行交通流量分布：现状慢行交通流量主要集中在城市公园、商业中心区、交通枢纽等地区（见图9）。从区域分布来看，现状人行流量主要集中在中心广场、株洲火车站、芦淞市场群区域、长江广场、神农公园以及田心、三三一等大型社区；从路段分布来看，现状人行流量主要集中在建设路、芦淞路、人民路、新华路、天台路、长江路、沿江路、泰山路等道路沿线；从交叉口分布看，现状人行流量主要集中在天台路—长江路、建设路—新华路、车站路—建设路、七一路—建设路、天台路—黄河路等交叉口。

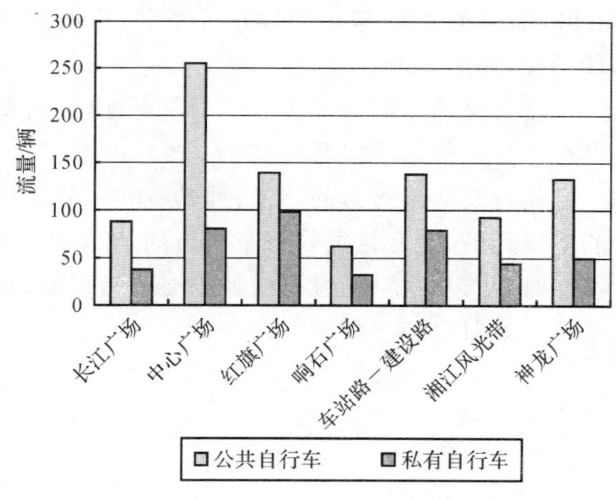

图9　自行车流量分布情况

3.3 实施城市公共自行车满意度调查

据系统科学分析，全市每年可减少碳排放 89680.5t，节省出行成本 2520 万元。"株洲网"组织的网民大调查中，公共自行车工程网民的满意度为 96.37%，居市委、市政府为民办实事十项工程之首。公众对自行车交通现状评价满意度大幅度提高，说明公共自行车的投入使用提高了人们的幸福指数。公众对骑自行车的安全性表示担忧，机非分隔要求比较强烈，支持机非分隔达到了 89.5%（见图 10）。

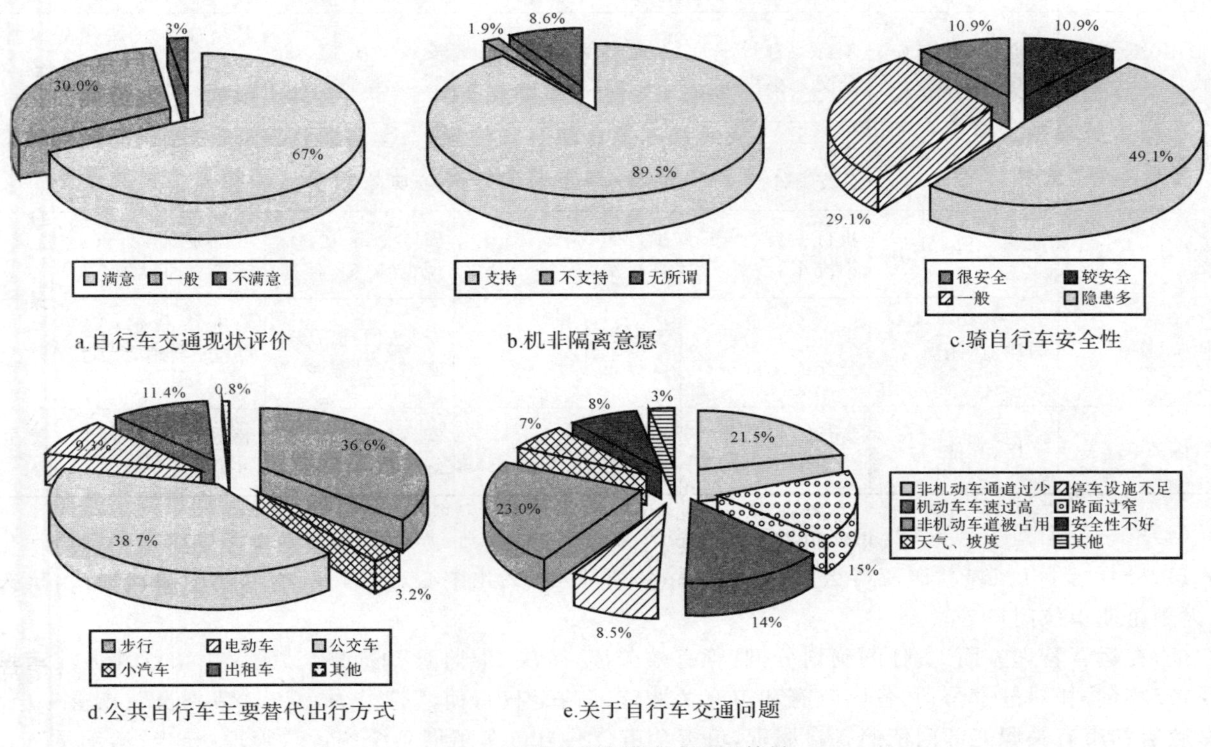

图 10 公共自行车满意度调查结果

3.4 城市公共自行车交通系统存在的主要问题

尽管株洲市城市公共自行车系统取得了较大成功，提高了居民公交出行率，年总骑行距离超过 2×10^7km，为市民减少出行成本超过 1200 万元，年减少碳排放约 5500t。同时，也存在一定的问题：①自行车道宽度不能满足自行车通行的安全和顺畅要求；②断面分隔不合理影响自行车道安全；③人非共板道路机动车违章停车现象的加剧；④跨江交通在通道数量和坡度上难以满足两侧自行车出行需求；⑤自行车停车设施存在如缺乏配建指标、沿街停放宽度不足、换乘停放场地少等问题；⑥路段和交叉口存在停车干扰、自行车逆行等冲突。

4 株洲市公共自行车系统发展对策建议

针对株洲市公共自行车实施现状，结合株洲市未来发展战略，建议对株洲城市公共自行车进一步完善。

(1)对绿道系统进一步改造，特别是自行车道的改造。建议其宽度：主通廊按双向 7m 控制，次通廊按双向 5m 控制。视距：自行车道的视距应大于 8m。净空：自行车道净空要求应不低于 2.5m。

(2)对 5 处跨江通道与 47 处跨港通道的非机动车道进一步改善，特别是无障碍设施与过街设施需要进一步优化。

(3)合理定位重点区域的自行车系统，做好优先权重分析，制定相关目标，重点控制与发展(见表 2)。

表 2 典型区域的公共自行车系统控制策略

区域类型	功能定位	优先权重	方式分担	规划目标	规划控制
步行独享区域	休闲、旅游	步行绝对优先	步行 100%	愉悦、安全、舒适、无障碍	可识别路径，特色空间节点
步行和自行车交通共享区域	旅游观光、休闲健身	步行＞自行车，其他方式禁止	步行 20%～80% 自行车 20%～50%	愉悦、安全、舒适、无障碍	可识别路径，特色空间节点
交通枢纽周边区域	交通换乘、居住、工作、休闲	步行＞自行车＝公交＞小汽车	步行 30%～35% 自行车 20%～25%	安全、便捷、舒适、无障碍、愉悦	各交通方式按优先秩序分离，可识别、高可达、安全的路径
城市综合体	休闲、居住、工作	步行＞自行车＝公交＞小汽车	步行 35%～50% 自行车 20%～30%	安全、舒适、愉悦、无障碍、便捷	可识别、高可达路径，安全地过街
文教园区	学习、工作、休闲	步行＝自行车＞小汽车	步行 35%～40% 自行车 30%～35%	安全、舒适、愉悦、无障碍、便捷	可识别路径，安全地过街，宁静交通设施
居住区域	居住、休闲	步行＝自行车＞公交＞小汽车	步行 25%～30% 自行车 20%～25%	安全、便捷、无障碍、舒适、愉悦	高可达路径，特色空间节点，安全地过街，宁静交通设施
一般区域	工作、其他	步行＝自行车＞公交＝小汽车	步行 20%～25% 自行车 15%～20%	安全、无障碍、舒适	舒适的通行环境，安全地过街

(4)进一步完善网点布局，重点布局交通枢纽(火车站、地铁站、汽车站)、重要公交站点、大型居住小区出入口、商场、超市、学校、医院等公共服务场所，体育中心、文化中心、公园、广场等休闲活动场所，机关单位、大型企业单位门口等。

(5)在运营管理方面，责任明确划分，监管有效分离，解决“谁监管”的问题。建议由市创建办或市城管局受市政府委托对健宁公司、各区政府和市有关职能部门全权行使监管权力，充当“裁判员”；市健宁公司、城区政府和市有关职能部门依照各自职责，负责全市公共自行车租借系统的运营管理，充当“运动员”，真正实现监管分离。

(6)完善法人治理结构，建立现代企业制度，解决“监管谁”的问题。“监管谁”就是明确责任主体，建议由国投集团或天轴公司全面接管健宁公司，另一家公司只负责投资，并按股份比例享有相应收益；或者由一家公司负责株洲市系统的管理，一家公司负责基地建设、产品生产、市场开拓，两家公司各负其责，又相互配合。

(7)引入淘汰机制，强化公司责任，解决“怎样监管”的问题。要出台相关的考核指标体系对公司进行考核与监管，实行优秀奖励、不达标的要惩罚。充分调动公司的积极性，可实行淘汰制。

5 结 语

本文通过对株洲市城市公共自行车建议与运营管理现状分析，提出现状存在的问题，并结合调查结果，从规划、建设、管理等几个方面提出未来的改进对策。在目前我国越来越多的城市开展公共自行车项目之际，本文的研究结论可供同类城市参考借鉴。

参考文献

[1]刘飞，黄文燕，申躜. 株洲市公共自行车系统发展现状与优化建议[J]. 华人时刊，2010(10)：10－13.

[2]黄远芳，符兰. 武汉市株洲市公共自行车租借模式比较研究[J]. 理论研究，2013(57)：222－224.

[3]自然之友，中外对话. 城市公共自行车调研报告[R]. 2012：1－15.

[4] BURDEN A，BARTH R，et al. Bike-share opportunities in New York City[R]. Department of City Planning，2009.

[5]VILLADSEN K S. Principles for city and public rental bicycles[R]. Gehl Architects，2009.

上海郊区新城交通发展战略与实施策略研究

王　祥　陆锡明

（上海市城乡建设和交通发展研究院，上海 200032）

摘要：本文分析总结 10 年来上海郊区新城发展过程中存在的 4 个主要问题，评估分析郊区新城既有规划存在的 6 个问题，提出上海郊区新城交通发展的战略目标及主要指标。最后，针对不同新城与中心城的区位关系，分近郊（嘉青松）地区、远郊（南桥、南汇、金山）和崇明 3 个类别分别提出相应的实施策略措施，重点强调发展市郊铁路以提升新城与中心城和长三角毗邻城市之间的快速联系，发展中运量公共交通来提升新城内部公交服务水平，提升集散型路网密度为慢行交通创造良好环境等。

关键词：郊区新城；交通战略；实施策略

1999 年编制完成的《上海市城市总体规划》提出了“中心城、新城、中心镇、一般镇”的市域城镇体系，提出规划建设 11 个新城。“十五”规划中上海提出了重点发展“一城九镇”。在“十一五”规划纲要中，上海提出了“1966”城镇体系规划，提出建设 9 个新城。经过多年的发展，上海郊区新城的实际建设与原规划相比已发生了重大变化。闵行、宝山两个与中心城完全毗邻的新城实际上已演变为中心城拓展区，其交通特征与中心城外围区十分类似。松江新城、嘉定新城、南汇（原临港）新城 3 个先后启动建设的新城，其实际发展与原规划相比也发生了很大变化。

2010 年初，上海市规划委员会批准了嘉定、青浦、南桥 3 个新城的总体规划，并提出未来五至十年，要在优化完善松江、南汇新城的基础上，重点建设嘉定、青浦和南桥新城。“十二五”时期，上海城市建设的重心将进一步向郊区转移，提出要将新城建设成为主体功能明确、服务功能健全、产城融合、用地节约、生态宜居的现代化城市。上海郊区新城建设将进入第 2 个重要阶段。

上海郊区新城要实现人口集聚、产城融合、产业功能转型提升，成为服务区域和长三角的节点城市，并对中心城产生一定的反磁力效应，成为与上海建设世界级城市相匹配的郊区新城，需要与国际大都市相匹配的郊区新城交通体系。郊区新城与中心城之间、郊区新城内部、郊区新城与毗邻城镇之间需要构建什么样的交通模式、发展什么样的交通体系，提供什么样的交通服务等，这些都是第 2 阶段上海郊区新城建设迫切需要研究的重要课题。

1　郊区新城交通现状及规划存在的主要问题

1.1　现状问题

（1）与市中心缺乏快速公共交通联系。目前，郊区新城与市中心的联系主要依赖高速公路小汽车交通、常规公交车、城市地铁。高峰时段日益增长的小汽车交通，使出入城段的高（快）速路、城市干道的交通十分拥堵，小汽车、传统地面公交进出市中心速度低，出行时耗长（1h 以上）。目前，郊区新城采用轨道交通到达市中心主要商业、商务中心的总出行时耗远远超过 1h，有的甚至超过 90min，与此同时，高峰时段郊区轨道交通的入城段也十分拥挤。因此，与小汽车相比，由于采用市区地铁延伸服务模式，郊区的轨道交通在速度、可达性、舒适度上都没有太大的优势。

（2）路网系统功能不健全、不完善。目前，郊区新城路网呈现城乡二元结构特征，包括次干路、支路在内的集散型路网密度偏低。高等级公路横穿城区，城区公路的功能定位混乱，城区内部道路系统结构不合理。截至 2010 年，7 个郊区新城平均路网密度仅为 $2.67km/km^2$，嘉定、松江、金山、南桥、青浦 5 个新城的路网密度达到 $3km/km^2$ 以上，南汇新城的路网密度仅为 $1.57km/km^2$，与中心城 $4.89km/km^2$ 的路网密度存在很大差距，与东京交通圈的郊区城镇路网密度(大多超过 15km/km^2，道路间隔小于 100m)相比，差异更大。

(3)机动车快速增长高峰时段老城区交通拥堵。郊区个体机动车辆增长迅速，道路交通已显拥堵。上海沪 C 牌照机动车辆增加迅速，2011 年，沪 C 牌照汽车已经达到 37.8 万辆，同比增幅达到 29%，高于全市机动车平均增长水平。从 2006 年到 2011 年的 5 年间，7 个新城所在区县的沪 C 牌照车辆数年均增幅都在 25%以上，其中松江、嘉定和金山三区的沪 C 牌照车辆年均增幅接近 35%。小汽车的快速增长导致郊区新城，尤其是老城区道路高峰时段呈现拥堵；进出中心城区的高(快)速路、干线公路部分断面已出现常态化拥堵。

(4)新城内部公共交通服务水平不高。①站点覆盖率低，可达性相对较差。郊区新城的公共汽(电)车线网密度为 0.98km/km^2，站点 300m 和 500m 覆盖率分别为 20.3%和 38.7%，线网的覆盖水平较低。②公交车辆配置标准低，运营间隔长。郊区公交车辆配置水平低，发车间隔长、运营时限短。松江公交车拥有率为 6.44 标台/万人，嘉定为 7.34 标台/万人，低于大城市 10～12.5 标台/万人的标准。松江、嘉定新城相当一部分公交线路高峰间隔在 10min 以上甚至更长，平峰时部分线路间隔 20min 以上甚至更长，与中心城区存在很大差距。

1.2 既有规划评估

(1)缺乏深层次的综合交通规划。与传统城市总体规划中的交通规划一样，郊区新城总体规划层面的交通规划也主要侧重路网(干道)和公共交通设施(铁路和轨道线路及车站、公交枢纽和场站)的规划。对新城综合交通需求总规模、出行空间分布、综合交通规划目标(对外、内部)、交通发展模式(对外、内部)等均没有更深层次的研究。

(2)与市中心仍然缺乏快速公共交通联系。根据郊区新城远景年轨道交通线网规划，尽管至南汇新城的轨道交通 16 号线采用了城市快速轨道制式，至金山新城的轨道交通采用了市郊铁路模式，但考虑到轨道车站两端的接驳时间，这些新城至市中心完成一次出行的总出行时耗实际上大多超过了 1h，而青浦新城、南桥新城至市中心之间仍然采用常规市区轨道模式提供服务，出行时耗也很长。采用轨道交通 5 号线延伸服务后，南桥新城至中心城内主要商业、商务中心的出行总时耗高达 90min 以上。

(3)脱离长三角城际铁路网制约了郊区新城对长三角的服务与辐射。长期以来，上海铁路枢纽总图规划一直将上海作为一个城市，主要是考虑上海市区与长三角及全国的联系，对郊区新城的铁路尤其是城际铁路规划考虑不够。随着上海新一轮城市规划调整，郊区新城将进入新一轮发展阶段，“十二五”规划提出要将郊区新城建设成为长三角的节点城市，提升郊区新城的功能定位，增强其对长三角的辐射与服务。然而，根据长三角城际铁路网规划，长三角城际铁路主要引入上海市区的铁路主客站，对郊区新城考虑并不够。除了松江新城规划有沪杭城际铁路、沪杭客运专线外，其他新城基本没作为一个独立城市纳入长三角城际铁路网规划。

(4)枢纽规划薄弱，缺乏综合交通枢纽引领。与中心城、国际大都市的郊区新城相比，上海郊区新城的交通规划重点仍然是道路(公路)系统和公交场站规划，对如何通过枢纽尤其是综合交通枢纽引导和优化新城用地空间布局，通过综合交通枢纽规划引导构建新城对外和内部综合交通体系考虑仍然不够。

(5)新城内部仍然依赖传统地面公交，适应不了新城规模扩展的要求。根据规划，上海郊区新城内部公共交通仍然主要依赖传统的地面公交。传统地面公交运营速度低，容量小。郊区新城规划人口规模大多在 50 万人以上，有的甚至超过百万，规划范围超过 50km^2，有的甚至超过 100km^2，类似特大城市。这样规模和体量的新城，仅靠单一的传统地面公交是无法适应其出行需求的。

(6)慢行系统仍然未得到足够重视。从郊区新城配套的交通设施规划来看，仍然偏重为机动车服务的干线公路或城市干道系统，对自行车、步行系统规划仍然没有足够重视。如松江新城总体规划中仅有新城内部干道网规划，缺乏自行车和步行系统规划，也未对支路网密度、道路尺度等提出规划原则和要求。

2 上海郊区新城交通发展的战略目标

2.1 上海郊区新城交通发展战略

构建一个“安全、易达、快速、高效、舒适”的多层次、多元化，并与中心城相对独立的综合交通系统，形成与上海建设国际大都市相匹配的郊区新城交通体系，引导郊区新城用地空间布局优化，提升新城的相对独立性，并增强其对长三角的辐射与服务。

与中心城相比，郊区新城内部交通要更注重步行、自行车和公共汽车等绿色环保型交通，因此其提供的交通服务应该是更安全的、更加易达的。郊区新城至市中心、郊区新城至长三角城市之间是长距离的出行，需要提供更加快速、舒适和高效的运输服务。

2.2 上海郊区新城交通发展主要目标

(1)出行时耗目标。郊区新城进出上海市中心(轨道交通 4 号线及其内部地区)不超过 1h，郊区新城内部出行时耗不超过 0.5h，郊区新城至周边新市镇出行时耗不超过 0.5h，临近郊区新城、郊区新城与其毗邻长三角城市之间实现 0.5h 互通。

(2)方式结构目标。以郊区新城至中心城之间公共交通为主导，公共交通出行比重不低于 60%；新城内部鼓励公交车、自行车等方式出行，公交出行比重不低于 20%，小汽车出行比重控制在 20%以下。

(3)可达性目标。郊区新城地面公交站点实现 300m 半径覆盖 90%以上的人口和岗位，500m 半径人口和岗位基本覆盖。新城内部一次乘行可到达轨道交通或城际铁路车站；新建城区尽可能发展小尺度道路，路网密度一般不低于 $10km/km^2$。

3 上海郊区新城交通发展的主要策略

3.1 嘉青松新城

嘉青松地区将以虹桥商务区为核心，形成上海辐射长三角的城市带，与闵行、宝山新城相比，其独立性更强，与中心城的联系程度相对较弱，但与其他新城相比，其城市化进程更快，与虹桥商务区、中心城的联系又更强。这三个新城主要交通策略如下：

(1)引入城际铁路系统增强对长三角的辐射。通过城际铁路及其车站的规划建设，进一步增强嘉青松地区对长三角的辐射与服务，增强嘉青松地区作为长三角重要节点城市的功能，尤其是重点增强松江新城、嘉定新城对长三角的服务。规划预留沪杭城际铁路，并改建松江站为松江新城城际铁路枢纽站，增强松江对长三角南翼的辐射。结合沪通铁路建设，优化完善嘉定新城的城际铁路及枢纽建设，在安亭地区建设一个城际铁路枢纽站，增强嘉定新城对长三角的辐射。

(2)发展至市中心的市郊铁路，构建多通道、多功能的市郊轨道客运系统。①在既有轨道交通 9 号线、11 号线的基础上，利用既有沪宁铁路、沪杭铁路形成两条市郊铁路通道。市郊铁路为郊区新城至市中心提供快速、舒适的出行服务，主要为长距离出行服务，城市轨道主要为郊区新城内部或沿线各站点提供短距离出行服务。②轨道交通 17 号线实行快慢运营组织服务。连接虹桥枢纽与青浦新城的轨道交通 17 号线建议提供两种运营组织服务，即大站快线及站站停，其中大站快线主要为青浦新城至中心城的长距离出行提供服务，站站停主要为沿线短距离出行服务。

(3)规划西郊铁路，增强嘉青松城市带的联系。规划一条连接嘉定新城、青浦新城和松江新城的市郊铁路。并与沪宁铁路、沪杭铁路衔接，进一步增强 3 个新城的联系，促进嘉青松新城带的发展，同时提升青浦新城与长三角的城际服务。

3.2 远郊新城

与嘉定、松江、青浦 3 个新城相比，位于南部郊区的南桥、金山、南汇 3 个新城距离中心城相对较远，与中心城的联系程度更弱，独立性更强。其交通策略主要有：

(1)充分利用金山铁路和浦东铁路为南部各新城提供市郊铁路服务。①规划建设金山铁路南桥支线，扩大金山铁路的服务范围。金山铁路运能十分充裕，充分利用金山铁路的开通，建设一条连接金山铁路亭林站与南桥新城的铁路支线，实现金山铁路为南桥新城服务，同时有助于提升金山铁路的客流效率。②结合沪乍铁路建设，完善南汇新城的市郊铁路枢纽规划，增强南汇新城的市郊铁路和长三角城际铁路服务。结合沪乍铁路建设，改建芦潮港站为市郊铁路及城际铁路枢纽站，或者在南汇新城南部重新规划建设一个市郊铁路及城际铁路客运枢纽，提升铁路对南汇新城的服务。

(2)规划预留南郊城市快速轨道，进一步增强南部郊区与中心城的快速联系。沿浦星公路西侧规划预留一条快速轨道通道，形成以南桥新城为中心的上海南部郊区与浦东前滩地区、后滩世博园区的快速通道，在减缓8号线客流压力的同时，进一步增强浦东前滩地区、世博园地区的快速轨道交通服务。

(3)基于市郊轨道车站完善新城内部公共交通，提升市郊轨道的服务效率。①基于轨道交通16号线整合南汇新城地面公交网络。以临港大道站、滴水湖站为中心，完善南汇新城内部地面公交网络，做好轨道交通16号线配套服务。②进一步完善金山卫站的交通配套，提升金山铁路对金山新城的整体服务。基于金山铁路车站，形成以金山卫站为交通枢纽中心的新城公交网络，整合新城内部的地面公交系统，提升新城内部地面公交的运行效率和服务水平，充分发挥金山铁路的运输效率。③基于轨道及市郊铁路规划完善南桥新城公交系统。结合金山铁路南桥支线、轨道交通5号线南延伸建设，优化完善南桥新城公共交通系统，提高新城内外交通的转换效率，充分发挥轨道交通、市郊铁路对南桥新城的服务。

3.3 崇明城桥新城

与其他新城相比，位于崇明岛上的城桥新城远离上海中心城区，受自然条件的限制，城桥新城与上海中心城的联系相对其他新城更弱，更容易发展成为一个独立性很强的远郊新城。根据上海城市总体规划，崇明岛将建设成为生态岛。因此，城桥新城的交通发展策略也有别于其他新城。

(1)规划预留城际铁路通道。结合长三角铁路网规划，从沪通铁路徐行站引出一条铁路，经崇明城桥新城至江苏启东地区，实现城桥新城与上海中心城通过城际铁路提供快速联系服务。

(2)提升地面公交服务水平，发展绿色新能源交通。与其他新城相比，城桥新城规模较小，城区交通主要以常规公交、自行车、步行等为主。近阶段，城桥新城交通主要以改善公交服务为主，城桥新城的公交更要注重绿色环保，使用清洁能源，同时要提高地面公交的舒适性。

购买公交公共服务,推进公交转型发展

虞同文

(上海市交通工程学会,上海 200002)

摘要:城市公共交通是公益性行业,其社会服务效益与宏观经济效益相一致,与微观经济效益相矛盾。政府是社会公益的主要代表,应以择优选定或者定向委托等方式,向有能力提供公交服务的社会组织购买运营服务,供公众使用。现阶段,政府购买公交公共服务,主要通过公交成本规制,经审计核实后,按规制的成本对公交企业进行补贴、补偿,以保障公交公共服务持续进行。

关键词:政府、购买、公共交通、公共服务

政府购买公共服务是政府承担公共服务的新模式,是现代国家行政管理理念和模式的创新,是建设服务型政府的必然要求。

政府购买公交公共服务是政府采购的一部分。政府根据公众对公交服务的需求,择优选定,或者定向委托有能力提供公交服务的承接方,通过合同、协议等形式,规定承接方提供服务的具体内容、标准和享有的权利、义务,并在考核、评估承接方达到契约要求后,按公交运营服务的数量、质量付给服务费,还可提供政策条件。

1 依据行业属性,购买社会服务

城市公共交通是公益性行业。公交着眼于社会公平性,以公众为服务对象,满足不同阶层对公交服务的基本需求,确保每个人的出行权利,特别是老年人、残障者、低收入和居住偏远的弱势群体;同时实行低票价,票价水平使市民普遍能够接受,交通费用在可支配收入的合理比例内;为保障服务水准,哪怕亏损也要坚持正常运营。

公交公益性的行业属性决定了公交社会服务效益与宏观经济效益相一致,与微观经济效益相矛盾。开设新线,增设站点,投放车辆,建设场厂,延长营业时间,缩短班次间隔时间,提高职工收入等,总成本支出逐年增加,而票价低廉且长期维持不变,难免出现政策性亏损。

公交政策性亏损更需要"推广政府购买服务"、"加大政府购买的力度"(《中共中央关于全面深化改革若干重大问题的决定》)。

以上海为例,2002 年建立"公交专项资金",2002—2004 年用于公交企业减负、车辆更新补贴共计 7.8 亿元。2004 年开始,每升油价超过 3.5 元部分由政府补贴。2007 年 8 月,市政府办公厅转发了《上海市 2007—2009 年优先发展城市公共交通三年行动计划》,加大了对公交财政的支持力度。2009 年,为更好地使用管理公交专项资金,出台了《关于加强本市公交行业政府专项扶持资金使用管理的意见》,其中规定换乘优惠、老人免费乘车项目实行按季编制资金使用计划,按月拨付补贴资金的办法。2007—2010 年上海公交财政补贴情况见表 1。

表 1 2007—2010 年上海公交财政补贴 (单位:亿元)

年份	购车	油价	优惠换乘	老人免费乘车	冷僻线路补贴	合计
2007	1.88	4.19	0.89	—	1.08	8.04
2008	1.91	7.47	2.80	2.10	0.21	14.49
2009	20.99	6.89	6.87	3.83	0.57	39.15
2010	11.1	11.26	6.85	3.26	0.29	32.76

2011 年,拨付公交专项资金共计 67.9 亿元,其中地面公交补贴 27.2 亿元,公交基础设施建设和维护 5.7 亿元,轨道交通补贴 3 亿元,轨道交通建设 32 亿元。2009—2011 年,公交市级财政扶持资金支出是

2006—2008 年的 4 倍。

2012 年，拨付公交专项资金共计 39.9 亿元，其中地面公交补贴 24.3 亿元，公交基础设施建设和维护 7.1 亿元，轨道交通补贴 3.5 亿元，轨道交通建设 5 亿元。

各区（县）政府对所属区域内的公交发展投入力度也不断加大，2009—2011 年共投入 13.9 亿元，其中浦东新区 6.8 亿元。

政府购买服务，实行财政补贴。①须强化国有主导，优化经营的格局。对公交资源进行合理配置，资源逐步向国有公交骨干企业集中。截至 2012 年底，上海共有公共交通经营资质的独立核算的企业 34 家（含上海巴士公交集团有限公司和浦东新区公共交通有限公司下辖的营运公司），线路 1257 条，车辆 16695 辆，其中国有控股企业市场份额超过 90%，奠定了国有资本在公交系统中的基础地位，形成了保障公益性要求的产权制度。②须协调社会公益性与市场竞争性的关系，即缓解公交公益性的服务要求与逐利性的市场运作的矛盾。过度市场化往往导致公交资源时空分布不合理、供求结构性矛盾较突出、网络系统性和层次感不足等问题。而因具有公益性，由政府全部包揽、统统买单亦不现实。企业是现代社会的细胞，负有社会责任；企业又是从事经济活动的部门，具有经济属性。既然是企业就应该在政府调控、市场调节交互作用的环境中，拥有经营自主权，"运营、运作市场化"，减少和避免经营性亏损。市场是一种好手段。市场中的博弈者通过履行义务达到享有权利。博弈就是竞争。通过竞争，确保服务质量持续提高，才能享有公共财政扶持的权利。与同类商品之间的竞争不同，公交的竞争性主要是不同交通方式的竞争。通过提高公交服务水准增强竞争力，抑制小汽车过快发展、过度使用，吸引超过合理时距的自行车、助动车、步行等慢行交通，甚至小汽车交通转移到公交上来。为此，企业需有市场、竞争、风险、效益等意识，建立竞争、激励、约束、预警等机制，以乘客需求和市场占有为导向，优化配置和努力扩大公交市场资源总量，以赢得市场，获取利润。按照市场法则，开展下辖企业之间、相对地区之间的有序竞争，在竞争中促进规模化、集约化、品牌化经营与发展。引导和激励企业内部各种形式的竞争。倡导行车人员"我的服务就是和你不一样"，形成服务特色，涌现一批服务标杆，推动服务形态向更高层面发展。管理人员实现竞聘制，年度述职，民主评议，通过内发性的竞争增强市场竞争力。

2 完善成本规制，提高经营水平

公益性体现公共利益的最大化。政府是社会公益的主要代表，根本职能是监管。公交成本规制是政府探索市场化运作条件下的监管模式之一。规制（regulation）是指政府依据一定的规则对特定社会的个人和特定经济的经济主体的活动进行限制的行为。有了成本规制，政府可以更好地监管公交企业的运营成本，有的放矢地给予补贴，以成本最小化（补贴最少量）的方式，实现公交企业经营方针和社会价值；公交企业基于票价费率低于运营成本条件下，不因亏损而紧缩人员编制、降低职工收入、牺牲服务质量，尚能维持正常经营，提高公交公益性服务水平。

建立公交成本规制。①须不断完善成本规制。上海市交通运输和港口管理局、上海市财政局联合下发了《上海市公共汽电车营运企业成本规制管理办法（试行）》和《上海市公共汽电车营运企业主要收入和支出会计核算办法（试行）》，基本建立了年度成本监审、跟踪会计和基础数据定期统计分析等 3 项工作制度。在此基础上，不仅要有"与时俱进"的约束标准和核算体系，灵动地反映公交政策性亏损的实际变化情况，成本规制还应有激励的功能塑造和制度设计。经营业绩在约束标准内降低，给予奖励；降幅越大，奖励越多。②须兼顾双效矛盾性与财务平衡性的关系。对公交政策性亏损的财政补贴必须核算合理，恪守诚信，足额补足，及时到账，努力使公交企业财务账面平衡。同时，公交企业需加强基础管理，尤其是企业成本管理，千方百计地减少经营性亏损，努力做到扭亏为盈。首先，依据企业财务准则和数理统计资料，确定合理的成本构成，优化科目设置；其次，制定合理的成本定额标准和费用分摊方法；再次，加强成本核算和控制，在预算框架内，按权责对所发生的各项支出进行成本核算，不合理不合规的支出费用一律不能入账；加强财务分析，落实对各部门、各基层成本考核、监管的责任；定期进行成本费用的审计与评价，挖潜增能，降低成本，提高公交企业的经营效益和管理水平。

3 加大财政投入,实现转型发展

交通是城市的基本功能,公交是城市的基础设施。公交不仅是人们出行的代步工具,社会活动的首道工序,关系到千家万户的安居乐业,还能提升城市功能和城市品质。比如开发新城辅城、中心集镇,需要公交在与中心城区公共交通密切联系的同时,形成区域性的相对独立的子系统;建设大型居住区,需要公交按一定的匹配比例开设线路,填补公共交通空白,结合慢行交通解决“最后一公里”交通等问题。20 世纪末形成的“交通先导”、“精明增长”等理论倡导土地和交通资源整合,以最低的交通设施成本,包括增加交通工具选择种类,改变交通模式等,促进城市更新,创造最高的土地开发收益,已引起高度重视和广泛运用。尤其是将公共交通先行作为技术手段,引导城市更新与扩展,优化土地使用与形态布局,促进资源节约型、环境友好型社会建设,实现人类建设美好家园的愿景。有鉴于此,政府管理部门一方面需不失时机地推动优先发展公共交通的立法,把公交优先从战略地位提升到法律地位。从法律的刚性要求出发,在路权、用地、员工收入待遇、车辆更新和财政扶持等方面一一落实公交优先政策。另一方面,扩大预算,筹措资金,增加采购公交服务的项目和范围,加大对公交转型发展的资金投入。

加大财政投入须平衡公共交通业态成长性与产业协调性的关系。随着经济社会发展,公交规模扩大,业态体量日趋壮大,政府投入必然增加。投入方向必须充分兼顾公交产业内部要素之间的协调发展,使企业内部的一些矛盾和困难不断得到解决,从业人员的职业素养和职业荣誉稳步提高;必须紧密结合公交系统的转型发展,使公交服务供应能级得到提升。

目前,在国家层面已确立了公交优先发展战略,这一战略要求公交自身必须实现转型发展。没有公交转型发展就没有公交优先发展。

公交转型发展主要体现在 4 个方面。①公交结构体系的转型发展。由以往单一、平面公交发展成为复合、立体的公交系统,建立符合城市实际情况和发展需求的快速(大容量、多制式的轨道交通)、中速(快速公交系统、现代有轨电车)和低速(常规公交)的功能匹配、协调发展的多元结构。②常规公交的转型发展。自上而下地优化公交生产力要素的配置,重点形成根据路网结构和客流特点多层次布局、逐层展开的常规公交线路的基本架构。针对轨道交通超常规发展,当前研究的重点应放在基于轨道交通网络的地面公交线网规划技术及指标体系,适时调整现有线路,优化地面公交布局,实现与轨道交通等其他公共客运交通方式协调联动,与慢行交通“无缝衔接”,发挥公交基础作用。③车用能源的转型发展。积极发展无轨电车和现代有轨电车。尤其现代有轨电车低地板、多模块重联、容量大、噪声低、多种供电方式,有良好的动力性能和加减速性能,转弯半径小、与环境融合性强,具有很好的发展前景。重点推进“双电”(电容+电池)公交车的技术进步和升级换代,充分发挥超级电容放电(比功率高)和车载电池储电(比能量高)的各自优势。适时发展气电混合动力公交车,尤其是液化天然气 LNG 因在 -162℃低温下的液化过程中,做了脱氧、脱硫、脱水和除二氧化碳等净化处理,故比压缩天然气 CNG 更洁净。发展新能源公交车的技术路径,终端是使用燃料电池公交车。④科学技术的转型发展。整体规划公交科技发展方向,把握物联网和其他新技术的发展趋势,制定公交信息化发展的线路图。当前,着重抓好 3 项科技进步:公交运营调度智能化,公交资讯查询信息化,公交场站管理现代化。

马克思在《资本论》中将时间分为生存必须时间和自由支配时间,社会进步就是减少人的生存必须时间,增加自由支配时间。公交转型发展的最终目的是以最短路径、最少时间、最省费用,安全、快速、经济、舒适地运送乘客,节省乘客在途时间,使人们腾出更多的业余时间和精力从事知识更新,接受文艺熏陶,享受休闲生活,实现人的全面发展。城市人民政府需以世界眼光、战略思维、前瞻意识、民生观念,在政策、投入、技术、管理各方面扶持和促进公交转型发展。

上海“最后一公里”交通服务体系优化研究

杨俊琴　吴　聪　刘慧敏

（上海市交通港航发展研究中心，上海 200030）

摘要：本文在对上海市外围区主要大型居住区的出行特征进行分析的基础上，结合各种“最后一公里”交通方式的现状情况，重点分析“最后一公里”在交通结构与服务层次上存在的问题，进而提出外围区“最后一公里”交通发展的目标、策略及各种交通方式优化的具体建议。

关键词：最后一公里；交通结构；服务体系；优化建议

经过“十一五”大规模的轨道交通（简称“轨交”）建设，上海已经初步形成了“以轨道交通为骨干、以地面公交为基础、以出租汽车和轮渡等方式为补充、以慢行为延伸”的客运交通服务体系。在轨交分担率逐年增加的同时，“最后一公里”的交通问题也越来越突出。对此，政府部门通过加强轨交车站配套设施建设、开通“最后一公里”公交、推行公共租借自行车等措施来缓解出行矛盾，取得了良好的效果。

本课题旨在对外围区“最后一公里”交通服务体系的结构、层次以及相关方式的运营情况进行总体评价，提出改善建议，为下一步制定“最后一公里”交通的发展规划与管理政策、轨交车站设施配置的规划设计提供支撑。

1　“最后一公里”交通需求特征

本课题对上海市外围区部分大型居住区的“最后一公里”交通进行了问卷调查，并结合已往的调查数据，对大型居住区的出行方式和“最后一公里”的交通需求特征进行了分析。

（1）大型居住区居民出行方式结构

根据对入住率较高的顾村、泗泾、江桥、康桥等4个原市属商品基地进行调查。大型居住区居民交通出行方式结构为：地面公交最高，占41.8%，轨交占20.3%，两者合计超过60%；非机动车7.0%，驾驶或乘坐小汽车8.8%，出租车3.6%，步行12.3%（见图1）。

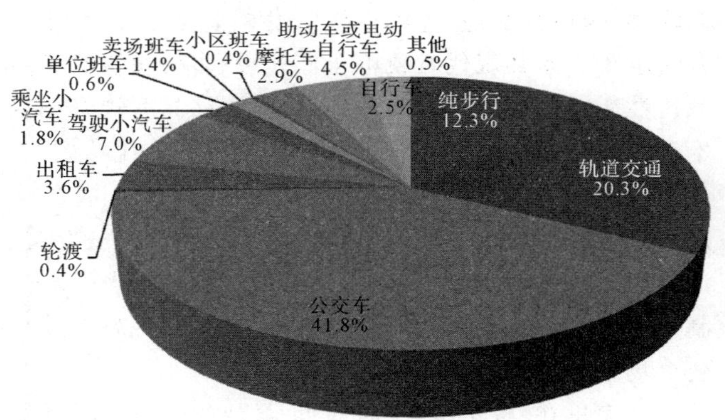

图1　调查基地居民全日出行方式结构

（2）“最后一公里”交通方式结构

“最后一公里”交通方式以公交、步行、自行车为主。根据调查显示，调查点受访者选择地面公交接驳轨交比例为42.0%，纯步行为22.2%，自行车（助动车、自行车、公共租借）占17%。

与轨交站点距离不同，接驳交通方式结构差异较大。调查点由于其离轨交或交通枢纽的距离、“最后一公里”公交布设情况、其他交通配套设施、用地性质（居住、办公）的不同，每个调查点的“最后一公里”交通方式结构也有所不同（见表1）。

表1　不同接驳距离范围内的接驳方式结构

	<0.5km	0.5～1.0km	1.0～2.0km	>2.0km
全程步行	92%	76%	42%	3%
自行车	2%	4%	7%	3%
助动车	1%	2%	4%	2%

续表

	<0.5km	0.5～1.0km	1.0～2.0km	>2.0km
慢行交通小计	95%	82%	53%	8%
公共汽电车	4%	13%	35%	72%
摩托车	0%	1%	2%	1%
出租车	0%	2%	5%	8%
小汽车	1%	1%	3%	6%
单位/超市班车	0%	1%	2%	5%
合计	100%	100%	100%	100%

2 “最后一公里”交通发展现状

目前,“最后一公里”的交通服务体系主要包括地面公交(以“最后一公里”公交、社区巴士为主)、出租车、自行车(助动车、个人自行车、公共租借自行车)、私家车“P+R”、步行及其他方式(如非法营运车辆、摩托车)。

2.1 公交发展现状

“最后一公里”公交运营以来,为居住区和商办区域的“最后一公里”出行提供了极大便利。

(1)运行情况

2012 年上海“最后一公里”公交运行情况见表 2。上海市投入运营“最后一公里”公交线路 84 条,配车数 198 辆,分别由 17 家骨干企业负责运营管理。全年完成客运量 1584 万人次。单车日均运营里程 123km,单车日均载客量 184 人次;线路日均客运量 601 人次/d①,线路平均客流强度为每 100km 客运量 188 人次。可以看到,其以常规线路车辆 1/3 的额定载客量,完成了接近 1/2 的运输量,充分体现了其高效性。

表 2 2012 年上海“最后一公里”公交运行情况

序号	指标	地面公交	“最后一公里”公交	与全市公交整体水平相比
1	线路(条)	1257	84	6.7%
2	配车(辆)	16695	198	1.2%
3	单车日均运营里程(km/车)	182	123	67.6%
4	单车日均载客量(人次/车)	459	184	40.1%
5	线路日均客运量(人次/d)	6094	601	9.9%
6	线路平均客流强度(人次/100km)	325	188	57.8%

(2)主要问题(见图 2)

类似功能线路有待统一。“最后一公里”公交作为社区服务的重要组成部分,在调查的过程中发现,由于“最后一公里”公交、社区巴士等功能较为类似,导致乘客概念模糊,需要进一步宣传引导,提高市民可接受度。

居住区平均步行距离长。外围区的“最后一公里”公交服务对象主要为居住区,由于大型居住区面积较大,致使部分居民至公交车站的距离达到 400～500m。而轨道交通车站(或枢纽处),需要步行一定距离到达公交站(150m 以上),尤其是在下班时段,乘客感觉换乘距离较远。

高峰时段车辆较为拥挤。在高峰时段,由于客流较大,但“最后一公里”公交车辆相对载客量较小,导致

① 线路日均客运量标准差 669 人次/d,表明线路客流量差距非常大,冷热线路两极分化严重。

车辆内拥挤度较高。

平峰时段候车时间较长。根据调查数据，调查者普遍反映候车时间较长，高峰时段超过70%以上的乘客等候时间超过5min，而大部分调查者认为在高峰时段候车5min可以接受。

部分线路运营效率较低。根据84条“最后一公里”公交线路的运营情况分析，从线路日均客流量、客流强度等指标看，效益好的线路能够实现日均1000～2000人次客运量和3～6人次/(100km)客流强度。而效益差的线路，日均不足100人次客运量和不足1人次/(100km)客流强度。可见，线路运营效率两极化明显。

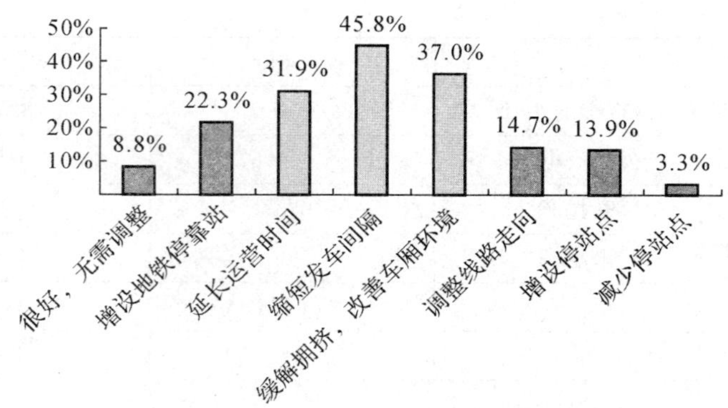

图2　受访者认为“最后一公里”公交需改进之处

以上问题的存在，在一定程度上影响了“最后一公里”公交的吸引力与服务水平。

2.2　出租车在“最后一公里”交通中的作用分析

出租车方式是“最后一公里”交通方式中唯一一种提供“门到门”服务的机动化交通方式。

硬件设施：在多个轨道交通站点，都已经建设了相应的出租车站点，供车辆候客、乘客候车。

运行情况：从现状调查的数据来看，“最后一公里”出行中使用出租车的比例非常小，仅在带较多东西、人较多或者特殊天气的时候采取此种方式。另外，出租车站点的使用率不高。

主要问题：①出租车的价格使其很难在“最后一公里”交通中发挥较大作用；②由于部分出租车站离轨道车站出入口相对较远，使得其利用率并不高。在出租车无法为“最后一公里”提供“门到门”服务的情况下，非法营运车辆由于其价格低、乱停放，使得其离出入口近等原因而颇受欢迎。

2.3　自行车交通发展现状

“最后一公里”自行车包括个人自行车与公共租借车两种。

(1)个人自行车服务

现状情况：自行车具有低碳、低成本和便捷等优势，也是1～3km出行的优良出行工具。但根据调查，轨道交通1～2km内的交通方式中，自行车与助动车仅占了11%的比例，除步行外，大量依靠公交接驳，说明自行车的出行分担比率偏低。

主要问题：①由于配建停车场规模较小，轨道交通车站停车配建标准过低，且本次标准修订并未对自行车停车位配建指标进行修订；另外约40%的人认为小区非机动车停车位紧张。②轨交车站非机动车停车用地落实困难，非机动车停车多见缝插针，停车位分散且小，客观上增加了停车位管理的难度与成本。③助动车比重增加，加剧非机动车停车矛盾，超尺寸的助动车占用的停车空间较大，在停车位面积固定的情况下，可停放的车辆数量相对减少，客观上也加剧了非机动车停车矛盾。④停车位的管理有待加强，因为车辆丢失也是居民不愿使用自行车的重要原因。

(2)公共租借自行车发展现状

网点情况：根据相关资料统计，目前上海市已有7个区，共设置了701个网点，涉及2万多辆公共租借自行车。

运行情况：根据闵行区的运营情况，正常运营时日均每车租用率为4.8次，高峰期最多可达10次，每天可以解决5.8万人次的出行需求，并且公共自行车故障率低于3%。车辆的使用以早晚高峰为主，占近60%；仅两成的使用是用来接驳轨道出行；主要的服务区域为网点1～2km范围。运营模式主要有两种，一种是“政府主导，购买服务”，一种是“政府支持，企业投资”。

主要问题：公共租借车发展规划不明确。虽然各区县纷纷建设了公共租借自行车系统，但公共租借自行车的功能定位、发展区域、费率政策和行业管理均缺乏市级层面的统筹与管理。

2.4　“P+R”停车场(库)发展现状

泊位情况：目前，上海市共有7处“P+R”停车场(库)，总计2729个泊位，分别为锦江乐园站、汶水路站、淞虹路站、大场镇站、沈杜公路站、松江大学城站、金山铁路金山卫站。

运行情况：全年泊位周转率 0.32 辆次/泊位/d，较 2011 年增长 0.04，说明“P＋R”的出行模式正被越来越多人接受，且“P＋R”停车场运营效果逐步趋于更好。其中，沈杜公路和淞虹路站运营效果较好，泊位周转率分别为 0.67 辆次/泊位/d 以及 0.84 辆次/泊位/d。运营效率最差的为场库大场镇站和松江大学城站。

问题分析：目前存在的主要问题是部分“P＋R”停车场没有真正发挥作用，使用率较低。①因为选址还要进一步优化，尽量选择在轨道交通首末端，换乘后可以有座位的车站较为有吸引力。②将“剩余车位”与“收费优惠”纳入停车诱导标志中，以达到诱导或吸引车辆首次进站停车的效果。③经营企业的服务意识以及周边是否可以违章停车也影响“P＋R”的利用率。

2.5 交通结构与服务层次问题

“最后一公里”公交方式比例较重。根据调查数据来看，本市的“最后一公里”交通出行结构存在一定的倒置，尤其是在 3km 以内，地面公交的出行比例较高，而对最适宜作为 3km 以内接驳交通方式的自行车却比例较低（仅 10％左右）。部分城市的轨交接驳方式比例见表 3。

表 3 部分城市的轨道交通接驳方式比例 （单位：％）

		自行车/助动车	步行	公交	其他
北京	部分车站（2004 年）	9.4	37.3	36.8	16.5
日本（2005 年）	中京圈	37.2	34.3	8.9	19.6
	近畿圈	28.5	53.8	10.2	7.5
	首都圈	21.7	60.7	11.8	5.8

缺少“中等价格，中等服务”层次。通过将各种方式经济性、便捷性、快速性和舒适性等特点综合比较，得到各类出行方式的服务层次构成如图 3 所示。从图 3 可以看出，当前“最后一公里”交通服务层次中，缺少一种比现有“最后一公里”公交的服务性能更高，同时在费用支出上又比非法营运车更具竞争力的公共交通方式，来填补现有服务层次空白。

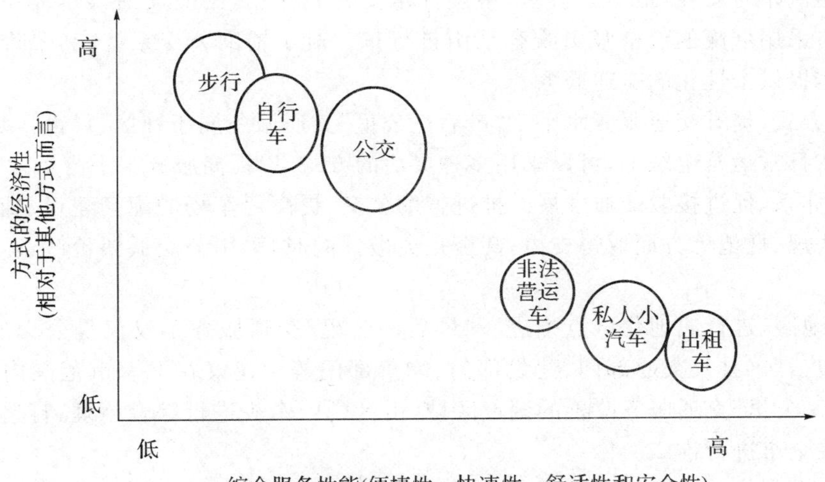

图 3 “最后一公里”交通接驳方式的服务层次

3 “最后一公里”交通服务体系设计

3.1 “最后一公里”交通发展目标

借助建设国家“公交都市”的契机，建立功能层次清晰的多元化“最后一公里”交通服务体系，打造“安全、准时、便捷、绿色”的“最后一公里”交通，以合理引导与适应人民群众的出行需求，满足不同层次、不同时段的出行需求。

3.2 “最后一公里”交通基本策略(见图4)

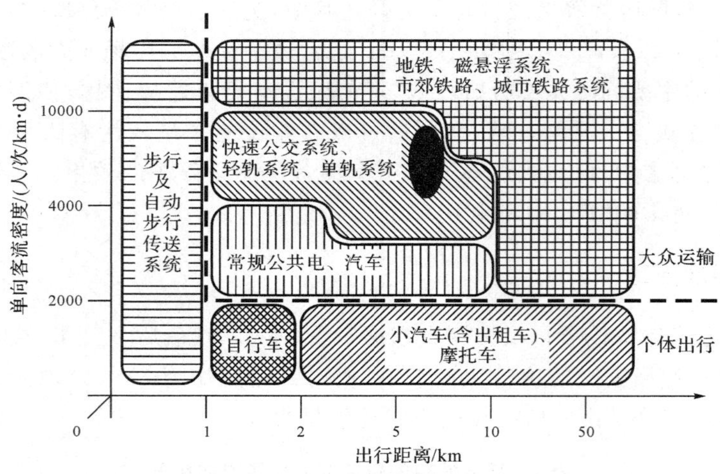

图4 “最后一公里”交通策略分析

增加辅助公交服务,完善交通服务层次。针对“最后一公里”交通服务中缺失“中等价格,中等服务”服务层次的现实(目前被非法营运车辆所替代),建议在“最后一公里”各种交通服务方式中增加辅助公交方式,即形成集“地面公交、出租汽车、辅助公交、自行车、步行、P+R”等多种交通方式于一体的交通服务体系。

强化配套设施建设,调整交通服务结构。针对目前在“最后一公里”交通方式中,在1～3km范围内自行车分担率较低,以及轨道出入口与公交车站步行距离较长的现实,必须对轨道交通车站的接驳设施进行合理的规划设计,以形成“零换乘”。根据轨道交通车站规划设计导则对新的站点进行设计,对已建成的站点在允许的条件下进行改造。

合理确定比价关系,促进不同功能的发挥。在“最后一公里”交通服务体系中,应该通过合理的票价比价关系,对乘客的出行方式选择进行引导。如:地面公交作为较长距离接驳的主体公共交通方式,应继续实行低票价政策;出租汽车若要在“最后一公里”中发挥重要补充作用,则应灵活票价体系。对于公共自行车和个人自行车,则应采用低廉的价格吸引乘客采用自行车。对于辅助公交系统,其票价应介于出租汽车与公交车之间,为乘客提供个性化的交通服务。

灵活运营组织方式,提升交通服务水平。“最后一公里”交通服务属于社区、局部区域的服务,其影响范围相对较小,因此在日常运营组织上,可以采用多种灵活的方式,以提高服务水平与运营效率。

完善政策保障体系,促进接驳交通发展。推进辅助公交、提高停车场的配套建设、辅助公交进小区等方面都需要从法律、法规、规范等方面取得支撑,甚至是突破。同时,采用公交低票价政策,需要政策长期的保障作为后盾。

选择条件成熟地区,进行属地化试点推进。“最后一公里”交通服务不仅仅是公交的发展,更需多个部门共同努力推进,包括区(县)、交通部门、建设部门、物价部门等。建议在上海市范围内选择基础设施较好的区域,作为“最后一公里”交通服务改善的试点区域,由区(县)牵头进行综合治理,打造“最后一公里”交通服务样板区域,并在全市进行推广。

4 “最后一公里”交通服务优化建议

4.1 “最后一公里”公交运营优化建议

(1)服务定位与基本策略

服务定位:地面公交容量大、速度快、票价低,在“最后一公里”交通中以承担较长距离(3～5km)的接驳为主。

基本策略:在基础设施配置较为完善的前提下,以扩大服务范围、改变运营方式、改善公交服务等措施为手段,进一步提高“最后一公里”的服务区域和服务水平,提升公交的吸引力。

(2)具体措施

选择薄弱区域,继续扩展公交服务区域。“最后一公里”公交填补了公共交通网络的空白,在出行中发挥了很好的作用,应选择薄弱区域,继续扩大“最后一公里”公交服务范围,如杨浦区五角场街道“大武川”地区、新江湾城闸殷路地区、普陀区李子园和金光地区等。

公布到站时刻表,减少乘客盲目等候时间。在非高峰时段,参照“超市班车”运营模式,可适当降低发车频率(如不低于 1h),但要在相应站点公布到站时刻表(或将时刻表发至小区内)。在满足乘客非高峰出行的同时,减少乘客的盲目等车时间。

尝试中途站首发,减少公交站点步行距离。针对轨交车站的首末站较远(超过了理想的 100m 以内)问题,建议可尝试中途站首发模式,即在枢纽处的中途站划出公交车辆停车位,用于公交车辆停靠,将目前由大量黑车盘踞的地方让给公交车辆停靠,进一步减少乘客步行时间。

灵活发车方式,提高公交线路运营效率。由于高峰时段与非高峰时段客流变化较大,建议在不同时段采用不同的发车方式。在高峰时段,根据平时客流运行情况,确定首末站达到一定满座率后即开行。在非高峰时段,可以根据客流加大发车间隔,但要公布时刻表。

增强“营销”理念,促进公交融入社区服务。“最后一公里”公交服务对象相对固定,行业和企业应增强“营销”理念,如加大宣传力度、在小区内发放班次时刻表、提供更加人性化的服务,努力使“最后一公里”公交融入社区服务。

4.2 “最后一公里”辅助公交发展探索

(1)服务定位与基本策略

服务定位:辅助公交是一种“服务和价格”介于地面公交与出租车之间,为乘客 3km 以内的接驳提供“门到门”服务(可以进入小区)的交通方式;补充“最后一公里”的服务层次缺失,进一步压缩非法营运车辆的存在空间。

基本策略:通过打造路线与时间灵活、价格适中的运营服务,为乘客提供“低碳、舒适”的出行方式。

(2)辅助公交运营体系设计

公交运营模式:可以借鉴香港红色小巴,车辆在居住小区范围内运行线路不固定,可以招手停车;但在市政道路上运行线路固定,必须靠站停车。

出租运营模式:在市政道路和小区范围内运行线路都不固定,且可以随时招手停车。

发车方式:高峰时段可以人满发车,而非高峰时段可以固定时间段,或满载率达到 50%时发车。具体的营运时间可以与轨道交通的营运时间相结合。

车辆车型:可采用小型(10 座)面包车、6～8 座电瓶车。额度要进行适当控制,车辆适当投放。可以通过车辆的标识来控制其运营区域。

票制票价:票价可以介于目前非法营运车辆收费价格与公交车票价之间,建议选择 3～4 元。下一步可以根据营运成本估算,可实行指导价,政府不予补贴。

由公交公司进行经营:优点是若采用电瓶车运营,公交公司在世博园区内运营过电瓶车及新能源车辆,在线路规划和运营方面较为有经验。

由出租公司进行运营:优点是辅助公交的定位与出租车的定位有些类似,由其运营可以借鉴目前的出租车的运营模式,在司机调配、司机收入分配等方面较有优势。

(3)配套保障措施

要对辅助公交的投入额度进行适当控制。车辆的运营区域要相对固定,可以通过采用不同标识的车辆来控制其运营的区域。需协调车辆进入小区的事宜。辅助公交最大的特色是可以进入小区内部,因此车辆是否可以出入小区内部还需要与房管部门进行协调。若采用电瓶车,则需解决上路问题,且要对道路运行环境进行优化。

4.3 “最后一公里”自行车交通优化建议

(1)服务定位与基本策略

服务定位:个人或公共自行车作为城市公共交通系统的主要交通方式,主要作为与轨交站点衔接的“最后一公里”短距离(1～3km)的出行方式。个人自行车主要服务于居家(到家)接驳交通，而公共自行车主要服务于非居家(到家)接驳交通。

基本策略：建设完善的自行车道路网络和充足的停车泊位，适度发展公共租借自行车网点，通过加强管理，优化出行环境，进一步提高自行车方式在“最后一公里”交通中的比例。

(2)具体措施

从规划建设层面，在区域规划和轨交规划中，要强调形成线路便捷、环境舒适的自行车道路网络，在道路断面设计时为自行车合理安排行车空间和环境；要充分考虑自行车与轨交(枢纽)之间的换乘要求，在车站(枢纽)处布设适宜规模的自行车集中停放场所，并可在停车场内发展修车点；对“最后一公里”的公共租借自行车的服务对象进行合理估计，适当建设租借网点。

从运营管理层面，加强对自行车道和人行道非法占道行为的严厉处罚，归还慢行交通原有的空间；完善停车设施管理，确保轨交车站(枢纽)停车场有人值守，或可尝试轨交车站自行车换乘免费模式；明确公共租借自行车的管理部门，在总结各区开展经验的基础上，从市级层面对公共租借自行车的发展进行定位、规划，对其网络布点、运作模式、收费价格、运行管理等进行指导。

4.4 “最后一公里”步行交通优化建议

(1)服务定位与基本策略

服务定位：步行速度低，以自身体力为主，出行距离范围有限。因此，在“最后一公里”交通中，步行主要承担1km以内的接驳交通。

基本策略：建设完善的通道网络、过街设施(天桥、地道、交叉口信号)，通过加强管理创造顺畅、优美的步行环境，使步行成为交通出行中的享受。

(2) 具体措施

人性化规划和设计步行交通设施。人行道的宽度应随人流量和道路等级而定，应当保障人行道的最低宽度，充分考虑轮椅通行要求。人行天桥和过街地道应充分考虑老年人和残疾人的通行需求。合理规划沿街设置的电线杆、标杆件、报亭等，确保人行通道的连续性，减少市政设施或经营摊点对步行空间的侵占。

加强监管，制止人行道设施被侵占行为。加强城市管理，制止沿街商业设施对人行通道的任意侵占行为。疏堵结合，管理人行道上任意停放自行车问题，一方面要合理规划非机动车停放区，另一方面要制止人行道上的非机动车随意占用。

4.5 “最后一公里”出租车优化建议

针对目前出租车很难在“最后一公里”中发挥作用的情况，若要将出租车定位为“重要补充”，则可以考虑以下两种方案对出租车价格进行相应变通，以建立适应“最后一公里”交通的合理价格。

方案一：起步价内进行公里计费。将出租车定位为“最后一公里”交通服务体系中的重要补充方式，应该考虑在价格结构上进行补充，建议在3km以内的，按4元/km收取费用(即为目前起步费的1/3)。一方面可以为乘客提供短距离、低价位的服务；另一方面，可以为出租车提供一个与非法营运者相竞争的价格。

方案二：短距离内允许合乘服务。在“最后一公里”范围内允许合乘。此政策由于涉及全市层面，操作性较差，但却是需要研究的问题之一。

上海公共交通优先发展政策的思考

刘明姝

（上海市城乡建设和交通发展研究院，上海 200040）

摘要：本文回顾上海公共交通优先政策执行情况，总结出资金投入确保轨道交通里程大幅增长、公交行业改革强化行业国有主导、财政补贴力度不断加大凸显公益性、不断优化网络提高服务水平等成功政策措施。分析当前面临的主要挑战，包括小汽车强势竞争、企业亏损严重、用地落实难、公交优先路权争议等。并提出5个方面政策手段，包括提高公交吸引力与控制小汽车使用并举政策、财政补贴与票价规制、公交一体化发展政策、枢纽用地保障政策、提高公交专用道效率政策等。

关键词：公交优先；交通政策；财政补贴；票价规制；公交专用道

公共交通优先也是上海长期坚持的城市交通发展战略，上海第一本交通白皮书《上海市城市交通白皮书（2002）》将公共交通优先发展作为重要政策提出，2013 年《上海城市交通发展白皮书（2013）》提出把公共交通发展放在城市交通发展的首要位置，延续将公共交通优先发展战略作为重要战略之一。在具体行动中，上海通过《关于优先发展上海城市公共交通的意见》、《上海市 2007—2009 年优先发展城市公共交通三年行动计划》等政策，促进公共交通的发展。在政策的支持下，上海公共交通快速发展，比如在十多年的时间里，上海地铁线路规模达到了 530km，成为国内地铁规模最大的城市。然而，公共交通仍然面临小汽车的强势竞争，上海虽然多年来采取机动车总量控制政策，但保有量仍然以每年超过 10 万辆的速度在增长。截至 2013 年底，全市机动车保有量 283 万辆，未来仍将继续增长。本文就上海公共交通优先发展情况及面临的挑战和对策建议进行阐述。

1 上海公共交通政策措施回顾

（1）资金投入确保轨道交通里程大幅增长。在公共交通政策的指引下，上海加大公共交通基础设施建设投入。资金投入直接促进了公共交通基础设施规模的快速增长。以 2009—2013 年为例，全市轨道交通基础设施投资 1098 亿元，占交通设施投资的 44%。上海轨道交通运营线网里程从 2009 年的 355km 增长到 2013 年的 567km（含磁悬浮线）。线路长度年均增长 53km 以上，而国际同类城市轨道交通建设速度约每年 10km，上海以这种世界上绝无仅有的建设速度创造着城市轨道发展的新奇迹。2013 年底，全市运营轨道交通线路共 15 条，运营车站 313 座，其中换乘枢纽站 42 座。2013 年，轨道日均客运量已达到 687 万乘次，轨道交通客运量占公交客运总量 39%。轨道交通成为吸收本市新增公共交通客运量的主要方式。受益于轨道交通客运量的快速增长，上海公交系统客运量持续增长，2013 年已达到 1742 万乘次/d。

（2）公交行业改革强化行业国有主导。多年来，上海公共汽电车行业体制机制随着时代的要求，不断地进行改革。1996 年，上海公共汽电车（以下简称“公交”）行业实施了以“体制、机制、票制”为突破口的改革，公交行业实现了从计划经济向市场经济的历史性转折。2001 年，启动了以理顺内部体制、建立公益性扶持政策为主要内容的第二轮改革，实现了政企分开和区域差别化管理，促进了行业发展。为适应新的发展要求，2009 年上海公交行业开始了第三轮改革，以深化体制改革、完善经营格局、强化政府监管、提升服务能级、降低出行成本等为主要内容，推进公交行业的改革和发展。经过两年的努力，基本形成了“浦西、浦东、一区一骨干”的相对区域经营格局。建立完善公交企业职工收入保障制度，职工收入明显提高，职工权益得到保障。

作者简介：刘明姝，女，工学硕士，研究方向为公共交通政策与规划。

(3)财政补贴力度不断加大,凸显公益性。近几年,政府给予公共交通的补贴金额不断增加。从2009年的37亿元增加至2012年的55亿元,4年时间补贴总额达179亿元。特别是2012年,政府补贴总额已略高于票款收入。从2009年4月1日起,实施换乘优惠措施,目前已覆盖全市所有线路、所有车辆。换乘优惠时间由1.5h延长至2h,扩大了换乘优惠,并对70岁以上老人在非高峰时段乘车实施免费政策。补贴资金中用于优惠换乘和老人免费乘车的补贴从2009年的10.7亿元增长到2012年的15亿元,增长幅度达40%。2012年,全年优惠换乘客运量9.31亿人次,老人非高峰时段免费乘车日均2.36亿人次。

(4)不断优化网络,提高服务水平。通过中心城区内一批重复线路的归并、撤销,线路资源过度集中于中心城区的状况有所改善。中心区公交站点300m覆盖率已经达到90%以上,外围区公交站点300m覆盖率在60%左右。通过开通"最后一公里"线路提高对居住社区、商务区、商业街区的多样化接驳服务。目前,上海已开通129条"最后一公里"线路。积极推进公交专用道建设。1998年,上海已开始推进公交专用道的建设;从2005年起,上海市政府加快扩大公交专用道的实施范围;截至2010年底,已有30余个路段建成共计161.8km的公交专用道,基本形成"三纵三横"主干道为骨架的公交专用道网络系统。

2 公共交通面临的挑战

(1)个体机动化方式的强势竞争。随着城市社会经济的增长,上海机动车保有量不断增长,特别是小客车注册量快速大幅攀升。2013年底,全市小客车注册量接近200万辆,5年时间增长了80多万辆。加上常驻在上海的外地牌照车辆,这个数字将更大。并且小汽车使用处于较高水平,小汽车日均行驶39km,大约是伦敦的1.3倍,东京的2.1倍。此外,虽然电动自行车属于非机动车范畴,但是从使用特征上已经具有个体机动化交通的特征,行车速度和出行距离远大于脚踏自行车。截至2013年底,全市注册电动车已达337.6万辆,5年时间增长了89万辆,若加上无牌车、外地牌照车,使用量远远大于注册量。

个体机动化交通方式凭借灵活、便捷的特征,成为市民出行依赖的交通方式,对公共交通形成较为强势的竞争。尽管近年轨道交通规模大幅增加,相应公共交通客流总量快速增长,但因为全是出行总量的增加和个体机动方式的竞争,公共交通分担率增长相对缓慢。根据上海2004年和2009年两次综合交通大调查,中心城公共交通(含出租车)方式比重微弱增加,而机动化方式比重和电动自行车方式比重合计有10个百分点的增加。

(2)公交企业经营面临亏损严重。一方面,由于物价水平的上涨,公交企业经营成本每天增长,包括人工成本、动力成本、车辆折旧成本、修理成本和管理成本。特别是人工成本,随着社会平均工资逐年增长,成为企业经营成本中的最大一部分。另一方面,由于公交票价多年未涨,作为企业主要收入来源的票款收入难以与经营成本同步增长,公交企业面临严重亏损。以2011年骨干公交企业浦东公交和巴士公交为例,分别亏损1.1亿元、19.5亿元。

(3)轨交与公交两网融合力度不足。轨交与公交之间的整合还存在不足,影响公共交通整体服务水平的提高。例如,在轨交车站配套设施建设方面,由于轨交建设由久事公司与申通集团负责,而公交车站建设由公交运营公司负责,建设主体和资金来源各不相同,导致与轨交衔接的公交车站、非机动车停车点、出租车候客站点、变电站,以及其他配套设施难以同步完成,造成轨交与其他方式换乘的不方便。

(4)公共交通枢纽落地困难。由于城市建设用地的日益紧张及用地规划的调整,《上海综合交通客运枢纽规划》中的枢纽落地十分困难,也是枢纽建设推进缓慢的原因,原规划的145个枢纽目前建成约84个,其中还有部分为临时枢纽。此外,在枢纽落地过程中,也存在虽然落实了用地规模,但是用地形态难以符合公交车进出枢纽的交通组织要求,比如狭长地形、不规整地形等。未来,随着轨道网络的扩大,还将增加新的枢纽。枢纽建设也是影响枢纽换乘效率便捷性服务水平、公共交通网络效率的重要因素。

(5)公共交通路权优先争议性大。虽然截至2010年底,上海已建成公交专用道161.8km,但近几年来公交专用道未有增长。公交专用道推进缓慢的原因:①中心城道路路网基本成熟,通过增加车道建设专用道的道路规模有限,若通过划线方式建设专用道势必给原本拥挤的道路带来更严重的拥堵;②由于上海中心城道路路幅较窄、交叉口较多,已建成公交专用道运行虽有一定效果,但在高峰车速上并未有实质的提高。因此,在中心城开行公交专用道,受到的阻力较大。

3 公共交通发展政策建议

从上海市的可持续发展要求出发，按照交通设施资源分配和使用的公平、效率原则，在规划、投资、建设、运营和服务等各个环节，为公共交通的发展提供优先条件。在延续已成功实施的政策的同时，针对公共交通目前面临的主要挑战，提出以下几方面政策建议。

(1)以提高公交吸引力为前提的个体机动化控制政策。在继续加大公共交通基础设施投入，扩大轨道交通网络规模，优化公交线网的同时，还需继续加强对小汽车的拥有和使用的管理。在坚持小客车拥有控制的同时，更加注重通过停车、通行成本管理、道路功能调整、出行方式引导等手段降低小客车的使用强度，引导小客车有限目的、有限时空的合理使用，保障一定的道路交通的可持续发展。对于电动自行车，重点加强超速超重等不达标车辆的管理。例如，制定地方电动自行车的标准，明确可在本市销售和登记的电动自行车产品目录。从生产、销售、登记、通行和后续维修改造等多个层面严格管控目录外车辆。尽快完成《上海市非机动车管理办法》的修订，提供更严厉的执法依据。

(2)以公益性为基础的财政补贴和票价政策。鉴于公共交通公益性的特点，还需不断加大政府对城市公共交通投入和公共财政支出力度。根据国家相关文件的要求，探索在规范的成本费用评价制度下，发展政府购买服务的方式，并结合本市公共交通"最后一公里"、大型居住区公交线路等先行试点。为提高企业积极性，提高政府财政补贴的使用效益，在成本规制的基础上，还应转变政府对公交企业业绩考核指标，建立根据企业经营业绩提供补贴的机制，如根据企业经营业绩(客运量、客运周转量或行车里程)来确定每年补贴金额的方案。

公共交通票价调价机制。综合考虑乘客的承受能力、企业运营成本和政策财政支付能力，设定公共交通票价调价机制。①完善定价调价机制。在"十二五"期间建立起各方都能接受的调价机制，引导上海进入兼顾市场化运作的公益性票价模式，建立动态降价或涨价等调价机制，并充分征询公众意见，意见达成一致后出台。②通过信息化手段，进一步落实企业成本规制，实现政府扶持、公共交通票价调节机制、企业发展间的良性互动。同时，丰富公共交通票制，完善公共交通的比价关系。

(3)以公交网络一体化为目标的两网融合政策。轨道交通专项规划阶段同步编制公交配套专项规划，包括轨道车站红线范围应包含公交车站等配套设施用地，以及相关线路的配套。已批复的公交配套专项规划应与轨道交通专项规划同步由市规划行政主管部门纳入规划控制平台，以期做到规划落地。同时，明确资金来源，明确公交配套设施建设由轨道车站建设主体同步代为建设。在运营管理机制上，探索混业经营，允许轨道交通运营公司经营轨道站点公交接驳线路。

(4)以规划法律为抓手，落实公交枢纽用地保障政策。不断加强与各层次城市规划对接，优先满足公交客运枢纽用地。在上海新一轮总体规划的编制中，将综合交通客运枢纽规划纳入其中；在控制性详细规划阶段，将公交枢纽规划在控制性详细规划或选址专项规划中予以落实，用地规模和形态由交通主管部门联合审批。完善枢纽项目建设管理机制，制定上海公交枢纽设计准则，建设阶段保障用地。在投资和运营方面吸引和鼓励社会资金参与，允许特许经营、战略投资、信托投资、股权融资等多种形式。

(5)以效率为原则的公交专用道路权优先政策。继续给予公交车辆通行的路权优先政策。在推进公交专用规模增加的同时，应更加关注道路整体客流通行能力和运送车速的提高，公交专用道的建设不仅仅是划出专用车道，还需要包含公交专用道交叉口、站点设计管理、交通信号优先、违章车辆惩罚、公共交通线路优化等系统工程。公交专用道的建设应确保通道效率提高，以赢得各方的支持。

参考文献

[1]上海市人民政府.上海市城市交通发展白皮书[M].上海:上海人民出版社,2013.

[2]上海市综合交通发展年度报告[R].2013.

[3]公交系统[M].上海:同济大学出版社,2005.

[4]美国国家科学院运输研究委员会.巴士快速交通实施指南[M].王健,译.北京:中国建筑工业出版社,2009.

市郊既有铁路线转化为城市快速轨道交通的可行性分析

——以天津南环铁路为例

李希方

（天津南环铁路有限公司运输分公司，天津 300000）

摘要：城市中的铁路系统通常被认为是城市发展的障碍，城郊铁路在城市范围不断扩大过程中越来越成为市区发展的瓶颈，由于新建轨道交通系统成本高昂，我国很多城市提出将既有铁路改造成为城市轨道交通的设想，但大多缺乏深入的可行性研究。本文以天津李港铁路线为例，提出将其转换成为城市轨道交通的建议，并在运输组织、实施和服务等方面提出可行性分析，同时做出经济评价。

关键词：既有铁路；城市轨道交通；可行性

1 前 言

（1）市郊既有铁路：在城市中的尴尬

我国许多城市内部和郊区均存在数量不少的铁路专用线或者铁路支线，主要作为货运线。随着城市规模不断扩大，许多原来位于城市郊区的仓储企业、工厂等已经被包含在城市内部，伴随着污染等原因造成的工业用地的调整，一部分迁址至更远的郊区，还有一部分工业用地逐步废弃，导致附属于工厂、仓库的铁路专用线基本也随之废弃。对于废弃铁路通常的处理方法是完全拆除，但由于铁路路基、线路资产归属等原因造成很大部分铁路线搁置，成为城市用地发展的制约因素，铁路周边也因此常常变成城市中的“闲置空间”。

（2）将市郊铁路转化为城市轨道交通系统的设想

“市郊铁路”是铁路系统参与城市客运交通研究中的热点问题，所谓市郊铁路起源于第二次世界大战前城市间的铁路运输，主要为通勤者服务，故也称通勤铁路。市郊铁路是沟通城市边缘与远郊区的交通方式，由于市郊铁路服务于人口密度相对稀疏的郊区，站间距离比市区大，使得列车的运行速度可以提高很多。伦敦、巴黎以及美国一些城市如纽约、芝加哥、费城都有较大规模的市郊铁路运输网络。市郊运输的特点是装备重型化，最高速度较大，加减速度较低，通常由电力或者内燃机车牵引，目前则逐渐为电动车组所取代。线路长度一般为 40～80km，虽然市郊铁路的终点站可引入市中心，但大多数车站仍在郊区。市郊铁路一般是在过去只能跑货运的旧线上开展新的客运服务。

实际上，我国城市中曾长期存在利用市郊铁路解决城市和远郊区间的客运通勤交通现象。我国市郊铁路曾经在大城市客运中占有相当的比重。在我国不少城市范围内的许多铁路干线和支线，在保证正常行车间隙的情况下，开行了有利于城市居民出行的近郊客运列车，但大多主要是为了满足铁路职工通勤的需要。

目前，城市轨道交通的重要性得到了很大程度的关注，但获取轨道交通走廊用地成本高昂。这就使许多城市逐渐认识到将一些铁路线路改造为轨道交通的重要性，并积极探索其可能性。多数大城市在最新的总体规划中均将市郊铁路作为城市轨道交通系统的重要组成部分列入发展规划之中，但这种规划设想的操作性和实施可能在现阶段都非常低，并且缺乏基于一致目标的深入的技术可行性研究。究其原因，主要可以从体制和技术两个层面来认识。首先，无论是国铁或企业专用线，其所有权、调度权都不在城市。由于我国现阶段铁路系统发展的特殊性，任何一条铁路改变用途、维修、拆除，在体制和程序上都非常复杂；其次，从技术上来看缺乏真正的有说服力、可操作性强的更新改造方案，许多方案都仅仅看中原有铁路能提供的用地，而对原有铁路设施和周边用地的整合缺乏重视和通盘考虑，往往都是将现有铁路完全拆除而规划为高架轨道交通系统，这种方案的致命弱点是缺乏与铁路部门的共识和认可，往往成为不能实现的设想。

作者简介：李希方，学士学位，现就职于天津南环铁路有限公司运输分公司。

2 以天津南环铁路李港线(即“李港铁路线”)为例进行分析研究

(1)天津南环铁路李港铁路线现状和发展趋势

天津李港铁路线起点为李七庄车站(通过西营门车站与天津最大的客运站——天津西站接轨),位于天津市西青区(郊区),与市区河西区接壤,终点站为东大沽站,地理位置位于天津塘沽区。天津李港铁路是天津铁路枢纽的重要组成部分,是天津市西青区、津南区、大港区、塘沽区二十多家大中型企业原材料、成品运输的主要方式和通道,是连接南疆港的直接铁路运输通道。其作为天津铁路枢纽的东南、西南环线,“西接津浦,东通南疆,南接沧黄,北连京山”,对天津市成为中国北方港口城市及经济文化中心起着关键性的作用,如图1所示。

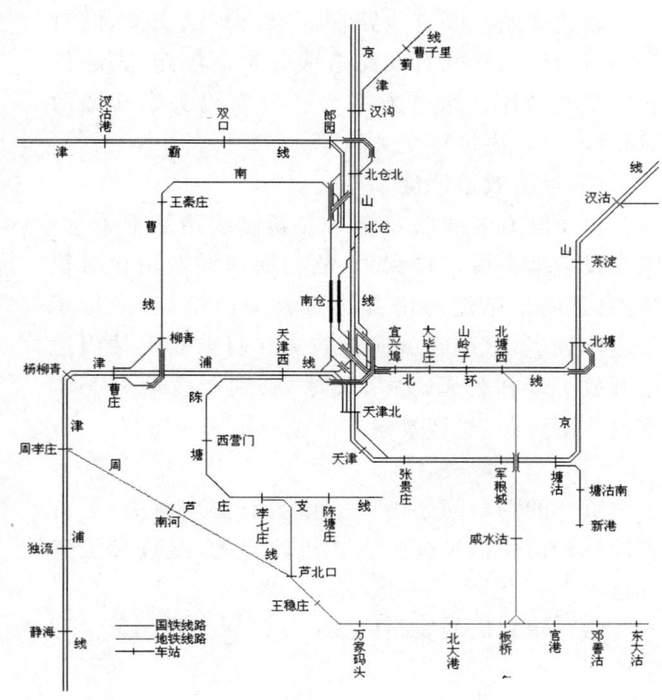

图1 天津铁路枢纽示意图

由于李港铁路线与天津西站接轨,李七庄站至天津西站区段径路经由天津市南开区,对居住密集的生活区造成噪音及污染较大。经天津市政府与原铁道部协调,计划于2016年以前将李港铁路天津西至官港区段废除,车流径路调整至周里庄至官港新改建线路运行。

(2)李港铁路线的新建计划

该计划将造成2016年以后天津西站至官港站区段的线路荒废。由于线路、路基及周边土地资产结构比较复杂,远期拆除计划不明确。

(3)各种城市客运交通方式效率比较(见表1)

表1 各种城市客运交通方式效率比较

	私人汽车	公共汽车	轻轨	地铁	市郊铁路
对交通拥挤的影响	非常负面	影响有限	影响有限	缓解作用	缓解作用无影响
环境影响	非常负面	影响有限	非常小	非常小	小
投入	高	可承受	可承受	高	高
运营成本	相当高	中等	低	低	中等
灵活性	高	高	低	低	低
建设难度	—	中等	较高	高	较高
运能	非常低	中等	高	非常高	非常高
可达性	非常高	高	中等	低	低

(4)既有设备、设施改造可行性

既有车站均为货运站,但各站均有客运站台,但不具备售票检票系统设备及旅客候车大厅等建筑设施,但各站均具备地势条件及既有站舍改造条件。

由于各站均处于人流相对不是很密集的郊区,故初期车流不是很密集,可运用既有线路和6502集中连锁及半自动闭塞设备、信号设备进行运营。

(5)运营管理模式

可成立独立的运营管理公司,设置单一调度指挥中心,统一对行车组织进行管理。初期利用既有线路,远期对线路由官港站进行延展。同时,设立专门机构对设备进行维护管理。

(6)信息系统建设

利用既有光纤及路由等设备,增加必备终端进行改造。

(7)客流组织

由于本线与天津西站接轨,虽然其他各站均在人口相对较少的郊区,但客流量应该相对较多,具体客流量有待调研。

(8)交叉进路解决方案

新建线路与既有线路在万家码头站交叉,同时利用万家码头站既有线路造成客货运混跑,影响作业安全及效率。最佳方案为在万家码头站新增两股正线,以解决进路交叉问题。

(9)经济效益评价

由于既有老线路及车站与新修线路互不干扰,既有设备基本可以再利用,故初期建设费用相对很少,且室内车站途经南开区至天津西站,客流量相对应该较多,后期收益应该较大。目前官港站周边已开放了森林公园、高尔夫球场、别墅度假村等丰富的旅游资源,经济效益有待进一步深入研究。

(10)矛盾解决

资产的划归问题由天津市政府协调解决,运营管理机构运用招投标的方式进行筛选,允许私人资本进入。

(11)规划后的线路(见图2)

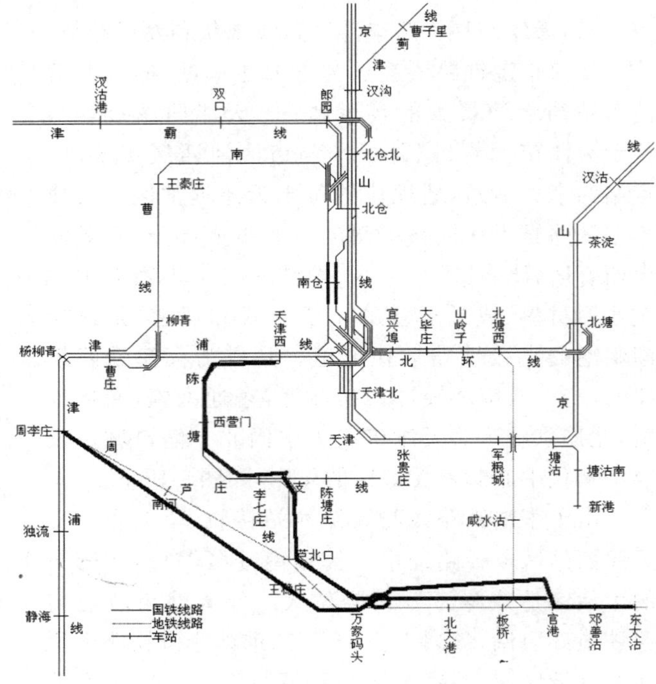

注:天津西—东大沽为老线路;周李庄—东大沽为新线路。

图2 天津铁路枢纽规划前后对比

3 小 结

综上所述,天津李港铁路转变为城市轨道交通线路是可行的,但在城市中也会产生一定程度的不利影响,在如下几个方面加以改进,则会发生积极的作用。①制度协调。这是首要的前提,通过成立相关机制,常设机构处理相关的规划和前期准备工作,并成立公司化机构进行运营管理工作。②资金和财务管理。对于资金投入与产出的管理,需制定合理的规范,同时系统的建设应谋求多方支持,以及通过由于交通条件改善带来的后期预期收益加以解决。③系统更新。考虑城市公共交通的特点和需求,对既有铁路系统加以改进,着重于系统本身按照城市轨道交通的标准进行更新,以及不同系统间的协调问题,既要保证轨道交通运营中适当的优先性,又要保证其他方式不受太大的影响。

参考文献

[1]罗秀清,叶玉玲.发展市郊铁路参与城市轨道交通建设[J].铁路运输与经济,2003(6).

基于应急管理理论的高速公路事故管理系统框架模型

吴　刚　马寿峰　贯　宁

（天津大学管理与经济学部系统工程研究所，天津 300072）

摘要：交通事故已经成为影响高速公路正常运行的严重破坏性因素之一，本文利用应急管理的思想，提出应当从预防、准备、反应和恢复4个阶段建立交通事故的应急处理体系，基于我国高速公路管理部门的现状，提出了一种高速公路事故管理系统的框架，对实际高速公路事故管理工作有一定参考价值。

关键词：应急；管理理论；高速公路；事故管理

我国高速公路的发展比西方发达国家晚近半个世纪，经历了从20世纪80年代末至1997年的起步建设阶段和1998年至今的快速发展阶段。1988年，上海至嘉定高速公路建成通车，结束了我国（除港、澳、台地区外）没有高速公路的历史；1990年，被誉为“神州第一路”的沈大高速公路全线建成通车，标志着我国高速公路的发展进入了一个新的时代；1993年京津塘高速公路的建成，我国拥有了第一条利用世界银行贷款建设的、跨省市的高速公路。1997年底，我国高速公路通车里程达到4771km，10年间年均增长477km。相继建成了沈大、京津塘、成渝、济青等一批具有重要意义的高速公路，突破了高速公路建设的多项重大技术“瓶颈”，积累了设计、施工、监理和运营等建设和管理全过程的经验，为1998年后的快速发展奠定了基础。从1998年至今，高速公路建设进入快速发展时期，年均通车里程超过4000km，年均完成投资1400亿元，这个速度在其他任何国家都几乎是不可想象的。1999年，全国高速公路里程突破10000km；2000年，国道主干线京沈、京沪高速公路建成通车，我国华北、东北、华东之间形成了快速、安全、畅通的公路运输通道；2001年，近代史上有“西南动脉”之称的西南公路出海通道经过10多年的艰苦建设实现了全线贯通，西部地区从此与大海不再遥远。2002年底，我国高速公路通车里程一举突破25000km，位居世界第二位，2003年底接近30000km。到2004年底，我国高速公路通车里程超过34000km，继续保持世界第二位。除西藏外，各省、自治区和直辖市都已拥有高速公路，有16个省区的高速公路通车里程超过1000km。长江三角洲、珠江三角洲、环渤海等经济发达地区的高速公路网络正在加快形成。随着我国交通结构与运输效率的提高，近几十年高速公路建设发展非常迅速，高速公路运营里程也随之增加，2012年底，我国高速公路通车总里程已达96000km（见图1）。

高速公路高效、快捷的特点给经济社会带来便利的同时，也带来了交通流量的剧增和事故的多发，致使交通拥堵，通行不畅，甚至威胁人民的生命财产安全。据统计，高速公路事故中的人员伤亡和财产损失，要远远大于普通公路。中国近年来的交通安全形势逐步好转，事故次数、死亡人数、受伤人数、经济损失和万车死亡率都大体呈现下降的趋势（见表1）。但在与世界发达国家的横向对比中我们发现，中国交通量仅占世界的1.5%，每年死于事故的人数却占全世界因交通事故死亡人数的20%。以当量机动车数计算，中国事故死亡率为美国的30倍左右。尽管中国近年来交通安全治理初见成效，但是交通安全形势依然严峻。在包括城市道路和公路在内的事故分类统计中发现，发生在各类公路上的事故数量和财产损失等都大于城市道路。2010年，全国发生道路事故3906164起，同比上升35.9%；涉及人员伤亡的道路事故219521起，造成65225人死亡，254075人受伤，直接财产损失9.3亿元。

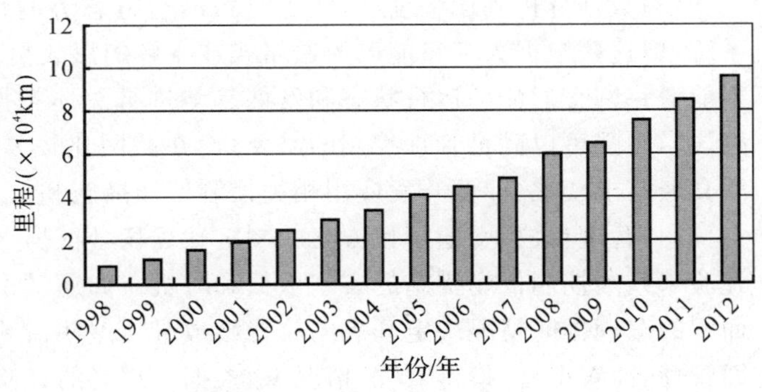

图1　高速公路通车里程数

与以往相比，事故的发生呈现出3个新特点。①不同经济发展水平地区事故分布差异显著。东部地区事故总量大、死亡人数多，中部地区一次死亡 3 人以上事故多，西部地区一次死亡 5 人以上、10 人以上特大事故多。②一次死亡 10 人以上特大道路事故增多。有 21 个省（区、市）共发生了 34 起一次死亡 10 人以上特大道路事故，同比增加 10 起。③高速公路事故增多。高速公路发生事故数量和造成的死亡人数，同比分别上升 5.2%、4%。其中，中部地区事故数、死亡人数同比分别上升 6.7%和 10.1%，西部地区事故数、死亡人数分别上升 9.3%和 4.5%。

表 1　中国近年来交通事故统计表

	突发事件次数（次）	死亡人数（人）	受伤人数（人）	直接经济损失（亿元）	万车死亡率（%）
2000 年	616974	93493	412782	23.69	14.6
2001 年	760327	106367	549000	30.9	14.46
2002 年	773737	109381	562074	32.24	13.71
2003 年	667507	104372	494174	33.7	10.8
2004 年	567753	99217	451810	24.7	9.2
2005 年	450254	98738	469911	18.8	4.6
2006 年	378781	76350	431139	14.9	3.2
2007 年	327209	81649	380442	12	4.1
2008 年	265204	73484	304919	10.1	4.1

我国在“七五”期间开发了高速公路监控系统、收费系统和通信系统，为高速公路的运营管理提供了技术支撑。目前已建或在建的高速公路大多建有三大系统，为达到统一管理和调度高速公路路网、整合管理资源的目的，建立了高速公路监控总中心。但是，该中心更大程度上为信息汇集中心，目前尚不存在专门的、针对交通事故的管理方法。实际的交通事故监控和处理时，各种问题不断暴露出来，突出体现在如下方面。

（1）外场信息采集和发布设施使用效果差。目前，高速公路的感应线圈大部分设置在车流分流处。人工采集的信息较多，主要是靠现场肇事者和目击者报警，或者巡逻人员采集信息，而紧急电话的使用非常少。外场采集到的事故信息，90%靠电话传递，10%由巡逻车、视频发现。而在信息发布设施方面，虽然各路段均有信息发布板，但较少发布交通路况的相关信息。

（2）信息共享程度低。目前，我国大多数高速公路的三大系统是由不同的软件公司开发，数据结构、数据传输方式等均不尽一致，造成信息利用率低、集成度差。高速公路几大主要管理部门，高速公路管理公司、路政和交警，均有各自的信息采集方式，而且它们采集到的信息侧重点、信息类型都不相同。几大部门间不仅缺乏有效的信息沟通和共享，且各自拥有信息的融合度也很低。

（3）数据分析利用程度低，缺乏对路网运行态势的预测和评估。尽管已经建立了各种途径的数据采集系统，但这些数据大多只能以原始格式或视频的形式呈现给管理者，无法从数据中挖掘出深层次的信息，即不能对路网交通流的运行状态和发展趋势进行总体把握，在路网拓扑结构比较简单的情况下（如两点间的路段），勉强可以满足管理控制的需要；而在路网比较复杂的现实条件下，历史经验往往无法有效把握复杂的交通需求变化，即便开发应用相关控制保畅措施和技术，也只能是“无米之炊”，控制的效果也无从谈起。

（4）管理粗放，交通管控方案的制定缺乏科学依据。目前，国内高速公路管理部门主要根据现场情况和经验来判断控制保畅措施的实施依据和时机。如通过视频监控设备观察主线站处的来车情况，根据监控画面中的车辆排队情况决定开启的收费站数量。这些措施和控制方式只能在拥堵和事故已经发生的条件下，即管理者“看得见、摸得着”的情况下，根据管理者的经验和智慧来判断执行，对决策者的经验和判断能力及对路网的把握能力有很高的要求，仍然是“人治”的管理模式。客观上难以适应高速公路发展的新形势和新要求。

综上所述，针对日益突出的交通安全和紧急救援服务，目前迫切需要科学的手段与方法，以替代传统的管理模式，使高速公路路网的交通运行状况得到实时监测，采取各种手段降低事故发生率，提高针对事故的道路交通应急反应能力。为此，我们借助危机管理理论，提出了一个高速公路交通事故管理的框架模型。

1 高速公路交通事故管理的框架模型

交通事故实质上可以视作一种危机事件，按照美国联邦安全管理委员会所提出的危机管理四阶段模型，危机管理可分为危机前预防（Prevention）、危机前准备（Preparation）、危机爆发期反应（Response）和危机结束期恢复（Recovery）4 个阶段。①预防：指在危机爆发前就加以预防，它首先需要分析危机的环境，然后找出可能导致危机的关键因素，并尽可能提早加以解决。在现有的研究中，事故致因因素的研究意义在于辨识容易引发事故的各项因素，并有针对性地加以排除，对应这一阶段。②准备：指建立危机预警机制，并制定应急计划，做好处理危机事件的准备。交通事故的预测能够帮助决策者从宏观上获知交通事故发生的可能性，对应这一阶段。③反应：指对已经发生的危机事件做出反应，确定处理方案并进行处理。交通事件侦测是发现交通事故的第一阶段，随后的交通事故的影响分析是制定事故处理方案的依据，它与事故处理方案的制定共同对应这个阶段。④恢复：是指危机过后，恢复危机中受到的损害。交通事故处理本身对应这个阶段。

从危机管理的角度来审视高速公路交通事故的管理，交通事故管理可以从时间和逻辑两个维度来衡量（见图 2）。从时间维度来看，分为事件发生前与事件发生后两个阶段，在正常状态下，对道路状况进行监控，识别甚至预测道路交通流的非正常运行状态，并有针对性地采取措施调节交通流，使其返回正常运行状态，力争将交通事件消除在萌芽阶段。而一旦事件发生，能对事件的持续时间、影响范围和影响形式做出分析，并有针对性地采取综合疏导管控措施，将事件的影响减到最低。从逻辑维度来看，包括基础数据分析、预测和决策 3 个阶段，为高速公路交通事件管理提供由浅到深、全过程的决策支持。首先对道路交通流的运行状态进行实时监控和分析，预测交通流在未来一段时间内的变化情况；随后基于交通流预测信息，分析交通流的运行状况是否正常，以及分析已发生事件的严重程度和影响；最后基于各种预警和预测的结果，形成交通事件管理决策方案。

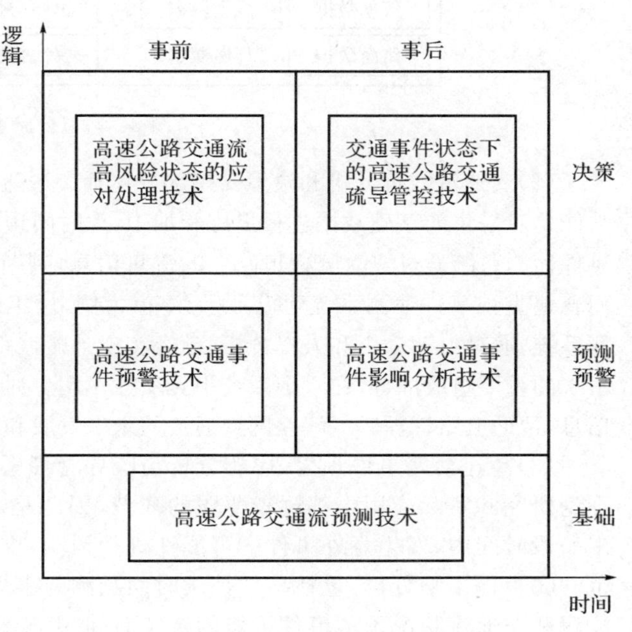

图 2 高速公路事故管理过程

2 高速公路交通事故管理的系统结构

考虑到国内高速公路管理部门的软硬件基础，在尽量不改变现有高速公路事件应急管理系统架构的前提下，我们提出了高速公路事件应急管理系统的一种框架模型（见图 3），其中虚线框内是目前研究中比较缺乏、需要重点研究和建设的部分，而实线框内是现阶段各高速公路管理部门都已经基本具备的。理论上，只要设计合理的硬件接口与数据规范，就使这些新的模块与现有系统联合运行，并可以根据具体需求选择一个或多个模块，从而为高速公路应急事件管理提供一种高效、可靠且具有柔性的信息解决方案。

（1）基础数据采集部分：包括动态的交通流数据、事故数据、静态的环境数据三大类基础数据。①交通流数据通过布设在高速公路路段和匝道上的交通流检测器（包括线圈检测器与视频检测器两种），以及收费站出入口实时监控数据获得。检测器数据侧重于实时的速度与流量，是交通流短时预测和交通事件预警的基础；而收费站数据可以提供详细而准确的车型数据，并且通过对收费数据的分析，可以获得详细的 OD 信息，这些数据对于疏导方案的生成具有重要价值。②事故数据包括事故发生的时间、地点、类别、处理时间等若干信息。目前事故信息可以通过视频监控、电话报警和人工汇报等形式采集，并汇总至高速公路信息中心加以整理和确认。③环境数据主要涵盖气象和道路的物理结构数据等，由于这些数据实时性不强且影响范围很大，目前主要通过人工观测和录用的方法获得。

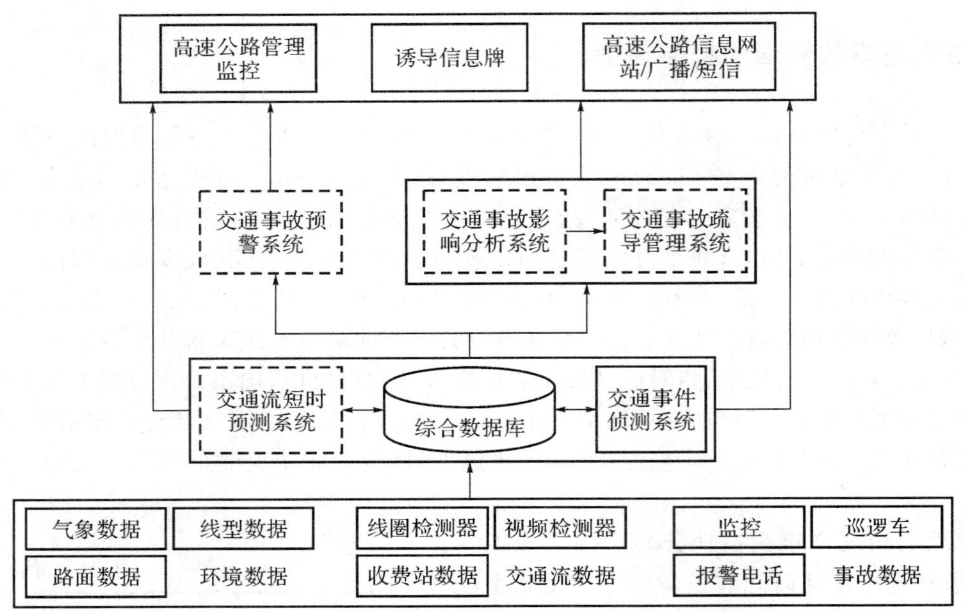

图 3 高速公路事故管理系统框架结构

(2)交通流数据分析和决策支持部分包括交通流短时预测和事件侦测两个基本业务单元。本部分的主要功能是对采集的基础数据进行提炼和加工,为时间预警、影响范围分析和疏导方案生成提供决策支持数据。①事件侦测系统通过实时分析道路上的流量信息,判断路段上是否有异常事件发生。目前国内高速公路管理部门普遍重视事件侦测系统建设,以天津市为例,近年来基本已经建成了基于视频数据、覆盖主要路段的事件检测系统,通过自动分析和人工分析,已经实现了覆盖路网全境的事件自动检测。②交通流短时预测系统是整个系统的重要组成部分,在整个系统中具支撑作用。通过交通流预测,可以为上层的其他管理系统提供决策支持信息,帮助道路管理者了解路网交通流的未来发展和演化趋势,制定更加科学合理的管理决策。

(3)高速公路事件预警、影响分析与疏导管理系统。这 3 个业务单元是整个系统的核心,同时也是目前理论研究和实际应用中都比较薄弱的环节,因此是本文重点研究内容。①高速公路事件预警:对当前及未来一段时间内,发生意外事件的可能性进行预测,供高速公路管理部门作为决策参考,提前采取措施进行防范。②事件影响分析:包括事件持续时间预测与事件影响范围预测两个基本功能,首先根据时间类别、处理流程和交通流状况预测事件可能的持续时间,基于影响时间、预测的交通流量和道路拓扑结构等,预测事件可能影响的范围。③疏导方案生成:在特定目标下(通行效率损失最低、延误最短等),根据预测的事件持续时间与影响范围,结合影响范围内的道路拓扑结构和可采取的交通流疏导措施(匝道控制、收费站控制、诱导信息),向决策者提供一套较合理的疏导方案。本部分与事故影响分析过程是迭代进行的,因为不同的疏导方案对事故的影响不同,从而对疏导方案的制定产生影响。

(4)事件监控与疏导信息发布系统。本部分一方面是面向高速公路管理决策者提供事件分析结果与实时监控,以及匝道和收费站封闭、放行建议;另一方面,向高速公路上的出行者提供建议绕行方案。这部分所需的软硬件设施,目前多数高速公路管理部门都已具备,但由于发布的信息往往只是实时的,缺乏对信息的深入分析加工,因此其参考价值和作用比较有限。本文的研究成果有助于充分利用这些信息发布途径,提高高速公路事故应急管理的效果。

3 结 论

高速公路事故管理是一项复杂的系统工程,随着经济社会的发展和科技的进步,应急管理系统要不断地进行动态调整,以应对各种事故可能带来的影响,保障国民经济健康发展、人民出行安全舒适、社会生活平安和谐。本文从"危机管理"的角度对交通事故管理所涉及的各个阶段进行分析,提出了高速公路交通事故管理系统的框架结构,并对各部分功能进行了概述,既针对高速公路事故管理的具体要求,又充分考虑了我国高速公路基础设施的现状,对我国高速公路管理部门交通事故管理水平的提高有一定价值。

城市轨道交通站点地区步行环境影响因素分析及空间设计方法研究

范小勇[1]　那艳玲[2]

（1. 天津市城市规划设计研究院，天津 300201；2. 铁路第三勘察设计院集团有限公司，天津 300000）

摘要：城市轨道交通站点的步行环境对提高轨道交通使用效率具有重要意义，以天津轨道交通站点为例，分析了步行时间、步行距离和步行心理等因素对人们使用轨道交通的影响，提出了通过城市设计优化步行空间环境，提高轨道交通使用效率的对策。

关键词：城市轨道交通站点；步行环境；影响因素；城市设计

1　研究背景与意义

众多研究表明，城市轨道交通站点建设与城市结构、土地利用和空间环境相互影响与制约。其中，Cervero 和 Kockelman(1997)提出了以公共交通导向的发展模式(TOD)的"3D"原则，即"密度"(density)、"多样性"(diversity)、"设计"(design)。目前已有的研究大多关注于土地使用密度与功能构成等地块开发因素与轨道交通出行的内在关联性，而作为中微观层面的城市设计因素由于难以量化，相关研究较少，特别是对于联系轨道交通站点的步行环境缺乏应有的重视，仅仅将步行者的需求简单理解为站点地区的步行接驳范围。但是，步行是搭乘轨道交通次数最多的交通方式，也是衔接其他交通方式的纽带，承担着市民的日常出行和生活需求。因此，创造便捷、安全与舒适的步行环境既是实现站点地区机能整合和吸引客流目标的有效途径，也是促进绿色出行、建设人性化城市的关键所在。

随着 2012 年天津地铁 2、3、9 号线的开通运营，天津地铁运营里程达到 145km，地铁网络逐渐成形，越来越多的市民选择地铁通勤。目前，地铁 5、6 号线及 1、2、3 号线延长线工程有序进行，滨海新区轨道交通建设工作也将展开。随着线网越织越密，天津将正式迎来"地铁时代"。到 2016 年，天津城市公共交通占机动化出行的比例将由目前的 48%提升至 62%，全力争取进入国家"公交都市"行列，形成畅通便捷、温馨舒适、安全有序、文明绿色的综合交通服务体系。

本文结合天津地铁规划建设和营运实践，运用轨道交通站点地区城市空间环境设计的相关理论方法，研究轨道站点周边城市环境，特别是步行环境的设计方法，对于优化轨道站点地区的空间环境，提高轨道交通的使用效率具有重要意义。

2　轨道交通站点地区步行环境影响因素

人们对轨道交通工具的选择大多意味着高效和舒适，相比其他地区的步行环境，步行者更重视到达站点地区的易达程度，即人们步行出行从起点到终点的难易程度。影响人们使用轨道交通时采用步行出行方式的主要因素有以下 3 个方面。

(1)步行距离。从起点到轨道交通站点的步行距离在理想状态下是两点间的几何直线距离，但由于建筑物或其他物质元素的阻碍，使人们必须按照特定的街道路网行走，因此会出现不同程度的绕路现象。将从起点到站点间的平面实际行走距离与直线理想距离的比值设定为绕路系数，又称为步行非直线系数 PRD (Pedestrian Route Directness)，PRD 值越大，则绕路越多。

(2)步行时间。自由状态下的行走是连续的不间断行为，然而在路途中由于道路交叉口红灯的影响会延长整个步行时间。将起点到轨道交通站点(地面出入口)的整个步行路径中总等候时间与总步行时间的

作者简介：范小勇，男，研究方向为交通规划；那艳玲，女，研究方向为建筑技术科学。

比值设定为步行等候系数 WTI(Waiting Time Index),WTI 值越大,步行的连续性也就越差。

(3)步行心理。步行过程中由于周边环境品质的差异会对步行者的心理产生影响,进而改变其时空感知,满意度高的步行环境会让人对时间的要求相对低些;相反,较差的环境品质会让人感觉步行时间漫长。

3 天津轨道站点步行影响因素分析

基于以上 3 个方面,选取天津已建成一定时间且周边环境发展相对成熟的轨道交通站点,从客观环境与主观感知的双向角度调查站点地区的步行环境使用状况,并与相应的国外发达公交都市做对比,分析影响步行环境的要素及原因。

结合天津轨道线路较少及建成时间相对较晚的现状,对调查对象的选择需兼顾以下 3 点:①具有一定建成时间、周边环境相对成熟、有固定使用人群;②兼顾 4 种类型,即公共中心型、交通枢纽型、成熟社区型与外围新区型;③兼顾不同线路及空间分布上的均衡性。

调查对象包括:①公共中心型,如营口道站、海光寺站、小白楼站;②交通枢纽型,如天津站站;③成熟社区型,如西南角站、吴家窑站、中山门站;④外围新区型,如天士力站、大学城站(见图 1)。

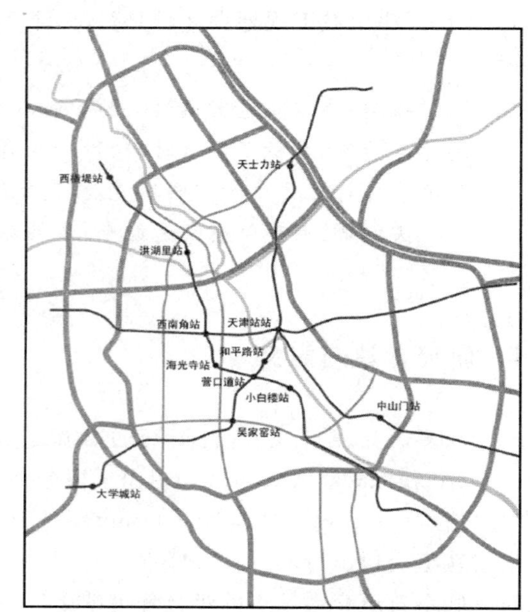

图 1 调查站点位置示意图

3.1 步行距离

路径便捷不绕路是衡量站点地区步行空间易达性的关键指标。采用 Hess 的方法计算距轨道交通站 500~1000m 范围内的步行绕路系数(PRD)(见表 1)。

表 1 天津部分轨道站点 PRD 值

类型	站名	PRD	1000m 圈 PRD	500m 圈 PRD
公共中心型	营口道站		1.207	1.222
	海光寺站		1.168	1.168
	小白楼站		1.234	1.188

续表

类型	站名	PRD	1000m 圈 PRD	500m 圈 PRD
交通枢纽型	天津站站		1.359	1.276
成熟社区型	西南角站		1.156	1.172
	吴家窑站		1.412	1.214
	中山门站		1.246	1.208
外围新区型	天士力站		1.413	1.786
	大学城站	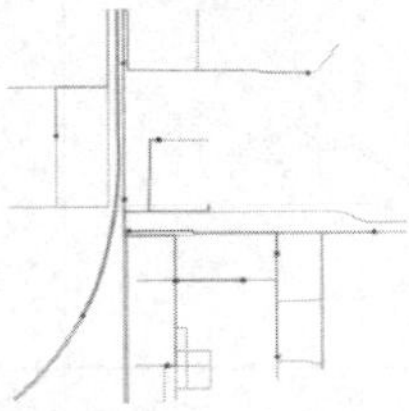	2.750	1.115

结果显示：除外围新区外，其他 3 类轨道站点地区的绕路系数均介于 1.1～1.5 之间，其中公共中心的绕路最少，在 1.1～1.3 之间；外围新区的绕路状况最为严重，有的甚至高达 2.75。这与 Hess 测得的 PRD 值较为相似，他发现老城中心区以小地块划分的住区一般为 1.2，而城市边缘部位路网密度低、尽端路多的地区达到 1.7。

造成 PRD 值差别的主要原因是街道路网的形态特征，目前相关的形态评价指标有：①街区边长、街区尺度、街区数量、路网密度、交叉口密度和路段节点比等，其中前 4 个指标主要用于测度方格型路网，评测内容相似，因此只选取街区边长（研究区域内的街区平均边长）做进一步分析；②交叉口密度指标（道路交叉口或研究区域面积）用来测度街道网络肌理特征；③路段节点比（路段数或交叉口数与道路尽端数之和）测度不同交叉口类型的路径可选择度。

运用统计软件对调研街区的 PRD 值与各项路网形态评价指标进行相关性分析，可以发现，街区边长与 PRD 具有很强的正相关性；交叉口密度次之，呈负相关；与道路节点比的相关性较弱。这说明如果站点地区的街区平均密度较大，交叉口密度较小，绕路程度就会较大，而道路节点比对绕路的影响较小。

在北美国家的相关研究中，由于许多住区开发是以适应小汽车交通的树枝状等级道路体系为主，尽端路比较多，而且道路线型非直线化，因此路段节点比和十字交叉口密度往往成为这些国家分析路网形态的关键指标。而在我国，城市道路体系仍以连通性高的方格网为主，节点比的差异性不会很大，但受封闭住区、车行效率及建设成本等因素的影响，大街坊、宽马路成为新城建设的主导模式，新老城区在街区边长和交叉口密度等方面存在明显差异，如位于城市中心区（老城区）的交通枢纽和公共中心型站点 500m 圈内的街区边长均值为 150m，交叉口密度均值约为 42；而外围新区的街区边长均值约为 400m，交叉口密度均值仅为 6。可见，街坊的尺度划分是否合理成为影响站点地区步行绕路程度的主要原因。

此外，我们选取世界上著名公交都市的各类主要轨道交通站点，计算其 PRD 值，并与天津的情况进行对比。数据显示，国外公交发达城市的绕路系数介于 1.1～1.5 之间，同时并未呈现出外围新区与城市中心区之间的明显差异（见表 2）。在与天津数据的对比研究中发现，天津公共中心、交通枢纽及成熟社区的步行绕路程度接近甚至低于国外公交发达城市，这说明在客观物理环境上，特别是路网结构上，两者差异不大，天津具备建设发达公交系统的基本条件。但是一个最为明显的差距是，在城市外围建设的新区内，天津的绕路程度远高于国外公交发达城市，说明在城市急剧扩张的背景下，新区的路网建设严重失衡，缺乏次支路系统，这就使轨道站点的实际服务半径大打折扣，削减了服务人群与使用效率。

表 2　国内外主要公交都市轨道站点 PRD 值

类型	站名	PRD	1000m 圈 PRD	500m 圈 PRD
公共中心型	六本木站	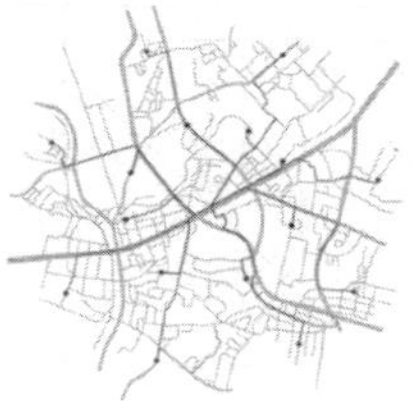	1.215	1.262
	金丝雀码头站	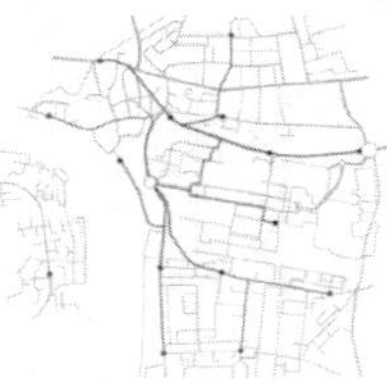	1.483	1.780
交通枢纽型	国王十字站		1.237	1.340
	东京站		1.381	1.332

续表

类型	站名	PRD	1000m 圈 PRD	500m 圈 PRD
成熟社区型	Camden town 站		1.278	1.232
	旺角站		1.151	1.188
外围新区型	Hessen center 站		1.500	1.394
	屯门站		1.350	1.456

3.2 步行时间

站点地区的步行便捷性不仅体现为空间距离上节省体力，而且体现为到达站点用时短，路途中避免过多或过长的红灯等待。采用 Gehl 的步行实验提取步行等候系数(WTI)，结果表明，不同案例之间的 WTI 值差异明显，最低为 3%，最高为 20%，其中位于城市中心的交通枢纽和公共中心区的步行等候时间最低，成熟社区次之，城市外围新区最高。根据 Gehl 在哥本哈根的同类研究发现，步行者在行进过程中一般可以忍受的 WTI 值为 15%～20%，这意味着目前城市外围地区的红灯等待时间已接近极限值，很容易导致失去耐性的行人由于行为失范而受到伤害。

从 WTI 的计算方式看，假设步行者每次的步行速率都相同，与 WTI 相关的变量应该是交叉口总数 n 和各次红灯等待时间 t，即交叉口数越多，所遇到的红灯次数可能会越多，总等待时间会越长；每次等候的时间越长，总等候时间也会越长，调查中将每次行程中超过 60s 的红灯等候次数与总的红灯等候次数一起列入测评 WTI 的变量。

数据显示，城市中心区内的车站地区交叉口数量是外围地区的 2 倍多，但 WTI 值反而小，这与预想存在差异。采用统计软件对调研的 WTI 值与交叉口过街指标进行相关性分析，结果发现：①大于 60s 的红灯等候次数与 WTI 相关性最强；②红灯等候总次数与 WTI 的相关性次之；③交叉口总数与 WTI 之间没有过多的相关性。这说明在交通干道过街时，行人遇到的长时间红灯等候次数是影响 WTI 的关键因子。由于交叉口多的街区往往是高密度路网，街道较窄，红绿灯的周期也较短，即使遇到红绿灯次数多，但每次等待的时间都比较短，特别是在一些狭窄的街道交叉口，步行者很容易控制自己的步速来避免红灯；相反，交通干道交叉口处的信号灯周期相对较长，一旦遇到就必须长时间等待，并且有的干道过宽，即使绿灯还未转成红灯，人们一般也会选择下一个绿灯过街，特别是一些步速比较慢的老人，难以在绿灯时间内完成一次过街，等候时间会更长。因此，延用小街坊布局模式，有效缩短步行时间，利于轨道交通向城市外围的延伸，在提高轨道交通使用率的同时减少小汽车的使用。

3.3 步行心理

步行心理是人们对站点地区步行环境的感知和评价，其满意度会潜在地影响人们的步行行为及对路径的选择，也就是说，客观的步行环境特征最终是通过步行者的主观感知来影响步行活动的。但是，路径中单个或局部的环境因素（如步行道宽度、路灯数）不大可能直接对步行者产生影响，而是通过若干相关环境元素的综合叠加而形成特定方面的性能感知，如安全感和舒适感等，进而影响步行者的总体满意度。考虑到站点地区的步行活动特点，将步行环境评价分为 6 大类性能指标和 14 个单项要素指标。①便捷性：路径便捷不绕路。②连续性：交叉口过街、公交换乘。③安全性：社会治安、交通安全、夜间路灯。④识别性：标识指引。⑤舒适性：沿街商业、气候遮蔽设施、环境质量、步道宽度、违章占道。⑥愉悦度：清洁卫生、视觉景观。满意度评价采用里克特量表法，分为非常满意、满意、一般、比较不满意、非常不满意等五级语义描述，并赋予相应的计算分值：5、4、3、2、1，用 Excel 进行统计分析（见表 3）。

表 3　天津各主要站点步行环境满意度调查

	总体满意度	便捷性	连续性		安全性			识别性	舒适性					愉悦性	
		路径便捷	行人过街	公交换乘	社会治安	交通安全	夜间路灯	标识指引	沿街商业	遮蔽设施	环境质量	步道宽度	违章占道	清洁卫生	视觉景观
营口道站	3.7	3.76	3.58	3.54	4.02	3.66	3.84	3.8	3.92	3.28	2.96	3.16	3.2	3.54	3.64
海光寺站	3.42	3.52	3.42	3.56	3.96	3.78	3.92	3.72	3.54	3.28	3.14	3.02	3.3	3.54	3.7
和平路站	3.68	3.54	3.48	3.31	3.58	3.44	3.25	3.63	3.04	3	2.92	3.13	2.88	3.08	3
小白楼站	3.66	3.78	3.64	3.88	4.06	3.72	3.76	3.96	3.48	3.32	3.4	3.74	3.54	3.76	3.68
天津站站	3.74	3.75	3.61	4.14	3.81	3.66	3.7	3.89	3.55	3.17	3.47	3.19	2.96	3.64	3.65

调查结果表明，大多数受访者都比较认可目前的总体步行环境，但仍有少量人不太满意或非常不满意。从车站类型看，成熟社区和公共中心的总体满意度较高，交通枢纽次之，而外围新区评价最低。这与前述街区的 PRD 和 WTI 值分析不完全一致，说明除了客观的步行距离和时间因素外，还存在其他因素对步行者产生影响。从单项性能满意度来看，步行者对站点地区的识别性满意度最高；对便捷性和安全性的满意度次之；对连续性和愉悦性的满意度较低；对舒适性的满意度最低。沿街商业、气候遮蔽设施、环境质量、步道宽度、违章占道是目前受访者最不满意的方面，并呈现出不同位置之间的差异。

运用统计软件对相关性进行分析，结果发现：①不同性能的步行环境特征会对步行者的总体满意度产生不同程度的影响；②步行便捷性与步行者的总体满意度最相关，说明最受步行者的关注，其次是环境的安全感、步行的连续性和视觉的愉悦度；③识别性和舒适性指标对总体满意度的影响较小；④比较不同站点地区的相关性程度，也基本上呈现以上特点。由于步行到轨道站点大多是必要性的通勤出行，不同于步行购物休闲或健身娱乐活动，其对环境的便捷性要求比安全性更为重要。步行环境的安全性设计首先应该考虑步行便捷的需求，而不是为了安全性而牺牲步行的便捷性，否则可能适得其反；另外，步行也是慢速的出行方式，相比车行交通更容易受到周边环境的影响，因此与环境品质相关的步行愉悦度和舒适性指标也都与总体满意度呈一定的相关性，但是分析结果的各项愉悦性指标与总体满意度的相关性都要大于舒适性与总体满意度的相关性，这说明步行者对目前步行环境视觉美感层面的认可程度要大于步行环境功能使用层面的舒适度，这也从另一个方面印证了目前大多数站点地区在舒适性方面都存在着的共性问题；站点地区的识别性对步行人流的指引和导向具有积极作用，但是由于目前各个轨道交通站点地区对标识指引系统的满意度都比较高，因此与总体满意度的相关性并不大。

此外，4 个街区类型的各单项满意度之间存在着较大差异：①公共中心区的单项满意度都较高，在 14 项指标中有 7 项是最好的，主要反映在商业服务设施完善、社会治安好、过街方便、夜间灯光与气候遮蔽设施等方面，不足的是步行道人流拥挤，轨道站大量交通流的引入使原本狭窄的步行空间更加局促；②成熟社区次之，其优点在于公交车连接方便、标志指引清晰和机动车交通干扰少等，缺点是街道景观欠佳，主要原因是老住宅区物质环境衰退、公共服务设施老化、缺乏绿色开放空间；③城市外围新区的单项满意度都偏低，在14项要素指标中有11项满意度值是最低的，尤其反映在步行绕路不便捷、交叉口过街、夜间灯光与社会治安及气候遮蔽设施等方面，这是由过度偏重车行交通的城市发展理念造成的，步行环境设计缺乏考虑，这无形中也助长了小汽车的使用。

通过现场调查与问卷结果的交互分析发现：站点周边街区的底层沿街商业店面对步行环境具有积极作用，沿街店面丰富的街道往往能够提供连续的风雨连廊、良好的街道景观与夜间照明等，并且由于店面规模适中，其经营档次与内容多元化可以满足顺路购物与休闲活动的需求；而外围新区一般只在轨道站附近建设大型的内向式购物中心和大片广场停车，沿街界面以大片围墙为主，无法满足顺路购物行为的需求，这也容易加剧流动摊贩在站点地区的占道经营。

3.4 步行距离、步行时间与步行心理的相互关系

前述分析发现，步行距离是最根本的物质条件，决定步行时间的长短；步行心理是轨道交通使用者的主观感受，是最直接的表现，决定轨道交通的使用效率（见图2）。步行距离与步行时间对其具有直接影响，但都不具有决定作用。同时，步行心理反作用于步行距离与步行时间，特别体现在便捷性与连续性等方面。从各类因素内部来看，街坊尺度划分是否合理是影响步行绕路程度的主要原因，亦即直接影响步行距离；长时间等候次数是影响步行时间的关键因子，其往往与路网布局、等级结构及交通管制模式相关；影响步行心理的首要因子为便捷性，同时连续性、舒适性与愉悦性也对步行具有重要的影响。

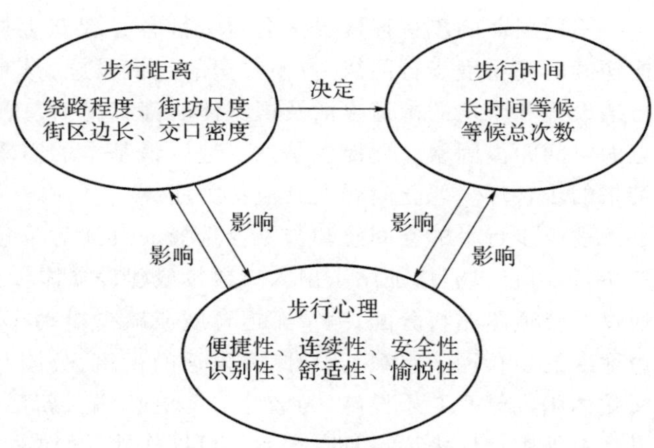

图2 步行距离、步行时间与步行心理关系示意图

4 轨道交通站点地区步行空间环境设计方法

4.1 保障步行网络的便捷性

搭乘轨道交通的步行者最关注步行网络的高效便捷性，街坊尺度划分是影响其空间便捷性的关键技术指标。现有研究中，美国学者Siksna提出80～110m的街区边长是最理想的，Ewing认为91m是公交友好街区的理想边长，122～152m可以接受，183m以上的街区内部需留出公共通道；美国公共交通协会建议站点地区街区边长为90～150m；而加拿大荷顿地区的公交友好社区设计导则推荐的街区周边总长度仅250m，但另一个城市皮克林市规定是550m，否则需设内部步行通道。可见，目前对于街区边长的适宜尺度并未形成一致的结论。然而，上述街区边长都没有超过200m，这与天津中心区的尺度相似，PRD值可以控制在1.1与1.2之间，基本能满足步行少绕路的要求。另外，考虑到步行者对空间便捷性的感知具有自身特点，街道路网布局宜简明清晰，通向站点地区的步行路径和过街设施设计都应该顺应步行者的理想路径，强调简单而直接，避免绕行。城市外围新区的路网建设需要与轨道交通站点的位置选择相结合，以最大限度发挥轨道交通作用；加密站点周边道路网密度，特别是次支路密度，在条件苛刻情况下，应在大型街坊内部设置人行通道，为行人提供到达站点的便捷路径。

4.2 避免或缩短过街等待时间

过街等待尤其是干道过街等待，在时间维度上决定了目前步行到达站点的便捷程度。日本、欧美国家的相关研究表明，行人过街等待时间超过40～45s时，违章行为急剧增加，极易造成安全隐患。因此，德国的道路通行能力手册规定所有信号系统中步行过街延误均不多于90s。而本次调研发现，许多站点附近的红灯等待时间均多于120s，与上述阈值存在较大差距，这势必影响步行活动的安全性和连续性。

为避免或缩短过街等待时间，提高通行效率，改善步行环境，可从以下几方面入手。①站点地区的道路网布局应尽可能实现以小型街坊、低等级道路为主，缩短长时间过街等待时间。②站点在选址时应避免在车流量大的干道附近，宜结合社区中心开发，共同形成步行活动集中的区域。③现有站点附近的街道交叉口设计应强调步行优先理念，其优化方法除了合理调试信号灯配时以外，还可以通过街角的路缘延伸减少过街距离，减少街角转弯半径以降低车速，调整道路断面以减少机动车道数和车道宽度，铺设人行过街道铺地或提高至与两侧人行道齐平以改善步行连续性，以及通过为行人设置路中安全岛等措施改善步行条件。④在一些人流密集的站点（如公共中心区、交通枢纽地区等的站点）周边建设机动车禁行的全步行街区或结合轨道交通站组织立体步行系统等，以减少人车冲突，提高步行连续性，缩短等待时间。香港中环站周边架设的大型人行天桥系统将中环站与周边街道、楼宇进行无缝对接，行人无须进入地面层即可穿越街道、建筑进入车站，实现人车分流，避免过街等待，成为设计典范。

4.3 适应步行者的空间感知与路径选择的设计

不同层面的步行环境要素会对步行者心理产生整合效应，进而影响其时空感知和路径选择。其中，便捷连续的高密度步行网络、方便安全的过街设施、具有安全感的步行路径、清晰的站点标识指引、舒适的人行道设施和丰富的街道生活及视觉体验都有利于人们选择步行方式到达轨道交通站点，而不仅仅是到达站点的空间距离因素。便捷性是站点地区最基本的需求，在当前快速城市化过程中，由于大街坊宽马路建设带来的步行环境恶化问题尤其值得关注。

适应步行者的空间感知与路径选择的设计对策包括：①对于步行空间不足的老城区，可以通过扩大站点步行入口广场、增加站点出入口数量或建设立体步行体系等方式多维度、多层面地疏散步行人流，也可以通过调整道路路权分配，缩窄车道宽度或减少机动车道数量来增加人行道宽度；②成熟社区宜强调站点周边地区的步行网络组织与设计，对附近的街道、公园与庭院等社区公共步行场所进行改良，增加绿化景观、文化休闲及健身游乐设施，为老住宅区更新注入新活力；③人性化的步行过街设施与街道建筑环境的整合设计对外围地区来说更具有现实的可操作性，增加站点周边的沿街商业设施可以有效提升步行环境的安全感、舒适感和愉悦感，满足顺路购物的需求及其他休闲活动，同时也有利于公共步行路径对站点地区的指引。

5 结 语

站点地区的步行性是通过提供安全舒适的环境鼓励人们在节省体力与时间的前提下选择步行到达站点，并通过步行网络提供沿途的生活场景和空间愉悦感。从这个角度开展研究，意味着从交通工程方法向城市设计方法的转变，它将使已有的分项研究迈向综合研究，既要从步行者需求出发，准确分析和把握不同站点地区的步行活动需求特征及主导问题，又要从城市中微观层面入手，深入探索步行者的行为活动与各城市形态及环境要素之间的内在规律，进而建立和完善相关的规范与标准，促进站点地区向步行友好环境发展。这将在很大程度上重塑我们的城市空间和生活方式，使其向一种有益身体健康、社会和谐与绿色环保的方式转变。

参考文献

[1]GEHL A. Christchurch 2009：Public space public live [EB/OL]. 2009. http://resources，ccc. gov. nz/files/Christchurch-pspl-part1-p1-73，pdf.

[2]CERVEROR. KOCKELMAN K. Travel demand and the 3Ds：Density，diversity，and design[J]. Transportation Research D，1997，2(3)：199－219.

[3]戴洁，张宁，何铁军，等. 步行环境对轨道交通站点接驳环境范围的影响[J]. 都市快轨交通，2009(5)：46－49.

[4]李孟冬. 步行可达性与地铁车站服务范围的研究[C]//2009年中国城市规划年会论文集. 大连：大连出版社，2009.

规划建设绿色综合交通工程

——为经济、社会、民生服务

李祚达[1]　刘　荣[2]　刘瑞光[1]　李晓莉[3]　张廉青[3]

（1.天津市城乡建设和交通委员会，天津 300051；2.天津市规划局，天津 300070；
3.天津市市政工程研究院滨海分院，天津 300074）

摘要：为贯彻落实建设美丽天津的战略任务，天津市规划建设了 10 项绿色综合交通工程，即港口、机场、铁路、轨道交通、城市道路、高速公路、绿色公共交通、新能源汽车推广应用、公共自行车绿色出行网络、新一代智能交通管理系统建设工程，为天津市经济、社会、民生发展服务。绿色综合交通工程的实施，对加快实现天津市城市定位，保持天津市高速发展，完成天津市"十二五"规划目标具有重要意义。

关键词：天津市；规划；建设；绿色综合交通工程；方便；百姓出行

2014 年是贯彻落实党的十八大和十八届三中全会精神的重要一年，也是完成天津市"十二五"规划的关键一年。为贯彻落实天津市市政府建设美丽天津的战略任务，天津市重点规划建设了 10 项绿色综合交通工程，分别是港口建设工程、机场建设工程、铁路建设工程、轨道交通建设工程、城市道路建设工程、高速公路建设工程、绿色公共交通建设工程、新能源汽车推广应用建设工程、公共自行车绿色出行网络建设工程和新一代智能交通管理系统建设工程，为天津市经济、社会、民生发展服务。天津市建交委计划 2014 年年内组织完成市政交通和铁路建设投资 617 亿元，安排建设项目 525 项，其中续建 192 项，新建 333 项，竣工 247 项，竣工率 47%。2014 年，天津市不论是机场、港口、铁路和高速公路等对外大交通体系，或是地铁、快速路以及城市道路等市域内交通联络方式，都将得到明显提升。10 项绿色综合交通工程的建设，充分体现了为城市经济、社会和民生发展服务，对加快实现天津城市定位，保持天津高速发展和完成天津市"十二五"规划目标具有重要意义。

1　港口建设工程

2014 年，天津市港口建设计划实现投资 120 亿元，安排建设项目 170 项。天津港港口货物的吞吐量达到 5.3×10^8t，集装箱吞吐量达 1400 万标准箱，营业收入实现 350 亿元，固定资产投资完成 135 亿元，招商引资合同额 50 亿元，增加值实现 110 亿元。[1]

2014 年，天津港加快集装箱发展，陆向构筑完善物流节点网络和班列网络，海向构筑完善国际航线网络、环渤海内支线网络、沿海班轮网络，发挥无水港在市场开发、功能拓展上的作用。同时，天津港继续推进东疆开发开放，加快《国务院关于天津北方国际航运中心核心功能区建设方案的批复》中"八大功能"落地。

2　机场建设工程

（1）机场二期及地下交通中心、地铁 2 号线机场延伸线投用。2014 年计划完成机场二期扩建工程 T2 航站楼、机场交通中心及地铁 2 号线机场延伸线的机电设备安装、内部装修和配套工程收尾。T2 航站楼设计客运量 1700 万人次/a，T1、T2 两个航站楼共同投入使用后，实际承载能力可达 3500 万～4000 万人次/a。T2 航站楼和地下交通中心独特的人性化设计，使得乘客步行 175m 即可实现各种交通方式的便捷换乘，地铁 2 号线机场延伸线从西侧可进入交通中心[2]，北京南站与天津机场航站楼间可实现轨道接驳。

作者简介：李祚达，主任、高级工程师、国务院特贴专家；刘荣，副局级巡视员、高级工程师；刘瑞光，副总工程师、教授级高工；李晓莉，工程师、硕士，主要研究方向为交通运输规划与管理；张廉青，助理工程师。

(2)天津机场北京南站城市候机楼工程。2014 年 5 月 8 日天津机场空铁联运服务的第 5 座北京南站城市候机楼工程正式投用,可带动吞吐量 60 万~80 万人次,据效益测算,可为天津市带来 10.8 亿~14.4 亿元的直接经济效益。该候机楼设有两个服务柜台、与天津机场同步的航班显示屏、旅客休息区。天津机场将积极实现与首都机场的错位发展,并充分借助城市候机楼提升辐射能力,加速京津航空市场一体化进程,推进京津冀三地公共服务的共建共享。

(3)天津机场潜在城市候机楼工程。2014 年除拉动北京旅客外,赤峰、呼和浩特、廊坊等地旅客都是天津市潜在的目标。2014 年优先考虑在唐山、廊坊、保定等地发展城市候机楼,并与相关部门配合打通点对点班车通道,将城市候机楼打造成天津机场异地旅客集散地。[3]

3 铁路建设工程[4]

天津市铁路建设规划,到"十二五"末运营里程达到 1300km。2014 年仍然是天津市铁路建设规模较大的一年,全年安排 1 站 7 线 8 个项目,规划建设里程 260km,线路覆盖河东、红桥、西青、东丽、滨海新区等 9 个区县。

天津机场铁路工程是京津城际铁路延伸线在天津枢纽向天津滨海国际机场的支线,位于天津市东丽区和空港经济区,线路长度为 8.45km。铁路设计的主要技术标准为客运专线,最高设计行车速度 120km/h。

津秦高铁北连京哈线、哈大高铁,西连京津城际铁路,南连京沪高铁,将东北、华北、华东地区的快速客运通道连接成网,是天津"北上南下"的关键枢纽。津秦高铁的投入运营,进一步奠定了天津市的铁路交通枢纽地位,缩短了天津与秦皇岛及东北等地的时空距离,对方便群众出行、缓解首都交通压力、活跃天津经济发展具有重要意义。

4 轨道交通建设工程[5]

2013 年,天津市轨道交通通车里程累计达 134km,地铁 2 号线全线贯通,3 号线南站配套工程开通试运营,实现了天津站、西站、南站三大铁路枢纽与地铁无缝换乘。轨道交通日均客流量达 85 万人次,高峰日超百万,缓解了地面交通的紧张状况。2014 年地铁 5、6 号线建设全面进入盾构施工的关键阶段,地铁 2 号线机场延伸线实现试运营。2014 年底开工 4、10 号线,同时推动 6 条地铁线建设,共计 140km,规划 2017 年全部投运,轨道交通通车里程达到 274km,中心城区轨道网络基本形成。2014 年天津市轨道交通建设基本概况见表 1。

表 1 2014 年天津市轨道交通建设概况

工程名称	建设计划
地铁 2 号线机场延伸线	8 月份与天津机场二期、地下交通中心同步投入使用
地铁 5 号线	27 座车站、22 个盾构区间年内施工,2015、2016 年分期建成通车
地铁 6 号线	38 座车站、32 个区间年内施工,2015、2017 年分段投入运营
地铁 1 号线东延工程	10 座车站主体年内全部完成,2016 年上半年通车
地铁 4 号线南段	主要服务本市中部和东南部地区,全长 19.4km,设站 15 座,与地铁 2 号线、3 号线、5 号线、10 号线换乘,2014 年内车站陆续开工建设
地铁 10 号线南段	连接本市东、南部地区,全长 21km,将设站 21 座,与地铁 1 号线、2 号线、4 号线、5 号线换乘,2014 年重点推动前期工作

5 城市道路建设工程

大力推进北部新区快速路网建设,努力实现志成道延长线桥梁结构和路基施工基本完成;外环线东北部调线路基填筑完成 60%,桥梁下部结构完成 90%,上部结构完成 60%。打通快速路与外环线的交通节点,启动实施外环线津浦铁路桥、外环线洞庭路立交、外环线天津大道立交。

继续完善城市路网体系，微山路跨大沽路立交、海津大桥延长线跨津沧高速立交、西北半环高架改造力争完成桥梁主体结构，启动刘庄桥改造、天山南路、多伦道、凌宾路等工程，进一步改善城市道路交通条件。

6 高速公路建设工程

天津市高速公路规划总里程 1400km。2014 年高速公路在施 11 条段，计 358km。2014 年实现塘承二期、京秦、津汉、西外环一期和唐津高速改扩建、京津塘高速改造工程完工通车。同时，加快津港二期、滨石高速等在建工程进度，重点是推进路基土方和桥涵工程，确保 2015、2016 年再完成一批高速公路项目。

7 绿色公共交通建设工程

天津市已正式被纳入"公交都市"创建试点城市。未来 5 年，天津市将实施公共交通优先发展战略，确保城市公共交通机动化出行分担率达到 60%以上，公共交通站点 500m 全覆盖，万人公共交通车辆保有量达到 20 标台/万人，早晚高峰时段公共电汽车平均运营时速由 12.5km/h 提高到 18km/h，公共电汽车进场率达到 90%，绿色公共交通车辆比率达 60%。[6]

2014 年，天津市计划新建、改建公交首末站 10 处。在外环线主要入市口建设驻车换乘枢纽。在地铁沿线主要车站建设一批交通换乘接驳设施，提高换乘效率。[7]天津市城市公共交通计划完成 15000 辆出租汽车 GPS 车载终端安装，使得 70%以上的城市客运车辆实现智能化管理。[7]

8 新能源汽车推广应用建设工程

(1)2014 年首批 500 部绿色公交投运[8]，其中 41 部为 LNG 汽车、100 部为无障碍公交车。100 部无障碍公交车主要投放在市区重点大容量骨干线路和各大甲级医院的沿线，满足残疾人外出和就医需求。2014 年继续更新、新增公交车 2000 辆，使本市运营公交车逐步达到"国 IV"排放标准。

(2)天津产新能源汽车整车下线。[9]天津市宝坻经济开发区的天津路通电动汽车有限公司一期已正式投产，首辆新能源汽车正式下线，该企业成为天津市首家生产整车新能源汽车的企业，也是全国第二家能上蓝色牌照的电动汽车生产企业。该项目总投资 40 亿元，分两期建设高科技电动汽车城、地区汽车产业基地、电动汽车产业孵化和科研开发基地。为该企业生产主要配套零部件的 150 多家企业也将陆续落户宝坻，形成完整的新能源汽车产业链。

(3)天津津门湖电动汽车充换电站建成投运。[10]津门湖充换电站是天津市获得国家新一轮新能源汽车推广应用试点城市资格以来，建成的首座公交车充换电站，也是继海泰综合充换电站后，天津市投运的第二个公交充换电站。该电站的建成使得由富力津门湖始发的 3 条线路的 90 部公交车将逐步由柴油车更换为纯电动车，天津市纯电动公交车总数增至 190 辆，纯电动公交线增至 8 条。

(4)LNG 清洁能源公交车陆续投用。公交车是城市车辆尾气排放大户，为合理降低尾气排放和能源消耗，配合"美丽天津"和民心工程的需要，天津市积极推广使用 LNG 公交车。天津市公交集团首次引进的 156 辆 LNG 公交车中首批 45 辆已正式投入运营，其余车辆正在加紧办理之中。

与 CNG 公交车相比，LNG 公交车使用的天然气更加纯净，燃烧能效比更高，且由于为液态形式，在储存时占用空间更少。与柴油车辆相比，LNG 公交车能节省燃料费用，且行车更加平稳，噪音较小。一辆 LNG 公交车充气一次，可行驶至少 400km，完全可以满足日常运营需要。

(5)"插电式混合动力"系统公交车或将批量投运。[11]天津滨海新区科技民营企业——天津松正电动汽车技术股份有限公司自主研发的公交车"第四代插电式混合动力"系统，经第三方检测和用户测试，在 12m 客车 18t 满载、非插电状态下，装有该系统的公交车百公里平均油耗为 19.7L，同时，PM 颗粒物排放降低 90%以上，其他各种污染物的排放也会显著减少。该系统已于 2013 年 11 月在天津 803 公交车上(1 辆)投用进行运营测试，2014 年 2 月又有 50 套系统实现了装车。

(6)天津道路运输业大力推广绿色交通工具。[12]2013 年在全市道路运输行业共完成推广清洁能源货运车 1505 辆，清洁能源客运车 401 辆。到 2016 年，天津市将在道路货运和客运领域各推广清洁能源汽车

7000 辆和 2000 辆。2014 年 1 月 1 日起，天津市凡包车客运新增车辆，须全部为清洁能源车辆；凡包车客运更新车辆，清洁能源车辆须占更新车辆的 60%；市际班线更新车辆，须全部为清洁能源车辆。在货运领域，新增及更新轻型厢式和封闭式货车，须全部为清洁能源车辆，各类载货汽车和牵引车要优先选用清洁能源汽车。

(7)天津市新能源汽车推广应用规划。[13]新能源汽车产业发展已纳入天津市中长期规划，天津的目标是通过 5～10 年的发展，天津市在新能源汽车整车和关键零部件核心技术上实现突破，力争成为全国重要的新能源汽车整车及关键部件研发、生产基地。根据规划，天津市将以纯电驱动为新能源汽车发展和汽车工业转型的主要战略取向，重点推进纯电动汽车和插电式混合动力汽车研制开发和产业化，推广普及非插电式混合动力汽车、节能内燃机汽车和替代燃料汽车。

天津市还将着力打造重点产业集群，重点建设经济技术开发区新能源汽车整车产业集群，滨海高新区动力电池及关键材料产业集群，新能源汽车整车生产和零部件配套产业集群，北辰新能源汽车关键零部件配套产业集群，宝坻电池原材料生产集群及东丽电池材料和电机电控系统产业集群。

9　公共自行车绿色出行网络建设工程

9.1　市中心区公共自行车网络建设工程

(1)公共自行车租借系统即将启动。[14]为解决百姓出行的“最后一公里”问题，天津市将完善慢行交通体系，预计于今年启动公共自行车租借系统建设。天津市公共自行车租借系统将分两阶段建设，第一阶段将启动示范项目，围绕地铁沿线、公交车、大型居住区、商业办公区等区域布设 300 余个服务点，投入约 6500 辆自行车，初步形成天津市自行车租借系统基本网络；第二阶段围绕基本网络逐步加密填充，再陆续布设 1700 余个租借点，投入 4.5 万辆自行车，在中心城区实现高密度的均匀布设。届时，租借点达到 2000 余个、5 万多辆自行车，服务点间距不到 500m。

(2)打造世界级自行车王国。[15]根据天津市政府发布的《促进自行车产业健康发展实施意见》，天津市未来四年内，将全力推进自行车产业的“材料革命、动力革命、品牌革命”，实现高端发展、创新发展、集约发展、绿色发展，构建完善的现代自行车产业体系，打造世界级的自行车王国。

9.2　滨海新区公共自行车网络建设工程[16]

从 2010 年开始，滨海新区公交集团便着手建立新区自己的公共自行车租借服务网络，经过几年的不断升级改造，同时受市区车辆限号等因素影响，目前已设置了 20 个公共自行车租借点，共投放自行车 360 辆，高峰期日均使用达到 500 多人次，并在开发区和塘沽区形成了密集网络，让慢行交通和公共交通实现“无缝对接”，打通百姓出行的“最后一公里”。

下一步，滨海新区计划在多个繁华地点新增一批公共自行车租借点。新增设的站点在考虑填补公交线路盲区的同时，还选择了公园、体育场等公共休闲场所。滨海新区新增公共自行车租借点如图 1 所示。

图 1　滨海新区新增公共自行车租借点示意图

10　新一代智能交通管理系统建设工程[17]

天津市公安交通管理局新一代智能交通管理系统建设工程，通过搭建“两个系统，两个平台”，优化出行结构，均衡路网流量，到2015年底，实现中心城区智能交通管理系统建设全覆盖，通行能力提高20%。

"两个系统，两个平台"指：交通指挥调度系统、交通信息服务系统；大数据处理平台、设备运行维护管理平台。交通指挥调度系统能够实现基于警力和智能交通设备的应急指挥调度，交通信息服务系统能够实现对社会公众的有效信息服务和政府部门的信息共享。两个平台能够为智能交通管理系统发挥功能提供后台数据支撑和运行管理保障。

其中，交通指挥调度系统和交通信息服务系统的建设内容主要包括：到2015年底，中心城区建成1500处交通信号区域协调控制系统，覆盖所有灯控路口；建成1000处交通信息采集系统，覆盖所有主干道及交叉口；建设1500处视频监控系统，实现主干路网无盲点覆盖；建成2524处电子警察系统，覆盖主干路网和拥堵路段；建成208块交通诱导显示屏，覆盖所有快速路和主干路；建成多媒体综合应用平台，向社会公众发送道路网交通拥堵状况、交通安全、交通管理、停车位等实时信息。此外，还将建设公共有限系统和公交专用道监控系统，2014年上半年实现公交专用道41km，2015年年底预计达到194km。

此外，天津市还将改造现有信息处理平台，拓展信息处理能力，建立扁平化指挥调度机制和交通突发事件预警系统，通过信号控制和110接处警系统，实现警力和交通设备的科学指挥调度，加快解决异常交通事件，使道路尽快恢复正常通行。

11 结 语

天津市城市基础设施建设步伐继续加快，十项绿色综合交通工程的建设，符合绿色循环低碳交通运输体系的建设要求，充分体现了为城市经济、社会、民生发展服务，对建设美丽天津，改善百姓出行环境，提高天津市百姓幸福指数具有重要意义，对加快实现天津市城市定位，保持天津市高速发展和完成天津市"十二五"规划目标具有重要意义。

参考文献

[1]天津港今年吞吐量将达5.3亿吨[N]. 天津日报，2014-3-2(1).
[2]175米内换乘多种交通工具[N]. 天津日报，2014-4-29(6).
[3]天津机场赴京"请客"[N]. 天津日报，2014-5-9(5).
[4]打造更加完善便捷的铁路交通体系，铁路先行助力北方经济中心建设[N]. 天津日报，2013-11-26(2).
[5]坚决打好轨道交通建设攻坚战：2017年本市在建地铁全部投运[N]. 天津日报，2014-4-5(1).
[6]本市获批"公交城市"试点[N]. 天津日报，2013-11-20(1).
[7]实施五项措施，明年公交"升级"[N]. 天津日报，2013-12-21(1).
[8]今年首批500部绿色公交投运[N]. 天津日报，2014-4-26(1).
[9]津产新能源汽车整车下线[N]. 天津日报，2014-4-28(1).
[10]津门湖电动汽车充换电站投运[N]. 天津日报，2014-4-17(2).
[11]公交混合动力系统新区装车50套[N]. 天津日报，2014-2-14(10).
[12]本市道路运输业推广绿色交通[N]. 天津日报，2014-1-30(2).
[13]本市规划新能源汽车产出路线图[N]. 天津日报，2014-4-6(1).
[14]公共自行车租借系统今年启动[N]. 天津日报，2014-1-23(17).
[15]打造世界级自行车王国[N]. 天津日报，2014-2-16(1).
[16]绿色出行滨海先行[N]. 天津日报，2014-5-30(11).
[17]本市打造新一代智能交通管理系统[N]. 天津日报，2014-4-4(1).

铁路交通道口安全的分析与对策

李　磊

（天津南环铁路有限公司运输分公司，天津 300060）

摘要：铁路道口是铁路与公路通行的重要组成部分，提高道口安全事关铁路及公路交通安全，事关人民生命财产安全。本文对影响道口安全的因素进行了全面分析，提出改进性措施及对策。

关键词：道口；安全；对策

铁路道口具有铁路生产性和社会公益性的双重属性，道口安全是铁路及公路运输安全的重要组成部分。道口行车是一个涉及道路交通系统和铁路运输系统的动态系统，为确保道口安全，需要铁路、地方政府、市政交通管制部门的通力合作，将道口交通管制方法和法规引入道口安全管理中，通过道口行车秩序和改善道口行车环境来确保道口安全。本文着重分析与道口事故有关的因素，并提出了改善道口安全的对策及建议。

1　铁路道口安全影响因素分析

（1）机动车驾驶员因素分析

在道口交通参与中，驾驶员是与道口安全关系最为密切的人，是引起道口交通事故的主要决定因素。因为，大多数道口交通事故是因机动车与货车碰撞造成的。道口碰撞事故大多由机动车驾驶员安全意识淡薄、违章驾驶、酒后驾驶、疲劳驾驶、超速运行、操作失误或技术欠佳等原因造成，部分原因是驾驶员受车辆及道路环境等因素影响而操作错误。因此，机动车驾驶员的驾龄、驾驶的熟练程度及应对紧急情况的技能是不容忽视的，而对机动车驾驶员进行道口安全教育乃当务之急。

（2）道口看守员因素分析

道口看守员违反标准化作业也是道口交通事故的一个不可忽视的重要因素。有的道口员不认真执行作业“十程序”（坚持瞭望、接转通知、疏通道口、适时落杆、检查设备、迎接列车、观察运行、送出列车、确认抬杆和疏导车辆），工作责任心不强，缺乏道口工作经验和应急处理能力，不能及时有效地关闭道口栏杆，致使机动车辆进入危险时段；在车辆和行人比较拥挤时，不能安全有效地对车辆进行疏散和引导，导致道口事故的发生。因此，加强对道口员标准化作业的培训及考核力度，指令道口员严格按照道口操作程序进行作业势在必行。

（3）道口特性因素分析

铁路道口两端大多有一定的坡度，路面状况差，道口铺面不平整，极可能导致车辆熄火或卡在道口处而引发交通事故。据统计，道口坡度大的事故率要比无坡度的道口事故率高 25%。同时，道口有效宽度是其重要特性。道口的有效宽度越大，道口驾驶员越感觉到安全，心理上不致造成紧张感。而道口宽度过窄，加上股道数增多，通过道口的时间加长，易引起驾驶员忽视安全标志，造成违章驾驶。

（4）环境因素分析

从道路瞭望道口的可见度也是影响道口安全的一个不可忽视的因素。道口周围的树木或者建筑物过多过高、照明太差等因素妨碍机动车驾驶员瞭望，照明不好会影响人的观察力及思维能力等，进而使人犹豫不决、反应迟钝，直接影响道口行车安全。

而天气状况也是影响道口安全的不可忽视的因素。雨天路面潮湿、下雪天路面结冰，导致路面的附着系数降低，容易使车轮打滑而引起车辆机械故障；雾天能见度降低，视线模糊，致使驾驶员的视距受限，不能很好地瞭望道口，进而造成道口事故的发生。

2 道口事故的预防及对策

预防道口事故的发生可以采取两种方案：①从根本上解决道口安全隐患的措施；②对现有设备、人员、管理进行补强的措施。具体措施有以下几个方面。

(1)建议在道口安装违章拍摄电子眼和减速装置

驾驶员违章通过道口有一个很重要的原因：铁路道口标志和信号并不会将其违章行为拍摄下来并给予处罚，他们更担心公路交通信号。因此，加强与地方交通部门的沟通联系，将道路交通管理办法和法规引入道口安全管理中，在适当位置设置规范的标志、标线、减速装置及限高、限重警示，安置违章拍摄设备，对在道口位置不按信号指示行车、停车、违章抢越道口的车辆按相关的道路交通管理条例进行处罚。通过规范道口行车秩序和改善道口行车环境来确保道口安全。

(2)加强道口员的培训和考核工作

要强化对道口看守员的培训工作，加强对道口员责任意识、标准化作业、新技术新设备的使用、应急处理能力的培训工作。尤其是要重视非正常情况下应急能力的培训，定期举办非正常情况下应急能力的模拟演练和技术比武活动。

(3)增加道口安全设备，降低事故率

①在人车集中、通行密度大的道口，拓宽道口的有效宽度，避免发生交通拥堵。

②在对驾驶员的培训中进行道口安全教育，并在易发生事故道口发放宣传材料，引起人们警示，提高全民的道口安全意识。

③在道口前 50m 处道路上安装车辆减速装置，如视觉或振动减速标线，以引起驾驶员的警惕，并安设减速慢行标志。

④在可见性差的道口增加道口标志或者将标志性文字涂在路面上，同时增加道口照明。

⑤在下坡道口前增加道路粗糙度或将有坡度的道口铺平，降低机动车车速。

3 结 语

道口安全问题在铁路安全管理工作中占有相当大的比重，深入查找道口安全中的风险源，有针对性地制定整改措施，有助于进一步加强和改进道口安全管理工作，降低道口事故率，保证道口通行的长治久安。

参考文献

[1]中国交通年鉴[M].北京：中国交通年鉴社，2005.

[2]李玲桂.国外平交道口的安全措施[J].铁道知识，2005(2)：22－23.

[3]WIGGLESWORTH E C. A human factors commentary on innovations at railroad-highway grade crossings in Australia[J]. Journal of Safety Research，2001，32：309－321.

天然气车辆在道路运输中的推广应用

李晓莉[1]　张廉青[1]　刘淑艳[1]　邹南昌[2]

（1.天津市市政工程研究院滨海分院，天津 300074；2.天津市市政公路管理局，天津 300170）

摘要：与燃油车辆相比，天然气车辆具有节能、减排、经济、安全等优势，我国具有发展天然气车辆优越的基础条件和政策条件，近些年天然气车辆在我国取得了迅速发展。我国天然气车辆发展过程中存在加气站建设滞后、地区发展不平衡、气耗水平不均衡、维修保障体系不健全等问题。为了促进我国天然气车辆推广工作的良性发展，建议从加快配套基础设施规划和建设、加大政府扶持力度和政策引导力度、提高运输企业能源管理能力、大力推广节能驾驶技术等几个方面加大工作力度。

关键词：天然气车辆；道路运输；优越性；发展概况；问题；对策

能源紧缺和气候变化是当今世界面临的两大课题，在经济和社会发展过程中推进节能减排已成为世界各国达成的共识。我国作为发展中国家中的大国，肩负着节能减排的重任，节能减排已成为我国的一项基本国策。节能减排发展战略的实施对于保障国家能源安全和经济安全具有重要意义。交通运输作为国家能源消费和温室气体排放的重点行业之一，是国家推进节能减排工作的重要领域，而交通运输装备作为交通运输行业的用能主体，促进其节能环保是交通运输行业节能减排的重点工程。

天然气是国际公认的清洁能源，具有辛烷值高、性质稳定、热效率高、减排效果显著等优点，在道路运输装备领域具有较大的应用潜力。天然气汽车作为节能环保型车辆，其技术已经较为成熟、安全、可靠性高，已成为国际上公认的交通运输领域节能减排的重要抓手之一，应用前景广阔。

1　天然气作为车用燃料的优越性

（1）减排效益

天然气无色、无味、无毒且无腐蚀性，其主要成分是甲烷，其燃烧物主要是二氧化碳和水。与其他化石燃料相比，天然气燃烧时排放的二氧化碳、一氧化碳、碳氢化合物、氮氧化合物、有害烟尘等显著降低。与以汽油为燃料的车辆相比，天然气车辆可使一氧化碳排放量减少97%，碳氢化合物减少72%，氮氧化合物减少39%，二氧化碳减少24%，二氧化硫减少90%，噪音减少40%，尾气烟度降低50%，苯、铅、粉尘等固体颗粒物排放减少100%，具有显著的减排效果。[1]

（2）节能效益

天然气的节能效益除体现为天然气具有较高的热效率外，主要还体现为以天然气作为车用燃料可以大大节约汽柴油的用量，对于改善能源结构，缓解燃油紧张具有重要意义。按照《交通运输节能减排专项资金申请项目节能减排量或投资额核算技术细则》之《天然气车辆应用项目节能减排量核算技术细则》的核算方法，采用1m^3 的压缩天然气可以替代柴油0.83kg（汽油0.71kg），1kg的液化天然气可以替代柴油1.17 kg（汽油1kg）。

（3）经济性

目前，我国车用天然气与汽柴油价格存在一定的差价，而且随着国际原油价格的不断上涨，国内油气差价将长期维持。有关测试研究表明，与汽柴油相比，在同等的效能下，采用天然气作为车用燃料，可以降低30%～40%甚至更高的燃料费用，经济效益明显。[1,2]

作者简介：李晓莉，工程师、硕士，主要研究方向为交通运输规划与管理；张廉青，助理工程师；刘淑艳，高级工程师、硕士，主要研究方向为道路与铁道工程；邹南昌，正高级工程师。

(4)安全性

天然气在空气中的爆炸下限为5%，是汽柴油爆炸下限的5～8倍(汽油爆炸下限1.0%、柴油爆炸下限为0.6%)，与汽柴油相比，天然气不易达到引起爆炸的混合浓度；天然气的自燃温度在680℃左右，与汽柴油相比不易燃烧；天然气的常规密度为0.8kg/m^3，比汽柴油蒸汽密度低很多(汽油蒸汽密度为5.09kg/m^3，柴油蒸汽密度为4kg/m^3)，且比空气密度低，一旦发生泄漏，天然气会在空气中迅速扩散，不易集聚到燃烧温度和爆炸极限[3]；天然气的辛烷值可高达130，抗爆性能好，因此，与汽柴油相比，天然气是相对安全的燃料。

2 天然气车辆推广应用的发展概况

(1)我国发展天然气车辆的基础条件

相对石油资源而言，我国天然气资源丰富，2013年中国天然气新增探明地质储量6.16×10^{11} m^3，新增探明技术可采储量为3.82×10^{11} m^3，同时，我国已经规划和建立了覆盖全国的天然气输送网络系统。西气东输(一线、二线)、陕京线(一线、二线)、川气东送、中缅管道、江苏LNG接收站、广东LNG接收站、福建LNG接收站等重大工程项目的投产使用，以及正在建设和规划中的西气东输三线、西气东输四线和众多的LNG供应项目，将为我国天然气汽车的发展提供气源充足、网络四通八达的优良基础条件。

(2)我国发展天然气车辆的政策条件

自1988年我国引进第一批CNG加气装置、建立第一座CNG加气站、改装第一辆天然气汽车以来，我国天然气汽车的推广应用事业取得了长足的发展。1988年，国家科委等10多个单位在北京成立了全国燃气汽车工作协调领导小组；1999年4月，我国召开了“空气净化工程——清洁汽车行动”工作会议，确认了北京、上海等12个省市地区为全国首批清洁汽车试点示范城市(2005年示范城市和地区扩大到19个)；2006年，中国再次启动“节能与新能源汽车”高科技计划，继续强力推进天然气汽车产业发展；2007年，国家发展和改革委员会颁布了《天然气利用政策》，明确规定了天然气汽车属于“优先类”用气项目。[4]2011年，交通运输部引发的公路水路交通运输节能减排“十二五”规划中，将“推广使用天然气车辆”作为重点项目之一。2011年，为促进交通运输行业节能减排工作的顺利开展，交通运输部和财政部联合设立了交通运输节能减排专项资金，2011—2013年的4批支持项目里，天然气车辆的应用都是重点支持项目，补助金额占到总补助资金的30%以上。2013年，在交通运输部印发的《加快推进绿色循环低碳交通运输发展指导意见》中，天然气在交通运输装备中的应用仍然是加快推进的重点项目。2014年，天然气车辆应用项目又作为主题性项目，以新的形式继续作为交通运输节能减排专项资金的支持领域之一。可见，天然气车辆还将具有巨大的推广应用前景。

(3)我国天然气汽车的保有量概况

经过天然气车辆的大力推广，我国天然气汽车保有量有了快速增长。根据第四届亚太天然气汽车协会国际会议统计数据，截至2010年，国际上共有78个国家和地区推广天然气汽车的使用，加气站已达到16513座，天然气汽车保有量达到1326万辆，其中巴基斯坦230万辆、阿根廷180万辆、伊朗170万辆、巴西160万辆、印度100万辆、中国100万辆，预计到2020年将增加到6500万辆。

在我国天然气车辆的推广应用中，CNG汽车是绝对主体。根据第十四届中国国际天然气汽车、加气站设备展览会暨高峰论坛统计数据，截至2012年12月底，我国CNG汽车保有量已上升为208.5万辆，加气站总数为3014座，保有量世界排名上升至第3位，仅次于巴基斯坦和伊朗，加气站数量世界排名上升至第2位，仅次于巴基斯坦。[5]在我国CNG汽车的推广应用中，城市公交车、出租车是绝对主体。LNG汽车是今后一段时期我国天然气汽车的推广趋势，2012年版的《天然气利用政策》中，天然气汽车仍然是优先类项目，双燃料和液化天然气汽车是尤其要推广的优先类项目。目前，我国LNG汽车主要应用于公交车、载货卡车和大巴车。

3 天然气车辆推广应用中存在的问题

(1)加气站规划与建设滞后

加气站和输气管网是天然气车辆推广应用的先决条件，目前相对于输气管网，我国加气站的规划和建设较为滞后，尤其是一些天然气资源丰富的西部地区（如青海），输气管网已经形成，但是加气站存在数量不够、容量不足的问题，导致天然气车辆的推广应用受到阻碍。由于加气站的缺乏，一些地区加气站排队现象严重，车辆空驶里程高，增加了运输企业的运营时间和运营成本，给运输企业造成了严重困扰，同时加气站网点的不足，也限制了天然气车辆在道路货运中的推广。目前，加气站建设投资高（一个小型加气站建设需投资 1000 万元），办理手续困难，中小运输企业无力承担自建加气站的费用，限制了天然气车辆在不发达城市和中小运输企业的推广。

（2）天然气车辆分布存在地区不均衡性

从全国范围来看，在气源充足、配套设施良好、优惠政策突出的地区，天然气车辆发展较快，以 CNG 汽车为例，目前新疆、山东和四川成为我国天然气车辆推广使用的绝对主力。[5]而在省份和城市内部，又由于经济条件的不同，存在省会城市和城市主城区发展较快、其他城市及郊县区域发展缓慢的现象，存在严重的地区发展不均衡性。[6]

（3）天然气车辆气耗量水平存在地区不均衡性

天然气车辆百公里气耗量不均衡，一方面与企业驾驶员的整体节能驾驶水平有关，驾驶员节能驾驶水平高，平均百公里气耗量低；另一方面，百公里气耗量不均衡还与各地区的气候条件、地理条件和道路技术条件有关，在道路众多、气候寒冷、海拔较高、低等级道路较多的山区，天然气车辆的平均百公里气耗量偏高。然而，目前我国尚未出台针对不同地区的天然气车辆百公里气耗量限值标准，交通运输部节能减排专项资金进行资金补助的时候采用的百公里气耗量限值标准普遍低于某些地区的实际百公里气耗量（以青海省为例，该地区天然气车辆平均百公里气耗量高于限值标准 40%以上），使得资金支持的力度大大削弱。

（4）维修保障体系尚需完善

高效、规范的天然气车辆维修配套服务体系是天然气车辆高效、安全运行的关键因素之一。随着我国天然气汽车技术的日渐成熟和天然气车辆的大力推广，在一些天然气车辆发展较快的城市和区域，已建立起良好的维修保障体系，但是在一些郊县区域的客货运线路上，维修保障体系尚存缺失，在一定程度上制约了天然气车辆的推广应用。

4 天然气车辆推广应用的发展对策

（1）加快配套基础设施的规划和建设

天然气车辆的加气站、检测和维修服务站，是天然气车辆推广应用的基础保障条件，各省份、自治区、直辖市应根据本地区天然气车辆的发展需求，先导性进行配套设施的规划和建设，对于已经因配套设施不完善制约天然气车辆发展的城市，应加快天然气基础设施的规划和建设步伐，形成布局合理、服务方便的天然气车辆配套基础设施网络。

（2）加大政府扶持力度和政策引导力度

在现阶段天然气车辆配套基础设施的建设过程中，要发挥政府投资的主导作用，同时也可坚持谁投资谁受益的原则，鼓励社会资金参与进来，优先鼓励运输企业根据自身发展需求，独资或联合投资建设配套基础设施，政策上给予一定的优惠和资金上给予一定的补贴。鼓励企业和个人购买、使用天然气车辆，在购买和使用环节给予税收和资金等方面的优惠政策。[7]对于经济条件不好的地区要加大优惠力度，促进天然气车辆均衡发展。

（3）提高运输企业能源管理能力

虽然我国天然气资源丰富，但是目前开发利用程度低，我国天然气消费的对外依存度在逐年攀升，因此要加强对天然气的用能管理。督促各地区根据地区特点建立完善的天然气车辆能耗统计标准、燃料消耗定额和考核方案，在此基础上，要求各运输企业根据车辆类型及其运行线路特点制定精细的企业内部天然气车辆能耗统计制度、天然气燃料消耗定额和考核方案，做到天然气车辆能耗管理有依据、有标准、有考核、有举措，提升行业天然气能耗管理水平。

（4）大力推广节能驾驶技术

避免浪费，就是最大程度的节约。驾驶员的驾驶习惯，是影响燃料消耗的重要因素之一。为充分发挥天然气车辆的节能减排效益，提高全行业的节能驾驶水平是成本低而效率高的途径。应在全行业有组织地开展节能驾驶技术专项培训，在行业和企业内部有计划地开展节能驾驶竞赛，总结节能驾驶经验，编制节能驾驶手册并在全行业推广，全面提升行业节能驾驶水平。

5 结 语

我国具有发展天然气车辆良好的基础条件和政策条件，经过近些年的大力推广，我国天然气车辆得到了快速发展，对我国节能减排目标的实现起到了积极推动作用。要实现天然气车辆的又好又快发展，现阶段，从政府层面来讲，需要加快配套基础设施的建设，加大政府的扶持和引导力度；从企业层面来讲，要提高企业能源管理能力和驾驶员节能驾驶水平。

参考文献

[1]卢汉成，张宏．液化天然气车辆的推广应用[J]．交通节能与环保，2013(5)：12－17.

[2]黄雄健．天然气汽车及天然气加气站的经济性分析[J]．小型内燃机与摩托车，2009(2)：75－77.

[3]高吉．天然气汽车的安全性能分析[J]．科技创业家，2013，6(上)：223.

[4]周怡沛，周志斌．中国 CNG 汽车市场发展现状、趋势与策略[J]．国际石油经济，2009(10)：44－48.

[5]李永昌．中国天然气汽车和 CNG 装备制造业资讯[C]//2013 年第十四届中国国际天然气汽车、加气站设备展览会暨高峰论坛，2013.

[6]姜雪娇，彭勇．重庆市 CNG 汽车发展存在的问题及对策[J]．重庆交通大学学报(社科版)，2012(2)：24－26.

[7]彭洪涛．天然气汽车发展中存在的问题及对策研究[J]．煤气与热力，2006，26(3)：26－28.

基于ETC里程收费下的绿色动态道路定价指标

张堂贤　叶源祥　杨珎凯　阙嘉宏

（台湾大学土木系，台北）

摘要：台湾地区高速公路电子收费系统于2013年底由计次收费转成计程收费。本研究拟以此为背景，研究绿色交通安全指标(Green Traffic safety Index, GSI)应用于各营运策略下的收费费率。GSI绿色交通安全指标类似道路定价(road pricing)概念，其设计内容包含里程积分计算碳排因子、交通安全因子及旅行时间负效应；各路段将依时间流量计算道路绿色价值(price in terms of green factors)，用以制定ETC收费折扣变率。其收费折扣变率与实际道路收费差值作为ETC营运里程积分，以提供用路人优惠，同时导引驾驶人选择不同路径，达到交通疏导效果。

关键词：道路定价；绿色交通；电子收费

台湾地区高速公路电子收费系统已于2013年底，由计次收费转换成计程电子收费。本研究评估在高速公路系统实施计程收费制度后，民众支付使用高速公路费用结构明显发生改变。在过往，民众行经固定位置收费站设施后，方需支付固定金额通行费用；若民众行经无收费站设施路段，则完全无须支付任何通行费。此收费机制特性有其限制，故高速公路系统在某些路段容易变成地区道路系统之替代道路，影响高速公路系统原有在整体运输系统中，应担负之中、长途旅次道路运输需求服务功能。为配合未来可能的道路定价(road pricing)收费机制，本研究所设计的交通竞赛论的关键参与者应有如下三者，彼此间有着不同的目标函数。

(1)用路人。过去因计次收费制度仍有其合理性、公平性之质疑，在改采计程电子收费制度后，高速公路使用费之收取以走多少付多少方式，即个别车辆之行驶里程与其支付费用几乎成等比例关系。预估一般民众使用高速公路系统之选择行为将发生显著改变。估计高快速路网、重要省县道及市区干道等路网，整体车流分布将产生重分配情形；未来民众使用高速公路之情况，将会以行驶里程应付费金额及其服务质量状况来考虑，即：①费率及其总支付费用；②道路提供之服务水平(交通条件顺畅或阻塞)。

(2)高速公路主管部门。高速公路主管部门站在管理者的角度，其目标应掌握到以下4项：①整体路网系统运作效率优化，即路网系统疏通量最大化；②系统运作对社会环境产生的负效应总成本最小化；③提供交通安全疏导的潜规则；④年收入满足基本成本费用(包含道路建设及维护成本)。

(3)ETC营运单位——远通电收。ETC营运单位(远通电收)位于经营者角度，在本研究议题上具有极重要的角色地位。将各定价策略实施至用路人时，ETC电子收费公司掌握了最关键的收费程序，其程序策略的经营成败，将攸关高速公路主管部门是否可于预定的道路管理目标上圆满达成或失败。而远通电收是民营企业，其经营目标为：①服务交通需求量最大，即过路费委办服务数量最大化；②整体经营利益最大化。

而高速公路系统于计程收费机制上路时，在各项交通变动因子于本系统进出改变的情况下，如何于用路人、高速公路主管部门及ETC营运单位(远通电收)间谱出具营运模式的交通竞赛设计，即本研究绿色交通指标模式建立之目的。

1　静态模式——基本道路定价计量模式

根据文献回顾，道路定价是基于公平原则，使用者付费及永续财务所建构的基础理论，而交通竞赛论的绿色交通指标则是为交通管理或交通控制而做的手段。台湾地区的高速公路进入全面电子收费的里程碑，对过去以道路定价收费的理论之实现及顾及交通管理交通控制之智能化有了更实在的实施条件。根据高

作者简介：张堂贤，教授；叶源祥，博士；杨珎凯，博士；阙嘉宏，博士

速公路主管部门实施全面 ETC 之承诺，年收入(W^*)目标定为 220 亿元(本文中“元”均指新台币)，每趟旅次又有免费里程 20km，其年收入计算式为：

$$W^* = \sum_{O,D}(N_{PC}^{O,D}P_{PC} + N_{HV}^{O,D}P_{HV})(L_{O,D} - 20)$$
$$\text{Subject to} \quad W^* = 22000000000 \tag{1}$$

式中：$N_{HV}^{O,D}$ 及 $N_{PC}^{O,D}$ 分别是旅次 OD 矩阵表中的年交通量(依大型车 HV 及小客车 PC 分类)，OD 矩阵表之上三角区与下三角区分别代表行驶方向，如南向或北向；P_{HV} 及 P_{PC} 分别是大型车 HV 及小客车 PC 的基本费率(元/车/km)；$L_{O,D}$ =旅次 OD 矩阵表中的路段长度(以 km 为单位计)，固定值。

1.1 依计程(里程)长度的道路定价

本研究欲分析道路定价问题，将(1)式改为：

$$W^* = \sum_{O,D}[N_{PC}^{O,D}(\alpha_{1PC} + \alpha_{2PC}L_{O,D}) + N_{HV}^{O,D}(\alpha_{1HV} + \alpha_{2HV}L_{O,D})](L_{O,D} - 20)$$
$$\hat{P}_{PC} = f_{P,PC}(l) = \alpha_{1PC} + \alpha_{2PC}\,l \tag{2}$$
$$\hat{P}_{HV} = f_{P,HV}(l) = \alpha_{1HV} + \alpha_{2HV}\,l$$
$$\text{Subject to} \quad W^* = 22000000000$$

式中：l 为里程长度变量(km)，α_{1*} 为基本费率参数，α_{2*} 为依里程长度之变动斜率参数。而式(2)之求解次序包含：Step 1 将先建立样本交通流量 OD 矩阵表；Step 2 进行年交通流量 OD 矩阵表推估；Step 3 取 $P_{HV}/P_{PC} = \hat{P}_{HV}/\hat{P}_{PC} = \lambda$，则有 $\alpha_{1HV}/\alpha_{1PC} = \lambda = \alpha_{2HV}/\alpha_{2PC}$。在假定 α_{1*} 为基本费率下远通电收之委办服务费率，式(2)就可依守恒原理求解出 α_{2*}，即依里程长度之变动斜率值。

1.2 尖离峰分级道路定价

尖离峰道路定价之制定，将 OD 矩阵表依尖离峰级距分类，分别加总各级交通量后，求出各级距交通量比值(例如 $N_{*乙}/N_{*甲} = \lambda_{*甲乙}$；$N_{*丙}/N_{*甲} = \lambda_{*甲丙}$)，将此比例设为以交通量为基础之费率道路定价之比值。在前里程长度的结果基础(守恒原则)下，将式(2)中价格再分解，带入各相对比值，参见式(3)。如此，要求解的参数就只 $\alpha_{2PC甲}$ 。在 W^* 守恒条件下，可于各对应 OD 矩阵表中试算出结果。

$$W^* = \sum_{O,D}\sum_{i=甲、乙、丙} N_{PCi}^{O,D}(\alpha_{1PC} + \alpha_{2PCi}L_{O,D})(L_{O,D} - 20)$$
$$\hat{P}_{PC,甲} = f_{P,PC,甲}(l) = \alpha_{1PC} + \alpha_{2PC,甲}\,l$$
$$\hat{P}_{PC,乙} = f_{P,PC,乙}(l) = \alpha_{1PC} + \alpha_{2PC,乙}\,l = \alpha_{1PC} + \lambda_{*甲乙}\alpha_{2PC,甲}\,l \tag{3}$$
$$\hat{P}_{PC,丙} = f_{P,PC,丙}(l) = \alpha_{1PC} + \alpha_{2PC,丙}\,l = \alpha_{1PC} + \lambda_{*甲丙}\alpha_{2PC,甲}\,l$$
$$\cdots$$

1.3 相关可能政策之执行求解

若政策执行方式为其他可能，例如 $f_{P*}(l)$ 为非线性、递远递减之折线式次定价(如基本取价订为 200km 以下，200km 以上之长程旅次逐步增加折价率)，皆可仿照上述原则直接求解并进行相关数值模拟分析。

2 动态模式——动态道路定价计量模式

前节系以静态概念进行求解处理，其分析过程不易符合多变的交通环境与弹性化道路管理策略，而应用在本质上也缺乏商业模式操作之空间，使得策略执行不具弹性与自动化管理特性。因此本研究提出动态道路定价模型，用以解决静态模式之缺点。

诚如前述内容，高速公路系统于计程收费之关键在于掌握时变性的交通系统需求于系统进出的状态，同时对用路人、高速公路主管部门及 ETC 营运单位(远通电收)解出最佳均衡点。

2.1 用路人需求函数

于高速公路系统中，基于用路人层面思考，用路人需求函数需建立于反映费率水平及交通服务水平

(Level of Service, LOS)之下,两者间的关联可建立一个等价的结构。根据《2011 年台湾公路容量手册》,交通服务水平可分别从 V/C 值及速限与平均旅行速率差距两项参数进行评量(见表 1)。因此,需求函数采用二次式之结构设计:

$$q_s(t) = f_D(p_s(t), LOS_s(p_s(t)), REWARD_s(E_s(m_s(t)))) \\ = ap_s^2(t) + bp_s(t) + d \tag{4}$$

式中:$q_s(t)$ 为单一时段 t,路段 s 之车辆数增量;$Q_s(t) = \int q_s(t)\mathrm{d}t$,即单一时段 t,某路段 s 之车辆数;$p_s(t)$ 为单一时段 t,路段 s 之对固定通行费率之折扣变率,基本费率为 P;$E_s(m_s(t))$ 为路段 s,时段 t 之收费可能的折扣反馈或奖励,采用期望值概念进行设计,用以吸引用路人改变需求行为之手段(将于后续 ETC 公司营收模式中说明);a,b,d 为模式常数。

表 1 V/C 值及速限、速率差之服务水平等级划分标准

服务水平	V/C 值	服务水平数值范围	平均速度与速限差距(km/h)
A	V/C≤0.35	1	≤5
B	0.35<V/C≤0.60	2	6～10
C	0.60<V/C≤0.85	3	11～15
D	0.85<V/C≤0.95	4	16～25
E	0.95<V/C≤1	5	26～35
F	V/C>1	6	>35

资料来源:《2011 年台湾公路容量手册》。

于尖离峰道路定价方案中,必须考虑俘虏式用路人(captive riders)及非俘虏式用路人(noncaptive riders)之特性差异。两者间的需求弹性具有显著性差异,于未来函数设计上通过旅次调查与特性分析,分别对 $q_{s,\mathrm{cap}}(t)$,$q_{s,\mathrm{ncap}}(t)$ 建立所属之 $q_s(t)$ 参数。

本研究针对高速公路用路人,调查其在工作旅次与非工作旅次不同需求特性状态下,尖峰时段通行费率原价、离峰时段不同费率折扣情形,评估用路人可能产生之旅次需求数量,从尖峰时段转移至离峰时段之比例。本研究针对相关调查成果所推估之离峰时段费率折扣比例,与对应之尖峰时段需求转移至离峰时段之比例关系,依工作旅次与非工作旅次不同需求特性,依序说明如下。

(1)工作旅次离峰时段费率折扣与尖峰时段需求数量比例下降之关系

本研究对高速公路用路人,已调查其于工作旅次需求特性(属俘虏式用路人),针对尖峰时段通行费率原价,离峰时段不同费率折扣比例条件下,尖峰时段原需求数量可能之降低比例关系特性如图 1 所示。

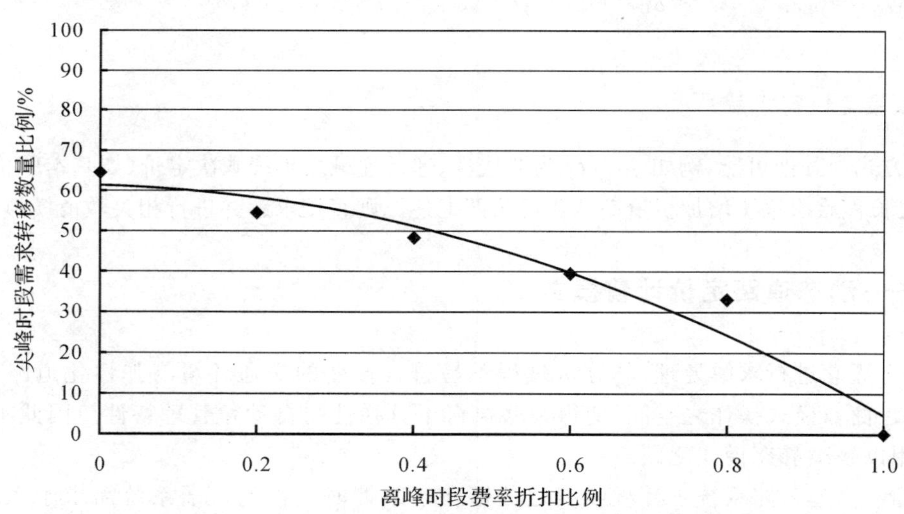

图 1 工作旅次离峰时段费率折扣比例与尖峰时段需求转移比例关系

由图 1 可知,离峰时段费率折扣比例,会影响尖峰时段需求转移至离峰时段之数量比例。离峰时段费率折扣比例为 1 时,代表离峰时段费率与尖峰时段相同;尖峰时段旅次需求,因离峰时段无价格调降诱因,故无转移至离峰时段之比例。但随着离峰时段费率折扣比例 0.8(8 折)、0.6(6 折)到 0(免费)调降,尖峰时段需求转移离峰时段比例将迅速提升。其中,离峰时段费率折扣比例0.8条件下,尖峰时段旅次需求约有33%转移至离峰时段;离峰时段费率折扣比例为0条件下,尖峰时段旅次需求约有64.3%转移至离峰时段。故依离峰时段费率折扣比例与尖峰时段需求转移至离峰时段之数量比例关系特性,可汇整分析得知工作旅次离峰时段费率折扣比例与尖峰时段需求保留比例特性关系,如图2所示。

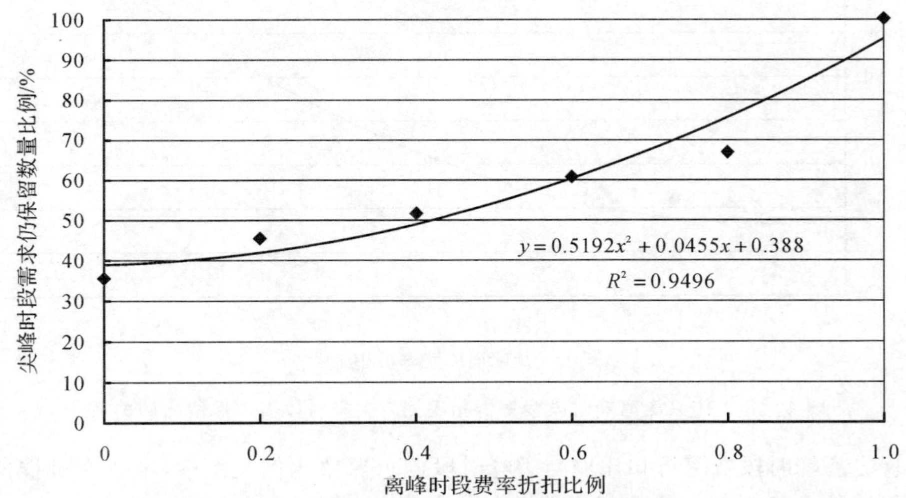

图2　工作旅次离峰时段费率折扣比例与尖峰时段需求保留比例关系

由图2所呈现之离峰时段费率折扣比例与尖峰时段需求保留比例关系特性,本研究可推估取得工作旅次尖峰时段需求保留数量比例 Q 与离峰时段费率折扣比例 P 之间的关系式:

$$Q=0.5192P^2+0.0455P+0.388 \tag{5}$$

式(5)可作为评估高速公路尖、离峰时段采取差别费率收费方式,对工作旅次用路人可能产生之尖峰时段旅次需求。因离峰时段差别(折扣)费率收费方式,尖峰时段需求可能转移至离峰时段之数量比例特性,得到仍保留(无转移)在尖峰时段之旅次数量比例结果。

(2)非工作旅次离峰时段费率折扣与尖峰时段需求数量比例下降之关系

本研究亦对高速公路用路人,调查其于非工作旅次需求特性(属非俘虏式用路人),针对尖峰时段通行费率原价,离峰时段不同费率折扣比例条件下,尖峰时段原需求数量可能之降低比例关系特性,如图3所示。相较图1,非工作旅次用路人需求特性对离峰时段价格折扣反应更为明显。其中,离峰时段费率折扣比例0.8条件下,尖峰时段旅次需求约有43%转移至离峰时段;离峰时段费率折扣比例0条件下,尖峰时段旅次需求约有87%转移至离峰时段。故可依离峰时段费率折扣比例与尖峰时段需求转移至离峰时段之数量比例关系特性,分析得知非工作旅次离峰时段费率折扣比例与尖峰时段需求保留比例特性关系,如图4所示。

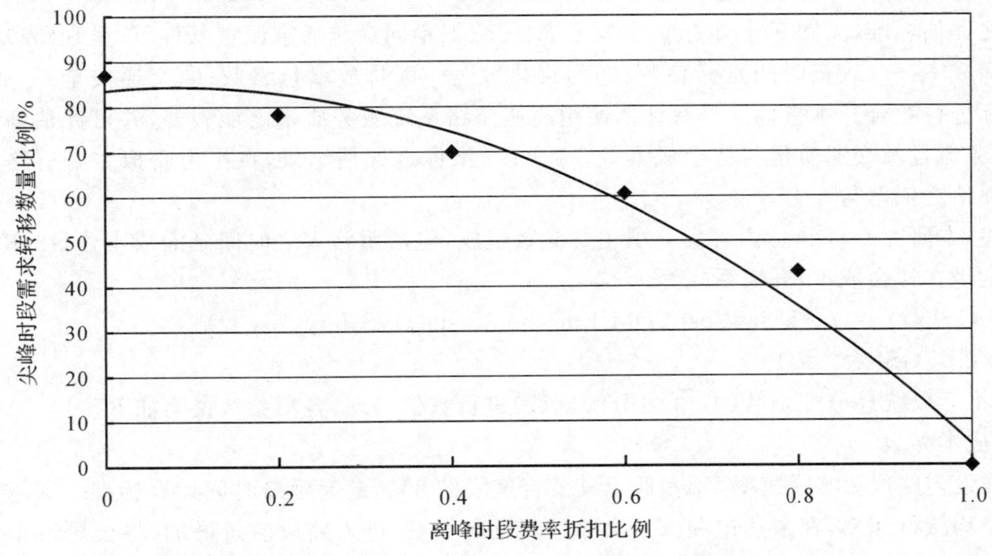

图3　非工作旅次离峰时段费率折扣比例与尖峰时段需求转移比例关系

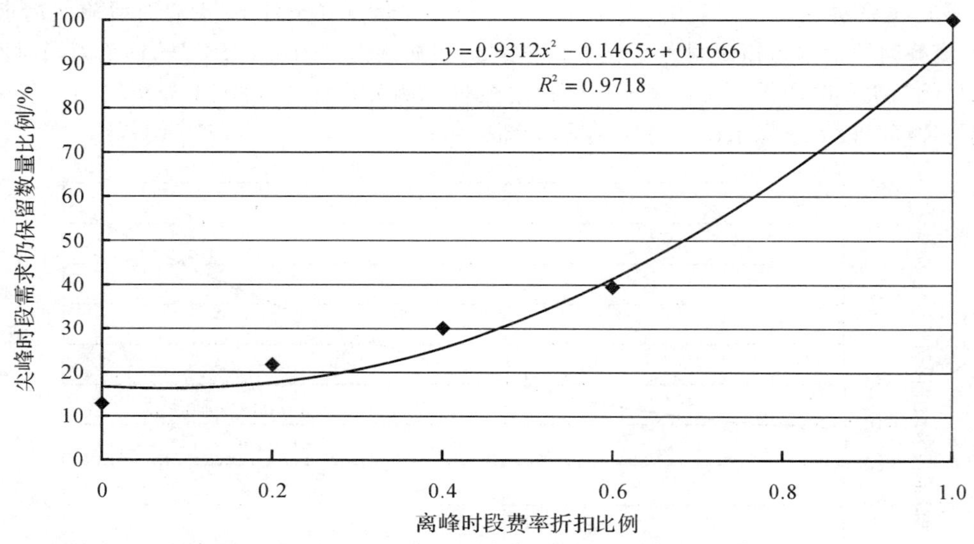

图 4　非工作旅次离峰时段费率折扣比例与尖峰时段需求保留比例关系

由图 4 所呈现之离峰时段费率折扣比例与尖峰时段需求保留比例关系性，本研究可推估取得非工作旅次尖峰时段需求保留数量比例 Q 与离峰时段费率折扣比例 P 两者之关系式：

$$Q = 0.9312P^2 - 0.1465P + 0.1666 \tag{6}$$

式(6)可作为评估高速公路尖、离峰时段采取差别费率收费方式，对属非工作旅次用路人可能产生之尖峰时段旅次需求。因离峰时段差别(折扣)费率收费方式，尖峰时段需求可能转移至离峰时段之数量比例特性，得到仍保留(无转移)在尖峰时段之旅次数量比例结果。

2.2　绿色交通安全指标(GSI)

目前，高速公路交通服务水平评估标准多仅以道路拥塞情况(V/C 值)及行车顺畅程度(平均速率与速限差距)展现。就绿色交通研究趋势评估观点，前述标准恐已无法适应现代社会进步发展的管理指标，其中缺乏对环境保护及交通安全度之潜在社会成本的量测。以单一车辆平均速率与路段 V/C 值检视，仍高度缺乏对用路人在行驶过程中所产生之旅行时间之延滞影响评估，缺乏对造成生产力折损及时间成本价值损失之量度能力。当然，要研究探讨道路定价就要建立直接的量测指标，虽然环境保护及交通安全度之潜在社会成本的量测对用路人而言属于隐性指标，对需求函数几乎不构成影响，但立于管理单位之层面上则有绝对的考虑必要性。

为此，本研究研拟一综合型绿色交通安全指标(Green Traffic-safety Index, GSI)作为评估高速公路整体服务水平之评估标准(见图 5)。本指标主要考虑：①依据不同穿越需求流量条件下，呈现路段平均旅行速率衍生之时间成本——旅行时间延滞参数；②污染排放——碳排放增量参数；③交通安全——潜在肇事概率成本等指标进行融合。本指标除具有评估使用高速公路系统服务质量之能力外，并可评估高速公路系统运作效率、服务流量及交通质量与社会成本等。此 GSI 指标之评估结果，将作为研拟实施道路费率定价及其执行成果评估之依据与参考。

依据前述，本研究 GSI 指标内容由 3 项主要参数组成，包括用路人之时间延滞成本参数、车辆碳排放成本及交通安全潜在社会成本，其关系式为：

$$\begin{aligned} &\mathrm{GSI}_s(t) = f_G(\mathrm{DelayCost}_s(t), \mathrm{CEmissionCost}_s(t), \mathrm{SafetyCost}_s(t)) \\ &0 \leqslant \mathrm{GSI}_s(t) \leqslant 1 \end{aligned} \tag{7}$$

式中：GSI(t)将会以统计分配函数(0～1 之分配函数)进行数值呈现，各项参数说明如下。

(1)时间成本参数

相对基准设定路段 s 实际速率 $V_s(t)$ 低于其公告速限的 85％定为延滞时间计算标准。穿越路段的交通流量与车辆平均旅行速率，在未达饱和流量之前呈现反向关系：进入路段流量增加，将会导致车辆平均旅行速率下降；若进入路段流量持续增加，平均穿越流量呈现超过饱和流量之后，则穿越流量及平均旅行速率两者皆呈现下降趋势，至此，该路段将呈现明显道路阻塞状况。有关穿越流量及平均旅行速率参数关系特性，如图 6 所示。

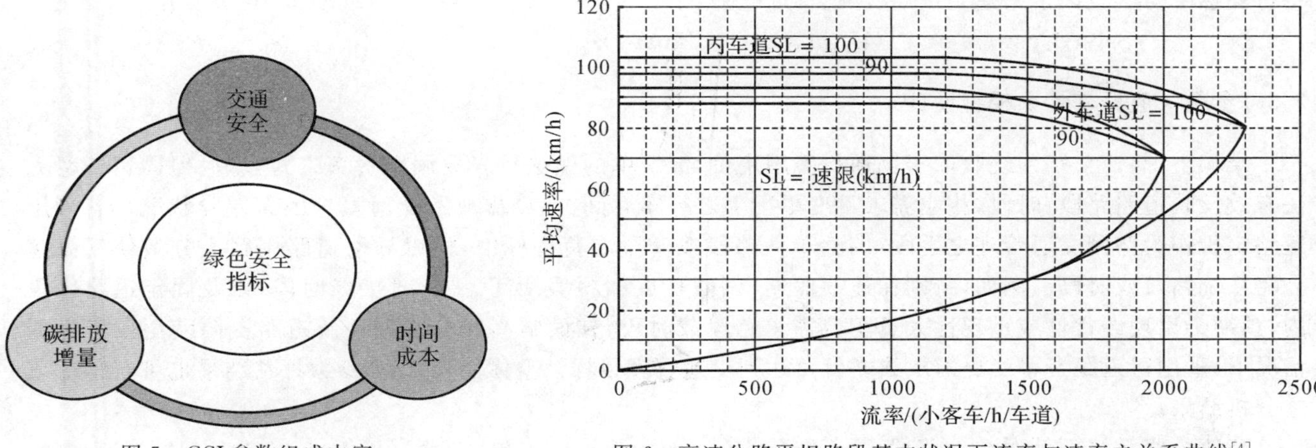

图 5　GSI 参数组成内容

图 6　高速公路平坦路段基本状况下流率与速率之关系曲线[4]

$$\begin{aligned}&\text{DelayCost}_s(t)=\sum \text{TimeValue}\cdot(0.85\cdot\text{SpeedLimit}_s-V_s(t))\cdot Q_s(t)\\&\text{subject to:}\\&0.85\cdot\text{SpeedLimit}_s-V_s(t)=0,\ \text{if}\ (0.85\cdot\text{SpeedLimit}_s-V_s(t))<0\end{aligned}\tag{8}$$

(2)碳排放增量参数

以小客车与大客车为例,不同行驶速率条件下,CO_2 排放率与车速呈现曲线关系 $f_{TC}(V_s(t))$,如图 7(a)所示。针对特定路段,可计算实际行车速率下 CO_2 排放 $f_{TC}(V_s(t))$,相对于该路段最低碳排放 $\min f_{TC}(V_s(t))$之碳排放增量 $f_C(V_s(t))=f_{TC}(V_s(t))-\min f_{TC}(V_s(t))$,得到碳排放增量与行车速率之变化关系 $f_C(V_s(t))$,如图 7(b)所示。则路段上总碳排放增量与平均旅行速度关系式(可依车种、车龄分别计算):

$$\text{CEmissionCost}_s(t)=\sum \text{CEValue}\cdot f_C(V_s(t))\cdot Q_s(t)\tag{9}$$

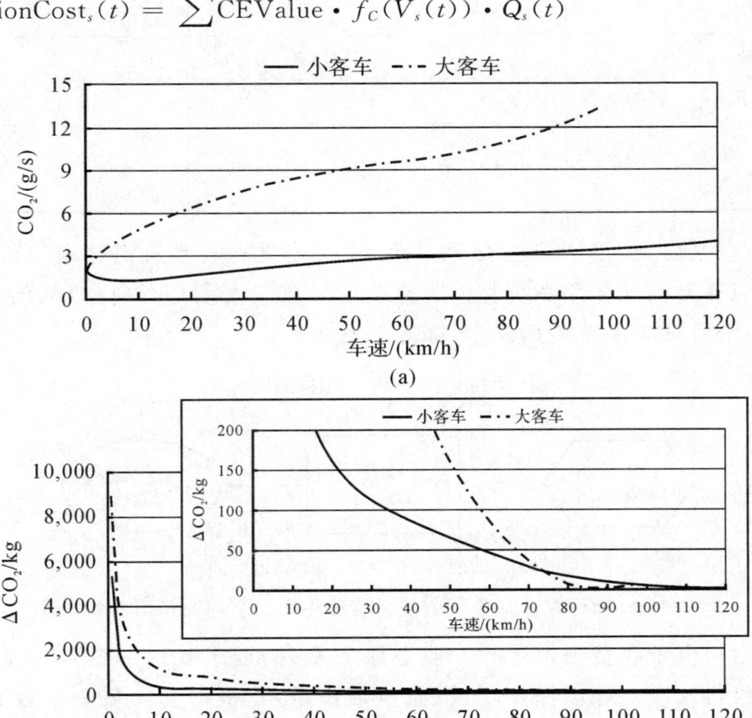

图 7　不同速率条件下 CO_2 排放率与碳排放增量之关系

(3)交通安全成本参数

依据目前高速公路(仅针对高速公路)肇事相关研究资料显示,肇事数量与穿越流量正相关,每百万延车公里检讨肇事率皆不相同,肇事严重程度参数也有其差异性。肇事严重程度与路段行驶速率也呈现正相关特性，故目前整合统计检讨，从高速公路路段交通衍生之潜在肇事社会成本考虑，则可根据穿越流量、平均行驶速率与气象因子来建立：

$$\text{SafetyCost}_s(t) = f_A(V_s(t), Q_s(t), \text{Climate}_s) \tag{10}$$

2.3 参数关联暨其均衡模型设计

结构上，高速公路系统收取车辆通行费用定价，最简单的做法是采取固定费率方式收取，但固定费率无法有效反映道路路段、时段，相应需求量变更衍生之行车时间、污染排放及交通安全因素差异状况。若采用道路定价作为路网交通管理之手段，调整单一路段或时段之费率标准，用以导引道路用路人分散使用高速公路系统路段或时段。例如，特别在连续假期、例假日放（收）假期间、平常日尖峰时段，以及固定道路区段内，预期会出现经常性或重现性大量车流需求路段或时段，在面临高速公路拥挤及道路资源使用效率降低情况下，采用行道路费率变更需求策略就可达到交通管理目标。整体而言，GSI 参数评估结果也可获得优化之分析结果。

高速公路系统可针对单一路段（上、下游交流道至交流道间）、单一时段（以 5min、30min、1h 或尖、离峰时段评估），或整体路网（可分北、中、南路段或全部系统）单一时段及全日、全月时段，依据 GSI 参数评估结果检讨高速公路系统之管理效益结果；GSI 参数内容也可通过专家会议方式，将服务水平等级比照现有道路服务水平评估标准等级，采用 A～F 级 6 级分类（或采用 GSI 分配函数 $F^*\%$ 之百分位方式分级）。政策目标可将服务水平等级定在维持 D 级以上服务水平即可满足政策管理需求，给定名誉分数 $G(t)$，见表 2。再针对各单一路段、时段名誉分数数据变化，进行道路系统服务水平综合性统计数据（时间数列品管，QC）监控，据以作为后续评估电子收费公司管控绩效评估之检讨依据。

表 2 GSI 道路服务水平等级范例

GSI 参数值	道路服务水平等级	名誉分数
$\text{GSI} < F_{15\%}$	A	1
$F_{15\%} \leqslant \text{GSI} < F_{30\%}$	B	1
$F_{30\%} \leqslant \text{GSI} < F_{50\%}$	C	1
$F_{50\%} \leqslant \text{GSI} < F_{70\%}$	D	1
$F_{70\%} \leqslant \text{GSI} < F_{85\%}$	E	0
$F_{85\%} \leqslant \text{GSI}$	F	0

本研究乃以电子收费平台下，基于绿色安全指标（GSI）建立一套动态道路定价策略作为自动化交通管理机动性解调之机制，以提升高速公路系统整体运作绩效。在三大参与者（行政部门、电子收费公司及用路人）各自的目标要求下，设计如下系统均衡模型，如图 8 所示。

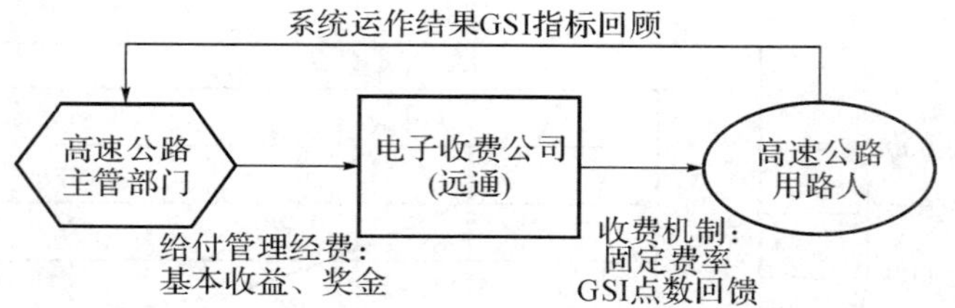

图 8 GSI 指标系统与电子收费系统运作图——均衡模型关联设计

其中，主管部门以给付电子收费公司之收费委办服务费外，要求其以绿色安全指标营运模式达成交通管理优化（降低用路人旅行延滞）、环境保护功效（减少碳排量）及维护交通安全系数的社会指标（降低潜在交通安全成本）：可以是小至单一收费路段、特定时段，大至整个高速公路系统所有营运路段运营期望达成 GSI 指标最小化之绩效。

在用路人部分，则是考虑进入高速公路系统前，所面对之进入路段呈现之 GSI 值等级（A，B，C，…，F），考虑当下里程计费费率及电子收费公司所提供之实时奖励效益（包含累积里程点数、额外消费金额优惠），考虑是否符合个人期望后进行出勤决定之判断。

在电子收费公司部分，则以收取电子收费委办服务费为主，若能掌握最大交通疏通量，即能获得最多的委办服务费。若以实施累计获得 GSI 点数策略，以调控 GSI 绩效达成社会效益可获得主管部门给予绩效奖励金，将制造出三方三赢之局面。

2.4 电子收费公司的策略探讨模型

在上述架构设计下，所建立之绿色安全指标计算模型，其均衡可由所衍生之用路人交通需求变动函数、电子收费公司营收模式，及高速公路主管部门对整体路网服务质量评估模式形成一个模式链关系。根据模式链之最佳解（条件最适解），输出不同路段、时段绿色安全指标值。但在原固定收费费率机制下，变动费率执行对用路人恐并不易接受，本研究依时间或路段，根据实际 GSI 值采行设定不同强度的点数（奖励金）反馈方式提供给用路人。

假定电子收费公司收取车辆通行费之委办服务费为 β，某 s 路段（长 L_s 千米）于 t 时间通行车辆数（因折扣之激励）增（变）量为 $q_s(t)$，其净增营收为 $\beta L_s q_s(t)$，一个会计结算周期 T（以日计）：$\int_0^T \beta L_s q_s(t)(1+i)^{T-t}\mathrm{d}t$，$i$ 为每日利息或折现标准。

在高速公路主管部门授权下，电子收费公司于约定结算周期 T 内若能达成交通调控之累计 GSI 目标（相应名誉分数 $G_s(T)$ 见表 2）达 H 以下（例如至少是 D 级的服务水平），则给予一定额度的奖励。但实质上，电子收费公司执行 GSI 点数反馈机制（即提供给用路人的反馈奖励金），管控高速公路系统交通需求状况，并非一定会达成预期成果（存在概率性）或发生自我损失过大（亏损）的可能性。在执行结果部分，一定合约结算阶段 T，某 s 路段总 GSI 值 $G_s(T)$ 可分为 3 种情境：无达成管控目标 $G_s(T)<H$，与目标结果相符 $G_s(T)=H$，超过预期目标水平 $G_s(T)>H$。在电子收费公司采取 GSI 点数反馈机制需支出用路人之成本外，若达成行政部门约定总 GSI 目标 H，可获得一笔 BONUS($B_s(\cdot)$)收入，即：

$$B_s(G_s(T))\begin{cases}=0,\text{if } G_s(T)<H\\ \geqslant 0,\text{if } G_s(T)=H\\ >0,\text{if } G_s(T)>H\end{cases} \tag{11}$$

H 值可为高速公路主管部门设定之管制目标。例如：若将道路服务水平控制在 D 级水平状态，即达成政策管制目标，则 $G_s(T)=1$；反之 $G_s(T)=0$（见表 2）。若以每 5min 检视一次管制路段 GSI 评估结果，每小时 $G_s(T)$ 值满分为 12；全日满分 $G_s(T)$ 为 288。若是约定每日结算，实际政策管制目标拟定 H 值，可以 288 数值之 80% 比例设定，即 $H=180.4$，此即作为高速公路主管部门检验电子收费公司是否达成政策目标，以及是否取得行政部门 BONUS 之门槛。当然，式(11)也可设计成一个金字塔形的结构，即不同层级的 H 对应不等的 B_s。

有关电子收费公司单一路段之净增营收公式可整理为：

$$\begin{aligned}R_s &= \int_0^T \{\beta L_s q_s(t) - M_s(t)\}(1+i)^{T-t}\mathrm{d}t + B_s(G_s(T))\\ &= \int_0^T \{\beta L_s - E_s(m_s(t))\}q_s(t)(1+i)^{T-t}\mathrm{d}t + B_s(G_s(T))\end{aligned} \tag{12}$$

式中：$M_s(t)$ 为 ETC 公司在路段 s 于时间 t 给予用路人的总反馈金，此反馈金可以是一个金字塔形反馈设计，其期望值（Expectation）$E_s(m_s(t)) = \sum m_{s,k}(t)\cdot r_{s,k}(t)/\hat{q}_s(t)$，$\hat{q}_s(t)=\sum r_{s,k}(t)$，满足 $M_s(t)=E_s(m_s(t))\cdot q_s(t)$，其中 $m_{s,k}(t)$ 对应 $r_{s,k}(t)$ 反馈金额，$r_{s,k}(t)$ 代表 s 路段 t 时段里，用路人单一旅次的累积行驶路段次 $k(k=1,2,\cdots,\text{trip}_{\text{end}})$，相当于累计里程的车流量，该演算适用于旅次递远递减之设计；$\hat{q}_s(t)$ 为路段 s 于时间 t 之实际流量。

若设反馈用路人之折扣（减）价就是用路人的期望值（依据总反馈金比例 θ 来计价），即 $E_s(m_s(t))=\theta p_s(t)$。式(12)最大化时，代入需求函数式(4)，即可求得：

$$\begin{aligned}R_s^* &= \max\int_0^T \{\beta L_s - \theta p_s(t)\}q_s(t)(1+i)^{T-t}\mathrm{d}t + B_s(G_s(T))\\ &= \max\int_0^T \{\beta L_s - \theta p_s(t)\}[ap_s^2(t)+bp_s(t)+d](1+i)^{T-t}\mathrm{d}t + B_s(G_s(T))\\ &= \max\int_0^T [-a\theta p_s^3(t) + (a\beta L_s - b\theta)p_s^2(t) + (b\beta L_s - d\theta)p_s](1+i)^{T-t}\mathrm{d}t + B_s(G_s(T))\end{aligned} \tag{13}$$

达成与无法达成管控目标，将出现 3 种不同情境之命题与结果。

(1)电子收费公司采 GSI 点数反馈策略未达成政策目标。

$$\begin{cases} R_s^*(F) = \max\int_0^T [\varphi_1 p_s^3(t) + \varphi_2 p_s^2(t) + \varphi_3 p_s](1+i)^{T-t}\mathrm{d}t + B_s(G_s(T)) \\ \text{where} \quad \varphi_1 = -a\theta;\ \varphi_2 = a\beta L_s - b\theta;\ \varphi_3 = b\beta L_s - d\theta \\ \text{subject to} \quad q_s(t) \geqslant 0,\ G_s(0) = 0,\ G_s(T) < H \\ \qquad G_s(t) = \sum_0^t \{\text{查表 } 2G(t)\}\Big|_{\text{基于式(5)的GSI值}} \\ \qquad E_s(m_s(t)) = \sum m_{s,k}(t) \cdot r_{s,k}(t) / \hat{q}_s(t) \\ \qquad \hat{q}_s(t) = \sum r_{s,k}(t);\ M_s(t) = E_s(m_s(t)) \cdot q_s \end{cases} \tag{14}$$

(2)电子收费公司采 GSI 点数反馈策略达成政策目标。

$$\begin{cases} R_s^*(J) = \max\int_0^T [\varphi_1 p_s^3(t) + \varphi_2 p_s^2(t) + \varphi_3 p_s](1+i)^{T-t}\mathrm{d}t + B_s(G_s(T)) \\ \text{where} \quad \varphi_1 = -a\theta;\ \varphi_2 = a\beta L_s - b\theta;\ \varphi_3 = b\beta L_s - d\theta \\ \text{subject to} \quad q_s(t) \geqslant 0,\ G_s(0) = 0,\ G_s(T) = H \\ \qquad G_s(t) = \sum_0^t \{\text{查表 } 2G(t)\}\Big|_{\text{基于式(5)的GSI值}} \\ \qquad E_s(m_s(t)) = \sum m_{s,k}(t) \cdot r_{s,k}(t) / \hat{q}_s(t) \\ \qquad \hat{q}_s(t) = \sum r_{s,k}(t);\ M_s(t) = E_s(m_s(t)) \cdot q_s \end{cases} \tag{15}$$

(3)电子收费公司采 GSI 点数反馈策略超越政策目标。

$$\begin{cases} R_s^*(O) = \max\int_0^T [\varphi_1 p_s^3(t) + \varphi_2 p_s^2(t) + \varphi_3 p_s](1+i)^{T-t}\mathrm{d}t + B_s(G_s(T)) \\ \text{where} \quad \varphi_1 = -a\theta;\ \varphi_2 = a\beta L_s - b\theta;\ \varphi_3 = b\beta L_s - d\theta \\ \text{subject to} \quad q_s(t) \geqslant 0,\ G_s(0) = 0,\ G_s(T) > H \\ \qquad G_s(t) = \sum_0^t \{\text{查表 } 2G(t)\}\Big|_{\text{基于式(5)的GSI值}} \\ \qquad E_s(m_s(t)) = \sum m_{s,k}(t) \cdot r_{s,k}(t) / \hat{q}_s(t) \\ \qquad \hat{q}_s(t) = \sum r_{s,k}(t);\ M_s(t) = E_s(m_s(t)) \cdot q_s \end{cases} \tag{16}$$

令 $\dot{x} = \dot{x}(t) = p_s(t)$，泛函 $L(x,\dot{x},t) = [\varphi_1 \dot{x}_s^3(t) + \varphi_2 \dot{x}_s^2(t) + \varphi_3 \dot{x}_s](1+i)^{T-t}$。由式(11)可知 $B_s(\cdot) \geqslant 0$，欲求式(13)之极值，只需找寻目标泛函 $\int_0^T L(x,\dot{x},t)\mathrm{d}t$ 之极值即可。求该泛函的极值之充分必要条件是需满足下列尤拉方程：

$$\frac{\partial L}{\partial x} - \frac{\mathrm{d}}{\mathrm{d}t} \cdot \frac{\partial L}{\partial \dot{x}} = 0 \tag{17}$$

得

$$6\varphi_1 \dot{x}\ddot{x} + 2\varphi_2 \ddot{x} - 3\varphi_1 \ln(1+i)\,\dot{x}^2 - 2\varphi_2 \ln(1+i)\dot{x} - \varphi_3 \ln(1+i) = 0 \tag{18}$$

式(18)是非线性微分方程，解该微分方程得仰赖计算机软件(如 MATLAB)，从中将可取得：

$$\begin{aligned} \dot{x}^* &= p_s^*(t) = f_p\Big|_{\text{given}}(a,b,d,\theta,\beta,L_s,i) \\ q_s^* &= a p_s^{*2} + b p_s^* + d(\text{on Eq}(4)) \end{aligned} \tag{19a}$$

如果式(1)需求函数 $a=0$(线性)，式(18)的解会是：

$$\begin{aligned} \dot{x}^* &= p_s^*(t) = \frac{b\beta L_s - d\theta}{2b\theta}[(1+i)^t - 1] \\ q_s^* &= \frac{b\beta L_s - d\theta}{2\theta}[(1+i)^t - 1] + d \end{aligned} \tag{19b}$$

式(19)带入式(14)、(15)、(16)，分别计算出其收益 $\{R_s^*(F), R_s^*(J), R_s^*(O)\}$，再比较得到 $R_s^* = \max\{R_s^*(F), R_s^*(J), R_s^*(O)\}$，总收益为 $R^* = \sum_s R_s^*$。从式(19)看，GSI 点数反馈策略重点在于分析基本

费率(目前已定费率) P 与 p_s^* 可调的空间即可。

2.5 高速公路主管部门决策模式探讨

高速公路主管部门目前于通行费获益试算之基本年收入以近 5 年之平均值为 220 亿元，而各旅次在免费里程 20km 之系统条件下，对 GSI 值之极大化(w. r. t. $B_s(G_s(T))$)决策求解如下：

$$W^* = \max\int_0^Y\left\{\int_s[PL_sq_s(T)]\mathrm{d}s\cdot\int_{20}^{\infty}g_{OD\mathrm{pdf}}(l)\mathrm{d}l-\int_s[\beta L_sq_s(T)-B_s(G_s(T))]\mathrm{d}s\right\}(l+i)^{Y-T}\mathrm{d}T \tag{20}$$

Subject to $W^* = 22000000000$

式中：W^*，P，L_s，q_s，β，i 均为已知，而关键变量 T 为周期时间(本说明以一天作为说明范例)，旅次长度 l 的概率分配函数 $g_{OD\mathrm{pdf}}(l)$，该项目须由每天日结算程序进行计算。而式(20)前段代表实际收入之比例，其比例相当于 OD 旅次长度概率分配大于 20km 者的比值；而式(20)后段为支付给 ETC 公司的委办服务费及其执行绿色安全指标绩效的奖励。前后加总，将对优化 $B_s(G_s(T))$ 值(或曲线)进行求解，而 $B_s(G_s(T))$ 之设计概念即给予 ETC 公司完成绿色安全指标管理策略及实施绩效的奖励机制，其求解过程将通过 MATLAB 试误寻优法完成。其成果可同时满足 GSI 值大化之状况，用路人获得合理之用路质量，主管部门基于合理之通行费收益执行绿色安全指标管理机制，ETC 公司经由奖励机制与委办服务数量均衡，达成获利优化，三方获得三赢之局面且确保政策可有效执行。

2.6 决策模式输出

依据本研究之建议结果，未来依据各不同路段、不同时段、不同车种之 GSI 参数评估结果(见图 9)，本研究模式输出可针对高速公路系统不同情境的要求、GSI 点数反馈实施内容提出建议。

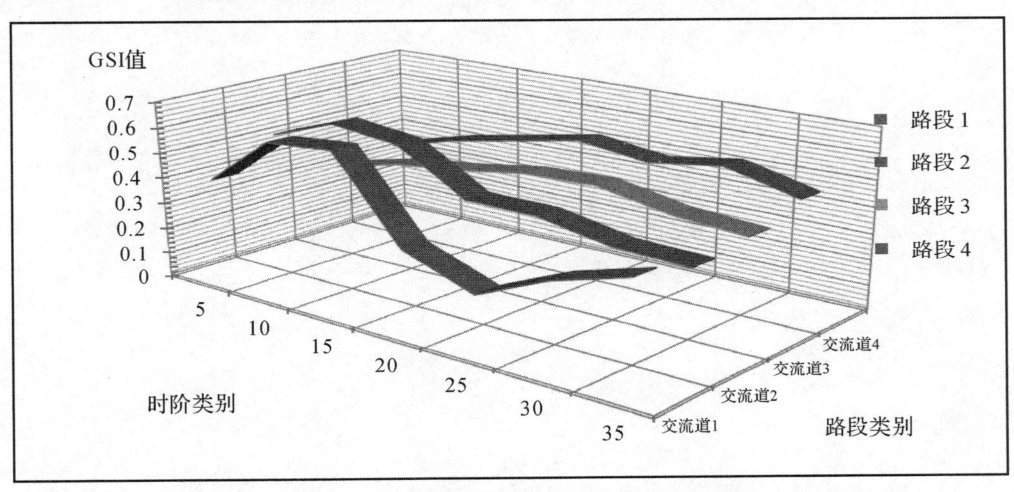

图 9 高速公路路段 GSI 统计结果依时分布特性

3 结 论

高速公路系统收取车辆通行费用，最单纯的做法系采用固定费率方式收取，但固定费率无法有效反映道路路段、时段及因不同交通状况所衍生之行车时间变化、污染排放及安全等影响因子。若采用绿色交通安全指标管理机制作为路网交通管理手段，调整单一路段或时段之费率反馈奖励模式，用以导引用路人分散使用高速公路系统路段或时段，如在特别连续假期、假日放(收)假期间、平常日尖峰时段，或可预期会出现经常性或重现性之大量车流需求的固定路段或时段中，在面临高速公路拥挤及道路资源使用效率降低情况时，采行 GSI 点数反馈变更需求策略以达到交通管理目标。

此外，电子收费公司(远通电收)可在营运模式方面，通过 GSI 点数反馈奖励提供民众可兑换商品，或可与异业结盟做等价值的折价券兑换，包括可兑换搭乘其他交通工具的票券、观光景点或球赛入场券等。当 GSI 点数反馈奖励机制形成完整交通竞赛市场消费模型后，甚至可通过相互交易或转让，延伸产生更多营运模式。以上为本研究建立绿色交通指标模式之最大愿景。

致　谢

本研究系受远通电收股份有限公司委托专题研究台湾地区 ETC 里程收费系统下的加值服务应用研究之成果。特此感谢远通公司在研究期间的各项协助。

参考文献

[1]林志宪. ETC 区段收费改为里程收费之最适前端系统布置机制研究[D]. 台北:台湾大学,2004.
[2]远通电收. TDCS 教育训练简报[R]. 2005.
[3]叶羿稚. 行前即时路径规划算法之研究[D]. 台北:台湾大学,2007.
[4]交通主管部门运输研究所. 台湾公路容量手册[M]. 台北:交通主管部门运输研究所,2011.
[5]白丰源. 高速公路事故型态与易笔事路段研究[M]. 出版单位未知,2012.
[6]Google Play. https://play.google.com/.

应用地理信息系统于学童步行上下学安全路线之研究

吴健生　李兴志
(“中央”大学，桃园)

摘要：根据近年来校园安全暨灾害防救通报处理中心各级学校死亡人数之统计，学校因意外而导致死亡之事件占所有死亡事件的95%，而交通意外死亡事件又占所有意外死亡事件的45%，由此可见学童交通安全课题之重要。本研究采用旅次起讫点间空间阻抗因素之概念，针对步行上下学之学童构建路口与路段安全评估模式，并借助地理信息系统软件 ArcView 之强大空间分析能力，发展作业平台。同时再以台北市 1/1000 数值地形图为基础构建路网图，并引进台北市门牌地址数据库及内政主管部门警政主管单位交通事故资料，设计完整的学童步行上下学安全路线决策支持系统。此系统提供人性化之简易操作界面，能依据个人所需，产生个人化或家户化之安全步行上下学路线。

关键词：空间阻抗因素；安全评估模式；地理信息系统；决策支持系统

现有大多数小学对于学童上下学安全维护之作业，大多聚焦于学校周边及校内之安全。放学时，虽有路队编排，但行走到校门口后，或由个人步行，或由家长接送，或由同学结伴同行，其安全维护至多扩及紧邻校园之路口及路段。有鉴于此，本研究根据相关主管部门所规划之小学学区，针对整个学区进行小学学童上下学安全路线之规划，以补强现有小学上下学安全维护作业之不足。

有关学童上下学安全路线之研究，中国台湾地区，多采用文字描述方式提出建议，例如钟淑美(1980)利用交通工程理论及等候理论，拟定维护小学学童上下学交通安全计划之程序及实施方法，并建立其配置方案之评估准则；苏志强等人(2002)探讨学童交通行为特性及其交通事故成因，并综合归纳学校周边交通安全问题，研议交通安全路线检核表，期望能与学校、家长及学童共同检视检验。周明翰(1996)针对城区小学学童上下学旅次特性及交通安全维护作业进行研究，分析台湾地区小学交通安全维护作业现况，并参考其他地区校园交通安全规划准则及实地调查各校交通环境、学童交通特性及家长接送情况，研拟交通安全维护作业之程序及方法。

美国联邦公路总署(FHWA)之 HSIS (Highway Safety Information System)计划中，为改善行人与自行车的安全，以北卡罗莱纳州 Wake County 北部地区 Brooks Elementary、Douglas Middle、Carroll Middle schools 等 3 所中小学为范围，利用地理信息系统，将交通事故资料、道路基本资料等，转换成对空间分析有用的资料，发展了一套供交通专业人员、学校、家长等相关人员使用的工具。该系统提供 3 种主要功能：①提供学生步行上下学的安全路线；②供自行车骑士规划适当的骑乘路线；③提供行人高肇事区域的分析。FHWA 另通过 HSRC(2000)，针对行人及自行车骑士事故，结合地理信息系统之行人与自行车骑士肇事分析工具(The Pedestrian and Bicycle Crash Analysis Tool，PBCAT)，可通过荧幕快速确认肇事形态，使相关单位能得到珍贵的信息用以提升行人及自行车骑士的安全。

综上所述，目前虽然美国已有利用地理信息系统之空间分析方法，求解规划学童上下学之步行安全路线，但中国台湾地区尚缺乏培养此方面之研究。因此，本研究决定采用旅次起讫点间空间阻抗因素之概念，针对步行上下学之学童构建路口与路段安全评估模式，并借助地理信息系统软件 ArcView 之强大空间分析能力，发展出一套学童步行上下学安全路线决策支持系统，提供人性化之简易操作界面，依据个人所需，产生个人化或家户化之安全步行上下学路线。

作者简介：吴健生，教授；李兴志，硕士。

1 安全路线评估模式

本研究以小学学童为对象，期望能提供其步行上下学之安全路线或最短路线，故以家一学校旅次为主。旅次起讫点一经确立，即可产生路线，而路线由多个路口（节点）与路段（节线）所组成。旅次起点与讫点之间，存在空间阻抗因素（impedance），本研究基于此概念，构建学童步行上下学安全路线模式。通过此模式，以客观的方式，求算各路段之安全值，而后将其分派于路段上，进而搜寻上下学之最安全路线或最短路线，并均以“建议路线”称之，供使用者参考。

依现行规定，并无强制规定行人步行须靠道路左侧或右侧行走，因此构建学区路网时，道路两侧皆为可供步行之路段。此外，行人穿越路口时，由道路的一端穿越至另一端亦需构建，形成步行路段。综合言之，学区路网系由多条步行路段所组成，包括穿越路口之路口路段及沿道路两侧之一般路段两类。

影响学童于路口路段及一般路段上步行之安全因素并不相同，故将评估模式依其区分为二。然两模式之理论基础相同，皆需通过层级分析法客观分析各项安全评估指标之相关重要程度，进而将其代入模式中求算各路段之当量值，并以人性化、操作简单为考虑，建构安全路线决策支持系统。

1.1 路口路段安全评估模式

学童穿越路口时，影响其安全通过之因素很多，包括硬件交通工程设施（标志、标线、号志、道路几何设计等）、车辆驾驶人行为、行车速度以及路口交通量等。此外，交通事故历史资料亦为安全评估之参考依据。若路口经常发生交通事故，则该路口将被视为高肇事风险路口。另就管理层面而言，学童穿越路口时，是否有导护人员从旁协助对安全亦有相当程度的影响。然而，囿于经费、时间及人力，本研究选择下列安全评估指标作为建构模式之主要考虑。

行人穿越号志：路口是否设置完善的行人号志设施，对学童穿越路口的保障会有所影响。良好的行人穿越号志控制，可提供学童穿越路口完善的保护。

行人穿越立体设施：人行天桥或地下道可使学童穿越路口时，与车流完全分隔互不干扰，能充分保障其穿越路口的安全。

行人穿越道：路口划设枕木纹式行人穿越道，可提供行人穿越路口时相对安全的空间。

路口安排导护人员：路口即使已有完善之交通工程或控制设施，然而由于学童年纪较小，对事物的感知及反应能力不若年长者或成人，可能因此分辨不出音源而无法判别车辆由何方向而来，其车行速度及距离为何。若能通过导护人员的协助，将有助于其安全顺利地通过路口。

路口车辆遵行标志：停车再开及让路标志均属禁制标志中之遵行标志，其告示对象为车辆驾驶人。学童行经设有此类标志之路口时，亦可能因驾驶人之留意而加强其安全。

反照镜：路口或弯道视距较短处，常设置反照镜提供车辆驾驶人注意垂直方向或对向来车。学童穿越路口时，亦可能经由反照镜的设置，增加车辆驾驶人的视距，使其注意到路口学童的动态。

路口交通事故：交通事故历史资料，可反映出路口发生事故的次数，用以判别其是否为高肇事路口。若为高肇事路口，其肇事风险相对较高，学童行经时亦会面临较大的风险。本研究所采用肇事当量指标，系采用主管部门运输研究所构建之模式计算如下：

$$E_{TAN}=9.5F+3.5J+TAN \tag{1}$$

式中：E_{TAN} 为肇事次数当量指标；F 为事故死亡人数；J 为事故受伤人数；TAN 为总肇事次数。

步行速率：步行速率大小影响曝光量的高低。藤田大二等人针对日本儿童及老年人进行调查，得其步行平均速率为 60～78m/min，而中国台湾地区行人步行速率研究结果则整理见表 1。经考虑日本及中国台湾地区相关研究结果，决定采用蔡辉升之 67.8m/min 作为参考依据。

表 1 中国台湾地区行人步行平均速率

相关研究	步行速率（m/min）
蔡辉升	男女平均：67.8
许添本（2002）	行人平均：84.6

续表

相关研究	步行速率(m/min)
林廉凯(2004)	通勤者平均:83
吴健生(2005)	有分向分流设施:70.8 无分向分流设施:72

依据上述安全评估指标,建构路口路段安全评估模式如下:

$$I(x) = (W/V)\sum_{i=1}^{7}\beta_i x_i \tag{2}$$

式中:$I(x)$为路口路段评估模式当量值;W 为路口宽度(m);V 为学童步行平均速率(m/min);β_i 为评估指标重要程度;x_1 为行人穿越号志;x_2 为行人穿越立体设施;x_3 为行人穿越道;x_4 为路口安排导护人员;x_5 为路口车辆遵行标志;x_6 为反照镜;x_7 为路口交通事故当量指标;$0\leqslant\beta_i\leqslant1$,$0\leqslant x_i\leqslant1$。

x_1 至 x_6 皆通过实地调查取得,其评分方式为:若路口设有该项设施或执行该项措施,给予 1 分,反之则给予 0 分;另 x_7 系依据式(1)计算求得。

各项安全评估指标当中,有对学童穿越路口具正面影响之指标,如 x_1 至 x_6;亦有具负面影响之指标,如 x_7,其值愈大,对学童步行安全的威胁就愈大。为使各路口安全评估指标统一标准化为无单位之指标值,针对各指标进行转换。对学童穿越路口安全具有正面影响之指标,通过下式进行转换:

$$\frac{\mathrm{Max}_j - x_{ij}}{\mathrm{Max}_j - \mathrm{Min}_j} \tag{3}$$

式中:Max_j 为学区路网范围内,所有路口路段中,安全评估指标 x_j 值最大者;Min_j 为学区路网范围内,所有路口路段中,安全评估指标 x_j 值最小者;x_{ij} 为路口路段 i 之安全评估指标 x_j 值。

对于学童穿越路口安全具有负面影响之指标,则通过下式进行转换:

$$\frac{x_{ij} - \mathrm{Min}_j}{\mathrm{Max}_j - \mathrm{Min}_j} \tag{4}$$

将层级分析法求得之安全评估指标相关重要程度代入模式中,并经上述两式之转换,可求得路口路段评估模式之当量值。其值愈大,路口路段之空间阻抗愈大,表明该路口路段之危险程度愈高;反之,则愈低。

1.2 一般路段安全评估模式

学童行走于道路两侧,影响其步行安全之因子极多,例如可供步行空间、交通工程设施、车流复杂程度、行车速度或车辆驾驶人行为等。其次,若路段交通事故发生频繁,亦会提高该路段步行之风险。同样囿于经费、时间及人力等资源,仅针对下列主要因素进行考虑。

人行道:专供行人行走的空间,充足的人行空间将使学童受到充分的保护。中国台湾地区有关人行道之设计,并无统一的规范。于本研究范围内,经实地调查将人行道分成 3 种型式:①人行道宽度过窄(小于 2m),通常仅供候车及埋设管线用途,步行仍以骑楼为主;②人行道较宽阔(大于 2m),可设置较完善之街道家具系统,步行空间选择性大;③人行道一般设在学校、公园或公共建筑等开放空间附近,人行空间宽广,可设置较完整之街道家具系统。

骑楼:建筑物地面层外墙面至道路境界线间的空间,在上方有楼层覆盖者则称为骑楼,可让行人免受移动车辆之干扰及日晒雨淋之苦。道路侧旁若有骑楼的设置,将使学童步行受到某种程度的保护。

机车停放干扰:行人于步行途中,经常因机车停放而受到干扰,不但阻碍其行进之顺畅,而且亦增加相互间冲突的可能,故机车停放对学童步行安全将产生直接的影响。

单行道:单行道上车辆单向行驶,其移动行为有别于双向行驶道路。因此,学童行走时将因车流行驶方向的单纯与复杂,影响其行进间的判断,进而影响其步行的安全。

路边停车:道路两侧路边停车,会影响学童的视线范围。巷道两侧或单侧常停放许多车辆,学童靠边行走,可能受到路边停车的影响,使其无法注意及掌握车道上车辆流动的情形,进而威胁其步行的安全。

路段交通事故:路段交通事故历史资料,可判别其是否为高肇事路段。若为高肇事路段,其肇事风险相对较高,行经该路段会面临较大的风险。

步行速率:考虑同路口路段安全评估模式。

基于上述安全影响因素，建构一般路段安全评估模式如下：

$$L(x) = (L/V)\sum_{i=1}^{6}\beta_i x_i \tag{5}$$

式中：$L(x)$为一般路段评估模式当量值；L 为路段长度(m)；V 为学童步行平均速率(m/min)；β_i 为评估指标重要程度；x_1 为人行道；x_2 为骑楼；x_3 为机车停放干扰；x_4 为单行道；x_5 为路边停车；x_6 为路段交通事故当量指标；$0\leqslant\beta_i\leqslant1$，$0\leqslant x_i\leqslant1$。

指标 x_1 至 x_5 之相关资料，系通过学区实地调查取得。由于人行道型式对于学童步行安全影响之程度缺乏量化研究，故本研究对 3 种类型人行道，均给予相同得分 1 分，无人行道则评为 0 分。一般路段有设置骑楼者、有停放机车干扰学童者、为单行道者或有路边停车者，皆给予 1 分，反之则给予 0 分。路段交通事故当量指标 x_7 与路口交通事故相同，亦采用运输研究所之模式求算。一般路段正面影响与负面影响之安全评估指标，其标准化方式与路口路段安全评估模式相同，于此不再赘述。

2 资料搜集与数据库建构

本研究应用地理信息系统，建构完整的学童上下学安全路线决策支持系统。由于受限于时间，故以单一特定学校为例进行系统开发。所需资料主要包含：台北市数值地形图、台北市门牌地址数据库、交通事故历史资料及学区内影响学童步行上下学之相关设施资料。

2.1 资料搜集

本研究决定以台北市松山区为研究范围，并以行政区最小单位(邻)内，无分属两个学校以上共同学区之小学为研究对象，故选定台北市松山区敦化小学作为研究之对象。所搜集之相关基本资料如下。

(1)台北市数值地形图

为求步行路网之完整，本研究以台北市 1/1000 数值地形图为构建学区路网图之基础，由台北市相关部门提供。台北市为适应地理信息之发展，促进信息资源交流共享，并规范地形图数值图档，即台北市地形图，以数值法测绘及修测技术方式建立数值地形图资料，其中包含 DGN、DXF、SEF、MapInfo、ArcView、ASCII 以及 MrSID 等格式，提供机关单位或民间团体使用及加值利用，其主管机关为台北市都市发展局。

本研究通过《台北市地形图数值图档案资料申请使用办法》，按照相关程序取得研究范围内 1/1000 之数值地形图。其投影为横麦卡托投影(经差二度分带，中央子午线 121°)，于 1991 年 8 月 15 日航空摄影，1993 年 6 月测制，2003 年 11 月修测。本数值地形图共有 38 层图层，各图层相互套叠在一起，大部分图层中包含两种以上地形地物，并无法针对单一所需资料而明确独立呈现。

台北市全区共有 667 幅 1/1000 数值地形图，通过台北市相关部门提供的区里邻电子地图，并根据区里邻界限，可明确界定最小单位行政区(邻)之划分范围。配合研究对象之学区分布，可明确界定共需 6 幅方得以涵盖本研究之范围。由于所取得之原始资料中，并无明确标示其点、线、面各代表何地形地物，无法从中得知道路名称及其相关属性，本研究因此先以此 1/1000 数值地形图为基础，另以 Shapefile 格式构建学区路网图，以便在 shp 格式下进行编修。比对台北市官方网站提供之电子地图与台北市都市发展局提供之数值地图，发现仍有部分街道巷弄名称不甚完整，需经由实地调查而得知，最后方得以将所有街道巷弄名称完整构建于学区路网属性中。

(2)台北市门牌地址数据库

路线的产生，必须明确得知起讫点，方可构成完整路线。本研究以个人或家户使用为出发点，故研究范围内所有学童住家地址必须清楚显示在图层中；但由于涉及个人隐私，无法取得校内学童之个人资料以了解其居住分布情况，因此考虑运用之一般性，使所有居住于研究范围内之家户，皆可通过本研究搜寻其与学校之间安全步行建议路线或最短步行建议路线。

台北市工务局于 1998 年始配合信息系统基础环境建置计划，办理台北市门牌号码位置供应管理系统之开发及门牌图形资料之建置。查询系统于 1999 年 8 月底完成，相关门牌号码图形位置资料于 1999 年 12 月底建置完成，并持续进行资料更新的维护作业，至 2004 年 1 月底止共建置全台北市 981998 笔门牌号码资料。

(3)交通事故历史资料

根据交通事故历史资料,可判断高肇事路口或路段。本研究交通事故历史资料,系由内政主管部门警政管理单位提供之2003年及2004年全年之A1、A2肇事资料。依道路交通事故调查报告表、交通事故类型及形态可分为人与汽(机)车、车与车、汽(机)车本身、平交道事故四大类。为符合研究之目的,本研究根据交通事故类型及形态,仅针对行人交通事故进行整理。行人于路口发生之交通事故部分,2003年合计为27件,2004年减少约1/2至14件;行人于路段发生交通事故部分,2003年合计为13件,2004年略减至12件,合计两年行人路口、路段发生之交通事故为66件(见表2)。

表2　研究范围行人交通事故统计　(单位:件)

	行人路口交通事故		行人路段交通事故	
	2003年	2004年	2003年	2004年
人车对向通行中	1	0	0	0
人车同向通行中	3	4	3	4
人车穿越道路中	22	9	7	7
在路上作业中	0	0	1	0
从停车后(或中)穿出	0	0	2	0
伫立路边(外)	0	0	0	1
其　他	1	1	0	0
小　计	27	14	13	12
总　计	66			

(4)交通环境及设施资料

研究范围内行人交通环境资料,无法完全由相关单位取得,须实地调查方得知。本研究利用台北市提供之电子地图下载服务,下载研究范围之里邻电子地图,以此地图为基础,针对每条行人可能步行之路段或穿越之路口,一一实地造访。其中路段部分,为了解每路段是否具备友善行人的步行空间,针对道路人行道的设置及住宅或商家前方骑楼分布状况进行调查。由于台北市机车数量庞大,人行道或骑楼停满机车经常发生,故必须针对人行道或骑楼是否有机车停放占用步行空间进行调查,以了解行人步行受机车停放干扰之情形。此外,将研究范围内之道路是否为单行道,是否有路边停车影响行人步行皆列入调查项目之中。

至于路口部分,每一路口之交通工程或管制设施,凡是可能影响行人安全之设施,无论是行人专用、人车共享或是车辆专用,皆列入调查项目之中。就交通控制而言,包括路口是否具有行人穿越号志;就交通工程而言,包括路口是否具有行人穿越立体设施,是否划设枕木纹之行人穿越道,是否设置"停"、"让"标志,是否设置反照镜等。

(5)其他相关资料

为了解该校现行学童交通安全维护作业,其他资料如辅导学童穿越路口的导护妈妈或志工等人员空间配置、学童上下学等,均由相关单位提供取得。

2.2　数据库建构

(1)空间数据库

将行人可能步行的空间一一建构于图层中,且如前所述将所有路段区分为一般路段及路口路段两种。学区内所有步行路段共1477条,其中一般路段847条,路口路段630条。一般路段的命名与原有道路名称一致,而路口路段命名的原则,是以穿越该路口的道路名称作为路口路段名称,以有助于在求解学童上下学安全建议路线之后,能以详细文字内容说明导引路线,让使用者一目了然,并可进一步打印或储存导引内容,作为查阅参考。

路网建构过程中,路段与路段间,必须两两相邻连接,不可有任何空隙,方得以构成完整之路网。图1即构建完成之学区路网。

地理信息系统的组成包含空间资料与属性资料,空间资料为借由点、线、面、地形变化描述地表与地球本身的形状、位置及彼此间之空间相对位置关系,属性资料则是记录点、线、面及地形变化等地理元素特性之各项资料。本研究通过台北市工务局取得门牌地址数据库,其原始资料为txt标准文字档案格式,每笔门牌地址资料皆有坐标及详细地址。如欲将原始资料显示于视窗中以了解其位相关系,需先将其汇入Excel

后，以 DBF3 格式储存，而后利用 Add Event Theme 功能达到建立空间资料的目的。

本研究之学区住户分布资料，总计有 19395 户，其中中正里 4510 户、中仑里 1692 户、美仁里 1322 户、吉仁里 1457 户、敦化里 2391 户、复源里 1080 户、复建里 1267 户、复势里 2866 户、福成里 891 户、松基里 251 户以及光武里 1665 户，其分布如图 2 所示。

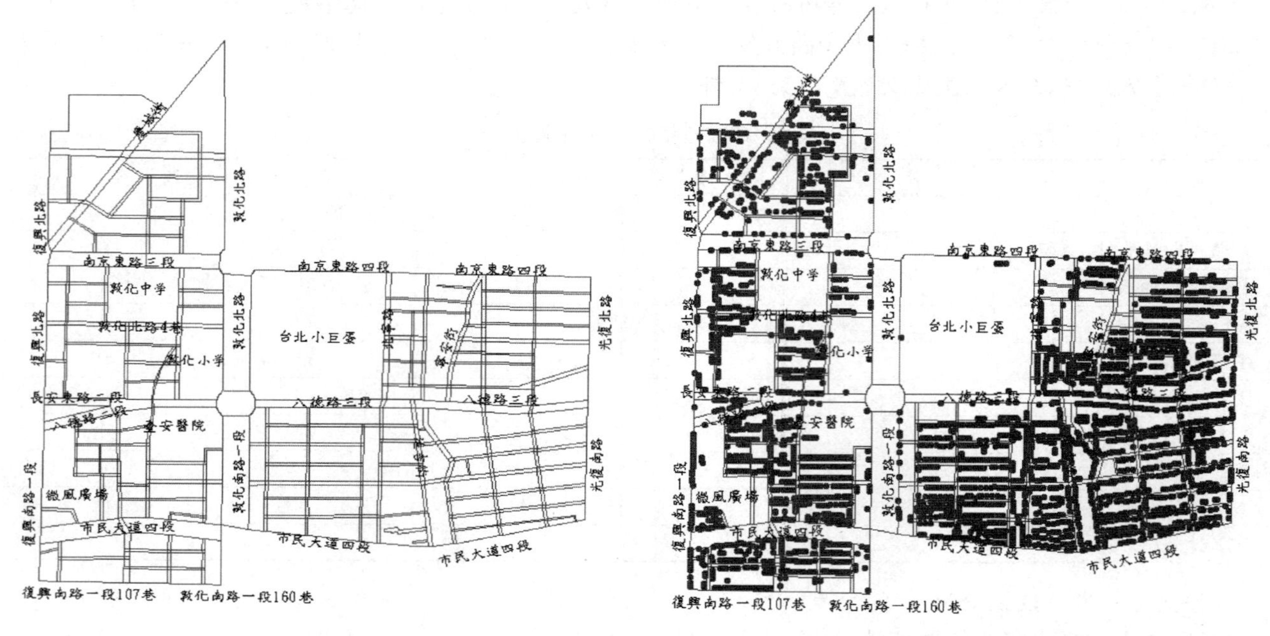

图 1　学区路网　　　　图 2　学区住户分布

(2)属性数据库

路网中每条路段皆有其属性，本研究将各路段所属之行政区域里别及其道路名称构建其中，并将道路之段、巷、弄分别以不同栏位储存。另依据一般路段与路口路段之分类，将路段形态亦载于数据库中，以便描述求解结果之路线导引内容。其他路网相关资料，如人行道设置情况、人行道宽度、骑楼设置情况以及肇事历史资料等，皆按其空间分布，一一输入于路网属性表中，建构出学区路网属性表。

此外，台北市工务局原提供之门牌地址资料格式为文字文件档，已有坐标及住户地址资料，但其地址资料为行政区、里别、邻别、道路名称等连续无分割之字符串。为设计旅次起讫点地址以利明确查询，本研究将连续之字符串以行政区、里别、道路名称、段、巷、弄、号等切割，分别建成不同栏位，构建出完整之学区住户分布属性表。

2.3　问卷调查与分析

本研究以层级分析法（Analytical Hierarchy Process，AHP）分析学童安全步行上下学影响因子之相对重要程度。层级分析法主要用于解决不确定情形及具有数个评估准则之决策问题上，针对非定量资料进行定量分析。AHP 决策方式主要是将复杂且非结构性的情况分割为具阶层次序之属性，并将每一属性相关重要性以主观的判断给予数值，综合这些判断来决定哪一属性有最高优先权影响到决策。在计算各项评估标准之间的重要性时，其结果必须通过一致性检定判断受访者是否前后一致，较具有理论基础及客观性。AHP 分析法之主要步骤包括：建构层级架构、建构各层级成对比较矩阵及求解各层级之权重并检定一致性。

AHP 分析法问卷调查前需先建立层级架构，架构建立完成后再进行问卷设计、调查及回收，并根据回收之每一问卷建立交叉比较矩阵，从而检查每一问卷之一致性。一致性指标 C.I. 值小于 0.15 者方属合格，而后再将有效问卷进行整合，检查整合资料之一致性。若合格，进一步求得各评估指标重要程度之权重。

由于影响学童穿越路口与步行于路段之安全属性不同，本研究将路段安全评估模式细分为路口路段及一般路段安全评估模式两种，分别建立其层级架构，如图 3、图 4 所示。

本研究范围内学校之学童上下学方式，大致可分为家长接送（步行、自行驾车或其他方式）与自行步行两种。就家长接送上下学方式而言，家长为辅助学童完成安全上下学的主要角色。由于每天接送学童上下学，应足够了解学童上下学的安全相关情况，因此将家长列为问卷之对象。而就学童自行步行上下学而言，

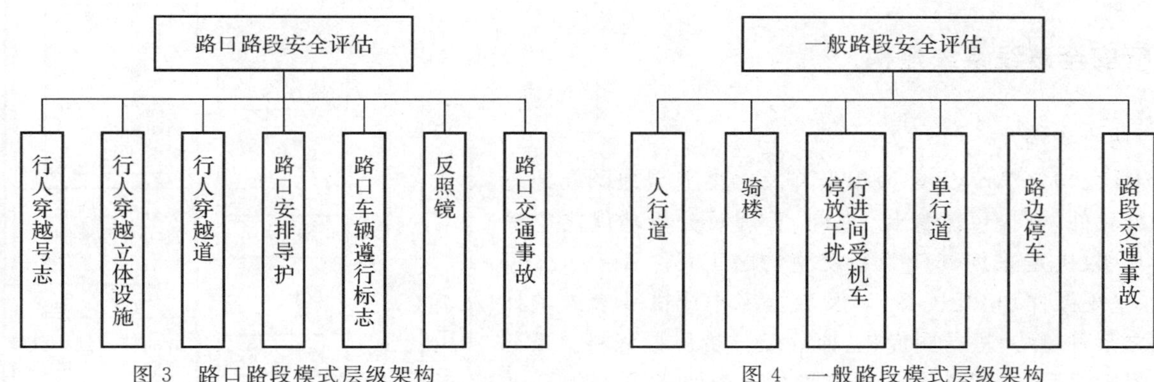

图 3　路口路段模式层级架构　　　　图 4　一般路段模式层级架构

导护人员扮演关键之角色。由于导护人员几乎每天从事辅助学童安全上下学的工作，对于学童步行上下学的安全有相当充分的了解，故亦将其列为问卷之对象。

本研究针对平日从事学童上学、放学导护工作的人员进行问卷调查，问卷样本数为 35 份，家长部分则随机抽样 48 份。经针对回收问卷一一进行一致性检定，通过一致性检定者(C. R. ≤0. 15)即为有效样本，其中路段安全评估指标问卷中，导护人员有效样本数为 27 份，家长部分则为 35 份。路口安全指标问卷部分，导护人员有效样本数为 25 份，家长部分则为 28 份。

将所有通过一致性检定之有效样本，针对每一样本对于安全评估指标重要程度之排列顺序进行整理。结果发现，路段安全评估指标中，导护人员中有 13 位认为道路侧旁设置人行道对于学童步行上下学安全最为重要，有 8 位认为学童步行途中，机车停放问题影响或干扰学童安全步行之指标最为重要，另有 6 位认为道路侧旁设置骑楼对于学童步行上下学安全最为重要。家长中，有 16 位认为道路侧旁设置人行道对于学童步行上下学安全最为重要，有 13 位认为学童步行途中，机车停放问题影响或干扰学童安全步行之指标最为重要，另亦有 6 位认为道路侧旁设置骑楼对于学童步行上下学安全最为重要。

路口安全评估指标中，导护人员中有 15 位认为路口设置行人穿越立体设施对学童穿越路口安全最为重要，有 6 位认为路口安排导护人员协助学童通过路口最为重要，有 3 位认为路口有设置行人穿越号志最为重要，另有 1 位认为路口过去发生交通事故的频繁程度对安全的影响最为重要。家长中，有 11 位认为路口设置行人穿越立体设施对学童穿越路口安全最为重要；有 10 位认为路口安排导护人员协助学童通过路口最为重要；有 4 位认为路口有设置行人穿越号志最为重要；另有 3 位认为路口有设置行人穿越道最为重要。

当 AHP 以群体为单位时，须将众人意见集中于 1 个数值来表示。通常处理方式为将交叉比较矩阵内的数值以几何平均数计算，再进一步得到群体意见的权重。将所有路段安全评估指标有效样本之交叉比较矩阵内元素值进行几何平均数计算后，可得路段安全指标权重值(见表 3)。由表 3 可知，对学童步行上下学安全之重要程度依序为：路侧是否有设置人行道、路侧是否设置骑楼、学童上下学途中是否受到停放机车之影响或干扰、路段发生交通事故频繁程度、是否为单行道、是否有路边停车。

将所有路口安全评估指标有效样本之交叉比较矩阵内元素值进行几何平均数计算后，可得路口安全指标权重值(见表 4)，其对于学童步行上下学穿越路口安全之重要程度依序为：路口是否有设置行人穿越立体设施、是否有导护人员协助、是否设置行人穿越号志、是否设置行人穿越道、路口过去发生交通事故频繁程度、是否设置车辆遵行标志、路口是否设置反照镜。

表 3　路段安全指标权重

路段安全指标	权重	排序
人行道	0.277	1
骑楼	0.256	2
机车停放干扰	0.217	3
单行道	0.082	5
路边停车	0.076	6
路段交通事故	0.092	4

表 4　路口安全指标权重

路口安全指标	权重	排序
行人穿越号志	0.186	3
行人穿越立体设施	0.269	1
行人穿越道	0.147	4
路口安排导护	0.239	2
车辆遵行标志	0.041	6
反照镜	0.041	6
路口交通事故	0.076	5

3 步行安全路线系统建构

(1)功能架构

ESRI公司之ArcView为相当普及之桌上型地图及地理信息系统软件,可提供图像化、查询、管理及分析功能之空间信息工具,故决定采用其作为系统建构之工具。ArcView可依位置、呈现图样、相互关系,以及数据库中或试算表或统计资料内之某种趋势,进行图像化、探寻及分析位置资料。系统需求经界定之后,搭配ArcView软件找寻最佳路径之功能,通过Avenue对象导向程序语言,设计以人性化界面操作之学童步行上下学安全路线系统,供学童本身或家长操作使用,并作为步行上下学参考之依据。本系统功能共分为操作设定、地图展示、资料表格以及需求选择四大项(见图5)。

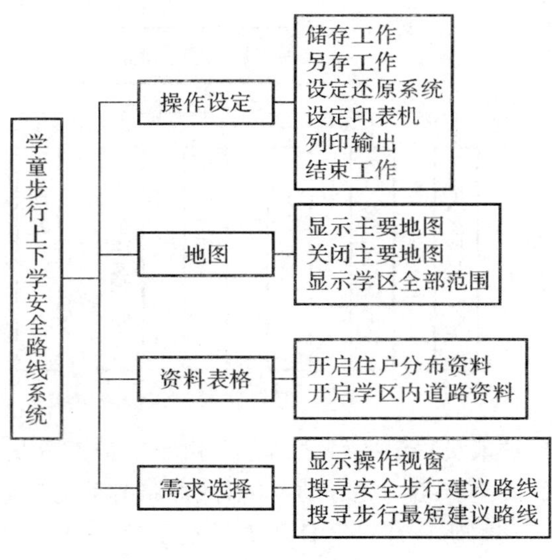

图5 安全路线系统功能架构

(2)地址搜寻

学童步行安全路线以家—学校旅次为主,使用时先输入一组旅次起讫对(O D pair),旅次端点之一端为住家,另一端则为学校。用户须输入其住家地址及学校名称或校门。学区范围内住户分布中,一个坐标代表一个地址,同一坐标可能有一户以上的住家,例如一栋大楼存在一个坐标,而同一栋大楼中却有多户人家居住。单在学区住户分布图层中,无法直接辨识该坐标点有几户住家,因此在搜寻住家地址过程中,须根据其明确地址进行搜寻。

本研究将地址全名由行政区、里别、路名等,乃至于楼层均区分出来,以便输入查询。第一栏行政区查询,系针对所有住户地址进行全新的搜寻。行政区以后的每一栏查询,则与其前一查询栏搜寻而得之资料取交集,最终搜寻得到输入之住家地址。单一起讫对之另一端点输入,将与前一端点搜寻结果取联集,完成后即另外产生旅次起讫点图层,供进一步搜寻使用。

(3)路线搜寻

根据输入之旅次起讫点求解步行安全或最短路线,且每经一次路线求解,所产生之旅次起讫点图层仍将留存于图例视窗。因此,每次开启搜寻路线视窗重新操作时,系统会先检查是否有新的旅次起讫点图层出现。若有,则以新的图层覆盖之,再进行下一步求解。

本系统图形视窗(View)以"学区"为名,当使用者执行路线搜寻时,图形视窗若非"学区",系统会自动打开"学区"图形视窗。而后将学区路网图层设定为可运作状态,读取旅次起讫点图层,建立路网编号,再根据编号搜寻路线,将搜寻结果另存于新图层,并将此新图层加入图形视窗中,以展示其空间位相关系。路线搜寻流程如图6所示。

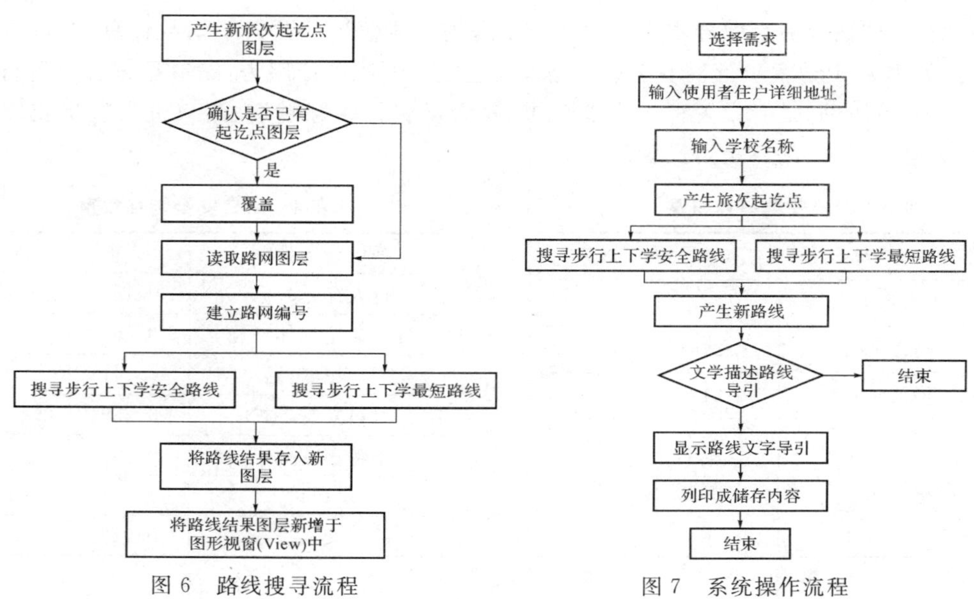

图6 路线搜寻流程

图7 系统操作流程

4 步行安全路线系统操作

本安全步行路线搜寻系统，可概分为展示空间资料与产生步行路线两大功能，其操作流程如图 7 所示。搜寻结果，可产生步行安全及步行最短两种建议路线。

4.1 步行安全建议路线

使用者于选择“搜寻安全步行建议路线”后，即出现功能操作视窗（见图 8），而后依其住所一一输入居住地址，由所属行政区开始，依序输入里别、道路名称、段、巷、弄、号、楼层至几楼之几。每栏之间，后者受前者牵动而限制。例如，光复南路于研究范围内仅位于松山区复建里辖区内，若输入松山区中正里，道路名称栏位内选择集合即不会出现光复南路，因此无法查询居住地址。

住址输入完成后，再针对学童所属学校进行选择。由于本研究对象仅限于敦化小学学区，因此选择集合中仅有该校可供选择。经了解，敦化小学之校门共有 3 个，分别为正门、西校门及南校门，因此操作界面学校名称栏位中共有此 3 处校门可供选择。正门面临敦化北路，上学时间学童由八德路二段、敦化北路口以及敦化北路 4 巷口两端向学校集中，放学则向此二路口扩散；西校门面临八德路二段 451 巷，学童由八德路二段 437 巷或南京东路三段 338 巷集中或扩散；南校门紧临八德路二段，学童由八德路二段、敦化北路口或八德路二段 451 巷口集中或扩散。

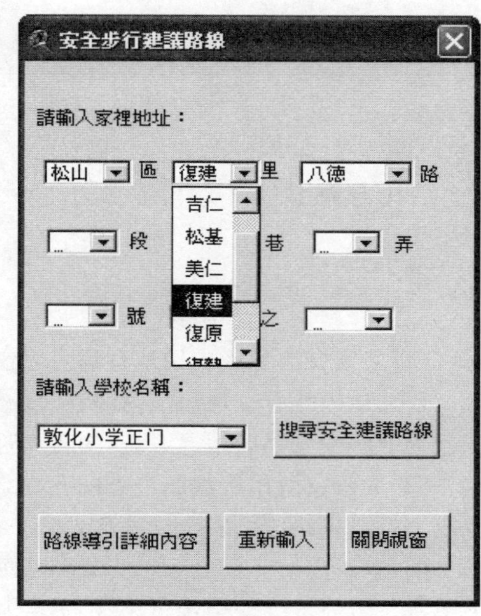

图 8 安全步行建议路线操作视窗

旅次起讫点确立之后，即可根据安全评估模式计算所得之各路段当量值，搜寻学童步行上下学之安全步行建议路线。搜寻完成，即会在学区路网中产生一明显之蓝色粗体线条，此即为所建议之安全步行路线，如图 9 所示。

若使用者欲进一步了解路线导引之详细内容，可进一步点击路线导引详细内容键。点击之后会产生另一文字视窗，窗格内详述求算结果路线，及旅次起点至讫点间各路段之道路名称，同时详细记载路段之步行距离。最终将安全模式当量值与步行总距离并列，提供完整信息供使用者参考，如图 10 所示。

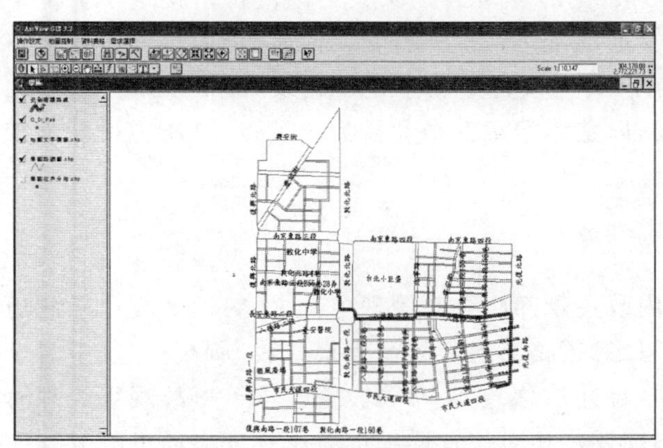

图 9 安全步行建议路线展示

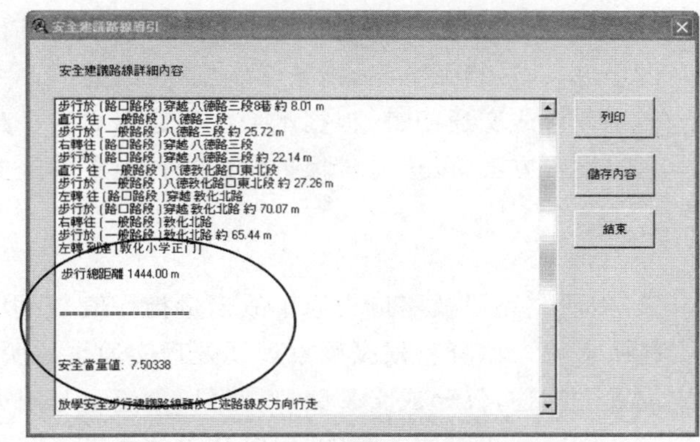

图 10 安全步行建议路线导引内容

4.2 步行最短建议路线

若选择搜寻步行最短建议路线，则会出现类似之操作视窗，其操作界面及操作方式大致与前者安全步行建议路线相同，于此不再赘述。搜寻结果以粗体线表示，如图 11 所示。若将步行最短建议路线及安全步行建议路线相互套叠，则可分辨两步行路线之差异，如图 12 所示。

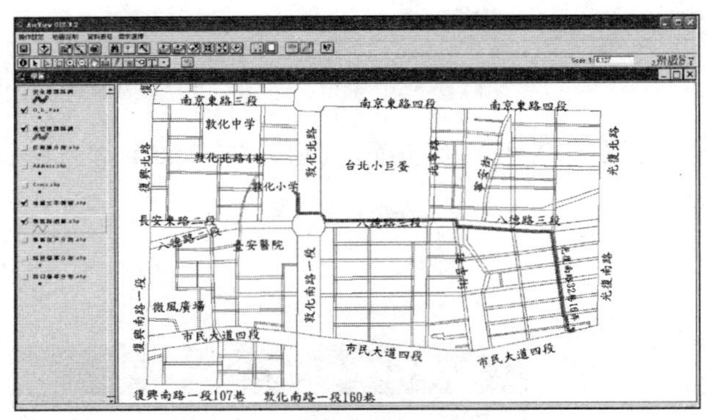

图 11 步行最短建议路线展示

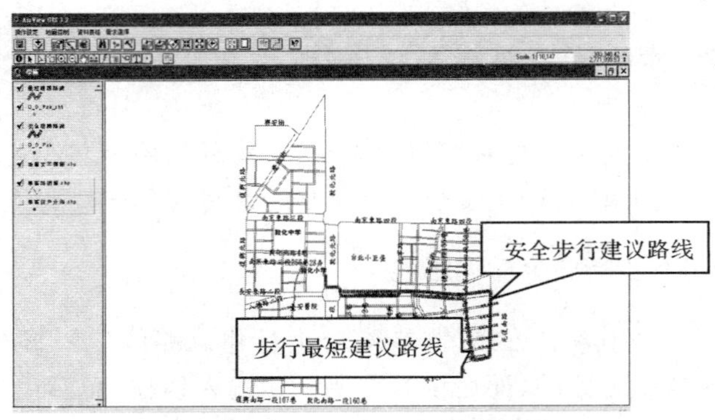

图 12 安全路线与最短路线套叠

5 结论与建议

5.1 结 论

(1)基于台湾地区应用地理信息系统于行人交通安全之研究相对不足,本研究以小学学童为研究对象,考虑台湾地区特有交通环境,如街道骑楼之设置、机车停车影响行人权益等因素,开发设计本土化学童安全步行上下学安全路线搜寻系统,提供人性化操作界面供使用者使用。

(2)本研究引用旅次起讫点间存在空间阻抗因素之概念,构建路段及路口安全评估模式,以评定直行路段或穿越路口路段之安全模式当量值,并将其进一步应用于学童步行上下学安全路线或最短路线之搜寻。

(3)本研究所开发之系统完成路线搜寻后,会产生空间图示以说明路线之相关位置,并提供相关信息以供参考。若为搜寻安全步行路线,另会显示路段安全模式当量值。若为搜寻步行最短建议路线,则另会显示步行总距离。必要时,可进一步取得路线详细导引内容,以清楚了解所行走之道路名称,并提供相关之信息,如各路段距离、路线步行总距离等。

(4)本研究所设计开发之系统,可针对不同对象发挥不同之功能。就学童而言,可于上下学期间,依循安全步行建议路线行走,以降低其行走途中与车辆之冲突。此外,亦可配合学校平日针对学童之交通安全教育,鼓励并辅导其安全步行上下学,培养学童之独立性。就家长而言,通过此安全步行建议路线,可安全接送学童步行上下学,并于上下学途中培养良好之亲子关系;同时亦可鼓励家长不以汽机车接送学童上下学,不但降低机动车辆对环境之污染,亦可减轻学校周边交通混乱之情况。就学校而言,可通过安全建议路线,研拟导护人员指派方案,指导学童安全通过路口,并辅助其完成行走安全建议路线,降低步行上下学之风险。就教育或交通而言,根据本系统所建议之安全路线,以整体学童安全利益为出发点,可研拟设计学校通学巷之设置方案,以进一步保护学童步行上下学之安全。

5.2 建 议

(1)本研究路段及路口交通事故当量指标值,系根据内政主管部门警政管理单位之 A1、A2 交通事故历史资料所求得。该资料根据警察现场处理交通事故所填写之《道路交通事故调查报告表》所获得,其中对于事故位置之描述,仅分成交叉路口、路段、交流道等四大项,合并加总共 21 小项。警察虽于事故现场处理时有绘制事故发生相对位置简图,但警政单位并未将其简图描述之相对位置详细记载于年度交通事故数据库中,仅能由其概略了解而无法明确得知事故发生之确切位置。因此,建议警政单位建立更详细之道路交通事故调查表,或利用先进之技术,方便警察处理交通事故时,详载事故发生之位置,以供相关研究之参考。

(2)本研究利用地理信息系统之强大功能,设计学童上下学安全步行路线。后续研究可针对各种不同考虑因素,构建不同之学童交通安全评估模式,并将评估所得阻抗值输入本系统,利用本系统提供之人性化操作界面,求解学童步行上下学之安全或最短路线,供使用者做另一种选择。

(3)本学童上下学安全步行路线系统,须通过 ESRI 所发行之地理信息系统软件 ArcView 方可执行,对非专业之大众而言,此软件之普及程度并不高,因此使用者将碍于资源的限制而无法利用本系统。建议后续研究可利用其他较为普及之软件进行研发,且仅需通过网际网络即可操作使用。

参考文献

[1]林廉凯.捷运车站乘客动线人流模式与干扰量度之研究[D].新竹:台湾交通大学,2004.

[2]吴健生,王爱祯,陈俊颖,等.台北捷运车站内进出电扶梯流量控制之研究[J].都市交通,2005,20(3):17-29.

[3]周明翰.学童上下学旅次特性与安全维护作业之研究[D].台北:台湾大学,1996.

[4]许添本,田欣雷,赖以轩.捷运车站行人流特性分析[J].都市交通,2002,15(1):1-11.

[5]锺淑美.学童上下学最佳安全路线之研究[D].台南:台湾成功大学,1980.

[6]苏志强,庄弼昌.学童交通安全路线规划与检核制度建立之研究[J].警学丛刊,2002,33(3):213-238.

[7]Highway safety information system. GIS-based crash referencing and analysis system[P]. February 1999-FHWA-RD-99-081.

性别主流化交通政策与设施需求研究

杨淑芳　李昆振　曹慈容　梁筠翎
（台北市交通局，台北）

摘要：追求“性别平等”是现代社会的主流价值观，为提供舒适及便利之运输服务，应就不同的顾客使用需求提出差异性的运输服务规划。然而，传统运输建设仅就一般通勤旅次特性及建设成本进行效益分析，应将性别需求差异纳入考虑，以规划适当的运输环境。本研究依循联合国推行“性别主流化”概念及交通主管部门运输研究所 2012 年 12 月发布的性别影响评估作业指南，搜集中国台湾地区内外、学者及营运业者对于交通运输需求及设施设计在性别议题上研究与处理，以作为后续制定和实施政策的参考依据。

关键词：性别主流化；交通政策；交通运输设施

追求“性别平等”是现代社会的主流价值观，然而，以大众运输系统为例，设置男女相同数量的洗手间、设置相同高度的吊环等，即达到“男女平等”的思维目标，恐不实然。以交通主管部门 2013 年调查数据显示，女性之公共运输市占率为 18.6%，高于男性之 11.7%，显见女性民众较偏好搭乘公共运具，应于大众运输系统服务规划多一些体贴女性的设计，才能真正体现性别平等的理念。另从提升大众运输使用率观点切入，为何男性搭乘大众运输系统比例低呢？在大众运输系统设计使用及规划上，是否应就男性观点适度调整、变更，使男性更喜欢搭乘大众运输系统，以有效提升大众运输系统使用率。

为提供舒适及便利之运输服务，应就不同的顾客使用需求提出差异性的运输服务规划，唯目前运输建设仍基于一般通勤旅次特性及建设成本效益分析，对于提供的运输服务内容，旅客间的差异设计与服务细节，则有待进一步提升。

本研究依循联合国推行“性别主流化”概念及运输研究所 2012 年 12 月发布的性别影响评估作业指南，搜集中国台湾地区内外相关主管部门、学者及营运业者对于交通运输需求及设施设计在性别议题上研究与处理，以作为后续制定和实施政策的参考依据。

1　性别主流化的交通政策分析

性别主流化为联合国落实“实质性别平等”的一个策略，是指所有政策活动，均以落实性别意识为核心，要求过去的政策、立法与资源皆需要重新配置及改变，以真正反映“性别平等”。英国运输部于 2007 年在该国性别平等计划指出，交通政策与措施看似中性，但对男女性使用交通运输设施上确实有不同的影响，因此，性别因素应纳入运输研究、实务及政策中。

为具体落实及积极推动交通性别主流化政策，本研究搜集各地区交通性别政策执行及相关议题探讨内容，试以多元化的角度及立场，检视每个政策及决策过程中之性别差异性。经汇整相关案例，本研究将就交通政策执行中性别不平等规划议题，大致分为政策组织、运输规划作业程序及政策执行几大类。

(1)政策组织

男女性在使用运输服务及运输部门决策上，有不一样的使用需求及设置观点。为确保运输政策能切合男女性之差异，故应重视女性决策者对于运输政策组织之影响程度，以提出具体政策及措施，减少男女性在使用交通运输设施上之不平等。

台湾地区为提升女性参与决策机会，相关行政主管部门自 2003 年推动性别主流化，各部会纷纷成立性别平等项目小组，以推动 1/3 性别比例原则为具体措施，但交通主管部门仍缺乏女性决策者，交通运输部门男性职员比例仍占大多数，且阶层愈高，女性成员愈少，在进行相关交通决策时，仍多重视自身交通专业领域传统思维，性别意识仍待提升。

(2)运输规划程序

传统运输规划倾向以成本效益作为长程旅运需求模式之分析目标(如旅行时间的节省),经常未能适时反映地区旅运需求时间机会成本。且远程旅运需求通常以男性活动类型居多,地区旅运需求以女性较多,以致传统运输规划无法适应男女性运输需求。

台湾地区行政主管部门自 2003 年推动性别主流化,参考性别主流化推动相关资料,制定性别影响评估(GIA),并至 2009 年开始实施,以增加政策制订、决策过程中对性别主流化工具之采纳。

(3)政策执行

目前运输计划未考虑足够的性别议题,对于性别重视,往往止于组织内部员工性别比例或女性参与程度,而非系统性地将性别观点融入政策计划拟定过程中。世界银行归责部分原因为传统运输规划目标,强调确保投资具有经济效率,甚少论及男女性别上之需求差异,且传统运输分析常以家户为单位,假设家户的行为反映家户中所有个人的偏好,而未考虑家户中的权力结构及性别关系等。

在政策执行首要需先制定公平交通目标及政策,以瑞典为例,其目标为获得机会及责任平等,并进行性别资料搜集及统计分析,以发现男女性运输差异处,协助规划者改善男女性交通运输于实体设施、环境及科技的可行性,以建构符合女性生活形态之运输系统。

2 交通运输需求特性分析

依世界银行所宣称,性别统计资料可协助规划者改善男女性交通运输于实体设施、环境及科技的可行性。本研究就两性交通运输需求特性与偏好资料汇整分析,提出初步改善建议如下。

(1)台北市男性旅次目的多为通勤、商务、业务外出、休闲,女性旅次目的多为通学、购物、家庭及个人活动,显示两性因生活需求不同,表现在外出旅次目的也有所差异。

(2)台北市男女性使用绿色运输比例较其他地区为高;其中,女性使用绿色运输比例高于男性。

(3)台北市通勤、商务、业务外出旅次目的使用私人运具市占率较高,其中男性使用私人运具市占率高于女性。

(4)从事业务外出之民众对私人运具的依赖程度较其他旅次目的高,且该旅次目的多发生在非尖峰时段。

(5)女性肩负家庭照顾责任,故产生较多传统运输规划模式而忽略之地区性旅次,且该旅次受限于学童上下学时间,较无弹性。

(6)女性对环境较具不安全感及弱势感受,使其活动经常局限在某特定时间及空间中。

(7)女性交通事故死亡人数及驾照持有率均低于男性。

(8)因男性空间操作能力优于女性,故因超速事件发生交通事故时,女性受伤比例高于男性。

(9)台北市公共运输驾驶员从业人数、交通主管部门正式编制内职员人数,男性比例高于女性;台北市交通局男女编制内职员人数相当,然能否在政策与决策过程中逐步纳入女性成员的观点,仍需持续观察影响效果,便利后续能有系统地将性别观点纳入政策计划拟定过程中。

3 交通运输设施设计分析

本研究系参考相关案例及实际观察,探讨现况交通运输设施在不同性别使用上设计与服务细节的差异。以下先就"课题探讨"进行说明,再分别就人行与自行车道环境、公共运输设施与环境及私人运具设施及环境 3 个方面进行分析。

3.1 课题探讨

经汇整相关案例及实际观察,本研究将交通运输设施之性别不平等规划课题,依杨清芬(2007)分为以下 4 个方面。

(1)设计之使用面积,男性高于女性。设计面积通常因男性活动范围较大而给予较宽广的空间,或基于两性平等给予二者相同面积,忽略两性平等的真谛,应基于两性实际活动空间进行规划设计。

(2)未顾及使用者异质性,规划刚性。大多设计与规划者多为男性,多以男性角度看待女性可能之使用感受设计,忽略女性的真正喜好及特性。

(3)未顾及女性使用需求。社会经济环境要求女性必须矜持、不外露,并给予较多家庭社会责任,但却未提供应有的设施与福利,还需学会容忍与适应不便的环境。且以生理而言,女性不具有男性强壮的身材和力量,因此在交通运输环境内进行奔跑和推挤的动作时较为吃力。

(4)未顾及女性使用者安全考虑。女性先天上较男性柔弱,在心理上对交通运输环境之安全感及交通运输设施之安全性亦较男性着重。

3.2 人行与自行车道环境

两性对人行与自行车道环境偏好相异,女性着重安全感、舒适度、安全性,男性着重有无障碍物及铺面质量。因此,人行及自行车骑乘设施及环境,可从建构完善之人行道暨自行车道路网系统及提升通行环境舒适度与增加安全性着手改善,Kevin 等(2005)建议改善原则如下:①建立自行车道立体穿越设施;②自行车道行经区域应将城市生活机能较高之地区纳入路网规划;③建置较宽的慢车道或独立于车道外的自行车专用空间;④提升人行道的安全设施,如照明、良好的铺面质量等。

女性一般选择设有自行车专用道路段骑乘,故有研究指出:想提升自行车市占率,应针对女性需求设计自行车通行环境及相关设施;欲评估都市环境适合骑乘自行车指数,只需计算骑乘自行车人口中的女性比例。

台北市为回应该市自行车使用成长需求,建置更完整的市区自行车道路网,以提供市民优质且安全的自行车骑乘环境,已着手检讨全市道路系统,检视适合建置自行车道之路段,初步将自行车道路网分为主干路网、生活圈道路及串联道路 3 种类型分期建置:①主干路网如信义路或南京东路,可串接河滨自行车道;②生活圈道路为区域型路网,如松山车站与信义商圈内之自行车道;③串联道路之功能为衔接主干路网与生活圈道路。

此外,因台北市信义路在捷运通车后的路形大获市民好评,未来市区自行车道将参考信义路路形,以人车分道为建置目标,逐渐检讨并改善现有市区自行车道环境,并配合捷运人行道复旧工程、林荫大道计划及路平项目等重大工程规划,增设自行车专用道。

3.3 公共运输设施及环境

(1)大众运输环境改善措施

虽女性使用绿色运输市占率较高,然而,公众空间设计与规划者大多为男性,多以男性角度看待女性可能感受而设计,易忽略女性真正的喜好与特性。如人行道、车厢环境需配合女性推婴儿车、菜篮车等需求设置无障碍环境,且部分女性穿着高跟鞋,需良好、平坦、止滑的铺面。

梁幼文(2009)就女性需求、舒适、安全等,提出改善方向为:①大众运输场站于夜间加强照明设施,并设置足够的监视设备及巡逻人力,以维护安全;②设置女性候车区,靠近月台中央或楼梯电扶梯等人潮较多的地方,间接保护女性安全;③设置足够的女厕,并提供妇女哺乳的空间;④提供完整的大众运输转乘信息及无障碍的转乘空间;⑤设置大众运输导航系统,以减少危险,提升便利性。

其中有关女厕部分,除近期兴建之转运站、捷运芦洲线及信义线女、男厕间比例分别为 5.5、5.38 及 5.14,高于内政主管部门颁布的标准,余皆于后续应持续努力改善。

(2)大众运输设施改善措施

台北市自 2001 年底首批 30 辆低地板公交车上路,2008 年计有 100 辆全新低地板公交车上路营运,其引进之低地板公交车,已降低了车厢台阶高度,并提供较宽的车门,唯因横杆配合座椅高度及设置位置调高,为维持一定吊环高度,而增长吊环长度,以致手拉吊环乘客,在车辆行进间摆动幅度增加,易重心不稳跌倒,具危险性,目前已有部分公交车已将横杆降低,改善拉环问题,且多增设竖杆,供女性乘客搀扶。

其他地区电车、地铁、火车等轨道运输实施女性专用车厢情况见表 1。

表 1　部分城市轨道运输实施女性专用车厢

国家(城市)	系统	设置原因	设置位置	实施时段
日本(东京)	电车、地下铁	1. 女乘客经常抱怨醉酒男性对她们进行骚扰 2. 女乘客被性骚扰问题愈益严重 3. 为避免女性在乘车时被性骚扰	10 家公私营铁路公司不同,1 个班次仅限 1 节车厢	上午 9 时半左右为止之尖峰时段
	JR 铁路琦京线(惠比须—川越间)		出站的下行电车尾端	平常日夜间 11 时后
	京王电气铁路		新宿发出的快车最后一节设成女性专用车厢	平常日夜间 11 时后
日本	东山线地铁(名古屋市—爱知县间)	—	—	平常日上午 9 时前
日本(大阪)	御堂筋线	市府交通局配合防止色狼政策的一环	列车中央车厢	平常日全日
	谷町线			平常日早班车起至上午 9 时
菲律宾(马尼拉)	轻轨通勤列车	连续接到女乘客投诉不断遭到男乘客的性骚扰	第 1 节车厢	—
墨西哥(墨西哥城)	捷运	连续接到女乘客投诉不断遭到男乘客的性骚扰	前 2 节车厢专供妇女和其随行 12 岁以下儿童乘坐	—
埃及(开罗)	捷运	宗教因素	前 2 节车厢	第 1 节车厢全天, 第 2 节车厢下午 4 时前
白俄罗斯	铁路(明斯克—莫斯科)	不少女乘客投诉受不了男乘客的臭袜子味和酒味	—	—
印度(孟买)	火车	宗教因素	—	—
阿拉伯联合大公国(杜拜)	捷运	宗教因素	1 节车厢	全日

资料来源:吴坤茂、陈丽惠、周正宗、万惠颐(2005)及本研究汇整修正。

从系统硬件面、文化社会面、法律执行面及客观环境面探讨本地捷运是否适合实施,得出以下结论:①性骚扰或性侵害非仅发生在捷运车辆,因此,应从基本层面(法治、教育及社经环境)解决,并非用简单隔离政策;②女性专用车厢恐有人性疏离、社会对立之副作用;③台铁通勤电车曾有离峰时间发生性侵害案件,但捷运旅次时间比台铁通勤电车短,车厢照明于地板上方 1m 处,具 400lux 以上平均照度,另配有旅客用对讲机,于紧急状况可向驾驶通话,尚未有实施女性专用车箱之急迫性。

(3)出租车搭乘环境

各地区实施女性专用出租车原因大多是因为宗教因素、防止性骚扰,提供单亲妈妈、离婚等弱势女性工作机会(见表 2)。实施女性出租车计划时,亦应注意驾驶员之安全问题,避免造成犯罪锁定之目标,建议后续可就犯罪率、文化背景、女性工作环境、性别平等法等面向本地是否规划女性专用出租车服务参考。

表 2　各地区实施女性专用出租车统计

地区	设置年份	设置原因	设置内容
伊朗(德黑兰)	2006	宗教因素:信奉伊斯兰教的地区禁止女性开车,女性常被迫与陌生男性一起搭乘出租车,产生肢体的碰触,因此违反了男女不得在公开场合混坐与碰触的伊斯兰教义	提供女性电台出租车的服务,也是全世界最早提出女性出租车概念,全由女性驾驶、接受医疗训练,车内备有女性药品及卫生用品; 限载女乘客,男乘客需有女性同行才提供载客服务

续表

地区	设置年份	设置原因	设置内容
俄罗斯（莫斯科）	2007	提供离婚女性与单亲妈妈工作环境，防止性侵害与性骚扰发生	女性专用粉红色出租车；由离婚女性与单亲母亲组成
韩国（首尔）	2007	配合女性幸福城市四年计划，提供女性方便安全服务	为夜间搭乘出租车的女性提供女性驾驶员出租车服务
墨西哥（普埃不拉市）	2009	防止性侵害与性骚扰发生	车队由女性司机服务，只载女性乘客
马来西亚	2011		

3.4 私人运具设施及环境

以下就停车场空间规划、停车格位大小及停车场相关设施进行说明。

(1)在停车场环境与设施上，女性对停车场空间安全需求较高，建议加强行人出入口及停车位照明。

(2)在停车格位部分，因孕妇身型较大且行动较为缓慢，需要较大进出车辆空间，本研究建议孕妇专用(优先)停车位可适度加宽车位大小，便利孕妇进出，相关法令需配合调整。

(3)在停车场相关设施部分，女性开车时通常会保持较大的安全距离及侧向间距，而现行多数停车自动收费闸门，不管是投币或者是读卡感应皆须很靠近收费器或因设置过高，常常会造成女性的不便利，而调降收费器高度又容易造成驾驶不便，建议可调降收费器高度或着手通过先进通信及信息技术，增加感应距离。

台北市公有停车场均设有监视录像设备，并规定每小时专人巡场1次，安全有保障，另依现行法规无强制规定须设女性停车区，违规者难以取缔与告发，且车籍与驾驶可能非同一人，查证驾驶是否为女性有一定难度。再者，台北市男性私人机动运具市占率为53.5%，若设置女性专用区，在停车位一位难求之地区，恐造成男性群众抗议，因此，目前尚不考虑设置“女性专用”停车区，仅于2012年5月配合台北市“助你好孕”政策，于各公有停车场(各区行政中心及医疗院依其停车特性检讨设置)设置孕妇优先车位。

4 结 语

依据相关案例及数据显示，性别对运输需求具实质差异，然传统运输规划仍倾向于成本效益作为长途旅运需求(多为男性需求)模式之分析目标，未能适时反映地区旅运需求时间机会成本(多为女性需求)。为了具体落实及积极推动性别主流化，世界各国均纷纷重视女性运输使用需求，持续就规划程序、组织等进行检讨，并提出相关政策执行成果。但是，交通运输空间及其相关设施非仅局限特定人士专用，需纳入通用设计理念设计，方为设计交通设施终极目标。

参考文献

[1]王庆瑞. 运输系统规划[R]. 亚联工程顾问公司，2006.

[2]交通主管部门运输研究所. 2012年交通主管部门性别影响评估作业指南[R]. 2012.

[3]行政主管部门性别平等处. 性别平等政策纲领[R]. 2011.

[4]吴坤茂，陈丽惠，周正宗，万惠颐. 狼来了！捷运应否设置“女性专用车厢”之探讨[J]. 2005.

[5]徐崇学. 台北、高雄与台南通勤者旅运行为特性之探讨[J]. 2004.

[6]梁又文. 友善女性之智能型大众运输场域移动辅助系统[J]. 2009.

[7]杨清芬. 空间规划与两性教育[C]//第2届台湾妇女会议论文. 2007.

[8]行政主管部门研究发展考核委员会、财团法人妇女权益促进发展基金会. 性别影响评估操作指南[R]. 2009.

[9]交通主管部门. 民众日常使用运具状况调查(2012—2013)[R].

[10]台北市交通局. 台北市交通民意调查报告[R]. 2013.

[11]台北市交通局统计室. 大台北两性旅次差异分析[R]. 2013.

[12]谢园. 打造女性安全公共空间[EB/OL].

[13]MOHAMMADIAN A. Gender differences in automobile choice behavior [J]. Research on Women's Issues in Transportation,2004(2):41—48.

[14]BLOCK A W. Motor Vehicle Occupant Safety Survey[J]. Seat Belt Report, 2001(2) .

[15]DUCHÈNE C. Gender and transport [C]//International Transport Forum, Discussion Paper. 2011.

[16] MASSIE D L, CAMPBELL K L. Analysis of accident rates by age, gender, and time of day based on the 1990 nationwide personal transportation survey[R]. 1993

[17]PETERS D. Gender and Sustainable Urban Mobility[J]. 2011:27—45.

[18]ROMANO E, BAKER T K, TORRES P. Female involvement in U. S. fatal crashes under a three-level hierarchical crash model mediating and moderating factors[J]. Research on Women's Issues in Transportation, 2009(2):1—11.

[19]GARDNER C B. Safe conduct: women, crime, and self in public places[J]. Social Problems, 1990,37(3):311—328.

[20]GLASSBRENNER D. Safety belt use in 2002:demographic characteristics[R]. NHTSA Research Note, 2003.

[21] LI H N, GUENSLER R, OGLE J, Comparing women's and men's morning commute trip chaining in Atlanta, Georgia, by using instrumented vehicle activity data[J]. Research on Women's Issues in Transportation, 2004(2):14—20.

[22]GARRARD J, CRAWFORD S, HAKMAN N. Revolutions for women: Increasing women's participation in cycling for recreation and transport[R]. 2006.

[23]TURNER J. Urban mass transit and social sustainability in Jakarta, Indonesia, case study prepared for global report on human settlements[R]. 2013.

[24]KLINICH K, RUPP J D, SCHNEIDER L W. Protecting the pregnant occupant and fetus[R]. University of Michigan Transportation Research Institute, 2004.

[25]HAMILTON K, JENKINS L, HODGSON F, TURNER J. Promoting gender equality in transport[J]. Working Paper Series, 2005.

[26] KRIZEK K J, JOHNSON P J, TILAHUN N. Gender differences in bicycling behavior and facility preferences [R]. 2005.

[27]LERNER E B, JEHLE D V K, BILLITTIER A J, et al. The influence of demographic factors on seat belt use by adults injured in motor vehicle crashes[J]. Accident Analysis and Prevention, 2001(33):659—662.

[28]LIDDLE A M. Feminist contributions to an understanding of violence against women: Three steps forward, two steps back[J]. Canadian Review of Sociology & Anthropology, 1989(26):759—775.

[29]BAKER L. How to get more bicyclists on the road to boost urban bicycling, figure out what women want[J]. Scientific American, 2009.

[30]POLK M. Gender equality and sustainable development: The need for debate in transportation policy in Sweden [R]. 2001.

[31]YANG M, YU F F, WANG W, ZHAO J Y, et al. Gender-role based differences in activity-travel behavior in a developing country, China[R]. 2011.

[32]MCGUCKIN N. Differences in trip chaining by men and women[J]. Research on Women's Issues in Transportation , 2004(2):49—56.

[33]NELSON D E. Validity of self reported data on injury prevention behavior: Lessons from observational and self-reported surveys of safety belt use in the U. S. [J]. Injury Prevention, 1996(2): 67—69, 646.

[34]NHTSA. Safety belt use[R]. U. S. Department of Transportation. DOT-HS-809-646.

[35] SARMIENTO S. Household, Gender, and Travel[R].

[36]NARUPITI S. Trip chaining patterns in bangkok: Based on household travel survey[J]. Proceedings of the Eastern Asia Society for Transportation Studies. 1999(2):359—371.

[37]SRINIVASAN S. Influence of residential location on travel behavior of women in Chennai, India[J]. Research on Women's Issues in Transportation ,2004(2): 4—13.

[38]SRINIVASAN S. Integration of gender equality into transport policy and practice in Sweden , India[J]. Research on Women's Issues in Transportation ,2004(2):180—187.

[39]Transport for London ,Gender Equality Scheme 2007—2010.

[40]HASSON Y, POLEVOY M. Gender equality initiatives in transportation policy[R]. 2011.

强化驾驶人道路安全驾驶能力的途径

黄益三[1] 吕碧宗[2] 蓝武王[3] 王雅佩[1]

(1. 台北市警察局,台北;2. 台湾公路局台北区监理所,台北;3. 大华科技大学,台湾交通大学,新竹)

摘要:有别于过去文献大多强调驾驶人只要遵守道路交通规则即可减少肇事案件,本文进一步从认知车辆动态特性、强化驾驶人路权观念及建立肇因分析法则等3种途径,来说明如何强化驾驶人的道路安全驾驶能力。通过车祸案例对照分析,本文发现强化上述3种途径的教育倡导方式,可让驾驶人洞悉道路上的潜在危险因子,并预见可能的车辆冲突情形,可达到防止车祸发生的目的。依此,本文建议相关部门在进行道路交通安全教育时,应加强此3种途径的倡导。

关键词:安全驾驶能力;车辆动态特性;路权观念;肇因分析

驾驶人的自我安全驾驶能力,关系着道路交通秩序与人车安全。因此,驾驶人除了要遵守道路交通规则、熟练各项驾驶技术外,尤需认知道路上的潜在危险因子,并预见可能的车辆冲突情形,方能有效改善交通秩序,防止车祸发生。[8]然而,提升驾驶人的自我安全驾驶能力,可能与驾驶人对车辆的使用保养、车辆操控的熟练度、交通法规的了解、不同路况的驾驶信心、突发状况的处理、行车风险的认知等有密切关联。本文尝试从实际肇事案例分析,让驾驶人认识车辆动态特性与路权基本观念,并进一步建立肇因分析的逻辑法则,希望能让驾驶人更了解肇事原因与肇事责任的因果关系,认知道路上的潜在危险因子,并预见可能的车辆冲突情形,以有效提升驾驶人的自我安全驾驶能力、减少车祸案件发生、保障用路人生命财产安全。

根据台北市警察局交通警察大队的道路交通事故统计数据显示(见表1),过去10年(2004—2013年),台北市每年的道路交通事故,属于A1类的死亡案件数71～93件,死亡人数74～95人;属于A2类的受伤案件数为14612～21000件,受伤人数19662～27849人;属于A3类的财损案件数9933～14316件;伤亡件数占总肇事件数比率56.31%～61.38%。虽然市警察局每年均投入相当的人力资源,加强取缔严重违规驾驶行为(如取缔酒后驾车、超速、闯红灯等),但由表1知,最近5年总肇事件数比前5年有明显增加趋势;尤其是总伤亡人数,最近5年明显比前5年增加,显示主管部门减少肇事案件发生、维护道路交通安全的工作,仍有努力空间。如何落实交通安全教育、提升驾驶人安全驾驶能力,让驾驶人从实际肇事案例中了解肇事原因与肇事责任的因果关系,以进一步认知行车风险、采取适当预防措施,值得相关部门加以重视。

过去文献分析不同区域交通违规及肇事数据,发现交通违规次数较多的地区发生交通事故概率较高,因此,建议加强交通执法强度,以有效降低肇事率。[2,5,9,13]其他文献认为驾驶人安全驾驶能力或肇事率,会受到不同年龄层、职业、教育程度、使用交通工具及违规倾向等因素影响,故建议加强驾驶人取得驾照后之驾驶技能训练与交通法令知识教育。[1,3-4,6,10-11]亦有相关文献强调以驾驶人认知为主轴的用路观念,提醒驾驶人(用路人)除了注意周遭状况、勿违规侵犯他人外,更应从目视、耳听的察觉,进一步认知、预测下一步可能发生意外的情境,预先采取必要的预防措施。[7,12]诚然,提升道路交通安全,仅靠强力执法,恐无法达成全面性预防效果,仍须从工程及教育方面配合改善。

有鉴于过去研究多致力于单一因素,强调提升驾驶人安全驾驶能力,本文从实际交通事故统计数字指出关键问题,接着介绍何谓道路交通事故、肇事原因与肇事责任间因果关系等基本概念,强调驾驶人应认识车辆动态特性与加强路权观念,最后建立用路人肇因分析逻辑法则,以实际案例分析佐证,希望采用综合性方法更有效地提升驾驶人道路安全驾驶的能力,全面防范车祸案件发生,保护用路人生命财产安全。

作者简介:黄益三,副分局长;吕碧宗,所长;蓝武王,教授;王雅佩,警务员。

表 1　台北市道路交通事故统计表(2004—2013 年)

肇事案件类型 \ 年份	2004	2005	2006	2007	2008	2009	2010	2011	2012	2013
死亡案件数(件)(A1)	93	79	81	85	71	81	84	80	76	82
受伤案件数(件)(A2)	14871	15858	15308	14612	15468	17087	19905	21000	20015	20691
财损案件数(件)(A3)	11608	11828	11137	10103	9933	10800	13275	14316	14264	14176
总案件数(件)(A1＋A2＋A3)	26572	27765	26526	24800	25472	27968	33264	35396	34355	34949
伤亡案件数占总案件数比率(%)(A1＋A2)/(A1＋A2＋A3)	56.31	57.40	58.01	59.26	61.00	61.38	60.09	59.55	58.48	59.44
死亡人数(人)	95	84	81	94	74	82	85	81	77	83
受伤人数(人)	19968	21296	20404	19662	20407	22638	26500	27849	26754	27726
总伤亡人数(人)	20063	21380	20485	19756	20481	22720	26585	27930	26831	27809

数据来源:台北市警察局交通警察大队。

1　肇事相当因果关系

本文所探讨的道路交通事故指车辆或动力机械在道路上行驶,致有人受伤或死亡,或致车辆、动力机械、财物损坏之事故,此一事故必须出于过失之行为;若行为出于故意,属刑事案件,车辆或动力机械仅系作为犯罪之工具,不在本文所探讨之交通事故之列。肇事原因系指与交通事故之发生,有客观上相当因果关系之原因、行为或事实。而肇事原因又依事故发生的直接性,可区分为直接原因与间接原因;若依事故发生的重要性,则可区分为主要原因与次要原因。肇事责任指发生交通事故之肇事当事人所应负担的责任,其主要种类有刑事责任、民事责任与行政责任等 3 种;若依责任分担的比例来区分,又可分为主要肇事责任与次要肇事责任。肇事原因与肇事结果发生之间的相当因果关系,以及直接原因与间接原因、主要原因与次要原因等关系,如图 1 所示,图中原因 1～8 是该肇事结果的表列原因,但仅原因 1、原因 4、原因 5 和原因 8 与肇事发生有相当因果关系,系属肇事原因,再由该等肇事原因区分为直接、间接、主要与次要原因。

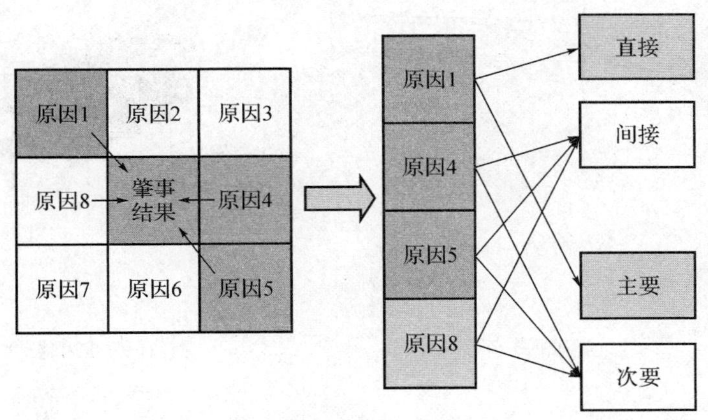

图 1　相当因果关系与肇事原因分类

事实上,一件交通事故的发生,往往不只是一个肇事原因或疏失行为所造成,若事故发生综合两个以上因素,则必须探究哪一个因素才是客观上与肇事发生有相当因果关系,与肇事发生无客观上相当因果关系,即不应认定为肇事原因。例如驾驶人未带驾照、行照,仅视为一般交通违规行为,与肇事发生无直接相关,亦即肇事原因不可拘泥于交通违规行为,交通违规行为并非一定就是肇事原因。过去许多执法人员在处理交通事故时,仅注意驾驶人是否有违反交通规则,就很容易忽略真正的肇事原因,这在实际厘清肇事责任时是非常重要的观念。

然而,与肇事发生有客观上相当因果关系的肇事原因,也可能不止一个,因此各肇事原因与事故发生之间的关系在层次上就会有不同的差距。例如:甲未满 18 岁,无照在道路上驾车行驶,行经禁止超车路段时违规超车，在对向车道上与乙车发生对撞事故，就本事故而言，甲驾驶人违规超车致与对向行驶之乙车对撞肇事，系直接肇事原因，而甲驾驶人本身未满 18 岁未取得正式合格驾照，驾驶能力不足则为间接原因。又如：甲以近 90km/h 时速，在某双向四车道速限为 70km/h 之内侧车道疾驶，恰有乙车跨越中央分向限制线超车，甲车在闪避不及情况下与乙车发生碰撞，就此事故而言，甲驾驶人虽违规超速，但若无乙驾驶人跨越中央分向线超车，不致发生此交通事故，故主要肇事原因应归咎于乙车不当跨越中央分向线行驶，甲车违规超速则系次要肇事原因。肇事原因区分为直接原因与间接原因，或者主要原因与次要原因，主要是影响双方当事人应负肇事责任的多寡。

2 认识车辆动态特性——看不见的危险因子

如上所述，交通违规行为并非一定就是肇事原因，但一个未违规的驾驶行为却可能成为肇事原因之一，这是因为车辆在行驶时具有某些动态特性，隐藏着可能发生肇事的危险因子，如果驾驶人在道路上行驶或行人在行走时，不了解这些车辆的动态特性，用路人就有可能在遵守交通规则的情况下依然发生车祸，危及己身生命安全或必须负担肇事责任，所以让用路人了解、认识车辆在行驶时的动态特性，确实可有效降低肇事发生的可能性。车辆行驶在道路上会有许多动态特性，如车辆在行进时会有各种阻力，含滚动阻力、空气阻力、坡度阻力、惯性阻力、引擎牵引力、刹车阻力；车辆在转弯时会有离心力、最小转弯半径，驾驶人会有视觉死角；车辆刹车时轮胎与地面的摩擦系数会直接影响到刹车距离，车辆载重时会因重心改变而产生车辆稳定性问题。以上特性都有可能影响驾驶人安全驾驶的能力，本文特别提出最容易让驾驶人疏忽，且一旦发生肇事就会造成严重后果的几项车辆动态特性，以强化驾驶人道路安全驾驶的能力。

（1）车辆在转弯时会有轮迹内移（off-tracking）的特性。轮迹内移指的就是道路在无超高（super-elevation）设置路段，当车辆以低速转弯时，内侧后轮无法依前轮完成的弧形轨迹转弯，此现象会在大型车辆转弯时发生，内侧后轮与内侧前轮转弯半径之差，称为内轮差，如图 2(a)所示，通常行人在穿越交叉路口时，如果太靠近道路或站在行人穿越道上，一旦落入内轮差的区域内，就很容易发生危险；机车骑士跟随在大型车辆旁，遇到大型车转弯时，也会因为轮迹内移的特性而遭到波及，如图 2(b)所示，类似因轮迹内移特性而丧命轮下的肇事案件，屡见不鲜，但是仍有许多行人在穿越道路时，喜好走在道路转弯处或站在行人穿越道上，让自己置身于危险环境中而不自知；驾驶人在转弯时，特别是大型车辆驾驶人，更要注意到车辆有轮迹内移的特性，应减速慢行，注意照后镜内有无行人或机车靠近，从而避免憾事发生。

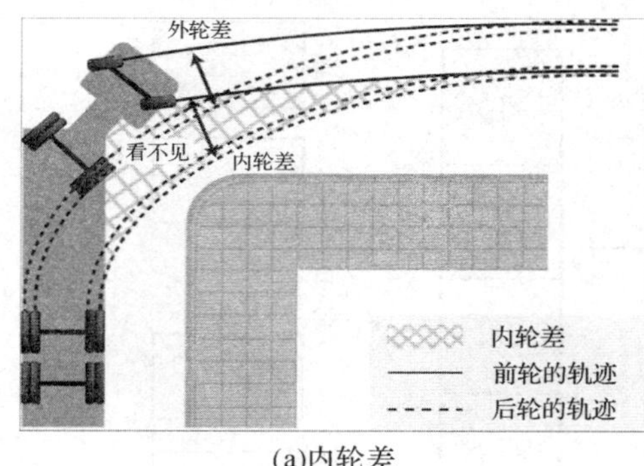

(a)内轮差

(b)轮迹内移

图 2 车辆转弯时内轮差与轮迹内移的特性

（2）车辆在转弯时除了有轮迹内移的特性外，还会产生离心力（centrifugal force）的现象。离心力就是物体在做圆周运动时，会产生一股与运动方向垂直向外的力量，这股力量必须要靠向心力（centripetal force）来加以平衡，否则车辆在转弯时就会失去平衡而发生翻覆。影响离心力大小的最主要因素就是速度、转弯半径、轮胎与地面的摩擦系数（coefficient of friction）以及车辆载重的情形。通常车辆速度愈快，离心力愈大，速度与离心力是呈平方倍正比关系，亦即速度增快 2 倍，离心力会增加 4 倍，所以车辆在转弯时，驾驶人必须注意的是放慢车速、不要急转弯、湿滑地面上轮胎容易打滑、车辆容易翻覆，以及货车载重时重心提高、离心力增加，也会使车辆容易翻覆而发生事故。这些小细节看似简单，却经常被驾驶人所忽略，而车辆一旦发生翻覆就会造成严重交通事故，不可不慎。

(3)驾驶人的视觉死角与视觉会因速度、光线影响产生变化的特性。通常事故在发生之前,驾驶人会在接近肇事地点前不同位置,意识到危险即将发生,而做出反应动作,如闪避、踩刹车等;但如果驾驶人的视觉被遮蔽而无法察觉到危险,或察觉而来不及反应的话,就会导致事故的发生,这些视觉的特性或死角,就是驾驶人要特别注意加以防范的。驾驶人的视觉死角也会因为驾驶不同车辆种类而有所变化,驾驶一般自小客车,视觉死角通常会落在两侧照后镜后方的一定角度范围内,如图3(a)所示,驾驶人如果不了解这个范围是视觉死角,则在转弯或变换车道时,容易与后方车辆发生碰撞;若驾驶大型车辆,则靠近驾驶座附近的范围,也是视觉死角,如图3(b)所示,在这个视觉死角范围内,如果行人或机车过于靠近,一旦大型车辆起动或转弯,因为驾驶人看不到目标物,特别容易造成严重车祸,行人与骑机车者应特别注意。

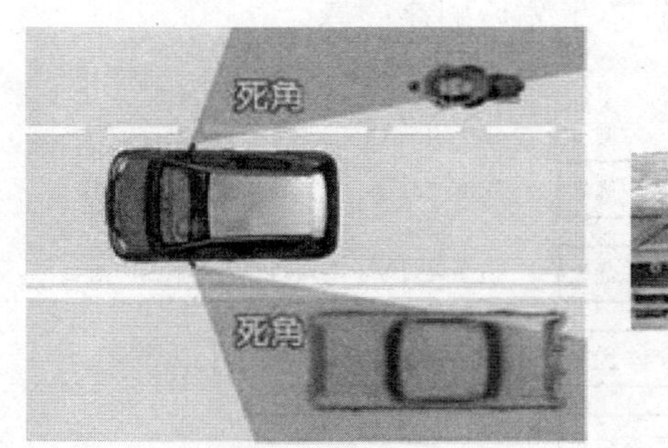

(a)水平视觉死角

(b)垂直视觉死角

图3 不同车辆驾驶人的视觉死角

【案例1】2014年5月12日,台北市松山区发生一件年长妇人在下车时遭后方公交车辗过,送医后不治死亡之车祸案件,公交车司机称完全没看见该名妇人,经调阅他车行车记录器,始发现是因为妇人下车后绕行车辆后方欲穿越道路,而后方之公交车与妇人搭乘之车辆距离较近,妇人行走的范围刚好落在公交车司机的视觉死角内,才发生此不幸事件。

另外,驾驶人在驾车时可用眼睛余光辨识周边物体的角度范围,称为周边视界(peripheral vision)。一般而言,这个视界角度介于120°~200°,但随着速度的增加,驾驶人眼睛可看清周边物体的角度会变小,所以当驾驶人高速驾车时,不仅车辆移动距离增加,驾驶人的视觉角度也相对变小,发生肇事的概率也明显增加;驾驶人如果在夜间驾车,还必须注意与对向来车会产生眩光作用(glare vision),眩光作用通常需要一小段时间来恢复,为预防因为眩光作用而发生交通事故,公路单位会在中央分隔岛或路中间种植路树或挡光板来消除对向直射的光源,但这些都是驾驶人的视觉特性,用路人(含行人)应该有所认识,才能确保安全。

3 加强路权观念——厘清肇事责任归属

当驾驶人了解到车辆有上述动态特性后,自然可以避免一些潜在看不见的危险因子,但是驾驶人在道路上行驶并非单一车辆的驾驶行为,而是与其他车辆交织互动的过程,在互动过程中就会产生谁先谁后优先级的问题。号志当然是判断优先级的依据之一,但是车辆与车辆交织过程中并不一定都在号志化交叉路口,因此路权就是用路人使用或行驶道路之优先通行权,建立路权的观念才能让驾驶人行车有序,提高安全驾驶能力,降低肇事发生率,而一旦发生肇事,依据路权的法则驾驶人也能厘清肇事的责任归属。

路权指用路人使用或行驶道路之优先通行权,亦称为行驶权或使用权,系建立行车优先级,判断交通事故肇事责任的基础。相关法规针对用路人的违规行为而设定,用路人遵守交通规则,只能说不会因违规而受罚,但这不等于具有路权的观念,驾驶人想要了解路权概念必须逐一搜寻各项规定。本文特别针对行人及汽机车的路权加以整理,并分成路段与交叉路口进行讨论,可以快速有效地建立驾驶人的路权观念。

行人路权优先于汽车、慢车路权,相关法规规定"汽车行经行人穿越道,遇有行人穿越时,无论有无交通指挥人员指挥或号志指示,均应暂停让行人先行通过","汽车行经未划设行人穿越道之交叉路口,遇有行人穿越道路时,无论有无交通指挥人员指挥或号志指示,均应暂停让行人先行通过","慢车行驶至交叉路口,其行进或转弯……应让行人优先通行"。由此可知,在交叉路口只要有行人穿越时,无论有无划设行人穿越道,亦不论有无交通指挥人员指挥或号志指示,汽机(慢)车均应暂停让行人先行通过,所以,在交叉路口行人路权绝对优先于汽机车、慢车路权。

针对汽机车的路权，本文将就有关规定，区分成路段与交叉路口两大类，交叉路口再分成号志化与非号志化路口，如图 4 所示。在图 4 中，号志化交叉路口，相关路权优先级主要依据号志运行来决定，如灯号中同时有箭头指示灯并亮时，依箭头指示灯行驶；依据相关法规："汽车行驶至交叉路口应遵守灯光号志或交通指挥人员之指挥，遇有交通人员指挥与灯光号志并用时，以交通指挥人员之指挥为准。"所以，汽车行至有号志之交叉路口，绿灯遇有前行或转弯车流量大时，交通指挥人员以手势表示停止前进，此时虽是绿灯，驾驶人应以交通指挥人员指挥为准，不得通行。另外，在无号志交叉路口，对向车道的左右转两车转弯时，右转车应让左转车先行，指的是两车已转弯须进入同一车道时，右转车应让左转车先行；如进入不同车道，右转弯车辆应进入外侧车道，左转弯车辆应进入内侧车道，不生先后顺序问题。

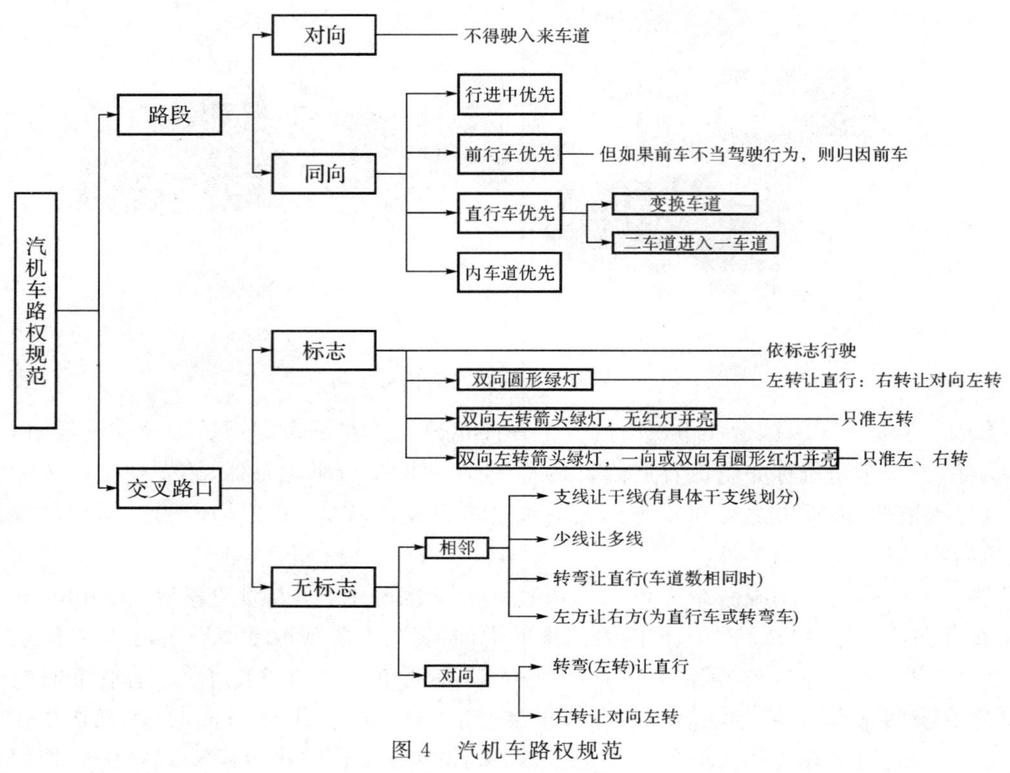

图 4　汽机车路权规范

以下提供几则车祸案例，实际说明如何以路权判断肇事责任。

【案例 2】2013 年 4 月 22 日，在台北市中正区广州街靠近中华路口处，发生一件 A3 车祸，双方驾驶人均驾驶自用小客车，A 车驾驶人临停于广州街上，起步时打左方向灯准备向前直行，遭同向行驶欲右转中华路之 B 车撞击而肇事，A 车左侧车身磨损，B 车右前车角擦损。在该件交通事故中，A 车驾驶人认为起步时已使用方向灯且系直行车，B 车是右转车应负主要肇事责任，然而，依据路权规则，该件车祸发生于路段中，两车同向，依据图 4：行进中车辆有优先路权，故 A 车应负主要肇事责任。

【案例 3】2013 年 5 月 24 日，A 车自用小客车与 B 车自用小客车在台北市罗斯福路、基隆路圆环路口发生擦撞，两车驾驶人均称自己行驶于车道内，指称系对方不明原因靠近才会发生擦撞，经调阅该路口监视器发现 A 车原行驶于第二车道，欲向外变换车道时始与行驶于第三车道之 B 车发生擦撞，A 车驾驶人认为自己是内车道车辆应具有优先路权，然而依图 4 之路权规则，在路段中同向两车辆，欲变换车道之车辆应让直行车先行，故 B 车有优先路权。

【案例 4】2013 年 4 月 30 日，A 车营运小客车沿中正区湖口街直行至南昌路口时，与沿南昌路行驶之 B 车重机车发生碰撞，造成 B 车骑士与后座乘客均受伤，A 车驾驶人称接近路口时有减速，但没看到南昌路上的 B 车，等发现 B 车时已来不及了；该件车祸发生在无号志交叉路口，且在湖口街上设有停标志，表示湖口街系支道，南昌路是干道，A 车到达路口虽已减速，依路权规则，在无号志交叉路口相邻两车道，支线应让干线，故 A 车应在路口停车确认干道无车辆后再通过，A 车驾驶人未能遵守路权规定，发生肇事应负主要肇事责任。

4 建立肇因分析法则——保障当事人权益

驾驶人从认识车辆的动态特性,到加强路权观念,基本上已足具安全驾驶、厘清肇事责任的能力,但是在道路上行驶仍可能遇上天外飞来的车祸,在一般人观念里认为撞到别人、致人伤亡就是理亏的误导下,被害人家属往往诉诸法律求处肇事者刑责暨求偿巨额赔款,此时肇事原因要如何分析以保障双方当事人权益?以下有两则死亡车祸实例,告诉我们在面对肇事时,如何建立肇事原因分析法则。

【案例5】该案例影像取自C自用小客车行车记录器,肇事经过:C自用小客车行驶在由台北市往新北市连外快速道路内侧车道上,突有一辆重机车A车,自右前方外侧车道向左变换车道驶入对向调拨车道,遭行驶在对向车道之B车撞击后,重机车骑士弹飞落在C车行驶之内侧车道上,遭C车当场辗过而身亡,肇事经过如图5所示。

(a)A重机车突自右前方外侧车道向左变换车道

(b)A车续驶入对向调拨车道

(c)A车在对向车道遭B车撞击后,骑士弹落在C车行驶之车道上遭C车碾过

图5 案例5肇事经过影像截取示意图

【案例6】此案例影像取自路口监视器,肇事缘起于行人走在行人穿越道上,违规穿越交叉路口,当行人正欲穿越路口时,号志已由绿灯转为红灯,对向车辆已开始起步,行人仍继续行走至路中央,遭一辆重机车撞及倒地,送医后不治,肇事经过如图6所示。

(a)行人走在行人穿越道上,违规穿越交叉路口

(b)标志已由绿灯转为红灯,对向车辆已开始起步,机车闪过该行人

(c)一行人仍继续行走至路中央,遭一辆重机车撞击倒地

图6 案例6肇事经过影像截取示意图

以上两则交通事故的发生都出乎一般人意料之外,在案例5中,通常驾驶人行驶在车道上,不会预料到会有骑机车者骑到对向车道上遭撞击,而恰巧弹落在自己眼前,遭自己车辆辗过;在案例6中,路口起步的机车也很难想象已经绿灯了,横向竟有行人仍违规穿越道路,经过数辆机车闪过后被自己撞上而身亡;但这以上两则案例确实发生在我们实际生活中,且都造成当场死亡的不幸事件。

当驾驶人面对这种情形时,可依本文所提出之逻辑法则进行肇因分析。

(1)必须确定与肇事发生具有“因果关系”的肇事原因,并进一步找出主要(直接)肇事原因。在案例5中,造成交通事故发生的直接原因系机车骑士违规行驶禁行车道并驶入来车道,才导致自小客车碰撞机车并辗过机车骑士;而在案例6中,行人违反号志规定违规穿越道路则是主要肇事原因。所以,两件案例中,应负主要肇事责任的分别是骑机车者与行人,而非自用小客车与机车驾驶人。

(2)分析肇事双方当事人是否均遵守“信赖原则”。所谓“信赖原则”系指用路人在遵守相关交通规定下,足以期待并信赖其他用路人亦以此相同准则使用道路。例如,用路人在通过交叉路口时,都认为“红灯停,绿灯行”系所有用路人应遵守的法则,在此“信赖原则”下,每一位用路人才敢通过路口,如有用路人违反“信赖原则”,则难以苛求其他用路人应负起注意防范之责。在上述两例事故中,案例 5 的机车骑士与案例 6 中的行人,均未遵守“信赖原则”,致其他拥有路权的用路人无法预期该事故之发生,即事故之相对当事人可据此提出难以负起注意防范之责。

(3)“过失理论”,即肇事当事人有无足够时间与空间,是否存在应注意、能注意,而不注意的情形。上文已清楚阐明道路交通事故必须出于过失之行为,如果驾驶人有合理时间与空间,应注意、能注意,而不注意,则仍必须负起过失责任。在案例 5 中,机车骑士遭撞及后弹落在车道上的位置,是否让后方来车有足够距离得以闪避,如果没有,则后方自小客驾驶人无“过失致人于死”之责;同样地,案例 6 中,行人虽违规穿越道路是主要肇事原因,亦违反“信赖原则”,但依前文所述行人路权优于汽(慢)车,则机车行经行人穿越道时应减速慢行,让行人先行通过,如机车驾驶人未能做到这一点,则难脱“过失致人于死”之刑责;但如机车确已减速至随时可停之状态,而系前方机车阻挡视线,致该驾驶人已极尽其注意之能力而仍无法避免其发生,则无过失之责,所以案例 6 的情形是比较复杂的。

综上,本文提出该肇因分析法则,不但帮助用路人找出与肇事发生具“因果关系”之肇事原因,也主张道路应有“信赖原则”让驾驶人有所遵循,同时在检视法界最常探讨之“过失理论”,可完整保障双方当事人权益,亦有效提升驾驶人安全驾驶能力。

5 结 语

虽然每年均投入相当的人力资源,维护道路交通安全,但根据台北市警察局交通警察大队过去十年的道路交通事故统计资料得知,最近 5 年总肇事件数明显比前 5 年增加,尤其是总伤亡人数逐年攀升,显示主管部门致力于减少肇事案件发生的工作仍有待加强。主要原因之一在于用路人对肇事责任与肇事原因、违规行为之间的因果关系不甚清楚;另外,未能洞悉车辆动态特性,无法避开潜藏危险因子,以及驾驶人未培养路权观念而争道行驶,肇事发生后,肇责无法厘清,当事人亦不知如何主张权益等,均影响交通安全之维护成效。本文即从这三方面着手说明,并举实例加以佐证,让驾驶人了解如何趋吉避凶,主张权益,无形中即强化驾驶人道路安全驾驶能力,本文获得之结论亦可作为相关部门在进行道路交通安全教育时之倡导内容,以弘扬其功效。

参考文献

[1]江树人. 道路交通安全讲习对违规驾驶人行为影响之研究——以基隆监理站个案为例[D]. 台北:铭传大学,2004.

[2]林明泉. 交通执法强度与交通事故肇事率关联性之研究——以花莲县为例[D]. 花莲:东华大学,2009.

[3]林丰福,张开国,张仲杰. 道路交通事故当事人特性分析之研究[R]. 交通主管部门运输研究所,2004.

[4]苗书翰. 台北地区机车骑士驾驶知识、安全态度及驾驶行为之研究[D]. 基隆:台湾海洋大学,2010.

[5]庄智仁. 应用个人违规记录预测交通事故发生之研究[D]. 嘉义:嘉义大学,2003.

[6]张彩秀. 机车安全教育对交通事故伤害防治之实验研究——以某科技大学学生为例[J]. 弘光学报,2004,43:47—54.

[7]黄品诚,钟国良,何信毅. 防御驾驶手册[M]. 车辆研究测试中心,2006.

[8]彭俊斌. 小客车驾驶新手对安全驾驶感认能力之研究[D]. 新竹:台湾交通大学,2006.

[9]钟文献. 交通事故发生率与执法强度关联性研究——以台中县为例[C]//台湾运输学会 2009 年学术论文研讨会论文集,2009,2731—2751.

[10]萧力文. 年轻机车族群高风险驾驶行为异质性研究[D]. 新竹:台湾交通大学,2009.

[11]KARLAFTIS M G, KOTZAMPASSAKIS I, KANELLAIDIS G. An empirical investigation of European drivers' self-assessment [J]. Journal of Safety Research,2003, 34(2): 207—213.

[12]LUND A K, WILLIAMS A F. A review of the literature evaluating the defensive driving course [J]. Accident Analysis & Prevention, 1985,7(6): 449—460.

[13] YANNIS G, PAPADIMITRIOU E, ANTONIOU C. Impact of enforcement on traffic accidents and fatalities: A multivariate multilevel analysis [J]. Safety Science, 2008,46(5):738—750.

影响油气双燃料车加气量因素之研究

陈君杰　邓夏妹

（岭东科技大学营销与流通管理系，台中）

摘要：本研究之目的在于分析影响油气双燃料车加气量之因素。研究中依照台湾地区对油气双燃料车价格补贴政策之演变，将2007年1月至2010年12月定义为固定单价补贴时期，2011年1月至2012年6月定义为固定价差补贴时期，先依照影响性分析找出可能影响油气双燃料车加气量之变量，再建立多元回归模式，确认各解释变量之影响。研究发现，95油价上涨、加气站多、景气好与补贴单价高均正向影响油气双燃料车加气量，故如欲推广油气双燃料车的使用，建议管理部门应持续进行新设加气站补助与提高补贴单价，从而增加加气量，达到改善空气污染之目标。

关键词：油气双燃料车；液化石油气；价格补贴

中国台湾地区为一海岛，能源储存与生产非常稀少，尤其需要大量输入石油，对于替代能源之渴求不言而喻。在诸多替代能源中，液化石油气(Liquefied Petroleum Gas, LPG)是被广泛使用的绿色能源，目的在于减少车辆废气排放。液化石油气车又称为油气双燃料车，是可以同时使用汽油及液化石油气两种燃料的环保车，除了可较汽油车减少 CO_2 排放外，在CO、HC方面，也有相当大程度之削减量。台湾地区液化石油气的价格低于汽油，小客车改装为油气双燃料车，除了减少温室气体及空气污染之外，还可以节省可观的燃料费，长期而言，较为实惠且更加环保，因此台湾地区推动LPG车补贴措施。

台湾地区实施的LPG车补贴措施包括加气站补贴、改装车补贴及加气价格补贴等3项，其中加气站补贴实施依据经济主管部门能源管理单位补助加气站设置作业要点；改装车补贴依据环境保护管理部门补助措施；加气价格补贴方面曾经实施车用LPG固定补助2元/L，其后变更为车用LPG加气补助最多2元/L(注：本文中“元”均为新台币)。

过去并不乏LPG的相关研究，然而欠缺实际执行结果的分析，因此本研究尝试分析影响液化石油气加气量之因素，以了解现行液化石油气各项补贴政策之实际影响，以供管理部门施行政策之参考。

1　文献回顾

1.1　LPG液化石油气特性

LPG主要从天然气中分离得到，另一来源为原油冶炼过程中之副产品。有别于汽油，LPG主要由碳和氢组成，其他成分包括丙烷、丙烯、正丁烷、异丁烷、丁烯及丁二烯等，其中最主要的成分为丙烷及丁烷。

与汽油相比，LPG有几项优点：①LPG的价格约为汽油之60%，在价格上有绝对优势；②LPG在常温常压下为气态，较液态汽油易于和空气完全混合燃烧，有助于提升燃烧效率，故污染量明显降低；③使用LPG为燃料的车辆排气成分中 CO_2 较汽油车少，对温室效应影响较低，同时LPG车的排气中几乎不含苯也不含铅，可降低对人体健康的危害；④LPG之辛烷值(约110～125)较汽油(约92～98)高，因此抗爆质量佳，较不易产生爆震。[3]

液态石油气被广泛地用作绿色燃料，丰田公司在20世纪70年代制造了很多液化石油气发动机。目前许多汽车制造商，如雪铁龙、大宇、菲亚特、福特、现代、欧宝、福斯、标致、雷诺、Saab，都均以OEM方式生产双燃料汽车，这种汽车能够在液化石油气和石油两种燃料下同样良好地运转。

作者简介：陈君杰，助理教授；邓夏妹，硕士。

1.2 汽油车与LPG双燃料车之排放特性

由于清洁燃料的推动，已有许多针对使用LPG燃料时引擎性能、排气特性等的相关研究。Miguez等[1]以两种船舶引擎，设计使用LPG燃料模式启动，结果显示CO、HC均有明显下降趋势，但NO_x却有增加情形；Ristovski等[2]研究指出使用LPG燃料时，CO_2明显较使用汽油燃料降低10%～18%。

LPG在气体比重上，因气化丙烷或丁烷重量为空气的1.5倍，所以外泄时，易沉降而不易扩散；纯净的LPG在常温常压下为无色无味气体，不含CO，不会引起中毒。完全燃烧所需之空气量，丙烷部分为15.71kg-air/kg-fuel，丁烷为15.94 kg-air/kg-fuel，汽油则为14.7kg-air/kg-fuel，LPG可完全燃烧为CO_2与水，对空气不会造成污染；辛烷值方面，丙烷为125，丁烷为91，汽油为87，因此LPG点火时间较石油早，以获得较完全之燃烧，节省燃料之消耗量；另因LPG引擎燃料供给系统减压后，直接供给进入进气歧管与空气混合，混合后成为可燃气体直接燃烧，因此并不需要化油器。[4]

1.3 台湾地区LPG车补贴政策背景与实施情形

台湾地区发展LPG车约略可分4个阶段，1989—1995年可谓为草创期，完成包括CNS标准之制定、建立零组件检测能力、制定交通管理相关条文与加气站设置及管理法规。

1996—2000年可谓第一阶段推广期，主要是补贴LPG套件费用。1996年3月起补贴车辆改装为LPG车，环保部门提供三期车每辆5万元、二期车2.5万元、一期车2万元之补贴；台湾相关部门及北高两市亦各编列2万元之补贴款，因此车主可免费改为LPG车，5年内共补贴改装LPG车超过2.6万辆。另外，也补贴加气站设置，每站最高补贴700万元，加气站数量由3座增加至9座。

2001—2005年为第二阶段推广期。2001年1月1日起，调整推广方式为补贴气价，LPG补贴2元/L。由于市场反应良好，于2004年10月起调高补贴为3元/L，另外能源管理单位也持续补贴加气站设置。因此，加气站由2000年底的9座增加为2005年底的15座。由于气价补贴的实施，平均月发气量由2.1×10^6L/月提升为4.58×10^6L/月，同时台朔及三阳汽车也开始投入LPG车市场。

2006—2008年为第三阶段推广期。计划3年内推动增加LPG车1.8万辆、加气站12座，其中环保部门长公务车率先改为LPG车，将LPG车纳入公务车采购契约中，鼓励公务部门优先采用LPG车，2007年将各县市推动LPG车、加气站成效列入绩效考评。结果每月加气车辆突破1万辆，发气量达6.2×10^6L/月；营业中加气站达16座，另有2座已完工。

2008—2012年为第四阶段推广期，主推《油气双燃料车推广计划》5年行动计划，预定5年内油气双燃料车改装车辆达15万辆，加气站为150站。主要实施策略有8项，分别为油气双燃料新车货物税定额减征25000元、执行气价补贴2元/L、分年增设加气站、公务车优先采购及改装、开放三厢式以外车种改装、确保改装质量并制定相关法规、维持稳定油气价差、新购或改装补贴25000元加气券，相关策略内容与执行情形见表1。

表1 油气双燃料车推广计划各单位分工情形

实施策略	执行情形	主办机关
新车货物税减征25000元	立法主管部门于2011年12月14日通过货物税相关规则，油气双燃料新车货物税减征25000元	财政主管部门
气价补贴每升补贴2元	2008年补贴1.0437×10^8L，约2.1亿元；2009年约补贴1.14×10^8L，约2.3亿元；2010年补贴约1.2731×10^8L，约2.5亿元	环保主管部门
自2011年起气价补贴额外加码延长补贴	持续补贴气价至2012年底，以维持2010年12月31日之油气价差为基准，浮动调整补贴金额，每升最高补贴2元。	
新购或改装补贴25000元加气券	2008年补贴5279辆，2009年补贴3789辆，2010年补贴2279辆	
分年增设加气站	截至2013年8月，经营中之加气站共57座	经济主管部门

续表

实施策略	执行情形	主办机关
公务车优先采购及改装	至2014年4月止，行政主管部门所属机关油气双燃料公务车总数266辆，以环保部门37辆最多；加气约2.39×10^5L，亦以环保部门约4.48×10^4L为最多	主计及各级公务机关
开放三厢式以外车种改装	经济部标准检验单位于2008年3月28日完成CNS 12916之修订	经济主管部门标准检验单位
	交通部据以开放三厢式以外车种改装，目前有81种车型	交通主管部门
确保改装质量及安全	依"汽车变更使用液化石油气燃料系统车型安全及质量一致性审验作业要点"办理，已有20处改装场所，22处改装厂签约经销商	交通主管部门
维持稳定之油气价差	2009年4月起油气价差为10元/L以上	经济主管部门

数据来源：环保部门移动污染源管制网与本研究收集。

在设置加气站补贴方面，根据2008年修正之《补贴加气站设置作业要点》(以下简称《要点》)规定，同一加气站新增储气槽补贴申请补贴以1次为限，补贴金额与储气槽设置方式、容量有关。若设置地下储气槽者，储气槽容量未满$10m^3$，每站补贴100万元；储气槽容量为$10m^3$者，每站补贴200万元；储气槽容量为$20m^3$者，每站补贴300万元；储气槽容量为$30m^3$者，每站补贴400万元；储气槽容量为$40m^3$者，每站补贴500万元；储气槽容量为$50m^3$者，每站补贴600万元；储气槽容量为$60m^3$者，每站补贴700万元。若设置地上储气槽者，则补贴金额为地下储气槽补贴金额之半数。

《要点》中亦规定，若自2008年10月17日修正生效日起，至2012年12月31日止，完成建站并开业者，除依前规定补贴外，并增加补贴总金额40%；如设置地下储气槽容量合计$60m^3$以上者，其补贴总金额为1000万元。[6]

在改装LPG车补贴上，根据相关规定，新购或改装为油气双燃料车，每辆车限补贴1次，补贴金额为25000元，以核发车主等值加气券或储值卡之方式补贴。改装为油气双燃料车属出租车者，得以直接折抵改装费用方式补贴；补贴期限2008年1月1日至2012年11月30日，申请者应于2012年12月31日前提出申请，但预算不足时，停止补贴。经济主管部门标准检验单位鉴于安全认证标准较为严格，恐致部分车主降低改装意愿，交通主管部门配合经济主管部门于2008年5月完成对《液化石油气汽车燃气系统之安装及检验方法》的修订，开放三厢式以外车种改装，全面推动使用LPG车。[6]

环保部门为提供经济诱因鼓励民众使用LPG车及促使业者提升设加气站意愿，2010年12月31日前采取2元/L之LPG加气价格固定补贴；后来进行气价补贴政策检讨，规定以2010年12月31日当日之95无铅汽油与车用液化石油气售价之价差为基准(12.7元/L)，浮动调整补贴金额，维持油气价差基准，但车用液化石油气补贴金额不得逾新台币2元/L，持续补贴气价至2012年底。使用者前往加气站加气时可直接享有降价之优惠，再由加气站造册向环保部门申请补贴。除环保部门补贴外，桃园县、台中市、嘉义县、台南市及高雄市另有加码补贴，补贴金额介于7000元至10000元之间。

1.4 LPG车效益评估相关文献回顾

林彦光[5]指出，成本效益分析结果显示，民众使用液化石油气益本比为7.63，远较新柴油引擎车1.01、电动汽车0.33以及油电混合车0.31为高。由于在所有环保车辆中，液化石油汽车所需投资成本最低，仅需较一般汽油车多支付5万～7万元改装费用，所以其整体益本比最高。

王传贤[7]指出，以实验室中所得废气浓度之平均值或中位数浓度计算，LPG之急性、慢性及致癌健康风险均明显低于汽油。特别在致癌风险方面，以平均浓度计算，使用汽油燃料可能比LPG燃料每10万人多损失144200万美元之生命价值；以中位数浓度计算，使用汽油燃料可能比LPG燃料每10万人多损失37100万美元之生命价值。

陈庭坚[8]指出，车用液化石油气兼具实用、成本低廉及环境效益好等优点而广受欢迎。因LPG在常温常压下为气态，较液态之汽油易于和空气完全混合燃烧，有助于提升燃烧效率，使用LPG燃烧效率较汽油佳，且LPG车的排气中几乎不含苯，可降低对人体健康的危害，根据实验结果指出在相同评估条件下，LPG车废气致癌风险比汽油低41%～42%，而非致癌风险则可以降低44%～45%。

章建华[9]研究指出，汽车废气中的CO、HC、NO_x及粉尘中所含的铅物质能阻碍人体内氧气和血红蛋白的结合，并能致癌；废气在空气中形成酸雾，对眼睛、呼吸道皆会产生强烈刺激。LPG是比汽油更干净的燃料，LPG的沸点低，雾化性能好，更容易与空气均匀结合，且LPG的燃烧速度比汽油快8%～21%，即LPG能在与汽油相同的燃烧时间内燃烧得更充分，因此LPG汽车排气中的CO、HC、NO_x等有害成分大为减少，且不会产生黑烟和积炭。

经济主管部门[6]指出：相较于汽油燃料，LPG在CO、HC方面平均分别有71%、89%的减量效益，另外在挥发性有机物、臭氧潜势及温室效益气体方面也各有54%、97%及14%左右的减量效益。

2 数据收集与变量影响性分析

本研究为分析影响油气双燃料车加气量之因素，收集管理机关网站次级资料及针对各加气站调查所获得之相关数据进行相关分析，初步分析影响油气双燃料车加气量之因素。

为方便后续回归模式之建立与影响性分析，本研究先定义研究中所采取之变量(见表2)。其中因变量为核定气量，自变量包括95油价、气价、油气比例、补贴单价、未补价差、已补价差、已补气价、加气站数、新增车数、景气分数等10项。

表2 影响整体加气量之影响变量名称与定义

变量名称	定义
核定气量	指环保部门每月核定补贴的加气量
95油价	指每月95无铅汽油之平均价格
气价	指每月LPG之平均价格
油气比例	指油价除以气价所得之数值
补贴单价	指环保部门每月对LPG每升单价所补贴之金额
未补价差	指每月未进行价格补贴之前95无铅汽油与LPG之价格差异
已补价差	指每月进行价格补贴之后95无铅汽油与LPG之价格差异
已补气价	指每月价格补贴之后的LPG价格
固定补贴	指一虚拟变量，2010年12月前采用固定价格补贴，其值为1；2011年1月起采用固定价差补贴，其值为0
加气站数	指经合法申请设置且向环保部门申请补贴之累计LPG加气站数量
新增车数	指改装厂每月提报给环保部门改装之车辆数
景气分数	指行政主管部门经济建设管理单位每月公告之景气对策信号分数

由于2010年12月之前，环保部门对于LPG之价格补贴固定为2元/L，因此本研究将2010年12月之前定义为“固定单价补贴”时期。2011年1月之后，LPG之价格补贴改采用“95无铅汽油与LPG价差固定在12.7元/L”之政策，若价差小于12.7元/L，则补足至12.7元/L之价差，但最多不超过2元/L之最大补贴单价；若价差超过12.7元/L，则不予补贴，因此本研究将2011年1月之后定义为“固定价差补贴”时期。

2008年95油价发生大震荡，5月时95油价升至35.4元/L，同年12月则跌至21.2元/L。油价之所以在2008年年中之前狂升，除美元弱势之外，投机性热钱炒作、战事、飓风、生产成本上扬、新兴市场国家(地区)强烈需求、美国战备储油大幅增加也是导致油价狂升的原因；至于2008年7月起油价惨跌，主要原因则为美国发生金融海啸，基金去杠杆化，卖压沉重，银行业则抽银根，造成信贷紧缩，这也波及了实业，导致产业大举裁员，商品市场需求下降，让油价在2008年下半年惨跌。

为了解各自变量与核定气量之影响性，以便从中选取适合用以建立预测“核定气量”之多元回归模式，本研究先分析固定单价补贴时期、固定价差补贴时期各变量与“核定气量”之相关系数，并检查该相关系数之正负符号是否符合吾人之先验知识(亦即符合逻辑)与是否显著相关，符合逻辑且显著相关之变量可预期其将显著影响核定气量，其结果见表3。

表 3 变量影响性分析

	固定单价补贴时期				固定价差补贴时期			
	相关系数（显著性）	符合逻辑	显著相关	显著影响	相关系数（显著性）	符合逻辑	显著相关	显著影响
95 油价	0.345 (0.016)	○	○	○	−0.744 (0.000)	×	○	×
气价	0.487 (0.000)	×	○	×	−0.275 (0.255)	○	×	×
油气比例	−0.098 (0.509)	×	×	×	−0.262 (0.279)	×	×	×
补贴单价	—	×	×	×	0.490 (0.033)	○	○	○
未补价差	0.101 (0.495)	○	×	×	−0.425 (0.070)	×	×	×
已补价差	0.101 (0.495)	○	×	×	−0.146 (0.551)	×	×	×
已补气价	0.487 (0.000)	×	○	×	−0.728 (0.000)	○	○	○
加气站数	0.813 (0.000)	○	○	○	−0.202 (0.406)	×	×	×
新增车数	0.188 (0.200)	○	×	×	−0.582 (0.009)	×	○	×
景气分数	0.247 (0.090)	○	○	○	0.402 (0.088)	○	○	○

由表 3 可发现，由于汽油与 LPG 具有替代性，理论上 95 油价上涨时，LPG 使用量应该增加，亦即 95 油价与核定气量之间应该显著正相关，但是只有在固定单价补贴时期具有这种特性。理论上气价上涨时，LPG 使用量应该减少，亦即气价与核定气量之间应该负相关，但是在固定单价补贴时期中呈现显著正相关，不符合逻辑，在固定价差补贴时期中则呈现不显著的负相关。

理论上油气比例越高，95 油价相对 LPG 价格越高，LPG 使用量应该增加，亦即油气比例与核定气量之间应该显著正相关，但是两个时期中均呈现不显著的负相关。

理论上补贴单价越高，LPG 使用量应该增加，亦即补贴单价与核定气量之间应该显著正相关，在固定价差补贴时期就呈现这种现象。但较特别的是，在固定单价补贴时期中，补贴单价固定为 2 元/L，因此无法求出核定气量与补贴单价之相关系数。

理论上无论是否进行价格补贴，95 油价与 LPG 价格之差距越大，应该核定气量越高，亦即未补价差、已补价差与核定气量之间应该显著正相关，可是在固定单价补贴时期中这两个变量与核定气量之间却呈现不显著的正相关，在固定价差补贴时期中这两个变量与核定气量之间却呈现不显著的负相关。

理论上已补气价上涨时，LPG 使用量应该减少，亦即已补气价与核定气量之间应该负相关。在固定单价补贴时期中已补气价与气价之间固定存在 2 元/L 之差距，因此与气价、核定气量之关系相同，已补气价与核定气量显著正相关，不符合逻辑。在固定价差补贴时期中由于补贴单价变动，已补气价与核定气量显著负相关。

理论上加气站数越多，加气越容易，因此加气站数与核定气量之间应该为显著的正相关。在固定单价补贴时期中确实存在这种现象，但是两者在固定价差补贴时期却呈现不显著的负相关。

理论上新增 LPG 车越多，LPG 使用量就越多，新增车数与核定气量之间应该呈现显著的正相关。但是两者在固定单价补贴时期存在不显著的正相关，在固定价差补贴时期却呈现显著的负相关。

理论上景气越好，经济活动越多，可能促使核定气量越高，因此景气分数与核定气量之关系应为显著的正相关，且两个时期的分析结果也显示这个关系。

综合上述结果可知，在固定单价补贴时期，显著影响核定气量之变量仅包括 95 油价、加气站数与景气分数这 3 个变量。在固定价差补贴时期，显著影响核定气量之变量仅包括补贴单价、已补气价与景气分数这 3

个变量。

3 核定气量回归结果分析

本文以核定气量为因变量，将95油价、加气站数与景气分数这3个自变量予以配对和全部纳入所进行之多元回归分析结果，见表4。由于自变量之间具有高度相关、共线性，导致模式2出现“景气分数”系数不显著，模式3与模式4出现“景气分数”系数为负值之不合理现象。因此，固定单价补贴时期，核定气量之最佳预测模式为模式1，其中主要包含95油价与加气站数这两个自变量。

表4 固定单价补贴之多元回归预测模式

	模式1	模式2	模式3	模式4
常数项	880069 (0.442)	4144636 (0.051)	4905562 (0.000)	−1200073 (0.215)
95油价	135423 (0.001)	145096 (0.072)		231057 (0.000)
加气站数	146972 (0.000)		166118 (0.000)	181353 (0.000)
景气分数		15504 (0.515)	−24920 (0.083)	−64228 (0.000)
F值 显著性	62.74 0.000	3.28 0.047	48.59 0.000	80.44 0.000
R^2 修正R^2	0.74 0.72	0.13 0.09	0.68 0.67	0.85 0.84

以核定气量为因变量，将补贴单价、已补气价及景气分数这3个自变量予以配对和全部纳入所进行之多元回归分析结果，见表5。由于自变量之间具有高度相关、共线性，导致模式1与模式4出现“补贴单价”系数不显著，模式3中“景气分数”系数不显著，因此最佳模式为模式2，其中主要包含补贴单价与景气分数这两个自变量。

若由多元回归模式之系数观之，固定单价补贴时期，95油价每升提高1元，约可增加LPG加气量135423L；每增设一处加气站，约可增加LPG加气量146972L；固定价差补贴时期，补贴单价每升提高1元，约可增加LPG加气量485673L；景气分数增加1分，约可增加LPG加气量50896L，效果较差。

表5 固定价差补贴之多元回归预测模式

	模式1	模式2	模式3	模式4
常数项	19632472 (0.000)	7440172 (0.000)	19201700 (0.000)	15743712 (0.001)
补贴单价	76566 (0.658)	485673 (0.004)		228472 (0.218)
已补气价	−528131 (0.006)		−525949 (0.001)	−373653 (0.050)
景气分数		50896 (0.009)	22550 (0.179)	32981 (0.082)
F值 显著性	9.23 0.002	8.27 0.003	11.12 0.001	8.27 0.002
R^2 修正R^2	0.54 0.48	0.51 0.45	0.58 0.53	0.62 0.55

4 结 论

本研究为分析影响油气双燃料车加气量之因素,依序回顾LPG液化石油气特性、汽油车与LPG双燃料车之排放特性、台湾地区LPG车补贴政策背景与实施情形及LPG车效益评估相关文献。然后收集管理机关网站次级资料及针对各加气站调查所获得之相关数据,包含因变量核定气量与95油价、油气、气价比例、补贴单价、未补价差、已补价差、已补气价、加气站数、新增车数、景气分数等10个自变量,分析固定单价补贴时期、固定价差补贴时期各自变量与因变量核定气量之相关系数,并检查该相关系数之正负符号是否符合吾人之先验知识(即是否符合逻辑)与是否显著相关。结果发现在固定单价补贴时期,显著影响核定气量的变量有95油价、加气站数及景气分数,在固定价差补贴时期,显著影响核定气量的变量有补贴单价、已补气价及景气分数。

以核定气量为因变量,将95油价、加气站数与景气分数这3个自变量予以配对和全部纳入所进行之多元回归分析,结果显示,固定单价补贴时期核定气量之最佳预测模式中,主要包含95油价与加气站数这两个自变量。

以核定气量为因变量,将补贴单价、已补气价及景气分数这3个自变量予以配对和全部纳入所进行之多元回归分析,结果显示,固定价差补贴时期核定气量之最佳预测模式中,主要包含补贴单价与景气分数这两个自变量。

若由多元回归模式之系数观之,固定单价补贴时期,95油价每升提高1元,约可增加LPG加气量135423 L;每增设一处加气站,约可增加LPG加气量146972 L;固定价差补贴时期,补贴单价每升提高1元,约可增加LPG加气量485673 L;景气分数,约可增加LPG加气量50896 L,效果较差。

参考文献

[1]MIGUEZ M S, PORTEIRO, J L, GONZALEA J, et al. LPG: Pollutant emission and performance enhancement for spark-ignition for strokes outboard engines [J]. Applied Thermal Engineering,2005, 25: 1882－1893.

[2]RISTOVESKI Z D, JAYARATNE E R, MORAWSKA, L, et al. Particle and carbon dioxide emissions from passenger vehicles operating on unleaded petrol and LPG fuel [J]. Science of the Total Environment, 2005,345:93－98.

[3]高铭杰.液化石油气(LPG)四行程机车[D].台中:中兴大学,2000.

[4]赖柏苍.各式内燃机引擎燃料使用减能减碳效益分析研究[D].台北:台北科技大学,2009.

[5]林彦光.评估环保车辆污染减量及补贴机制之效益——应用环境健康总合效益模式[D].台北:台北科技大学,2011.

[6]经济主管部门.加气站现况分析及未来政策方向[R].2012.

[7]王传贤.2006年度执行液化石油气气价补贴及查核暨污染减量实车测试项目工作计划[R].行政主管部门环保管理单位,2007.

[8]陈庭坚.自动车使用汽油及LPG排放废气健康风险分析[R].财团法人车辆研究测试中心.2009.

[9]章建华.清洁汽车燃料——LPG的应用可能性及投资回收分析[J].石油化工技术经济,2002,2.

竞争市场下的省道客运营运策略

——以北宜走廊为例

钟智林　黄晏珊　林怡萱

（淡江大学运输管理学系，新北）

摘要：台北—宜兰为高度竞争的运输走廊，现有包括"首都客运"、葛玛兰、国光和大都会等4家客运服务，平日双向往返约1260班次，假日高达1700班次。本研究借由现地调查与文献回顾等方式，归纳出在高度竞争市场脱颖而出的关键因素为"服务"与"路线"；各客运公司除营运不同的路线外，也提供新颖而独特的服务以扩大市占率。

在服务方面，四家客运车辆都有无线联网、强化的安全与娱乐设备。旅客可用现金或悠游卡在柜台或车上购票，国光、葛玛兰及大都会客运另提供网络购票；国光客运因有全台湾地区路网优势，是唯一可在便利超商取票的公司。大都会客运有2辆大客车加设升降机，可载2名轮椅旅客。各业者均积极与宜兰的住宿与旅游景点合作，提供单日或多日套装行程以吸引游客。在路线选择方面，各客运公司在台北及宜兰端皆提供多个停靠站，台北端东、西、南、北区分别由4家客运服务，从各主要客运或捷运转运站发车，避免客源重叠；宜兰端北从头城、礁溪，南抵罗东、苏澳等主要市镇，分别由不同客运公司提供服务，乘客可在知名景点下车，其他3家客运另有直达车服务。这4家客运业者均与台铁合作，于罗东转乘铁路往返花莲，而"首都客运"与葛玛兰客运进一步与高铁合作，将台北端旅客延伸至中南部城市。

由北宜走廊个案分析可发现，客运公司若要在高度竞争市场里生存，不仅需提供顾客导向的服务，站点选择也非常重要。此外，管理部门设置路肩大客车专用道，并将各客运公司路线申请为适当市场区隔，也扮演了关键的角色。北宜走廊现阶段公交车业者间良性竞争，加以管理部门致力于改善公共运输环境，已成为绿色运输的典范。

关键词：客运营运策略；北宜走廊；市场区隔

随着生活质量的提高，加上周休两日制度的实施，民众休闲活动增加而连带产生大量运输需求。另一方面，公路基础建设有效缩短旅行时间及成本，进而提升地区的联结度，促进人口、经济成长及旅游观光产业发展。运输供给与需求俱可在2006年通车的蒋渭水高速公路（又称北宜高速公路）得到验证，宜兰往返台北的交通大幅改善，也使得充满慢活与乐活氛围的宜兰成为大台北1小时生活圈内的观光重镇。除原有铁路运输服务外，"首都客运"与葛玛兰客运于2007年投入台北—宜兰客运市场，2013年再加入国光和大都会客运，目前4家客运公司合计平日双向往返约1260班次，假日甚至高达1700班次，属于高度竞争的客运走廊，乘客的期望也不断提高。客运业者为求生存，无不追求更好的服务质量，管理单位也定期对各条路线办理大众运输营运与服务评鉴，督促业者维持优点并改善缺失；若评鉴结果不理想，业者可能被核减总配车额度，也可能影响特许年期与新路线申请；反之，表现良好者在未来新增路线或班次申请时具优势。换言之，优质服务及路线拓展为客运业者在如此高度竞争市场脱颖而出的两大关键因素，因此本研究借由实际搭乘、文献回顾、访谈调查等方式，从"服务"与"路线"两方面探讨北宜走廊公路客运之营运策略。

1　客运服务分析

许多服务质量相关研究都采用Parasuraman等于1985年以消费者观点构建的服务质量概念模式，该模式于1988年被精简整合为5个构面和22个项目，命名为SERVQUAL服务质量衡量模式，各构面内容见表1。

作者简介：钟智林，助理教授；黄晏珊，研究生；林怡萱，大学生。

表 1　SERVQUAL 量表之构面[1]

服务质量构面	定义
可靠性(Reliability)	可信赖且正确的执行所承诺之服务能力
有形性(Tangible)	实体设备、器材,服务人员和书面资料等外观
反应性(Responsiveness)	愿意帮助顾客并提供迅速的服务
保证性(Assurance)	员工的知识和礼貌及他们激发顾客信任与信心的能力
同理性(Empathy)	关心并给予顾客个别关怀——客制化

运输业服务质量的研究也常以 SERVQUAL 量表为基础做适度修正,探讨高速公路客运的服务质量[2-4],进行大众运输服务质量量表之发展与评估[5-6]。本研究则以 SERVQUAL 量表的 5 个构面分别比较“首都客运”、葛玛兰、国光和大都会等 4 家客运公司服务质量要素,汇整见表 2。

表 2　各客运公司服务质量构面说明

构面	“首都客运”	葛玛兰客运	国光客运	大都会客运
可靠性	1. 全台首获 ISO 9001 验证暨以全系统通过服务验证的客运业者; 2. 连续多期台北公交车评鉴服务最优; 3. 班次密集,依班表发车	1. 客运评鉴优等; 2. 建立管理规章并通过国际质量验证; 3. 班次密集,且机动加班; 4. 依班表发车,尖峰时段易受交通拥塞影响	1. 车次相对较少,靠站较多,行驶时间较长; 2. 台北端场站多位于捷运站旁,便利性高	营运班次密集,依班表发车
有形性	1. 车内有化妆室; 2. 车内设有电视、无线上网及插座配备; 3. 候车站与车上提供茶水; 4. 服务人员服装整齐; 5. 车内座位舒适	1. 车内有化妆室; 2. 网站提供旅客行前信息及网络订位服务; 3. 车内设有电视与无线上网配备; 4. 车站与车上供应茶水; 5. 服务人员服装整齐; 6. 车内座位椅距较小	1. 车内有化妆室; 2. 车内有无线上网、插座及个人视讯配备; 3. 服务人员服装整齐; 4. 候车站无座位区; 5. 车内座位大而舒适	1. 车内有化妆室; 2. 车内有电视、无线上网及插座配备; 3. 服务人员服装整齐; 4. 候车站提供座位区与化妆室; 5. 车内座位大而舒适
反应性	车上提供悠游卡、投现付款之服务,并提供乘客刷悠游卡免基本票价的转乘优惠	1. 提供多元订位服务与付费机制; 2. 划位制度,有利于长途旅程规划; 3. 免费申诉电话与严谨的处理流程	1. 现场购票、车上投现与悠游卡,另提供网络订票之服务; 2. 唯一可在三大便利超商取票的公司	1. 现场购票、车上投现与悠游卡,提供网络订票; 2. 买票送赠品的活动
保证性	1. 严格要求驾驶行车纪律; 2. 具先进车辆控制及安全系统、防瞌睡装置、红外线测距防撞控制器、全时胎压侦测器、油门控制器等设施; 3. 座位配备防烟面罩	1. 严格要求驾驶行车纪律; 2. 重视长隧道安全,对驾驶员实施严格训练与管理,提供完善逃生设备; 3. 座位配备防烟面罩与个人携带式氧气罐	1. 严格要求驾驶行车纪律与服务员态度; 2. 具有安全系统等设施; 3. 车上配备防烟面罩	1. 严格要求驾驶行车纪律与服务员态度; 2. 具有自动测距、防偏移、驾驶员防瞌睡等安全系统设施; 3. 车上配备防烟面罩
同理性	服务员发现特殊乘客(孕妇、行动不便、老人)立即上前给予协助	1. 设置无障碍候车空间及专人服务上下车; 2. 车上使用防滑地板、安全扶手; 3. 全年无休 24 小时营运	服务人员皆会立即给予协助	1. 2 辆车加设升降机,供轮椅族上下车; 2. 维持车子整洁
其他	1. 与旅行社、饭店、休闲农场策略联盟,提供转乘接驳及优惠住宿; 2. 配合宜兰县政府举办的各项活动提供服务	1. 与旅行社、饭店、休闲农场策略联盟,提供转乘接驳及优惠住宿; 2. 配合宜兰县政府举办的各项活动提供服务	配合宜兰县政府举办的各项活动提供服务	配合宜兰县政府举办的各项活动提供服务

(1)“首都客运”

“首都客运”为台湾地区首家获得 ISO 9001 服务质量验证的客运业者，1999—2012 年连续多期公交车评鉴服务最优，2007 年与葛玛兰客运成为第一波投入北宜高速客运市场的业者。北宜线依班表发车，除了柜台购票，车上提供悠游卡、投现付款之服务，并提供乘客刷悠游卡免基本票价的转乘优惠，但无订位服务，采取排队上车制。车内座位舒适且设备完善，具有胎压侦测器等安全设施、化妆室、液晶显示站名播报系统，座位配有消防逃生防烟罩，并提供电视、无线上网、电源插座、茶水等服务。对驾驶员行车纪律及服务人员服装仪容要求严格，每月举行驾驶员礼貌训练，服务人员对特殊需求乘客会立即给予协助。此外，配合宜兰县举办的各项活动提供交通服务，并与旅行社、饭店、休闲农场策略联盟。

(2)葛玛兰客运

葛玛兰客运为高速客运评鉴优等之公司，订有质量、环境、安全卫生等 3 项系统管理规章，且通过国际质量验证。北宜线依班表发车，但因路线经过板桥车站及台北车站人潮众多区域，尖峰时段易因交通状况而脱班。采用划位制度，民众可通过网络、电话订票。车辆设备完善，有化妆室、电视、无线上网设施，也提供茶水服务，座位配备防烟面罩及个人携带式氧气罐，但车内座位椅距较小。设置信息网站提供旅客往返班次、转乘接驳、住宿、餐厅、娱乐等行前信息，并提供乘客电话、网络等订位服务及现金、信用卡、悠游卡等多元化付费机制，设有免费申诉电话及严谨的处理流程；另外，也为身心障碍者设置无障碍候车空间及专人服务上下车，车上采用防滑地板、安全扶手。对驾驶员行车纪律及服务人员服仪均严格要求，并对驾驶员定期健康检查与酒测毒品检查。此外，配合宜兰县举办的各项活动提供交通服务，并与旅行社、饭店、休闲农场策略联盟。

(3)国光客运

国光客运于 2013 年开辟台北往返头城、宜兰、罗东与南方澳等地的路线，与大都会客运同属第二波加入北宜高速客运市场的业者。北宜线依班表发车，车次相对其他业者较少，停靠站多，尖峰时段易受塞车影响，台北端场站多位于捷运站附近，提高乘客转乘的便利性；除了柜台购票，车上可采悠游卡或投现付款，也提供网络订票服务，且挟着全台湾地区营业路网的优势，是唯一可在三大便利超商取票的公司。车内座位大而舒适且设备完善，具有相关安全设施，备有化妆室与防烟面罩，也设有无线上网与插座供旅客使用，另外还有个人随选视讯配备可看电视、玩游戏等。虽然场站内并无设置座位，且服务人员数较少，但仍能利用有限空间与人力尽力服务乘客。此外，积极配合宜兰县举办的各项活动，提供交通接驳服务，而国光客运集团另有经营旅行社业务，可提供整合性的宜兰旅游行程。

(4)大都会客运

大都会客运主攻宜兰南区(罗东、苏澳)市场，以期能与其他 3 家业者有所区隔。北宜线依班表发车，班次密集，除了现场购票，也提供网络订票服务。场站设有座位区与化妆室，车内座位大而舒适且设备完善，具有自动测距、防偏移、驾驶员防瞌睡等安全系统，备有化妆室与防烟面罩，亦设有电视与无线上网服务，且提供插座供旅客充电。值得一提的是，其中有 2 辆车加设升降机，供轮椅族上下车，每辆车可载 2 台轮椅。为鼓励民众使用大众运输，常有买票送赠品的促销活动。车子到达场站后，服务人员迅速整理车内环境并招呼乘客上车。此外，也积极配合宜兰县举办的各项活动，提供交通服务。

综上所述，在票务服务方面，旅客可用现金或悠游卡在柜台或车上购票，而国光、葛玛兰和大都会客运还提供网络购票，国光客运可至三大便利超商取票，购票便利性最高，可弥补班次相对较少的弱势。在车辆设备方面，各家车辆皆有相关安全设备，每个座位配有防烟面罩，皆有化妆室及提供电视与无线网络服务，“首都客运”、国光客运、大都会客运设有插座供旅客充电，座位大都舒适，唯葛玛兰客运座位间距较小，已通过逐步更换新车改善此状况。“首都客运”车内备有液晶屏幕站名播报系统，葛玛兰客运为身心障碍者于车内设置防滑地板与安全扶手，大都会客运另架设升降机供轮椅族上下车使用。“首都客运”与葛玛兰客运提供茶水，以有限的成本达到贴心的服务。在服务人员方面，各家业者均对服装仪容要求严谨，并强调驾驶员行车纪律，葛玛兰客运另有专人服务身心障碍者上下车。此外，4 家业者均积极与宜兰的住宿与旅游景点合作，提供单日或多日套装行程以吸引游客，并配合宜兰县举办的各项文化活动提供交通服务。由此可以看出，4 家业者皆积极提供贴心与完善的服务以吸引更多顾客。

2 客运路线分析

各客运公司在台北及宜兰端皆提供多个停靠站，4家客运分别从台北东、西、北、南等4区的主要客运转运站或捷运站发车，宜兰端服务范围北从头城、礁溪、宜兰（兰阳溪以北的主要乡镇市），南抵罗东、苏澳（兰阳溪以南的主要乡镇）。图1为北宜走廊客运路线起讫点简略示意图，各客运公司路线比较见表3。

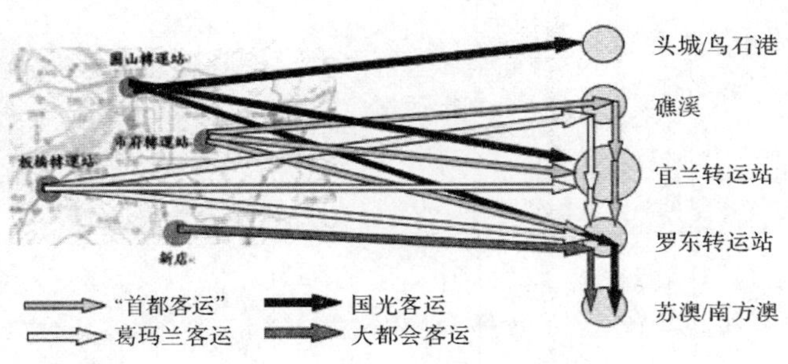

图1 客运路线示意图

（1）“首都客运”

目前有3条北宜路线，分别为罗东直达车、宜兰直达车、台九线全程车，由台北市府转运站发车，行经3号和5号，至礁溪和宜兰转运站、罗东转运站，旅客也可在中途热门景点下车。现行营运时间为06：00—00：30，平日尖峰班距10～15min，离峰班距15～20min，例假日全天10～20min。票价90～120元（注：本文中“元”均指新台币），行驶时间45～70min，主要客群为台北东区民众，而东区著名的商场与百货公司也为“首都客运”创造从宜兰来的客源。5号开通后，台北东区距离宜兰最近，实现了许多人家住宜兰、工作在台北的梦想。“首都客运”于台北端与高铁合作，以铁公路联票方式将客源扩大至西部走廊的中南部城市，在宜兰端则与台铁合作，同样以铁公路联票方式将客源延伸至花莲，同时也借由自身经营宜兰县公交车的优势，旅客搭乘首都客运抵达宜兰后，可轻松转乘公交车到其他县内景点。

（2）葛玛兰客运

目前有3条北宜路线，分为罗东直达车、罗东全程车、宜兰直达车，主要由板桥转运站发车，沿途经过台北转运站、捷运科技大楼站等人潮较多区域，行经3号和5号，至礁溪、宜兰、罗东。另外部分班次行经环东大道，可节省20min车程，亦可在热门景点下车。全年无休24小时营运，营运班次密集，尖峰班距5～10min，离峰班距20min，深夜班距1～2h，遇尖峰时段及例假日、文化季时，机动加班。票价104～157元，行驶时间50～95min，主要市场为台北西区及中区旅客，且由于行经台北转运站，便利中南部旅客抵达台北后直接转乘至宜兰。铁公路联运部分则与“首都客运”模式相同，分别与高铁及台铁合作，扩大客源。

（3）国光客运

目前有3条北宜路线，由圆山转运站发车，经南港由3号和5号至乌石港、宜兰、罗东、苏澳等地，途中可在热门景点下车。圆山转运站主要服务台北北区民众及桃园中坜等地转乘旅客，且圆山周边也有众多游客参访，行经台北市区多处站点，因此搭乘时间较长。营运时间05：30—23：00，平日尖峰班距20～30min，离峰班距30～60min，假日班距20min，班次略少于其他业者。票价120～180元，行驶时间80～130min。目前也与台铁联运，扩大往来花莲的客源，但并未与高铁合作，可能原因是国光客运的营运路线绵密，于西部走廊与高铁相互竞争。

（4）大都会客运

目前仅1条北宜路线，台北端从新店发车，邻近捷运大坪林站，经3号与5号至苏澳地区，主要客源为台北南区民众，未来环状捷运线通车后，台北端服务范围将可延伸至中永和地区。现况营运时间06：00—23：00，平日尖峰班距10～12min，离峰班距20～30min，假日班距8～15min。票价120～180元，至罗东约90min，至苏澳约120min。此路线使得南区如新店、公馆等地区的民众省去转乘之时间，无须至其他地区搭车，可直接由新店前往宜兰，使得新店地区的民众可及性提高。目前也与台铁联运，扩大往来花莲的客源，但并未与高铁合作。

表 3　各客运公司路线比较

	"首都客运"	葛玛兰客运	国光客运	大都会客运
北宜路线编号与名称	1570 市府转运站—罗东(直达车) 1571 市府转运站—宜兰 1572 市府转运站—罗东(全程车)	1915 板桥转运站—罗东(全程车) 1916 板桥转运站—宜兰 1917 板桥转运站—罗东(直达车)	1877 地铁圆山站—乌石港/头城 1878 地铁圆山站—宜兰 1879 地铁圆山站—南方澳/苏澳	9028 新店—苏澳,与台北客运联营
营运时间	06:00—00:30	24 小时	05:30—23:00	06:00—23:00
班距(min)	平日尖峰 10～15 平日离峰 15～20 例假日 10～20	尖峰 5～10 离峰 20 深夜 60～120 视需求机动加班	平日尖峰 20～30 平日离峰 30～60 例假日 20	平日尖峰 10～12 平日离峰 20～30 例假日 8～15
台北端发车站与服务区域	市府转运站 (台北东区)	板桥转运站 (台北西区) 台北转运站及地铁科技大楼站 (台北中西区)	圆山捷运站 (台北北区) 南港 (台北西区)	新店 (台北南区)
宜兰端服务点	礁溪 宜兰转运站 罗东转运站	礁溪 宜兰转运站 罗东转运站	头城、乌石港 宜兰转运站 罗东转运站 苏澳(南方澳)	罗东转运站 苏澳
路线类别	直达、全程车	直达、全程车	直达、全程车	全程车
票价(元)	台北—礁溪 90 台北—宜兰 120 台北—罗东 120	台北—礁溪 104 台北—宜兰 129 台北—罗东 135 板桥—礁溪 126 板桥—宜兰 151 板桥—罗东 157	圆山—头城 120 圆山—宜兰 120 圆山—苏澳 180	新店—罗东 120 新店—冬山 145 新店—苏澳 180
时间(min)	台北—礁溪 45 台北—宜兰 50 台北—罗东 70～100	台北—礁溪 50～65 台北—宜兰 70～80 台北—罗东 65～70 板桥—礁溪 75～90 板桥—宜兰 95～105 板桥—罗东 90～95	圆山—头城 80 圆山—宜兰 90 圆山—苏澳 130	新店—罗东 90 新店—苏澳 120
台铁联运	于宜兰端(罗东)转乘火车往来花莲	于宜兰端(罗东)转乘火车至花莲	于宜兰端(罗东)转乘火车至花莲	于宜兰端(罗东)转乘火车至花莲
高铁联运	于台北端转乘高铁往来西部走廊	于台北端转乘高铁往来西部走廊	无	无

综上所述,4 家客运业者营运路线分别由台北东、南、西、北区发车,避免客源重叠,且发车点均为交通便利的捷运站或转运站,方便民众搭乘。国光与葛玛兰客运台北端会经过重要站点,如台北转运站、南港等,可于市区沿路吸纳客源,但也因此增加总旅行时间;"首都客运"与大都会客运则采用较直捷的路线,呈现不同于前述两家的营运策略。各业者于宜兰端也有多处停靠站及不同的服务范围,并搭配地区客运延伸到县内各个景点。除全程车服务外,"首都客运"与葛玛兰客运另提供直达车服务,且因为班次较为密集,吸引了许多旅客搭乘;国光客运可直达头城、苏澳等地而不需转车;大都会锁定罗东与苏澳地区客源。4 家业者都与台铁合作,旅客可于罗东站进行铁公路转乘,将北宜线延伸为台北—花莲线;"首都客运"与葛玛兰客运还进一步与高铁合作,期望吸引中南部民众前往宜兰旅游。每家客运公司约于早上 6 点提供服务至深夜 11 点,葛玛兰客运甚至提供 24 小时服务,民众即使深夜也可以搭车往返台北与宜兰。

3 结 语

由北宜走廊个案分析可发现，客运公司若要在高度竞争市场里生存，不仅需提供顾客导向的服务，路线站点选择也非常重要。在服务方面，4 家业者都以顾客需求为导向，从五大构面（可靠性、有形性、反应性、保证性、同理性）来看，各家皆积极提供新颖独特的服务以扩大客源，也相互学习彼此的优点。在路线方面，4 家业者在台北及宜兰端皆提供多个停靠站，并以不同路线及停靠方式服务更多的旅客。值得一提的是，路肩大客车专用道有效降低了尖峰时段大众运输旅行时间，提升了民众的搭乘意愿，并将各客运公司路线申请做适当市场区隔，以避免客源重叠。台北—宜兰走廊现阶段公交车业者间良性竞争，加以管理部门致力于改善公共运输环境，已成为绿色运输的典范。

参考文献

[1]PARASURAMAN A, ZEITHAM V A, BERRY L L. SERVQUAL: A multiple-item scale for measuring consumer perceptions of service quality [J]. Journal of Retailing, 1988,64: 12—40.

[2]潘婉茹，吴信宏，谢俊逸. 应用 IPA 模式检视国光客运乘客之服务质量需求[C]//台湾“质量学会”第 43 届年会暨第 13 届台湾“质量管理研讨会”，2007.

[3]李浚麟. 品牌形象、服务质量及接驳服务对游客满意度与重游意向之影响——以首都客运北宜线为例[D]. 新竹：“中华大学”，2009.

[4]陈宏佳. 省道客运服务质量缺失辨识与改善策略——以 H 省道客运公司为例[D]. 新竹：“中华大学”，2013.

[5]张胜雄，周骏呈，刘建良. 公交车服务质量与驾驶员管理策略之探讨[J]. 都市交通季刊，2000，22(1)：79—104.

[6]任维廉，胡凯杰. 大众运输服务质量量表之发展与评估——以台北市公交车系统为例[J]. 运输计划季刊，2001，30(2)：371—407.

安全观点下的高速公路服务水平与速度变异之研究

钟智林

(淡江大学运输管理学系,新北)

摘要:许多运输研究指出速度在交通安全中扮演着重要的角色,主要有速度伤害论及速度变异伤害论两大论点。一般道路交通侦测设施往往无法或没有默认输出速度变异数据,导致速度变异不如传统车流参数(流量、平均速度及密度或占有率)般广为应用于交通安全分析,也因此对速度变异与事故率间较缺乏明确的定量关系探讨。本研究搜集美国加州旧金山湾区的事故资料,并依据事故发生前邻近的侦测器数据,探讨事故与传统车流参数的关系,并通过逾23万笔高速公路车流数据建立的速度变异与传统车流参数关系,进行速度变异与事故分析。研究结果支持速度伤害论,即在高速顺畅的交通环境下也容易发生事故,而本研究并未发现速度变异与事故正相关,即无法支持速度变异伤害论。由于事故发生的环境约在高速公路服务水平B与C级之间,显示较佳的(运转)服务水平不必然对应较佳的行车安全,如何在安全与效率间取得平衡,值得共同努力。

关键词:速度变异;运输安全;服务水平

速度变异是车流中车辆以不等速前进的结果,不论任何道路交通环境,除非全体车辆设定相同定速,否则不会以完全一致的速度前进。速度变异在运输研究中扮演重要的角色,可用于评估交通安全、车辆排气、能耗等,然而由于数据取得不易,速度变异长久以来被忽视,多数交通侦测器仅记录输出流量(flow)、占有率(occupancy)或密度(density)、平均速度(mean speed)等(简称"传统车流参数"),交通控制中心据此进行交通管制与疏导。本研究则尝试以速度变异为基础,通过前期研究[2]将速度变异与传统车流参数联结,以探讨速度变异与道路服务水平及交通安全之关系。

Baruya[1]与TRB[8]回顾速度与安全的相关研究,指出两类论点:速度伤害论和速度变异伤害论。速度伤害论是根据能量守恒定律,由于高速行驶减少驾驶对危险情况的反应时间,并降低车辆稳定性,从而直接或间接增加事故发生率或严重度;Taylor 等[7]研究4种不同道路类型交通状况,即发现事故率随平均速度增加而提升。速度变异伤害理论最先由 Solomon 提出,即事故率随个别车速与平均车速差距增大而提升,如图1所示,类似的U型关系也陆续被证实[4,5]。

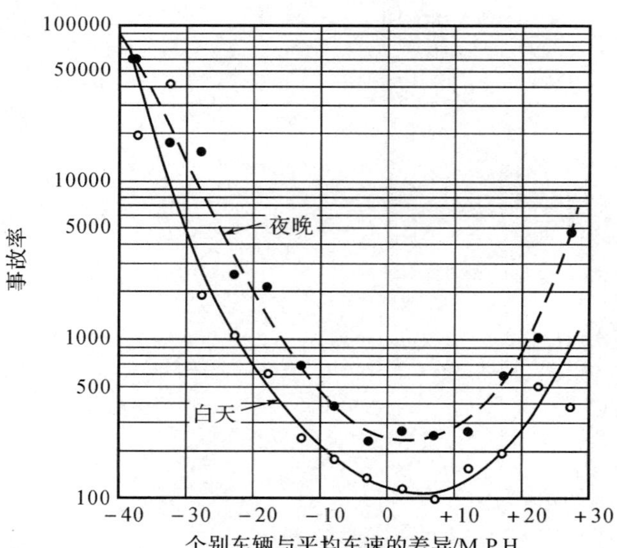

注:事故率指每亿延车英里事故数。

数据来源:Solomon (1964)。

图1　速差与事故率U型曲线关系

速度变异常见指针包括个别车辆与平均速度的差距(Deviation to Mean Speed, DMS)、速度标准偏差(Standard Deviation of Speed, SDS)、速度变异系数(Coefficient of Variation of Speed, CVS)等。Solomon 采用的 DMS 由微观角度看个别车辆的速差,而 SDS 与 CVS 由宏观角度看某时段内通过某观测点之车队速度变异,能与同样以宏观为基础且容易取得的传统车流参数结合,并可进一步探讨对应的道路服务水平,应用范畴较广,唯 Chung[2] 指出 SDS 与传统车流参数的关系不明显,故本研究之速度变异将以 CVS 为指标。

作者简介:钟智林,淡江大学运输管理学系助理教授。

1 资料搜集

本研究主要数据源为加州运输部公路绩效评量系统(Caltrans Performance Measurement System, PeMS),该系统利用高速公路侦测器回传的流量与占有率之 30s 原始交通数据,依据相关算法及插补法,加值成路段(廊)旅行时间、延滞、延车英里(Vehicle Miles Traveled, VMT)、延车小时(Vehicle Hours Traveled, VHT)及不同时段(如 5min、1h、1d)交通信息,平均速度由侦测器直接输出或利用流量与占有率的关系估算(见图 2)。PeMS 另纳入加州公路警察(California Highway Patrol, CHP)的事件数据库,可依据事件类型先筛选出交通事故,再由严重度分为死亡(A1)、受伤(A2)、无受伤(A3)三类。

本研究以加州运输部第四区(旧金山湾区)的高速公路为对象,该区每月发生约 3000 余件事故,通常仅零星或无 A1 事故,A2 事故约 5%,其余为 A3 事故。本研究针对 2013 年 10 月到 2014 年 4 月的 A2 事故,锁定发生地点相邻的侦测器,并前推最接近且未受到事故干扰的 5min 时段,搜集相关交通参数资料,如 2014 年 3 月 11 日 8:46 于 I880 公路往南里程 15.8mi(1mi=1.609344km)处有一件 A2 事故,故搜寻该处最邻近的侦测器于 8:40—8:45 之流量、占有率、平均速度,以反映事发当时交通状况。部分事故点邻近的侦测器因无数据记录或观察率偏低,因此被删除,总计搜集了 40 件 A2 事故及其对应的交通参数资料。

为了解事发前的速度变异,本研究根据 Chung 建立之速度变异与占有率的函数关系,由占有率反推速度变异。Chung[2] 利用逾 23 万笔旧金山湾区 I—80 公路车流数据建立速度变异与传统车流参数的个案关系,并以穷举法证明这些个案关系可被一般化成下列 3 式,其中又以式(2)的关系较稳定而被建议使用。

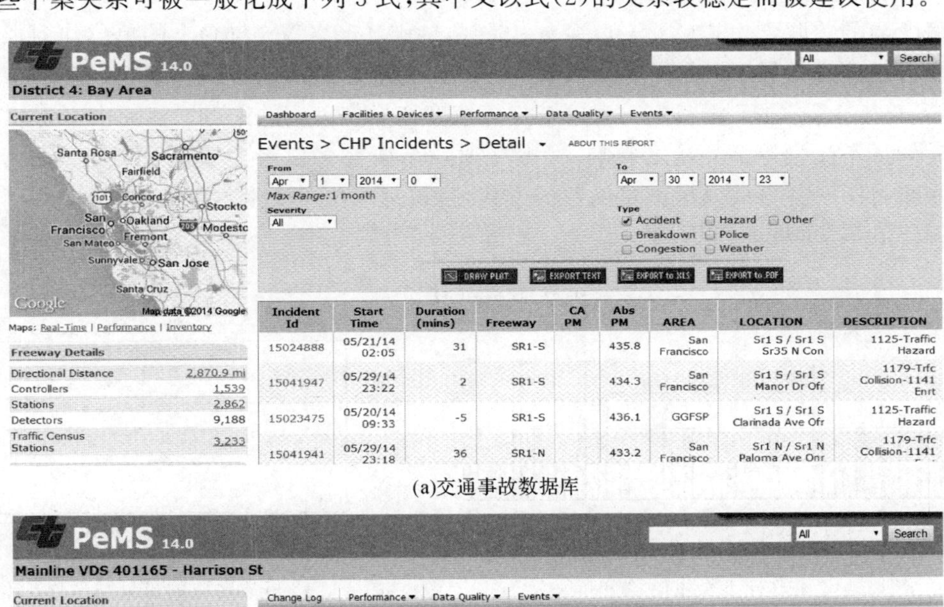

(a)交通事故数据库

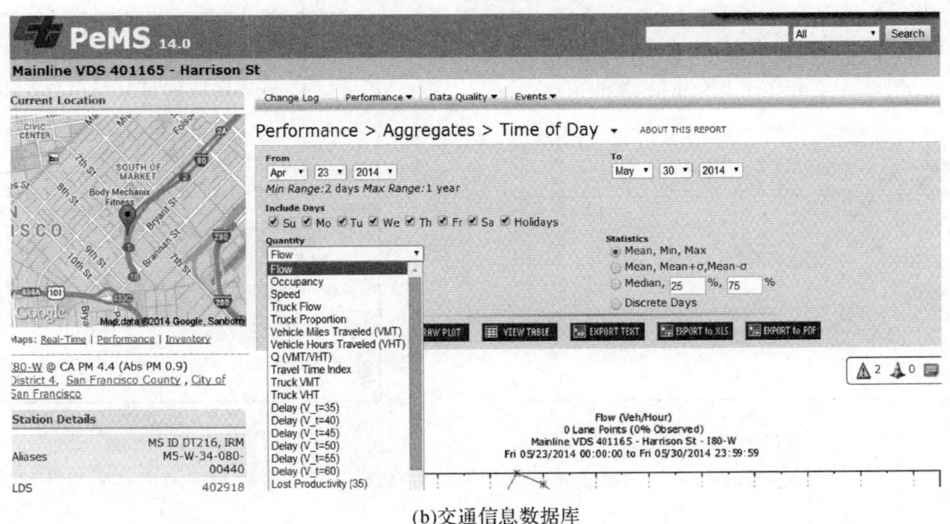

(b)交通信息数据库

数据来源:http://pems.dot.ca.gov。

图 2 加州公路绩效评量系统 PeMS

速度变异(CVS)与平均速率(S)呈现负指数函数关系:

$$\mathrm{CVS}=\text{á}Exp(\text{â}S) \tag{1}$$

式中，á>0，â<0。

速度变异(CVS)与占有率(Occ)呈现指数函数关系：

$$\mathrm{CVS}=\text{ā}Exp(\text{ä}\mathrm{Occ}) \tag{2}$$

式中，ā>0，ä>0。

速度变异(CVS)与流量(F)呈现二阶段线性关系：

$$\mathrm{CVS}=\text{ë}F+\text{ç}(\text{拥挤状态}),\mathrm{CVS}=c(\text{非拥挤状态}) \tag{3}$$

式中，ë<0，ç>0，c>0。

2 结果与讨论

40 笔 A2 事故发生的时段如图 3 所示，大致符合晨峰、昏峰、夜峰的交通型态分布，其中昏峰的事故次数较多，推测应与天色较昏暗及下班时精神较疲惫和松懈有关。各事故发生前由侦测器所记录的流量、占有率、平均速度数据的二维散布图如图 4～6 所示，可发现 A2 事故大多发生于非拥挤状态下，即平均速度大于 60mi/h、占有率 0～12％、5min 一车道流量 0～130 辆；若以高速公路密度或流量/容量比为基础之服务水平观点，A2 事故大多发生于 C 级或以上的服务水平，低速状态(小于 40mi/h)之 A2 事故仅占总样本数 15％，此现象支持了速度伤害论，尤其在汽车安全设备日益精进、许多地区(包含加州)均明文规定前后座须系安全带的情况下，车辆低速碰擦撞的事故较不会产生人员伤亡。

事故与速度变异的关联可由式(2)得知(令 ā＝6.18，ä＝0.069，CVS 与 Occ 的单位均为％)，利用各该事故对应的占有率反推速度变异，如图 7 所示。该图并未显示速度变异较大的区域有较密集的 A2 事故，反而事故集中于 CVS 小于 15％的环境①，此一现象未支持速度变异伤害论的论点。然而由于事故发生次数受到延车英里、延车小时、车流量等曝光量之影响，一般交通安全研究多以考虑曝光量后之事故率为分析对象，因此本研究进一步将图 5 各事故以车流量倒数的方式，呈现每单位车流量之事故次数(即将事故数转换成事故率)②，再与 CVS 比较，如图 8 所示。

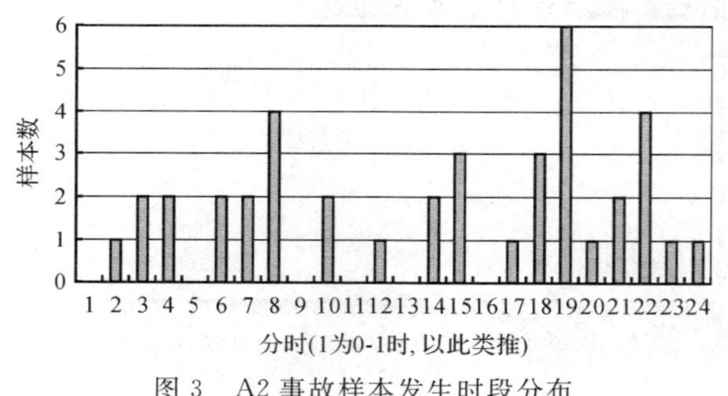

图 3 A2 事故样本发生时段分布

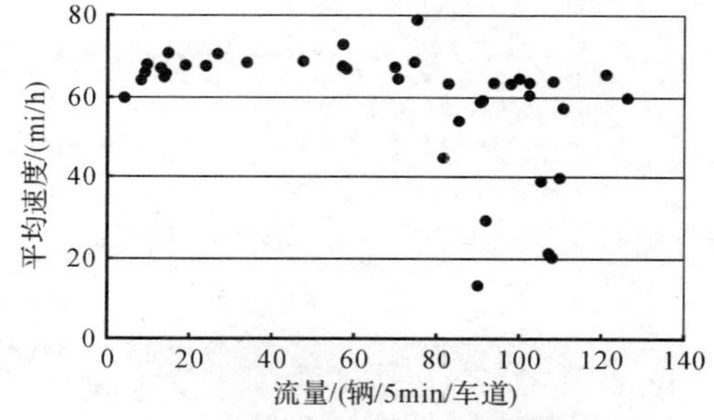

图 4 A2 事故对应的流量与平均速度关系

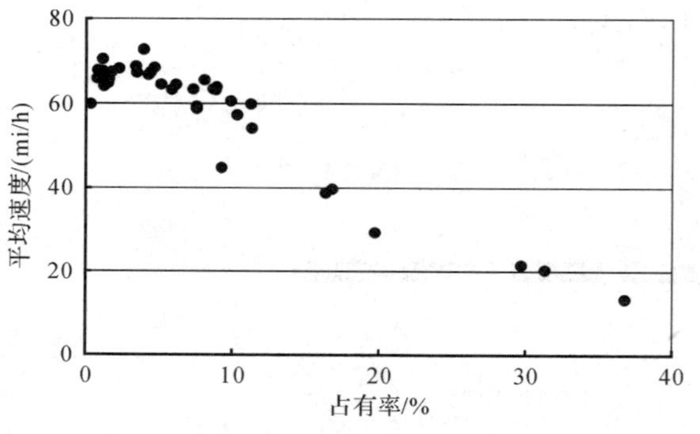

图 5 A2 事故对应的占有率与平均速度关系

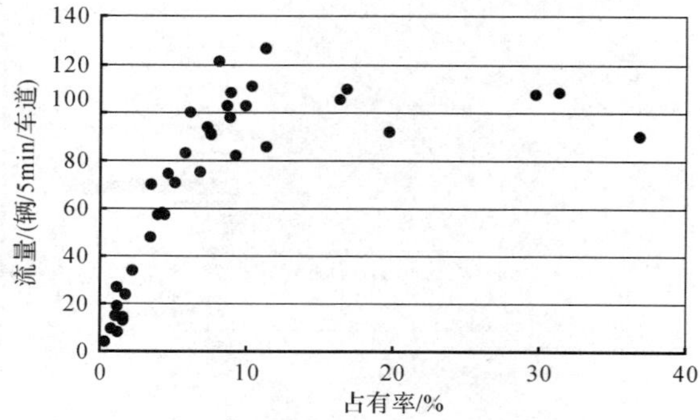

图 6 A2 事故对应的占有率与流量关系

① Del Castillo and Benitez (1995)指出 CVS＝15％可作为交通拥挤与非拥挤状态的分界。

② 亦可依据侦测器所推估的延车英里与延车小时作为曝光量。

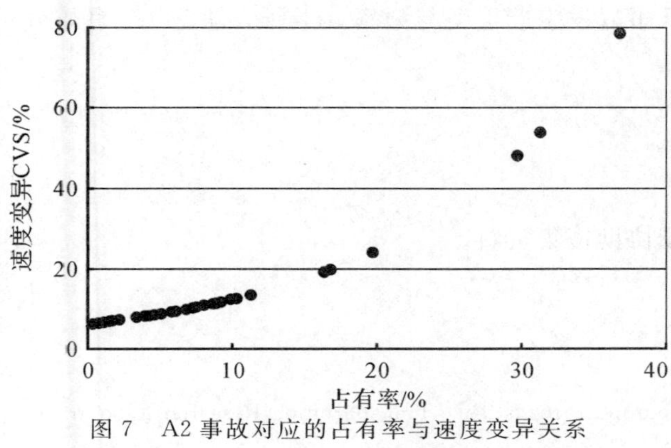

图 7　A2 事故对应的占有率与速度变异关系

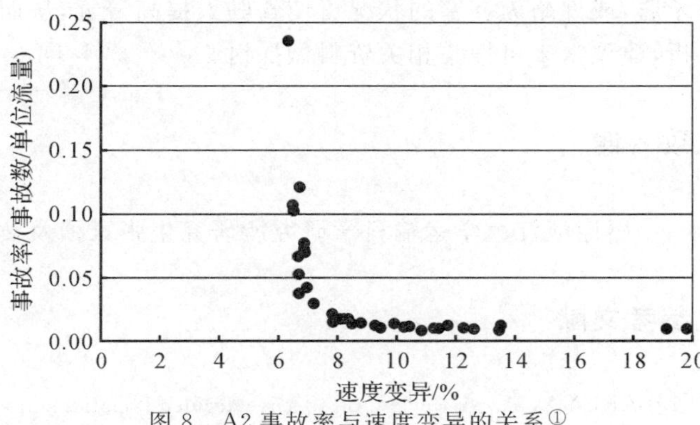

图 8　A2 事故率与速度变异的关系①

由图 8 可发现不同于以往的事故率与速度变异关系，就 A2 事故而言，速度变异 CVS 6％～8％时，属于车流尚能以高速前进的交通状态，可预期有相当比例的超车与变换车道行为，因而导致较高的 A2 事故率，而当 CVS 超过 8％时，事故率逐渐回稳，之后并不会因为速度变异增加而有显著的事故率变化。换言之，若是以 CVS 作为速度变异指针来解释 A2 事故，则不论由事故率(见图 8)还是事故发生分布(见图 7)的观点，似都不会得出速度变异越大则越不安全的结论。

为了解前述情形是否为 A2 事故独有，本研究进一步搜集 2014 年 4 月 1 日 0:00—10:00 旧金山湾区 40 笔 A3 事故作为对照，重复 A2 事故分析流程，得到 A3 事故下的占有率与速度变异分布(见图 9)及 A3 事故率与速度变异关系(见图 10)。比较图 7 与图 9 可知，两者均使用相同的占有率与速度变异函数，即式(2)，因此图形相同。然而不同于 A2 事故分布主要落于占有率 0～12％的范围，A3 事故分布较平均，显示拥挤状态时发生 A3 事故的可能性较 A2 高。比较图 8 与图 10 可知，CVS 介于 6％～8％时有较高的 A2 事故率，之后趋于平稳，而 A3 事故率则是在 CVS 超过 10％后方趋于平稳。整体而言，A2 事故发生的区间较密集，然而不论 A2 还是 A3 事故，均未见速度变异越大而越不安全的情形。此结果或与速度变异采用 CVS 有关，CVS 可视为标准化后的变异指针，平均时速 60mi/h 的车队速度标准偏差若为 3mi/h，CVS 为 5％；平均时速 40mi/h 的车队速度标准偏差若为 3mi/h，CVS 增为 7.5％，然而以 DMS 或 SDS 来看，两种情况的速度变异均为 3mi/h。

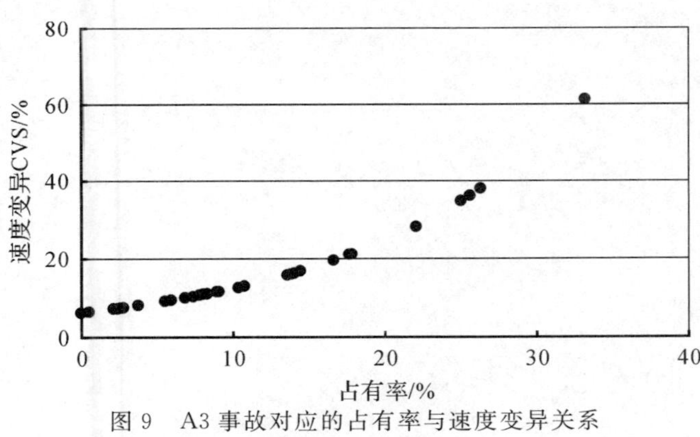

图 9　A3 事故对应的占有率与速度变异关系

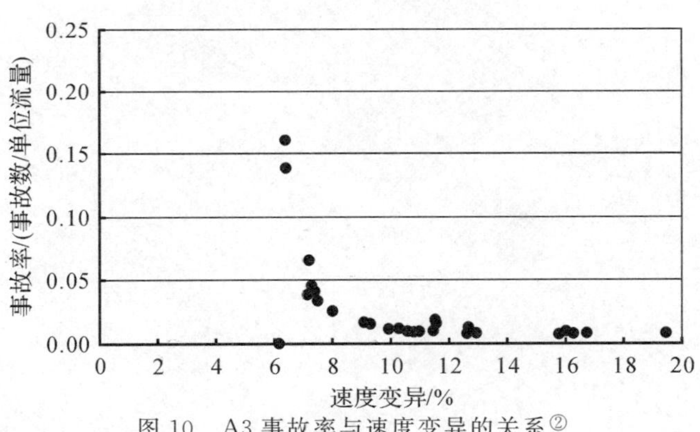

图 10　A3 事故率与速度变异的关系②

3　结　语

本研究由加州旧金山湾区的事故与交通数据检视“速度伤害论”及“速度变异伤害论”，结果偏向支持速度伤害论，以速度标准变异系数(CVS)为指针的速度变异并未与事故率呈现正相关，A2 与 A3 事故分别常发于 CVS 6％～8％以及 6％～10％的情况，之后趋于稳定，而此 CVS 区间约对应 B 至 C 级服务水平。换言之，顺畅而快速的交通可能因驾驶人轻忽或是可反应的时间缩短而发生事故，进而产生安全与效率之间的

① 为清楚呈现速度变异与事故率的关系，图 8 未显示速度变异超过 20％的 4 笔资料。

② 为清楚呈现速度变异与事故率的关系，图 10 未显示速度变异超过 20％的 7 笔资料。

矛盾，或许略为拥塞的状况可使驾驶人提高警觉，从而降低事故发生严重度与频率。本研究缺乏 A1 事故分析，建议未来可搜集相关资料做探讨。

致　谢

感谢淡江大学运输科学研究所研究生张家祯及黄晏珊协助搜集资料。

参考文献

[1]BARUYA，A. A Review of speed：Accident relationships for european roads[R]. Transportation Research Laboratory，Crowthorne，1997.

[2]CHUNG C L. Comprehensive assessment of managed lane performance and characteristics[D]. Ph. D. Dissertation，University of California，Irvine，2010.

[3]CASTILLO J M，BENITEZ F G. On the functional form of the speed-density relationship [J]. Part Two：Empirical Investigation，Transportation Research Part B，1995(29)：5，391－406.

[4]GARBER N，EHRHART A. The effect of speed，flow，and geometric characteristics on crash frequency for two-lane highways[J]. Transportation Research Record，2000(1717)：76－83.

[5]LAVE C. Speeding，coordination，and the 55 mph limit [J]. American Economic Review，1985(75)：1159－1164.

[6]PE M S. Caltrans performance measurement system[EB/OL]. http://pems. dot. ca. gov.

[7]TAYLOR M C，LYNAM D A，BARUYA A. The effects of drivers' speed on the frequency of road accidents [R]. TRL Report No. 421. Transport Research Laboratory，Crowthorne，Berkshire，2000.

[8]TRB . Managing speed：Review of current practice for setting and enforcing speed limits [R]. Special Report 254，Washington，D. C. ，1998.

公交车、小汽车、机车于台北市的行车型态与碳排分析

林大钧[1]　胡以琴[1]　陈柏君[1]　杨幼文[2]

（1. 鼎汉国际工程顾问公司，台北；2. 交通主管部门运输研究所，台北）

摘要： 台北市在捷运与公交车专用道路网的持续建设推动下，已成为台湾地区大众运输使用率最高的城市。在道路系统方面，公交车、小汽车、机车是三大主要运具。本研究通过车载空污量测设备，分别搜集公交车、小汽车、机车行驶同样路径下的动态逐秒速率与碳排量，分析台北市区不同车辆的行车型态与碳排特性。分析结果显示，公交车是人均碳排量最低的运具；此外，公交车专用道于车站的延滞，以及各种车辆因长周期号志设计所导致的怠速停等，皆是台北市交通碳排减量的检讨重点。

关键词： 车载设备；行车型态；碳排放

台北市为台湾地区政治、商业、贸易、金融、服务业等最繁荣的中心，与外围的新北市、基隆市形成台北地区，目前人口已超过 700 万人，是北部区域人口最密集、交通最繁忙的地区。

台北地区的交通系统为台湾首善，联外方面有完整的高快速道路系统；在公共运输方面，包括高铁、台铁（传统铁路）、捷运、公交车专用道等多元运具连接成网。台北市的公共运输发展以 1996 年为关键，包括公交车专用道与捷运通车，奠定了发展公共运输的基础，由公交车专用道与捷运构成了骨干路网。时至今日，台北市已成为台湾地区公共运输最发达的城市，公共运输市占率于 2013 年达 37.5%。

另一方面，台北市的小汽车与机车，仍呈现持续增加的趋势，如图 1 所示。由表 1 可知，2013 年台北市的私人运具市占率仍高达 42.8%，其中，机车的市占率 27.5%，甚至比自用小客车（15.0%）高出接近 1 倍。市区公交车、小汽车、机车是目前台北市区道路系统的主要使用运具。

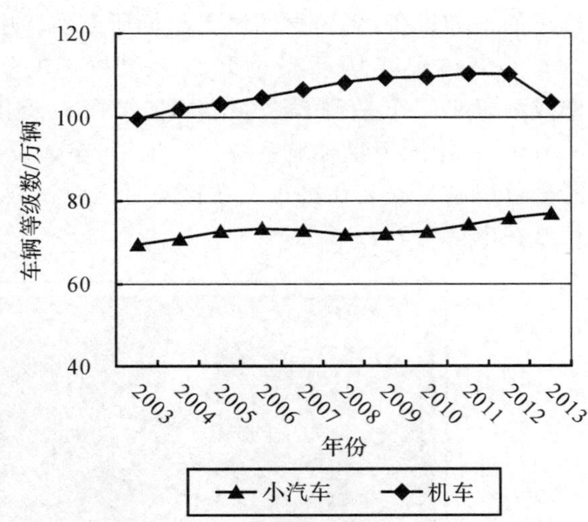

图 1　台北市小汽车、机车车辆登记数成长趋势

表 1　2013 年台北市运具市占率　　（单位：%）

	合计	公共运输市占率										非机动运具市占率			私人机动运具市占率			
		总	市区公交车	捷运	交通车	台铁	出租车	省道客运	公路客运	高铁	其他	总	步行	自行车	总	机车	自用小客车	其他
台北市	100.0	37.5	17.8	14.4	0.5	0.9	1.9	0.8	0.3	0.3	0.6	19.7	14.5	5.2	42.8	27.5	15.0	0.3

数据来源：台北市交通局。

公交车路网部分，台北市 1996 年开始设置公交车专用道，启用至今共 13 条，总长 59.49km。设置初期，台北市正面临捷运动工的交通黑暗期，棋盘式公交车专用道提供道路系统高效的运输能力，并使得公交车运行速率更具竞争力。由于公交车系统较捷运系统提供更短的站距，因此当台北市的捷运路线陆续通车后，与捷运路廊平行的公交车专用道仍可维持稳定客源，配合接驳路线转型成“主干＋接驳”的路网结构。

作者简介： 林大钧，规划师；杨幼文，运输计划组副组长。

然而，公交车专用道发展至今，由于车次过多、车站容量不足、主要干道上较长的号志周期等因素，造成公交车专用道在路口、车站产生延滞，降低了公交车专用道的效率。

本研究以市区公交车、小汽车、机车三车种行驶同一路径，并搜集其动态速率、能耗与碳排资料，比较不同车种在台北市尖峰时段的行车型态与碳排特性，分析台北市区内道路上的三大使用运具在行车型态、能耗与碳排上的差异，提供用路人对于运具选择的参考，也有助于管理部门进行交通管理策略的规划。

1 资料搜集

1.1 实验之量测设备

本研究于 2011 年与 2013 年分别采用车载排放量测系统(Portable Emission Measurement System，PEMS)，搜集市区公交车与机车在早上尖峰时段行驶时的动态能耗与碳排逐秒数据，实验车辆依循相同的行驶路线(市区公交车 226 路线)，比较不同运具的行驶与排放特性。

有关量测设备，市区公交车采用 HORIBA OBS-2200 车载污染分析取样设备(见图 2)。该设备符合美国环保署(EPA CFR Part 1065 Subpar J)相关实验规定，并与卫星定位系统(GPS)联系，可得到车辆在实际道路上的瞬间速率与排放数据，包括 CO、CO_2、THC、NO_x 气体，再根据碳平衡法则推估出燃油消耗。至于机车的采样设备，系由财团法人车辆研究实验中心(ARTC)自主研发之设备(见图 2)。由于 HORIBA OBS-2200 设备体积过大、重量过重，无法装置于机车，故 ARTC 以日本 HORIBA MEXA-584L 为主系统，研发制作成为机车用车量测设备，搭配取样探头及排气流量计、主控计算机及撷取软件与 GPS 模块等，再以 Garmin 手持式卫星导航系统作为辅助，整体设备具有体积小、功率消耗低的特点，设计上考虑耐震动结构，完全可以满足安装在机车上在移动时之测试要求。实测结果亦经实验室比对认证，确认量测结果可靠，并且已在申请专利。

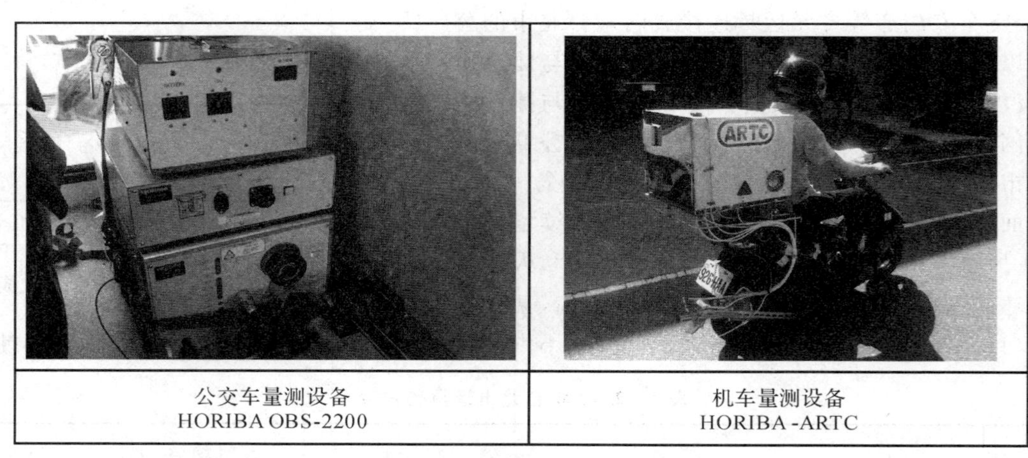

公交车量测设备 HORIBA OBS-2200	机车量测设备 HORIBA -ARTC

图 2　本实验采用的量测设备

1.2 实验路线与车辆

本研究实验路线(市区公交车 226 路线)，起点自新北市三重区经台北大桥进入台北市区后，终点为台北市吴兴街，中途行经 4 条公交车专用道，总行驶里程往返一趟约 34km，其中行经公交车专用道之距离约占 1/3(见图 3)。实验时间均安排于平日上午晨峰。各车种实验车基本数据见表 2，市区公交车与机车的动态能耗与碳排数据系以车载设备实验取样，小汽车则先以行车记录器取得动态速率数据，再结合运输研究所公布之小汽车动态能耗与排放系数表推估。

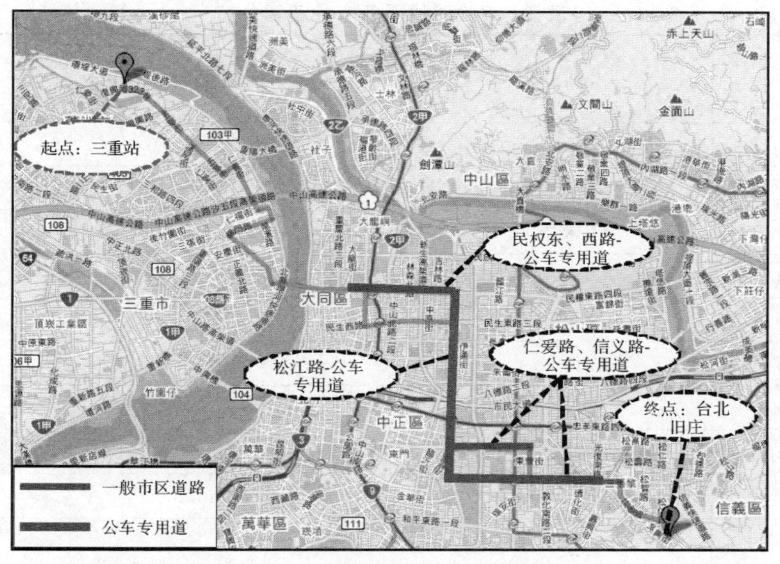

资料来源：1. 台北市公交车路线暨大众运输转乘查询系统；2. Google 地图。

图 3 台北市区公交车 226 路线

表 2 各车种实验车基本资料

项目	市区公交车	小汽车	机车
厂牌(期别)	DAEWOO	三菱	光阳(5 期喷射)
车型	BS120CN	Lancer Fortis 1.8	Racing 雷霆 150
引擎型式	直列六缸 DL08S	直列四缸 16 气门	单缸气冷四行程
车龄(实验时)	2a	0.5a	4.3a
排气量(c.c.)	7640	1798	149

2 各车种行车型态比较

行车型态的比较，主要包括速率分布与行驶时怠速停等、加速、减速、巡航 4 种状态的分布情形，以了解各车种在同样的路线之下，在不同道路条件下的行车差异。

2.1 速率分布

各车种在实验路线上的速率分布见表 3。整体而言，由于实验时间是台北市的早上尖峰时段，各车种的平均时速皆不到 20km/h，其中机车为 18.49km/h，小汽车 16.19km/h，市区公交车仅为 13.05km/h。由此可知，机车的机动性、速率相对较高，公交车虽有公交车专用道，但因种种因素导致效率不彰，在速率上相对无优势。

若进一步分析速率分布，总运行过程中，占比最高的情形发生在怠速停等($v=0$)状态，又以市区公交车 43.85%最高，小汽车 40.13%次之，机车也高达 37.16%，说明了台北市各种车辆在行驶过程中，有 4 成的时间在原地停等，但仍在耗油，这对于车辆节能减碳，是迫切需要改善的课题。市区公交车又因公交车专用道的车站或路口延滞，导致停等占比更甚于小汽车、机车。公交车专用道原本由专用路权提升效率的目的，已面临挑战。

在 0～40km/h 的速率区间，随着速率增加，占比有逐渐增加趋势，40km/h 以后由于市区道路速限的影响，占比逐渐减少。台北市市区道路速限为 50km/h，但市区公车速限更严格(40km/h)，使得机车、小汽车在 40km/h 以上的速率占比明显高于公交车。

表 3　实验路线下各车种速率分布

		机　车	市区公交车	小汽车
旅次速率分布	0	37.16%	43.85%	40.13%
	0～10km/h	6.36%	9.96%	12.49%
	10～20km/h	10.26%	14.77%	12.72%
	20～30km/h	13.85%	12.93%	13.76%
	30～40km/h	17.54%	18.45%	12.00%
	40～50km/h	10.98%	0.04%	6.81%
	50～60km/h	3.63%	—	2.05%
	60～70km/h	0.23%	—	—
平均速率		18.49km/h	13.05km/h	16.19km/h
怠速停等时间占比		37.16%	43.85%	40.13%
总行驶时间		6620s（约 1.8h）	9379s（约 2.6h）	7558s（约 2.1h）

注：实验时间皆为平日上午晨峰，以每秒速率为样本，占比计算是以时间(s)来统计。

2.2　行驶型态分布

各车种在实验路线上的行驶型态分布见表 4，分为时间占比与距离占比两类。从时间占比的分布可知，各车种的行驶型态占比分布也很接近，巡航占比皆为 10%～11%，加减速占比合计约 50%。

但距离占比的部分，各车种的分布则有所差异，特别是在巡航距离占比的部分，市区公交车 25.07%最高，机车 19.83%次之，小汽车 15.63%最低，推测应与各车种在市区道路上的行驶路权环境的影响有密切关联：

(1)市区公交车在公交车专用道上行驶时不受到周遭车流的影响，故巡航时可用较稳定、高速行驶，故巡航里程可提高；

(2)机车在市区道路上行驶时具有高机动性的优点，应为其巡航距离占比高于汽车的原因；

(3)小汽车在市区道路上行驶时，最容易受到周遭车流影响行驶状况，较难以维持巡航状态，故巡航距离占比最低。

表 4　实验路线下各车种行驶型态分布　（单位：%）

	机车	市区公交车	小汽车
时间占比			
怠速停等	37.16	43.85	40.13
巡航	10.13	10.43	10.35
加速	24.81	22.03	24.60
减速	27.91	25.63	24.92
距离占比			
巡航	19.83	25.07	15.63
加速	37.63	35.79	40.52
减速	42.54	39.14	43.85

3　各车种能耗与碳排分析

由行车型态的比较结果可知，在市区道路上行驶时，各车种的怠速停等时间占比高达 37%以上，且行驶过程中较具能耗与碳排效率的巡航状态除公交车在专用道上较稳定外，一般道路上均较难以维持巡航行驶。若实际比较分析各车种的能耗与碳排，更能够分析出怠速停等时间对能耗与碳排的影响甚为可观。表5分析各车种的能耗、碳排与能源密集度，并另外以扣除停等的情境进行估算比较，可知停等对能耗与碳排的影响甚巨。

以单一车辆的能源效率（1L燃料可行驶的距离）来看，机车（21.2km）明显优于小汽车（5.13km）和市区柴油公交车（1.77km）。

但这样比较，对公共运输并不公平，所以要对每车的乘客人数加以考虑，以每延人公里为计算基础，并将汽油、柴油转换成油当量来进行能源密集度（升油当量/延人公里）的比较。计算结果显示，市区公交车因乘载率高（平均每车17人），能源密集度相对有优势，是相对较省油且碳排较低的运具，小汽车（平均每车2.3人）则是相对最耗油且碳排最高的运具，各车种的能源密集度（升油当量/延人公里）分别是：市区公交车0.031、机车0.032、小汽车0.073；台北捷运为0.012，优于所有车辆。若以小汽车的能源密集度为比较基础，捷运：公交车：机车：小汽车的比值约为0.16：0.42：0.44：1。以单一车辆的燃油效率来看，机车较佳，小汽车次之，公交车较差。但若考虑各车种的乘载率，以能源密集度来看，则以公交车最佳，机车最差。

在扣除停等的情境下，机车与市区公交车的能耗与碳排效率远优于计入停等，小汽车相对较低，推测应与小汽车较难于尖峰时间在市区道路上维持巡航状态有关。此外，若以能源密集度的观点比较，高乘载率的市区公交车的能源密集度最佳，小汽车的能源密集度最差。

表5　实验路线下各车种能耗与碳排比较

	机车	市区公交车	小汽车
计入停等			
行驶时间	6620s(1.8h)	9379s(2.6h)	7558s(2.1h)
平均速率(km/h)	18.49	13.05	16.19
停等时间占比(%)	37	44	40
燃油效率(km/L)	21.21	1.77	5.13
CO_2 排放效率(km/kg)	123.46	0.67	3.10
能源密集度（升油当量/延人公里）	0.0322	0.0310	0.0734
扣除停等			
燃油效率(km/L)	29.98	2.49	5.97
CO_2 排放效率(km/kg)	13.25	0.95	3.61
能源密集度（升油当量/延人公里）	0.0228	0.0220	0.0631

注：1. 能源密集度＝耗油当量/（行驶里程×平均乘载率）。其中，1L柴油＝0.9778油当量，1L车用汽油＝0.8667油当量。2. 平均乘载率采用交通运输研究所运输部门运具排放清册，大客车（公交车＋客运）17人、自用小汽车2.30人、机车1.27人。3. 未计入停等部分，仅计算行驶状态的能耗与排放。

4　结论与建议

4.1　结　论

（1）节能减碳是城市交通管理的重要议题，本研究采用车载量测设备，可完整、精确地搜集车辆动态瞬间排放与油耗，亦为研发车辆排放模式的共同趋势。本研究团队除了引用美国EPA认证的大客车量测设备，并自行研发一套适用机车的设备，对于亚洲各城市的机车排放研究，是非常重要的工具。

（2）机车、小汽车与公交车在台北市尖峰时段的调查结果显示，平均速率皆未达20km/h，且各车种的停等时间占比约4成。

（3）以单一车辆的能耗与碳排效率来看，机车明显优于小汽车和市区公交车；但若再将每车的乘客人数加以考虑，以每延人公里的耗油率或碳排率来看，高乘载率的市区公交车是相对较省油且碳排较低的车辆。

4.2 建 议

（1）台北市区公交车专用道确实能够提升公交车在专用道上行驶的速率，保持较稳定的巡航状态，但尖峰时间公交车专用道车次过多、车辆停站延滞、主要路口在尖峰时段的长号志周期造成各车种于路口号志停等之延滞较长等问题，反而降低了公交车完整旅次的行驶效率，总怠速停等时间最长，并产生能耗与碳排的课题。减少公交车的停等时间，是节省市区公交车能耗与碳排的关键。必须：①提升交通号志系统，如公交车优先号志；②部分车站站台可能要重新设计以容纳现今增加的载客需求。关于减少停等的做法，还需要更进一步的分析与了解。

（2）本研究 226 路线的停等时间占比（超过 37%），与台北市区主要干道的停等时间（小于 30%）相比偏高，此与 226 路线弯绕、号志长周期的停等有关。故实际上在路段行驶时，受路线转向、弯绕之影响，总停等时间占比其实比个别路段的停等时间更长，此亦为未来在推估市区道路停等时间时，值得注意的因素。

致 谢

本研究承蒙交通主管部门运输研究所 2011 年“车辆动态能源消耗与温室气体排放特性之研究——以大客车为例(2/2)”、2012 年“车辆动态能源消耗与温室气体排放特性之研究——以 150c.c.以下机车为例”、2013 年“车辆动态能源消耗与温室气体排放特性之研究——以 150c.c.以上机车为例”项目赞助，仅此致谢。

捷运信义线通车沿线公交车运量变化之研究

林丽珠　张俊明　梁育玮

(台北市交通局,台北)

摘要:台北捷运首条营运路线木栅线(现改为"文湖线")于1996年3月28日通车,经过多年发展与整并,目前系统路网有文湖线、淡水线、中和新芦线、新店线暨小南门线、板南线及信义线,服务范围涵盖台北市及新北市,现今已经成为台北地区的交通骨干。其营运总长度121.3km,营运车站共109站,每日平均旅客量已达约190万人次。另台北市联营公交车路线数已达约300余条,每日平均旅客量约168万人次。

台北捷运信义线于2013年11月24日通车,为了解与该捷运路线平行之主要公交车路线受影响程度,本研究对捷运通车前后之公交车运量变化进行分析。分析结果显示,行经信义路廊整体公交车运量减少23.27%~27.81%,而与捷运重叠区间OD运量部分,减少运量25.09%~46.34%,捷运重叠区间运量受到之影响明显较全体路线大,借由OD区间之分析可明确反映捷运通车对公交车运量影响情形。

关键词:信义路廊;运量;OD区间

捷运信义线于2013年11月24日通车,而原行驶于信义路廊之主要公交车路线有20路、22路、22区间车、信义干线以及信义新干线等7条路线,因捷运通车后对公交车营运造成冲击,已于2014年1月26日整并为20路、22路、信义干线(大有)、信义新干线等4条路线,本研究针对上述公交车,以现有之运量统计资料为基础,就信义线通车前后之运量消长变化进行分析。

另因前述各线公交车与捷运信义线之行驶路线并非完全重叠,以致不同行驶区域(区间)受捷运影响,转移搭乘捷运之情形存在差异。为能了解与捷运重叠路段公交车运量实际受影响之情形,本研究利用公交车动态信息系统辅助OD调查程序,获得各线公交车各区间之OD形态比例后,并通过原始总运量推估各区间之运量,并就捷运信义线通车前后各线公交车之各区间OD运量消长变化进行分析。

1　捷运信义线与信义路廊主要公交车简介

1.1　捷运信义线简介

捷运信义线自台北中正纪念堂站往东行驶至象山站,全长约6.4km,沿线共设7个地下车站(含台北中正纪念堂站),全线采地下方式建造(见图1)。信义线系统技术采用传统高运量捷运系统,与其他捷运线共有3处转乘站,分别与新店线之台北中正纪念堂站、新庄线之东门站及文湖线之大安站交会。

捷运信义线于2013年11月24日通车,是台北地区捷运路网中第2条东西向的重要路线,使台北捷运路网更趋完整,台北所有地区(支线除外)最多只需1次转乘即可抵达信义商圈,不仅所有地区往来信义商圈更为便利,此外将分担东西向旅运需求,板南线部分旅客将转搭信义线往返东区,有效缓解板南线尖峰时段列车拥挤的情况,并可分散台北车站、忠孝复兴站及忠孝新生站等转乘站之转乘人潮。

1.2　信义路廊主要公交车简介

信义路为本市东西向主要干道,沿途有台北中正纪念堂、大安森林公园、台北101、信义计划区、台北"世界贸易中心"等重要地标,原行驶信义路之市区公交车路线主要有7条,与捷运信义线重叠度达30%,见表1。

作者简介:林丽珠,专门委员;张俊明,股长;梁育玮,科员。

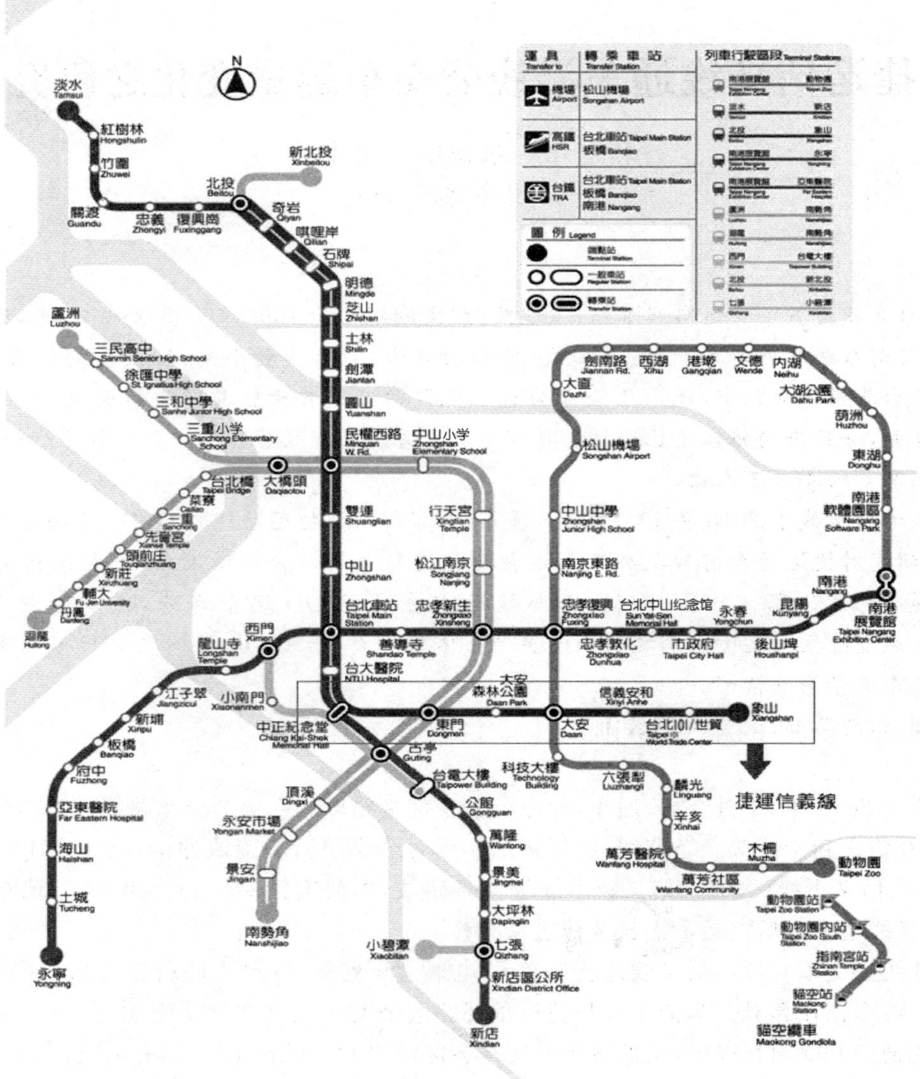

图 1 地铁路网

表 1 信义路廊各线公交车与捷运信义线重叠里程及比例表

路线	路线里程(km)	重叠区间	重叠里程(km)	重叠比例(%)
信义干线	8.4	捷运台大医院站—捷运象山站	4.3	51.1
信义干线(大有)	10.5	台北车站—捷运象山站	4.3	40.9
信义干线(副线)	10.5	捷运台大医院站—捷运象山站	4.3	40.9
20 路	8.8	捷运台大医院站—捷运象山站	4.3	36.3
22 区间	10.1	台北车站—捷运台北 101 站	3.5	34.6
信义新干线	12.7	台北车站—捷运象山站	4.3	33.8
22 路	10.9	台北车站—捷运台北 101 站	3.5	32.1

2 台北市其他捷运路线通车后公交车运量变化分析回顾

为了解捷运路线通车后对原有公交车运量之影响，本研究以捷运文湖线、芦洲线及新庄线等路线与捷运路线重叠度较高之公交车路线作为研究对象，其研究方法以通车前后之运量数据进行增减分析，研究结果显示：公交车运量与捷运通车负相关，减少比例为 7%～24%。相关内容汇整见表 2，经探究各路线周边公交车的减少情形，其中文湖线减少 11.3%，主要可能系该路线仅行驶于台北市境内，且属中运量路线，故对于周边公交车影响较小，而芦洲线与新庄线因属重运量系统，且服务台北市与新北市之民众较多，故对公交车影响较大。

表 2　捷运各路线通车后公交车运量变化分析

通车路线	捷运文湖线	捷运芦洲线	新庄线（大桥头—辅大）	新庄线（古亭—忠孝新生）
通车时间	2009 年 7 月 4 日	2010 年 11 月 3 日	2012 年 1 月 5 日	2012 年 9 月 30 日
区域路线	行经内科周边公交车计 30 路以及内科通勤专车 21 路	受捷运通车影响之公交车路线，共计 27 路	行经新北市重新地区至本市之主要交通廊道（重新桥、忠孝桥、台北桥及中兴桥）之 57 路公交车	行经新北市中和地区至捷运东门站地区，且与捷运新庄线重叠度高之公交车路线
运量变化	公交车运量减少 11.3%	公交车平日运量减少 12%～14%；假日运量减少 7%～13%	公交车运量减少约 24%	公交车运量减少约 20%

3　信义路廊公交车路线调整

捷运信义线通车后，其与信义路廊公交车行驶路线产生重叠，乘客旅次选择行为势必有所改变，冲击到原有信义路廊公交车运量。因此，应通过调整及整并公交车路线，将对公交车之冲击降到最低，并增进公交车及捷运互补功能，提升台北市整体大众运输服务水平。

信义路廊公交车路线已于 2014 年 1 月 26 日进行整并，原有 7 条路线调整为 20 路、22 路、信义干线（大有）、信义新干线等 4 条路线。①20 路：调整末端行驶路线，裁撤松德路段 1 个站位，新增信义路 6 段—松山路段（6 个站位）。②22 路：行驶路线无调整。③22 区间车：裁撤。④信义干线：裁撤。⑤信义干线（大有）：行驶路线无调整。⑥信义干线（副线）：裁撤。⑦信义新干线：调整末端行驶路线，裁撤襄阳路—宝庆路—衡阳路段 5 个站位，新增青岛西路—中山南路段 2 个站位。

4　捷运信义线通车沿线公交车运量变化

首先就各公交车路线之全线总运量，以捷运信义线通车前后为分析期间进行分析，从而了解总体运量变化情形。因各线公交车之行驶路线并非与捷运信义线完全重叠，各公交车全线各区间受影响而转移搭乘捷运之程度不一。为了解与捷运路线重叠区间实质受影响程度，以及乘客于各区间移动之变化情形，亦就各公交车路线之 OD 区间运量变化进行相关分析，以下分为信义路廊总体公交车运量变化分析及信义路廊与捷运重叠区间公交车运量变化分析两大主题进行探讨。

4.1　信义路廊总体公交车运量变化分析

（1）捷运信义线通车后各月份日运量与通车前相比变化分析

捷运信义线通车日期为 2013 年 11 月 24 日，搜集信义路廊各线公交车于通车前后的运量，可知：2013 年 10 月至 2013 年 12 月，各路线日运量呈现降低趋势；自 2013 年 12 月之后，除信义干线外，各路线运量均呈现提高及回稳趋势，其中以 20 路以及信义新干线增幅较明显，可能系因承接原信义干线裁撤之部分路段以致乘客增加，整体变化趋势如图 2 所示。

捷运信义线于 2013 年 11 月 24 日通车，因捷运通车首月（2013 年 11 月 24 日至 12 月 24 日）实施票价免费措施，2014 年 2 月受寒假等影响，2013 年 11 月、12 月以及 2014 年 2 月之运量受特殊情形影响而偏离常态，故撷取 2014 年 1 月（捷运通车后收费第 1 个月）以及 3 月为通车后，2013 年 10 月为通车前，进行通车前后之运量变化分析，各月份日运量资料见表 3、表 4。

经分析，信义路廊公交车于捷运信义线通车前整体运量约 5.2 万人次，通车后减少至 3.78 万人次，降幅约 27.73%。以 2014 年 1 月而言，各路线运量均呈现减少趋势，降幅 13.28%～43.93%，其中以信义干线跌

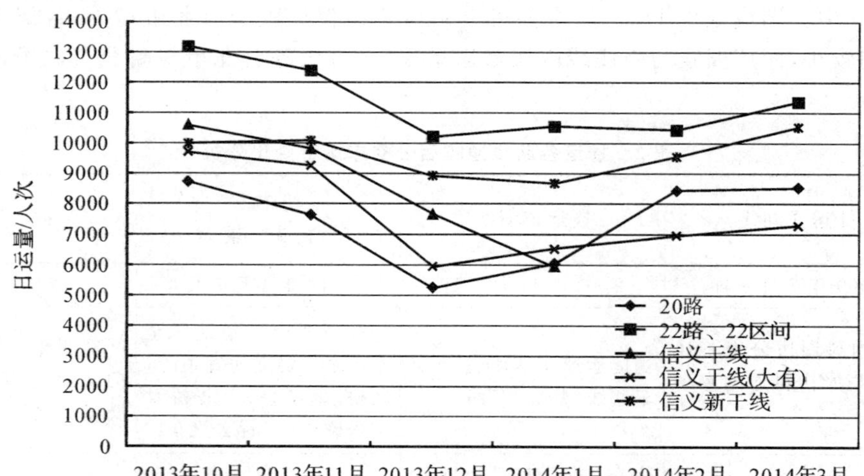

图 2 捷运信义线通车前后期间，信义路廊公交车日总运量变化趋势

表 3 捷运信义线通车前后，信义路廊各线公交车平均日运量 (单位：人次)

路线	2013 年 10 月	2014 年 1 月	2014 年 3 月
20 路	8731	6039	8540
22 路、22 区间	13205	10571	11374
信义干线	10625	5957	路线裁撤
信义干线(大有)	9734	6554	7292
信义新干线	10000	8672	10546
信义路廊总计	52295	37792	37752

表 4 捷运信义线通车后与通车前相较公交车日运量增减分析

路线	2014 年 1 月 与 2013 年 10 月	2014 年 3 月 与 2013 年 10 月	2014 年 3 月 与 2014 年 1 月
20 路	−30.83%	−2.19%	41.41%
22 路、22 区间	−19.95%	−13.87%	7.60%
信义干线	−43.93%	路线裁撤	路线裁撤
信义干线(大有)	−32.67%	−25.09%	11.26%
信义新干线	−13.28%	5.46%	21.61%
信义路廊总计	−27.73%	−27.81%	−0.11%

幅最高(43.93%)，信义新干线最低(13.28%)，主要因信义干线与捷运重叠比例较高而影响较巨，但信义新干线因末端动线较长(非与捷运重叠)，其原有客群较不易移转搭乘捷运，故影响程度最低。至 2014 年 3 月，整体降幅(27.81%)虽与 1 月相当，但各路线之影响程度已趋缓，其中信义新干线运量小幅增加 5.46%，20 路降幅仅 2.19%，其原因为信义干线裁撤后，其乘客转移至这两条路线。另 22 路、22 区间车以及信义干线(大有)之运量虽仍呈现减少趋势，但相较 1 月已趋缓(见表 4)。

本研究亦针对 2014 年 3 月与 1 月进行运量变化分析，信义路廊各路线均呈正增长，其中以 20 路增幅约 41.41%最高，22 路增幅约 7.6%最低，各路线均有 7.6%～41.41%之增幅，其原因可能为信义干线裁撤后，其原乘客转移搭乘其他路线公交车。由信义路廊整体 1 月与 3 月比较仅减少 0.11%之运量，可看出至 2014 年 1 月信义路廊公交车运量受捷运影响已趋稳定，1 月与 3 月各公交车路线运量差异主要系信义干线裁撤后之公交车旅客重分配结果。

(2)捷运信义线通车后各月份公交车日运量与去年同期相较变化分析

考虑本市公交车于一整年中各月份运量具波动特性，进行运量增减分析时宜使用往年同月份数据，故以 2014 年 1 月及 3 月作为通车后月份进行分析，并搜集去年同期(2013 年 1 月与 2013 年 12 月)运量数据，使运量增减分析增加客观性与参考性。

捷运通车后之信义路廊整体公交车运量与去年相较，1月份约降低23.27%，3月份约降低25.46%，其降幅与前文分析所得之27.8%差距不大。

进一步分析各路线之运量变化情形，2014年1月各路线降幅10.96%～41.97%，以信义干线最高，信义新干线最低，与前文分析结果相同。2014年3月，20路与信义新干线均呈现正增长，增幅4.53%～5.5%，其余路线之降幅约16%，见表5。

表5　捷运信义线通车后与去年同期相较公交车日运量增减分析

路线	2014年1月与2013年1月	2014年3月与2013年3月
20路	－24.81%	4.53%
22路、22区间	－19.06%	－16.40%
信义干线	－41.97%	路线裁撤
信义干线(大有)	－19.61%	－16.44%
信义新干线	－10.96%	5.50%
信义路廊总计	－23.27%	－25.46%

(3)小　结

捷运信义线通车且正式收费后，信义路廊整体运量比通车前降低27.73%～27.81%，经参照与去年同期相较之降幅23.27%～25.46%，显示其分析结果差距相近。另整体变动趋势至2014年3月时已趋缓和，各公交车路线运量变化主要因信义干线裁撤后旅客重分配。

4.2　信义路廊与捷运重叠区间公交车运量变化分析

(1)分析工具

台北市联营公交车与台北捷运均使用悠游卡为统一票证，因此民众搭乘捷运与公交车之原始刷卡记录均储存于悠游卡公司数据库，其中包含乘车交易时间及捷运进出站等信息，但因台北市联营公交车采用段次收费方式，民众仅于上车或下车时单一次刷卡，故现行尚无法通过公交车刷卡数据得知民众确切之起讫站位(OD)。为进行公交车路线规划及了解捷运、公交车双向转乘行为，台北市交通局已开发公交车动态信息辅助乘客OD调查程序系统，结合持悠游卡搭乘公交车之刷卡交易记录及公交车动态信息系统数据，并结合刷卡时间点进行比对分析，可推估出各公交车路线于某段时间内，旅客于各站上下车OD型态之运量。

因以往台北捷运通车时，尚无此OD分析系统，故仅能就公交车全线总运量受捷运通车影响程度进行分析，而今可将公交车路线全线予以分段并定义区间，可进一步获得乘客于某区间至某区间之OD运量。本文依信义路廊公交车与捷运路线重叠之情形，划分为与捷运重叠区间及非与捷运重叠区间，民众于各区间移动，则定义为A型态(起讫站均位于与捷运重叠区间内)，B型态(起站或迄站其中之一站位于重叠区间内，且另一站位于重叠区间外)以及C型态(起讫站均位于重叠区间外)，如图3，下节将运用此三类型态进行OD运量变化分析。

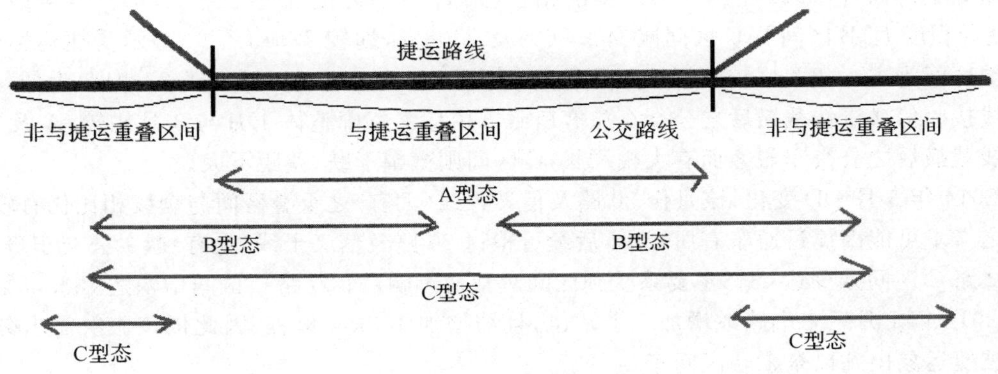

图3　A、B、C三种OD型态示意图

(2)捷运重叠区间 OD 运量变化分析

利用 OD 分析系统，可获得 A、B、C 各型态占公交车全线之 OD 比例，再利用该月份之平均日运量，即可将两数据相乘而获得各 OD 型态之推估日运量，各路线于捷运信义线通车后（2014 年 1 月及 3 月）与通车前（2013 年 10 月）相比，各公交车路线之 OD 推估日运量及增减情形见表 6、表 7。

表 6　捷运通车前后公交车各 OD 型态变化情形

	运量增减比例		20 路	22 路	信义干线（大有）	信义新干线	信义路廊合计
2014 年 1 月与 2013 年 10 月相比	全线		−30.83%	−19.95%	−32.67%	−13.28%	−27.73%
	OD 型态	A	−44.46%	−32.72%	−65.86%	−39.20%	−46.34%
		B	−26.09%	−10.48%	−16.86%	+7.79%	−8.86%
		C	+37.72%	−10.62%	−15.08%	−5.27%	−7.08%
2014 年 3 月与 2013 年 10 月相比	全线		−2.19%	−13.87%	−25.09%	+5.46%	−27.81%
	OD 型态	A	−23.38%	−17.46%	−51.86%	−2.19%	−25.09%
		B	+58.21%	−5.35%	−2.80%	+16.63%	+11.80%
		C	+733.88%	−43.08%	−12.25%	−10.58%	−9.52%
2014 年 3 月与 2014 年 1 月相比	全线		+41.41%	+7.6%	+11.26%	+21.61%	−0.11%
	OD 型态	A	+37.95%	+22.69%	+41.02%	+60.86%	+39.60%
		B	+114.04%	+5.74%	+16.91%	+8.20%	+22.67%
		C	+505.51%	−36.32%	+3.33%	−5.60%	−2.63%

表 7　捷运通车前后公交车各 OD 型态推估日运量

	区间型态	20 路	22 路	信义干线（大有）	信义新干线	信义路廊
2013 年 10 月	A	6627	3531	4355	3416	17930
	B	2084	2715	5031	4837	14666
	C	20	356	348	1748	2471
2014 年 1 月	A	3681	2376	1487	2077	9621
	B	1540	2430	4183	5213	13367
	C	27	318	295	1656	2296
2014 年 3 月	A	5078	2915	2097	3341	13431
	B	3297	2570	4890	5641	16397
	C	165	202	305	1563	2236

经分析可得知各公交车路线于捷运信义线通车后，运量减少之情形主要集中于 A 型态（重叠区间内移动），以信义路廊整体而言，2014 年 1 月与通车前相较，其 A 型态运量减少比例 46.34%与全线运量减少比例 27.73%差异程度大，B 区间及 C 区间减少 8.86%及 7.08%，远较 27.73%少，显示受捷运影响部分确实以与捷运重叠区间为主。相关比较数据至 3 月份 A 型态降幅 25.09%，反较全线 27.81%为低，主要系于重叠区间各路线接收信义干线裁撤后之公交车旅客所致。由信义路廊整体 1 月与 3 月比较，A 及 B 区间均因接收信义干线裁撤后之公交车旅客而有大幅增长，C 区间则微幅下跌，差距不大。

另针对 2014 年 3 月 OD 变化，该月份 20 路及信义干线（大有）之重叠区间与全线相比仍有较大差距，显示重叠区间之需求可能因捷运通车有所减少，后续可检讨 20 路及信义干线（大有）减少公交车班次以符合实际需求；另 22 路 C 区间减少达 43%主要系受到区间车裁撤影响，而 20 路 C 区间增幅达 733.88%，主要原因为该路线自 2014 年 1 月后末端路线增加 6 个站位，且约增加 1.3km 里程，因此依该旅次需求分析结果，后续可检讨辟驶捷运象山站以东末端区间车。

5 结论与建议

本研究针对捷运信义线通车后沿线公交车路线之运量变化进行探讨,信义路廊公交车整体运量减少23.27%~27.81%,而以往因无法知道乘客上下车之OD数据,仅能做公交车整条路线运量变化之分析。台北市交通局2013年开发公交车动态信息辅助乘客OD调查程序后,本研究针对信义路廊与捷运重叠区间运量进行分析,信义路廊整体而言减少运量25.09%~46.34%,捷运重叠区间运量受到之影响明显较全体路线大,可真实反映捷运区间内公交车运量影响情形。后续若该系统能再结合捷运旅次数据,则能够进一步观察旅客于公交车与捷运间之转乘旅次OD,更能有效帮助主管单位进行大众运输旅次规划及决策。

台北捷运转乘绩效评估之研究

范俊海　黄竹年
（淡江大学运输管理系，新北）

摘要：本研究将深入探讨台北捷运转乘站点之一般旅客步行进行路线转乘所需时间、一般旅客在各转乘站内转乘步行之速率，找出各转乘站内转乘之旅客动线冲突点，另外亦探究各转乘站内之无障碍设施的完整性与方便性。本文采取层次分析法，设计合适之问卷且在各转乘站点针对与捷运相关的专家、学者发放，并以AHP法对各评估构面与指标进行重要性的评估。根据评估结果，将台北捷运营运之转运站点详加排名，并分类成"友善"、"一般"、"不友善"3种不同程度的转运站点。后根据本文研究结果，研拟并提出对于转乘站点可改善方案与建议，提供台北捷运公司作为参考。

关键词：转乘步行时间；转乘步行速率；转乘动线冲突点；层次分析法

随着时间的演进，台北捷运系统在连年建构下，路网建构逐渐趋于完整，而目前已成为台北地区市民极为仰赖之大众运输工具。在多条路线营运下，出现路线之间的转乘站点。从早期木栅线（文湖线）、淡水线、板南线所构建双十字路网中的转乘站点台北车站、忠孝复兴站，直至今日，由于捷运营运版图扩张，目前营运主要转乘站点相较于过去大量增加，如民权西路站、忠孝新生站、中正纪念堂站等，皆是双北市民主要转乘之站点。

与早期营运相比，台北捷运公司所提供之服务，确实随着时代而进步，这是所有使用者有目共睹的，但台北捷运的营运不可能永远停留于目前而踯躅不前。因此当务之急，除了应该对现阶段存在之转乘站提供的服务项目进行细部探讨，提出有效改善之服务、发掘影响潜在服务品质之要素外，更应洞察转乘站之行人动线设计问题。

本研究之目的为提供台北捷运在营运上的意见与未来转乘站规划之参考。本文将探究台北捷运各转乘站点：①一般旅客步行转乘所需时间；②一般旅客在转乘站内转乘步行速率；③转乘站内转乘之旅客动线冲突点。并以AHP法对各评估构面与指标进行重要性评估，将台北捷运营运之转运站分类成"友善"、"一般"、"不友善"3种不同服务水准之转运站点。

1　转乘站概况

1.1　转乘站类型分类

可将台北捷运转乘形式分为同月台转乘、跨月台转乘、垂直转乘、夹心式转乘等几种类别，如图1所示，分别以左上、右上、左下以及右下来表示。

同月台转乘，需要能同月台转乘不同路线，因此对于路线设计要求高，但这是最直接、简便的合理转乘模式，节省了转乘时间。跨月台转乘，通过调整路线，使得转乘乘客只需从月台一边走到另外一边。垂直转乘，其设置转乘可以实现一部分转乘乘客流的同月台转乘，有效缩减转乘时间，转乘目的性明确；另外一部分的乘客流还需要通过电扶梯、楼梯转乘。夹心式转乘，乘客须通过车站大厅进行转乘，下车点到上车点之间通过楼梯、电扶梯、通道连接，因此转乘时间相对较长。

以上述条件将台北捷运转乘站加以分类，并条列于表1。其中，台北中正纪念堂与古亭捷运站，皆同时具有不同转乘方式，因此本研究在分类项目中逐一列出。

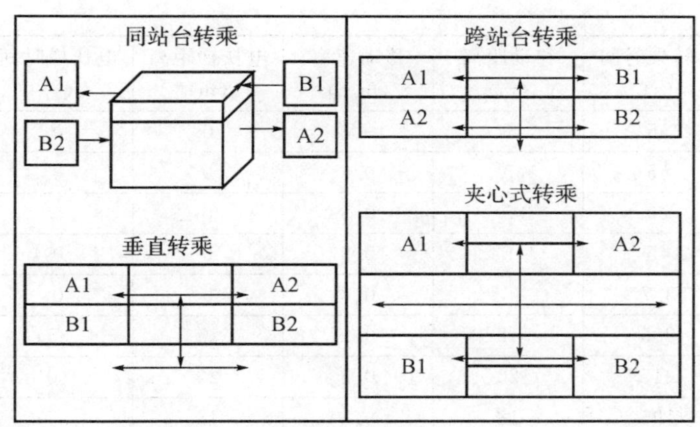

图 1　台北捷运转乘形式

表 1　台北捷运转乘站分类结果

同站台转乘	跨站台转乘	垂直转乘	夹心式转乘
七张	台北中正纪念堂	台北中正纪念堂	南港展览馆
大桥头站	东门	忠孝新生	忠孝复兴
台北中正纪念堂	西门	古亭	台北车站
台电大楼	古亭	—	大安
—	—	—	民权西路
—	—	—	北投

1.2　转乘站行人步行速度与距离

因台北捷运站体设计或营运特性，本文有研究限制。其中，旅客出车厢位置不同，因此为求条件一致性，针对垂直转乘与夹心式转乘之转乘方式，笔者实地观测基准将从旅客进入通道（电扶梯）开始计算，跨月台转乘则以两侧直线距离，即月台宽度计算。另外，乘客在电扶梯或楼梯进行转乘通道选择，本研究仅采取选择电扶梯之样本，且采用之样本亦不在电扶梯上行走，即以电扶梯进行空间移动。

因台北捷运在特定转乘车站中，营运路线上在月台一侧会有两路线营运，因此本研究设定旅客通过转乘通道与电扶梯抵达转乘月台后，将乘最近车辆离开转乘站，不在月台或是车站逗留。

尖峰时刻会受人潮与等待行人影响较明显。德国 Davidich[10] 也提到尖峰时刻步行时间会受等待行人影响，较离峰增加 20%，行人行走的平均速度也因为有人在月台等候而降低，且在 100m 的直线距离中，尖峰时间步行距离较离峰时间多 5m。因此本研究将观测时间固定设为离峰时间。但本研究依旧在离峰时刻跟随群体移动观测，所观测到行人步行速率会较固定，而不受个别旅客快慢之影响。

从表 2 可看出，台北捷运行人移动速率大致稳定，大多数落于 0.5m/s 至 0.9m/s，而电扶梯速率固定，皆是 0.5m/s，根据换算结果，行人步行速率范围为 0.7～1.1m/s，该结果与 Pushkarev 和 Zupan[11] 研究的一般行人速度范围（0.73～2.0m/s）相去不远。而杨涵[2] 等人认为不同设施对乘客步行速度影响显著，行走速度的换算系数可定为：以电扶梯为 1，瓶颈 0.85，上下楼梯 0.91，通道 1.6。而本研究若将电扶梯速度设为 1，通道步行速度将换算为 1.2～1.8，因此本研究与杨涵[2] 等人研究的行人步行速度结果类似。

表 2　台北捷运转乘站基本转乘资料

类别	站名	总转乘时间(s)	移动距离(m)	移动速率(m/s)	电扶梯距离(m)	电扶梯时间(s)	步行距离(m)	步行时间(s)
同月台转乘	七张	300	0	0	0	0	0	0
	大桥头站	240	0	0	0	0	0	0
	中正纪念堂	210	0	0	0	0	0	0
	台电大楼	210	0	0	0	0	0	0
	平均	240	0	0	0	0	0	0

续表

类别	站名	总转乘时间(s)	移动距离(m)	移动速率(m/s)	电扶梯距离(m)	电扶梯时间(s)	步行距离(m)	步行时间(s)
跨月台转乘	中正纪念堂	55	5	0.8	0	0	4	5
	东门	65	5	0.8	0	0	4	5
	西门	50	5	0.8	0	0	4	5
	古亭	45	5	0.8	0	0	4	5
	平均	53.75	5	0.8	0	0	4	5
垂直转乘	中正纪念堂	205	18	0.5	18	35	0	0
	忠孝新生	215	20	0.5	20	40	0	0
	古亭	195	18	0.5	18	35	0	0
		210	45	0.5	40	75	5	7
	平均	206.5	25.25	0.5	24	46.25	1.2	1.75
夹心式转乘	南港展览馆	285	160	0.9	50	75	110	100
	忠孝复兴	320	230	0.9	30	60	200	190
	台北车站	350	115	0.9	25	50	90	80
	大安	395	60	0.6	40	80	20	15
	民权西路	360	80	0.6	40	80	40	30
	北投	285	160	0.9	50	75	110	100
		320	230	0.9	30	60	200	190
	平均	330.7	147.9	0.81	37.86	68.58	110	110.7
总平均		227.1	60.84	0.6	19	35	41.6	38.5

杜鹏[1]等人研究提出，若转乘距离为86.4～341.4m，乘客行走时间的平均值u与转乘长度x的相对关系，可近似用下列回归式描述：$u=0.003\times 2-0.271x+110.717$，但将本研究搜集之数据应用至此式，发现此式不能成立。

另外由表2可以得知，步行时间与步行距离，除夹心式转乘站外，步行时间不长且步行距离不远。而根据笔者实地调查结果，台北捷运转乘系统，大部分转乘都可控制在7min内完成。

1.3 转乘站冲突点与无障碍设施

根据实地观测结果，台北捷运月台冲突点用图2表示。在月台与电扶梯交界处，此位置因出站人潮或是转乘人潮而易形成瓶颈。当产生瓶颈时，进入月台乘客与出月台乘客随即发生动线冲突。另外在月台上，在电扶梯与楼梯旁，也因通道狭窄易形成瓶颈，而行人动线因进出车厢与进出月台，显得复杂而造成冲突点。

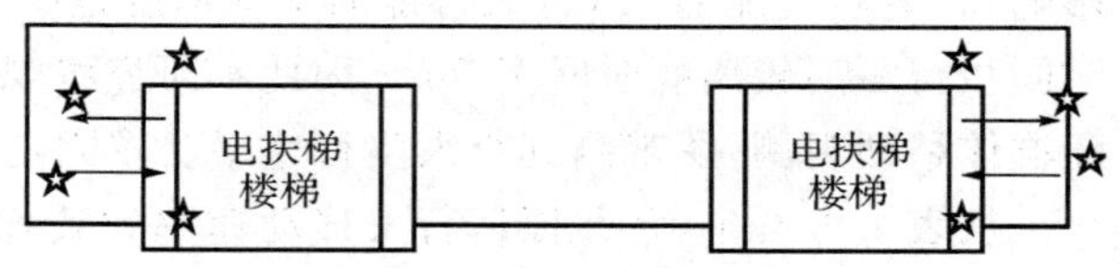

图2 台北捷运月台冲突点示意图

此外，夹心式转乘站，在车站出入口与电扶梯之间，虽不易造成瓶颈，但亦有冲突点产生，进出车站的旅客与正在进行转乘的旅客，在车站大厅发生动线冲突。

在无障碍设施部分，台北捷运各站皆设有完善的无障碍设施进行转乘行为，但在转乘行为中，同月台转乘与跨月台转乘，属同一水平面转乘，较不需要使用无障碍设施，垂直转乘使用升降梯进行转乘行为，而在夹心式转乘站中，少数转乘站需要两段式无障碍转乘。此外不仅是转乘站，各车站也提供多样无障碍设施服务，以保障身心障碍旅客搭乘之权益。

2 转乘站绩效评估

2.1 层级架构图

本文将采用层级分析法(Analytic Hierarchy Process,AHP),进行台北捷运转乘绩效之评估。以整体“转乘站”为最终研究目标,身处第一层为架构之核心,第二层则依照前文所叙述影响旅客于转乘站转乘之因子,将研究指标分成4个参数:转乘时间、步行速度、冲突点、无障碍设施。将这4项参数因子纳入讨论比较,第三层则借由4项参数权重结果,提出3项“友善”、“一般”、“不友善”转乘站评估之方案结果。以上述概念建构本研究层级架构图,如图3所示。

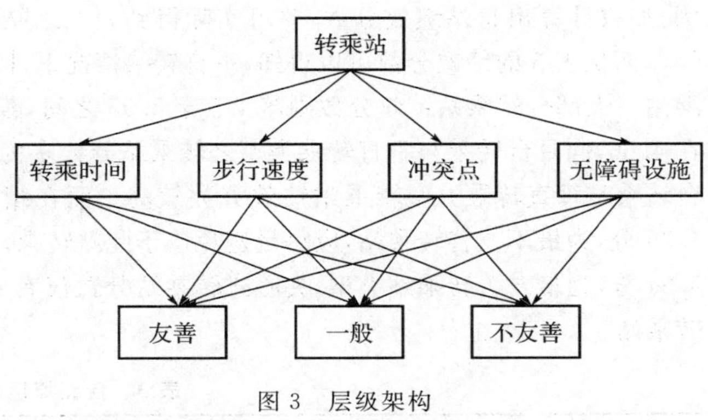

图3 层级架构

2.2 问卷发放结果

本研究与捷运转乘相关,故发放问卷对象必须对捷运转乘指标因子具备专业判断,以此确保客观评估之原则,因此问卷发放对象为运输专业研究人员及台北捷运公司之员工。最终本研究发放8份问卷,共回收7份专家问卷。

将专家问卷回收,并进行一致性检定,而计算一致性检定值目的在于确保受测者评估问卷过程中所做的判断是合理且不互相冲突的,因此本研究检验每份问卷的一致性,并确保所有问卷符合一致性后,将回收到的7份问卷,经过程式计算后,即可得到将问卷合并之综合性资料。

通过图4可得到,将7份问卷整合,经过一致性问卷检定结果。以最大特征值 λ_{max},求出一致性指标C. I.(Consistency Index),若C. I. ≤ 0.1,则可视为整个评估过程达到一致性,本研究检定一致性指标C. I值为0.04,因此本研究的问卷符合一致性。另外也检定一致性比率C. R.(Consistency Ratio),值为0.01(1.0%),而若C. R. ≤ 0.1,则可视为整个评估过程达到一致性,因此本研究的问卷符合一致性。

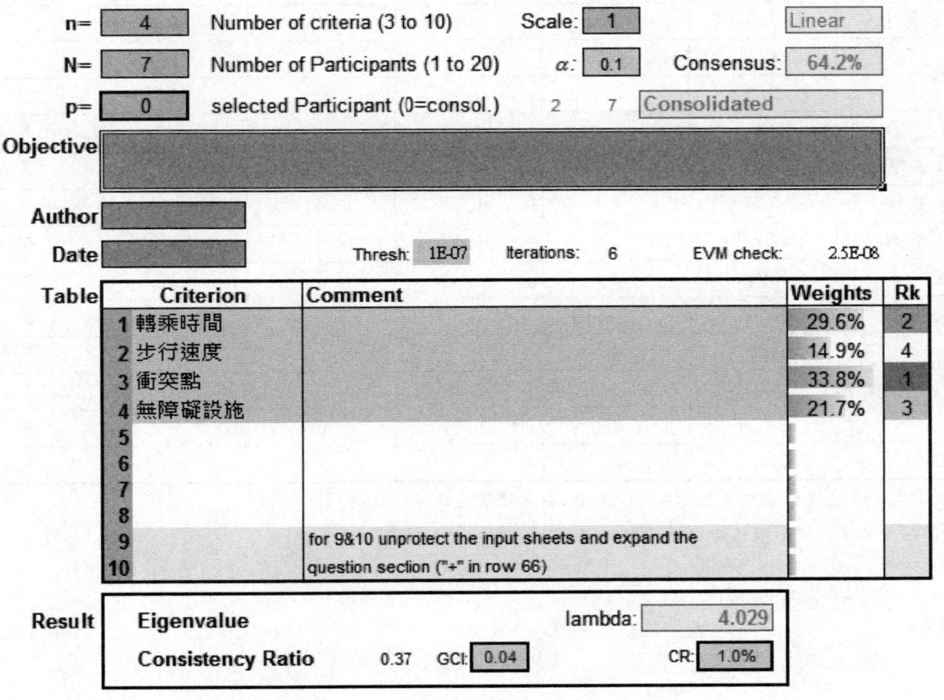

	Criterion	Comment	Weights	Rk
1	轉乘時間		29.6%	2
2	步行速度		14.9%	4
3	衝突點		33.8%	1
4	無障礙設施		21.7%	3
5				
6				
7				
8				
9		for 9&10 unprotect the input sheets and expand the		
10		question section ("+" in row 66)		

图4 AHP权重分析

另外通过专家问卷的结果可以发现,冲突点的权重相较于其他指标更为重要。因此,对专家与学者而言，动线的流畅性与不冲突为转乘站相对最重要之因子，而转乘时间与无障碍设施为捷运转乘之次重要指标。根据专家问卷所得出权重，转乘时间与无障碍设施相比，在转乘站转乘因子中，以专家学者立场，转乘时间又显得相对重要，而步行速度与其他指标相较之下，相对占较少权重，相对重要性较低。

本研究通过先前实际调查资料，将转乘站所属4项指标进行数值标准化，由于冲突点与无障碍设施无法进行数值标准化，因此本研究自行假设各转乘站标准化数值为5，并通过图4得到之4项指标相对权重比例，加权计算出每站绩效分数，并可实际得到表3之结果。

而从表3的绩效分数可以得知，垂直转乘情况下，捷运中正纪念堂站5.39分与古亭站5.4分，为最友善转乘站。大部分转乘站绩效分数则落4.5至5.35之间，若再详加细分，夹心式转乘站类型之转乘站分数大部分落在4.66，同月台转乘与垂直转乘类型之转乘站分数多为5.3左右，相较于夹心式转乘类型的转乘站分数，同月台转乘与垂直转乘类型转乘站绩效分数较高。而在绩效分数普遍较低的夹心式转乘站中，大安站分数仅有4.39分，为最不友善转乘站，应尽量避免位于此站转乘。若以转乘站类型比较，同站台转乘类型转乘站分数为5.34分，为最友善转乘站类型，夹心式转乘站分数仅有4.66分，为四类型转乘站中最低，因此被归类为不友善转乘站。

表3　台北捷运转乘站绩效评估

类别	站名	总转乘时间(s)	总转乘时间标准化	步行速度(m/s)	步行速度标准化	冲突点标准化	无障碍设施标准化	绩效分数
同月台转乘	七张	300	4	0	4	5	5	5.26
	大桥头站	240	5	0	4	5	5	5.34
	中正纪念堂	210	5	0	4	5	5	5.38
	台电大楼	210	5	0	4	5	5	5.38
	平均	240	5	0	4	5	5	5.34
跨月台转乘	中正纪念堂	55	7	0.8	5	5	5	5.14
	东门	65	6	0.8	5	5	5	5.13
	西门	50	7	0.8	5	5	5	5.15
	古亭	45	7	0.8	5	5	5	5.15
	平均	53.75	7	0.8	5	5	5	5.14
垂直转乘	中正纪念堂	205	5	0	4	5	5	5.39
	忠孝新生	215	5	0	4	5	5	5.37
	古亭	195	5	0	4	5	5	5.4
		210	5	0.7	5	5	5	4.98
	平均	206.5	5	0.2	4	5	5	5.27
夹心式转乘	南港展览馆	285	4	1.1	6	5	5	4.66
	忠孝复兴	320	4	1.1	6	5	5	4.61
	台北车站	350	4	1.1	6	5	5	4.57
	大安	395	3	1.3	6	5	5	4.39
	民权西路	360	4	1.3	6	5	5	4.44
	北投	285	4	1.1	6	5	5	4.66
		320	4	1.1	6	5	5	4.61
	平均	330.7	4	1	6	5	5	4.66
	总平均	227.1	5	0.6	5	5	5	5

注：1.总转乘时间与步行速度依照标准化范围1～10分，分数越高表示绩效越佳；

2.冲突点与无障碍设施无法进行数值标准化，因此自行假设各转乘站标准化数值为5。

3　结论与建议

3.1　结　论

根据前文所述，本研究依照层级分析法可得出，夹心式转乘站因动线相较于其他转乘模式混乱，冲突点较多、转乘移动所需转乘时间皆较其他转乘模式长，各方面在数据资料上，皆比其他转乘模式不便利，而通过层级分析法加权计算后，绩效分数为四类型转乘站最低，因此本研究将其评估为“不友善”之转乘站。

跨月台转乘，在转乘行为过程中，动线少部分冲突，主要是因与进入月台乘客发生小部分动线冲突，而产生路径冲突点。但总转乘时间短且不需要使用无障碍设施，转乘便利性高，但通过层级分析法加权计算后，其绩效分数仅优于夹心式转乘站，因此本研究将其评估为“一般”之转乘站。

垂直转乘则因旅客需要于上下楼层进行转乘，动线相较于同月台转乘与跨月台转乘复杂，冲突点发生也相对比较多，总转乘时间虽与同月台转乘和跨月台转乘相去不远，但仍须使用无障碍设施（升降梯）进行转乘，而通过层级分析法加权计算后，其绩效分数低于跨月台转乘而高于夹心式转乘站，因此本研究将其评估为“一般”之转乘站。

同月台转乘，在转乘行为的过程中，动线冲突几乎不存在，也没有冲突点产生，虽然此种类型转乘不需要无障碍设施，但总转乘时间受班距影响较大，部分转乘站离峰时间需较长候车时间，但通过层级分析法加权计算后，其绩效分数为最高，优于其他类型转乘站，因此本研究将其评估为“友善”之转乘站。

3.2 建 议

本研究建议使用台北捷运之乘客尽量使用“跨月台转乘”类型转乘站进行转乘行为，如非必要或是有替代转乘站选择，而较不建议旅客采用“夹心式转乘”之转乘站进行转乘。

以实际案例建议，参照捷运营运图（见图 5），若是从新店地区前往回龙地区，旅客若只进行一次转乘，可选择在古亭站或民权西路站进行直接转乘，即可抵达目的地，而依照本文研究方案结果，则推荐旅客在为垂直转乘的古亭站进行转乘，而非夹心式转乘的民权西路站。

本研究仅考虑转乘时间、步行速度、冲突点、无障碍设施等 4 项参数作为研究指标，进行转乘站绩效之评估。在未来，应可考虑且增加其他旅客使用捷运之因素，如旅客旅行时间、旅行距离之影响，票价及转乘调和度等。

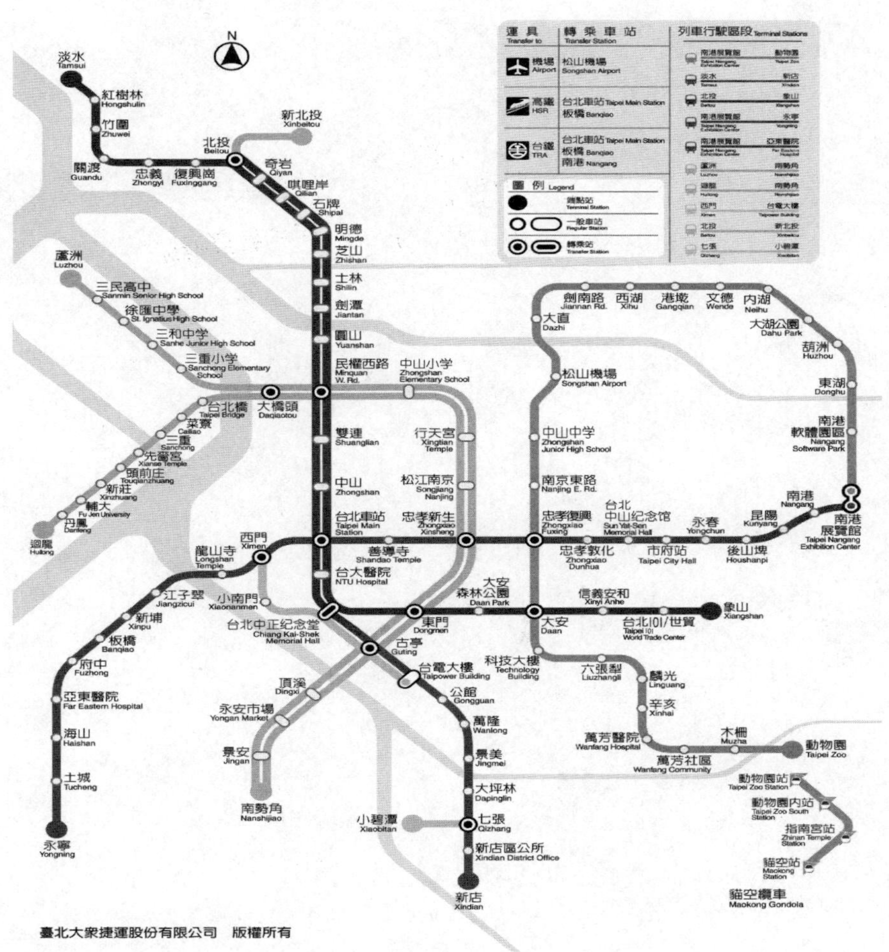

图 5 台北捷运营运路线

参考文献

[1]杜鹏,刘超,刘智丽.捷运通道换乘乘客行走时间规律研究[J].交工运输系统工程与信息,2009,9(4).

[2]杨涵,伍梦欢,张含笑,刘智丽.捷运换乘站不同设施区域乘客走行速度分析[J].交工运输系统工程与信息,2011,11(1).

[3]刘学军.捷运换乘行为及换乘站布置选型[J].枢纽规划与设计,2006,9(8).

[4]汤淑惠,邱智淳,陈柏融.利用 AHP 法评估购买柴油车或汽油车[C]//2008 决策分析研讨会,2C08.

[5]褚志鹏.层级分析法(AHP)理论与实作[M].未出版,2009.

[6]陈艳艳,张广厚,史建港.拥挤行人交通系统规划及仿真[M].北京:人民交通出版社,2011.

[7]邓振源,曾国雄.层级分析法(AHP)的内涵特性与应用(上)[J].中国统计学报,1989,27(6):13707－13724.

[8]邓振源,曾国雄.层级分析法(AHP)的内涵特性与应用(下)[J].中国统计学报,1989,27(7):13767－13870.

[9]LAM W H K,CHEUNG C Y. Pedestrian route choices between escalator and stairway in MRT stations [J]. Transport Engineering,1998,124(3):277－285.

[10]DAVIDICH M,et al. Waiting zones for realistic modelling of pedestrian dynamics: A case study using two major German railway stations as examples[J]. Transport. Res. Part C,2013.

[11]PUSHKAREV Z. Public transportation and land use policy [M]. Bloomington: Indiana University Press,1977.

捷运机场线交通整合计划

——A3站转乘站周边交通检讨

梁俐霜　黄维崧　沈敬莘

（新北市捷运工程处，新北）

摘要：捷运桃园机场线预定于2015年底通车，届时车站周边及沿线道路皆须进行复旧计划，仿效过去捷运线的经验，应检讨既有道路、人行系统、大众运输与停车设施等，使用路人安全、车辆安全行驶、自行车有其专用路权与道路顺畅。本研究选取捷运机场线中新北产业园区站（A3站）为案例，该站为捷运机场线与环状线转乘站，并有行李托运与登机作业，以搜集地区交通现况及运输需求进行分析与预测，针对该站进行周边交通设施、路口号志、人行动线的检讨评估，使未来捷运机场线营运后，在转乘、动线与交通功能上能够有完善的规划，达到最大的服务效益。

关键词：交通整合；机场捷运；转乘站

机场为面对世界的门户，其整体场站规划与对外的联结便利性，能够提供旅客安全、舒适、便捷及高水平的服务。而桃园机场捷运将连接桃园国际机场，穿越桃园青埔高铁特区，往北进入新北市林口、新庄等新兴发展区，最后进入台北市中心的台北火车站，串联北北基桃地区，兼具机场联外及捷运功能。而依据相关部门2013年8月函示"2015年12月31日以全线营运通车为目标"，沿线车站周边及沿线道路皆须进行复旧计划，为通车营运前之重要工作项目。仿效过去大台北地区各捷运线的经验，除应复旧外，应并同检讨既有道路路形、人行及自行车道系统、大众运输规划与停车设施等是否符合未来通车后使用，以维护用路人安全、车辆安全行驶、自行车有其专用路权与道路顺畅。因此，本研究以新北市境内中新北产业园区站（A3站）为研究范围，探讨其周边交通整合情况并提出规划建议。

1　文献回顾

1.1　机场捷运线现况

（1）计划缘起。自20世纪90年代，台北市与桃园中正国际机场间，除私有运具外，仅有高速客运提供大众运输服务，而高速常有拥塞的情形下，桃园国际机场联外捷运系统建设计划列为"爱台十二建设"项目之一。桃园国际机场联外捷运系统建设计划原为中正机场捷运计划，为连接台北市、新北市、桃园国际机场与桃园县境内的捷运路线，由交通主管部门高速铁路工程主管单位主导该计划。目前全线土建工程已近乎完成，机电系统也已于2006年2月27日正式开工。未来营运将交由桃园县相关部门负责，现已成立桃园机场捷运公司统筹规划营运事宜。

（2）计划路线与场站规划。机场捷运计划路线长度线原规划为35.7km，自台北车站至桃园机场，而因桃园捷运蓝线计划也在进行，遂将两条路线予以衔接，路线由桃园机场延伸至中坜市，总长增加为51.03km（见图1）。自台北车站起行经中山区、新北市三重区、新庄区、林口区至桃园地区，共设置23站，并设置青埔与芦竹两座维修机厂。A1站能与台铁、高铁以及台北捷运淡水信义线、板南线、新店松山线进行转乘，A2站能与新庄线三重站进行转乘，A3站将与环状线Y7站转乘，A18站将于桃园高铁站转乘，A23站则邻近中坜火车站。机场捷运线为串联与集散北北桃生活圈不可或缺的重要路线。

（3）营运特性。桃园机场捷运线依其建置目的与路线规划，除具有机场联外功能外，因台北地区与桃园地区近年来已逐渐发展成为一大生活圈，每日往返桃园与台北地区之通勤旅次相当可观，捷运机场线也同时兼具地区通勤功能。为满足两类旅客的使用需求，该捷运系统规划提供"直达车"与"普通车"两种服务，"直达车"以停站数少的方式提供航空旅客快速的服务，仅停靠新北产业园区（A3站）、长庚医院站（A8站）、桃园国际机场第一航厦站（A12站）、第二航厦站（A13站），及第三航厦站（A14站）；而"普通车"则为满足台

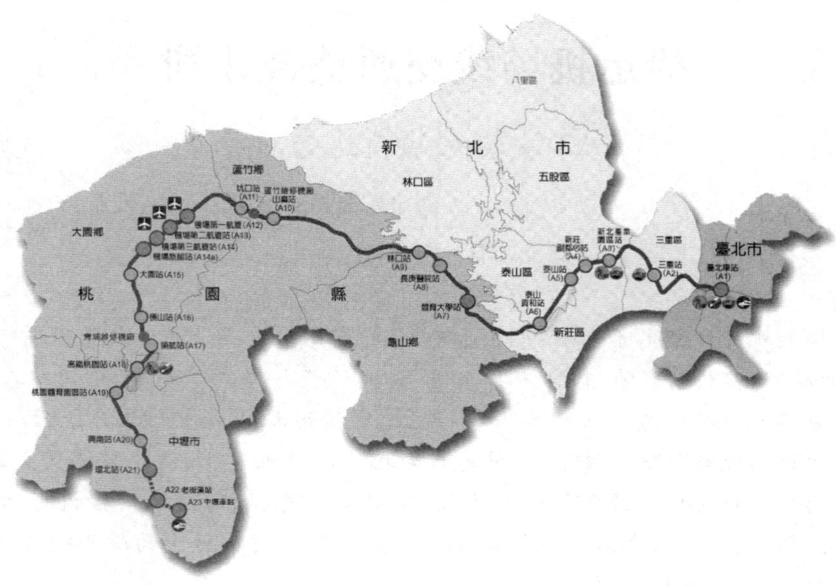

图 1　桃园国际机场捷运路线与车站位置

北地区通勤需求，从 A1 至 A21 逐站停靠。营运初期服务，将采用每 10min 1 班直达车、1 班普通车的营运班距。

另提供机场旅客预办登机及行李托运也是该捷运系统一大特色，预计于 A1、A3 及 A18 站实施，前往机场的旅客能够办理预办登机及行李托运，其中新北产业园区站(A3 站)为本研究之研究对象。

1.2　捷运站周边交通整合

无论是以高架或地下形式之兴建之捷运路线，施工期间其规划范围内周遭路型与附属设施皆会遭到破坏，于通车营运前必须进行复旧工程。在进行复旧工程的同时，应一并检讨该地区相关路型、路网、附属设施与其他大众运输系统的规划。

依据台北捷运报道 285 期(2011)，交通整合计划通过各车站运量预测及土地使用等影响因子分别估算后，检讨配置得知相关衍生交通量、通车后移转通量及转乘需求等，提出道路需求、转乘设施、其他大众运输系统配合调整等建议，后续邀集捷运建设主管单位与其他相关单位共同召开工作会议，针对研拟之交通设施方案进行检讨修正，并现勘确认，以完成捷运车站周边交通设施整合规划配置。

2　交通现况分析

(1)道路线型。捷运新北产业园区站位于新北市新庄区五工路上，邻近新北大道路口，新北大道其路宽为 33m，为中央分隔形式，配置有双向 6 车道以及 1m 人行道，但无自行车道(见图 2)。

(2)转乘设施。针对新北产业园区站(A3 站)周边 300m 内现有停车场使用情形及都市计划停车场用地开发规模期程进行调查，A3 站周围仅有一个停车场，配有 69 个汽车停车格，其尖峰停车率为 70%。

(3)路口服务水平。进行新北产业园区站(A3 站)周边号志时制现况调查，再利用 HCS 软件计算新北大道与五工路交叉路口延滞情形与服务水平等级，见表 1。

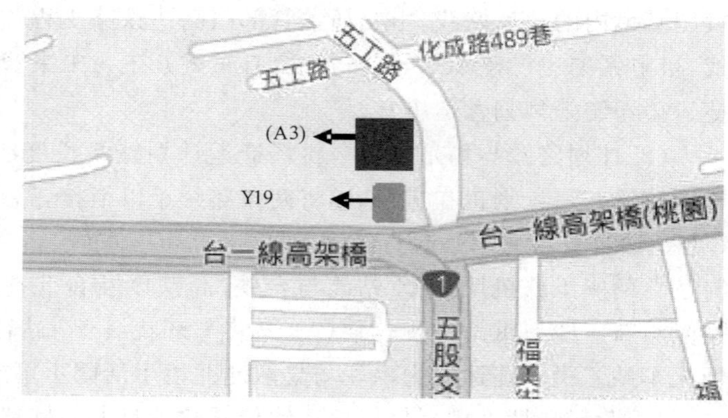

图 2　机场捷运新北产业园区站位置示意图

表 1　路口号志时制现况与服务水平统计表

<table>
<tr><td rowspan="2">站号:C03
站名:中山路一段—思源路</td><td rowspan="2">时相</td><td colspan="5">上午尖峰(s)</td><td colspan="5">下午尖峰(s)</td><td rowspan="3">时段</td><td colspan="6">现况</td></tr>
<tr><td rowspan="2">绿灯</td><td rowspan="2">黄灯</td><td rowspan="2">全红</td><td rowspan="2">行人</td><td rowspan="2">周期</td><td rowspan="2">绿灯</td><td rowspan="2">黄灯</td><td rowspan="2">全红</td><td rowspan="2">行人</td><td rowspan="2">周期</td><td colspan="4">邻近路段</td><td colspan="2">路口</td></tr>
<tr><td rowspan="9">简图:
N ↑
五工路
D
C　A
新北大道三段　新北大道二段
B
思源路</td><td></td><td>方向</td><td>流量(pcu/hr)</td><td>平均延滞(see/pcu)</td><td>服务水准</td><td>平均延滞(see/pcu)</td><td>服务水准</td></tr>
<tr><td rowspan="2">C A</td><td rowspan="2">60</td><td rowspan="2">3</td><td rowspan="2">2</td><td rowspan="2">55</td><td rowspan="8">225</td><td rowspan="2">60</td><td rowspan="2">3</td><td rowspan="2">2</td><td rowspan="2">55</td><td rowspan="8">225</td><td rowspan="4">上午尖峰</td><td>A</td><td>2718</td><td>89.4</td><td>F</td><td rowspan="4">73.54</td><td rowspan="4">E</td></tr>
<tr><td>B</td><td>3001</td><td>55.8</td><td>D</td></tr>
<tr><td rowspan="2">B A</td><td rowspan="2">40</td><td rowspan="2">3</td><td rowspan="2">2</td><td rowspan="2">35</td><td rowspan="2">45</td><td rowspan="2">3</td><td rowspan="2">2</td><td rowspan="2">40</td><td>C</td><td>2059</td><td>77.7</td><td>E</td></tr>
<tr><td>D</td><td>708</td><td>75.7</td><td>E</td></tr>
<tr><td rowspan="2">C B</td><td rowspan="2">60</td><td rowspan="2">3</td><td rowspan="2">2</td><td rowspan="2">55</td><td rowspan="2">35</td><td rowspan="2">3</td><td rowspan="2">2</td><td rowspan="2">30</td><td rowspan="4">下午尖峰</td><td>A</td><td>3409</td><td>92</td><td>F</td><td rowspan="4">79.39</td><td rowspan="4">E</td></tr>
<tr><td>B</td><td>1776</td><td>51.1</td><td>D</td></tr>
<tr><td rowspan="2">D A</td><td rowspan="2">45</td><td rowspan="2">3</td><td rowspan="2">2</td><td rowspan="2">40</td><td rowspan="2">65</td><td rowspan="2">3</td><td rowspan="2">2</td><td rowspan="2">60</td><td>C</td><td>2462</td><td>79.5</td><td>E</td></tr>
<tr><td>D</td><td>3568</td><td>81.35</td><td>F</td></tr>
</table>

注:1.B 方向 07—09 调拨一车道往北(假日除外);2.A 方向快车道仅准左转;3.C 方向快车道仅准直行;4.C 方向慢车道禁止左转。

(4)大众运输现况。新北产业园区站(A3 站)周边以公交车为主要大众运输工具,本站周边共有 8 条路线,详细站位与路线如图 3 所示,另有 F202 线小区巴士服务当地居民前往医院、市场及学校。

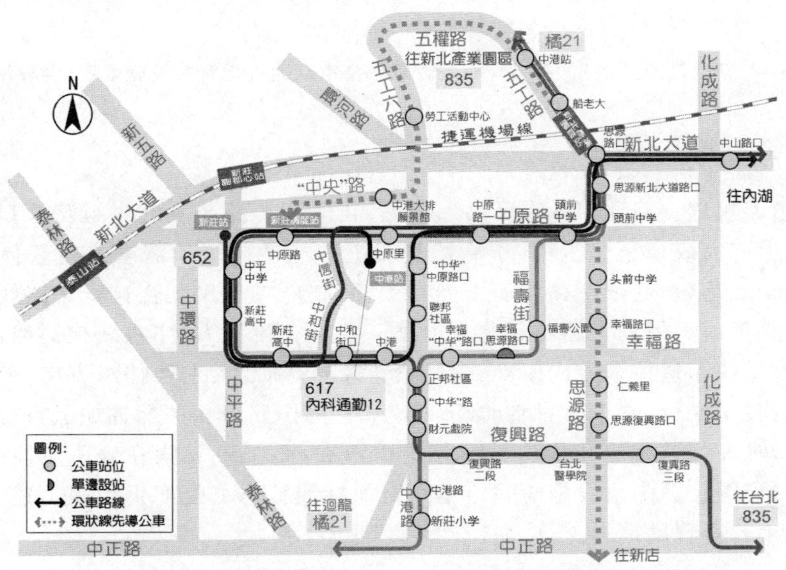

图 3　新北产业园区站(A3 站)周边公交车路线现况示意图

3　运输需求分析与 A3 站交通整合计划

3.1　机场捷运运输成果分析

(1)运量预估。本计划以《桃园国际机场连外捷运系统延伸至中坜火车站规划报告及周边土地发展计划》中的基本假设与其各站预测进出量及站间量为基础,并依据台北地区整体运输规划基本资料之调查与验校及台北生活圈需求变化进行运输需求参数调整与推估,依据上述运输需求参数预测数据,校估后目标年(2021 年)新北产业园区上车量为 995 人旅次/h、下车量为 850 人旅次/h,而台北车站至新庄站间运量预估,往台北方向为 803 人旅次/h,往机场方向则为 414 人旅次/h。

(2)转乘设施。依据原《中正国际机场联外捷运系统建设计划运输需求预测补充修正报告》中,已预估转乘设施需求量,后续在工程细部设计时,设计审议会要求提高小汽车、机车与自行车停车位数量,图 4 为综整各阶段估计转乘设施数量与规划布设位置。

另参考 2010 年《桃园国际机场联外捷运系统延伸至中坜火车站规划报告及周边土地发展计划》,推估模式分为临时停车位(公交车停靠站、机车临停区、汽车临停区、出租车接送区)及长时间停车位设施需求(自行车位、机车位、汽车位)，推估新北产业园区站(A3 站)公交车停靠站 2 席、小汽车临停区 1 席、出租车接送 1 席、自行车位 38 席、机车停车位 74 席及小汽车停车位 10 席，显示捷运机场线未来延伸至中坜火车站后，目前规划之转乘设施符合需求，而公交车停靠站则因目前新北大道上仅有 798 路公交车经过仅留设 1 席即可，未来视情况再行调整。

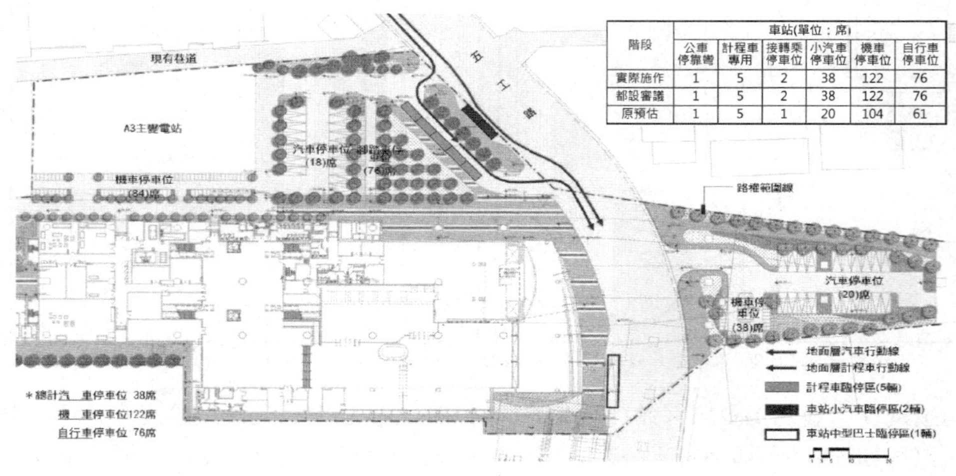

图 4　新北产业园区站(A3 站)相关管理单位审议通过之转乘设施配置(含数量)

3.2　A3 站周边交通整合计划

(1)邻近路口与道路规划。新北产业园区站(A3 站)位于五工路与新北大道交叉口，因在此站捷运路线工程并未于新北大道上有大规模土建工程，于后续复旧中未能适应当地需求进行整体规划，且新北大道上省道台一线高架段已于此落墩，受限于路型而未能有大幅调整空间，仅配合自行车路线计划，于路侧建议拓宽规划自行车与行人共享道。但五工路与新北大道路口尖峰车流量大，亦重新检讨时制计划。新北大道设有快慢分隔，故新北大道快车道往东方向仅准直行、禁止左转，新北大道西往东方向(分隔岛外侧)依然保持路口处 2 车道，方便右转车通行，并设有右转时相，见表 2；并且，路口相关配置加上自行车穿越道。

另新北产业园区站(A3 站)将与环状线 Y19 站进行转乘，而 Y19 站尚在施工阶段，A3 车站对面亦有水利单位整治工程进行，周围相关围篱设施清除与道路路面标线标志之复旧仍须视上述工程进度进一步检视与施做，图 5 为 2014 年 5 月现勘情形。

图 5　新北产业园区站(A3 站)现勘情形

表 2　路口号志时制现况表

站名：中山路一段—思源路	时相	上午尖峰(s)					下午尖峰(s)				
		绿灯	黄灯	全红	行人	周期	绿灯	黄灯	全红	行人	周期
简图： N 五工路 D C A 新北大道三段 新北大道二段 B 思源路	A	60	3	2	55	225	60	3	2	55	225
	A B	40	3	2	35		45	3	2	40	
	C B	60	3	2	55		35	3	2	30	
	D	45	3	2	40		65	3	2	60	

(2)停车设施规划。依据高速铁路工程管理单位提供计划转乘设施数量，新北产业园区站(A3 站)虽符合其运量预估需求布设并施做，但为避免旅客需求超乎预期，位于五工路与产 11 路交叉口处，另设置机车格位 70 格；于新北产业园区站西北侧增设一停车场，提供机车 107 格及自行车 78 格，如图 6 所示，而新北产业园区站(A3 站)之平面停车场视情况亦可在未来改建为立体停车场。

另邻近有"新北产业园区市有土地立体停车场及多功能会馆"建置中，未来将提供 404 席汽车位，可服务长期停放车辆需求之预办登机旅客，建议营运公司与新北产业园区立体停车场进行合作，如旅客可先在新北产业园区站(A3 站)停车先行办理预办登机，再将车停放至该停车场，或是提供旅客新北产业园区站与立体停车场间之接驳服务。

(3)出入口与人行动线规划。新北产业园区站(A3 站)于五工路对向既设巷道及停车场均设置有行人穿越线，且由车站平面图(见图 7)亦可看出其捷运站周边之人行系统宽敞，能与停车场、转乘设施衔接，给予行人安全方便的行走空间；另由台北市相关部门规划兴建中的环状线，其 Y19 车站将与本站进行转乘，亦将设置人行天桥。

(4)大众运输系统规划。新北产业园区站(A3 站)周边公交车大多行经思源新北大道路口，路线重复性高，其中 617 及 652 公交车路线皆通往内湖并行经思源新北大道路口，建议将其 617 及 652 两线公交车加开副线或固定班次时段绕行至化成路，除缓解思源路众多班次经过及重复路线的问题，也可服务化成路欲搭乘往内湖之民众，因少班次行经化成路，对其化成路交通问题影响甚小，如图 8 所示。

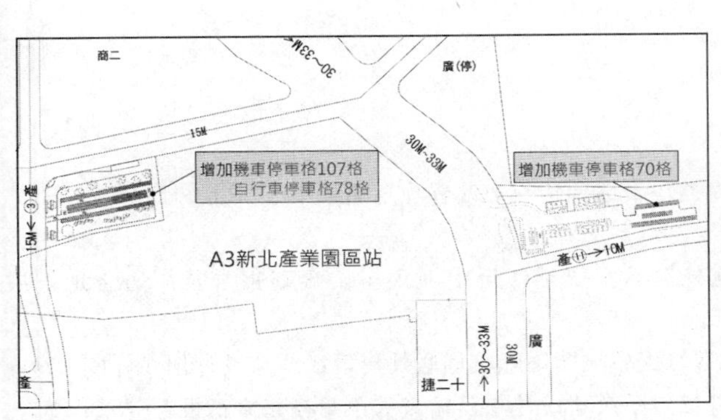

图 6　新北产业园区站(A3 站)增设转乘设施位置

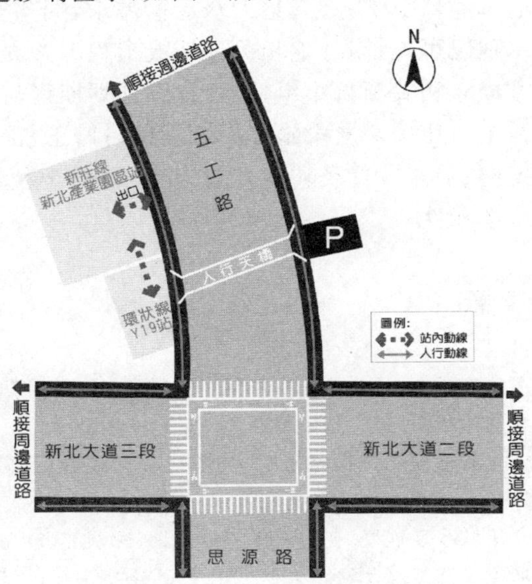

图 7　新北产业园区站周边公交车路线示意图

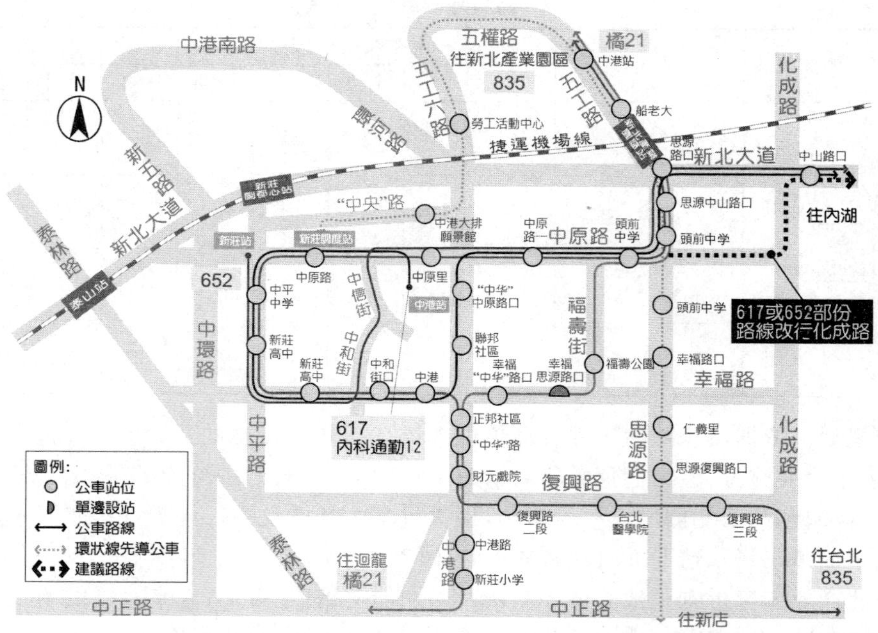

图 8　新北产业园区站(A3 站)周边公交车路线示意图

4　结论与建议

捷运系统的建置能为大众带来运输系统更多的选择与便利性，但在通车前其车站与路线周边转乘系统、道路系统须配合整体检查，才能让捷运系统发挥最大效用，提供大众完整的运输服务。目前，新北产业园区站(A3 站)周边道路复旧已由高速铁路工程管理部门大抵完成，但周边附属设施及道路周边标线标志仍有缺失。经现勘后，因环状线 Y19 站施工与周边水利相关整治工程，相关围篱、标线与行人穿越号志仍有待检查；而转乘设施部分，也因上述工程导致部分停车场并未完成建置；人行动线，未来若新北产业园区站(A3 站)加入行李托运与登机作业，对于携带大型行李旅客，应有更宽敞便利之动线转乘；现阶段捷运机场线未通车的情况下，为满足大众运输需求，周边公交车路线与站牌目前已由地方协调业者增设与调整停等站位。现况可见，因其他相关计划或工程因素导致部分设施未能施做，或是公交车路线已预先进行调整，建议地方成立相关项目小组，整合各方计划期程与需求，保持动态检视与调整。

通车后相关交通设施除应持续检讨修正，也必须配合交通疏导，使民众更加熟悉捷运车站出入口、周边交通设施、景点位置及转乘方式，并于适当管道宣传机场捷运线通车信息，使民众得以充分享受捷运通车所带来之便利性。

参考文献

[1]新北市交通局. 捷运桃园机场线(林口至三重)第一期通车路段沿线周边交通改善规划期末报告[R]. 2013.

[2]台北捷运报道[J]. 2011(285).

[3]交通主管部门高速铁路工程主管单位. 桃园国际机场连外捷运系统延伸至中坜火车站规划报告及周边土地发展计划[R]. 2010.

[4]新北市城乡发展局. 变更新庄都市计划(含副都市中心地区)(配合桃园国际机场联外捷运系统建设计划)书[R]. 2006.

[5]交通主管部门高速铁路工程主管单位. 中正国际机场联外捷运系统建设计划运输需求预测补充修正报告[R]. 2005.

[6]交通主管部门高速铁路工程局网页[OL]. http://www.hsr.gov.tw.

交通违规申诉案件裁量权行使之研究

——以新北市交通事件裁决处申诉案件承办公务人员为例

郑水木　邱继谊

（新北市交通事件裁决处违规申诉科，新北）

摘要：一般对于交通违规行使裁量权之印象，多以警察为主，然而随着法规的修正与裁决机关的成立，裁决机关依法律授权而拥有一定裁量权，故本研究希冀经由探讨新北市交通事件裁决处申诉案件承办公务人员在办理申诉业务时之裁量权行使，了解申诉案件承办公务人员行政裁量权行使情形。本文通过访谈之方式，分别针对申诉案件承办公务人员之个人主观因素、机关内部绩效因素及外在压力因素等3个变量进行探讨，期望了解申诉案件承办公务人员在执行裁量权时是否受到这3个变量影响而改变，并探讨目前申诉案件承办公务人员办理申诉案件时之困境及解决之道。

关键词：公务人员；行政裁量权

随着经济成长，民众拥有汽、机车数量逐年增加，致使台北地区的机动车辆大量增加，也造成许多交通违规事件。由于新北市工商业繁荣、人口众多，且与台北市毗邻而居，每日机动车辆通行数量达一百多万辆，交通问题成为民众关心问题。由于现行交通法规，无法针对各种交通违规情况巨细靡遗地进行规范，立法部门为维护民众权益，遂通过法规授权各行政单位行使裁量权，目的无他，希冀能通过法规的授权带给行政单位更多的弹性进行行政查处。

目前台湾地区面临政治、社会、文化、经济各方面的快速转型发展，民众自主意识高涨，对于公务人员的要求也不断增加，面临诸多的挑战与冲击，传统的公务人员的做事方法已面临考验，公务人员所扮演的角色必须更专业化、服务化。而社会大众所给予的期许与要求也更多、更重，尤其当民众因交通违规被举发时，对其被举发内容、方法与公务人员执勤态度等方面有诸多的批评，因此裁决机关所担负的角色与权限受到前所未有的挑战。此外，随着社会多元化的变迁，一般民众更容易受到大众传播媒体、互联网等的影响，使办理交通违规裁决的行政机关时常受到民众之责难，被认为偏袒举发单位。然而依照现行法规，当民众受到行政处分或认为行政机关造成其权利受损时，可依法提起行政救济。在现今民意高涨的时代，裁决机关不应该被动地防止裁量失当的情形发生，应积极主动地重视民众所拥有的权利，对于不合程序的交通违规举发，予以主动行使裁量权撤销，不再被动地让民众提起行政救济。

新北市境内交通违规裁决业务，原由交通主管部门公路主管单位台北区监理所办理，后因新北市于2010年12月25日升格为直辖市，新北市遂依据相关法规，于2012年12月5日成立新北市交通事件裁决处，负责新北市境内交通违规裁决业务，每月受理民众交通违规申诉案件达3000件，目前办理申诉案件承办人有12人，每人每月承办件数达250件。研究者本身担任新北市交通事件裁决处违规申诉科科长一职，服务期间常有民众来电抱怨申诉案件承办人不通人情或仅依据发单位意见办理，未行使裁量权等情况。相较一般行政人员，显然申诉案件承办人在民意高标准及工作繁重等条件不佳情形下，容易产生心理上莫大的压力与无助感；另因申诉案件承办人是否因行使裁量权而造成有图利他人之嫌，进而造成自身困扰，上述相关因素均会间接影响申诉案件承办人是否被动行使裁量权。

依据违反道路交通管理事件相关规定："违反道路交通管理事件之裁决，应参酌举发违规事实、违反情节、稽查人员处理意见及受处分人陈述，依基准表裁处，不得枉纵或偏颇"，"违反道路交通管理事件，处罚机关受理后发现举发错误或要件欠缺，可补正或尚待查明者，退回原举发机关查明补正后依法处理，其错误属实且无可补正者，由受理机关依权责签结"。另外依1986年3月修正实施的有关道路交通管理的法规：公路主管机关应设置交通裁决单位办理，其组织规程由交通主管部门、直辖市政府定之。由上述规定可知裁决

作者简介：郑水木，科长；邱继谊，约雇职务代理人。

处违规申诉案件承办人行使裁量权实有法规依据。

一般民众面对于因交通违规被举发时，认为可行使裁量权之印象，多以警察为主，皆以为只有警察才能行使裁量权，这部分已有明确规范："行为人有下列情形之一，而未严重危害交通安全、秩序，且情节轻微，以不举发为适当者，交通勤务警察或依法执行交通稽查任务人员得对其施以劝导，免予举发。"此外坊间及学术单位所研究之交通违规裁量权行为亦皆以警察人员为第一研究对象，然而交通裁决单位依法量授权而拥有一定裁量权，同时也负有裁量"义务"，而新北市交通事件裁决处亦是法律授权赋予可对违反道路交通管理事件行使裁量权之机关，故激起研究者针对新北市交通事件裁决处申诉案件承办人员在办理申诉案件时之裁量权行使的研究兴趣，借此了解裁决处申诉案件承办人员的裁量权行使。

1 文献探讨

(1)公务人员

对于公务人员之研究理论，美国著名学者 Lipsky 于《基层官僚》(*Street-Level Bureaucracy: Dilemmas of the Individual in public Services*)一书中所提基层官僚理论，所指基层官僚(street-level bureaucracy)是指公共事务部门中负责实际处理运用法律法规而进行具体行政行为的基层公务人员。另外 Lipsky 也针对基层行政人员的定义进行说明，所谓基层官僚又称为基层行政人员或第一线行政人员，泛指在行政体系中与民众接触的第一线行政人员，如警察、消防员、社会工作者等。他们的工作相当复杂且困难，并站在公务体系最前端，面临着广泛、不确定的问题及情况，同时必须面对民众施加的压力，因而常有过度负荷的情况。然而在这样艰辛情形下，基层行政人员被期待同时满足组织、社群与广泛的社会目标。因此，其执行意愿、态度、做法等，均影响政策的执行成效。

再者，Lipsky 认为基层行政人员的自主性、裁量权的运用与民众甚为相关，基层行政人员的行政作为总和等于整个行政机关的行政作为。因此，基层行政人员无疑是行政机关实质上的决策执行者。基本上来说，基层行政人员在公共服务上扮演以下角色：①影响民众对行政部门叙施政范围与行政作为和内容的认知；②具有认定为民提供公共服务或裁罚的资格；③所做的行政作为的举措影响民众对行政部门的观感。

Lipsky 亦认为基层行政人员有以下特点：①基层官僚机构所面对的是大量且多方面的工作负荷，其运作往往与理想相差甚远；②基层官僚机构所服务的民众，基本上无选择的权力；③基层官僚体系虽位居底层，但对所服务之民众影响甚大。

基于上述论点，本研究将 Lipsky 认为基层行政人员需要有裁量权之因素，略为整理为如下 3 点：①基层行政人员所处工作环境日趋复杂，亦即基层行政人员须适应不同工作环境；②基层行政人员亦须面临不同方面需求之民众，说明了基层行政人员须面对民众为维护自身权益所提的问题或各式挑战；③Lipsky 认为基层行政人员与民众服务沟通的时间多于执行本身任务的时间。

而学者 Gilbert 发表的《行政责任分析架构》(*The Framework of Administrative Responsibility*)之理论，可分为两个层面分别为正式、非正式确保途径，即说明公务员应负有遵循法规所规范之责任，并且须依个人操守、大众偏好、政治参与权威性分配负其责任；另外内部、外部确保途径之区别在于启动责任的来源，据此理论可以得知内部正式确保途径可分为 3 点：调查委员会，行政控制，人事、主计、政风之双重隶属监督体制。其中，行政控制方面又可分为 5 点，在古典责任动线及决策程序方面分别说明：上自行政总管，下达基层管理者，形成层级节制的管理网络，另外为确保行政运作的公开、公正、公平，及让行政人员有其标准可循，决策程序应明确化、法制化。

(2)行政裁量权

行政裁量系指为便利行政业务的执行，以法规对行政机关就其职权范围内的事项，授予藉自身合理判断做成决定的权力。在形式上，法治地区严格依法行政的原则，一切行政行为，均须依法有据，亦步亦趋，不容稍逾越。现今社会环境变迁迅速，管理机关欲以有限之法条，就社会事实做细密而具体的规定，简直是不可能，于是原则性之法条及概括条款，仅规定某种基本法益及原则，而未具体明定其构成要件之弹性亦容许出现。换句话说，行政裁量的性质就是管理机关为了达到便民、利民，贯彻行政的目的，而延伸的机动原则；但是，身为公务人员必须深切了解，行政裁量是不能逾越法规的范畴，实践上仍必须受限于许多法规，而不能漫无限制地滥用行政职权。尤其是在职务上给予民众利益之行为，若非为法律条款之授权，极易触法并构成公务员图利罪。行政裁量权乃追求正义所必要的一种工具,管理的方式不外乎是法治或是人治,但因当前政治环境的复杂性,行政裁量权具有调和法律的特性;再者,行政裁量虽为管理的必要性,但亦须经由法律明示的授权,否则将具危险性。因此,以下情形应有裁量权之存在:①不发生法律效果之行政行为,以及不具干预性质之给付行为,在法律优位原则支配下,仍应有行使裁量权之空间;②干预权之行使,若未被授权行使裁量权,则非属裁量权行使范围;③在法律效果中有上或下限之数额待确定者;④介于法律"明示"及"未规定"间,尚可从法条之含义或各该法律之制定意旨探求法律"消极默许" 裁量权之存在。[5]

行政裁量大致可分为两种形式:①准立法的(legalislative-like)政策决定权威;②通案性政策如何应用至具体个案的权威(Bryner, 1987)。而行政裁量之必要性,乃因抽象的法规转化至实际的行动层次,其间必须历经人为的诠释与选择过程。Lipsky 在 1980 年已举出基层官僚工作的若干特性,以阐释严格限缩裁量可能面临的困难:①基层官僚的工作情境极为复杂,难以巨细靡遗地规范所有细节;②某些情境有赖基层官僚做出符合人性的价值判断;③基层裁量本身可提升官僚人员的自尊(selfregard),并使服务对象深信基层官僚影响其福祉甚巨。基于以上理由,基层官僚的每日工作便经常涉及裁量权的行使,且极难有限缩的可能性。[6]

有关基层公务人员与裁量行为间的关系,似可归结出以下几点看法:①基层公务人员扮演某种政策制定的角色;②基层官僚组织裁量行为有其存续的必要性;③裁量活动可从多元角度检视其合法性意涵;④裁量行为可能是基于不同的心智判准。[6]

2 研究方法及研究命题

2.1 研究方法

目前,新北市交通事件裁决处申诉案件承办公务人员共 13 位,扣除本研究者计 12 位,12 位同仁中,男性 2 位,女性 10 位。本研究共访谈了 12 位实际承办交通违规申诉案件人员,他们的平均办理申诉案件年资将近 5 年,平均公务年资约 10 年,为保护受访者个人资料,在承办人员姓名部分,本研究将以代码表示,受访者资料见表 1。

访谈大纲针对研究意旨分为 4 个部分,第一部分为受访者的个人主观因素影响程度,包含受访者面对民众态度好坏、受访者办理交通违规申诉案件时心情好坏等是否影响实际裁量权行使;第二部分为机关内部绩效因素影响程度,包含受访者面对机关内部绩效因素、课室若采取奖惩时是否影响实际裁量权行使;第三部分为外在环境压力因素影响,当面对上级长官(科长,处、局内长官)等民意代表关切时,是否影响实际裁量权行使;第四部分为承办人员角色扮演上之认知及目前承办人员办理申诉案件时之困境分析。

表 1 访谈对象数据

代码	性别	公务年资	担任申诉案件承办人年资
A1	女	4 年	2 年
A2	男	1 年	1 年
A3	女	4 年	2 年
A4	女	2 年	2 年
A5	男	6 年	6 年
A6	女	13 年	7 年
A7	女	6 年	3 年
A8	女	5 年	2 年
A9	女	15 年	8 年
A10	女	13 年	10 年
A11	女	32 年	13 年
A12	女	24 年	2 年

2.2 研究命题

本研究针对个人主观、机关内部绩效、外在环境压力及困境分析共4部分，进行访谈大纲设计，采用深度访谈方式，受访者访谈时间为1～1.5h，访谈结束可了解受访者内心想法，作为研究结果与建议之用。访谈大纲依据研究动机与目的，并通过文献设计出访谈命题共6题，见表2。

表2 研究命题

访谈命题	设计提纲	可验证结果
1	请问您办理交通违规申诉案件时，是否会因个人主观因素而影响裁量行使（心情不好、民众态度不好等），进而撤销原处分？又或者您仍会相信举发单位举发无误，仍维持原处分？为什么？	可探讨申诉案件承办公务人员于办理申诉案件时，个人主观因素影响程度
2	请问您办理交通违规申诉案件时，您是否会因机关内部绩效因素而影响裁量行使（课室奖惩、月绩效报表、预算达标率等），进而维持原处分？又或者您会进而撤销原处分？为什么？	可探讨申诉案件承办公务人员于办理申诉案件时，机关内部绩效因素影响程度
3	在办理交通违规申诉案件时，如有上级长官（科长，处、局内长官）等民意代表关切时，是否影响实际裁量权之行使？为什么？	可探讨申诉案件承办公务人员于办理申诉案件时，外在环境压力因素影响程度
4	您目前身为新北市交通事件裁决处申诉案件承办公务人员，和其他处内无须承办申诉案件公务人员相比，您对自己的角色看法如何？为何会有此看法？	可探讨申诉案件承办公务人员于办理申诉案件时，内在角色认知
5	就您的认知，目前处内的教育训练，是否足够应付您办理交通违规申诉案件的需求？如有不足，您认为应该增加什么？为什么？	可探讨申诉案件承办公务人员于办理申诉案件时，所遭遇之困境
6	在目前办理的交通违规申诉案件中，你所遭遇的困难为何？为什么？	可探讨申诉案件承办公务人员于办理申诉案件时，所遭遇之困境

3 研究结果分析

本研究旨在探讨新北市交通事件裁决处申诉案件承办公务人员在办理交通违规申诉案件时之裁量权行使与否的影响因素。本研究采用深度访谈方式，先从个人主观因素、机关内部绩效因素及外在压力因素切入，并结合理论基础与文献研究来了解申诉案件承办公务人员在办理申诉案件时是否受上述因素影响，并希望通过访谈了解申诉案件承办公务人员受影响之程度。然后探讨申诉案件承办公务人员角色认知及执行业务时之困境分析。

3.1 个人主观因素分析

在个人主观方面，本文探讨申诉案件承办公务人员对民众态度、个人情绪等外在主观的认知，及其对申诉案件承办公务人员裁量权行使的影响。

(1)个人主观因素之影响分析

在访谈过程中，受访者都认为办理交通违规申诉案件，遇到民众态度不好或是个人情绪不好时，并不是影响裁量权行使的主要原因，其裁量权行使的依据仍受到法律的规范，将受访者对于个人主观因素之看法归纳如下。

A1："不会。对于承办违规申诉案件来说，去厘清违规事实是否成立与举发要件是否具备，才是行使裁量权的最基本核心，倘违规事实不成立又或举发具有瑕疵，才能够依法予以撤销原处分，自然不可能因为个人的观点、心态而执行公权力；又依据相关规定：'行政机关就该管行政程序，应于当事人有利及不利之情形，一律注意’，是以须针对申诉人所陈述内容，均需要函请原举发单位予以查证说明，并经参酌申诉理由及原举发单位查复意见，予以依法裁处。又交通违规举发执行系属警察机关职权范围，除其行使举发之过程或结果，有逾越权限或滥用权利之情形，原则上应尊重警察机关举发决定，而做有限之裁处。”

A2：“我并不会因为个人情绪、对方态度或其他因素而影响裁量行驶，至于撤销原处分更是不可能，本处设有健全的制度，每个科室各有不同职责及权限，且一切裁量皆须依法有据并符合程序，因此不可能。”

A6：“办理交通违规申诉案件，系针对不同申诉案件之情境而进行判断，裁决与承办人员之个人主观因素应无任何之关联，倘涉及个人主观因素，所为之任何判断皆可能造成错误及不公平之裁决，导致陈述人误认公务机关官官相护或比较凶的人就可能撤案的情况。”

综合上述得知，承办人员在办理交通违规申诉案件时，并不会因为自身心情不好或民众态度不好等而影响裁量权行使，皆以民众之违规事实进行裁决。

(2)受访者是否受个人主观因素之影响理由概述

①担心会被民众再申诉

受访者认为态度不好的民众，极有再申诉的可能，且目前民众再申诉的管道很通畅，倘因为民众的态度不好，而不行使自身裁量权的行使，受影响的反而是自己。

A9：“一切照规定来，若不服请他再提起申诉或打行政诉讼，不然到时候事后被民众反咬一口，那就难解释了，现在办理案件，一切要依法行政，不然上法院没有证据就输了。”

A8：“我觉得今天我们办理申诉案件目的就是为要能客观裁决，因此不可能仅单单觉得民众态度不好或大声，就对他所违规的部分视而不见，这就跟我们目的相违背了。”

A3：“对于裁量或举发的事实，我本身就是依法行政，所以再向市府或长官申诉我也不怕有问题。”

②民众态度不好代表不认为自身行为有违规

A11：“我觉得这样的民众实在是没有知错的想法，只会把自己的过错怪罪到别人的身上，进而认为警察是在找他的麻烦。因此当遇到这样的民众，我不管如何一定会针对他违规的部分详查清楚。”

A6：“如果确实是警方举发有点问题，虽然民众态度不好，还是会帮他，但明明违规属实还很凶，我也会大声回应他。”

A9：“我承认可能会因申诉人很可怜，缴不出罚款或是有些申诉人积极提供相关证据，会再为其寻找是否有可以不罚之规定或从轻裁罚之规定。另也会请其再申诉请举发单位再审查。另对态度不好之申诉人更应依法办理。”

(3)小　结

本次访谈发现申诉案件承办人员在办理交通违规申诉案件时，遇到民众态度恶劣时，会产生认为民众不知悔改的观感及觉得他应该会再申诉的看法，另外本身应依法行政的立场并无不一致，但遇到民众态度和善时会感到有认同感，则会将心比心，会多想了解案情。此外，对于办理交通违规申诉案件应依法行政部分，决不会因个人主观因素(包含民众态度与本身情绪好坏)而影响到裁量权之行使。

3.2　机关内部绩效因素之影响

目前裁决处内部每季皆会统计民众申诉案件数及申诉后撤销免罚件数，并分析免罚原因，逐季检讨相关案例提供举发单位参考办理，本节将探讨新北市交通事件裁决处申诉案件承办公务人员在办理交通违规申诉案件时，面对机关内部绩效因素及法规，是否影响行使裁量权。

(1)机关内部绩效因素之影响分析

机关内部绩效因素包含受访者在面对机关内部科室奖惩、预算达标率及月绩效报表等，是否影响实际行使裁量决定。受访者看法归纳如下。

A1：“不会因机关内部绩效因素而影响行使裁量权，予以维持原处分或撤销原处分。就如同上述已提及，站在申诉案件承办人员的立足点来说，秉持着公平正义心态及依法行政的原则去执行我们所承办的申诉业务是一种被赋予的使命，自然要以专业知识为基点予以办理，不会依非法律之因素而执行裁量权。”

A2：“单位内并无任何绩效、预算达标率等情形，不会因而改变裁处结果；单位只有对于公文办理期限有所要求，科内同仁皆尽力于期限内完成办理，惟案件数量过大，为避免公文逾期之情形，对于各承办人皆有莫大的压力。”

A3:“不会因为内部绩效而影响裁量行使,虽然没有内部规则明确订定。”

A4:“承办交通违规申诉案件与机关内部绩效因素绝对无任何交集。申诉案件之裁决系依据原举发机关之意见,进而参酌申诉人之理由而执行裁决。倘若不服,尚可依据行政诉讼程序之审理而得到最后结果,与内部绩效数据之统计是为两条无交集之并行线。”

研究发现,承办人员在办理违规申诉案件过程中,一般皆不受机关政策影响,包含奖励及处罚,在办理违规申诉案件的过程中,裁量权行使在个人自身内心有一套标准。

(2)受访者是否行使裁量权之理由概述

本节探讨机关内部绩效因素是否会影响稽查人员裁量权之行使,以下针对受访者之理由归纳如下。

①绩效制度不健全,无法真正达到激励效果

一般而言,机关的奖励制度不足时,无法达到奖励的诱因,进而激起机关内部成员动力。因此,在诱因不足的情形之下,组织内部的成员是很难有动力去达成组织的任务。

A11:“讲到这个机关内部绩效,事实上罚了多少单,或是撤销免罚,这些跟绩效一点关系都没有。因为从以前到现在的管理者都没有定这种绩效,根本就没有所谓裁量权行使绩效的问题存在。”

②同仁对机关内部绩效不感兴趣

一般而言,组织内部的成员会接受激励效果,多半是认同组织的激励对未来人生发展有帮助,当组织内部成员认为机关的激励作用对自己未来的发展并无关联时,激励就不起作用。

A5:“因为毕竟我的公务人员的资历尚浅,就算有奖励这个部分,对我的影响并不是那么大。”

A8:“说真的,我自己是不会因为处里的奖励来影响我的裁量权行使,因为我本身对于有没有被记嘉奖这件事并不是很在意,而且嘉奖对我而言也没有很大的吸引力。”

③受访者办理交通违规申诉案件仍持一贯程序运作

裁量权之行使并未受机关内部绩效因素的影响。亦有受访者表示,办理申诉案件裁决受到法律的规范,并认为自身实行办理申诉案件亦为了维持公平,故有关组织内部的绩效或奖惩制度对其来说,并未起作用。

A9:“于办理申诉案件时,不会因机关内部绩效因素而影响裁量。惟会因公文时效或申诉案件太多无法花太多时间研究案情,多以原举发单位查复结果办理。”

A8:“违规申诉案件系依据证据、法规作为相关裁处依据,并非以单位内各项凭核绩效项目为裁处依据。”

A4:“原则上,若是相关法规完整,我就一定会依法办理,因为我认为毕竟我们身为公务人员,必须依法行政,既然有法规的话,就必须按照法规执行,所以不会去管什么绩效。”

(3)小　结

本次分析发现受访者办理交通违规申诉案件时,在面对机关内部绩效方面,并不会产生配合政策顺服的特性,探究其原因不外乎为办理民众申诉交通违规案件有其独立自主裁决之特色,受访者并不会因其他政策原因改变裁决,另因为组织成员对申诉案件处理采用奖励制度不感兴趣,故奖励诱因仍无法引起组织成员激励作用。此外,本研究发现大多数受访者仍维持本身特有的裁量权行使标准,且其标准并不会受到机关内部绩效而有所改变。

3.3　外在环境压力之影响

交通违规申诉案件承办公务人员为第一线办理案件之人员,是最了解民众个人之申诉内容或需求的,但通常也是最直接去承受压力的一群,压力来源包括民众电话的抱怨或亲自到现场的争执,另外当案件面对上级或民意代表关切时,或者本身专业能力是否足够及自我身心调适能力是否影响裁量权之行使。

(1)外在因素之影响分析

在本研究中,受访者多数表示不会因为上级或民意代表关切而有不同裁量,毕竟上级关切的案件,只能尽量详查该案件违规事实,受访者一般还是依案件违规情节以自己的职责来行使裁量行为,在以下的分析中,将针对影响裁量权行使之叙述做出说明。

A5:“我觉得民众申诉案件不管有没有上级表示关切,我们做事的态度都一样。我觉得上级表示关切的案子并不会影响我办理的态度。我是这样认为的。”

A1:“不会因上级表示关切而行使裁量权予以维持原处分或撤销原处分。而针对其关切,则会采取如实告知依据法律该有的裁处。”

A2:“如有上级或民意代表表示关切案情时,会另行注记,以便在结案时告知其处理结果,但不会因而改变裁处,因一切裁量皆须依法有据并符合程序,单位内曾有一案例,如某大院院长座车因闯红灯遭警察制开红单,科长及该案承办人员有接获电话关切案情,但查证后因违规属实,所以还是依规定裁罚。”

A8:“办理申诉案件,有时虽有上级或外部环境压力,惟为贯彻‘当罚则罚’原则,只能尽量将违规案件有疑义之处调查详细,再依据法规做出最正确之裁量结果。”

A9:“裁决机关本应秉持依法行政之精神,毋枉毋纵,故如有上级关切更应依法裁处,会花更多时间及精神寻找相关法规及函示证明裁处无误。”

综合上述访谈得知,受访者对于上级或民意代表关切之案件,并不会影响裁量权行使,主要原因乃认为上级关切仅为希望查明违规事实,受访者均会依违规事实进行裁处。

此外亦有受访者指出,上级表示关切之案件,碍于主管的督导或要求,会花更多时间及精神寻找相关法规及函示证明裁处无误。将受访者意见归纳如下。

A4:“如果上级要求我们要再重新函请举发单位查明,基本上,我会依上级的要求重新函请举发单位查明。”

A2:“毕竟上级已表示关切,还是会有一点恐惧感。所以可能还是会看举发单位查明的状况,询问主管的意见,会以他们的意见来作为裁量的参考。”

由上述访谈可得知,亦有受访者表示办理上级表示关切之案件时,仍会因上级而影响裁量权行使,主要原因为避免受上级质疑未查明违规事实。

(2)受访者影响裁量权行使之理由概述

本节探讨外在环境压力因素是否会影响裁量权之行使,研究发现受访者分为两大态度,非全部符合学者之理论,以下针对受访者之理由归纳如下。

①对上级已表示关切之案件,受访者认为裁量权行使不应受主管规范,仍应依法办理,不受上级已表示关切而有所不同。此外上级表示关切之案件,一般皆会依交通违规申诉案件承办公务人员的决定,不至于会影响承办公务人员裁量权行使。

A3:“基本上上级已表示关切之案件,我会很清楚将为什么我要罚或不罚的理由说明给他们了解,我相信他们会支持而且会相信我们执法的专业素养。”

A10:“如果有长官或民代关切案子,会更谨慎处理案件,原则上都是依法办理。”(A10)

②站在尊重主管的立场上,在不违法情况下,申诉案件承办人员仍有可能依主管建议行使裁量权,亦有受访者表示,身为主管,办理案件的经验一定比本身来得丰富,且主管的历练会比较多,所以在办理申诉案件时,会以主管的意见为优先考虑的依据,倘若主管要求一定要再重新调查,受访者仍会尊重主管的意见。

A11:“因为会觉得上级可能在办理案件或行政方面的经验较为丰富,且经历过的事情也比较多,所以我会以主管的意见为意见去办理,况且我也不想因为可能采取自己的做法而导致事情变得更加复杂,这样其实是更不好的。”

A12:“若是在不违法情况下可以撤销举发免罚的话,当然就尽量不要罚啦,因为外在经济也不景气,民众对乱举发也会不高兴。”

(3)小　结

本次分析发现,承办人员在办理申诉案件时,面对外在压力方面,并不会产生影响裁量权行使的情形,并认为上级表示关切,其目的主要在于避免因裁决错误而产生后续更不必要的麻烦,而非要影响裁量权行使,且多数受访者亦认为,这类案件如遇民众不服裁决时,主管更因了解案情而可帮助说明并安抚民众情绪,故承办人员并不会因为上级表示关切的案件,而有影响裁量权行使之行为;仅少数受访者基于尊重主管的立场上,包含主管的经验与看法,在不违法情况下会有影响裁量权行使之行为。

3.4　交通违规申诉案件承办公务人员角色扮演上心态认知

(1)交通违规申诉案件承办公务人员内部心态认知

目前任职于新北市交通事件裁决处办理交通违规申诉案件的承办人员,是否真能认同此工作亦或碍于职务的安排而被动地办理业务。因此，这里重点评价一线办理申诉案件的承办人员在角色扮演上的内部心态认知。将受访者的内部心态想法整理归纳如下。

现行行政机关进用人才皆通过考试制度，而通过此种考试制度进入行政机关的准公务人员往往事先无法得知自己被安排什么工作，只能被动地接受机关的派遣，待分发至工作科室后才能知道工作内容，研究发现受访者表现出两种不同的心态认知，受访者并没有产生公平理论所提出的工作与薪资不公平的认知，并认同自己目前的工作，且并不会有不公平的心态产生，下面针对受访者内部心态之叙述做出说明。

A6："对我而言，处里每一项工作都需要有人做，而且既然我的工作是办申诉，我就会欣然地去接受，毕竟每一个科都有它独特的功能或工作，所以就算待在其他科，也可能遇到不同工作类型或困难。因此我并不会觉得与其他同仁比起来，心里会有不平衡的情况。"

A1："申诉业务本身是裁决处的一项工作。它一定要有人做，那不可能没有人做。既然已经担任这个职务，到了这个科室，那你能说我不做吗，那干脆打包回家就好了呀。"

A7："我只是觉得只要是处内同仁，都可以来申诉科做做看，因为你只做内部的作业不与外面民众接触，永远不知道民众的心声，这是有一定的差异性，从实务中学习的话所能获取的经验会比较多，姑且不论工作的公平性与否。"

A11："但我还是会觉得和其他处内各科人员相比，有时会觉得申诉科人员常常还要假日来上班清公文，比处内大多数人正常上下班来说真的很奇怪。"

A12："移拨到裁决处后变得一个星期要加班好几天，因此对于这个工作，说实在的是有一点小反感或抗拒。但是随着时间一天一天过了，科内的互动良好，这项工作也已经做一年多了，对这项业务也有越来越熟悉的感觉，可是还是觉得申诉这个业务很辛苦。"

由上述访谈结果得知，在办理交通违规申诉案件的承办人员，认为被分派担任的工作，就必须去完成，这与内心的责任感有关，且也有办理交通违规申诉案件的承办人员认为，办理交通违规申诉业务，能获取更多不同的经验。但有部分受访者有产生不公平想法，主要原因为申诉案件业务繁忙，常面临需要加班及科内承办人员不足等因素，相较于其他不须办申诉案件同仁，内心产生了不公平之感。

(2)内部心态认知之理由概述

研究发现受访者对于本身角色的认知分为两大态度，以下针对受访者之理由归纳如下。

①办理交通违规申诉案件业务是工作分配，公务人员应接受服从

基于依法行政的立场上，当公务人员接受了指派或命令，只要不是违法的行为，公务人员皆有义务接受之，受访者认为办理业务皆自己责任所在。

A12："我认为担任公务人员，在工作的过程中，每个人都有其应该负的职责以及职务，或许有些人分配工作比较轻松些。再者，我觉得身为公务人员最主要就是服从，主管要求我们做什么，我们就尽可能去完成主管所交代的事项。"

A1："我们这个科室是要负责这个业务，当你认为自己的业务比较重，要你问别人为什么不用办这样的业务的时候，要想到每一个科室有每个科室特定的任务，实际上他可能也有他辛苦的一面，这一点或许我们没有看到，或许可以靠职务调动来平衡。"

②办理交通违规申诉案件业务，可提升自我专业知识

部分受访者认为，从事办理交通违规申诉案件业务既可提升自我专业知识又能满足自我成就感，故与其他单位同仁比较起来，并不会有不公平的现象产生。

A2："对于办理交通违规申诉案件业务其实不会很排斥，以前我有因交通违规提起申诉，对于警方的回答很不满意，之前还没办理这项业务时，都不知道如何处理，现在了解很多法规，知道很多交通违规的态样，若现在警方再乱举发，我会知道如何提起申诉，呵呵，算是另类的一种收获。"

A8："因为我们在通过公路特考考进来之前，我们都只是从书本上获得一些书面知识，甚至法条的部分都只是一些条例式的说明。这个部分你可以去背得滚瓜烂熟，但是你若没有实际上去办理民众申诉案件，真的不知道警方举发违规种类上百款，可能法条都可以背得很熟，但是针对法条要如何去实际运用这个部分并不会那么清楚，现在我一看就知道这举发是否符合行政程序。"

③办理交通违规申诉案件业务，与其他科室比较仍属劳累

部分办理交通违规申诉案件业务承办人员认为，办理交通违规申诉案件业务的确比其他科室业务要来

得劳累，且要常面对无理的民众，这是受访者认为最不公平之处。

A12："办理交通违规申诉案件其实也有它辛苦的一面啦，比如在民众不服举发打电话来投诉，收到回函来现场大声时也是申诉同仁要安抚，所有警方举发的错通通算在申诉案件承办人员身上，又不能大小声回复民众，每天上班都很紧绷而身体也会感到非常疲惫，尤其案子又多，假日又常要加班赶文，去年放弃多少的休假时间，不得不说它实在是一个非常辛苦的工作。这种辛苦真的是要有实际办理申诉案件的人才能体会。"

A8："我们还要兼任其他工作，比如轮值服务台，之前还要办行政诉讼案件及上法院出庭，所以有时候我们会觉得说我们的工作好像会比其他科室工作量更大，真觉得很无奈。"

(3)小　结

本次分析发现多数办理交通违规申诉案件的承办人员，的确会产生亚当斯公平理论的不公平现象，主要原因为承办人员除本身业务量繁重之外必须再面对带着负面情绪的民众，导致多数受访者认为比别科室辛苦进而觉得不公平，但受访者都表示对于裁决处办理交通违规申诉这项业务持正面的看法。

3.5　交通违规申诉案件承办公务人员困境分析

(1)困难点概况论述

①教育训练尚嫌不足

A1："因为交通违规申诉案件和原举发单位与法院息息相关，所以可就此部分，举办与警局承办人或法官就案件上实务研讨判例解析的教育训练，以提供承办人员在承办过程中重要的参考指标。"

A5："针对办理交通违规申诉案件教育训练应可再加强，虽然科室内同仁办理较困难案件时会相互讨论，科长也将特殊案例制作案例卡或制作通用案例作为裁处时参考依据，但我觉得这样还不够。"

A2："因为在进入处里后，都尚未真正地接受一些教育训练，就必须像是被赶鸭子上架办理公文，所以我觉得应该以各科室较资深同仁来办理申诉案件。"

A9："对一些新修正之法规应加强实务训练，因为这些是较不熟悉之新规定。另一些较少遇到之案件或是较有争议之相同案件或是常会裁处错误之案件也应该办教育训练。"

②办理交通违规申诉案件人力不足

受访者表示，人力不足是办理交通违规申诉案件最大的问题，目前办理的人力约为移拨前台北区监理所交通违规申诉案件承办人员数 6 成，因人力已少许多，但办理交通违规申诉的业务却越做越细腻，故受访者一致反应，办理交通违规申诉案件的人力应增加才是。

A3："目前的人力不足，比移拨前台北区监理所时代少太多人了，致使无法就各个申诉案件深入思考后予以裁决，是我们在办理交通违规申诉案最大的问题。"

A1："因所辖管的案件量颇大，故导致承办公文量亦相当可观，惟本处申诉案件之承办人员不多，致使同仁在赶办公文的时效压力下，无形导致审核案件的时间缩减，公文质量不见得好。"

A7："少数案件处理结束，却不是民众所要的结果，好说歹说民众也不能接受，有理说不清的感觉。"

A2："裁罚窗口不行使裁量权，致申诉案件数量有增无减，亦无法有效率地解决民众问题。案件数量太多，承办人员不足，力不从心，无限轮回的挫折感。"

A6："目前办理交通违规申诉案件中所遭遇的困难是承办人员太少，而公文数量太多，致公文质量下降，办理公文速度亦随之减慢，造成民众对公务机关行政效率不彰之批评。"

(2)小　结

本次分析发现，新北市交通事件裁决处申诉案件承办公务人员办理的教育训练，的确有不足的现象，原因包含训练次数不足、实务训练不够及无法应付千变万化的违规，且受访者一致认为人力不足是目前办理交通违规申诉案件的最大问题。

4　结　论

本研究旨在探讨裁量权行使的影响因素，从个人主观、机关内部绩效及外在环境压力等 3 个因素切入，并加入角色扮演上内部心态认知。对于新北市交通事件裁决处申诉案件承办公务人员办理申诉案件时，遇到各种因素影响，所产生对裁量权行使之作为，仅就本研究的发现论述如下。

4.1 研究发现

(1)个人主观因素影响

个人情绪因素并不会影响裁量权，针对申诉案件承办公务人员个人情绪方面，受访的承办人员指出，情绪因素均不会影响裁量权的行使，因为办理交通违规申诉案件是一项职务安排，受访者都认为需要依法行政，且裁决违规影响民众权益甚大，必须站在公平、公正、合法的立场，才不致造成民怨，倘因为个人情绪做出违背法令或不当的处分，现今民众行政救济管道如此方便，反而造成承办人员自身困扰，故新北市交通事件裁决处申诉案件承办公务人员于办理申诉案件时并不会因为情绪的影响，造成裁量权行使的不公。

(2)机关内部绩效因素影响

机关内部绩效制度并不是影响裁量权行使之主要原因，针对机关内部绩效影响部分，大多数受访者指出，从事办理交通违规申诉案件时，有关于民众违规的举发，仍应依法定程序及违规态样决定是否裁决撤销。至于机关内部绩效方面，受访者认为，科室并无相关绩效规定，另外处内亦无相关规定，故所有受访者在办理交通违规申诉案件时，裁量权行使与否并不会受机关内部绩效的影响。同时，裁量权行使亦不受奖励制度诱因的影响。因此多数受访者仍维持自身独立特有的裁量权行使标准，且其标准并不会因机关内部绩效而有所改变。

(3)外在环境压力影响

上级或民意代表表示关切时，并不会影响裁量权行使。本次分析发现申诉案件承办公务人员在办理交通违规申诉案件时，受访者认为裁量权行使不应受主管规范，仍应依法办理，不受上级已表示关切而有所不同。且多数受访者亦认为，受关切之案件，上级仅希望查明违规事实真相，故会更谨慎处理案件，确实清楚要罚或者不罚的理由，但原则上都是依法办理。但仍有少数稽查人员会因为主管建议影响行使裁量权，主要基于尊重主管的立场上，包含主管的经验与看法，这部分有影响裁量权行使。

(4)申诉案件承办人员内在心态认知

本次分析发现，申诉案件承办公务人员在办理交通违规申诉案件时，的确会产生内心不公平的想法，主要是常要面对无理的民众对举发争议产生的质疑，另外又因案件量庞大，人力不足，造成常加班赶办案件，此乃受访者认为不公平的主要现象。此外大多数受访者表示，新北市裁决处对申诉案件承办公务人员办理的教育训练，的确有不足的现象，原因包含实务训练不足造成无法应付千变万化的违规事件，且受访者普遍认为，人力不足是目前办理交通违规申诉案件最大的问题。

4.2 研究建议

对办理交通违规申诉案件业务的建议如下。

(1)应加强申诉案件承办公务人员的教育训练

新北市交通事件裁决处申诉案件承办公务人员普遍认为教育训练不足，当务之际应重视整体教育训练的方式，可增加实务训练并由本处资深主管或外聘讲师至处内教导，而处内也可定期检视教育训练的成果，可定期发放问卷供现职申诉案件承办人员填写，如此一来亦可及时更新了解目前交通违规态样，又能了解人员受训情况及后续需求。至于新进人员部分，应建立一套完整的训练机制，并增加实务受训，建议1～2个月的完整受训期间。

(2)提高科室员额，增加办理交通违规申诉案件承办人员

目前新北市交通事件裁决处每月受理民众交通违规申诉案件达3000件，目前办理申诉案件承办人为12人，每人每月承办件数达250件。办理件数较台北市裁决所承办人员多1.2倍，工作负荷繁重，承办公文又有时效压力，常无法翔实检视案件，容易造成依举发单位意见办理案件，唯有增加承办人员人力，才能缓解承办人员之工作压力。

(3)可多面向进行研究探讨

本研究针对申诉案件承办公务人员裁量权行使进行探讨，以深度访谈方式了解申诉案件承办公务人员面对不同的因素是否会影响裁量权的行使。希冀本研究能用于其他非警察人员拥有裁量权之公务体系中。此外，后续研究建议，亦可采取量化方式以问卷统计其裁量权影响程度。

参考文献

[1]朱达晖.规制性政策基层官僚执行行为之研究——台湾公害防治法规之执行分析[J].中正大学公共政策研究所论文,未出版,1992.

[2]林俞君.自由的行政裁量与受限的法拘束力——大法官会议解释的个案分析[J].政治大学公共行政研究所论文,未出版,2009.

[3]林钟沂.行政学[M].台北:三民出版社,2001.

[4]邱华君.警察学[M].台北:千华出版社,2004.

[5]陈俊辉.公务人员行政裁量主观心证影响因素之研究——以台中机场面谈官为例[J].东海大学公共事务研究所论文,未出版,2010.

[6]曾冠球.基层官僚人员裁量行为之初探:以台北市区公所组织为例[J].行政暨政策学报,2004,3.

[7]贾韶初.以公平理论探讨军队工作绩效的激励效果——以空军某联队为例[D].台中:亚洲大学,未出版,2007.

[8]廖建棠.台湾基层警察巡逻勤务裁量行为之研究[J]."中央"警察大学行政警察研究所论文,未出版,2004.

[9]廖慧美.台湾基层行政人员裁量行为之研究——以转换型领导之观点[J].政治大学公共行政研究所论文,未出版,2005.

[10]欧仁彬.从归因行为与公平理论探讨员工对薪资制度满意影响之研究[J].义守大学管理科学研究所论文,未出版,2004.

[11]魏武盛.基层官员政策执行与政策顺服之研究:以大台北地区违反道路交通管理事件处罚为例[J].台北大学公共行政暨政策学研究所论文,未出版,2004.

[12]GILBERT, CHARLES E. The framework of administrative responsibility [J]. Journal of Politics, 1959, 21(3): 373-407.

[13]ADAMS J S. Inequity in social exchange [J]. Advances in Experimental social Psychology, 1965, 2:267-299.

[14]LIPSKY M. Street-level bureaucracy: Dilemmas of the individual in public services [M]. New York: Russell Sage Foundation, 1980.

台南市捷运化公共运输系统

张政源　黄耀国

（台南市交通局，台南）

摘要：台南市县合并后，台南市由原先市辖6区扩张至37区，总人口数约188万人，其辖管面积达2191km²。为减少因合并所产生之城乡差距，以及提升本市公共运输使用率，针对台南市之公共运输系统提出新解，于2012年9月提出"捷运化公共运输系统"之概念。"捷运化公共运输系统"包含公交车捷运化、台铁捷运化、转运站开发、弹性运输、票证整合、先进运输系统等六大子系统。

2013年，台南市优先推动公交车捷运化，将全市公交车划分为干线、支线、市区公交车等三大系统。原路线共线重叠路段整合，转化为干线及支线公交车路线，以提高平均行驶速度，并开辟跨区行驶路线，提升路网直捷性。台铁捷运化的目标设定为通勤班距缩短至15min，并加强周边转运接驳服务以提升整体效能。此外，配合各公共运输重要节点规划转运站开发，于2013年完成保安转运站自建工程，并补助客运业者完成新营总站、玉井、新化等转运站，2014年进行麻豆及善化转运站建置规划，亦持续补助客运业者完成佳里、白河转运站整建，另办理促参招商作业。考虑本市干支线公交车服务未能触及之区域，将采用弹性运输模式以不固定班次及路线方式使公共运输服务路网更臻完善。为配合票证电子化趋势，台南市公交车系统业已完成电子票证系统整合作业，不仅便利民众使用，更有助于后端管理稽核作业。台南市规划引进PRT、Monorail等先进运输系统，以提供民众安全、舒适及便捷的公共运输。

关键词：台南市，捷运化；公共运输

台南市于2010年12月25日与台南县合并。县市合并前原台南县偏远地区交通原已不便，合并后行政范围扩张加剧并与原市区联结有落差；又因近年来市民生活水平提高，私人运具使用率大幅升高且民众对于公共运输服务质量要求逐渐提高，导致台南市公共运输服务更加艰辛，长期下来形成营运不良与服务水平低落之恶性循环。有鉴于此，为改善台南市公共运输长期积弱不振之情形，遂于2012年9月提出"捷运化公共运输"概念，并以此发展六大子计划：①公交车捷运化；②台铁捷运化；③转运站开发；④弹性运输；⑤票证整合；⑥先进运输系统。期望借由捷运化公共运输系统，提供民众媲美捷运之公共运输服务，进而培养民众使用公共运输的习惯，以提升整体公共运输使用率并达到推动低碳城市建设之目标。

1　台南交通旅次特性及公交车发展现况

(1)交通旅次特性

台南市运输系统整体规划案执行家户旅次特性调查结果显示，台南市旅次起讫点多以区内旅次为主，并以家—工作旅次目的所占比例最高，旅次运具使用特性以机车为主，大多数的停车方式为住家自备，然台南地区存在相当严重的路边临时停车问题，导致主要道路拥塞、服务水平低落。

台南市辖内交通尖峰期为上午7时至9时，主要为家—工作旅次，昏峰与夜峰由于时段相近，旅次数则分散于16时至20时间，旅次目的多为家—其他旅次。另外，平均旅行时间特性为15min以内，而公共运输因平均旅行时间较长、转乘时间成本较高等特性，使民众选择平均旅行时间较短之私人运具作为主要运具，公共运输主要使用族群为学生或老年人口，总比例仅占1.56%，且大多为交通车使用族群。

台南市非机动运具使用率与2001年调查结果相比呈现大幅度的提升，尤以步行旅次的比例最为明显，显见台南市未来发展人本运输或绿色运输的一定潜力。

作者简介：张政源，局长；黄耀国，科长。

(2)公交车发展现况

台南市原市区公交车路线共计15条，公交车路线多以火车站为中心呈辐射状向市郊延伸，公交车票价为全票18元(本文“元”均指新台币)，除特定路线外皆为一段票，持有一卡通等电子票证者尚可享有2h转乘半价之优惠。

台南市县于2010年完成县市合并后，原属台南县之公路客运移拨由台南市管辖，公交车路线达94条，其中15条路线由高雄客运营运，62条路线由兴南客运营运，新营客运营运路线则是17条，于2011年约840万搭乘人次。因原公交车服务系统存在路线过于弯绕、长度过长与班距过大等问题，亟须针对民众旅运需求进行路线重整，研拟班次密集、稳定快速的干支线公交车，以发展适宜大台南地区的公共运输系统。自2013年3月至8月陆续进行路线重整，并规划并开六大干线与74条支线公交车，于12月再新辟2条市区公交车路线，总计目前台南市有97条市区公交车路线，2013年底总搭乘人数达1300万人次。

2 捷运化公共运输意涵及目标

捷运化公共运输之主要内涵乃在于通过既有之资源与优势机会，创造出富有台南意象之公共运输系统。大众捷运系统，系指利用地面、地下或高架设施，不受其他地面交通干扰，采用完全独立专用路权或于路口部分采用优先通行号志，处理之非完全独立专用路权，使用专用动力车辆行驶于专用路线，并以密集班次、大量快速输送台北及邻近地区旅客之公共运输系统。依据此项定义，台南市公共运输系统发展整体规划案将捷运化公共运输系统之涵义定义为系统功能之捷运化及运输系统内涵之捷运化，分述如下。

(1)系统功能捷运化

系统功能捷运化之意义是以台铁捷运化为骨干，配合其周边干支线公交车之发展接驳，达到无缝转乘之目的，可有效降低民众候车与乘车时间成本，达到类似于大众捷运系统之服务水平。此外，通过整合出租车车队与游览车车队之弹性运输服务，将公共运输服务由主干线之台铁衍伸至公路干线公交车服务，再以支线公交车或弹性运输服务之接驳扩展其范围，达到区区有公交车之目标。再者，通过票证及班表之整合成果，可使民众能实时获得运输服务，并且减少其在购票上之程序，使整体服务时间成本最小化。

(2)运输系统内涵捷运化

以建立起高效率服务水平之运输服务系统为主，配合创新经营管理思维，整合各大运输系统，在软件上提供民众最高可靠度之班表与安全有纪律之运输服务，配合高质量车内环境、候车环境、步行空间、信息服务，使民众能享有捷运系统等级之运输服务。

综上所述，台南市之捷运化公共运输服务是整合现有台南市所有公共运输服务而成之系统，以铁路为经、公交车为纬，辅以弹性运输及先进运输系统，并借由转运站之开发与票证整合，提升整体公共运输服务。通过软硬件与经营管理思维将各公共运输服务依其特性与服务范围分配至适当之角色，于台南市发展出有别于其他城市之大众捷运系统。因此，捷运化公共运输服务衍生出如图1所示之六大发展目标。

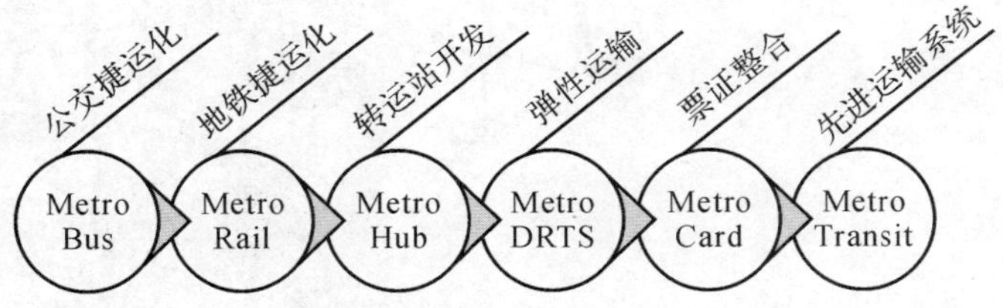

图1 台南市捷运化公共运输服务六大方案

3 捷运化公共运输系统方案

台南市捷运化公共运输系统共有六大方案，其发展动机源自于2010年合并升格之后，辖内行政区增至37个，幅员辽阔且大小聚落星罗棋布，人口分布十分不均，因此台南市之公共运输服务，必须在顾及民众行之权利及业者经营情况的前提下，进行通盘的规划。而2011年起，原有公路客运部分共计79条路线回归台南市管辖，亦为台南市内公共运输开启另一个转型的契机。

3.1 现有运输系统空间分布

由于台南市内具有良好之轨道运输系统，台铁纵贯线贯穿台南中央轴线，北起后壁站，南至中洲站，共设有 16 个车站。所以台南市整体运输路网架构基本原则为干线、支线，再加上小区公交车连接成点线面，利用台铁捷运化作为南北主要干线，并发展与台铁车站接驳路线，另通过各区域中心设置干线公交车、支线公交车及弹性运输系统等，形成绵密的公共运输路网体系。此外，台南地区观光资源丰富，可提供观光公交车服务，结合饭店、民宿与餐厅等，推动观光旅游套票，以吸引游客，增加产业竞争力。

因此，台南市发展以台铁为主要骨干之公共运输系统之外，更配合台铁捷运化与地下化之政策，规划沿线接驳运输之公路公共运输，形成类似于鱼骨状之运输服务路网，以方便民众以台铁为中心，前往台南市各个区域。

此外，由于台南市内具有良好的高快速道路路网结构（见图 2），东西向之高速 8 号、台 84 线快速道路、台 86 线快速道路与南北向之高速 1 号、3 号及台 61 线形成品字形路网，提供未来发展干线快捷公交车相当的优势。在原有公路客运回归至台南市管辖后，对于各路线之整并与开辟方面，将可由台南市依市内需求及特性进行规划。所以在市内公路公共运输发展策略上，提出以新营、白河、麻豆、善化、佳里、玉井、新化、台南火车站及关庙为主要转运站提供接驳运输服务，通过整并现有路线，于各转运站间开行干线公交车以减少民众乘车时间成本，并在各转运站间依需求开设支线公交车或弹性运输服务接驳至各地点，达成绵密之公路公共运输路网。

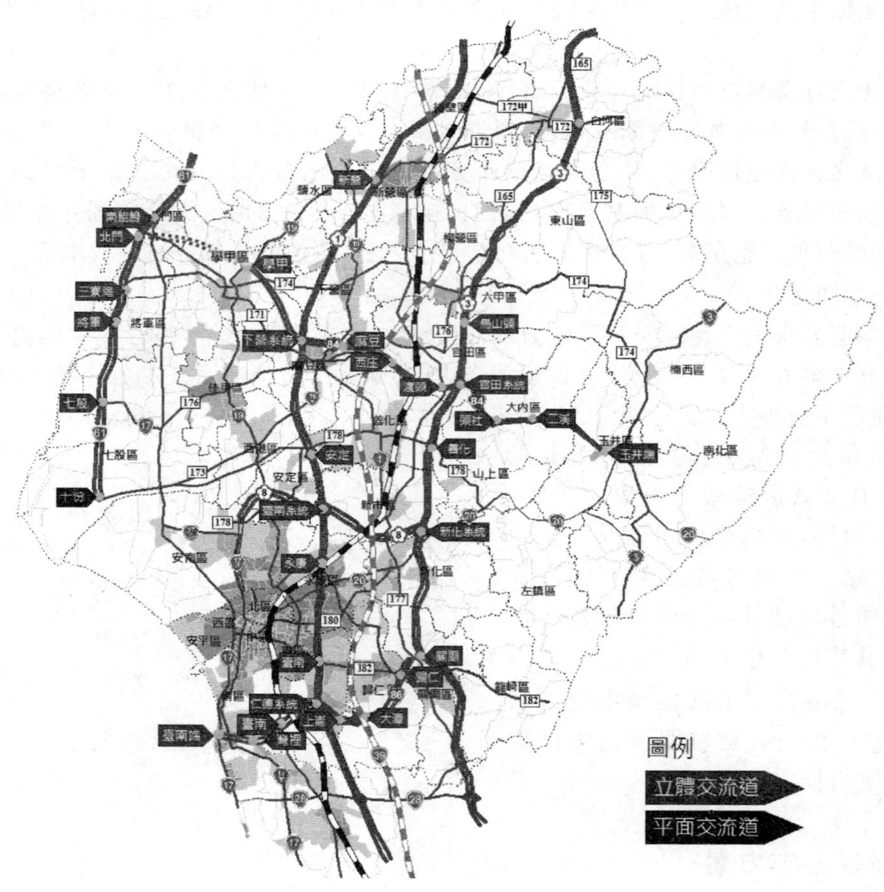

图 2 台南市整体运输路网架构

3.2 捷运化公共运输服务六大方案

综上所述，大台南市具有新营及台南两大中心，其间由台铁联结。而佳里区及玉井区更是台南山海两侧居民的生活重心。故捷运化公共运输服务是基于既有民众的生活习性，并串接山海两侧生活中心，以现有的运具架构适合的服务内容，再通过软硬件设备的改革，达到运输服务的提升。

(1)公交车捷运化

公交车捷运化第一步系针对新营及兴南客运两家业者的路线进行重整，将原有路线重叠、弯绕、班次不足的差距时速进行改善，重新将路网归纳为干线及支线公交车。干线公交车可串联台南市各行政分区，再借由支线公交车深入各分区之重要聚落。

自2013年3月至8月，大台南绿、蓝、棕、橘、黄、红六大干支线路网每月皆有1条通车，六大干线如图3所示。乘客搭乘新通车的干支线公交车可享受第1个月免费，第2个月起享有前8km免费且2小时内转乘可再省9元。

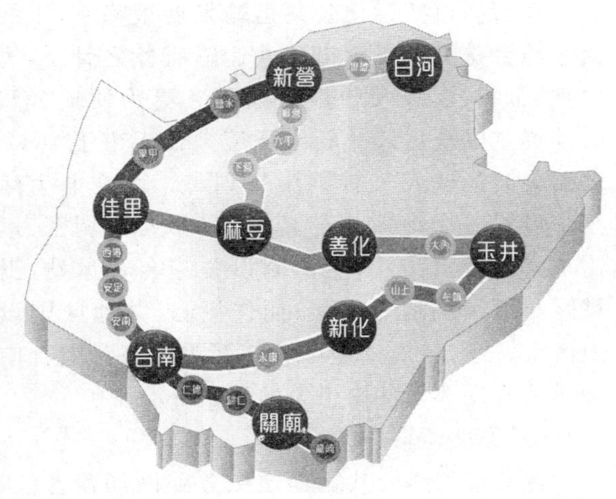

图3 台南市六大干线公交车示意图

为了方便民众记忆与辨识，干支线公交车的编码也经过设计，除了以6种颜色标示公交车行驶的区域之外，更通过数字代表支线行经的行政区域，如：红1至红4代表支线公交车由台南辐散出去，红10至红14则是由关庙往邻近地点行驶。各色干线行经的地方也会增设不同颜色的候车亭并附设动态信息广告牌，使民众更容易辨识路线及车辆动态之外，更营造舒适的候车环境；此外，车辆动态也可以通过智能型手机或网页实时获取，让民众可以免除候车过久的困扰。整并后之干支线公交车路网，因资源有效利用，服务班次大幅提升，整体运能提升约76%，运量较2013年同期增长约84%，增长比例见表1，显见多数市民已感受干线公交车推行后，公交车系统服务质量之提升，使用公交车系统的意愿增加。

台南市协助高雄客运专为台南成立了一家新的客运公司，并以府城为名落根台南，成立府城客运股份有限公司。未来，府城客运除了肩负府城区域的路线之外，也配合居民需求与景点接驳，重新进行路线的新增、整并与调整，让府城客运路线能与干支线公交车整合。

由于原有的公路客运与市区客运的计费方式不同，形成一市两制的现象。台南市行政部门与客运业者共同检视公交车营运的各项成本，制定出合理的乘车费用与收费方式，提升民众的乘车意愿与业者的票箱收入。

表1 干线公交车通车后运能及运量增长表

	运能（班次）		增长比例(%)	运量（人次）		增加比例(%)
	整并前	整并后		整并前	整并后	
绿线	255	336	32	893666	1422951	59
蓝线	164	270	65	555349	1067259	92
棕线	41	84	105	95708	248767	160
橘线	61	146	139	167784	336397	101
黄线	114	200	75	162509	278667	72
红线	100	254	154	211465	493575	134
总计	735	1290	76	2086481	3847616	84

(2)台铁捷运化

台铁车站之接驳运输服务主要考虑台铁现有运量与该站邻近旅次吸引点，并通过前述干线公交车之规划内容进行设计，部分运量较低则提出以支线公交车或弹性运输服务作为接驳系统。未来，在台铁车站之接驳运输服务方面应如图4所示，类似鱼骨状之公共运输系统服务路网，运量高者可依干支线公交车进行研拟，反之则视民众需求进行弹性运输之规划，并与台铁协调增加通勤列车班次，初期以15min班距为目标。若能依此方案配合台铁捷运化策略进行规划，则未来可望达成无缝接驳捷运化公共运输服务。

(3)转运站开发

升格直辖市之后的大台南幅员广阔，依据城乡经济活动与地理特色发展成五大交通生活圈。然而，目前仅有部分客运业者在新营、佳里、麻豆、新化、玉井等地设置地区型的客运转运站。适应各区域未来的发展,转运站除了肩负台南市各地区之间的转乘服务,尚须具备与台铁、高铁、高速客运等场站接轨的城际转运功能。

在台南市捷运化公共运输发展策略下,干线公交车与台铁将构成全市公共运输服务之骨干,为使台铁、干线、支线及弹性运输服务更为便捷、舒适,必须提供民众良好的转乘环境。台南市于 2012 年公路公共运输发展计划中规划每一个交通生活圈至少设置一个地区型的转运站,在人口稠密、运输需求大的新营、台南生活圈设置综合转运站,提供城际与地区客运之衔接;而佳里、玉井地区则设置地区型转运站,提供地区客运转乘服务。大台南市转运站开发的设站构想为如图 5 所示。

(4)弹性运输

台南市公路公共运输之服务路网涵盖各区,干支线公交车路线几乎可以服务台南市各大行政区。然而,由于私人运具的可及性与便利性远远高于公路公共运输,台南市民众主要仍仰赖私人机动运具。因此,在公共运输发展方面,并不能单纯地以大众运输服务方式为主,而是必须思考以客制化、弹性化之公共运输服务,规划以民众需求为主,同时考虑业者成本支出之弹性运输服务,并思考整合现有客运业者提供及户服务,再辅以卫星派遣系统加强维运管理与车辆派遣能力。同时与目前陆续推动的各项捷运化措施进行整合,让弹性运输可以接驳至干支线公交车、市区客运、台铁及高铁,让大台南市捷运化运输系统可以更加完善。

弹性运输系统以联合派遣中心为主要核心,接受派遣服务的车辆以中小型车辆为主,可营运的业者涵盖市区汽车客运业与出租车业,未来更可借由联合派遣中心纳入观光巴士及复康巴士的预约服务(见图 6)。如此一来,台南市民将可通过联合派遣中心预约叫车,取得更实时、便捷的运输服务;另一方面,监管单位亦可借由平台的后端数据库,取得宝贵的旅运数据并且便于监管各种大众运具。此平台建置后,可预留发展出租车共乘,扩大台南市运输服务的范畴与种类。

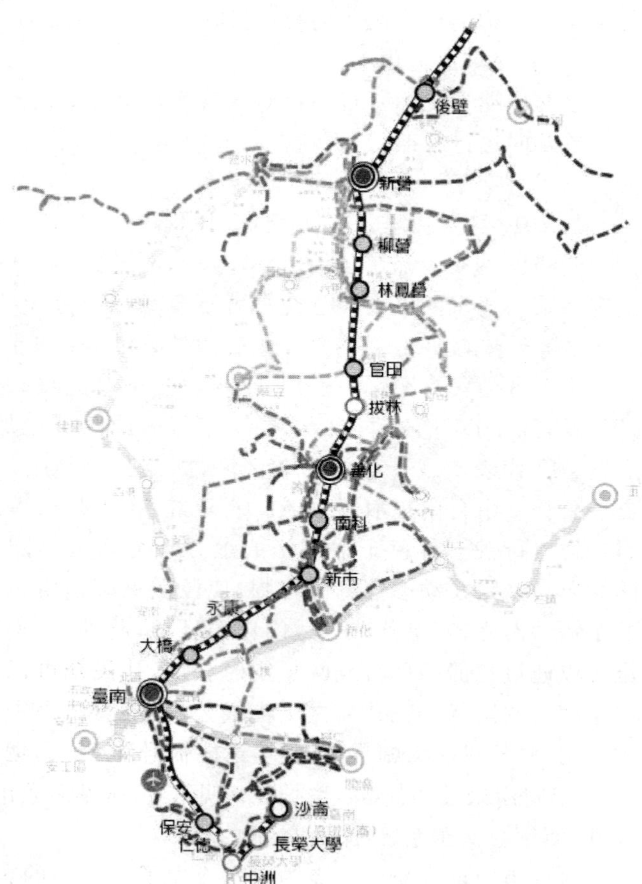

图 4 台南市台铁接驳运输服务路网示意图

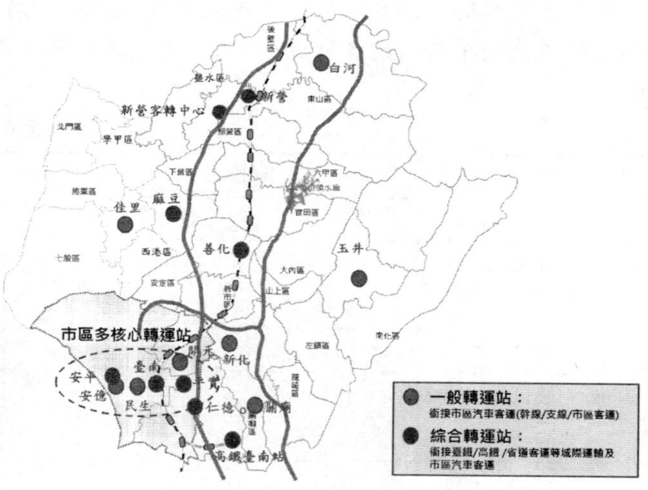

图 5 台南转运站设置点构想图

弹性运输系统推动后,由联合派遣中心负责咨询服务、预约服务、车辆派遣、客诉服务、营运稽核、补助款计算等。所以联合派遣中心有其专属的电话简码,民众借由方便好记之简码,可快速获得交通信息与服务。

(5)票证整合

票证捷运化概念是指通过票证整合,使民众使用各种运具进行旅次行为时,可以减少购票所产生的延滞时间。另一方面,除减少购票延滞外,对旅运时间而言,亦可大幅减少公路公共运输的启动时间,使整体运输过程更为顺畅且具备高效率。

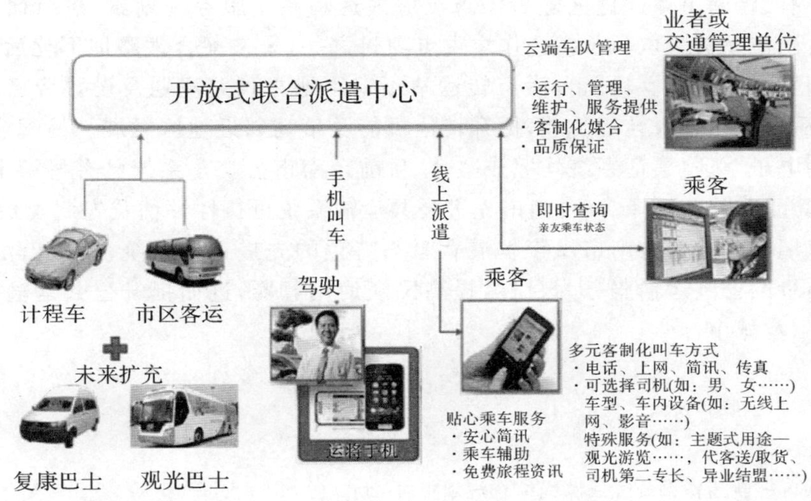

图 6　弹性运输系统营运作业模式

票证捷运化的另一项优点，就是整理各运具系统所架设卡片阅读机中的旅运资料，可以快速且清楚地得知各运具的起讫点时间及数量，对未来进行相关运输规划研究时，可以大幅减少旅次起讫数据调查的时间，使整个运输规划作业时程大幅缩短。

按照现有的电子票证所发行的票卡类别，至少有 4 种不同的电子票卡，分别是悠游卡、台湾通、一卡通及 E 通卡，为了让民众可以一卡多用，所以台南的公交车刷卡机皆进行多卡整合，使以上 4 种电子票证皆可以运用。

另外，为了提高票证整合的效率，必须提高民众持卡率及使用率。因此通过营销推广策略加强对民众的倡导，并完成软硬件设备的装设，相关措施如：进行各电子票证间的整合、各运输场站及运具之验票机架设、增加购卡及加值据点、贩卖各式纪念票卡及通过优惠赠送或促销手法提高卡片贩卖量。

(6)先进运输系统

台南市在台湾地区城市中发展最久，所以市区路幅狭窄，虽然经过多次的整建拓宽，但主要道路路宽仍仅有 15～20m。正因为路宽不足，再加上路面有多种运具形成的混合车流，导致尖峰时段容易出现交通拥塞及停车不易的情形。先进运输系统便是为了解决市区多年的交通沉疴，并适应街区狭小的特性，方便旅客可以快速移动而进行设计，因此导入高架的先进运输系统(见图 7)，致力于解决尖峰时段交通拥塞的问题。

图 7　先进公共运输系统示意图

采纳高架的先进运输系统，主要是因为此方法兼顾避免缩减现有之道路宽度与容量、免受平面混杂车流干扰，也避开路口横向车辆之穿越冲突，拥有较安静的行驶音量，具有列车容量及轨道几何线形的优势，且能获得足够的车站站台通行空间，更可以在建置期间降低对现有道路的冲击，压低造价成本及工期。

台南市的未来将因为先进运输系统路网的实施，肩负起市区人潮流动的重大责任，使得东区、北区、南区及中西区之间的互动更加便利，排解交通阻塞的问题。

4　结　论

“公交车捷运化”是发展“捷运化公共运输系统”最首要之计划，为落实捷运化之概念，台南市已于 2013 年 3 月至 8 月，陆续实施 6 条干线公交车上线服务，依序为绿线(台南—玉井)、蓝线(台南—佳里)、棕线(新营—佳里)、橘线(佳里—玉井)、黄线(白河—麻豆)及红线(台南—关庙)。以 6 条干线为骨干进行延伸，规划 74 条支线，期望借由干线公交车提供班次较密集且准点性较高之服务，配合支线公交车加强路线涵盖程度，提高公交车服务的可及性，以便利民众搭乘并提升意愿；若有干支线公交车尚未覆盖之服务范围则辅以弹性运输补足，目前亦有《台南市偏远地区建置需求反应式运输系统服务规划案》进行研究评估中。“台铁捷运化”一直以来是台南市积极争取与台铁合作之重点项目之一，未来配合铁路地下化后之新增站点规划，可望缩短班距，满足通勤旅次需求。目前台南市转运站预定用地之相关规划及设置皆已陆续进行，期望未来配合道路建设完工后可提供强大转运功能，提升转运机能及带动邻近地区发展。另配合干支线公交车的推动，为鼓励民众使用电子票证，票证系统均完成整合，目前台南市公交车系统已有悠游卡、台湾通、一卡通及E通卡等4种电子票证供民众选择。《台南市先进公共运输系统可行性评估及先期规划》则针对各项先进运输系统进行评估，以期构建符合台南市城市发展背景与特色的先进运输系统；期望借由各项服务及系统发展整合，以提供高质量的公共运输服务为目标，提高民众使用意愿，进而提升公共运输使用率，推动台南市打造成为低碳绿色示范城市。

参考文献

[1]台南市政府. 台南地区轻轨运输系统优线路线综合规划报告. 2009.
[2]行政主管部门经济建设管理单位. 因应县市合并升格空间发展策略规划. 2011.
[3]台南市政府. 拟定台南市区域计划及研究规划委托技术服务案. 2011.
[4]台南市政府. 台南区域空间发展规划与土地通盘检讨作业——区域范围划定与空间发展规划. 2011.
[5]交通主管部门. 2011年“民众日常使用运具状况调查”摘要分析. 2012.
[6]台南市政府. 大台南公交车系统整合规划案. 2012.
[7]台南市政府. 台南市辖内台铁车站公共运输转运接驳整体规划. 2013.
[8]台南市政府. 台南市运输系统整体规划. 2013.
[9]台南市政府. 台南市公共运输系统发展整体规划. 2013.

杭州市内河桥梁防船撞管理研究

廖　娟　周联英　蒋吉清

（浙江大学城市学院，浙江杭州 310015）

摘要：本文提出以河道为单位开展桥梁整体防撞评估的思路和工作路线，以京杭大运河（杭州段）为例，介绍了如何开展城市内河的桥梁船撞风险评估，并给出相应的管理对策。

关键词：城市内河；桥梁；防船撞；整体化；管理

我国是一个河流众多的国家，在城市中穿过的河流为数众多，所以跨河的桥梁也非常多。仅以杭州为例，在绕城高速以内，便有6条河道，总计桥梁达百座之多。另外，由于水路运输成本低廉，所以大量货物是通过水路运输的。据统计，我国水路货运量约占总货物运量的55%以上，其中外贸货运量中水运占比高达90%。在这样的情况下，城市中内河船桥撞击事故的发生率必然明显高于大江、大河、大海。另外，由于地处城市，人口密集，该类事故造成的后果更严重，影响面更广。

当前，我国的城市管理部门普遍缺少人力，而管理事务却非常繁重。在船撞桥风险日益提高的情况下，如何降低船撞风险，保障桥梁、船舶、航道的安全使用，是一个迫切需要解决的问题。

解决这个问题有两种思路。第一种思路是最直接、最容易想到的办法，即对辖区内所有桥梁进行专门的防船撞能力评估。首先对桥梁进行现场检测，然后评估桥梁现存承载能力，再估算船舶撞击力，分析被船撞后的桥梁的各个构件的应力状况，最后综合以上结果进行分析，得出桥梁船撞后的承载能力。但是，这种逐桥评估的方法虽然精确，但却过于烦琐，不适合目前管理部门的现状。为此，产生了第二种思路，即抓住主要矛盾，实现船撞桥的有效预警，达到降低船撞桥风险的目的。以下阐述第二种思路的具体做法。

1　城市内河船撞桥预警思路

1.1　现况分析

下面以杭州市内河为例说明。

(1)船撞桥事故频发

在内河中，船撞桥事故时有发生，并有逐年上升的趋势。以下是京杭大运河上近十年来发生的有记载的事故记录。

2005年9月23日，“皖阜阳货×××”与“鲁济宁拖×××”船队（一轮十二拖，重载）发生擦碰，导致“鲁济宁拖×××”船首偏向，其船首左侧撞上拱宸桥，造成拱宸桥主桥孔东北侧腹板严重损伤。

2005年11月23日，“鲁济宁拖×××”船队第七档驳船“鲁济宁驳×××”撞上拱宸桥防撞保护墩，该驳船首舱左侧及货舱左侧舭部裂开长约1.5m的口子，导致船舶大量进水，经抢救无效，沉没在拱宸桥主桥孔下。

2005年12月30日，“鲁济宁拖×××”船队第四档驳船“鲁枣庄驳×××”擦碰拱宸桥的防撞保护墩，造成该船船首右侧舭部破损，头舱进水。

2006年7月6日，“鲁济宁拖×××”船队第八档驳船“鲁济宁驳×××”的生活舱顶棚左前角与德胜桥发生碰撞，造成该桥拱梁和立柱断裂，成为危桥。

2007年4月15日，“浙余杭货××××”在追越其他船时，主机失灵，船舶失控，撞上潮王桥桥墩后沉没。其后，在2011年9月28日、2012年8月底、2013年11月15日，拱宸桥的防撞墩连年被船舶撞击，把几个防撞墩的装饰物撞到河中，防撞墩被撞歪。

(2)桥梁现状复杂

京杭大运河杭州段(起点在三堡船闸,终点在绕城高速北线)有桥梁共计27座,桥梁现状复杂,主要体现在以下几方面。

桥梁年代跨度大。拱宸桥历经多次破坏和重建,目前使用的拱宸桥建于1881年,已有130余年。这么老的桥,其通航条件已远达不到新的通航标准。对于这些桥梁,如何实施管理是个重点。

桥梁资料缺失。在调查京杭大运河桥梁情况时发现,尽管京杭大运河桥梁的资料还算比较全面,但仍有很多遗漏,许多桥梁由于年代久远和管理等方面的原因,图纸和维护资料都有缺失,这为船撞桥风险评估带来了极大的困难。

管理多头不清晰。跨河桥梁的管理部门比较复杂,有些属于铁路部门,有些属于区城管部门,有些属于市城管部门。

桥梁资料动态更新未跟上。内河桥梁多属中小桥梁,在日常维护和常态数据监测中常不被重视,因此相关技术数据比较缺乏,更谈不上动态更新,这对于桥梁情况评估是非常不利的。

在此情况下,对管理部门来说,比较关心的问题是:对于整条河道来说,有哪些数据可以用于评判船撞桥风险?判断风险的具体操作过程是什么?整条河道上船撞风险最高的桥是哪座?在不同的客观条件下,应该采取什么样的防范措施?

本文从河道这个整体来考虑桥梁防撞评估并做具体介绍。

1.2 船舶撞击概率计算

只有船舶发生撞击才会发生损失,因此必须对河道上的桥梁被船撞的概率进行计算。目前,船舶撞击概率计算的方法主要有3种。

(1)统计分析法。该方法是由日本藤井、美国麦克达夫基于船舶相撞及船舶搁浅事故提出的碰撞概率的基本方法和理论,这些研究后来成为船撞桥概率研究公认的基础。

(2)模型试验或实船试验方法。1963—1967年间,日本在明石海峡进行了一项碰撞概率试验,试验方法是在两处地点设置试锥橹,其上安置灯塔或航行标志,以引起过往船舶的注意。在70个月的试验期中,观测到16起大型船舶碰撞试锥橹事故,从而推出碰撞概率为1.38×10^{-4}次/a。武汉理工大学曾针对苏通长江大桥进行过实船航行试验,以确定船撞桥的可能性及桥墩的合理位置。

(3)数学模型与实船校验的结合。这种方法是结合几何概率的正态分布模型及漂流船舶的均匀分布模型,再根据各地的统计分析资料加以验证、修正。船撞桥的概率计算模型中几何概率、碰撞影响系数已为大多数人所熟知,限于篇幅,本文不再对概率模型进行解释。其中,几何概率与航道中心线、桥墩尺寸、船舶尺寸、船舶航迹分布密度等直接相关,碰撞影响系数与航道、水流、天气、船型、船长、船宽、航速、航向、桥高、桥宽等客观因素有关。

1.3 船撞桥风险接受准则考虑

船舶撞击桥梁后,还有一个风险接受的问题,即什么风险是可以承受的?什么风险是不可以承受的?风险的接受度取决于利益的权衡。船撞桥事故中涉及的利益损害有桥梁损坏、船舶损坏、河水污染、交通阻断、人员伤亡。

目前,考虑比较多的是桥梁的利益损害,船撞事故风险也只考虑桥梁方面,而不考虑其他,如船舶损坏等。因此,在目前设计船撞桥事故风险接受准则时只考虑了桥梁的损失。但是,在城市中,桥、船、河水等任何一方损失带来的后果都比较严重。以杭州为例,京杭大运河不仅起通航作用,还有较高的历史文物价值,运河不仅具有货运功能,还兼有旅游功能。因此,必须对相关的景观、水质、桥梁、船舶等的综合利益做出全面的分析和权衡,之后得出一个可以接受的综合风险接受值。考虑除桥梁损失以外的其他损失,再综合制定风险接受准则,目前这方面的工作几乎没有,是比较新的研究点。

1.4 船撞桥风险评估及制定相应风险降低对策

根据概率计算,再综合考虑船撞带来的各方面风险接受程度,对内河上的船撞风险进行定量评价,并对风险较高的重点桥梁采取相关风险降低措施。

1.5 桥梁、内河、船舶基础资料

对于船撞桥事故来说，涉及桥梁、内河、船舶3个方面。

桥梁方面需要收集的资料有：①设计基本资料，包括桥型、通航空间尺寸（如桥净跨度、桥底净高）、年代、主要材料等，若资料缺失，需要重新测试补充；②事故维修记录，建立事故资料数据库，参照国际上的IPANC和我国的戴彤宇船撞事故数据库，收集事故的时间、地点、事件、后果（桥梁破坏情况、船舶破坏情况、内河影响情况）、天气条件、水位、船型、船速等数据；③现场调查，桥梁防撞预警设置情况（如防撞设施、桥涵标、桥柱标、限高牌、其他警示标志等）。内河方面需要收集的资料有：河道形状、水位（最高水位、枯水位、常水位）、通航等级（现状、未来规划）。船舶方面需要收集的资料有：通航船舶的主要类型、吨位、体型、船舶航迹分布等。

2 实例分析

以下针对京杭大运河（杭州部分）开展船撞风险评估和预警管理工作。

2.1 京杭大运河基本数据及计算

本文研究的对象为杭州市京杭大运河段，北至绕城公路大桥，南至三堡船闸的一线唐家村桥，共有27座桥。京杭大运河的通航等级，绕城公路大桥至北星桥航段为四级航道，北星桥至三堡船闸为五级航道。

根据现场调研统计和《京杭运河运输船舶标准船型主尺度系列》，确定了干散货船、油船、驳船（队）等代表船型的尺寸，根据现场调查，在本段内不考虑集装箱船型。

根据船撞桥事故分析，在事故高发的几座桥附近统计了船舶航行的迹线分布。

表1中收集了与船撞桥风险评估有关的资料，并结合这些资料详细计算了桥梁碰撞概率。典型桥梁如图1所示。

表1 桥、河、历史等方面的基本数据及桥碰撞概率

序号	桥名	结构形式	防撞设施	碰撞历史	警示标志	桥墩抗撞能力	文物价值	所在河道情况	通航空间达标	现场情况	碰撞概率（$\times10^{-5}$）
1	绕城公路桥	混凝土三跨连续梁	无	无	无	强		顺直	是	中孔通航，撞击可能性小，墩大	0.132
2	杭长铁路桥	钢桁架	无	刮擦	少	强		顺直	是	船停靠时容易刮擦，桥墩椭圆	0.176
3	谢村桥	钢筋混凝土箱形连续梁	有	碰擦	有	强		顺直	是	在河道的交叉口，有防撞设施	0.183
4	北星桥	钢筋混凝土箱形连续梁	无	承台碰撞	少	强		顺直	是	中孔通航	0.751
5	轻纺路桥	钢筋混凝土箱形连续梁	无	刮擦	少	强		顺直	是	桥墩有刮擦的痕迹	0.291
6	拱宸桥	石拱桥	有	撞损	有	差	高	顺直	否	撞致吉祥物雕塑与防撞墩错位	3.668
7	登云桥	V形刚构	无	刮擦	有	一般		顺直	是	净高牌被树枝遮挡	0.221
8	大关桥	钢筋混凝土双悬臂梁	无	碰撞	有	较强		顺直	是	刮擦严重桥墩端部有钢筋外露	0.473
9	江涨桥	钢筋混凝土悬臂梁	无	碰撞	少	一般		弯折	是	盖梁上有刮擦，桥墩遭受过撞击	0.886

续表

序号	桥名	结构形式	防撞设施	碰撞历史	警示标志	桥墩抗撞能力	文物价值	所在河道情况	通航空间达标	现场情况	碰撞概率（$\times10^{-5}$）
10	德胜路桥	钢筋混凝土箱形连续梁	无	承台被碰	无	一般		弯折	是	承台较高，防撞击的能力好	0.169
11	德胜桥	钢筋混凝土双曲拱	无	撞损	有	—	较高	顺直	否	主拱已被加固，桥台腐蚀严重	60
12	潮王桥	钢筋混凝土双悬臂梁	无	碰撞	少	较强		顺直	是	交角大，撞击多，钢筋外露	0.278
13	朝晖桥	钢筋混凝土系杆拱	无	无	有	—		顺直	是	一跨过江	0
14	青园桥	钢筋混凝土桁架梁	无	碰撞	有	较强		弯折	否	桥墩薄，刮擦明显	0.606
15	文化广场桥	钢结构连续梁	有	承台被碰	有	一般		顺直	是	有防撞装置东边净高牌	1.066
16	中山北路桥	钢筋混凝土箱形连续梁	无	承台被碰	有	较强		顺直	是	承台高，桥墩薄，有刮擦	0.304
17	建国北路桥	钢筋混凝土箱形连续梁	无	碰撞刮擦	有	一般		顺直	否	实体墩台有刮擦	0.635
18	中河高架桥	钢筋混凝土箱形连续梁	无	承台被碰	有	一般		顺直	是	视线较差	0.679
19	艮山桥	钢筋混凝土T形简支梁	无	碰撞	少	较强		顺直	是	斜交桥，桥墩有撞击的痕迹	1.001
20	沪杭铁路桥	钢筋混凝土箱形梁桥	无	碰撞刮擦	有	强		顺直	是	河道中间桥墩容易被撞	0.008
21	城东桥	钢筋混凝土T形简支梁	无	刮擦	无	较强		顺直	是	有撞擦痕迹	0.714
22	京江桥	钢筋混凝土箱形连续梁	无	碰撞	有	一般		顺直	否	主梁在四分点处有对称斜裂缝	0.741
23	新塘路桥	钢筋混凝土系杆拱桥	无	无	有	—		顺直	是	一跨过江	0
24	皋塘桥	钢筋混凝土双悬臂梁	无	刮擦	有	一般		顺直	是	桥宽，扁墩，路面曾塌陷，待改造	0.557
25	土培塘桥	钢筋混凝土箱形连续梁	无	刮擦	无	一般		顺直	是	一跨过江	0
26	水湘桥	钢筋混凝土系杆拱桥	无	无	无	一般		顺直	是	一跨过江	0
27	一线唐家村桥	钢筋混凝土桁架桥	无	承台被碰	有	一般		顺直	是	无	0.153

(a)北星桥承台损伤

(b)轻纺路桥桥墩刮擦痕迹

(c)大关桥桥墩位于河道中央

(d)江涨桥桥墩刮擦痕迹

(e)潮王桥桥墩情况

(f)青园桥立面

图 1　典型桥梁

2.2　管理对策(见表 2)

表 2　防船撞管理对策

序　号	桥　名	管理对策			
		防撞设施设置	桥梁重建	增加警示标志	重点维护
1	绕城公路桥	缓建	否	是	
2	杭长铁路桥	缓建	否	是	
3	谢村桥	不建	否	否	
4	北星桥	缓建	否	是	
5	轻纺路桥	应建	否	是	
6	拱宸桥	应建	否	否	是
7	登云桥	不建	否	否	
8	大关桥	缓建	否	否	
9	江涨桥	应建	否	是	
10	德胜路桥	应建	否	是	
11	德胜桥	应建	否	否	是
12	潮王桥	缓建	否	是	

续表

序　号	桥　名	管理对策			
		防撞设施设置	桥梁重建	增加警示标志	重点维护
13	朝晖桥	应建	否	否	
14	青园桥	不建	否	否	
15	文化广场桥	应建	否	否	
16	中山北路桥	不建	否	否	
17	建国北路桥	应建	否	否	
18	中河高架桥	应建	否	否	
19	艮山桥	应建	否	是	
20	沪杭铁路桥	应建	否	否	
21	城东桥	缓建	否	是	
22	京江桥	应建	否	否	
23	新塘路桥	不建	否	否	
24	皋塘桥	不建	否	否	
25	土培塘桥	不建	否	是	
26	水湘桥	不建	否	是	
27	一线唐家村桥	不建	否	否	

3　结　论

本文系统梳理了如何以河道为单位在城市内河中开展桥梁船撞风险评估。该方法对其他城市也有借鉴作用。今后在风险评估的风险准则方面需要开展更多的研究工作，以适应城市内河桥梁防撞的复杂性。本文成果已经被杭州市城管办应用于杭州市区内的6条河道92座桥的防撞管理上，经数年验证，成果简便、有效，可用于其他城市的桥梁防船撞管理中。

参考文献

[1]杭州市城市管理办公室，浙江大学城市学院．杭州市内河桥梁防撞能力评估与对策[R]．杭州：浙江大学，2008.

[2]内河通航标准(GB 50039—2004)[S]．北京：中国计划出版社，2004.

[3]陈国虞，王礼立．船撞桥及其防御[M]．北京：中国铁道出版社，2006.

[4]廖娟，陈国虞．杭州内河92座桥梁防撞评估与增设防撞装置建议[C]//第十九届全国桥梁学术会议论文集，2010：362－1369.

Management Study on Anti-ship Collision of Bridges in Hangzhou

LIAO Juan, ZHOU Lian-ying, JIANG Ji-qing

(Zhejiang University City College, Zhejiang Hangzhou 310015)

Abstract: The holistic management of anti-ship collision and the assessment of the ship-bridges collision risk of bridges on Hangzhou rivers were studied. We took the bridges as one part of the river unit and the studies were carried out on the river unit. The method was used on the bridges over the Beijing-Hangzhou Grand Canal (Hangzhou section).

Key words: urban rivers; bridge; anti-ship collision; holistic; management

城市公交车用欧(国)Ⅲ标准柴油发动机使用维护与改造

洪淳捷

(杭州市公共交通集团有限公司,浙江杭州 310004)

摘要:在"公交优先"的历史发展机遇下,随着车辆品质的不断提升,特别是2006年以来,公交企业在配合国家车辆排放法规提高方面开展了大量工作,欧(国)Ⅲ标准发动机得到了较大规模的应用,但面对欧(国)Ⅲ标准发动机高额的维修成本,如何使用和维护好欧(国)Ⅲ标准发动机也日益成为各公交企业机务保障工作面临的问题。本文结合多年使用情况,总结出欧(国)Ⅲ标准发动机使用维护和升级改造工作要点,保证发动机技术状况良好。

关键词:发动机;使用维护;改造

1 国内使用欧(国)Ⅲ排放标准发动机简况

与常规柴油发动机相比,欧(国)Ⅲ发动机采用了大量的电子控制技术。其电控装置主要由电喷柴油喷射系传感器、ECU(计算机)和执行机构组成的电控系统,实现对喷油量及喷油定时随运行工况的实时控制。将转速、油门踏位置、喷油时刻、进气温度、进气压力、燃油温度、冷却水温度等传感器实时检测的参数同时输入ECU,与已储存的设定参数值或参数图谱(AP图)进行比较,经过处理计算按照最佳值或计算后的目标值把指令传到执行器。执行器根据ECU指令控制喷油量喷油正时,实现了燃烧的自我控制,发动机运行数据的实时记录、分析、故障检测等新功能,使柴油机运行状态达到最佳。

目前,为实现欧Ⅲ排放标准,主要采用以下3种主流技术。①共轨技术,其中高压共轨技术的代表机型有进口康明斯ISL、ISD系列,国产玉柴YC6J系列等;机油中压共轨技术的代表机型有卡特彼勒3126E型等。②单体泵技术,其代表机型有国产玉柴YC6L、YC6G系列等。③泵喷嘴技术,中小功率柴油发动机较少使用。

2 欧(国)Ⅲ排放标准柴油发动机的正常使用

选用正确的冷却液和润滑油是欧(国)Ⅲ柴油发动机正常使用的前提条件,注意防冻液中防腐剂的浓度符合要求,这样才能充分发挥冷却液作用,在降低冰点、提高沸点的同时,防止冷却系统内部腐蚀和气缸套穴蚀,提高发动机的可靠性。在机油选用方面,欧(国)Ⅲ柴油发动机应使用15W-40/CH-4以上级别,建议采用15W-40/CI-4级。从使用情况看,进口发动机零部件加工精度高、公差小,所需的润滑油膜不宜过厚,可选用进口机油(国产机油油膜普遍厚于进口机油,比较适用于国产发动机)。

欧(国)Ⅲ柴油发动机在起动时不要轰踩油门或一直踩住油门,避免无谓的燃油消耗和机械部分的早期磨损,因为电控系统能在转速符合要求的情况下确认供油正时并开启喷油器喷油。若发动机无法启动,应在确认启动机、蓄电池无故障的情况下,及时查找相关感应器是否存在故障。

起动后,机油压力应在15s内上升,若15s内低油压报警灯没有熄灭,或仪表显示无油压,应立即停机,防止发动机损坏,检查相关故障。在负荷运转前使发动机低怠速运转3~5min,使发动机各部件得到充分润滑,并达到工作温度,如需延长怠速时间,必须让发动机进入高怠速运转(1000~1300转/min),一般情况下不要使怠速时间超过10min。若停站打空调候客时需要长时间怠速运转,则必须让发动机在高怠速情况下运转(这一功能可通过对怠速特性编程实现),因为长时间低怠速运转会引起气缸积炭,导致发动机性能

作者简介:洪淳捷,男,大专学历,助理工程师。

下降。

欧(国)Ⅲ柴油发动机采用电脑控制,可对发动机运转进行实时监控,当发动机运行过程中出现故障时,安装在驾驶室仪表板上的“诊断”灯会发出警告。驾驶员应在安全的情况下尽快将车开到路边停下,以减小发动机损坏的可能性。此时发动机自动保护功能开启,发动机将根据故障的严重程度,降低功率和转速,直至停机。出现上述情况应尽快对发动机进行检测及维修。

发动机在带负荷运转情况下立即停机,会引起过热并加速发动机零部件的磨损,所以带负荷运转停机前必须在低怠速运转 3～5min,使活塞、气缸、轴承和涡轮增加器等部件充分冷却,延长发动机寿命。

由于欧(国)Ⅲ柴油发动机自带大量的电子传感器及用于通信的线束,无论发动机在热态或冷态状况下,都不允许用水冲洗发动机,避免发生线路短路,损坏电控系统。同时在任何情况下,在进行电焊作业时,都必须断开电瓶线桩头,防止电焊时产生的磁场感应电流损坏 ECU。

3 欧(国)Ⅲ排放标准柴油发动机的保养与维护

正确的维护保养有助于提高欧(国)Ⅲ柴油发动机的可靠性,可以有效地预防机械部分故障的出现,延长大修周期,降低发动机的全寿命周期费用。总体上,欧(国)Ⅲ柴油发动机维护保养要注重日常维护和一级维护、二级维护。

日常维护的主要内容是发动机起用前进行必要的检查,虽然工作量较少,但对于发动机的使用,预防机械部分故障出现最为重要。发动机起动前应对各类皮带的涨紧程度、润滑油油位、冷却液液位进行检查,同时查看有无泄漏。严禁使用密封添加剂解决冷却系统泄漏故障,因为在实际使用过程中,密封添加剂极易造成冷却系统堵塞及冷却液流动不畅,引起发动机过热。冷却液在常温状态下添加必须在发动机温度低于50℃时进行,否则会损坏发动机的铸件。

由于欧(国)Ⅲ柴油发动机对气缸供气采用的是增压中冷方式,发动机在运行过程中必须保证进气管路的不破损、泄露,所以在发动机起动前应针对气管路有无磨损点、管路损坏、卡箍松动等进行检查,如有必要应立即进行修理。起动后应对呼吸器管路进行观测,查看排气是否正常,有无油泥或其他杂物堵塞等。

一级维护的间隔里程可根据发动机的实际使用情况制定,一般控制在 1000～1500km 较为合适。一级维护在日常维护的基础上,对油水分离器进行排水作业,清洁、检换空滤器芯;检查中冷器及进气管路安装是否可靠、牢固,有无泄漏、孔洞、裂纹或连接松动现象,同时采用合适的办法对中冷器表面进行清洁,检查叶片有无裂纹、孔洞等,对损坏的中冷器必须立即修理或更换。

鉴于目前国内的柴油品质和城市公交车辆运行条件特殊,发动机长时间在高负荷低转速的情况下运转,欧(国)Ⅲ柴油发动机二级维护间隔里程一般控制在 10000～15000km 较为合适,可以得到较好的效费比。

二级维护在包含一级维护作业的基础上,对发动机的机油道、燃油道进行清洗,更换发动机润滑油、柴油滤清器、机油滤清器、(冷却液滤清器)空气滤芯,检查冷却液浓度是否符合要求,并进行必要的添加。拆卸气门室罩盖,检查气门间隙,对呼吸器进行清洁。检查喷油泵、空压机、发电机及发动机其他附件安装螺母是否紧固,各相连接是否可靠。检查蓄电池性能是否符合要求,与电缆线连接庄头有无氧化,连接是否有效。

对发动机电控部分的检修,也是二级维护的重要内容,可以使用电子维修工具,也可从诊断灯的闪现直接读取故障代码。如进口康明斯欧Ⅲ柴油发动机,将车辆钥匙开关转到“ON”(接通)位置,发动机起动开关转到“OFF”(断开)位置,此时如果没有现行故障,两个诊断灯都将持续点亮,如果发动机存在故障,两个诊断灯将暂时点亮,然后闪亮记录的故障代码。最后根据所记录的故障代码排除故障。

二级维护的目的是通过对发动机进行检查、维护,使发动机在较好的状态下运行,有效延长发动机的使用寿命。

4 欧(国)Ⅲ标准柴油发动机的升级改造工作要点

为不断提高在用柴油运营车辆环保性能,对污染严重的低标准柴油运营车辆发动机进行升级改造,是一项投入少、见效快的措施。在具体实施中,对升级改造对象的选择,既可以结合政府的要求来选择,也可以根据发动机实际技术状况来确定。在升级改造中,要重点做好以下工作。

(1)对原车型基本情况的描述。描述内容包括原发动机基本技术参数,原车型变速器、离合器、后桥等型号和技术参数,以及发动机布置情况等。

(2)发动机选型和技术匹配。发动机选型的关键是选择可靠、经济、适合的品牌和机型,要根据在用发动机品牌的实际效果确定候选品牌,对候选品牌的机型进行初选,再根据原车型进行技术匹配设计,包括合适的传动比、合理的发动机额定功率和扭矩、合理的燃油经济性,以及变速器、主减速器、差速器的额定输入扭矩参数的测算,保证改造后的发动机性能稳定,可靠性、经济性达标。

(3)技术改造方案的确定。在完成技术匹配后,还应具体确定改造方案,包括发动机悬置的布置、皮带轮选择、进排气系统的布置、燃油系统的布置和加装粗滤器的选择、冷却系统的布置、动力输出系统的选择、电器系统的布置等,确定技术要求。

(4)样车改造和技术标定。在对首台样车进行改造后,应根据技术要求和出厂检测要求,进行技术标定,内容包括起动性能、怠速、最高空车转速、自由加速、起步动力性能和爬坡性能等。

(5)批量改造。根据标定结果,对技术方案进行修订,达到设计要求后,可以进行批量改造。

改造过程尤其应注意:应重新确定冷却水箱、空气滤清器的技术参数。要装用新的低压燃油油路,选用无铅油箱。重新设计定制符合 J1939 多路通信形式的整车线束,线束接口要符合发动机的要求,确保发动机的温度、转速等数据实时准确地传输到仪表上,若条件允许则建议更换仪表盘总成。电子油门踏板的安装要尽可能与原油门踏板保持一致,符合驾驶员的操作习惯。若车辆安装自动变速器,在改装时需在发动机和自动变速器之间重新建立通信连接。

5 结 语

总体上,欧(国)Ⅲ柴油发动机的应用可使车辆的环保型有较大幅度的提高,使用电子检测设备可提高发动机故障判断的准确性,降低发动机维修作业难度;再通过正常的使用,严格的维护保养手段,可获得较好的社会效益和经济效益。

杭州市“错峰限行”等交通需求管理措施的实践与启示

谭永朝　高杨斌　郑　瑾　梁丽娟　裴洪雨　陈　杰　王　娜

（杭州市综合交通研究中心，浙江杭州 310006）

摘要：在解决城市交通供需不平衡的过程中，与增加供给相比，控制需求的管理措施更容易受到公众的质疑和反对。杭州近期推出的“错峰限行”等需求管理措施，把关注对公众既有出行规律的影响放在重要位置，最大程度考虑了公众的感受，实施后不仅成效显著，更得到大多数公众的拥护和支持，成为一次成功的实施案例。杭州市综合交通研究中心受市政府委托，曾对这些措施的实施开展了长达半年的实时监测和动态评估，本文主要介绍相关措施的决策、实施与效果评估等情况。

关键词：交通需求管理；限行；动态评估；实践

交通拥堵是交通供需不平衡的结果，一直以来，国内相关部门总是倾向于通过加大供给来缓解这个矛盾。然而，在需求以更快速度增加、单纯依靠设施建设已无法解决交通拥堵问题的情况下，更多城市开始考虑采取削减弹性出行需求的手段。由于控制交通需求的措施不可避免地对一部分群体既有的出行习惯造成影响，因此很容易受到质疑，并招致反对，反对的程度有时还会相当的激烈。这也是交通需求控制措施目前实施较少的主要原因。

2011 年 10 月 8 日起，杭州市首次在市区主要范围内实施“错峰限行”等控制交通需求的管理措施，影响面很广，社会关注度很高。在决策和实施过程中，相关部门充分考虑公众感受，把市民可承受度和出行可替代性放在了重要的位置。根据效果评估，“错峰限行”实施后，市区交通运行得到较明显改善的同时，市民的支持度也一直很高，措施成果超出了预期，为今后相关政策措施的制定与实施积累了很好的经验。

1　决策背景与措施内容

1.1　决策背景

杭州市是国内排名靠前的优秀旅游城市，发达的社会经济和强大的旅游吸引力，导致交通需求持续快速增长。截至 2011 年 9 月，杭州市区（不含萧山、余杭，下同）机动车保有量达到 78.9 万辆，比 2005 年增长 180%，千人机动车拥有量已达到 222 辆，中心城区的交通拥堵问题已成为公众最关心的社会热点之一（见图 1）。根据 2011 年 9 月份的统计数据，市区 30 条主要干道的平均行程车速，早高峰仅为 17.2km/h，晚高峰仅为 16.4km/h，纵贯中心区的中河上塘高架快速路，晚高峰双向全线平均行程车速仅为 23.3km/h。

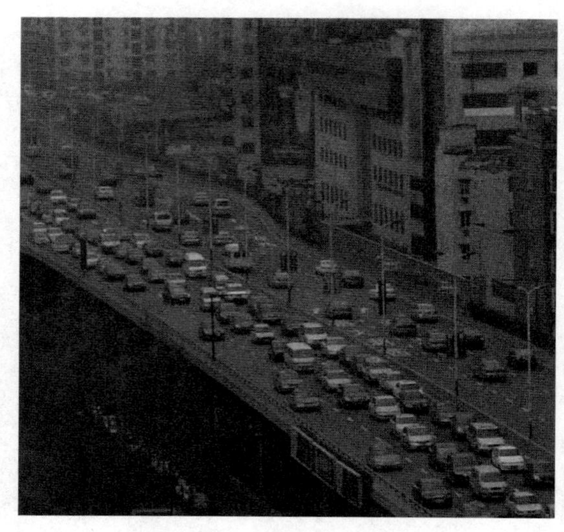

图 1　拥堵严重的中河上塘高架

面对日益严峻的拥堵形势，政府也在多方寻求治堵措施。除了加快道路和轨道交通建设、优先发展公共交通、鼓励慢行等措施之外，调控交通需求的措施也正式提上议事日程。

作者简介：谭永朝（1971—　），男，硕士，教授级高级工程师，书记，主任，主要研究方向为城市交通管理。

1.2 措施内容

杭州市实行的“错峰限行”等交通管理措施包含多项具体内容，主要包括高峰时段尾号限行、机关事业单位错时上下班、高架匝道管控等。

(1)机动车高峰时段按尾号限行措施。考虑到公众的可接受程度，采用短时段按照尾号限行的方式，限行时段为工作日的 7:00—8:30，17:00—18:30。机动车号牌(含临时号牌)末位数字限行规则分别为：星期一，1 和 9；星期二，2 和 8；星期三，3 和 7；星期四，4 和 6；星期五，5 和 0。

限行区域如图 2 所示，基本包含市区中心地带，总面积 116km^2，占市区总面积的 17.0%，占市区建成区面积的 37.9%。

(2)市级机关事业单位错时上下班。作为“错峰限行”的一项配套措施，市级机关事业单位实行错时上下班，工作时间由原来的 8:30—12:30、14:00—17:30 调整为每天上午 9:00—12:30，下午 14:00—18:00。

(3)中河上塘高架主线提速和匝道管控。中河上塘高架是杭州市区现状最重要的高架快速路，也是目前唯一建成的纵向快速路，交通功能强，拥堵较为严重。自 2011 年 10 月 8 日起，高架主线限速由 70 km/h 提高至 80 km/h，同时对市中心两处较为繁忙的上匝道实施白天 12 小时全封闭，对部分上匝道实施早晚高峰时段封闭(见图 3)。

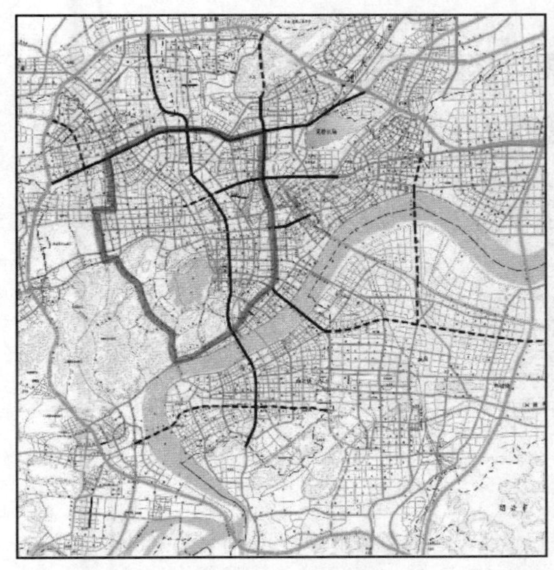

注：深色线为限行范围边界。

图 2 杭州市“错峰限行”实施范围

图 3 中河上塘高架的控制措施

2 政策制定与组织实施

相关措施的制定，经历了事先论证、征求民意、动员宣传、正式实施(试行)、专项评估、延续实施等一系列过程，始终关注公众的感受和反应，采取了多项组织和保障措施来化解可能存在的负面影响。

2.1 决策过程中关注公众的感受

市有关部门曾先后拟定过多套缓解交通拥堵的方案，包括早晚高峰时段限行(称为“错峰限行”)、白天 12 小时限行、单双号限行、限购机动车等。考虑公众的反应，最终决定先实施力度最为缓和的“错峰限行”措施，主要考虑以下 3 个方面。

(1)可能导致公众强烈反对，将引发不必要的社会矛盾。上述措施在一定程度上都是对市民权利的限制，虽然这种限制的目的是为改善市民出行的交通环境，但普通市民能否接受、多大程度上接受、何时才能完全接受，仍然是影响决策的关键问题。

(2)严厉的限行或限购措施，公众可能采取特殊措施来规避。若采取严厉的限行措施，可能引发第二辆车的购买热潮；如果采取限购车辆的措施，可能导致大量的外地上牌现象等，对后期交通管理明显不利。

(3)可能会影响杭州的城市社会经济发展。杭州是一个开放的旅游城市，若采取严厉的限制措施，势必影响外地车辆来杭，将可能影响城市旅游经济发展。

综合上述考虑，杭州市推出了力度最为缓和的“错峰限行”措施，仅在早晚高峰时段3个小时内限行，既可有效缓解目前最为紧张的早晚高峰交通拥堵状况，影响面又较小，让广大市民能够适应和接受。

2.2 实施策略讲究因势利导

措施的推出时机和方式也非常关键。为慎重起见，杭州市决定在第八届全国残疾人运动会举办期间，以保障“残运会”顺利举办为由推出“错峰限行”等交通管理措施。此举被市民广泛接受，有效化解了限行初期可能面临的阻力。

“错峰限行”等措施实施的第1天，选在10月8日(周六)。受国庆长假的影响，以及周六部分单位不上班等因素的影响，限行第1天市区交通特别通畅，各限行管制点秩序井然，未发生任何强行闯关事件，错峰限行等措施顺利推行。限行实施第1个月，效果非常明显，市民明显感受到市区交通运行趋于好转，因此很快理解、认可了“错峰限行”。

2.3 组织保障强调多管齐下

为确保万无一失，杭州市从宣传、执法、管控、服务等方面采取了一系列行之有效的措施来保障“错峰限行”的实施。

(1)广泛宣传。市有关部门动用一切媒体资源，包括报纸、电台、网络、电视等进行密集宣传。同时动员行政力量，深入社区向广大车主发放宣传册。在限行范围内的道路上，主要交叉口均挂上宣传横幅。在限行边界附近的道路上，设立专门的限行标志，显示当日限行尾号数(见图4)。在进出杭州的高速公路收费站、服务区等处设置专门的宣传栏，向外地司机告知杭州市实施的“错峰限行”措施。卓有成效的宣传工作，使得“错峰限行”广为人知、深入人心。

图4　广泛布置的宣传横幅

(2)加强现场管控和处罚威慑。限行初期，交管部门动员大量警力上路执法，加强现场管控。在限行范围边界道路上的24个路口设置卡口点，拦截企图进入限行区的被限车辆，每个卡口点至少1名警察、2名协警。市区主要交叉口全部安排交警执勤，现场管控被限车辆的出行(见图5)。交管部门还在市区主要道路上设置了电子抓拍设备，拍摄所有经过车辆并识别车牌号，以此为依据处罚违规上路的被限车辆(见图6)。对于不按规定限行的车辆，按照罚款100元、扣3分进行处罚。强大的管控力度和处罚威慑力，有效抑制了被限车辆违法上路。根据市中心主要道路上被限车辆违法上路情况的调查，其比例不足2%。

图5　现场交警管控

图6　电子警察监控

(3)配备专门的停车换乘点和换乘公交。考虑部分车主可能无意中进入限行范围，有关部门还专门在卡口点附近设置停车点供被限车辆临时等待，并在城西、城北、城东设置了4个停车换乘点和换乘公交线，供被限车主停车和换乘公交(见图7)。从实际运行情况来看，在限行初期，不熟悉错峰限行的车主相对较多，在卡口点被交警拦下以后，停车换乘也是一个较好的选择，这些停车换乘设施发挥了积极作用。随着“错峰限行”的持续深入，这种现象越来越少，停车换乘量也越来越少，停车换乘点陆续撤销。

图7 利用闲置土地设置的停车换乘点

3 实施效果评估

从2011年10月8日开始至2012年3月31日，错峰限行等措施实施半年，经受了寒冷冬季的严峻考验，克服春节春运的巨大压力，总体实施效果良好，市区交通运行状况得到了较明显改善，主要表现在如下几个方面。

(1)错峰限行等措施的实施，使早晚高峰交通拥堵状况得到较明显改善。根据限行6个月的平均数据统计，限行后早晚高峰期间的大部分交通指标都趋于好转，详见表1。

表1 限行后主要交通指标的变化情况

计算指标	数值变化(相对于限行前)	定性描述
道路交通流量(pcu/h)	早高峰：↓7.9% 晚高峰：↓3.1%	趋好
干道平均车速(km/h)	早高峰：↑17.4% 晚高峰：↑12.3%	趋好
交通拥堵总量(km・h)	早高峰：↓39.6% 晚高峰：↓21.8%	趋好
公交车运行速度(km/h)	早高峰：↑6.4% 晚高峰：↑1.4%	趋好
出租车载客次数	早高峰：↑30.0% 晚高峰：↑17.5%	趋好
出租车等候时间(min)	早高峰：↓15.9 晚高峰：↓12.4	趋好
路内停车日均总次数	全天：↓12.0%	正常

注：“限行前”一般是指2011年9月，下同；“交通拥堵总量”为市区道路每个拥堵路段车道长度乘以其拥堵时间的总和。

(2)从半年变化趋势来看，交通运行状况虽有波动，但每个月的早晚高峰拥堵程度均好于限行前。按月度平均值来统计，2011年10月早晚高峰拥堵改善情况最好，拥堵总量比限行前下降44%，12月份和2月份较不显著，但仍比限行前下降28%左右。从变化趋势来看，每个月虽有波动，但总体都好于限行前(见图8)。

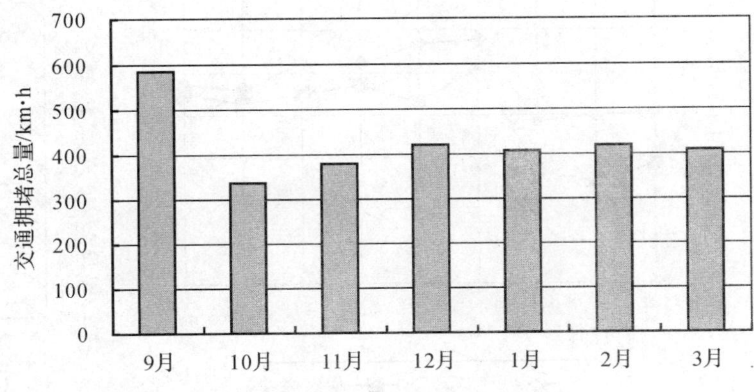

图8 限行后各月份交通拥堵总量变化

(3)同步实施的“错时上下班”措施降低了限行对有车族出行的影响，也导致8:30之后有一波较为明显的交通反弹，总体来看，全天流量分布略趋均衡。杭州市“错峰限行”在早晨8点半结束，错时上下班政策实施以后，部分单位推迟至9点上班，而杭州市机动车出行的平均时耗为31min。因此，相当部分被限车主可以等到8点半之后再出发上班。限行与上班半小时的时差，降低了限行对出行者用车的影响。在错时上下班和尾号限行措施的双重作用下，限行以后早高峰由以前的1个尖锐高峰(以8点为中心)变成两个小高峰(8点1个、9点1个)，最高峰值下降了33%，但在8点半之后有一波反弹。据流量统计，限行后7点至8点半的流量比限行前下降7.9%，8点半至9点半之间的流量则比限行前增加6.8%，流量分布略趋均衡，一定程度上达到了削峰填谷的目的(见图9)。

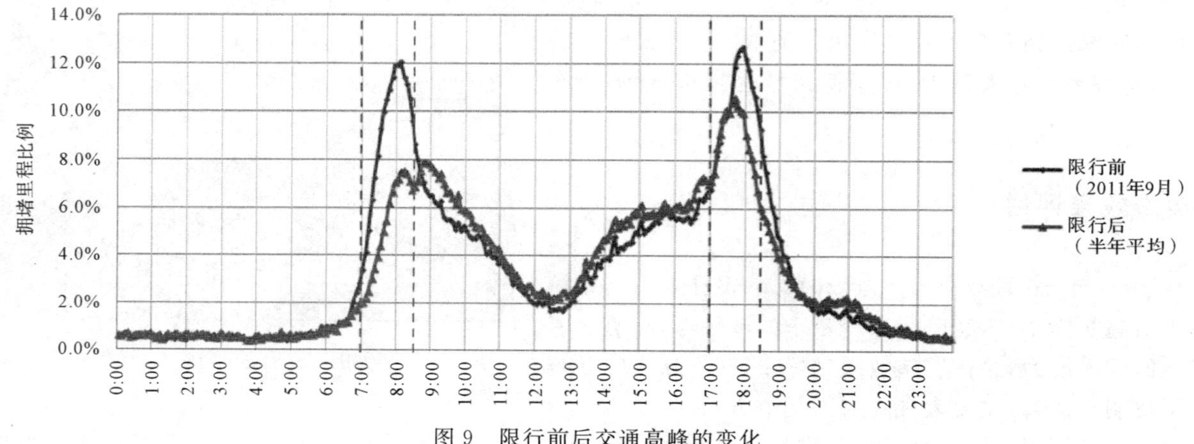

图 9　限行前后交通高峰的变化

（4）非限行时段（含双休日）的交通拥堵明显加重。与限行时段交通状况趋好相比，非限行时段的交通运行则存在加重的趋势。根据 6 个月的平均数据，限行日非限行时段内的交通拥堵总量，比限行前增加 3.1%，12 月份、1 月份增加幅度甚至达到 15.8% 和 34.5%；双休日不限行，全天拥堵总量增加幅度达 25.8%，增长过快。

（5）中河上塘高架的交通运行状况，在限行初期改善效果非常明显，之后效果逐渐弱化。由于额外采取了匝道控制等措施，在限行初期，早晚高峰时段高架主线车速的提升幅度达 31.7% 和 47.1%，同时流量不降反升 2.5%，说明高架主线运行效率得到了极大提高，限行效果最为明显（见图 10）。但由于市区南北向通道不足，目前纵向快速路仅此一条，承载了太多的南北向出行需求，高架越通畅，越会吸引更多的交通，导致高架压力持续增加。至 3 月份，高架主线早高峰车速提升幅度缩小到仅为 15.0%，限行效果逐渐弱化。

（6）根据所完成的 3 次民意抽样调查，现阶段措施对市民的工作生活影响较小，公众普遍认可、接受和支持错峰限行。为了解广大市民对错峰限行等措施的意见，杭州市综合交通研究中心分别在 10 月底、12 月中、3 月底组织 3 次民意调查，通过街头访问、社区入户等方式累计调查了 5205 位市民。3 次民意调查中，市民对错峰限行的支持度都在 80% 以上，分别达到 86.5%、80.8% 和 82.6%，而认为错峰限行需要取消的市民从未超过 10%，说明市民对错峰限行措施普遍认可和支持（见图 11）。而车主在限行当日的应对策略多种多样，避开限行时段再开车出行的市民最多，比例接近 40%；其次是改乘公交，占 25% 左右；选择非机动车出行或与他人拼车的市民也不少，各占约 10%。说明目前的限行措施对市民影响较小，市民能够采用灵活的应对方式。

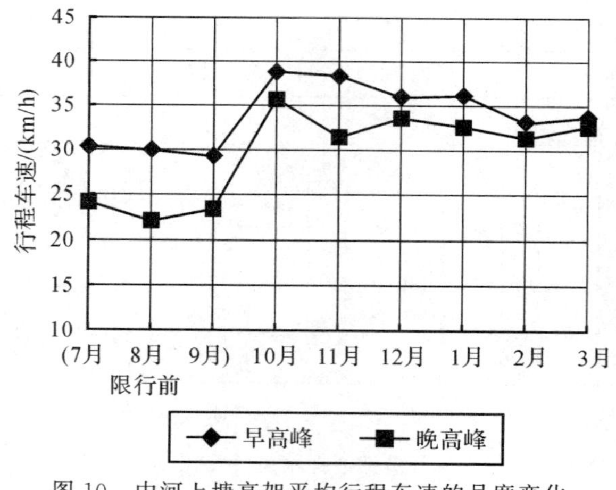

图 10　中河上塘高架平均行程车速的月度变化

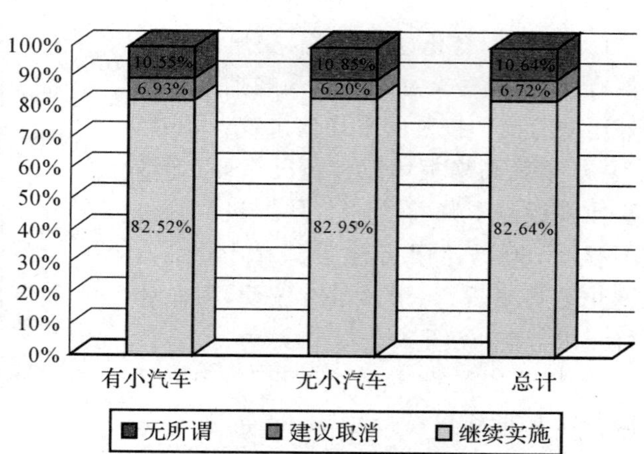

图 11　市民对错峰限行是否继续实施的意见（第三次调查）

（7）“错峰限行”等措施成功遏制了交通拥堵加剧的势头，为地铁和快速路施工争取了时间。虽然从长期来看，“错峰限行”的效果将逐渐趋于弱化，但它还是有效延缓了杭州市区拥堵加剧的进程。图 12 显示了杭州市区自 2010 年 3 月至 2012 年 3 月每个月的拥堵程度变化情况，显然，“错峰限行”使拥堵程度明显下了一个台阶，虽然它的走势还是向上的。目前，杭州市正处于快速路和地铁建设的高峰期，施工期道路交通影响较大。“错峰限行”等措施的实施，为地铁施工、快速路建设争取了时间。

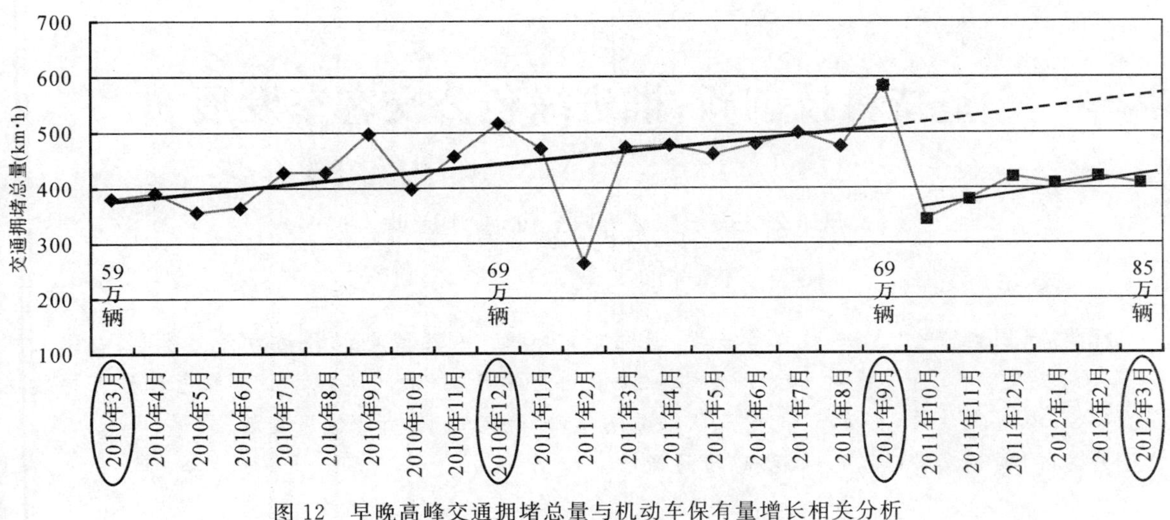

图 12　早晚高峰交通拥堵总量与机动车保有量增长相关分析

4　结　论

“错峰限行”等措施的推出，是杭州市进行交通需求管理的一次重要尝试，取得了超出预期的成效，总结经验主要有如下几点。

(1)决策和实施过程中高度重视公众感受和反应，自始至终得到公众的支持和配合。杭州市在决策和实施过程中采取了非常审慎的措施：①限行力度相对较弱，仅限早晚高峰各 1.5h，但针对性强；②借“残运会”之机推出“错峰限行”，容易为市民所理解；③配套实施错时上下班政策，相当部分市民可利用限行时段与上下班时间的半小时时差来出行，不影响其既有出行方式，降低了限行的社会影响；④首次执行日选在 10 月 8 日(周六)，受国庆放假及周末调休的影响，限行第一日交通特别通畅，秩序井然；⑤限行初期，效果明显，评估宣传到位，使公众很快认可和接受错峰限行。

(2)多项措施综合发力，避免单一措施的局限性。杭州市实施的“错峰限行”等措施，还包括错时上下班、高架匝道控制、停车换乘点配备等一系列组合措施，避免单一措施的不足。

(3)由于“错峰限行”力度适中，并未引发第二辆车的购买热潮。按照尾号来限制车辆通行，潜在的风险是部分高收入阶层会购买第二辆车来规避限行。杭州市的“错峰限行”措施由于力度适中，对车主出行的影响相对较小，因此市民因为“错峰限行”而购买第二辆车的动力不足。2011 年前 9 个月(未限行)杭州市区机动车净增 10.2 万辆(月均净增 1.13 万辆)，限行后 6 个月机动车保有量净增 6.1 万辆(月均净增 1.02 万辆)，限行后市区机动车保有量增速没有加快。

综上所述，杭州市实施“错峰限行”等措施，以较小的社会影响，取得了较大的实施效果，在一定时期内明显改善了市区道路交通运行，广泛赢得了市民的认可和支持，同时并没有引发诸如大量购买第二辆车、影响旅游经济发展等后遗症，成为交通需求管理的一次成功实践。

参考文献

[1]杭州市综合交通研究中心.杭州市“错峰限行”等交通管理措施实施半年绩效评估[R].杭州市综合交通研究中心，2012.

[2]全永燊，郭继孚，温慧敏，孙建平.城市道路网运行实时动态评价理论和技术研究[J].中国工程科学，2011，13(1)：43－48.

[3]PAULA J，HAMMOND P E. The 2010 congestion report [R]. Washington State Department of Transportation.

[4]郭继孚，刘梦涵，等.北京市交通拥堵宏观评价指标体系开发及其应用[C]//2007 年第三届中国智能交通年会论文集.南京：东南大学出版社，2007：341－346.

[5]北京交通发展研究中心.实施“北京市政府关于实施交通管理措施通告”监测评估报告[R].北京交通发展研究中心，2009.

[6]世博会交通协调保障组.上海世博交通[R].世博会交通协调保障组，2011.

[7]杭州市综合交通研究中心.杭州市错时上下班交通研究[R].杭州市综合交通研究中心，2011.

坚持科技创新,推进绿色公交客车发展

来浩灿

(杭州市公共交通集团有限公司,浙江杭州 310004)

摘要:以创新理念、方法、技术等手段,通过开发和推广应用油电混合动力公交客车、液化天然气(LNG)公交客车、即充式纯电动公交客车、公共自行车等实例,阐述城市公交绿色环保可持续发展的路径、取得的效果,展示政府、企业联动共同推动"公交都市"有序健康发展。

关键词:创新发展;客车;新能源;清洁能源

近几年来,杭州公交在政府"公交优先"政策扶持下,坚持按照"公交优先,公交必须优秀"的发展理念,运用科技创新手段,从完善优化公交客运服务网络、调整车辆结构技术配置、提高车辆节能环保性能、提升信息化服务保障等方面入手,实施管理创新、理念创新、方法创新,大力推进绿色公交体系发展。根据杭州市城市规模发展要求,城市区块功能结构调整,专业生活商住区、大学城、工业园区的相应建立,杭州市公交一体化建设在发展。杭州公交按照"安全可靠、舒适人性、节能环保、方便快捷"的标准,适时地优化调整公交线网,新辟、新增和延伸常规公交线路,开通小区公交短驳线、夜间公交线、旅游观光线,建设快速公交线路,发展快速公交支线、换乘中心和换乘枢纽站,免费同站换乘,建设"国内领先、世界一流"公共自行车租借服务系统,建立比较完善的以常规公交线路为主体、快速公交线路为主力、小区公交线路为辅助、公共自行车为补充的快速公交、常规公交、慢行公交相结合的公共客运服务网络体系。提高公交出行效率,缓解市民出行难问题,提高公交出行分担率,降低公交出行"碳成本",促进"低碳公交"、"生态城市"、"公交都市"发展。

截至2013年底,杭州公交拥有公交线路582条,线路总长9732km,年客运总量13.67亿人次。公交客车总量8213辆,其中国Ⅲ及以上排放标准车辆达72.82%,空调客车达100%,新能源和清洁能源客车2258辆,占车辆总数的27.5%。公交客车公共自行车7.8万辆,服务点3067个,平均日租用量28余万人次,年租用量已达1.03亿人次。下文就杭州公交运用创新手段、有序推进节能环保公交客车发展情况做简要介绍。

1 杭州公交节能环保公交客车发展历程

为了推进城市能源清洁化和多元化战略,创建环保生态模范城市,确保城市和公交可持续发展,杭州公交运用技术创新手段,努力提升城市客车节能环保性能。根据杭州公交客运生产需求,以"三大三低"基本标准和"终身成本最低"车辆选型原则,把握科技发展方向,加强内外技术合作,创新理念、大胆实践,优化公交客车技术配置,大力开发应用高性能、高标准、节能环保的先进车辆部件和舒适安全、高性价比的新型公交客车,提高公交客车技术配置水平和安全环保性能,编制绿色公交客车发展规划,按照"先进、适用、安全、环保"开发思路,有序发展绿色环保型公交客车。在前几年开发应用高性能柴油机客车、空调电车经验基础上,从2006年夏季开始,集团公司成立了由主管领导担任组长的新型节能环保客车试验小组,由集团科技部牵头,会同相关部门和单位人员,具体落实相关工作。重点是试验开发新型节能环保的混合动力客车和液化天然气客车。

(1)混合动力公交客车。通过市场调研,对比串联、并联、混联这3种混合动力技术路线方案,了解动力电源及控制技术研发情况,分析纯电机驱动、AMT变速传动、超级电容或锂电池贮能等技术优势后,我们认为混合动力客车是一种具有较好发展潜力的新型节能环保城市客车。于是,我们与有关客车厂家合作,根据公交客车特性需求,按照先进可靠、安全实用的要求,共同商讨技术配置方案,进行混合动力客车开发与

作者简介:来浩灿,男,工程师,科技信息部副经理,从事客车技术管理。

试验。从2007年5月开始，油电混合动力客车试运行，14个月中进行了多次可靠性和适应性等项目测试，采集了大量实验数据，及时处理了各类技术问题，共同探讨技术改进方案，积累了较好的试验经验。实践证明，以超级电容为贮能单元、纯电机起步的混联型12米级油电混合动力客车，具有较好的节能环保优势、驾驶操作轻便、起步加速平稳、乘坐舒适安全、技术配置比较合理等特点，能够满足城市公交线路使用要求。

在试验成功和技术改进的基础上，杭州公交在2008年8月，通过公开招标方式，采购了第一批45辆以超级电容为贮能单元、纯电机起步的混联型12米级低入口油电混合动力空调客车，在第二届“全国公交周”期间投入杭州公交K290线路使用。尽管这批客车在投放初期发生诸多故障，但在使用中得到了改进与完善，也发挥了新能源客车乘坐舒适和节能环保的技术优势。

2009年初，国家财政部、科技部联合下发财建〔2009〕6号《关于开展节能与新能源汽车示范推广试点工作的通知》，杭州市积极申报，经国家有关部门批准，杭州成为首批新能源汽车示范推广试点城市，即“十城千辆”试点城市。在杭州市政府有关部门及市节能与新能源汽车发展协调小组等关心支持下，杭州公交进一步大胆尝试，大力发展以混合动力为主的节能与新能源客车。根据杭州公交特定线路需求，我们对混合动力客车还进行了超级电容＋锂电池为动力电源改进试验，取得较好效果，提升了混合动力客车的技术性能，改善了使用效果，拓展了其适用范围。经过几年的实践和推广应用，现在杭州公交在用的混合动力客车已达1078辆，均为12米级低入口空调客车。目前混合动力客车投放在杭州公交的40余条主干线路使用，已累计行驶1.8×10^8 km以上，运行正常，深受广大市民好评，平均节油率15％左右，累计节油7.82×10^6 L以上，减少CO_2排放总量达2.057×10^8 t。

(2)液化天然气公交客车。为推动公交能源清洁化、多元化，减少公交客车尾气排放(PM2.5)对城市大气的影响，通过市场调研，了解国内外有关天然气客车及相关产业技术发展情况，对比压缩天然气(CNG)客车和液化天然气(LNG)客车技术性能、结构布置、安全与使用等特性优势，我们认为LNG客车比CNG客车更适合城市公交使用，也是城市公交推广应用天然气客车的发展方向。于是，杭州公交在2007年夏季与相关客车厂家和燃气供应商合作，联合开发了5辆10米级和12米级LNG空调公交客车进行试验应用。经过一年的试验应用，同时对车辆进行了一些结构技术改进，于2008年秋季进行小批量示范应用。实践证明，后置式LNG空调公交客车比较能够满足城市公交使用，对减少公交客车尾气排放(PM)对城市大气影响有积极作用。截至2013年底，杭州公交已发展应用LNG空调公交客车1000辆，主要运行于主城区的50余条主干公交线路。

(3)纯电动公交客车。尽管杭州公交进行纯电动公交客车应用试验较早，但由于动力电池的技术性能问题，纯电动客车续驶里程短、续驶里程不稳定、动力电池充换电设施配套滞后等因素，制约了纯电动公交客车的实践应用。目前，杭州公交仅有少量纯电动公交客车在试验运行。

杭州公交认真总结分析影响纯电动公交客车发展应用的诸多因素，结合前几年自主开发应用“电电双源无轨电车”经验，发掘杭州城市资源，盘活现有城市公交资源，减轻城市公交基础设施建设投资压力，更新观念和发展思路，创新发展和开发新型式新能源客车。从2009年开始，设想研发以现有的无轨电车技术和线网资源为基础，结合当前纯电动客车控制系统和驱动系统技术，引入“纯电驱动＋plug-in”的“随动充电”新能源客车理念，积极主动地与国内主流客车厂家和主要技术部件厂家交流合作，联合开发新能源型空调纯电动客车——即充式纯电动空调客车。该型新能源客车可利用无轨电车线网电源做常规动力行驶，既可利用车载电源采用纯电动方式行驶，可采用固定电源(AC380V)充电，也可采用快速更换电池方式补电，也可在有无轨电车线网路段实现“随动充电”方式补电，在车辆制动过程中以电制动方式回收制动能量对车载电源补电，节约能源。完全结合了无轨电车和纯电动客车的特性优势，充分拓展了纯电动客车应用范围，提高了其持续行驶能力等性能。这种12米级低入口即充式纯电动空调客车于2012年开发成功，首批30辆客车于2013年5月正式投入杭州公交的K155路使用，深受广大市民喜爱，同时也得到了全国公交行业认可和推广。杭州公交的80辆即充式纯电动空调客车性能良好、运行正常。今后还将进一步增加数量，车型也会向18米级铰接客车发展，使用线路也会向着更多的大客流主干线路拓展。

(4)公共自行车。为了解决城市公交“最后一公里”问题，满足市民公交出行需求，杭州公交按照“国内领先、世界一流”的要求，依托科技创新，充分发挥公交人敢拼敢干精神，积极与大专院校合作，在2008年上半年仅用2个月就建设了一个先进的公共自行车租借服务示范试运行系统。经过几年的技术改进，杭州公交的公共自行车租借服务系统已具有7.8万辆自行车、3067个服务点，实现了日夜服务、通借通还、智能管理。成为全球规模最大、技术一流的公共自行车租借服务系统。平均日租用量达28余万人次，年租用量已达1.03亿人次，按公共自行车年租用量匡算，每年可减少CO_2排放量达1.3×10^5t以上。公共自行车成为广大市民和游客的主要选择，成为公交站点与各类停车场、运河慢行系统、生活小区、大型商场超市、企事业单位的连接纽带，成为杭州市解决公交"最后一公里"的重要手段。同时，杭州公交在自主创新基础上，拓展外延服务，先后协助太原、兰州、青岛、福州、厦门、哈尔滨等73个城市或地区建立公共自行车服务系统。

2 新能源与清洁能源客车应用体会

杭州公交经过这几年对节能与新能源客车、清洁能源客车的开发与使用，我们有以下几点体会。

(1)节能与新能源客车、清洁能源客车，和常规柴油机客车相比具有如下特点：①起步加速快、行驶平稳；②驾驶轻便、乘坐舒适；③节能减排效果明显、环保性能好；④技术含量高、车辆性价比高、安全性能好，适合城市公交使用，值得推广。

(2)要选择合适的技术方案，适应不同运行特点要求。由于不同技术路线、不同配置方案的新能源和清洁能源客车，具有各自不同的技术特色优势和弱点。因此，使用者在选用时，一定要根据公交线路运行要求、道路地形、客流大小、车辆拥堵状况，来合理选择车型；客车厂家要根据运行特性需要，对客车控制策略、技术参数、配置方案等做适当调整与修正，适应使用要求，做到扬长避短，充分发挥新能源和清洁能源客车特长优势，以获得较好效果。

(3)政府政策要扶持、社会各界要支持。杭州公交能够比较成功地推广应用新能源和清洁能源客车，取得了较好效果。我们深深地感受到，这主要得益于政府及有关部门正确的引导和政策的扶持，有关领导尊重科学、大气开放的办事作风，社会各界的支持，多方交流合作，以及公交人敢于开拓创新、真抓实干精神的结果。

3 几点建议

(1)政策扶持、加快推广。由于新能源和清洁能源客车主要的应用市场是公共交通领域，建议政府应在购车补贴扶持政策基础上，进一步出台加大使用维护补助政策，各项补贴要及时落实到使用者，以鼓励使用者加快推广应用的积极性，减轻使用者成本负担，结合当地资源情况，完善设施配套，促进产业有序发展。

(2)形成合力、提升产业。行业、客车厂家、部件厂家、研发机构要进一步加强合作，形成紧密联合体、产业链，集中优势，进一步优化系统部件设计匹配，完善产品标准，形成标准产品体系，产品系列化，提高产品质量可靠性和系统性能稳定，提升自主研发能力。还应加强生产厂家与用户的技术交流沟通，充分了解市场需求，提升产品适用性、实用性、安全性。

(3)优化方案、提高性能。要进一步论证不同技术配置、技术方案车辆在不同城市公交、不同线路使用的适应性，要进一步优化系统主要部件设计和匹配，进一步提高技术可靠性能、安全性能、经济性能，要针对不同需求采取不同控制策略和方案，发挥各车型特长优势，提高整体技术性能。

(4)完善标准、技术进步。政府有关部门要进一步抓紧新能源和清洁能源客车及相关配套设施等相关标准的制定与完善工作，从法规角度进一步保障新能源和清洁能源客车技术先进性和安全可靠性，进一步促进新能源和清洁能源客车产业技术进步和有序发展。

4 结 语

随着政府政策扶持力度的加大、行业多方合作的深入，新能源和清洁能源客车及相关配套装备设施的技术水平和产品质量得到快速提升，新能源和清洁能源客车快速发展应用的春天已经来到。让我们抓住机遇，务实创新，支持鼓励优秀企业科技创新，充分发挥典型示范作用。我们相信，在大家的共同努力下，新能源和清洁能源客车的明天会更加美好，城市的天更蓝、水更清。

新能源汽车发展存在的问题及对策思考

赵暨羊

（杭州汽车高级技工学校，浙江杭州 310000）

摘要：新能源汽车作为低碳交通运输体系的重要组成部分，受到国家层面的高度重视，然而在调研过程中发现了不少问题，导致新能源汽车的发展和推广不尽如人意。本文以客观的视角叙述了存在的问题及产生的原因，并提出了相应的对策以供参考。

关键词：新能源汽车；问题；对策

新能源汽车按照国家发改委的定义，是指采用非常规的车用燃料作为动力来源（或使用常规的车用燃料、采用新型车载动力装置）的新结构的汽车，主要有纯电动汽车、插电式混合动力汽车、燃料电池汽车等。目前国内主推的新能源汽车主要是纯电动汽车。

1 国内新能源汽车发展现状

2012 年，全球电动汽车销量接近 12 万辆，同比增长超过了一倍，其中美国市场占据了 46%，日本和欧洲都在 23%左右，中国销量约 13000 辆，仅占 10%。2013 年，美国插电式混合电动和纯电动车销量已达 9.6 万辆，其中纯电动汽车 4.8 万辆，仅特斯拉就销售了 1.9 万辆。2013 年全球销量最大的纯电动车是日产的聆风，全年共售出超过 5 万辆。与之成鲜明对比的是国内新能源汽车的销量仅 17642 辆，其中纯电动汽车 14604 辆、插电式混合动力汽车 3038 辆。而这些新能源汽车基本都是公交车、出租车或政府用车，私人购买的数量几乎可以忽略不计。可以预计“到 2015 年，纯电动汽车和插电式混合动力汽车累计产销量力争达到 50 万辆”这个目标已经很难实现。

除整体销量低以外，国内纯电动汽车的研发也极度分散，全国竟然有 100 多家整车企业推出 1300 多款节能与新能源汽车，单一车型的平均销量低至 10 几辆，2013 年销量最大的企业也仅销售了 1600 多辆，远没有达到规模效应。

2 新能源汽车发展八问

近年来，在中央及各级政府大力推进新能源汽车发展的过程中，得到了许多宝贵的经验，却也带来许多疑问，而这些疑问恰恰成了新能源汽车发展或者说是低碳交通运输体系建设过程中的绊脚石。

（1）新能源汽车技术成熟吗？

这是一个几乎所有人提到新能源汽车都会提出的疑问。这个疑问往往带有两层含义，其一是新能源汽车技术是否成熟，其二是国内新能源汽车技术是否成熟。毫无疑问的是，从世界的角度来看，新能源汽车技术已经基本成熟，较大规模的民用已不成问题，电动汽车的各项性能也已基本适合日常行驶的需要。然而从国内的角度看，我国纯电动汽车的研发极度分散，众多车企在政策的支持下一哄而上，在缺乏基础研究和技术研发的基础上，几乎是“一夜之间”均推出了新能源车型。这样的现状实在难以让人打消这个疑问。

（2）先有鸡还是先有蛋？

配套设施齐全与否是新能源汽车推广的前提条件，但也只有新能源汽车保有量快速增加，市场形成一定的规模时，配套设施的大量建设才有意义。因此现在陷入了这样一个怪圈，一边是车企埋怨配套设施不健全导致新能源汽车市场起步缓慢，而另一边却有大量的充换电站闲置。

作者简介：赵暨羊，男，在职研究生。

(3)有好的产品就能占领市场吗?

虽然国内新能源汽车“百花齐放”,然而终有如比亚迪一般的一枝独秀。但是目前各地现有新能源汽车的相关政策多为本地车企量身定做,把本地企业的竞争对手拒之门外。这种现象的背后,显然是地方政府出于自身税收、国有资产等方面的利益而实施的地方保护主义措施。比亚迪时常感叹地方保护主义成为企业发展最大的阻碍。

(4)营运企业使用新能源汽车如何营利?

目前各地政府将新能源汽车的推广重点放在了城市公交和出租车行业。从城市公交行业来看,各地的公交公司虽然主要是国有公司,但其本质上是企业,具有营利的冲动,新能源公交车较高的采购价格和优惠的城市公交成品油价格补助政策导致了新能源公交车营利困难。因此从公交公司本身来看,购置新能源车型的意愿不强烈,目前少量的配置也是政策和行政手段影响下的产物。而从出租车行业来看,出租车行业是个充分竞争的行业,绝大多数出租车企业是民营企业。因此,出租车公司对于出租车的采购及运营成本更为敏感。目前国内各城市纯电动出租车主要采用国有企业或电动车生产企业投资组建公司来运营,而这些企业投资的主要目的在于示范运营、控制能源和抢占市场,而非利用该行业营利。

(5)汽车尾气污染的罪魁祸首到底是谁?

根据环保部公布的2013年中国机动车污染防治年报显示,截至2012年底,高排放的“黄标车”仍占13.4%,却排放了58.2%的NO_x、81.9%的PM、52.5%的CO和56.8%的HC;而占保有量61.6%的国Ⅲ及以上标准汽车,其排放量还不到排放总量的30%。因此,如果将黄标车乃至国Ⅲ以下的汽车全部淘汰,则尾气主要有害物质的排放将减少一半,这比推广任何新能源汽车对环保的直接贡献都要大得多。国务院批准发布的《大气污染防治行动计划》要求到2017年,全国范围黄标车基本淘汰。然而由于我国疆域广大、地区性经济差异,加上各地对黄标车和老旧车的补贴性政策差异也大,报废补贴过低,因此在实际淘汰过程中存在许多困难,大量黄标车从一、二线城市向监控力度较薄弱的三、四线城市或者广大农村转移。

(6)新能源货车在哪里?

2013年中国机动车污染防治年报中指出,2012年占17.5%的货车排放了35.8%的CO,42.6%的HC,67.5%的NO_x和78.6%的PM。而按燃料类型的划分来看,柴油车排放的NO_x接近汽车排放量总量的70%,PM超过了99%。然而在工信部节能与新能源汽车示范推广应用工程推荐车型目录中,却几乎看不到新能源货车的身影。

(7)对新能源汽车补贴了就能形成市场吗?

目前,新能源汽车无论是从研发端还是消费端,政府均对车企进行了大量的补贴,然而补贴政策是把双刃剑。补贴政策在推动新能源汽车产业短时间快速发展的同时也带来了问题,使得新能源汽车的发展本因由市场主导变为由政府主导,企业完全看政府的“脸色”行事。而这往往会导致政策资源充足时,各车企只图眼前利益纷纷上项目,当政策不定时,纷纷停产。

(8)新能源汽车和节能汽车该优先发展谁?

这是一个现实与未来的抉择问题。从技术成熟度及短期经济性角度来看,天然气汽车、油电混合动力汽车等节能汽车发展更有利,更能快速形成规模,从而快速减轻环保压力。然而从长期战略层面考虑,能源电动化是未来的发展方向,其零排放的特性将是未来交通工具的最佳选择之一。

从杭州的情况来看,经信委主推电动汽车,发改委主推清洁能源汽车;从全国层面来看,工信部、科技部和发改委的主推方向不一致,导致企业无所适从。

3 对策思考

国家大力发展新能源汽车,打造低碳交通运输体系,其最终目的是环境保护、节能减排,同时使国内企业占据新能源汽车的制高点。因此,基于此目的,提出如下对策。

(1)容易的先做

就政府目前重点推广的新能源公交车和出租车而言,即使全国50余万辆的公交车和120多万辆的出租车全部更换成新能源车型,按2012年的统计数据测算,也只减少了不到10%的CO和HC、不到7%的NO_x和PM。然而新能源汽车这两个政府控制力较强的行业推广难度都很大,更不用说在运输企业和民用车辆中推广了。

用新能源汽车代替内燃机汽车是节能减排，而提升内燃机性能、改善燃油品质、加快更新老旧车型也是节能减排。当短期内新能源汽车无法全面替代内燃机汽车时，各级政府应该更重视传统汽车的性能提升，这些相对容易做到，且见效更快。

(2)奖罚并举

对于新能源汽车的发展，一方面要继续政策引导、补贴扶持，但同时也要奖罚并重。应加快高标准排放法规的推行速度，对车企建立严格的碳排放法规，逼迫众车企进行转型升级，加强研发，提高产品质量，这才是新能源汽车市场快速发展的根本所在。

(3)打破地方保护

地方保护是新能源汽车市场发展的毒瘤，政府和车企都应当意识到单靠保护，企业无法壮大。只有抛弃“靠政策吃饭”的思想，参与市场竞争，按市场的游戏规则办事，才能优胜劣汰，真正壮大新能源汽车产业。

(4)现实与未来并重

新能源汽车目前远未形成市场，正处于蹒跚起步过程，对于打造低碳交通运输体系而言，远水无法解近渴。节能汽车是汽车向电动化迈近过程中的过渡阶段，因此在继续加大新能源汽车推广力度的同时，应重视节能汽车的发展。

对于大型客车、货车而言，新能源汽车难以满足其使用需求，特别在重型货车领域，新能源汽车几乎还是空白。因此，在这些领域大力推广天然气、油电混合动力等节能汽车，技术上可行，经济上划算，更容易推广。

对于民用车辆而言，在电动汽车批量化生产之前，要解决眼前的能源问题和环保问题，最好的办法就是大量推广油电混合动力汽车。一方面混合动力在相当长一段时间之内是最成熟的也是最现实的节能技术；另一方面，它基本不改变驾驶方式，产业化条件要求相对较低，不需要另建基础设施。另外，通过混合动力技术的不断应用，可以掌握电池、电机、电控等关键系统及零部件工程化技术，为纯电动汽车发展奠定基础。

(5)尊重科学规律

近年来，国内大气污染程度日益加剧，各地政府对环境治理的压力越来越大，为了完成节能减排的目标，新能源汽车成了一根重要的“救命稻草”。同时，在传统汽车领域技术落后的情况下，政府也期望通过政策的强力推动实现新能源汽车领域的跨越式发展和弯道超车。

然而，科学技术的发展有其内在的规律性，这种规律是客观的，并不因人的意志而转移，政府的急躁必将带来企业的跃进。从技术角度来看，西方发达国家或地区在纯电动车领域的研究开发起步时间比我们早，研究的深度和广度也并不比我们差，目前我国与国际先进水平尚存在一定的差距。

(6)向特斯拉学习

美国纯电动车品牌特斯拉近些年来快速崛起，已成为美国市场销量第一的电动车品牌。特斯拉的成功原因不外乎是基于成熟技术整合的技术创新、以高端市场作为切入点的独特的产品定位及独特的营销与售后服务模式。当特斯拉横扫美国开始进入国内市场的时候，我们的车企却仍在为电动汽车的产业政策、标准及补贴政策等支持方式纠结不已。

因此，国内的新能源汽车制造企业急需学习特斯拉开放的视野和积极学习的心态，创新技术、创新模式。因为特斯拉的横空出世，表明世界电动汽车的推广已经进入了一个崭新的发展阶段，留给中国企业的机会已经不多了。

参考文献

[1]潘建亮．中国新能源汽车发展的方向[J]．汽车工业研究，2010(3)．

[2]秦志勇．新能源汽车产业发展问题浅析[J]．经济研究导刊，2012(3)．

[3]张晓宇，赵海斌，周小柯．中国新能源汽车产业发展现状及其问题分析[J]．理论与现代化，2011(2)．

[4]2013 年中国机动车污染防治年报．

[5]节能与新能源汽车产业发展规划(2011—2020)．

城市出租车运营难题急待破解

马有明
（嘉兴市公路运输管理处，浙江嘉兴 314000）

摘要：出租车管理一直是行业管理的难题。本文针对出租车数量越来越多，车的款式也五花八门，运营中的纠纷和事件也开始增多，从行业管理部门投放难、市民打的难、驾驶员安心从业难的三难境界进行剖析，并提出解决对策。

关键词：出租车；管理难题；破解

20 世纪 80 年代起，出租车重新出现在城市街头。当时，北京的黄色“面的”，东北的比奇瑞 QQ 还小的“大头鞋”，天津的两厢夏利……开车的人，不论是国企员工，还是个体户，个个是引人羡慕的万元户。进入 90 年代，出租车数量越来越多，车的款式也五花八门，运营中的纠纷和事件也开始增多，出现行业管理部门投放难、市民打的难、驾驶员安心从业难的三难境界。

1 管理费是问题根源

针对不容乐观的行业现状，各地陆续推行出租车行业管理体制改革，并在国内逐渐形成了 3 种主要模式：北京模式、上海模式和温州模式。

简单地说，北京模式就是出租车公司从政府部门获得出租车的经营权，司机则出资购车，承担运营费用，按月给公司上缴管理费。这种模式最终导致司机不但要出钱购车，出力气拉活儿，还要按月向公司缴纳份儿钱（管理费）；而出租车公司，因其手里掌握稀缺的运营牌照资源，则被司机看作是地主老财和坐收渔翁之利者。

上海出租车采取的是公车公营模式，产权和经营权统一由公司规模经营。此模式的主要做法是：公司从政府获得经营权，并由公司直接出资购买车辆、招聘司机，公司和司机是一种纯粹的雇佣关系。出租车司机的收入是底薪加营收提成。这种模式下，司机成了员工，他们更有归属感，公司对员工的管理和服务也更到位，更细致。

但京沪两地的模式也有相同之处，那就是司机每月都需要缴纳数千元不等的份儿钱。

最为特殊的是温州模式。温州模式指的是产权和经营权统一由个体经营的模式，即个体经营模式。

在温州，开出租的人几乎都是外来打工者，他们的东家不是出租车公司，而是个体车主。个体车主的实力也各不相同，有的车主一个人拥有十几辆甚至几十辆出租车，他们把车租给外地人开，自己则负责维修、保养、处理事故等工作，这样的车主被司机看作是最幸福的人。

尽管温州模式是个体经营模式，但是同京沪两地一样，司机都要上交备受诟病的份儿钱。温州模式尽管叫“温州模式”，却不仅存在于温州，在黑龙江、吉林、广西、贵州等地，出租车行业一直是以个体为主经营的。在黑龙江的大多数地区，一般车主都自己开白班，再雇个司机开夜班，雇夜班司机的时候，谈好每天几点交接车，交多少份儿钱，谈好就干活儿，不愿干了，提前一周向雇主打招呼即可到期走人。

2 “三输一赢”局面依旧

2011 年 9 月，北京市出租车协会的一位人士向《中国经济周刊》表示：目前，在出租车司机、出租车企业、乘客和政府构成的格局中，司机收入下降，工作、生活压力大；乘客打车难，遭遇劣质服务；政府迫于物价上涨压力，或不敢调运价，或硬着头皮调运价，对出租车市场特别是黑车缺乏有效的管理手段，导致其能力受公众质疑。可以说，司机、乘客、政府这三方是“共输”，而赢家只有一个：出租车公司。

有一个明显的事实是出租车司机都说赚不到钱，但到目前为止还没有出现公司或个体车主的出租车没办法出租给其他司机，更没有出现出租车公司或者个体出租车经营权愿意注销，因此不存在公司还是个体经营赚钱，而是拥有经营权出租车的公司或个人都能获取“稀有资源”——出租车经营权垄断利润。

3 个体化经营不宜推广

那么出租车行业该如何整顿目前的乱象？很多人都在推崇的像货运业一样全面个体化的经营是不是一条路？道路运输行业中的普通货运业是完全放开的市场，货运企业开业基本没有车辆数量要求，使得货运业经营主体比较多，呈现的是“散、弱、小”的现象。道路货运业设置许可的本意是依法经营、诚实守信、公平竞争，但现行许可规定在一定程度上导致货运业主对有限货运资源进行恶性竞争，没有听说过个体道路普通货运企业赚大钱，并且“散、弱、小”将会是较长时期内的道路货物运输的基本特征。因此出租车个体化经营能赚钱的推理并不准确。另从出租车历年事故赔偿来看，出租车的事故比普通货车概率还要高，保险公司都不太乐意给个体出租车进行保险，一旦出现事故，就会损害车主和当事人的利益。所以笔者认为，至少我国现阶段出租车都实行个体化经营，一定不利于整个行业发展。

4 罢运不利于行业发展

近几年来，出租车停运事件不断在各地上演，其中重庆、沈阳、杭州等地的出租车停运事件还一度成为关注度极高的社会热点新闻。停运背后的原因是什么呢？

杭州出租车停运曾取得“胜利”。停运导致政府决定，每辆车每做一笔生意补助1元钱。临时补助款由市财政出资，由市交通运管局负责发放到每一位司机。这已不是杭州出租车行业第一次停工了，但这一次，不但声势浩大，“效果”也是立竿见影。令人意想不到的是，杭州停运，间接引发了另一个城市的停运——温州的出租车也“不玩了”。

温州出租车2009年7月29日曾有过一次停运，100多辆出租车聚集在市区惠民路等路段，实行停运。停运只持续了半天，即被管理部门劝散。而2011年的这次，尽管媒体对此事件的报道几乎为零，但却是温州有史以来声势最为浩大的一次停运。罢工当日即有3300多辆出租车停运，司机们自发组织，手持木棒、砖头等武器上街“护法”，见到上路的出租车就上前“围攻”。据当地一位出租车司机讲，停运当天，在路口主要路段，还出现了数量不菲的公安人员及武警战士。

温州停运的“战果”，是政府出台政策，规定每位乘车者需向出租车增加缴纳1元钱的燃油补贴(停运前此费用为1元，停运后增加到2元)，这个规定，让司机每人每月大约增加了2000元左右的收入。

一个不可否认的事实，出租车行业是整个道路运输行业政府补贴最多的行业之一，在政策上享受的是公交车的待遇，但缺少的是公益的性质。出租车相对普通货运行业还是一个比较幸福的行业，虽然比较辛苦但还可以赚到钱，个体普通货运一般不能马上收到钱，还存在欠钱风险，甚至有人戏称“出租车行业是被宠坏的行业”，出租车黑车屡禁不止，与其说是行业管理部门不得力，不如说出租车由于不稳定、没有疏导的环节，导致黑车越来越多。

5 管理体制亟待改革

行业管理部门除按照现行法律、法规和规章实施许可外，如果能够学会根据市场经济规模办事，对行业发展、市场稳定善莫大焉。出租车行业虽然至今没有一个全国统一的法律、法规、规章来进行规范，基本上是地方政府根据当地实际制定相关政策，实行行业管理。地方政府曾经最早发现出租车经营权的价值，经营权有偿使用曾在许多地方被广泛推行，直到中央叫停为止。

现在有的政府政策喜欢一刀切，对所有出租车进行税费减免或补助政策等，但出租车行业竞争却不在同一个起跑线，这种政策确实存在一定的问题。没有实行经营权拍卖的出租车道路运输证为什么还能私下买卖20万元甚至更多，并且不肯核定经营年限？为什么有的地方出租车明明还不够却不让投放？在出租车行业经营困难背后，政府部门没有按经济规律建立合理补助规则，让一部分出租车经营者永远吃亏，而让更多出租车搭顺风车从中得到不少益处。

一边是出租车司机因不满高额“份儿钱”、合法权益得不到保障而“罢运”以示抗议，一边是市民打车时常遭拒载，一车难求、怨声载道，唯有靠垄断经营的出租车公司“衣食无忧”。如此畸形状况若长期存在下去，将严重影响民众的生活质量，影响社会的安定和谐，影响整个行业的可持续发展。要改变这种现状，就必须改革现行的出租车经营和管理体制。

首先应明确出租车定位，统筹公共交通发展。各地发展出租车时，大都没有考虑统筹公共交通发展问题。其次是要打破主要由出租车公司垄断经营的结构，引进市场竞争，使出租车经营组织形态多样化。只有建立科学的管理体制和公开透明的市场准入制度，将出租车行业真正推向市场，坚持以政府为主导，严格按照市场供求关系并采取税收等市场手段进行调节，才能让出租车司机，特别是乘客成为最大受益者。最后是要从抓出租车数量控制向抓服务质量、安全等方面转变。

城市公交优先发展的困境溯源与路径探索

——以杭州公交为例

罗　斌　徐文洁
（杭州市综合交通研究中心，浙江杭州 310006）

摘要：杭州市交通两难成为最重要的民生问题，众多城市的经验表明，优先发展高效、集约的公共交通是解决交通拥堵的唯一手段。本文以杭州公交为例，通过调研、分析、总结、提炼、应用、具体设计等思路，以及定性理论经验与定量数据分析相结合的技术手段，在国内公共交通研究领域首次系统构建了技术体系与经济体系相结合的城市公共交通优先发展理论体系，同时借助杭州市居民公交出行模型，以理论指导实践，系统提出了近期公交优先发展的主要工作建议，为综合构建技术体系与经济体系相互协调的公交优先发展综合理论体系提供借鉴。

关键词：城市交通系统；交通治堵；五位一体；公交优先

众多城市的经验表明，优先发展高效、集约的公共交通是解决交通拥堵的唯一手段。以杭州为例，“十五”以来，杭州市持续深入贯彻“公交优先”发展战略，实施了高强度投入，已初步形成“五位一体”有特色的大公交体系，特别是地面公交车辆保有量已处于省会城市领先水平。但面对城市空间持续拓展、机动化快速发展的现状，杭州公交仍存在服务水平低、与私人交通方式竞争力不足、主城公交分担率长期未能得以提高、高峰时段通勤公交分担率明显低于全天水平，政府财政补贴负担重等问题，公交优先尚未真正实现，城市公交并未发挥“治堵”应有的作用。

1　杭州市公交优先发展现状及困境溯源

1.1　公交优先发展现状

政府对公交优先发展高度负责、投入很大。“十一五”期间，杭州财政共投入近 250 亿元资金扶持地铁、场站、BRT 等公交设施建设并购买公交服务，已建立负责任的公交体系。2012 年，公交建设资金投入为 83.1 亿元(约占整个交通建设投资的 31.2%)。杭州市公交场站设置分布现状如图 1 所示。

公交系统发展“不拘形式”，初步建成“五位一体”大公交体系，公交多模式发展格局形成。截至 2012 年底，杭州市区大公交体系全年总客运量达 18.48 亿人次，其中地面公交 13.89 亿人次(约 380 万人次/d)，公共自行车 0.94 亿人次，出租车 3.65 亿人次。2012 年 11 月建成的地铁 1 号线(48km)，日均客运量约 16 万人次。

作为大公交体系“主导”地位的地面常规公交，无论车辆规模，还是线路数量，均处于国内高位。截至 2012 年底，杭州市区地面公交线路共 576 条、车辆 7582 台，提供多种公交服务。其中，主城区线路 310 条(含 5 条 BRT 线)、车辆 5123 台。主城区内部无论车辆规模，还是线路数量，均处于省会城市领先水平，并与城市规模相适应。

1.2　杭州市公交当前面临的困境及溯源

近几年杭州公交优先发展虽有成效、有特色，但是公交服务水平始终难以全面提升，竞争力不足，发展遇到“瓶颈”，主城公交分担率长期停滞不前，高峰通勤公交分担率仅 18.51%，低于全天的 20.92%，不合理、不正常。要“追本溯源”，必须从百姓“呼声”探究。

(1)百姓呼声探究

公交总出行时间长，公交系统“直达、可达、快速、准点”服务不足。

作者简介：罗斌(1977—　)，男，硕士，副总工，高级工程师。

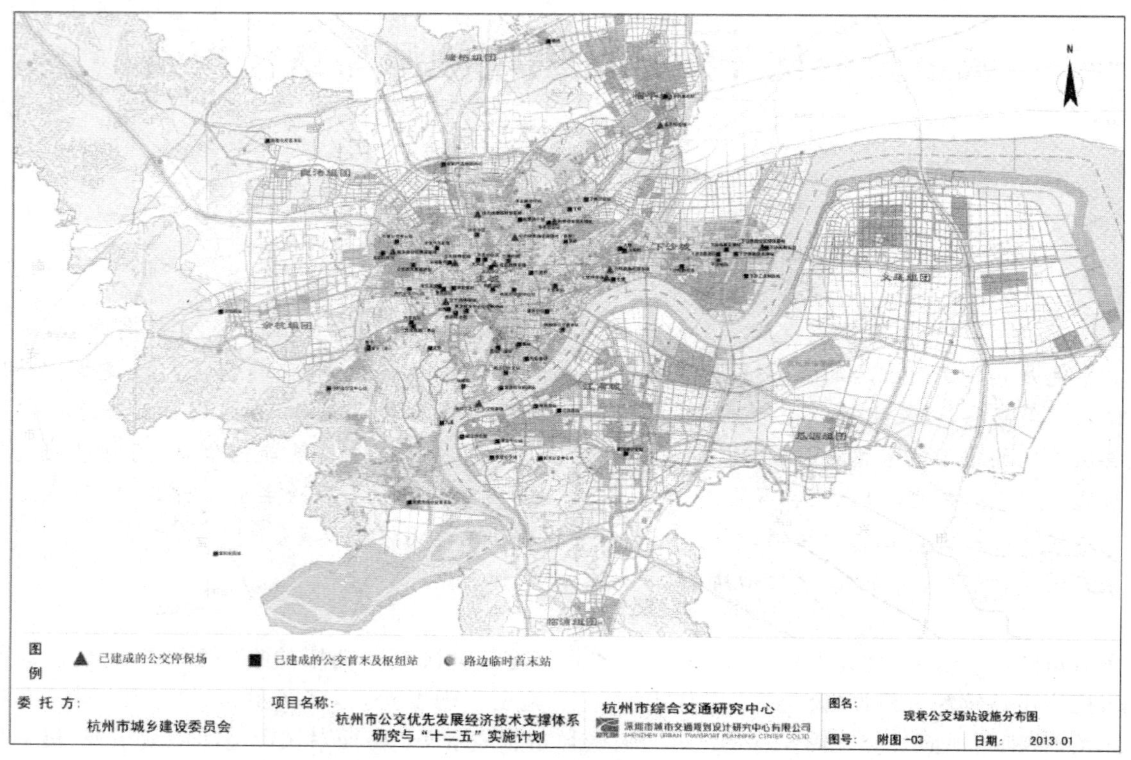

图 1　现状公交场站设置分布情况

根据对选择公交出行主要考虑因素数据分析，出行时间是影响居民选择公交方式出行的最重要因素。然而，根据居民出行调查，对比小汽车 35.21min、出租车 33.31min、非机动车 22.63～24.59min，公交出行耗时 51.36min（最多），早晚高峰更是拉长至 1h，其中公交等车或换乘时间 10.4min，占出行时间的 18.6%；两头到（离）站步行时间 13.2min，占出行时间的 23.7%，均偏大、不合理。

根据调查（见表 1），早高峰时段主城中心区公交行程车辆仅 9.9km/h；除 BRT 1 号线外其他快速公交线的准点率都不超 60%，常规公交更差；线路绕行系数 1.59、公交换乘系统 1.47，均偏大；35%的线路发车间隔大于 15min，造成乘客等候时间长。经对比分析，公交车速、准点率、线路绕行系数、换乘系数等公交关键服务指标，与国标及国际化大都市均有一定差距。

表 1　地面公交服务水平主要指标体系一览表

指标体系		杭州现状	相关标准
公交站点覆盖率	主城区 300m 覆盖率	51%	大于 50%
	主城区 500m 覆盖率	90%	大于 80%
公交线网密度	主城核心区	4.59km/km^2	3～4km/km^2
	主城外围区	1.52km/km^2	2～2.5km/km^2
发车间隔		21%线路小于 10min；38%线路 10～15min 之间；35%线路大于 15min	高峰：2～4min；平峰：4～6min
行程车速	平均	12.5km/h	15km/h 以上
	主城中心区高峰时段	9.9km/h	
准点率	常规公交	约 30%	80%～90%及以上
	快速公交	60%～89%	
公交出行时耗	平均	52min	50min 以内
	高峰	近 60min	
线路绕行系数		1.59	小于 1.4
平均换乘次数		1.47	小于 1.4

(2)"追本溯源"

适应杭州城市发展的快速骨干公交网络体系尚未形成。其中,轨道网络建设滞后,主城相当长时间仅有1号线,覆盖率仅0.07km/km^2,远低于南京等同类城市。而规划作为轨道补充的BRT,仅建成1、2号线及3、4号线等部分,不成网,且速度低、准点率差、票价高。

常规公交线网结构与布局不合理。缺少快线、支线,干线绕行严重;核心区、干路复线率高,外围、新区线路少,支路覆盖率仅30%,公交直达性、可达性低,换乘系数高、门对门服务差。

中心区高峰公交车速低、准点率差,专用道设置不尽合理。经调查,主城有连续路权保障的公交线路车速可达到15km/h。然而目前中心区公交专用道仅覆盖35%的大客运量走廊和26%的拥堵路段,有近30%交叉口未设置专用进口道,且高峰允许社会车辆进入,导致高峰公交平均车速仅9.9km/h,直接影响公交车辆周转效率(日行驶里程约154.9km,仅为同类城市的70%)。同时,既有专用道利用率也有待加强,道内运营公交线路及车辆明显低于平行道路近30%,且平峰"无车在跑"。

城市建成区场站需求大,并且布局需加以优化。经统计,目前主城公交车进场率仅47%,尤其在武林—湖滨、钱江新城等客流集中片区,场站缺乏导致公交线路不断拉长、绕行严重,重点区域线路重复设置,站点公交列车化现象严重,直接影响乘客快速、准点乘车。

现有票制票价不合理,不利于吸引客流。享受优惠票价补贴的线路平均票价约1.1元/人次,但BRT及不参加月票和季节性降价等优惠的专线、小区线、旅游线等,平均票价约2.39元/人次,偏高。同时,现有公交票制仍是按出行次数收费,换乘优惠不足,主要靠对地面同台免费换乘站实现,仅覆盖6.8%的公交线路、受惠面极窄。

政府公交投入大,但补贴指向不够明确,与国内同类城市比,公交企业运营成本偏高。目前公交运营成本为2.51元/乘次,车公里补贴为4.25元/km,均高于国内同类城市,且主要补贴月票、老人、小孩票价及占80%以上客流的大客运量干线,明显改善公交服务的小区线、支线等却不在补贴范围。

辅助公交系统补充功能有待进一步完善。非机动车道建设关注不足,被路内停车、公交路边临时停靠站占用,骑行效率和安全性降低。同时,公共自行车租借点缺乏优化机制,诸多租借点侵占人行道、盲道,且65处租借点单车日周转次数超过20次,而551处租借点单车日租借次数不足1次。水上巴士仍以观光旅游功能为主,未承担辅助公交的功能。出租车打车难现象依然突出,早晚高峰,以及风景区、对外交通枢纽等重点区域尤为明显,已严重影响杭州的城市形象。

2 杭州市公交优先发展主要思路对策

(1)趋势研判

根据预测,"十二五"末,市区机动化出行总量将达到730万人次,较"十一五"末增长60%;至2020年,机动化出行总量将继续增长至1014万人次。同时,将在主城形成"四纵五横"大客流的交通需求走廊,并持续加强。

主城中心区道路基本建成,后续增加面积不足10%。"十二五"轨道除1号线外、基本无增量,同时受轨道、快速路等建设影响,施工期道路供给不增反降。

(2)公交优先发展目标分析

面对能源、环境、交通拥堵问题,亟须制定"公交优先"为导向的城市综合交通发展策略,并作为城市道路交通各种管理措施的基础(见图2)。远期按照国际化大都市标准,全面建成覆盖全市的服务水平高、竞争力强的"五位一体"大公交网络体系。而近期为杭州市发展的关键时期,应通过公交优先发展,在加快规划轨道网络建设的同时,重点针对地面公交全面扩容提质,切实提高公交服务水平及分担率,最大化争取包括20min以上的步行、非机动车出行,以及可以争取的小汽车等出行。

(3)主要思路对策

根据现状,本文提出以下几点思路政策:①"十二五"后3年,主城除地铁1号线外,轨道基本无增量,随着城市不断扩大、人口不断聚集,只能以快速、准点、相对容量大的BRT为骨干力量之一,作为近期公交提升的重点;②优化公交结构,加大公交支线建设,是提高公交可达性的主要措施之一;③建成区设置必要的公交首末站、换乘站,并实现合理布局,是提高公交服务水平的主要手段之一;④根据公交客流导向及出行

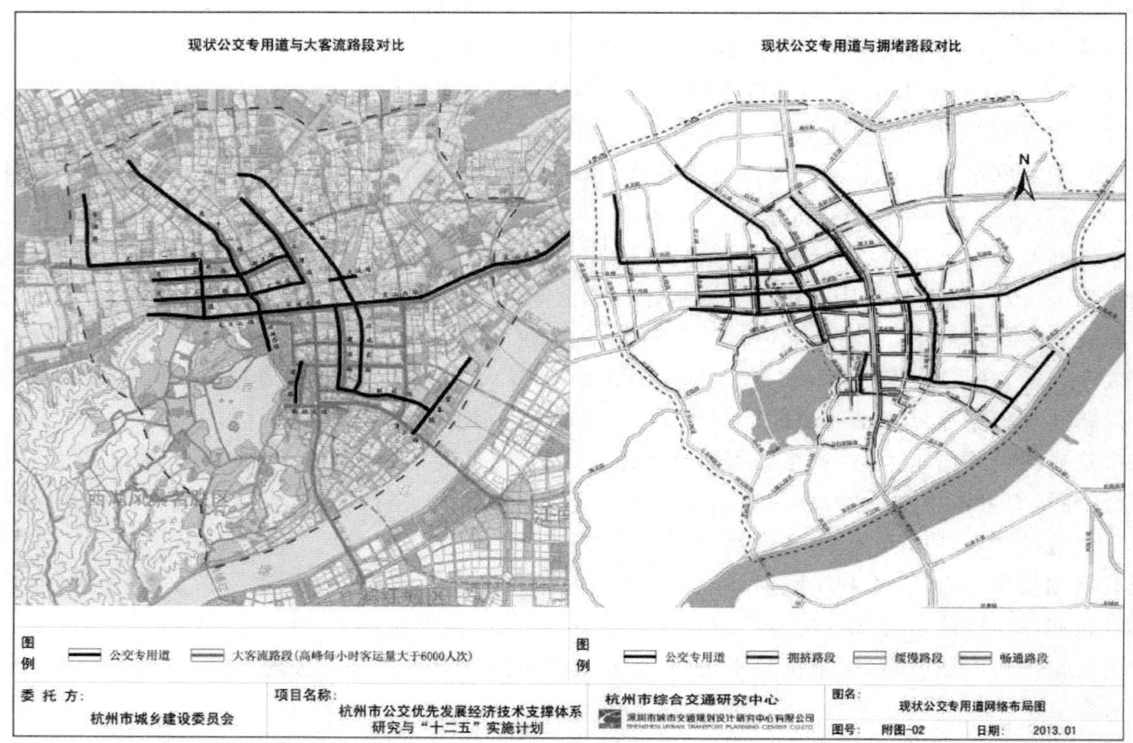

图 2 公交专用道网格布局

时效要求，合理设置公交专用道，是提高公交营运车速和准点率的主要措施；⑤优化现有公交线网，理清客流通道，提高公交直达性，缩短公交出行时间，提高公交出行效率，是近期改善公交服务的重要手段；⑥降低公交票价，合理设置票制票价体系，并建立“多乘多优惠”、“换乘减免”的联运价格机制以吸引公交客流，也是有效措施之一；⑦优化完善公交管理体制，建立有效的监管体系和运营补贴机制，是进一步提升公交服务水平和竞争力的重要保障。

3 杭州市近期公交优先发展主要工作建议

(1)加快节奏、着力推进主城中心区规划轨道线网建设，包括续建一期工程，尽快建设二期工程等。不断完善接驳换乘系统，结合地铁 1 号线配套建设完善 15 处公交首末站、28 处公共自行车租借点、4 处外围 P＋R停车场，同时增设一批连接三里亭、朝晖居住区、钱江新城核心区等的接驳支线(小区巴士)，充分发挥建成轨道的作用。

(2)建成主城 BRT 网络，与轨道共同构成近期主城快速骨干公交网络体系。近期随着城市不断扩大、居民出行距离与时耗不断增长，为保证中长距离出行时效，必须有快速骨干的公交网络予以支撑(见图 3)。而“十二五”末，主城只有地铁 1 号线，有必要“短、平、快”建成覆盖主城大客流走廊的 BRT 网络，满足外围大型居住区、产业园等与主城中心区、重要交通枢纽的快速、准点联系，以弥补地铁的不足。

8 条 BRT 线路长 194km，并与地铁 1、2 号线东南段共同构成近期高标准、杭州特色的大容量快速骨干公交网络体系。具体包括：提升完善已有 BRT 1、2 号线，以及 3、4、5、7 号线一期，共 98km，满足下沙、三墩及城西、丁桥及城北、留下、闲林、滨江浦沿、拱北大关等与主城核心区的快速联系；结合秋石快速路、文一德胜快速路、之江路等道路建设，续建 3、4、5、7 号线二期，新建 6、9 号线，共 96km，满足崇贤、塘栖、城西科技园、海创园、蒋村及之江、九堡与主城核心区的联系。根据杭州交通需求特征及资源紧张状况分析，BRT 建议采用“通道建设、站台港湾扩容、兼容常规公交、开放运营”的模式，实现通道高峰运能 1.5 万人次/h 以上，BRT 行程车速 20km/h 以上。

(3)对客流量较大的公交走廊进行扩容提速，形成“四纵五横”的地面公交通道格局，保障 BRT 及公交干线快速、准点，提高同台换乘水平。除结合 BRT 构建 65km 走廊外，对其他走廊，以“连续路权保障＋站台港湾扩容＋网络优化＋同台换乘”多重手段，实施通道显著扩容提速，实现通道运能 1 万人次/h 以上、速度

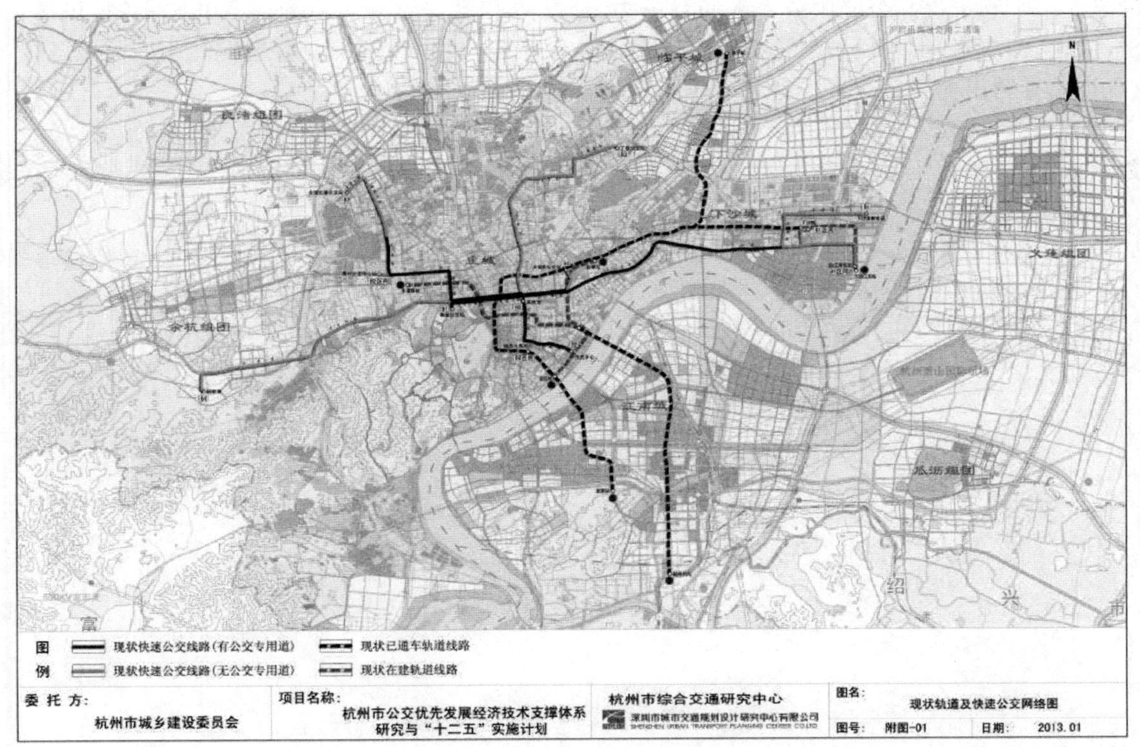

图 3　轨道及快速公交网络

大于 15km/h。具体包括:改造提升莫干山路、上塘路等既有通道 16km;结合市政府搬迁、东站枢纽启用,把握道路施工契机等新增延安路、中河路、中山路、秋涛路、天城路、庆春路、清江路等 50km。

我们认为:公交专用道设置应改变目前以道路是否具备双向 6 车道的“一刀切”建设模式,转为以公交骨干线路和客流及出行时效要求为主要导向。应在交通最为拥堵区域、时段,坚持将最宝贵资源给最集约的交通工具。结合实际需求,建议对“四纵五横”地面公交走廊(含 BRT),主要设置体现时空变化的早晚高峰时段专用道,并辅以严格监管。

(4)针对目前中心区站场设施缺口大、建设推进难的局面,开展市区公交站场三年建设大会战,着力建成一批布局合理的站场,明显改善公交运营条件。近期,配套地铁、BRT 网络及 9 条公交走廊,建议在主城中心区针对性建成一批分布合理的公交首末站、换乘站,共约 42 处、$54hm^2$,包括:在武林广场区域,拆除白鹿鞋城建设公交枢纽站,利用路侧绿地建设武林门北等深港湾简易首末站;在钱江新城核心区,落实规划,利用森林公园地下空间建设公交枢纽站;利用绿化带、社会停车场等扩建吴山广场、六公园、少年宫首末站;为补充中心区沉降设施不足,立体化改造古荡公交中心站;同时,采用深港湾等简易手段,改造郭东园巷、总管塘东等 9 处路边首末站,从而增加重点区域公交线路始发场地等。

同时,加快推进主城中心区已立项的拱北、阮家桥、艮山门、钱江苑等 11 处公交场站建设。并落实规划,提前建设 8 处作用明显的公交场站,包括配套景区的万松岭、凤山门、铁路轨枕厂地块公交枢纽站等。

为明显提升改善杭州公交,尤其是地面公交的服务水平与竞争力,需对 BRT、公交走廊、公交场站等加大投入。为达到预期效果,建议:创新工作机制,统一建设标准,同步开展方案设计,并由实力强的建设单位统一组织建设。

(5)依托地铁、BRT、公交走廊及场站建设,3 年内全面完成地面公交线网优化,形成“快、干、支、游”体系完整、层级清晰、分布均匀、指标合理的公交网络体系。其中,干线做优化,快线、支线做加法,游线做完善。近期,除地铁接驳支线外,建议结合市政府搬迁等,增加一批城西、城北、滨江居住区发往钱江新城及城西、城北发往滨江办公区的通勤公交快线,满足高峰公交客流的直达性及出行时效。

(6)优化、调整现有公交票制票价,进一步吸引公交客流,包括:降低目前高票价的 BRT 等公交票价,依托公交 IC 卡等建立“多乘多优惠、换乘减免”的联运价格机制;出台换乘优惠方案,采用一小时内支线换乘免付、换乘干线六折的模式或采用基于里程的联运票价制度,尽快构建惠及民生的公交票制票价体系,这也是网络优化的基础。

(7)建立一个利于提高公交服务水平和竞争力、补贴更有效的监管体系和运营补贴机制,包括:核算现有公交补贴,挂钩成本、引入模拟票价,理清补贴去向,建立导向性的补贴机制,逐步优化购买服务内容。近期可重点补贴有利于提升公交直达性与可达性的快线及支线等运营。

参考文献

[1]罗斌,谢安政.杭州市公交有限发展经济技术支撑体系研究与“十二五”实施计划[R].杭州市综合交通研究中心,2013.

[2]林群,赵再先,林涛.城市公共交通优先发展的制度设计[C]//中国城市交通规划2012年年会论文集,2012.

[3]林涛,毛应萍.浅谈多层次公交服务体系及其保障要素[C]//中国城市交通规划2012年年会论文集,2012.

[4]杨佩昆.公交网络现状调整优化方法研究[J].交通标准化,2005(06).

浅谈城镇过境公路交通标志的合理性设置

项兆建

（杭州公路交通设施工程有限公司，浙江杭州 310000）

摘要：交通标志作为公路的“说明书”、用路人的“引领者”，在公路交通安全设施中占有重要的地位。然而，目前我国城镇过境公路在有交通标志控制的情况下，对事故发生率的控制并不是很明显，这表明交通标志的应用还存在很多隐患和缺陷。本文主要就城镇过境公路交通标志的设置，提出一些对策与见解。

关键词：过境公路；交通标志；设置

道路交通标志是重要的交通安全和交通管制设施，在交通管理中发挥着重要作用。然而现行的道路交通标志在设计中存在着许多不合理的情况，致使交通标志发挥不出应有的作用。特别是城镇过境公路，由于其投资的限制，往往忽略了交通标志的设置和维护，这给道路的运行带来了很大的安全隐患，为了更好地保障公路运行的通畅性和安全性，本文就城镇过境公路交通标志设置的安全隐患这一角度，浅谈自己的一些对策与见解。

1　城镇过境公路交通标志设置存在的安全问题

一般而言，驾驶人在行车过程中，对道路交通标志的感觉分为 5 个阶段，即发现、识别、认读、理解、采取措施。交通标志的设置若不经过科学和周密的考虑，常常会带来很大的安全隐患，比如无法向初次行驶此道路交叉口的驾驶员提供准确、及时的交通信息，进而造成拥堵等现象。以下为城镇过境公路交通标志存在的几点问题。

1.1　标志版面不合理，识认困难

对道路使用者而言，道路交通标志的文字内容代表着道路信息的表现方式和传递程度，其准确性、科学性、规范性直接决定了使用者能否迅速获得必要的道路信息并做出反应，正确判断道路位置和交通行程。在驾驶过程中，驾驶者往往对标志版面的内容一扫而过，不可能在车辆行驶过程中注目而视，这就要求版面内容清晰易辨，且容易被驾驶员理解。为符合道路驾驶人的视认特性，交通标志字体力求规范统一，简练、清晰、一目了然。内容过多、过少，指向不明确，都会使驾驶人员分神，行车极不安全。而且不良气象状况下，驾驶员的实际驾车状况容易因天气原因受到一定影响，对交通标志设置的要求就会提高，如果标志设置得不够严谨，不良气象条件下城镇过境公路路段交通安全问题堪忧。因此要保证标志的可视性，根据天气需要适当调整限速。

在夜间，光线条件和白天差别很大，为保证城镇过境公路行车安全顺畅，对交通标志的设计要求更高。如要求标志的使用材料具有很高的发射性能，使其在夜间光线很差的条件下也醒目可见。

1.2　标志布设地点、距离不合理

城镇过境公路两侧林带茂密、视距不良的路段比较多，而且大多未设置警告标志，或者标志的设置位置不够明显、设置距离不合理，很难被驾驶员发现标志，极易发生交通事故。从驾驶人发现道路交通标志到道路交通标志安装之间的距离称为道路交通标志的视认距离，要保证驾驶人在道路交通标志前一定距离内辨清道路交通标志内容，并在到达目标前有充分时间采取措施。尤其是在可能出现大盲区的交叉路口，要留有足够的时间让驾驶人反应和操作，驾驶人在通过路口后会考虑自己的方向是否正确。有些地方标志的设置距离离危险点太近，驾驶员即使有时间识读标志所传递的道路信息，也没有足够的时间改变驾驶状态，如：不应在行人多的地方或路口处设置限速标志，因为在这些地方容易分散驾驶员的注意力而引发事故，应

该在该路段之前设置限速标志。

此外，相邻标志牌设置的距离太近，驾驶员驶过第一块标志牌后没有足够的行驶距离识认第二块标志，甚至还会出现同一地点设置多个标志，密度过密，驾驶员根本来不及看清所有标志内容或是没时间反应。诸如此类情况，交通标志的设置作用不明显。

1.3 标志信息缺乏整体性、可靠性

(1)标志信息不连续，引导性不强。由于城镇过境公路建设和维护资金的限制，设置的标志数量过少，缺乏整体性和系统性，从而造成标志的引导作用不强。有的道路交通标志在设置时只是独立地考虑路段本身的交通信息，造成道路交通标志的信息不连续。如某路段有预告信息标志，而在下一路段却没有体现，使交通信息断链。更为严重的是在某些路段或者交叉路口出现道路交通标志设置互相矛盾的情况，使得驾驶人不知该选择哪个道路交通标志。有的路段标志不全面，如次要路口缺少"停车让行"、"减速让行"等标志标线；在交叉口较多的路段，缺少"慢行"标志和减速标线等。从目前的设置情况来看，一些标志的设置由于没有充分考虑交叉口的实际情况，造成驾驶员不能充分确认版面信息；而有的交叉口既设置了警告标志，又设置了指路标志，给驾驶者造成了前方存在两处交叉口的误解，这些都给公路的运行安全带来了隐患。

(2)标志设置不统一。许多交通标志和标线设置过程中，设置人员只是简单地考虑标志设置的有关规定和个人的实际经验，或教条的执行常规，没有充分运用交通工程理论去解决标志设置的技术关键，没有能够从交通流顺畅和安全的角度去思考标志的设置问题，造成了交通标志和标线设置的随意性，由此出现了许多技术缺陷。目前国内还没有关于标志牌尺寸的统一规定。由于城镇过境公路空间有限，设计的面积过大，标志牌在公路空间会产生压抑感；设计的面积过小，使得标志与整个公路环境不协调，且让驾驶员很难辨认。

1.4 标志管理不到位

随着长时间的使用，交通标志的材料会慢慢老化，特别是雨天雾天等气象因素使交通标识表面清洁度降低，从而影响可视性；公路两旁生长的树木遮挡了交通标志，影响驾驶员视认；交通标志损坏没有及时修补，影响标志作用的发挥，这些都是城镇过境公路养护管理不到位给安全行车造成的隐患，交通管理部门应定期进行检查，发现问题，及时解决，保障道路安全。

2 解决标志设置存在安全隐患的几点措施

2.1 标志的规范版面设置

交通标志的内容是驾驶员认读交通信息的载体，版面内容要求全面如实地反映路面信息，而且信息不能冗余和有歧义，因此一个理想的交通标志版面应满足"醒目性、易读性和公认度"的要求。

(1)醒目性：研究表明，随着交通标志牌字高的增加，驾驶员注视的时间也在逐渐减少，这是因为当字体高度较大的时候，驾驶员可以在较远的距离开始判读信息，并且较快地读懂内容；当字体较小的时候则需要花费较多的时间去判读和理解信息。但是标志牌又不应侵占人行道的有效净空高度，因此要合理把握交通标志牌字高和醒目性的关系。

(2)易读性：由于在高速行驶的情况下，驾驶员能反应的时间很短，要求标志的内容应当简单、直接，易于理解，不能给驾驶员提供在众多的信息里进行选择的难题。同时，标志信息过于简单，又不能提供及时准确、全面的路面信息。所以在进行标志内容的设计时，一定要把握好信息的量度。

(3)公认度：要求交通标志提供的信息与其他来源提供的信息保持一致，明了无歧义，从而真实客观地反映路面的真实情况。另外，应尽量让标志内容形象、直观，不受语言文字的限制，以便不同国家、不同民族、不同语言文字的驾驶员均可理解、认读。

2.2 标志的合理位置设置

交通标志位置的设置是交通标志设置中的一个重要环节，设置标志时应先保证交通标志的视认性、可识别性和易读性，以便顺利完整地向公路使用者传递信息。应注意道路附属设施、路上构造物及道路两侧

和中央带绿化树木对标志板面的遮挡，以免影响标志视认性。同时标志应放置在容易被看见的地方，保证标志的易识别性。在道路出入口、交叉口处标志往往较多，应根据标志的类型及易读性合理布置，避免标志林立，妨碍驾驶员的视野和对标志信息及时准确的接收，并且交通标志的位置应根据标志的类型分别计算确定，应充分考虑道路使用者在动态条件下发现、判读标志及采取行动的时间和前置距离。另外，交通标志的设置不得侵入道路建筑限界以内，保证侧向余宽。标志牌不应侵占人行道有效宽度和净空高度。

2.3 可变式信息标志的设置

城镇过境公路上的行车环境由于天气（如雾、雪、暴雨、结冰）、地质灾害（如地震、洪水、坍方）等不良环境的影响，可能发生变化。可变信息标志能将行车环境的变化信息及时告知驾驶人员，从而避免事故的发生。可变信息标志上储存多种信息，控制人员可根据公路上发生的情况，通过遥控装置手动或自动显示所要表达的信息。改变信息有以下方法。

(1)底色选择，是通过路线图上不同底色的显示，表示城镇过境公路和城镇街道交通拥挤的程度，以及调节连接线交通耽误的程度。漏光式标志采用的即是底色选择法，底色为黑色(不发光)时，信息不显；底色为白色(发光)时，信息出现。底色选择可采用电子开关或机械的方法。用电子开关选择底色是用电路控制的选择方法。用机动滤色转塔选择底色是一种机械选择方法。

(2)信息面板选择，是从若干信息面板中用机械方法挑选一种要显示的内容。可分为：滚动面板选择，是把一些信息储存在柔性透明的滚筒上（如公共汽车目的站标志）；旋转面板选择，是把3种信息画在旋转的三菱柱的三块面板上；可逆转面板选择，是在平板的两面储存信息，平板可以翻转。

(3)字符格式选择，最常用的是灯泡矩阵形标志，用电路控制方法使矩阵中规定的灯泡发光，构成各种字符。也可用机械方法选择，即采用由很多金属小圆盘组成的磁性矩阵组件，金属小圆盘在接收到正确极性的脉冲信号后位置便翻转，每个金属小圆盘的正面为发光的反射面，反面为暗黑的底色，从而构成各种字符。纤维导光标志是一种节省能源的新型标志。导光纤维作为光反射介质，使光线通过内反射到达纤维另一端的小灯泡而发光，纤维小灯泡可以构成任何需要的字符。如果在光源和导光纤维系统之间加上滤光器，则可显示彩色字符，使其即使在极端恶劣的条件下也可以保障很好的可视性。

2.4 提高设置标志的意识

交通标志标线的设置目的是“以人为本，以车为本”，合理规范地设置交通标志标线，是最直观、最有效、最经济的提示交通安全的措施。规范标志标线的设置，首先要提高各级建设者和管理者的意识。改变以往的重建轻养的观点，加大对公路养护资金的投入，保证对道路标志、标线的建设、养护；保证建设及日常维护费用的投入；改变以往的工作态度和方式，制定详细的养护计划和评定标准，重视对交通标志、标线的管理，积极探索标志、标线的管理办法。对道路标志、标线应系统地规划、设计，建设者应根据城镇过境公路的实际情况严格按照国家标准来设置交通标志标线，避免随意性，做到科学预测、合理规划。

3 结 语

城镇过境公路作为全国公路网中的重要组成部分，意义十分重大。交通标志作为公路安全设施的重要组成部分，其设置的合理与否直接影响到通行的顺畅、公路使用者的安全、控制交通流量流向等。科学合理地设置道路交通标志，可以为道路使用者提供准确信息，能合理利用道路有效面积，可以平滑交通，提高道路通行能力，减少交通事故，防止交通阻塞。通过不断地改进和发展，必定能够逐步形成一个安全畅通的路网，社会的发展也会更加的和谐稳定。

参考文献

[1]刘进. 道路交通管理教程[M]. 北京：中国人民公安大学出版社，2011.

[2]李海斌. 交通标志设置现状及对策[J]. 交通标准化，2009，12.

[3]杜志刚，潘晓东，郭雪斌. 交通指路标志信息量与视认性关系[J]. 交通运输工程学报，2008，8.

[4]公路交通标志和标线设置手册(JTG D82－2009)[S].

湖州市天然气汽车的推广应用与发展思考

刘　斌

（浙江省湖州市道路运输管理局，浙江湖州 313000）

摘要：加大道路运输行业的节能减排力度，努力减少车辆有害尾气排放，既是发展低碳交通、应对气候变化的首要任务，也是道路运输行业应尽的社会责任。湖州市运管局以出租车的“双燃料”改造为切入点，稳步有序地推动“双燃料”汽车动力改装技术应用工作，为湖州市进一步在全行业推广发展天然气汽车积累了丰富经验。

关键词：天然气；汽车；应用

随着天然气的开发利用和环保意识的提高，以天然气为主的城市能源结构正在形成。而将天然气应用于汽车领域，也日益成为交通运输行业关注的焦点。湖州市运管局一直以来都十分重视节能减排工作，坚持倡导生态运输，在推广发展天然气汽车方面也做出了许多有益的尝试。

1　湖州市情特征及天然气汽车使用基本情况

湖州市的地理位置较为优越，地处长三角地区，浙江省的北部，太湖的南岸，与无锡、苏州隔湖相望，与杭州、上海、南京的距离都在 200km 范围内。常住人口 289 万人，辖区面积 5818km^2，下辖三县两区。作为一个中小型的三线城市，湖州市自 2005 年始，尝试在出租车行业逐步推广使用天然气，鼓励出租车实施双燃料改造。截至目前，全市共有出租车 1541 辆，其中双燃料出租车有 1076 辆，占出租车总量的 70%，天然气出租车比例在全省位列第一，取得了经济效益、社会效益和环境效益共赢的良好局面。

2　推广发展天然气汽车的可行性和必要性认识

（1）提倡发展天然气汽车是大势所趋。作为国民经济的重要基础性产业和服务型行业，交通运输业已成为我国用能增长最快的行业之一。在全球能源日益紧张、环境容量不断降低的背景下，党中央、国务院提出了转变发展方式，发展低碳经济的战略决策。李盛霖部长在全国交通工作会议上也曾明确指出：要建立以低碳为特征的交通运输体系。加大道路运输行业的节能减排力度，努力减少车辆有害尾气排放，这既是发展低碳交通、应对气候变化的首要任务，也是我们道路运输行业应尽的社会责任。基于这样的认识，湖州市运管局始终坚持科学发展观，以“三个服务”为宗旨，以推广使用天然气汽车使用为己任，以出租车的“双燃料”改造为切入点，稳步有序推动“双燃料”汽车动力改装技术应用工作，为湖州市进一步在全行业推广发展天然气汽车积累了丰富经验。

（2）湖州市发展天然气汽车的政策背景。近年来，湖州市委、市政府建设现代化生态型滨湖大城市的发展战略，为推广发展高科技产业、清洁能源等工作提供了政策依据。在相继建成液化天然气工程、“西气东送”管道天然气工程后，湖州市又将发展天然气汽车运输提上了政府议程。在确定了实施天然气出租车节能方略之后，经过政府部门和燃气企业的多次对接协调，最终决定采取免费改装的方式推广使用天然气出租车，由政府负责对燃气企业给予每辆车 2000 元左右的补贴。政府的大力支持推动了湖州的出租车“双燃料”改造成为省内道路运输行业借鉴的一个典范。与此同时，城市公交、城乡公交、班线客运、驾培车辆的天然气改造工作也在政府的支持下，陆续启动试点，遍布全市的各类规模的加气站也正在逐步建设过程中。在政府部门和运输企业的合力推动下，湖州发展天然气汽车运输工作不断走上正轨。

作者简介：刘斌，浙江省湖州市道路运输管理局局长。

(3)运管部门推广使用天然气汽车的初衷。据统计,湖州市现有营运车辆 20617 辆,其中客运车辆 3280 辆,营运货车 17337 辆,燃用汽油或柴油的公交车、出租车及其他机动车改用天然气后,一氧化碳(CO)排放量可以减少 90%,碳氢化合物(HC)减少 72%,氮氧化合物(NO_x)减少 40%,二氧化硫(SO_2)减少 70%。因此,推广发展天然气汽车可以从根本上解决汽车尾气超标排放的问题,从而使大气环境得到极大改善。除此之外,随着油价的不断上涨,出租车运输成本不断加大,推广使用天然气在实现节能环保的同时还规避了油价上涨带来的直接影响,在一定层面上也对维护出租车行业的相对稳定起到了积极作用。

3 实施出租车“双燃料”改造的主要做法

(1)规划。合理的规划是顺利开展工作的前提,为进一步考证出租车使用天然气的可行性,湖州市市府办、市交通运输局组织市运管局、市公交公司、湖州新奥燃气有限公司等相关单位,开展了项目实施前的市场调研,实地察看了加气站的加气操作流程,详细了解了压缩天然气汽车运行成本、尾气排放等相关情况,从而得出了压缩天然气汽车具有安全性、环保性和经济性的优势。在广泛调研和征求相关部门意见建议的基础上,湖州市确定了出租车“双燃料”改造工作方案,明确了“政府引导、市场运作、企业支持、行业受益”的整体工作方针,同时,确定了“先试点、后推广”的改装工作思路。

(2)引导。作为行业管理部门,推动出租车“双燃料”改造工作的有序实施,关键在引导。为切实强化组织领导,湖州市专门成立了由政府牵头,多部门参与的出租车“双燃料”改造工作领导小组,负责实施宏观管理,协调各部门关系。在政府分管领导的主抓下,各部门分工负责而又通力合作,运管部门对各出租车企业进行了多方位沟通,大力宣传使用天然气的积极作用,取得了出租车企业及驾驶员朋友的支持和认可,从而也有力促进了出租车“双燃料”改造工作的顺利开展。

(3)协调。改装工作中涉及方方面面的资金筹集问题,对此,湖州市运管部门通过多方协调,明确资金来源,确保改装到位。出租车“双燃料”改造价格在 5000 元至 6000 元不等,改造涉及费用较大。2005 年,在改装资金的筹集上,湖州市最终采取了“政府补贴一点、燃气公司赞助一点、经营者免费享受”的模式。2007 年 5 月,湖州市政府下发了抄告单,明确了补助事项;湖州新奥燃气有限公司则先后投入了 120 余万元改装费用,由此也有效确保了出租车“双燃料”试点改造工作的有序、稳妥推进。

(4)服务。在出租车“双燃料”试点改装过程中,湖州市运管部门通过合理安排出租车改装计划、监督改装流程等方式切实做好跟踪服务工作。改装工作期间,运管部门派人驻厂督查,审查作业流程,及时处理各类问题;改装成功后,组织人员每星期进行一次回访,了解改装效果。在出租车“双燃料”改装工作的带动下,改装范围也日趋广泛,截至目前,改装趋势已转向至客货运行业、驾培行业及行政事业单位公务用车和部分私家车。据统计,仅长兴一个县的行政事业单位公务车目前改装数就达 296 辆,占总车辆的 50%左右。

4 出租车行业推广使用天然气的具体成效

湖州市出租车“双燃料”动力技术的推广应用,带来了良好的经济效益、节能效益和社会效益,具体体现在如下 5 个方面。

(1)通过出租车使用“双燃料”与普通汽油运营燃料成本比对理论测算,“双燃料”出租车每年可节约燃料成本 28563.24 元;调查数据显示,出租车驾驶员使用“双燃料”的出租车,实际每天可以节省近 85 元的经营成本。

(2)单从节约汽油角度来看,“双燃料”出租车单车年汽油消耗仅为单燃料(汽油)出租车的 1/10。据测算,湖州市 1076 辆“双燃料”出租车每年可少消耗燃油约 10100t,折合 14900t 标准煤。

(3)从节约运输成本转化为节约燃油角度来看,使用“双燃料”可使单车年节约经营成本近 28563.24 元,按照 93 号汽油价 7.88 元计算,单车可年折算节约燃油 3625L。1076 辆出租车年节约燃油达到 3901t,折合 5750t 标煤。

(4)经湖州市环保部门检测,汽车使用天然气后,尾气 CO 含量将减少 80%,尾气中粉尘、含铅物质、噪音等都有明显的下降。据初步测算,湖州市的 1076 辆双燃料出租车,一年减少排放 352500m^3CO,能有效净化城市空气环境。

(5)行业稳定效益。通过“双燃料”出租车推广应用,广大出租车驾驶员普遍得到了实惠。近年来,尽管受到燃油大幅涨价等不利因素影响,出租车驾驶员营收和利润逐年下滑,但由于湖州市较早实施了天然气双燃料改造,天然气使用成本相对增长较缓,使得出租车行业始终保持着稳定发展的良好态势。自出租车“双燃料”改造工程实施以来,湖州市出租车行业从未发生影响行业稳定的群体上访事件。

5 保障措施与发展规划

在天然气汽车发展的配套措施方面,湖州市运管部门积极与新奥燃气公司、中石化公司进行协调,在全市范围内推动建立了5座天然气加气站。其中市本级4座,分别位于中塘港路、西塞山路、二环西路和八里店,1座位于长兴县,每座加气站的日供气能力平均为10000m^{3}左右,有效保障了“双燃料”出租车的日常供气。在建设模式上,通过协调能源供应企业解决建站资金并保障气源供给,政府保障气站用地的供给和审批,保障运输车辆的加气需求。天然气公交车与班线客运车的加气方面,湖州长运公司也与湖州新奥燃气公司合作,在浙北高速客运中心客运站场地上安装了1个60m^{3}储罐的LNG地面式撬装汽车加气装置,另配有流动加气车1辆。目前,湖州市正在积极筹建出租车综合服务中心,届时还将考虑在服务中心加设天然气加气设备。

在行业管理部门的引导下,湖州市自2011年起正式启动公共交通天然气改造的试点工作,通过对新奥燃气、烟台交运等企业进行考察认证,确定了在公交和中长途班线行业大力发展LNG天然气客车的思路。从2011年起,湖州市切实加大新能源公交车推广应用力度,天然气公交车从无到有,目前全市已有439辆,位居全省前列。其中,中心城区城市公交14条主干线全部投放LNG天然气公交车,总数达到163辆,占新购车辆的84.5%,占中心城区城市公交总数的50%,可实现年替代标准油3300t有余,节约能源成本660多万元。在湖州市道路运输业“十二五”发展规划中,也明确提出了推进增长方式的转变,加快实现道路运输业由“黑色运输”向“绿色低碳运输”转变的总体思路。“十二五”期间,湖州市计划按年逐步更新天然气公交车及单程200km或日行程700km以内的城际LNG客运班线车辆;在驾培教练车等其他领域根据实际需求引导推广天然气车辆。预计至“十二五”期末,湖州市各类客运车辆清洁能源改造车辆所占比例将达到70%左右。

参考文献

[1]张智祥.专家称我国发展节能环保汽车迫在眉睫[N].中国经济时报,2006-3-24.

[2]孙继红.天然气汽车应用的探讨[J].工程与建设,2006(20):4.